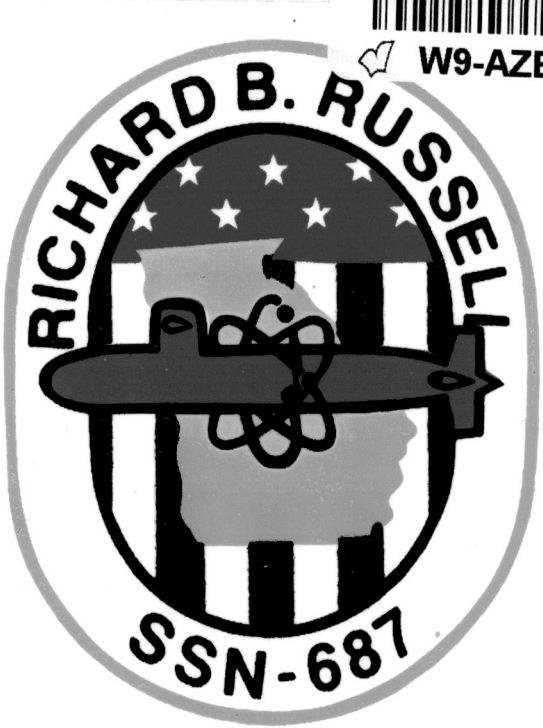

RICHARD B. RUSSELL
SSN-687

Die U...................................esellschaf-

ten M................................nfänge der

Motor.................................Diesel und

Mayb.................................**eitdem ist**

die M.................................**ntriebe zu**

Land,.................................entwickelt,

fertigt.................................erke, Indu-

striet.................................ktronische

Überw.................................ationspart-

ner al.................................cklung und

.................................der neue-

Zur MTU-...
MTU Mü...
MTU Frie...
MTU Maintenance GmbH
Aktiengesellschaft Kühnle,
Kopp & Kausch
L'Orange GmbH
MTU-Turbomeca GmbH
Sulzer-MTU Casting
Technology GmbH
Turbo-Union Ltd.
EUROJET Turbo GmbH
MTU of North America, Inc.
MTU Motores Diesel Ltda.
MTU Argentina S.A.
MTU Asia Pte. Ltd.
MTU Australia Pty. Ltd.

MTU Motoren- und Turbinen-Union
München GmbH
Postfach 500640 · 8000 München 50
Telefon (089) 1489-1
MTU Motoren- und Turbinen-Union
Friedrichshafen GmbH
Postfach 2040 · 7990 Friedrichshafen
Telefon (07541) 29-1

sten Technologie und besitzt eine welt-

weite Organisation, um ihre Produkte ver-

treiben und betreuen zu können.

From my Captain,
CDR Edmund P. Giambastiani
on the occasion of qualify
in Submarines.
.... Dec 1988

mtu

Flugtriebwerke / Dieselmotoren / Industrie-Gasturbinen / Antriebs-Systeme / Komponenten / Elektronik / Product Support

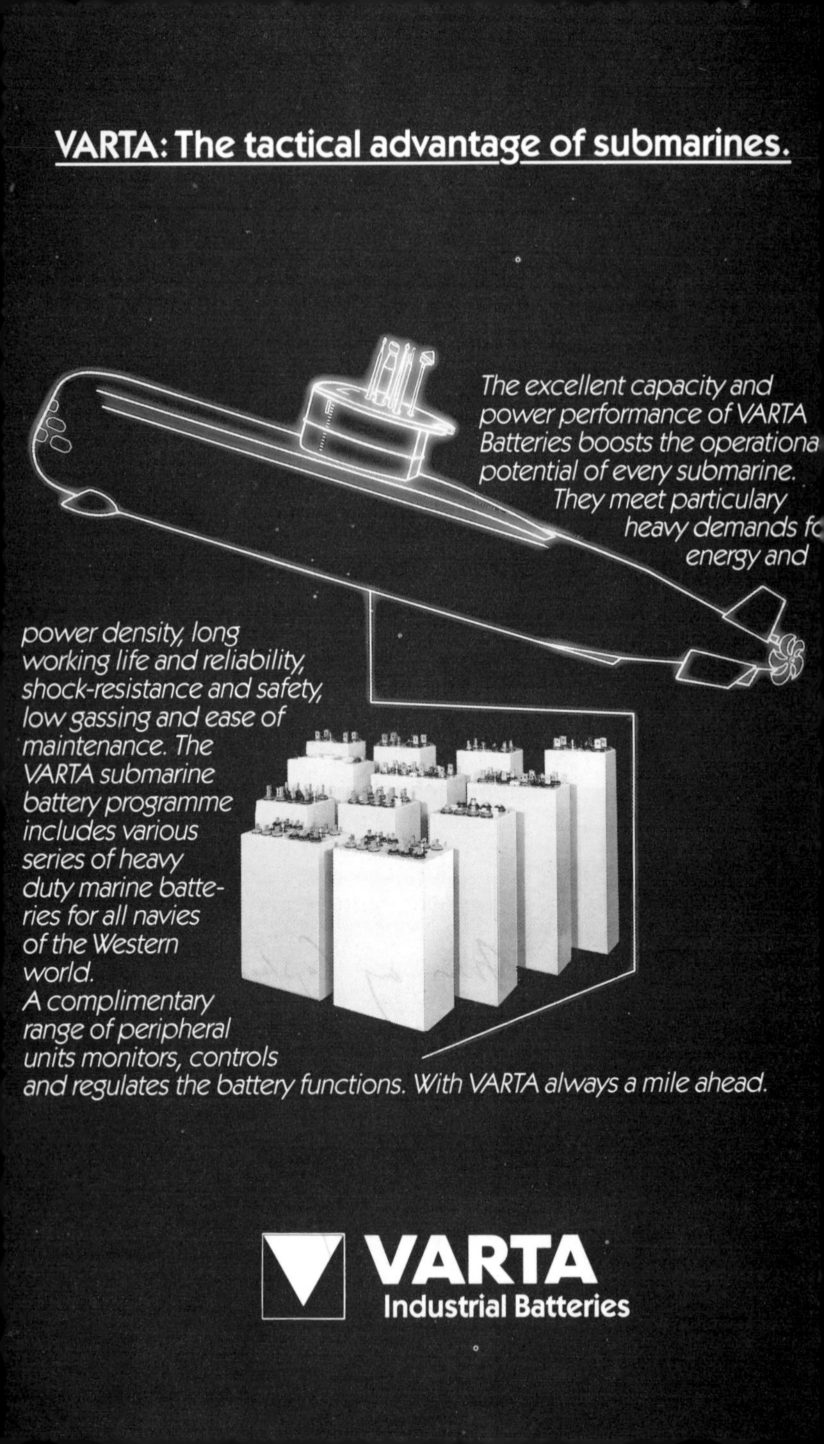

VARTA: <u>The tactical advantage of submarines.</u>

The excellent capacity and power performance of VARTA Batteries boosts the operationa[l] potential of every submarine. They meet particulary heavy demands fo[r] energy and

power density, long working life and reliability, shock-resistance and safety, low gassing and ease of maintenance. The VARTA submarine battery programme includes various series of heavy duty marine batteries for all navies of the Western world.

A complimentary range of peripheral units monitors, controls and regulates the battery functions. With VARTA always a mile ahead.

VARTA
Industrial Batteries

A Symbol of Success

DEUTZ MWM is recognized worldwide for its outstanding products and service:

- Medium and large engines for ships, power stations and public utility installations

- High-speed diesel engines with water cooling for use in industry and agriculture

- Gas engines and industrial gas turbines for efficient cogeneration of power and heat

- Product support – i.e. expert advice, reliable service and fa supply of genuine parts

As a member of the KHD group of companies, we are an efficie and reliable partner for you, in the field of prime mover system and energy technology.

MOTOREN-WERKE MANNHEIM A
MWM DIESEL UND GASTECHNIK GME

Postfach 10 22 63   D-6800 Mannheim 1   Telex 462 341

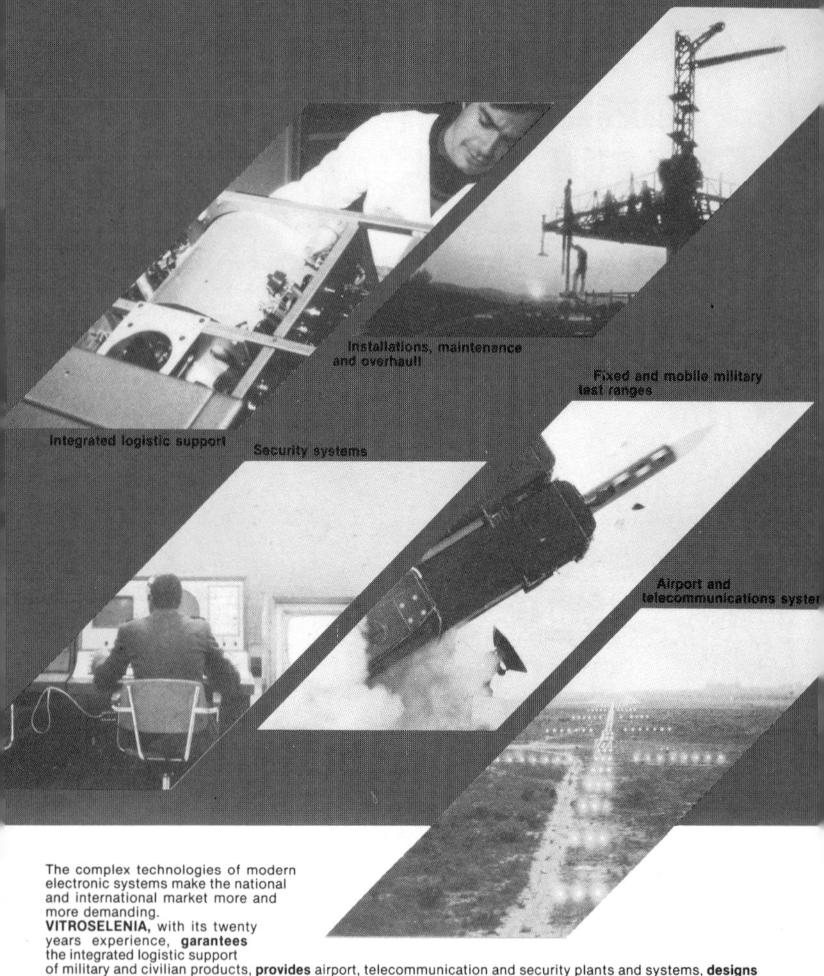

The complex technologies of modern electronic systems make the national and international market more and more demanding.
VITROSELENIA, with its twenty years experience, **garantees** the integrated logistic support of military and civilian products, **provides** airport, telecommunication and security plants and systems, **designs** and **implements** missile ranges ensuring an effective maintenance in order to maintain their performance.
VITROSELENIA is a company of **Raggruppamento SELENIA · ELSAG.**

THE WARRANTY.

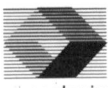

VIA TIBURTINA, 1020 · 00156 ROME, ITALY
P.O. BOX: 7119 · 00156 ROME
PHONE: (06) 45091
CABLES: VITROSELENIA ROMA
TELEX: 611309 VITSEL I

RAGGRUPPAMENTO
SELENIA ELSAG

IRI · STET

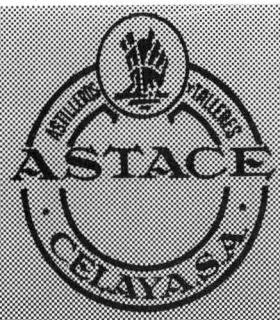

ASTACE
CELAYA S.A.

STILLEROS Y TALLERES CELAYA, S.A

THE PRESTIGE
OF A TRADITION

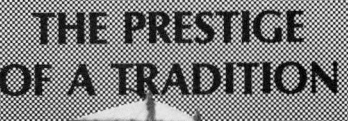

Tels. (94) 4673300-4673350-4675211-4673061 Avda. Ribera de Erandio, 5
Telex 31354 ATCE E — Telegrams ASTACE ERANDIO (Vizcaya) Spain, Telefax 4-467 60 28

GÖTEBORG
AND LANDSORT
The Cost-Effective Solutions

sea conscious

Our sea consciousness coupled with our advanced technical ability
enables us to offer the navies of the world the following range of products
ideally suited to the maritime environment:
**surveillance radars;
command and control systems for surface vessels and submarines;
radar and optronic weapon control systems;
surface-to-air missile systems;
electronic warfare systems;
rocket launching systems;
underwater systems.**

 elsag

Consorzio Sistemi Navali Selenia-Elsag
00131 Rome, Italy / Via di S. Alessandro 28–30 / phone: (06) 4090632-4090633
telex 621276 ELSEL I / telecopies (06) 4090710

Combat: the single valid yardstick.

The true effectiveness of a weapon system can't be judged by trials alone. Only the most grueling combat conditions can be a true reference.

Exocet is the only missile in its class that has actually passed battlefield muster. With often spectacular results.

An all defensive systems – experimental or otherwise – won't change anything to it.

Aerospatiale intends to make sure Exocet stays one step ahead of competing missiles and defensive systems.

Credit it to Aerospatiale's constant refinement of missile technologies and its commitment to developing diversified delivery systems.

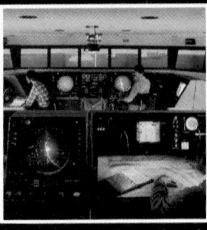

TREAD SOFTLY...

25 navies, in all of the world's oceans, use Sagem equipment on board their submarines, both conventional and nuclear.

SAGEM IS ON BOARD

Sagem, the leading european manufacturer of inertial navigation systems, design and produce navigation and defence equipment that is a need for submarines.

CGM4/CGM5 gyro-compass   PIVAIR optronic periscope   PIC Integrated control station   Inertial Navigation systems

SAGEM - Navy Equipment Division - 6, avenue d'Iéna - 75783 PARIS CEDEX 16 - Tél. : 33.1.47.23.54.55

100_MM COMPACT SECOND TO NONE.

The 100-mm COMPACT offers an unrivalled cost/efficiency ratio. It combines the best features of both larger and smaller caliber weapons. Small in size, it can be installed on low-tonnage vessels.

It is a multi-purpose combat weapon for use against missiles, aircraft, ships and land targets. Its rate of fire is unequalled and its accuracy outstanding.

- Rate of fire: 90 rounds per minute.
- Fully automatic.
- Reversible replenishment and instantaneous selection of 3 types of ammunition.
- Large capacity magazine.

CREUSOT-LOIRE INDUSTRIE

DIVISION MECANIQUE SPECIALISEE

Immeuble Ile-de-France - 4, place de la Pyramide - Cedex 33 - 92070 Paris La Défense
Tél. (1) 49.00.60.50 - Télex : MOTOY 615 638 F

GROUPE USIN

TO BE A WINNER

takes skill, professionalism, determination and flair.

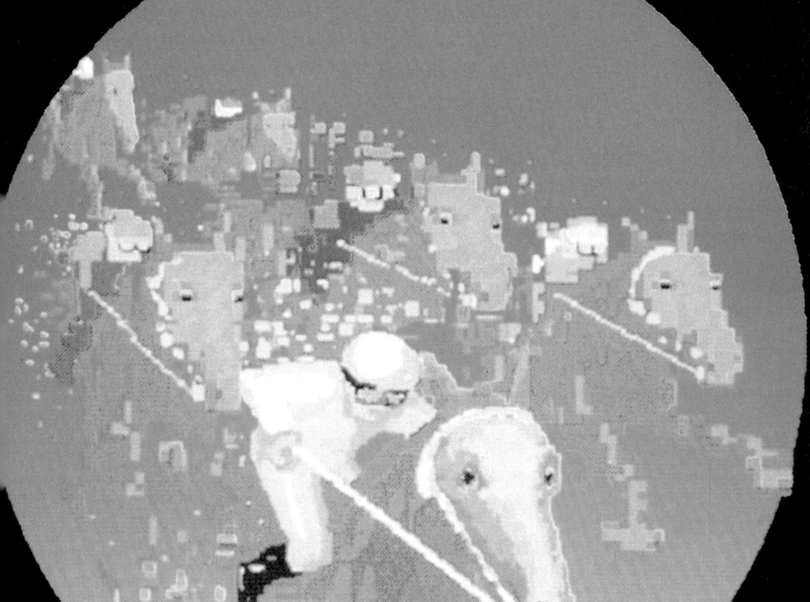

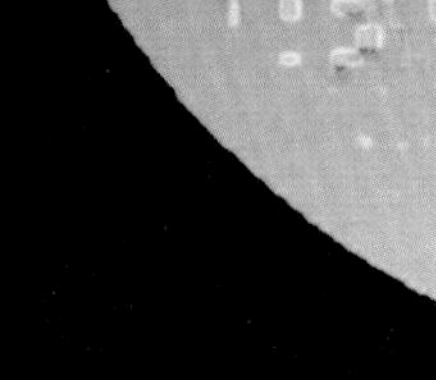

FFV torpedoes incorporate unique technical solutions. A reliable and efficient thermal propulsion system using hydrogen peroxide provides high speed over long ranges. Twenty years of operational use and more than 5,000 runs have proved propulsion system reliability.

The both wire-guided and homing FFV TP 617 torpedo has 3-5 times the range of an electrically powered torpedo.

In ASW, no homing head can claim to be foolproof. FFV's unique lightweight TP 43X0 torpedo offers a combination of wire-guidance and homing utilizing multiple sensors throughout the run to ensure high hit probability, even if the submarine takes evasive action. Both torpedoes can be launched from submarines and surface ships. The TP 43X0 can also be launched and wire-guided from a flying or hovering helicopter.

Always in the front line – technical and tactical

FV Ordnance

1 87 Eskilstuna, Sweden

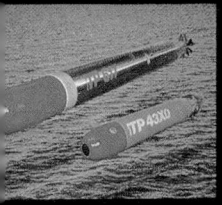

ATLANTIQUE 2

THIS IS WHY

*T*he ATL 2 is the only existing aircraft designed from the origin for maritime patrol.

This is why its double-lobe fuselage includes such a wide cabin and the largest internal weapon bay.

This is why its two turboprops allow it to fly 12-18 hours long missions at unrivalled operating costs. This is why its weapon system-including advanced radar, ESM, acoustic, optronic and magnetic sensors, linked together by a data processing and interactive display-system, makes the ATL 2 the most formidable maritime patrol aircraft existing today, in the double anti-submarine and anti-ship role.

THE GOALKEEPER

S 143

DESIGNERS &
BUILDERS OF
SOPHISTICATED
NAVAL CRAFT

TNC 45

M 52

FPB 57

CRAFT AND
VESSELS FOR
DEFENCE AND
ATTACK-
MINE SWEEPING-
MINE HUNTING-
SUPPLY AND
REPLENISHMENT

MiJ 331B

FR. LÜRSSEN WERFT

FEDERAL REPUBLIC OF GERMANY
D-2820 BREMEN 70 · P.O. BOX 70 05 60 · PHONE 0421/6 60 41

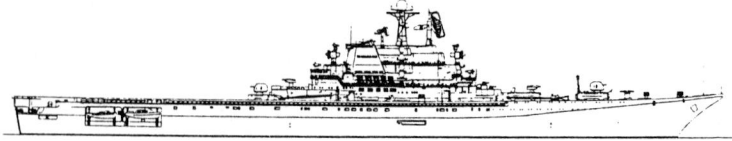

BUCK
ECM-System

We are specialists in smoke, incendiary, infrared and radar countermeasures. Our development center carries out research studies and development contracts. Our plants manufacture for the Bundeswehr, NATO, and other states according to a high standard of quality.

To an increasing extent, missiles are equipped with infrared and/or radar seeker heads. These missiles with a high hit probability are a serious threat to all targets.
In co-operation with the German Navy, we have developed an ECM-System which is compatible and which can be effectively employed in defense against missiles equipped with infrared and/or radar seeker heads. This ECM-system protects ships, boats, and naval equipment.

Buck Chemisch-Technische Werke GmbH & Co.
Dr.-Ing. Hans Buck Haus, Mozartstr. 2, D-8230 Bad Reichenhall, West Germany
Phone: (0 86 51) 7 02-0, Telefax: (0 86 51) 7 02-70, Telex: 5 6 126

WEYER'S

WARSHIPS OF THE WORLD

59th EDITION 1988/89

Compiled and edited by
GERHARD ALBRECHT

With an introduction by
Norman Polmar

Drawings by
F. W. Besch, S. Breyer, E. Kaiser

With 1602 drawings of ships and 902 photos

The Nautical + Aviation Publishing Company of America
101 West Read Street, Baltimore, Maryland

Foreword

This year's edition features a comprehensive discussion by a leading naval expert, Mr. Norman Polmar, on the topic of »World Navies, 1988«. Mr. Polmar is very well known in technical circles for his numerous publications about the US and Soviet Navies, and I am very proud to be able to present such an interesting article to the reader.

The German Navy has issued construction orders for 4 class 123 frigates, and construction of its class 343 mine warfare vessels has begun. The German Navy's class 423 auxiliary gain intelligence (AGI) ships will soon be taking up their duties. The obsolete units of the German Federal Office for Defence Technology and Procurement (BWB) are being routinely replaced by modern ones. But like other navies, the German Navy is encountering difficulties in finding qualified technical personnel to staff ships and aircraft.

This edition does not contain aircraft sketches, since I did not feel they provide sufficient information to justify their appearance.

Messrs. Schack, Freiherr von Reibnitz, and Mayburg did not live to see this edition. These men were outstanding associates and experts in their fields. Their memory will live on.

This year the »Weyer's« once again contains a large number of new sketches. I wish to thank Messrs. B e s c h (East Bloc) and K a i s e r (other countries) for their outstanding work.

My collaboration with Messrs. G l o b k e, T e r z i b a s c h i t s c h, V o ß and A r r a was very close. I am deeply indebted to them and consider their work indispensable. I also extend my thanks to the Navy Staff in the German MoD; only through its assistance it was possible to obtain the most recent photos of the Soviet, Polish, and East German Navies.

The editor of *Jane's Fighting Ships,* Captain Moore, and the editor of *Flottes de Combat,* Mr. Labayle-Couhat, have handed their duties over to Mr. Sharpe *(Jane's)* and Mr. Prézélin *(Flottes de Combat),* I wish to thank Messrs. Moore and Labayle-Couhat for their assistance and I trust that the existing relationship of mutual respect and confidence will continue with their successors.

I received support in the form of data and photos from Ms. Elena and Ms. Marina F r a c c a r o l i and from Messrs. A o k i, B a k e r III (the US issue of *Flottes de Combat*), B e h l i n g, B e n d f e l d t, D o n k o, F r a c c a r o l i, G i o r g e r i n i *(Almanacco Navale),* I s h i w a t a *(Ships of the World),* J e n t s c h, J u n g, K o o p, K o w a r k, K r ü g e r, K ü r s e n e r, L a b a y l e - C o u h a t *(Flottes de Combat),* M o o r e *(Jane's Fighting Ships),* M o r e n o, M o r i s o n Jr., R ö p e r, M r v a, R o h w e r, S c h i e f e r, V o s s and Z a r t m a n n.

Their assistance — and that of many other persons whom I cannot mention individually here — has been of enormous value to me.

I am always extremely grateful for any information, photos, suggestions, and criticism.

Bremen, December 5, 1987
Nernststraße 159, D-2800 Bremen 33   Gerhard Albrecht

An addendum with information that arrived after the editorial deadline can be found on pages 842–853.

Inhaltsverzeichnis / Contents
Die Kriegsschiffe aller Staaten / Warships of the World

Erklärungen / Comments .... VIII, X
Klassifikation / Classifikation .... IX, XI
Abkürzungen / Abbreviations .... IX, XI

Flottenlisten:

Ägypten / Egypt	2
Albanien / Albania	4
Algerien / Algeria	4
Angola	6
Anguilla	8
Antigua and Barbuda	9
Argentinien / Argentina	8
Äthiopien / Ethiopia	12
Australien / Australia	12
Bahamas	18
Bahrein / Bahrain	16
Bangladesch / Bangladesh	18
Barbados	17
Belgien / Belgium	18
Belize	20
Benin	20
Bolivien / Bolivia	21
Brasilien / Brazil	22
Brunei Darussalam	26
Bulgarien / Bulgaria	28
Burma	30
Cambodscha / Kampuchea	30
Canada	30
Chile	36
China	40
Columbien / Colombia	48
Costarica / Costa Rica	51
Cuba	50
Dänemark / Denmark	50
Deutschland / Germany	
Bundesrepublik / Federal Republic	56
DDR / Democratic Republic	68
Dominica	72
Dominikanische Republik / Dominican Republic	70
Dschibuti / Jibuti	72
Ecuador	72
Elfenbeinküste / Ivory Coast	72
El Salvador	73
Fidschi / Fiji	73
Finnland / Finland	74
Frankreich / France	78
Gabun / Gabon	88
Ghana	90
Grenada	96
Griechenland / Greece	90
Großbritannien / Great Britain	96
Guatemala	108
Guinea	108
Guinea-Bissau	110
Guyana	110
Haïti	111
Honduras	111
Hong Kong	110
Indien / India	110
Indonesien / Indonesia	116
Irak / Iraq	122
Iran	124
Irland / Ireland	126
Island / Iceland	126
Israel	126
Italien / Italy	130
Jamaika / Jamaica	136
Japan	136
Jemen-DVJ / Yemen-PDR	150

Fleet Lists:

Albania / Albanien	4
Algeria / Algerien	4
Angola	6
Anguilla	8
Antigua and Barbuda	9
Argentina / Argentinien	8
Australia / Australien	12
Austria / Österreich	191
Bahamas	18
Bahrain / Bahrein	16
Bangladesh / Bangladesch	18
Barbados	17
Belgium / Belgien	18
Belize	20
Benin	20
Bolivia / Bolivien	21
Brazil / Brasilien	22
Brunei Darussalam	26
Bulgaria / Bulgarien	28
Burma	30
Cameroon / Kamerun	154
Canada	30
Cape Verde / Kap Verde	156
Chile	36
China	40
Colombia / Columbien	48
Comoro Islands / Komoren	157
Congo / Kongo	156
Costa Rica / Costarica	51
Cuba	50
Cyprus / Zypern	359
Denmark / Dänemark	50
Dominica	72
Dominican Republic / Dominikanische Republik	70
Ecuador	72
Egypt / Ägypten	2
El Salvador	72
Ethiopia / Äthiopien	12
Fiji / Fidschi	73
Finland / Finnland	74
France / Frankreich	78
Gabon / Gabun	88
Germany / Deutschland	
Federal Republic / Bundesrepublik	56
Democratic Republic / DDR	68
Ghana	90
Great Britain / Großbritannien	96
Greece / Griechenland	90
Grenada	96
Guatemala	108
Guinea	108
Guinea-Bissau	110
Guyana	110
Haïti	111
Honduras	111
Hong Kong	110
Hungaria / Ungarn	252
Iceland / Island	126
India / Indien	110
Indonesia / Indonesien	116
Iran	124
Iraq / Irak	122
Ireland / Irland	126
Israel	126

Jemen-ARJ / Yemen-ARY	150
Jugoslawien / Yugoslavia	152
Kamerun / Cameroon	154
Kap Verde / Cape Verde	156
Kenia / Kenya	156
Kiribati	157
Komoren / Comoro Islands	157
Kongo / Congo	156
Korea Nord-Korea / North Korea	156
Süd-Korea / South Korea	160
Kuwait	164
Libanon / Lebanon	164
Liberia	164
Libyen / Libya	166
Madagaskar / Malagasy	168
Malawi	168
Malaysia	170
Malediven / Maldives	169
Malta	169
Marokko / Marocco	172
Mauretanien / Mauretania	172
Mauritius	173
Mexico	174
Mosambik / Mozambique	176
NATO / SACLANT	179
Neuseeland / New Zealand	178
Nicaragua	178
Niederlande / Netherlands	180
Nigeria	182
Norwegen / Norway	186
Oman	188
Österreich / Austria	191
Pakistan	190
Panama	194
Papua-Neu-Guinea / Papua New Guinea	192
Paraguay	194
Peru	194
Philippinen / Philippines	198
Polen / Poland	202
Portugal	204
Qatar	206
Rumänien / Romania	208
Sabah	210
Saint Kitts	210
Saint Luzia	210
Saint Vincent	211
Salomonen / Solomon Islands	211
Saudi Arabien / Saudi Arabia	210
Schweden / Sweden	212
Schweiz / Switzerland	220
Senegambia	218
Seschellen / Seychelles	221
Sierra Leone	220
Singapur / Singapore	220
Somalia	222
Spanien / Spain	222
Sri Lanka	228
Sudan	228
Südafrika / South Africa	230
Surinam	229
Syrien / Syria	230
Taiwan	232
Tansania / Tanzania	238
Thailand	238
Togo	242
Tonga	243
Trinidad + Tobago	242
Türkei / Turkey	242
Tunesien / Tunisia	250
Ungarn / Hungaria	252
Uruguay	252
USA	252
USSR	300
Vanuatu	352
Venezuela	352
Vereinigte Arabische Emirate / UAE	354
Italy / Italien	13?
Ivory Cost / Elfenbeinküste	7
Jamaica / Jamaika	13?
Japan	13?
Jibuti / Dschibuti	7
Kampuchea / Cambodscha	3
Kenya / Kenia	15?
Kiribati	15?
Korea North Korea / Nord-Korea	15?
South Korea / Süd-Korea	16?
Kuwait	16?
Lebanon / Libanon	16?
Liberia	16?
Libya / Libyen	16?
Malagasy / Madagaskar	16?
Malawi	16?
Malaysia	17?
Maldives / Malediven	16?
Malta	16?
Mauretania / Mauretanien	17?
Mauritius	17?
Mexico	17?
Morocco / Marokko	17?
Mozambique / Mosambik	17?
NATO / SACLANT	17?
Netherlands / Niederlande	18?
New Zealand / Neuseeland	17?
Nicaragua	17?
Nigeria	18?
Norway / Norwegen	18?
Oman	18?
Pakistan	19?
Panama	19?
Papua New Guinea / Papua-New-Guinea	19?
Paraguay	19?
Peru	19?
Philippines / Philippinen	19?
Poland / Polen	20?
Portugal	20?
Qatar	20?
Romania / Rumänien	20?
Sabah	21?
Saint Kitts	21?
Saint Luzia	21?
Saint Vincent	21?
Saudi Arabia / Saudi Arabien	21?
Senegambia	218
Seychelles / Seschellen	22?
Sierra Leone	22?
Singapore / Singapur	22?
Solomon Islands / Salomonen	211
Somalia	222
South Africa	230
Spain / Spanien	222
Sri Lanka	228
Sudan	228
Surinam	229
Sweden / Schweden	212
Switzerland / Schweiz	220
Syria / Syrien	230
Taiwan	232
Tanzania / Tansania	238
Thailand	238
Togo	242
Tonga	243
Trinidad + Tobago	242
Tunesia / Tunesien	250
Turkey / Türkei	242
United Arab Emirates / VAE	354
Uruguay	252
USA	252
USSR	300
Vanuatu	352
Venezuela	352
Vietnam	356
Western Samoa / West-Samoa	358

Vietnam	356
West Samoa / Western Samoa	358
Zaïre	358
Zypern / Cyprus	359

Schiffsskizzen und -photos:

Erklärungen	360
Ägypten / Egypt	361
Algerien / Algeria	363
Argentinien / Argentina	365
Australien / Australia	371
Bahrain / Bahrain	375
Bangladesch / Bangladesh	377
Belgien / Belgium	377
Brasilien / Brazil	380
Brunei Darussalam	388
Bulgarien / Bulgaria	388
Canada	389
Chile	395
China	400
Columbien / Colombia	409
Cuba	411
Dänemark / Denmark	412
Deutschland / Germany	
Bundesrepublik / Federal Republic	419
DDR / Democratic Republic	439
Dominikanische Republik / Dominican Republik	448
Ecuador	448
Finnland / Finland	450
Frankreich / France	453
Ghana	474
Griechenland / Greece	475
Großbritannien / Great Britain	482
Honduras	502
Hong Kong	502
Indien / India	503
Indonesien / Indonesia	510
Irak / Iraq	513
Iran	515
Irland / Ireland	517
Island / Iceland	517
Israel	518
Italien / Italy	520
Japan	532
Jemen-DVJ / Yemen-PDR	550
Jugoslawien / Yugoslavia	550
Korea Nord-Korea / North Korea	552
Süd-Korea / South Korea	553
Kuwait	555
Libyen / Libya	555
Malaysia	559
Malta	561
Marokko / Morocco	562
Mexico	562
Neuseeland / New Zealand	565
Niederlande / Netherlands	565
Nigeria	572
Norwegen / Norway	574
Oman	580
Pakistan	581
Paraguay	583
Peru	583
Philippinen / Philippines	586
Polen / Poland	588
Portugal	595
Rumänien / Romania	598
Saudi Arabien / Saudi Arabia	599
Schweden / Sweden	601
Senegambia	608
Singapur / Singapore	608
Spanien / Spain	610
Südafrika / South Africa	619
Syrien / Syria	622
Taiwan	622
Thailand	625

Yemen-PDR / Jemen-DVJ	150
Yemen-ARY / Jemen-ARJ	150
Yugoslavia / Jugoslawien	152
Zaïre	358

Drawings and Photography of Ships:

Comments	360
Algeria / Algerien	363
Argentina / Argentinien	365
Australia / Australien	371
Bahrain / Bahrain	376
Bangladesh / Bangladesch	377
Belgium / Belgien	377
Brazil / Brasilien	380
Brunei Darussalam	388
Bulgaria / Bulgarien	388
Canada	389
Chile	395
China	400
Colombia / Columbien	409
Cuba	411
Denmark / Dänemark	412
Dominican Republic / Dominikanische Republik	448
Ecuador	448
Egypt / Ägypten	361
Finland / Finnland	450
France / Frankreich	453
Germany / Deutschland	
Federal Republic / Bundesrepublik	419
Democratic Republic / DDR	439
Ghana	474
Great Britain / Großbritannien	482
Greece / Griechenland	475
Honduras	502
Hong Kong	502
Iceland / Island	517
India / Indien	503
Indonesia / Indonesien	510
Iran	515
Iraq / Irak	513
Ireland / Irland	517
Israel	518
Italy / Italien	520
Japan	532
Korea North Korea / Nord-Korea	552
South Korea / Süd-Korea	553
Kuwait	555
Libya / Libyen	555
Malaysia	559
Malta	561
Mexico	562
Morocco / Marokko	562
Netherlands / Niederlande	565
New Zealands / Neuseeland	565
Nigeria	572
Norway / Norwegen	574
Oman	580
Pakistan	581
Paraguay	583
Peru	583
Philippines / Philippinen	586
Poland / Polen	588
Portugal	595
Romania / Rumänien	598
Saudi Arabia / Saudi Arabien	599
Senegambia	608
Singapore / Singapur	608
South Africa / Südafrika	619
Spain / Spanien	610
Sweden / Schweden	601
Syria / Syrien	622
Taiwan	622
Thailand	625
Tunisia / Tunesien	634
Turkey / Türkei	628

VIII

Türkei / Turkey	628	United Arab Emirates / VAE	77
Tunesien / Tunisia	634	Uruguay	63
Uruguay	634	USA	63
USA	635	USSR	69
USSR	696	Venezuela	77
Venezuela	778	Yemen-PDR / Jemen-DVJ	55
Vereinigte Arabische Emirate / UAE	779	Yugoslavia / Jugoslawien	55
Waffentafel / Special Naval Weapons	780	Sonar	80
Flugzeuge / Aircraft	781	Amphibische Truppen / Amphibian Troops	80
Flugkörper / Missiles	788	Umrechnungstafeln / Conversion Tables	80
Torpedos / Torpedoes	792	Schiffsnamenverzeichnis / General Index	80
U-Jagdwaffen / ASW-Weapons	793	Flaggentafel / Table of Flags	81
Bordartillerie / Guns (Naval artillery)	794		
Radar	796	**Nachtrag / Addenda**	84

Die Kriegsschiffe aller Staaten

Erklärungen zu den Flottenlisten

Die einzelnen Schiffe fast aller Klassen haben individuelle Unterschiede, insbesonders wenn sie von verschiedenen Werften stammen. Auf diese Unterschiede kann im Rahmen des Taschenbuchs im allgemeinen nicht eingegangen werden.

Anzahl und Gattung: Kreis $-\bigcirc-$ Skizze des Schiffes oder der Schiffsklasse vorhanden.

Schiffsnamen:
Im Bau befindliche Schiffe = magerer S p e r r d r u c k, fertige = **halbfett**.
Die Typschiffe jeder Klasse sind in GROSSEN BUCHSTABEN gesetzt.
Allgemeine Typenbezeichnungen (z. B. Typ Gearing) − Kursivdruck.
Schiffe führen in ihrem Ursprungsland die Bezeichnung ,,Klasse`` (z. B. Gearing Klasse), gehören sie einer anderen Marine an, führen sie die Bezeichnung ,,Typ`` (z. B. Typ Gearing).
Schiffe, deren Name oder Nummer noch nicht bekannt ist, sind im allgemeinen mit römischen Zahlen bezeichnet.

Wasserverdrängung (Deplacement = Gewicht der verdrängten Wassermasse in englischen tons = 1016 kg.
Typverdrängung (standard displacement, déplacement type) voll ausgerüstet, mit Wasser in den Kesseln aber ohne Brennstoff und Zusatzkesselspeisewasser − obere Angabe.
Höchstverdrängung des voll ausgerüsteten Schiffes − untere Angabe.
Berechnungsart der Verdrängung nicht bekannt = Kursivdruck.

Mit Überschreitung der ursprünglichen Verdrängung durch nachträgliche Ein- und Umbauten ist zu rechnen. Die angegebenen Verdrängungen sind deshalb vielfach zu niedrig.

Länge: Es ist die Länge über alles angegeben, *anders berechnete Längenangaben = Kursivdruck.*
Breite: Bei Flugzeugträgern größte Breite im Rumpf und über das Flugdeck in Bruchform.
Besatzung: Obere Angabe Friedens-, untere Angabe Kriegs-Besatzung.
Bewaffnung: siehe dazu auch Waffentafel, Seite 780. − Gesamte Ausrüstung des Schiffes an Über- und Unterwasserwaffen, Flugzeugen, Flugzeugschleudern und Landungsmitteln / siehe Abkürzungen. Mehrfachlafetten sind durch Zusatzzahlen gekennzeichnet (z. B. $4−4_4 = 4−4$ cm in Vierlingslafette). Alle neueren Geschütze von 15,2 cm abwärts sind auch für die Bekämpfung von Luftzielen eingerichtet. Die Ausrüstung mit leichten Flugabwehrgeschützen (Flak) und Ubootsabwehrwaffen (UAbw.) ist vielfach wechselnd und wird im Kriegsfall verstärkt. Die größeren und die zur Flugabwehr verwandten Flugkörper sind bis auf die ballistische mehr oder weniger lenkbar, Kleinraketen für kurze Entfernungen meist nicht. Die Flugzeuganzahl der Flugzeugträger ist abhängig vom Typ der Flugzeuge.

Die Torpedowaffe dient heute − abgesehen von Schnellbooten − in erster Linie zur UAbw.
6 TR III = 6 Torpedorohre in meist schwenkbaren Drillingsgruppen an Deck.
Bei Unterseebooten bedeutet ↓ in den Druckkörper fest eingebaute Torpedorohre.

Geschwindigkeit: Angegeben in Knoten, d. h. Seemeilen (= 1852 m) in der Stunde und bezeichnet mit Kn. Die Geschwindigkeitswerte werden in den einzelnen Marinen bei verschiedenartiger Verdrängung ermittelt. Die tatsächliche Höchstgeschwindigkeit ist weitgehend abhängig von Alter, Zustand und Bedienung des Schiffes; soweit bekannt, ist sie angegeben.

Heutige Seegeschwindigkeit = Kursivdruck.

Maschinen / Kessel: Die Anzahl der Maschinen ist nur angegeben, falls sie von der Schrauben abweicht, siehe auch Abkürzungen.

Bei **Unterseebooten** gilt in den Spalten für Wasserverdrängung, Geschwindigkeit, Pferdestärken und Maschinen die obere Angabe −↑− für über Wasser, die untere Angabe −↓− für unter Wasser.

Kilowatt (kW): Gesamtsumme des konstruktionsmäßigen Leistungsvermögens der einen oder aller Schiffsantriebsmaschinen. Anzahl der Schrauben als Zusatzzahl.

Fahrstrecke: Entfernung in Seemeilen (Sm), die mit der darunter angegebenen Geschwindigkeit ohne Brennstoffergänzung durchlaufen werden kann.

Panzer: Es ist nur die jeweils größte Panzerstärke angegeben. Diese ist meist auf eine kleine Fläche beschränkt und wird auf modernen Schiffen an vielen Stellen noch durch zusätzliche, abgesetzte Panzerwände verstärkt. Zuverlässige Zahlen über die Panzerung moderner Schiffe fehlen.

Klassifikation

Um die Flottenlisten nicht nur zum Nachsehen einzelner Schiffe, sondern auch zu übersichtlichen Vergleichen benutzen zu können, sind die Kriegsschiffe einheitlich in Gattungen und Untergattungen zusammengefaßt. In den europäischen Natomarinen sind bei den im Bildteil aufgeführten Kennungen einheitliche Leitbuchstaben für die einzelnen Schiffsgruppen eingeführt. Diese Leitbuchstaben sind als erste Buchstaben für die nachstehenden Kurzbezeichnungen übernommen.

R = **Flugzeugträger**
RB = Große Träger
RL = Leichte Träger
RH = Hubschrauber-Träger

B = **Schlachtschiffe**

C = **Kreuzer**
CH = Hubschrauber-Kreuzer
CG = Lenkwaffen-Kreuzer
CA = Schwere Kreuzer
CL = Leichte Kreuzer

D = **Zerstörer**
DG = Lenkwaffen-Zerstörer
DD = Flottenzerstörer

F = **Fregatten**
FG = Lenkwaffen-Fregatten
FF = Schnelle Fregatten
FE = Geleitfregatten
FS = Korvetten

S = **Uboote**
SB = Uboote für ballistische Flugkörper

SG = Uboote für Lenkwaffen
SS = Große Uboote
SC = Küsten-Uboote
SZ = Klein-Uboote

N = **Minenleger**
NB = Große Minenleger
NS = Kleine Minenleger

M = **Minensucher**
MB = Große Minensucher
MS = Kleine Minensucher

P = **Kleine Kampfschiffe**
PG = Flugkörper-Schnellboote
PC = U-Jäger
PF = Schnellboote
PP = Wachfahrzeuge
PR = Flußkampfschiffe

L = **Landungsfahrzeuge**
LF = L-Führungsschiffe
LH = Große L-Schiffe

LD = Dockschiffe
LP = Amphibische Truppentransporter
LS = Landungsschiffe
LC = Landungsboote

A = **Hilfsfahrzeuge**
AR = Begleit- und Werkstattschiffe
AP = Truppentransporter
AK = Frachter
AO = Tanker
AN = Netzleger
AT = Schlepper und Bergungsfahrzeuge
AI = Eisbrecher
AG = Aufklärungs-, Forschungs- und Vermessungsschiffe
AH = Lazarettschiffe
AX = Schulschiffe

Y = **Verschiedenes**
YD = Taucherfahrzeuge
YP = Torpedofangboote

Abkürzungen - siehe auch Waffentafel, Seite 780

Allgemein:
B = Bug
Bes = Besatzung
Bew = Bewaffnung
BRT = Brutto-Register-Tonnen
H = Heck
Kess = Kessel
Kn = Knoten
Lg = Länge
Masch = Maschinen
Schw = Schweröl
Lö = Leichtöl
PS = Pferdestärken
Pz = Panzer
S = Seite, seitlich
Sm = Seemeile
ts = engl. tons
üW = über Wasser
uW = unter Wasser
St. = auf Stapel
bew. = bewilligt
gepl. = geplant

Maschinen:
Exp = Expansions-Maschine
Tu = Turbine
GTu = Gasturbine
DG = Diesel-Generator
DM = Diesel-Motor
LM = Leichtölmotor
EM = Elektromotor
= Rädergetriebe
= Elektrogetriebe

Kessel:
atü = Kesseldruck in kg/cm^2
Wr = Wasserrohrkessel

Kombinierter Antrieb:
COGAS = GTu + Dampf-Tu
CODAD = Diesel + Diesel
CODOG = Diesel oder GTu
CODAG = Diesel + GTu
COGOG = GTu oder GTu
CODEOG = DM oder GTu
CONAS = Atom + Dampf

Bewaffnung:
FK = Flugkörper
🕯 = Starter für ballistische FK

Starter für gelenkte FK:
⇨ = Mittel- und Kurzstrecken
= Flugabwehr
↠ ↑ = Kleinraketenstarter
TA = Torpedoabwurfvorrichtung
TR = Torpedorohr
= Flak
Mg = Maschinengewehr
= Mine
UAbw = Ubootabwehr
UTR = UAbw-TR
UTA = UAbw-TA

VDS = verstellbares Tiefensonar
VLS = senkr. Startanlage
⊙ = Wasserbombe / Wabo
= Wabowerfer
= Wabo-Salvenwerfer
= Wabo-Mörser
= UAbw-Raketenwerfer
= Katapult
= Radflugzeug
= Hubschrauber
= Panzer
Fassungsvermögen an Truppen in Klammern [400]

Elektronik, Sensoren:
⊤ = Navigationsradar
= Großradar
= 3-D Radar
= Suchradar, Luft
= Suchradar, Boden
= Raketen-Leitradar, Boden/Boden
= Raketen-Leitradar, Boden/Luft
= Torpedo-Feuerkontrolle
= Artillerie-Feuerkontrolle
= Sonar, aktiv/passiv
= ECM, elektronische Abwehr
= elektronische Datenübertragung

- in einer Spalte bedeutet nichts vorhanden
in einer Spalte bedeutet keine Angaben

Warships of the World

Comments on the Fleet Lists

In most cases, even ships in the same class are not identical, especially if they have been built by differe yards. It is beyond the scope of this book, however, to mention all differences.

Ship's number and type: A small circle (o) indicates that a drawing of the ship or class is shown in this boo

Ship's name:
The name of a ship under construction is printed in l i g h t f a c e, the name of a ship already completed printed in **bold face.**

The name of the lead ship of class is printed in CAPITAL LETTERS. General class designations (e. Gearing class) are printed in italics.

When a ship belongs to the Navy in which she originated she is called a member of a "class" (e. g. Gearin class) and when she belongs to another Navy she becomes a member of a "type" (Gearing type).

Ships whose name or number are unknown are identified by Roman numerals.

Displacement: Light displacement is given above the horizontal line. Full load displacement is shown belo the horizontal line.

Italics indicate that type of displacement is unknown. The original displacement may have changed due modifications and conversions so that the indicated displacement sometimes does not coincide with the actu displacement, but is somewhat smaller.

Length: The quoted length is over-all, other length dimensions are shown in italics.

Maximum width: For aircraft carriers beam (hull) and maximum width of flight deck are shown in the for of a fraction.

Crew: Peacetime crew / wartime crew.

Armament: Refer to Table of Special Naval Weapons, page 780. – Total ship's armament includes gun missiles, underwater weapons, aircraft, aircraft catapults and arresting gear (see Abbreviations below). Multiple gun mounts are designated by indices, e. g. $4-4_4$ = four 4 cm guns in a quadruple mount. Nearly all moder guns with a caliber of less than 6 inches (15.2 cm) are of the double-purpose type. The number of small calibe guns and ASW weapons varies in most cases and will be increased in wartime. Larger missiles and surface / a missiles are more or less guided, while small short range rockets and ballistic missiles are unguided. The numbe of aircraft aboard aircraft carriers varies in accordance with the type of the airplanes (also, large carriers ca carry large aircraft, whil small carriers can carry small airplanes only).

With the exception of fast patrol boats and submarines, warships use torpedoes primarily for antisubmarin warfare.

6 **TR III** = 6 torpedo tubes in trainable triple-mounts on deck.

Fixed torpedo tubes in the pressure hull of submarines are identified by the symbol ↓.

Ship's speed: Not all navies determine speed (in knots) based on the same type of displacement. The actua maximum speed depends largely on age, condition, and operations of the ship. If maximum speed is known it is indicated.

Present speed at sea – in italics.

Engines and Boilers: Numer of main engines is given only if is not identical with number of screws, se Abbreviations.

For **Submarines** the data above the horizontal line under the headings "Displacement", "Speed", "Horse power", and "Engines" pertain to a surfaced submarine, while the data below the line pertain to the submarine submerged.

Kilowatt (kW): Total design hp of one or all main engines. Number of ship's screws is added as suffix.

Endurance: Range in sea miles without replenishment of fuel at the speed indicated below it.

Armor: Only maximum thickness of armor is quoted, in millimeters. Since only a small of part any ship i protected by heavy armor, we find additional armored bulkheads on many newly constructed ships. Reliable dat one the armor of modern ships is not available in most cases.

Classification

All naval vesels are compiled by groups amd sub-groups to make it easier to find individual ships in the [...]eet lists and to enable easy comparison. The European NATO navies have introduced certain uniform designa-[...]on letters for the various groups of warships. These letters are used as the first letter in the following [...]bbreviations.

= aircraft carriers
RB = big carriers
RL = light carriers
RH = helicopter carriers

= battleships

= cruisers
CH = helicopter cruisers
CG = guided missile cruisers
CA = heavy cruisers
CL = light cruisers

= destroyers
DG = guided missile destroyers
DD = fleet destroyers

= frigates
FG = guided missile frigates
FF = fast frigates
FE = escort frigates
FS = corvettes

= submarines
SB = ballistic missile submarines

SG = guided missile submarines
SS = large submarines
SC = coastal submarines
SZ = midget submarines

N = minelayers
NB = large minelayers
NS = small minelayers

M = minesweepers
MB = large minesweepers
MS = small minesweepers

P = small fighting vessels
PG = guided missile boats
PC = subchasers
PF = fast patrol boats
PP = patrol vessels
PR = river fighting boats

L = landing vessels
LF = landing flagships
LH = amphibious assault ships

LD = dock ships
LP = amphibious transports
LS = landing ships
LC = landing craft

A = auxiliary vessels
AR = depot and repair ships
AP = transports
AK = cargo ships
AO = tankers
AN = netlayers
AT = tugs and salvage vessels
AI = ice breakers
AG = intelligence, research and surveying ships
AH = hospital ships
AX = training ships

Y = miscellaneous
YD = diving tender
YP = Torpedo recovery vessels

Abbreviations and Symbols (refer also to Table of Special Naval Weapons, page 780)

General:
MT = armament
    = bow, bow mounted
es = crew
ew = armamemt
rt = gross register tons
    = stern
ess = boiler
n = knots
g = length
Masch = machinery
    = fuel oil / F
    = gasoline / G
S = horsepower
z = armor
    = side
n = sea mile
    = tons
    = above water
    = below water
, st. = on stocks
uth. = authorised
an. = planned

Machinery:
xp = expansion steam engine
u = turbine
Tu = gas turbine
G = Diesel generator
M = Diesel engine
M = gasoline engine
M = electric motor
    = mechanical drive
    = electric drive

in a column = no data available
in a column = no data

Boilers:
atü = absolute excess presse
Wr = watertube boiler

Combined Plant:
COGAS = GTu or Steam
CODAD = Diesel + Diesel
CODOG = Diesel or GTu
CODAG = Diesel and/or GTu
COGOG = GTu or GTu
CODEOG = DM or GTu
CONAS = Nuclear + Steam

Armament:
FK = missile
    = launcher for ballistic missiles

launchers for guided missiles:
    = medium and short range
    = antiaircraft
    = small rocket launcher
TR = torpedo tube
TA = torpedo launcher
    = antiaircraft gun
Mg = machine gun
    = mine
UAbw = antisubmarine
UTR = ASW torpedo tube/ AST

UTA = ASW torpedo launchner / ASL
VDS = variable depth sonar
VLS = vertical launch system
⊙ = depth charge
    = depth charge-launcher
    = hedgehog
    = depth charge-mortar
    = ASW rocket launcher
    = catapult
    = airplane
    = helicopter
    = tank
troop carrying capacity in brackets [400]

Elektronics, Sensors:
    = navigation radar
    = long rang search and surveillance
    = 3-D radar
    = air search radar
    = surface search radar
    = missile fire control/ surface
    = missile fire control/ air
    = torpedo fire control
    = gun fire control
    = sonar, aktive/passive
    = electronic counter-measures / ECM
    = electronic data system

Die Flotten der Welt 1988

Ende der 80er Jahre war bei den Flotten überall in der Welt eine beträchtliche Aktivität festzustellen. Zahlreiche Überwasserschiffe, kleine Schiffe und Uboote werden konstruiert und gebaut, aber auch ältere Schiffe modernisiert.

Den Anlaß für die Schiffbau- (wie auch einige Modernisierungs-) Programme haben in den meisten Ländern die herkömmlichen Erfordernisse hinsichtlich des Schutzes der Handelsschiffahrt, Bedrohungen durch andere Staaten in dem jeweiligen Gebiet sowie die Außerdienststellung vieler aus der Zeit des 2. Weltkrieges stammenden Schiffe in den achtziger Jahren gegeben. Somit ist die zur Zeit besonders rege Tätigkeit im Bereich von Schiffskonstruktion und -bau auf verschiedene Ursachen zurückzuführen. Als verstärkende Faktoren kamen die argentinischen und die darauf folgenden britischen Landungen 1982 auf den Falkland-Inseln, der Landungsangriff der USA auf Grenada im Jahre 1983 und die von US-Flugzeugträgern aus geführten Luftangriffe auf Libyen im Jahre 1986 sowie andere Marineeinsätze hinzu, die den bleibenden Wert der Seestreitkräfte erneut unter Beweis gestellt haben.

Vereinigte Staaten

Im Fall der Vereinigten Staaten und der Sowjetunion sind die Gründe für die umfangreichen Marineaktivitäten komplexer – und möglicherweise auch veränderlicher. Nach der sowjetischen Invasion in Afghanistan und der Geiselnahme von Angehörigen der amerikanischen Botschaft in Teheran zog Reagans Regierung 1981 mit der programmatischen Forderung „Nachrüstung Amerikas" in das Weiße Haus ein. Unter dem rührigen Marineminister John Lehman wurde ein umfangreiches Flottenverjüngungsprogramm in Angriff genommen.

In dem auf den Vietnam-Krieg folgenden Jahrzehnt war die aktive US-Flotte von über 1.000 Schiffen auf rund 400 zusammengeschrumpft. Minister Lehman legte als Ziel eine Flotte von 600 Schiffen fest und strebte auch umgehend die Umsetzung dieser Zielvorstellung an – er erreichte es, daß der Kongreß Haushaltsmitel für den Bau von zwei 95.000-t-Flugzeugträgern der *Nimitz*-Klasse (CVN-68) innerhalb eines Jahres bewilligte und daß alle vier „auf Eis gelegten" Kampfschiffe der *Iowa*-Klasse (BB-61) wieder in Dienst gestellt wurden. Außerdem stimmte – kurz vor Lehmans Ausscheiden als Marineminister Anfang 1987 – die Regierung seinem Vorhaben zu, beim Kongreß die Erstfinanzierung des Baus von zwei weiteren Trägern der *Nimitz*-Klasse zu beantragen (d. h. Nr. 7 und 8 der *Nimitz*-Konstruktion). Danach würde die US-Marine in absehbarer Zeit 15 Front-Flugzeugträger im Dienst behalten.

Während der Amtszeit von Minister Lehman wurden auch in zwei weiteren Bereichen umfangreiche Programme eingeleitet: nämlich bei den Marinefliegern und Ubooten. Während in der vorangegangenen Carter-Ära ein Abbau der Seeluftstreitkräfte (und eine auf 12 Schiffe reduzierte Trägerflotte) angestrebt worden war, ordnete Minister Lehman die Beschaffung von eigentlich allen Einsatzmitteln an. Dazu gehören: der F-14-*Tomcat*-Jäger, der nun verspätet als F-14 D-Version nachgerüstet wird; umfangreiche Beschaffung von F/A-18-*Hornet*-Jagdbombern; weitere Beschaffung des A-6 E *Intruder,* wobei die verbesserte A-6 F-Version dieses Allwetter-Jagdbombers zur Zeit entwickelt wird; und zuletzt noch das AV-8 B-*Harrier*-V/STOL-Kampfflugzeug für das *Marine Corps* (Marineinfanterie).

In bezug auf Uboote entschied Minister Lehman, daß für die strategischen *Trident*-U-K-Uboote der verbesserte *Trident*-D-5-Flugkörper entwickelt werden solle. Mit dieser Waffe wird diese überaus überlebensfähige Komponente der strategischen US-Streitkräfte eine größere Reichweite und erhöhte Überlebensfähigkeit erhalten. Aller-

dings ist die Zukunft der strategischen Uboot-Flotte durch die den Vereinigten Staa
ten infolge der Rüstungsvereinbarungen bevorstehenden Beschränkungen der Anzal
einzelner strategischer Gefechtsköpfe fraglich.

Von den neuen *Trident*-Ubooten der *Ohio*-Klasse (SSBN-728) sind bereits vierzeh
in Dienst gestellt bzw. im Bau. Zwar sind noch mindestens sechs weitere geplant, abe
mit ihren zahlreichen Flugkörpern (24 pro Uboot) und Gefechtsköpfen (bis zu 10 pr
Flugkörper) hätten schon die Einheiten, die jetzt gebaut werden, nach der gegenwär
tig im Rüstungsbereich geltenden Zählweise eine Gesamtzahl von 3360 Gefechts
köpfen aufzuweisen. Nach Ansicht derjenigen, die zur Zeit in den Vereinigten Staate
politischen Druck zugunsten von Abrüstungsabkommen ausüben, könnte die Anzal
der Gefechtsköpfe bei den SSBNs der U. S. Navy über dem „angemessenen Anteil
liegen, und wahrscheinlich werden für die schwimmende strategische Streitmacht de
USA Beschränkungen vorgeschrieben werden.

Hinsichtlich der Angriffs-Uboote hat sich die z. Zt. geplante *Seawolf*- ode
SSN-21-Klasse als eines der kontroversesten Schiffsprogramme der neueren Zeit her
ausgestellt. Das SSN-21-Programm wurde 1982 auf Anordnung des damaligen neue
Chief of Naval Operations (Chef des Admiralstabes), Admiral James Watkins, einge
leitet. Zu dieser Zeit eigneten sich westliche Nachrichtendienste gerade erst Einze
kenntnisse von verschiedenen neuen sowjetischen Ubooten an – den *Akula, Sierre
Oscar* –, deren niedrigen Geräuschpegel und bestimmte andere Merkmale die Füh
rungskräfte westlicher Marinen nicht vermutet hatten. Außerdem werden die voraus
sichtlich hohen Kosten des SSN-21 – in der Größenordnung von 1,2 Milliarden Dol
lar pro Uboot im *Serienbau* – dem US-Kongreß wahrscheinlich überhaupt nicht be
hagen, zumal die Navy erklärt hat, daß als Mindeststärke 100 Angriffs-Uboote anzu
streben sind. (Der Verfasser des vorliegenden Artikels hält im Hinblick auf di
nationalen Erfordernisse 150 atomgetriebene Angriffs-/CM-Uboote für einen reali
stischeren Ansatz.)

Die Uboot-Frage ist von besonders kritischer Bedeutung. Admiral Carlisl
A. H. Trost, seit 1986 *Chief of Naval Operations,* hat festgestellt, daß die Bedrohun
durch sowjetische Uboote „in stärkerem Maße als unsere derzeitige Fähigkeit, diese
Bedrohung zu begegnen, zunimmt". Die US-Uboote sind in erster Linie eine Ujagd
Waffe, und die SSN-21-Klasse wird quantitativ und möglicherweise auch hinsichtlic
der Einsatzmöglichkeiten nicht die Voraussetzungen erfüllen, um der sowjetische
Uboot-Flotte und den zunehmenden Gefährdungen von US-Interessen durch Flotte
der Dritten Welt begegnen zu können.

Das ehrgeizige Schiffbauprogramm der Reagan-Administration stößt schon jetz
auf Schwierigkeiten. Diese Lage zeichnete sich bereits ab, als das neue Programm fü
Arleigh Burke-Zerstörer (DDG-51) faktisch abgelehnt wurde. Im November 1987 ver
anlaßte der Kongreß, daß die Beschaffung dieser Schiffe, von denen nur drei im Rah
men früherer Programme bewilligt worden waren, eingestellt wurde. Die Carter
Administration hatte ein 53 DDG-51 umfassendes Programm vorgeschlagen; für di
600 Schiff starke Flotte nach dem Lehman-Konzept waren 63 dieser Zerstörer vorge
sehen. Doch nachdem an den unzulänglichen Möglichkeiten für den Hubschrauber
einsatz (z. B. Fehlen von Hangars) und an den relativ hohen Kosten Kritik laut gewor
den war, kündigte die Reagan-Administration ein 29-Schiffe-Programm an, wonac
eine neue Konstruktion vorgestellt werden sollte.

Aber der Kongreß hat nun selbst dieses reduzierte Programm abgelehnt. Stattdes
sen finanziert er in vollem Umfang die 9.500 t schweren *Aegis*-FK-Kreuzer de
Ticonderoga-Klasse (CG-47). Hierbei handelt es sich um die leistungsstärkste
Überwasser-Kriegsschiffe im Westen, die über beeindruckende Möglichkeiten in alle
Bereichen der Kriegführung verfügen.

Aufgrund der verzögerten Beschaffung von Zerstörern wird der fortgesetzte und erstärkte Einsatz der 51 neuen Fregatten der *Oliver Hazard Perry*-Klasse (FFG-7) wangsläufig der Flottenunterstützung dienen. Jedoch können diejenigen Ubootabvehrschiffe, die mit ihren SH-60 B-Hubschraubern und Sonar-Schleppantennen verpätet in effektive ASW-Einheiten umfunktioniert werden, Träger- oder Überwasserefechtsgruppen nicht wirksam unterstützen.

Die Zukunftsaussichten der U. S. Navy sind weder klar noch ermutigend. Mit dem ausscheiden von Minister Lehman ging der Navy ein mächtiger und vernehmbarer ürsprecher verloren. Seinem Nachfolger James Webb, der aus den Reihen des Marine Corps kommt, fehlt die politische Unterstützung, während der Verteidigungstat insgesamt unter Beschuß gerät. Zum einen bedeuten das massive US-Haushaltsefizit und die auf Aufgabenkürzungen abzielende sog. *Gramm-Rudman-Hollings-*iesetzesvorlage, daß allgemein weniger Haushaltsmittel für die Verteidigung zur Verigung stehen werden. Zum anderen haben Minister Lehmans Auffassungen und eine Verfahrensweise bei der Durchsetzung seiner Ziele viele Stabsoffiziere der Marie wie auch Führungskräfte bei den anderen Teilstreitkräften entfremdet; und alle iese Faktoren tragen zum Scheitern des Lehmanschen Planes bei. Tatsächlich mahen nach Lehmans Erfolgen die anderen Teilstreitkräfte eigene Forderungen mit dem enor „Jetzt sind wir an der Reihe" geltend. Drittens steht 1988 eine Präsidentschafts-vahl ins Haus. Anders als Präsident Reagan wird ein republikanischer Amtsnachfol-er nicht die breite Unterstützung für ein umfangreiches Verteidigungsprogramm finen; ein demokratischer Präsident würde sicherlich die Verteidigungsmittel kürzen. aus allen diesen Gründen dürfte es unwahrscheinlich sein, daß der Schiffbau in den JSA in demselben Umfang wie in den 70er und 80er Jahren fortgeführt wird.

Ein hiermit zusammenhängender Umstand ist der rapide Rückgang in der US-merikanischen Schiffbauindustrie. Schon seit vielen Jahren kränkelt dieser Zweig er Verteidigungsindustrie. Doch zudem verdrängte der durch Lehmans Politik auselöste scharfe Wettbewerb mehrere große Werften aus dem Schiffbaugeschäft, u. a. ie General Dynamics-Werft in Quincy (Mass.), die Todd Shipyards in Long Beach Kalif.) und Seattle (Wash.) sowie die Lockheed-Werft in Seattle. Zwar wurde die Verft Bath Iron Works in Maine zum zweitstärksten Lieferanten der *Ticonderoga-*iegis-Kreuzer und zur führenden Werft für die *Arleigh Burke*-Zerstörer, doch auf-rund von Problemen bei beiden Schiffstypen sieht selbst diese Werft einer ungewisen Zukunft entgegen.

Wahrscheinlich werden die einzigen drei großen Werften der Vereinigten Staaten, ie zumindest in nächster Zeit auch weiterhin mit Profit arbeiten können, die New-ort News Shipbuilding in Virginia (Atom-Flugzeugträger und Uboote), die Litton/ ngalls-Werft in Pascagoula, Miss. (Kreuzer, Hubschrauberträger) und die General)ynamics/Electric Boat in Groton, Conn. (Uboote) sein. Auch mehrere kleine Werf-en sind gefährdet; doch die meisten davon werden überleben können.

Ein weiteres Problem, das in Zukunft auf die US-Marine zukommt, ist die perso-elle Bedarfsdeckung. Die zunehmend komplexe Beschaffenheit von Kriegsschiffen ·ifft zeitlich mit der wachsenden Nachfrage der amerikanischen Wirtschaft nach achkräften zusammen — diese Situation ist übrigens nicht nur auf die Vereinigten taaten beschränkt. Außerdem sind diejenigen US-Dienste, die sich ausschließlich uf Freiwillige stützen, mit dem Problem der geburtenschwachen Jahrgänge der in rage kommenden jungen Männer konfrontiert. Zwar werden nun auch sehr viele rauen eingestellt, aber die Möglichkeiten für ihre Verwendung sind beschränkt, da er Kongreß ihren Einsatz auf Kriegsschiffen nicht zugelassen hat.

Und schließlich gibt es noch den Bereich der kleinen Kampfschiffe; hier ist die U. S. Javy kläglich gescheitert. Der Versuch, ein Luftkissen-Minenräumfahrzeug (MSH-1)

zu entwickeln, mißlang völlig – ebenso wie die Entwicklung eines kleinen Patrou
lenfahrzeugs (die *Sea Viking*-Serie). Bei einem größeren Typ von Minenräumfahrze
gen, an deren Spitze *Avenger* (MCM-1) stand, waren zahlreiche Fehlschläge und ei
Verzögerung von über zwei Jahren hinzunehmen.

Begründet sind diese Probleme hauptsächlich in der schlichten Tatsache eines ma
gelnden Interesses der US-Marine an kleinen Kampfschiffen und in der fehlenden B
reitschaft, ausländische Konstruktionen einfach zu übernehmen. Die – von d
Sowjetunion wie auch von der Dritten Welt ausgehende – Minenbedrohung sow
die Notwendigkeit von kleinen Fahrzeugen im Persischen Golf verdeutlichen, da
selbst die Vereinigten Staaten einen Bedarf an diesen Schiffen haben.

Die vor uns liegenden Jahre werden die Führung der U. S. Navy vor eine große He
ausforderung stellen. Diese schwierige Aufgabe muß bestanden werden, weil die Nu
zung der Meere für die Vereinigten Staaten immer größere Bedeutung erlangt.

Sowjetunion

Im Fall der Sowjetunion stellt sich die Lage im Flottenbereich sogar noch komplex
dar. Unter der klugen Führung von Admiral S. G. Gorschkow, Oberbefehlshaber d
sowjetischen Seestreitkräfte und stellvertretender Verteidigungsminister von 1956 b
1985, durchlief die sowjetische Flotte die Wandlung von einer regionalen *(nic*
Küsten-) Defensivstreitmacht zu einer Marine von wahrer Weltklasse.

Seit Mitte der 50er Jahre baut die Sowjetunion aufeinanderfolgend Serien größer
und fortschrittlicherer Kriegsschiffe und Uboote. Beispielsweise folgten auf d
17.000-t-Hubschrauber-Träger der *Moskva*-Klasse die V/STOL-Flugzeugträger d
Kiev-Klasse, die mit fast 40.000 t die größten Kriegsschiffe sind, die jemals in d
Sowjetunion gebaut wurden. Zwei noch größere – möglicherweise 70.000 t schwe
– atomar getriebene Flugzeugträger der *Leonid Brezhnev*-Klasse werden zur Zeit g
baut.

Die neuesten Schiffe werden vermutlich V/STOL- und STOL-Flugzeuge einsetze
Das Typschiff hat eine „Ski-jump-Rampe" als Startvorrichtung für Flugzeuge, abe
spätere Schiffe werden voraussichtlich mit Katapulten ausgestattet sein.

Gleichzeitig sind zwei Serien moderner FK-Kreuzer, die *Kirovs* und *Slavas,* sow
zwei weiterentwickelte Zerstörer-Klassen, die *Sovremennyy* und *Udaloy*, im Bau. Die
se Schiffe können einem Vergleich mit ihren westlichen Zeitgenossen durchaus stan
halten, wobei die *Kirov* mit ihren 28.000 t – abgesehen von Flugzeugträgern – da
größte Kriegsschiff ist, das von irgendeinem Land seit dem 2. Weltkrieg gebaut wo
den ist. Was die Kategorie der Überwasser-Kriegsschiffe angeht, läuft der Bau mehr
rer Klassen kleiner Kampfschiffe (bis zu rund 1.000 t) ebenfalls weiter.

Darüber hinaus machen die Sowjets bedeutende Fortschritte bei dem Ausbau de
Kampflandungspotentials in regionalen Seegebieten. Dies schließt die fortgesetz
Produktion hochmoderner Luftkissen-Landungsfahrzeuge ein – und zwar als neu
ste die *Pomornik*-Klasse sowie die *Orlan*-Fahrzeuge mit *wing-in-ground*-Effek
(WIG-Effekt). Die letzteren ähneln den Schwimmerflugzeugen, werden aber i
Höhen von etwa 100 Fuß eingesetzt; bei *Orlan* – mit Propellerturbinen-Triebwerk –
handelt es sich um ein Kampflandungsfahrzeug, das sowohl Truppen als auch leich
Fahrzeuge transportieren kann. Es wird angenommen, daß mehrere *Orlan*
Angriffsfahrzeuge einsatzfähig sind. (Eine Version mit Seezielflugkörpern – es so
sich um die SS-N-22 handeln – wird zur Zeit entwickelt.)

Bei den Ubooten ist die Sowjetunion führend in der Welt – und zwar in bezug au
die Anzahl der Uboote und den Produktionsumfang wie auch möglicherweise hin
sichtlich der Technologie. Gegenwärtig stehen in der UdSSR 385 Uboote im Diens

(gegenüber 137 bei der US-Marine). Die Skala reicht von spezialisierten Bergungs- und Ziel-Ubooten bis zu den massiven strategischen FK-„Booten" der *Typhoon*-Klasse, die mit ihren mehr als 25.000 t Unterwasserverdrängung die größten Unterwasserfahrzeuge sind, die je gebaut wurden.

Bedenklicher als Anzahl und Größe sind für die Führungskräfte westlicher Flotten die Konsequenzen der aktuellen sowjetischen Konstruktionskonzepte und Technologie. Wie der damalige für Forschung zuständige *Assistant Secretary of the U. S. Navy*, Melvyn Paisley, feststellte, „sind die von den Sowjets bei Ubooten erzielten technologischen Fortschritte in bezug auf Geräuschminderung, verstärkten Doppelrumpf, Geschwindigkeitssteigerung, erhöhten Restauftrieb und Einsatzmöglichkeiten in größerer Tiefe tatsächlich Verbesserungen, die im großen und ganzen den Vereinigten Staaten *nicht* gestohlen oder abgekauft worden sind. Bei einigen Technologien handelt es sich um sowjetische Konstruktionsentscheidungen, die von unseren Entscheidungen abweichen. Andere Technologien sind das Ergebnis der sowjetischen Entwicklung von Material mit hoher Leistungsdichte und hochfestem Rumpfmaterial. Die Sowjets haben in diesen Technologiebereichen einen Vorsprung vor den USA."

Unmittelbare Vergleiche zwischen dem jeweiligen Uboot-Potential der USA und der UdSSR lassen sich schwer anstellen. Die sowjetischen Uboote sind schneller, tauchen tiefer, haben im allgemeinen eine größere Waffen-Nutzlast und sind überlebensfähiger als ihre US-amerikanischen Gegenstücke. In anderen Punkten herrscht weniger Klarheit; beispielsweise haben die Sowjets lange Zeit reflexionsarme Platten an ihren Ubooten verwendet, um die Wirksamkeit feindlicher Torpedos und Uboote zu mindern, und in letzter Zeit werden ihre Uboote dafür ausgerüstet, ihren Rumpf mit einer Polymerschicht zu überziehen – möglicherweise um die Anfälligkeit gegenüber Schalleinwirkungen zu mindern wie auch um die Geschwindigkeit zu steigern.

Zwar hat die U. S. Navy lange Zeit die führende Rolle im Bereich der Geräuschminderung bei Ubooten und der passiven akustischen Erfassung eingenommen, aber die Geräuschpegel bei den sowjetischen Uboot-Klassen der neueren Zeit, insbesondere *Akula*, wurden beträchtlich gemindert; daraus wiederum ergibt sich die zwingende Notwendigkeit zu einem verstärkten Einsatz aktiver Aufspürmethoden, wodurch das Gesamtbild im Uboot- und Ujagd-Bereich noch konfuser wird. Wie Admiral Trost feststellte, hat die Uboot-Kriegführung den höchsten Stellenwert bei den US-Flottenoperationen erlangt.

Neben etlichen neuen Uboot-Konstruktionen, die Anfang der 80er Jahre in Erscheinung traten, gibt es Anzeichen dafür, daß demnächst noch weitere Klassen zu erwarten sind. Insbesondere wird angenommen, daß zur Zeit ein neues *Cruise-Missile*-Uboot gebaut wird, das den Bodenangriffs-Marschflugkörper SS-N-21 – die sowjetische Kopie des amerikanischen *Tomahawk*-Marschflugkörpers – mitführen soll. Wie die mit nuklearen Gefechtsköpfen bestückten Bodenangriffs-*Tomahawks* der amerikanischen Angriffs-Uboote wird auch diese Waffe die Rüstungskontrollverhandlungen nur noch mehr erschweren.

Auch weiterhin stellen die Sowjets Uboote mit Diesel-Elektro-Antrieb in großer Zahl für den Eigenbedarf und auch für das Ausland her. Die aktuelle *Kilo*-Konstruktion wird zur Zeit in nicht weniger als drei Werften gebaut, was darauf schließen läßt, daß dieses Schiff möglicherweise die altgedienten Mittelbereichsklassen *Whiskey* und *Romeo* ersetzen soll. Diese Uboote wie auch die zahlreichen im Dienst stehenden Schiffe der *Foxtrot*- und *Tango*-Klasse stellen eine beträchtliche Bedrohung für die westlichen Flotten dar.

Wird die Sowjetunion die Weiterentwicklung ihrer Flotte in diesem Tempo fortsetzen? Die sowjetische Wirtschaft ist mit erheblichen Problemen konfrontiert, die durch Gorbatschows derzeitiges Programm nur zum Teil behoben werden können.

Wenn auch der militärische Bereich weiterhin höchste Priorität innerhalb der Wirtschaft behalten dürfte, ist davon auszugehen, daß die Marine von allen Teilstreitkräften am schlechtesten gestellt sein wird. Zweifellos wird die derzeitige Modernisierung der strategischen sowie der Luft- und Bodenstreitkräfte unvermeidlich Abstriche in den Marine-Programmen zur Folge haben. Über den Umfang solcher Kürzungen und die davon betroffenen Bereiche kann im Westen nur spekuliert werden.

Erschwerend kommt die sowjetische Konzeption der vollen Auslastung hinzu, d. h. daß Werften und die ihnen zuarbeitenden Industriezweige mehr oder weniger die volle Produktionsleistung erbringen müssen. Wie ist dies im Hinblick auf eine Kürzung des Flottenprogramms überhaupt zu realisieren? Im Jahr 1954 − als Stalins Schiffbauprogramm eingeschränkt wurde − wurden Werften, die bis dahin Kreuzer und Zerstörer gebaut hatten, auf den Bau von Handelsschiffen umgestellt. Sicherlich könnte dies noch einmal geschehen, obwohl angesichts des gegenwärtigen Umfangs des Handelsschiffbaus in der UdSSR und anderen Ostblock-Ländern dieses zusätzliche Potential überflüssig sein dürfte.

Eine andere Möglichkeit wäre, daß die Sowjets den Bau von Landungs- und Hilfsschiffen in Polen einstellen und ihn stattdessen sowjetischen Werften übertragen, was allerdings für Polen schwerwiegende wirtschaftliche Folgen nach sich zöge.

Eher noch dürfte eine allgemeine Drosselung der Schiffbautätigkeit wahrscheinlich sein − jedoch mit Ausnahme des Uboot-Bereichs. Das Uboot ist zweifellos der Hauptpfeiler der sowjetischen Marine − in der Praxis auf jeden Fall, wenn nicht sogar per definitionem. Eine Einschränkung des Baues von Überwasserkriegsschiffen würde das Uboot-Programm wahrscheinlich nicht berühren und könnte sogar noch in gewissem Umfang eine Steigerung ermöglichen. Die weltweiten Operationen der sowjetischen Marine seit den 60er Jahren haben der Führung des Staates ganz sicherlich den Wert einer starken Seemacht deutlich vor Augen geführt. Allerdings bestehen innerhalb der sowjetischen Gesellschaft vielerlei Forderungen nach Ressourcen und ausgebildeten Arbeitskräften, und im Vergleich mit anderen Teilbereichen der Gesellschaft und der Streitkräfte wird die Marine bei der Festlegung von Prioritäten hintangestellt werden. Die wichtige Ausnahme wird dabei zweifellos die sowjetische Uboot-Flotte bilden.

Die Verfügbarkeit von Personal ist bei der sowjetischen Marine ebenso wie bei den westlichen Flotten ein Schlüsselfaktor. Während die Sowjets Wehrpflichtige zum Dienst bei der Marine heranziehen (und zwar Unteroffiziere und Mannschaften, die an Bord dienen, für die Dauer von drei Jahren gegenüber einer zweijährigen Dienstzeit bei den anderen Teilstreitkräften), kann die Marine diese Dienstpflichtigen nicht länger als die ersten drei Jahre halten. Für die tüchtigsten und gescheitesten unter ihnen besteht die Möglichkeit des Aufstiegs zum Oberstabsbootsmann (Mitschman). Diese Dienstgrade und die Offiziere sind das technische Rückgrat der sowjetischen Marine und nehmen technische Führungsaufgaben mit eigener praktischer Mithilfe wahr. Doch wie im Westen (und auch in der Dritten Welt) steigt der Bedarf an. Männern (und Frauen) mit technischen Kenntnissen und Fertigkeiten und dem sowjetischen Rekruten, der seine dreijährige technische Ausbildung und Dienstzeit abgeschlossen hat, wird im allgemeinen eine Beschäftigung im zivilen Bereich weit verlockender als eine mehrjährige Dienstverpflichtung als Offiziersanwärter erscheinen.

Warschauer Pakt

Neben der Sowjetunion haben vier weitere Staaten des Warschauer Paktes eine Marine: Bulgarien, die DDR, Polen und Rumänien. Von besonderer Bedeutung sind die Flotten der DDR und Polens insofern, als sie die sowjetische Kontrolle über die

Ostsee und deren Benutzung erleichtern. Dieses Meer ist für die Sowjets wichtig im Hinblick auf die Leningrader Werften und die entsprechenden anderen Industrieanlagen, die bei einem längeren Konflikt von kritischer Bedeutung für die Sowjets wären, weil die Ostsee im Fall eines UdSSR-NATO-Konflikts eine Flanke sowohl an der nördlichen als auch der zentralen Front bilden würde.

Die Flotten der DDR und Polens werden zur Zeit modernisiert. Im Laufe des letzten Jahrzehnts hat die DDR drei Fregatten der *Koni*-Klasse und 16 Korvetten der *Parchim*-Klasse erhalten, und derzeit werden Flugkörper-Fahrzeuge der *Tarantul*-Klasse geliefert.

Polens Marine − nach der sowjetischen die größte innerhalb des Warschauer Paktes − wird in ähnlicher Weise verbessert. An die Stelle der veralteten *Whiskeys* werden Uboote der *Kilo*-Klasse treten, während zur Zeit ein neuer Fregatten-Typ und sowjetische *Tarantul*-Schiffe in Dienst gestellt werden.

Diese neuen Kampfschiffe stellen − zusammen mit den zahlreichen Landungsschiffen der DDR und Polens − auch weiterhin eine direkte Bedrohung für die NATO-Streitkräfte im Fall eines konventionellen Konflikts dar.

Europäischer NATO-Bereich

Wie bisher nehmen die britische und die französische Marine innerhalb der europäischen NATO-Seestreitkräfte in jeder Hinsicht eine beherrschende Stellung ein. Die neueste rückläufige Entwicklung der Royal Navy, die Ende der 70er Jahre eingesetzt hatte, wurde durch die Kampagne zur Rückeroberung der Falkland-Inseln (Malvinen) von den argentinischen Invasoren im Jahre 1982 zum Stillstand gebracht. Die Briten gewannen diesen Feldzug vor allem mit Glück und Geschick, wobei die allernotwendigste Mindestzahl von Schiffen und Flugzeugen eingesetzt worden sein dürfte, mit der eine derartige Leistung überhaupt zu verwirklichen ist.

Infolgedessen wurde der rückläufige Trend angehalten. Beispielsweise werden alle drei V/STOL-Flugzeugträger der *Invincible*-Klasse im Dienst bleiben (vorher sollte einer, oder gar zwei, ausrangiert werden). Außerdem werden nun neue Fregatten als Ersatz für die im Falkland-Konflikt verlorenen Zestörer und Fregatten − und sogar noch einige mehr − gebaut.

Die britischen Uboot-Programme werden zügig fortgesetzt; atomgetriebene Angriffs-Uboote und das neue Diesel-Elektro-*Upholder* sind im Bau. Ferner beabsichtigen die Briten den Bau von vier großen strategischen FK-Ubooten, die mit den amerikanischen *Trident*-D-5-Flugkörper (mit britischem Gefechtskopf) bestückt werden sollen. Diese SSBNs − mit einer Unterwasserverdrängung von mehr als 15.000 t − werden die größten Unterwasserschiffe sein, die außerhalb der US-amerikanischen und sowjetischen Werften gebaut worden sind. Noch bedeutsamer werden ihre Kosten sein, die sicherlich Kürzungen bei anderen britischen Marineprogrammen zur Folge haben werden.

Der Falkland-Krieg hat erneut gezeigt, daß landgestützte Flugzeuge der Flotte auf See keine wirksame, anhaltende Unterstützung leisten können. In derselben Weise, wie diese Erkenntnis die Briten zur Beibehaltung von allen drei neuen V/STOL-Trägern veranlaßte, hatte sie bei den Franzosen den Ausbau des Flugzeugträger-Programms zur Folge. Die 40.000 t große atomgetriebene *De Gaulle* ist zur Zeit im Bau und soll 1996 fertiggestellt sein. Dieses Schiff, das für 35 bis 40 Hochleistungsflugzeuge und -hubschrauber ausgelegt ist, wird das ältere Trägerschiff *Clemenceau* (1961 fertiggestellt) ersetzen. Als Ersatz für die *Foch* (1963 fertiggestellt) ist der spätere Bau eines zweiten atomar angetriebenen Flugzeugträgers geplant.

An Ubooten stehen zur Zeit bei der französischen Marine sechs atomgetriebene strategische FK-Uboote (SSBN) im Dienst, und mit dem Bau des siebten wurde vor kurzem begonnen. Aufgrund fortgesetzter Verbesserungsmaßnahmen bei von Uboo ten abgeschossenen ballistischen Flugkörpern ist diese Streitmacht zu einem wichti gen Faktor im Bereich der strategischen Waffen geworden. Gleichzeitig läuft in Frankreich ein Programm für atomare Angriffs-Uboote der *Rubis*-Klasse. Diese kleinsten der in Serie gebauten Atom-Uboote sind für die Verteidigung französischer SSBNs und für andere Gebietsoperationen (im Gegensatz zu Fernbereichseinsätzen) bestimmt. (Der *Rubis*-Konstruktionstyp hat die größten Aussichten darauf, von Kanada übernommen zu werden, *falls* dieses Land überhaupt Atom-Uboote beschaffen sollte.)

In Frankreich wird der Bau von zwei Klassen von Lenkflugkörper-Zerstörern – mit Möglichkeiten für den Einsatz gegen Luftziele und gegen Uboote – fortgesetzt, was zusammen mit einem neuen Fregattenprogramm sicherstellen wird, daß Frankreich bis weit in das 21. Jahrhundert hinein eine wichtige Seemacht bleiben wird.

In anderen europäischen NATO-Staaten sind die Flottenbauprogramme bescheidener als in Großbritannien und Frankreich. Besonders bedeutsam war hier die Fertigstellung des italienischen Flugzeugträgers *Giuseppe Garibaldi*. Zwar ist dieses 13.000 t schwere VSTOL-/Hubschrauber-Schiff klein, und es wurden keine Schwesterschiffe bewilligt, aber es nimmt eine bemerkenswerte Stellung als erstes größeres Flugzeugschiff in der Geschichte Italiens ein. Italien – das Heimatland des Fürsprechers für die Luftmacht, Giulio Douhet – war lange Zeit nach dessen Maxime verfahren, daß es „... eine einzige eigenständige Luftwaffe" geben müsse, „in der ausnahmslos alle im Lande verfügbaren Lufteinsatzmittel zusammengefaßt sein sollten". (Die Mißerfolge, welche die landgestützte italienische Luftwaffe im Zweiten Weltkrieg bei der Unterstützung der Marine erlebt hatte, führten zum Umbau von zwei großen Passagierschiffen zu Flugzeugträgern, aber keiner davon wurde vor der italienischen Kapitulation im September 1943 fertiggestellt.)

Die Konzeption des kleinen V/STOL-Trägers wird bei den Flotten mehrerer NATO-Staaten und Länder der Dritten Welt umfassend ausgeführt – z. B. wurde vor kurzem die spanische 15.000 t große *Principe de Asturias* fertiggestellt, und Indien kaufte den Briten die ältere *Hermes* ab (Veteran des Falkland-Krieges). Auch Argentinien und Brasilien setzen ehemals britische leichte Trägerschiffe mit konventionellen Flugzeugen ein, während in Japan die Frage von Flugzeugträgern irgendeines Typs auch weiterhin zur Diskussion steht (s. unten).

Kanada

Abgesehen von den Vereinigten Staaten ist Kanada das einzige Land der westlichen Hemisphäre, in dem ein größeres Flottenbeschaffungsprogramm durchgeführt wird. Von aktuellstem Interesse ist bei diesem Programm die Frage der Uboote. Nachdem die Kanadier lange Zeit britische Uboote (und früher auch ein US-Boot für Ausbildungszwecke) eingesetzt hatten, besitzen sie nun drei – in den 60er Jahren fertiggestellte – Schiffe der britischen *Oberon*-Klasse. Zur Zeit wird ein Programm für die Beschaffung atomar angetriebener Uboote aufgestellt, die in erster Linie den kanadischen Archipel zum Schutz vor eindringenden US-amerikanischen und sowjetischen Atom-Ubooten überwachen sollen. Es wird angenommen, daß der französische *Rubis*-Typ hier der aussichtsreichste Kandidat ist; nach einigen Quellen sollen sogar bis zu 12 Atom-Uboote vorgesehen sein!

Die wirtschaftlichen Gegebenheiten werden sicherlich eine geringere Anzahl vorschreiben, *falls* tatsächlich Atom-Uboote beschafft werden sollten. Auf jeden Fall wird Kanada zweifellos neue Uboote anschaffen; wenn diese nicht atomar sind, dann

dürfte – jedenfalls zum jetzigen Zeitpunkt – der schwedische Typ 47/1, den Australien gegenwärtig von der Kockums-Werft bezieht, der führende Kandidat sein.

Kanada baut auch eine neue Serie von Ubootbekämpfungs-Fregatten, während die
Zerstörer der *Iroquois*-Klasse (vier Schiffe, fertiggestellt 1972–1973) modernisiert
werden. Es sind zwölf Fregatten der neuen *Halifax*-Klasse geplant, sechs davon wurden bereits in Auftrag gegeben.

Mittlerer Osten – Nordafrika

Libyen erhält auch weiterhin sowjetische Rüstungslieferungen, darunter mindestens
sechs bereits in Dienst gestellte Uboote der *Foxtrot*-Klasse sowie Fregatten der *Koni*-
Klasse, FK-Korvetten der *Nanuchka*-Klasse und *Osa II*-FK-Fahrzeuge. Aber auch im
Westen wird eingekauft; so wurden z. B. zahlreiche in Frankreich gebaute FK-Schnell-
boote der *Combattante II*-Serie erworben.

Ferner besitzen die Libyer mehrere kleinere Küsten- und Kleinst-Uboote, die in
Jugoslawien gebaut wurden; und es halten sich Gerüchte, wonach der Transfer von
Ubooten der *Kilo*-Klasse aus der Sowjetunion bevorstehen soll. Allerdings könnten
im Anschluß an die US-Luftangriffe auf Libyen Beschränkungen in bezug auf den
künftigen Transfer solcher leistungsstarker Uboote eingeführt werden.

Weiter im Osten hat Syrien mindestens drei sowjetische Uboote der *Romeo*-Klasse
erhalten, womit dieser Verbündete an ein neues Niveau der Leistungsfähigkeit heran-
geführt wurde. Es gibt Meldungen, wonach auch Uboote der *Kilo*-Klasse an dieses
Land geliefert werden sollen. Ferner fand in letzter Zeit auch ein Transfer von FK-
Fahrzeugen der *Osa II*-Klasse statt. (Die größten syrischen Überwasserschiffe sind
zwei leichte Fregatten der *Petya*-Klasse.)

Südlich von Syrien befindet sich die israelische Marine in einer verworrenen Situation, während das wirtschaftlich stark geforderte Land versucht, sein militärisches
Potential zu steigern. Mit der Streichung des *Lavi*-Jägers israelischer Konstruktion im
Herbst 1987 sollten Mittel für die seit langem angestrebten Uboote und die *Saar V*-
Flugkörperkorvetten frei werden. Doch die Streichung des *Lavi* zog bei den stattdes-
sen beschafften US-amerikanischen F-16-Jägern höhere Kosten als erwartet nach sich,
während der Fall des amerikanischen Dollars (der einen großen Teil des israelischen
Verteidigungshaushaltes trägt) die Lage noch verschärft hat.

Israel hat sich darum bemüht, daß drei Uboote der *Dolfijn*-Klasse niederländischer
Konstruktion und eine Serie von *Saar V*-Korvetten in den Vereinigten Staaten gebaut
würden. Doch der unverständliche Widerstand des amerikanischen Chefs des Admiralstabes, Admiral James Watkins, gegen diesen Vorschlag zwang die Israelis, ein
deutsch-israelisches Uboot-Projekt in Erwägung zu ziehen, wobei die *Saar V*-Schiffe
in den Vereinigten Staaten (von Litton/Ingalls) gebaut werden sollen.

Die *Saar V* wird bei voller Ausrüstung eine Verdrängung von ca. 1.000 t haben. Ihre
Flugkörper-Bewaffnung wird jedes andere Schiff dieser Größenordnung übertreffen;
sie wird einen Hubschrauber mitführen. Voraussichtlich werden Reichweite und See-
tüchtigkeit bei schwerer See die hauptsächlichen Beschränkungen dieses Schiffes sein.
(Es sprach einiges dafür, daß – in dem Fall, daß die Israelis die *Dolfijn*s bei einer
US-Werft, die *nicht* Atom-Uboote baut, hätten in Auftrag geben dürfen – Südkorea
und möglicherweise auch Australien und Kanada diesem Beispiel gefolgt wären, was
der US-Schiffbauindustrie beträchtlichen Nutzen eingebracht hätte.)

Indischer Ozean – Persischer Golf

Im Rahmen dieses Artikels ist es nicht möglich, auf den Konflikt im Persischen Golf
einzugehen; es genügt festzustellen, daß die dortigen Ereignisse für mehrere Golf-

Staaten die Notwendigkeit einer kleinen, aber sehr leistungsstarken Flotte noch zwin gender gemacht haben. Allerdings wird es für die meiste Golf-Staaten überau schwierig sein, das ausgebildete Personal für diese Schiffe und für den Betrieb der landseitigen Marine-Führungs-/-Fernmeldezentren zu finden. Die einzige Möglich keit wird der weitere oder verstärkte Einsatz ausländischer Kräfte sein.

Mit dem ehemaligen Schah von Iran starb auch sein Plan, die größte Seestreit macht im Gebiet des Indischen Ozeans aufzubauen. Die iranische Marine der post revolutionären Zeit mußte etliche Verluste hinnehmen. Die Iraner haben mit der HDW in der Bundesrepublik Deutschland über den Bau von Ubooten verhandelt aber der Ausgang dieses Vorhabens ist ungewiß.

Inzwischen hat Indien die größte Marine innerhalb der Region des Indischer Ozeans aufgebaut. Schiffe (und auch Flugzeuge) der Flotte wurden hauptsächlich au der Sowjetunion und Großbritannien bezogen. Zwei ehemals britische leichte Träger schiffe werden durch *Kresta II*- und *Kashin*-Schiffe aus sowjetischer Produktion so wie durch auf indischen Werften gebaute Zerstörer und Fregatten ergänzt.

Zur Zeit umfaßt die indische Uboot-Flotte 18 Schiffe, die fertiggestellt bzw. noch im Bau sind. Dabei handelt es sich um acht sowjetische *Foxtrot*s, mindestens sech: – gebaute bzw. in Auftrag gegebene – sowjetische *Kilo*s sowie vier Schiffe vom Typ 1500, die zur Zeit bei HDW in Kiel gebaut werden.

Ferner Osten

Die beiden bedeutenden Seemächte im Fernen Osten sind (abgesehen von den dor präsenten Einheiten der US-amerikanischen und der sowjetischen Flotte) Japan und China. Vor kurzem hat die japanische Regierung ein 1.000-Meilen-Seeschutzgebiet eingerichtet und den Anteil des Verteidigungshaushalts am Bruttosozialprodukt leicht erhöht. Beide Maßnahmen waren umstritten, aber doch nicht in dem Maße, wie es die Frage der Flugzeug-Schiffe (d. h. Flugzeugträger) war. Mit der Ausweitung der für die Seestreitkräfte bedeutsamen Bereiche wird auch eine seegestützte Luftwaffe in stärkerem Maße notwendig. Doch das japanische Volk kann gegenwärtig eine der artige „aggressive" Maßnahme noch nicht akzeptieren.

Stattdessen setzen die Japaner den Bau von Ubooten, Zerstörern und Fregatter fort. Der Zerstörer der nächsten Generation wird möglicherweise mit dem amerikani schen *Aegis/SPY-1*-Luftabwehrsystem ausgestattet sein. Zwar ist dieses Programm wegen des Verkaufs von Fräsmaschinen für Schiffsschrauben durch die japanische Firma Toshiba an die Sowjetunion in Frage gestellt. Doch wird ein künftiges japani sches Kriegsschiff zweifellos mit dem *Aegis* ausgerüstet werden, da den Vereinigter Staaten daran gelegen ist, daß die Japaner ihr Streitkräftepotential steigern.

Auf der anderen Seite der Tsuschima- und Koreastraße fördert die blühende süd koreanische Wirtschaft ein Flottenmodernisierungsprogramm. Veraltete US-Zerstö rer werden nachgerüstet, und zwei Fregatten-Klassen werden zur Zeit auf südkoreani schen Werften gebaut. Ein 120 t schweres Küsten-Uboot soll gebaut worden sein, aber die wichtigste Frage im Uboot-Bereich ist der künftige Bau größerer Schiffe. Zur Dis kussion stehen bis zu 12 Diesel-Elektro-Angriffs-Uboote, als deren Hersteller wahr scheinlich die HDW in der Bundesrepublik Deutschland in Betracht kommt.

Es sind aber Verzögerungen eingetreten, und zwar weil Korea zunächst daran inter essiert war, die Schiffe in den Vereinigten Staaten bauen zu lassen, sowie aufgrund der politischen Unruhen in Südkorea und wegen des Bestrebens, vor den Olympi schen Spielen 1988 in Seoul Auseinandersetzungen zu vermeiden, nicht zuletzt auch weil HDW unerwartet die Kosten erhöht hat (vermutlich infolge des Nichtzustande kommens mehrerer Auslandsaufträge).

Von den Flotten in der Welt gibt selbstverständlich die chinesische die größten Rätsel auf. Die kürzlich zwischen China und den USA aufgenommenen militärischen Beziehungen hatten den Transfer verschiedener US-Waffentechnologien an China zur Folge; hierzu gehörten insbesondere der leichte Torpedo Mk 46 und die entsprechenden Sonar-Systeme. Diese werden zur Modernisierung der veralteten chinesischen Zerstörer und Fregatten beitragen. Aber es müssen neue Konstruktionsprinzipien übernommen werden. Beispielsweise liegt den Zerstörern der *Luda*-Klasse, die immer noch gebaut werden, das Konstruktionskonzept der sowjetischen *Kotlin* der frühen 50er Jahre zugrunde, und es fehlen ihnen wirksame Luft- und Ubootabwehr-Waffen.

Die chinesische Marine hat die drittgrößte Uboot-Flotte der Welt im Einsatz. Gegenwärtig umfaßt diese insgesamt ca. 110 Diesel-Elektro-Angriffs- (Torpedo-) und einige Atom-Uboote. Offensichtlich wird der sowjetische *Romeo*-Typ weitergebaut, außerdem auch die von diesem Typ abgeleitete *Ming*-Klasse, das atomare Angriffsuboot der *Han*-Klasse und das Atom-Uboot für ballistische Flugkörper der *Xia*-Klasse.

Die Chinesen können sich jedoch nicht den personellen und technologischen Aufwand für eine größere Atom-Uboot-Flotte − insbesondere eigene Konstruktionen − leisten. Diese Ressourcen sollten vielmehr für eine fortentwickelte Diesel-Angriffskonstruktion und eine neue Klasse von Überwasser-Kampfschiffen eingesetzt werden.

Zwar kommt die Marine bei den chinesischen Streitkräften (die sämtlich modernisiert werden müssen) erst an dritter Stelle, aber die lange Küste des Landes und seine Grenzen zu Vietnam und Nordkorea (in erster Linie von der Sowjetunion abhängig) dürften die Bereitstellung beträchtlicher Mittel für die Modernisierung der Seestreitkräfte erforderlich machen.

Australien

Die australische Marine steht mitten in der Durchführung eines größeren Nachrüstungsprogramms, das Uboote, Fregatten und Minenräumfahrzeuge umfaßt. Was fehlt, sind Flugzeugträger, nachdem der leichte Träger *Melbourne* 1983 ausrangiert wurde. Die Australier hatten beabsichtigt, dieses Schiff durch einen Hubschrauberträger der *Tarawa*- (LHA-1-) oder *Iwo Jima*- (LPH-2-) Klasse oder ein britisches Hubschrauberschiff der *Invincible*-Klasse zu ersetzen. Doch letzten Endes wurde überhaupt kein Trägerschiff angeschafft, und die australische Marine ist nun auf eine landgestützte Marineflieger-Unterstützung − mit Ausnahme von bordgestützten Hubschraubern − angewiesen. Auf See wollen die Australier ein Uboot schwedischer Konstruktion als Nachfolger für die sechs zur Zeit im Dienst stehenden britischen *Oberon*-Diesel-Uboote einsetzen. Sowohl Großbritannien als auch die Bundesrepublik Deutschland hatten sich den Zuschlag dieses begehrten Auftrages erhofft. (Die Australier haben die britischen wie auch die deutschen Konstruktionsentwürfe stark kritisiert.)

Die drei Zerstörer der US-amerikanischen *Charles F. Adams*- (DDG-2-) Klasse bei der australischen Flotte werden durch sechs Ubootabwehr-Fregatten der amerikanischen *Oliver Hazard Perry*-Klasse ergänzt, von denen vier bereits in den Vereinigten Staaten gebaut wurden und zwei zur Zeit im Bau sind.

Diese Schiffe, die zusammen mit in Australien gebauten Wachbooten und einer neuen Klasse von Katamaran-Minenräumfahrzeugen eingesetzt werden, stellen die Flottenunterstützung für die Verteidigung Australiens und die australischen Interessen in Südostasien sicher.

Die oben beschriebenen Entwicklungen wie auch die große Anzahl weiterer Marine und Küstenwachen, die Schiffe und kleine Fahrzeuge anschaffen, lassen klar erke nen, daß die Notwendigkeit von Seestreitkräften bei vielen Staaten der Welt auch we terhin durchaus verstanden wird. Allerdings werden einige Länder nicht in der La sein, eine für einen möglichen Konflikt oder eine Krise erforderliche Marine zu unte halten.

Der Verfasser dankt Herrn Dr. Scott Truver und Herrn Steven Llanso für ihre Hil bei der Ausarbeitung dieses Artikels.

Norman Polma

Herausgeber von *The Ships and Aircraft of the U. S. Fle*
und *Guide to the Soviet Nav*

World Navies, 1988

There is considerable activity in the world's navies in the late 1980s. Large numbers of surface ships, small craft, and submarines are being designed and built while older ships are being modernized.

For most nations the shipbuilding (and some modernization) programs are caused by the traditional needs of protecting maritime trade, threats from other nations in their areas, and the retirement in the 1980s of many World War II-era ships. There are thus several causes of the particularly high level of ship design and construction activity at this time. These have been reinforced by the Argentine and subsequent British landings in the Falklands in 1982, the U. S. amphibious assault on Grenada in 1983, and the U. S. carrier-based air strikes against Libya in 1986, as well as other naval operations which have continued to demonstrate the continuing value of naval forces.

United States

The causes of the major naval activity in the United States and Soviet Union are more complex – and possibly less stable. In the wake of the Soviet invasion of Afghanistan and the holding of the American embassy staff as hostages in Teheran, the Reagan Administration entered the White House in 1981 on a "rearm America" platform. Under the aggressive and knowledgeable Secretary of the Navy John Lehman, a large naval rejuvenation program was undertaken.

In the decade after the Vietnam War the active U. S. fleet had declined from more than 1,000 ships to just over 400. Setting the goal of a 600-ship fleet, Lehman actually sought to develop his kind of fleet – gaining funds from the Congress to build two 95,000-ton *Nimitz* (CVN-68)-class aircraft carriers in one year and recommissioning of all four of the mothballed *Iowa* (BB-61)-class battleships. Further, just before leaving the position of Secretary of the Navy in early 1987, Mr. Lehman gained Administration approval to request from Congress the initial funding for subsequent construction of another two *Nimitz*-class carriers. (These would be No. 7 and No. 8 of the *Nimitz* design.) Under this program the Navy would maintain 15 first-line aircraft carriers in commission for the foreseeable future.

Also under Mr. Lehman's tenure, major programs were initiated in two other areas – naval aviation and submarines. Whereas the previous Carter Administration had sought a cutback in naval aviation strength (and a carrier force of 12 ships), Mr. Lehman directed the procurement of essentially all alternatives: The F-14 Tomcat fighter, which is belatedly being upgraded in the F-14 D version; large-scale procurement of the F/A-18 Hornet strike-fighter; continued procurement of the A-6 E Intruder, with the improved A-6 F version of this all-weather attack plane being developed; and, for the Marine Corps, the AV-8 B Harrier II VSTOL attack aircraft.

With respect to submarines, Mr. Lehman decided to develop the improved Trident D-5 missile for the Trident strategic missile submarines. This weapon will provide increased range and survivability for this most-survivable component of U. S. strategic forces. However, the future of the strategic submarine force is in question as the United States approaches its arms agreement limitations with respect to the number of individual strategic warheads.

Fourteen of the new, *Ohio* (SSBN-728) Trident submarines are in service or under construction. While at least six more are planned, their large number of missiles (24 per submarine) and warheads (up to 10 per missile), the force now being built would be tallied as 3,360 warheads under current arms counting methods. The current political pressure in the United States for arms agreements could find that number

of warheads beyond a "fair share" for the Navy SSBNs and reductions will probab
be imposed upon the U. S. sea-based strategic force.

With respect to attack submarines, the now-planned *Seawolf* or SSN-21 class ha
emerged as one of the most controversial ship programs in recent memory. Th
SSN-21 program was initiated in 1982 at the direction of the then new Chief of Nav
Operations, Admiral James Watkins. At that time, Western intelligence was ju
learning the details of several new Soviet submarines — the Akula, Sierra, Oscar
whose low noise level and certain other characteristics were unexpected by Wester
naval leaders. In addition, the high expected cost of the SSN-21, on the order of $ 1
billion per submarine *in series production,* will probably be unpalatable to the U.
Congress, especially when the Navy has declared that 100 attack sumarines is th
minimum force level goal. (This writer believes that 150 nuclear-propelled attack
cruise missile submarines is a more realistic number in consideration of national r
quirements.)

The submarine issue is particularly crucial. Admiral Carlisle A. H. Trost, the Chi
of Naval Operations since 1986, has stated that the Soviet submarine threat "is a
vancing at a rate greater than our current ability to counter that threat." U. S. attac
submarines are a primary anti-submarine weapon and the SSN-21 class will not pr
vide the numbers and possibly not the capabilities needed to counter the Soviet sub
marine force and the increasing Third World naval threats to U. S. interests.

The ambitious Reagan Administration shipbuilding program is already in troubl
An early manifestation of this situation was the virtual rejection of the new *Arleig
Burke* (DDG-51) destroyer program. In November 1987, the Congress stopped pr
curement of these ships after only three had been approved in previous programs. Th
Carter Administration had proposed a 53-ship DDG-51 program: the Lehma
600-ship navy called for 63 of these ships. But after criticism of these ships' lack (
full helicopter facilities (i. e., no hangar) and relatively high cost, the Reagan A
ministration announced a 29-ship program, after which a new design would be p
forward.

But Congress has now refused even that reduced program. Instead, Congress
funding in full the 9,500-ton Aegis missile cruisers of the *Ticonderoga* (CG-47) clas
These ships are the most capable surface warships in the West, having impressiv
capabilities in all warfare areas.

The delay in destroyer procurement will force the continued and increased use (
the 51 new *Oliver Hazard Perry* (FFG-7)-class frigates in fleet support roles. Howeve
those ASW ships, which are belatedly becoming effective ASW units with the
SH-60 B helicopters and towed sonar array, cannot effectively support carrier or su
face action groups.

The future is neither clear nor encouraging for the U. S. Navy. With the steppir
down of Secretary Lehman the Navy lost a powerful and vocal advocate. His su
cessor, former Marine James Webb, lacks political support, while the entire defens
budget is coming under fire. First, the massive U. S. budget deficit and the expens
cutting legislation known as Gramm-Rudman-Hollings means that there will be le
defense funding in general. Second, Secretary Lehman's attitudes and methods of a
complishing his goals alienated many senior naval officers as well as officials of th
other services, all of which is serving to break down the Lehman plan. Indeed, withi
the other services there is somewhat of a "now it's our turn" attitude after M
Lehman's successes. Third, there is a presidential election in 1988. A Republican su
cessor to Mr. Reagan will not have the popular support for a large defense program
a Democratic president would surely reduce defense funding. For all of these reaso
the U. S. ship construction rates of the 1970s and 1980s are unlikely to continue.

A related situation is the rapid decline of the U. S. shipbuilding industry. This sector of the defense industry had not been in good health for many years. However, the arduous competition engendered by the Lehman policies have driven several significant yards out of the shipbuilding business, among them the General Dynamics yard at Quincy, Mass.; the Todd Shipyards at Long Beach, Calif., and Seattle, Wash., and the Lockheed yard at Seattle. Although the Bath Iron Works yard in Maine became the second source for the *Ticonderoga* Aegis cruisers and lead yard for the *Arleigh Burke* destroyers, problems with both ship types make even the future of that yard doubtful.

Probably the only three major yards in the United States that will continue to show profits in at least the near future are Newport News Shipbuilding in Virginia (nuclear carriers and submarines), the Litton/Ingalls yard in Pascagoula, Miss. (cruisers, helicopter carriers), and General Dynamics/Electric Boat at Groton, Conn. (submarines). Several small yards are also threatened, although a number of these will survive.

Another concern for the future of the Navy is personnel. The increasing complexity of warships occurs at the same time that there is an increase in the demand for skilled professionals in the American economy, a situation which is not limited to the United States. Moreover the U. S. all-volunteer services are faced with a declining population with respect to entry-level males. While large numbers of females are being recruited, their use is limited because the Congress has refused to let them serve in warships.

Finally, the U. S. Navy has failed miserably in the field of small combatants. An attempt to develop an air cushion minesweeping craft (MSH-1) has failed completely, as has a small patrol craft (the Sea Viking series). A larger minesweeper design, lead by the *Avenger* (MCM-1), has suffered numerous technical failures and a delay of more than two years.

These problems are due primarily to a simple lack of interest in small combatants by the U. S. Navy and a refusal to simply adopt foreign designs. The mine threat – from the Soviet Union as well as the Third World – and the need for small craft in the Persian Gulf demonstrate that even the United States has a need for these craft.

The coming years will be a considerable challenge to the U. S. Navy's leadership. The challenge must be met because use of the seas are of increasing importance to the United States.

Soviet Union

The naval situation with respect to the Soviet Union is even more complex. Under the astute leadership of Admiral S. G. Goshkov, commander in chief of the Soviet Navy and a deputy minister of defense from 1956 to 1985, the Soviet fleet moved from a regional *(not coastal)* defensive force to a truly world-class navy.

From the mid-1950s the Soviet Union has built successive series of larger and more advanced surface warships and submarines. For example, the 17,000-ton helicopter carriers of the *Moskva* class were succeeded by the VSTOL aircraft carriers of the *Kiev* class, at almost 40,000 tons the largest warships yet built in the Soviet Union. Two larger, perhaps 70,000-ton, nuclear-propelled aircraft carriers of the *Leonid Brezhnev* class are now under construction.

The latest ships will probably operate VSTOL and STOL aircraft. The lead unit has a ski-ramp for launching aircraft, but later ships are expected to have catapults.

At the same time, two modern missile cruiser series are under construction, the *Kirov*s and *Slava*s, and two advanced destroyer classes, the *Sovremennyy* and *Udaloy*.

These ships compare favorably with their Western contemporaries, with the *Kirov* 28,000 tons the largest warship built since World War II by any nation, except for a craft carrierrs. In the surface warship category, construction also continues of seve classes of small combatants (up to some 1,000 tons).

Also, the Soviets are making significant progress in the development of a phibious assault capabilities in regional sea areas. This effort includes the continu production of advanced air cushion landing craft, the latest being the Pomorn class, and the Orlan Wing-In-Ground effect (WIG) vehicles. The latter resemb seaplanes, but operate at altitudes of perhaps 100 feet; the Orlan, with turbopr engines, is an amphibious assault craft, capable of carrying troops and light vehicl Several Orlan assault craft are believed to be operational. (A version with anti-sh missiles, reportedly the SS-N-22, is in development.)

Addressing submarines, the Soviet Union is still the world leader with regard numbers of submarines, production rates, and possibly technology. Today the USS has approximately 385 submarines in sservice (compared to 137 in the U. S. Navy These range from specialized salvage and target submarines, to the massive Typhoo class strategic missile "boats" − at over 25,000 tons submerged displacement t largest undersea craft ever constructed.

Of more concern to Western naval leaders than numbers and size are the implic tions of current Soviet design concepts and technology. According to then-Assiste Secretary of the U. S. Navy for research, Mr. Melvyn Paisley, "The Soviet submari technological advances for quieting, strengthened double hulls, higher speed, high reserve buoyancy, and deeper operation are advances which are by and large n stolen or bought from the United States. Some technologies are Soviet design de sions which are different from our decisions. Other technologies are the result Soviet engineered high power density material and high strength hull material. T Soviets are ahead of the U. S. in these technologies.

It is difficult to make direct comparisons of U. S. and Soviet submarine capabi ties. Soviet submarines are faster, diver deeper, generally carry a heavier weapo payload, and are more survivable than their U. S. counterparts. Other issues are le clear; for example, the Soviets have long used anechoic tiles on their submarines reduce the effectiveness of enemy torpedoes and submarines, and of late their su marines are fitted to spread polymers over their hulls, possibly to reduce acoust vulnerability as well as increase their speed.

While the U. S. Navy has long led in submarine quieting and passive acoustic dete tion, the noise levels of recent Soviet submarine classes, especially the Akula, ha been reduced significantly; in turn forcing more use of active detection technique further confusing the submarine/anti-submarine picture. As Admiral Trost has sta ed, anti-submarine warfare has become the highest priority in U. S. naval operation

Beyond the several new submarine designs observed in the early 1980s, there evidence of still additional classes in the offing. In particular, a new cruise missi submarine is believed under construction to carry the SS-N-21 land-attack crui missile, a Soviet copy of the U. S. Tomahawk cruise missile. (Like the nuclear-wa head, land-attack Tomahawks in U. S. attack submarines, this weapon further cor plicates arms control discussions.)

The Soviets continue to produce significant numbers of diesel-electric submarin for their own use as well as foreign transfer. The current Kilo design is in productio in no less than three shipyards, indicating that the craft may be intended to repla the long-serving, medium-range Whiskey and Romeo classes. These submarines well as the large number of Foxtrot and Tango classes in service create a considerab threat to Western maritime activity.

Will the Soviet Union continue this pace of naval development? The Soviet econo-
y has major problems which can only be partially remedied by Mr. Gorbachev's
rrent program. While the military establishment is expected to continue to receive
hest priority within the economy, the Navy must be considered the least equal
ong the services. The on-going strategic, aviation, and ground forces moderniza-
n will undoubtedly force reductions in naval programs. The amount and areas of
ch cutbacks can only be speculated upon in the West.

Further complicating the situation is the Soviet concept of full employment, which
eans that shipyards and supporting industries will be kept at near full production
es. How can this be accomplished within the context of a naval cutback? In 1954
when the Stalin shipbuilding program was decimated – yards that had been
ilding cruisers and destroyers were turned to constructing merchant ships. Certain-
this could occur again, although the current rate of merchant ship building in the
SSR and other Eastern Bloc countries would make this capacity superfluous. Alter-
tively, the Soviets could cease building amphibious and auxiliary ships in Poland
d move that work into Soviet yards, albeit with major economic consequences for
e Poles.

Rather, a general slowdown of naval construction seems probable – *except* in the
ea of submarines. The submarine is certainly the capital ship of the Soviet Navy
reality, if not by definition. A slowdown in surface warship construction would
obably not affect the submarine program and may well permit some acceleration.
he world-wide operations of the Soviet Navy from the 1960s onward have certainly
monstrated to the nation's leadership the value of sea power. However, there are
any demands within Soviet society for resources and trained manpower, and the
avy will rank low in priorities compared to other components of society and the
med forces. The notable exception undoubtedly will be the Soviet submarine force.

Manpower availability is a key factor in the Soviet fleet as well as in the Western
vies. While the Soviets do conscript for the Navy, and for an enlisted man it is for
ree years if aboard ship compared to two years in the other services, the Navy can-
t retain enlisted men for more than the initial three years. The best and brightest
n be offered promotion to warrant officer *(michman)*. The warrants and the of-
ers are the technical backbone of the Soviet Navy and provide "hands on"
chnical managment. But as in the West (and Third World) there are increasing
mands for men (and women) with technical skills, and the Soviet enlisted man who
mpletes three years of technical training and service will find the civilian world
nerally more attractive than a several-year commitment as a warrant officer.

arsaw Pact

ur non-Soviet Warsaw Pact nations – Bulgaria, East Germany, Poland, and
mania – have navies. Those of East Germany and Poland are particularly signifi-
nt in that they facilitate Soviet control and use of the Baltic Sea. That sea is impor-
nt to the Soviets because of the Leningrad shipyards and related industries, which
uld be critical to the Soviets in a sustained conflict, because the Baltic forms a
ank for both the northern and central fronts in the event of a Soviet-NATO conflict.
Both the East German and Polish navies are being modernized. Over the past
cade the Germans have received 3 Koni-class frigates and 16 of the *Parchim*-class
rvettes and now the Tarantul-class missile craft are being provided.

Poland's navy, the largest non-Soviet Warsaw Pact fleet, is similarly being upgrad-
. Kilo-class submarines will replace the outdated Whiskeys, while new frigate
sign and Soviet Tarantuls are entering service.

These new combat ships, plus the large numbers of landing ships in the East G
man and Polish fleets, continue to present a direct threat to NATO forces durin
conventional conflict.

European NATO

The British and French navies continue to dominate European NATO mariti
forces in all respects. The Royal Navy's most recent decline, which had started in
late 1970s, was arrested by the campaign to recapture the Falklands (Malvinas) fr
Argentine invaders in 1982. The British won that campaign mainly by skill and lu
with probably the barest minimum number of ships and aircraft that could have
complished that feat.

As a result, the decline has been arrested. For example, all three VSTOL aircr
carriers of the *Invincible* class will be kept in service (previously one and just possi
two were to be sold off). In addition, new frigates are being built to replace the
destroyers and frigates lost in the Falklands, with a slight increase in numbers.

The British submarine programs continue apace, with nuclear-propelled atta
submarines and the new diesel-electric *Upholder* on the building ways. The Brit
are also planning to construct four large strategic missile submarines to carry
American Trident D-5 missile (with a British warhead). These SSBNs, which v
displace over 15,000 tons submerged, will be the largest undersea craft built outsi
of U. S. and Soviet shipyards. More significant will be their cost which will u
doubtedly cause reductions in other British naval programs.

The Falklands War once again demonstrated that land-based aircraft cannot pi
vide effective, continuous support for naval forces at sea. In the same manner th
this lesson led to British retention of all three new VSTOL carriers, the lesson re
forced the French aircraft carrier program. The 40,000-ton, nuclear-propelled
Gaulle is under construction with a planned 1996 completion. This ship, designed
operate 35 – 40 high-performance aircraft and helicopters, will replace the older ca
rier *Clemenceau* (completed in 1961). A second nuclear carrier is planned for su
sequent construction to replace the *Foch* (completed in 1963).

In the submarine category, the French Navy now has six nuclear-propelled strateg
missile submarines (SSBN) in service with a seventh having just begun constructic
Continued improvements of submarine-launched ballistic missiles has made th
force a major factor in strategic weapon considerations. At the same time, France h
a nuclear attack submarine program underway in the *Rubis* class. These are t
smallest series-produced nuclear submarines planned, being intended for the defer
of French SSBNs and other *area*, as contracted with *long-range* missions. (The *Rut*
design is the prime candidate for adoption by Canada *if* that nation procures nucle
submarines.)

The construction of two classes of guided missile destroyers – with anti-air a
anti-submarine specializations – continues in France which, with a new frigate pi
gram, will insure that France will remain a major naval power well into the 21
century.

The naval construction programs in other European NATO nations are more cc
strained than those of Britain and France. Of considerable significance has been coi
pletion of the Italian aircraft carrier *Giuseppe Garibaldi*. This 13,000-ton VSTOI
helicopter ship, although the ship is small, with no sister ships approved,
remarkable as the first major aviation ship in Italy's history. The homeland of a
power advocate, Giulio Douhet, Italy had long followed his dictum that there shou
be ". . . a single independent air force to include all the aerial resources available

e nation, none excepted.'' In World War II the failures of the land-based Italian
r force to support the Navy led to the conversion of two large liners to aircraft car-
ers, but neither was completed before the Italians capitulated in September 1943.
The small, VSTOL carrier concept is being proliferated in several NATO and Third
'orld navies, with the recently completed Spanish 15,000-ton *Principe De Asturias,*
id India having recently procured the older *Hermes* from Britain (veteran of the
alklands War). Argentina and Brazil also operate former British light carriers with
inventional aircraft while the subject of aircraft carriers of some type remains a sub-
ct of discussion in Japan (see below).

anada

eyond the United States, the only nation in the Western Hemisphere with a major
aval procurement program underway is Canada. The most newsworthy aspect of the
anadian program is the issue of submarines. Long having used British submarines
lus one U. S. boat for training in the past), the Canadians now have three British-
ailt *Oberon*-class boats completed in the 1960s. A program is being developed to
'ocure nuclear-propelled submarines, primarily to patrol the Canadian Archipelago
gainst incursions by U. S. and Soviet nuclear submarines. The French *Rubis* is believ-
d to be the leading candidate for this role, with some reports citing a force of as
any as 12 nuclear submarines!
The realities of economics will certainly reduce this number *if* nuclear submarines
e indeed procured. In any event, Canada will certainly procure new submarines; if
ot nuclear, then the leading candidate, at this writing, would appear to be the
wedish Type 47/1, which Australia is now procuring from the Kockums shipyard.
Canada is also building a new series of ASW frigates while modernizing the
oquois-class destroyers (four ships were completed, 1972–1973). Twelve of the new
'alifax-class frigates are planned, with contracts already awarded for six ships.

liddle East - North Africa

ibya continues to be the recipient of Soviet arms transfers, with at least six Foxtrot-
ass submarines in service as well as Koni-class frigates, Nanuchka-class missile cor-
ttes, and Osa II missile craft. Also buying from the West, large numbers of French-
ailt patrol/missile craft of the Combattante II series have been acquired.
The Libyans also have several smaller, coastal and midget submarines built in
igoslavia, and rumors persist of the pending transfer of Kilo-class submarines from
e Soviets. However, following the U. S. air strikes against Libya, there may be
straints on future transfers of such capable submarines.
Farther east, Syria has received at least three Soviet Romeo-class submarines, in-
oducing a new level of capability to that ally of the Soviet Union. There are reports
` the future transfer of Kilo-class submarines to that nation as well. Other recent
ansfers to Syria have been Osa II-class missile craft. (The largest Syrian surface
aits are two Petya-class light frigates.)
South of Syria, the Israeli Navy is in a state of confusion as that economically
rained nation attempts to upgrade its military capabilities. The cancellation of the
raeli-designed Lavi fighter in the fall of 1987 was to have freed up funds for long-
iught submarines and the Saar V missile corvettes. But, cancellation of the Lavi has
iught on higher-than-expected costs of substitute U. S. F-16 fighters, while the drop
` the American dollar (which pays for much of the Israeli defense budget has further
implicated issues).

Israel had sought to build three *Dolfijn*-class submarines of Dutch design in th
United States and a series of Saar V corvettes in the United States. However, the irr
tional opposition of the U. S. Chief of Naval Operations, Admiral James Watkir
to that proposal forced the Israelis to consider a German-Israeli submarine proje
with the Saar V craft to be built in the United States (by Litton/Ingalls).

The Saar V will displace approximately 1,000 tons full load. Its missile armame
will be superior to any other ship of that size; a helicopter will be embarked. Tl
ship's principal limitations are expected to be range and rought-sea stability.

(Had the Israelis been allowed to construct the *Dolfijn*s in a U. S. shipyard *n*
building U. S. nuclear submarines, there were indications that South Korea an
possibly Australia and Canada would have followed, a considerable boon to the U.
shipbuilding industry.)

Indian Ocean - Persian Gulf

While it is beyond the scope of this essay to address the Persian Gulf conflict, it
enough to say that events there have reinforced the requirement for several gulf sta
to have small but highly capable naval forces. However, most gulf states will be ha
pressed to find the trained men to man these craft and operate naval command/cor
munications centers ashore. The only alternative will be to continue or increase tl
use of foreign forces.

The late Shah of Iran's plan to have the largest naval force in the Indian Oce
region died with him. The post-revolutionary Iranian Navy has suffered sever
losses. The Iranians have negotiated with HDW in West Germany for the constru
tion of submarines but the status of this agreement is in doubt.

Meanwhile, India has built the largest navy to the Indian Ocean region. Naval shi
(and aircraft) have been procured from primarily the Soviet Union and Britain. Tw
former British light carriers are being supplemented by Soviet-built Kresta II an
Kashin ships, plus destroyers and frigates from Indian shipyards.

The Indian submarine force is now listed as 18 units built and under constructio
These are eight Soviet Foxtrots with at least six Soviet Kilos built and on order, pl
four Type 1500 being built by HDW at Kiel.

Far East

The two major naval powers in the Far East (beyond the deployments of the U. S. an
Soviet fleets) are Japan and China. The Japanese government has recently adopte
a 1,000-mile maritime protection zone and made marginal increases in the allotme
of the gross national product devoted to defense. Both moves were controversial, b
not as controversial as the issue of aviation ships (i. e., aircraft carriers). With the e
tension of naval areas of interest, there is an increasing need for sea-based aviatio
The Japanese people, however, are not yet ready to allow such an "aggressive" mov

Instead, the Japanese continue to build submarines, destroyers, and frigates. Tl
next-generation destroyer may have the U. S. Aegis/SPY-1 anti-air system. While th
program is now in some jeopardy, because of the sale of propeller milling machin
to the Soviet Union by the Japanese firm Toshiba, a future Japanese warship will u
doubtedly be fitted with Aegis as the United States seeks to have the Japanese i
crease the capability of their armed forces.

Across the Tsushima-Korean Straits, the thriving South Korean economy is su
porting a naval modernization program. Outdated U. S. destroyers have been upgra
ed, and two classes of frigates are under construction in South Korean shipyard

coastal, 120-ton submarine is reported to have been built, but the major submarine ue is the future construction of larger units. Up to 12 diesel-electric attack sub-arines are being considered, with HDW in West Germany as the probable source. Delays have been incurred: because of initial Korean interest in building the craft the United States, the political unrest in South Korea, the desire to avoid controver-before the 1988 Olympic games in Seoul, and HDW having unexpectedly increased costs (apparently a result of the loss of several foreign contracts).

China, of course, is the major enigma of the world's navies. The recently establish-Chinese-U. S. military ties have resulted in the transfer of several U. S. weapon hnologies to China, especially the Mk 46 lightweight torpedo and associated sonar stems. These will help to modernize the outdated Chinese destroyer and frigate rce. But new designs must be adopted. For example, the Luda-class destroyers, ich are still being built, are based on the Soviet Kotlin design of the early 1950s d lacks effective anti-air and ASW weapons.

The Chinese Navy operates the world's third largest submarine force. The current rce totals some 110 diesel-electric attack (torpedo) submarines plus a few nuclear its. Construction apparently continues of the Soviet Romeo design as well as the meo-derived Ming class, the Han-class nuclear attack submarine, and the Xia-ss nuclear ballistic missile submarine.

The Chinese, however, cannot afford the manpower and technology for a signifi-nt nuclear submarine force, especially of indigenous designs. Rather, those sources should be applied to an advanced diesel attack design and a new class of rface combatants.

While the navy ranks third among the Chinese armed forces − all of which are need of modernization − the nation's long coastline and its borders with Vietnam d North Korea, primarily a Soviet client, should require a significant allocation of odernization funds to naval forces.

ustralia

ie Australian Navy is in the midst of a major rearmament program that includes bmarines, frigates, and minesweepers. The major component missing is aircraft rriers; the light carrier *Melbourne* having been discarded in 1983. The Australians d planned to replace that ship with an American-built helicopter carrier of the *rawa* (LHA-1) or *Iwo Jima* (LPH-2) class, or a British *Invincible*-class helicopter ip. In the event, no carrier was purchased, and maritime air support for the ustralian Navy is now land based, except for shipboard helicopters.

At sea, the Australians have decided on a Swedish-designed submarine to replace e six British-built *Oberon* diesel submarines now in service. Both Britain and West ermany had hoped for that coveted contract. (The Australians strongly criticized oth the British and German designs.)

The three U. S. *Charles F. Adams* (DDG-2)-class destroyers in Australian service e being supplemented by six U. S. *Oliver Hazard Perry*-class ASW frigates, four aving been built in the United States and two now under construction "down under". hese ships, operating with Australian-built patrol craft and a new class of atamaran minesweepers, will provide naval support for Australian defense and inter-ts in Southeast Asia.

ie above-described developments, plus the many other navies and coast guards that e buying ships and small craft, demonstrate a continued understanding among the orld's many nations of the need for naval forces. However, several nations will not be able to support the navies they need until a conflict or crisis occurs when they need those forces.

The author is grateful to the assistance of Dr. Scott Truver and Mr. Steven Lla in preparing this essay.

Norman Poln
Editor, *The Ships and Aircraft of the U. S. F*
and *Guide to the Soviet N*

Anzahl - Art / Number - Group	Schiffsnamen und Stapellauf / Ship's Name and Launching	Baubeginn - Fertig - Umbau / On Keel - Completed - Conv.	Bauwerft / Builder	Wasserverdrängung / Displacement ts	Länge / Length m	Breite / Beam m	Tiefgang / Draft m	Besatzung / Be

Ägypten / Egypt

Zerstörer / Destroyer

1 DD o	**El Fatih** (ex Zenith)	1944	42/44 64	Denny, Dumbarton	1710 2530	110	10.9	3.5	2

Fregatten / Frigates

2 FG o	**El Nasser, Najim Al Zafir**	~1982	./85 84	Jiangnan, Shanghai	1570 1900	103	10.2	3.1	1
2 FG o	**El Aboukir** (ex Serviola) **El Sues** (ex Centinela)	1980 1979	79/84 78/84	Bazan, Ferrol Bazan, Ferrol	1360 1560	88.9	10.4	3.7	1

Uboote / Submarines

4 SS o	**831, 842, 852, 862**	~1975-82	./83 84	China	1320↑ 1712↓	76.6	6.7	5.5	
4 SS o	**834, 837, 840, 843**	~1960	.	USSR	1330↑ 1700↓	77.0	6.7	5.5	
3 SS o	**810, 816, 819**	~1953	.	USSR	1080↑ 1350↓	76.0	6.7	4.9	

Minensucher / Minesweepers

4 MB o	**Azwan, Giza, Qena, Sohag**	~1965	.	USSR	400 460	52.0	9.3	2.0	
2 MS o	**El Fayuh, El Hanufieh**	~1945	.	USSR	146 160	38.0	5.8	1.6	

Kleine Kampfschiffe / Small Fighting Vessels

6 PG o	**Hettein, Badr, El Yarmouk, El Kadesseya, Khyber, RAMADAN**	1979-81	78/81 80/82	Vosper Thornycroft	260 310	52.0	7.6	1.9	
7 PG o	**631, 633, 635, 637, 639, 641, 643**	~1965	.	USSR	175 210	40.0	8.1	2.0	
6 PG o	**401–406**	.	./84	China	68 75	26.8	5.5	1.2	
6 PG o	*Oktober Klasse* **783, 785, 787, 789, 791, 793**	~1975	./81 /82	Ägypten/Egypt	70 80	25.6	6.2	1.5	
8 PC o	**El Nour, El Hady, El Hakim, El Wakil, El Salam, I–III**	1982-83	./83 84	China	375 400	59.0	7.3	2.4	
4 PC o	**I–IV**	~1975	.	China	120 155	38.8	5.5	1.7	
6 PP o	**310, 321, 332, 343, 354, 365**	~1963	.	USSR	145 160	36.0	7.5	1.5	

Bewaffnung / Armament	Sensoren-Elektronik / Sensors-Electronic	Geschwindigkeit / speed kn	Antrieb / Propulsion Maschine / Kessel / Engines / Boilers / Masch	Leistung/Power kW 1 kW = 1.36 PS	Fahrstrecke / Range sm	Sonstige Angaben / Remarks

Ägypten / Egypt

Bewaffnung / Armament	Sensoren-Elektronik	Geschwindigkeit	Antrieb / Propulsion	Leistung/Power	Fahrstrecke / Range	Sonstige Angaben / Remarks
11.4, 6-4, TR 53.3 IIII, 4		36.7	Parsons Tu 3 Wr	29420 2	2800 20	Typ brit. ZC
FL-1 -2, 4-5.7 2, 2-3.7 2, RBU 1200, 2 ,		28.0	Pielstick-DM	17650 2	4000 15	Typ chin. Jianghu
Harpoon , 1-7.6, -4, 1 Albatros 8, UTR 32.4 III, 1 2		26.0	4 MTU-DM	12880 2	4000 18	Typ span. Descubierta
TR↓ (6 b 53.3, h 40.6)		17.0↑ 14.0↓	DM EM	2940 3970 2	14000 9	Typ USSR Romeo. Werden modernisiert / to be modernized
TR↓ (6 b 53.3, h 40.6)		15.0↑ 13.0↓	DM EM	2940 4410 2	14000 9	Typ USSR Romeo. Werden überholt / to be updated
TR↓ (4 b 53.3, h 40.6)		18.0↑ 15.0↓	DM EM	2940 2940 2	13000	Typ USSR Whiskey
-3 2, 10		16.0	DM	2940 2	3200 10	Typ USSR Yurka
-4.5, 4-1.3 2		12.5	DM	1060 3	2200 10	Typ USSR T 301. Nur Hafendienst / harbor service only
Otomat , -7.6 OTO, 2-4 2		38.0	MTU-DM	11765 4	2000 16	Verbesserter / improved Typ brit. Tenacity
SS-N-2 A , SA-N-5, -3 2, 2 Mg 2		36.0	MTU-DM	8825 3	800 25	Typ USSR Osa I
HY 2 , 2-2.5 2		40.0	DM	3535 4	450 30	Typ chin. Hegu
Otomat , -3 2		40.0	CRM-DM	3972 4	400 30	Rumpf ähnlich / hull similar to Typ USSR Komar. Fertigbau / completion: Thornycroft, Portsmouth
-5.7, 4-2.5 2, RBU 1200, ,		30.5	DM	6475 4	1000 10	Typ chin. Hainan.
-3.7 2, 4-2.5 2		30.0	DM	3110 4	800 17	Typ chin. Shanghai
SA-N-5, -3 2, 2 → BMP 21		40.0	DM	8825 3	450 35	Typ USSR Shershen. 2 Boote zusätzlich: / 2 vessels additional: 4 TR 53.3 I

Anzahl - Art / Number - Group	Schiffsnamen und Stapellauf / Ship's Name and Launching	Baubeginn – Fertig – Umbau – On Keel – Completed – Conv.	Bauwerft / Builder	Wasserverdrängung / Displacement ts	Länge / Length m	Breite / Beam m	Tiefgang / Draft m	Besatzung / Be

Landungsfahrzeuge / Landing Vessels

| 3 LS | **301, 303, 305** | ~1965 . | Nordwerft, Gdansk | 780 1000 | 73.2 | 8.9 | 1.8 | 4 |
| 9 LS | **I–IX** | ~1968 . | USSR | 425 600 | 55.0 | 8.1 | 2.0 | 2 |

4 LS: **I–IV** 200/420 ts, 11 kn, DM, Typ USSR SMB 1

Hilfsfahrzeuge / Auxiliary Vessels

1 AR: **Raschid** (ex Spey) (41) 1460 ts, 19 kn, 1–10.2, 1 SA-N-5 ↥, Typ brit. River, ex FE – Tender für / for SS

2 AP: **Tarik** (ex Malek Farouq, ex Whimbrel) – Typ brit. Black Swan; **Port Said** (ex Mohammed Ali, ex Cotte more) Typ brit. Hunt I – ex FE, Wohnschiffe / barracks ships

8 AO: **I–VIII** (?) 465/1180 ts, 10 kn, 440 kW₁, DM, 54.3 × 9.4 × 3.4 m, Bauwerft / builder: Alexandria Shy. – Typ USSR Toplivo 2

4 AT: **Al Iskandarina, El Agami, El Dikhila, El Makas** (~65) 700 ts, 13 kn, DM, Typ USSR Okhtensky

2 YD: **I, II** 145 ts, 12.5 kn, 1 Mg ↘, DM, Bes 15, Typ USSR Nyryat

2 YP: **I, II** (~60) 70 ts, 20 kn, 2 Mg ↘₂, DM, Typ USSR Poluchat

2 Tender: **I, II** 50 ts, 9 kn, DM, Typ USSR PO 2

4 AX: **El Horriah** (ex Mahroussa) (1865) 4560 ts, 16 kn; **Al Kousser** 1000 ts; **Intishat; 160** Typ USSR Sekstan

Albanien / Albania

3 SS	**I–III**	~1955 .	USSR	1080↑ 1350↓	76.0	6.7	4.3	6
2 MB	**152, 342**	~1954 .	USSR	500 600	58.0	8.4	2.5	4
6 MS	**I–VI**	~1948 .	USSR	146 160	38.0	5.8	1.3	3
6 PC	**101–106**	~1962 .	China	120 155	40.0	5.5	1.7	2
2 PC	**340, 341**	~1950 .	USSR	300 350	52.0	5.9	2.5	4
30 PF	**I–XXX**	~1965 .	China	45	22.0	4.5	0.9	2
9 PP	**I–IX**	~1955 .	USSR	50 56	21.6	3.8	1.0	
1 YP	**Skanderbek**	~1960 .	USSR	70 90	29.6	5.8	1.5	1

2 AO: **Patos** (~56) ./1525 ts, 12 kn, Typ USSR Khobi; **I** 280 ts, Typ USSR Toplivo

2 AT: **Mujoulqinaku, I** 300 ts, 12 kn, Typ USSR Tuger

Algerien / Algeria

Fregatten / Frigates

| 3 FF | **Murat Reis, Reis Kellik, Reis Korfo** ○ | ./80 ~1978–83 84 | Zelenodolsk | 1700 2100 | 95.0 | 10.8 | 4.3 | 13 |
| 4 FG | **Ras Hamidou, Salah Reis, Reis Ali, I** ○ | ./80 ~1979–83 85 | Petrovskij, Leningrad | 770 | 60.3 | 13.2 | 2.7 | 6 |

Bewaffnung / Armament	Sensoren-Elektronik/ Sensors-Electronic	Geschwindig-keit / speed kn	Antrieb / Propulsion Maschine / Kessel / Engines / Boilers / Masch	Leistung/ Power kW 1 kW = 1.36 PS	Fahrstrecke / Range sm	Sonstige Angaben / Remarks
-3 ⚓₂, 2 ⇀₁₈, 8 ⚓	⊤ ⏁	18.0	DM	3680 2	1500 14	Typ USSR Polnocny A
-3.7 ⚓, 8 ⇀]	⊤	11.0	DM	590 2	2700 10	Typ USSR Vydra

üstenwache / Coast Guard

PP: **I–IX** (84–86) 102 ts, 27 kn, 2–2 ⚓, 1960 kW₂, MTU-DM, 28.3 × 5.7 × 1.5 m, Bes 14, Bauwerft / builder: I–III Swiftships, IV–IX Ägypten / Egypt – Typ US Commercial Cruiser

PP: **I–VI** (86 – a. St. / o. st.) 99ts, 24 kn, 1960 kW₂, MTU-DM, 29 × 5.2 × 1.5 m – verbesserte / improved Timsah Klasse

2 PP: **Timsah, I–XI** (81–85) 100 ts, 25 kn, 2–3 ⚓₂, 1–2 ⚓, MTU-DM, 2175 kW₂, 29 × 5.2 × 1.5 m

PP: **I–VI** (81–82) 33 ts, 35 kn, 2–3 ⚓₂, 1–2 ⚓, 2 Mg ⚓, MTU-DM, 2058 kW₂, Bauwerft / builder: Crestitalia, La Spezia

PP: **Nimr, Nisr, Thar** (63) 110 ts, 1–2 ⚓

) PP: **I–XX** 8 ts, 24 kn, 2 Mg ⚓₂, Bauwerft / builder: Bertram, Miami

Albanien / Albania

TR↓ (4 b, 2 h)	⊤ ⏁ ⌖ ⌖-	17.0↑ 15.0↓	DM EM	2940 1840 2	13000 8	Typ USSR Whiskey. Existenz zweifelhaft / doubtful
-3.7 ⚓₂, 8–1.5 ⚓₂, ⚓	⊤ ⏁ ⌖ ⏁	17.0	DM	1470 2	1600 10	Typ USSR T 43
-4.5 ⚓, 4–1.3 ⚓₂,	⊤	12.5	DM	1060 3	2200 10	Typ USSR T 301
-3.7 ⚓₂, 4–2.5 ⚓₂	⊤ ⏁ ⌖	30.0	DM	3530 4	800 17	Typ chin. Shanghai II
-8.5, 2–3.7 ⚓, ⚓₅ RBU 1200	⊤ ⏁	23.0	DM	2210 3	1500 12	Typ USSR Kronstadt
-1.5 ⚓₂, 2 **TR** 53.3	⊤ ⏁	55.0	DM	2650 3	300 54	Typ chin. Huchuan
Mg ⚓	⊤	9.0	DM	220 1	500	Typ USSR PO 2 (ex MS)
Mg ⚓₂	⊤	20.0	DM	1765 2	460 17	Typ USSR Poluchat

YD: **Skipetari** 145 ts, 12.5 kn, 1 Mg ⚓, DM, Bes 15, Typ USSR Nyryat

Algerien / Algeria

-7.6 ⚓₂, 4–3 ⚓₂, SA-N-4 ⚓₂, 2 ⚓₁₂ RBU 6000, ☿	⊤ ⏁ ⌖ ⌖- ⏁ ⚥	29.0	1 GTu + 2 DM	11030 + 11030 3	1800 14	Typ USSR Koni. **Masch:** CODAG
SS-N-2 C ⇒₂, SA-N-4 ⚓₂, 2–5.7 ⚓	⊤ ⏁ ⌖ ⏁ ⏁	30.0	6 DM	22065 3	3600 15	Typ USSR Nanuchka II. Erhalten / to get MTU-DM?

Anzahl – Art / Number – Group	Schiffsnamen und Stapellauf / Ship's Name and Launching		Baubeginn – Fertig – Umbau/On Keel – Completed – Conv.	Bauwerft / Builder	Wasser-verdrängung / Displacement ts	Länge / Length m	Breite / Beam m	Tiefgang / Draft m	Besatzung / Be
Uboote / Submarines									
1 SS	**I**	~1986	./87	USSR	2500↑ 3200↓	73.0	9.9	6.5	6
2 SS	**I, II**	~1970		USSR	1330↑ 1700↓	77.0	6.7	5.5	5
Minensucher / Minesweepers									
2 MS	**M 521, 522**	~1952	.	USSR	500 600	58.0	8.4	2.5	4
Kleine Kampfschiffe / Small Fighting Vessels									
9 PG	**R 644–651, 974**	~1970–75	.	USSR	195 240	40.0	8.1	2.0	3
2 PG	**R 641, 642**	~1965	.	USSR	175 210	40.0	8.1	2.0	3
1 PP	**I**	a. St. / o. st.	84/.	Mers-El-Kebir	. 500	54.0	.	.	.
1 PP	**I**	~1975	.	USSR	45 60	24.6	5.2	1.0	1
Landungsfahrzeuge / Landing Vessels									
2 LS	**Kalaat Beni Rached**		82/84	Vosper, Thornycroft	2130	93.0	15.5	2.3	8
o	**Kalaat Beni Hammad**	1983–84	82/83	Brooke, Lowestoft					
1 LS	**471**	~1970	.	Polen/Poland	890 1100	76.2	8.9	1.9	4

Hilfsfahrzeuge / Auxiliary Vessels

2 AG: **Benyahiya** (82) 84 ts, 10.5 kn, Bauwerft / builder: Yokohama Yacht; **El Idrissi** (80)

1 YD: **Yavdzezan** 145 ts, 12.5 kn, 1 Mg ⚓, Typ USSR Nyryat

Küstenwache / Coast Guard

9 PP	**I–IV, V–VII**		83/.	Mers-El-Kebir	166 200	37.5	6.9	1.7	2
o	**El Yadekh, El Mourakeb**		81/83	Brooke, Lowestoft					
			1982 – a. St. / o. st.						

6 PP: **Ombrine Dorade, Requin, Espadon, Marsouin, Murène** / GC 323, 324, 331–334 (76–78) 91 ts, 32 kn, 2–2.5 ⚓, 2–2.3 ⚓, 3 MTU-DM, 2940 kW₃, 30 × 5.8 × 2.1 m, Bes 14, Bauwerft / builder: Baglietto – Typ ital. Mangusta

Angola

Kleine Kampfschiffe / Small Fighting Vessels									
6 PG	**I–VI**	~1970	.	USSR	195 240	40.0	8.1	2.0	3
5 PF	**I–V**	~1965	.	USSR	145 160	36.0	7.5	1.5	1
5 PP	**I–V** (ex Centauro, Escorpião, Lira, Orion, Pegaso)	1961–64	./63 65	Portugal	180 210	41.6	6.2	2.2	2
2 PP	**I, II** (ex Venus, Marte)	1964		Portugal	26 32	21.0	5.0	1.3	
5 PP	**I–V** (ex Altair, Espiga, Fomalhaut, Pollux, Rigel)	1961–62	.	Bayerische Schiffsbauges.	23 28	21.0	5.1	1.2	
1 PP	**I**	~1974	.	USSR	60	24.1	4.9	1.0	

Bewaffnung / Armament	Sensoren-Elektronik/ Sensors-Electronic	Geschwindig-keit / speed kn	Antrieb / Propulsion Maschine / Kessel / Engines / Boilers / Masch	Leistung/ Power kW 1 kW = 1.36 PS	Fahrstrecke / Range sm	Sonstige Angaben / Remarks
R 53.3 b↓		12.0↑ / 16.0↓	2 DM / EM	.	.	Typ USSR Kilo
R↓ (6 b 53.3, 40.6)		15.0↓ / 13.0↓	DM / EM	2940 / 4410 2	14000 / 9	Typ USSR Romeo. Für U-Abwehr geliehen / leased for ASW
.7 ↘2, 8-1.5 ↘2,		17.0	DM	1470 2	1600 10	Typ USSR T 43
S-N-2 B ⇒, 4-3 ↘2		36.0	DM	11030 3	800 25	Typ USSR Osa II. Erhalten / to get MTU-DM
S-N-2 A ⇒, 4-3 ↘2		36.0	DM	8825 3	800 25	Typ USSR Osa I
7.6 ↘, 2-4 ↘2		.	3 MTU-DM	.	.	
Mg ↘2		30.0	DM	1765 2		Typ USSR Zhuk
4 ↘2, 2-3 ↘2, [240]		12.0	MTU-DM	4130 2	3000 12	Deck
↘2, 2 ⇢ 18, 8 ⬚ 0 ts]		18.0	DM	3680 2	1500 14	Typ USSR Polnocny B

/P: **A 641** (~60) 70 ts, 20 kn, 2 Mg ↘2, Typ USSR Poluchat

Tender: **Vasisa** Typ USSR Sekstan

| 7.6 ↘ OTO, 1-2 ↘ | | 29.0 | MTU-DM | 4415 2 | 3000 12 | |

PP: **100, 112–114, 221, 222, 235–237, 325** (76–78) 44 ts, 34 kn, 1–2 ↘, 1990 kW$_2$, CRM-DM, 20.4 × 5.2 × 1.7 m, Bes 10, Bauwerft / builder: Baglietto – Typ ital. 20 GC

P: **I–III** (86) 39 ts, 35 kn, 1–2 ↘, 2 Mg ↘, MAN-DM, Bauwerft / builder: Watercraft

Angola

S-N-2 B ⇒,		36.0	DM	11030 3	800 25	Typ USSR Osa II. Geliefert / delivered: 1982–83
↘2, 4 **TR** 53.3		40.0	DM	9710 3	450 35	Typ USSR Shershen
↘		18.0	MTU-DM	8825 2	.	Typ port. Argos. Nur / only 4?
2 ↘		20.0	Cummins-DM	935 2	.	Typ port. Jupiter
↘		15.0	Cummins-DM	345 2	.	Typ port. Bellatrix
Mg ↘		34.0	DM	1765 2	.	Typ USSR Zhuk

Anzahl – Art / Number – Group	Schiffsnamen und Stapellauf / Ship's Name and Launching		Baubeginn – Fertig – *Umbau/* On Keel – Completed – *Conv.*	Bauwerft / Builder	Wasser-verdrängung / Displacement ts	Länge / Length m	Breite / Beam m	Tiefgang / Draft m	Besatzung / Be

Landungsfahrzeuge / Landing Vessels

| 3 LS | I–III | ~1976 | . | Nordwerft, Gdansk | 890 1100 | 76.2 | 8.9 | 1.9 | |
| 1 LS | I (ex Alfange) | 1964 | . | Portugal | 510 650 | 56.4 | 11.6 | 1.3 | |

9 LC: 5 Typ USSR T 4; 4 LDM 50 ts, 8 kn

Anguilla

2 PP: **Lapving** (~70) Lg 8.5 m; I (~78) Typ Fairey Marine Interceptor

Argentinien / Argentina

Flugzeugträger / Aircraft Carrier

| 1 RL o | **25 De Mayo** (ex Karel Doormann, ex Venerable) 30.12.43 | 42/45 *55–58* 68–69 79–80 82–83 | Cammell Laird *Wilton, Schiedam* | 15892 19896 | 213 | 24.5 40.7 | 7.5 | 1 |

Zerstörer / Destroyers

| 4 DG o | **Sarandi** **Heroina** **La Argentina** **ALMIRANTE BROWN** 1981–82 | 82/84 81/83 81/83 81/83 | Blohm + Voss, Hamburg | 2900 3630 | 126 | 15.0 | 5.8 | 2 |
| 2 DG o | **Santísima Trinidad,** **HERCULES** 1972–74 | 74/81 71/76 | Astill-Nav., R. Santiago Vickers-A., Newcastle | 3150 3600 | 125 | 14.6 | 5.2 | 2 3 |

Fregatten / Frigates

6 FG o	G o m e z R o c a R o b i n s o n P a r k e r S p i r o **Rosales** **ESPORA** 1982–86	84/. 83/. 83/. 82/. 81/86 80/85	AFNE, Rio Santiago AFNE, Rio Santiago AFNE, Rio Santiago AFNE, Rio Santiago AFNE, Rio Santiago AFNE, Rio Santiago	1560 1790	91.2	12.2	3.3	
3 FG o	**Drummond, Guerrico** (ex Good Hope, Transvaal), **Granville** 1977–80	76/78 79/81	St. W., Lorient	1090 · 1250	80.0	10.3	5.2	
2 FS o	**KING, Murature** 1943–45	38/46 39	Astill. Nav., R. Santiago	913 1032	77.0	8.8	2.2	1
2 FS	**Comandante General Irigoyen,** **Francisco de Churruca** (ex Cahuilla, Luiseno) 1944–45	44/45	Charleston Shb.	1235 1675	63.0	11.6	4.7	

Uboote / Submarines

| 6 SS o | I II S a n t i a g o   d e l   E s t e r o S a n t a   F é **San Juan** **SANTA CRUZ** | bew. / auth. a. St. / o. st. a. St. / o. st. a. St. / o. st. 1984 1982 | . 85/. 83/. 81/. 80/85 79/84 | Astill.Dom.G.,Tandanor Astill.Dom.G.,Tandanor Astill.Dom.G.,Tandanor Astill.Dom.G.,Tandanor Thyssen-NSW, Emden Thyssen-NSW, Emden | 2150↑ 2365↓ | 65.9 | 7.3 | 6.5 | |
| 2 SS o | **SALTA, San Luis** 1972–73 | 70/74 | Howaldt, Kiel und Tandanor, B. Aires | 1185↑ 1365↓ | 56.0 | 6.3 | 5.0 | |

Bewaffnung / Armament	Sensoren-Elektronik / Sensors-Electronic	Geschwindigkeit / speed kn	Antrieb / Propulsion Maschine / Kessel / Engines / Boilers / Masch	Leistung / Power kW 1 kW = 1.36 PS	Fahrstrecke / Range sm	Sonstige Angaben / Remarks
$\smile_2$, 2 ↦ 18, 8 ⊞ 0 ts]	⊤ ⋔	18.0	DM	3680 2	1500 14	Typ USSR Polnocny B
	⊤	10.0	DM	670 2	.	

P: **I, II** (~60) 70 ts, 20 kn, 2 Mg $\smile_2$, DM, Typ USSR Poluchat

Antigua and Barbuda

P: **Liberta** / P 01 (84) 23 kn, 1 Mg $\smile$, GM-DM, 990 kW$_2$, Typ US 65′ Commercial Cruiser

Argentinien / Argentina

Bewaffnung / Armament	Sensoren-Elektronik	Geschwindigkeit kn	Antrieb	Leistung	Fahrstrecke	Sonstige Angaben / Remarks
☇ (10 Skyhawk, Tracker), 2 ⥰, $\smile$, 1 ⟤	⊤ ○ ⋄ ⟁ ⊟	20.0	Parsons ❂ Tu 4 Wr 28 atü	30890 2	12000 14	*Portaviones.* Typ brit. Colossus, erweitertes Winkeldeck, Dampfkatapult / enlarged angled deck, steam catapult
1M 40 ⊨$_4$, 1-12.7 $\smile$, $\smile_2$, 1 Albatros ⅊$_8$, TR 32.4 III, ⥰ Lynx	⊤ ⋄ ⟁ ⟁ ⋔ ⟅ ⟄ ⊟	30.5	2 R. R. Olympus- GTu + 2 Tyne- GTu	40750 +6770 2	4000 18	*Destructores Misilístico.* Typ deutsch / German MEKO 360 2 H. **Masch:** COGOG
1M 38 ⊨, 1-11.4 $\smile$, $\smile$, 2-2 $\smile$, TR 32.4 III, Seadart ⅊$_2$, 1 ⥰	⊤ ○ ⋄ ⟁ ⋔ ⟁ ⟅ ⊟	30.0	R.-R. Olympus- + Tyne GTu	40000 +6770 2	4000 18	Typ brit. Sheffield **Masch:** COGOG. Stehen zum Verkauf / seek buyers
1M 38 ⊨$_2$, 7.6 $\smile$ OTO, 4-4 $\smile_2$, TR 32.4 III, 1 ⥰	⊤ ⟁ ⟁ ⋔ ⟁ ⟅	27.0	Pielstick-DM	16624 2	4000 18	*Corbetas.* Typ deutsch / German MEKO 140 A 16. I–III Teleskop Hangar / telescopic hangar
1M 38 ⊨, 1-10 $\smile$, $\smile_2$, 2-2 $\smile$, TR 32.4 III	⊤ ⋄ ⟁ ⋔ ⟁	24.0	SEMT-P.-DM	8825 2	4500 15	Ähnlich franz. / similar to French Typ A 69
0.5 $\smile$, 4-4 $\smile$, 5 Mg $\smile$, $\smile$	⊤	18.0	Werkspoor-DM	1840 2	6150 12.5	*Patrulleros.* Schulschiffe / Training ships
$\smile_{2,1}$, 2-2 $\smile$	⊤	16.0	4 ⟿ DM	2210 1	7000 15	*Avisos.* Typ US ATF. II: **Bew** nur 2-4 $\smile_2$ / **AMT** only 2-4 $\smile_2$
TR 53.3 b↓	⊤ ⟁ ⟅	13.0↑ 25.0↓	4 MTU-Siem.-DG 1 Siemens-EM	4400 6600	15000 5 1	*Submarinos.* Plan Thyssen Typ TR 1700, Tauchtiefe 300 m. Druckhülle 48 m / Diving depth 300 m. Pressure hull 48 m. **Bew / AMT**: 22 SST-4 Torpedos
TR 53.3 b↓	⊤ ⋄ ⟁	10.0↑ 21.0↓	4 MTU-DG 1 Siemens-EM	1760 3680	6000 8 1	*Submarinos.* Typ deutsch / German 209/1200. Plan Gabler, Lübeck. **Bew / AMT**: 14 SST-4 Torpedos

Argentinien/Argentina

Anzahl - Art / Number - Group	Schiffsnamen und Stapellauf / Ship's Name and Launching	Baubeginn - Fertig- / Umbau / On Keel - / Completed - Conv.	Bauwerft / Builder	Wasser-verdrängung / Displacement ts	Länge / Length m	Breite / Beam m	Tiefgang / Draft m	Besatzung / B
Minensucher / Minesweepers								
6 MS oo	**Chaco, Chubut, Formosa, NEUQUEN, Rio Negro, Tierra del Fuego** (ex Rennington, Santon, Ilmington, Tarlton, Hickleton, Bevington) 1953-58	52/53 56/59	Großbritannien / Great Britain	360 425	46.0	8.7	2.3	
Kleine Kampfschiffe / Small Fighting Vessels								
2 PF o	**Intrépida, Indomita** 1973-74	73/74	Lürssen, Vegesack	240 265	44.9	7.4	2.3	
4 PP o	**Baradero, Barranqueras, Clorinda, Concepción del Uruguay** 1977	./78	Ramta, Israel	27 34	19.8	5.8	1.8	
1 PP	**Zurubi** 1950	./51	Astill. Nav., R. Santiago	100	14.0	2.9	1.4	
Landungsfahrzeuge / Landing Vessels								
1 LS	**I** a. St. / o. st.	84/.	Hyundai, S. Korea	2200 3800	100	15.4	4.2	1
1 LS o	**Cabo San Antonio** 1968	67/78	St. W., Rio Santiago	4300 8000	135	18.9	5.5	1

~12 LC: **EDM 1-4** (~70) 28/56 ts, 11 kn, Typ US LCM; **EDVP 30-37** 13 ts, 9 kn, Typ US LCVP

Anzahl - Art / Number - Group	Schiffsnamen und Stapellauf / Ship's Name and Launching	Baubeginn - Fertig- / Umbau / On Keel - / Completed - Conv.	Bauwerft / Builder	Wasser-verdrängung / Displacement ts	Länge / Length m	Breite / Beam m	Tiefgang / Draft m	Besatzung / B
Hilfsfahrzeuge / Auxiliary Vessels								
1 AK	**Bahia Paraiso** 1980	78/81	Principe Menghi y Penco	. 9500	131	19.5	7.0	1 +
3 AK	**Cabo de Hornos, Bahia San Blas, Canal Beagle** 1977-78	77/78 78/79	Principe Menghi y Penco	. 5800	109	17.5	6.4	
1 AK	**San Julian** (ex FS 281) 1945	44/45	Wheeler Shb.	900	53.5	9.8	3.5	
1 AO	**Punta Alta** ~1937	./38	Puerto Belgrano Shy.	. 1900	64.0	10.3	3.8	
2 AT	**Querandí, Tehuelche** 1977	77/78	Forte, Buenos Aires	270	33.6	8.3	3.0	

6 AT: **Calchaqui, Capayán, Chiquillán, Chulupí, Mocoví, Morcoyán** 70 ts, 10 kn

Anzahl - Art / Number - Group	Schiffsnamen und Stapellauf / Ship's Name and Launching	Baubeginn - Fertig- / Umbau / On Keel - / Completed - Conv.	Bauwerft / Builder	Wasser-verdrängung / Displacement ts	Länge / Length m	Breite / Beam m	Tiefgang / Draft m	Besatzung / B
1 AI o	**Almirante Irizar** 1978	77/78	Wärtsilä, Helsinki	11810 14900	119	25.0	9.5	1
1 AG	**Capitan Oca Balda** 1983	82/83	Jansen, Leer	1000	65.0	10.4	4.2	
1 AG	**Puerto Deseado** 1976	76/79	Astarsa, San Fernando	2135	78.2	13.2	4.4	
1 AG	**Comodoro Rivadavia** 1973	72/76	Mestrina, Tigre	610 670	51.0	8.8	2.6	

2 AG: **Cormoran,** 82 ts, 11 kn; **Petrel** 52 ts, 9 kn – *Lanchas hidrográficas*

1 AX: **Piloto Alsina** (63) 3986 BRT/grt, 14 kn, DM, 105 × 17.4 × 8.2 m, Bauwerft / builder: Levante, Valencia 1981 gekauft / purchased

Bewaffnung / Armament	Sensoren-Elektronik/ Sensors-Electronic	Geschwindig-keit / speed kn	Antrieb / Propulsion		Leistung/ Power kW 1 kW = 1.36 PS	Fahrstrecke / Range sm	Sonstige Angaben / Remarks
			Maschine / Kessel / Engines / Boilers / Masch				
⚓, 2-2 ⚓	T	15.0	Mirrless-DM		1840 / 2	3000 / 8	*Rastreadores.* Typ brit. Ton. I, III Minenjäger / minehunter **Masch:** Napier Deltic-DM
6 ⚓, 2-4 ⚓, .1 Mörser / mortars, R 53.3 h	T ⊕ ⊕	38.0	MTU-DM		10590 / 4	700 / 30	*Lanchas rápidas.* **Bew / AMT:** SST-4 Torpedos
⚓, 4 Mg ⚓₂	T	22.0	GM-DM		710 / 2	1200 / 17	Typ israel. Dabur
⚓	T	12.0	DM		250	.	*Lancha patrullera*
⚓, 2-2 ⚓₂, [200]	T	15.0	DM		5590 / 2	7500 / 13	-Deck. Lieferung unsicher / delivery uncertain
4 ⚓₄, 2-2 ⚓₂, C, [600 ts],	T	18.0	DM		10075 / 2	.	
Sea King	T	18.0	CCM-Sulzer-DM		11032 / 2	7000 / 16	Eisverstärkt / ice strengthened Untersteht / belongs to Direccion National del Antartico. Auch / also AP, AH
	T	15.0	Sulzer-DM		4710	.	*Transportes*
	T	12.0	GM-DM		735 / 2	4300 / 9	Leuchtturmtender / lighthouse tender
	T	8.0	Exp		1360	.	Hafenversorger / harbor storage service
	T	12.0	MAN-DM		1010 / 2	1000 / 12	
⚓, 2 Sea King,)]	T	16.5	4 SEMPT-P. DM		11900 / 2	.	*Rompehielos.* Auch / also AK, AP, AH
	T	14.0	Mak-DM		1930 / 1	.	Forschung / Research. Handelsmarine / Merchant Navy
	T ⊟	15.0	DM		1810 / 2	12000 / 12	*Buque oceanográfico*
	T ⊟	12.0	Werkspoor-DM		850 / 2	6000 / 12	*Buque hidrográfico*

X: **Libertad** (60) 3765 ts, 13 kn, [1-7.6, 4-4 ⚓], 1765 kW₁, 2 DM, 92 × 13.8 × 6.4 m, Bes. 239, Segelschulschiff / Sail training vessel, 130 Kadetten, St. W., Rio Santiago; **King, Murature** – s. FS

X: **Itati II** (79) 80 ts, 15 kn; **Fortuna I** 17 ts; **Fortuna II** 31 ts; **Tequara**; **Adhara** – small sail training yachts

Anzahl – Art / Number – Group	Schiffsnamen und Stapellauf / Ship's Name and Launching	Baubeginn – Fertig – Umbau / On Keel – Completed – Conv.		Bauwerft / Builder	Wasser-verdrängung / Displacement ts	Länge / Length m	Breite / Beam m	Tiefgang / Draft m

Küstenwache / Coast Guard: – *Prefectura Naval Argentina*

5 FS o	**Mantilla, Azopardo,** **Thompson, Prefecto Fique,** **Prefecto Derbes**	81/83 80/82 1981–82		Bazan, Ferrol	767 910	67.0	10.5	3.1

1 FS: **Delfin (58)** ~1000 ts, 15 kn, 1690 kW$_I$, DM, $60 \times 9.0 \times 4.7$ m, Bes 32 – ex Trawler

2 PP: **Lynch, Toll** (64–67) 110 ts, 20 kn, 1–2 ✦, 1990 kW, Maybach-DM, Bes 20

1 PP: **Tonina** 100/150 ts, 10 kn, 1–2 ✦, DM – auch / also YD

3 PP: **Dorado, Mandubi, Robalo** (38–41) 210 ts, 11 kn

22 PP: **GC 88–94, GC 102, 103, 105–108, 110–114, ST 4, SB 2, 3, SI 2**

Äthiopien / Ethiopia

2 FF	**F 1616, 1617**	~1968	.	USSR	950 1150	82.3	9.1	3.2
1 MS	**MS 41** (ex Elst)	1956	54/56	Niederlande/ Netherlands	370 415	45.7	8.5	2.3
4 PG	**FMB 160–163**	~1970	.	USSR	195 240	40.0	8.1	2.0
1 PC	**I**	~1975	.	USSR	190 220	40.0	8.5 12.0	1.8
2 PF	**FTB 110, 111**	~1973	.	USSR	160 210	39.0	8.1	1.8
3 PP	**P 201, 203, 204**	~1976	./77	Swift, Morgan City	118	32.0	7.2	2.1
2 PP	**PC 16, 17**	~1975	.	USSR	45 60	24.6	5.2	1.0
1 PP	**PC 15** (ex PGM 58)	1961	./61	Peterson Bld.	145	29.0	5.8	1.6
4 PP	**GB 21–24**	1966–67	./66 67	Sewart, Berwick	15	13.1	3.9	0.9
2 LS	**LTC 1037, 1038**	~1980	.	Nordwerft, Gdansk	890 1100	76.2	8.9	1.9
2 LS	**L 1035, 1036**	1977	./77	SFCN, Villeneuve	250 670	59.0	12.0	1.6

3 LC: **I–III** Typ USSR T 4

1 AK: **I** (ex Ras Dedgen) (61) 6615 BRT / grt

1 AX	**Ethiopia** (ex Orca)	1943	43/44	Lake Washington Shy.	1766 2800	94.7	12.5	3.7

Australien / Australia

Zerstörer / Destroyers

3 DG o	**Brisbane** **Hobart** **PERTH**	1963–66	65/67 62/65 *73–78* *85–*	Defoe, Bay City	3370 4500	134	14.3	6.1

Bewaffnung / Armament	Sensoren-Elektronik/ Sensors-Electronic	Geschwindig-keit / speed kn	Antrieb / Propulsion Maschine / Kessel Engines / Boilers Masch	Leistung/ Power kW 1 kW = 1.36 PS	Fahrstrecke / Range sm	Sonstige Angaben / Remarks
4 ⚓, 1 ✈ Alouette III ⊤		21.0	MTU-DM	6600 2	5000 18	Typ span. Halcón

PP: **GC 48-61** (78–82) 13 ts, 25 kn, DM

PP: **Mar del Plata, Martin García, Río Luján, Río Uruguay, Río Paraguay, Río Paraná, Río de la Plata, La Plata, Buenos Aires, Cabo Corrientes, Río Quequén, Bahía Blanca, Ingeniero White, Golfo San Matías, Río Deseado, Ushuaia, Canal Beagle** / GC 64–77, 79–81 (79) 81 ts, 24.5 kn, 1–2 ⚓, 2 Mg ⚓, DM, 1570 kW₂, 28 × 5.3 × 1.7 m, Bes 15, Bauwerft / builder: Blohm + Voss, Hamburg

AX: **Esperanza** (68) 32 ts – Sail training ship

Äthiopien / Ethiopia

Bewaffnung / Armament	Sensoren	Geschwindigkeit kn	Maschine	Leistung kW	Range sm	Remarks
7.6 ⚓₂, **UTR** 40.6 IIIII, ⚓₁₂ RBU 6000	⊤ ⟡ ⊕ ⊽ ⌒	32.0	2 GTu + 1 DM	22060 + 4410 3	4000 10	Typ USSR Petya II
4 ⚓	⊤	14.0	Werkspoor-DM	1840 2	2500 10	Typ niederl. / netherl. Dokkum
SS–N–2 C ⇒, 4–3 ⚓₂	⊤ ⟡ ⊕	36.0	DM	11030 3	800 25	Typ USSR Osa II
5.7 ⚓₂, 2–2.5 ⚓₂	⊤ ⊕	42.0	DM	11030 3	650 20	Typ USSR Turya. ASW removed
3 ⚓₂, 4 **TR** 53.3 I	⊤ ⟡ ⊕	40.0	3 DM	8825 3	800 25	Typ USSR Mol
3 ⚓₂, 2 Mg ⚓	⊤	32.0	4 MTU-DM	5150 2	1200 18	Typ US Swift
Mg ⚓₂	⊤	30.0	DM	1765 2	.	Typ USSR Zhuk
4 ⚓, 1 Mg ⚓	⊤	21.0	4 DM	1620 2	2600 9	Typ US Cape / PGM
Mg ⚓	⊤	20.0	GM-DM	370 2	.	
3 ⚓₂, 2 ⟶₁₈, 8 ⊞, 00 ts]	⊤ ⊕	18.0	DM	3680 2	1500 14	Typ USSR Polnocny B
2 ⚓	⊤	8.0	MGO-DM	735 2	.	Typ franz. / French EDIC

YP: **I** (~60) 70 ts, 20 kn, 2 Mg⚓₂. Typ USSR Poluchat

12.7, 5–4 ⚓	⊤	18.2	DM	4470 2	.	Typ US Barnegat

Australien / Australia

12.7 ⚓, 1 Standard ⚓₁, 6 **UTR** 32.4 III, ⚓ Ikara	⊤ ⟡ ⟡ ⟡ ⊕ ⊕ ⊽ ⌒	35.0	Gen. El. ✹ Tu 4 Foster	58840 2	8000 20	Typ US Ch. F. Adams. Erhalten Harpoon ⇒ und neue Feuerleitanlage / to get Harpoon ⇒ and new gunfire control system

Anzahl - Art / Number - Group	Schiffsnamen und Stapellauf / Ship's Name and Launching		Baubeginn – Fertig – / Umbau – On Keel – / Completed – Conv.	Bauwerft / Builder	Wasserverdrängung / Displacement ts	Länge / Length m	Breite / Beam m	Tiefgang / Draft m	Besatzung / Be
Fregatten / Frigates									
8 FG	I-VIII	gepl. / plan.	.	Australia	.	.	.	.	
6 FG	I	a. St. / o. st.	86/93	Nav. Dy., Williamstown	.	139	13.7	7.5	1(
o	II	a. St. / o. st.	85/91	Nav. Dy., Williamstown	3680				
	Darwin		81/84	Todd, Seattle					
	Sydney		80/83	Todd, Seattle					
	Canberra		78/81	Todd, Seattle					
	ADELAIDE	1978-82	77/80	Todd, Seattle					
2 FF	Swan		65/70	Nav. Dy., Williamstown	2150	113	12.5	4.3	2!
o	Torrens	1967-68	65/71	Cockatoo, Sydney	2700				
			83-85						
3 FF	Derwent		58/64	Nav. Dy., Williamstown	2100	113	12.5	3.7	2!
o			81-85		2700				
	Stuart		59/63	Cockatoo, Sidney					
			79-83						
	Parramatta	1959-61	57/61	Cockatoo, Sidney					
			77-82						
Uboote / Submarines									
6 SS	I-VI	bew. / auth.	.	Australia	.	70.0	7.5	.	
					2500↓				
6 SS	Orion, Otama	1974-75	72/77	Scotts, Greenock	2030↑	90.0	8.1	5.5	(
o			73/78		2410↓				
	OXLEY, Otway, Onslow, Ovens		64/67	Scotts, Greenock					
		1965-68	67/69						
			77-86						
Minensucher / Minesweepers									
1 MS	Curlew (ex Chediston)		52/54	Montrose Shy.	375	46.3	8.7	2.3	:
o		1953			445				
6 MS	I-III	gepl. / plan.	.	Carrington, Newc.	100	31.9	9.0	1.8	!
o	IV	a. St. / o. st.	87/.	Carrington, Newc.	170				
	Shoalwater	1987	85/87	Carrington, Newc.					
	RUSHCUTTER	1986	84/86	Carrington, Newc.					
Kleine Kampfschiffe / Small Fighting Vessels									
15 PP	Bendigo, Bunbury, Cessnock, Dubbo,		78/81	Cairns, Queensland	160	42.7	7.2	1.8	:
o	Gawler, Geelong, Geraldton,		83/85		220				
	Gladstone, Ipswich, Launceston,								
	Townsville, Warrnambool, Whyalla,								
	Wollongong								
	FREMANTLE	1979-84	78/80	Brooke, Lowestoft					
5 PP	Adroit, Aware		67/68	Evans Deakins, Brisb.	100	32.8	6.1	2.2	
o	Advance, Ardent		67/68	Walkers, Maryborough	146				
	Bayonet	1967-68	68/69	Walkers, Maryborough					
2 PP	Banks, Bass	1960	59/60	Walkers, Maryborough	205	30.8	6.7	2.4	:
					260				

Bewaffnung / Armament	Sensoren-Elektronik/ Sensors-Electronic	Geschwindig-keit / speed kn	Antrieb / Propulsion Maschine / Kessel Engines Boilers Masch	Leistung/ Power kW 1 kW = 1.36 PS	Fahrstrecke / Range sm	Sonstige Angaben / Remarks
		.	. .	.	.	Gemeinsames Bauprogramm mit Neuseeland / design and building with New Zealand
standard ↕₁ / rpoon ⇨, 1-7.6 ↙, 2 ↙ Phalanx, TR 32.4 III, LAMPS III	⟂ ♦ ♀ ⏀ ♈ ∽	30.0	2 Gen. El. GTu	29420 1	4500 20	Typ US FFG 7 (III-VI: ex US FFG 17, 18, 35, 44). 36 FK/MI: 6 ⇨, 30 ↕. III-VI: Lg: 136 m. Werden verlängert auf 139 / to be lengthened to 139
1.4 ↙₂, 4 Seacat ↕₄, TR 32.4 III, Ikara	⟂ ○ ⏀ ⏀ ♈	30.0	✿ Tu 2 Babcock	22070 2	4500 12	*Destroyer escorts.* Ähnlich / similar to Typ brit. Leander. Modernisiert / modernized
1.4 ↙₂, 4 Seacat ↕₄, TR 32.4 III, 1 ⬙ Ikara	⟂ ○ ⏀ ⏀ ♈	30.0	✿ Tu 2 Babcock	22070 2	4500 12	Typ brit. Rothesay. Neue Elektronik, 6 UTR 32.4 III anstelle Limbo, 6 AST 32.4 III instead of Limbo. III: ♈-Deck
TR 53.3 b↓	.		SEMT.-P.-DG EM	.	.	Plan / design: Kockums AB / 471. Stirling propulsion?
TR 53.3 ↓ (6 b, 2 h) t auch für / also for rpoon ⇨	⟂ ⏀- ♈ ∽	12.0↑ 17.0↓	Adm.-DM EM	2650 4410 2	12000 11	Typ brit. Oberon. Modernisiert/ modernized: Harpoon ⇨, Krupp-Sonar CSU 3-41
4 ↙	⟂ ♦ ♈	15.0	Napier-Deltic-DM	2210 2	3000 8	Typ brit. Ton. Minenjäger / minehunter
²AP 104, nar Krupp-Atlas	⟂ ♈	10.0	Poyaud-DM	440	1200	Minenjäger / Minehunter. Glasfiber- und Katamaranrumpf. Minensucheinrichtung in Containern / Glass fibre- and Catamaran hull. Mine sweeping equipment containerised
4 ↙, 2 Mg ↙, 8.1 Mörser / mortar	⟂	30.0	MTU-DM + Dorman-DM	6760 + 228 3	4800 8	Typ brit. PCF 420. Dorman-DM auf Mittelschraube für Marschfahrt / Dorman-DM on centre line for curising
4 ↙, 2 Mg ↙	⟂	21.0	Paxman-DM	2570 2	1220 13	AX
	⟂	10.0	DM	260 2	.	Schulboote / Training vessels

Anzahl - Art / Number - Group	Schiffsnamen und Stapellauf / Ship's Name and Launching		Baubeginn – Fertig – Umbau / On Keel – Completed – Conv.	Bauwerft / Builder	Wasser- verdrängung / Displacement	Länge / Length	Breite / Beam	Tiefgang / Draft	Besatzung /
					ts	m	m	m	B

Landungsschiffe / Landing Ships

1 LS o	**Tobruk**	1980	79/81	Carringon, Newc.	5800	130	18.3	4.9	1
6 LC o	**BALIKPAPAN, Brunei, Labuan,** Betano, Tarakan, Wewak	1971–72	71/71 72/74	Walkers, Maryborough	180 400	44.5	12.1	2.0	
16 LC	**AB 1055, 1056, 1058–1067** **AB 1050–1053**	1971–72	. .	N. Queensland, Cairns N. Queensland, Cairns	60 115	22.4	6.4	1.0	

Hilfsfahrzeuge / Auxiliary Vessels

1 AR o	**Stalwart**	1966	64/68	Cockatoo, Sydney	10000 15500	157	20.6	9.0	4
1 AO o	**Success**	1983	81/86	Vickers Cockatoo	7600 17930	157	21.2	8.7	1

4 AO: **Warrigal, Wallaby, Wombat, Wyulda** (81–82) 265 ts, 9 kn, DM – *Water and fuel lighter*

2 AT: **Tammar** (84) 168 ts, 11.5 kn, 2060 kW$_2$, 25.7 × 8.2 × 3.4 m; **Quokka** (83) 110 ts, 8 kn, 220 kW

5 AT: **Bronzewing, Currawong, Mollyhawk** (69–72) 48 ts, 9 kn, DM; **Sardius, TB 1536** 60 ts, 10 kn

3 Tender: **Wattle, Boronia, Telopea** (72) 145 ts, 8 kn, DM, 24 × 10 × 1.5 m – *Crane stores lighters*

1 AX: o **Jervis Bay** (ex Australian Trader) (69) 8700 ts, 17 kn, Pielstick-DM, 4875 kW$_2$, 138 × 21.5 × 6.1 m, Bes 110 + 40, Bauwerft / builder: State Dy., Newcastle

8 AX: **Adroit, Aware, Advance, Ardent, Bayonet, Banks Bass** – s. PP; **Labuan** – s. LC

3 YD: **Seal, Porpoise** (ex Popham, Neasham) (~55) 120 ts, 14 kn, Typ brit. Ham; **DV 0801** (82) – *Diving tende*

3 YP: **Tuna, Trevally, Tailor** (69–71) 80/92 ts, 11 kn, 510 kW$_3$, GM-DM, 26.8 × 6.3 × 1.4 m, Bes. 9, Dy., William town – *Torpedo recovery vessels*

Bahrein / Bahrain

2 PG o	Al Muharraq **Al Manama**	1987 1986	86/88 85/87	Lürssen, Vegesack Lürssen, Vegesack	536 632	63.0	9.3	2.9	4
2 PG o	I **Abdul Rahman Al-Fadel**	a. st. / o. st. 1986	86/. 85/86	Lürssen, Vegesack Lürssen, Vegesack	. 270	46.9	7.3	3.0	4
2 PG o	**Al Jaberi** **Ahmad Al Fatheh**	1983–84	83/84 82/83	Lürssen, Vegesack Lürssen, Vegesack	231 259	44.9	7.0	2.5	3
2 PF o	**Al Riffa, Howar**	1981	80/81	Lürssen, Vegesack	170 186	38.5	7.0	2.2	2
2 PP	**Al Jasrah, Al Jarim**	1982	81/82	Swiftship, Morgan C.	33	19.2	5.6	2.0	

Küstenwache / Coast Guard

1 PP: **I** (86) 103 ts, 25 kn, 2 Mg ⚓, GM-DM, 1325 kW$_2$, 30 × 6.4 × 1.6 m, Bes 9, Bauwerft / builder: Souter, Cowes

6 PP: **Bahrain 4, 5** (83) 34 ts, 24.5 kn, 2 Mg ⚓, GM-DM, 955 kW$_2$, 20 × 3.2 × 1.5 m, Bauwerft / builder: Soute Cowes; **Bahrain 1–3** (74–80)31 ts, 29 kn, 1–2 ⚓, GM-DM, 825 kW$_2$, 19.5 × 4.9 × 1.5 m, Bauwerft / build Fairey Marine;**Mashtan** (77) 17.3 ts, 22 kn, GM-DM, 515 kW$_2$, 15.2 × 4.5 × 1.4 m

13 PP: **Saham 1–3** (83) 7.3 ts; **Saif 1–4** (80) 15 ts; **Al Bayneh, Junnan, Quaimas** (77) 6.3 ts, 27 kn; **Noon, Askar, Suwad** (76) 3.5 ts, 15 kn – und zahlreiche kleinere Boote / and numerous smaller boats

1 LC: **Ajirah** (82) ./430 ts, 12 kn, GM-DM, 39.6 × 11 × 1.3 m, Bes 8, Bauwerft / builder: Swiftships, Morgan C

2 LC: **Safra II** (81) 90 ts, 8 kn, GM-DM; **Safra I** (77) 60 ts, 10 kn, [45 ts], GM-DM, 260 kW, Typ brit. Load-master

Bewaffnung / Armament	Sensoren-Elektronik/ Sensors-Electronic	Geschwindigkeit / speed kn	Maschine Kessel Engines Boilers Masch	Leistung/Power kW 1 kW = 1.36 PS	Fahrstrecke / Range sm	Sonstige Angaben / Remarks
-4 ⚓, [500], ⌇ Wessex, 2 LCVP, LCM 8	.	17.0	Mirrlees-DM	7060 2	.	AHLS (Amphibious Heavy Lift Ship). Ähnlich / similar to Typ brit. Sir Lancelot
Mg ⚓, [400] oder / or ◼0 ts	⊤	10.0	GM-DM	500 2	1500 9	LCH (Landing Craft Heavy). II, IV AG; III AX; I, V, VI in Reserve
⛝	⊤	9.0	GM-DM	500 2	140 9	Typ US LCM (8). Unterstehen der Armee / Belong to the Army
-4 ⚓₂, [1-2 ⚓ Phalanx], ⌇	⊤	18.0	Scott-Sulzer-DM	10590 2	12000 12	Destroyer tender. Flaggschiff / flagship
-4 ⚓, 1 ⌇	⊤	19.0	DM	12800 2	9000 15	Typ franz. / French La Durance

AG: **Franklin** (83) 1100 BRT/grt, 14 kn, DM, 1580 kW₁, 55.2 × 11.8 × 3.8 m, Bauwerft / builder: North Queensland / Cairns, Zivilbesatzung / civilian crew

AG: o **Cook** (77) 1910/2650 ts, 17 kn, [4–3 ⚓₂, 4 Mg ⚓₄], 1 ⌇ Agusta Bell, 11000/14 sm, 2500 kW₂, DM, 96 × 13 × 4.6 m, Bes 150 + 13, Bauwerft / builder: Dy., Williamstown; o **Moresby** (63) 1715/2300 ts, 18 kn, [2–4 ⚓], 1 ⌇ Agusta Bell, 4710 kW₂, English Electric ⟿ DM, 96 × 12.8 × 4.5 m, Bes 140, St. Dy. Newcastle; **Flinders** (72) 750 ts, 14 kn, 5000/9 sm, 1250 kW₂, Paxman-DM, 49 × 10 × 2.9 m, Bes 38, Bauwerft / builder: Dy., Williamstown, ähnlich / similar to Typ philipp. Atyimba für ozeanographische Forschung und Vermessung / for oceanographic research and survey

AG: I–IV (bew. / auth.) 120 ts – *Survey launches*; **Brunei, Betano** – s. LC – *Survey boats*

AI/AK: **Icebird** (84) 6000 ts, 14.5 kn, MaK-DM, 4000 kW₁, 108 × 18.9 × 7.5 m, Bes. 25 + 93, Bauwerft / builder: Brand, Oldenburg – leased, *Polar research ship*

Bahrein / Bahrain

Bewaffnung / Armament	Sensoren-Elektronik	Geschwindigkeit	Maschine	Leistung	Fahrstrecke	Sonstige Angaben
MM 40⇨₂, 1-7.6 ⚓, 4 ⚓₂, 2-2 ⚓	⊤ ⌁ ⌖	34.5	MTU-DM	14410 2	4000 16	Typ deutsch / German Lürssen 62 001
MM 40⇨₂, 1-7.6 ⚓, 4 ⚓₂, 2 Mg ⚓, ☋	⊤ ⌁ ⌖	41.0	MTU-DM	10590 4	1500 16	Typ deutsch / German Lürssen TNC 45
MM 40 ⇨, 1-7.6 ⚓, -4 ⚓₂, 2 Mg ⚓, ☋	⊤ ⌁ ⌖	41.0	MTU-DM	10590 4	1500 16	Typ deutsch / German Lürssen TNC 45
4 ⚓₂, 2 Mg ⚓, ☋	⊤ ⌖	33.0	MTU-DM	6990 2	1150 16	Typ deutsch / German Lürssen FPB 38
Mg ⚓	⊤	30.0	GM-DM	880 2	1200 18	Typ US Commercial Cruiser

Barbados

PP: **Trident** / P 01 (81) 165/200 ts, 25 kn, 1-4 ⚓, 1-2 ⚓, DM, 4410 kW₂, Bauwerft / builder: Brooke, Lowestoft

PP: **George Ferguson** / P 04 (74) 30 ts, 24 kn, 2 Mg ⚓, 650/18 sm, 875 kW₂, GM-DM, 20 × 5.4 × 1.5 m, Bes 11; **Commander Marshall, Ramsay** / P 05, 06 (73–74) 11 ts, 24 kn, 1 Mg ⚓, Caterpillar-DM, 430 kW, 12.6 × 3.7 × 1.0 m, Bes 4, Bauwerft / builder: Aquarius, Christchurch

PP: **Enterprise, Excellence** / P 02, 03 40 ts, 12 kn, 1-2 ⚓, DM, 22.8 × 5.3 × 1.5 m, Bauwerft / builder: Desco Marine, 1981 angekauft / acquired

Anzahl - Art / Number - Group	Schiffsnamen und Stapellauf / Ship's Name and Launching	Baubegin - Fertig - *Umbau* On Keel - Completed - *Conv.*	Bauwerft / Builder	Wasser- verdrängung / Displacement ts	Länge / Length m	Breite / Beam m	Tiefgang / Draft m	Besatzung / B

Bahamas

3 PP: **Yellow Elder, Port Nelson, Samana** / P 03–05 (85–86) 100 ts, 30 kn, 1–2 ⚓, 2 Mg ⚓, Detroit-DM, 3970 k
600/14 sm, 33 × 6.7 × 2.0 m, Bes 17, Bauwerft / builder: Fairey Marine

1 PP: **Marlin** / P 01 (77) 110 ts, 24 kn, 2–2 ⚓, 2200 kW₂, Paxman-DM, Bes 24, Bauwerft / builder: V. Thorny-croft, Portsmouth

4 PP: **P 30–33** (81) 8 ts, 24 kn, 2 Mg ⚓, Volvo-DM, Bauwerft / builder: Phoenix Mar., Florida

Bangladesch / Bangladesh

Fregatten / Frigates

2 FE	**Ali Hyder** (ex Jaguar)		53/59	Denny, Dumbarton	2300	104	12.2	3.7	2
o	**Abu Bakr** (ex Lynx)	1955–57	53/57	Brown, Clydebank	2520				
1 FE	**Umar Farooq** (ex Llandaff)	1955	53/58	Hawthorn, Leslie	2170	104	12.2	3.7	2
o					2410				

Kleine Kampfschiffe / Small Fighting Vessels

4 PG	**Durbar, Duranta, Durvedya, Durdam**		./83	China	68	26.8	5.5	1.5	
		~1980			75				
8 PC	**Durjoy, Nirbhoy, I–VI**	~1978	./82	China	375	59.0	7.3	2.4	
			85		400				
8 PC	**Shaheed Daulat, Shaheed Farid, Shaheed Mohibullah, Shaheed Akhtaruddin, Tawheed, Tawfiq, Tamjeed, Tanveer**	./80 82	China	120	38.8	5.4	1.7		
		~1970			155				
4 PF	**T 8221–8224**	~1970	/83	China	19	19.3	3.3	1.2	
					21				
2 PP	**Meghna, Jamuna**	1984	83/84	Vosper, Singapur	195	46.5	7.5	2.0	
1 PP	**Shamjala**	1981	81/82	Sumidagawa, Tokyo	160	30.0	.	.	
1 PP	**Bishkali** (ex Jessore)	1965	64/65	Brooke, Lowestoft	115	32.6	6.1	1.5	
o					143				
2 PP	**Padma, Surma** (ex Akshay, Ajay)	60/62	Hooghly, Calcutta	120	35.7	6.1	1.7		
o		~1961			150				
2 PP	**Karnaphuli, Tista** (ex PBR 502, 505)	54/56	Jugoslawien/Yugoslavia	190	41.0	6.3	2.2		
o		~1955			245				
5 PP	**Bogra, Noakhali, Pabna, Patuakhali, Rangamati**	71/75 77	Narayangonj, Dakka	70	23.0	6.1	1.1		
		1972–76							
1 PP:	**Shah Jalal** (ex Gold) ex Thai								

Hilfsfahrzeuge / Auxiliary Vessels

1 AR: **Shahayak** – Werkstattschiff / repair vessel

1 AK: **Khanjahan Ali** 2900 ts, 10 kn – auch / also AO

1 AX: **Shaheed Ruhul Amin** (ex MS Anticosti) 710 ts, 11.5 kn, 1–4 ⚓, Caterpillar-DM, 47.5 × 11.1 × 3.1 m, Bes

Belgien / Belgium

Fregatten / Frigates

4 FG	**Westhinder**		75/78	Cockerill, Hoboken	1880	106	12.3	5.6	1
o	**Wandelaar**		75/78	Boelwerf, Temse	2340				
	Westdiep		74/78	Cockerill, Hoboken					
	WIELINGEN	1975–77	74/78	Boelwerf, Temse					

Bewaffnung / Armament	Sensoren- Elektronik/ Sensors- Electronic	Geschwindig- keit / speed kn	Antrieb / Propulsion		Fahrstrecke / Range sm	Sonstige Angaben / Remarks
			Maschine Kessel Engines Boilers Masch	Leistung/ Power kW 1 kW = 1.36 PS		

Bahamas

P: **Eleuthera, Andros, Exuma, Abaco, Inagua** / P 22, 23, 25–27 (70–77) 30 ts, 20 kn, 1–2 ⚓, 2 MG ⚓, Caterpillar-DM, 18.9 × 4.8 × 1.4 m, Bes 11, Bauwerft / builder: Vosper Th., Portsmouth, ähnlich / similar to Typ Abu Dhabi Kawab

ender: **Fort Montague** / A 01 90 ts, 10 kn; **Fort Charlotte** / A 02 150 ts, 12 kn

Bangladesch / Bangladesh

1.4 ⚓₂, 1–4 ⚓, ₃ Squid	⊤ ○ ✧ ○ ⊕ ☿	25.0	8 Stand. R.-DM	10600 2	7500 16	Typ brit. Leopard
1.4 ⚓₂, 2–4 ⚓, ⚓, 1 ⛟	⊤ ○ ✧ ○ ⊕ ☿	24.0	8 Stand. R.-DM	10590 2	7500 16	Typ brit. Salisbury
Y–1 ⇔, 2–2.5 ⚓₂	⊤ ✧ ⊕	40.0	DM	3535 4	450 30	Typ chin. Hegu
.7 ⚓₂, 4–2.5 ⚓₂, ₅, ☍, ☋	⊤ ✧ ○	24.0	DM	6475 4	1000 10	Typ chin. Hainan
.7 ⚓₂, 4–2.5 ⚓₂, ⚓, ☋	⊤ ✧ ○	28.5	DM	3110 4	800 17	Typ chin. Shanghai II
Ig ⚓₂, 2 **TR** 45.6	⊤ ✧	50.0	DM	1765 2	400 13	Typ chin. P 4
⚓₂	⊤	20.0	MTU-DM	3200 2	2000 16	Fischereischutz / Fishery protection
	⊤	26.5	DM	. 	. 	Ähnlich / similar to Typ jap. Akagi
⚓	⊤ ✧	24.0	MTU-DM	2500 2	. 	Typ pakist. Rajshahi
⚓₄	⊤	12.5	2 Paxman-DM	810 2	5000 10	Typ brit. Ford
2.2 Mörser / mortars, ⚓, 2–2⚓	⊤ ☿	18.0	MAN-DM	2430 2	1000 12	Typ jugosl. PBR
⚓	⊤	10.8	Cummins-DM	150 2	700 10	Flußkampfboote / Riverine patrol craft

C: **LCVP 011–013**

P: **Shaheed Salahuddin** (ex Easter Queen) (53) 8800/14800 ts, 15 kn, DM – Wohnschiff / barracks ship
T: **Khadem** 1470 ts, 4 Mg ⚓₂, DM, 1940 kW₂, 60.2 × 11.6 × 4.4 m, Bes. 32, Typ chin. Dinghai
G: **Darshak, Tallashi** 83 ts, 11.5 kn

Belgien / Belgium

1M 38 ⇔, 1–10 ⚓, ea Sparrow ⚓₈, ₆ 37.5, 2 **UTR** L 5	⊤ ✧ ○ ⊕ ☿ ◠	28.0	Olympus-GTu + Cockerill-DM	20230 +4410 2	5000 14	*Escorteschepen.* **Masch:** CODOG

Anzahl – Art / Number – Group	Schiffsnamen und Stapellauf / Ship's Name and Launching	Baubeginn – Fertig – Umbau / On Keel – Completed – Conv.	Bauwerft / Builder	Wasserverdrängung / Displacement ts	Länge / Length m	Breite / Beam m	Tiefgang / Draft m	Besatzung / B
	Minensucher / Minesweepers							
10 MB	Primula, Narcis, Myosotis, Lobelia, Iris, Fuchsia **Dianthus, Crocus, Bellis, Aster** 1984 – bew. / auth.	85/87 88/. 83/85 85/87	T. V. M.-Béliard, Ostende T. V. M.-Béliard, Ostende	510	51.5	8.9	2.6	
6 MB o	**Van Haverbeke** (ex MSO 522) **Bovesse, Truffaut** (ex MSO 516, 515) **Breydel** (ex MSO 504) **De Brouwer, Dufour** (ex MSO 499, 498) 1954–59	59/60 55/56 54/56 54/55	Peterson, Bld. Tampa Shb. Tacoma Bt. Bellingham Shy.	730 790	52.0	10.0	3.2	
? MS	I-? gepl. / plan.	.	.	.	.	.	.	
7 MS o	**Verviers, Veurne** (ex MSC 259,260) **Heist, Stavelot** **Koksijde, Nieuwpoort, Rochefort** 1954–55	55/56 55/56 54/55	USA Boel, Tamise Beliard, Ostende	340 405	42.4	8.2	2.6	
11 MS o	**Andenne, Dinant, Herstal, Huy, Ougrée, Seraing, Vise** (ex MSI 97, 96, 90, 91, 95, 92, 94) **Merksem, Oudenaerde, Tongeren, Turnhout** 1956–58	56/57 57/59	Mar. Y., Kruibeke	155 180	34.5	6.6	2.1	
	Kleine Kampfschiffe / Small Fighting Vessels							
2 PR	**Liberation, Meuse** 1953–54	53/53 54/54	Hitzler, Regensburg	25 28	25.0	3.8	0.9	
	Hilfsfahrzeuge / Auxiliary Vessels							
1 AR o	**Zinnia** 1967	66/67	Cockerill, Antwerpen	1700 2700	100	14.0	3.6	1
1 AR o	**Godetia** 1965	65/66 _81/82_	Boel, Tamise	1700 2500	92.0	14.0	3.5	

1 AK: **Spa** (54) 330 ts, 13.5 kn, Typ US Bluebird, für Munition / for ammunition

6 AT: **Zeemeeuw** (71) 400 ts, 10 kn, DM; **Valcke, Ekster** (ex Astrolog, Astronoom) (60) 183 ts, 12 kn, Deutz ⟶ DM; **BIJ, Krekel** (59) 83 ts, 10 kn, Voith-Schneider-Antrieb; **Hommel** (53) 22 ts, 12 kn, Bauwerft / builder: Voith, Heidenheim

1 Tender: **Spin** (58) 32 ts, 8 kn, auch / also AT

Belize

2 PP: **Dandrica, Toledo** / PB 01, 02 (83) 36.5 ts, 23 kn, 1 Mg ⚓, 4 Mg ⚓₄, GM-DM, 1765 kW₂, 430 sm₁₈, 20 × 5 × 1.5 m, Bes 8, Bauwerft / builder: Souter, Cowes, Typ brit. Wasp

Benin

2 PP: **I, II** 21 ts, 40 kn, 2 Mg ⚓, DM, 1765 kW₂ – Typ USSR P 4

3 PP: **I-III** (~75) 45 ts, 34 kn, 3 Mg ⚓₂,₁, DM – Typ USSR Zhuk

Bewaffnung / Armament	Sensoren-Elektronik/ Sensors-Electronic	Geschwindig-keit / speed kn	Antrieb / Propulsion		Fahrstrecke / Range sm	Sonstige Angaben / Remarks
			Maschine / Kessel Engines Boilers Masch	Leistung/ Power kW 1 kW = 1.36 PS		
2 ⚓	.	15.0	Werkspoor-DM + EM	1400 + 176 1	3000 12	Typ franz. / French Eridan. Minenjäger / minehunters. Total 15? Rumpf / hull: T. V. M.-Béliard, Fertigbau / completed by: Scheepswerven van Rupelmonde
4 ⚓]	⊤ ⋎	12.0	4 GM-DM	1180 2	2400 12	*Hoogzeemijnenvegers.* Typ US Agile. Minenjäger / minehunters
		.		.	.	Gemeinschaftsentwicklung mit den Niederlanden und Norwegen / Combined planing with The Nederlands and Norway
4 ⚓	⊤	12.0	DM	650 2	2500 12	*Kustmijnenvegers.* Typ US Bluebird. I, II Minenjäger / minehunters. Alle in Spezial Reserve
Mg ⚓₂	⊤	15.0	DM	8870 2	2300 10	*Mijnenvegers voor ondiep water.* Typ brit. Ham. III Vermessungsschiff / survey vessel
Mg ⚓	⊤	19.0	DM	325 2	.	
4 ⚓, 1 ⛟ ouette	⊤ ⏚	18.0	2 Cockerill-DM	3680 1	7700 15	Führungs- und Versorgungsschiff / command and logistic support ship
4 ⚓₂, 1 ⛟ ouette	⊤ ⏚	18.0	4 MAN-DM	3970 2	4500 15	Führungs- und Versorgungsschiff / command and logistic support ship. In Reserve

AG: **Belgica** (84) 835 ts, 13.5 kn, ABC-DM, 1175 kW₁, 51 × 10 × 4.4 m, Bes 15 + 11, Bauwerft / builder: Boel, Tamise

AG: **Zenobe Gramme** (61) 149 ts, 8 kn, 160 kW, MWM-DM, 28.3 × 6.4 × 2.2 m, Ketsch, 240 m², Bauwerft / builder: Boel, Tamise; **Herstal** (57) s. MS – Forschung / research

Fischereischutzschiff / Fishery Protection Vessel: I (a. St. / o. st.) Bauwerft / builder: Boel, Tamise

Bolivien / Bolivia

PR: **Santa Cruz de la Sierra** / PR 51 (86); **I, II** 8.5 ts, Typ US PBR Mk II; **I** 12 ts

AK: **Libertador Bolivar** / TM 01 (51) 4200 BRT/grt, 16 kn, DM, 3380 kW₁

AK: **I** (70) 112 ts; **I** (71) 55 ts; **I-VIII** (73–76)

AK: **Almirante Grau** / M 01 52 ts; **Nicolas Suarez** / M 02 26.5 ts; **Mariscal Santa Cruz** / M 03 52 ts; **Presidente Busch** / M 04 52 ts; **Comandante Arandia** / M 05 82 ts; **Topater** / M 06; **Bruno Racua** / M 07 17 ts; **Coronel Eduardo Abaroa** / M 08 82 ts; **Presidente Kennedy** 12 ts; **Almirante Guillermo Brown** 4 ts, 13 kn – zahlreiche kleinere / and numerous smaller ones

AH: **Julian Apaza, I** (77–78)

Anzahl – Art / Number – Group	Schiffsnamen und Stapellauf / Ship's Name and Launching	Baubeginn – Fertig / Umbau – On Keel / Completed – Conv.	Bauwerft / Builder	Wasserverdrängung / Displacement ts	Länge / Length m	Breite / Beam m	Tiefgang / Draft m	Besatzung / B

Brasilien / Brazil

Flugzeugträger / Aircraft Carrier

1 RB	I	gepl. / plan.	. .		35000	.	.	.	
1 RL	I	gepl. / plan.	. .		15000				
1 RL ○	**Minas Gerais** (ex Vengeance)	42/45 23. 2. 44 57–60	Swan Hunter, Walls. *Verolme, Rotterdam*	15980 19900	212	24.5 36.9	7.5	13

Zerstörer / Destroyers

2 DD ○	**Marcilio Diaz, Mariz e Barros** (ex Henry W. Tucker, Brinkley Bass) 1944–45	44/45 45	Consolidated, Orange	2425 3500	119	12.4	5.8	2
4 DD ○	**Alagoas, Espiritó Santo** (ex James C. Owens, Lowry) **Sergipe, Rio Grande do Norte** (ex Buck, Strong) 1943–44	44/44 /45 44/45 /46	Bethlehem, S. Pedro Bethlehem, S. Francisco	2200 3300	115	12.4	5.8	2
1 DD ○	**Mato Grosso** (ex Compton) 1944	44/44	Federal Kearny	2200 3000	115	12.4	5.8	2
3 DD	**Piaui** (ex Lewis Hancock) **Santa Catarina** (ex Irwin) **Maranhão** (ex Shields) 1943–44	43/43 43/44 44/45	Federal Kearny Bethlehem, S. Pedro Puget Sound	2050 2750	115	12.0	5.5	2

Fregatten / Frigates

2 FG	I, II	gepl. / plan.	. .		.	.	.	.	
2 FG ○	**Liberal** **Constituição** 1976–77	75/78 77/78	Vosper Th., Woolston Vosper Th., Woolston	3300 3900	129	13.5	6.0	2
4 FG ○	**Defensora** **Independência, União** **NITEROI** 1974–75	72/77 72/79 72/76	Vosper Th., Woolston Arsenal Nav., Rio Vosper Th., Woolston	3300 3900	129	13.5	6.0	2
8 FG	I-VIII	gepl. / plan.	. .		.	.	.	.	
4 FG ○	F r o n t i n J u l i o d e N o r o n h a J a c e g u a i I N H A U M A 1986 – a. St. / o. st.	87/. 87/. 84/88 83/87	Verolme, Brasilien Verolme, Brasilien Arsenal Nav., Rio Arsenal Nav., Rio	1600 1900	95.8	11.4	3.6	1
8 FS	I-VIII	gepl. / plan.	. .		1100	.	.	.	
9 FS ○	**ANGOSTURA, Bahiana, Caboclo,** **Forte de Coimbra, Iguatemi, Imperial** **Marinheiro, Mearim, Purus,** **Solimoes** 1954–55	53/55 /56	Niederlande/ Netherlands	911	56.0	9.6	3.5	

Bewaffnung / Armament	Sensoren-Elektronik/ Sensors-Electronic	Geschwindigkeit / speed kn	Antrieb / Propulsion Maschine / Kessel / Engines / Boilers / Masch	Leistung/ Power kW 1 kW = 1.36 PS	Fahrstrecke / Range sm	Sonstige Angaben / Remarks

Brasilien / Brazil

Bewaffnung / Armament	Sensoren-Elektronik	Geschwindigkeit kn	Maschine / Kessel	Leistung/Power kW	Fahrstrecke sm	Sonstige Angaben / Remarks
~40 ⛢	.	.	.	.	.	Angriffsträger / Attack Carrier
~20 ⛢	.	.	.	.	.	Sea Control Carrier
⛢ Tracker, 6 ⛢ a King + Wasp, ~4 ♦₄,₂, 1 ⛢	⊤ ⬧ ⌐ ⬧	24.5	Parsons ⚙ Tu 4 Wr 28 atü	30890 2	12000 14	*Navio Aeródromo.* Typ brit. Colossus. Winkeldeck / angled deck 8.5°
2.7 ♦₂, 6 UTR 32.4 1 ♦₈ Asroc, ⛢ Wasp	⊤ ⬧ ⌐ ⊽	35.0	⚙ Tu 4 Babcock	44130 2	5800 15	*Contratorpedeiros.* Typ US Gearing / FRAM I
2.7 ♦₂, 6 UTR 4 III, 2 ⬩, ⛢ Wasp	⊤ ⬧ ⌐ ⊐ ⬧ ⊽	35.0	⚙ Tu 4 Babcock	44130 2	6000 15	Typ US Allen M. Sumner, FRAM 2. VDS
2.7 ♦₂, 4 Seacat ♦₄, TR 32.4 III, 2 ⬩	⊤ ⬧ ⌐ ⊐ ⬧ ⊽	35.0	⚙ Tu 4 Babcock	44130 2	6000 15	Typ US Allen M. Sumner
2.7, 6-4 ♦₂, R 53.3 ‖‖‖	⊤ ⬧ ⌐ ⊐ ⬧	35.0	GE ⚙ Tu 4 Babcock	44130 2	6000 15	Typ US Fletcher. Special Reserve
	.	.	.	.	.	Ähnlich / similar to Niteroi Klasse. Flugabwehr Fregatten / AAW frigates
1M 38 ⇒, 2-11.4 ♦, ♦, 6 Seacat ♦₃, TR 32.4 III, 1 ⛢ 37.5₂, 1 ⛢ Lynx	⊤ ⬧ ⌐ ⬧ ⬧ ⊽	28.0	Olympus-GTu + 4 MTU-DM	41180 + 13240 2	5300 17.5	*Fragatas.* Typ Vosper Mk 10. Allzweckversion / general purpose version. **Masch:** CODOG
1M 38 ⇒, 1-11.4 ♦, ♦, 6 Seacat ♦₃, TR 32.4 III, 1 ⛢ Ikara, ⬧ 37.5₂, 1 ⛢ Lynx	⊤ ⬧ ⌐ ⬧ ⬧ ⊽	28.0	Olympus-GTu + 4 MTU-DM	41180 + 13240 2	5300 17.5	Typ Vosper Mk 10. ASW-Version. **Bew / AMT:** VDS
racuda ⇒, 1-11.4, ♦₄ FILA, 8 Avibras ♦₄, ⛢ Lynx	.	.	.	.	.	Verbesserte / improved Inhauma Klasse. Brasilianische **Bew** / Brazilian-designed **AMT**
1M 40 ⇒, 1-11.4 ♦, ♦, 6 UTR 32.4 III, ⛢ Lynx	⊤ ⬧ ⌐ ⬧ ⊽ ⌒	26.0	GE-GTu + 2 MTU-DM	14700 + 5580 2	6440 15	CODOG. Entwurf: Brasilianisches Marine-Entwicklungsamt, Beratung: Marine Technik Hamburg / Design: Braz. Naval Design Office, Advice: Marine Technik Hamburg
	.	.	.	.	.	Küstenvorfeldüberwachung / Offshore patrol vessels
.6, 4-2 ♦	⊤	15.0	Sulzer-DM	1590 2		*Corvetas.* Werden modernisiert / to be modernized. Auch Schlepper / also tugs. VI Uboottender / tender for SS

Anzahl – Art / Number – Group	Schiffsnamen und Stapellauf / Ship's Name and Launching	Baubeginn – Fertig / Umbau / On Keel – Completed – Conv.	Bauwerft / Builder	Wasserverdrängung / Displacement ts	Länge / Length m	Breite / Beam m	Tiefgang / Draft m	Besatzung / Be

Uboote / Submarines

4 SS	Tabajos	.	Arsenal Nav., Rio	1400↑	61.2	6.3	5.5	
o	Timbira	86/.	Arsenal Nav., Rio	1900↓				
	Tamoio	86/.	Arsenal Nav., Rio					
	Tupi 1987 – bew. / auth.	85/88	HDW, Kiel					
3 SS	**Riachuelo**	73/77	Vickers, Barrow	2030↑	90.0	8.1	5.5	
o	**Toneleros**	71/77	Vickers, Barrow	2410↓				
	HUMAITA 1971–75	70/73	Vickers, Barrow					
2 SS	**Goiás** (ex Trumpetfish)	43/46	Cramp, Philadelphia	1975↑	99.0	8.2	5.2	
	Amazonas (ex Greenfish) 1945	44/	Electric Bt., Groton	2450↓				
2 SS	**Bahia** (ex Sea Leopard)	44/45	N. Y., Portsmouth	1870↑	94.0	8.2	5.2	
o	**Ceará** (ex Amberjack) 1944–45	44/46	N. Y., Boston	2420↓				

Minensucher / Minesweepers

4 MS	I–IV gepl. / plan.	.	.	.	.	.	.	
6 MS	**ARATU, Anhatomirim, Araçatuba,**	69/71	Abeking & R., Lemw.	230	47.2	7.2	2.1	
o	**Atalaia, Abrolhos, Albardão**	73/75		280				
	1970–74							

Kleine Kampfschiffe / Small Fighting Vessels

12 PP	I–XII gepl. / plan.	.	.	400	.	.	.	
6 PP	**PIRATINI, Pirajá, Pampeiro, Penedo,**	68/70	Mar. Arsenal, Rio	100	29.0	5.8	2.1	
o	**Poti, Parati** (ex PGM 109, 110,	/71		110				
	118–121) 1968–71							
24 PP	I–XXIV a. St. / o. st. – bew. / auth.	86/.	Fairey Marine + SOSA, Rio Grande	31	19.5	4.9	1.5	
3 PR	I, II			270	49.3	8.5	1.4	
	Porto Esperança	85/.	Arsenal Nav., Rio	380				
	a. St. / o. st. – bew. / auth.							
3 PR	**Amapá, Rondônia, Roraima**	72/75	MacLaren, Niteroi	340	46.3	8.5	1.4	
o	1972–73	76		365				
2 PR	**Pedro Teixeira, Raposo Tavares**	71/73	Mar. Arsenal, Rio	660	63.5	9.7	1.6	
o	1972			703				
1 PR	**Parnaiba** 1937	36/37	Mar. Arsenal, Rio	594	55.0	10.2	1.6	

Landungsschiffe / Landing Ships

1 LS	**Duque de Caxias** (ex Grant County)	55/57	Avondale, N. Orleans	4300	135	18.9	5.5	1
o	1956			8000				
1 LS	**Garcia d'Avila** (ex Outagamie	45/45	Bethlehem, Hingham	1650	100	15.2	4.3	
o	County) 1945			4080				
3 LS:	**Guarapari, Camboriú, Timbaú** (74–78) 200/390 ts, 11 kn – Typ US LCU – *EDCG*							

Hilfsfahrzeuge / Auxiliary Vessels

1 AR	**Gastão Moutinho** (ex Skylark)	45/46	Charleston Shb.	1235	62.5	11.7	4.7	
o	1946			1675				
1 AR	**Belmonte** (Helios/ARB 12)	44/45	Maryland, Baltimore	1625	100	15.2	3.4	
o	1945			4100				

Bewaffnung / Armament	Sensoren-Elektronik/ Sensors-Electronic	Geschwindig-keit / speed kn	Antrieb / Propulsion	Leistung/ Power kW 1 kW = 1.36 PS	Fahrstrecke / Range sm	Sonstige Angaben / Remarks
			Maschine / Kessel / Engines / Boilers / Masch			
R 53.3 b	⊤ φ- ⍛ ꞈ	10.0↑ 22.0↓	4 MTU-DG 4 EM	1760 3680 1	8200 8	*Submarinos.* Typ deutsch / German 209/1400. Total 5?
R 53.3↓ (6 b, 2 h)	⊤ φ- ⍛ ꞈ	12.0↑ 17.0↓	Standard R.-DM Eng. El. EM	2710 4410 2	12000 10	Typ brit. Oberon
TR 53.3↓ (6 b, 4 h)	⊤ φ- ⍛	20.0↑ 15.0↓	4 DM 4 EM	4710 3970 2	14000 10	Typ US Tench. GUPPY III
TR 53.3↓ (6 b, 4 h)	⊤ φ- ⍛	18.0↑ 14.0↓	4 ⤳ DM EM	4710 3970 2	14000 10	Typ US Balao / Tench. GUPPY II. Werden gestrichen / to be deleted
ꕔ	⊤ ⏀	24.0	Mayb.-DM₄	3030 2	718 20	*Navios mineiros.* Ähnlich / similar to Typ deutsch / German Schütze
Mg ꕔ, 1–8.1 Mörser / mortar, 1 ⚓	⊤	20.0	4 DM	1430 2	1500 10	Typ US CG Cape
3 ꕔ	⊤	27.0	MTU-DM	1465 2	.	Typ brit. Tracker. GRP Rumpf / hull
	.	.	DM	.	.	*Navios Patrulha Fluviais.* Flußkampfschiffe / River patrol ships
4 ꕔ, 2–8.1 Mörser / mortars, 6 Mg ꕔ	⊤	14.0	MAN-DM	1350 2	6000 11	
4 ꕔ, 2–8.1 Mörser / mortars, ⇶	⊤	17.0	4 DM	2825 2	6800 13	
7.6, 2–4.7, 2–4 ꕔ, 2 ꕔ	⊤	12.0	Exp 2 Wr	960 2	1350 10	Mato Grosso-Flottille
7.6 ꕔ₂, 2 LCVP, [600], ꕔ	⊤	18.0	6 Fairb. Morse-DM	10590 2	13000 10	Typ US Suffolk County Schwerlastgeschirr eingebaut / heavy lift gear fitted, 60 ts
4 ꕔ₄,₂, 2 LCVP, ⛴, [400]	⊤	11.0	GM-DM	1250 2	15000 9	Typ US LST (2). Auch / also AP
LC: 21 **EDVP**, 7 **EDVP**, 3 **EDVM** (LCM)						
2 ꕔ	⊤	14.0	⤳ DM	2210 1	15000 8	Typ US ASR / ATF. Auch / also AG, YD
4 ꕔ₂	⊤	9.0	GM-DM	1320 2	6000 9	Typ US Achelous / LST (2), auch / also AP

Anzahl - Art / Number - Group	Schiffsnamen und Stapellauf / Ship's Name and Launching	Baubeginn - Fertig- / Umbau / On Keel - Completed - Conv.	Bauwerft / Builder	Wasser-verdrängung / Displacement ts	Länge / Length m	Breite / Beam m	Tiefgang / Draft m	Besatzung / B
4 AP o	Ary Parreiras, BARROSO PEREIRA, Custódio de Mello, Soares Dutra	./54 57 1954–56	Ishikawajima, Tokyo	4800 7300	119	16.0	6.3	

2 AP: **Piraim** (82) 73.5 ts, 7 kn; **Sargenta Borges** (74) 109 ts, 10 kn, DM, 28 × 6.5 × 1.5 m

8 AP: **Acará, Agulha, Anchova, Arenque, Argentina, Aruana, Atum** (~70) 13 ts, 25 kn, 200 kW, 2 DM – Fluß-transporter / river transports; **Paraguassu** (ex Guarapuava) 285 ts, 12 kn, DM – Mato Grosso Flotilla

1 AK	I	gepl. / plan.	.	.		.	.	.
1 AO o	Marajó	1968 66/68	Ishikawajima, Brasilien	10500 16000	134	19.3	7.3	

2 AO: **Martins de Oliveira** (ex Gastão Moutinho) (55) 588 ts, 10 kn; **Potengi** 600 ts, 10 kn, Mato-Grosso-Flot

3 AT	I–III	a. St. / o. st. 86/.	Sotanave, Manaus	.	.		.	.
2 AT	Almirante Guilhen, Almirante Guillobel	75/76 1976	Sumitomo	1200	63.2	13.4	4.5	
3 AT	Tritão, Tridente, Triunfo (ex ATA 234–236)	45/45 1945	Gulfport, P. Arthur	570 835	43.6	10.3	4.0	

4 AT: **Marriog, Didier, Tenente Magalhães, Cabo Schram** (81) 115 ts, 10 kn, 2 GM-DM, 660 kW

6 AT: **Audaz, Centauro, Guarani, Lamego, Passo da Patria, Voluntario** (53) 130 ts, 11 kn, DM, 560 kW, 27.6 × 7.2 × 3

1 AG	I	gepl. / plan.	.	.		.	.	.
1 AG o	Barao de Teffé (ex Thala Dan)	./57 1957	Aalborg Værft	2183	82.0	13.7	6.3	
1 AG o	Almirante Câmara (ex Sands)	62/65 1963	Marietta, Pt. Pleasant	1200 1380	63.7	12.2	4.7	+
2 AG o	CANOPUS, Sirius	1957 55/58 56	Ishikawajima, Tokyo	1460 1800	78.0	12.1	3.7	1
3 AG	ARGUS, Orion, Taurus	1957–58 55/59	Mar. Arsenal, Rio	250 340	45.0	6.1	2.0	
1 AG	Almirante Saldanha	1933 32/34 64	Vickers Armstrong	3325 3825	94.0	15.8	5.5	2.

6 AG: **Camocim, Caravelas, Itacurussá, Nogueira da Gama, PARAIBANO, Rio Branco** (67–70) 32 ts, 11 kn, 120 k DM, 16 × 4.6 × 1.3 m, Bauwerft / builder: Bormann, Rio – für Flachwasser / for coastal duties – Ver-messung / survey

1 AG: **Suboficial Oliveira** 110/120 ts, 10 kn, DM, 545 kW – Fischereiforschungsschiff / Fishery research vesse

1 Bojenleger / Lighthouse Tender: **Graça Aranha** (74) 1253/2300 ts, 13 kn, 1470 kW, DM, 75 × 13 × 3.7 m, Bes

1 AX o	Brazil	1983 81/86	Arsenal Nav., Rio	2380 3400	132	13.5	4.2	2 +2

1 AX: **Custodio Mello** – s. AP

3 AX: **Rosca Fina, Voga Picada, Leva Arriba** (83–84) 50 ts, 11 kn, DM, 18.6 × 4.7 × 1.2 m, Bes 5

1 AX: **Cisne Branco** 29 × 5.2 m, Bes 5 + 12 – Segelschulschiff / sail training vessel

Brunei Darussalam

3 PG o	Waspada, Pejuang, Seteria / P 02–04	76/78 1977–78	Vosper Th., Singapur	150	36.8	7.2	1.7	2
3 PP	I–III	1979 ./79	Vosper, Singapur	35	25.2	5.8	1.6	
3 PP	Perwira, Pemburu, Penyarang / P 14–16	74/44 1974–75 75	Vosper Th., Singapur	30	21.7	6.1	1.2	

Bewaffnung / Armament	Sensoren-Elektronik/ Sensors-Electronic	Geschwindigkeit / speed kn	Maschine / Kessel / Engines / Boilers / Masch	Leistung/ Power kW 1 kW = 1.36 PS	Fahrstrecke / Range sm	Sonstige Angaben / Remarks
.6 ⚓, 8-2 ⚓₂	⊤	15.0	⚙ Tu 2 Wr	3535 2	.	III Schulschiff / training ship, Bes 210 + 200, **Bew / AMT:** 4-7.6 ⚓, 4-4

AP: **Rio DOCE, Rio das Contas, Rio Formosa, Rio Real, Rio Turvo, Rio Verde** (53–54) 150 ts, 14 kn; **Rio Pardo, Rio Negro, Rio Chuí, Rio Oiapoque** (75–76) 150 ts, 14 kn – Flußtransporter / River transports

AP: **Tenente Fabio, Tenente Raul** 55 ts, 10 kn, DM

.	⊤	13.5	Sulzer-DM	5880 1	9200 13	Auch / also AO
.	⊤	14.0	GM-DM	5300 2	.	Auch / also PP Ex offshore supply ships
² ⚓₂	⊤	13.0	2 ⇢ DM	1100 1	16500 8	Typ US Sotoyomo. Auch / also PP

AT: **Isaias de Noronha** (72); **D. N. O. G., Lahmeyer** 100 ts, Lg 32 m; 9 Typ **Angostura** – s. FS; **Laurindo Pitta** (10) 514 ts

.	⊤	12.5	B & W-DM	1610 1	.	Polarforschungsschiff / Polar Research Ship Eisverstärkt / strengthened for ice
.	⊤	13.5	2 Caterpillar ⇢ DM 735	1	10000 12	Typ US Conrad
2 ⚓], 1 ⇥	⊤	15.0	Sulzer-DM	1990 2	12000 11	*Navios hidrográficos*
² ⚓	⊤	15.0	DM	880 2	1200 15	
	⊤	11.0	DM	1030 1	12000 10	*Navio oceanográfico*

Bojenboote / Buoy Tenders: **Castelhanos, Faroleiro Areas, Faroleiro Nascimento, Faroleiro Santana, Mestre João Dos Santos**

Bojenleger / Buoy Tenders: **Comandante Varella, Comandante Manhães, Tenente Castelo, Tenente Boanerges** (81–83) 440 ts, 12 kn, DM, 955 kW, Bes 22

Bojentender / Buoy Tenders: **Cabo Branco, Cabo Callanhar, Cabo Frio** (82)

AH: **Oswaldo Cruz, Carlos Chagas** (83–84) 500 ts, 9 kn, 1 ⇥, Bes 25 + 21

⁴ ⚓, 2 ⇥ Lynx	.	18.0	Pielstick-DM	5740 2	7000 15	

AX: **Aspirante Nascimento, Guarda-Marinha Jansen, Guarda-Marinha Brito** (80–81) 110/130 ts, 10 kn, 1 Mg ⚓, DM, 28 × 6.5 × 1.8 m, Bes 12 + 24, Bauwerft / builder: Embrasa Naval, Itajaí – für Kadetten / for cadets

Brunei Darussalam

MM 38 ⇨, 2-3 ⚓₂, Mg ⚓]	⊤ ⊕	30.0	MTU-DM	5515 2	1200 14	Typ venezol. Federacion
² ⚓, 2 Mg ⚓	⊤	25.0	DM	2400 2	.	
² ⚓, 2 Mg ⚓	⊤	32.0	MTU-DM	1990 2	600 22	

Brunei Darussalam — Bulgarien/Bulgaria

Anzahl - Art / Number - Group	Schiffsnamen und Stapellauf / Ship's Name and Launching	Baubeginn - Fertig - Umbau / On Keel - Completed - Conv.	Bauwerft / Builder	Wasser- verdrängung / Displacement ts	Länge / Length m	Breite / Beam m	Tiefgang / Draft m	Besatzung / Be
3 PP	Bendahara, Maharajalela, Kemaindera / P 21-23	?	.	10	14.1	3.6	1.0	
3 PP	S 24-26	1980-81 ./80 81	Rotork Mar.	8.8	12.7	3.2	1.5	
2 LC	Damuan, Puni / L 31, 32	1976-77 ./76 /77	Cheverton	60	19.8	6.1	1.1	

3 Tender: **Burong, Nuri, I** (81) 23 ts, 12 kn, GM-DM, 295 kW$_2$, GRP Rumpf / hull

Marine Polizei / Marine Police

4 PP	Abadi, Penang, I, II	77/78 1978-80 79/80	Vosper Th., Singapur	31	18.0	4.9	1.2	
7 PP	I-VII	1987 87/87	Singapore Shb. & Eng.	.	14.5	4.3	1.2	

Bulgarien / Bulgaria

3 FF o	DRUZKI, Smely, Bodrij (ex Kobčik)	~1954	USSR	1000 1320	91.5	10.0	3.2	1
4 SS o	Slava, Pobeda, I, II	~1960	USSR	1330↑ 1700↓	77.0	6.7	5.5	
2 MB	48, 49	~1955	USSR	500 570	58.0	8.4	2.5	
3 MB o	61-63	~1980	USSR	350 400	48.5	9.0	2.1	
6 MS o	31-36	~1962	USSR	200 245	40.0	7.3	1.8	
4 MS o	371-374	~1973	USSR	70 80	26.1	5.8	1.2	
7 PG o	101-103, 111-113, I	~1962-72	USSR	175 210	40.0	8.1	2.0	
1 PC	I	~1975	USSR	190 220	40.0	8.5 12.0	1.8	
6 PC o	13-15, I-III	~1961	USSR	500 650	61.0	8.5	2.9	
3 PC o	44-46	~1960	USSR	170 215	42.0	6.0	2.0	
7 PF o	104-106, 114-116, I	~1965	USSR	145 160	36.0	7.5	1.5	
5 PP	I-V	~1975	USSR	45 60	24.6	5.2	1.0	

24 LS: **I-XX** (~69) 300 ts, 10 kn, Typ USSR Vydra; **I-IV** (54) 420 ts, 10 kn, ähnlich Typ deutsch MFP / simila German MFP

1 AO: **Dmitrij Dmitrov** (ex Mesar) (79) ./3500 ts, 20 kn, 4-3 $\measuredangle_2$, DM, 8825 kW$_2$, 85 × 12.5 × 3.5 m

3 AO: **I-III** (~55) 450 ts, 9 kn

2 AT: **Jupiter** 800 ts, 12 kn, 4-2.5 $\measuredangle$, Typ DDR 700; **Perun** (77) 1100 ts, 14 kn, 4-3 $\measuredangle_2$ - Typ USSR Sorum

2 AG: **Vladimir Zaimov** 600 ts, 12 kn; **Admiral B. Ormanov** (~70) 1250 ts, 15 kn, DM, Typ USSR Moma – Vermessung / survey

Bewaffnung / Armament	Sensoren-Elektronik / Sensors-Electronic	Geschwindigkeit / speed (kn)	Antrieb / Propulsion Maschine / Kessel / Engines / Boilers / Masch	Leistung / Power kW (1 kW = 1.36 PS)	Fahrstrecke / Range (sm)	Sonstige Angaben / Remarks
Mg ⚓	⊤	20.0	GM-DM	245	200 / 18	River patrol craft
Mg ⚓	⊤	27.0	Ford-M. DM	315	100 / 12	
⚓	⊤	9.0	GM-DM	255	300 / 2	Typ brit. Loadmaster
⚓	⊤	28.0	MTU-DM	1320 / 2	400 / 18	
⚓	⊤	30.0	MAN-DM	935 / 2	.	

Bulgarien / Bulgaria

Bewaffnung / Armament	Sensoren-Elektronik / Sensors-Electronic	Geschwindigkeit / speed (kn)	Antrieb / Propulsion	Leistung / Power kW	Fahrstrecke / Range (sm)	Sonstige Angaben / Remarks
0, 4-3.7 ⚓₂, 3 TR 53 III, 4 ⚓₅, 4 ⚓, �	⊤ ☌ ⊶	28.0	☼ Tu / 2 Wr	14710 / 2	2500 / 15	Typ USSR Riga. I 1985 übergeben / transferred
R 53.3↓ (6 b, 2 h)	⊤ ☌ ⊙ / ⊶	15.0↑ DM / 13.0↓ EM	2940 / 4410 / 2	14000 / 9	Typ USSR Romeo. I 1985 übergeben / transferred	
.7 ⚓₂, 8-1.5 ⚓₂	⊤ ☌ ⊙ / ⊞ ▽	14.0	DM	1620 / 2	1600 / 10	Typ USSR T 43
⚓₂, 2-2.5 ⚓₂	⊤	18.0	DM	1765 / 2	.	Typ USSR Sonya
⚓₂	⊤	18.0	DM	1620	1100 / 10	Typ USSR Vanya
Mg ⚓	⊤	18.0	DM	1620 / 2	1000 / 9	Typ USSR Yevgenya
S-N-2 A ⇒, 4-3 ⚓₂	⊤ ☌ ⊞	36.0	DM	8825 / 3	800 / 25	Typ USSR Osa I: 103, 112, 113. Osa II: 101, 102, 111, I. I 1984 übergeben / transferred
.7 ⚓₂, 2-2.5 ⚓₂, TR 53.3 I	⊤ ☌ ⊞ / ▽	42.0	DM	11030 / 3	650 / 20	Typ USSR Turya
.7 ⚓₂, 4 UTR 40.6 II, △₁₂	⊤ ☌ ⊞	28.0	GTu + DM	17650 + 5580 / 2	6000 / 10	Typ USSR Poti
.5 ⚓₂, 4 ⚓₅	⊤ ☌	27.0	DM	5515 / 3	1100 / 15	Typ USSR SO 1
⚓₂, 4 TR 53.3	⊤ ☌ ⊞	40.0	DM	8825 / 3	450 / 35	Typ USSR Shershen
Mg ⚓₂,₁	⊤	34.0	DM	1765 / 2	.	Typ USSR Zhuk

AX: **Nikola Vaptzarov** (76) 5900 BRT/grt, 15.5 kn, Sulzer-DM, 122 × 17 m, Bauwerft / builder: Stocznia, Szczecin; **Veselitz** 240 ts, 7 kn, Zweimastgaffelschuner / twomasted schooner

ender: **315, 607** – Entmagnetisierung / degaussing

enzpolizei / Frontier Police

PP: **I, II** 25 kn; **I–XVII** (~55) 50 ts, 9 kn, 1 Mg ⚓, DM, Typ USSR PO 2

Anzahl - Art / Number - Group	Schiffsnamen und Stapellauf / Ship's Name and Launching	Baubeginn - Fertig - / Umbau / On Keel - / Completed - Conv.	Bauwerft / Builder	Wasser- verdrängung / Displacement ts	Länge / Length m	Breite / Beam m	Tiefgang / Draft m	Besatzung

Burma

1 FS	Yan Taing Aung (ex Farmington) 1943	42/43	Willamette, Portland	640	56.0	10.0	2.8	
1 FS	Yan Gyi Aung (ex Creddock) 1944	42/44	William Iron	640	56.0	10.1	3.0	
2 PP	NAWARAT, Nagakyay 1959	58/60	St. W. Rangoon	400	50.0	8.1	1.7	

3 PP: **PGM 412–414** (82–84) 128 ts, 16 kn, 2-4 ⚓, Deutz-DM, 2000 kW$_2$, 33.5 × 6.7 × 2.0 m, Bes 17, Bauwer builder: Burma N. Y., Rangoon

6 PP: **PGM 401–406** (ex PGM 43-46, 51, 52) (59–61) 102 ts, 16 kn, 1-4 ⚓, 735 kW$_2$, 4 DM, Typ US PGM 43

12 PR: **Y 311, 312** (67) 250 ts, 14 kn, 2-4 ⚓, 2-2 ⚓, 735 kW$_2$, MB-DM, 37 × 7.3 × 1.1 m, Bauwerft / builder: Similák Dy., Burma; **Y 301–310** (57) 120 ts, 14 kn, 2-4 ⚓, 2-2 ⚓, 735 kW$_2$, MB-DM$_4$, 31.7 × 7.3 × 0.8 m Uljanik, Pula

5 PR: **RPC 11–15** 30 ts, 10 kn, 1-2 ⚓, DM, 185 kW$_2$

6 PR: **PBR 211–216** (~78) 8 ts, 25 kn, 3 Mg ⚓$_{2,1}$, GM-DM, 9.8 × 3.4 × 0.8 m, Bes 5, Typ US PBR Mk II

2 AK: **Yan Lon Aung** (67) 520 ts, DM, auch / also YD; **Pyi Daw Aye** 160/300 ts, 10 kn, DM

Ministerium für Perlen und Fischerei / Peoples' Pearl and Fisheries Ministry

3 PP	Inya, Inma	81/82	Frederikshavn V.	385	50.0	10.5	2.8	
	Indaw	1979–82 79/80	Frederikshavn V.	505				
3 PP	421–423	~1976 ./77 78	Vosper, Singapore	118	32.0	7.2	2.1	
6 PP	01–06	1979–80 79/80 80/81	de Havilland, Sydney	27	15.7	4.8	1.3	

Cambodscha / Kampuchea

2 PC: **I, II** (~75) 190 ts, 42 kn, 2-5.7 ⚓$_2$, 2-2.5⚓, Typ USSR Turya

2 PP: **122, 124** (~66) 16 ts, 25 kn, 1-8.1 Mörser / mortar, 2 Mg ⚓, Typ US PCF

Canada

Fregatten / Frigates

6 FG	Calgary	./92	Marine Ind., Sorel	3470	134	14.8	4.6	2
o	Regina	./91	St. Johns Shb., N. Brunsw.	4255				
	Toronto	./91	Marine Ind., Sorel					
	Ville de Québec	./91	St. Johns Shb., N. Brunsw.					
	Vancouver	./91	Marine Ind., Sorel					
	HALIFAX a. St. / o. st. – bew. / auth.	86/90	St. Johns Shb., N. Brunsw.					
4 FF	Algonquin	69/73	Davie Shb., Lauzon	3550	130	15.3	4.3	2
oo		87-?	Versatile Davie Inc.	4200				
	Athabaskan	69/72	Davie Shb., Lauzon					
	Huron	69/72	Marine Ind., Sorel					
	Iroquois	69/72	Marine Ind., Sorel					
		1970–71 87-?	Versatile Davie Inc.					

Bewaffnung / Armament	Sensoren-Elektronik/ Sensors-Electronic	Geschwindig-keit / speed kn	Antrieb / Propulsion Maschine / Kessel Engines / Boilers Masch	Leistung/ Power kW 1 kW = 1.36 PS	Fahrstrecke / Range sm	Sonstige Angaben / Remarks

Burma

Bewaffnung / Armament	Sensoren	kn	Maschine	Leistung	Fahrstrecke	Remarks
7.6, 6-4 ⚓₂, 8-2 ⚓₂, ≈, 2 ⚓	⊤	15.0	GM-DM	1320 / 2	9000 / 10	Typ US PCE
7.6, 4-4 ⚓₂, 4-2 ⚓₂	⊤	16.0	DM	1770 / 2	4300 / 10	Typ US Admirable / MSF
9.4 Haub. / how., 4 ⚓	⊤	12.0	Paxman-DM	850	.	

LC: **Sinde, Htonbo** (78) 220 ts, 10 kn, DM, 220 kW₂, 29.5 × 6.7 × 1.4 m; **Aiyar Maung, Aiyar Mai, Aiyar Min Thar, Aiyar Min Tha Mee** (69) 250 ts, 10 kn, DM, 370 kW₂, 38.3 × 9.1 × 1.4 m, Bauwerft / builder: Yokohama Yacht

LC: **Aiyar Lulin** (ex LCU 1626) (~63) 195/375 ts, 11 kn, Typ UC LCU; **LCM 701–710** 28 ts, 9 kn, Typ US LCM

AG: **Thu Tai Thi** (65) 1100/1270 ts, 15 kn, [1-4 ⚓, 2-2 ⚓₂], MB-DM, 1260 kW₂, 62.2 × 11 × 3.6 m, Bes 100, Bauwerft / builder: Tito Shy., Belgrad – Vermessung / survey

AG: **Yay Bo** (57) 110 ts – Vermessung / survey

Bojenleger / Buoy Tender: **Hsad Dan** (86) 412 BRT/grt, Bauwerft / builder: Italthai, Bangkok

Bewaffnung / Armament	Sensoren	kn	Maschine	Leistung	Fahrstrecke	Remarks
4 ⚓, 1-2 ⚓	⊤	20.0	Alpha-DM	3460 / 2	4500 / 16	Typ brit. Osprey. ╳-Deck
4 ⚓, 2-2 ⚓, 2 Mg ⚓	⊤	27.0	MTU-DM	.	1800	Typ brit. Swift
2 ⚓	⊤	30.0	DM	1030 / 2	950 / 18	Typ austral. Carpentaria

Cambodscha / Kampuchea

PP: **VR 3, 4** 30 ts, 15 kn, 4 Mg ⚓, 370 kW, DM, gebaut / built in USA; **VP 1, 2, 3** ~10 ts, 20 kn, 2 Mg ⚓, 220 kW, DM, Typ chin. Yulin; o **VP 212** (ex VP 748) (~43) 46 ts, 11 kn, 1-2 ⚓, Typ brit. HDML

Canada

Bewaffnung / Armament	Sensoren	kn	Maschine	Leistung	Fahrstrecke	Remarks
Harpoon ⇒₄, 1-5.7 ⚓, 2 ⚓ Phalanx, VLS: Sea Sparrow ⫶₈, UTR 32.4 III, Sea King	⊤ ○ ⌖ / ⊕ ⊕ ⊕ / ▽ ∿	29.0	2 GE LM-2500-GTu + 1 SEMT-P. DM	36760 + 8660 / 2	4500 / 20	DDH. Total 12?
-12.7 ⚓, 8 Sea Sparrow, 6 UTR 32.4 III, ≣₃ Limbo, Sea King nach / after TRUMP: VLS: ⇒ / ⚓ 2 Standard SM 2), -7.6 ⚓ OTO, 1-2 ⚓ Phalanx, 6 UTR 32.4 III, Sea King	⊤ ○ ⌖ / ⊕ ⊕ ▽ / ∿	27.0	2 Pratt Wh.-GTu + 2 Solar-GTu Nach / after TRUMP: 2 ?-GTu + 2 GM Allison-GTu	36760 + 5440 / 2 Nach / after TRUMP: ? + 9400 / 2	4500 / 20	*Antisubmarine helicopter destroyers.* DDH, VDS. Umbau zu / conversion to FG / AA: TRUMP = TRibal-class Upgrade Modernization Program. Replacement of radars and electronics

Anzahl – Art / Number – Group	Schiffsnamen und Stapellauf / Ship's Name and Launching		Baubeginn – Fertig – Umbau / On Keel – Completed – Conv.	Bauwerft / Builder	Wasserverdrängung / Displacement ts	Länge / Length m	Breite / Beam m	Tiefgang / Draft m	Besatzung / B.

DELEX: Destroyer Life Extension Programme
Generalüberholung von Rumpf und Maschine. Modernisierung der Gefechtssysteme einschließlich U-Abwe
Kommando- und Kontrollsystemen. Einbau neuer Radar- und Feuerleitanlagen

2 FF	**Annapolis**		60/64	Halifax Shy.	2400	113	12.8	4.4	2
o	**Nipigon**	1961–63	60/64	Marine Ind., Sorel	2900				
4 FF	**Qu'Appelle**		60/63	Davie Shb., Lauzon	2380	112	12.8	4.1	2
o	**Yukon**		59/63	Burrard, Vancouver	2890				
	Saskatchewan		59/63	Yarrows, Victoria					
	MACKENZIE	1961–62	58/62	Can. Vickers, Montreal					
4 FF	**Kootenay**		52/59	Burrard, Vancouver	2390	113	12.8	4.2	2
o	**RESTIGOUCHE**		53/58	Can. Vickers, Montreal	2900				
	Gatineau		53/59	Davie Shb., Lauzon					
	Terra Nova	1954–57	52/59	Yarrows, Victoria					
3 FF	**St. Croix**		54/58	Marine Ind., Sorel	2370	112	12.8	4.1	24
	Chaudière		53/59	Halifax Shy.	2880				
	Columbia	1956–57	53/59	Burrard, Vancouver					
6 FF	**Fraser, Skeena**		50/55	Burrard, Vancouver	2263	112	12.8	4.1	2
o	**Ottawa**		52/57	Can. Vickers, Montreal	2800				
	Margaree, Saguenay		62–66	Halifax Shy.					
	Assiniboine	1951–56		Marine Ind., Sorel					

Uboote / Submarines

12 SS	I–XII	gepl. / plan.		.	.				
4 SS	I–III			.	.				
	IV	gepl. / plan.		.	.				
3 SS	**OJIBWA** (ex Onyx),		62/65	R. Dy., Chatham	2030↑	90.0	8.1	5.5	6
o	**Okanagan, Onondaga**	1964–66	65/68		2410↓				
			80–86						

Minensucher / Minesweepers

? MB	I–?	gepl. / plan.		.	.	484			

Kleine Kampfschiffe / Small Fighting Vessels

Canadian Bay Klasse

6 PP	**Chaleur, Chignecto, Cowichan,**		55/56	Canada	370	50.0	9.2	2.8	3
o	**Fundy, Miramichi, Thunder**		56/57		415				
		1956–57							
1 PP	**Fort Steele**	1955	./55	Canada	85	36.0	6.4	2.1	1
					110				

5 PP: **Adversus, Detector, Captor, Acadian, Sidney** (67–73) 55 ts, 16 kn

Hilfsfahrzeuge / Auxiliary Vessels

1 AR	**Cormorant** (ex Aspa Quarto)		.	Marelli, Italy	2350	74.6	11.9	5.3	
		?							

1 AR: **Cape Breton** (44) 8580 ts – alongside base ship

2 AO	**Preserver, Protecteur**	1968–69	67/69	Saint John Shb., D. D.	8380	172	23.2	9.1	23
o			/70		24700				

Bewaffnung / Armament	Sensoren-Elektronik / Sensors-Electronic	Geschwindigkeit / speed kn	Antrieb / Propulsion		Fahrstrecke / Range sm	Sonstige Angaben / Remarks
			Maschine Kessel Engines Boilers Masch	Leistung/ Power kW 1 kW = 1.36 PS		

ELEX: Destroyer Life Extension Programme

overhauling of hull and propulsion machinery. Modernizing of combat systems, including underwater tection systems, external communications, command and control systems. Replacement of radars and of gun e control systems

7.6 ⚓₂, 6 **UTR** 32.4 III, ⋔₃ Limbo, 🚁 Sea King	⊤ ⌀ ☌ ⊕ ⊽ ⌒	28.0	Eng. El. ✿ Tu 2 Babcock & W. 2	22070	4750 14	*Destroyer escorts.* VDS. DELEX: 1982-87
7.6 ⚓₂, 6 **UTR** 32.4 III, ⋔₃ Limbo	⊤ ⌀ ☌ ⊕ ⊽ ⌒	28.0	Eng. El. ✿ Tu 2 Babcock & W. 2	22070	4750 14	*Destroyer escorts.* DDE. DELEX: 1982-87. IV Schulschiff / training ship
7.6 ⚓₂, 6 **UTR** 32.4 III, ⚓₈ Asroc, ⋔₃ Limbo	⊤ ⌀ ☌ ⊕ ⊽ ⌒	28.0	Eng. El. ✿ Tu 2 Babcock & W. 2	22070	4750 14	**Bew:** VDS, Rumpfsonar / hull mounted sonar. II, III: Keine / no **UTR**. DELEX: 1983-86
7.6 ⚓₂, **UTA,** ⋔₃ Limbo	⊤ ⌀ ☌ ⊕ ⊽	28.0	✿ Tu 2 Wr	22070	4750 14	Reserve C. I AX
7.6 ⚓₂, 6 **UTR** 32.4 III, ⋔₃ Limbo, 🚁 Sea King	⊤ ⌀ ☌ ⊕ ⊽ ⌒	28.5	Eng. El. ✿ Tu 2 Babcock & W. 2	22070	4750 14	**Bew:** VDS. DELEX: 1979-85, keine neuen Sensoren / no new sensors
.	.	.	✿ Tu Druckw.-Reaktor	.	.	Atomantrieb / nuclear powered
.	.	.	.	.	.	CASAP = Canadian Submarine Acquisition Program
TR 53.3↓ (6 b, 2 h)	⊤ ⊕- ⊽ ⌒	12.0↑ 17.0↓	Adm. St. R.-DM EM	2710 4410 2	9000	Typ brit. Oberon. Modernisiert / modernized. SOUP: Submarine Operational Update Project. Krupp-Atlas CSU 3-41 Sonar
.	.	.	.	.	.	Im Frieden / in peacetime: AX
-4 ⚓]	⊤	16.0	GM-12 Cyl DM₂ 2	1770	2500 10	*Patrol escorts, small* (PFL). Ähnlich / similar to Typ brit. Ton. Ex MS. Wachboote, Schulschiffe / training vessels
—	⊤	18.0	Paxman-V.-DM 2	2060	.	Ausbildungsboot / training vessel

PP: **Rally, Rapid** (63) 105 ts, 20 kn, ex Coast Guard; **Nicholson** (68) 85 ts, 16 kn

—	⊤	15.0	⤳ DM 1	1545	11800 15	*Fleet diving support ship*
🚁 Sea King	⊤ ⊽	20.0	✿ Tu 2 Wr 1	15440	7500 11.5	*Operational support ships.* 13100 ts Öl / fuel, 1250 ts Munition / ammunition

Anzahl – Art / Number – Group	Schiffsnamen und Stapellauf / Ship's Name and Launching	Baubeginn – Fertig / Umbau / On Keel / Completed – Conv.	Bauwerft / Builder	Wasserverdrängung / Displacement ts	Länge / Length m	Breite / Beam m	Tiefgang / Draft m	Besatzung / Be
1 AO ○	**Provider**	1962 61/63	Davie Shb., Lauzon	7300 22700	169	23.7	9.8	1

1 AO: **Dundurn** (44) 950/1500 ts, 10 kn, [1–7.6, 2–2 ⚓]

5 AN: **PORTE de la Reine, Porte Dauphine, Porte Québec, Porte Saint-Louis, Porte Saint-Jean** (50–52) 300/429 11 kn, [1–4 ⚓], 440 kW₁, Bes 23, Schulschiffe / training ships

1 AG ○	**Quest**	1968 67/69	Burrard, Vancouver	2130	77.0	12.8	4.6	
1 AG ○	**Endeavour**	1964 ./65	Yarrow, Esquimalt	1560	72.0	11.7	4.0	
1 AG ○	**Bluethroat**	1955 ./55	Davie Shb., Lauzon	785 870	47.0	9.9	3.0	

2 YP: **Nimpkish, Songhee** (44) 162 ts – Torpedofangboote / torpedo recovery vessels

Transportministerium / Ministry of Transport – Coast Guard

1 FE	**Mary Hichens** (ex Beau Bois)	1983 83/84	Marystown Shy.	. 3265	64.4	13.8	5.9	2 +1
2 FE	**Grenfell** (ex Baffin Service), **Jackman** (ex Hudson Service) ~1973	./73	Bel-Aire, Vancouver	2080	56.1	13.7	4.3	1
1 FE	**George E. Darby** 1972	./72	Bel-Aire, Vancouver	2020	56.1	13.7	4.7	1
1 FE	**Alert** 1969	67/69	Davie Shb., Lauzon	2075	71.5	12.2	4.6	5
1 PP	**Ville Marie** ~1960	./60	Owen, Ontario	495	40.4	8.7	2.3	2
3 PP	**Racer, Ready, Rider** 1962–63	./63	Canada	100	29.0	6.1	2.0	
3 PP	**SPINDRIFT, Spray, Spume** 1963	./63	Canada	42	21.4	5.1	1.4	

20 PP: **Harp, Hood** (86); **Point Henry, Ile Rouge, Point Race, Cape Hurd** (80) 60 ts, 24 kn, MTU-DM, 21 × 5.5 × 1.7 m; **CG 101–109, 114–118** 38 ts, 14 kn, DM

1 AI	**I** bew. / auth.	88/93	Versatile Pacific	.	194	32.0	12.0	
1 AI ○	**Louis S. St. Laurent** 1966	65/69	Can. Vickers, Montreal	6000 13800	112	24.4	9.5	8
1 AI ○	Henry Larssen 1987	86/87	Versatile Pacific	. 8290	99.8	19.7	7.2	7
3 AI ○	**Pierre Radisson, Franklin** **Des Groseilliers** 1977–81	75/78 80/82	Burrard, Vancouver Port Wellard	6400 8180	98.0	19.5	7.3	6
1 AI	**Norman Mcleod Rogers** 1968	66/69	Can. Vickers, Montreal	6320	90.0	19.0	6.1	6
1 AI	**John Cabot** 1964	63/65	Can. Vickers, Montreal	6375	95.6	18.3	6.6	8
1 AI ○	**John A. Macdonald** 1959	56/60	Davie Shb., Lauzon	3380 9160	96.0	21.3	8.6	8
1 AI ○	**Labrador** 1951	49/54	Mar. Ind., Sorel	3500 6490	89.0	19.4	8.8	7
6 AI ○	**Sir Wilfrid Laurier** **Ann Harvey** **Sir William Alexander, Edward Cornwallis** 85/87 **George R. Pearkes** **Martha L. Black** 1986–87	84/86 84/86 84/86 84/86	Canadian Shb. Halifax Shy. Marine Ind., Sorel Burrard, Victoria Burrard, Vancouver	4662	83.0	16.2	6.0	5
1 AI	**Montcalm** 1956	./58	Davie Shb., Lauzon	3000	72.7	14.6	4.9	

Bewaffnung / Armament	Sensoren-Elektronik/ Sensors-Electronic	Geschwindig-keit / speed kn	Antrieb / Propulsion		Fahrstrecke / Range sm	Sonstige Angaben / Remarks
			Maschine Kessel Engines Boilers Masch	Leistung/ Power kW 1 kW = 1.36 PS		
Sea King	⊤	20.0	✿ Tu 2 Wr	15440	3600 20	

T: **SAINT Anthony, Saint Charles** (56) 600/840 ts, 14 kn, 2-4 ⚓, 1410 kW₁, DM; **Riverton** (44) 462 ts, 11 kn, 735 kW, DM; 5 **Glen II** (75) 255 ts, 11.5 kn, 960 kW₂, DM; 5 **Ville** Klasse (74) 9.8 kn, DM, 270 kW; 6 **Ville** Klasse (old) (44); **Wildwood** Klasse 65 ts, 10 kn

⊼	⊤	16.0	⤳ DM	2170 2	10000 12	*Oceanographic research vessels*
⊼	⊤	16.0	⤳ DM	2180 2	10000 12	
	⊤	13.0	DM	880 2	.	*Research vessel*

D: **YDT 11, 12** (61–62) 110 ts, 10.5 kn, DM; **YMT 6, 8–10** 70 ts, 120 kW, DM

	⊤	15.0	B & W-DM	5455 2	8000 15	*Large search and rescue cutter, Typ 600*
	⊤	14.5	4 DM	4825 2	12000	
	⊤	14.0	DM	2900 2	6500 11.5	
⊼	⊤	18.7	⤳ DM	5680 2	6000 15	
	⊤	13.5	⤳ DM	940 2	1000 13	*Intermediate search and rescue cutter, Typ 500*
	⊤	20.0	DM	1770 2	1500 14	*Small search and rescue cutters*
	⊤	19.0	2 DM	770	250	

ojenleger / Buoy Tender: **Namao** (76) 370 ts, 11.5 kn, Lg 52 m

⊼	.	.	⤳ DM	64700	.	*Polar icebreaker, Typ 1500*
	⊤	17.8	⤳ DM	17650 3	16000 13	*Heavy gulf icebreaker. Typ 1300.* ⊼-Deck
	⊤	16.5	⤳ DM	11765 2	15000 13.5	*River icebreaker, Typ 1200*
	⊤	16.0	Alco ⤳ DM	13030 2	15000 13.5	⊼-Deck
C	⊤	15.0	4 DM + 2 GTu	8830 2	.	⊼-Deck
	⊤	15.0	⤳ DM	6620 2	10000 12	*Auch Kabelleger / also cable ship*
	⊤	15.5	⤳ DM	11030	18000 10	⊼-Deck
	⊤	16.0	⤳ DM	7350 2	23000 12	⊼-Deck
	⊤	15.3	Alco ⤳ DM	6510 2	6500 15	*Light icebreaker / navigational aids tenders, Typ 1100*
	⊤	13.0	Exp. / Wr	2940 2	6000 10	⊼-Deck

Anzahl – Art / Number – Group	Schiffsnamen und Stapellauf / Ship's Name and Launching		Baubeginn – Fertig – / Umbau / On Keel – / Completed – Com.	Bauwerft / Builder	Wasser- verdrängung / Displacement ts	Länge / Length m	Breite / Beam m	Tiefgang / Draft m
1 AI	Sir Humphrey Gilbert	1958	./59	Davie Shb., Lauzon	3000	68.0	14.6	5.0
1 AI	Griffon	1970	./70	Davie Shb., Lauzon	3100	71.4	14.9	4.7
1 AI	J. E. Bernier	1967	./67	Davie Shb., Lauzon	3100	70.5	14.9	4.8
1 AI	Narwhal	1963	./63	Can. Vickers, Montreal	3100	76.7	12.8	3.7
1 AI	Alexander Henry	1958	./59	Port Arthur, Ontario	2500	64.0	13.3	4.0
2 AI	Earl Grey		./85	Ferguson, Pictoe	.	69.7	13.7	5.2
	Samuel Risley	?	./85	VITO, Vancouver	2935			
2 AI	I, II	bew. / auth.		.	.	.	.	.
1 AI	Tracy	1968	./68	Port Weller Dd.	1300	76.7	12.8	3.7
1 AI	Thomas Carleton	1960	./60	Saint John Dd.	1532	54.9	12.8	4.0
2 AI	Bartlett, Provo Wallis	1970	./70	.	1620	58.0	13.0	3.8
1 AI	Simcoe	1962	./62	Can. Vickers, Montreal	1300	60.0	11.6	3.7
1 AI	Montmorency	1957	./57	Davie Shb., Lauzon	1610	50.0	10.2	3.4
2 AI	Simon Fraser		./60	Burrard, Vancouver	1880	62.4	12.8	4.3
	Tupper	1958–59	./59	Mar. Ind., Sorel				
1 AI	Nicolet	~1966	./66	Collingwood, Ont.	900	51.7	11.1	3.1
1 AI	Beauport	?	./60	Davie Shb., Lauzon	790	51.1	10.4	2.7

4 Tender: **Namao, Robert Foulis, Kenoki, Skidegate** – *Small ice strengthened aids tenders*, Typ 900

9 Tender: **Partridge Island, Ile de Barques, Cove Isle, Gull Isle, F. G. Osbourne, Jean Bourdon, Nomad V, Nokoᵒ Barge 501** – *Small navigational aids tenders* – und zahlreiche kleinere / and numerous smaller ones

Chile

Kreuzer / Cruiser

1 CL	O'Higgins (ex Brooklyn)		35/38	St. W., New York	10000	187	18.8	6.0
o		30. 11. 36			12500			

Zerstörer / Destroyers

4 DG	Capitán Prat (ex Norfolk)		66/70	Swan Hunter, Walls.	5440	159	16.5	6.1
	Almirante Cochrane (ex Antrim)		66/70	Fairfield, Glasgow	6200			
	Almirante Latorre (ex Glamorgan)		62/66	Vickers-A., Newcastle				
	Almirante Blanco Encalada (ex Fife)	1964–67	62/66	Vickers-A., Newcastle				
2 DG	Almirante Riveros		57/60	Vickers-A., Barrow	2730	122	13.1	3.9
o	ALMIRANTE WILLIAMS	1958	56/60 72–76	Vickers-A., Barrow	3300			
2 DD	Zenteno (ex Charles S. Sperry)		43/44	Federal, Kearny	2200	115	12.4	5.8
o	Portales (ex Douglas H. Fox)	1944	44/44	Todd, Tacoma	3300			

Bewaffnung / Armament	Sensoren-Elektronik/ Sensors-Electronic	Geschwindig-keit / speed kn	Maschine / Kessel / Engines / Boilers / Masch	Leistung/ Power kW 1 kW = 1.36 PS	Fahrstrecke / Range sm	Sonstige Angaben / Remarks
⊤		13.0	⤳ DM	3130	10000 / 11	
⊤		13.5	DM	2940 / 2	5500 / 11	
⊤		13.5	⤳ DM	3130 / 2	8000 / 11	
⊤		13.0	DM	1470 / 2	9200 / 11	
⊤		13.0	DM	2160 / 2	6000 / 12	
⊤		12.0	Bombardier-Wärtsilä-DM	6470 / 2	.	*Navigational aids tenders,* Typ 1050
.	.	.	.	.	.	*Ice strengthened navigational aids tenders,* Typ 1000
⊤		13.0	DM	1470 / 2	5000 / 11.5	
⊤		12.0	DM	1470 / 2	2200 / 11	
⊤		12.0	DM	1290 / 2	3300 / 11	
⊤		12.0	⤳ DM	1470 / 2	5000 / 10	
⊤		12.0	DM	880 / 2	3500 / 11	
⊤		13.0	⤳ DM	2130 / 2	5000 / 11	
⊤		13.0	DM	990 / 2	3000 / 10	*Hydraulic survey and soundings ship*
⊤		13.0	DM	940 / 2	3000 / 10	

X: **Mikula** (59) 617 ts, 12 kn, DM, 275 kW$_1$, 39 × 9.3 × 3.4 m, Bes 9, Bauwerft / builder: Kingston, Ontario

overcraft: I (86) 40 kn, 11 ts load, 4 air-cooled Deutz-DM, Typ AP 1-88; **CG 039, 045** (77) Typ brit. SR-N 6 (Mk 1); **CG 021**, Typ brit SR-N 5; I Typ Voyager

Chile

Bewaffnung / Armament	Sensoren / Elektronik	Geschwindig-keit kn	Maschine / Kessel	Leistung kW	Fahrstrecke sm	Sonstige Angaben / Remarks
15.2$_3$, 8-12.7 ⚓, 4 ⚓, 2 ⊞	⊤ ⟁ ⟁ ⟁	32.7	Westingh. ✿ Tu 73550 / 4 / 8 Babcock		8500 / 15	Typ US Brooklyn. Generalüberholt / generally refitted 1977/78
4M 38 ⇒, easlug II ⇃$_2$, 2-11.4 ⚓$_2$, ⚓, 6-2 ⚓$_{2,12}$, eacat ⇃$_4$, 1 ⇒ Wessex	⊤ ○ ⟁ ⟁	32.5	AEI ✿ Tu 22060 / 2 Babcock + 22060 / + 4 Metrovik-GTu 2		3500 / 28	*Destructores.* Typ brit. County. Angekauft / acquired: 1982, 1984, 1986, 1987. IV keine / no Seaslug ⇃
4M 38 ⇒, 4-10.2 ⚓, ⚓, 8 Seacat ⇃$_4$, TR 32.4 III, 2 ⊞$_3$	⊤ ⟁ ⟁	36.0	Pametrada ✿ Tu 39170 / 2 Babcock		6000 / 16	
2.7 ⚓$_2$, 2-4 ⚓, 2-2 ⚓$_2$, TR 32.4 III, 2 ⟁, 1 ⇒	⊤ ⟁ ⟁	35.0	✿ Tu 44130 / 4 Babcock		6000 / 15	Typ US Allen M. Sumner / FRAM 2

Anzahl – Art / Number – Group	Schiffsnamen und Stapellauf / Ship's Name and Launching		Baubeginn – Fertig – / Umbau / On Keel – Completed – Com.	Bauwerft / Builder	Wasser-verdrängung / Displacement ts	Länge / Length m	Breite / Beam m	Tiefgang / Draft m

Fregatten / Frigates

2 FG o	**Condell, Lynch**	1972–73	71/73 72/74	Yarrow, Scotstoun	2450 2960	113	13.1	5.5
2 FS o	**Sargento Aldea** (ex Arikara) **Yelcho** (ex Tekesta)	1943	43/44 42/43	Charleston, Shb. Com. Iron Works	1235 1675	62.5	11.7	4.7
1 FS	**Lautaro** (ex ATA 122)	1942	42/43	Levingstone, Orange	535 835	43.6	10.1	4.0

Uboote / Submarines

| 2 SS o | **Simpson** **Thomson** | 1982–83 | 81/84 80/84 | HDW, Kiel HDW, Kiel | 1260↑ 1390↓ | 59.5 | 6.3 | 5.0 |
| 2 SS o | **Hyatt, O'Brien** | 1972–73 | 71/76 72/77 | Scott, Lithgow | 2030↑ 2410↓ | 90.0 | 8.1 | 5.5 |

Kleine Kampfschiffe / Small Fighting Vessels

2 PG	**I,II**	gepl / plan.	.	.	.	.	.	.
2 PG o	**Casma, Chipana** (ex Romach, Keshet)	1973–74	73/73 /74	Haifa Shy.	415 450	58.1	7.6	2.4
1 PC	**Papudo** (ex US PC 1646)	1970	68/71	Asmar, Talcahuano	280 350	54.0	7.0	3.1
4 PF o	**FRESIA, Guacolda, Quidora, Tegualda**	1964–65	62/64 /65	Bazan, Cadiz	134 180	36.0	5.6	2.2
2 PP	**Cabo Odger, Marinero Fuentealba**	1966–67	./66 67	Asmar, Talcahuano	215	24.4	6.4	2.7

Landungsfahrzeuge / Landing Vessels

3 LS o	**Chacabuco** **Maipo, Rancagua**	1981–85	83/86 80/82	Asmar, Talcahuano Asmar, Talcahuano	750 1330	80.0	13.0	2.3
2 LS	**Elicura** **OROMPELLO**	1964–67	.	Asmar, Talcahuano Dade Drd., Miami	500 770	44.0	10.4	2.1
1 LC:	**Valdivia**, Typ US LCM – *Lancha de asalto*							

Hilfsfahrzeuge / Auxiliary Vessels

1 AR	**Angamos** (ex Puerto Montt)	1965	65/66	Orenstein & Koppel	3560	93.9	16.2	4.5
1 AP o	**Aquiles**	a. St. / o. st.	85/88	Asmar, Talcahuano	2760 4550	103	17.0	.
1 AP o	**Aquiles** (ex Tjaldur)	1953	52/53	Aalborg V.	3400	88.7	13.7	5.2
1 AP	**Piloto Pardo**	1958	58/59	Haarlemsch Sch.	1250 2000	82.0	11.9	4.6

2 AP: **Meteoro, Grumete Pérez** (67–75) 205 ts, 7.8 kn, [220], DM, Bauwerft / builder: Asmar, Talcahuano – *Transbordadores*

Bewaffnung / Armament	Sensoren-Elektronik / Sensors-Electronic	Geschwindig-keit / speed kn	Antrieb / Propulsion Maschine Kessel Engines Boilers Masch	Leistung/ Power kW 1 kW = 1.36 PS	Fahrstrecke / Range sm	Sonstige Angaben / Remarks
M 38 ⇒, 2–11.4 ↲₂, ↲, 4 Seacat ↲₄, ▮R 32.4 III, [1 ⤢]	┳ ○ ♢ ╬ ╪ ╤	30.0	Engl. El. ✿ Tu 2 B. & W.	22065 2	4500 12	*Fragatas.* Ähnlich / similar to Typ brit. Leander
6	┳	15.0	⤳ DM	2210 1	.	*Escampavias.* Typ US ATF. II Vermessungsschiff / sur-veying ship. **Bew / AMT:** 2–4 ↲
6, 2–2 ↲	┳	15.0	GM ⤳ DM	1100 1	.	*Patrullero.* Typ US ATA
R 53.3 b ↓	┳ ⌐ ⸎ ⌐	10.0↑ 22.0↓	MTU-DG EM	1760 3680 1	.	*Submarinos.* Typ deutsch / German 209/ TR 1300
R 53.3 ↓ , 2 h)	┳ ⌐ ⸎ ⌐	12.0↑ 17.0↓	ASR-DM EM	2700 4410 2	.	Typ brit. Oberon
	.	.	.	.	.	Typ israel. Sa'ar 4. Total 4?
abriel ⇒, .6 ↲ OTO, 2–2 ↲, ▮g ↲	┳ ♢ ⤾ ╪	32.0	MTU-DM	10960 4	1500 30	*Lanchas misileras.* Typ israel. Sa'ar 4. 1980 angekauft / purchased
↲, 4–2 ↲, 1 ⟋	┳	20.0	DM	3535 2	5000 10	*Cazasubmarino.* Ähnlich / similar to türkisch / Turkish Akhisar
↲, 4 **TR** 53.3	┳	32.0	MB-DM	3535 2	1500 15	*Lanchas torpederas.* Plan Lürssen
↲, 3 MG ↲	┳	9.0	Cummins-DM	250 1	2600 9	*Patrulleros.* Ex Trawler
↲, 2–8.1 Mörser / rtars, [180], ts Ladung / load	┳	16.0	MGO-DM	1320 2	4500 13	*Barcazas.* Typ franz. / French BATRAL
↲	┳	10.5	DM	660 2	2700 9	
	┳	18.0	Pielstick-DM	2390 2	5000 16	*Buque-madre de submarinos*
)]	┳	19.0	2 MaK-DM	5295 1	.	*Transporte.* ⤢-Deck
)]	┳	14.0	B & W-DM	2650 1	.	*Transporte*
↲, 2–2 ↲, 2 ⤢	┳	14.0	2 ⤳ DM	1470	6000 10	*Buque antártico.* Auch / also AG

P: **Isleña** (38) 20 ts, 8 kn – *Lancha transbordadora*

Anzahl - Art / Number - Group	Schiffsnamen und Stapellauf / Ship's Name and Launching	Baubeginn - Fertig - Umbau / On Keel - Completed - Conv.	Bauwerft / Builder	Wasser- verdrängung / Displacement ts	Länge / Length m	Breite / Beam m	Tiefgang / Draft m
1 AO o	**Almirante Jorge Montt** (ex Tidepool) 1962	62/63	Leslie, Hebburn	8531 27400	178	21.6	9.8
1 AO o	**Araucano** 1965	65/67	Burmeister & W., Kopenhagen	. 17300	162	22.9	8.9

2 AO: **Guardian Brito** (ex Silvia) (66) ./480 ts, 10 kn, MWM-DM, 39.6 × 7.4 × 3.3 m; **Aquila** 397 ts, 10 kn, l *Petroleros*

2 AT: **Gálvez** (75) 120 ts, 10 kn, 735 kW; **Colo-Colo** (30) *760* ts, 11 kn, 810 kW - *Remolcadores*

2 AT: **Cortés, Reyes** (61) 110 ts, 9 kn

1 AI	**I**	gepl. / plan.	.	Asmar, Talcahuano	.	.	.	.

1 AX	**Esmeralda** (ex Don Juan de Austria) 1952	46/54	Echevarrieta, Cadiz	3040 3673	94.0	13.0	6.7

1 AX: **Blanca Estela** 31 ts - Ketsch - *Yate*

Küstenwache / Coast Gard - *Dirección General del Territorio Maritimo y Marina Mercante*

1 PP: **Castor** (64) 80 ts, 9 kn - *Cúter*

10 PP: **Antuco, Choshuenco, Copahue, Corcovado, Llaima, Osorno, PILLÁN, Ranokavo, Tronador, Villarrica** (78-82) 31/43 ts, 25 kn, 2-2 ⚓, MTU-DM, 1325 kW$_2$, 750/15 sm, 18.6 × 5.3 × 1.6 m, Bauwerft / build Mac Laren, Niteroi - *Lanchas patrulleras costeras*

2 PP: **Ona, Yagan** (81) 72 ts, 22 kn, Bauwerft / builder: Asenav, Valdivia - *Lanchas estación de prácticos*

1 PP: **Kimitahi** (81) 45 ts, 17 kn - *Lancha de Salvamento y Rescate*

China

Über den Flottenbestand ist nichts sicheres bekannt

Zerstörer / Destroyers

2 DG	**I, II**	a. St. / o. st.	85/. 86	China	4200	.	.	.
15 DG o	*Luda Klasse* **161-165 131-133 105-111** 1971-83		./72 84	Guangzhou + Luda + Shanghai	3450 3950	131	13.7	4.6
4 DG o	**Zhangzhun, Anshan Jilin, Fuzhun** 1938-40		35/40 36/41	Dalzavod, Vladiv. Komsomolsk Shy.	1690 2040	113	10.2	4.0

Fregatten / Frigates

2 FG o	**535, 536** 1985-86		./86	Hutong, Shanghai	1900 2200	108	10.2	3.5
2 FG o	**544, I** 1985		./86	Hutong, Shanghai	1800	108	10.2	.
20 FG o	*Jianghu Klasse* **509-520, 525, 527, 533, 534, 538, 543, 551, 552** 1975-83		74/76 82/84	Hutong, Shanghai	1580 2000	103	10.2	3.5
2 FG o	*Jiangdong Klasse* **Zhongdong, 532** 1972-75		71/77 72/78	Hutong, Shanghai	1570 2000	103	12.0	4.0
4 FG o	**Gulin, Kunming Guiyang, CHENGDU** 1956-57		55/58 56/59	Guangzhou Hutong, Shanghai	1250 1420	91.5	10.0	3.2

Bewaffnung / Armament	Sensoren-Elektronik/ Sensors-Electronic	Geschwindig-keit / speed kn	Maschine Kessel Engines Boilers Masch	Leistung/ Power kW 1 kW = 1.36 PS	Fahrstrecke / Range sm	Sonstige Angaben / Remarks
⇶	⊤	18.3	✿ Tu 2 Babcock	11030 1	.	*Petroleros.* Typ brit Tide
4 ⤬₂	⊤	17.0	B & W-DM	7210	12000 15.5	

AT: I, II (bew. / auth.) Bauwerft / builder: Asmar, Talcahuano

Tender: **Sobenes** (64) 140 ts, 8 kn – ex Schoner / schooner

AG: **Yelcho** – s. FS – *Buque oceanográfico*

5.7, 0 Kadetten / cadets	.	12.0	DM	1030 1	13000 8	*Buque escuela.* Segelschul-schiff / sail training ship

PP: **LPM 1901–1912** (82–83) 17 ts, 18 kn, [1 Mg ⤬], MTU-DM, 970 kW₂, 13.3 × 3.5 × 1.0 m, Bauwerften / builders: Asenav, Valdivia (1901–1910), Mac Laren, Niteroi (1911, 1912) – *Lanchas policia maritima*

PP: **LPM 1914** (ex PM 25) (58) 15 ts, 15 kn, [2 Mg]

AH: **Cirujano Videla** (64) 140 ts, 14 kn, Cummins-DM, 1030 kW₂, 31 × 6.5 × 2.0 m, Bauwerft / builder: Asmar, Talcahuano – *Lancha médico-dental*

China

o definite data on Chinese fleet available

801 ⇒, 1-10 ⤬, AA-NX ⇕, 1 ⇶	.	.	GE-LM 2500-GTu + DM	.	.	
FL-1 ⇒₃, 4-13 ⤬₂, -3.7 ⤬₂, 4-2.5 ⤬₂, ⟡₁₂, 2 ⟐	⊤ ⟡ ⏚ ⟐- ⟅	32.0	✿ Tu/4 Wr	39000 2	4000 15	FL = Fei Lung (fliegender Drache / flying dragon). **105, 108, 132:** 5.7 ⤬₂ anstelle / instead of 3.7 ⤬₂. **105, 132:** ⏚ Rice Lamp
FL-1 ⇒₂, 4-13, 8-3.7 ⤬₂, ⟐, ⟳	⊤ ⟡	36.0	✿ Tu / 3 Wr	35340 2	2600 19	Typ USSR Gordy. Umbau / conversion 1971-75
C 801 ⇒, -10 ⤬₂, 8-3.7 ⤬₂	.	.	Pielstick-DM	17650 2	.	
FL-1 ⇒, -10 ⤬₂, 8-3.7 ⤬₂, 1 ⇶	.	.	Pielstick-DM	17650 2	.	Jianghu V Klasse
FL-1 ⇒₂, 2-10 ⤬, 2-3.7 ⤬₂, 2 ⟍₅ RBU 1200, ⟐, ⟳	.	28.0	DM	17650 2	4000 15	Jianghu I–III Klasse: Unter-schiedliche Schornsteine / different funnels. Jianghu IV Klasse: **533, 543** 4-10 ⤬₂, 8-3.7 ⤬₂
CSA-NX-2 ⇕₂, 4-10 ⤬₂, -3.7 ⤬₂, 2 ⟍₅ RBU 1200, ⟐	.	28.0	DM	17650 2	4000 15	I: 3-D Radar Rice Screen
FL-1 ⇒₂, 3-10 ⤬, -3.7 ⤬₂, 4 Mg ⤬₂, ⟳	⊤ ⟡ ⟐- ⏚	28.0	2 ✿ Tu	14710 2	2000 10	Typ USSR Riga

Anzahl – Art / Number – Group	Schiffsnamen und Stapellauf / Ship's Name and Launching		Baubeginn – Fertig / Umbau / On Keel – Completed – Conv.	Bauwerft / Builder	Wasserverdrängung / Displacement ts	Länge / Length m	Breite / Beam m	Tiefgang / Draft m	Besatzung / B
	Jiangnan Klasse								
5 FF o	**500–502** **503, 504**	1965–67	65/67 67/69	Shanghai Guangzhou	1220 1600	91.0	10.0	3.4	1
1 FS	**Huian** (ex Shisaka)	1944	44/44	Japan	940	79.0	9.1	3.0	1.
1 FS	**Zhangbei** (ex Oki)	1942	42/43	Uraga, Tokyo	870	78.0	9.1	3.0	1
1 FS	**Nanjang** (ex Uji)	1940	40/41	Sakurajima, Osaka	950	80.0	10.7	2.6	1
5 FS	**TONGAN, Changsha, Zhiang, Xian, Wuchan**	1944–45	44/45	Japan	740 900	70.0	8.6	3.0	1

Uboote / Submarines

6 SB	*Xia Klasse* II–V **406, I**	1981 – a. St. / o. st.	80/. 75/81	Huludao Huludao	6000↑ 6900↓	120	10.0	.	
1 SB o	**200**	~1964	.	China	2350↑ 2850↓	98.0	8.5	6.4	9
6 SG o	*Wuhan Klasse* **I–VI**	?	.	China	1650↑ 2100↓	74.0	7.6	8.6	5
6 SS	*Han Klasse* **401–403, I–III**	1972–86	71/74 ./86	Huludao	4100↑ 5000↓	98.0	.	.	5
? SS	*Verb. / improved Ming Klasse* **I–?**	?	.	China	1584↑ 2113↓	76.0	7.6	7.6	5
2 SS	*Ming Klasse* **232, 233**	~1973	71/75	China	1500↑ 1900↓	76.0	.	.	4
78 SS o	**I–LXXVIII**	1960–81	58/60 80/82	Wuzhang + Guangzhou + Jiangnan + Huludao	1320↑ 1712↓	76.6	6.7	6.7	5
21 SS o	**I–XXI**	1956–64	.	Jiangnan + Wuzhang	1100↑ 1350↓	76.0	6.7	4.7	5

Minensucher / Minesweepers

20 MB	**I–XX**	gepl. / plan.	.	.		.	.	.	
23 MB o	**I–XXIII**	1955–66	./55 66	Wuzhang + Guangzhou	500 600	60.0	8.4	2.5	6
?	*Typ 312*	~1970	.	China	47	20.1	4.2	1.3	.

23 MS: 2 *Wochang Klasse*; 1 *Wusong Klasse*; 20 *Fushan Klasse* (ex Shanghai II Klasse)

Kleine Kampfschiffe / Small Fighting Vessels

121 PG o	*Huangfen Klasse*	1964–?	./65 .	Jiangnan, Shanghai	175 210	38.8	7.6	2.0	3
65 PG o	*Hoku / Hegu Klasse*	1962–?	./65 .	USSR + China	68 75	26.8	5.5	1.5	2
3 PC	*Haijui Klasse*	~1982	.	China	.	64.0	.	4.0	.

Bewaffnung / Armament	Sensoren-Elektronik/ Sensors-Electronic	Geschwindig-keit / speed kn	Antrieb / Propulsion Maschine / Kessel Engines / Boilers Masch	Leistung/ Power kW 1 kW = 1.36 PS	Fahrstrecke / Range sm	Sonstige Angaben / Remarks
-10 ⚓, 8-3.7 ⚓₂, 2 Mg ⚓₂, ⊤ ◇ ⊕ ⚓₅ RBU 1200, 4 ⚓		28.0	DM	17650 2	2000 20	
2-3.7 ⚓₂,₁, 2 ⚓	⊤	19.5	DM	3090 2	5000 16	Typ jap. Ukuru
-10 ⚓, 3-3.7 ⚓	⊤	19.5	DM	3090 2	8000 16	Typ jap. Etorofu
-13, 6-3.7 ⚓₂,₁	⊤	20.0	✿ Tu / 2 Wr	3380 2	3400 14	Typ jap. Hashidate
-10 ⚓, 6-3.7 ⚓₂, 2 ⚓	⊤	17.5	✿ Tu / 2 Wr	1840 1	4500 14	Typ jap. D
2 CSS-NX-3 ⚓, TR	.	.	1 Druckw.-Reaktor .		.	Nuklear-Antrieb / nuclear powered
⚓, 10 TR 53.3↓ ⇥ b, 4 h)	.	17.0↑ 14.0↓	3 DM 3 EM	4410 4410 2	9500 5	Ähnlich / similar to Typ USSR Golf
C 801 ⇨, TR 53.3↓	⊤ ◇ ⚲ ⚲ ⚲ ⚲	15.0↑ 17.0↓	DM EM	.	.	Anzahl unsicher / number uncertain
.	.	.	1 Druckw.-Reaktor .		.	Nuklear-Antrieb / nuclear powered. Nur / only 4?
TR 53.3↓ ⇥ b, 2 h)	⊤ ⚲ ⚲	15.0↑ 18.0↓	DM EM	.	.	
TR	.	.	DM EM	.	.	Verbesserter / improved Typ USSR Romeo
TR 53.3↓ ⇥ b, 2 h), 28 ⚓	⊤ ⚲ ⚲	15.0↑ 13.0↓	DM EM	2940 2940 2	13000	Ähnlich / similar to Typ USSR Romeo
TR 53.3↓ ⇥ b, 2 h)	⊤ ⚲ ⚲	18.0↑ 15.0↓	DM EM	2940 2210 2	13000	Typ USSR Whiskey. Für Ausbildung / for training
.	.	.	.	.	.	Typ ital. Lerici?
-3.7 ⚓₂, 4-2.5 ⚓₂, -1.5 ⚓₂, 2 ⚓	⊤ ⚲	14.0	DM	1620 2	1600 10	Typ USSR T 43
	⊤	2.0	DM + EM	220 1	.	Ferngelenkte MS / drone MS. Laser Navigation
FL-1 ⇨, 4-3 ⚓₂ oder / ⚓ 4-2.5 ⚓₂	⊤ ◇ ⊕	36.0	DM	8825 3	800 25	Typ USSR Osa. Einige Radom achtern / several Radome aft. Hola Klasse: Lg 42 m, Test-boot, 2 FL-1 ⇨
FL-1 ⇨, 2-2.5 ⚓₂	⊤ ◇ ⊕	40.0	DM	3535 4	450 30	Typ USSR Komar. Stahlrumpf / steel hull. Hema Klasse: 4-2.5 ⚓, Lg 28.6 m. Testboot
-5.7 ⚓₂, 4-3 ⚓₂, ⚓₅ RBU 1200		.		.	.	Verlängerte / lengthened Hainan Klasse?

Anzahl – Art / Number – Group	Schiffsnamen und Stapellauf / Ship's Name and Launching	Baubeginn – Fertig – Umbau / On Keel – Completed – Conv.	Bauwerft / Builder	Wasserverdrängung / Displacement ts	Länge / Length m	Breite / Beam m	Tiefgang / Draft m	Besatzung / Crew Bes
40 PC o	*Hainan Klasse*	1965–? ./65 .	Shanghai	375 400	59.0	7.3	2.4	69
20 PC	**I–XX**	1953–57 ./53 57	USSR + China	300 370	52.0	6.5	2.5	40
3 PC	*Haikou Klasse*	1963–? .	China	160 175	45.7	6.4	2.1	.
320 PC o	*Shanghai II Klasse* 1962 – a. St. / o. st.	./62 .	China	120 155	38.8	5.5	1.7	25
110 PF oo	*Huchuan Klasse*	1966–80 ./66 80	Hutong, Shanghai	39 45	21.5	5.0	0.9	20
60 PF o	**I–LX**	~1958	USSR + China	65 75	25.5	5.5	2.0	20
50 PF	**I–L**	~1955 .	USSR	21	19.0	4.2	1.5	12
? PP	**I–?**	~1980 ./80 .	China	55 58	25.0	5.0	.	20
3 PP	*Shandong Klasse*	1972 .	China	80	24.4	4.9	1.8	.
25 PP o	*Shantou Klasse*	1957–? .	China	60 80	25.5	6.0	2.0	17
4 PP	*Taishan Klasse*	~1955 .	China	60	27.5	.	.	.
40 PP	*Yulin Klasse*	1964–68 .	Shanghai	10	12.2	2.9	1.1	10
15 PP	*Huangpu Klasse*	1950–55 ./52 57	China	42 50	27.0	4.0	1.5	25

Einige Hundert bewaffnete Fischkutter / several hundred armed fishing trawlers

Landungsfahrzeuge / Landing Vessels

6 LS	*Yukan Klasse* **927–929, 934, I, II**	? ./78 80	Shanghai	1200 3400	119	15.6	3.7	.
15 LS	**I–XV**	1942–45 .	USA	1650 4080	100	15.3	4.2	.
4 LS	*Yudao Klasse*	~1980 .	China	. 1000	65.0	.	.	.
16 LS o	*Yuling / Yuliang Klasse* **335, 904, 958, 959, I–XII**	1971–? .	China	. 600	50.0	7.0	2.0	.
14 LS	**I–XIV**	~1944 .	USA	743 1095	62.1	10.5	2.7	60
300 LS o	*Yunnan Klasse*	1968–72 .	China	. 300	29.0	.	.	.
6 LS	**I–VI**	~1944 .	USA	230 390	48.5	7.2	1.7	.

~9 LS: Typ US LCT (5), (6) 160/320 ts, 10 kn

~50 LC: *Yuch'in Klasse* (62–72) 58 ts, Lg 24 m

~30 LC: *Yuchai Klasse* (~60) 90 ts – ähnlich / similar to Typ USSR T 4

Bewaffnung / Armament	Sensoren-Elektronik / Sensors-Electronic	Geschwindigkeit / speed kn	Antrieb / Propulsion: Maschine / Kessel, Engines / Boilers, Masch	Leistung / Power kW 1 kW = 1.36 PS	Fahrstrecke / Range sm	Sonstige Angaben / Remarks
-5.7 ∡₂, 4-2.5 ∡₂ ⇘₅ RBU 1200, ⚲, Ʊ	┬ ♆ ⚲ Ȳ	30.5	DM	6475 4	1000 10	**Bew / AMT:** Einige / some 2-7.6 ∡ statt / instead of 5.7 ∡
-8.5, 2-3.7 ∡, -1.3 ∡, 2 ⊿, Ʊ	┬	24.0	DM	2430 3	1500 12	Typ USSR Kronstadt. 6 geliefert / delivered from USSR
-3.7 ∡₂, 4-2.5 ∡₂	┬	30.0	DM	.	850 20	
-3.7 ∡₂, 4-2.5 ∡₂	┬	30.0	DM	3110 4	800 17	Einige / some: 2-5.7 ∡₂, 2-2.5 ∡₂
-1.5 ∡₂, 2 **TR** 53.3	┬	55.0	DM	2650 3	500 20	Tragflächenboote / Hydrofoils. ∡-Aufstellung unterschiedlich / ∡-mounting differs
-2.5 ∡₂, 2 **TR** 53.3	┬	45.0	DM	3535 4	450 30	Typ USSR P 6. Werden gestrichen / to be deleted
-2.5 ∡₂, 2 **TR** 45.6	┬	50.0	DM	1765 2	400 13	Typ USSR P 4. In Reserve
-2.5 ∡₂	┬	38.0	DM	2650 3	300 25	
-3.7 ∡₂	.	40.0	DM	.	500 20	Tragflächenboote / Hydrofoils. **TR** ausgebaut / removed
-3.7 ∡₂, 2 Mg ∡	.	27.0	4 DM	2210	750 15	Ähnlich / similar to Typ USSR P 6
-3.7 ∡, 2 Mg ∡	┬	.	DM	.	.	
Mg ∡	–	20.0	DM	220 1	.	
-3.7 ∡, 2 Mg ∡	┬	14.0	DM	735 2	400 9	Auch / also PR
-5.7 ∡₂, 8-2.5 ∡₂, Ʊ	┬	17.0	DM	.	.	
-5.7 ∡₂, 9-3.7 ∡₂,₁, Ʊ	┬	11.0	DM	1250 2	15000	Typ US LST (1), (2). **Bew / AMT:** Unterschiedlich / differs. Auch / also NB
-2.5 ∡₂,	┬	.	DM	.	.	
-2.5 ∡₂, 2 ↣	┬	.	DM	.	.	Yuling Klasse: **335**
-5.7 ∡₂, 2-2.5 ∡₂, Ʊ	┬	12.0	DM	2060 2	2500 12	Typ US LSM
Mg ∡	┬	.	DM	.	.	Ähnlich / similar to Typ US LCU
-2 ∡	┬	14.0	DM	970 2	.	Typ US LCI (L)

Hovercraft: *Jingsah Klasse* (79) 70 ts, 55 kn, 22 × 8.0 m

Hovercraft: *Payi Klasse* (70-?) 55 kn, 15 × 7.0 m

Hovercraft: *Dagu Klasse* 67 ts, 55 kn, 27.2 × 13.8 m - Test vessel

Anzahl - Art / Number - Group	Schiffsnamen und Stapellauf / Ship's Name and Launching	Baubeginn - Fertig / Umbau / On Keel - Completed - Conv.	Bauwerft / Builder	Wasserverdrängung / Displacement ts	Länge / Length m	Breite / Beam m	Tiefgang / Draft m	Besatzung / Crew Bes
Hilfsfahrzeuge / Auxiliary Vessels								
3 AR o	*Dajiang Klasse* J 121, J 302, R 327 (ex J 506)	1973–77 ./78 80	Guangzhou	. 10980	156	20.5	7.0	.
1 AR	*Dalang Klasse* J 503	? ./75	Guangzhou	. 4000	130	14.0	4.0	.
1 AR o	**Dazhi**	1963 63/65	Hutong, Shanghai	5600	107	15.3	6.1	290
1 AR	*Hutong Klasse* J 301	? ./69	Hutong, Shanghai	. 5000	95.0	17.0	4.5	225
2 AR:	*Da Dong Klasse* **J 304, I** (75–85) 2800 ts, 82 × 12.5 m							
1 AR	*Kansha Klasse*	~1980 80/81	Shanghai	1325	70.0	10.5	3.6	.
3 AR:	*Yen Ting Klasse* (72–74) 500 ts, 7.5 kn, DM							
1 AR	**Dagushan** (ex Achilles / LST 455)	42/43 1942	Kaiser, Vancouver	1625 4325	100	15.2	3.4	270
1 AR	*Galati Klasse*	~1960 ./70	Santieral	5300	100	14.0	6.6	.
4 AP	*Qiongsha Klasse* Y 832, I–III	? ./80 85	Guangzhou	. 2150	86.0	13.4	3.9	60
2 AK	**Haiyun, Haijiu**	~1960	Santieral, Galati	5300	100	14.0	6.6	50
1 AK	*Zhandou Klasse*	~1959	China	4500	95.0	12.5	5.5	50
1 AK	*Chandou Klasse*	~1970	China	3200	152	21.6	8.7	.
4 AK:	**L 201** (~80) 1000 ts; *Danlin Klasse* **L 202, L 591, L 790** (~68) 1500 ts, 4–2.5 kn₂, 50 × 9 m							
1 AO	*Binhai Klasse*	a. St. / o. st.	China	.	.	.	.	.
4 AO o	*Fuging Klasse* X 350, 575, 615, 950	~1977–80 ./79 82	Dahlian Shy.	7500 21500	181	21.8	9.4	140
2 AO	**X 620, 621**	~1980	China	3000 4940	101	13.8	5.5	.
1 AO	**Haiyu**	~1943	Mitsubishi, Nagasaki	2930 4730	99.0	13.5	6.0	40
6 AO	*Fulin Klasse* N 1104, I–V	~1970 ./72	Hutong, Shanghai	. 2200	66.0	10.0	4.0	30
19 AO	*Fuzhou Klasse*	~1965	Hutong, Shanghai	1200	60.0	9.0	3.5	30
1 AO	*Ebanol Klasse*	?	.	2400	67.0	10.6	3.8	2
9 AO	*Leizhou Klasse*	~1965	China	. 900	53.0	8.8	3.0	30
2 AO	**Haiyu 402, 403**	~1943 ./43 44	USA	845	67.3	11.3	3.9	.
1 AT	**I**	a. St. / o. st. 85/.	Dahlian Shy.	. 5280	102	16.0	6.5	50
3 AT	*Hujia Klasse* T 155, 867, I	~1980	China	. 750	49.0	9.5	3.7	.
4 AT o	*Tuzhong Klasse* T 154, 710, 830, 890	1975–?	Zhonghua	. 3600	84.9	14.0	5.5	.

Bewaffnung / Armament	Sensoren-Elektronik/ Sensors-Electronic	Geschwindig-keit / speed kn	Antrieb / Propulsion		Fahrstrecke / Range sm	Sonstige Angaben / Remarks
			Maschine Kessel Engines Boilers Masch	Leistung/ Power kW 1 kW = 1.36 PS		
/Mg ↙]	⊤	20.0	DM	.	.	Für / for SS. **R 327** für Akademie der Wissenschaften/ for Academy of Sciences
-3.7 ↙₂, 4 Mg ↙₂	⊤	16.0	DM	2940 2	.	Auch / also ATR
-3.7 ↙₂, 8-2.5 ↙₄	⊤	14.0	DM	2575	6000 14	
-3.7 ↙₂, 4 Mg ↙₂	⊤	16.0	DM	2650 2	5000 12	
AR: *Dazhou Klasse* **J 502, J 504** 1100 ts						
DSRV	⊤	13.5	DM	1620 2	2400	Bergungsschiff / Salvage vessel
AR: *Ting Hai Klasse* **Hai Lao 446, 447, 511** (64-66) 375 ts, 12 kn, DM						
2-3.7 ↙₂, 4 Mg ↙₂	⊤	12.0	DM	1250 2	15000	Werkstattschiffe / Repair ships. Typ US Achelous / LST (2)
	⊤	12.5	Sulzer-DM	1840 1	5000 12	
Mg ↙₄, 4 LCP, [400]	⊤	16.0	DM	2911 3	.	Transporter
	⊤	12.5	DM	1840 1	5000 12	Galati Klasse. Versorger / Store ships
	⊤	12.5	DM	.	3500	
	⊤	13.0	DM	.	3500 12	
AK: **Haiyun 300, 301** (44) 810 ts, 12 kn, DM - Typ US Army FS						
.	.			.	.	Fleet replenishment ship
-3.7 ↙₂]	⊤	18.5	B. & W.-DM	9560 1	15000 14	Versorgungstanker / Replenish-ment oilers
-5.7 ↙₂, 2-2.5 ↙₂]	⊤	14.0	DM	1910 1	2400 14	Tanker / Oilers
-3.7 ↙₂, 4 Mg ↙₂	⊤	11.0	☼ Tu 2 Wr	810 1	5000 11	
-2.5 ↙₂	⊤	10.0	DM	440 1	1500 8	
2.5 ↙₂, 4 Mg ↙₂	⊤	12.0	DM	440 1	1500	5 für Wasser / 5 for water
-3.7 ↙₂	⊤	8.0	DM	515 1	1100 8	
3.7 ↙₂, 2 Mg ↙₂	⊤	10.0	DM	440 1	1200	4 für Wasser / 4 for water
-3.7 ↙, 4 Mg ↙₂	⊤	10.0	DM	590 1	.	Typ US Mattawee
.	⊤	19.0	B. & W.-DM	10000 2	.	
.	⊤	13.5	DM	1325 2	.	
-3.7 ↙₂]	⊤	18.5	DM	6620 2	18000	

Anzahl - Art / Number - Group	Schiffsnamen und Stapellauf / Ship's Name and Launching	Baubeginn - Fertig - / Umbau / On Keel - Completed - Conv.	Bauwerft / Builder	Wasser- verdrängung / Displacement ts	Länge / Length m	Breite / Beam m	Tiefgang / Draft m	Besatzung / Crew Bes
3 AT	*Dinghai Klasse*	~1975 .	China	. 1470	60.2	11.6	4.4	

20 AT: **I–XVI** (~60) ./900 ts, 11 kn, 2 Mg $\unicode{x2571}_2$, 880 kW$_2$ – Typ USSR Gromovoj; **I–IV** (58–64) 750 ts, 11 kn, ↣ DM, 880 kW$_2$ – Typ USSR Roslavl

4	**B 873, H 263, N 2304, I**	? .	Zhonghua	1500	71.4	10.5	3.6	.

3 AG: *Yenlai Klasse* (~72) 1100 ts, 16 kn, 4-3.7 $\unicode{x2571}_2$, DM, 70 × 10.6 × 3.0 m, Bes 100 – für Vermessung / for surve

1 AG: **K 420** (72) 1000 ts, 20 kn, 4-3.7 $\unicode{x2571}_2$, 4-2.5 $\unicode{x2571}_2$, DM, 3680 kW, 65 × 9.0 × 3.0 m, Bes 125 – für Vermessung for survey – *Ganzhou Klasse*

2 AG: **701, 702** (~62) 400 ts, 12 kn, 4-2.5 $\unicode{x2571}_2$, DM, 38 × 7.6 × 3.4 m – *Haice Klasse*

3 AG: **Shu Guang 1–3** (~55) 500 ts, 14 kn, ex MS-Typ USSR T 43

2 AG: *Haiyang Klasse* (~72) 3295 ts, 20 kn, 6-3.7 $\unicode{x2571}_2$, DM, 6620 kW$_2$ – Forschung / research

5 AG: **Shu Guang 03, 04, 05, 06, 07, 08** (~73–77) 2400 ts – *Shu Guang 04 Klasse*

3 AG: **Shu Guang 01, 02, 03** (~60) 500 ts, 14 kn, ähnlich / similar to Typ USSR T 43

2 AG: o *Shijian Klasse* (67) 2960 ts, 16.2 kn, 8 Mg $\unicode{x2571}_4$, DM, 95 × 14 × 4.8 m, Bes 125

2 AG: *Dong Fang Hong Klasse* (64–66) 2900 ts, 14 kn, DM, 2940 kW$_2$, 86 × 11.5 × 4.8 m

2 AG: o **Yuan Wang 1, 2** 17100 ts, 20 kn, DM, 190 × 22.6 × 7.5 m – für Raketen- und Flugkörperbeobachtung / missile range instrumentation ships

Columbien / Colombia

4 FG o	**Independiente** **Antioquia** **Caldas** **ALMIRANTE PADILLA**	82/84 82/83 81/83 1982–83 81/83	HDW, Kiel HDW, Kiel HDW, Kiel HDW, Kiel	1500 1810	95.3	11.3	3.4	92
4 FS o	**Pedro de Heredia, Sebastian de Belal Calzar, Rodrigo de Bastidas, Bahia Solano** (ex Choctaw, Carib, Hidatsa, Jicarilla) 1942–44	42/43 43/44	Charleston Shb.	1235 1640	62.5	11.7	4.7	7?
2 SS o	**Pijao, Tayrona** 1974	72/75	Howaldt, Kiel	1185↑ 1356↓	56.0	6.2	5.0	32
2 SZ	**Intrepido, Indomable** 1972	.	Cos. Mo. S., Livorno	70↑ 80↓	23.0	2.0	4.0	5+8
2 PF	**Albuquerque** (ex Welch) **Quito Sueño** (ex Tacoma) 1968	67/69 67/69	Peterson Bld. Tacoma Bt. Bld.	225 235	50.1	7.3	2.9	24
3 PR o	**ARAUCA, Leticia, Rio Hacha** 1955	53/56	Unial, Barranquilla	170	47.0	8.2	1.0	3?
1 PR o	**Cartagena** 1930	28/31	Yarrow, Scotstoun	142	42.0	7.2	0.8	4?

1 AP: **Ciudad de Quibdo** 633 ts, 11 kn, DM, 290 kW$_1$

3 AP: **Hernando Gutierrez, Mario Serpa, Socorro** (53–55) 70 ts, 9 kn, Flußtransporter / River transports

1 AT: **Bahia Utria** (ex Kalmia) (~44) 534 ts, 13 kn, 1-7.6, Typ US ATA und einige kleinere / and several small

1 AT: **Teniente Ricardo Sorzano** (43) 70 ts, 9 kn, DM, 175 kW$_1$

6 AT: **Capitan Castro, Candido Leguizamo, Capitan Alvaro Ruis, Capitan Rigoberto Giraldo, Capitan Vladimir Valek, Teniente Luis Bernal** 50 ts, 10 kn, 2 GM-DM, 190 kW

Bewaffnung / Armament	Sensoren-Elektronik/ Sensors-Electronic	Geschwindig-keit / speed kn	Antrieb / Propulsion		Fahrstrecke / Range sm	Sonstige Angaben / Remarks
			Maschine Kessel Engines Boilers Masch	Leistung/ Power kW 1 kW = 1.36 PS		
			DM	1810 2	7200	

AT: **I, II** (43–45) 435/835 ts, 13 kn, 2 ⇢ DM, 1100 kW₁ – Typ US Sotoyomo; **I, II** (~40) 600/960 ts, 12 kn, Exp., 880 kW₁ – Typ US Army 254

–3.7 ⚓₂, 4 Mg ⚓₂	⊤	14.0	DM	1620 2	.	Kabelleger und Bojenleger / Cable ships and buoy tenders

AG: **Nan Hai, Bin Hai** (79) 1500 BRT/grt, 15 kn, DM, 1540 kW, 70 × 13.4 × 4.6 m, Bauwerft / builder: Mitsui, Fushinagata; **512** (82) 525 ts, DM, 735 kW, 65 × 11.2 × 4.0 m, Bauwerft / builder: Mitsubishi, Yokohama – ozeanographische Forschung / oceanographic research

AG: **J 304** (~80) 10900 ts, 20 kn, DM – *Dajiang Klasse*

AG: **Hsiangyang Hong 11–16; Hsiangyang Hong 10** (~74) 10900 ts, 20 kn, DM, 156 × 20.6 × 6.8 m;
Hsiangyang Hong 09 (78) 2953 ts, 18 kn; **Hsiangyang Hong 05** (67) 14500 ts, 16 kn, DM, 152 × 19.5 × 8.8 m;
Hsiangyang Hong 04, 06 (71–73) 1000 ts, 15 kn, DM; **Hsiangyang Hong 02, 03, 08** (71–73) 1000 ts, 14 kn, DM;
Hsiangyang Hong 01 1550 ts, DM; **Yenlun** (~65) ähnlich / similar to Typ USSR Zubov – Forschungs-schiffe, unterstehen nicht der Marine / Research ships, do not belong to the Navy

AI: **101, 102** (69–73) 3200 ts, 15 kn, 8-3.7 ⚓₂, 3825 kW₂, 84 × 15.3 × 4.9 m – *Haiping Klasse*

AX: **V 856** (86) 5500 ts, Bauwerft / builder: Chiuxin, Shanghai

Columbien / Colombia

MM 40 ⇨₂, 1-7.6 ⚓, –4 ⚓₂, 6 **UTR** 32.4 III, ⇥ Bo 105	⊤ ○ ⚲ ⚲ ⊕ ⵣ ⌒	28.0	4 MTU-DM	16000 2	7000 14	Typ deutsch / German HDW FS 1500. **Masch: CODAD**
–7.6	⊤	15.0	⇢ DM	2210 1	15000 8	Typ US ATF
TR 53.3 b↓	⊤ ⚲ ⚬	10.0↑ 21.0↓	4 MTU-DG 1 EM	1760 3680 1	8000 8	Typ deutsch / German 209/1200
TR oder / or Chariots	.	8.5↑ 6.0↓	DM EM	220 ./₁	1200 7	Chariot: 2 ts, [260 kg], 50 sm, Bes 2, 7 × 0.8 m
–7.6 ⚓, 1-4⚓, 4 Mg ⚓	⊤ ⚲ ⊕	40.0	1 GE-GTu + 2 Cummins-DM	9270 + 1290 2	1700 15	Typ US Asheville. Lieferung / delivery: 1983. **Masch: CODOG**
–7.6, 2-2 ⚓	⊤	12.0	Caterpillar-DM	590 2	10000 12	II Lazarettschiff, ohne **Bew** / AH without **AMT**
–7.6, 1-2 ⚓, 4 Mg ⚓		15.5	Gardner-DM	440 2	2100 15	

AG: **Malpelo, Providencia** (80–81) 1040 ts, 13 kn, MAN-DM, 1154 kW₁, 50.3 × 10 × 4 m, Bauwerft / builder: Jansen, Leer – I für Fischereiforschung / for fishery research, II für geophysikalische Forschung / for geo-physical research

AG: **San Andres** (ex Rockville) (44) 795 ts, 16 kn – Typ US Admirable / PCER; **Quindio** (43) 380 ts, 10 kn – Typ US YFR – für Vermessung / for survey

AH: **Leticia** – s. PR; **Socorro** – s. AP

AX: o **Gloria** (68) 1300 ts, 10.5 kn, 390 kW, DM, 76 × 10.6 × 4.5 m, Bauwerft / builder: Celaya, Bilbao – Bark, 1400 qm / barque, sail area 1675 sq. yards

Anzahl – Art / Number – Group	Schiffsnamen und Stapellauf / Ship's Name and Launching	Baubeginn - Fertig / Umbau - On Keel / Completed - Conv.	Bauwerft / Builder	Wasserverdrängung / Displacement ts	Länge / Length m	Breite / Beam m	Tiefgang / Draft m	Besatzung / Crew Bes

Küstenwache / Coast Guard – *Cuerpo del Guardacosta*

2 PP: **Olaya Herrera, Rafael del Castillo y Rada** (81–82) 103 ts, 25 kn, 1–4 ⚓, 2 Mg ⚓, MTU-DM, 5150 kW₂, Bauwerft / builder: Swiftships, Berwick

2 PP: **Carlos Alban, Nito Restrepo** (71) 100 ts, 18 kn, 2–2 ⚓, 1800 kW, 33 × 5.5 × 1.8 m, ähnlich / similar to Typ finn. Viima

Cuba

2 FF **Mariel, I** o		~1980–83 	./81 84	Zelenodolsk	1700 2100	95.0	10.8	4.3	13◖
3 SS **I–III** o		~1965	.	USSR	1950↑ 2400↓	91.5	7.5	6.1	7:
4 MS **I–IV** o		~1978	.	Petrosavodsk	350 400	48.5	7.3	1.9	4:
7 MS **I–VII** o		~1975	.	Išora, Leningrad	70 80	26.1	5.8	1.2	1◖
13 PG **I–XIII** o		~1970	.	USSR	195 240	40.0	8.1	2.0	3◖
5 PG **I–V** o		~1962–70	.	USSR	175 210	40.0	8.1	2.0	3'
9 PC **I–IX** o		~1975	.	USSR	190 220	39.0	8.5	1.8	3◖
4 PC **I–IV** o		~1975	.	USSR	170 210	39.5	8.1	1.8	3(
4 PC **I–IV** o		~1960	.	USSR	170 215	42.0	6.0	2.0	3(
21 PP **I–XXI** o		~1974	.	USSR	48 60	24.1	4.9	1.0	◖
2 LS **I, II**		~1975	.	Nordwerft, Gdansk	890 1100	76.2	8.9	1.9	4◖

7 LC: **I–VII** (~58) 35/90 ts, 10 kn, Typ USSR T 4

| 1 AG **Guama** (ex GS 186)
o | | ~1975 | ./76 | Poland / Polen | 750
1000 | 55.0 | 9.2 | 2.5 | 2: |

1 AG: **Isla de la Juventud** (ex Arminza) (67) 1556 BRT/grt, 13 kn, MWM-DM, 1620 kW₁ – AGI

2 AG: **Triton** (82) 190 ts – Forschung / research; **Taino** 1100 ts

7 AG: **H 91–96** (~60) 145 ts, 12.5 kn – Typ USSR Nyryat; **Siboney** (72) 600 ts – Vermessung / survey

1 Tender: **I** 1200 ts, 14 kn – Typ USSR Pelym – Entmagnetisierungsschiff / degaussing ship

2 Tender: **I, II** 295 ts, 12.5 kn, DM – Typ USSR Yelva

Dänemark / Denmark

Fregatten / Frigates

| 2 FG **PEDER SKRAM, Herluf Trolle**
o | | 64/66
1965 /67
76–78 | | Helsingørs J. & M. | 2030
2720 | 113 | 12.0 | 4.3 | 178 |

Bewaffnung / Armament	Sensoren-Elektronik/ Sensoren-Electronic	Geschwindigkeit / speed kn	Antrieb / Propulsion		Fahrstrecke / Range sm	Sonstige Angaben / Remarks
			Maschine / Kessel / Engines / Boilers / Masch	Leistung/ Power kW 1 kW = 1.36 PS		

Costarica / Costa Rica

PP: **Isla del Coco** / FP 1055 (79) 118 ts, 32 kn, 2 Mg λ, 7720 kW$_2$, MTU-DM – Typ US Commercial Cruiser 105′

PP: **FP 657** (85); **I** (86) Lg 12.8 m; **I, II** (86) Lg 10.4 m, Bauwerft / builder: Swiftships

PP: **FP 407–411** (78) 33 ts, 32 kn, 2 Mg λ, 1030 kW$_2$, MTU-DM – Typ US Commercial Cruiser 65′

Cuba

Bewaffnung	Sensoren	kn	Maschine	Leistung	Range	Remarks
»7.6 λ_2, 4–3 λ_2, SA-N-4 λ_2, 2 λ_{12} BU 6000, ♻	⊤ ♀ ♀	29.0	1 GTu + 2 DM	22060 +8820 3	2000 14	Typ USSR Koni. **Masch:** CODAG
▸ **TR** 53.3 ↓ b, 4 h)	⊤ ⟟	18.0↑ 18.0↓	3 DM 3 EM	4410 4410 2	20000	Typ USSR Foxtrot
»3 λ_2, 2–2.5 λ_2	⊤ ⟟	18.0	DM	1765 2	1600 14	Typ USSR Sonya
Mg λ_2	⊤ ⟟	16.0	DM	880 2	300 10	Typ USSR Yevgenya
SS-N-2 B ⇒, »3 λ_2, SA-N-5 ↥	⊤ ♀ ⟟	36.0	DM	11030 3	800 25	Typ USSR Osa II
SS-N-2 A ⇒, 4–3 λ_2	⊤ ♀ ⟟	36.0	DM	8825 3	800 25	Typ USSR Osa I
»5.7 λ_2, 2–2.5 λ_2, A-N-5 ↥, 4 TR 53.3 I	⊤ ♀ ⟟	36.0	3 DM	11030 2	.	Typ USSR Turya. ASW ausgebaut / removed
»3 λ_2	⊤	36.0	DM	8825 3	450 14	Typ USSR Stenka. ASW ausgebaut / removed
»2.5 λ_2, 4 λ_5 RBU 1200	⊤	27.0	DM	5515 3	1100 15	Typ USSR SO 1
Mg λ_2	⊤	34.0	DM	1765 2	700 28	Typ USSR Zhuk
»3 λ, 2 ⇝$_{18}$, 8 ⟊, 00 ts]	⊤	18.0	DM	3680 2	3300 14	Typ USSR Polnocny B

AT: **Caribe** (~65) 835 ts, 13 kn, 1–7.6, 2–2 λ, DM – Typ USSR Okhtensky

| | | 13.0 | DM | 880 2 | 4700 11 | Typ USSR Biya. Vermessung / survey |

Yacht: **Granma**

Hulk: **I** (~58) 1100↑/1600↓ ts, Typ USSR Whiskey, ex SS – Batterie-Lade-Hulk / battery charging barge

üstenschutz / Coast Guard

PP: **GF 101, 102, 107** – ähnlich / similar to Typ US CG 70′

PP: **GF 528, 720, 725, 825** – ähnlich / similar to Typ US CG 40′ – und zahlreiche kleinere / and numerous smaller

Dänemark / Denmark

Bewaffnung	Sensoren	kn	Maschine	Leistung	Range	Remarks
Harpoon ⇒$_4$, 2–12.7 λ, »4 λ_2, 1 Sea Sparrow λ_8, UTR 32.4 III	⊤ ○ ♀ ♀ ⟟ ⟟ ⟟	30.0	Rolls R.-GTu + GM-DM	32360 +3535 2	.	*Fregatter.* **Masch:** CODOG. 1986 in Reserve. Rumpfbesatzung / skeleton screw

Anzahl – Art / Number – Group	Schiffsnamen und Stapellauf / Ship's Name and Launching		Baubeginn – Fertig – Umbau / On Keel – Completed – Conv.	Bauwerft / Builder	Wasserverdrängung / Displacement ts	Länge / Length m	Breite / Beam m	Tiefgang / Draft m	Besatzung / B
3 FG o	Peter Tordenskjold Olfert Fischer NIELS JUEL	 1978–81	78/82 78/81 77/80	Aalborg V. Aalborg V. Aalborg V.	1190 1320	84.0	10.3	3.1	
4 FS	I–III IV	 bew. / auth.	. .	. .	2400 2730	115	14.0	4.5	
1 FS o	Beskytteren	1975	74/75	Aalborg V.	1640 1970	74.4	11.8	4.5	
4 FS o	Vædderen HVIDBJØRNEN Fylla, Ingolf	 1961–62	61/62 62/63	Aalborg V. Aarhus Flyded. Svendborg V.	1345 1650	72.0	11.5	4.7	

Uboote / Submarines

Anzahl – Art / Number – Group	Schiffsnamen und Stapellauf / Ship's Name and Launching		Baubeginn – Fertig – Umbau / On Keel – Completed – Conv.	Bauwerft / Builder	Wasserverdrängung / Displacement ts	Länge / Length m	Breite / Beam m	Tiefgang / Draft m	Besatzung / B
2 SS o	Springeren Spækhuggeren	1963 1957	61/64 54/61	St. W. Kopenhagen St. W. Kopenhagen	595↑ 643↓	55.0	4.5	4.0	
3 SC	I (ex Stadt) II (ex Utvær) III (ex Uthaug)	 1965–66	66/66 65/65 65/66 87–88	Nordseewerke, Emden Nordseewerke, Emden Nordseewerke, Emden	370↑ 435↓	45.2	4.6	4.3	
2 SC o	NARHVALEN, Nordkaperen	 1968–69	65/70 66	St. W. Kopenhagen	430↑ 480↓	44.0	4.6	3.8	

Minenleger / Minelayers

Anzahl – Art / Number – Group	Schiffsnamen und Stapellauf / Ship's Name and Launching		Baubeginn – Fertig – Umbau / On Keel – Completed – Conv.	Bauwerft / Builder	Wasserverdrängung / Displacement ts	Länge / Length m	Breite / Beam m	Tiefgang / Draft m	Besatzung / B
4 NB o	FALSTER, Sjælland Fyen, Møen	 1962–63	62/63 63/64	Nakskov, Skibsv. Frederikshavn V.	1900	77.0	13.0	3.5	1
2 NS o	Lindormen, Lossen	1977	76/78 77	Svendborg V.	575 600	44.5	9.0	2.6	
1 NS	Langeland	1950	50/51	St. W. Kopenhagen	310 330	44.0	7.2	2.2	

Minensucher / Minesweepers

Anzahl – Art / Number – Group	Schiffsnamen und Stapellauf / Ship's Name and Launching		Baubeginn – Fertig – Umbau / On Keel – Completed – Conv.	Bauwerft / Builder	Wasserverdrängung / Displacement ts	Länge / Length m	Breite / Beam m	Tiefgang / Draft m	Besatzung / B
6 MS	Alssund, Egernsund, Grønsund, Guldborgsund, Ulvsund, Vilsund (ex AMS/MSC 128, 129, 256, 257, 263, 264)	 1954–56	52/54 56	USA	350 376	44.0	8.0	2.6	

Kleine Kampfschiffe / Small Fighting Vessels

Anzahl – Art / Number – Group	Schiffsnamen und Stapellauf / Ship's Name and Launching		Baubeginn – Fertig – Umbau / On Keel – Completed – Conv.	Bauwerft / Builder	Wasserverdrängung / Displacement ts	Länge / Length m	Breite / Beam m	Tiefgang / Draft m	Besatzung / B
16 PG oo oo	I–VIII Hajen, Havkatten, Laxen, Makrelen, Støren, Sværdfisken FLYVEFISKEN	gepl. / plan. bew. / auth. 1986	. 86/87	. Aalborg Værft Aalborg Værft	300	54.0	9.0	.	—
10 PG o	Bille, Bredal, Hammer, Huitfeld, Krieger, Norby, Rodsteen, Sehested, Suenson, WILLEMOES	 1974–78	71/77 77/79	Frederikshavn V.	240 260	46.0	7.4	2.5	
6 PF o	Søbjørnen, Søhesten, Søhunden, Søulven SØLØVEN, Søridderen	 1963–65	62/63 64/67	St. W. Kopenhagen Vosper, Portsmouth	95 114	30.2	7.8	2.1	

Bewaffnung / Armament	Sensoren-Elektronik/ Sensors-Electronic	Geschwindigkeit / speed kn	Maschine / Kessel / Engines / Boilers / Masch	Leistung/ Power kW 1 kW = 1.36 PS	Fahrstrecke / Range sm	Sonstige Angaben / Remarks
Harpoon ⇨₄, 1–7.6 ⚓, ⚓₂], 4 UTR 32.4 II, Sea Sparrow ⚓₈	⊤ ○ ✧ ✧ ╬ ╬ ⩔ ~	28.0	Gen. El. GTu + 1 MTU-DM	19120 + 3535 2	2500 18	*Korvetter.* **Masch:** CODOG
–7.6 ⚓ OTO, ⇶ Lynx	.	22.0	4 DM	8825 1	.	*Fiskeriinspektionsskibe.* Ersatz für / replacement or Hvidbjørnen Klasse
–7.6, 1 ⇶ Lynx	⊤ ○ ✧ ○- ⩔	18.0	4 B. & W.-DM	5470 1	4500 16	*Fiskeriinspektionsskib*
–7.6, 1 ⇶ Lynx	⊤ ○ ✧ ○- ⩔	18.0	4 GM-DM	4710 1	6000 13	
TR 53.3 b↓	⊤ ⩔	15.0↑ 15.0↓	B. & W.-DM EM	880 880 2	4000 8	*Kystundervandsbåde.* Veraltet / overaged
TR 53.3 b↓	⊤ ⊕-	10.0↑ 17.0↓	MB-DM EM	880 880 1	.	Typ deutsch / German 207. 1986 von Norwegen gekauft. Werden modernisiert, Rumpf verlängert / 1986 acquired from Norway. To be modernized, hull extended
TR 53.3 b↓	⊤ ⩔	12.0↑ 17.0↓	DM EM	880 880 1	.	Typ deutsch / German 205 mod.
–7.6 ⚓, 400 ⚙	⊤ ○ ✧ ○- ╬	16.0	GM-DM	3535 2	.	*Minelæggere.* IV Schulschiff / training ship. Bes 155
–2⚓, ⚙	⊤	14.0	Frichs-DM	1180 2	.	*Kabelminelæggere.* II: Versorger für SS / depotship for SS
–4 ⚓, ⚙	⊤	11.5	DM	570 2	.	*Kystminelægger*
–4 ⚓	⊤	15.0	DM	880 2	2500 10	*Kystminestrygere.* Typ US Bluebird. Guldborgsund: Vermessungsschiff / survey vessel
S: 1–7.6 ⚓, ⚙ IS: 1–7.6 ⚓, 2–4 ⚓₂ G: 4 Harpoon ⇨, 2–4 ⚓, 1 TR P: 1–7.6 ⚓	.	30.0	1 GE-LM 500-GTu + 2 MTU-DM	4175 + 5120 3	.	Standard Flex 300. GRP-Rumpf / hull. Vielzweckboote / Multi purpose vessels (NS, MS, PG, PP). XVI Rumpf / hull: Karlskronavarvet
Harpoon ⇨, 1–7.6 ⚓, TR 53.3	⊤ ✧ ○- ⊕- ╬	40.0	3 Bristol-Proteus GTu + 2 GM-DM	9375 + 590 3	.	*Missiltorpedobåde.* **Masch:** CODOG
–4 ⚓, 1–2 ⚓, 2 TR 53.3	⊤ ✧ ○-	50.0	Bristol-Proteus GTu	9375 3	400 46	*Torpedobåde.* In Reserve

Anzahl - Art / Number - Group	Schiffsnamen und Stapellauf / Ship's Name and Launching		Baubeginn - Fertig - Umbau / On Keel - Completed - Conv.	Bauwerft / Builder	Wasser- verdrängung / Displacement	Länge / Length	Breite / Beam	Tiefgang / Draft	Besatzung / Crew
					ts	m	m	m	Bes
8 PP o	DAPHNE, Dryaden, Havfruen, Najaden, Nymfen, Neptun, Ran, Rota	1960–63	61/61 62/65	St. W. Kopenhagen	150 170	37.0	6.8	2.6	23
3 PP o	Tulugaq AGDLEK, Agpa	1974–79	78/79 73/74	Svendborg Skibsværft Svendborg, Skibsværft	330	31.6	7.6	3.3	14
9 PP o	BARSØ, Drejø, Farø, Læsø, Romsø, Rømø, Samsø, Thurø, Vejrø	1969–73	68/69 72/73	Svendborg Skibsværft	155	25.5	6.0	3.0	12
2 PP o	MAAGEN, Mallemukken	1960	60/60	Helsingør Skibsværft	205	27.0	7.0	3.0	14
3 PP	Y 377–379	1975	75/75	Botved B., Mullerup	9	9.8	3.3	0.9	2
2 PP	Y 375, 376	1974	74/74	Botved B., Mullerup	12	13.3	4.5	1.2	4

Hilfsfahrzeuge / Auxiliary Vessels

Anzahl - Art / Number - Group	Schiffsnamen und Stapellauf / Ship's Name and Launching		Baubeginn - Fertig - Umbau / On Keel - Completed - Conv.	Bauwerft / Builder	Wasser- verdrängung / Displacement	Länge / Length	Breite / Beam	Tiefgang / Draft	Besatzung / Crew
2 AO	Rimfaxe, Skinfaxe	1943–45	43/45	Jeffersonville, Ind.	525 1350	53.1	9.8	4.0	11
1 AK	Sleipner	1986	86/86	Åbenrå Skibsværft	300	34.0	7.6	3.0	.
2 AT	Balder, Hermod	1983	./83	Assens Skibsværft	20 BRT/grt	11.9	4.0	1.7	.
5 AG	SKA 11–15	1980–84	80/80 84/84	Rantzausminde	52	20.0	5.2	2.8	6
4 AX	Græspurven, Snespurven, Gulspurven, Jernspurven	1958–68	58/58 56/68	Holbæk, Svendborg	27	14.5	4.0	2.3	6
2 AX	Svanen, Thyra	1961	60/61	Molich, Hundested	32	19.2	4.8	2.4	.
3 YP	Hugin, Munin, Mimer	?	.	Eivinds P., Svendborg	23	16.2	4.2	1.3	.
1 o	Dannebrog	1931	31/32	St. W., Kopenhagen	1130	80.0	10.4	3.7	51

Marineheimwehr / Naval Homeguard

15 PP: **MHV 20–25** (78–81) 23 ts, 15 kn, 2 Mg ⚓, 2 Mercedes-DM, 375 kW, 16.1 × 4.1 × 1.2 m, – *Patruljebåde*, **MHV 90–95** (74–75) 85 ts, 10.5 kn, 1–2 ⚓, 1 Mg ⚓, Alpha-DM, 295 kW[1], 19.7 × 5.7 × 2.5 m, **MHV 70–72** (57–58) 55 ts, 10 kn, 1–2 ⚓, 1 Mg ⚓, Alpha-DM, 150 kW, 19.5 × 5.1 × 2.5 m – *Marinehjemmevœrnsfartøjer*

8 PP: **MHV 80–86** (41) 70 ts, 10 kn, 1–2 ⚓, 1 Mg ⚓, DM, 150 kW, 24.3 × 4.6 × 1.5 m, – ex MS; **MHV 15** (49) 5.8 ts, 7.5 kn, 1 Mg ⚓, DM

14 PP: **MHV 51, 56, 60–67, 73–76** (22–44) 20–30 ts, 8 kn, 1–2 ⚓, 1 Mg ⚓, DM, 73.5–120 kW, Lg 13–17 m – *Kutter Klasse*

3 PP: **LVG 1–3** (68) 42 ts, 10 kn, DM – *Transportfartøjer*, unterstehen der Luftwaffe / belong to Air Force

Spezialfahrzeuge / Special Ships

2   **Gunnar Seidenfaden, Gunnar Thorson** (80) 750 ts, 12 kn, B. & W. Alpha-DM, 1820 kW, 55.6 × 12.3 × 3.8 m Bes 16, Bauwerft / builder: Ørskov Christensens Stålskibsværft – Ölbekämpfung / oil pollution

Bewaffnung / Armament	Sensoren-Elektronik / Sensors-Electronic	Geschwindig-keit / speed kn	Antrieb / Propulsion Maschine Kessel Engines Boilers Masch	Leistung / Power kW 1 kW = 1.36 PS	Fahrstrecke / Range sm	Sonstige Angaben / Remarks
-4 ⚓	⊤ ⚓ ☌ ⚐	20.0	Maybach-DM	1990 3	.	*Bevogtningsfartøjer.* **Masch:** Maybach-DM für Seitenschrauben / for wing shafts
-2 ⚓	⊤ ⚐	12.0	Alpha-DM	590 1	.	*Inspektionskuttere.* II, III 300 ts, Lg 31m
-2 ⚓, ☉	⊤	11.0	Alpha-DM	370 1	.	*Marinekuttere*
-2 ⚓	⊤	10.0	DM	280 1	.	*Inspektionskuttere*
Mg ⚓	⊤	26.0	Volvo P.-DM	370 2	.	*Bevogtningsbåde*
Mg ⚓	⊤	26.0	GM-DM	515 2	.	
	⊤	10.0	GM-DM	410 1	2000 8	*Tankskibe.* Typ US YO 65
	⊤	11.0	Callesen-DM	425 1	.	*Transportskib*
0]	⊤	8.7	GM-DM	220 1	.	*Bugserbåde.* Auch / also AP
	⊤	12.5	GM-DM	390 1	.	*Opmålingsfartøjer*
	⊤	12.0	Volvo P.-DM	75 1	.	
	⊤	7.5	Volvo P.-DM	53 1	.	*Øvelseskuttere.* Für Kadetten / for cadets
	⊤	15.0	MVM-DM	330 1	.	*Torpedobjærgningsbåde*
	⊤	13.0	B. & W.-DM	1370 2	.	*Kongeskib.* Königsyacht / royal yacht. Modernisiert / modernized

Marie Miljø, Mette Miljø (79) 90 ts, 10 kn, DM, 410 kW, 29.8 × 8.1 × 2.4 m, Bes 8, Bauwerft / builder: Søren Larsen & S., Nykøbing Mors – für Ölbekämpfung / for oil recovery operations

Miljø 101, 102 (77) 16 ts, 15 kn, Bes 3

unterstehen alle dem Umweltministerium / all belong to Ministry of the environment – *Miljøministeriet*

AG: **Dana** (80) 2483 BRT/grt, 16 kn, 2 Alpha-DM, 3410 kW₁, 78.4 × 14.7 × 3.9 m, Bes 27 + 12, Bauwerft / builder: Danebrog, Aarhus – Fischereiforschung / Fishery research

o **Havørnen** (79) 505 ts, 20 kn, Alpha-DM, 3410 kW₂, 50 × 10.5 × 2.8 m, Bes 35, ⟲-Deck, Bauwerft / builder: Frederikshavn V. – für Fischereischutz / for fishery protection

Jens Væver (60) 142 BRT/grt, 10 kn, DM; **Havmaagen** (45) 208 BRT/grt, 10 kn, DM

Nordjylland, Nordsøen (67–68) 475 BRT/grt, 14 kn, DM; **Vestkysten** (44) 321 BRT/grt, 12 kn

unterstehen alle dem Fischereiministerium / all belong to Ministry of the Fishery – *Fiskeriministeriet*

AI: **Thorbjørn** (80) 2250 ts, 16 kn, Alpha-DM, 5000 kW₂, 65.1 × 15.3 × 4.9 m, Bauwerft / builder: Svendborg Skibsv.; o **Danbjørn, Isbjørn** (65) 3685 ts, 17 kn, 7720 kW, ⟲-DM, 77 × 17 × 6 m, Bauwerft / builder: Odense; **Elbjørn** (54) 893/1400 ts, 12 kn, 1985 kW, ⟲ DM-EM, 47 × 12.1 × 4.4 m – *Isbrydere*, unterstehen dem Handelsministerium, Zivilbesatzung / assigned to Ministry of Trade, civil crew

Anzahl – Art / Number – Group	Schiffsnamen und Stapellauf / Ship's Name and Launching		Baubeginn – Fertig – Umbau / On Keel – Completed – *Conv.*	Bauwerft / Builder	Wasser-verdrängung / Displacement	Länge / Length	Breite / Beam	Tiefgang / Draft	Besatzung / Crew
					ts	m	m	m	Bes

Deutschland (Bundesrepublik) / **Germany** (Federal Republic)

Zerstörer / Destroyers

3 DG	**Rommel**		67/70	Bath Iron Works	3370	134	14.3	6.3	337
o			*83–85*	*HDW, Kiel*	4720				
	Mölders		66/69	Bath Iron Works					
			82–84	*HDW, Kiel*					
	LÜTJENS	1967–69	66/69	Bath Iron Works					
			84–86	*HDW, Kiel*					
4 DG	**Hessen**		61/68	Stülcken, Hamburg	3340	134	13.4	6.9	280
o	**Bayern**		60/65	Stülcken, Hamburg	4750				
	Schleswig-Holstein		59/64	Stülcken, Hamburg					
	HAMBURG	1960–63	59/64	Stülcken, Hamburg					
			74–77	*Blohm + Voss, Hamburg*					

Fregatten / Frigates

5 FG	I–V	gepl. / plan.	.	.		.	.	.	.
4 FG	I–IV	gepl. / plan.	.	.	.	.	.	.	.
					4000				
8 FG	Lübeck		86/90	Thyssen NSW, Emden	3000	130	14.5	6.0	200
o	Augsburg		86/89	Bremer Vulkan	3800				
	Karlsruhe		81/84	Howaldt, Kiel					
	Köln		80/84	Blohm + Voss, Hamburg					
	Emden		80/83	Thyssen NSW, Emden					
	Rheinland-Pfalz		79/83	Blohm + Voss, Hamburg					
	Niedersachsen		79/82	AG Weser, Bremen					
	BREMEN	1979–87	79/82	Bremer Vulkan					
3 FF	**Braunschweig**		60/64	Stülcken, Hamburg	2400	110	11.5	3.4	200
o	**Lübeck**		59/63	Stülcken, Hamburg	2700				
	Augsburg	1959–62	58/62	Stülcken, Hamburg					

Uboote / Submarines

6 SS	I–VI	gepl. / plan.	.	.		.	.	.	.

Bewaffnung / Armament	Sensoren-Elektronik/ Sensors-Electronic	Geschwindig-keit / speed kn	Antrieb / Propulsion		Fahrstrecke / Range sm	Sonstige Angaben / Remarks
			Maschine Kessel Engines Boilers Masch	Leistung/ Power kW 1 kW = 1.36 PS		

Deutschland (Bundesrepublik) / Germany (Federal Republic)

–12.7 ⚓, 1 Standard I ⚓, 6 **UTR** 32.4 III, ⚓₈ Asroc	⊤ ✧ ✧ ♀ ⊹ ⊕ ⊽ ↶	34.0	⚙ Tu 4 Wr	51485 2	4030 18	*Flugkörper-Zerstörer.* Typ US Charles F. Adams. Nach Umbau zu Klasse 103 B: Harpoon ⇨, RAM ⚓ (ab 1991), Düppelwerfer und neue **UTR**, verbessertes Feuer- und Ortungssystem einschließlich Zielerfassungs- und -verfolgungsanlage / After conversion to class 103 B: Harpoon ⇨, RAM ⚓ (from 1991), chaff launchers and new **UTR**, advanced Weapon Control System including Weapon Display System
MM 38 ⇨, 3–10 ⚓, –4 ⚓₂, 4 **UTR** 53.3 l, ⚓₄, ☉	⊤ ✧ ♀ ⊕ ⊹ ⊽ ↶	35.0	Wahodag ⚙ Tu 4 Wahodag	50048 2	3400 18	Klasse 101 A
						Flugkörper-Fregatten. Klasse 124. NATO Fregatte / frigate 90 (NRF). Projekt mit USA, Canada, Großbritannien, Frankreich, Belgien, Niederlande, Spanien, Italien
⇨, VLS ⚓, ⚓, **UTR**, ⤳						*Fregatte 94.* Ersatz für / replacement for Klasse 101 A, 120. Towed array sonar
⚓ Harpoon ⇨₄, ⚓ Sea Sparrow ⚓₈, ⚓ RAM ⚓₂₁, 1–7.6 ⚓, **UTR**, 2 ⤳	⊤ ○ ✧ ♀ ⊹ ⊕ ⊽ ↶ ⊖	30.0	LM-GTu + MTU-DM	36775 +7650 2	4000 18	*Flugkörper-Fregatten.* Klasse 122. **Bew / AMT:** RAM = Rolling Airframe Missile ab / from 1991. **Masch:** CODOG. Generalmanagement und Endausrüstung / all fitted out by Bremer Vulkan. I, II Ersatz für / replacement for FF Lübeck, Augsburg
⚓–10 ⚓, 6–4 ⚓, ⚓ **UTR** 53.3 l, 2 ⚓₄, ☉	⊤ ✧ ♀ ⊕– ⊹ ⊽	30.0 32.0	BBC-GTu + 4 MAN-DM	17650 +11775 2	2700 22	*Fregatten.* Klasse 120. **Masch:** CODAG
						Klasse 212. **Masch:** Außenluftunabhängiger Antrieb / air-independent propulsion

Anzahl – Art / Number – Group	Schiffsnamen und Stapellauf / Ship's Name and Launching	Baubeginn – Fertig – / Umbau / On Keel – Completed – Com.	Bauwerft / Builder	Wasser-verdrängung / Displacement ts	Länge / Length m	Breite / Beam m	Tiefgang / Draft m	Besatzung / Be
18 SC	U 26, 30	72/75	Nordseewerke, Emden	456↑	48.6	4.6	4.0	2
o	U 24, 28	72/74	Nordseewerke, Emden	500↓				
	U 23	73/75	Nordseewerke, Emden					
	U 18, 20, 22	71/74	Nordseewerke, Emden					
	U 14, 16	70/73	Nordseewerke, Emden					
	U 29	72/74	HDW, Kiel					
	U 21, 25, 27	71/74	HDW, Kiel					
	U 19	71/73	HDW, Kiel					
	U 17	70/73	HDW, Kiel					
	U 15	70/74	HDW, Kiel					
	U 13	69/73 87–92	HDW, Kiel					
		1971–74						
6 SC	U 12	66/69	HDW, Kiel	419↑	43.9	4.6	3.8	2
o	U 11	66/68	HDW, Kiel	455↓				
	U 1, 10	65/67	HDW, Kiel					
	U 9	64/67	HDW, Kiel					
	U 2	64/66	HDW, Kiel					
		1966–68						

Minensucher / Minesweepers

Anzahl – Art / Number – Group	Schiffsnamen und Stapellauf / Ship's Name and Launching	Baubeginn – Fertig – / Umbau / On Keel – Completed – Com.	Bauwerft / Builder	Wasser-verdrängung / Displacement ts	Länge / Length m	Breite / Beam m	Tiefgang / Draft m	Besatzung / Be
10 MB o	H a m e l n , I–IX 1987 – bew. / auth.	86/88 ./.	Kröger, Rendsburg + Abeking & R., Lemw. + Lürssen, Vegesack	590	54.0	9.0	2.5	3
10 MS	I–X	gepl. / plan.	.	.	.	.	.	.
12 MS o	Cuxhaven, Flensburg, Fulda, Göttingen, Koblenz, Lindau, Marburg, Minden, Tübingen, Völk-lingen, Weilheim, Wetzlar 1957–59	57/58 59/60 69/79	Burmester, Bremen	390 400	47.5	8.3	2.7	46
6 MS o	Düren, Konstanz, Paderborn, Schleswig, Ulm, Wolfsburg 1957–59	57/58 59/59 78–82	Burmester, Bremen Kröger, Rendsburg (3) Lürssen, Vegesack (2) Schürenstedt, Bardenfl. (1) Abeking & Rasmussen, Lemw. (1)	392 430	47.1	8.3	2.8	44
18 o	Seehund 1–18 1980–81	79/80 82	MaK, Kiel und Blohm + Voss, Hamburg	99.5	27.0	3.5	2.1	[3]
12 MS o	Atair, Neptun, Perseus Deneb, Jupiter, Widder, SCHÜTZE, Fische, Gemma, Skorpion, Waage, Wega 1958–63	57/59 61/63	Schlichting, Travem. Schürenstedt, Bardenfl. Abeking & R., Lemw.	241 266	47.2	7.0	2.2	31
7 MS o	Castor, Mars, Pollux, Regulus, Rigel, Sirius, Spica 1960–62	59/61 61/62	Abeking & R., Lemw.	241 266	47.2	7.0	2.2	31
10 MS o	FRAUENLOB, Acheron, Atlantis, Diana, Gefion, Loreley, Nautilus, Medusa, Minerva, Undine 1965–67	64/65 66/68	Kröger, Rendsburg	238 249	38.0	8.3	2.0	24

Bewaffnung / Armament	Sensoren-Elektronik / Sensors-Electronic	Geschwindigkeit / speed kn	Antrieb / Propulsion: Maschine / Kessel, Engines / Boilers, Masch	Leistung / Power kW (1 kW = 1.36 PS)	Fahrstrecke / Range sm	Sonstige Angaben / Remarks
TR b↓	⊤ ⌽ ⚲ ☌	10.0↑ 17.0↓	MB ⇝ DM Siemens-EM	880 1100 1	4500 6	*Küsten-Uboote.* Klasse 206. Plan Gabler. 12 SC: „Kampfkrafterhalt" bei Thyssen NSW + HDW, Kiel. Generalmanagement HDW, Kiel. Erhalten / to get: Sonar DBQS-21 D, Lageverarbeitungs- und Waffeneinsatzanlage LWU 83 von Krupp Atlas Elektronik. Elo UM und Navigation wird verbessert / will be improved. Klasse 206 A
TR b↓	⊤ ⌽ ⚲ ☌	10.0↑ 17.0↓	MB ⇝ DM Siemens-EM	880 1100 1	.	Klasse 205. Plan Gabler, Lübeck. U 11, 12: Lg 45.8 m. U 1 Versuchsboot für außenluftunabhängigen Antrieb / U 1 trial boat for air-independent hybrid propulsion system
4 ⛮, ⏀	.	18.0	MTU-DM	4480 2	.	*Schnelle Minenkampfboote.* Klasse 343. Generalmanagement: MBB. Gemeinschaftsproduktion. Einsatz für mechanische, akustische und magnetische Minensuche. Ersatz für Klasse 340, 341 / Cooperation. Will be configured for mechanical, acoustic and magnetic minesweeping. Replacement for classes 340, 341
nguin B 3	.	.	DM	.	.	*Minenjagdboote.* Klasse 332. Stahlrumpf wie Kl. 343 / steel hull as cl. 343. Total 20?
4 ⛮	⊤ Ÿ	16.5	Maybach-DM_4	2900 2	1500 16	*Minenjagdboote.* Klasse 331 B. Haben PAP 104 (Drahtlenkung, Fernsehkamera) / have PAP 104 (wire-guided, television). II, III EM: 110 W, Kl. 331 A. Generalmanagement: VFW
4 ⛮	⊤ Ÿ	16.5	Maybach-DM_4	2490 2	1500 16	*Hohlstab-Lenkboote.* Klasse 351. Für Fernräumung (Troika) / guidance vessels for controlled MCM vehicles (Troika). Generalmanagement: VFW
	⊤	9.4	1 Mak-DM	335 2	520 8.8	Hohlstab-Fernlenkgerät für Troika
4 ⛮	⊤ ⌖	24.0	Maybach-DM_4	3090 2	718 20	*Schnelle Minensuchboote.* Klasse 341. Holzrumpf / wooden hull
4 ⛮	⊤ ⌖	24.0	Merc. Benz-DM	2940 2	718 20	Klasse 340. Schütze Klasse. Holzrumpf / wooden hull
4 ⛮, ⏀	⊤	14.3	MB-DM	1470 2	900 13	*Binnenminensuchboote, ex Küstenwachboote.* Klasse 394 A. I, IX: Klasse 394 B

Anzahl - Art / Number - Group	Schiffsnamen und Stapellauf / Ship's Name and Launching	Baubeginn - Fertig - Umbau / On Keel - Completed - Conv.	Bauwerft / Builder	Wasser-verdrängung / Displacement ts	Länge / Length m	Breite / Beam m	Tiefgang / Draft m	Besatzung Be
8 MS o	ARIADNE, Amazone, Freya, Gazelle, Hertha, Nixe, Nymphe, Vineta 1960–63	59/60 62/63	Kröger, Rendsburg	205 250	38.0	8.3	1.9	2

Kleine Kampfschiffe / Small Fighting Vessels

Anzahl - Art / Number - Group	Schiffsnamen und Stapellauf / Ship's Name and Launching	Baubeginn - Fertig - Umbau / On Keel - Completed - Conv.	Bauwerft / Builder	Wasser-verdrängung / Displacement ts	Länge / Length m	Breite / Beam m	Tiefgang / Draft m	Besatzung Be
10 PG o	Dachs, Hermelin, Zobel	79/82 82/84	Kröger, Rendsburg	375 391	57.6	7.8	2.6	3
	Frettchen, Gepard, Hyäne, Nerz, Ozelot, Puma, WIESEL 1981–83	79/82 82/84	Lürssen, Vegesack					
10 PG o	Habicht, Kondor, Sperber	74/76 77	Kröger, Rendsburg	380 398	57.6	7.8	2.6	4
	ALBATROS, Bussard, Falke, Geier, Greif, Kormoran, Seeadler 1973–76	72/76 75/77	Lürssen, Vegesack					
20 PG	Kranich, Reiher, Pinguin, Weihe, Dommel, Alk, Elster, Pelikan, Storch, Häher, Panther, Wolf, Löwe, Jaguar, Fuchs, Leopard, Marder, Luchs, Iltis, TIGER 1972–75	71/73 74/75	C. Mécaniques, Cherb. (VI, VIII, X, XII, XIV, XVI, XVIII, XX: Rumpf / hull Lürssen, Vegesack)	234 265	47.0	7.0	2.7	3
5 PC o	THETIS, Hermes, Najade, Theseus, Triton 1960–62	59/61 61/63	Rolandw., Bremen	575 750	70.0	8.2	2.7	6
5 PP	KW 15	52/52	Schweers, Bardenfleth	52 72	28.9	4.7	1.4	.
	KW 16, 20	52/52	Lürssen, Vegesack					
	KW 17	52/53	Schürenstedt, Bardenfl.					
	KW 18 1951–53	51/52	Abeking & R., Lemw.					
2 PP	H 13 (ex FL 7)	52/52	Schweers, Bardenfleth	45 60	28.8	4.7	1.5	.
	H 11 (ex FL 5) 1951	51/52	Lürssen, Vegesack					

Landungsfahrzeuge / Landing Vessels

Anzahl - Art / Number - Group	Schiffsnamen und Stapellauf / Ship's Name and Launching	Baubeginn - Fertig - Umbau / On Keel - Completed - Conv.	Bauwerft / Builder	Wasser-verdrängung / Displacement ts	Länge / Length m	Breite / Beam m	Tiefgang / Draft m	Besatzung Be
22 LS o	BARBE, Brasse, Butt, Delphin, Dorsch, Felchen, Flunder, Forelle, Inger, Karpfen, Lachs, Makrele, Muräne, Plötze, Renke, Rochen, Salm, Schlei, Stör, Tümmler, Wels, Zander 1965–66	64/65 65/67	Howaldt, Hamburg	166 403	42.0	8.8	2.1	1
28 LC	LCM 1–11, Sprotte, Sardine, Sardelle, Hering, Orfe, Maräne, LCM 18, Stint, Äsche, Hummer, Krill, Krabbe, Auster, Muschel, Koralle, Garnele, Languste 1964–67	64/64 66/67	Rheinwerft, Walsum 1, 2 Blohm+Voss, Hamb.	116 133	23.6	6.4	1.5	

Hilfsfahrzeuge / Auxiliary Vessels

Anzahl - Art / Number - Group	Schiffsnamen und Stapellauf / Ship's Name and Launching	Baubeginn - Fertig - Umbau / On Keel - Completed - Conv.	Bauwerft / Builder	Wasser-verdrängung / Displacement ts	Länge / Length m	Breite / Beam m	Tiefgang / Draft m	Besatzung Be
10 AR	I–X gepl. / plan.		.	.	.	.	.	
2 AR o	Saar	59/63	Norderw., Hamburg	2330	98.5	11.8	4.0	9
	Mosel 1960–61	./63	Schlieker, Hamburg	2930				
6 AR o	Main, Werra	59/63 64	Lindenau, Kiel	2370 2740	98.2	11.8	3.9	12
	Donau	59/64	Schlichting, Travem.					
	Neckar	60/64	Lürssen, Vegesack					
	RHEIN, Elbe 1959–63	./61	Schlieker, Hamburg					

Bewaffnung / Armament	Sensoren-Elektronik/ Sensors-Electronic	Geschwindigkeit / speed kn	Antrieb / Propulsion Maschine Kessel Engines Boilers Masch	Leistung/ Power kW 1 kW = 1.36 PS	Fahrstrecke / Range sm	Sonstige Angaben / Remarks
⚓, ☼	⊤	14.6	MB-DM$_4$	1470 2	830 12	Klasse 393 A. I, VI: Klasse 393 B. I–III, VIII: 199/250 ts, Breite / beam 7.6 m
MM 38 ⇨, 1-7.6 ⚓, RAM [21], ☼	⊤ ⊹ ♀ ⊕ ⊕ ᴄ	40.0	MTU-DM	13200 4	600 33	*Flugkörperschnellboote.* Klasse 143 A. General-management: AEG. Erhalten / to get: FL 1800 ECM / ESM
MM 38 ⇨, 2-7.6 ⚓, R 53.3 h	⊤ ⊹ ♀ ⊕ ⊕ ᴄ	38.0	16 Cyl-MTU-DM	11770 4	600 33	Klasse 143. Holzrumpf / wooden hull. Umbau: 1 RAM ⚓ statt 1-7.6 ⚓ / conversion: 1 RAM ⚓ instead of 1-7.6 ⚓: Klasse 143 B
MM 38 ⇨, 1-7.6 ⚓, 4 ⚓, ☼	⊤ ⊹ ♀ ⊕ ᴄ	38.0	MTU-DM	10590 4	600 30	Klasse 148. Stahlrumpf / steel hull. 4 ⚓ mit Schutz-haube / enclosed. Verbesserte Feuerleitanlage / improved fire control: CASTOR 148
4 ⚓₂, 4 **UTR** 53.3, ▱₄, ☼	⊤ ⊹ ♀ ⊕ ▽ ⊤	23.5	MAN-DM	5000 2	2800 15	*U-Jagdboote.* Klasse 420
	⊤	25.0	MB-DM	1470 2	.	*Sicherungsboote.* Klasse 369
	⊤	28.0	MB-DM	1470 2	.	Klasse 909
2 ⚓, 0 ts Ladung / load	⊤	12.0	MWM-DM	880 2	2000 10	*Mehrzwecklandungsboote.* Klasse 520 A–D. Ähnlich / similar to Typ US LCU. IX Schulboot / training vessel
ts Ladung / load	⊤	10.6	MWM-DM	475 2	1430 7	*Versorgungs- und Transport-boote.* Klasse 521. Ähnlich / similar to Typ US LCM 8. XV, XVII: *Landungsboote.* XXI–XXVI: *Strandmeister-landungsboote*
.	.	.	.	.	.	*Unterstützungseinheiten für Kampfboote* (UEK) / Tenders for small fighting vessels
-10 ⚓, 4-4 ⚓, ☼ [00]	⊤ ⊹ ♀ ⊕ ▽ ᴄ	20.0	6 MB ⤙ DM	8825 2	2500 16	*Tender.* Klasse 402. Für / for MS
-10 ⚓, 4-4 ⚓, ☼ [00]	⊤ ⊹ ♀ ⊕ ▽ ᴄ	20.0	6 Mayb.-DM	9270 2	1625 15	Klasse 401. I, III, V für / for PG: 401 C. II, VI für / for PG (143 A): 401 D. IV: 401 B

Anzahl - Art / Number - Group	Schiffsnamen und Stapellauf / Ship's Name and Launching		Baubeginn - Fertig - / Umbau - On Keel - / Completed - Conv.	Bauwerft / Builder	Wasserverdrängung / Displacement ts	Länge / Length m	Breite / Beam m	Tiefgang / Draft m	Besatzung B
2 AR o	LAHN, Lech	1961–62	61/64	Flender, Lübeck	2633 2886	98.6	11.8	4.0	1
2 AR o	ODIN, Wotan (ex ARB 9, 11)	1944–45	44/44 45	Maryland Drd., Baltim.	3435 4100	100	15.2	4.0	1
1 AR o	Bottsand	1984	83/85	Lühring, Brake	500 BRT/grt	46.3	12.0	3.1	
2 AR	FÖRDE, Jade	1967	67/67	Deutsche Werft, Hamb.	1830	58.5	10.4	4.1	
4 AK	I–IV	gepl. / plan.	.	.		.	.	.	
1 AK o	Freiburg	1966	65/68 84	Blohm + Voss, Hamburg MWM, Bremerhaven	. 3900	118	13.2	.	
4 AK o	Coburg, Glücksburg, Meersburg	65/68		Flensb. Schiffb. + Bremer Vulkan	3450 3679	114	13.2	3.9	1
	Saarburg	1965–66	66/68 76–78	Blohm + Voss, Hamburg MWM, Bremerhaven					
3 AK o	LÜNEBURG Nienburg Offenburg	1965–66	64/66 65/68 66/68	Flensb. Schiffbauges. Bremer Vulkan Blohm + Voss, Hamburg	3524 3483	104	13.2	4.2	1
2 AK o	Odenwald, WESTERWALD	1966	65/67	Lübecker MB	3460 4032	105	14.0	3.7	
2 AK o	SACHSENWALD, Steigerwald	1966–67	66/69	Blohm + Voss, Hamburg	2962 3400	111	13.9	4.0	
2 AO o	Rhön, Spessart (ex Okene, Okapi)	1974–75	74/74 75	Kröger, Rendsburg	11208 14200	130	19.3	8.2	
4 AO o	Ammersee, Tegernsee, WALCHEN- SEE, Westensee	1965–67	64/66 66/67	Lindenau, Kiel	2044 2174	74.2	11.2	4.1	
1 AO o	Eifel (ex Friedrich Jung)	1958	57/58	Norderwerft, Hamburg	6382 6640	102	14.4	7.1	4
1 AO o	Harz (ex Claere Jung)	1953	53/53	Norderwerft, Hamburg	5127 5380	92.4	13.2	6.6	
1 AO o	Wittensee (ex Sioux)	1958	58/58	Lindenau, Kiel	1250 1970	67.5	9.8	4.3	
1 AO	Borkum	1936	35/36	Flenderw., Lübeck	268	37.5	7.6	3.6	
4 AO:	FW 1, 4, 5, 6 (63–64) 598/626 ts, 9.5 kn, MWM-DM, 180 kW₁, 44 × 7.8 × 2.6 m, Bes 12 – *Frischwass*								
2 AT o	Fehmarn, HELGOLAND	1965	64/66 65/67	Unterweser Wft., Bremerhaven	1310 1643	68.0	12.7	4.4	
6 AT o	Baltrum, Juist, Langeoog, Norderney, Spiekeroog, WANGEROOGE	1966–68	65/68 67/71	Schichau, Bremerh.	854 1024	52.0	12.1	4.2	
2 AT o	Eisbär, EISVOGEL	1960	59/61	Hitzler, Lauenburg	496 576	37.8	9.5	4.2	1
3 AT	Nordstrand, Langeness, Vogelsand	1986–87	86/87	Orenstein & Koppel, Lübeck	445	30.3	9.1	2.5	
4 AT	Amrum, Föhr, Neuwerk, SYLT	1961	60/62 63	Schichau, Bremerh.	244 266	30.6	7.5	4.0	1
3 AT	Ellerbek, Heppens, NEUENDE	1971	70/71	Schichau, Bremerh.	232	26.6	7.4	2.6	

Bewaffnung / Armament	Sensoren-Elektronik / Sensors-Electronic	Geschwindigkeit / speed kn	Antrieb / Propulsion Maschine Kessel Engines Boilers Masch	Leistung / Power kW 1 kW = 1.36 PS	Fahrstrecke / Range sm	Sonstige Angaben / Remarks
⚓₂, ☉	⊤ ⚓ ♀ ⚓ ♀ ♀	20.0	6 MB ⇢ DM	10060 2	2500 16	Klasse 403. Für / for SC
	⊤	11.0	DM	1320 2	13200 11	*Werkstattschiffe.* Klasse 726. Typ US Achelous / LST (2). ⇱-Deck. Zivilbesatzung / civil crew
	⊤	11.0	Deutz-DM	1200 2	.	*Ölreinigungsschiff.* Oil pollution vessel
	⊤	8.0	MWM-DM	340 1	750 8	*Tankreinigungsfahrzeuge.* Klasse 710
	.	.	.	.	.	*Kampfschiffversorger,* KSV 90
⚓₂	⊤	17.0	Maybach-DM	4120 2	3000 17	*Versorgungsschiff.* Klasse 701 E. Für / for FG. ⇱-Deck
⚓₂, [1600 ts], ☉	⊤	17.0	Maybach-DM	4120 2	3000 17	*Versorgungsschiffe.* Klasse 701 C. Ex Lüneburg Klasse. Für PG
⚓₂, [1100 ts], ☉	⊤	17.0	Maybach-DM	4120 2	3000 17	Klasse 701 A
⚓₂, [1080 ts]	⊤	17.0	DM	4120 2	3000 17	*Munitionstransporter.* Klasse 760
⚓₂, ☉	⊤	17.0	Maybach-DM	4120 2	3000 17	*Minentransporter.* Klasse 762
	⊤	16.0	MaK-DM	5880 1	7400 16	*Betriebsstofftransporter.* Klasse 704
	⊤	12.5	2 MWM-DM	1010 1	3250 12	*Betriebsstofftransporter.* Klasse 703. 1100 ts Ö / F, 60 ts Frischwassser / fresh water
	⊤	14.0	MAN-DM	2470 1	7300 12	*Betriebsstofftransporter.* Klasse 766 B
	⊤	12.0	2 OEW-DM	1850 1	7200 11	Klasse 766 A
	⊤	12.0	MaK-DM	920 1	.	Klasse 763
	⊤	8.0	MWM-DM	110 1	.	
bote, Klasse 705						
-4 ⚓₂]	⊤	16.6	MWM ⇢ DM	2795 2	6000 10	*Bergungsschlepper.* Klasse 720. I Sicherungsboot für SS / safety vessel for SS
-4 ⚓]	⊤	13.6	MWM ⇢ DM	1765 2	5000 10	*Seeschlepper.* Klasse 722. I-III Schulboote / I-III training vessels
-4 ⚓]	⊤	13.0	Maybach-DM	1765 2	2000 12	*Schlepper und Eisbrecher* / AI. Klasse 721
	⊤	12.0	KHD-DM	1640 2	.	*Seehafenschlepper.* Klasse 725. Total 12? Ersatz für / replacement for Klasse 723, 724
	⊤	12.0	MaK-DM	735 1	1175 12	*Hafenschlepper.* Klasse 724
	⊤	12.0	MWM-DM	590 1	.	*Arsenalschlepper.* Klasse 724

Deutschland (Bundesrepublik) / Germany (Federal Republic

Anzahl - Art / Number - Group	Schiffsnamen und Stapellauf / Ship's Name and Launching	Baubeginn – Fertig – Umbau / On Keel – Completed – Conv.	Bauwerft / Builder	Wasser-verdrängung / Displacement ts	Länge / Length m	Breite / Beam m	Tiefgang / Draft m	Besatzung / B
5 AT	**Mellum**		57/58	Schweers, Bardenfleth	46.5	15.7	5.1	2.2	
	Knechtsand, Trischen		58/59	Braun, Speyer	52.2				
	LÜTJE HÖRN, Scharhörn	1958–59		Jadewerft, W'haven					
1 AX o	**Deutschland**	5. 11. 60	59/63	Nobiskrug, Rendsburg	4880 5450	138	16.0	4.8	4
1 AX o	**Gorch Fock**	1958	57/58 84	Blohm + Voss, Hamburg	1760 1880	81.0 89.4	12.0	5.2	+1

5 AX: **Inger** – *Seemannschaftsschulboot*, s. LS; **Baltrum, Juist** – für Taucher / for divers – *Taucherschulboote*, s. AT; **Langeoog** – für Minentaucher und Kampfschwimmer / for minedivers and frogmen – *Minenwurf und Lichtboot*, s. AT; **Nordwind** (~44) 110 ts, 8 kn, 24.3 × 6.4 × 2.7 m, Bes 4, 180 m^2 / 1937 sq. ft. – Ketsch / ketch – *Ausbildungsboot*

10 YP: **TF 1–6, 104, 106–108** (65–66) 56 ts, 17 kn, MWM-DM, 700 kW$_1$, Bes 6, Torpedofangboote

1 AG o	**Planet**	1965	64/67	Norderw., Hamburg	1513 1943	80.0	12.6	4.0	+
3 AG	**I**		87/89	Neue Flensb. Schiffb.ges.	2375	83.5	14.6	4.2	–
	O k e r		86/87	Neue Flensb. Schiffb.ges.	3200				
	O S T E	1987 – a. St. / o. st.	86/87	Neue Flensb. Schiffb.ges.					
2 AG o	**Alster, Oker** (ex Mellum, Hoheweg)		60/60 61	SG Unterweser, Bremerhaven	1500	84.0	10.5	5.6	

Versuchsfahrzeuge des Bundesamtes für Wehrtechnik und Beschaffung / **Experimental Vessels** of Federal Offic

2	**I, II**	gepl. / plan.	.	.	1750	.	.	.	
1 o	**Hans Bürkner**	1961	60/63	Atlas W., Bremen	980 1350	80.6	9.3	2.9	
1 o	**Walther von Ledebur**	1966	./67	Lürssen/Burmester, Bremen	775 825	63.0	10.6	3.0	
2	**SP 1, SP 2 / Wilhelm Pullwer**	1966	65/67	Schürenstedt, Bardenfl.	132 160	31.5	7.5	2.2	
1	**Holnis**	1965	64/66	Abeking & R., Lemw.	150 180	37.0	7.4	1.8	
3	**Helmsand**		87/87	Kröger, Rendsburg	1000	56.5	11.0	3.7	
	Kronsort		86/87	Elsflether Werft					+1
	Schwedeneck	1987	86/87	Kröger, Rendsburg					
1	**Heinz Roggenkamp** (ex Greif)	1952	52/52	AG Weser/Seebeck, Bremerhaven	935 996	57.0	9.0	3.1	
5	**I–V**	bew. / auth.	.	Kröger, Rendsburg + Elsflether Werft	450	38.0	9.2	3.5	

1: **Kor 2** (ex Frettchen) (62) 210 ts, 36 kn, ex PF – Klasse 142 A – *Schnelles Zielboot*

3: **TB 1** (72) 70 ts, 14 kn, MWM-DM – *Torpedotaucherboot*; **Otto Meycke** (47) 50 ts, 9 kn, DM – Taucherhi

Bewaffnung / Armament	Sensoren-Elektronik / Sensors-Electronic	Geschwindigkeit / speed kn	Maschine / Kessel / Engines / Boilers / Masch	Leistung / Power kW 1 kW = 1.36 PS	Fahrstrecke / Range sm	Sonstige Angaben / Remarks
	⊤	10.0	2 Deutz-DM	220 / 2	550 / 9	*Kleine Hafenschlepper.* Klasse 723
10 ↙, 4–4 ↙₂, 4 ↙₁, 4 **UTR** 53.3 l, ⊿₄, ☼	⊤ ⌀ ♀ ⊕ ⊕ ⅄	21.0	4 Maybach-DM + 1 ☼ Tu Wahodag +	4910 5880 / 3	.	*Schulschiff / Training ship.* Klasse 440. Bes 172 + 250
	⊤	10.0	MAN-DM	650 / 1	1990	*Segelschulschiff.* Klasse 441. Bark 1964 m². 160 Kadetten / barque 21141 sq. ft., 160 cadets

AX: **Stier** (58) 240/265 ts, 24 kn, Schütze Klasse; **Hansa** (57) 155/175 ts, 14 kn, beide / both ex MS, für Minentaucher / for minedivers – *Minentaucherboote*

AX: **ST 1, 2, AM 1** (75–76) 18.5 ts, 18 kn, DM, 370 kW₂ – Klasse 945

Tender: **VB 2** (87) 40 ts, 30 kn, DM, 21 × 4 m, Bauwerft / builder: Lürssen – *Kurierboot*

Tender: **KW 3** (43) 112 ts, 8 kn, Fischkuttertyp / trawler type – *Radarbeschickungsboot*

	⊤ ⅄	14.0	MWM ⊶ DM	1030 / 1	9400 / 13.5	*Wehrforschungsschiff.* Klasse 750. Oceanographic research ship
	⊤ ⅄ ⌒	19.0	Humboldt-Deutz-DM	6500	.	*Flottendienstboote.* Klasse 423. 3 Besatzungen / 3 crews. AGI
	⊤ ⅄ ⌒	17.0	KHD-DM	1320 / 1	.	*Flottendienstboote.* Klasse 422 B. AGI. Ex Trawler

r Military Technology and Procurement

.	.	.	.	.	.	*Mehrzweckboote (MZB) groß.* Klasse 749 A, B. A: Torpedoversuche / torpedo trials. B: Sonarerprobung / sonar tests
	⊤ ⌀ ♀ ⅄ ⌒	25.0	4 MAN-DM	8825 / 2	2180 / 15	Ex Flottendienstboot. Klasse 421
	⊤ ⅄	19.0	Maybach-DM	3825 / 2	.	Klasse 742. Für Sperrwaffen / for barrage arms
	⊤	13.0	MB-DM	515 / 2	.	Marine / Navy
-2 ↙	⊤	16.5	MB-DM	1470 / 2	.	*Fernmeldeversuchsboot /* Communication trial boat. Ex MSI. Marine / Navy
	⊤	12.6	AEG-EM	1095 / 1	2400 / 13	*Mehrzweckboote mittel.* Klasse 748. Generalmanagement: Lürssen, Vegesack
TR 53.3]	⊤ ⅄	12.0	KHD-DM	590 / 1	.	Für Torpedoversuche / for torpedo trials
	⊤	12.0	DM	.	.	*Mehrzweckboote klein.* Klasse 745. Generalmanagement: Lürssen, Vegesack

EF 3 (ex S 130) (~43) 101 ts, 12 kn, MWM-DM, 440 kW – *Erprobungsboot für Fernmeldeanlagen*

boot / diving boat; **AM 7** (~80) 15 kn, GRP – *Torpedofangboot*

Anzahl - Art / Number - Group	Schiffsnamen und Stapellauf / Ship's Name and Launching	Baubeginn – Fertig - Umbau / On Keel - Conv. Completed	Bauwerft / Builder	Wasser-verdrängung / Displacement ts	Länge / Length m	Breite / Beam m	Tiefgang / Draft m	Besatzung / Be
Bundesgrenzschutz – See – Untersteht dem Bundesinnenministerium / belongs to Ministry of Interio								
1 PP	I	bew. / auth.	./89	.	.	64.0	9.0	3.5
8 PP o	Uelzen Alsfeld, Bad Bramstedt, Bayreuth, Duderstadt, Eschwege, NEUSTADT, Rosenheim 1969–70	69/70 68/69 69/70	Schlichting, Travemünde 190 Lürssen, Vegesack 218		38.5	7.0	2.2	2
2 PR	I, II	gepl. / plan.	.	.	.	.	.	.
1 AT	Rettin 1976	76/76	Mützelfeldt, Cuxhaven 100 BRT/grt		22.5	6.6	3.0	
Fischereischutz- und Forschungsschiffe / Fishery Protection and -Research Ships – Untersteten dem Ernährun								
1 o	Seefalke 1980	79/81	Orenstein & Koppel, 1980 Lübeck BRT/grt		83.0	12.8	4.7	2
1 o	Meerkatze 1977	76/77	Lürssen, Vegesack 2386		76.5	11.8	5.5	3 +1
1 AG o	Walther Herwig 1972	./72	Schlichting, Travemünde 2500		77.0	14.9	.	4 +1
1 o	Frithjof 1967	./68	Schlichting, Travemünde 2140		76.0	11.8	5.2	.
1 AG	Solea 1974	./74	Sieghold, Bremerhaven 337 BRT/grt		35.4	9.0	3.6	1 +
Forschungs- und Vermessungsschiffe / Research and Surveying Ships – Untersteten dem Deutschen Hydrograp								
1 AG o	Meteor 1985	85/86	Schlichting, Travemünde 3500		97.5	16.5	4.8	3 +2
1 AG	Atair 1987	86/87	Kröger, Rendsburg 915 BRT/grt		51.5	11.4	3.1	1 +
1 AG o	Gauss 1979	79/80	Schlichting, Travemünde 1370 1810		69.0	13.0	4.3	1 +1
1 AG	Poseidon 1976	./76	Schichau, Unterweser 1050 BRT/grt		58.0	11.4	.	.
1 AG o	Komet 1969	./69	Jadewerft, Wilhelmsh. 1253 BRT/grt		68.0	11.5	4.0	4
1 AG o	Victor Hensen 1975	75/76	Schichau, Unterweser 423 BRT/grt		37.0	9.5	3.7	2
1 AG	Wega 1962	./62	Schlichting, Travemünde 157 BRT/grt		31.7	6.5	2.3	1

2 AG: **Uthörn** (82) 200 ts, 12 kn; **Bulse** (82)

Polarforschungsschiff / Arctic Research Ship

1 AG o	Polarstern 1982	81/82	HDW, Kiel + Nobiskrug, Rendsburg	15000	118	25.0	10.5	3 +4

Eisbrecher / Icebreaker

1 AI	Hanse 1966	./66	Wärtsilä, Helsinki	3540	75.0	17.4	5.8	.

Schiffahrtspolizei / Sea Police – untersteht der / belongs to Wasser- und Schiffahrtsdirektion des Bund

3: **Mellum** (84) 2160 ts, 16 kn, 4 DM, 6620 kW, 71.5 × 15.1 m, Bauwerft / builder: Elsflether Werft;
Scharhörn (ex Ostertor) (74) 993 BRT/grt, 13 kn, DM, 2572 kW$_2$, 56.1 × 14.3 × 4.6 m, Bauwerft / builder

Number – Group	Ship's Name and Launching	Baubeginn – Fertig – / Umbau / On Keel – / Completed – Conv.	Bauwerft / Builder		Wasserverdrängung / Displacement ts	Länge / Length m	Breite / Beam m	Tiefgang / Draft m	Besatzung / Crew Bes
.	.	25.0	DM	8000	1800	Klasse BG 60. Hubschrauberdeck / helicopter platform			
4	⊤ ⏀	30.0	2 Mayb.-DM + 1 MWM-DM	2210 + 500 3	450 27	*Patrouillenboote.* Klasse 157. Werden modernisiert / to be modernized			
.	. .		. .						
	⊤	9.0	MWM-DM	430 2	.				

nisterium / belong to Ministry of Food and Agriculture

	⊤	20.5	2 MWM ⤳ DM	3720 1	.	Fischereischutzschiffe / Fishery protection ships			
	⊤	15.5	3 MWM ⤳ DM	2300 2	.				
	⊤	15.5	MAN-DM	2485 2	.	Forschungsschiff / Research vessel			
	⊤	15.0	3 Mayb.-⤳ DM	1950 2	.				
	⊤	12.0	Deutz-DM	470 1	.				

hen Institut und Institut für Meereskunde / belong to German Hydrographic Institute

	⊤	15.0	4 ⤳ EM	2500 1	10000	*Mehrzweckforschungsschiff.* Multi purpose research ship			
	⊤	11.5	2 ⤳ DM	600 1	.	Forschungsschiff / research ship			
	⊤	13.5	MaK ⤳ DM	1320 1	4000 13	Bugstrahlruder / bow thruster, 533 kW			
	⊤	15.0	MWM-DM	1180	.				
	⊤	15.0	Maybach-DM	2650 1	.				
	⊤	12.0	2 MTU-DM	.	.				
	⊤	10.5	Deutz-DM	205 1	.				
	.	15.5	4 Deutz ⤳-DM	14120 1	.	*Polarforschungs- und Versorgungsschiff*			
	⊤	16.0	4 ⤳ Wärtsilä-Sulzer-DM	5515 4	.	Typ fin. Karhu. Stationiert in Finnland, fin. Bes. / stationed in Finland, Finnish crew			

Walsum; **Kurt Burkowitz** (60) 615 BRT/grt, 14 kn, 4 DM, 1582 kW, 54.7 × 9.0 × 3.5 m, Bauwerft / builder: Jadewerft, Wilhelmshaven

Anzahl - Art / Number - Group	Schiffsnamen und Stapellauf / Ship's Name and Launching	Baubeginn - Fertig / Umbau / On Keel - Completed – Com.	Bauwerft / Builder	Wasser- verdrängung / Displacement	Länge / Length	Breite / Beam	Tiefgang / Draft	Besatzung / Be
				ts	m	m	m	Be

Deutschland (DDR) / Germany (Democratic Republic)

Die angegebenen Typbezeichnungen sind Code-Namen

Fregatten / Frigates

3 FF o	**Rostock, Berlin Hauptstadt der DDR,** **Halle**	./78 86 1977–84	Zelenodolsk	1700 2100	95.0	10.8	4.3	13
16 FF o	**„Parchim" Klasse** **Parchim, Teterow, Lübz, Ludwigslust, Perleberg, Ribnitz-Damgarten, Wismar, Bützow, Bad Doberan, Güstrow, Waren, Pirna, Angermünde, Bergen, Gadebusch, I**	77/81 83/85 1979–84	Peenewerft, Wolgast	650 800	73.0	9.0	2.6	6
5 FG o	**Albin Köbis, Paul Eisenschneider,** **Rudolf Eglhofer, Fritz Globig, I**	83/84 86 1983–86	Petrovskij, Leningrad	430 550	56.5	10.2	2.5	5

Kleine Kampfschiffe / Small Fighting Vessels

12 PG o	**Albert Gast, August Lüttgens,** **Friedrich Schulze, Fritz Gast, Heinrich Dorrenbach, Josef Schares, Karl Meseberg, Max Reichpietsch, Otto Tost, Paul Wiekzorek, Richard Sorge, Walter Krämer**	. ~1964	USSR	175 210	40.0	8.1	2.0	3
12 PF o	**I-XII**	~1963 .	USSR	145 160	36.0	7.5	1.5	
15 PF o	**„Libelle" Klasse**	1973–77 78 ./75	Peenewerft, Wolgast	30	19.6	4.5	1.0	

Minensucher / Minesweepers

30 MS o	**„Kondor II" Klasse** **Altenburg, Bernau, Bitterfeld, Boltenhagen, Dessau, Eilenburg, Freiberg, Genthin, Greiz, Wilhelm Pieck Stadt-Guben, Karl-Marx-Stadt, Klütz, Kyritz, Meiningen, Neuruppin, Pößneck, Rathenow, Riesa, Röbel, Roßlau, Schönebeck, Sömmerda, Strasburg, Tangerhütte, Timendorf, Torgau, Wittstock, Zerbst, I-III**	./71 ./78 1970–77	Peenewerft, Wolgast	365 410	56.7	7.5	2.4	2

Landungsfahrzeuge / Landing Vessels

12 LS o	**„Frosch I" Klasse** **Anklam, Cottbus, Eberswalde-Finow, Eisenhüttenstadt, Frankfurt/Oder, Grimmen, Hagenow, Hoyerswerda, Lübben, Neubrandenburg, Schwedt, Schwerin**	./76 78 1975–78	Peenewerft, Wolgast	1950 4000	91.0	11.0	3.5	4

Hilfsfahrzeuge / Auxiliary Vessels

2 AK o	**Nordperd, Südperd**	~1979 78/79 80	Peenewerft, Wolgast	1900 4000	91.0	11.0	3.9	7

Bewaffnung / Armament	Sensoren-Elektronik/ Sensors-Electronic	Geschwindig-keit / speed kn	Antrieb / Propulsion		Fahrstrecke / Range sm	Sonstige Angaben / Remarks
			Maschine Kessel Engines Boilers Masch	Leistung/ Power kW 1 kW = 1.36 PS		

Deutschland (DDR) / Germany (Democratic Republic)

he type designations quoted are code names

-7.6 ⚓₂, 4-3 ⚓₂, SA-N-4 ⚓₁₂, ✎₁₂ RBU 6000, ☉	⊤ ♢ ♀ ⊕ ⊕ ⍦	29.0	1 GTu + 2 DM	11030 +11030 3	1800 14	*Küstenschutzschiffe.* Typ USSR Koni. Bau-Nr. / building number: 02, 03, 11
-5.7 ⚓₂, 2-3 ⚓₂, **TR 40 l,** 2 SA-N-5 ⚓₄, ✎₁₂ RBU 6000, ☉	⊤ ♢ ♀ ⊕ ⊕ ⌒	28.0	Russkij-DM	13245 3	.	*Uboot-Abwehrschiffe.* Ersatz für / replacement for *Hai Klasse*
SS-N-2 C ⇢₂, SA-N-5 ⚓, -7.6 ⚓, 2-3 ⚓₆	⊤ ♢ ⊏ ⊕ ⌒	35.0	2 GTu + DM	17650 +2940 2	.	Typ USSR Tarantul I
SS-N-2 A ⇢, 4-3 ⚓₂	⊤ ♢ ⊕	36.0	DM	8825 3	800 25	*Raketenschnellboote.* Typ USSR Osa I. Einige / some in Reserve
-3 ⚓₂, 4 **TR 53.3**	⊤ ♢ ⊕	40.0	DM	8825 3	450 34	*Torpedoschnellboote.* Typ USSR Shershen
-2.3 ⚓₂, 2 **TR 53.3,** ☉	.	45.0	M 50 F-DM	2645 3	.	*Leichte Torpedoschnellboote*
-2.5 ⚓₂, 1 SA-N-5 ⚓	⊤ ⊕ ⍦	21.0	40 D-DM	2940 2	2000 14	*Minensuch- und Räumschiffe.* Schönebeck, Wittstock: AX. Bitterfeld, Kyritz, Roßlau, Torgau, Zerbst: Deckshaus achtern für / deckhouse aft for Fernräumgerät Typ 1-Ss/e
-5.7 ⚓₂, 4-3 ⚓₂, 2 ⊟, 2 ⇥, 40 ☉ 00 ts Ladung / load	⊤ ♢ ⊕	18.0	40 D-DM	6620 2	2450 14	*Landungsschiffe*
-5.7 ⚓₂, 4-2.5 ⚓₂, 36 ☉ 50 ts Ladung / load	⊤ ⊕	18.0	DM	7000	.	*Frosch II Klasse.* Gefechtsversorger / warfare support ships

Anzahl – Art / Number - Group	Schiffsnamen und Stapellauf / Ship's Name and Launching		Baubeginn – Fertig – Umbau / On Keel - Completed – Com.	Bauwerft / Builder	Wasser- verdrängung / Displacement ts	Länge / Length m	Breite / Beam m	Tiefgang / Draft m	Besatzung / Be:
6 AK o	Darss, Granitz, Kühlung, Mönchgut, Werdau, Wittow	1981–84	./82 85	Neptun, Rostock	. 2290	76.3	12.1	4.2	6
6 AR	„Ohre" Klasse Vogtland, Havelland, I, II, Altmark, Harz	1984–86	83/84 85/86	Peenewerft, Wolgast	. 2393	89.4	13.2	2.4	
1 AO	Vilm	~1955	.	Thesen, Wismar	550	36.0	7.3	2.7	.
1 AO o	Usedom	~1963	.	USSR	. 1660	83.5	11.9	4.7	3
3 AO o	Poel, Hiddensee, Riems	1960–61	.	Peenewerft, Wolgast	1000	59.5	9.0	3.8	2
1 AT o	Otto von Guericke	~1976	./76	Polnoc., Gdansk	1560 1730	73.0	12.0	4.0	.

1 AN: o **Dornbusch** (80) ./1200 ts, 13 kn, 2 Sulzer-DM + 2 EM, 1412 + 150 kW$_2$, Typ pol. Finik – Kabelleger / cable layer

1 AT: o **Thale** (~77) 800 ts, 12 kn, 45 × 7.0 × 3.8 m – **700** Klasse – *Bergungsschlepper*

1 AG o	Jasmund	~1984	./85	Neptun, Rostock	. 2400	76.3	12.1	4.2	.
2 AG o	Meteor, Komet	~1968	.	Peenewerft, Wolgast	245 360	52.0	7.3	1.7	.
1 AG o	Buk	~1968	.	USSR	700 1000	53.5	9.1	2.7	.

1 AG: o **Carl Friedrich Gauss** (75) – Kondor II Klasse – Vermessung / survey – SHD

1 AG: **Warnemünde** (~68) – Kondor I Klasse – Fischereiaufsichtsschiff

5 AG: **Rügen** 700 ts, 10 kn, DM; **V 87** (~68) – Kondor I Klasse; **V 381-383** (~72) — Kondor II Klasse

| 1 AX o | Wilhelm Pieck | 1975 | ./76 | Polnoc., Gdansk | 1800 | 73.2 | 10.8 | 4.2 | 10 |

3 AX: **Jüterbog, Kühlungsborn, Wolgast** (~70) ex MS – Kondor I Klasse

Grenzbrigade Küste / Border Guard

| 18 MS o | „Kondor I" Klasse Ahrenshoop, Demmin, Graal-Müritz, Greifswald, Meissen, Neustrelitz, Pasewalk, Prenzlau, Prerow, Rerik, Stendal, Uckermünde, Vitte, Weiß- wasser, Zingst, Zwickau, I, II | 1968–? | 66/70 ./71 | Peenewerft, Wolgast | 225 275 | 52.0 | 7.3 | 2.0 | 2 |
| 15 PR | „Bremse" Klasse G 30-39, 71-75 | ~1972 | ./73 74 | DDR | 25 | 23.3 | 5.0 | 1.1 | |

6 PP: **G 60-65** 55 ts, 8 kn, DM, Typ Kutter

Dominikanische Republik / Dominican Republic

Fregatten / Frigates

1 FE o	Mella / F 451 (ex Presidente Trujillo, ex Carlplace)	1944	43/44	Davie Sb., Lauzon	1400 2100	92.0	11.1	3.7	19
3 FS	Cambiaso, Separacion, Calderas / P 207-209	1944	44/45	USA	650 780	51.4	10.3	3.3	4
2 FS o	Prestol Botello, Tortuguero / BM 454, 455 (ex Signet, Skirmish)	1943	42/43	Associated, Seattle	650 900	56.0	10.1	4.4	10

Bewaffnung / Armament	Sensoren-Elektronik/ Sensors-Electronic	Geschwindig-keit / speed kn	Antrieb / Propulsion Maschine Kessel Engines Boilers Masch	Leistung/ Power kW 1 kW = 1.36 PS	Fahrstrecke / Range sm	Sonstige Angaben / Remarks
−2.5 ⚓₂]	⊤	14.5	DM	1470 1	.	Total 7?
−2.5 ⚓₂	.	.	2 DM	694 1	.	Schwimmende Stützpunkte / base ships. Bugstrahlruder / bow thruster
	⊤	10.0	DM	.	.	Ex Kümo
	⊤	13.0	DM	1470 1	5000 12	Typ USSR Baskunchak
−2.5 ⚓₂]	⊤	14.0	2 DM	2060	.	
−3 ⚓₂, 4−2.5 ⚓₂]	⊤	16.0	DM	2800 12	3000	Typ pol. Piast

AT: **Peene, Spree, Havel, Oder, Ernst Krenkel, Elbe** (59–60) 270 ts, 12 kn, DM, 405 kW₁, 30 × 5.5 × 2.5 m – **270 Klasse; A 16** 300 ts, 11 kn, DM, 29.3 × 8.3 × 3.7 m – Typ USSR Twin Funnel

AI: **Stephan Jantzen** (~65) 2500 ts, 13 kn, Typ USSR Dobrynya Nikitich – Zivilbes. / civilian crew

Bewaffnung / Armament	Sensoren-Elektronik	Geschwindigkeit	Antrieb	Leistung	Fahrstrecke	Sonstige Angaben
−2.5 ⚓₂]	.	12.0	DM	1470 1	.	Darss Klasse. AGI
	.	21.0	DM	2940 2	.	Kondor I Klasse. Meßschiffe / intelligence ships
	⊤	16.0	DM	2210 2	4000 10	Typ USSR Kamenka

YP: o **Libben, Strelasund** (~70) – Kondor I Klasse

YD: **Hugo Eckener** 380/485 ts, 10.5 kn – Tauchertender / diving tender, SAR – und andere / and others

Yacht: **Ostseeland** (70) – Kondor II Klasse

Bewaffnung	Sensoren	Geschwindigkeit	Antrieb	Leistung	Fahrstrecke	Sonstige Angaben
−3 ⚓₂, 4−2.5 ⚓₂	⊤ ♁ ↻ ⊕	17.0	Sulzer-DM	2650 2	.	*Schulschiff* / training ship. Typ pol. Wodnik

AX: o **Ernst Thälmann** (~70) – Kondor I Klasse, GST

Bewaffnung	Sensoren	Geschwindigkeit	Antrieb	Leistung	Fahrstrecke	Sonstige Angaben
−2.5 ⚓₂	⊤ ⊕	21.0	DM	2940 2	2200 11	PP, aber mit Minensuchgerät / PP, but retain minesweeping gear
Mg ⚓	⊤	14.0	2 DM	746 2	260	Für Flüsse und Seen / for river and inland waterways

Dominikanische Republik / Dominican Republic

Bewaffnung	Sensoren	Geschwindigkeit	Antrieb	Leistung	Fahrstrecke	Sonstige Angaben
−7.6, 2−4 ⚓, 4−2 ⚓₂	⊤	19.0	Exp 2 Wr	4045 2	7000 12	Typ can. River. AX. Deckshaus achtern / aft
−7.6 ⚓, 3−2 ⚓	⊤	12.0	⟿ DM	880 1	.	Typ US Cohoes. Ex AN. I, II neuer Bug / new bow
−7.6, 2−4 ⚓, 6−2 ⚓,	⊤	15.0	DM	1250 2	5600 9	Typ US MSF / Admirable

Anzahl - Art / Number - Group	Schiffsnamen und Stapellauf / Ship's Name and Launching	Baubeginn – Fertig – / Umbau / On Keel – / Completed – / Conv.	Bauwerft / Builder	Wasser-verdrängung / Displacement ts	Länge / Length m	Breite / Beam m	Tiefgang / Draft m	Besatzung / Crew Bes

Kleine Kampfschiffe / Small Fighting Vessels

3 PC **INDEPENDENCIA** / P 204 . USA 335 50.0 7.8 2.3 3.
(ex Icarus), **Restauracion** / P 206
(ex Galathea), **Libertad** / P 205
(ex Rafael Atoa, ex Thetis) 1931–32

13 PP: **Atun, Carite, Jurel, Picua** / BA 6, 3, 15, 9 (74) 24 ts, 9 kn, 1 Mg ⚓, 75 kW, 13.7 × 4.0 × 0.8 m; **Atlantida** / BA
(74); **Canopus, Orion** / GC …, 109 (84) 95 ts, 23 kn, 2 Mg ⚓, GM-DM, 990 kW₂, 500/18 sm, Bes 6, Bauwerft / builder: Swiftships, Morgan City; **BELLATRIX, Capella, Procion, Aldebaran** / GC 106, 108, 103, 10
(67–72) 60 ts, 19.5 kn, 3 Mg ⚓, 735 kW, GM-DM, 25.9 × 3.3 × 1.5 m; o **Betelgeuze** / GC 102 (ex PGM 77
(66) 100 ts, 16 kn, 1–2 ⚓, 2 Mg ⚓, DM, Typ US PGM; **Capitan Alsina** / GC 105 (44) 100 ts, 10 kn, 2–2 ⚓
Seenotboot / SAR-vessel

Landungsfahrzeuge / Landing Vessels

2 LS: **Sirio** / BDM 301 (45) 753 ts, 12 kn, Typ US LSM; **Samana** / LDM 302 (57) 150 ts, 7 kn, 1–2 ⚓, Typ
US LCT (5)

Dominica

1 PP: **Melville** / P 04 (84) 34 ts, 23 kn, 2 Mg ⚓, GM-DM, 990 kW₂, 500/18 sm, Bes 6, Bauwerft / builder: Swift
ships, Morgan City

Dschibuti / Jibuti

2 PP: **Moussa Ali, Mont Arrey** / P 10, 20 (85) 35 ts, 25 kn, 1–2 ⚓, SACM-DM, 750/12 sm, 23 × 5.5 × 1.5 m,
Bes 15, Bauwerft / builder: Plascoa, Cannes – GRP Rumpf / hull

1 PP: **I** (ex P 771) 30 ts, 25 kn, 2 Mg ⚓, GM-DM, 350 kW₂

El Salvador

1 PP: **GC 11** (85) 48 ts, 26 kn, 2 Mg ⚓, GM-DM, 880 kW₂, 23.5 × 6.1 × 1.5 m, Bauwerft / builder: Swiftships,
Morgan City

3 PP: **GC 6–8** (75) 100 ts, 25 kn, 3 Mg ⚓₃, 880 kW₃, DM, 30.5 × 6.4 × 1.5 m, Bes 10, Bauwerft / builder:
Camcraft, Louisiana

1 PP: **GC 5** (67) 33 ts, 25 kn, 3 Mg ⚓₃, 1160 kW₃, GM-DM, 19.8 × 4.9 × 1.5 m, Bauwerft / builder: Sewart

6 PR: **I–VI** (86) 8.5 ts, 20 kn, 4 Mg ⚓₂, Caterpillar-DM, 465 kW₂, Bes 5

Ecuador

1 DD o	**Presidente Eloy Alfaro** (ex Holder)	45/46 1945	Consolidated, Orange	2425 3500	119	12.4	5.8	28(
1 FE o	**Moran Valverde** (ex Enright) 1943	43/43	N. Y. Philadelphia	1400 2130	93.0	11.5	4.7	205
2 SS o	**Shyri, Huancavilca** 1976–77	74/77 75/78	Howaldt, Kiel	1285↑ 1450↓	59.5	6.3	5.0	32
6 PG o	**Manabi, El Oro, Loja**	80/83 84	CNR, Ancona	605 685	62.3	9.3	2.8	5
	Esmeraldas, Los Rios, Los Galapagos 1980–82	79/82 80/83	CNR, Muggiano					

Bewaffnung / Armament	Sensoren-Elektronik/ Sensors-Electronic	Geschwindig-keit / speed kn	Antrieb / Propulsion		Fahrstrecke / Range sm	Sonstige Angaben / Remarks
			Maschine Kessel Engines Boilers Masch	Leistung/ Power kW 1 kW = 1.36 PS		

7.6, 1-4 ⚓, 1-2 ⚓	⊤	16.5	Winton-DM	960 2	1280 15	Typ US Coast Guard-Argo. In Reserve

ilfsfahrzeuge / Auxiliary Vessels

AO: **Capitan W. Arvelo, Capitan Beotegui** / BT 4, 5 (43–45) 600 ts, 9 kn, Typ US YO

AT: **Macorix** / RM 21 (ex Kiowa) 1235 ts, 16.5 kn, 1-7.6, Typ US ATF; **Enriquillo** / RM 22 (ex Stallion) (44), **Caonabo** / RM 18 (ex Sagamore) (45) 534 ts, 13 kn, 1-7.6, 2-2 ⚓, 1100 kW$_2$, Typ US ATA; **Ocoa** / RDM 303 (76) 9 kn, 165 kW, DM, 17.1 × 4.3 × 1.2 m; **Hercules, Guacanagarix** / RP 12, 13 (~59) 200 ts, 370 kW$_1$

AG: **Capotillo** / FB 1 (11) 337 ts, 10 kn; **Neptuno** / BA 10 72 ts, 10 kn, DM – Vermessung / survey

AX: **Duarte** 60 ts, GM-DM; **Nube del Mar** / BA 7 40 ts, 12 kn

Elfenbeinküste / Ivory Coast

PG: **L'Ardent, L'Intrépide** (77–78) 136 ts, 26 kn, 2 MM 40 ⇒, 1-4 ⚓, 1-2 ⚓, DM, 2940 kW$_2$, 40.4 × 5.9 × 1.8 m, Bauwerft / builder: A & C, Auroux – ähnlich / similar to Typ frz. / French PATRA

PG: o **Vigilant, Le Valeureux** (67, 76) 235 ts, 18 kn, 4 MM 40 ⇒, 2-4 ⚓, 2000/18 sm, 1765 kW$_2$, MGO-DM, 48 × 7.3 × 2.5 m, Bauwerft / builder: Chantiers Naval Belge, Villeneuve, Typ madagas. Malaika

LS: **L'Eléphante** (77) 750/1136 ts, 13 kn, 2-4 ⚓, 2-8.1 Mörser / mortars, [180], 3500/13 sm, 1320 kW$_2$, AGO-DM, 80 × 13.0 × 2,4 m, Bes 47, Bauwerft / builder: Dubigeon, Normandie, Typ frz. BATRAL

LC: **I, II** (70) 7 ts, 9 kn

Tender: **I** (85) 5 ts, 20 kn, DM, 235 kW$_2$

AX: **Golfe de Guinée** (81) 228 ts, DM

Fidschi / Fiji

PP: **I** (a. St. / o. st.) 165 ts, 20 kn, 1-2 ⚓, Caterpillar-DM, 2075 kW$_2$, 2500/12 sm, 31.5 × 8.1 × 1.8 m, Bes 17 + 2, Bauwerft / builder: Australian Shb. Ind., Jervoise Bay – Typ austral. ASI 315

PP: **Kikau, Kiro, Kula** / 204, 206, 205 (ex Woodpecker, Warbler, Vireo) (~55) 320 ts, 12 kn, 1-2 ⚓, 2 Mg ⚓, Typ US Bluebird, ex MSC, II, III: ⟿-Deck achtern / aft; **Latui** (78) 85 ts, 9 kn

AG: **Ruve** (70) 300 ts, 10 kn, DM, 28 × 6.7 × 2.0 m – Vermessung / survey

Ecuador

-12.7 ⚓$_2$, 6 **UTR** 32.4 III	⊤ ⊽ ⬡ ⬡	35.0	⚙ Tu 4 Babcock	44130 2	5800 15	Typ US Gearing, FRAM 1
-12.7, 6-4 ⚓$_2$, [160]	⊤ ⬡ ⟿	23.5	⟿ Tu / 2 Wr	8825 2	5000 15	Typ US LPR. ⟿-Deck achtern / aft
⊳ **TR** 53.3 ↓	⊤ ⬡ ⟿ ⊽	10.01 21.0↓	4 MTU-DG 1 EM	1760 3680 1	.	Typ deutsch / German 209/1300
⊳ MM 40 ⇒$_3$, 1-7.6 ⚓, ⊳-4 ⚓$_2$, 1 Albatros $\downarrow\downarrow_4$, ⊳ **UTR** 32.4 III	⊤ ⬡ ⟿ ⬡ ⊽	34.0	MTU-DM	15000 4	4000 18	Ähnlich / similar to Typ Assad (Libyen / Libya). ⟿-Deck

Ecuador — Finnland/Finland

Anzahl - Art / Number - Group	Schiffsnamen und Stapellauf / Ship's Name and Launching		Baubeginn - Fertig - Umbau / On Keel - Completed - Conv.	Bauwerft / Builder	Wasser- verdrängung / Displacement ts	Länge / Length m	Breite / Beam m	Tiefgang / Draft m	Besatzung / Crew Bes
3 PG ○	Guayaquil, Cuenca, Quito	1975–76	75/76 76/77	Lürssen, Vegesack	255	44.3	7.0	1.8	3
3 PG ○	MANTA, Nueva Rocafuerte, Tucan	1970–71	70/71	Lürssen, Vegesack	116 132	36.0	5.8	1.7	2
3 PP	Baha Hoyo, Pichincha, Portoviejo	1954	53/54 54/55	Schürenstedt, Bardenfl.	45 64	23.4	4.6	1.8	
3 PP	Comandancia de Balao, Comandancia de Guayaquil, Comandancia de Salinas	1976	./76	Halter Mar., N. Orleans	32	19.7	5.2	0.9	1
1 LS	Hualcopo (ex Summit County)	1945	44/45	USA	1650 4050	100	16.1	4.3	12
1 LS	Tarqui (ex LSM 555)	1945	./45	USA	743 1095	62.0	10.3	2.4	6

6 LC: **LF 91–96** (79) 5/9 ts, 26 kn, Volvo-DM, 175 kW₂, Typ brit. Sea Trucks

3 AK: **Calicuchima** (44) 650/930 ts, 11.5 kn, GM-DM, 735kW₂, Typ US Army FS 381; **Rio Napo, Isla Puna** 11 ts, 19 kn, DM

1 AO: **Atahualpa** (45) 415/1235 ts, 8 kn, 470 kW₁, für Wasser/for water, Typ US YW

3 AT: **Cayambe, Chimborazo** (ex Cusabo, Chowanoc) (45) 1235 ts, 16.5 kn, 1-7.6 ⚓, 2-4 ⚓, Typ US ATF; **Sangay** (ex Loja) (52) 293 ts, 12 kn

Finnland / Finland

Fregatten / Frigates

2 FF ○	TURUNMAA, Karjala	1967	67/68 86–87	Wärtsilä, Helsinki	660 770	74.0	7.8	2.4	70

Minenleger / Minelayers

1 NS ○	Pohjanmaa	1978	77/80	Wärtsilä, Helsinki	1000 1100	78.0	11.5	3.0	80 + 70
1 NS	Keihässalmi	1957	56/57 72	Valmet, Helsinki	290 360	56.0	7.7	1.8	60

Minensucher / Minesweepers

6 MS ○	Kuha 21–26	1974	73/74	Laiv., Turku	90	26.6	6.9	2.0	15
7 MS ○	Kiiski 522–528	1983–84	83/84	Fiskars, Turku	17 20	15.8	4.1	1.2	4

Kleine Kampfschiffe / Small Fighting Vessels

12 PG ○	I–IV V–VIII Turku, Oulu, Kotka		90/. 84/85 85/86	Hollming, Rauma Wärtsilä, Helsinki	280 300	45.0	8.9	3.0	30
	HELSINKI	1980 - bew./auth.	80/81	Wärtsilä, Helsinki					
4 PG ○	Tuima, Tuisku, Tuuli, Tyrsky	~1974	./74 75	USSR	195 240	40.0	8.1	1.8	36
1 PG ○	Isku	1969	68/70	Reposaari	115	28.0	8.7	2.0	15

Bewaffnung / Armament	Sensoren-Elektronik/ Sensors-Electronic	Geschwindig-keit / speed kn	Maschine Kessel Engines Boilers Masch	Leistung/ Power kW 1 kW = 1.36 PS	Fahrstrecke / Range sm	Sonstige Angaben / Remarks
MM 38 ⇨, 1-7.6 ⚓, -3.5 ⚓₂	⊤ ♢ ⌐ ⊕	40.0	MTU-DM	10300 4	1800 16	
Gabriel ⇨₂, 2-3 ⚓₂	⊤ ⊕- ⊕	35.0	MTU-DM	6620 3	1500 15	
1g ⚓	⊤	20.0	Bohn & Köhler-DM	735 2	550 16	Ex 10 de Agosto, 9 de Octubre, 3 de Noviembre
Mg ⚓	⊤	25.0	GM-DM	705 2	.	
-4 ⚓₄,₂	⊤	11.0	GM-DM	1250 2	7200 10	Typ US LST (2)
-4 ⚓₂	⊤	12.0	GM-DM	2060 2	2500 12	Typ US LSM

Segelschulschiff / Sail Training Ship: **Guayas** (76) 1200 ts, 10.5 kn, 515 kW₁, GM-DM, 76.2 × 10.4 × 4.2 m, Bes 75 + 80, Bauwerft / builder: Celaya, Bilbao

AG: **Orion** (81) 1100 BRT/grt, 12.6 kn, 1985 kW, DM, 64.2 × 10.7 × 3.6 m, Bauwerft / builder: IHI, Tokyo; **Rigel** (75) 50 ts – Vermessung / survey

Küstenwache / Coast Guard

5 PP: **I** 1-2 ⚓; **I-XIV** (79–80) Lg 12.2 m

Finnland / Finland

Bewaffnung / Armament	Sensoren-Elektronik/ Sensors-Electronic	Geschwindig-keit / speed kn	Maschine Kessel Engines Boilers Masch	Leistung/ Power kW 1 kW = 1.36 PS	Fahrstrecke / Range sm	Sonstige Angaben / Remarks
1-12 ⚓, 2-4 ⚓, 2-2.3 ⚓₂, 2 ⟋₅ RBU 1200	⊤ ♢ ⌐ ⊕	35.0	Olympus-GTu + MTU-DM	16180 + 2930 3	.	*Tykkiveneet.* **Masch:** CODOG. Neue / new Radar, Sonar
1-12 ⚓, 2-4 ⚓, 4-2.3 ⚓₂, 2 ⟋₅ RBU 1200	⊤ ♢ ⌐ ⊕ ⌒	19.0	W. Vasa-DM	3140 2	3000 17	*Miinalaiva – Koululaiva.* Auch / also AX
1-3 ⚓₂, 2-2 ⚓, 100 ☊	⊤ ♢ ⌐ ⊕	15.0	Wärtsilä-DM	1470 2	.	*Miinalaiva*
2-2.3 ⚓₂, 1-2 ⚓	⊤	12.0	Cummins-DM	440 2	.	*Raivaajat.* Glasfiberrumpf / glass reinforced plastic (GRP) hull
1-2 ⚓	⊤	10.0	Valmet-DM	260 2	250 10	*Raivausveneet.* Fernlenkräumboote für Kuha Klasse / MCM-vehicles for Kuha class
4 RBS 15 ⇨₂, 1-5.7 ⚓, 4-2.3 ⚓₂	⊤ ♢ ⌐ ⊕ ▽	30.0	MTU-DM	8825 3	.	*Ohjusveneet.* Ab V verbessert / from V improved
4 SS-N-2 B ⇨, 4-3 ⚓₂	⊤ ♢ ⊕	36.0	DM	11030 3	800 25	Typ USSR Osa II. Finnische Elektronik / Finnish electronics. ⇨ MTO/68
4 SS-N-2 A ⇨, 2-3 ⚓₂	⊤ ♢ ⊕	18.0	DM	3535 4	.	*Ohjuslautta.* ⇨ MTO/68

Anzahl - Art / Number - Group	Schiffsnamen und Stapellauf / Ship's Name and Launching		Baubeginn – Fertig – Umbau / On Keel – Completed – *Conv.*	Bauwerft / Builder	Wasser- verdrängung / Displacement ts	Länge / Length m	Breite / Beam m	Tiefgang / Draft m	Besatzung / Be
1 PF	Hurja	1981	80/81	Laiv., Turku	. 60	22.0	5.0	.	.
6 PF o	Nuoli 5, 8, 10–13	1963–66	61/61 66/66	Suomen Laiv., Turku	40	22.0	6.6	1.6	1
3 PP o	Raisio, Röyttä, Ruissalo	1959	58/59	Laiv., Turku	110 130	33.0	5.5	1.8	2
2 PP o	Rihtniemi, Rymättylä	1956	55/57	Repola, Rauma	90 110	31.0	5.7	1.8	2

Landungsfahrzeuge / Landing Vessels

Anzahl - Art / Number - Group	Schiffsnamen und Stapellauf / Ship's Name and Launching			Bauwerft / Builder					
3 LC	Kampela 3		79/79	Finn Tekno	90	32.5	8.0	1.6	1
	Kampela 1, 2	1976–79	76/76	Enso-Gutzeit	240				
6 LC	Kala 1–6	1956–59	./56 59	Rauma-Repola	60 200	27.0	8.0	1.2	1
5 LC	Kave 2–4, 6		./60	Hollming Rauma	28	23.0	5.0	1.4	
	Kave 1	1956–60	./56	Haminan Kon.	60				

2 LC: **Askeri, Viiri** (79) 20 ts, 20 kn, 1-2 ⚓, 1 Mg ⚓, DM, 800 kW – *Kuljetus-ja Yhteysveneet*

Hilfsfahrzeuge / Auxiliary Vessels

Anzahl - Art / Number - Group	Schiffsnamen und Stapellauf / Ship's Name and Launching			Bauwerft / Builder					
4 AK	Valas, Vahakari, Vaarlehti,		./79	Hollming, Rauma	275	30.6	8.1	3.2	1
	Vänö	1979–80	81	+ Enso-Gutzeit	320				
2 AP	Lohi, Lohm	1984	./84	Savonlinna	28 38	20.5	5.9	1.0	.
6 AP	Houtskär, Hakuni, Hankoniemi		./80	Valmet, Kotka	45	14.4	4.5	1.2	4
	Hirsala, Havouri, Hauki	1978–80	./79	Linnan, Turku					
1 AO	PA-3	1979	./79	Uusinpauki	. 400	27.0	9.2	2.5	4
1 AT	Parainen (ex Pellinki, ex Meteor)	1960	./60	Laiv., Turku	350	38.5	9.2	4.2	.
3 AT	Pukkio, Porkkala, Pansio	1939–47	.	Finnland	160	28.5	6.7	2.5	1
1 YD	Mursu	1980	./80	Hollming, Rauma	300	30.6	8.1	3.2	2 +20
1 o	Putsaari	1965	./66	Rauma-Repola	405	45.6	8.7	2.5	20

Küstenwache / Coast Guard – untersteht dem Innenministerium / assigned to the Ministry of the Inter

Anzahl - Art / Number - Group	Schiffsnamen und Stapellauf / Ship's Name and Launching			Bauwerft / Builder					
2 PP	I		86/87	Hollming, Rauma	700	45.4	10.4	4.0	.
	Tursas	1986	86/86	Hollming, Rauma					
1 PP	Turva	1977	./77	Laiv., Turku	550	48.5	8.6	3.9	.
1 PP	Valpas	1970	70/71	Laiv., Turku	545	48.3	8.6	4.0	22
1 PP	Silmä	1963	62/63	Laiv., Turku	530	48.3	8.2	4.3	22
1 PP	Uisko	1958	./59	Valmet, Helsinki	400	43.4	7.3	3.8	20
1 PP	Kiisla	1986	86/87	Hollming, Rauma	250 270	48.3	8.8	2.2	22

Bewaffnung / Armament	Sensoren-Elektronik/ Sensors-Electronic	Geschwindig-keit / speed kn	Antrieb / Propulsion Maschine Kessel Engines Boilers Masch	Leistung/ Power kW 1 kW = 1.36 PS	Fahrstrecke / Range sm	Sonstige Angaben / Remarks
.	⊤	24.0	DM	.	.	*Kevyt nopea Vartiovene.* Ersatz für / replacement for Nuoli. GRP-Rumpf / hull
-4 ⚓, 1-2 ⚓	⊤ ⚲	40.0	DM	1990 3	.	*Moottoritykkiveneet.* Modernisiert / modernized
-2.3 ⚓, 2 ⚓	⊤ ⚓	18.0	MB-DM	1840 2	.	*Vartioveneet.* Ex MS. 1977–80 modernisiert / modernized
-2.3 ⚓₂	⊤	15.0	MB-DM	1030 2	.	Ex MS. 1980 modernisiert / modernized
-2 ⚓, 50 ⚓, 5 ts]	⊤	9.0	Scania-DM	340 2	.	*Kuljetuslautat*
-2 ⚓, 34 ⚓, ⊕0 ts]	⊤	9.0	Valmet-DM	265 2	.	Katamaran
-2 ⚓, [30 ts]	⊤	9.0	Valmet-DM	265 2	.	*Kuljetusveneet*

LC: **Bergö** (52) 140 ts, 8 kn, DM, 176 kW – *Kuljetuslautta*

Bewaffnung / Armament	Sensoren-Elektronik/ Sensors-Electronic	Geschwindig-keit / speed kn	Antrieb / Propulsion Maschine Kessel Engines Boilers Masch	Leistung/ Power kW 1 kW = 1.36 PS	Fahrstrecke / Range sm	Sonstige Angaben / Remarks
-2.3 ⚓₂, 1-2 ⚓, ⊕0 ts], [50]	⊤	12.0	Wärtsilä-DM	1070 1	1000 10	Mehrzweckschiffe / General purpose vessels
-2 ⚓, ⚓	⊤	24.0	MB-DM	735 2	240 24	
.	⊤	10.0	2 Valmet-DM	220 1	.	*Kelirikkoveneet*
.	⊤	.	DM	60	.	*Nestelastiproomu*
.	⊤	13.0	DM	880	.	*Yhteysalus.* Verbindungsschiff
-4 ⚓, 1-2 ⚓, ⚓	⊤	10.0	Wärtsilä-DM	310 1	.	Auch / also PP, AP. I **Masch**: 440 kW₁
-2.3 ⚓₂, 1 Mg ⚓	⊤	11.0	Wärtsilä-DM	1070 1	.	Ähnlich / similar to Valas Klasse. Auch / also AP: [300]
⚓-2 ⚓]	⊤	10.0	Wärtsilä-DM	375 1	.	*Kaapelialus.* Kabelleger / cable layer
-2 ⚓,	⊤ ⚓	15.5	Wärtsilä V.-DM	3200 2	.	Auch / also ATR
-2 ⚓	⊤ ⚓	16.0	2 Wärtsilä-DM	1470 1	.	*Ulkovartiolaivat*
-2 ⚓	⊤ ⚓	15.0	Werkspoor-DM	1470 1	.	
-2 ⚓	⊤	15.0	Werkspoor-DM	1325 1	.	
-2 ⚓	⊤	15.0	Werkspoor-DM	1325 1	.	
.	⊤ ⚓	30.0	MTU-DM	6600 2	.	Mehrzweckboot / multi purpose vessel. **Masch**: 2 Water jets. Total 5?

Anzahl - Art / Number - Group	Schiffsnamen und Stapellauf / Ship's Name and Launching	Baubeginn - Fertig - Umbau / On Keel - Completed - Conv.	Bauwerft / Builder	Wasser- verdrängung / Displacement ts	Länge / Length m	Breite / Beam m	Tiefgang / Draft m	Besatzung / Crew Bes
1 PP	**Viima** 1964	./64	Laiv., Turku	135	35.7	6.6	2.0	1.

4 PP: **Kihu, Kajava, Türa** (85–86) verbesserte / improved Lokki; **Lokki** (81) 53/60 ts, 25 kn, MTU-DM, 1680 kW 26.8 × 5.5 × 1.4 m, Bes 7, Bauwerft / builder: Valmet, Helsinki

Unterstehen dem Schiffahrtsamt / assigned to Board of Navigation:

2 AI o	**Kontio** **Otso** 1985–86	85/87 84/86	Wärtsilä, Helsinki Wärtsilä, Helsinki	9000 BRT/grt	99.0	24.2	8.0	28
2 AI o	**Urho, Sisu** 1974–75	71/75 72/76	Wärtsilä, Helsinki	7875 9500	105	23.8	8.3	57
3 AI o	**Apu, Tarmo, Varma** 1963–70	62/63 69/70	Wärtsilä, Helsinki	4890	86.5	21.2	6.2	.
1 AI	**Sampo** 1960	60/60	Wärtsilä, Helsinki	3540	75.0	17.4	5.8	.
1 AI o	**Voima** 1952	52/53 78–79	Wärtsilä, Helsinki	4415	84.0	19.4	6.2	73

Unterstehen dem Ministerium für Verkehr und Industrie / assigned to Ministry of Trade and Industry:

3 AG: **Airisto** (72) 350 ts, DM; **Särkkä** (66, 78) 140 ts, DM; **Tauvo** (63) 185 ts, DM – *Mittausalukset*

5 AG: **Prisma** (78) 1080 ts, DM; **Kalla** (63) 920 ts, DM; **Linssi** (79) 445 ts, DM; **Saaristo** (65, 79) 535 ts, ⤳ DM **Sesta** (79) 120 ts, DM – *Tukialukset*

1 AG: **Aranda** (53) 1100 ts, 10 kn, Wärtsilä-DM, 1470 kW$_2$ – *Merentutkimusalus*

Frankreich / France

Flugzeugträger / Aircraft Carriers

2 RB	I Charles de Gaulle	gepl. / plan. bew. / auth. 88/95	. . St. W. Brest	34000 39700	262	31.5 64.4	8.5	1150 1950

2 RL o	**Foch** 28. 7. 60	56/63 80–81 87–88	Ch. Atlant., St. Naz.	27300 32780	265	31.7 41.2	8.0	1440 2240
	CLEMENCEAU 21. 12. 57	55/61 77–78 85–86	St. W. Brest					

Kreuzer / Cruisers

1 CG o	**Jeanne d'Arc** (ex La Résolue) 30. 9. 61	60/64	St. W. Brest	10000 12370	182	24.0	6.6	640 + 192

1 CL o	**Colbert** 24. 3. 56	53/59 70–72 81–82	St. W. Brest *St. W. Toulon*	8500 11300	181	20.2	7.9	565

Finnland/Finland — Frankreich/France

79

Bewaffnung / Armament	Sensoren-Elektronik/ Sensors-Electronic	Geschwindig-keit / speed kn	Maschine Kessel Engines Boilers Masch	Leistung/ Power kW 1 kW = 1.36 PS	Fahrstrecke / Range sm	Sonstige Angaben / Remarks
-2 ↘	⊤	23.0	Maybach-DM	2980 3	.	

~100 kleinere Boote / smaller craft: **RV-**, **NV-**, **PV**-Serie

⇗	⊤	18.5	4 Wärtsilä-Vasa ⤳ DM-EM	15000 3	.	*Jäänmurtajat.* Keine Bugpropeller / no bow propellers
⇗	⊤	17.0	5 Pielstick ⤳ DM + 4 Strömberg-DM	16200 4	.	
⇗	⊤	16.5	4 ⤳ Wärtsilä-Sulzer-DM	10120 4	.	
	⊤	16.0	4 ⤳ Wärtsilä Sulzer-DM	5515 4	.	
	⊤	16.5	6 Vasa ⤳ DM	10300 4	.	

Unterstehen dem Schiffahrtsamt / assigned to Board of Navigation:

Halli (86) 1400 ts; **Hylje** (81) . /1500 ts, 7 kn, DM, 440 kW$_2$, 46 × 12.5 × 3.0 m, Bauwerft / builder: Laiv., Turku – *Öljyntorjunta-alukset.* Ölbekämpfung / pollution clean-up ships

Oili 1, 2 (82–83) 16 kn, Perkins-DM, 265 kW$_2$, 19 × 6.6 × 2.1 m, Bauwerft / builder: Rauma-Repola

Frankreich / France

5-40 ≋, ⇗, Crotale ₆₈, SADRAL ₆₆, 7 ₇₈ (VLS), ⤳ ⊟	⊤ ○ ◇ ♢ ♡ ⟆	28.0	✿ Tu 2 Reaktoren K 15	69000 2	.	*Porte-avions nucléaire.* Atom-Antrieb / nuclear powered. Flugdeck / flight deck 261.6 × 56 m, Winkeldeck / angled deck 8.3°. 2 Aufzüge / elevators à 40 ts
0 ≋: 20 Super Étendard, 10 Crusader, 12 ⇗: Super Frelon + Alizé, -10 ↘, 2 Crotale EDIR ₆₈, ⊟	⊤ ○ ◇ ♢ ♡ ⊕ ⟆ ⊟	32.0	CEM ✿ Tu 6 Wr 45 atü	92660 2	7500 18	*Porte avions.* Typ PA 54. Winkeldeck 8°. angled deck 8°. Nach Umbau / after conversion: Verbesserte Radars und Katapulte / improved radars and catapults
MM 38 ⇒, 4-10 ↘, ⇗, [700]	⊤ ♀ ⊕ ♡ ⟆	26.5	Rateau ✿ Tu 4 Wr 45 atü	29420 2	6800 16	*Croiseur porte-hélicoptères.* Typ PH 57. Im Frieden AX: 4 ⇗. Als Führungsschiff eingerichtet / Peacetime AX: 4 ⇗. Equipped as command ship
MM 38 ⇒, 2-10 ↘, 2-5.7 ↘₂, 2 Masurca ₆₂	⊤ ○ ◇ ♢ ♀ ⊕ ⊕ ⟆	31.5	CEM-Pars. ✿ Tu 4 Wr 45 atü	63250 2	4000 25	*Croiseur lance-missiles.* FK-Vorrat: 48 / total number of MI: 48. Verbessertes / improved Masurca-System

Anzahl – Art / Number – Group	Schiffsnamen und Stapellauf / Ship's Name and Launching		Baubeginn – Fertig – Umbau / On Keel – Completed – Conv.	Bauwerft / Builder	Wasser- verdrängung / Displacement ts	Länge / Length m	Breite / Beam m	Tiefgang / Draft m	Besatzung / Crew Bes

Zerstörer / Destroyers

3 DG o	De Grasse Duguay-Trouin TOURVILLE	1972–74	72/77 71/75 70/74	St. W. Lorient St. W. Lorient St. W. Lorient	4580 5745	153	15.3	6.5	285
2 DG o	Duquesne SUFFREN	1965–66	64/70 62/67 77–80	St. W. Brest St. W. Lorient	5100 6100	158	15.5	7.3	340
2 DG o	Jean Bart Cassard	1985 – a. St. / o. st.	86/90 82/88	St. W. Lorient + Brest St. W. Lorient + Brest	3820 4340	139	14.0	5.5	250
3 DG o	I Lamotte-Picquet Primauguet	1984–86	84/90 82/88 81/86	St. W. Brest + Lorient St. W. Brest + Lorient St. W. Brest	3830 4170	139	14.0	5.7	250
4 DG o	Jean de Vienne Montcalm Dupleix GEORGES LEYGUES	1976–81	79.83 75/81 75/80 74/79	St. W. Brest St. W. Brest St. W. Brest St. W. Brest	3830 4170	139	14.0	5.7	250
1 DG o	Aconit	1970	67/71 84–85	St. W. Lorient	3000 3900	127	13.4	4.1	230
1 DD o	La Galissonnière	1960	58/62	St. W. Lorient	2750 3740	133	12.7	5.4	270
1 DG o	Duperré	1956	54/57 72–74 78–80	St. W. Lorient St. W. Brest	2750 3900	133	12.7	5.4	255
1 DD o	Maillé Brézé	1954	53/57 68–71	St. W. Lorient	2750 3900	133	12.7	5.4	260
2 DD o	Du Chayla Dupetit Thouars	1954	53/57 52/56	St. W. Brest St. W. Brest	2750 3850	129	12.7	5.4	280

Fregatten / Frigates

17 FG o	Cdt. Bouan, Cdt. Birot, Cdt. Ducuing, PM L'Her, Cdt. Blaison, EV Jacoubet, SM Le Bihan, LV Le Hênaff, LV Lavallée, Cdt. L'Herminier, Jean Moulin, QM Anquetil, Cdt. De Pimodan, Détroyat, Drogou, Aymot d'Inville, D'ESTIENNE D'ORVES 1973–83		72/76 82/84	St. W. Lorient	1090 1250	80.0	10.3	3.0	63
7 FG o	Enseigne Henry, Protet Amiral Charner, Commandant Bourdais, Doudart de Lagrée, Commandant Bory, Victor Schoelcher 1958–63		61/64 57/61 60/65 75–79	St. W. Lorient St. W. Lorient	1750 2230	103	11.5	3.8	165
1 FE	Balny	1962	60/70	St. W. Lorient	1650 1950	103	11.5	5.6	165

Bewaffnung / Armament	Sensoren-Elektronik / Sensors-Electronic	Geschwindigkeit / speed kn	Antrieb / Propulsion		Fahrstrecke / Range sm	Sonstige Angaben / Remarks
			Maschine / Kessel / Engines / Boilers / Masch	Leistung / Power kW 1 kW = 1.36 PS		
MM 38 ⇒, 1 Crotale ⚓₈, -10 ⚓, 2-2 ⚓, ⚓ Malafon, **UTR**, 2 ⇾ Lynx	T ○ ↻ ⊕ ⋎ ⌐ ⊸	31.0	Rateau ✿ Tu 4 Wr	40000 2	5000 18	*Frégates ASM.* **Bew: UTR**: Katapulte für L 5 Torpedos / **AMT: UTR**: Catapults for L 5 torpedos
MM 38 ⇒, 2-10 ⚓, -2 ⚓, 2 Masurca ⚓₂, **UTR** II, 1 ⚓ Malafon	T ⋄ ⌐ ⊕ ⊕ ⋎ ⌐ ⊸	34.0	Rateau ✿ Tu 4 Wr 45 atü	53320 2	5000 18	*Frégates lance-missiles.* **UTR**: Katapulte für / catapults for L 5 Torpedos
MM 40 ⇒₄, 1 SM-1 MR ⚓, SADRAL ⚓₆, -10 ⚓, 2-2 ⚓, 2 **UTR**, ⇾	T ⋄ ↻ ⊕ ⋎ ⌐ ⊸	29.5	4 SEMT-P.-DM	31760 2	8000 17	*Corvettes anti-aériennes.* Typ C 70. **UTR**: Katapult für L 5 Torpedos. Ursprünglich 4 bew. / originally 4 auth.
MM 40 ⇒, Crotale ⚓₈, 1-10 ⚓, -2 ⚓, 2 **UTR**, ⇾ Lynx	T ○ ↻ ⊕ ⋎ ⌐ ⊸	30.0	R. R. Ol.-GTu + Pielstick-DM	38290 + 7650 2	9000 18	*Corvettes anti-sous-marines.* Typ C 70. **Masch**: CODOG. Verbesserte Radars und Sonar / improved radars and sonar
MM 38 ⇒, Crotale ⚓₈, 1-10 ⚓, -2 ⚓, 2 **UTR**, ⇾ Lynx	T ○ ↻ ⊕ ⋎ ⌐ ⊸	30.0	R. R. Ol.-GTu + Pielstick-DM	38290 + 7650 2	9000 18	*Corvettes anti-sous-marines.* Typ C 70. AS-Version. **Masch**: CODOG. **Bew / AMT**: I, II: MM 40 ⇒
MM 40 ⇒, 2-10 ⚓, ⚓ Malafon, 2 **UTR**	T ⋄ ⌐ ⊕ ⋎ ⌐	27.0	Rateau ✿ Tu 2 Wr	21070 1	5000 18	Typ C 65. VDS. **UTR**: Katapulte für L 5 Torpedos
-10 ⚓, 6 **UTR** 55 III, ⚓ Malafon, ⇾ Alouette III	T ⋄ ⌐ ⊕ ⋎	34.0 *32.0*	Rateau ✿ Tu 4 Wr 35 atü	46330 2	5000 18	*Escorteur d'escadre ASM.* Typ T 56. VDS, Bugsonar / bow sonar
MM 38 ⇒, 1-10 ⚓, **UTR** 55, 1 ⇾ Lynx	T ⋄ ⌐ ⊕ ⋎ ⌐ ⊸	32.0	✿ Tu 4 Wr 35 atü	46330 2	5000 18	Hauptantrieb und Elektronik ersetzt / main propulsion and electronics replaced
-10 ⚓, 2-2 ⚓, **UTR** 55 III, ⚓ Malafon, ⚓₆ 37.5	T ⋄ ⌐ ⊕ ⋎	32.0	✿ Tu 4 Wr 35 atü	46330 2	5000 18	Nach Umbau: Bugsonar, VDS / after conversion: Bow sonar, VDS
-5.7 ⚓₂, 1 SM-1 MR ⚓₁, **UTR** 55 III, 1 ⚓₆ 37.5	T ○ ⌐ ⋄ ⊕ ⊕ ⋎ ⊸	32.0	✿ Tu 4 Wr 35 atü	46330 2	5000 18	*Escorteurs d'escadre lance-missiles.* 40 FK / MI
MM 38 ⇒, 1-10 ⚓, -2 ⚓, 1 ⚓₆ 37.5, **UTR**, [30]	T ⋄ ⌐ ⊕ ⋎	23.5	SEMT-P.-DM	8825 2	4500 15	*Avisos.* Typ A 69. Erhalten neuen Schornstein und neue Bemastung / to get modified funnel and masting. I–VI: 2 MM 40 ⇒. Cdt. L'Herminier 10590 kW
MM 38 ⇒, 2-10 ⚓, -3 ⚓, 6 **UTR** 53.3 III, ⚓₄ 30.5, [80]	T ⋄ ⌐ ⊕ ⋎	25.0 26.5	4 SEMT Pielstick-DM	11920 2	7500 16.5	*Avisos escorteurs.* Commandant Rivière Klasse / class
-10 ⚓, 2-3 ⚓, **UTR** 55 III, ⚓₄ 30.5, [80]	T ⋄ ⌐ ⊕ ⋎	25.0 , 26.5	2 AGO-DM + Turboma GTu	2650 + 10800 1	13000 10	Cdt. Rivière Klasse **Masch**: CODAG

Anzahl – Art / Number – Group	Schiffsnamen und Stapellauf / Ship's Name and Launching		Baubeginn – Fertig – / Umbau / On Keel – Completed – Com.	Bauwerft / Builder	Wasser- verdrängung / Displacement ts	Länge / Length m	Breite / Beam m	Tiefgang / Draft m	Besatzung / C Be

Uboote / Submarines

Anzahl	Name		Dates	Builder	Displ.	L	B	Draft	Bes.
1 SB	Le Triomphant	bew. / auth.	88/94	St. W. Cherbourg	12700↑ 14200↓	138	12.5	.	11
1 SB	**L'Inflexible**	1982	80/85	St. W. Cherbourg	8080↑ 8920↓	129	10.6	10.0	12
5 SB ○	**Le Tonnant** **L'Indomptable** **Le Foudroyant** **Le Terrible** **LE REDOUTABLE**	1967–77	73/80 71/76 69/74 67/73 64/71	St. W. Cherbourg St. W. Cherbourg St. W. Cherbourg St. W. Cherbourg St. W. Cherbourg	7500↑ 9000↓	128	10.6	10.0	13
4 SS	I II III Améthyste a. St. / o. st. – bew. / auth.		./95 ./92 86/91 84/90	. . St. W. Cherbourg St. W. Cherbourg	2400↑ 2600↓	73.6	7.6	6.4	6
4 SS ○	Emeraude **Casabianca** **Saphir** **RUBIS** (ex La Provence)	1979–86	82/88 81/87 79/84 76/82	St. W. Cherbourg St. W. Cherbourg St. W. Cherbourg St. W. Cherbourg	2385↑ 2670↓	72.7	7.6	6.4	6
4 SS ○	**Ouessant** **La Praya** **Beveziers** **AGOSTA**	1974–76	74/78 74/78 73/77 72/77	St. W. Cherbourg St. W. Cherbourg St. W. Cherbourg St. W. Cherbourg	1490↑ 1740↓	68.0	6.8	5.4	5
9 SS ○	**Psyché, Sirène** **Junon, Vénus** **Flore, Galatée** **Doris** **DAPHNE, Diane**	1959–69	65/70 61/65 58/62 58/61 58/61 74–76	St. W. Brest St. W. Cherbourg St. W. Cherbourg St. W. Cherbourg Dubigeon, Nantes	870↑ 1040↓	58.0	6.8	4.7	4
1 SS	**Dauphin**	1955	52/58 68–71	St. W. Cherbourg	1640↑ 1910↓	78.0	7.8	5.5	6

Minensucher / Minesweepers

Anzahl	Name		Dates	Builder	Displ.	L	B	Draft	Bes.
6 MB	I–VI	bew. / auth.	.	.	900	.	.	.	.
10 MB ○	**ERIDAN, Cassiopée, Andromède,** **Pégase, Orion, Croix du Sud, Aigle,** Lyre, Persée, Sagittaire 1979 – a. St. / o. st.		77/84 85/88	St. W. Lorient	510 544	51.5	8.9	2.5	4
5 MB ○	**CIRCÉ, Clio, Calliope, Cybèle,** **Cérès**	1970–72	69/72 71/73	C. Mécaniques, Norm.	460 495	50.9	8.9	2.5	4
5 MB ○	**Cantho, Dompaire, Garigliano,** **Mytho, Vinh Long** (ex AM 476, 454, 452, 475, 477) 1953–56	1976–79	52/54 53/57	USA	700 780	52.0	10.7	3.0	5
5 MB ○	**ALENÇON, Baccarat, Berlaimont,** **Berneval, Ouistreham** (ex AM 453, 505, 500, 450, 513) 1953–54	78–?	52/54 53/55	USA	700 780	52.6	10.7	3.2	5

Bewaffnung / Armament	Sensoren-Elektronik / Sensors-Electronic	Geschwindig-keit / speed kn	Antrieb / Propulsion Maschine Kessel Engines Boilers Masch	Leistung / Power kW 1 kW = 1.36 PS	Fahrstrecke / Range sm	Sonstige Angaben / Remarks
M 4 ↕, TR	.	.	Reaktor + ✿ Tu + DM	.	.	*Sous-marin nucléaire lance engins, nouvelle géneration, SNLENG. Gefechtskopf / war head: 6 TN 75*
M 4 ↕, 4 TR 55↓, M 39 ▷]	⊤ ✧ ☌ ᔕ	20.0↑ 25.0↓	Reaktor 2 ✿ Tu + 1 DM	11770 + 2030 1	.	*Sous-marin nucléaire lance engins.* ↕ MIRV = 6 MRV TN 70 von je / each of 150 kt
M 20 ↕, 6 TR 55↓	⊤ ✧ ☌ ᔕ	20.0↑ 25.0↓	Reaktor 2 ✿ Tu + 1 DM	11770 + 1700 1	.	*Sous-marins nucléaire lance engins.* **Bew:** ↕ Gefechtskopf / Warhead: MR 60 = 1 mt. I hat / has, II–IV erhalten / to get M 4 T 71
TR 55↓, M 39 ▷	⊤ ⊕- ⴼ	.	.	.	.	*Sous-marins nucléaires d'attaques.* Programm AMETHYSTE = AMElioration Tactique HYdro-dynamique Silence Transmission Ecoute. Geräuscharmer Antrieb / quiet propulsion. Torpedo F 17 mod.
TR 55↓	.	15.0↑ 25.0↓	Reaktor ✿ Tu + EM	4710 + 850 1	.	Typ SNA 72. Atom-Antrieb / nuclear powered
TR 55 b↓	⊤ ⊕- ⴼ	12.0↑ 17.5↓	2 SEMPT-P. ↗↝ DM / EM	1700 3500 1	8500 9	*Sous-marins océaniques à hautes performances.* **Bew:** 20 selbst-steuernde Torpedos / 20 self-guided torpedoes
TR 55 (8 b↓, 4 h↑)	⊤ ⴼ ᔕ	13.5↑ 16.0↓	SEMPT-P. ↗↝ DM / EM	960 1180 2	3000 7	*Sous-marins à hautes per-formances chasseurs de sous-marins.* Modernisiert. Mit Schnorchel 7 kn / Modernized. With snorkel 7 kn
TR 55 b↓	⊤ ⴼ	16.0↑ 18.0↓	SEMPT-P. ↗↝ DM / EM	2210 2210 1	15000 8	Versuchsschiff für / trial ship for SNLENG
.	.	.	.	.	.	*Bâtiment anti-mines océaniques, BAMO. Katamaran?*
2 ⚓	⊤ ⴼ ⊟	15.0	Stock-Werkspoor-DM + EM	1400 + 176 1	3000 12	*Chasseurs de mines.* Minen-jäger / minehunters. EM: 7 kn, 2 PAP 104 (Poisson Auto-Pro-pulsé): 700 kg, 5 kn, 2.7 × 1.2 × 1.3 m, drahtgelenkt / wire-guided
2 ⚓	⊤ ⴼ	15.0	MTU-DM	1320 1	3000 12	8 Minentaucher / mine divers. 2 PAP 104
4 ⚓	⊤ ⴼ	12.5	GM-DM	1180 2	3000 10	Typ US Agile. Ex Minen-sucher / minesweepers. 2 PAP 104
4 ⚓	⊤ ⴼ	12.5	GM-DM	1180 2	3000 10	*Dragueurs océaniques.* Typ US Agile. I–IV, VI: Neues Minenjagdsonar / new mine-hunting sonar

Anzahl – Art / Number – Group	Schiffsnamen und Stapellauf / Ship's Name and Launching	Baubeginn – Fertig / Umbau / On Keel – Completed – Conv.	Bauwerft / Builder	Wasserverdrängung / Displacement (ts)	Länge / Length (m)	Breite / Beam (m)	Tiefgang / Draft (m)	Besatzung / Crew (Bes)
5 MS	Capricorne	54/55	St. W. Cherbourg	400	46.3	8.6	2.5	3
o	Capella, Céphée, Phénix, Verseau	55/56	Ch. d. Norm., Cherbourg	440				
	1955-56							

Kleine Kampfschiffe / Small Fighting Vessels

10 PP	La Tapageuse, La Rieuse,	83/84	C. Mécaniques, Cherb.	340	54.0	8.0	2.6	2
o	La Railleuse, La Moqueuse,	85/87		422				
	La Gracieuse, La Glorieuse,							
	La Fougueuse, La Capricieuse,							
	La Boudeuse,							
	L'AUDACIEUSE	1984-87						
4 PP	Epée, Pertuisane	75/77	C. Mécaniques, Cherb.	115	40.4	5.5	1.6	18
o	GLAIVE, Trident	1976 76	Auroux	130				
1 PP	La Combattante	1963 62/64	C. Mécaniques, Cherb.	182	45.0	7.4	2.5	18
o				200				
1 PP	Mercure	1957 55/58	C. Mécaniques, Cherb.	370	44.0	8.3	2.1	3
o		*78-80*		400				
3 PP	Géranium, Jasmin, Paquerette	53/54	Großbritannien /	140	32.7	6.3	2.2	1
	1954-55	55/55	Great Britain	170				
1 PP	Tourmaline	1973 73/74	Esterel, Cannes	45	27.0	5.0	1.5	9
2 PP	Athos, Aramis	1979-80 79/79	Esterel, Cannes	.	32.1	6.5	1.9	1
		80		99.5				
1 PP	Albatros (ex Névé)	1967 ./67	La Seine Mar.	1800	84.8	13.5	5.6	4
								+ 1
1 PP	I	bew. / auth.	.	.	.	.	.	.
1 PP	Sterne	1979 79/80	La Perrière, Lorient	340	49.0	7.5	2.8	1
o				380				

4 PP: **P 778-781** 20 ts, 25 kn, 1 Mg ⚓ – Gendarmerie Maritime;

Landungsfahrzeuge / Landing Vessels

1 LD	Foudre	a. St. / o. st. 86/90	St. W. Brest	9300	168	23.5	9.1	21
o				11000				
2 LD	Orage	66/68	St. W. Brest	5800	149	21.5	8.7	21
o	OURAGAN	1963-67 62/65		8500				
1 LD	Bougainville	1986 86/87	Dubigeon, Nantes	4800	113	17.0	4.1	5
								+ 5
1 LS	Trieux	1958 57/60	Ch. Bret., Nantes	1400	102	15.5	3.2	7
o				4225				
5 LS	La Grandière	85/87	Ch. d. Normandie	750	80.0	13.0	2.3	3
o	Jacques Cartier	81/83	Ch. d. Normandie	1330				
	Dumont d'Urville	80/82	Ch. d. Normandie					
	Champlain, Francis Garnier	1973-86 73/74	St. W. Brest					
1 LS	I	a. St. / o. st. 87/88	SFCN, Villeneuve	.	59.4	11.9	.	.
				600				

Bewaffnung / Armament	Sensoren-Elektronik/ Sensors-Electronic	Geschwindigkeit / speed kn	Maschine Kessel Engines Boilers Masch	Leistung/ Power kW 1 kW = 1.36 PS	Fahrstrecke / Range sm	Sonstige Angaben / Remarks
4 ⚓, 1-2 ⚓	⊤	15.0	Pielstick-DM	1470 2	3000 10	*Dragueurs côtiers.* Ähnlich / similar to Typ brit. Ton. Werden gestrichen / to be stricken
4 ⚓, 1-2 ⚓	⊤	24.5	SEMT-P.-DM	5880 2	4000 15	*Patrouilleurs.* P 400 Klasse
4 ⚓, 1 Mg ⚓, → SS 12	⊤	26.0	AGO-DM	2940 2	1500 15	*Patrouilleurs rapides / PATRA.* Gendarmerie Maritime
4 ⚓, 1-2 ⚓	⊤	23.0	Pielstick-DM	2350 2	2000 12	Gendarmerie Maritime
2 ⚓, 2 Mg ⚓₂	⊤	15.0	MGO-DM	3680 2	6200 10	Gendarmerie Maritime
2 ⚓	⊤	14.0	Paxman-DM	400 2	2000 9	Typ brit. Ham, ex MS. Gendarmerie Maritime
2 ⚓	⊤	27.0	MTU-DM	820 2	750 15	
2 ⚓	⊤	28.0	SACM-DM	2941 2	1500 15	*Vedettes*
4 ⚓	⊤	15.0	DG + AEG-EM	2535 1	12000 15	*Chalutier de surveillance.* Für südliche Gewässer / for southern areas
.		.	.	.	.	*Bâtiment de surveillance*
Mg ⚓	⊤	20.0	SACM-DM	3100 2	4900 12	*Bâtiment de surveillance*

PP: **P 772, 774** (74) 14 ts, 25 kn, 1 Mg ⚓, GM-DM – Gendarmerie Maritime

4 ⚓, 2-2 ⚓, SADRAL ⚓₆, 2 CDIC, ⇥ Super Puma, [470]	.	21.0	SEMT-P.-DM	14700 2	11000 15	*Transport de chalands de débarquement.* TCD 90 Klasse / class. Dock: 1740 m³. 3 gepl. / plan.
4 ⚓, 2-12 Mörser / mortars, 18 LCM oder / or 2 LCT oder / or 500 ts, 3 ⇥, [464]	⊤ ⊻	17.3	SEMT-P.-DM	6350 2	4000 15	*Transports de chalands de débarquement.* Dockraum / length of dock: 120 × 13.2 m
EDIC, 2 ⇥ Super Puma	⊤	14.5	UNI-DM	3530 2	6000 12	*Bâtiment de transport et de soutien / BTS*
4 ⚓, 1-12 Mörser / mortar, 4 LC, 16 ⚒	⊤	11.0	SEMT-Pielstick-DM	1470 2	18500 10	*Bâtiment de débarquement de chars.* ⇥-Plattform
4 ⚓, 2-8.1 Mörser / mortars, [180], 100 ts Ladung / load, ⇥]	.	16.0	MGO-DM	1320 2	4500 13	*Bâtiments de transport et d'appui léger / BATRAL / 3 F*
.	.	10.0	SACM-DM	.	.	*Chaland de débarquement d'infanterie et de chars.* CDIC. Ersatz für / replacement for EDIC. Total 6

Anzahl - Art / Number - Group	Schiffsnamen und Stapellauf / Ship's Name and Launching		Baubeginn – Fertig - Umbau / On Keel – Completed – Conv.	Bauwerft / Builder	Wasser-verdrängung / Displacement ts	Länge / Length m	Breite / Beam m	Tiefgang / Draft m	Besatzung / C... Bes
1 LS	L 9052	1987	87/87	SFCN, Villeneuve	335 600	59.4	11.9	1.7	
10 LS o	9070, 9072–9074, 9084, 9091–9094, 9096	1959–69	56/58 67/69	Frankreich / France	292 642	59.0	12.0	1.3	1

24 LC: **CTM 1–21** (82–84) 55/150 ts, 9.5 kn, Poyaud-DM, 350 kW₂, 23.8 × 6.4 × 1.3 m; **LCM 1035, 1036, 1055–10**

Hilfsfahrzeuge / Auxiliary Vessels

1 AN	Tianée	1973	73/74	St. W. Brest	840 905	54.0	10.6	4.4	4
3 AN o	La Prudente, La Fidèle LA PERSÉVÉRANTE	1968	67/69	La Manche, Dieppe La Rochelle, L. Pallice	446 626	43.5	10.0	2.8	3
5 AN o	GRILLON, Scarabée Criquet, Fourmi Cigale	1953–54	52/54 /55	Penhoet, St. Naz. Seine Mar., Le Trait Ch. Nav. La Pallice	770 850	46.0	10.2	3.2	4
1 AR o	Jules Verne (ex Achéron)	1974	69/75	St. W. Brest	6485 9870	150	21.5	6.5	32
2 AR o	Garonne, Rance	1964–65	63/65 64/66	St. W. Lorient	2320 2500	101	13.8	39.0	22
3 AR o	Loire Rhône RHIN	1962–66	65/67 62/64 61/64	St. W. Lorient	2075 2200	101	13.1	3.7	17
5 AR	Isard Chamois, Chevreuil, Elan, Gazelle	1975–78	77/78 75/76 76	La Perrière, Lorient La Perrière, Lorient	295 495	41.5	7.5	3.2	1

1 AR: **Tapatai** (ex Silver Fish) (71) 240 ts

2 AO	Penhors Mascarin	1985–86	85/86 85/86	Atl. S. Nazaire Atl. S. Nazaire	32000	178	27.5	11.4	18
5 AO oo	I Marne Var Meuse Durance	1975 – a. St. / o. st.	85/. 82/86 79/83 77/80 73/76	Normed, La Seine St. W. Brest St. W. Brest St. W. Brest St. W. Brest	7600 17800	157	21.1	8.7	150 +45
1 AO o	Aber Wrac'h	1963	62/64	St. W. Cherbourg	1220 3500	87.0	12.2	4.8	48
1 AO o	Port Vendres	1973	./73	Uljanik, Jugosl.	. 31780	175	25.1	9.7	27 + 9
2 AO	Papenoo, Punaruu (ex Bow Queen, Bow Cecil)	1969	.	Norwegen / Norway	1195 2930	83.0	13.9	5.5	22

13 AP: **Merlin, Mélusine, Morgane** (67–76) 170 ts, 11 kn, [400], 710 kW, 31.4 × 7.1 × 2.4 m, Bes 9; **Alphée, ARIEL, Dryade, Elfe, Faune, Korrigan, Naiade, Néréide, Ondine** (64–79) 225 ts, 16 kn, [400], 1320 kW, 40.5 × 7.5 × 3.3 m; **Sylphe** 177 ts, 13 kn, 440 kW

3 AT	Malabar, Tenace Centaure	1971–75	71/76 72/74	Oelkers, Hamburg La Rochelle-Pallice	970 1440	51.0	11.5	5.7	58

3 AT: **Bélier, Bison, Buffle** (79–80) 600 ts, 11 kn, 1910 kW, Voith-Schneider-Propeller

1 o	Triton	1970	67/70	St. W. Lorient	1410 1510	74.0	11.9	3.7	63
1 o	Henri Poincaré (ex Maina-Morasso)	1960	.	CRD Adriatico	22640 23430	180	22.2	8.8	360
1 o	Commandant Rivière	1958	57/62 84–85	St. W. Lorient	2100	103	12.5	3.8	115

Bewaffnung / Armament	Sensoren-Elektronik/ Sensors-Electronic	Geschwindigkeit / speed kn	Maschine / Kessel / Engines / Boilers / Masch	Leistung/ Power kW 1 kW = 1.36 PS	Fahrstrecke / Range sm	Sonstige Angaben / Remarks
.	.	10.0	SACM-DM	795 / 2	.	EDIC III
-2 ⚓	⊤	8.3	MGO-DM	735 / 2	.	*Engins de débarquement.* EDIC. 9084 = Bame 9084: AR
5/50 ts, 8 kn – Typ US LCM (6)						
	⊤	12.0	2 ⟿ MGO-DM	1030 / 1	5200 / 12	*Gabare de mer.* Für Pazifik / for Pacific
	⊤	10.0	2 Baudouin ⟿-DM	530 / 1	4000 / 10	*Garbares de rade*
-4 ⚓, 4-2 ⚓	⊤	12.0	Pielstick 16 Cyl. ⟿-DM	1180 / 1	5200 / 12	*Garbares de mer*
-4 ⚓, 2 ⇶	.	18.0	SEMT-P.-DM	8800 / 1	9500 / 18	*Navire-atelier*
-4 ⚓, 2-2 ⚓	⊤	15.0	2 SEMT-Pielstick-DM	2650 / 1	13000 / 13	*Bâtiments de soutien logistique.* I Werkstatt, II Test / I repair, II experimental
-4 ⚓, 2 ⇶ Alouette	⊤ ⌀ ⌀	16.5	2 SEMT-Pielstick-DM	2650 / 1	13000 / 13	I für MS, II für SS, III für Elektronik / I for MS, II for SS, III for electronics
	⊤	14.5	MGO-DM	1990 / 2	.	*Bâtiments de soutien de région (BSR).* Auch / also YP, AK, AT, NS
AN: **Tupa** 292 ts, 6 kn, DM; **Calmar** 270 ts, 9.5 kn						
	⊤	14.3	B & W-DM	8160 / 1	21000 / 14	Charter
-4 ⚓₂, 2 ⇶ Lynx	⊤	19.0	SEMT-P.-DM	12800 / 2	9000 / 15	*Pétroliers ravitailleurs.* Führungsschiffe für Indischen Ozean / command ships for Indic Ocean
-4 ⚓	⊤	12.0	SEMT-P.-DM	1470 / 1	5000 / 12	
	⊤.	15.5	B. & W.-DM	7795 / 1	.	Gechartert / on charter
	⊤	12.0	Normo-DM	1510 / 1	8000 / 11	
0 AT: **Hercule, Lutteur, Laborieux, Travailleur, L'Utile, Robuste, Valeureux, Le Fort, Actif** 230 ts, 11 kn, 770 kW, 27.6 × 7.6 × 3.9 m, Bes 15 – *Remorqueurs côtiers*; **Acharné, Efficace** (74) 735 kW und weitere 59 Hafenschlepper / also 59 harbor tugs – *Remorqueurs de rade*						
	⊤	13.5	2 MaK-DM 2 SACM-DM	3380 / 1	9500 / 10	*Remorqueurs de haute mer*
AT: **Abeille Provence** 3500 ts, 17 kn, 11770 kW₂; **Abeille Flandre, Abeille Languedoc** 3460 ts, 16 kn, 16920 kW₂ – gechartert / on charter						
.	⊤	13.0	DM + EM	2795 / 2	400 / 13	*Bâtiment d'expérimentation et de recherches sous-marines*
.	⊤ ⌀ ⌀	14.0	Parsons ✿ Tu 2 Foster-Wh.	7355 / 1	11800 / 13.5	*Bâtiment d'essais de mesure.*
-4 ⚓, 2 Mg ⚓	⊤ ⌀ ⌀ ⊞ ▽	24.0	4 SEMT Pielstick-DM	11920 / 2	7500 / 16.5	*Bâtiment d'expérimentation.* Ex FG

Anzahl – Art / Number – Group	Schiffsnamen und Stapellauf / Ship's Name and Launching		Baubeginn – Fertig – Umbau/On Keel – Completed – Conv.	Bauwerft / Builder	Wasserverdrängung / Displacement ts	Länge / Length m	Breite / Beam m	Tiefgang / Draft m	Besatzung / Be
1	**Berry** (ex Medoc)	1958	.	Roland Werft, Bremen	1148 2700	87.0	11.6	4.6	
1 o	**Ile d'Oléron** (ex Mur)	1939	.	AG Weser, Bremen	5500 6500	115	15.2	6.5	19

1: **Thétis** (ex Néreide) (86) 720/1000 ts, 15 kn, SACM-MGO-DM, 1840 kW₁, Bauwerft/builder: St. W. Lorient *Bâtiment d'expérimentation de guerre des mines* – für Minenabwehrversuche / for mine counter measure experiences

1 AG o	**D'Entrecasteaux**	1970	69/71	St. W. Brest	2050 2440	89.0	13.0	3.9	8 +7
3 AG	L a p l a c e **Lapérouse, Borda**	1986–87	86/. 85/87	Ch. d. Normandie St. W. Lorient	720 1000	56.5	11.0	3.6	2 +1
2 AG	**L'Espérance, L'Estaffette** (ex J. Cœur, J. Cartier)	1962	./69 /72	Gdynia, Polen	960 1360	63.0	9.8	5.9	2 +3
2 AG	**ASTROLABE, Boussole**	1963	62/64	Seine Mar., Le Trait	330 440	42.7	8.5	2.9	3
1 AG o	**La Recherche** (ex Guyane)	1951	.	Ziegler, Dunkerque	810 910	67.0	10.4	4.5	6

2 AG: **Palangrin** 44 ts, 200 PS; **Corail** (ex Marc Joly) (67) 55 ts, 10 kn – Vermessung / research

1 AG: **L'Archéonaute** (67) 110 ts, 10 kn, DM, 440 kW₂, 28.5 × 6.0 × 1.9 m, Bes 6 – Forschung / research

1 Tender: **Y 732** (78) 260 ts, 10 kn, 279 kW₂ – Entmagnetisierungsboot / degaussing vessel

8 AX: **Guépard, Chacal, Tigre, Lion, Léopard, Panthère, Jaguar, Lynx** (81–82) 463 ts, 15 kn, 2-2 ⚓, SACM-DM 1618 kW, 43 × 8.3 × 3.2 m, Bauwerften/builders: A. C. M., St. Malo + La Perrière, Lorient

4 YD	**Achéron, Styx** **Vulcain, Pluton**	1986	86/87 85/86	CMN, Cherbourg La Perrière, Lorient	375 505	41.6	7.5	3.2	1 +1

1 YD: **Poseidon** (74) 220 ts, 13 kn, 440 kW₁, 40.5 × 7.3 × 2.2 m, Bes 42 – *Bâtiments-base de plongeurs démineu*

6 YP: **Chamois, Chevreuil, Elan, Gazelle, Isard** – s. AR; **Pélican** (51) 362 ts – ex Trawler

Bâtiments pour la DIRCEN (DIRection des Centres d'Expérimentations Nucléaire) – Fahrzeuge des

1 LD: **Bougainville** – s. LD

1 AR	**Taape**	1983	82/83	La Perrière, Lorient	400 505	41.0	7.5	3.2	2
2 AT o	**Rari, Revi**	1984	83/84	Dubigeon, Nantes	900 1450	51.0	12.6	4.0	1 +1
3 AT	**Maïto, Marua, Manini**	1984–85	84/84 84/85	SFCN, Villeneuve	245 260	27.6	8.3	3.5	

Gabun / Gabon

2 PG	I, II	a. St. / o. st.	86/.	CMN, Cherbourg	372 423	54.5	8.7	2.5	2 +2
2 PF	I, II	bew. / auth.	.	CMN, Cherbourg	200	49.6	.	.	1
1 PP	**Boulingoui Koumba Nazaire** (ex Président El Hadj Omar Bongo) / GC 05	1977	76/78	D'Esterel, Cannes	100 160	42.0	7.7	2.0	1
1 PP	**N'Golo** / GC 04	1980	80/81	Intermar, Sarzama	65 90	27.3	6.8	2.1	1

Bewaffnung / Armament	Sensoren-Elektronik / Sensors-Electronic	Geschwindigkeit / speed kn	Antrieb / Propulsion Maschine / Kessel / Engines / Boilers / Masch	Leistung / Power kW 1 kW = 1.36 PS	Fahrstrecke / Range sm	Sonstige Angaben / Remarks
.		15.0	2 MWM-DM	1765 / 1	7000 / 15	*Bâtiment d'expérimentation.* Versuchsschiff für Elektronik / trial ship for electronic
	⊤ ○ ⬦ ○~	14.5	MAN-DM	2570 / 1	7200 / 12	*Bâtiment expérimental.* Für Raketen / for missiles

Denti (75) 160 ts, 12 kn, DM, 705 kW – für U-Abwehrversuche / for ASW trials; **Narvik** (56) 700 ts, 13.5 kn, Typ US Agile, ex MB – für Sonarversuche / for sonar trials

⇜	⊤ ⬦ ○~	15.0	⇢ DM	.	10000 / 12	*Bâtiment océanographique.* Vermessung / survey
	⊤ ⅄	15.0	MGO-DM	1620 / 2	6000 / 12	*Bâtiments hydrographiques*
.	⊤	13.5	MAN-DM	1370 / 1	7500 / 13	
-2 ⚓]	⊤	12.5	2 Baudouin-DM	590 / 1	4000 / 12	Typ brit. Ton. Für tropische Gewässer / for tropical areas
	⊤	13.5	Werkspoor-DM	1130 / 1	3110 / 10	

AX: **Jeanne d'Arc** – s. CL; **La Belle Poule, L'Etoile** (32) 227 ts, 6 kn, Gaffelschuner mit DM / schooner with DM; **Chimère, Farfadet** 100 ts, 11 kn; **La Grande Hermine, Mutin** – kleine Segelschulschiffe / small sail training ships

AX: **Engageante, Vigilante** (ex Cayolle, Iseran) 286 ts, 11 kn, 430 kW₁, Deutz-DM, ex Trawler, Schulboote / training vessels – *Bâtiments d'instruction*

Mg ⚓	⊤ ⅄	13.7	SACM-DM	1620 / 2	7200 / 12	*Bâtiments-bases de plongeurs-démineurs.* BBPD

Feuerlöschboote / Fire Fighting Craft: **Aiguière, Cascade, Embrun, Gave, Geyser, Oued** (68–70) Lg 32 m – *Bateaux-pompes*

uklearen Forschungszentrums

	⊤	14.5	SACM-DM	1616 / 2	7200 / 12	Typ RR 2000
	⊤	14.5	SACM-DM	2940 / 2	5000 / 12	Typ RR 4000
	⊤	.	SACM-DM	940	.	*Remorqueurs portuaires côtiers*

Gabun / Gabon

MM 40 ⊫], 1-5.7 ⚓, -2 ⚓ oder / or 2-2 ⚓₂	⊤	24.0	SEMT-P.-DM	5880 / 2	4000 / 15	Ähnlich / similar to Typ frz. / French P 400
.	.	.	.	.	.	Surface effect ships. Typ frz. / French NES 200 L
-4 ⚓, 1-2 ⚓, ⇢ SS 12	⊤	32.0	SACM-DM	3970 / 3	1000 / 18	
-4 ⚓, 2-2 ⚓	⊤	43.0	MTU-DM	5150 / 2	.	GRP Rumpf / hull

Anzahl – Art / Number - Group	Schiffsnamen und Stapellauf / Ship's Name and Launching		Baubeginn – Fertig- *Umbau/* On Keel – Completed – *Com.*	Bauwerft / Builder	Wasser- verdrängung / Displacement ts	Länge / Length m	Breite / Beam m	Tiefgang / Draft m	Besatzung Be

1 PP: **N'Guene** / GC 03 (74) 90/119 ts, 24 kn, 2-4 ⚓, 2-2 ⚓, 2 Mg ⚓, 1000/₂₃ sm, 3530 kW₃, 2 DM, 31.7 × 7.1 × 2.2 m, Bes 21, Bauwerft / builder: Swift, Louisiana

2 PP: **Colonel Djoué Dabany** / GC 02 (ex President Albert Bongo) (71) 80 ts, 29.5 kn, 2-2 ⚓, 1990 kW₂, MTU-DM, 32 × 5.8 × 1.6 m, Bes 17, Bauwerft / builder: Esterel, Cannes; **President Léon M'Ba** / GC 01 (68) 85 ts, 12.5 kn, 1-7.6, 1 Mg ⚓, DM, 400 kW₂, 1000/₁₂ sm, 28 × 6.2 × 1.5 m, Bes 16

1 LS: **Président El Hadj Omar Bongo** / L 05 (84) 750/1330 ts, 16 kn, 2-4 ⚓, Typ frz. / French BATRAL

Ghana

2 FS o	**KROMANTSE** / F 17 **Keta** / F 18	1963–65	62/64 /66 *74–76 83–84*	Vosper, Portsm. Vickers-A., Newc. *Vosper Th., Portsmouth*	440 500	54.0	8.7	3.1	5
2 PF o	**Achimota** / P 28, **Yogaga** / P 29	1979	78/80 81	Lürssen, Vegesack	380 410	58.1	7.6	2.7	6
2 PF o	**Dzata, Sebo** / P 26, 27	1978	78/79	Lürssen, Vegesack	234 260	45.0	7.0	2.3	3
2 PP o	**Dela, Sahene** / P 25, 24	1975	74/76 *81*	Ruthoff, Mainz *Lürssen, Vegesack*	160	35.2	6.5	1.8	3
2 PP	**Elmina, Komenda** / P 13, 14	1962	./62	Yarrow, Scotstoun	120 160	35.7	6.1	2.1	3

2 PP: **I, II** (78) 4.5 ts, 29 kn, 3 Mg ⚓, DM, 265 kW₂, Bes 3 - Typ brit. Spear 2

Griechenland / Greece

Zerstörer / Destroyers

5 DD o	**Toumbazis** (ex Gurke) **Kanaris, Kriezis** (ex Stickell, Corry) **Kountouriotis** (ex Rupertus) **Sachtouris** (ex Arnold J. Isbell)	1945	44/45 44/45 45/46 45/45	Todd, Tacoma Consolidated, Orange Bethlehem, Quincy Bethlehem, St. Island	2425 3500	119	12.4	5.8	28
1 DD o	**Apostolis** (ex Charles P. Cecil)	1945	44/45	Bath Iron Works	2425 3500	119	12.4	5.8	28
1 DD o	**Themistokles** (ex Frank Knox)	1944	44/44	Bath Iron Works	2425 3500	119	12.4	5.8	27
1 DD o	**Miaoulis** (ex Ingraham)	1944	43/44	Federal, Kearny	2200 3320	115	12.4	5.8	23
4 DD o	**Sphendoni** (ex Aulick) **ASPIS, Lonchi, Velos** (ex Connor, Hall, Charette)	1942–43	41/42 42/43	Consolidated, Orange St. W. Boston	2050 3050	115	12.0	5.5	25
2 DD o	**Kimon** (ex Z 2, ex Ringgold) **Niarchos** (ex Z 3, ex Wadsworth)	1942–43	42/42 42/43	Federal Kearny Bath Iron Works	2250 3118	115	12.0	4.2	28

Fregatten / Frigates

4 FG	**I-IV**	bew. / auth.	.	.	.	.	.	.	.
2 FG o	**Limnos** (ex Witte de With) **Elli** (ex Pieter Florisz)	1979	78/82 77/81	de Schelde, Vlissingen de Schelde, Vlissingen	3000 3790	130	14.4	4.4	195

Bewaffnung / Armament	Sensoren-Elektronik/ Sensors-Electronic	Geschwindigkeit / speed kn	Antrieb / Propulsion Maschine / Kessel Engines / Boilers Masch	Leistung/ Power kW 1 kW = 1.36 PS	Fahrstrecke / Range sm	Sonstige Angaben / Remarks

LS: I, II (81) 290 ts, 8.3 kn, Bauwerft / builder: Bazan – ähnlich / similar to Typ franz. / French EDIC
LC: **Manga** (76) 150 ts, 8 kn, 1–2 ⚓, DM, 350 kW₂, 24 × 6.4 × 1.3 m, Bes 10, Bauwerft / builder: DCAN, Dakar

Küstenwache / Coast Guard - *Garde Côtes*
PP: **N'Gombé** 60 ts, 10 kn; **N'Djolé, Ombué** (77) 18 ts, 10 kn
PP: **I–VI** 1.8 ts, 15 kn – Typ Arcoa

Ghana

10.2 ⚓, 1–4 ⚓, ⚓₃ Squid		18.0	16 Cyl Bristol-Siddeley-Maybach-DM	4200 2	2000 16	Plan Vosper. Schlinger-dämpfung / roll stabilization
7.6 ⚓, 1–4 ⚓		32.0	MTU-DM	7950 3	.	Typ deutsch / German PB 57
4 ⚓		27.0	MTU-DM	4410 2	1800 16	Typ deutsch / German FPB 45
4 ⚓		30.0	MTU-DM	2200 2	1000 30	
4 ⚓, 2–2 ⚓₂		18.0	MTU-DM	2210 2	1000 13	Typ brit. Ford

LC: I, II 5ts, 25 kn

Griechenland / Greece

12.7 ⚓₂, 1–7.6 ⚓ OTO, 4 ⚓, 2–2 ⚓, UTR 32.4 III, ⚓₈ Asroc		30.0	❀ Tu 4 Babcock	44130 2	5800 15	Typ US Gearing, FRAM 1. III: Neue Feuerleitzentrale / new FCS
12.7 ⚓₂, 1–7.6 ⚓ OTO, 2 ⚓₂, 6 UTR 32.4 III, ⚓₈ Asroc		30.0	❀ Tu 4 Babcock	44130 2	5800 15	Typ US Gearing, FRAM 2. Neue Feuerleitzentrale / new FCS
12.7 ⚓₂, 4–3 ⚓₂, UTR 32.4 III, 2 ⚓, Alouette III		30.0	❀ Tu 4 Babcock	44130 2	5800 15	Typ US Gearing / ex DDR FRAM 2. Achtern / aft: ✈-Deck + Hangar
12.7 ⚓₂, 2–2 ⚓, UTR 32.4 III, 2 ⚓, 1 ✈		32.0	❀ Tu 4 Babcock	44130 2	6000 15	Typ US Allen M. Sumner, FRAM 2. ✈-Deck + Hangar
12.7, 6–7.6 ⚓, UTR 32.4 III, TR 53.3 IIIII, 2 ⚓, 1 ✈		32.0	Ge ❀ Tu 4 Babcock	44130 2	6000 15	Typ US Fletcher
12.7, 6–7.6 ⚓₂, UTR 53.3 I, 2 ⚓, ☼		32.0	GE ❀ Tu 4 Babcock	44130 2	6700 15	Typ US Fletcher. II nur / only 4–7.6 ⚓₂
Harpoon ⚓₄, 2–7.6 ⚓, Sea Sparrow/Aspide ⚓₈, UTR 32.4, 1 ✈ AB 212		30.0	R. R. Ol.-GTu + R. R. Tyne-GTu +	39710 6030 2	4000 18	Typ niederl. / netherl. Kortenaer. Verlängerter / lengthened hangar

Anzahl – Art / Number – Group	Schiffsnamen und Stapellauf / Ship's Name and Launching		Baubeginn – Fertig – Umbau / On Keel – Completed – Conv.	Bauwerft / Builder	Wasserverdrängung / Displacement ts	Länge / Length m	Breite / Beam m	Tiefgang / Draft m	Besatzung / Crew Bes
1 FE o	**Aegeon** (ex Weser)	1960	59/62 87	Elsfleth, Unterweser Hellenic Shipyard	2370 2740	99.0	11.8	3.9	11C
4 FE o	**Leon** (ex Eldridge), **Panthir** (ex Garfield Thomas) **AETOS** (ex Slater), **Ierax** (ex Ebert)	1943–44	43/43 /44	Federal, Newark Tampa Shb.	1240 1900	93.0	11.0	3.2	15C

U b o o t e / S u b m a r i n e s

Anzahl – Art / Number – Group	Schiffsnamen und Stapellauf / Ship's Name and Launching		Baubeginn – Fertig – Umbau / On Keel – Completed – Conv.	Bauwerft / Builder	Wasserverdrängung / Displacement ts	Länge / Length m	Breite / Beam m	Tiefgang / Draft m	Besatzung / Crew Bes
4 SS o	**Pontos** **Okeanos** **Amphitriti** **Poseidon**	1978–79	77/80 77/79 76/79 76/79	HDW, Kiel HDW, Kiel HDW, Kiel HDW, Kiel	1185↑ 1290↓	56.1	5.5	5.0	33
4 SS o	**GLAVKOS, Nerevs, Protevs, Triton**	1970–72	69/72 68/71	HDW, Kiel	1105↑ 1230↓	54.4	5.5	5.0	32
1 SS o	**Katsonis** (ex Remora)	1945	45/46	N. Y., Portsmouth	1975↑ 2450↓	99.5	8.2	5.2	87
1 SS o	**Papanikolis** (ex Hardhead)	1943	43/44	Manitowoc Shb.	1840↑ 2445↓	93.0	8.2	5.2	85

M i n e n l e g e r / M i n e l a y e r s

Anzahl – Art / Number – Group	Schiffsnamen und Stapellauf / Ship's Name and Launching		Baubeginn – Fertig – Umbau / On Keel – Completed – Conv.	Bauwerft / Builder	Wasserverdrängung / Displacement ts	Länge / Length m	Breite / Beam m	Tiefgang / Draft m	Besatzung / Crew Bes
2 NB o	**AKTION, Amvrakia** (ex LSM/CMS 301, 303)	1944–45	./45	N. Y. Charleston	720 1100	62.0	10.4	2.5	65

M i n e n s u c h e r / M i n e s w e e p e r s

Anzahl – Art / Number – Group	Schiffsnamen und Stapellauf / Ship's Name and Launching		Baubeginn – Fertig – Umbau / On Keel – Completed – Conv.	Bauwerft / Builder	Wasserverdrängung / Displacement ts	Länge / Length m	Breite / Beam m	Tiefgang / Draft m	Besatzung / Crew Bes
9 MS o	**AIDON, Aigli, Alkyon, Avra, Daphni, Kichli, Kissa, Klio, Pleias** (ex MSC 310, 299, 319, 318, 307, 308, 309, 317, 314)	1963–68	62/63 68/70	USA	340 400	44.3	8.2	2.6	38
5 MS o	**Antiopi, Atalanti, Niovi, Phaidra, Thalia** (ex MSC 153, 169, 171, 154, 170)	1954	53/54 54/55	USA	330 400	43.0	8.0	2.4	38

K l e i n e K a m p f s c h i f f e / S m a l l F i g h t i n g V e s s e l s

Anzahl – Art / Number – Group	Schiffsnamen und Stapellauf / Ship's Name and Launching		Baubeginn – Fertig – Umbau / On Keel – Completed – Conv.	Bauwerft / Builder	Wasserverdrängung / Displacement ts	Länge / Length m	Breite / Beam m	Tiefgang / Draft m	Besatzung / Crew Bes
6 PG o	**Simaioforos Kavaloudis, Antipliarchos Kostakos, Ipopliarchos Dejannis, Simaioforos Xenos, Simaioforos Simitzopoulos, Simaioforos Starakis**	1979–81	77/80 81/81	Hellenic Shipyard, Skaramanga	330 430	56.7	7.9	2.5	42
4 PG o	**Antipliarchos Laskos, Antipliarchos Blessas, Ypopliarchos Troupakis, Ypopliarchos Mykonios**	1976–77	75/76 76/77	C. Mécaniques, Cherb.	360 425	56.7	8.0	2.5	42
4 PG o	**Ipopliarchos Konidis, Ipopliarchos Batsis, Ipopliarchos Aninos, Ipopliarchos Arliotis**	1971	70/71 71/72	C. Mécaniques, Cherb.	234 255	47.0	7.1	2.5	40
1 PF o	**Aquilon** (ex Scimitar)	1969	.	Vosper Th., Portchester	100	30.5	7.3	1.9	12
5 PF	**Esperos, Kyklon, Laiaps, Skorpios, Tyfon** (ex Seeadler, Greif, Kondor, Kormoran, Geier)	1958–59	57/58 58/59	Lürssen, Vegesack + Kröger, Rendsburg	160 190	42.5	7.2	2.4	39

Bewaffnung / Armament	Sensoren-Elektronik / Sensors-Electronic	Geschwindigkeit / speed kn	Antrieb / Propulsion Maschine Kessel Engines Boilers Masch	Leistung/ Power kW $1\,kW = 1.36\,PS$	Fahrstrecke / Range sm	Sonstige Angaben / Remarks
−10 ⚓, 4−4 ⚓, **UTR** 32.4 III, [200]	⊤ ⟡ ⌒ ⊕ ⍦	20.5	MB-DM	8390 2	1625 15	Typ deutsch / German Rhein. Nach Umbau / after conversion: 2−7.6 ⚓ OTO, neue / new FCS
−7.6, 6−4 ⚓₂, 14−2 ⚓₂, **UTR** 32.4 III, 1 ⌂, 8 ⚲	⊤	20.0	⇴ DM	4410 2	1550 11	Typ US Bostwick. IV Schulschiff / training ship
TR 53.3 b↓	⊤ ⟡ ⌒ ⍦	10.0↑ 21.0↓	4 MTU-DG 1 Siemens-EM	1760 3680 1	.	Typ deutsch / German 209/1200
TR 53.3 b↓	⊤ ⟡ ⌒ ⍦	10.0↑ 21.0↓	MTU-DG Siemens-EM	1760 3680 1	.	Typ deutsch / German 209/1100
0 **TR** 53.3 ↓ (6 b, 4 h)	⊤ ⊕ ⍦	20.0↑ 15.0↓	4 DM 4 EM	4710 3970 2	14000 10	Typ US Tench, GUPPY III. AX
0 **TR** 53.3 ↓ (6 b, 4 h)	⊤ ⊕ ⍦	18.0↑ 15.0↓	3 DM 3 EM	3535 3970 2	14000 10	Typ US Balao, GUPPY II A. AX
−4 ⚓₂, 6−2 ⚓, 120 ☉	⊤	12.0	DM	2060 2	2500 12	Typ US LSM / CMS
−2 ⚓₂	⊤ ⍦	13.0	Waukesha-DM₂	880 2	2500 10	Typ US Bluebird / MSC 294
−2 ⚓₂	⊤ ⍦	14.0	GM-DM	660 2	2500 10	Typ US Adjutant. 1969 von Belgien übernommen / transferred from Belgium
Penguin ⇒₃, 2−7.6 ⚓, −3 ⚓₂, 2 **TR** 53.3 h	⊤ ⟡ ⌒ ⊕ ⌒	32.5	MTU-DM	11030 4	2750 15	Ähnlich / similar to Typ frz. / French Combattante III
MM 38 ⇒, 2−7.6 ⚓, −3 ⚓₂, 2 **TR** 53.3 h	⊤ ⟡ ⌒ ⊕ ⌒	35.0	MTU-DM	13240 4	2000 15	Typ frz. / French Combattante III
MM 38 ⇒, 4−3.5 ⚓₂, **TR** 53.3 h	⊤ ⟡ ⌒ ⊕ ⌒	36.0	MTU-DM	10600 4	800 30	Typ frz. / French Combattante II
.	⊤	40.0	2 R. R.-GTu + 2 Foden-DM	6250 + 480 3	425 35	Typ brit. Cutlass. **Masch:** CODOG
−4 ⚓, 4 **TR** 53.3	⊤ ⟡ ⊕	42.0	DM	8825 4	1000 32	Typ deutsch / German Jaguar. 1976 von Bundesmarine übernommen / 1976 acquired from German Federal Navy

Anzahl – Art / Number – Group	Schiffsnamen und Stapellauf / Ship's Name and Launching	Baubeginn – Fertig – Umbau / On Keel – Completed – Com.	Bauwerft / Builder	Wasserverdrängung / Displacement ts	Länge / Length m	Breite / Beam m	Tiefgang / Draft m	Besatzung / Crew Bes
2 PP	I, II	bew. / auth.	.	Griechenland / Greece	420	55.0	8.1	2.8	.
2 PP	I, II	a. St. / o. st.	87/.	Hellenic Shy., Skaram.	.	.	.	.	.
4 PP	**Delos, Lindos, Knossos, Adamidis**	77/77 1977–79	80	Hellenic Shipyard, Skaramanga	75 85	29.0	5.0	1.7	1.
2 PP	**Kelefstis Stamou, Diopos Antoniou**	75/75 1975		Esterel, Cannes	80 115	32.0	5.8	1.6	1
4 PP	**Agathos** **E. Panagopoulos I, E. Panagopoulos II,** **E. Panagopoulos III**	./82 ./76 1974–82	81	Hell. Shipyard, Zeis Hell. Shipyard, Skaramanga	39	24.0	6.2	1.1	.
1 PP	**N. I. Goulandris I**	1975	./75	Syros Shipyard	40	24.0	6.2	1.1	.

2 PP: **Arhikelefstis Malliopoulos, Arhikelefstis Stasis** (ex KW 3, 8) (43) 112 ts, 8 kn, 1–2 ⚓, Typ deutsch / German K

Landungsfahrzeuge / Landing Vessels

1 LD o	**Nafkratoussa** (ex Fort Mandan / LSD 21)	44/45 1945		N. Y. Boston	4790 9375	139	21.9	5.5	265
5 LS	**I–IV** **V**	a. St. / o. st. – bew. / auth.	86/.	Eleusis Shy. Eleusis Shy.	. 4400	116	15.3	.	.
2 LS o	**Oinoussai** (ex Terrell Co.) **Kos** (ex Whitfield Co.)	52/53 1952–53	53/54	Bath Iron Works Christy, Sturgeon B.	2700 5800	117	16.8	5.2	110
5 LS	**Ikaria, Kriti, Lesbos, Rhodos, Syros** (ex LST 1086, 1076, 389, 391, 325)	./43 45 1943–45		USA	1625 4080	100	15.3	2.9	58
5 LS o	**KRYSTALLIDIS, Daniolos, Grigoro-** **poulos, Roussin, Tournas**	44/44 45/45 1944–45		USA	743 1095	62.0	10.4	2.5	6
6 LS	**Karpathos, Kassos, Kimolos, Skiathos,** **Sifnos, Skopelos** (ex LCU 1379, 1382, 827, 677, 852)	./43 44 1943–44		USA	140 310	37.0	9.7	1.2	12

2 LS: **Kithera, Milos** (44). /400 ts, 7 kn, 2–2 ⚓, Typ brit. LCT

Hilfsfahrzeuge / Auxiliary Vessels

1 AK o	**Evros** (ex Schwarzwald, ex Amalthée)	55/56 1956		Dubigeon, Nantes	2395	80.0	11.9	4.5	54
2 AO o	**Arethousa, Ariadni** (ex Natchaug, Tombigee)	44/45 1944		Cargil, Minn.	1850 4335	94.0	14.8	4.8	43
1 AO	**Kerkini** (ex FW 3)	1963	63/64	Jadewerft, W'haven	598 626	44.1	7.8	2.5	1

6 AO: I (a. St. / o. st.) Bauwerft / builder: Hellenic Shy., Skaramanga; **Trichonis** (79) 650 ts; **Doirani, Kalliroi, Prespa** (72) 850 ts, 13 kn; **Kastoria** – für Wasser / for water

3 AO: I, II (a. St. / o. st.) Bauwerft / builder: Hellenic Shy., Skaramanga; **Vivies** 190 ts, 11 kn

2 AO: **Ouranos, Hyperion** (76–77) 1200 ts, 13 kn, 1290 kW$_1$, MWM-DM, 67.7 × 10.0 × 4.7 m

2 AP: **Pandora, Pandrosos** (72–73) 350 ts, 13 kn, [500], 46.8 × 8.3 × 1.9 m

1 AN: o **Thetis** (59) 680 ts, 12 kn, 4–2 ⚓, 1030 kW$_1$, MAN-DM, Bauwerft / builder: Kröger, Rendsburg, Natoauftrag AN 103 / NATO order AN 103

3 AT: **Iraklis, Jason, Odissefs** (77–78) 345 ts, 12 kn, 880 kW$_1$, MWM-DM – und viele andere / and many more

2 AT: **Atromitos, Adamastos** (~67) 310 ts, 10 kn, DM, 930 kW$_1$, 30 × 7.9 × 3.0 m

1 AX: o **Aris** (78) 2400/2630 ts, 20 kn, 1–7.6 ⚓, 2–4 ⚓$_2$, 4–2 ⚓, 1 ⚓, 7355 kW$_2$, MaK-DM, 100 × 14.7 × 4.5 m, Bes 130 + 370, Bauwerft / builder: Salamis – auch / also AP, AH

3 AX: **Ierax** – s. FE; **Katsonis, Papanikolis** – s. SS

Bewaffnung / Armament	Sensoren-Elektronik/ Sensors-Electronic	Geschwindig-keit / speed kn	Antrieb / Propulsion — Maschine / Kessel / Engines / Boilers / Masch	Leistung/ Power kW 1 kW = 1.36 PS	Fahrstrecke / Range sm	Sonstige Angaben / Remarks
.	.	.	DM	.	.	Typ dän. / Dan. Havørnen
.	.	.	.	.	.	Ähnlich / similar to Delos
-2 ⚓	⊤	25.0	MTU-DM	2270 2	1600 25	Auch / also SAR. IV in Reserve
-4 ⚓, 1-2 ⚓, 4 ⇸ SS 12	⊤	30.0	MTU-DM	1990 2	1500 15	Holzrumpf / wooden hull
-2 ⚓	⊤	25.0	DM	.	1600 12	Von Spenden griechischer Reeder finanziert / donated by Greek shipowners
-2 ⚓	⊤	30.0	DM	2000 2	.	
-4 ⚓, 4-2 ⚓, 14 LC, ⟳⟩	⊤	15.4	❂ Tu 2 Wr	5150 2	8000 15	Typ US LSD / Cabildo
.	.	.	DM	.	.	
-7.6 ⚓₂, 3-2 ⚓, LC, [400]	⊤ ⏀	15.5	4 GM-DM	4410 2	.	Typ US Terrebonne Parish
-4 ⚓, 4-2 ⚓₂, 2 LC, 🚛, [400]	⊤	10.0	DM	1180 2	15000 9	Typ US LST
-4 ⚓, 4-2 ⚓, 10 🚛, 00]	⊤	12.0	DM	2060 2	2500 12	Typ US LSM
-2 ⚓, 3 🚛, [100]	⊤	10.0	DM	495 3	700 7	Typ US LCT (6)

8 LC: 11 **LCM** (6), 7 **LCVP** (80), 34 **LCVP**, 14 **LCP**, 7 **LCA**

-4 ⚓₂	⊤	17.5	Sulzer-DM	2210 1	4500 15.5	1976 von Bundesmarine über-nommen / 1976 acquired from German Federal Navy
-7.6	⊤	14.0	GM ⤳ DM	2430 2	.	Typ US Patapsco. II: 2-7.6
	⊤	9.5	MWM-DM	170 1	2150	Typ deutsch / German FW. Für Wasser / for water

Leuchtturmtender / Lighthouse Tender: **St. Lycoudis, I. Theophilopoulos Karavoyiannos** (76–77) 1350 ts, 15 kn, 1765 kW, DM, Lg 63.2 m

Hydrographische Forschungsschiffe / Hydrographic Research Ships: **Pitheas** (83) 670 ts, 14 kn, 1325 kW₂, GM-DM; o **Naftilos** (75) 1400 ts, 15 kn, 1940 kW₁, B & W-DM, 63.2 × 11.6 × 7.0 m, Bauwerft / builder: Perana •

AG: **Doris** (ex MS), **Arhikelefstis Malliopoulos, Arhikelefstis Stasis** – s. PP – Vermessung / survey

Yacht: **Argo** (ex Christina, ex Stormont) (43) 1450 ts, 20 kn, Typ brit. River

üstenwache / Coast Guard – *Limenikon Soma*

PP: **I–III** – Delos Klasse

) PP: **I–X** (85–86) ~50 ts, 28 kn, 2-2 ⚓, 1 Mg ⚓, MTU-DM, 1910 kW₂, 23.2 × 5.0 × 1.0 m, GRP Rumpf / hull

2 PP: **I–XII** Lg 13.5 m, Bauwerft / builder: Olympic Marine – und viele kleinere / and many smaller

Anzahl – Art / Number – Group	Schiffsnamen und Stapellauf / Ship's Name and Launching		Baubeginn – Fertig – / Umbau / On Keel – Completed – *Conv.*	Bauwerft / Builder	Wasser-verdrängung / Displacement ts	Länge / Length m	Breite / Beam m	Tiefgang / Draft m	Besatzung / Crew Bes

Grenada

1 PP	**Tyrrel Bay** / PB 01		1984	84/84	Lantana, Florida	94	32.3	6.3	2.1	16
3 PP	**I–III**		~1978	./78	Farey Mar., Hamble	10	9.1	2.8	0.9	3
1 PP	**I** / PB 2		1971	./72	Brooke M., Lowestoft	15	12.2	3.7	0.6	9

Großbritannien / Great Britain

Flugzeugträger / Aircraft Carriers

3 RL	**Ark Royal**	2. 6. 1981	78/85	Swan Hunter, Walls.	16260	207	27.5	8.8	1000
o	**Illustrious**	1. 12. 1978	76/82	Swan Hunter, Walls.	19820		31.9		+ 318
	Invincible	3. 5. 1977	73/80	Vickers-A., Barrow					
			87–89	*R. Dy., Devonport*					*1400*

Zerstörer / Destroyers

4 DG	**Edinburgh**		80/86	Cammell Laird	4100	141	14.9	5.8	300
o	**York**		80/85	Swan Hunter, Walls.	4775				
	Gloucester		79/85	Vosper Th., South.					
	MANCHESTER	1980–83	78/82	Vickers-A., Barrow					
8 DG	**Liverpool**		78/81	Cammell Laird	3500	125	14.3	5.8	300
o	**Nottingham**		78/82	Vosper Thornycroft	4100				
	Southampton		76/81	Vosper Thornycroft					
	Exeter		76/80	Swan Hunter, Walls.					
	Glasgow		74/79	Swan Hunter, Walls.					
	Newcastle		73/79	Swan Hunter, Walls.					
	Cardiff		72/79	Vickers-A., Barrow					
	Birmingham	1973–80	72/76	Cammell Laird					
1 DG	**Bristol**	2. 6. 69	67/73	Swan Hunter, Walls.	6100	155	16.8	6.9	410
o			*84–86*		7100				

Fregatten / Frigates

12 FG	I–IV	gepl. / plan.	.	.	3500	133	16.3	5.5	157
o	V–VIII	bew. / auth.	.	.	3850				175
	L a n c a s t e r		87/.	Yarrow, Scotstoun					
	A r g y l l		87/.	Yarrow, Scotstoun					
	M a r l b o r o u g h		87/.	Swan Hunter, Walls.					
	N O R F O L K	1987 – a. St. / o. st.	85/89	Yarrow, Scotstoun					
4 FG	C h a t h a m		86/89	Cammell Laird	4380	148	14.8	6.0	285
	C a m p b e l t o w n		85/89	Cammell Laird	5250				320
	C u m b e r l a n d		84/88	Yarrow, Scotstoun					
	C o r n w a l l	1985 – a. St. / o. st.	83/88	Yarrow, Scotstoun					

Bewaffnung / Armament	Sensoren-Elektronik / Sensors-Electronic	Geschwindigkeit / speed kn	Antrieb / Propulsion Maschine / Kessel / Engines / Boilers / Masch	Leistung/ Power kW 1 kW = 1.36 PS	Fahrstrecke / Range sm	Sonstige Angaben / Remarks

Grenada

Bewaffnung / Armament	Sensoren-Elektronik / Sensors-Electronic	Geschwindigkeit / speed kn	Antrieb / Propulsion	Leistung/Power kW	Fahrstrecke / Range sm	Sonstige Angaben / Remarks
Mg $\cancel{4}_2$	⊤	24.0	GM-DM	1655 / 3	.	
Mg $\cancel{4}_2$	⊤	26.0	DM	425 / 2	.	Typ brit. Spear
Mg $\cancel{4}_3$	⊤	22.0	Caterpillar-DM	545 / 2	.	

Großbritannien / Great Britain

Bewaffnung / Armament	Sensoren-Elektronik / Sensors-Electronic	Geschwindigkeit / speed kn	Antrieb / Propulsion	Leistung/Power kW	Fahrstrecke / Range sm	Sonstige Angaben / Remarks
⊷ Sea Harrier, Sea King (ASW, 3 AEW), 2 $\cancel{4}$ Phalanx, 2-2 $\cancel{4}$, Seadart $\cancel{11}_2$, [960]	⊤ ⚲ ⊕ ▽ ⌁ ⊜	28.0	4 R. R. TM 3 B Olympus GTu 2	82370	7000 / 18	*Light aircraft carriers.* „Ski-jump" ramp: I 12°; II 7°. II **Bew / AMT:** 5 Sea Harrier, 9 Sea King, 2-2 $\cancel{4}$ Phalanx, 2-2 $\cancel{4}$, 2 $\cancel{11}_2$. III erhält / to get Ramp 12°; 3-3 $\cancel{4}$ Goalkeeper anstelle/instead of 2 $\cancel{4}$ Phalanx, 3 D Radar 996, Sonar 2016, verbesserte / improved ⊸
-11.4 $\cancel{4}$, 4-3 $\cancel{4}_2$, 2-2 $\cancel{4}$, Seadart $\cancel{11}_2$, UTR 32.4 III, ⊶ Lynx	⊤ ○ ⚲ ⚲ ⊕ ⌁ ▽ ⌁ ⊜	30.0	Rolls R. Olymp. TM 3 B + R. R. Tyne RM 1 C GTu 2	40000 +6030	4750 / 18	*Guided missile armed destroyers.* Typ 42 C, Batch 3. FK-Vorrat: 40 / total number of MI: 40
-11.4 $\cancel{4}$, 4-3 $\cancel{4}_2$, 4-2 $\cancel{4}$, Seadart $\cancel{11}_2$, UTR 32.4 III, ⊶ Lynx	⊤ ○ ⚲ ⚲ ⊕ ⌁ ▽ ⌁ ⊜	28.0	Rolls R. Olymp. TM 3 B + R. R. Tyne RM 1 C GTu 2	40000 +6030	4750 / 18	Typ 42. I-IV: Batch 2, V-VIII: Batch 1. FK / MI: 24. IV, VIII: 2-2 $\cancel{4}$ Phalanx mittschiffs / amidship, **Masch:** COGOG, Tyne GTu für Marschfahrt / for cruising. I-IV, VI, VII: Radar 1022
-11.4 $\cancel{4}$, 4-3 $\cancel{4}_2$, 4-2 $\cancel{4}_{2,1}$, Seadart $\cancel{11}_2$	⊤ ○ ⚲ ⚲ ⊕ ⌁ ▽ ⌁ ⊜	30.0	Standard R. ⚙ Tu Olympus TM 1 A GTu	32800 +22060 2	5000 / 18	Typ 82. **Masch:** COSAG. ⊶-Plattform / platform. Radar 1022, verbesserte / improved ECM. AX
Harpoon ⇒₄, 1-11.4 $\cancel{4}$, 3 $\cancel{4}$ Goalkeeper, 2-3 $\cancel{4}_2$, 2 Sea Wolf $\cancel{11}_{32}$, UTR 32.4 III, ⊶ Lynx	⊤ ○ ⚲ ⚲ ⊕ ⌁ ▽ ⌁ ⊜	28.0	R. R.-Spey SM 1 A GTu + 4 Paxm. ⇝ DG	27600 +5150 2	8000 / 15	Typ 23. Duke Klasse. **Masch:** CODLAG. Bow sonar and towed array sonar / TAS. Total 20? Batch 2, Lg 140 m?
Harpoon ⇒₄, 2 Sea Wolf $\cancel{11}_6$, 1-11.4 $\cancel{4}$, 3 $\cancel{4}$ Goalkeeper, 4-3 $\cancel{4}_2$, UTR 32.4 III, 2 ⊶ Lynx	⊤ ⚲ ○ ⚲ ⊕ ▽ ⌁ ⊜	31.0	R. R.-SPEY 1 A- GTu + R. R. Tyne RM 1 C-GTu	27600 +7850 2	7500 / 17	Typ 22, Batch 3. **Masch:** COGAG

Anzahl – Art / Number – Group	Schiffsnamen und Stapellauf / Ship's Name and Launching		Baubeginn – Fertig – Umbau / On Keel – Completed – Conv.	Bauwerft / Builder	Wasser- verdrängung / Displacement ts	Länge / Length m	Breite / Beam m	Tiefgang / Draft m	Besatzung / Crew Bes
6 FG o	Coventry		84/88	Swan Hunter, Walls.	4200	147	14.8	6.0	290
	Sheffield		84/88	Swan Hunter, Walls.	4800				320
	London		83/87	Yarrow, Scotstoun					
	Brave		82/86	Yarrow, Scotstoun					
	Beaver		80/84	Yarrow, Scotstoun					
	Boxer	1981–86	79/84	Yarrow, Scotstoun					
4 FG o	**Brazen**		78/82	Yarrow, Scotstoun	3500	131	14.8	6.0	223
	Brilliant		77/81	Yarrow, Scotstoun	4400				
	Battleaxe		76/80	Yarrow, Scotstoun					
	BROADSWORD	1976–80	75/79	Yarrow, Scotstoun					
6 FG o	**Avenger**		74/78	Yarrow, Scotstoun	2850	117	12.7	6.2	170
	Alacrity		73/77	Yarrow, Scotstoun	3350				190
	Arrow		72/76	Yarrow, Scotstoun					
	Ambuscade		71/75	Yarrow, Scotstoun					
	Active		71/77	Vosper Th., Woolston					
	AMAZON	1971–75	69/74	Vosper Th., Woolston					
5 FG o	**Scylla**		67/70	R. Dy., Devonport	2550	113	13.1	5.8	262
	Charybdis		67/69	Harland & W., Belfast	3000				
	Andromeda		66/68	R. Dy., Portsmouth					
	Hermione		65/69	Stephen, Govan					
	Jupiter	1967–68	66/69 *81–84*	Yarrow, Scotstoun					
4 FF o	**Apollo, Ariadne**		69/72 73	Yarrow, Scotstoun	2550 3000	113	13.1	5.5	262
	Achilles, Diomede	1968–71	67/70 68/71	Yarrow, Scotstoun					
4 FG o	**Argonaut**		64/67	Hawthorn, Hebburn	2450	113	12.5	5.8	223
	Phoebe		63/66	Stephen, Govan	3200				
	Sirius		63/66	R. Dy., Portsmouth					
	Cleopatra	1964–66	63/66	R. Dy., Devonport					
4 FG o	**Danae**		64/67	R. Dy., Devonport	2650	113	12.5	5.8	223
	Juno		64/67	V. Thornycroft, Southh.	3200				
	Minerva		63/66	Vickers-A., Newcastle					
	Penelope (ex Coventry)	1962–65	61/64 *75–82*	Vickers-A., Newcastle					
2 FF o	**Arethusa**		62/65	Yarrow, Scotstoun	2610	113	12.5	5.5	262
	Euryalus	1963	61/64 *72–87*	Brown, Clydebank	3010				
2 FF o	**Plymouth**		58/61	R. Dy., Devonport	2380	113	12.5	5.3	235
	ROTHESAY	1957–59	56/60	Yarrow, Scotstoun	2800				

Uboote / Submarines

4 SB	Venerable		.	.		149	12.8	10.1	130
	Victorious				15850↓				
	Vengeance		.	Vickers Shb., Barrow					
	VANGUARD		86/93	Vickers Shb., Barrow					
	a. St. / o. st. – bew. / auth.								
4 SB o	**Renown, Revenge**		64/68	Cammell Laird	7500↑	130	10.1	9.1	145
	RESOLUTION, Repulse	1966–68	65/69	Vickers-A., Barrow	8400↓				
? SS	I–?		gepl. / plan.	.	.	.	.	.	.

Bewaffnung / Armament	Sensoren-Elektronik/ Sensors-Electronic	Geschwindigkeit / speed kn	Antrieb / Propulsion Maschine / Kessel / Engines / Boilers / Masch	Leistung/ Power kW 1 kW = 1.36 PS	Fahrstrecke / Range sm	Sonstige Angaben / Remarks
MM 38 ⇒, 2 Sea Wolf ⑥, 2-4 ⚓, -2 ⚓, 6 UTR 32.4 III, ⟲ Lynx		30.0	R. R. Olympus + Tyne GTu	41200 + 6250 2	7000 18	Typ 22, Batch 2. I–IV bow sonar. V, VI 145 m. **Masch:** COGAG: I–III SM1A + RM1C = 35455 kW; COGOG: IV SM1A + RM1C = 27600 kW, 28 kn. V, VI TM3 + RM1C = 39705 kW
MM 38 ⇒, 2 Sea Wolf ⑥, 2-4 ⚓, -2 ⚓, 6 UTR 32.4 III, ⟲ Lynx		30.0	R. R. Olympus TM3 B + Tyne RM1A GTu	41200 + 6250 2	4500 18	Typ 22, Batch 1. **Masch:** COGOG
MM 38 ⇒, 1-11.4 ⚓, -2 ⚓, 4 Seacat ⑭, UTR 32.4 III, ⟲ Lynx		30.0	R. R. Olympus TM3 B + Tyne RM1A GTu	40000 + 6250 2	3500 18	*Fast frigates.* Typ 21. **Masch:** COGOG. Rümpfe verstärkt / hulls strengthened
MM 38 ⇒, Sea Wolf ⑥, 2-4 ⚓, -2 ⚓, 6 UTR 32.4 III, ⟲ Lynx		28.0	Wh. E. ❀ Tu 2 Babcock	22060 2	4500 12	*Frigates.* Leander Klasse. Verbesserter / improved Typ 12, Batch 3 A conversions. V AX
-11.4 ⚓₂, 3-2 ⚓₂.₁, Seacat ⑭, ⋒₃ Limbo, 1 ⟲ Wasp		28.0	Wh. E. ❀ Tu 2 Babcock	22060 2	4500 12	Leander Klasse. Batch 3 B. Stehen 1988-89 zum Verkauf / will be paid off 1988-89
MM 38 ⇒, 2-2 ⚓, Seacat ⑭, 6 UTR 32.4 III, ⟲ Lynx		28.0	Wh. E. ❀ Tu 2 Babcock	22060 2	4500 12	Leander Klasse. Batch 2 T. A. Towed array sonar / TAS
MM 38 ⇒, 2-4 ⚓, 2 Seacat ⑭, UTR 32.4 III, ⟲ Lynx		28.0	Wh. E. ❀ Tu 2 Babcock	22060 2	4500 12	Leander Klasse. Batch 2. Juno nach Umbau / after conversion AX: 2-2 ⚓, 6 UTR 32.4 III
-4 ⚓, 8 Seacat ⑭, Ikara, 1 ⋒₃ Limbo, ⟲ Wasp		27.0	Wh. E. ❀ Tu 2 Babcock	22060 2	4500 12	Leander Klasse. Batch 1. I: Wird 1988 gestrichen / to be stricken 1988
-11.4 ⚓₂, 4-2 ⚓, Seacat ⑭, ⋒₃ Limbo, ⟲ Wasp		26.0	❀ Tu 2 Babcock	22060 2	4500 12	*Anti submarine frigates, modified type 12, 1st rate.* Werden 1988 gestrichen / to be stricken 1988
6 ↨ Trident II D 5, TR 53.3 b↓ (Spearfish), Sub-Harpoon ⇒		. ↑ 25.0↓	2 ❀ Tu 1 PWR 2-Reaktor	22060 1	.	*Fleet ballistic missile submarines.* Geräuscharmer Antrieb / noise dumping treatment of machinery
6 ↨ Polaris A 3 TK, TR 53.3 b↓		20.0↑ 25.0↓	Engl. Electra ❀ Tu 1 Rolls Royce PWR 1-Reaktor	11030 1	.	↨: Chevaline Gefechtsköpfe / ↨: Chevaline warheads (6 à 150 kt)
.	.	.	❀ Tu PWR 2-Reaktor	.	.	*Nuclear powered fleet submarines*

Großbritannien / Great Britain

Anzahl – Art / Number – Group	Schiffsnamen und Stapellauf / Ship's Name and Launching		Baubeginn – Fertig – / Umbau / On Keel – / Completed – Com.	Bauwerft / Builder	Wasser- verdrängung / Displacement	Länge / Length	Breite / Beam	Tiefgang / Draft	Besatzung /
					ts	m	m	m	Be
7 SS o	Triumph		86/90	Vickers, Barrow	4780↑	85.4	9.8	8.2	13
	Talent		85/89	Vickers, Barrow	5210↓				
	Trenchant		84/88	Vickers, Barrow					
	Torbay		82/87	Vickers, Barrow					
	Tireless		81/85	Vickers, Barrow					
	Turbulent		80/84	Vickers, Barrow					
	TRAFALGAR	1981 – a. St. / o. st.	79/83	Vickers, Barrow					
6 SS o	**Splendid**		76/81	Vickers, Barrow	4000↑	82.9	9.8	8.2	9
	Spartan		74/79	Vickers, Barrow	4500↓				
	Sceptre		73/78	Vickers, Barrow					
	Superb		73/77	Vickers, Barrow					
	Sovereign		70/74	Vickers, Barrow					
	SWIFTSURE	1971–79	69/73	Vickers, Barrow					
5 SS o	**Courageous**		68/71	Vickers, Barrow	4000↑	87.0	10.1	8.2	9
	Conqueror		67/71	Cammell Laird	4900↓				
	Churchill		67/69	Vickers, Barrow					
	Warspite		63/67	Vickers, Barrow					
	VALIANT	1963–70	62/66	Vickers, Barrow					
4 SS o	Unicorn		.	Cammell Laird	2160↑	70.3	7.6	5.5	4
	Ursula		.	Cammell Laird	2400↓				
	Unseen		87/.	Cammell Laird					
	UPHOLDER	1986 – bew. / auth.	83/88	Vickers, Barrow					
11 SS o	**Ocelot, Onslaught**		59/62	R. Dy., Chatham	2030↑	90.0	8.1	5.5	6
	Odin, Oracle, Oppossum, Onyx		64/67	Cammell, Laird	2410↓				
	Opportune, Otter, Otus			Scotts, Greenock					
	Olympus, Osiris	1960–66		Vickers-A., Barrow					

Minenleger / Minelayer

1 NB o	**Abdiel**	1967	66/67	Thornycroft, South.	1375 1500	81.0	11.6	3.0	9

Minensucher / Minesweepers

13 MB o	**Cottesmore, Middleton**		79/83 80/84	Yarrow, Scotstoun	625 725	60.0	9.9	3.4	4
	BRECON, Ledbury, Cattistock, Brocklesby, Dulverton, Atherstone, Chiddingfold, Bicester, Hurworth, Berkeley, Quorn 1978–87		75/80 86/88	Vosper Th., Woolston					
16 MB o	**Waveney, Carron, Dovey, Helford, Humber, Blackwater, Itchen, Helmsdale, Orwell, Ribble, Spey, Arun,** I–IV 1983 – bew. / auth.		83/84 85/86 .	Richards Shipb., Lowestoft + Great Yarmouth	770	47.6	10.5	3.8	3
5 MS o	I–IV Sandown a. St. / o. st.		87/. 86/89	Vosper Th., Portchester Vosper Th., Portchester	450	52.7	10.5	2.1	4
1 MS o	**Wilton** 1972		70/73	Vosper Th., Woolston	400 450	46.6	8.7	2.5	3
13 MS o	**Bossington, Brereton, Brinton, Bronington, Gavinton, Hubberston, Iveston, Kedleston, Kellington, Kirkliston, Maxton, Nurton, Sheraton** 1952–57		51/53 56/57	Großbritannien / Great Britain	360 425	46.3	8.8	2.5	38

Bewaffnung / Armament	Sensoren-Elektronik / Sensors-Electronic	Geschwindig-keit / speed kn	Antrieb / Propulsion Maschine Kessel Engines Boilers Masch	Leistung/ Power kW 1 kW = 1.36 PS	Fahrstrecke / Range sm	Sonstige Angaben / Remarks
TR 53.3 b↓, ıb-Harpoon ⇒, ☼	⊤ ⌕- ⅄	. 30.0↓	Engl. El. ❀ Tu 1 R. R. PWR 1-Reaktor + Paxman-DM	11030 1	.	21 Torpedonachladungen / 21 torpedo reloads. Leiseste U-Boote der Welt / quietest SS in the world. TAS. Pump-jet propulsor
TR 53.3 b↓, ıb-Harpoon ⇒	⊤ ⌕- ⅄	20.0↑ 30.0↓	Engl. El. ❀ Tu R. R. PWR 1-Reaktor + Paxman-DM	11030 + 2940 1	.	*Nuclear powered fleet submarines.* Verbesserte Valiant Klasse. Größere Tauchtiefe und Fahrstrecke / improved Valiant class. Deeper diving, longer endurance
TR 53.3 b↓, ıb-Harpoon ⇒	⊤ ⌕- ⅄	15.0↑ 25.0↓	Engl. El. ❀ Tu R. R. PWR 1-Reaktor	11030 1	.	Atom-Antrieb. Druckwasser-Reaktor / Nuclear powered. Pressurised water cooled reactor
TR 53.3 b↓ ⁄K 24 + Spearfish), ıb-Harpoon ⇒	⊤ ⌕- ⅄	12.0↑ 20.0↓	2 Paxman-V.-DM 1 GEC-EM	. 3970 1	8000 8	*Submarines.* Typ 2400. Total 9? TAS 2046
TR 53.3 ↓ (6 b, 2 h)	⊤ ⌕- ⅄	12.0↑ 17.0↓	Standard R. ⤳ DM Eng. Electra EM	2700 4400 2	.	*Submarines.* Patrol Typ. Verbesserte Porpoise Klasse / improved Porpoise class. 9 werden modernisiert / 9 to be updated: Sonar 2051, 2046 (TAS), verbessertes / improved FCS
-4 ⚓, ☼	⊤	16.0	Paxman-DM	1980 2	.	*Mine countermeasures support ship.* Wird gestrichen / to be deleted
-4 ⚓, 2-2 ⚓, 2 PAP 104	⊤ ⅄ ⌒	17.0	Paxman Deltic-DM	2795 2	1500 12	*Minesweepers / minehunters / coastal.* Glasfiberrumpf / glass fibre hull. Slow speed hydraulic drive for hunting, bow thruster
-4 ⚓, 2 Mg ⚓₂	⊤ ⅄	14.0	Ruston-DM	2235 2	4500 10	*Minesweepers.* River Klasse / class. Operieren zu zweit mit Schleppgerät / operate in pairs with wiresweep. Crew: RN-Reserve. VI AX
-3 ⚓, 2 PAP 104 MK 5	⊤ ⅄	15.0	Paxman-V.-DM + EM	2200 2	3500 12	*Single role minehunters /* SRM H. GRP-Rumpf / hull. EM für Schleichfahrt / for low speed: 6.5 kn. Total 12?
-4 ⚓	⊤ ⅄	16.0	Deltic-DM	2200 2	.	Ähnlich / similar to Ton Klasse. GRP-Rumpf / hull
oder / or 2-4 ⚓, -2 ⚓	⊤	15.0	Deltic-DM	2200 2	2300 13	*Minehunters.* Ton Klasse, ex CMS. II, VIII, IX: AX der Reserve / reserve training ships. I, V, X, XI in Reserve

Anzahl – Art / Number – Group	Schiffsnamen und Stapellauf / Ship's Name and Launching	Baubeginn – Fertig – / Umbau / On Keel – Completed – Conv.	Bauwerft / Builder	Wasser- verdrängung / Displacement ts	Länge / Length m	Breite / Beam m	Tiefgang / Draft m	Besatzung / Crew Bes
5 MS o	**Cuxton, Soberton, Stubbington, Upton, Walkerton** 1952–60	52/53 57/60	Großbritannien / Great Britain	360 425	46.3	8.8	2.5	2°

Kleine Kampfschiffe / Small Fighting Vessels

5 PP o	**PEACOCK, Plover, Starling, Swallow, Swift** 1982–84	82/83 83/85	Hall Russell, Aberdeen	660 700	62.6	10.0	2.7	44
2 PP o	**Dumbarton Castle Leeds Castle** 1980–81	80/82 80/81	Hall Russell, Aberdeen Hall Russell, Aberdeen	1250 1450	81.0	11.5	3.4	50 + 25
7 PP o	**Alderney, Anglesey, Guernsey, JERSEY, Lindisfarne, Orkney, Shetland** 1976–79	75/76 78/79	Hall Russell, Aberdeen	1000 1280	59.5	10.9	4.6	26
1 PP	**Sentinel** (ex Seaforth Warrior) ~1975	./75	Husumwerft, Husum	1100	60.5	13.9	4.5	2°
4 PP	**Cygnet, Kingfisher, Peterel, Sandpiper** 1975–77	73/75 76/77	R. Dunston Ltd.	150 187	37.5	6.7	2.0	24
2 PP	**Hart, Cormorant** (ex Stirling, Sunderland) 1972–76	71/72 76/76	James + Stone, Brightlingsea	48 60	23.7	5.5	1.5	9
14 PP	**Example, Explorer, Express, Exploit, Archer,** S m i t e r, Pursuer, **Biter,** B l a z e r, Dasher, Puncher, Charger, Ranger, Trumpeter 1985–86	85/85 86/.	Watercraft/Shoreham	38 43	20.8	5.8	1.5	11

1 PP: **Redpole** (ex Sea Otter) (67) 160 ts, 21 kn, Bauwerft / builder: Brooke, Lowestoft – Seal Klasse / class

Landungsfahrzeuge / Landing Vessels

2 LD	**I, II** gep. / plan.	.	.	.	.	.	.	.
2 LD o	**Intrepid FEARLESS** 1963–64	62/67 62/65	Brown, Clydebank Harland & W., Belfast	11060 12120	159	24.4	6.1	580
1 LS o	**Sir Galahad** 1986	85/87	Swan Hunter, Wallsend	7400 8585	140	19.5	4.3	52
1 LS o	**Sir Caradoc** (ex Grey Master) 1973	.	Trosvik, Brevik	3450 5980	124	16.0	4.9	.
4 LS oo	**Sir Bedivere, Sir Tristram, Sir Percivale Sir Geraint** 1966–67	65/67 66/68 65/67	Hawthorn, Hebburn Stephen, Govan	3270 5675	126	18.0	3.8	68
1 LS o	**Sir Lancelot** 1963	62/64	Fairfield, Glasgow	3370 5550	126	18.9	3.8	68
2 LS o	**Ardennes, Arakan** 1976–77	75/77 76/78	Brooke Mar., Lowestoft	870 1410	72.4	14.0	1.8	35
9 LC	**Andalsnes, Abbeville, Akiab, Aachen, Arezzo, Agheila, Audemer Arromanches, Antwerp** 1981–87	83/84 86/87 80/81	James + Stone, Brightlingsea Brooke Mar., Lowestoft	. 290	33.3	8.3	1.5	6
12 LC	**LCM 710, 711 LCM 704–709 LCM 700–702 LCM 3508** 1963–66	./65 ./64 ./64 ./63	Bolson, Poole Dunston, Hessle Brooke Marine Vosper	75 176	25.7	6.5	1.7	6

Bewaffnung / Armament	Sensoren-Elektronik / Sensors-Electronic	Geschwindigkeit / speed kn	Maschine Kessel Engines Boilers Masch	Leistung/ Power kW 1 kW = 1.36 PS	Fahrstrecke / Range sm	Sonstige Angaben / Remarks
-4 ⚓	⊤	15.0	Deltic-DM	2200 / 2	2300 / 13	*Coastal minesweepers.* CMS. Ton Klasse. I, IV: AX der RNR / Royal Navy Reserve. II, IV, V: Fischereischutz / fishery protection
-7.6 ⚓, 4 Mg ⚓	⊤	25.0	Crossley P.-DM	10590 / 2	2000 / 14	In Hong Kong
-4 ⚓, 2 Mg ⚓, ☼	⊤	20.0	Ruston-DM	4150 / 2	10000 / 12	*Offshore patrol ships.* ✈-Plattform
-4 ⚓, 2 Mg ⚓	⊤ ⊽	16.0	2 Ruston-DM	3220 / 1	7000 / 12	*Offshore patrol ships* Für Ölfeldüberwachung / for oil-rig patrols
-4 ⚓, 3 Mg ⚓	⊤	14.0	Atlas MaK-DM	5700 / 2	.	Under conversion to replace tender Wakeful
[-4 ⚓], 2 Mg ⚓	⊤	25.0	Paxman-DM	3090 / 2	2000 / 14	*Patrol boats.* III, IV: AX
.	⊤	22.0	Paxman-DM	1470 / 2	1000 / 15	Spitfire Klasse / class
-2 ⚓	⊤	22.5	Perkins-DM	1170 / 2	550 / 15	P 2000 Klasse / class. GRP-Rumpf / hull. Nach Konkurs der Werft werden 4 fertiggestellt bei: / after liquidation of the boat yard 4 to be completed by: Voster, Thornycroft
.	.	.		.	.	Drop stern landing ships
-4 ⚓, 4-3 ⚓2, 2-2 ⚓, Seacat ⚓4, 4 ✈ Wessex, LCM + 4 LCVP [700]	⊤ ⋄ ⌒	21.0	Engl. El. ❀ Tu 2 B. & W.	16180 / 2	5000 / 20	*Assault ships.* Midlife modernization? II: 2-4 ⚓, 4 Seacat ⚓4
340]	⊤	17.5	Mirrlees-B.-DM	8820 / 2	13000 / 15	Bug- und Heckrampe / bow and stern ramps. ✈-Plattform für / for 2 ✈ Sea King / EH-101
.	.	17.5	Normo-DM	3700 / 2	.	Wird gestrichen / to be deleted
2-4 ⚓], 150 ts load, 400], 16 🚋	⊤	17.0	Mirrlees-DM	6900 / 2	.	*Logistic landing ships.* II nach Wiederherstellung / II after reconstruction: 3390/5800 ts, Lg 135 m, Stahlaufbauten / steel superstructure
2-4 ⚓], 150 ts load, 340], 16 🚋	⊤	17.0	Sulzer-DM	7000 / 2	8000 / 15	
🚋	⊤	10.3	Mirrlees-DM	1470 / 2	4000 / 10	*Logistic landing craft.* Royal Corps of Transport
-	⊤	9.3	Dorman-DM	485 / 2	900 / 9	*Landing craft, ramped.* RCT
🚋	⊤	10.0	Paxman-DM	470 / 2	.	LCM (9) Klasse. Für Verwendung auf Fearless Klasse / for use aboard Fearless class

Anzahl – Art / Number – Group	Schiffsnamen und Stapellauf / Ship's Name and Launching	Baubeginn – Fertig – / Umbau / On Keel – / Completed – Conv.	Bauwerft / Builder	Wasser-verdrängung / Displacement ts	Länge / Length m	Breite / Beam m	Tiefgang / Draft m	Besatzung / Crew Bes
6 LC	**Clyde, Dart, Eden, Forth, Itchen, Medway** / RPL 03–06, 09, 12	./61 67 1961–67	White + Saunders Roe	60 100	22.0	6.1	1.7	6

22 LC: **LCVP 8401–8422** (84–87) 10 ts, 20 kn, 2 Mg ⚓, [35] Perkins-DM, 325 kW₂, 13 × 3.2 × 0.8 m, LCVP MK 4 Klasse

Hilfsfahrzeuge / Auxiliary Vessels

3 AG o	**Herald** **HECLA, Hecate**	1973 1964–65	72/74 64/65 /66	Robb, Caledon Yarrow, Scotstoun	1915 2733	79.3 14.8	14.8	4.6	123
1 AG	**Roebuck**	1985	84/86	Brooke, Lowestoft	. 1300	63.9	13.0	3.8	52
4 AG o	**Beagle, BULLDOG, Fawn, Fox**	1967–68	66/68	Brooke, Lowestoft	800 1090	58.0	11.4	3.6	38
1 AG	**Gleaner**	1983	83/83	Emsworth Shy.	22	14.8	4.7	1.3	6
1 o	**Britannia**	1953	51/54 72–73	Brown, Clydebank	3960 4960	126	16.8	4.9	270
1 AG o	**Challenger**	1981	80/84	Scotts, Greenock	7200	134	18.0	5.5	185
1	**Endurance** (ex Anita Dan)	1956	55/56	Kröger, Rendsburg	3600	93.5	14.0	5.0	119 + 12
1 AX	**Northella**	?	.	Cleland, Wallsend	1238 BRT/grt	70.2	12.6	4.9	.
5 AX	**Attacker, Chaser, Fencer, Hunter, Striker**	1982–83	82/83 83	Fairey Allday	31 35	20.0	5.2	1.5	11

1 Tender: **Arctic Freebooter** (65) Lg 68 m – SS-Begleitboot / SS-escort

1 Tender: **Wakeful** (ex Dan) (65) 492 ts, 44.5 × 10.6 × 5.0 m, ex AT, Zielboot für SS / target ship for SS

Royal Fleet Auxiliary Service / RFA

1 AR	**I**	gepl. / plan.	.	.	.	.	.	.	.
1 AR	**Argus** (ex Contender Bezant)	1981	./83 84–87	Cant. Nav., Breda Harland & W., Belfast	22256 28063	175	30.4	8.0	117 + 137
1 AR o	**Engadine**	1966	65/67	Robb, Leith	. 9000	129	17.7	6.7	190
1 AR	**Diligence** (ex Stena Sea Spread)	1981	./81 83–84	Öresund V., Lands-krona	. 10600	112	20.5	8.3	40 + 90
2 AK	**I** **Fort Victoria**	gepl. / plan. a. St. / o. st.	. 86/90	. Harland & W., Belfast	. 31565	203	28.5	.	.
2 AK o	**Fort Austin, Fort GRANGE**	1976–78	73/78 75/79	Scott, Lithgow	. 22750	184	24.1	8.6	185

Bewaffnung / Armament	Sensoren-Elektronik / Sensors-Electronic	Geschwindigkeit / speed kn	Antrieb / Propulsion Maschine Kessel Engines Boilers Masch	Leistung / Power kW 1 kW = 1.36 PS	Fahrstrecke / Range sm	Sonstige Angaben / Remarks
⚓	⊤	9.0	DM	640 / 2	.	Ramped powered lighters

16 LC: **LCVP 112, 116, 120** – LCVP MK 1 Klasse; **LCVP 142–146, 148–150** – LCVP MK 2 Klasse; **LCVP 153, 155–158** – LCVP MK 3 Klasse: 9/14 ts, 12 kn, DM

Bewaffnung / Armament	Sensoren-Elektronik / Sensors-Electronic	Geschwindigkeit / speed kn	Antrieb / Propulsion Maschine / Engines	Leistung / Power kW	Fahrstrecke / Range sm	Sonstige Angaben / Remarks
1 🚁 Wasp	⊤	14.0	3 Paxman ⟶ DM	4290 / 1	12000 / 10	Survey ships. Für Vermessung und Ozeanographie. I 2125/2945 ts, II, III in Reserve
–	⊤	15.0	4 Mirrlees- DM	2235 / 2	4000 / 10	Coastal surveying ship. Verbesserte / improved Bulldog Klasse / class
–	⊤	15.0	4 Blackstone- DM	1940 / 2	4500 / 12	Coastal surveying ships
–	⊤	14.0	R. R.-DM + Perkins-DM	385 + 53 / 3	450 / 10	HM Survey motor launch / HMSML. GRP Rumpf / hull
–	⊤	21.0	⚙ Tu 2 Wr	8825 / 2	3000 / 15	Königsyacht, auch Lazarettschiff / Royal yacht, also hospital ship
–	⊤	15.0	Ruston ⟶ DM	4560	.	Seabed operation vessel 2 Voith-Schneider Propeller
2-2 ✈, 2 🚁 Wasp	⊤	14.5	B & W-DM	2370 / 1	12000 / 14	Eispatrouillenschiff / ice patrol ship
–	⊤	16.5	Mirrlees B.-DM	2390 / 1	.	AN. Für Navigationsbelehrung / for navigational training
[1-2 ✈]	⊤	24.0	GM-DM	955 / 2	650 / 20	Coastal training craft. GRP-Rumpf / hull

3 Tender: **Bullseye, Magpie, Targe** (ex Tokyo, Hondo, Erimo) (61–62) 270 BRT/grt, 12 kn, DM, 515 kW$_1$ – *Target towing vessels*

Bewaffnung / Armament	Sensoren-Elektronik / Sensors-Electronic	Geschwindigkeit / speed kn	Antrieb / Propulsion Maschine / Engines	Leistung / Power kW	Fahrstrecke / Range sm	Sonstige Angaben / Remarks
.	.	.	.	.	.	Aviation support ship
12 ✈ Sea Harrier oder / or 8 ✈ Sea Harrier + 6 🚁 Sea King, 4-3 ✈₂, 4-2 ✈	⊤ ⊙ ⟅ ◠	20.0	Pielstick-DM	17205 / 2	.	Aviation training ship
6 🚁: 4 Wessex, 2 Sea King	⊤	16.0	Sulzer-DM	3240 / 1	.	Für 🚁-Ausbildung / for 🚁 training. Wird gestrichen / to be deleted
4-2 ✈	⊤	15.5	⟶ DM	4410 / 1	.	Repair / Maintenance ship. 1983 gekauft / acquired. Stationiert / operates in the Falkland Islands
Sea Wolf ⚓ (VLS), 3 🚁 Sea King	⊤ ⊙ ⟅ ⊹ ◠	20.0	S. Pielstick-DM	17410 / 2	.	Fleet replenishment ships. (AOR). Trägt / to carry: 12000 ts liquid cargo, 5000 ts ammunition, 3000 ts dry stores, 500 ts refrigerated cargo
2-2 ✈, 1 🚁 Sea King	⊤ ◠	20.0	Sulzer-DM	17150 / 1	10000 / 20	Fleet replenishment ships. (AEFS)

Anzahl - Art / Number - Group	Schiffsnamen und Stapellauf / Ship's Name and Launching		Baubeginn - Fertig - / Umbau / On Keel - Completed - Com.	Bauwerft / Builder	Wasser- verdrängung / Displacement ts	Länge / Length m	Breite / Beam m	Tiefgang / Draft m	Besatzung / C Be
2 AK o	**Regent** RESOURCE	1966	65/66	Harland & W., Belf. Scotts, Greenock	13000 22890	195	23.5	8.0	15
3 AO o	**Olmeda** (ex Oleander) **Olna, OLWEN** (ex Olynthus)	1964–65	63/65 /66	Swan H., Wallsend Leslie, Hebburn	10890 36000	197	25.6	10.4	8
1 AO o	**Tidespring**	1962	61/63 84	Hawthorne Leslie	8530 27400	178	21.6	9.8	11
5 AO o	**Gold Rover, Black Rover** **Blue ROVER, Green Rover** **Grey Rover**	1968–73	72/74 68/69 69/70	Swan Hunter, Walls. Leslie, Hebburn Swan Hunter, Walls.	4700 11520	141	19.2	7.3	4
1 AO o	**Oakleaf** (ex Oktavia)	1981	. 86	Uddevalla V.	. 34800	174	32.3	10.2	3
4 AO	**Appleleaf, Brambleleaf, Bayleaf,** **Orangeleaf** (ex Hudson Deep, Hudson Cavalier, Hudson Progress, Balder London)	1975–81	./79 82	Cammell Laird	. 40200	171	25.9	11.9	4

Royal Maritime Auxiliary Service / RMAS

Anzahl - Art / Number - Group	Schiffsnamen und Stapellauf / Ship's Name and Launching		Baubeginn - Fertig - / Umbau / On Keel - Completed - Com.	Bauwerft / Builder	Wasser- verdrängung / Displacement ts	Länge / Length m	Breite / Beam m	Tiefgang / Draft m	Besatzung / C Be
1 AN	**W a r d e n**	bew. / auth.	.	.	.	.	.	.	.
3 AN	**Salmaster** **Salmaid** **SALmore**	1985–86	84/87 84/86 84/85	Hall Russell, Aberdeen Hall Russell, Aberdeen Hall Russell, Aberdeen	1700	77.0	14.8	3.8	3 + 1
2 AN	**Goosander, Pochard**	1973	73/73	Robb, Caledon	940 1620	60.0	12.2	4.2	2
2 AN o	**Garganey, Goldeneye**	1966	65/67	Brooke, Lowestoft	850 1300	58.0	11.2	4.0	2
2 AN o	**Mandarin, Pintail**	1963	63/64	Cammell Laird	750 1200	55.0	11.2	4.0	2
2 AN	**Kinbrace,** **Kinloss**	~1944–45	./44 45	Hall, Aberdeen	950 1050	54.0	10.6	3.6	3
3 AK	**Kinterbury, St. George** **Throsk**	1977–81	76/77 79/81	Appledore Shy. Cleland, Wallsend	1150 1970	64.3	11.9	4.6	2
7 AK	**Bee, Cicala, Cockchafer, Cricket,** **Gnat, Ladybird, Scarab**	1970–73	./70 73	Holmes, Beverley	200 450	34.0	8.5	3.4	1
1 AK	**Dolwen** (ex Hector Gull)	1962	./62	Harris, Appledore	. 600	41.0	9.0	4.4	.

37 AK: **LOYAL Chancellor, Loyal Helper, Lydford, Meavy, Loyal Moderator, Loyal Proctor, Supporter, Loyal Watcher, Loyal Volunteer, Loyal Mediator** (72–78); **CLOVELLY, Criccieth, Cricklade, Cromarty, Denmead, Dornoch, Dunster, Elkstone, Elsing, Epworth, Ettrick, Felsted, Fintry, Fotherby, Froxfield, Fulbeck, Glencoe, Grasmere, Hambledon, Harlech, Headcorn, Hever, Holmwood, Horning, Lamlash, Lechlade, Llandovery** (71–74) 120/143 ts, 10.5 kn, 235 kW$_1$, DM, 24.4 × 6.4 × 1.9 m, Bes 6 – *Fleet tenders*

8 AK: **Melton, Menai, Meon, Milford, MANLY, Mentor, Milbrook, Messina** (81–82) 150 ts, 11.5 kn, DM – auch / also AX für / for RMAS

| 3 AT o | **Robust** **ROYSTERER, Rollicker** | 1970–71 | 70/74 70/72 | Holmes Beverley Holmes Beverley | . 1630 | 55.0 | 11.7 | 5.5 | 3 |

9 AT: **Forceful, Nimble, Powerful, Faithful, Dextrous, ADEPT, Bustler, Capable, Careful** (80–86) 450 ts, 12 kn, Ruston-DM, 1940 kW, Voith-Schneider Propeller

1 AT: **Typhoon** (58) 800 ts, 16 kn, 15000 sm, 2020 kW$_1$, 60.7 × 11.7 × 4.0 m – *Fleet tug*, in Reserve

Großbritannien / Great Britain

Bewaffnung / Armament	Sensoren-Elektronik / Sensors-Electronic	Geschwindigkeit / speed kn	Antrieb / Propulsion Maschine / Kessel / Engines / Boilers / Masch	Leistung / Power kW 1 kW = 1.36 PS	Fahrstrecke / Range sm	Sonstige Angaben / Remarks
2 ⚓, ⇥ Sea King	⊤ ⌇	20.0	AEI ❀ Tu	14700 1	.	
2 ⚓, 2 ⇥ Sea King	⊤	21.0 19.0	Pametrada ❀ Tu 2 B. & W.	19490 1	.	*Large fleet tankers.* (AOF (L))
2 ⚓, 1 ⇥ Sea King	⊤ ⌇	18.3	Pametrada ❀ Tu 2 Wr	11030 1	.	
⇥ Sea King	⊤	19.0	Pielstick-DM	11770 1	15000 15	*Small fleet tankers.* (AOF (S))
.	⊤ ⌇	15.8	B & W-DM	9520 1	.	*Support tankers.* (AOS)
2 ⚓	⊤	15.5	2 Pielstick-DM	10300 1	.	Full replenishment at sea capability. Langfristig gechartert / on long-term charter
.		.	.	.	.	*Mooring vessel*
	⊤	15.0	2 Ruston-DM	2940 1	.	*Mooring/salvage/diving support/ fire fighting ships*
	⊤	10.8	Paxman ⇀⇥ DM	550 1	3000 10	*Boom defence vessels.* Neues Radar, Schornstein / new radar, funnel
	⊤	10.0	Paxman-DM	400 1	3000 10	
	⊤	10.0	Paxman-DM	400 1	3000 10	
	⊤	9.0	Polar A.-DM	460 1	.	Ex Bergungsschiffe / salvage vessels. In Reserve
	⊤	14.0	2 Mirrlees-B.-DM	2200 1	5000 10	*Naval armament carriers* / AKF.
	⊤	10.0	Lister B.-DM	490 1	.	*Fleet tenders.* VII Netzleger / netlayer
	⊤	.	National-DM	. 1	.	Ex Hecktrawler / stern trawler

AK: **Alnmouth, Appleby, Beaulieu, Beddgelert, Bembridge, Blakeney, Cartmel** (63–71) 118 ts, 10.5 kn, 165 kW$_1$, DM, 24.4 × 5.5 × 1.6 m, Bes 6 – *Fleet tenders*

AO: **WATERfall, Watercourse, Waterfowl, Waterman, Watershed, Waterside, Waterspout** (66–77) 285 BRT/grt, 11 kn, 440 kW, Mirrlees-DM – *Water carriers*

AO: **Oilbird, Oilfield, Oilman, OILpress, Oilstone, Oilwell** (68–69) 280/530 ts, 10 kn, 290 kW, DM

| | ⊤ | 15.0 | Mirrlees-DM | 3310 2 | 13000 12 | *Ocean tugs* |

AT: 18 **„Dog"** Klasse (62–72) 170 ts, 12 kn, DM; 7 mod. **„Girl"** Klasse (71–72) 38 ts, 10 kn, DM; 8 **„Felicity"** Klasse (79–81) 80 ts, 10 kn, DM; 12 **„Triton"** Klasse (72–74) 103 ts, 8 kn, DM – *Harbour berthing tugs*

Großbritannien — Guatemala — Guinea

Anzahl – Art / Number – Group	Schiffsnamen und Stapellauf / Ship's Name and Launching		Baubeginn – Fertig – Umbau / On Keel – Completed – Conv.	Bauwerft / Builder	Wasserverdrängung / Displacement ts	Länge / Length m	Breite / Beam m	Tiefgang / Draft m	Besatzung / Crew Bes
1 AG	Auricula	1979	79/80	Ferguson, Glasgow	1100	52.0	11.0	3.6	32
1 AG °	Newton	1975	73/76	Scott, Lithgow	3940	98.6	16.0	4.7	61
1 AG °	Whitehead	1970	69/71	Scotts, Greenock	3040	97.3	14.6	5.2	57

4 AX: **Oliver Twist, Smike, Uriah Heep** 20 ts; **Appleby** – s. AK

6 YP: **TORNADO, Torch, Tormentor, Torreador** (79–80) 660 ts, 14 kn, 1620 kW$_2$, Mirrlees-DM, 47.4 × 8.5 m, Bauwerft / builder: Russell, Aberdeen; **Torrent, Torrid** (71) 550 ts, 12 kn, Paxman-DM, 46 × 9.6 × 3.4 m, Bauwerft / builder: Cleland, Wallsend

1 YP: **Endeavour** (66) 88 ts, 10.5 kn, 250 kW, DM, 23.2 × 4.4 m

6 YD: **Invergordon, Ilchester, Instow, Iron Bridge, Ixworth** (72–74) 118 ts, 10.0 kn, Clovelly Klasse; **Datchet** (72) 100 ts, 12 kn, DM – II, III Royal Navy

Guatemala

Anzahl – Art / Number – Group	Schiffsnamen und Stapellauf / Ship's Name and Launching		Baubeginn – Fertig – Umbau / On Keel – Completed – Conv.	Bauwerft / Builder	Wasserverdrängung / Displacement ts	Länge / Length m	Breite / Beam m	Tiefgang / Draft m	Besatzung / Crew Bes
1 PP	Kukolkan / P 1051	1976	./76 77	Halter Mar., N. Orleans	91 110	32.0	6.2	1.9	20
5 PP	Tecunuman, Kaibilbalam, Azumanche, Tzacol, Bitol / P 651–655	1972–76	./72 76	Halter Mar., N. Orleans	32	19.7	5.2	0.9	10
2 PP	Utatlan, Subteniente Usorio Saravia / P 851, 852	1969–72	./72	Sewart, Louisiana	42	25.9	5.7	0.9	12

30 PR: **I–XXX** 10 ts, 19 oder / or 28 kn, 2 Mg ⚓$_2$, DM, 110 oder / or 220 kW$_1$

Guinea

Anzahl – Art / Number – Group	Schiffsnamen und Stapellauf / Ship's Name and Launching		Baubeginn – Fertig – Umbau / On Keel – Completed – Conv.	Bauwerft / Builder	Wasserverdrängung / Displacement ts	Länge / Length m	Breite / Beam m	Tiefgang / Draft m	Besatzung / Crew Bes
1 PC	Lamine Sadji Kaba	~1960	.	USSR	740 850	70.0	9.0	2.4	80
6 PC	P 733–738	~1965	.	China	120 155	38.3	5.5	1.7	25
3 PF	I–III	~1968	.	USSR	145 160	36.0	7.5	1.5	24
1 PP	Vigilante / P 300	1985	./85	Swiftships, Morgan C.	48	23.5	6.1	1.5	.
1 PP	I	1985	84/85	Swiftships, Morgan C.	36.5	19.8	5.6	1.6	10
1 PP	Almamy Bocar Biro Barry / P 400	1979	78/79	D'Esterel, Cannes	56	28.0	5.2	1.6	13
2 PP	I, II	~1960	.	USSR	70 90	29.6	5.8	1.5	15

2 PP: **P 30, 35** (85) 3 ts, 35 kn, 2 Mg ⚓, DM, 230 kW, 7.9 × 3.3 × 0.9 m, Bauwerft / builder: Mon Ark, Monticello

Bewaffnung / Armament	Sensoren-Elektronik/ Sensors-Electronic	Geschwindig-keit / speed kn	Antrieb / Propulsion		Fahrstrecke / Range sm	Sonstige Angaben / Remarks
			Maschine / Kessel Engines / Boilers Masch	Leistung/ Power kW 1 kW = 1.36 PS		
T		12.0	Mirrlees-DM	956 2	.	Sonarversuchsschiff / sonar trial vessel
.	.	15.0	3 Mirrlees ⇝ DM	3200 1	5000 13	*Trial ship.* Für Sonarversuche, auch Kabelleger / for sonar trials, also cable layer
UTR 32.4 III, TR 53.3 b↓	.	15.5	2 Paxman-DM	2500 1	4000 12	Für Waffenerprobung / for weapon research

Tender: **Magnet, Lodestone** (79) 955 ts, 12 kn, Mirrlees-DM, 1285 kW$_2$, 55 × 11.4 × 3.0 m, Bauwerft / builder: Cleland, Wallsend, für Entmagnetisierung / *Degaussing vessels*

Tender: **Portisham** (~57) 120 ts, 14 kn, Ham Klasse, ex MS, AP

Ikland: Fischereischutz / Fishery Patrol

PP: **Falkland Right** (ex G. A. Reay) (68) 1878 ts; **Falkland Desire** (ex Seisella) (69) 1496 BRT/grt

Guatemala

Bewaffnung / Armament	Sensoren-Elektronik	Geschwindigkeit kn	Maschine	Leistung kW	Fahrstrecke sm	Sonstige Angaben
-7.5, 5 Mg ↙, -8.1 Mörser / mortar	T	32.0	GM-DM	2350 2	1150 20	Typ US Broadsword
Mg ↙	T	25.0	GM-DM	705 2	400 15	Typ US Cutlass
Mg ↙	T	23.0	GM-DM	1620 2	400 12	Typ US Commercial Cruiser

LC: **Chinaltenango** / 561 24/62 ts, 10 kn, Typ US LCM (6); **Picuda, Barracuda** / P 361, 362 (76) 8.5 ts, 36 kn

AG: **I** (81) Lg 20 m

Guinea

Bewaffnung / Armament	Sensoren-Elektronik	Geschwindigkeit kn	Maschine	Leistung kW	Fahrstrecke sm	Sonstige Angaben
-5.7 ↙₂, 2 ↘₅ RBU 1200	T ⟳ ⟅	18.0	DM	2940 2	3400 15	Typ USSR T 58, ex MB
-3.7 ↙₂, 4-2.5 ↙₂	T ⟳ ⟜	30.0	DM	3535 4	800 17	Typ chin. Shanghai II
-3 ↙₂	T ⟳	40.0	DM	9640 3	450 34	Typ USSR Shershen
Mg ↙	T	26.0	GM-DM	1750 3	600 18	Typ US 77'
Mg ↙₂, ₁, 1-8.1 Mörser / mortar	T	27.0	GM-DM	2340 2	2000 22	Al-Rumpf / Al-hull
-2 ↙	T	35.0	MTU-DM	2125 2	750 15	
Mg ↙	T	20.0	DM	1765 2	460 17	Typ USSR Poluchat

yp US Stinger

Anzahl - Art / Number - Group	Schiffsnamen und Stapellauf / Ship's Name and Launching	Baubeginn - Fertig - Umbau - On Keel - Completed - Conv.	Bauwerft / Builder	Wasser- verdrängung / Displacement	Länge / Length	Breite / Beam	Tiefgang / Draft	Besatzung / Crew
				ts	m	m	m	Bes

Guinea-Bissau

1 PF: **I** (~68) 145 ts, 40 kn, 4–3 ⚓₂, Typ USSR Shershen

1 PP: **Naga** (81) 30 ts, 30 kn, 2 Mg ⚓₂, MTU-DM, 1300 kW₂, Bauwerft / builder: Le Compte, Vianen

2 PP: **I, II** (~72) 80 ts, 40 kn, 4–3.7 ⚓₂, DM, Typ chin. Shandong

3 PP: **I–III** (79) 21 ts, 24 kn, 1 Mg ⚓, 515 kW₂, Bauwerft / builder: Aresa, Barcelona, Typ span. LVC

2 PP: **Cabo Roxo, Ilha de Poilão** 30 ts, 25 kn, 2 Mg ⚓, 770 kW₂

2 PP: **I, II** (~60) 70/90 ts, 20 kn, 2 Mg ⚓₂, 1765 kW₂, DM, 29.6 × 5.8 × 1.5 m, Bes 15, Typ USSR Poluchat

2 LC: **I, II** (~58) 35 ts, 10 kn, Typ USSR T 4

1 AG: **I** (~75) 750 ts, 13 kn, DM, Typ USSR Biya

Guyana

1 PP: **Peccari** (76) 96/110 ts, 24 kn, 2–2 ⚓, 2210 kW₂, Paxman-DM, 31.3 × 6.0 × 1.7 m, Bes 24, Bauwerft / builder: Vosper Thornycroft

5 PP: **I–V** 40 ts, 35 kn, 2 Mg ⚓, Typ N. Korean Sin Hung – 1980 von Nord-Korea geliefert / delivered from North Korea in 1980

3 PP: **Jaguar, Margay, Ocelot** (68) 12 ts, 1 Mg⚓, 240 kW₂, DM, 13.6 × 3.5 m

6 PP: **Camoudie, Houri, Hymara, Labana, Pirai, Rattler** 14 kn, Lg 15 m, Typ US 45′

Hong Kong

Unterstehen der Polizei / operated by the Police – *Royal Hong Kong Marine Police* / RHP

15 PP: **KING Lai, K. Yee, K. Lim, K. Hau, K. Dai, K. Chung, K. Shun, K. Tak, K. Chi, K. Tai, K. Kwan, K. Mei, K. Yan, K. Yung, K. Kan** / PL 70–84 (84–85) 85 ts, 25 kn, 1 Mg ⚓, MTU-DM + MB-DM, 2180 kW₂ + 340 kW, 26.5 × 5.8 × 1.8 m, Bauwerft / builder: Chung Wah, Kowloon

10 PP: **PL 60–69** (80–81) 86 ts, 23 kn, 1 Mg ⚓, MTU-DM, 1920 kW₂ + 143 kW, Bauwerft / builder: Chung Wah

2 PP: **Sea Lion, Sea Tiger** / PL 1, 2 (65) 225 ts, 11.8 kn, 500 kW, 2 DM, 34 × 7.3 × 3.2 m, Bes 25, Bauwerft / builder: Hong Kong United Dy.

7 PP: **Snipe, Puffin, Wren, Gull, Tern, Cormorant, Kestrel** / PL 9–11, 13–16 28 ts, 9 kn, 110 kW₁, DM

Indien / India

Flugzeugträger / Aircraft Carrier

1 RL	I		gepl. / plan.	.		.	.	.	.	.
1 RL ○	**Viraat** (ex Hermes, ex Elephant)	16. 2. 1953	44/59 76–77 80–81	Vickers-A., Barrow R. Dy., Devonport	23900 28300	227	27.4 48.8	8.5	1350 +
1 RL ○	**Vikrant** (ex Hercules)	22. 9. 1945	43/61 73–74 78–82	Swan Hunter, Walls. Harland & W., Belfast Mazagon D., Bombay	16000 19550	212	24.5 39.0	7.3	1350

Kreuzer / Cruisers – Lieferung von 3 CG Typ USSR Kresta II geplant / delivery of 3 CG Type USSR Kresta

Bewaffnung / Armament	Sensoren-Elektronik/ Sensors-Electronic	Geschwindig-keit / speed kn	Antrieb / Propulsion		Fahrstrecke / Range sm	Sonstige Angaben / Remarks
			Maschine Kessel Engines Boilers Masch	Leistung/ Power kW $1\,kW = 1.36\,PS$		

Haiti

FS: **Henri Christophe** / MH 20 (ex Samoset) (44) 534 ts, 13 kn, 4–2 ⚓, ⇥ DM, 910 kW₁, Typ US ATA

PP: **Jean Claude Duvalier, I, II** / MH 21–23 (73) 30 ts, 25 kn, 1–2 ⚓, 2 Mg ⚓, GM-DM, 1170 kW₃, 21.3 × 5.2 × 1.0 m, Bauwerft / builder: Sewart, Louisiana

PP: **Le Maroon, Oge, Chavannes, Capois, Bauckman, Makandal, Charlemagne Perrault, Sonthonax, Bois Rond Tonnere** / MH 11–19 (80–81) 9 ts, 25 kn, 3 Mg ⚓₂,₁, DM, Bauwerft / builder: Mon Ark, Monticello

PP: **MH 6** DM, 310 kW, Lg 9.5 m

Honduras

PF: **I–V** (a. St. / o. st.) 32 ts, 36 kn, 1–2 ⚓ Sea Vulcan, Bauwerft / builder: Technautic, Thailand – Typ Hysucat

PP: **Copan, Tegucigalpa, Comayaguela** / FNH 106–108 (83–86) 94 ts, 35 kn, 1–2 ⚓ Sea Vulcan, 2 Mg ⚓, GM-DM, 2870 kW₃, 32.3 × 6.3 × 2.1 m, Bes 16, Bauwerft / builder: Lantana, Florida

PP: **Guaymuras, Honduras, Hibures** / FN 1051–1053 (77–80) 90 ts, 32 kn, 5 Mg ⚓, 3160 kW₈, MTU-DM, Typ US Swift 105′

PP: **Chamelecon** / FN 8502 50 ts, 23 kn, DM, 25.9 × 5.8 × 1.0 m, Typ US Commercial Cruiser 85′

PP: **Aguan, Goascoran, Petula, Ulua, Chuluteca** / FN 6501–6505 (~78) 36 ts, 25 kn, 2 Mg ⚓, GM-DM, III–V: MTU-DM, 36 kn, Typ US Commercial cruiser

PP: **I, II** / FN 2501, 2502 (~81) 3 ts, 24 kn, 2 Mg ⚓, DM

PR: **I–VIII** (85) 8.5 ts, 26 kn, 4 Mg ⚓, DM, 465 kW₂, 11 × 3.1 × 0.5 m, Bes 5, Bauwerft / builder: Lantana, Florida

AK: **I–VI** / FN 7501–7506 – ex Fischerboote / fishing boats

Bojenleger / Buoy Tender: **Hogal** (ex Walnut) (39) 825/986 ts, 12 kn, DM, 990 kW₂, Typ US Hollyhock

Hong Kong

4 PP: **Sea Cat, Sea Puma, Sea Leopard, Sea Eagle, Sea Hawk, Sea Lynx, Sea Falcon** / PL 50–56 (72–73) 82 ts, 20.5 kn, 1 Mg ⚓, 1140 kW, DM, 24 × 5.2 × 1.7 m, Bes 16, Bauwerft / builder: Vosper, Singapore

PP: **PL 37–45** (~80) 10 ts, 26 kn 2 Mg ⚓, Typ brit. Spear

) PP: **Jetstream, Swiftstream, Tidestream** / PL 20–22 (71) 17 ts, 24 kn, DM; **PL 35, 36, 85–89** 5 ts, 20 kn

AR: **Mercury, Vulcan, Ceres** / PL 57–59 (81–82) 86 ts, 23 kn

AK: **Dragon** / PL 7 (75) 19 ts, 20 kn, DM – und viele kleinere / and many smaller

Indien / India

⌧ Sea Harrier, ⌧ Sea King, Seacat II ⚓₄	⊤ ○ ♀ ↻ ⊕ ↶	28.0	Parsons ❂ Tu 4 Wr 28 atü	55900	.	Winkeldeck / angled deck 6.5°, „Ski-jump" Rampe 7°. 1986 angekauft / purchased
⌧, 9 ⌧ Chetak, –4 ⚓, 1 ⛴	⊤ ↻ ♀	24.5 *17.0*	Parsons ❂ Tu 4 Wr 28 atü	30890 2	12000 14	Typ brit. Majestic. Erhält to / to get „Ski-jump"

lanned

Anzahl – Art / Number – Group	Schiffsnamen und Stapellauf / Ship's Name and Launching		Baubeginn – Fertig – / Umbau / On Keel – / Completed – Conv.	Bauwerft / Builder	Wasserverdrängung / Displacement ts	Länge / Length m	Breite / Beam m	Tiefgang / Draft m	Besatzung / Be
Zerstörer / Destroyers									
3 DG	I, II	gepl. / plan.	./92	Indien / India	.	.	.	.	
	III	bew. / auth.	./91	Mazagon D., Bombay	5400				
3 DG	I		.	Nikolaev	3950	147	15.8	5.0	36
	II		.	Nikolaev	4950				
	Ranvir	~1984 – a. St. / o. st.	./86	Nikolaev					
3 DG	**Ranjit**		./83	Nikolaev	3950	147	15.8	5.0	36
o	**Rana**		./81	Nikolaev	4950				
	Rajput	~1979–82	./80	Nikolaev					
Fregatten und Korvetten / Frigates and Corvettes									
3 FG	G o m a t i		81/88	Mazagon D., Bombay	3500	126	14.5	4.3	31
o	**Ganga**		80/86	Mazagon D., Bombay	4100				
	GODAVARI	1981–84	78/83	Mazagon D., Bombay					
6 FF	**Vindhyagiri**		76/81	Mazagon D., Bombay	2250	113	13.1	4.7	26
oo	**Taragiri**		74/80	Mazagon D., Bombay	2800				
	Dunagiri		73/77	Mazagon D., Bombay					
	Udaygiri		70/76	Mazagon D., Bombay					
	Himgiri		67/74	Mazagon D., Bombay					
	NILGIRI	1968–77	66/72	Mazagon D., Bombay					
1 FG	**Talwar**	1958	57/60	Cammell Laird	2144	113	12.5	5.4	23
o			77–78		2550				
2 FF	**Beas, Betwa**	1958–59	57/60	Vickers-A., Newc.	2251	104	12.2	4.8	23
o					2515				
4 FG	I		.	Garden Reach, Calcutta	1200	90.0	.	.	4
	II			Garden Reach, Calcutta					
	III			Mazagon D., Bombay					
	K h u k r i	1986 – bew. / auth.	85/88	Mazagon D., Bombay					
6 FG	I–V		.		480	56.5	10.5	2.5	5
	VI	a. St. / o. st. – bew. / auth.	87/.	Mazagon D., Bombay	600				
3 FG	**Hosdurg, Sindhudurg, Vijaydurg**		./76	USSR	800	60.3	12.2	3.1	6
o		~1973	78		950				
9 FF	**Andaman, Amini, Androth**		./69	USSR	950	82.3	9.1	3.2	9
o	**Anjadip, Arnala, KADMATT, Kamorta,**		75		1100				
	Katchal, Kiltan	1968–74							
Uboote / Submarines									
4 SS	I		.	Mazagon D., Bombay	1655↑	64.4	6.5	5.5	3
o	II		84/90	Mazagon D., Bombay	1810↓				
	Shankush		82/86	HDW, Kiel					
	Shishumar	1984 – bew. / auth.	82/86	HDW, Kiel					
2 SS	**Sindhudhvaj**		./87	USSR	2500↑	73.0	9.9	6.5	6
o	**Sindhugosh**	~1985	./86	USSR	3200↓				
8 SS	**KALVARI, Karanj, Karssula,**		./68	USSR	1950↑	91.5	7.5	6.1	7
o	**Khanderi, Vagir, Vagli, Vagsheer,**		74		2400↓				
	Vela	~1965–72							

Bewaffnung / Armament	Sensoren-Elektronik / Sensors-Electronic	Geschwindigkeit / speed kn	Antrieb / Propulsion Maschine / Kessel / Engines / Boilers / Masch	Leistung / Power kW 1 kW = 1.36 PS	Fahrstrecke / Range sm	Sonstige Angaben / Remarks
	·	·	LM 2500 GTu + MTU-DM	·	·	Project 15
S-N-2 C ⇒, A-N-1 �, 2-7.6 ⚓, ⚓₆, 5 UTR 53.3 ⅠⅠⅠⅠⅠ, ⚓₁₂ RBU 6000, ⥇ Ka 28	⏉ ○ ⚲ ⚲ ⚹ ⚹ ⚥	35.0	4 GTu	70610 2	5000 18	Verbesserter / improved Typ USSR Kashin. Führungsschiffe / Command Control Ships
S-N-2 C ⇒, A-N-1 ⌇₂, 2-7.6 ⚓, -3 ⚓, 5 UTR 53.3 ⅠⅠⅠⅠⅠ, ⚓₁₂ RBU 6000, ⥇ Hormone	⏉ ○ ⚲ ⚲ ⚹ ⚹ ⚥	35.0	4 GTu	70610 2	5000 18	Ähnlich / similar to Typ USSR Kashin mod. Führungsschiffe / Command Control Ships
S-N-2 C ⇒, A-N-4 ⌇₂, 5.7 ⚓, 8-3 ⚓, JTR 32.4 ⅠⅠⅠ, ⥇ Sea King	⏉ ⚲ ⚲ ⚹ ⚹	27.0	⚙ Tu 2 B & W Wr	22065 2	4500 12	Entwickelt aus Nilgiri Klasse / development of Nilgiri class
1.4 ⚓, 2-2 ⚓, Seacat ⌇₄, ⚓₃ Limbo, ⥇ Chetak	⏉ ⚲ ⚲ ⚹ ⚹	30.0	Eng. El. ⚙ Tu 2 B & W Wr	22065 2	4500 12	Ähnlich / similar to Typ brit. Leander. I, II: größeres ⥇-Deck, 6 UTR 32.4 ⅠⅠⅠ, ⚓₂, kein Limbo / enlarged ⥇-deck, 6 UTR 32.4 ⅠⅠⅠ, ⚓₂, no Limbo. V, VI: 4 Seacat ⌇₄
S-N-2 ⇒, 4-4 ⚓, ⚓₃ Limbo	⏉ ⚲ ⚹	30.0	Wh. E. ⚙ Tu 2 Wr	22065 2	4500 12	Typ brit. Whitby
1.4 ⚓, 2-4 ⚓, ⚓₃ Squid	⏉ ⚲ ⚲ ⚹	25.0	8 Stand.-R.-DM	9100 2	7500 16	Typ brit. Leopard. AX
-N-2 C ⇒, -N-4 ⌇, 1-7.6 ⚓	·	28.0	Pielstick-DM	9400 2	·	⥇-Deck
S-N-2 C ⇒, A-N-5 ⌇, 1-7.6 ⚓ 3 ⚓₆	⏉ ⚲ ⚲ ⚹ ⌒	35.0	2 GTu + DM	17650 + 2940 2	·	Typ USSR Tarantul I. Bau unsicher / building uncertain
S-N-2 C ⇒₂, A-N-4 ⌇₂, 2-5.7 ⚓	⏉ ⚲ ⚲ ⚹ ⚹	34.0	6 DM	22065 3	3600 15	Typ USSR Nanuchka II
7.6 ⚓, JTR 53.3 ⅠⅠⅠ, 2 ⚓₁₆ BU 2500	⏉ ⚲ ⚹	35.0	2 GTu + 2 DM	22065 + 4410 2	4000 20	Typ USSR Petya II. Werden gestrichen / to be deleted
TR 53.3 b↓	·	11.0↑ 22.5↓	MTU-Piller-DG Siemens-EM	4500 1	8200 8	Typ deutsch / German T 1500. Total 6? ↓ Fahrstrecke / range: 30 sm / 20 kn. Rettungskugel / rescue sphere
TR 53.3 b↓	⏉ ⚹ ⌒	12.0↑ 16.0↓	2 DM ⤳ EM	·	·	Typ USSR Kilo. Total 6?
TR 53.3 ↓ (6 b, 4 h)	⏉ ⚲	18.0↑ 18.0↓	DM EM	4410 4410 3	11000 8	Typ USSR Foxtrot

Anzahl – Art / Number – Group	Schiffsnamen und Stapellauf / Ship's Name and Launching	Baubeginn – Fertig – *Umbau* / On Keel – Completed – *Conv.*	Bauwerft / Builder	Wasserverdrängung / Displacement ts	Länge / Length m	Breite / Beam m	Tiefgang / Draft m	Besatzung / Be

Minensucher / Minesweepers

10 MB I–X		bew. / auth.	.	.		.	.	.
12 MB o	**Pondicherry, Porbandar, Bedi, Bhaunagar, Alleppey, Ratnagiri, Karwar, Kakinada,** I–IV	./78	Išora, Leningrad	680 750	61.0	9.6	2.4	7
	1975 – a. St. / o. st.							
4 MS o	**Bhatkal, Bulsar**	1967–69 66/69	Mazagon D., Bombay	120 170	32.4	6.3	1.7	
	BASSEIN, Bimlipatam	1954 54/55	Brit. Privatwerften / Brit. private yards					
6 MS o	**Magdala, Malpe, Malwan, Mahe, Mangalore, Mulki** ~1982	./83 84	Išora, Leningrad	70 80	26.1	5.8	1.2	

Kleine Kampfschiffe / Small Fighting Vessels

8 PG o	**Chamak, Chapak, Chapal, Charak, Prabal, Prachand Pratap, Pralaya** ~1970	./76	USSR	195 240	40.0	8.1	2.0	3
6 PG o	**Nipat, Nirbhik, Nirghat, Veer, Vidyut, Vinash** ~1965	./71	USSR	175 210	40.0	8.1	2.0	3
4 PP	**T 60–63**	1983–86 ./84 87	Garden Reach, Calcutta	. 210	37.8	.	.	3
5 PP	**T 51–53, 56, 57**	1975–83 ./78 84	Garden Reach, Calcutta	165 205	37.5	7.5	1.8	3
2 PP	**Nashat, Vijeta** ~1965	./71	USSR	160 195	40.0	8.1	2.0	3

Landungsfahrzeuge / Landing Vessels

1 LS	**Magar**	1984	.	Garden Reach, Calcutta	.	.	.	.	.
4 LS o	**Cheetah, Mahish, Goldar, Khumbir**	./84 1984–86 86	Nordwerft, Gdansk	1000 1300	82.0	9.9	2.6	4
4 LS o	**Ghorpad, Kesari, Shardul, Sharabh**	./75 1974–76 76	Nordwerft, Gdansk	1000 1300	82.0	8.9	1.8	4
2 LS o	**Gharial, Guldar** ~1965	./66	Nordwerft, Gdansk	780 1000	73.2	8.9	1.8	4
7 LS	**I, II**	79/.	Hooghly, Calcutta	500	56.0	8.0	1.7	
	Vasco da Gama, Midhur, Mangala, III, IV	77/80 1978–81	Goa Shy., Goa					

Hilfsfahrzeuge / Auxiliary Vessels

1 AR o	**Amba**	1968 65/69	USSR	6750 9500	141	17.7	6.5	30
1 AR	**Nistar** ~1960	.	USSR	725 840	70.0	9.0	2.4	8
1 AO	**I**	a. St. / o. st. 86/.	Garden Reach, Calcutta	.	.	.	.	
2 AO o	**Shakti**	74/76	Vulkan, Vegesack	6785	168	23.0	9.1	17
	Deepak	1967–75 66/67	Vulkan, Vegesack	22000				

1 AO: **Desh Deep** (59) ~15000 ts, 13 kn, 3015 kW, 145 × 19.4 × 7.8 m

3 AO: **Poshak** (81) 600 ts, 8 kn, DM; **Porak, Pradhayak** (76–77) 960 ts, 9 kn, 410 kW$_i$, MAN–DM

Bewaffnung / Armament	Sensoren-Elektronik / Sensors-Electronic	Geschwindigkeit / speed kn	Antrieb / Propulsion — Maschine / Engines / Masch	Leistung / Power kW 1 kW = 1.36 PS / Masch	Fahrstrecke / Range sm	Sonstige Angaben / Remarks
	.	.	.	.	.	Minenjäger / minehunters. GRP-Rumpf / hull
⚓₂, 4–2.5 ⚓₂, 6 RBU 1200, ☉	⊤ ⊕ ⛢	20.0	DM	3535 2	2800 10	Typ USSR Natya. Keine Heckrampe / no stern ramp
⚓	⊤	14.0	Paxman-DM	400 2	2000 9	Typ brit. Ham
⚓₂	⊤	16.0	DM	440 2	300 10	Typ USSR Yevgenya. 1983–84 übernommen/acquired
5-N–2 B ⇒, 4–3 ⚓	⊤ ♦ ⊕	36.0	DM	11030 3	800 25	Typ USSR Osa II. Erhalten / to get ECM
5-N–2 A ⇒, 4–3 ⚓	⊤ ♦ ⊕	36.0	DM	8825 3	800 25	Typ USSR Osa I
⚓	⊤ ⛢	28.0	MTU-DM	6765 2	.	SDB MK 3 Klasse
⚓, 2 ⚲	⊤	29.0	Deltic-DM + Cummins-DM	4590 + 120 2	1400 14	SDB MK 2 Klasse
⚓₂	⊤	36.0	DM	8825 3	800 25	Typ USSR Osa I. ⇒ ausgebaut / removed. II: YD
	.	.	SEMT-P.-DM	6300 2	.	Total 2?
⚓₂, 2 ⤳₁₈, ⚓̲, [200 ts]	⊤ ⊕	18.0	DM	3680 2	3300 14	Typ USSR Polnocny C. ⚓-Deck
⚓₂, 2 ⤳₁₈, ⚓̲, [350 ts]	⊤ ⊕	18.0	DM	3680 2	3300 14	Typ USSR Polnocny C
5 ⚓₂, 2 ⤳₁₈, ⚓̲, [200 ts]	⊤	18.0	DM	2940 2	3300 14	Typ USSR Polnocny A. II gestrichen / stricken?
⚓, ☉	⊤	9.0	MAN-DM	915 3	1000 8	
6 ⚓₂	⊤ ♦ ⊕	20.0	4 DM	10300 2	10000 12	Typ USSR Ugra. Uboot-Begleitschiff / submarine depotship
	⊤ ⛢	18.0	DM	2940 2	3400 15	Typ USSR Valday. Tender für / for SS
	.	.	.	.	.	
⚓, 2–2 ⚓	⊤	20.0	de Laval ✿ Tu 2 B. & C. Wr	12130 1	5500 18.5	⚓-Deck

T: **Matanga** (77) 1600 ts, 15 kn, MAN-DM, 2880 kW₂; **Gaj** (74) 1460 ts, 15 kn, MAN-DM, 2180 kW₂

T: **Rajaji** (81) 430 ts, 12.5 kn, MAN-DM, 1560 kW₂; **Agaral, Arjun, Balshil** (73–74)

Anzahl – Art / Number – Group	Schiffsnamen und Stapellauf / Ship's Name and Launching		Baubeginn – Fertig – / Umbau / On Keel – / Completed – Conv.	Bauwerft / Builder	Wasser- verdrängung / Displacement ts	Länge / Length m	Breite / Beam m	Tiefgang / Draft m	Bestückung /
1 AG	Sagar Sampada	1984	83/84	Dannebrog, Århus	2400 BRT/grt	78.0	16.4	5.6	
1 AG	Sagar Kanya	1982	81/83	Schlichting, Travem.	4209 BRT/grt	100	16.4	5.9	+
5 AG o	Sandhayak, Nirdeshak, Nirupak, I, II	75/81 1977 – bew. / auth. ./.		Garden Reach, Calcutta	1200 1800	85.8	12.3	3.4	
1 AG	Samudra Manthan	?	. 81–83	AG Weser, Bremen Tyne Ship Repair	2350 BRT/grt	88.8	12.9	5.0	
1 AG o	Darshak	1959	57/61	Hindustan Shy.	2790	97.3	14.9	5.8	

2 AG: **Gaveshani, I** (77–?) 1900 ts, 10 kn, 2 MAN-DM, 1230 kW, 68.3 × 12.9 × 3.0 m
4 AG: **J 33–36** (83–85) 185 ts, 12.5 kn, DM, Bauwerft / builder: Goa Shy.; Küstenvermessung / inshore surve
1 AG: **Astravahini** (83) für Versuche / for trials
1 AH: **Lakshadweep** (81) 80 ts, 12 kn, 660 kW₂, DM

| 1 AX | Kistna | 1943 | 42/43 | Yarrow, Scotstoun | 1470 | 91.0 | 11.6 | 2.6 | |

Küstenwache / Coast Guard

9 FE o	Vikram, Vijaya, Veera, Varuna, Varja, I–IV 1981 – bew. / auth.		80/83 ./.	Mazagon D., Bombay	940 1100	74.0	11.4	3.5	
7 FE	I–III IV–VII bew. / auth.			Indien / India Korea Tacoma	.	.	.	.	
2 FE o	Kuthar Kirpan	1958	57/59 57/59	White, Cowes Stephen, Govan	1180 1536	94.0	11.0	3.0	
6 PP o	I–IV Tara Bai, Ahalya Bai 1987 – bew. / auth.	86/87	.	Garden Reach, Calcutta Singapor Shb. & Eng.	200	44.9	7.0	2.6	
6 PP	Rani Jindan, Kittur Chinnama, Ramadevi,Avvaiyar, I Jija Bai	1983–85	83/86 82/83	Garden Reach, Calcutta Sumidagawa	275	44.0	7.4	1.7	
4 PP	Rajhans, Rajtarang, Rajshri, Rajkamal 1979–85		./80 85	Garden Reach, Calcutta	193 205	37.5	7.5	1.8	
5 PP o	Pamban, Panaji, Panvel, Pulicat, Puri ~1960		.	USSR	70 90	29.6	5.8	1.5	
8 PP	C 01–08	1979–81	./80 ./82	Swallow Craft, Pusan	32	20.0	4.7	1.3	

Indonesien / Indonesia

Fregatten / Frigates

| 3 FG o | Nala Malahayati FATAHILLAH | 1977–79 | 78/80 77/80 77/79 | Wilton, Fijenoord Wilton, Fijenoord Wilton, Fijenoord | 1200 1500 | 84.0 | 11.3 | 3.3 | |
| 2 FG o | Slamet Riyadi (ex Van Speijk) Ahmed Yanni (ex Tjerk Hiddes) 1965 | | 63/67 64/67 | Ned. D. Mij., Amsterdam Ned. D. Mij., Amsterdam | 2200 2850 | 114 | 12.5 | 4.6 | 1 |

Bewaffnung / Armament	Sensoren-Elektronik/ Sensors-Electronic	Geschwindigkeit / speed (kn)	Antrieb / Propulsion — Maschine / Kessel / Engines / Boilers / Masch	Leistung/Power (kW, 1 kW = 1.36 PS)	Fahrstrecke / Range (sm)	Sonstige Angaben / Remarks
	⊤	13.5	B. & W.-MAN-DM	1680 / 1	.	Forschung / research
	⊤	14.3	MaK ⟶ DM	4730 / 2	.	Forschung / research
⚓, 1 ⟿ Chetak	⊤	16.8	MAN-DM	2880 / 1	6000 / 14	Vermessung / survey. Pleuger aktiv Ruder / propeller. ⟿-Deck + Hangar
	⊤	12.0	MAN-DM	1575 / 1	.	Vermessung / survey
⚓	⊤	16.0	⟶-DM	2205 / 1	.	Vermessung / survey

AX: I (bew. / auth.); **Tir** (83) 2000 ts, Lg 107 m, Bauwerft / builder: Mazagon, Bombay – ⟿-Deck

AX: I (gepl. / plan.) 300 ts; **Varuna** (80) 105 ts – Segelschulschiffe / sail trainig ships

D: **I-III** (82-84) 36 ts, 12 kn, DM, 190 kW$_2$, Bauwerft / builder: Cleback, Calcutta

P: **A 71, 72** (80-81) 110 ts, 12 kn, DM, 220 kW$_1$, 28.5 × 6.1 × 1.4 m, Bauwerft / builder: Goa Shy.

Bewaffnung / Armament	Sensoren	kn	Maschine	Leistung	Range	Remarks
10.2 ⚓$_2$, 2-4 ⚓	⊤ ▽	19.0	Parsons Tu 2 Wr	3160 / 2	4500 / 12	Typ brit. Black Swan
⚓, 1 ⟿ Chetak	⊤	22.0	SEMT-P.-DM	9550 / 2	3500 / 18	⟿ Chetak = Alouette III
.	.	.	.	.	.	.
⚓, 2 ⧈$_3$ Limbo	⊤ ⇔ ⇔	24.5	Tu 2 Babcock	11030 / 1	4000 / 12	Typ brit. Captain
⚓, 2 Mg ⚓	⊤	26.0	MTU-DM	2960 / 2	2400 / 14	
⚓	⊤	25.0	MTU-DM	2960 / 2	2400 / 14	
⚓, 2 ⚘	⊤	29.0	2 Paxman-DM + Cummins-DM	5060 + 120 / 3	1400 / 14	SDB MK 2 Klasse
Mg ⚓$_2$	⊤	20.0	DM	1765	460	Typ USSR Poluchat
	⊤	20.0	GM-DM	990 / 2	400 / 20	

Indonesien / Indonesia

Bewaffnung / Armament	Sensoren	kn	Maschine	Leistung	Range	Remarks
MM 38 ⇒, 1-12 ⚓, 4 ⚓, 2-2 ⚓, JTR 32.4 III, 1 ⧈$_2$	⊤ ⇔ ⇔ ⊕	30.0	R. R.-GTu + MTU-DM	20540 + 4410 / 2	4250 / 16	**Masch:** CODOG. I: 1 ⟿, 2-4 ⚓, Falthangar / collapsible hangar
Harpoon ⇒$_1$, 7.6 OTO, 8 Seacat ⧈$_4$, JTR 32.4 III, 1 ⟿	⊤ ○ ⇔ ⊕ ⊕ ▽ ⌣	28.5	Werkspoor Tu 2 Babcock	22065 / 2	4500 / 12	Typ brit. Leander. 1986 geliefert / delivered. Weitere Lieferung / further delivery: Van Galen 11-87, Van Nes 2-88

Indonesien / Indonesia

Anzahl - Art / Number - Group	Schiffsnamen und Stapellauf / Ship's Name and Launching	Baubeginn – Fertig – / Umbau / On Keel – Completed – Conv.	Bauwerft / Builder	Wasserverdrängung / Displacement ts	Länge / Length m	Breite / Beam m	Tiefgang / Draft m	Besatzung / B
3 FF ○	**Martha Khrystina Tiyahadu** (ex Zulu) **Hasanuddin** (ex Tartar) **Wilhelmus Zakarias Yohannes** (ex Gurkha)	60/64 59/62 58/63 1960–62 *84–85*	Stephen, Govan R. Dy., Devonport Thornycroft, South.	2300 2700	110	13.0	5.3	2
4 FF ○	**Martadinata, Samadikun, Monginsidi, Ngurah Rai** (ex Charles Berry, John R. Perry, Claud Jones, Mc Morris) 1958–59	57/59 58/60	USA	1450 1930	95.0	11.8	4.3	1

Uboote / Submarines

2 SS ○	**Cakra** **Nanggala** 1980	77/81 78/82	HDW, Kiel HDW, Kiel	1285↑ 1390↓	59.5	6.3	5.0	

Minensucher / Minesweepers

2 MB	Pulau Rupat Pulau Rengat 1986 – a. St. / o. st.	86/88 85/87	De Noord, Alblasserdam De Noord, Alblasserdam	510 548	51.5	8.9	2.5	
2 MB ○	**Pulau Rani, Pulau Ratewo** ~1955	.	USSR	500 580	58.0	8.4	2.5	

Kleine Kampfschiffe / Small Fighting Vessels

4 PG	I–IV bew. / auth.	.	Korea Tacoma, Masan	280	53.6	8.0	2.0	
3 PG	**051, 052** **050** 1984–86	84/86 83/84	PAL, Surabaya Lürssen, Vegesack	342 399	58.1	7.6	2.8	
4 PG ○	**Badik, Keris, Mandau, Rencong** 1979–80	77/79 79/80	Korea Tacoma, Masan	280	53.6	8.0	2.0	
2 PC	**Pandrong, Sura** ~1953	.	USSR	300 370	52.0	6.4	2.5	
3 PC	**Dorang, Layang, Todak** ~1953	.	Jugoslawien / Yugoslavia	190	41.0	6.3	2.1	
11 PF ○	I–VI **VII–X** **Bima Samudera I** 1981 – bew. / auth.	. 83/87 80/81	PAL, Surabaya Boeing, Seattle Boeing, Seattle	115	27.4	9.1	1.9	
8 PP ○	**Sada, Sikuda, Sibarau, Siliman, Sigalu, Silea, Siribua, Sigurot** (ex Barbette, Attack, Bandolier, Archer, Barricade, Acute, Bombard, Assail) 1967–68	66/68	Australien / Australia	100 146	32.6	6.0	2.2	
4 PP	**Sadarin, Salmaneti, Samadar, Sawangi** 1975–77	./76 77	De Havilland, Australien	22 27	15.7	4.8	3.5	

Landungsfahrzeuge / Landing Vessels

5 LS	**I–V** (ex LST 579, 613, 623, 629, 649) 1944	44/44 *87*	USA *Singapore Shb.*	1650 4080	100	15.2	4.3	1
6 LS	**Teluk Banten, Teluk Ende** **Teluk Semangka, Teluk Penyu,** **Teluk Mandar, Teluk Sampit** 1980–82	81/82 80/81	Hyundai, S. Korea Hyundai, S. Korea	1800 3770	100	15.4	3.0	1

Bewaffnung / Armament	Sensoren-Elektronik / Sensors-Electronic	Geschwindig-keit / speed kn	Antrieb / Propulsion — Maschine / Kessel / Engines / Boilers / Masch	Leistung / Power kW 1 kW = 1.36 PS	Fahrstrecke / Range sm	Sonstige Angaben / Remarks
-11.4 ⚓₁, 2-2 ⚓, Seacat ⚓₄, ⚓₃ Limbo, 1 ✈	⏚ ○ ⏚ ⏚ ⏚ ⏚ ⏚	25.0	Metrovik ⚙ Tu + Metrovik-GTu-1 Babcock 1	9200 +5500	4580 12	Typ brit Tribal. Im Umbau / under conversion. **Masch:** COSAG
-7.6 ⚓, 4-2.5 ⚓₂, UTR 32.4 III	⏚ ⏚ ⏚ ⏚ ⏚	21.0	2 Fairbank-Morse-DM 1	6770	3590 20	Typ US Claud Jones. II Flaggschiff / flagship. **Bew / AMT:** III, IV 2-7.6 ⚓. I, II 2-3.7 ⚓₂ zusätzlich / added
TR 53.3 b↓	⏚ ⏚ ⏚ ⏚	10.0↑ 22.5↓	MTU-DG EM 1	1760 3680	8400 8	Typ deutsch / German 209/1300
-2 ⚓, 2 PAP	⏚ ⏚	15.0	MTU-DM + GTu	.	.	Ähnlich / similar to Typ niederl. / netherl. Alkmaar
-3.7 ⚓₂, 8-1.5 ⚓₂	⏚ ⏚ ⏚ ⏚	14.0	DM 2	1620	1600 10	Typ USSR T 43. Auch / also PC
MM 38 ⇒, 1-5.7 ⚓, -4 ⚓, 2 Mg ⚓	⏚ ⏚ ⏚	41.0	1 LM-GTu + 2 MTU-DM 2	18390 +1470	2000 17	Typ US PSMM
Harpoon ⇒₄, 1-5.7 ⚓, -4 ⚓	⏚	34.0	MTU-DM 3	8380	.	Typ deutsch / German PB 57. III: Fertigbau / outfitting: PAL, Surabaya
MM 38 ⇒, 1-5.7 ⚓, -4 ⚓, 2 Mg ⚓	⏚ ⏚ ⏚	41.0	1 LM-GTu + 2 MTU-DM 2	18390 +1470	2000 17	Typ US PSMM
-8.5, 2-3.7 ⚓, 6 Mg ⚓₂, ⚓₅ MBU 1200, 2 ⚓	⏚ ⏚	24.0	DM 3	2430	1500 12	Typ USSR Kronstadt
-7.6, 1-4 ⚓, 6-2 ⚓, ⚓, 2 ⚓	⏚ ⏚	20.0	MAN-DM 2	2430	1500 10	Typ jugosl. PBR
F: 1-5.7 ⚓, 2 Mg ⚓, P: 1-2 ⚓, 2 Mg ⚓, [100]	⏚	43.0	2 Allison-GTu + 2 GM-DM 2	5560 +666	560 43	Typ US Jetfoil 929. Total 47? Auch / also AP. XI ohne **Bew.** Versuchsfahrzeug / XI no **AMT.** Trial vessel. VII-X Fertigbau / outfitting: PAL, Surabaya
-4 ⚓, 2 Mg ⚓	⏚	27.0	Paxman-DM 2	2540	500 25	Typ austral. Attack. Lieferung / delivery: 1973-86
-2 ⚓	⏚	28.0	MTU-DM 2	1000	950 18	Typ austral. Carpentaria. Alu-Rumpf / hull
-4 ⚓	⏚	11.0	GM-DM 2	1250	15000 9	Typ US LST (2). 1986 angekauft von / acquired from Singapur
-4 ⚓, 2-2 ⚓, [1800 ts]	⏚	15.0	DM 2	5050	7500 13	Ähnlich / similar to Typ US LST 1. Auch / also AH. I, II ✈-Deck + Hangar achtern / aft

Anzahl – Art / Number – Group	Schiffsnamen und Stapellauf / Ship's Name and Launching	Baubeginn – Fertig – Umbau – On Keel – Completed – Conv.		Bauwerft / Builder	Wasserverdrängung / Displacement ts	Länge / Length m	Breite / Beam m	Tiefgang / Draft m	Besatzung / Crew Bes
5 LS o	Teluk Bone, Teluk Kau, Teluk Langsa, Teluk Ratai, Teluk Saleh 1944–45	43/44 44/45		USA	1653 4080	100	15.3	4.3	120

Hilfsfahrzeuge / Auxiliary Vessels

1 AR o	Ratulangi	~1960	.	USSR	6730 9000	137	16.8	6.8	300
1 AR	Multatuli	1961	60/61	Ishikawajima, Tokyo	3220	111	16.0	7.0	134
1 AR	Djaja Widjaja (ex Askari)	~1943	43/43	USA	1625 4100	100	15.3	3.4	280
1 AO	I	a. St. / o. st.	82/.	Japan	.	.	.	.	.
1 AO	Sorong	1965	./65	Jugoslawien / Yugoslavia	. 5100	112	15.4	6.6	.
1 AO	Pakan Baru	?		USSR	1525	67.4	10.0	4.4	.

1 AT: **Rakata** (ex Menominee) (42) 1235 ts, 16.5 kn, Typ US ATF

4 AT: **I** (79) 10 kn, DM; **Lambo Batang** (61) 250 ts, 11 kn; **Bromo, Tambora** (61) 150 ts, 10.5 kn

1 AG: **Bimsakti** (84) 1000 ts, 15 kn, 2180 kW_2, DM, Bauwerft / builder: Makkum, Amels

1 AG: o **Dewar Kembar** (ex Hydra) (64) 1915/2733 ts, 14 kn, Paxman-DM, 4290 kW_1, Typ brit. Hecla – 1986 übernommen / acquired

| 2 AX o | I Hadjar Dewantaru 1980 – a. St. / o. st. | 83/. 79/81 | | Uljanik Shy. Uljanik Shy. | 1850 | 96.7 | 11.2 | 3.6 | 92 + 100 |

Marine Transport Kommando / Military Sealift Command – *Kolinlamil*

1 LS o	Teluk Amboina	1961	60/61	Japan	2200 4800	100	15.3	4.6	88
2 LS o	Teluk Bajer, Teluk Tomani	~1944	43/44 44/45	USA	1653 4080	100	15.3	4.3	120
3 LS	Krupang, Dili, Nusantara	1978–79	./78 80	Surabaya	. 400	43.0	9.1	.	17
2 LC	Amurang, Dore	1968	67/68	Korneuburg	182 275	38.3	10.0	1.8	17
1 AP	Tanjung Oisina (ex Gunung Djati; ex Prinses Irene) 1965	63/65		Merwede, Hardinxveld	8450 BRT/grt	140	18.7	8.6	.
1 AP	Tanjung Pandan (ex Genung Djati, ex Empire Gull, ex Empire Doon, ex Pretoria) 1936	35/36		Blohm + Voss, Hamburg	16600 BRT/grt	168	22.0	.	.

6 AK: **Teland, Nusatelu, Natuna, Teluk Menitawi, Karimundsa, Karamaja** (~62) 2000 ts, 12 kn, 4 Mg $\downarrow_2$, 735 kW_1, DM, 74 × 11.3 × 4.6 m, Bes 26, Bauwerft / builder: Angyafold, Budapest – Typ ung. / Hung. Tisza

Seestraßenverwaltung / Sea Communications Agency

4 PP	Golok, Kapak, Panan, Pedang 1980–81	80/82		Schlichting, Travem.	. 200	37.5	7.0	2.0	18
5 PP	Kujang, Parang, Celurit, Cundrik, Belati 1980–81	80/81 81		SFCN, Villeneuve	156	37.7	6.0	1.8	18

1 Leuchtturmtender und Kabelleger / Lighthouse Tender and Cable Layer: **Biduk** (51) 1250 ts, 12 kn, 65 × 12.0 × 3.5 m

11 Bojenleger / Buoy Tenders: I–XI (gepl. / plan) Bauwerft / builder: Carrington

2 Bojenleger / Buoy Tenders: **Majang, Mizan** (63) 1705 BRT/grt, Bauwerft / builder: Schlichting, Travemünde

2 Bojenleger / Buoy Tenders: **Karakata, Kumba** (76) 552 ts, 13 kn, DM, 625 kW_1, 50.5 × 10 × 3.7 m

Bewaffnung / Armament	Sensoren-Elektronik/ Sensors-Electronic	Geschwindigkeit / speed kn	Antrieb / Propulsion Maschine / Kessel / Engines / Boilers / Masch	Leistung/ Power kW 1 kW = 1.36 PS	Fahrstrecke / Range sm	Sonstige Angaben / Remarks
4 ⚓, [2100 ts]	⊤	11.5	GM-DM	1250 / 2	7000 / 10	Typ US LST. **Bew:** Einige / some 6-3.7 ⚓₂
10, 8-5.7 ⚓₂, 8-2.5 ⚓	⊤ ϙ ⟟ / ϙ	21.0	4 DM	10300 / 2	10000 / 12	Typ USSR Don. Uboot-Begleitschiff / submarine depotship
3.7 ⚓₂,₁, 4 Mg ⚓₂, �️	⊤	18.5	B & W-DM	4045 / 1	6000 / 10	⟉-Deck
4 ⚓₄	⊤	11.5	GM-DM	1320 / 2	15000 / 9	Typ US LST (2), ex ARL
.	.	.	.	.	.	
Mg ⚓₂	⊤	15.0	DM	.	.	
	⊤	12.7	DM	1175 / 2	2500 / 10	Typ USSR Khobi

AG: o **Burudjulasad** (66) 1700 BRT/grt, 19.5 kn, 5040 kW, 4 MAN-DM, 82 × 11.4 × 3.5 m, Bes 129, Bauwerft / builder: Schlichting, Travemünde; **Jalanidhi** (62) 433 ts, 12.5 kn, 735 kW, 54 × 9.5 × 3.4 m, Bes 64; o **Burdjamhal** (52) 1200 ts, 10 kn, 850 kW₂, DM, 65 × 10.1 × 3 m, Bes 90; **Aries** (60) 35 ts, 13 kn; **Baruna Jaya 1**, I, II (86 - a. St. / o. st.) 1200 ts, 15 kn, Lg 38 m, Bauwerft / builder: La Manche

AX: o **Dewarutji** (53) 810 ts, 10.5 kn, Schunerbark / schooner barque, 1091 m² Segelfläche / 1305 squ. yards sail area, 70 Kadetten / cadets, Bauwerft / builder: Stülcken, Hamburg

MM 38 ⟼₂], 1-5.7 ⚓, 2 ⚓₂, 2 **UTR**, ⟲ ⟉	⊤ ϙ ⟟ / ⟑ ⟋	27.0	R. R. Oly.-GTu + 2 MTU-DM	16400 + 5150 / 2	4000 / 20	**Masch:** CODOG. Auch / also FG, AP
4 ⚓, 1-3.7 ⚓]	⊤	13.0	MAN-DM	2210 / 2	4000 / 13	Ähnlich / similar to Typ US LST
	⊤	11.5	GM-DM	1250 / 2	7000 / 10	Typ US LST
	⊤	11.0	DM	.	700 / 11	Ähnlich / similar to Typ US LCU 1610
	⊤	8.0	DM	310 / 2	.	
	⊤	16.5	DM	6320 / 1	.	
	⊤	16.0	6 ⚙ Tu	.	.	Brit. Kriegsbeute 1945 / Brit. price of war

AO: **Balikpapan** (65) 1780 ts, DM; **Sambu**

| 2 ⚓ | ⊤ | 28.0 | MTU-DM | 3090 / 2 | 1500 / 18 | SAR |
| 2 ⚓ | ⊤ | 28.0 | SACM-AGO-DM | 3310 / 2 | 1500 / 18 | SAR |

Marine-Polizei / Maritime Police

PP: **DKN 504-513** (63) 390 ts, 14.7 kn, 940 kW₂, MAN-DM, Bes 31, ähnlich / similar to Typ jap. Matsuura; **DKN 905, 906, 908-916** (57-60) 140 ts, 24.5 kn, 4-2 ⚓, 2210 kW₂, MTU-DM

PP: **I, II** (ex Sasila, Sabola) (75) 22 ts, 28 kn, 2 Mg ⚓

Anzahl - Art / Number - Group	Schiffsnamen und Stapellauf / Ship's Name and Launching	Baubeginn – Fertig – / Umbau / On Keel – Completed – Com.	Bauwerft / Builder	Wasser- verdrängung / Displacement ts	Länge / Length m	Breite / Beam m	Tiefgang / Draft m	Besatzung / C Be

Zolldienst / Customs Service

3 PF	I, II	84/86	PAL, Surabaya	342	58.1	7.6	2.8	3
	III	1984–86 83/84	Lürssen, Vegesack	399				
40 PP	BC 8001–8018	84/85	PAL, Surabaya	61	28.0	5.4	1.6	1
	BC 7001–7006	82/82	V. Gangebrugge	69				
	BC 6001–6005	81/82	Fulton Marine					
	BC 5001–5005	80/81	Lürssen, Vegesack					
	BC 4001–4006	1980–85 80/81	Lürssen, Vegesack					
7 PP	BC 2001–2007	1979–80 79/80 80/81	C. Mécaniques, Cherb.	59 71	28.5	5.4	1.7	.
7 PP	BC 3001–3007	1979–81 79/80 80/81	d'Esterel, Cannes	. 57	28.2	5.2	1.6	1
3 PP	BC 1001–1003	1975 ./75	d'Esterel, Cannes	. 56	28.0	5.3	1.6	1

Irak / Iraq

Über Verluste infolge des Krieges Irak–Iran liegen keine verläßlichen Informationen vor.

4 FG o	Al Yarmouk Al Qadissyya Thi Qar Hittin	84/87 83/87 82/86 1983–85 82/85	CNR, Riva Trigoso CNR, Ancona CNR, Ancona CNR, Ancona	2200 2500	113	12.0	3.7	18
1 FE	Ibn Khaldoum	1978 77/80	Uljanik, Jugoslawien	. 1850	97.0	11.2	4.5	9 + 10
4 FG o	Abdullah Ibn Abi Serk, Kalid Ibn al Walid, Saab Ibn Abi Wakkas, Salah al din al Ayubi	82/84 85 1983–84	Breda, Venedig	600 673	62.3	9.3	2.8	5
2 FG o	Mussa el Hussair, Tariq Ibn Ziad	82/84 1982–83 85	CNR, Muggiano	605 685	62.3	9.3	2.9	3
2 MB o	Al Kadisia, Al Yarmouk	~1955 .	USSR	500 580	58.0	8.6	2.2	6
4 MS	I–IV	1977 ./78 79	Jugoslawien / Yugoslavia	65	27.0	6.3	1.6	.
3 MS	I–III	~1975 .	USSR	70 80	26.1	5.8	1.2	1
10 PG oo	I–X	~1962 .	USSR	195 240	40.0	8.1	2.0	3
3 PC o	310–312	~1960 .	USSR	170 215	42.0	6.0	2.0	3
4 PF	I–IV	1958 .	USSR	65 75	26.8	6.1	1.5	2
2 PP	I, II	~1960 .	USSR	70 90	29.6	5.8	1.5	1
5 PP o	I–V	~1974 .	USSR	60	24.1	4.9	1.9	.
3 LS	Al Zahraa, Khawla, Balqees	1982–83 81/83 82	Helsingør Shb.	3450 5800	106	18.8	5.3	5

Bewaffnung / Armament	Sensoren-Elektronik/ Sensors-Electronic	Geschwindigkeit / speed kn	Antrieb / Propulsion Maschine Kessel Engines Boilers Masch	Leistung/ Power kW 1kW= 1.36 PS	Fahrstrecke / Range sm	Sonstige Angaben / Remarks
-5.7 ⚓, 1–4 ⚓	⊤	34.0	MTU-DM	8380 3	.	Typ deutsch / German PB 57. III: Fertigbau / outfitting: PAL, Surabaya
Mg ⚓	⊤	30.0	MTU-DM	2000 2	1050 17	Typ deutsch / German FPB 28. 6001–6005: Deutz-DM
Mg ⚓	⊤	30.0	MTU-DM	1795 2	.	
-2 ⚓	⊤	34.0	MTU-DM	1985 2	800 15	
Mg ⚓	⊤	34.0	MTU-DM	1985 2	750 15	

Irak / Iraq

here are no reliable informations about losses of the war between Iraq and Iran

Bewaffnung / Armament	Sensoren-Elektronik/ Sensors-Electronic	Geschwindigkeit / speed kn	Antrieb / Propulsion	Leistung/ Power	Fahrstrecke / Range	Sonstige Angaben / Remarks
Otomat-Teseo ⇨, -12.7 ⚓, 4–4 ⚓₂, Albatros ⚓₈, UTR 32.4 III, 1 ⇻ AB 212	⊤ ⚲ ⚭ ⚲ ⚲ ⚲ ⚲ ⚲	34.0	Gen. El. Fiat-GTu + 2 Fiat-DM	36775 + 5740 2	4350 16	Ähnlich / similar to Typ ital. Lupo
-5.7 ⚓, 1–4 ⚓, -2 ⚓₂	⊤ ⚲ ⚭ ⚲	26.0	GTu + MTU-DM	18390 + 5500 2	.	Auch / also AP, AX
Otomat-Teseo ⇨, -7.6 ⚓, 2–4 ⚓₂, Albatros ⚓₄, UTR 32.4 III	⊤ ⚲ ⚭ ⚲ ⚲ ⚲	37.5	MTU-DM	17650 4	17650 18	Ähnlich / similar to Typ Assad Al Tadjier (Libyen / Libya)
Otomat-Teseo ⇨, -7.6 ⚓, 1 Albatros ⚓₄, ⇻ AB 212	⊤ ⚲ ⚭ ⚲ ⚲ ⚲	34.0	MTU-DM	15212 4	4000 18	
-3.7 ⚓₂, 4–2.5 ⚓₂, Mg ⚓₂	⊤ ⚲ ⚭ ⚲	14.0	DM	1620 2	1600 10	Typ USSR T 43
-2 ⚓, ♻	⊤	15.0	DM	380 2	.	Typ jugosl. / Yugosl. Neštin
Mg ⚓	⊤	16.0	DM	880 2	1000 9	Typ USSR Yevgenya
SS-N-2 B ⇨, 4–3 ⚓₂	⊤ ⚲ ⚭	36.0	DM	11030 3	800 25	Typ USSR Osa I (4), II (6)
-2.5 ⚓₂, 4 ⚓₅ RBU 1200	⊤ ⚲	27.0	DM	5515 3	1100 15	Typ USSR SO 1
-2.5 ⚓₂, 2 TR 53.3	⊤ ⚲	43.0	DM	3535 4	450 30	Typ USSR P 6
-2.5 ⚓, 2 Mg ⚓	⊤	20.0	DM	1765 2	460 17	Typ USSR Poluchat
Mg ⚓	⊤	34.0	DM	1765 2	.	Typ USSR Zhuk
50], ⇻	⊤.	15.5	MTU-DM	4410 2	.	⇻-Deck

Anzahl - Art / Number - Group	Schiffsnamen und Stapellauf / Ship's Name and Launching	Baubeginn - Fertig - / Umbau - On Keel - / Completed - Conv.	Bauwerft / Builder	Wasserverdrängung / Displacement ts	Länge / Length m	Breite / Beam m	Tiefgang / Draft m	Besatzung / Crew Be
3 LS o	**Atika, Ganda, Nouh**	~1975 ./77 78	Nordwerft, Gdansk	1150	82.0	10.1	2.1	4
1 AK	**Al Mansur**	1983 82/84	Wärtsilä, Turku	6000 BRT/grt	.	.	.	.
1 AK	**Agnadeen**	1982 82/83	CNR, Castellammare	3560 8700	129	18.0	6.5	13

1 AT: **Aka** (~77) 1590 ts, 13.5 kn, 4 Mg ⚓₂, Typ jugosl. Spasilac

1 Yacht: **Qadissayat Saddam** (80) 1660 ts, 19.3 kn, MTU-DM, 4410 kW₂, ⚓-Deck, Bauwerft / builder: Elsinore Dänemark / Denmark

Iran

Über Verluste infolge des Krieges Iran–Irak liegen keine verläßlichen Informationen vor.

Zerstörer / Destroyers

2 DG o	**Damavand** (ex Artemiz, ex Sluys)	43/46 1945 67-69	Cammell Laird *Vosper Thornycroft*	2325 3360	116	12.3	3.9	27
2 DG o	**Babr, Palang** (ex Zellars, Stormes)	44/44 /45 71-74	Todd, Tacoma *N. Y., Philadelphia*	2200 3320	115	12.4	5.8	24

Fregatten / Frigates

4 FF o	**Alvand, Sahand** **Sabalan, Alborz**	67/71 1968-69 68/72 75-76	Vosper Th., Woolston Vickers Ltd., Tyne	1100 1265	95.0	10.4	3.2	14
2 FS o	**BAYANDOR, Naghdi** (ex PF 103, 104)	62/64 1963	Levingst. Shb., Orange	900 1135	84.0	10.1	3.0	13

Minensucher / Minesweepers

1 MS o	**Schahrokh**	1958 ./60	USA	320 380	44.5	8.5	2.5	4

Kleine Kampfschiffe / Small Fighting Vessels

11 PG o	**Tabarzin, Neyzeh, Khanjar,** **Gardouneh, Gorz, Shamshir,** **Falakhon, Joshan, Khadang,** **Zoubin, Kaman**	75/77 77/81 1976-78	C. Mécaniques, Cherb.	250 275	47.0	7.1	2.8	4
1 PP o	**Keywan**	./56 1955 59	USA	85 107	28.9	6.2	1.8	1

20 PP: **201-220** 22 ts, 25 kn, 2 Mg ⚓, Lg 16 m, Bauwerft / builder: Peterson Greenbay

Landungsfahrzeuge / Landing Vessels

4 LS o	**Hengam, Larak** **Lavan, Tonb**	1973-74 73/74 1980 78/85	Yarrow, Scotstoun Yarrow, Scotstoun	3000	91.5	15.0	2.2	.
4 LS	**I-IV**	1984-85 83/84 85/85	Ravenstein, Deest	750	62.0	12.0	2.6	.
2 LS	**Iran Ajr, Iran Asr**	? .	.	. 1660	55.0	.	.	.

1 LS: **Queshm** (ex LCU 1431) (~62) 160/320 ts, 10 kn, 2-2 ⚓, Typ US LCU

Bewaffnung / Armament	Sensoren-Elektronik/ Sensors-Electronic	Geschwindig-keit / speed kn	Antrieb / Propulsion Maschine / Kessel / Engines / Boilers / Masch	Leistung/ Power kW 1 kW = 1.36 PS	Fahrstrecke / Range sm	Sonstige Angaben / Remarks
-3 ⚓, 8 ⬚, ↠40	⊤	18.0	DM	3680 2	.	Typ USSR Polnocny C
.	.	.	DM	.	.	Auch / also AP
-7.6 ⚓, 2-4 ⚓, ⤢	⊤ ⋄ ⏀ ⌐	19.0	2 Fiat-DM	7060 1	4000 19	Typ ital. Stromboli

YP: **I** (80) 200 ts, 12 kn, MTU-DM, 640 kW₁, Bauwerft / builder: Gorter Shy.

YP: **I–IV** (~60) 145 ts, 12.5 kn, DM, Typ USSR Nyryat; **I** Typ USSR Pozharny

Iran

here are no reliable informations about losses of the war between Iran and Iraq

Standard ⤳₂, -11.4 ⚓₂, 8-4 ⚓, Seacat ⚓₄, 1 ⬚ Squid	⊤ ⋄ ⏀ ⏀	23.0	Parsons ✿ Tu 2 Wr	36775 2	5000 20	Typ brit. Battle I
Standard ⤳, -12.7 ⚓, 6 **UTR** 32.4 **III**, ⤢, ⤢	⊤ ⋄ ⏀ ⏀ ⵊ ⌐	35.0	✿ Tu 4 Babcock	44130 2	6000 15	Typ US Allen M. Sumner / FRAM 2
-11.4 ⚓, 2-3.5 ⚓₂, Sea Killer ⤳₅, Seacat ⚓₃, 1 ⬚ Limbo	⊤ ⋄ ⏀ ⏀ ⏀ ⏀ ⌐	40.0	R. R. Ol.-GTu + Paxman-DM	33830 + 2795 2	5000 16	Typ Vosper Mark 5. Ex-Namen / names: Saam, Faramarz, Rostam, Zaal
-7.6, 2-4 ⚓, -2.3 ⚓₂, 4 ⚓	⊤ ⋄ ⏀ ⏀	20.0	Fairb. M.-DM	4410 2	3600 15	Typ US PF 103
-2 ⚓	⊤ ⵊ	13.0	GM-DM	880 2	2400 11	Typ US Bluebird
Harpoon ⤳₂, -7.6 ⚓, 1-4 ⚓	⊤ ⋄ ⏀ ⏀ ⌐	34.5	MTU-DM	10590 4	800 25	Typ franz. / French Combattante II. Total 10?
-4 ⚓	⊤	20.0	4 DM	1620 2	1500 10	Typ USCG 95′

2 PP: **1-80** 30 kn, 3-2 ⚓, Typ US Mk III; **I-XII** Sewart 40′; **I-XL** Bertram 31′

-4 ⚓, 1 ⤢	⊤	16.0	4 Paxman-DM	4120 2	3500 12	**Lavan, Tonb:** 1985 geliefert / delivered
.	⊤	9.0	MAN-DM	535 2	.	
.	⊤	.	DM	.	.	I captured and sunk by US Navy 25. 9. 87

LS: **24-26** (~85) 2025 BRT/grt, Bauwerft / builder: Süd-Korea / South Korea

Anzahl - Art / Number - Group	Schiffsnamen und Stapellauf / Ship's Name and Launching	Baubeginn – Fertig / Umbau – On Keel – Completed – Conv.	Bauwerft / Builder	Wasserverdrängung / Displacement	Länge / Length	Breite / Beam	Tiefgang / Draft	Besatzung / Crew
				ts	m	m	m	Bes

Hilfsfahrzeuge / Auxiliary Vessels

1 AR	**Char Bahar** (ex Amphion)	1945	./46	Tampa Shb.	7830 14500	150	21.2	8.2	.
1 AK	**Kharg**	1977	76/80	Swan Hunter, Walls.	10890 33014	207	26.5	9.1	25
2 AO	**Kangan, Taheri**	1977–78	76/77 77/78	Mazagon, Bombay	. 9430	139	21.2	5.0	.
2 AO o	**Bandar Abbas, Booshehr**	1973–74	73/74	Lühring, Brake	3250	108	16.6	4.5	6

1 AO: **Lengeh** 1250 ts, 10 kn, DM, für Wasser / for water

1 AO: **Hormuz** (55) 1250/1700 ts, 10.3 kn, 2-2 $\measuredangle_2$, DM, 760 ts **Ö / F**, Bauwerft / builder: Navalmecc., Castellammare

2 AT: **Haamon, Hirmand** (83–84) 122 BRT/grt, 12 kn, 880 kW$_2$

3 AT: **I, II** (ex Karl, Ise) (62–63) 134 ts, 590 kW, MAN-DM, Bauwerft / builder: Oelkers, Hamburg; **Bahmanshir** 1500 ts

1 AG: **Ekteshaf** (84) 1250 ts, 14 kn, Deutz-DM, 1910 kW$_2$, 55 × 11 × 3.5 m, Bes 15 + 6, Bauwerft / builder: Jansen, Leer

2 Yachten: **Kish** (70) 178 ts, 2130 kW, MM-DM, 37 × 7.8 × 2.1 m, Bauwerft / builder: Burmester, Burg; **Schahsevar** (36) 530 ts, 15 kn, 960 kW$_2$, DM, Bauwerft / builder: Boele, Bolnes

Irland / Ireland

1 FS o	**Eithne** / P 31	1984	82/84	Verolme, Cork	1760 1970	81.0	12.0	4.3	8
3 FS o	**Aisling** / P 23 **Aoife** / P 22 **Emer** / P 21	1977–79	79/80 79/79 76/78	Verolme, Cork Verolme, Cork Verolme, Cork	980 1025	65.2	10.5	4.6	4
1 FS o	**Deirdre** / P 20	1971	71/72	Verolme, Cork	970 1020	62.6	10.4	4.3	5

1 Tender: **John Adams** (34) 94 BRT/grt, 10 kn, DM

1 AG: **Hydrafix**

Island / Iceland

1 FS	**Tyr**	1974	74/75	Arhus Vft.	1150 1500	70.0	10.0	5.8	2
1 FS o	**Ægir**	1968	67/68	Aalborgs Vft.	1150 1500	70.0	10.1	4.6	2
1 FS o	**Odinn**	1959	59/60	Aalborgs Vft.	1000	64.0	10.4	4.9	2
1 AG	**Bjærni Sæmundsson**	1970	69/70	Seebeck, Bremerhaven	950 BRT/grt	56.0	10.6	4.4	2 + 1

1 Leuchtturmtender / Lighthouse Tender: **Arvakur** (62) 720 ts, 12 kn, 735 kW, DM, 43.6 × 8.4 m, Bes 12

Israel

Korvetten / Corvettes

4 FG	I–IV	gepl. / plan.	.	.	. 1000	77.2	8.8	4.2	4

Bewaffnung / Armament	Sensoren-Elektronik/ Sensors-Electronic	Geschwindigkeit / speed kn	Antrieb / Propulsion		Fahrstrecke / Range sm	Sonstige Angaben / Remarks
			Maschine Kessel Engines Boilers Masch	Leistung/ Power kW 1 kW = 1.36 PS		
–7.6 ⟋	⊤	17.0	Westingh. ✾ Tu 2 Forster Wh.	6250 1	.	Typ US AR
₋4 ⟋, 3 ⤳	.	21.5	Westingh. ✾ Tu 2 B & W	19760 1	.	1984 geliefert / delivered
–	⊤	15.0	MAN-DM	5440	.	Für Wasser / for water
₋4 ⟋	⊤	16.0	MAN-DM	4410 2	.	Auch / also AK

4 Luftkissenboote / Hovercraft: **103–106** (74–75) 50 ts, 65 kn, [4 Harpoon ⟹], 700/₆₅ sm, Proteus-GTu, 3120 kW, 24 × 13.9 × 1.7 m, Typ brit. BH 7 MK 5; **101–102** (70–71) 33/50 ts, 60 kn, 2 Mg ⟋, Proteus-GTu, 23 × 13.7 m, Typ brit. Wellington; **01–08** (~68) 10 BRT/grt, 58 kn, Gnome-GTu, 14.6 × 7.7 m, Typ brit. Winchester

Iranische Revolutionäre Garde / Islamic Revolutionary Guard Corps – *Pasdaran*

SX: **I** . /25 ts – Mini-Uboot / submarine

40 PF: **I-XL** (84–85) ? ts, 69 kn, [450 kilo Zuladung / payload], ⤳, 1–10.7 rückstoßfrei / recoilless gun, 522 kW₂, 500/46 sm, Lg 12.8 m, Bes 5, Bauwerft / builder: Boghammar Marina Co.

Irland / Ireland

Bewaffnung / Armament	Sensoren-Elektronik	Geschwindigkeit	Antrieb / Propulsion		Fahrstrecke	Sonstige Angaben / Remarks
₋5.7 ⟋, 2–2 ⟋, ⤳ Dauphin II	⊤ ⴼ	19.0	Ruston-DM	4880 2	7000 15	Für Fischereischutz / for fishery protection
₋4 ⟋, 2–2 ⟋	⊤ ⴼ	18.0	SEMT-Pielstick-DM	3535 1	5000 12	I, II haben Bugstrahlruder / have bow thruster
1–4 ⟋	⊤ ⴼ	18.0	Polar-DM	3090 2	5000 12	

1 AX: **Asgard II** (81) 120 ts, DM, 88 kW₁, 25.6 × 6.4 × 2.9 m – Segelschulschiff / sail training ship

Island / Iceland

Bewaffnung / Armament	Sensoren-Elektronik	Geschwindigkeit	Antrieb / Propulsion		Fahrstrecke	Sonstige Angaben / Remarks
1–5.7	⊤ ⴼ	20.0	MAN-DM	6325 2	.	⤳-Deck
1–5.7	⊤ ⴼ	19.0	MAN-DM	6325 2	.	⤳-Deck
1–5.7	⊤ ⴼ	19.0	MAN-DM	6325 2	.	Umgebaut / refitted 1975. ⤳-Deck
–	⊤ ⴼ	12.0	3 MAN ⤳ DM	1030 1	.	Fischereiforschungsschiff / Fishery research ship

1 Vermessungsschiff / Surveying Vessel: **I** (~43) 38 ts, 10 kn, 15.8 × 4.4 × 1.2 m

Israel

Bewaffnung / Armament	Sensoren-Elektronik	Geschwindigkeit	Antrieb / Propulsion		Fahrstrecke	Sonstige Angaben / Remarks
8 Harpoon ⟹₄, 4 Gabriel ⏛₂, 2–7.6 ⟋, 4–3 ⟋₂, 1 ⟋₃ Bofors	.	42.0	1 GM-LM 2500- GTu + 2 MTU- DM	17650 + 5880 2	4500	Sa'ar 5 Klasse. Angaben unsicher / details uncertain

Anzahl – Art / Number – Group	Schiffsnamen und Stapellauf / Ship's Name and Launching		Baubeginn – Fertig – / Umbau / On Keel – Completed – Conv.	Bauwerft / Builder	Wasserverdrängung / Displacement ts	Länge / Length m	Breite / Beam m	Tiefgang / Draft m	Besatzung / Crew Bes

Uboote / Submarines

3 SS	I–III		gepl. / plan.	.	.	.	.	.	.
3 SC o	Gal, Rahav, Tanin		1975–77	74/76 76/77	Vickers-A., Barrow	450↑ 600↓	48.0	4.7	3.7	22

Kleine Kampfschiffe / Small Fighting Vessels

2 PG	Romat, Keshet		1981–82	./81 82	Israel Shy., Haifa	500	61.7	7.6	2.4	45
2 PG o	Aliya, Geoula		1980	./80	Israel Shy., Haifa	500	61.7	7.6	2.4	53
4 PG o	Atsmout, Komemiut, Moledet, Nitzhanon		1975–79	75/76 77/80	Israel Shy., Haifa	415 450	58.1	7.6	2.4	45
4 PG o	RESHEF, Kidon, Tarshish, Yaffo		1973–75	71/73 75/76	Israel Shy., Haifa	415 450	58.1	7.6	2.4	45
6 PG o	Gaash, Hanit, Herev, Hetz, Sa'ar, Soufa		1969	69/70	C. Mécaniques, Cherb.	235 260	45.0	7.0	1.8	40
6 PG o	Acco, Eilat, Haifa, Misgav, MIVTACH, Miznak		1967–68	66/68	C. Mécaniques, Cherb.	235 260	45.0	7.0	1.8	40
3 PG	Snapirit Livnit Shimrit		1981–84	./85 81/83 78/82	Israel Shy., Haifa Israel Shy., Haifa Lantana, Florida	71 105	25.6 31.8	7.3 13.0	1.6	15
2 PG o	*Dvora Klasse*		1978–?	/78	Israeli Air Ind.	. 47	21.6	5.5	1.8	10
37 PP o	*Dabur Klasse*		1974–?	./74	Sewart Seacraft (12) + Israeli Air Ind.	25 35	19.8	5.8	0.8	6

4 PP: **KEDMA, Negbar, Tzafona, Yama** (68) 32 ts, 25 kn, 2-2 ⚓, 1130 kW, DM, Bes 10

Landungsfahrzeuge / Landing Vessels

3 LS o	ASHDOD, Achziv, Ashkelon		1966–67	./66 67	Israel Shy., Haifa	400 730	62.7	10.0	1.8	20
3 LS	Ezion Geber, Shikmona, Kessarya		1965–66	./65 66	Israel Shy., Haifa	180 230	36.6	7.1	1.4	12

3 LC: Typ US **LCM** 20 ts, 11 kn

Hilfsfahrzeuge / Auxiliary Vessels

1 AR	**Maoz**		1975	.	Todd, Seattle	3050	69.6	13.4	5.8	.

1 AR: **Naharya** – Tender für / for PG in Eilath

Bewaffnung / Armament	Sensoren-Elektronik / Sensors-Electronic	Geschwindigkeit / speed kn	Antrieb / Propulsion Maschine / Kessel / Engines / Boilers / Masch	Leistung / Power kW 1 kW = 1.36 PS	Fahrstrecke / Range sm	Sonstige Angaben / Remarks
TR 53.3 b↓	⊤ ⇔ ⌒ ▽ ⌒	11.0↑ 17.0↓	MTU-DG EM	880 1100 1	.	Plan Gabler, Lübeck. Typ 206
Harpoon ⇨₂, Gabriel III ⇨₃, 1-7.6 ⚓, -2 ⚓ Phalanx, 2-2 ⚓, 2 Mg ⚓	⊤ ⇔ ⌒ ⊕ ⌒	31.0	MTU-DM	10295 4	1500 30	Sa'ar 4.5 Klasse
Harpoon ⇨₂, Gabriel ⇨, -4 ⚓, 2-2 ⚓, 2 Mg ⚓, AB 206	⊤ ⇔ ⌒ ⊕ ⌒	31.0	MTU-DM	10295 4	1500 30	Führungsschiffe für PG / Command ships for PG. Erhalten / to get 1-2 ⚓ Phalanx anstelle / instead of 1-4 ⚓
Harpoon ⇨₂, 5 Gabriel ⇨, 1-7.6 ⚓, 1-2 ⚓ Phalanx, 2-2 ⚓, 2 Mg ⚓	⊤ ⇔ ⌒ ⊕ ⌒	32.0	MTU-DM	10295 4	1500 30	Sa'ar 4 Klasse. Einige / some 2-7.6 ⚓
Harpoon ⇨₄, 5 Gabriel ⇨, -7.6 ⚓, 1-2 ⚓ Phalanx, 6 Mg ⚓	⊤ ⇔ ⌒ ⊕ ⌒	32.0	MTU-DM	10295 4	1500 30	Sa'ar 4 Klasse
2 Harpoon ⇨₂, 3 Gabriel ⇨, 1-7.6 ⚓, 1-4 ⚓ oder / or 2 Mg ⚓	⊤ ⇔ ⌒ ⊕	40.0	MTU-DM	9930 4	1600 20	Sa'ar 3 Klasse
5 Gabriel ⇨₃,₂, 2-4 ⚓, 2 Mg ⚓	⊤ ⇔ ⌒ ⊕ ▽	40.0	MTU-DM	9930 4	1600 20	Sa'ar 2 Klasse. 4 Einheiten / units: 2 Harpoon ⇨₂, 2 Gabriel ⇨, 1-4 ⚓, 6 UTR 32.4 III oder / or 4 TR, VDS
4 Harpoon ⇨₂, 2 Gabriel ⇨, 2-3 ⚓₂	⊤ ⇔ ⌒ ⊕	45.0	1 Allison-GTu + 2 GM-DM	3985 + 190	750 42	Typ US Grumman MK II M 161
2 Gabriel ⇨, 2-2 ⚓, 2 Mg ⚓	⊤	36.0	MTU-DM	2000 2	700 32	
2-2 ⚓₂, 2 Mg ⚓₂	⊤	25.0	GM-DM	1410 2	1200 17	Einige / several 2 TR

~25 PP: *Yatush Klasse* 8 ts, 25 kn, 3 Mg ⚓₂,₁, Typ US PBR

2-2 ⚓	⊤	10.5	MWM-DM	1400 3	.	Modernisiert / modernized. Nur 2 / only 2?
2-2 ⚓	⊤	10.0	DM	940 2	.	
	⊤	15.0	GM-DM	5295 2	.	Tender für / for PG, PP im Mittelm. / in the Mediterranean

1 AK: **Bat Sheva** 900/1150 ts, 10 kn, 4-2 ⚓, 4 Mg ⚓, DM, 95 × 11.1 m, Bes 26

Anzahl - Art / Number - Group	Schiffsnamen und Stapellauf / Ship's Name and Launching	Baubeginn - Fertig - Umbau/On Keel - Completed - Conv.	Bauwerft / Builder	Wasser-verdrängung / Displacement ts	Länge / Length m	Breite / Beam m	Tiefgang / Draft m	Besatzung / Crew Bes

Italien / Italy

Kreuzer / Cruisers

Anzahl - Art / Number - Group	Schiffsnamen und Stapellauf / Ship's Name and Launching	Baubeginn - Fertig - Umbau/On Keel - Completed - Conv.	Bauwerft / Builder	Displacement ts	Länge m	Breite m	Tiefgang m	Bes
1 CH ○	**Giuseppe Garibaldi**	4. 6. 83 / 80/85	Italcant., Monfalc.	10100 13250	180	30.4	6.7	825
1 CH ○	**Vittorio Veneto**	5. 2. 67 / 65/69 / *81–83*	Italcant., Castell. *Arsenale, Taranto*	8000 8850	180	19.4	6.0	568
2 CG ○	**ANDREA DORIA** **Caio Duilio**	27. 2. 63 / 58/64 22. 12. 62 / 58/64 / *76–80*	Tirreno, R., Trigoso Navalmecc., Castell.	5273 6426	149	17.2	4.9	437

Zerstörer / Destroyers

2 DG ○	Ardimentoso ANIMOSO	a. St. / o. st. / 87/. 87/.	CNR, R. Trigoso CNR, R. Trigoso	4500 5250	136	16.1	.	400
2 DG ○	**ARDITO** Audace	1971 / 68/73 68/72	Italcant., Castell. Tirreno, R. Trigoso	3600 4960	141	14.7	4.6	380
2 DG ○	Intrepido **IMPAVIDO**	1962 / 59/64 57/63 / *73–76*	Ansaldo, Livorno Tirreno, R. Trigoso	3200 3850	131	13.6	4.5	340

Fregatten und Korvetten / Frigates and corvettes

8 FG ○	Zeffiro Espero Euro Aliseo Scirocco Libeccio Grecale **MAESTRALE**	1981–84 / 83/85 82/85 81/84 80/83 80/83 79/83 79/83 78/82	CNR, R. Trigoso CNR, R. Trigoso CNR, R. Trigoso CNR, R. Trigoso CNR, R. Trigoso CNR, R. Trigoso CNR, Muggiano CNR, R. Trigoso	3040 3200	123	12.9	4.1	230
4 FG ○	Orsa Perseo Sagittario **LUPO**	1976–79 / 77/80 77/80 76/78 74/77	CNR, Muggiano CNR, R. Trigoso CNR, R. Trigoso CNR, R. Trigoso	2210 2530	113	12.0	3.7	195
2 FF ○	**Alpino, Carabiniere** (ex Circe, Climene)	1967 / 63/68 65/.	Tirreno, R. Trigoso	1900 2690	114	13.3	3.9	245
2 FE ○	**Carlo Margottini, Virginio Fasan**	1960 / 57/61 60–62 *68–72*	Navalmecc., Castell.	1410 1650	96.0	11.4	3.1	160

Bewaffnung / Armament	Sensoren-Elektronik / Sensors-Electronic	Geschwindig-keit / speed kn	Antrieb / Propulsion		Fahrstrecke / Range sm	Sonstige Angaben / Remarks
			Maschine Kessel Engines Boilers Masch	Leistung / Power kW 1 kW = 1.36 PS		

Italien / Italy

Bewaffnung / Armament	Sensoren-Elektronik	Geschw.	Antrieb	Leistung	Range	Remarks
Otomat ⇒, 6-4 ↯₂, Albatros ⛊₈, **UTR** 32.4 III, 6 ⇝ Agusta Bell 212	⊤ ⬦ ⬦ ⋆ ⬦ ⬦ ᴖ ⛾ ᴖ ☇	29.5	4 GE-GTu	58840 2	7000 20	*Incrociatore portaeromobili.* „Ski-jump" 6°. Erhält / to get STOL ⇝. Hangar 110 × 15.6 × 6.3 m. Flugdeck / Flight deck 174 × 30 m
Otomat-Teseo ⇒, -7.6 ↯, 6-4 ↯₂, Standard ER/Asroc ⛊₂, **UTR** 32.4 III, ⇝ Agusta Bell 212	⊤ ⬦ ⬦ ᴖ ⛾ ⬦ ᴖ ☇	31.0	Tosi ✿ Tu 4 Foster-Wh.	53680 2	6000 20	*Incrociatore portaelicotteri* Nach Umbau verbesserte Elektronik / after conversion improved electronics
-7.6 ↯₁, Standard ER ⛊₂, **UTR** 32.4 III, ⇝ Agusta Bell 212	⊤ ⬦ ⬦ ᴖ ⛾ ⬦ ᴖ ☇	31.0 *31.5*	✿ Tu 4 Foster-Wh.	44130 2	6000 20	*Incrociatori lanciamissili.* II: AX, 2-7.6 ↯ ausgebaut / removed, 2 ⇝ AB 212, Bes 418
Otomat MK 2 ⇒₄, -12.7 ↯, 3-7.6 ↯ OTO SR, Standard MR ⛊, Albatros ⛊₈, **UTR** 32.4 III, ⇝ AB 212	⊤ ⬦ ⬦ ᴖ ⛾ ⬦ ᴖ ☇	31.5	2 GE-LM 2500-GTu + 2 GMT-DM	40440 + 9260 2	.	*Caccia lanciamissili.* Ersatz für / replacement for Impavido Klasse. OTO S. R. = Super Rapido
-12.7 ↯, 4-7.6 ↯₁, Standard ⛊₁, **UTR** 53.3 II h, **UTR** 32.4 III, ⇝ Agusta Bell 212	⊤ ⬦ ⬦ ᴖ ⛾ ⬦ ᴖ ☇	33.0	✿ Tu 4 Foster-Wh.	53680 2	4000 25	*Caccia.* Neues Radar und Raketen-feuerleitsystem / new radars and missile fire control
-12.7 ↯₂, 4-7.6 ↯₁, Tartar ⛊₁, **UTR** 32.4 III	⊤ ⬦ ⬦ ᴖ ⛾ ⬦ ☇	33.5	✿ Tu 4 Wr	51485 2	3100 25	**Bew / AMT:** 48 FK / MI. **Masch:** ✿ Tu: I Ansaldo, II Laval
Otomat-Teseo ⇒, -12.7 ↯, 4-4 ↯₂, Albatros ⛊₈, **TR** 53.3 I, UTR 32.4 III, ⇝ AB 212	⊤ ⬦ ᴖ ⛾ ⬦ ᴖ ☇ ⛿	32.0	GE-GTu + 2 Fiat-DM	36775 + 8090 2	5500 16	*Fregate lanciamissili.* Verbesserte Lupo Klasse / improved Lupo class. Fertigbau in Muggiano (La Spezia) / fitting out in Muggiano
Otomat-Teseo ⇒, -12.7 ↯, 4-4 ↯₂, Sea Sparrow ⛊₈, UTR 32.4 III, 1 ⇝	⊤ ⬦ ᴖ ⛾ ⬦ ᴖ ☇ ⛿	34.0	Gen. El. Fiat-GTu + 2 Fiat-DM	36775 + 5740 2	4350 16	**Masch:** CODOG
5-7.6 ↯₁, UTR 32.4 III, 1 ⛏₁, ⇝ Agusta Bell 212	⊤ ○ ⬦ ᴖ ⛾ ᴖ ☇	29.0 34.0	2 Tosi-AEI-GTu + 4 Tosi-DM	11030 + 12140 2	4200 18	*Fregate.* **Masch:** CODAG
2-7.6 ↯₁, UTR 32.4 III, 1 ⛏₁, ⇝ Agusta Bell 212	⊤ ○ ⬦ ᴖ ⛾ ᴖ ☇	24.6 26.5	4 Tosi-DM	11770 2	4000 18	

Anzahl – Art / Number – Group	Schiffsnamen und Stapellauf / Ship's Name and Launching	Baubeginn – Fertig – / Umbau / On Keel – / Completed – Conv.	Bauwerft / Builder	Wasser-verdrängung / Displacement ts	Länge / Length m	Breite / Beam m	Tiefgang / Draft m	Besatzung / Crew Bes
8 FS o	Fenice, Sibilla	.	CNR, Muggiano	1200	86.6	10.5	3.2	121
	Driade, Chimera		CNR, R. Trigoso	1285				
	Sfinge	86/88	CNR, Muggiano					
	Danaide	85/87	CNR, Muggiano					
	MINERVA, Urania 1986 – bew. / auth.	85/87	CNR, R. Trigoso					
4 FS o	Cassiopea, Libra, Orione,	87/88	Fincant., La Spezia	.	79.8	11.8	3.5	78
	Spica a. St. / o. st. – bew. / auth.	./89		1450				
4 FS o	**Pietro DE CHRISTOFARO**	63/65	Tirreno, R. Trigoso	840	80.0	10.2	2.7	130
	Umberto Grosso, Salvatore Todaro	62/66	Ansaldo, Livorno	1020				
	Licio Visintini 1964-65	63/66	C. R. D. A., Monfalc.					
4 FS o	**Albatros, AIRONE, Alcione**	53/55	Navalmecc., Castellam.	800	79.0	9.5	2.8	109
	Aquila (ex Lynx) 1954	53/56	Breda, Venedig	950				

Uboote / Submarines

2 SS	Giuliano Prini	86/88	Fincant., Monfalcone	1476↑	64.4	6.8	5.7	49
	Salvatore Pelosi 1986-87	86/87	Fincant., Monfalcone	1662↓				
4 SS o	**Guglielmo Marconi,**	79/82	Italcant., Monfalcone	1450↑	63.9	6.8	5.7	45
	Leonardo da Vinci	76/82		1630↓				
	Fecia di Cossato	76/80	Italcant., Monfalcone					
	NAZARIO SAURO 1976-80	74/80						
1 SS o	**Romeo Romei** (ex Harder) 1951	50/52	Electric Bt., Groton	2120↑	87.0	8.0	6.2	82
				2700↓				
4 SC o	**Enrico Dandolo, Lazzaro Mocenigo**	66/68	Italcant., Monfalcone	535↑	46.0	4.8	4.0	22
		/69		590↓				
	ENRICO TOTI	64/68	Italcant., Monfalcone					
	Attilio Bagnolini 1967-68	65/68						

Minensucher / Minesweepers

6 MB	Viareggio, Crotone, Numana,	.	Intermar., Sarzana	~	.	.	.	.
	Alghero, Termoli, Gaeta			600				
	bew. / auth.							
4 MB o	**Sapri, Milazzo, Vieste**	84/86	Intermar., Sarzana	470	50.0	9.6	2.6	39
	LERICI 1982-85	78/85	Intermar., Sarzana	520				
4 MB o	**SALMONE, Sgombro, Squalo, Storione**	54/56	Martinolich, S. Diego	665	52.7	10.7	2.6	51
	(ex AM 507, 517, 518, 506)	57		750				
	1955-56							
7 MS o	**Castagno, Cedro, Frassino, Gelso,**	52/53	USA	378	44.0	8.0	2.6	41
	Larice, Mandorlo, Platano 1953-59	58/60		405				
14 MS o	**AGAVE, Alloro, Bambú, Ebano,**	50/55	Italien / Italy	335	43.0	8.0	2.6	38
	Edera, Gelsomino, Giaggiolo, Loto,	56/57		370				
	Mango, Mogano, Palma, Sandalo,							
	Timo, Vischio 1955-57							

Bewaffnung / Armament	Sensoren-Elektronik/ Sensors-Electronic	Geschwindig-keit / speed kn	Antrieb / Propulsion Maschine / Kessel / Engines / Boilers / Masch	Leistung/ Power kW 1 kW = 1.36 PS	Fahrstrecke / Range sm	Sonstige Angaben / Remarks
7.6 ⚓ OTO, Albatros ⒏, UTR 32.4 III	⊤ ♀ ♀ / ⊕ ⊕ ⵢ / ᷍	24.0	GMT-DM 2	16180 18	3500	*Corvette.* Total 12? Ersatz für / replacement for Christofaro, Airone Klasse
7.6 ⚓, 2-2 ⚓	.	19.5	GMT-DM 2	5506 15	3300	*Pattugliatori marittimi.* **Costellazioni** Klasse. Offshore patrol vessels
7.6 ⚓, 1 ⒈, UTR 32.4 III	⊤ ♀ ♀ / ⊕ ⵢ	22.0 23.5	Fiat 12 Cyl-DM 2	6180 18	4000	**Masch:** IV Tosi-DM
4 ⚓, 2 ⌇, UTR 32.4 III	⊤ ♀ ♀ / ⊕ ⵢ	19.0	Fiat 12 Cyl-DM 2	3390 18	2400	4 ⚓ unterschiedlich / differs
TR 53.3 b↓ (Sub-Harpoon ⇢)	⊤ ♀ ⵢ / ᷍	14.0↑ 20.0↓	3 Fincant.-DG Marelli-EM 1	4270 12	7000	*Sottomarini d'attacco.* Verbesserte / improved Nazario Sauro Klasse. 300 m Tauch-tiefe / diving depth
TR 53.3 b↓	⊤ ♀ ⵢ / ᷍	14.0↑ 19.0↓	3 GMT-DG EM 1	2650 3090 4	12500	250 m Tauchtiefe / diving depth
TR 53.3 ↓ (6 b, 2 h)	⊤ ♀ ⵢ / ᷍	20.0↑ 16.0↓	3 Fairb.-M. DM 2 EM 2	3310 4120 9	14000	*Sommergibili.* Typ US Tang
UTR 53.3 ↓	⊤ ♀ ⵢ	9.5↑ 15.0↓	2 Fiat ⌁ DM 1 EM 1	1620 1620 5	3000	*Sottomarini cacciasommergibili*
.	.	. .	.	.	.	*Cacciamine.* Minenjäger / minehunters. Verbesserte / improved Lerici. Total 8?
2 ⚓, 1 MIN 77-Pluto	⊤ ⵢ	15.0	GMT-DM 1	1176 12	2500	*Cacciamine.* Minenjäger / minehunter
4 ⚓	⊤	14.0	DM 2	1180 10	3000	*Dragamine d'altura.* Typ US Agile
2 ⚓₂	⊤	13.5	DM 2	880 10	2500	*Dragamine.* Typ US Bluebird. I-IV, VI, VII: Minenjäger / minehunters. 355 ts
2 ⚓₂	⊤	13.5	DM 2	880 10	2500	Typ US Bluebird. VIII, IX, XI: Minenjäger / minehunters

Anzahl - Art / Number - Group	Schiffsnamen und Stapellauf / Ship's Name and Launching	Baubeginn - Fertig - / Umbau - On Keel - / Completed - Conv.	Bauwerft / Builder	Wasserverdrängung / Displacement ts	Länge / Length m	Breite / Beam m	Tiefgang / Draft m	Besatzung / Be

Kleine Kampfschiffe / Small Fighting Vessels

7 PG o	**Gheppio, Condor**	79/83 84	CNR, Muggiano	59 63.5	24.6	7.0	1.9	
	Astore, Grifone	78/83	CNR, Muggiano					
	Nibbio, Falcone	77/82	CNR, Muggiano					
	SPARVIERO 1973–82	71/74	Alinavi, La Spezia					

Landungsfahrzeuge / Landing Vessels

2 LS o	San Marco San Giorgio 1987 – a. St. / o. st.	86/. 84/87	Fincant., R. Trigoso Fincant., R. Trigoso	. 7665	133	20.5	5.3	16
2 LS o	**Caorle** (ex York Co.) **Grado** (ex De Soto Co.) 1957	55/57 56	Newport News Shb. Avondale, New Orleans	4300 8000	135	18.9	5.5	16
6 LC o	**MTC 1011**–1 0 1 6 1985–87	85/86 87/87	C. N. Morini, Ancona	. 630	56.7	10.0	2.5	3
4 LC o	I–IV bew. / auth.	.	C. N. Morini, Ancona	. 610	56.7	10.0	2.5	3

7 LC: **MTC 1001, 1004–1006, 1010** (43) 240 ts, 9 kn, 1–2 ⚓, ital. MZ Klasse – *Mototrasporti Costieri*;
MTF 1301–1303 – *Mototrasporti Fari* (43) 350 ts, 8 kn, Typ brit. LCT (3), auch Leuchtturmtender / also
Lighthouse Tenders

Hilfsfahrzeuge / Auxiliary Vessels

2 AK o	**Vesuvio** **Stromboli** 1975–77	74/78 73/75	CNR, Muggiano CNR, R. Trigoso	3560 8700	129	18.0	6.5	13.
1 AK	**Andrea Bafile** (ex St. George / AV 16) 1944	44/44	Todd, Tacoma	8510 13380	163	23.0	8.5	.
1 AR o	**Anteo** 1978	77/80	CN Breda, Venedig	2500 3200	98.4	15.8	5.2	13. + 1.
1 AR o	**Pietro Cavezzale** (ex Oyster Bay) 1942	41/43	Lake Washington Shy.	1766 2800	95.0	12.5	3.7	11
1 AR	**Proteo** (ex Perseo) 1944	43/51 84–85	CNR, Ancona	1860 2170	75.7	11.7	6.1	11.

9 AO: – für Wasser / for water: **Simeto** (86) 1860 ts, 13 kn, GMT-DM, 1764 kW₁; **Tevere** (84) 2130 ts, DM,
70.4 × 10.2 × 4.5 m, Bauwerft / builder: CN Ferbex, Neapel; o **PIAVE** (71) 3500/4975 ts, 13.6 kn, [4–4 ⚓]
1500/₁₂ sm, 1880 kW, 2 DM, 80 × 13.4 × 5.9 m, Bauwerft / builder: Orlando, Livorno; o **Basento, Bradan**
BRENTA (70–72) 1200/1915 ts, 12.5 kn, [2–2 ⚓, 2 Mg ⚓], 1650/₁₂.₅ sm, 1270 kW, 66 × 10.1 × 3.9 m, Bauwerft / builder: I. N. M. A., La Spezia; **Adige** (44) 463 ts, 8 kn, [3–2 ⚓]; **Mincio** (29) *640* ts, 9 kn, [1–2 ⚓];
Bormida 470 ts; einige kleinere / some smaller

6 AT	**Ciclope, Gigante, Polifemo, Titano,** Saturno, Tenace 1985 – a. St. / o. st.	84/85 86/.	Ferrari, La Spezia	. 600	38.9	9.9	3.8	.

5 AT: o **Atlante, Prometeo** (74) 750 ts, 16 kn, 2180 kW₁, Tosi-DM, 39 × 9.6 × 4.1 m; **Colosso, Forte** (43–44)
525/835 ts, 11 kn, 510 kW, ⚙ DM, Typ US ATA; **Gagliardo** (~40) 390/500 ts, 8 kn, 735 kW

9 AT	**Porto Conte, Porto Empedocle,** **Portoferraio, Porto Pisano,** **Porto Salvo, Portovenere**	84/85 87	De Poli, Pellestrina	. 412	32.3	8.5	3.3	.
	Porto Fossone, Porto Torres, **Porto Corsini** 1984–86	84/85 87	Ferbex, Napoli					

4 AT: **Porto d'Ischia, Riva Trigoso** (69) 300 ts, 12 kn, 1–2 ⚓, 625 kW₁, DM; **Levanzo** 270 ts, 9 kn, 440 kW;
Ustica 270 ts, 10 kn, 880 kW

Bewaffnung / Armament	Sensoren-Elektronik/ Sensors-Electronic	Geschwindigkeit / speed kn	Antrieb / Propulsion Maschine / Kessel / Engines / Boilers / Masch	Leistung/ Power kW 1 kW = 1.36 PS	Fahrstrecke / Range sm	Sonstige Angaben / Remarks
Otomat-Teseo ⇒, 7.6 ⚓	⊤ ✧ ⟿ ⊕	45.0	R. R. Proteus-GTu + GM-DM	3310 + 120	600 41	Verbesserter / improved Typ US Tucumcari. VII: Fahrstrecke / range 440/41 sm
7.6 ⚓, 2-2 ⚓, [500], ⟻ 6 MTM	⊤ ✧ ⟿ ⊕ ⩒	20.0	GMT-DM	12360 2	7500 16	Ersatz für / replacement for Caorle + Grado
7.6 ⚓, 2 LC, [555], ⟻ AB 212]	⊤ ⊕	16.0	6 Fairb. M.-DM	10075 2	.	Typ US LST / Suffolk County
2 ⚓, 2 Mg ⚓]	⊤	14.0	CRM-DM	1116 2	1500 14	*Mototrasporti costieri*
Mg ⚓]	⊤	14.0	Isotta F.-DM	1295 2	1500 14	*Mototrasporti fari*

LC: **MTM 1-8** (86-87) 62 ts, 9 kn, [30 ts], DM, Lg 18.5 m - *Mototrasporti medi*
LC: **MTP I-?** (86-87) 14 ts, 15 kn, [45] DM, Lg 13.5 m - *Mototrasporti personale*
LC: **MTP 9727-9730, 9732-9754** (58-65) ähnlich / similar to Typ US LCVP

7.6 ⚓, [2-4 ⚓], 1 ⟻	⊤ ✧ ⊕ ⩒	19.0	2 Fiat-DM	7060 1	4000 19	*Navi rifornimento flotta.* 4 ⚓ nicht eingebaut / not shipped. 3000 ts Ö / F, 1000 ts Diesel, 400 ts jet fuel
12.7, 3 ⟻, [1000]	⊤ ✧	16.5	⚙ Tu 2 Foster-Wh.	6250 1	13400 13	*Nave trasporto truppe e materiali.* Typ US Mar. Comm. C3. In Reserve
2 ⚓	⊤ ✧ ⟿ ⩒	18.3	3 GMT ⟿ DM	5960 1	4000 14	Bergungsschiff / salvage vessel. 1 SX: **Usel:** 13.2 ts, DM/EM, 8.1 × 1.9 × 2.7 m
7.6, 2-4 ⚓	⊤ ✧	18.0	DM	4410 2	10000 11	Typ US Barnegat
2 ⚓	⊤	16.0	2 Fiat-DM	3530 1	7500 13	Bergungsfahrzeug / salvage vessel. Auch / also AT

AO: **MCC 1101, 1102** (85-86) 860 ts, 13 kn, DM, 970 kW₂ - *Motocisterne per combustibili*
AP: **MEN 212, 215** (86) 82 ts, 28 kn, [250], DM, 1175 kW₂ - *Trasporti personale*

.	⊤	14.5	2 DM	2425 1	3000 14.5	*Rimorchiatori d'altura*

AT: **San Giusto** (~40) 370 ts, 12 kn, 3 × Exp., 660 kW₁, 38.7 × 7.1 × 3.8 m, Bauwerft / builder: CNR, Palermo

.	⊤	11.5	GMT-DM	1177 1	1800 10	*Rimorchiatori costieri*

AT: **RP 125-138** (83-86) 120 ts, 9.5 kn, Fiat-DM, 270 kW₁; **RP 113-116, 118-124** (78-81) 110 ts, 9.5 kn, DM; **RP 101-112** (72-75) 36 ts, 12 kn, DM - *Rimorchiatori portuali*

Anzahl – Art / Number – Group	Schiffsnamen und Stapellauf / Ship's Name and Launching	Baubeginn – Fertig – / Umbau / On Keel – / Completed – Com.	Bauwerft / Builder	Wasser- verdrängung / Displacement ts	Länge / Length m	Breite / Beam m	Tiefgang / Draft m	Besatzung / Be
1 AN	**Alicudi**	1954 54/55	Ansaldo, Livorno	680	46.0	10.2	3.2	
1 AG ○	**Ammiraglio Magnaghi**	1974 73/75	CNR, R. Trigoso	1700	82.7	13.7	3.5	1

2 AG: **Pioppo** (~55) 380 ts, 13.5 kn, es MS, Abete Klasse; **Mirto** (~55) 335 ts 13.5 kn, ex MS Agave Klasse – Vermessung / survey

| 1 AX ○ | **Amerigo Vespucci** | 1931 30/31 | St. W. Castellammare | 3550 4146 | 82.0 101 | 15.5 | 7.3 | 4! |

5 AX: **Caio Duilio** – s. CH; **Palinuro** (ex Jean Marc Aline, ex Cdt. Louis Richard) (33) ~450 ts, Schunerbark r DM / schooner barque with DM; **Caroly** 60 ts, 6.5 kn, GM-DM, 73.5 kW, Yawl; **Corsaro II, Stella Polar** (60–64) 41 ts, Yawl, 70 kW, DM, 21 × 4.7 × 2.9 m, 205 m² / 2117 sq. ft., Bes 14

5 AX: **Aragosta, Astice, Mitilo, Polipo, Porpora** (57) 120 ts, 14 kn, 1–2 ⚓, DM, 810 kW₂ – Typ brit Ham, ex MS unterstehen der / belong to *Academica Navale Livorno*

Corpo delle Capitanerie die Porto – Hafenverwaltung / Port Authority

3 PP: **Dante Novaro** (77) 55 ts, 23.5 kn, DM, 1765 kW₂; **Bruno Gregoretti** (72) 65 ts, 19 kn, DM; **Michele Fiori** (68) 84 ts, 17 kn, 2 Mg ⚓

17 PP: **I–VIII** (a. St. / o. st.) 110–132 ts, 22 kn, DM; **CP 301, 302, 306, 308–311** (62–70) 29 ts, 8.5 kn; **CP 303, 304** (65) 18 ts, 13 kn

31 PP: **CP 256** (86); **CP 254, 255** (84–85) 22.5 ts, 31 kn; **CP 246–253** (77–81) 21.5 ts, 29.5 kn; **CP 239–245** (71) 25 ts, 30 kn; **CP 231–238** (66–69) 14 ts, 26 kn; **CP 226–230** (66) 18 ts – und viele kleinere / and many smaller

Jamaika / Jamaica

3 PP: I (bew. / auth.) Lg 42.7 m; I, II (bew. / auth.) Lg 12.8 m, Bauwerft / builder: Swiftships

1 PP: **Paul Bogle** / P 8 (85) 93 ts, 35 kn, 1–2 ⚓, 2 Mg ⚓, MTU-DM, 2650 kW₃, 32.3 × 6.3 × 2.1 m, Bes 20, Bau werft / builder: Lantana, Florida

Japan

Marine – Maritime Self Defence Force / MSDF

Zerstörer / Destroyers

1 DG	I	gepl. / plan.	.	.	.	.	.	.
2 DD ○	**Kurama** / 144 **SHIRANE** / 143	78/81 1978–79 77/80	Ishikawajima, Tokyo Ishikawajima, Tokyo	5200 6800	159	17.5	5.3	37
2 DD ○	**Hiei** / 142 **HARUNA** / 141	72/74 87–89 1972–73 70/73 86–87	Ishikawajima, Tokyo Mitsubishi, Nagasaki	4700 6300	153	17.5	5.1	35

Bewaffnung / Armament	Sensoren-Elektronik/ Sensors-Electronic	Geschwindig-keit / speed kn	Antrieb / Propulsion		Fahrstrecke / Range sm	Sonstige Angaben / Remarks
			Maschine Kessel Engines Boilers Masch	Leistung/ Power kW 1 kW = 1.36 PS		

4 ⚓, 4-2 ⚓	⊤	12.0	⇢ DM	880 2	8300 12	*Nave posareti*
4 ⚓, 1 ⇥	⊤	16.0	GMT-DM + EM	2205 + 175 1	6000 12	*Nave idrografica.* Vermessung / survey
4 ⚓, 1-2 ⚓	⊤	10.5	Fiat ⇢ DM	1400 1	5450 6.5	Segelschulschiff. Segelfläche 2600 m². Für 150 Kadetten / Sail training ship. Sail area 28000 sq ft. For 150 cadets

Versuchsschiff / Trial Ship: **Raffaele Rossetti** (86) 282 ts, 14 kn, 1 **TR** für / for ↓, 1 **TR** für / for ↑ Experimente, 3 **UTR** 32.4 III, DM, 44.6 × 7.9 × 2.1 m, Bes 9 – *Nave esperienze*

Versuchsschiffe / Trial Ships: **Quarto** (67) 340 ts, 13 kn, 4-4 ⚓₂, ex LS, für Lenkwaffen / for missiles; **Murena** 25.9 × 6.9 × 1.0 m – *Motoscafi app. incursori*

YD: **Alcide Pedretti, Mario Marino** (84) 97 ts, 28 kn, DM, 1120 kW₂, GRP-Rumpf / hull

omando Generale della Guardia di Finanza Servizio Navale – nanzverwaltung See - Financial Administration/Sea

PP: I, II (a. St. / o. st.) 210 ts, 25 kn, 2-3 ⚓, 2 Mg ⚓, DM, 4412 kW₂

PP: **Bigliani, Cavaglia** (86) 75 ts, 45 kn, 1-3 ⚓, DM; **Genna** (80) 120 ts, 35 kn, 1-2 ⚓, MTU-DM

PP: **G 10-68** (70-85) 40 ts, 34 kn, 1-2 ⚓, CRM-DM; **Gabriele, Grasso** (66-67) 54 ts, 34 kn, CRM-DM; **G 72-77** (55-59) 57 ts, 28 kn, 1-2 ⚓, CRM-DM

PP: **GL 432, 433** (68) 13.3 ts, 33 kn; **GL 103-106** (64) 7.1 ts, 34 kn; **GL 313-321** (57-59) 16.4 ts, 31 kn – und zahlreiche kleinere / and numerous smaller

Jamaika / Jamaica

PP: **Fort Charles** / P 7 (74, *79-81*) 103 ts, 32 kn, 2-2 ⚓₂, 2 Mg ⚓, [24], 5150 kW₂, MTU-DM, 32.3 × 5.8 × 2.1 m, Bes 15, Bauwerft / builder: Sewart Seacraft

PP: **Discovery BAY, Holland Bay, Manatee Bay** / P 4-6 (66-67, *81-83*) 60 ts, 30 kn, 3 Mg ⚓, 2205 kW₂, MTU-DM, 26 × 5.5 × 1.6 m, Bes 10, Bauwerft / builder: Sewart Seacraft, Berwick

Japan

.	.	.	.	.	.	AEGIS-System. Total 4?
-12.7 ⚓, 2-2 ⚓ Phalanx, Sea Sparrow ⬚₈, **UTR** 32.4 III, ⬚₈ Asroc, 3 ⇥	⊤ ○ ⬦ ◠ ⊕ ⩗	32.0	✿ Tu Wr	55150 2	.	143: Keine / no 2 ⚓ Phalanx
-12.7 ⚓, 6 **UTR** 32.4 III, ⬚₈ Asroc, 3 ⇥	⊤ ○ ⬦ ◠ ⊕ ⩗	32.0	✿ Tu Wr	51485 2	7000 20	FRAM (Fleet Rehabilitation And Modernization Program). Erhalten/to get Sea Sparrow ⬚₈, 2-2 ⚓ Phalanx

Anzahl - Art / Number - Group	Schiffsnamen und Stapellauf / Ship's Name and Launching		Baubeginn - Fertig - / Umbau / On Keel - / Completed - Conv.	Bauwerft / Builder	Wasser-verdrängung / Displacement	Länge / Length	Breite / Beam	Tiefgang / Draft	Besatzung / Crew
					ts	m	m	m	Bes
2 DG o	Shimakaze / 172 Hatakaze / 171	1984–87	85/88 83/86	Mitsubishi, Nagasaki Mitsubishi, Nagasaki	4550	150	16.4	4.8	
8 DG o	I / 158 II / 157 III / 156 IV / 155 Amagiri / 154 Yugiri / 153 Yamagiri / 152 ASAGIRI / 151	1986 – bew. / auth.	88/91 87/90 87/90 87/90 86/89 86/89 86/89 85/88	Ishikawajima, Tokyo Mitsubishi, Nagasaki Sumitomo, Uraga Hitachi, Maizuru Ishikawajima, Tokyo Sumitomo, Uraga Mitsui, Tamano Ishikawajima, Tokyo	3400	137	14.6	4.5	23
12 DG o	Shimayuki / 133 Asayuki / 132 Setoyuki / 131 Matsuyuki / 130 Yamayuki / 129 Haruyuki / 128 Isoyuki / 127 Hamayuki / 126 Sawayuki / 125 Mineyuki / 124 Shirayuki / 123 Hatsuyuki / 122	1980–86	85/87 83/87 84/87 83/86 82/86 82/85 82/85 81/84 81/84 81/84 79/83 79/82	Mitsubishi, Nagasaki Sumitomo, Uraga Mitsui, Tamano Ishikawajima, Tokyo Hitachi, Maizuru Sumitomo, Uraga Ishikawajima, Tokyo Mitsui, Tamano Ishikawajima, Tokyo Mitsubishi, Nagasaki Hitachi, Maizuru Sumitomo, Uraga	2950 3700	132	13.7	4.3	200
3 DG o	Sawakaze / 170 Asakaze / 169 Tachikaze / 168	1974–81	79/83 76/79 73/76	Mitsubishi, Nagasaki Mitsubishi, Nagasaki Mitsubishi, Nagasaki	3850 4800	143	14.3	4.6	26
1 DG o	Amatsukaze / 163	1963	62/65	Mitsubishi, Nagasaki	3050 4000	131	13.4	4.2	29
2 DG o	Kikuzuki / 165 TAKATSUKI / 164	1966–67	65/68 83–86 64/67 81–85	Mitsubishi, Nagasaki Ishikawajima, Tokyo	3250 4500	136	13.4	4.4	27
2 DD o	Nagatsuki / 167 Mochizuki / 166	1968–69	68/70 66/69	Mitsubishi, Nagasaki Ishikawajima, Tokyo	3200 4500	136	13.4	4.4	27
3 DD o	Yugumo / 121 Akigumo / 120 AOKUMO / 119	1972–77	76/78 72/74 70/72	Sumitomo, Uraga Sumitomo, Uraga Sumitomo, Uraga	2150 2700	115	11.8	4.0	210
3 DD o	Murakumo / 118 Natsugumo / 117 MINEGUMO / 116	1967–68	68/70 67/69 67/68 78–83	Maizuru, H. Ind. Uraga, H. Ind. Mitsui, Tamano	2100 2750	114	11.8	3.9	220
3 DD o	Asagumo / 115 Makigumo / 114 YAMAGUMO / 113	1965–66	65/67 64/66 64/66	Maizuru, H. Ind. Uraga, H. Ind. Mitsui, Tamano	2050 2700	114	11.8	3.9	215

Bewaffnung / Armament	Sensoren-Elektronik / Sensors-Electronic	Geschwindig-keit / speed kn	Antrieb / Propulsion — Maschine / Kessel / Engines / Boilers / Masch	Leistung/ Power kW 1 kW = 1.36 PS	Fahrstrecke / Range sm	Sonstige Angaben / Remarks
Harpoon $\Rightarrow_4$, 2-12.7, -2 Phalanx, Tartar $_{11}$, 6 **UTR** 32.4 III, Asroc$_8$		30.0	2 R. R. Spey SM-1 A-GTu + 2 Ol. TM-3 D-GTu	52940 2	.	**Masch:** COGAG
Harpoon $\Rightarrow_4$, 1-7.6, -2 Phalanx, Sea Sparrow, **UTR** 32.4 III, Asroc$_8$, 1		30.0	4 R. R. Spey SM-1 A-GTu	50295 2	.	**Masch:** COGAG
Harpoon $\Rightarrow_4$, -7.6 OTO, -2 Phalanx, Sea Sparrow $_{8}$, **UTR** 32.4 III, 1 Asroc$_8$,		30.0	R. R.-GTu + Tyne GTu	39720 +7330 2	.	122-125: Alu-Aufbauten / Al superstructure, 126-133: Stahlaufbauten 3070 ts / steel superstructure 3070 ts. **Masch:** COGOG. 122, 123: keine / no 2-2 Phalanx
-12.7, 2-2 Phalanx, Tartar $_{11}$, **UTR** 32.4 III, Asroc$_8$		33.0	Gen. El. Tu 2 Wr	51470 2	.	I: 8 Harpoon $\Rightarrow_4$ zwischen den Schornsteinen, keine Phalanx / between funnels, no Phalanx
-7.6 $_2$, 1 Tartar $_{11}$, **UTR** 32.4 III, Asroc$_8$, 2		33.0	Ishik. Gen. El. Tu 2 Foster-Wh.	44130 2	7000 18	*Goei kan.* **Bew:** 40 FK / **AMT:** 40 MI
Harpoon $\Rightarrow_4$, 1-12.7, -2 Phalanx, Sea Sparrow $_{8}$, **UTR** 32.4 III, Asroc$_8$, Bofors$_4$		32.0	Kawasaki GE Tu 2 Foster Wh.	44310 2	7000 20	Verbesserte Elektronik / improved electronics
-12.7, **UTR** 32.4 III, Asroc$_8$, Bofors$_4$, Dash		32.0	Mitsub. GE Tu 2 Mitsubishi	44310 2	7000 20	Takatsuki Klasse / class
-7.6 $_2$, **UTR** 32.4 III, Asroc$_8$, Bofors$_4$		27.0	6 B. & W.-DM	19490 2	7000 20	Verbesserte / improved Minegumo Klasse
-7.6 $_{2-1}$, **UTR** 32.4 III, Bofors$_4$, Asroc$_8$		27.0	Mitsub.-DM	19490 2	7000 20	
-7.6 $_2$, 6 **UTR** 32.4 III, Asroc$_8$, Bofors 37.5 $_4$		27.0	6 B. & W.-DM	19490 2	7000 20	

Anzahl – Art / Number – Group	Schiffsnamen und Stapellauf / Ship's Name and Launching		Baubeginn – Fertig – / Umbau / On Keel – Completed – Com.	Bauwerft / Builder	Wasserverdrängung / Displacement ts	Länge / Length m	Breite / Beam m	Tiefgang / Draft m	Besatzung / Crew Bes

Fregatten / Frigates

4 FG	I, II / 231, 232		.	.	1900	104	12.5	3.8	13(
	III / 230		88/90	Hitachi, Maizuru	2400				
	IV / 229	bew. / auth.	88/89	Mitsui, Tamano					
2 FG	Yubetsu / 228		82/84	Hitachi, Maizuru	1470	91.0	10.8	3.5	94
o	Yubari / 227	1982–83	81/83	Sumitomo, Uraga	1760				
1 FG	Ishikari / 226	1980	79/81	Mitsui, Tamano	1280	85.0	10.6	3.5	9(
o					1450				
11 FE	Noshiro / 225		76/77	Mitsui, Tamano	1470	93.0	10.8	3.5	165
o	Yoshino / 223		73/75	Mitsui, Tamano	1750				
	Teshio / 222, Kumano / 224		73/75	Hitachi, Maizuru					
	Niyodo / 221		72/74	Mitsui, Tamano					
	Chitose / 220		73/73	Hitachi, Maizuru					
	Iwase / 219		72/73	Mitsui, Tamano					
	Tokachi / 218		70/72	Mitsui, Tamano					
	Mikuma / 217		70/71	Mitsui, Tamano					
	Ayase / 216		69/71	Ishikawajima, Tokyo					
	CHIKUGO / 215	1970–77	68/70	Mitsui, Tamano					
4 FE	Kitakami / 213		62/64	Ishikawajima, Tokyo	1490	94.0	10.8	3.5	18(
o	Ohi / 214		62/64	Maizuru Heavy Ind.	1790				
	ISUZU / 211		60/61	Mitsui, Tamano					
	Mogami / 212	1961–63	60/61	Mitsubishi, Nagasaki					

Uboote / Submarines

2 SS	I / 584	bew. / auth.	88/91	Kawasaki, Kobe	2400↑	.	.	.	.
	II / 583	a. St. / o. st.	87/90	Mitsubishi, Kobe	. ↓				
10 SS	I / 582		86/89	Kawasaki, Kobe	2200↑	76.0	9.9	7.5	5(
o	Yukishio / 581		85/88	Mitsubishi, Kobe	. ↓				
	Takeshio / 580		84/87	Kawasaki, Kobe					
	Akishio / 579		83/86	Mitsubishi, Kobe					
	Hamashio / 578		82/85	Kawasaki, Kobe					
	Nadashio / 577		81/84	Mitsubishi, Kobe					
	Okishio / 576		80/83	Kawasaki, Kobe					
	Setoshio / 575		79/82	Mitsubishi, Kobe					
	Mochishio / 574		78/81	Kawasaki, Kobe					
	YUSHIO / 573	1979 – a. St. / o. st.	76/80	Mitsubishi, Kobe					
6 SS	Yaeshio / 572		75/78	Kawasaki, Kobe	1850↑	72.0	9.9	7.5	6{
o	Takashio / 571		73/76	Mitsubishi, Kobe	2400↓				
	Kuroshio / 570		72/75	Kawasaki, Kobe					
	Narushio / 569		71/73	Mitsubishi, Kobe					
	Isoshio / 568		70/72	Kawasaki, Kobe					
	Makishio / 567	1971–77	69/72	Mitsubishi, Kobe					

Minenleger / Minelayer

| 1 NB | Soya / 951 | 1971 | 70/71 | Hitachi, Maizuru | 2150 | 99.0 | 15.0 | 4.2 | 18! |
| o | | | | | 2350 | | | | |

Minensucher / Minesweepers

| 2 MB | I, II / 670, 671 | bew. / auth. | 88/89 | . | 490 | . | . | . | . |

Bewaffnung / Armament	Sensoren-Elektronik/ Sensors-Electronic	Geschwindig-keit / speed kn	Antrieb / Propulsion Maschine / Kessel / Engines / Boilers / Masch	Leistung/ Power kW 1 kW = 1.36 PS	Fahrstrecke / Range sm	Sonstige Angaben / Remarks
Harpoon ⇒₄, 1-7.6 ⚓, -2 ⚓ Phalanx, 1 RAM ⏧₂₁], **UTR 32.4 III**	.	27.0	2 R. R. Spey-SM-1 A-GTu + 2 Mits.-DM	25150 + 4410 2	.	Etat 1988–89: 233 gepl. / plan.
Harpoon ⇒₄, 1-7.6 ⚓, **UTR 32.4 III**, ⚓₄ Bofors	⊤ ○ ⊹ ⌖ ⊕ ⊽	25.0	R. R. Ol.-GTu + DM	20590 + 3680 2	.	**Masch:** CODOG
Harpoon ⇒₄, -7.6 ⚓ OTO, **UTR 32.4 III**, ⚓₄ Bofors	⊤ ○ ⊹ ⌖ ⊕ ⊽	25.0	R. R. Ol.-GTu + DM	20590 + 3680 2	.	**Masch:** CODOG
-7.6 ⚓₂, 2-4 ⚓₂, ⚓₈ Asroc, **UTR 32.4 III**	⊤ ○ ⊹ ⌖ ⊕ ⊽	25.0	4 DM	11770 2	10700 12	I–IV 1500/1800 ts
-7.6 ⚓₂, **UTR 32.4 III**, ⚓₄ Bofors	⊤ ⊹ ⌖ ⊽	25.0	DM	11770 2	.	**Masch:** 212, 214: 2 Mitsubishi-DM. 212 jetzt / now AX: TV 3505
	.	.	.	.	.	*Sensuikan.* 585 Etat 1988–89
TR 53.3 s↓	⊤ ⌖- ⊽	12.0↑ 20.0↓	2 MAN-DM Fuji-EM	2500 5295 1	.	Verbesserte / improved Uzushio Klasse. Doppelrumpf / double hull. 577–582: Sub-Harpoon ⇒
TR 53.3 s↓	⊤ ⌖- ⊽	12.0↑ 20.0↓	Kawas.-MAN-DM EM	2500 5295 1	.	Uzushio Klasse / class. Tropfenform / tear drop form. **TR** mittschiffs / amidships. 570 refitted after collision
-7.6 ⚓, 2-2 ⚓, **UTR 32.4 III**, ⚙	⊤ ○ ⊹ ⌖ ⊕ ⊽	18.0	MAN-DM	4710 2	7500 14	*Fusetsu-Kan*
.	.	.	.	.	.	672, 673 Etat 1988/89

Anzahl – Art / Number – Group	Schiffsnamen und Stapellauf / Ship's Name and Launching	Baubeginn – Fertig – / Umbau / On Keel – / Completed – Conv.	Bauwerft / Builder	Wasserverdrängung / Displacement ts	Länge / Length m	Breite / Beam m	Tiefgang / Draft m	Besatzung / Crew Bes
21 MB	I / 669	87/88	Hitachi, Kanagawa	440	55.0	9.4	2.4	45
o	II / 668	87/88	Nihon K., Tsurumi					
	Moroshima / 667	86/87	Nihon K., Tsurumi					
	Ogishima / 666	86/87	Hitachi, Kanagawa					
	Himeshima / 665	85/86	Hitachi, Kanagawa					
	Kamishima / 664	85/86	Nihon K., Tsurumi					
	Etajima / 663	84/85	Nihon K., Tsurumi					
	Nuwajima / 662	84/85	Hitachi, Kanagawa					
	Takashima / 661	83/84	Hitachi, Kanagawa					
	Hahajima / 660	83/84	Nihon K., Tsurumi					
	Torishima / 659	82/83	Nihon K., Tsurumi					
	Chichijima / 658	82/83	Hitachi, Kanagawa					
	Narushima / 657	81/82	Hitachi, Kanagawa					
	Niijima / 655, Yakushima / 656	80/81	Nihon K., Tsurumi					
	Ooshima / 654	80/81	Hitachi, Kanagawa					
	Ukishima / 653	79/80	Hitachi, Kanagawa					
	Enoshima / 652	79/80	Nihon K., Tsurumi					
	Miyajima / 651	78/80	Nihon K., Tsurumi					
	Ninoshima / 650	78/79	Hitachi, Kanagawa					
	HATSUSHIMA / 649	77/79	Nihon K., Tsurumi					
	1978 – a. St. / o. st.							
13 MS	Hashira / 647, Iwai / 648	77/78	Nihon Kokan, Tsurumi	380	52.0	8.8	2.4	47
o	Okitsu / 646	76/77	+ Hitachi, Kanagawa					
	Oumi / 644, Fukue / 645	75/76						
	Yokose / 642, Sakate / 643	74/75						
	Takane / 640, Muzuki / 641	73/74						
	Tashiro / 638, Miyato / 639	72/73						
	Teuri / 636, Murotsu / 637	1972–79	71/72					
6 MS	Sokaitei 7–12 / 707–712	1972–75	72/73	Japan	53	22.5	5.4	1.0	10
o			74/75						

Kleine Kampfschiffe / Small Fighting Vessels

1 PC	Hiyodori / 320	1965	65/66	Sasebo	460	60.0	7.1	2.3	70
5 PF	Gyoraitei 15 / 815		74/75	Mitsubishi, Shimon.	100	35.5	9.2	1.2	28
o	Gyoraitei 14 / 814		73/74	Mitsubishi, Shimon.					
	Gyoraitei 13 / 813		72/73	Mitsubishi, Shimon.					
	Gyoraitei 12 / 812		71/72	Mitsubishi, Shimon.					
	Gyoraitei 11 / 811	1970–75	70/71	Mitsubishi, Shimon.					

2 PP: **Kosoku 6** (67) 45 ts, 30 kn; **Kosoku 41** (64) 45 ts, 19 kn – Seenotboote ohne **Bew** / SAR without **AMT**

Landungsfahrzeuge / Landing Vessels

3 LS	Satsuma / 4153		75/77	Ishikawajima, Tokyo	2000	98.0	14.0	3.0	11.
o	Ojika / 4152		74/76	Ishikawajima, Tokyo	3200				
	MIURA / 4151	1974–76	73/75	Ishikawajima, Tokyo					
3 LS	Nemuro / 4103		76/77	Sasebo H. Ind.	1550	89.0	13.0	2.5	9.
o	Motobu / 4102		72/74	Sasebo H. Ind.	2400				
	Atsumi / 4101	1972–72	72/72	Sasebo H. Ind.					
2 LS	Noto / 4172, Yura / 4171	1980	80/81	Sasebo H. Ind.	500	58.0	9.5	1.7	3.
o					590				
1 LS	I	bew. / auth.	87/88	.	420	.	.	.	.

37 LC: 15 Typ US LCM (6), 22 Typ US LCVP

Bewaffnung / Armament	Sensoren-Elektronik/ Sensors-Electronic	Geschwindig-keit / speed kn	Antrieb / Propulsion Maschine / Kessel / Engines / Boilers / Masch	Leistung/ Power kW 1 kW = 1.36 PS	Fahrstrecke / Range sm	Sonstige Angaben / Remarks
-2 ⚓ Gatling	⊤ ▽	14.0	DM	1060 2	.	Verbesserte / improved Takami Klasse. Minenjäger / minehunters. 649–652: 1–2 ⚓
-2 ⚓	⊤ ▽	14.0	Mitsub.-DM	1060 2	.	Minenjäger. 4 Minentaucher / Minehunters. 4 clearance divers
-2 ⚓	–	11.0	Mitsub.-DM	350 2	.	Nana-Go Klasse
-4 ⚓₂, 6 UTR 32.4 III, ⌇	⊤ ♢ ◌ ⊕ ▽	20.0	Kawasaki-MAN/ V 8 V-DM	2795 2	2000 12	*Kusen-tei.*
-4 ⚓, 4 TR 53.3	.	40.0	Mitsub.-DM + IHI-GTu	4410 + 3380 3	.	**Masch:** CODAG

PP: **PB 919–927** (70–72) 18 ts, 20 kn, 1–2 ⚓, 560 kW, DM, 16.9 × 4.2 × 0.7 m, Bes 6

Bewaffnung / Armament	Sensoren-Elektronik	Geschwindig-keit kn	Antrieb	Leistung kW	Fahrstrecke sm	Sonstige Angaben / Remarks
-7.6 ⚓₂, 2–4 ⚓₂ LCM, [1800 ts], [180]	⊤ ♢ ◌ ⊕	14.0	MAN-DM	3240 2	.	*Yorikukan*
-4 ⚓₂, 2 LCVP, 400 ts], [120]	⊤ ⊕	14.0	MAN-DM	3240 2	4300 12	Atsumi 1480 ts
-2 ⚓ Gatling	⊤	12.0	DM	2210 2	.	
.	.	.	. .	.	.	Total 3?

Anzahl – Art / Number – Group	Schiffsnamen und Stapellauf / Ship's Name and Launching		Baubeginn – Fertig – *Umbau* / On Keel – Completed – *Conv.*		Bauwerft / Builder	Wasserverdrängung / Displacement ts	Länge / Length m	Breite / Beam m	Tiefgang / Draft m	Besatzung / Crew Bes

Hilfsfahrzeuge / Auxiliary Vessels

1 AR o	**Hayase** / 462		1971	70/71	Ishikawajima, Tokyo	2000	99.0	14.9	4.1	180
1 AR	I / 4202	a. St. / o. st.	87/89		Nihon K., Tsurumi	2200	.	.	.	.
1 AR o	**Azuma** / 4201		1969	68/69	Maizuru H. Ind.	1950 2400	98.0	13.0	3.8	185
1 AR o	**Chiyoda** / 405		1983	83/85	Mitsui, Tamano	3650 4450	112	17.6	4.6	120
1 AR o	**Fushimi** / 402		1969	69/70	Sumitomo, Uraga	1430	76.0	12.5	3.8	102
3 AO	I / 424		.	.		8300	167	22.0	8.4	.
	II / 423		.	.						
	Towada / 422	1986 – bew. / auth.	85/87		Hitachi, Maizuru					
1 AO o	**Sagami** / 421		1978	77/79	Hitachi, Maizuru	5000 11600	146	19.0	7.3	130
1 AI o	**Shirase** / 5002		1981	81/82	Nihon K., Tsurumi	11660 17600	134	28.0	9.2	174
1 AG o	**Muroto** / 482		1979	78/80	Mitsubishi, Shimon.	4500	131	17.4	5.7	135
1 AG	**Wakasa** / 5104		1985	84/86	Hitachi, Maizuru	2050	97.0	15.0	4.2	.
1 AG o	**Suma** / 5103		1981	80/82	Hitachi, Maizuru	1180	72.0	12.8	3.5	65
1 AG o	**Kurihama** / 6101		1979	78/80	Sasebo H. Ind.	960	68.0	11.6	3.0	42 + 13
1 AG o	**Futami** / 5102		1978	78/79	Mitsubishi, Shimon.	2050 3000	97.0	15.0	4.3	105
1 AG o	**Akashi** / 5101		1969	68/70	N. K. Tsurumi	1410	74.0	13.0	4.3	70 + 10
1 AG	**AGS 5** (ex Hario) / 5115		1961	. /62	Japan	340	46.0	8.4	2.3	30
1 AX o	**Katori** / 3501		1968	67/69	Ishikawajima, Tokyo	3572 4000	127	15.0	4.3	295 + 165
1 AX o	**Teruzuki** / 3504		1959	58/60 76–78	Shin. Mitsub., Kobe	2350 2890	118	12.0	4.0	330

Ausbildungsschiffe und Tender / Training Vessels and Tenders – **Bew** unsicher / **AMT** uncertai

10 Tender: **ASU 7011** (ex Chihaya) (60) 1340 ts, 15 kn, ex ASR; **ASU 7010** (ex Akizuki) (59) 2350 ts, 32 kn, 3–12.7 ⚓, 4–7.6 ⚓₂, 6 **UTR** 32.4 IIII, 4 **TR** 53.3 IIII, 1 ⚓₄, 2 ⚓ – ex DD; **ASU 7006, 7008** (ex Murasame, Harusame) (58–59) 1800 ts, 30 kn, 3–12.7 ⚓, 4–7.6 ⚓₂, 6 **UTR** 32.4 III oder / or 2 **UTA**, ex DD; **ASU 7009, 7013, 7014** (ex Takanami, Ohnami, Makinami) (59–60) 1700 ts, 30 kn, 6–7.6 ⚓₂, 4 **TR** 53.3 II, 2 **UTA**, 2 ⚓, ex DD; **ASU 64–66** (ex Wakataka, Kumataka, Shiratori) (62–65) 440 ts, 20 kn, ex PC

5 Tender: **ASU 81–85** (ex YAS 101–105) (68–73) 500 ts, 14 kn, 1180 kW₂, 52.3 × 10.1 × 2.5 m – auch / also AR

1 Tender: **MST 475** (ex Utone) (72) 330 ts, 14 kn, ex MS – für / for MS

Bewaffnung / Armament	Sensoren-Elektronik/ Sensors-Electronic	Geschwindigkeit / speed (kn)	Antrieb / Propulsion — Maschine / Kessel Engines Boilers Masch	Leistung/ Power kW 1kW= 1.36 PS	Fahrstrecke / Range sm	Sonstige Angaben / Remarks
.6 ⚓2, 2-2 ⚓, JTR 32.4 III, ☼	⟙ ⟳ φ �	18.0	DM	4710 / 2	.	*Sokay-bokan.* Für / for MS
.		.	.	.	.	
.6 ⚓, 2 UTA	.	18.0	Kawas.-MAN-DM	2940 / 2	.	*Kunren-sien-kan.* AX für Flak / for gunnery
		17.0	DM	8456 / 2	.	Für / for SS. 1 DSRV: 40 ts
	⟙ ⟡	16.0	Kawas.-DM	2210 / 2	.	*Sensuikan-kyununkan.* Uboot-Bergungsfahrzeug / submarine rescue vessel
		22.0	DM	19410	.	Flottenversorger / fleet replenishment ships
	⟙	22.0	DM	13680 / 2	9500 / 20	⟐-Deck
⟐ CH 53, ⟐ OH 6	.	19.0	5 MAN →↦ DM	22065 / 3	25000 / 15	*Saihyokan*
	.	17.0	MTU-DM	5880 / 2	.	Kabelleger / cable layer. Auch ozeanographische Forschung / also ocean research
	.	16.0	Fuji-DM	3310 / 2	.	Vermessung / survey
	.	15.0	Fuji-DM	2210 / 2	.	Für Vermessung und Versuche / for survey and trials
	.	15.0	Fuji-DM	1910 / 2	.	Für Vermessung und Versuche / for survey and trials
	⟙	16.0	MAN-DM	3240 / 2	.	*Kaiyo-kansoku-kan.* Vermessungsschiff / surveying ship
	⟙	16.0	Kawas.-V 6 V-DM	2350 / 2	16500 / 14	
	⟙	14.0	Mitsub.-DM	880 / 2	.	Ex MS. Vermessungsboot / surveying vessel
.6 ⚓2, 6 UTR 32.4 III, Bofors	⟙ ○ ⟳ φ ⟡	25.0	IHI ✿ Tu /.	14710 / 2	7000 / 18	Schulschiff für Kadetten / training ship for cadets
2.7 ⚓, 4-7.6 ⚓2, TR 32.4 III, R 53.3 IIII, ⚓4, 2 ≋, 2 ⟡	⟙ ⟳ ⟡ φ ⟡	32.0	Westingh. ✿ Tu 2 Comb. Eng.	33100 / 2	6000 / 18	

YAS 77-86 (ex Amami, Urume, Minase, Ibuki, Katsura, Takami, Iou, Miyake, Awaji, Toshi) (67-71) 340 ts, 14 kn, 880 kW$_2$, DM, ex MS – und zahlreiche kleinere / and numerous smaller

AT: **YT 58, 63-70** (78-87) 260 ts, 11 kn, 1320 kW; **YT 53, 55-57** (74-77) 195 ts, 11 kn, 1100 kW$_1$; **YT 35, 37, 40, 41, 44-46, 48** (62-68) 100 ts, 10 kn, DM, 294 kW$_2$ – und zahlreiche kleinere / and numerous smaller

T: **Shobo 1** / YE 01 (64) 45 ts, 19 kn, DM - SAR, in Reserve

Anzahl – Art / Number – Group	Schiffsnamen und Stapellauf / Ship's Name and Launching		Baubeginn – Fertig – / Umbau / On Keel – / Completed – Conv.	Bauwerft / Builder	Wasserverdrängung / Displacement ts	Länge / Length m	Breite / Beam m	Tiefgang / Draft m	Besatzung / Be

Küstenwache / Coast Guard – Maritime Safety Agency / MSA

Fregatten / Frigates

Anzahl – Art / Number – Group	Schiffsnamen und Stapellauf / Ship's Name and Launching		Baubeginn – Fertig	Bauwerft / Builder	Displ. ts	Länge m	Breite m	Tiefgang m	Bes.
2 FS o	1 / PLH 22	a. St. / o. st.	87/89	.	4900	130	15.5	5.3	25
	Mizuho / PLH 21	1985	84/86	Mitsubishi, Nagasaki	5300				
6 FS o	Settsu / PLH 07		83/84	Sumitomo, Uraga	3730	105	14.6	4.8	5
	Chikuzen / PLH 06		82/83	Kawasaki, Kobe	4040				+ 1
	Zaoh / PLH 05		80/82	Mitsubishi, Nagasaki					
	Uraga / PLH 04		79/80	Hitachi Z., Maizuru					
	Oosumi / PLH 03		78/80	Mitsui Z., Tamano					
	Tsugaru / PLH 02	1978–84	78/79	Ishikawajima H., Tokyo					
1 FS o	Soya / PLH 01	1978	77/78	Nihon K., Tsurumi	3560	98.6	15.6	5.2	5
					4100				+ 1
2 FS o	Miura / PL 32		68/69	Maizuru	2080	95.5	11.6	4.1	7
	Izu / PL 31	1967–68	66/67	Hitachi, Mukai-jima	2200				
28 FS o	Mashiyu / PL 128		80/82	Skikoku D., Kochi	970	77.8	9.6	3.4	4
	Etomo / PL 127		80/82	Uzumi, Zosen	1350				
	Kunigami / PL 126		79/80	Kanda Z., Kawajiri					
	Katori / PL 125		78/80	Tohoku Z., Shiogama					
	Hateruma / PL 124		79/80	Osaka Zosen, Osaka					
	Koshiki / PL 123		79/80	Kasato S., Kasato					
	Gotora / PL 122		79/80	Onomichi Z., Onomichi					
	Genkai / PL 121		79/80	Oshima Z., Oshima					
	Kunisaki / PL 120		79/80	Koyo S., Mihara					
	Suzuka / Pl 119		79/80	Kanesashi, Toyohashi					
	Shimokita / PL 118		79/80	Kakoki, Tokyo					
	Daisetsu / PL 117		79/80	Hakodate D., Hakodate					
	Yonakuni / PL 116		79/79	Hayashikane, Nagasaki					
	Noto / PL 115		79/79	Miho Z., Shimitsu					
	Oki / PL 114		79/79	Tokoishi Z., Tokoishi					
	Ashizuri / PL 113		79/79	Sanoyasu, Misushima					
	Chiyokai / PL 112		79/79	Nihon Kai, Toyama					
	Rebun / PL 111		79/79	Narasaki, Muroran					
	Suruga / PL 110		78/79	Kurushima D., Oonishi					
	Shikine / PL 109		78/79	Uzuki I. W., Uzuki					
	Iwaki / PL 108		78/79	Naikai Z., Takuma					
	Matsushima / PL 107		78/79	Tohoku Z., Shiogama					
	Rishiri / PL 106		78/79	Shikoku D., Kochi					
	Motobu / PL 105		78/78	Sasebo, H. Ind.					
	Yahiko / PL 104		78/78	Mitsubishi, Shimon.					
	Wasaka / PL 103		78/78	Kawasaki, Kobe					
	Esan / PL 102		78/78	Sumitomo, Uraga					
	SHIRETOKO / PL 101	1978–81	78/78	Mitsui, Tamano					
2 FS o	Muroto / PL 16		74/74	Nakai Zosen	980	76.6	9.6	3.0	
	Daio / PL 15	1973–74	72/73	Hitachi Maizuru	1205				
2 FS o	Satsuma / PL 14		65/66	Hitachi Zosen	920	76.6	9.2	3.0	7
	Erimo / PL 13	1965–66	65/65	Hitachi Zosen	1010				
1 FS o	Kojima / PL 21	1964	63/64	Kure	1065	69.6	10.3	3.5	11
					1200				
2 FS o	NOJIMA, Ojika / PL 11, 12	1962–63	61/62	Uraga	980	69.0	9.2	3.2	7
			62/63		1115				

Bewaffnung / Armament	Sensoren-Elektronik / Sensors-Electronic	Geschwindigkeit / speed kn	Antrieb / Propulsion Maschine Kessel Engines Boilers Masch	Leistung / Power kW 1 kW = 1.36 PS	Fahrstrecke / Range sm	Sonstige Angaben / Remarks
3.5 ⚓, 1-2 ⚓, Bell 212	⊤	23.0	DM	13380 / 2	.	Wetterschiffe / weather ships
4 ⚓, 1-2 ⚓, Bell 212	⊤	22.0	SEMT-Pielstick-DM	11470 / 2	5700 / 18	PLH 05-07: 1-3.5 ⚓
4 ⚓, 1-2 ⚓, Bell 212	⊤	20.8	Pielstick-DM	11470 / 2	5700 / 18	Auch / also AI
4 ⚓	⊤ ○	21.5	SEMT-P.-DM	7650 / 2	8000 / 18	**Masch:** DM für Marschfahrt / for cruising 2 × 625 kW
4 ⚓, 1-2 ⚓	⊤	20.0	Niigata-DM oder / or Fuji-DM	5150 / 2	5200 / 16	Auch / also PL 101–105 im Unterauftrag bei anderen Werften gebaut / subcontracted at other yards. **Bew:** PL 118, 122, 124–128 1-3.5 ⚓ anstatt 1-4 ⚓ / **AMT:** PL 118, 122, 124–128 1-3.5 ⚓ instead of 1-4 ⚓
2 ⚓	⊤	20.4	B. & W.-DM	5150 / 2	5200 / 16	
7.6, 1-2 ⚓	⊤	19.3	B. & W.-DM	3535 / 2	6000 / 18	PL 13 eisverstärkt / ice strengthened
4 ⚓, 1-2 ⚓	⊤	17.0	DM	1910 / 1	6000 / 13	Schulschiff / training ship – AX
	⊤	17.5	Uraga-DM	2210 / 2	6000 / 14	Auch Wetterdienst / also weather ships

Anzahl - Art / Number - Group	Schiffsnamen und Stapellauf / Ship's Name and Launching	Baubeginn - Fertig. / Umbau / On Keel - Completed - Com.	Bauwerft / Builder	Wasserverdrängung / Displacement	Länge / Length	Breite / Beam	Tiefgang / Draft	Besatzung / B
				ts	m	m	m	B

Kleine Kampfschiffe / Small Fighting Vessels

14 PP o	**TESHIO, Oirase, Echizen, Tokachi, Hitachi, Okitsu, Isazu, Chitose, Kuwano, Sorachi, Yubari, Motoura, Kano,** I / PM 01-14	79/80 87/87	Japan	630 690	67.8	7.9	2.7	
	1980 – a. St. / o. st.							
2 PP	**Takatori** / PM 89	77/78	Takuma, Zosen	477	45.7	9.2	3.9	
	Kumano / PM 94	78/79 1977-78	Namura, Osaka	631				
4 PP	**Chikugo, Yamakuni, Katsura, Shinano** / PM 90-93 1977	77/77 78/78	Japan	635 660	63.3	7.8	2.6	
6 PP	**Horobetsu, Shirakami, Sagami, Tone, Yoshino, Kurobe** / PM 83-88 1976	76/76 /77	Japan	635 660	63.3	7.8	2.6	
5 PP	**Ishikari, Abukuma, Isuzu, Kikusa, Kuzuriyu** / PM 78-82 1975-76	75/76	Japan	635 660	63.3	7.8	2.6	
5 PP o	**Fuji, Kabashima, Sado** / PM 75-77 **BIHORO, Kuma** / PM 73, 74 1973-75	74/75 73/74	Japan	635 660	63.4	7.8	2.6	
7 PP o	**Miyake, Awaji, Yaeyama** / PM 70-72 **Kamishima** / PM 68 **Sarobetsu** / PM 67 **Minabe** / PM 66 **KUNASHIRI** / PM 65 1968-71	72/72 71/71 71/71 69/70 68/69	Uzuki Iron Works Uzuki Iron Works Maizuru Maizuru Maizuru	530 575	58.0	7.4	2.4	
1 PP	**Karatsu** / PM 64 1967	66/67	Hitachi, Mukai-jima	455	55.0	7.0	2.3	
2 PP	**Amami, Natori** / PM 62, 63 1965	64/65 65/66	Hitachi, Mukai-jima	455	55.0	7.0	2.3	
1 PP	**Sendai** / PM 61 1962	61/62	Osaka Zosen	455	55.0	7.0	2.3	
1 PP	**Okinawa** / PM 69 1970	70/70	Uzuki Iron Works	330 375	50.0	7.3	2.3	
4 PP	I / PS 104 **Kongo** / PS 103 **Tsukuba** / PS 102 **Akagi** / PS 101 1979-81	. 86/87 81/82 79/80	. Ishihara, Takasago Sumidagawa, Tokyo Sumidagawa, Tokyo	180	35.0	6.3	1.3	
5 PP	**Ibuki, Toumi** / PS 45, 46 **Ashitaka, Kurama** / PS 43, 44 **KAMUI** / PS 41 1966-67	67/68 66/67 66/66	Uzuki Iron Works Uzuki Iron Works Hayashikane, Shimon.	180	35.0	6.3	1.8	
9 PP	**HIDAKA, Hiyama, Tsurugi, Rokko, Takanawa, Akiyoshi, Kunimi, Takatsuki, Nobaru** / PS 32-39, 49 1962-65	61/62 64/65	Japan	160	35.0	6.3	1.8	

2 PP: **Asama, Shiramine** / PS 47, 48 (68-69) 42 ts, 21.6 kn, 840 kW₂ – PS 48: 25 kn, 1620 kW₂ – Seenotboote / S.

23 PP: **Murakumo, Kitagumo, Yukigumo, Asagumo, Hayagumo, Akigumo, Yaegumo, Natsugumo, Yamagiri, Kawag. Teruzuki, Natsuzuki, Miyazuki, Nijigumo, Tatsugumo, Hamayuki, Isonami, Nagozuki, Yaezuki, Yamayuki, Komayuki, Umigiri, Asagiri** / PC 201-223 (77-84) 42 ts, 30 kn, 1-1.3 ⚓, 3240 kW₂, 2 MTU-DM, 31 × 6.3 × 1.2 m, Bes 10, Bauwerften / builders: Hitachi, Kanagawa + Mitsubishi, Shimonoseki

163 PP: **CL 201-263** (77-84) 27 ts, 20 kn; **CL 99, 105, 107, 128** (72-73) 22 ts, 16.5 kn; **CL 44, 50, 51, 53-55, 57, 65-98, 104-106, 108-127, 129-156** (68-76) 19 ts, 18.2 kn – Küstenwachboote / Coastal patrol craft

1 AG o	**Takuyo** / HL 02 1983	82/83	Nihon K., Tsurumi	2980 3370	96.0	14.2	4.5	+4
1 AG	**Shoyo** / HL 01 1971	70/72	Hitachi, Maizuru	2044	80.0	12.3	4.4	7
1 AG	**Tenyo** / HL 04 1986	85/86	Sumitomo, Uraga	770	56.0	9.8	2.9	3

Bewaffnung / Armament	Sensoren-Elektronik/ Sensors-Electronic	Geschwindig-keit / speed kn	Antrieb / Propulsion Maschine / Kessel / Engines / Boilers / Masch	Leistung/ Power kW 1 kW = 1.36 PS	Fahrstrecke / Range sm	Sonstige Angaben / Remarks
-2 ⚓ Gatling	⊤	18.0	DM	2210 / 2	3500 / 16	PM 07: AX
	⊤	15.7	Niigata-DM	2210 / 2	750 / 15	Rettungs- und Löschboote / rescue- and fire boats
-2 ⚓	⊤	18.0	DM	2210 / 2	3200 / 16	
-2 ⚓	⊤	18.0	Fuji-DM	2210 / 2	3200 / 16	
-2 ⚓	⊤	18.0	Fuji-DM	2210 / 2	3200 / 16	
-2 ⚓	⊤	18.1	DM	2210 / 2	3200 / 16	
-2 ⚓	⊤	17.6	Niigata-DM	1910 / 2	3000 / 16	
-2 ⚓	⊤	18.0	DM	1910 / 2	3500 / 12	
-2 ⚓	⊤	16.0	DM	1320 / 2	3500 / 12	
-2 ⚓	⊤	16.5	DM	960 / 2	3500 / 12	
-2 ⚓	⊤	13.4	DM	960 / 2	3500 / 12	
Mg ⚓	⊤	26.5	DM	3535 / 2	500 / 20	
	⊤	13.0	DM	660 / 1	1000 / 12	Verbesserte / improved Hidaka Klasse
	⊤	13.5	DM	515 / 1	1000 / 12	

⑤ PP: **AKIZUKI, Shinonome, Urayuki, Iseyuki, Hatagumo, Makigumo, Hamazuki, Isozuki, Shimanami, Yuzuki, Hanayuki, Awagiri, Shimagiri, Setogiri, Hayagiri** / PC 64, 65, 72, 73, 75-85 (73-85) 76 ts, 22 kn, 2210 kW$_2$; **SHIKINAMI, Tomononami, Wakanami, Isonami, Takanami, Mutsuki, Mochizuki, Haruzuki, Kiyozuki, Urazuki, Uranami, Tamanami, Minegumo, Kiyonami, Okinami, Wakagumo, Asoyuki** / PC 54-63, 66-71, 74 (70-75) 46 ts, 24 kn, 1620 kW$_2$; **Hamanami, Matsunami** / PC 52, 53 (71) 60 ts, 21 kn, 1620 kW; **Hamagiri** / PC 48 (70) 51 ts, 14.5 kn, 840 kW$_2$

	⊤ ▽	17.0	Fuji-DM	3825 / 2	12000 / 16	Vermessungsschiff / surveying vessel
	⊤	17.2	DM	3535 / 1	12000 / 14	
	⊤	13.0	DM	1215 / 2	.	

150 — Japan — Jemen/Yemen

Anzahl - Art / Number - Group	Schiffsnamen und Stapellauf / Ship's Name and Launching	Baubeginn - Fertig - / Umbau - On Keel - / Completed - Conv.		Bauwerft / Builder	Wasser-verdrängung / Displacement ts	Länge / Length m	Breite / Beam m	Tiefgang / Draft m	Besatzung / Crew Bes
1 AG	Meiyo / HL 03	1962	62/63	Nagoya	486	44.8	8.1	2.9	4(
1 AG ○	Tsushima / LL 01	1977	76/77	Mitsui, Tamano	1719 1834	75.0	12.5	4.1	54

1 AG: **Kaiyo** / HM 06 (64) 378 ts, 10 kn, DM, 330 kW₁, 44.5 × 8.1 × 3.8 m – Vermessung / survey

16 AG:**HS 31-35** (73-77) 21 ts, 9 kn; **HS 01-11** (69-72) 6 ts, 8.5 kn

3 Bojenleger / Buoy Layers: **Hokuto, Kaio, Ginga** / LL 11-13 (79) 800 ts, 13 kn, 960 kW₂, DM, 55 × 10.6 × 2.7 m Navigation Aids Service

1 Bojenleger / Buoy Layer: **Zuiun** / LM 101 (83) 370 ts, 14.5 kn, DM, 955 kW₂, Nav. Aids Service

Jemen / Yemen

Demokratische Volksrepublik Jemen / People's Democratic Republic of Yemen

Einige Einheiten im Bürgerkrieg 2-86 beschädigt oder vernichtet

4 PG ○	I-IV	~1968	.	USSR	195 240	40.0	8.1	2.0	3(
2 PC ○	I, II	~1975	.	USSR	170 210	39.5	8.1	1.8	3
2 PP ○	I, II	~1974	.	USSR	44 60	24.1	4.9	1.0	8
1 LS ○	I	~1978	.	Nordwerft, Gdansk	2600 3600	110	15.0	3.6	8(
4 LS ○	I-IV	~1975	.	Nordwerft, Gdansk	890 1050	76.0	8.9	1.8	4(

5 LC: **I-V** 35/90 ts, 10 kn, Typ USSR T 4

Marine Polizei / Marine Police

5 PP	I-V	1979	78/79	Fairey Marine	31	19.3	5.0	1.5	1
4 PP	I-IV	1975-78	./76 79	Fairey Marine	4.3	9.1	2.8	0.8	3

1 PP: **I** (75) 30 kn, DM, Typ brit. Interceptor

Jemen / Yemen

Arabische Republik Jemen / Arab Republic of Yemen

2 MS	I,II	~1975	.	Išora, Leningrad	70 80	26.1	5.8	1.2	1
3 PP	Sana'a, 13. June, 25. September	1977	./78	Halter Mar., N. Orleans	91 110	32.0	6.2	1.9	2
2 PP	I, II	~1974	.	USSR	44 60	24.1	4.9	1.0	8

2 LC: **I, II** (~80) 90/145 ts, 10 kn, Typ USSR Ondatra

Bewaffnung / Armament	Sensoren-Elektronik/ Sensors-Electronic	Geschwindig-keit / speed kn	Antrieb / Propulsion		Fahrstrecke / Range sm	Sonstige Angaben / Remarks
			Maschine Kessel Engines Boilers Masch	Leistung/ Power kW 1 kW = 1.36 PS		

| | ⊤ | 11.7 | DM | 515 1 | 3150 | |
| −4 ⚓, 1−2 ⚓, 1 ⇴ | ⊤ | 15.5 | Fuji-DM | 2940 1 | 10000 15 | Forschungsschiff / Navigation Aids Service |

Bojenleger / Buoy Layer: **Myohjo** / LM 11 (73) 300 ts, 11.2 kn, DM, 440 kW₂ – Navigation Aids Service

0 Bojenleger / Buoy Layers: **LM 106, 107, 114, 201** (78−86) 58 ts, 14 kn; **LM 105, 111, 102, 113** (70−73) 67 ts, 12 kn; **LM 110** (68) 75 ts, 12 kn; **LM 112** (72) 185 ts, 12 kn – und zahlreiche kleinere / and numerous smaller: LS ...

5 Feuerlöschboote / Fire Fighting Craft: **Hiryu, Shoryu, Nanryu, Kairyu, Suiryu** / FL 01−05 (69−76) 250 ts, 13.5 kn, 1620 kW₂, DM – Katamaranrumpf / catamaran hull; **Nunobiki, Yodo, Otowa, Shiraito, Kotobiki, Nachi, Kegon, Mino, Ryusei, Kiyotaki** / FM 01−10 (73−81) 87 ts, 14 kn, 1180 kW

Jemen / Yemen

Demokratische Volkrepublik Jemen / People's Democratic Republic of Yemen

Some units destroyed or heavily damaged during civil war 2−86

SS−N−2 B ⇨, 4−3 ⚓₂	⊤ ✧ ⊕	36.0	DM	11030 3	800 25	Typ USSR Osa II. 2 geflohen, 2 gesunken / 2 escaped, 2 lost
4−3 ⚓₂, [4 **UTR** 40.6 l]	⊤ ✧ ⊕ ▽	36.0	DM	8825 3	700 20	Typ USSR Mol
2 Mg ⚓	⊤	34.0	DM	1765 2	.	Typ USSR Zhuk
−5.7 ⚓₂, 20 ⛟, 600 ts]	⊤ ✧ ⊕	18.0	4 DM	7355 2	.	Typ USSR Ropucha
4−3 ⚓, 2 →₁₈, 8 ⛟, 350 ts]	⊤ ⊕	18.0	DM	3680 2	3300 14	Typ USSR Polnocny B

| 4−2 ⚓ | ⊤ | 29.0 | MTU-DM | 1325 2 | 650 | Typ brit. Tracker 2 |
| 8 Mg ⚓ | ⊤ | 25.0 | DM | 215 2 | . | Typ brit. Spear |

Jemen / Yemen

Arabische Republik Jemen / Arabic Republic of Yemen

2 Mg ⚓₂	⊤	11.0	DM	440 2	300 10	Typ USSR Yevgenya
2−2.3 ⚓₂, 4 Mg ⚓₂	⊤	28.0	GM-DM	1030 3	.	Typ US Broadsword
2 Mg ⚓	⊤	34.0	DM	1765 2	.	Typ USSR Zhuk

Jugoslawien / Yugoslavia

Anzahl - Art / Number - Group	Schiffsnamen und Stapellauf / Ship's Name and Launching	Baubeginn - Fertig / Umbau / On Keel - Completed - Conv.	Bauwerft / Builder	Wasser-verdrängung / Displacement ts	Länge / Length m	Breite / Beam m	Tiefgang / Draft m	Besatzung / Crew Bes

Jugoslawien / Yugoslavia

Fregatten / Frigates

2 FG	Pula	./87	B. Titovo, Kraljevica	1850	96.7	11.2	3.6	90
	Kotor	1984–86 81/86	B. Titovo, Kraljevica					
2 FG	Koper	80/82	Zelenodolsk	1800	95.0	10.8	3.8	130
o	Split	1978–82 77/80	Zelenodolsk	2300				

Uboote / Submarines

1 SS	I	a. St. / o. st.	.	.	.	.	.	.
2 SS	Sava, Drava	1977–82 75/78 ./82	Split Shy.	770↑ 960↓	55.8	5.1	5.5	35
2 SS	Uskok	66/70	Uljanik, Pula	1170↑	64.0	7.2	4.9	36
o	Junak	1968–69 65/69	Split Shy.	1350↓				
4 SZ	*Una Klasse*	./85	Split Shy.	80↑	20.0	3.7	2.5	4
	Una, Zeta, Socha, I	? 86		90↓				

2 SZ: **I, II** 1.2 ts, 4.4 kn, EM, 4.4 kW$_1$, 4.4 × 1.2 × 1.7 m – R-2 *Mala Klasse*

Minensucher / Minesweepers

4 MS	Gradac (ex Snažni)	1960 ./57	Losinjska, Plovidba Shy.	365	46.3	8.6	2.1	40
o	Blitvenica, Podgora, Vukov Klanac	60	Normand, Le Havre	425				
	(ex Slobodni, Smeli, Hrabri) 1957	80–81						
5 MS	M 118, 120–123	~1966 ./66	Jugoslawien /	120	30.0	5.5	1.3	25
o		68	Yugoslavia	130				
4 MS	I, Brsec, Iz, Olib (ex MSI 98–101)	./64	Jugoslawien /	125	32.4	6.3	1.7	22
		~1964 66	Yugoslavia	165				
8 MS	Neštin, Motajica, Belegiš, Bosut,	./75	Brodotehnika, Belgrad	65	27.0	6.3	1.6	.
	Vučedol, Djerdap, Panonsko More,	81						
	Vukojarski 1975–80							

Kleine Kampfschiffe / Small Fighting Vessels

10 PG	*Kobra Klasse*	80/85	B. Titovo, Kraljevica	385	54.8	9.0	2.5	.
	I, II–X	1982 – a. St. / o. st.	.	425				
6 PG	Vlado Cetković, Rade Končar, Ramiz	./77	B. Titovo, Kraljevica	240	45.0	8.4	2.5	30
o	Sadiku, Hasan Zahirovic Laca,	79						
	Jordan Nikolov-Orce, Ante Banina							
	1976–79							
10 PG	M. Acev, V. Bagat, P. Drapšin,	.	USSR und Jugoslawien /	175	40.0	8.1	2.0	30
o	S. Filipović, Z. Jovanović-Španac,		USSR and Yugoslavia	210				
	N. Martinović, J. Mazar, K. Rojc,							
	F. Rozman Stane, V. Škorpik 1963–68							
1 PC	Mornar	1958 57/59 70–73	B. Titovo, Kraljevica	330 430	53.3	7.0	2.0	60
1 PC	Udarnik (ex P 6)	1954 52/55 84	Medit., La Seyne	330 410	53.3	7.0	2.0	62
15 PF	Biokovac, Crvena Zvijezda, Ivan,	./65	USSR (4)	145	36.0	7.5	1.5	16
o	Jadran, Kornat, Napredak, Partizan,	71	+ B. Titovo, Kraljevica	160				
	Partizan II, Partizan III, Pionir,							
	Pionir II, Proleter, Sloga, Strjelko,							
	Topcider 1964–71							

Bewaffnung / Armament	Sensoren-Elektronik / Sensors-Electronic	Geschwindigkeit / speed kn	Antrieb / Propulsion Maschine / Kessel / Engines / Boilers / Masch	Leistung / Power kW 1 kW = 1.36 PS	Fahrstrecke / Range sm	Sonstige Angaben / Remarks

Jugoslawien / Yugoslavia

Bewaffnung / Armament	Sensoren-Elektronik	kn	Engines	kW	sm	Sonstige Angaben / Remarks
SS-N-2 C ⇨, 2-7.6 ⚓₂, -3 ⚓₂, 2 SA-N-4 ⁑₂, ✎	.	27.0	1 GTu + 2 Pielst.-DM	11030 + 7060 3	.	*Velici patrolni brod* / VPB
SS-N-2 C ⇨, 4-7.6 ⚓₂, -3 ⚓₂, 2 SA-N-4 ⁑₂, ✎₁₂ RBU 6000, ☉	⊤ ⬦ ♀ ⊕ ⬦ ⊻	32.0	1 GTu + 2 DM	22060 + 8820 3	2000 14	Typ USSR Koni. Bau-Nr. / building-nrs. 05, 08
	.	.		.	.	*Podnornica*
TR 53.3 ↓, ☉	⊤ ⊻	. ↑ 16.0↓	⤳ DM EM	1765 1	.	
TR 53.3 ↓, ☉	⊤ ⊻	16.0↑ 10.0↓	⤳ DM EM	1765 1	9700 8	
R 1 Chariots	.	.	EM	50	250	R 1: Lg. 3.7 m. Fahrstrecke / range: 8 sm
2-2 ⚓, PAP 104	⊤ ⊻	15.0	Pielstick-DM	1470 2	3000 15	*Minolavac.* Typ franz. / French Ton. Modernisiert / modernized
1-4 ⚓, 2 Mg ⚓	⊤	12.0	GM-DM	735	.	Auch / also PP
1-4 ⚓	⊤	14.0	DM	400 2	2000 9	Typ brit. Ham
5-3 ⚓₃,₂	⊤	15.0	DM	380 2	.	*Rečni minolavac.* Flußminensucher / river minesweepers
2 SS-N-2 C ⇨, 1-7.6 ⚓ OTO, 2-4 ⚓₂, 8-2 ⚓₄	.	34.0	MTU-DM	10295	.	*Raketni topovnjača.* Angaben unsicher / details uncertain
2 SS-N-2 B ⇨, 2-5.7 ⚓	⊤ ⬦ ⊕	40.0	2 R. R. Proteus-GTu + MTU-DM	6620 + 5295 4	500 35	*Raketni topovnjača*
4 SS-N-2 A ⇨, 4-3 ⚓₂	⊤ ⬦ ⊕	36.0	DM	8825 3	800 25	*Raketni čamac.* Typ USSR Osa I
2-4 ⚓, 2-2 ⚓, 4 ✎₅ RBU 1200, 2 ⚲	⊤ ⊕ ⊻	24.0	Werkspoor-DM	5515 3	.	*Patrolni brod*
1-4 ⚓, 2-2 ⚓, 1 ✎₅ RBU 1200	⊤ ⊕ ⊻	18.7	4 Pielstick-DM	2380 2	2000 15	Typ franz. / French Fougueux
4-3 ⚓₂, 4 TR 53.3	⊤ ⬦ ⊕	40.0	DM	9710 3	450 35	*Torpedni čamac.* Typ USSR Shershen. Nur / only 14?

Anzahl - Art / Number - Group	Schiffsnamen und Stapellauf / Ship's Name and Launching		Baubeginn - Fertig - Umbau / On Keel - Completed - Com.	Bauwerft / Builder	Wasser-verdrängung / Displacement ts	Länge / Length m	Breite / Beam m	Tiefgang / Draft m	Besatzung / Crew Bes
	Mirna Klasse								
10 PP	Biokovo, Pohorje, Koprivnik, Učka, Grmeč, Mukos, Kosmaj, Fruška Gora, Zelengora, Čer	80/81 ./82 1981–82		B. Titovo, Kraljevica	120	32.0	6.7	2.3	19
7 PP o	Granica, Kalnik, Kamenar, Kozuf, Romanija, Rudnik, Velebit	./65 68 1964–68		Trogir Shy.	85 120	28.0	4.4	2.5	.
? PP	*80 Klasse*	?	./85	.	80	27.3	6.6	2.2	17
6 PP	*20 Klasse*	?	./84	.	55	21.8	5.3	1.2	10
? PP	*18 Klasse*	?	.	.	29	18.7	3.6	0.9	9
5 PR	*16 Klasse*	?	.	.	23	17.0	3.6	0.9	7
5 PR	*15 Klasse* **PČ 15-1 – 15-5**	?	.	.	19.5	16.9	3.9	0.7	6

Landungsfahrzeuge / Landing Vessels

17 LS	*DTM 211 Klasse*	~1955	.	Jugoslawien / Yugoslavia	240 410	49.8	8.6	2.1	27
4 LS	*DTM 401 Klasse*	~1950	.	.	230 350	46.5	6.5	1.3	.
22 LC	**DJC 601-622**	~1976–79	./76 80	Gleben, Korčula	35	21.4	4.6	0.6	6

? LC: I–? (a. St. / o. st.) 4.8 ts, 23 kn, DM, $11.3 \times 3.0 \times 0.3$ m, LCVP Typ II, GRP-Rumpf / hull

Hilfsfahrzeuge / Auxiliary Vessels

1 AR	**Spasilac**	~1975	./76	Tito Shy., Belgrad	. 1590	55.5	12.0	4.3	53 +19
1 AR:	**PS 11** (ex Spasilac) (29) 740 ts, 14.5 kn								
2 AK	**PO 91, 92**	1983–?	./84	.	600 860	58.2	11.0	2.8	45

4 AK: **PO 52–55** (~50) ./695 ts, 7 kn, DM, 220 kW$_1$

9 AK: **PT 71, Jastog, 73** (61–62) 310/430 ts, 7 kn, DM, 220 kW$_1$; **PT 61, 62** (51–54) 695 ts, 7 kn, DM, 220 kW$_1$ – *Pomoćni transporter*

11 AO: **PN 13–16** (55–56) 420/650 ts, 7 kn, DM, 220 kW$_1$; **PN 24, 25** (~50) 300/430 ts, 7 kn, DM, 220 kW$_1$ – Oiler – *Pomoćni naftonoste*; **Meduza, Koral, Alga, Bokanjac, Izvor** (82–83) – für Wasser / for water – *Pomolni vodonoste*

12 AT: **PR 37–40** (~50) 550 ts, 11 kn, DM – *Pomorski remorker*; **LR 67–74** (~60) 130 ts – *Lučki remorker*

1 AX o	**Galeb** (ex Kuckuck, ex Ramb III)	./38 1937		Ansaldo, Genua	5180 5700	121	15.2	5.6	.
1 AX	**Jadran** (ex Marco Polo, ex Jadran)	31/32 1931		Stülcken, Hamburg	720	60.0	8.8	4.3	20 +100

Kamerun / Cameroon

1 PG	**Bakassi**	1982	81/83	SFCN, Villeneuve	270 310	52.6	7.1	2.4	39
1 PP	**L'Audacieux**	1975	75/76	SFCN, Esterel	250	48.0	7.1	2.5	34
2 PP	**Cap Cameroon, Man O'War Bay**	~1965		China	120 155	40.0	5.5	1.7	25

Bewaffnung / Armament	Sensoren-Elektronik/ Sensors-Electronic	Geschwindig-keit / speed kn	Antrieb / Propulsion		Fahrstrecke / Range sm	Sonstige Angaben / Remarks
			Maschine Kessel Engines Boilers Masch	Leistung/ Power kW 1 kW = 1.36 PS		
-4 ⚓, 1-2 ⚓, ♏	⊤ ⊻	28.0	SEMT-P.-DM + EM	4410 + 2	400 20	*Patrolni čamac.* Marine Grenzbrigade / Maritime Border Brigade
-2 ⚓₃	⊤	22.0	MTU-DM	1175 2	.	Marine Grenzbrigade / Maritime Border Brigade
-4 ⚓, 4-2 ⚓	⊤	32.0	DM	3200 3	400 25	
-2 ⚓, ♏	⊤	16.0	DM	850 2	200 15	
-2 ⚓, 9 Mg ⚓₉, ▮0]	⊤	20.0	DM	535 2	480 17	Auch / also AK: [4 ts]
-2 ⚓, 9 Mg ⚓₉, ▮ ts]	⊤	15.0	DM	340 2	340 15	
-2 ⚓, 2 Mg ⚓	⊤	16.0	DM	242 2	160 12	
-2 ⚓₃, [140 ts], ♏	⊤	10.0	Gray M.-DM	460 3	500 9	*Desantni Tenkonosac.* Ähnlich / similar to Typ deutsch / German MFP
-2 ⚓₃, ₂	⊤	10.3	GM-DM	500 3	500 9	Auf der Donau / on the Danube river
-2 ⚓, [32 ts]	⊤	23.0	1 MTU-DM	1066 2	.	*Desantni jurišni čamac.* GRP Rumpf / hull
▮0-2 ⚓₂, ₁	⊤	13.5	DM	3190 2	4000 13	Bugstrahlruder / bow thruster
-4 ⚓, 8-2 ⚓₂, ▮50]	⊤	16.0	DM	2560 2	1500 16	*Pomoćni oružar.* Auch / also LS

AG: o **Andrija Mohorovičić** (71) 1250 ts, 15 kn, DM, 2210 kW₂, 73.3 × 10.5 × 4.0 m, Typ USSR Moma – Vermessung / survey, *Hidrografski brod*

AG: **I** (ex M 117) (~66) 120 ts, 12 kn – ex MS

▸ YD: **I-?** 43 ts, 12 kn, 2-2 ⚓, DM, 220 kW₂, 20.5 × 4.5 × 1.4 m, Bes 6 + 4 (AP: 6 + 70)

Tender: **Sabač** (85) 200 ts, DM, Bauwerft / builder: Bordot, Belgrad

▸ Tender: **Vis** (56) 510/680 ts, 17 kn, 1-4 ⚓, 2-2 ⚓, DM, 1400 kW₂ – für / for PG; **Kozara** (ex Kriemhild) (39) 690 ts, 10.5 kn, 9-2 ⚓₃, DM, 67 × 9.5 × 1.4 m, Bauwerft / builder: Linzer Schiffswerft – Donau / Danube

-4 ⚓, 8-2 ⚓₄	⊤	16.0	B & W-DM	5295 2	20000 16	Ex NB
.	⊤	8.0	LHB-DM	275 1	.	Segelschulschiff. Schunerbark / Sail training ship

Kamerun / Cameroon

▮ MM 40 ⇒₄, 2-4 ⚓	⊤	25.0	SACM-AGO-DM	4710 2	2000 16	Typ frz. / French P 48-S
2-4 ⚓, [8 ⇝ SS 12]	⊤ •	22.0	MGO-DM	1765 2	2000 16	Typ frz. / French P 48
▮-3.7 ⚓₂, 2-2.5 ⚓₂	⊤	30.0	4 DM	3535 4	800 17	Typ chin. Shanghai II

Bewaffnung / Armament	Sensoren-Elektronik / Sensors-Electronic	Geschwindigkeit / speed kn	Antrieb / Propulsion		Fahrstrecke / Range sm	Sonstige Angaben / Remarks
			Maschine / Kessel / Engines / Boilers / Masch	Leistung / Power kW ($1\,kW = 1.36\,PS$)		

1 PP	QM Alfred Motto	~1974	./74	ACRE, Libreville	96	29.1	6.2	1.9	1?
1 PP	Le Valeureux	~1970	./70	SFCN, Esterel	45	26.8	5.0	1.6	9

30 PP: **I-XXX** (a. St. / o. st. – bew. / auth.) Lg 11.6 m, Bauwerft / builder: Swiftships, Morgan City

6 PR: **I-VI** (78-80) 2 ts, 10 kn, Typ FAC 408 Rotork

7 LC: **Independance, Manoka, Nachtigal, Réunification, Souellaba** 11 ts, 10 kn, Typ US LCVP; **I** (82) Lg 17 m; **I** (ex Bakassi) (73) 57 ts, 9 kn, DM, Typ LCM

Kenia / Kenya

2 PG	**I**		84/87	Vosper Th., Portchester	310	56.7	8.2	2.4	40
	Nyayu	1986-87	84/87	Vosper Th., Portchester	365				+20
3 PG	**Madaraka, Jamhuri, Harambee /**		74/75	Brooke, Lowestoft	120	32.6	6.1	1.7	18
	P 3121–3123	1975	*81–83*	*Africa Mar., Mombasa*	145				
1 PG	**Mamba** / P 3100	1974	72/74	Brooke, Lowestoft	125	37.5	6.9	1.6	25
			81–82	*Africa Mar., Mombasa*	160				
3 PP	**Chui, Ndovu, Simba /**		65/66	Brooke, Lowestoft	95	31.4	6.0	1.8	23
	P 3112, 3117, 3110	1965-66			110				

1 AT: **Ngamia** (69) 298 BRT/grt, 14 kn, DM, 880 kW$_1$

Kap Verde / Cape Verde

2 PF: **451, 452** (~70) 145 ts, 40 kn, 4–3 ⚓, Typ USSR Shershen ohne / without **TR**

1 PP: **I** (~74) 60 ts, 34 kn, 2 Mg ⚓, Typ USSR Zhuk

1 AG: **5. Julio** / A 450 (~70) 700 ts, 13.5 kn, Typ USSR Kamenka

Kongo / Congo

3 PC	**Marien Nguoabi, Les Trois Glorieuses,**	81/82	Bazan, S. Fernando	116	32.7	6.1	1.5	19
	Les Maldango / P 601–603 1982–83	83		131				
1 PF	**I**	~1970	.	USSR	145	36.0	7.5	1.5	16
					160				
3 PP	**I-III**	gepl. / plan.	.	.	.	.	.	.	.
3 PP	**P 401–403**	~1965	.	China	120	38.8	5.5	1.7	25
					155				
6 PP	**V 301–306**	~1975	.	USSR	45	24.6	5.2	1.0	8
					60				
4 PP	**I-IV**	~1970	.	China	10	12.2	2.9	1.1	10
1 AT	**Hinda**	1981	81/81	La Manche, St. Malo	200 BRT/grt	29.0	.	3.7	16

Korea

Nord-Korea / North Korea

Fregatten / Frigates

2 FG	*Najin Klasse*		71/73	Nord-Korea /	1200	100	10.0	2.7	155
	3025, 3026	1972-77	76/79	North Korea	1500				

Bewaffnung / Armament	Sensoren-Elektronik/ Sensors-Electronic	Geschwindig-keit / speed kn	Antrieb / Propulsion Maschine Kessel Engines Boilers Masch	Leistung/ Power kW 1 kW = 1.36 PS	Fahrstrecke / Range sm	Sonstige Angaben / Remarks
2 ✕, 2 Mg ✕	┳	15.5	Baudouin-DM	950	.	
2 ✕	┳	25.0	DM	710 / 2	.	

Kiribati

PP: **I** (~80) 22 ts, 23.6 kn, 1 Mg ✕, 590 kW₂, GM-DM, 17 × 4.5 × 1.2 m, Bes 7

Kenia / Kenya

Otomat ⇨, 1-7.6 ✕, 3 ✕₂	┳ ⊕	40.0	Paxman-V.-DM	13380 / 4	.	Typ brit. Province
Gabriel ⇨₂, 2-3 ✕₂	┳ ⊕	25.5	R. Paxman-DM	3970 / 2	2500 / 12	
Gabriel ⇨₂, 2-3 ✕₂	┳ ⊕	25.0	R. Paxman-DM	2940 / 2	3300 / 13	
4 ✕	┳	24.0	R. Paxman-DM	2060 / 2	1500 / 16	Typ malays. Sri Kedah

Komoren / Comoro Islands

PP: **Kasthala, Ntringhui** (81) 27 ts, 20.5 kn, DM, Typ jap. Yamayuri

LS: **Ville de Nimachova** (ex Issole) (57) 250/600 ts, 12 kn, DM

LS: **I** (ex LCT 9061, ex Buttress) (43) 650/1000 ts, 9 kn, 2-2 ✕, DM, 1350 kW₂, Typ brit. LCT (8)

Kongo / Congo

-4 ✕, 2 Mg ✕	┳	25.0	MTU-DM	4410 / 2	1100 / 17	Typ span. Piraña
-3 ✕₂	┳	40.0	DM	9710 / 3	450 / 35	Typ USSR Shershen ohne / without **TR**
.	.	.	.	.	.	
-3.7 ✕₂, 4-2.5 ✕₂	┳ ⊹ ◡	30.0	DM	3535 / 4	800 / 17	Typ chin. Shanghai II
Mg ✕₂	┳	30.0	DM	1765 / 2	1100 / 15	Typ USSR Zhuk
Mg ✕₂,₁	┳	20.0	DM	220 / 1	.	Typ chin. Yulin. Auch / also PR
	┳	11.0	DM	660 / 1	.	

Korea

Nord-Korea / North Korea

SS-N-2 ⇨₂, 2-10 ✕, -5.7 ✕₂, 4-2.5 ✕₂, Mg ✕, 2 ⊠₅ MBU 1800, ◡, ♂	┳ ◡ ◡ ⊕	26.0	DM	11030	4000 / 14	**TR** ausgebaut / removed

Anzahl – Art / Number – Group	Schiffsnamen und Stapellauf / Ship's Name and Launching	Baubeginn – Fertig – / Umbau – On Keel – / Completed – Com.	Bauwerft / Builder	Wasser- verdrängung / Displacement ts	Länge / Length m	Breite / Beam m	Tiefgang / Draft m	Besatzung / Be

Uboote / Submarines – 1 SS 2/85 gesunken / lost?

17 SS **I–XVII** ○		~1960–82 83	Mayang Do + China	1400↑ 1800↓	77.0	7.3	5.5	S
4 SS **I–IV** ○		~1960–?	USSR + China	1100↑ 1350↓	76.0	6.7	4.9	S

~18 SZ: **I–XVIII**

Kleine Kampfschiffe / Small Fighting Vessels

8 PG *Soju Klasse*		1980–? ./81	Nord-Korea / North Korea	. 220	44.0	.	.	4
8 PG **I–VIII** ○		~1968	USSR + China	175 210	40.0	8.1	2.0	3
12 PG **I–XII** ○		~1965	USSR (8) + Nord-Korea (4)	68 75	26.8	6.2	1.5	2
7 PC *Tae Chong Klasse*		1975–?	Nord-Korea / North Korea	140 165	44.2	5.5	2.4	4
4 PC *Sariwan Klasse*		~1965	Nord-Korea / North Korea	475	62.1	7.3	2.4	6
6 PC **I–VI** ○		~1975 ./75 78	China	360 400	60.0	7.4	2.1	6
15 PC **I–XV** ○		~1955–? ./57	USSR (6) + Nord-Korea (9)	170 215	42.0	6.0	2.0	3
4 PF **I–IV** ○		~1965 ./73 74	USSR	145 160	36.0	7.5	1.5	1
40 PF **1–40** ○		~1958	USSR + Nord Korea	65 75	25.5	5.5	2.0	2
6 PF *An Ju Klasse*		~1958	Nord Korea / North Korea	35	19.8	3.7	1.8	2
12 PF *Iwon Klasse*		~1955	Nord-Korea / North Korea	25	19.8	3.7	1.8	.
70 PF *Sin Hung + Kosong Klasse*		?	Nord-Korea / North Korea	35	18.3	3.4	1.7	.
12 PP **I–XII** ○		~1964 ./67	China	120 155	40.0	5.5	1.7	2
8 PP **I–VIII** ○		~1960 ./68	China	60 80	25.5	6.0	2.0	1
? PP *Chong Ju Klasse*		?	Nord-Korea / North Korea	.	42.4	.	.	.
40 PP *Chong Jin Klasse*		1975–?	Nord-Korea / North Korea	80	27.7	6.1	1.8	.
65 PP *Chaho Klasse*		1974–?	Nord-Korea / North Korea	80	27.7	6.1	1.8	1
4 PP *Sinpo Klasse*		1975–?	Nord-Korea / North Korea	65	25.5	5.5	2.0	.
4 PP *Chodo Klasse*		~1965	Nord-Korea / North Korea	130	42.7	5.8	2.6	4
4 PP *K 48 Klasse*		~1960	Nord-Korea / North Korea	110	38.0	5.5	1.5	2

Bewaffnung / Armament	Sensoren-Elektronik/ Sensors-Electronic	Geschwindig-keit / speed kn	Antrieb / Propulsion Maschine / Kessel Engines / Boilers Masch	Leistung/ Power kW 1 kW = 1.36 PS	Fahrstrecke / Range sm	Sonstige Angaben / Remarks
TR 53.3↓ (6 b, 2 h),	⊤ ⊖ ⊕ ▽	17.0↑ 16.0↓	DM EM	2940 2940 2	13000 10	Typ USSR Romeo. Chinabauten / China built Lg 79 m
TR 53.3↓ (4 b, 2 h)	⊤ ⊖ ⊕	18.0↑ 15.0↓	DM EM	2940 1990 2	13000 8	Typ USSR Whiskey
SS-N-2 ⇒	.	.	DM	8825 3	.	Verbesserter / improved Typ USSR Osa I. Nur / only 4?
SS-N-2 ⇒, 4-3 ₂	⊤ ⊖ ⊕	36.0	DM	8825 3	800 25	Typ USSR Osa I
SS-N-2 ⇒, 2-2.5 ₂	⊤ ⊖ ⊕	40.0	DM	3535 4	400 30	Typ USSR Komar. 4 *Sohung Klasse* (81-82)
5.7 ₂, 1-3.7 ₂, 2.5 ₂, 4 Mg ₂, RBU 1200	⊤ ⊖ ⊕	.	DM	.	.	
7.6 ₂, 2-5.7 ₂, 2.5 ₂, 4 ⊖	⊤ ⊖ ▽	21.0	DM	2210 2	.	Ähnlich / similar to Typ USSR MS Tral
7.6 ₂, 4-2.5 ₂, RBU 1200, 2 ⊖	⊤ ⊖	28.0	DM	5880 10	1000	Typ chin. Hainan
8.5 ₂, 2-3.7 ₂, Mg ₂	⊤ ⊖ ▽	27.0	DM	4410 3	1100 15	Typ USSR SO1. USSR-Bauten / built: 4-2.5 ₂, 4 RBU 1200
3 ₂, 4 TR 53.3	⊤ ⊖ ⊕	40.0	DM	9710 3	450 35	Typ USSR Shershen
2.5 ₂, 2 TR 53.3	⊤ ⊖	45.0	DM	3535 4	450 30	Typ USSR P 6
2.5 ₂, 2 TR 53.3	.	.	DM	.	1300 20	
2.5 ₂, 2 TR 53.3	.	.	DM	.	.	Ähnlich / similar to Typ USSR P 2
Mg ₂, 2 TR	.	.	DM	1765 2	.	Für Vorfeldüberwachung / for inshore guard
3.7 ₂, 4-2.5 ₂	⊤ ⊖	30.0	4 DM	3535 4	800 17	Typ chin. Shanghai II
3.7 ₂, 2 Mg ₂	⊤	27.0	4 DM	2210 2	750 15	Typ chin. Shantou
12.2 ⇒ 20		38.0	DM	3535 4	.	Vergrößerte und verbesserte / enlarged and improved Chong Jin Klasse
8.5, 4 Mg ₂		38.0	DM	3535 4	.	Verbesserte / improved Chaho Klasse
2 ₂, 4 Mg ₂, ⇒ 40	⊤	38.0	DM	3535 4	.	Rumpf / hull: Typ USSR P 6
Mg ₂	⊤	45.0	DM	3535 4	.	Mod. Typ USSR P 6
3.7 ₂, 4-2.5 ₂	.	24.0	DM	4410 2	2000	
7.6 ₂, 3-3.7 ₂, 2.5 ₂, 6 Mg ₂	.	24.0	DM	2940 2	.	

Anzahl – Art / Number – Group	Schiffsnamen und Stapellauf / Ship's Name and Launching	Baubeginn – Fertig / Umbau/On Keel / Completed – Conv.	Bauwerft / Builder	Wasserverdrängung / Displacement ts	Länge / Length m	Breite / Beam m	Tiefgang / Draft m	Besatzung / Be

Landungsfahrzeuge / Landing Vessels

4 LS	*Hantae Klasse*	~1981–82 ./83 84	Nord-Korea / North Korea	.	50.0	.	.	
90 LC	*Nampo Klasse*	1975–? .	Nord-Korea / North Korea	82	27.7	6.1	1.8	2

27 LC: 9 *Hanchon Klasse* 2 Mg ⚓, Lg 15.2 m; 18 **LCM**

Korea

Süd-Korea / South Korea

Zerstörer / Destroyers

3 DG ○	**Taejon** (ex New) **Kwang Ju** (ex Richard E. Kraus) **Kwang Won** (ex William R. Rush) 1945–46	45/46 45/46 44/45	Consolidated, Orange Bath Iron Works Federal, Kearny	2425 3500	119	12.4	5.8	28
2 DD	**Kyong Ki** (ex Newman K. Perry) **Jeong Ju** (ex Rogers) 1944–45	44/45 44/45	Consolidated, Orange Consolidated, Orange	2425 3500	119	12.4	5.8	28
2 DG ○	**Chung Buk, Jeong Buk** (ex Chevalier, E. F. Larson) 1944–45	44/45 79	Bath Iron Works	2425 3500	119	12.4	5.8	28
2 DG ○	**Dae Gu** (ex Wallace L. Lind) **In Cheon** (ex De Haven) 1944	44/44 43/44	Federal, Kearny Bath Iron Works	2200 3320	115	12.4	5.8	23
2 DD ○	**Chung Mu** (ex Erben) **Pusan** (ex Hickox) 1943	42/43	Bath Iron Works Federal, Kearny	2100 3050	115	12.5	5.5	35

Fregatten / Frigates

5 FG ○	**I, II** **Masan** **Seoul** **ULSAN** 1980 – a. St. / o. st.	. 82/84 82/84 79/81	Daewoo, Okpo Tacoma, Masan Korea Shb., Pusan Hyundai Shb., Ulsan	1500 1900	105	12.0	3.5	14
11 FG	**I** **II–IV** **Po Hang, Kunsan, Kyongnam** **V** **Ma San Ho** **VI** **An Yang Ho** 1982–86	. ./86 ./84 ./83 81/83 81/83 81/83	. . . Daewoo, Okpo Korea Shb., Pusan Hyundai Shb., Ulsan Tacoma, Chinhae	950 1140	88.0	10.4	3.4	8
1 FE ○	**Che Ju** (ex William M. Hobby) 1943	43/45	N. Y., Charleston	1400 2130	93.0	11.4	4.3	200

Uboote / Submarines

4 SS	**I–III** **IV** gepl. / plan.	. .	Süd-Korea / South Korea	.	.	.	.	.
1 SZ	**I** 1983	./83	Süd-Korea / South Korea	. ↑ 175↓	.	.	.	.

Bewaffnung / Armament	Sensoren-Elektronik/ Sensors-Electronic	Geschwindig-keit / speed kn	Maschine Kessel Engines Boilers Masch	Leistung/ Power kW 1 kW = 1.36 PS	Fahrstrecke / Range sm	Sonstige Angaben / Remarks
⌐⊏⊐	⊤	.	DM	.	.	
Mg ⚓2, 1	⊤	38.0	DM	3535 4	375 38	Bugrampe / Bow ramp

Korea

Süd-Korea / South Korea

Harpoon ⇒2, 4-12.7 ⚓2, -4 ⚓, 4-2 ⚓2, UTR 32.4 III, ⟐8 Alouette III	⊤ ♢ ⊕ ▽ ⌐	35.0	✸ Tu 4 Babcock	44130 2	5800 15	Typ US Gearing, FRAM I. ⟐-Deck und Hangar vergrößert und verstärkt / ⟐-deck and hangar enlarged and strengthened
-12.7 ⚓2, 2-4 ⚓2, 4-2 ⚓2, UTR 32.4 III, ⟐8 Asroc	⊤ ♢ ⊕ ▽ ⌐	30.0	✸ Tu 4 Babcock	44130 2	5800 15	Typ US Gearing, FRAM 1
Harpoon ⇒2, -12.7 ⚓2, 2-2 ⚓, Mg ⚓, 6 UTR 32.4 III, ⟐ 1 ⟐ Alouette III	⊤ ♢ ⊕ ▽ ⌐	30.0	✸ Tu 4 Babcock	44130 2	5800 15	Typ US Gearing, FRAM 2 ⟐-Deck vergrößert / enlarged
Harpoon ⇒2, 6-12.7 ⚓2, -4 ⚓2, 6 UTR 32.4 III, ⟐, 1 ⟐ Alouette III	⊤ ♢ ⊖ ⊕ ▽ ⌐	34.0	✸ Tu 4 Babcock	44130 2	6000 15	Typ US Allen M. Sumner, FRAM 2. ⟐-Deck und Hangar
-12.7, 10-4 ⚓4,2, UTR 32.4 III, 2 ⟐	⊤ ♢ ⊖ ⊕	35.0	GE ✸ Tu 4 Babcock	44130 2	6000 15	Typ US Fletcher
Harpoon ⇒4, 2-7.6 ⚓, -3 ⚓2, 6 UTR 32.4 III, ⊙ ⊕ ▽	⊤ ♢ ⊖	35.0	Gen. El. GTu + MTU-DM 2	40000 +4600	4000 18	HDF 2000 Klasse. **Masch:** CODOG
MM 38 ⇒, 1-7.6 ⚓, -5.7 ⚓], 4-3 ⚓2, UTR 32.4 III	⊤ ♢ ⊖ ⊕ ▽	25.0	GTu + DM 2	20000 +16000	4000 15	VIII–XI: 4 Harpoon ⇒. Einige / some 4 MTU-DM: 12265 kW2, 21.5 kn
-12.7, 6-4 ⚓, 2 ⚘	⊤ ♢ ⊕- ▽	23.5	↠ Tu 2 Wr	8825 2	5000 15	Typ US LPR (APD)
.	.	.	.	.	.	
	.	.	.	.	AX

Süd-Korea/South Korea

Anzahl – Art / Number – Group	Schiffsnamen und Stapellauf / Ship's Name and Launching	Baubeginn – Fertig – Umbau – On Keel – Completed – Conv.	Bauwerft / Builder	Wasserverdrängung / Displacement ts	Länge / Length m	Breite / Beam m	Tiefgang / Draft m	Besatzung / Be.

Minensucher / Minesweepers

10 MP I–IX								
	X	1985 – gepl. / plan. ./86	Kangnam Shb.					
5 MS o	Nam Yang, Ha Dong, Sam Chok, Yong Dong, Ok Cheon (ex MSC 295, 296, 316, 320, 321) 1963–75	62/63 75/75	Peterson, Sturg. Bay	315 380	44.3	8.3	2.7	4
3 MS o	Kum San, Ko Hung, Kum Chok (ex MSC 284–286) 1959	58/59	Harbor Bt. Bld.	320 370	43.0	8.0	2.6	4

Kleine Kampfschiffe / Small Fighting Vessels

8 PG o	Paek Ku 57–59, 61 Paek Ku 52, 53, 55, 56 1975–77	76/78 74/75 75/76	Tacoma, Chinhae, Korea Tacoma Bt. Bld.	240 270	50.3	7.3	2.9	3
1 PG o	Paek Ku 51 (ex Benicia / PG 96) 1969	68/70	Tacoma Bt. Bld.	225 240	50.3	7.3	2.9	2
2 PG	Kilurki 71, 72 ~1970	./71 72	Korea Tacoma, Chinhae	120 140	32.9	8.0	2.5	2
1 PF	I ?	./84	Korea Tacoma	150	37.0	6.3	1.7	.
32 PF o	Kilurki 211–213, 215–219, 221–223, 225–229, 231–233, 235–239, 251–253, 255–259 ~1973–75	.	Korea Tacoma, Chinhae	115 144	32.9	8.0	2.5	2
32 PF o	Chebi 51–53, 55–59, 61–63, 65–69, 71–73, 75–79, 81–83, 85–89 ?	.	Korea Shb., Pusan	70 80	25.7	5.4	1.2	1

Landungsfahrzeuge / Landing Vessels

8 LS o	BUK HAN, Bi Bong, Duk Bong, Hwa San, Kae Bong, Su Yong, Un Bong, Wee Bong 1943–45	./43 45	USA	1653 4080	100	15.2	4.3	11
7 LS o	Ki Rin, Kumoon, Neung Ra, Pian, Sin Mi, Ulriung, Wolmi 1944–45	44/44 46	USA	743 1095	62.0	10.4	2.5	6

6 LS: **Mulkae 72–77** (79–81) 190/390 ts, 11 kn, 4–2 ⚓₂, DM, Typ US LCU 1610

10 LC: Typ US LCM (8)

Hilfsfahrzeuge / Auxiliary Vessels

2 AR: o **Chang Won, Gumi** (ex Grasp, Deliver) (44) 1360/1630 ts, 14 kn, 4–2 ⚓₂, ⚓ DM, 2060 kW₂, Typ US ARS

2 AO: **I, II** (ex Rincon, Petaluma) (45) 2100/6050 ts, 10 kn, DM, Typ US Tonti

4 AO: **Chunji** (51) 1400/4160 ts, 12 kn, 1–4 ⚓, 2–2 ⚓; **Hwa Chon** (43) 893/2700 ts, 10.5 kn, 3–2 ⚓; **Ku Kyong, I** (ex YO 118, 179) ./1400 ts, 7 kn, Typ US YO

Küstenwache / Coast Guard

1 FS o	Mazinga ~1981	./82	Korea Shb. & Eng.	1200 1400	80.5	9.5	3.2	70

3 PP: o **505, I, II** (79–82) 410/580 ts, 24 kn, 1–4 ⚓, 2–2 ⚓, 2 Mg ⚓₂, MTU-DM, 6765 kW₂ – *Sea Whale Klasse*

4 PP: **I–IV** 250/280 ts, 28 kn, 4–2 ⚓₂,₁, 2 Mg ⚓, DM, 5380 kW₂ – *Sea Shark / Sea Wolf Klasse*

Bewaffnung / Armament	Sensoren-Elektronik/ Sensors-Electronic	Geschwindig-keit / speed kn	Antrieb / Propulsion Maschine / Kessel / Engines / Boilers / Masch	Leistung/ Power kW 1 kW = 1.36 PS	Fahrstrecke / Range sm	Sonstige Angaben / Remarks
	⊤ ▽	.	.	.	.	Ähnlich / similar to Typ ital. Lerici
2 ↘	⊤ ▽	14.0	4 GM-DM	750 / 2	.	Typ US MSC 289
2 ↘	⊤ ▽	14.0	GM-DM	880 / 2	2500	Typ US MSC 268
Harpoon ⟶₂, 1-7.6 ↘, 4 ↘, 2 Mg ↘	⊤ ⊕	40.0	6 Avco L.-GTu	12360 / 2	550 / 39	Verbesserter / improved Typ US Asheville. V–VIII 2 Standard ARM ⟶₂
Standard ARM ⟶, 7.6 ↘, 1-4 ↘, Mg ↘₂	⊤ ⊕	40.0	1 GE-GTu + 2 Cumm.-DM	9190 + 1290 / 2	1700 / 16	Typ US Asheville
MM 38 ⟶, 1-4 ↘, Mg ↘₂	.	35.0	MTU-DM	7325 / 3	1000 / 20	**K. 72**: 7940 kW₃
.	.	37.0	.	.	.	
4 ↘, 2-3 ↘₂, 2-2 ↘, Mg ↘₂	.	38.0	MTU-DM	7940 / 3	1000 / 20	Sea Dolphin Klasse
2 ↘, 6 Mg ↘₂	.	40.0	MTU-DM	3825 / 2	500 / 20	
bis / to 10-4 ↘, 2-2 ↘	⊤	11.0	DM	1250 / 2	15000 / 9	Typ US LST (2)
4 ↘₂, 4-2 ↘	⊤	12.5	DM	2120 / 2	2500 / 12	Typ US LSM. IV Führungsschiff für MS, auch NB / Mine Force Flag-ship, also NB

LS: Mulkae 71 (ex LCU 531) (43) ./310 ts, 10 kn, 2-2 ↘, DM, Typ US LCU 501

AT: Do Bong, Yong Mun (ex Pinola, Keosanqua) (45) 538/838 ts, 13.5 kn, 1-7.6, 4-2 ↘, Typ US ATA

AG: Tan Yang (ex Tillahook) Typ US ATA-AGS; **Suro 5, 6** (~56) 155 ts, 15 kn, Typ brit. Ham; **Suro 3** (ex Hodgson) 280 ts, 15 kn, Typ US YMS; **Suro 2** 145 ts; **Suro 7, 8** 30 ts – unterstehen dem Transport-ministerium / belong to the Ministry of Transport, Vermessung / survey

4 ↘, 2-2 ↘₂	⊤	21.5	Pielstick-DM	6765 / 2	7000 / 18	Anzahl unsicher / number uncertain

PP: I-? 80 ts, 30 kn, DM, 2880 kW₂ – *Sea Gull Klasse*
PP: I-? 32 ts, 25 kn, 2 Mg ↘, GM-DM, 780 kW₂ – *Swallow Klasse*

Anzahl - Art / Number - Group	Schiffsnamen und Stapellauf / Ship's Name and Launching	Baubeginn - Fertig- / Umbau / On Keel - Completed - Conv.	Bauwerft / Builder	Wasser-verdrängung / Displacement ts	Länge / Length m	Breite / Beam m	Tiefgang / Draft m	Besatzung / Be

Kuwait

2 MB	I, II	gepl. / plan.	.	.	.	.	.	.
4 PG	**I–IV**	1985–86 ./86 87	Süd Korea ? / South Korea ?	.	55.0	.	.	4
6 PG ○	**Al Boom, Al Betteel, Al Sanbouk, Al-Saadi, Al-Ahmadi, Al Abdali** / P 4501, 4503, 4505, 4507, 4509, 4511 1982–83	82/84 80/83	Lürssen, Vegesack Lürssen, Vegesack	231 259	44.9	7.0	2.5	4
2 PG ○	**Istiqlal, Sabhan** / P 5702, 5704 1982–83 83/84	81/83	Lürssen, Vegesack	350 390	58.1	7.6	3.1	4
4 PP	**I–IV**	1985–86 ./85 86	Korea Shb., Okpo	80	24.0	5.5	.	

1YD: I (a. St. / o. st.) Bauwerft / builder: Picchiotti

Küstenwache / Coast Guard

1 PP	**Dhaher**	1979	78/79	Halter Mar., N. Orleans	34	19.7	5.2	1.1
5 PP	**Qahir, Sagar, Salam** **Dastoor, Kasar**	1974–79	78/79 73/74	Vosper Priv., Singapore Vosper Th., Singapore	25	17.1	4.9	1.3
1 PP	**Mahroos**	1975	75/76	Vosper Th., Singapore	21	14.1	4.4	1.2
10 PP	**Al Shurti, Aman, Intisar, Marzook, Mashhoor, Maymoon, Murshed, Wathah** **Al Salemi, Al Mubaraki**	1966–70	./70 72 ./66	Vosper Th., Singapore Vosper Th., Portsmouth	40	23.8	4.7	1.4

3 PP: I–III (a. St. / o. st.) Bauwerft / builder: Kuwait Shb.

14 PP: **Antar, Istiqlal II, Warbah, Al Salmi II, Qaruh, Al Sebbah, I–VIII** (72–77) 6.5 ts, 27 kn, DM, $11.1 \times 3.3 \times 0.8$ m

10 PP: **I–VII** Lg 15.2 m; **I–III** Lg 12 m

7 LC: **I–IV** (84–85) 420 ts, 10 kn, Caterpillar-DM, 742 kW$_2$, $33 \times 10 \times 1.8$ m, Typ brit. Loadmaster; **Hadiya, Ceriff, Al Jahra** (79) 170/320 ts, 9.5 kn, $32.4 \times 7.5 \times 2.5$ m, Bauwerft / builder: Vosper Thornycroft, Singapore

3 LC: **Fareed, Regga, Waheed** (71–75) 88/170 ts, 10 kn, 480 kW, R. R.-DM, $27 \times 6.9 \times 1.3$ m, Bauwerft / builde: Vosper Thornycroft, Singapore

Libanon / Lebanon

4 PP: **Tarablous** (59) 105 ts, 27 kn, 2–4 ⚓, 1990 kW$_2$, MB-DM$_4$, $38 \times 5.5 \times 1.8$ m; **Beyrouth** (ex Tir), **BIBLOS, Sidon** (54–55) 28 ts, 18.5 kn, 1–2 ⚓, 2 Mg, 390 kW$_2$, GM-DM, 20.1×4.1 m

6 PP: **CP 1001–1006** (80) 41 ts, Lg 9 m, Bauwerft / builder: Crestitalia

Liberia

3 PP	**Master Sergeant Samuel K. Doe, Albert Porte, General Thomas Quiwonkpa** / 8801–8803 1979–80	./80	Karlskrona Varvet	50	26.7	5.2	1.2

2 PP: **Cavilla, Mano** (76) 38 ts, 24 kn, 3 Mg ⚓$_{2, 1}$, 1–8.1 Mörser / mortar, DM, 1410 kW$_2$, Bauwerft / builder: Swiftship, Louisiana

Bewaffnung / Armament	Sensoren-Elektronik/ Sensors-Electronic	Geschwindig-keit / speed kn	Antrieb / Propulsion		Fahrstrecke / Range sm	Sonstige Angaben / Remarks
			Maschine / Kessel / Engines / Boilers / Masch	Leistung/ Power kW 1 kW = 1.36 PS		

Kuwait

Bewaffnung / Armament	Sensoren	Geschw.	Maschine	Leistung	Fahrstrecke	Remarks
.	.	.	.	.	.	Typ nieder. / Netherl. Alkmaar
·, ↘	.	.	.	.	.	⟁-Deck, Dockmöglichkeiten / docking facilities, AH
MM 40 ⇨, 1–7.6 ↘, ·–4 ↘₂, 2 Mg ↘	⊤ ♢ ⧈ ↺	40.5	MTU-DM 4	10590 16	1600	Typ deutsch / German TNC 45
MM 40 ⇨₂, ·–7.6 ↘, 2–4 ↘₂	⊤ ♢ ↷ ⊕	38.0	MTU-DM 4	11770 30	1300	Ähnlich / similar to Typ deutsch / German FPB 57. Führungsschiffe für / command ships for PG
.	.	30.0	DM 2	2880 20	950	Typ S.-Korea Sea Gull
Mg ↘₂	⊤	32.0	MTU-DM 2	1270	.	Typ US Cutlass
Mg ↘	⊤	26.0	MTU-DM 2	990 20	320	
·–2 ↘, 2 Mg ↘]	⊤	21.5	R. R.-DM 2	570	.	
Mg ↘	⊤	20.0	R. R.-DM 2	985 15	700	

AT: **Mosanid** (83) 160 BRT/grt, DM, Bauwerft / builder: Sumidagawa

AT: **Al Hangaf, Al Mutlas** (82) 67/75 ts, 12 kn, DM, Bauwerft / builder: Hayashikane, Yokosuka

AG: **Bahith** (84) 690 BRT/grt, DM, Bauwerft / builder: Hayashikane, Yokosuka

Hovercraft: **I–VI** (84–85) 17 ts, 55 kn, R. R. Gnome-GTu, 780 kW

oll / Costums

PP: **Béeah** (86) 30 ts, 27.5 kn, MAN-DM, 1150 kW₂, 20.5 × 5.1 × 1.5 m – Typ AZ 66; **Jamarek I, II** (85) 27 ts, 28 kn, MAN-DM, 1120 kW₂, 18.6 × 5.1 × 1.5 m – Typ AZ 60 – Bauwerft / builder: Azimut SpA, Viareggio

Libanon / Lebanon

PP: **I, II** (79) Typ brit. Tracker Mk 2 – für Zoll / for customs service

LC: **Damour, Sour** (84) 290/640 ts, 8.3 kn, 2–2 ↘, MGO-DM, 735–765 kW₂, Typ frz. / French EDIC

Liberia

Bewaffnung	Sensoren	Geschw.	Maschine	Leistung	Fahrstrecke	Remarks
Mg ↘₂, ₁	⊤	25.0	MTU-DM 2	1370 18	1000	Typ schwed. / Swed. Tv 102

PP: **St. Paul** (76) 11 ts, 20 kn, 2 Mg ↘, DM, 640 kW

Libyen/Libya

Anzahl - Art / Number - Group	Schiffsnamen und Stapellauf / Ship's Name and Launching		Baubeginn - Fertig – Umbau / On Keel – Conv. / Completed	Bauwerft / Builder	Wasser- verdrängung / Displacement ts	Länge / Length m	Breite / Beam m	Tiefgang / Draft m	Besatzung Be

Libyen / Libya

Fregatten / Frigates

2 FG o	Al Qirdabiyah El Hani	~1985–86	./87 ./86	Zelenodolsk Zelenodolsk	1800 2300	95.0	10.8	3.8	13
1 FG o	Dat-Assawari	1969	68/73 79–85	Vosper Th., Woolston CNR, Genua	1325 1625	102	11.1	3.4	13
4 FG o	Ean Mara, Ean Al Gazala, Ean Zaara, Ean Zakut	1980–84	./82 85	Petrovskij, Leningrad	780 930	60.3	13.2	2.7	6
1 FS o	Tobruk	1965	65/66 83–84	Vosper Th., Portsm. Taskizak	440 500	54.0	8.5	3.9	6

Uboote / Submarines

6 SS o	Al Ahad, Al Badr, Al Fateh, Al Mitraka, Al Khyber, Al Hunain	1975–82	./76 83	Sudomech, Leningrad	1950↑ 2400↓	91.5	7.5	6.1	7

6 SZ: **I–VI** 1.2 ts, 4.4 kn, EM, 4.4 kW₁, 4.9 × 1.2 × 1.7 m, Typ jugosl. / Yugosl. R-2 Mala

Minensucher / Minesweepers

8 MB o	Ras Al Gelais, Ras Hadad, Ras Al Hamman, Ras Al Falluga, Ras Al Qula, Ras Al Dawar, Ras Massad, Ras Al Hami 1980–85		79/81 84/86	Išora, Leningrad	680 750	61.0	9.6	2.4	7

Kleine Kampfschiffe / Small Fighting Vessels

4 PG o	Assad Al Tadjier, Assad Al Tougour, Assad Al Khalij, Assad Al Hudud (ex Wadi Mragh, W. Maser, W. Marseat, W. Magrawa) 1977–79		77/79 78/81	CNR, Muggiano	550 630	61.7	9.3	2.9	5
4 PG o	I–IV a. St. / o. st. – bew. / auth.		84/.	Titovo, Kraljevica	385 425	54.8	9.0	2.5	.
10 PG o	Sharara, Shehab, Shoula, Whag, Bark, Shafak, Rad, Shouaiai, Waheed, Laheeb (ex Beir Grassa, B. Gzir, B. Ktitat, B. Gtifa, B Alkardmen, B. Alkarim, B. Alkur, B. Algandula, B. Glulud, B. Alkuesat) 1979–82		78/82 81/84	C. Mécaniques, Cherb.	285 311	49.0	7.1	2.5	3
12 PG o	Al Katum, Al Zuara, Al Baida, Al Nabha, Al Safhra, Al Fikar, Al Mathur, Al Muwashan, Al Sakab, Al Bitar, Al Sadad, I 1975–78		./76 80	USSR	195 240	40.0	8.1	2.0	3

Bewaffnung / Armament	Sensoren- Elektronik/ Sensors- Electronic	Geschwindig- keit / speed kn	Antrieb / Propulsion		Fahrstrecke / Range sm	Sonstige Angaben / Remarks
			Maschine Kessel Engines Boilers Masch	Leistung/ Power kW 1 kW = 1.36 PS		

Libyen / Libya

SS-N-2 C ⇒, 4-7.6 ✦₂, -3 ✦₂, 2 SA-N-4 ⇊₂, **UTR** 40 I, 1 ⚓₁₂ RBU 000	⊤ ⌣ ♀ ⊕ ⊕ ⵣ	32.0	1 GTu + 2 DM	22060 +8820 3	2000 14	Typ USSR Koni. Bau-Nr. / building number: 12, 13
Otomat ⇒, 1-11.4 ✦, -4 ✦, 2-3.5 ✦₂, Albatros ⇊₄, **UTR** 32.4 **III**	⊤ ⌣ ⌣ ⊕ ⊕ ⵣ	37.5	Rolls-R. Ol. GTu + DM Paxman	35340 +2570 2	5700 17	Typ Vosper Mark 7. Verbesserte / improved Radars
SS-N-2 C ⇒₂, SA-N-4 ⇊₂, 2-5.7 ✦	⊤ ⌣ ⵚ ⊕ ⊕	30.0	6 DM	22065 3	3600 15	Typ USSR Nanuchka II. 24./25. 3. 86: 2 Schiffe durch US Flugzeuge schwer be- schädigt, 1 gesunken? 2 ships heavily damaged by US planes, 1 lost?
-10.2, 4-4 ✦₁	⊤ ⊕	18.0	Paxman V.-DM	2795 2	2900 14	Typ ghan. Kromantse
0 **TR** 53.3 ↓ (6 b, 4 h)	⊤ ⌣ ⵣ	18.0↑ 18.0↓	DM EM	4410 4410 3	20000	Typ USSR Foxtrot
-3 ✦₂, 4-2.5 ✦₂, ⚓₅ RBU 1200	⊤ ⊕ ⵣ	20.0	DM	3535 2	2800 10	Typ USSR Natya. Namen nicht sicher / names uncertain
Otomat ⇒, 1-7.6 ✦, -3.5 ✦₂, 6 **UTR** 32.4 **III**, ⵚ	⊤ ⌣ ⵚ ⊕ ⵣ	31.5	MTU-DM	13240 4	3900 16	
SS-N-2 C ⇒, -7.6 ✦ OTO, 2-4 ✦₂, -2 ✦₄	.	34.0	MTU-DM	10295 2	.	Typ jugosl. / Yugosl. Kobra. Angaben unsicher / details uncertain
Otomat ⇒, 1-7.6 ✦, -4 ✦₂	⊤ ⌣ ⊕	36.0	MTU-DM	10590 4	1600 15	Typ frz. / French Combattante II G. **Waheed** 24. 3. 86 ge- sunken / sunk?
SS-N-2 B ⇒, 4-3 ✦₂	⊤ ⌣ ⊕	36.0	DM	11030 3	800 25	Typ USSR Osa II

Anzahl - Art / Number - Group	Schiffsnamen und Stapellauf / Ship's Name and Launching	Baubeginn – Fertig – Umbau / On Keel – Completed – *Conv.*	Bauwerft / Builder	Wasser- verdrängung / Displacement ts	Länge / Length m	Breite / Beam m	Tiefgang / Draft m	Besatzung / Crew Bes
3 PF o	**SUSA, Sirte, Sebha** 1967–68	67/67 /68 *77, 84*	Vosper Th., Portsm.	95 115	30.5	7.3	2.1	20
3 PP	**Jihad, Salam, I** 1976	./75 76	Hamelner Schiffswerft	120	37.0	6.2	.	2▮
4 PP	**Zleiten** (ex Garian), **Khawlan, Merawa, Sabratha** 1969–70	68/69 /70 83–84 *Taskizak*	Brooke Marine Ltd.	100 125	31.0	6.0	1.6	22
3 PP	**BENINA, Homs, Misurata** 1967–68	67/67 ./69	Vosper Th., Portsm.	100	30.5	6.4	1.6	15

Landungsfahrzeuge / Landing Vessels

2 LS o	**Ibn Ouf, Ibn Harissa** 1976–77	76/77 77/78	Méditer., La Seyne	2800	99.5	15.6	2.5	34▮
3 LS o	**Ibn El Fard, Ibn El Hathram, Ibn Umaij** 1976–78	./77 79	Nordwerft, Gdansk	1150 1300	82.0	10.1	2.6	40
25 LS	**I-XXI** **Ibn Al Idrissi, Ibn Marwan, Ras El Hilel, El Kobayat** (ex C 130–133) 1979–81	./81 79/79 80	Taskizak + Gölçük Taskizak	400 580	56.2	12.0	1.4	16

Hilfsfahrzeuge / Auxiliary Vessels

1 AR o	**Zeltin** 1968	67/68	Vosper Th., Woolston	2200 2470	99.0	14.6	3.0 5.8	100

1 AR: **Zlatica** 1300 ts, 16 kn, DM, 3310 kW$_2$, Typ jugosl. / Yugosl. Spasilac

1 AK: **El Timsah** 3100 BRT/grt, 20 kn, 6620 kW, 117.5 × 17.5 × 4.9 m

3 AT: **Brak, Ashkida, Abu Shaifa** (83) 249 BRT/grt, 13.5 kn, DM, 295 kW

3 AT: **A 33–35** (79–80) 150 BRT/grt, DM

Madagaskar / Malagasy

1 PP: **Malaika** (67) 235/250 ts, 18.5 kn, 2–4 ⚓, 2000/$_{15}$ sm, 1765 kW$_2$, DM, 47.5 × 7.2 × 2.5 m, Bes 25, Bauwerft / builder: Franco Belge

5 PP: **Philiberi Isiranana, Faheleovatena, Fanrosoana, Faha Fahana, I** (62) 46 ts, 22 kn, 1–4 ⚓, Bauwerft / builder: Bayerische Schiffbaugesellschaft

1 PP: **I** 82 ts, 40 kn, 6 Mg ⚓, Typ nordkoreanisch / North Korea Nampo

2 LS: **Toky** (73) 250/810 ts, 13 kn, 1–7.6 ⚓, 2–2 ⚓, 1300/$_{13}$ sm, 1765 kW$_2$, 2 MGO-DM, 64 × 12.5 × 1.9 m, Bauwerft / builder: St. W., Diego Suarez; **Aina Vao Vao** (ex L 9082) (64) ./610 ts, 8 kn, 2–2 ⚓, 735 kW$_2$, MGO-DM

1 AX: **Fanantenana** (ex Richelieu) (59) 1040 ts, 12 kn, 2–4 ⚓, 1150 kW$_1$, Deutz-DM, 63 × 9.1 × 4.5 m, Bauwerft / builder: AG Weser, Bremen

Malawi

1 PP: **Chikala** / P 703 (84) 33/36 ts, 22 kn, 1 Mg ⚓, Poyaud-DM, 1030 kW$_2$, Bes 10, Bauwerft / builder: SFCN, Villeneuve

1 PP: **P 702** (76) 4.3 ts, 25 kn, 2 Mg ⚓, DM, 430 kW, 9.1 × 2.8 × 0.8 m, Typ brit. Spear

Bewaffnung / Armament	Sensoren-Elektronik/ Sensors-Electronic	Geschwindig-keit / speed kn	Antrieb / Propulsion Maschine / Kessel Engines / Boilers Masch	Leistung/ Power kW 1 kW = 1.36 PS	Fahrstrecke / Range sm	Sonstige Angaben / Remarks
-4 ⚓, 8 ↠ SS 12	┳ ⌖	50.0	Rolls-R. Proteus GTu + GM-DM	9380 +280 3	450 45	Ähnlich / similar to Typ dän. Søløven
-3 ⚓₂	.	27.0	MTU-DM	.	1100 27	1981 an / to PLO
-4 ⚓, 1-2 ⚓	┳	25.0	Maybach-DM	2650 2	1500 12	Unterstehen der Küstenwache / belong to Coast Guard
-2 ⚓	┳	18.0	Rolls-R.-DM	1280 2	1800 14	Unterstehen der Küstenwache / belong to Coast Guard
-4 ⚓₂, 11 ⌷, [240], 70 ts Ladung / load	┳ ⌖ ⊻	15.2	SEMT-P.-DM	3930 2	4000 14	⌖-Deck achtern / aft
-3 ⚓₂, 2 ↠ 40, 8 ⌷	┳	18.0	DM	3680 2	3300 14	Typ USSR Polnocny C
-2 ⚓	┳	8.5	DM	660 2	1100 8	Typ türk. / Turk. C 107. Total 50?
-4 ⚓	┳	15.0	Paxman-DM	2575 2	3000 14	Dockraum / length of dock: 41 × 12 m

AT: **Ras El-Helal, Al Ahweirif, Al Keriat, Al Tabkah** (76–78) 200 BRT/grt, 14 kn, MaK-DM, 1850 kW₁, Bauwerft / builder: Mondego, Portugal

Tender: **I** (~60) 90 ts, 18 kn, Typ USSR Poluchat; **Al Manoud** Typ USSR Yelva

Malta

PP: **President Tito, Dom Mintoff** / C 38, 39 (ex Cer, Durmitor) (~68) 85 ts, 13 kn, 6-2 ⚓₃ – ex Typ jugosl. Kalnik

PP: **C 28, 29** (ex Arrakib, Akrama) (67–69) 100 ts, 18 kn, 1-2 ⚓, DM; **C 25, 26** (ex Arraid, Tariq) 86 ts, 21 kn, 2 Mg ⚓, DM

PP: **C 23, 24** (ex C 6823, 6824) (67) 16/23 ts, 25 kn, 3 Mg ⚓, 710 kW, Typ US PCF

PP: **C 27** (ex Brunsbüttel) (54) 90 ts, 19 kn, 1 Mg ⚓, 1210 kW, DM

PP: **C 68, 71** 35 ts, 30 kn - ex brit. SAR 2768, 2771

PP: **Pinnace** 28 ts, 13 kn; **RSL** 12 ts, 16 kn; **Aphrodite, Kiklan** (79) 2 Mg ⚓

Unterstehen alle der Küstenwache / all assigned to Coast Guard

Malediven / Maldives

PP: **I** (86) 30 ts, 24 kn, 1-2 ⚓, GM-DM, 955 kW₂, Typ brit. Tracker; **I** 34.5 ts, 30 kn, DM; **I** 28 ts, 13 kn, DM

LC: **I–IV** Lg 19.5 m

Anzahl – Art / Number – Group	Schiffsnamen und Stapellauf / Ship's Name and Launching		Baubeginn – Fertig – Umbau / On Keel – Completed – Com.	Bauwerft / Builder	Wasserverdrängung / Displacement ts	Länge / Length m	Breite / Beam m	Tiefgang / Draft m	Besatzung / Be

Malaysia

Anzahl – Art / Number – Group	Schiffsnamen und Stapellauf / Ship's Name and Launching		Baubeginn – Fertig / Umbau / On Keel – Completed – Com.	Bauwerft / Builder	Displacement ts	Länge m	Breite m	Tiefgang m	Besatzung Be
2 FG o	Kasturi Lekir	1983	82/84 82/84	HDW, Kiel HDW, Kiel	1690 1900	97.3	11.3	3.5	12
1 FE o	Rahmat (ex Hang Jebat)	1967	66/71 83	Yarrow, Scotstoun	1250 1600	94.0	10.4	4.5	16
1 FE o	Hang Tuah (ex Mermaid)	1966	66/68	Yarrow, Scotstoun	2300 2520	106	12.2	4.8	22
2 FS o	Marikh Musytari	1984–86	83/86 83/85	Malays. Shb., Johore Korea Shb., Pusan	1000 1300	75.0	10.8	3.7	7
4 MB	Ledang, Kinabala, Mahamiru, Jerai	1983–84	84/85 82/85	Intermar., Sarzana Intermar., Sarzana	470 520	51.0	9.0	2.8	4
4 PG o	Handalan, Perkasa, Pendekar, Gempita	1978	77/79	Karlskrona, Varvet	240 270	43.6	7.1	2.4	4
4 PG o	Ganyang, Serang Ganas, Perdana	1971–72	71/72 /73	Franco Belge C. Mécaniques, Cherb.	240 265	47.0	7.0	2.0	4
6 PP	Baung, Pari, Yu Jerong, Todak, Paus	1975–77	76/77 75/76	Hong Leong Lürssen	210 255	44.8	7.1	1.9	4
14 PP o	Badek, Beladau, Kelewang, Kerambit, KRIS, Lembing, Panah, Renchong, Rentaka, Serampang, Sri Johor, Sri Perlis, Sundang, Tombak	1966–67	65/66 68/69	Vosper Th., Portsm.	96 110	31.4	5.9	1.7	2.
3 PP	Sri Negri Sembilan, Sri SABAH, Sri Sarawak	1963–64	63/64 /65	Vosper Th., Portsm.	96 110	31.4	5.9	1.7	2.
3 PP	Sri Kelantan, Sri Selangor, Sri Trengganu	1963–64	62/63 63/64	Vosper Th., Portsm.	96 110	31.4	5.9	1.7	2.

2 LC: **Lang Siput, Lang Tiram** (80) 630 BRT/grt, 9 kn, 48.4 × 10.5 m

3 LC: **Jernih, Terijah** (77-78) 290 ts, 8 kn; **Meleban** (77) 90 ts, 8 kn, DM

Anzahl – Art / Number – Group	Schiffsnamen und Stapellauf / Ship's Name and Launching		Baubeginn – Fertig	Bauwerft / Builder	Displacement ts	Länge m	Breite m	Tiefgang m	Besatzung Be
2 AK	I Mahawangsa	1983–84	83/85 82/83	Tacoma, Korea Tacoma, Korea	1800 4300	100	15.6	4.8	150
1 AK o	Sri Indera Sakti	1980	79/80	Bremer Vulkan	1800 4300	100	15.0	4.8	140

4 AT: **Lang Kangok, Lang Hindek, I, II** (81-82) 300 BRT/grt, 12.5 kn, DM, 1325 kW$_2$, Bauwerft / builder: Penang Shy.

6 AT: **Tunda 1-3** (78) 150 BRT/grt, DM; **Penyu** (ex Salvigilant) (76) 398 ts; **Badang I, II** 400 BRT/grt – und zahlreiche kleinere / and numerous smaller ones

2 AT: **Sotong, Kepah** (ex Asiatic Charm, A. Success) (76) 215 BRT/grt

Bewaffnung / Armament	Sensoren-Elektronik/ Sensors-Electronic	Geschwindigkeit / speed kn	Maschine Kessel Engines Boilers Masch	Leistung/ Power kW 1 kW = 1.36 PS	Fahrstrecke / Range sm	Sonstige Angaben / Remarks

Malaysia

Bewaffnung / Armament	Sensoren-Elektronik	Geschw. kn	Maschine	Leistung kW	Fahrstrecke sm	Sonstige Angaben / Remarks
MM 38 ⇨, 1–10 ⚓, -5.7 ⚓, 4–3 ⚓₂, ⚓₂ Bofors, 1 ⇶ **UTR 32.4 III**, 1 ⇶	⊤ ⚲ ⚲ ⊕ ⅄ ⌒	28.0	4 MTU-DM	16000 2	5000 14	Typ deutsch / German FS 1500. **Masch: CODAD**
-11.4 ⚓, 3–4 ⚓, ⚒₃ Limbo	⊤ ○ ⚲ ⊕ ⊕	27.0	Bristol-S. GTu + Crossley-P-DM	14340 + 2830 2	6000 16	**Masch: CODOG.** ⇶-Deck
-10 ⚓₂, 4–3 ⚓₂, 2–4 ⚓₂, ⚒₃ Limbo	⊤ ○ ⊕	24.0	8 Standard-R.-DM	11770 2	4800 15	Für Ghana gebaut / built for Ghana. 1972–76 Royal Navy
-10 ⚓, 2–3 ⚓₂	⊤	22.0	DM	7620 3	5000 15	Für 200 Meilen Wirtschafts-zone / for 200 nm economic zone. Total 3?
-4 ⚓, 2 PAP 104	⊤ ⅄	16.0	2 MTU-DM + 4 MTU-DM	1760 + 1000 2	2000 12	Ähnlich / similar to Typ ital. Lerici. Auch / also PP
MM 38 ⇨, 1–5.7 ⚓, -4 ⚓	⊤ ⚲ ⊕	34.5	MTU-DM	7940 3	1850 14	Ähnlich / similar to Typ schwed. / Swed. Spica II
MM 38 ⇨, 1–5.7 ⚓, -4 ⚓	⊤ ⚲ ⊕	36.5	MTU-DM	10300 4	800 25	Ähnlich / similar to Typ franz. / French Combattante II
-5.7 ⚓, 1–4 ⚓	⊤ ⚲ ⊕	32.0	MTU-DM	7280 3	1800 15	
-4 ⚓	⊤	27.0	Maybach-DM	2575 2	1660 14	
-4 ⚓	⊤	27.0	Maybach-DM	2575 2	1660 14	
-4 ⚓	⊤	27.0	Bristol S.-DM	2575 2	1400 14	**Sri Perak** gesunken / lost 1/84

LC: **LCM 1–5** 24/56 ts, 10 kn, Typ US LCM (6)

4 LC: 9 **RCP** (74) 15/30 ts, 17 kn; 15 **LCP** 19 ts, 16 kn

Bewaffnung	Sensoren	Geschw.	Maschine	Leistung	Fahrstrecke	Remarks
-5.7 ⚓, 2–2 ⚓	⊤	16.5	Deutz-DM	4410 2	4000 15	Für Munition / for ammunition. Ähnlich / similar to Sri Indera Sakti. Kein Schornstein / no funnel
-5.7 ⚓, 2–2 ⚓	⊤	16.5	Deutz-DM	4410 2	4000 15	Mehrzweckversorger / multi purpose AK. Ro-Ro, ⇶-Deck, 1300 ts **Ö / F**, 200 ts Frisch-wasser / fresh water

Tender: **Duyong** (70) 120 ts, 10 kn, 1–2 ⚓. 370 kW, 2 DM, 33.5 × 6.4 × 1.7 m, Bes 23

AG: o **Mutiara** (76) 1950 ts, 16 kn, 2–2 ⚓. Deutz-DM, 2900 kW₁, 70 × 13.1 × 4.1 m, Bes 141, Bauwerft / builder: Hong Leong Lürssen, Penang; **Perantau** (~57) 360 ts, 15 kn, ex MS, Typ brit. Ton

AG: **Jurukur Dua** (85) MAN-DM, 655 kW₂, Bauwerft / builder: Hong Leong Lürssen, Penang

Anzahl - Art / Number - Group	Schiffsnamen und Stapellauf / Ship's Name and Launching	Baubeginn - Fertig / Umbau / On Keel - Conv. / Completed	Bauwerft / Builder	Wasser- verdrängung / Displacement ts	Länge / Length m	Breite / Beam m	Tiefgang / Draft m	Besatzung Bes
Marine-Polizei / Marine Police								
15 PF	**Lang Hitam, I–XV / PZ** 10–24 1980–82	80/80 82/83	Hong Leong Lürssen	188 205	38.5	7.0	2.2	2
9 PF	**Sangitan, I–VIII / PX** 28–36 1980–82	./80 83	Penang Shy.	114	29.0	6.0	1.7	1
3 PP	**Sri Kudat, Sri Tawau, I / PX** 25–27 1973–74	73/75	Hong Leong Lürssen	63	28.0	5.4	1.6	1
6 PP	**Alor Star, Kota Bahru, Kuala Trengganu, Johore Bahru, Sri Menanti, Kuching / PX** 19–24 1972–73	72/73 73/74	Vosper Th., Singapur	92	27.8	5.8	1.7	1
16 PP	**Arau, Bentara, Hulubalang, Kelang, Kuala Kangsar, Laksamana, Maharajalela, Maharajasetia, Mahkota, Pahlawan, Pekan, Pertanda, Perwira, Sangsetia, Shanbandar, Temenggong** 1963–70	63/63 69/70	Vosper Th., Singapur	85	26.7	5.8	1.5	1
Zolldienst / Customs Service								
6 PP	**I–VI**	1982–83	81/82 82/83	Malaysia Shb.	100 125	32.4	7.2	1.8	2

Mauretanien / Mauretania

1 PP: **Dix Juillet** (ex Rapière) (81) 115/148 ts, 26.3 kn, 1-4 ⚓, 1-2 ⚓, AGO-DM, 2940 kW₂, 40.3 × 5.9 × 1.6 m. Bauwerft / builder: Auroux, Arcachon

3 PP: **El Beig, El Vaiz, El Kenz** (78–81) 150 ts, 36 kn, 1-4 ⚓, 2 Mg ⚓, DM, 36.2 × 5.8 × 2.5 m, Bauwerft / builder: Bazan, Carraca, Typ span. Barcelo

4 PP: **Dar El Barka, Tichitt** (68–69) 80 ts, 29 kn, 2-2 ⚓, 1 Mg ⚓, 1500/₁₅ sm, 1990 kW₂, Maybach-DM, Bes 17; **Im Raq'Ni, Sloughi** (65–68) 20 ts, 21 kn, 1 Mg ⚓, 860/₁₂ sm, 380 kW₂, GM-DM, 18.4 × 4.3 × 1.1 m, Bes Bauwerft / builder: Ch. Navals de l'Esterel

Marokko / Morocco

1 FG o	**Colonel Arrahmani**	1982	79/83	Bazan, Cartagena	1270 1520	89.0	10.4	3.8	100
4 PG	**Commandant Al Khattabi, C. Bou Ahab, C. El Harty, C. Azouggarh** 1980–82	80/81 81/82	Bazan, San Fernando	355 420	57.4	7.6	2.7	4
1 PC	**Lieutenant Riffi**	1964	63/64	C. Mécaniques, Cherb.	310 375	52.0	7.0	2.0	60
2 PP	**I, II** a. St. / o. st. – bew. / auth.	86/.	Frederikshavn Vaerft	420	55.0	8.1	2.8	15 + 20
6 PP	**I–VI** a. St. / o. st. – bew. / auth.	87/88 88/89	Bazan, Cadiz	397 425	58.1	7.6	2.9	36 + 15
2 PP o	**Okba, Triki** 1975–76	75/76 ./77	SFCN, Villeneuve	375 445	58.7	7.6	2.5	43
1 PC	**Tawfiq** (ex Aries)	1956	55/56	Penhoët, St. Nazaire	360 425	46.3	8.5	2.1	38
6 PP	**El Jail, El Karis, El Khafir, El Mikdam, El Wacil, Es Sahir** 1975–76	75/75 76/77	C. Mécaniques, Cherb.	88	32.0	5.4	1.5	17

Bewaffnung / Armament	Sensoren-Elektronik/ Sensors-Electronic	Geschwindig-keit / speed kn	Maschine Kessel Engines Boilers Masch	Leistung/ Power kW 1 kW = 1.36 PS	Fahrstrecke / Range sm	Sonstige Angaben / Remarks
-4 ⚓, 1-2 ⚓, 2 Mg ⚓	⊤	34.0	MTU-DM	6620 / 2	1100 16	Typ deutsch / German FPB 38
-2 ⚓	⊤	36.0	Paxman-V.-DM	4925 / 2	.	
-2 ⚓	⊤	25.0	MTU-DM	1810 / 2	1050 15	
-2 ⚓	⊤	25.0	MTU-DM	1810 / 2	.	Verbesserte / improved PX Klasse
-2 ⚓	⊤	25.0	MTU-DM	1990 / 2	700 15	PX Klasse / class. Serie PX 1–16
-2 ⚓, 2 Mg ⚓	⊤	27.0	PaxmanV. + Cummins-DM	2940 + 422 / 3	1500	

Mauritius

PP: **Amar** (61) 120/150 ts, 18 kn, 1–4 ⚓, DM, 33.6 × 6.1 × 1.5 m, Typ ind. Abhay

PP: **I, II** (~74) 45 ts, 34 kn, 3 Mg ⚓2.1, DM, 1750 kW, Typ USSR Zhuk – Lieferung fraglich / delivery uncertain

Marokko / Morocco

Bewaffnung / Armament	Sensoren	Geschw. kn	Maschine	Leistung kW	Range sm	Sonstige Angaben / Remarks
MM 38 ⇨, 1-7.6 ⚓ OTO, 2-4 ⚓, 1 Albatros ⌷8, 5 UTR 32.4 III, 1 ⚓2	⊤ ♦ ♀ ⊕ ▽	26.0	4 MTU-DM	11770 / 2	4000 16	Typ span. Descubierta
MM 38 ⇨, 1-7.6 ⚓, -4 ⚓, 2-2 ⚓	⊤ ⊕ ▽	29.5	MTU-DM	9930 / 3	3000 15	Typ span. Lazaga
-7.6 ⚓, 2-4 ⚓, 2 ⚓	⊤ ♦ ♀ ⊕	19.0	SEMT-P.-DM	2650 / 2	2000 15	Typ frz. / French Le Fougueux
.	⊤	18.0	B. & W.-Alpha-DM	3650 / 2	4500 16	Verbesserter / improved dän. / Dan. Havørnen
-4 ⚓, 2-2 ⚓	⊤	22.0	MTU-DM	5580 / 2	3800 12	Fischereischutz / fishery protection
-7.6 ⚓ OTO, 1-4 ⚓	⊤ ♦ ♀ ⊕	28.0	4 AGO-DM	9710 / 4	2500 16	Typ frz. / French PR 72
-4 ⚓, 1-2 ⚓	⊤	15.0	DM	1470 / 2	3000 15	Typ frz. / French Sirius, ex MS
2-2 ⚓	⊤	29.0	MGO-DM	2020 / 2	1200 15	Typ frz. / French P 92

Anzahl - Art / Number - Group	Schiffsnamen und Stapellauf / Ship's Name and Launching		Baubeginn - Fertig- / Umbau / On Keel - Completed - Conv.	Bauwerft / Builder	Wasser-verdrängung / Displacement ts	Länge / Length m	Breite / Beam m	Tiefgang / Draft m	Besatzung / Crew Bes
1 PP	Al Bachir	1966	65/67	C. Mécaniques, Cherb.	125 155	40.6	6.4	1.4	23
1 PP	El Sabiq (ex P 762)	1957	56/57	CN, d'Esterel	60 80	31.8	4.7	1.7	17
3 LS o	Daoud Ben Aïcha, Ahmed Es Sakalli, Abu Abdallah El Ayachi	1977–78	75/77 76/78	Dubigeon, Normandie	750 1300	80.0	13.0	2.3	47
1 LS o	Lieutenant Malghagh	1963	63/64	NC Franco Belge	290 640	59.0	12.0	1.3	16

2 AK: **El Aigh, Ad Dakhla** ~1500 BRT/grt, 2 Mg ⚓, DM

1 AT: **Al Arq** (81) Bauwerft / builder: La Perrière, Lorient

Zolldienst / Customs Service

4 PP: **I–IV** (85–87) 89 ts, 27 kn, UNI-DM, 1870 kW₂, 32 × 5.4 × 1.4 m, Bes 12, Bauwerft / builder: C. Mécanique, Cherbourg – Typ frz. / French P 92

$4 \text{ PP: } \textbf{I–IV} \text{ (85–87) 89 ts, 27 kn, UNI-DM, } 1870 \text{ kW}_2$

12 PP: **I–IV** 40 ts, 23 kn, 690 kW, DM, Lg 25 m; **I–VIII** (63) Lg 13 m

Mexico

2 DD o	Quetzalcoatl, Netzahualcoyotl (ex Vogelgesang, Steinaker)	1945	44/45	Bethlehem, St. Island	2425 3500	119	12.4	5.8	280
1 DD o	Cuitlahuac (ex John Rodgers)	1942	41/41	Consolidated, Orange	2050 2850	115	12.1	5.5	200
3 FE o	Coahuila (ex Rednour) Tehuantepec, Usumacinta (ex Don O. Woods, Joseph M. Auman)	1944	43/44 44/45	Bethlehem, Hingham Dravo, Pittsburgh	1400 2130	93.0	11.5	4.7	205
1 FE	Chihuahua (ex Barber)	1943	43/43	St. W., Norfolk	1400 2130	93.0	11.5	4.7	205
1 FE o	Comodoro Manuel Azueta (ex Hurst)	1943	43/43	Brown, Houston	1200 1850	93.0	11.5	3.4	220
4 FS	I, II III, IV	a. St. / o. st.	84/. 83/.	Salina Cruz NSY Tampico NSY	950	67.0	10.5	.	45
6 FS o	Cadete Virgilio Uribe, Teniente José Azueta, Capitán de Fragata Pedro Sáinz de Baranda, Comodoro Carlos Castillo Bretón, Vicealmirante Othón-P. Blanco, Contraalmirante Angel Ortiz Monasterio	1981–82	81/82 82/83	Bazán, Cadiz	767 900	67.0	10.0	3.1	37
18 FS o	Valentin Gomez Farias, Juan Aldama, Leandro Valle, Hermenegildo, Galeana, Ignacio Altamirano, Guillermo Prieto, Francisco Zarco, Ignacio L. Vallarta, Mariano Escobedo, Jesus Gonzales Ortega, Ponciano Arriaga, Manual Doblado, Sebastian Lerdo de Tejada, Santos Degollado, Ignacio de La Llave, Juan N. Alvarez, Melchor Occampo, Manual Gutierrez Zamora (ex MSF 64, 104, 105, 111, 120, 123, 124, 128, 314–319, 322, 340, 379, 381)	1942–45	41/42 43/46	USA	890 1250	67.0	9.8	3.4	105

Bewaffnung / Armament	Sensoren-Elektronik/ Sensors-Electronic	Geschwindig-keit / speed kn	Antrieb / Propulsion		Fahrstrecke / Range sm	Sonstige Angaben / Remarks
			Maschine / Kessel / Engines / Boilers / Masch	Leistung/ Power kW 1 kW = 1.36 PS		

–4 ⚓, 2 Mg ⚓	⊤ ⊕	25.0	Pielstick-DM	2650 2	2000 15	
–2 ⚓	⊤	28.0	MTU-DM	1990 2	1500 15	Typ frz. / French P 751
–4 ⚓, 2–8.1 Mörser / mortars, [180], [380 ts]	⊤ ⊕	16.0	AGO-DM	1320 3	3500 13	Typ frz. / French BATRAL
–2 ⚓, 1–12 Mörser / mortar	⊤	8.0	MGO-DM	735 2	.	Typ frz. / French EDIC

Yacht: **Essaouira** 60 ts

8 PP: **I–XVIII** (87 – a. St. / o. st.) 13.5 ts, 30 kn, UNI-DM, 825 kW$_2$, 14.5 × 4.0 × 1.2 m, Bes 6, Bauwerft / builder: CNA, La Teste – GRP Rumpf / hull

Mexico

–12.7 ⚓$_2$, UTR 32.4 III, 1 ⚓$_8$ Asroc	⊤ ⊕	30.0	✿Tu 4 Babcock	44130 2	5800 15	Typ US Gearing, FRAM 1
–12.7 ⚓, 14–4 ⚓$_{4,2}$	⊤ ⊕	30.0	3 GE ✿Tu 4 Babcock	44130 2	4400 15	Typ US Fletcher
–12.7, 6–4 ⚓$_2$, 162]	⊤ ⊕	23.5	Tu 2 Wr	8825 2	5000 15	*Fragatas Transportes.* Typ US Rudderow / LPR. I: 2–2 ⚓ zusätzlich / additional
–12.7, 6–4 ⚓$_2$, 162]	⊤ ⊕	23.5	Tu 2 Wr	8825 2	5000 15	Typ US Buckley / LPR
–7.6 ⚓, 8–4 ⚓$_{4,2}$	⊤ ⊕	21.0	Fairb.-Morse-DM	4410 2	11500 11	Typ US Edsall. AX
–5.7 ⚓, 1–4 ⚓, 1 BO 105	⊤	24.0	MTU-DM	9795 2	.	Aguila Klasse. Verbesserter / improved Typ span. Halcón
–4 ⚓, 1 BO 105	⊤	20.5	MTU-DM	6620 2	5000 18	Typ span. Bazán Halcón B-120. Für Ölfeldüberwachung / for oil-rig patrols .
–7.6 ⚓, 4–4 ⚓$_2$	⊤	18.0	DM	2350 2	.	Typ US Auk / MSF. Minensuchgeräte und U-Ab-wehr ausgebaut / minesweeping gear and ASW removed

Anzahl – Art / Number – Group	Schiffsnamen und Stapellauf / Ship's Name and Launching		Baubeginn – Fertig – Umbau / On Keel – Completed – Conv.	Bauwerft / Builder	Wasser-verdrängung / Displacement	Länge / Length	Breite / Beam	Tiefgang / Draft	Besatzung / Crew
					ts	m	m	m	Bes
12 FS ○	**D 01, 03–05, 11–15, 17–19**	1943–44	42/43 44/44	USA	650 950	56.0	10.1	2.1	104
4 FS	**Yaqui, Seri, Cora** (ex Abnaki, Cocopa, Hitchiti)		43/43 44	Charleston Shb.	1235 1675	63.0	11.6	4.7	75
	Otomi (ex Molala)	1943–44	43/43	United Eng., Alameda					
1 FS	**Durango**	1935	34/36	Union Lev., Valencia	1600 2000	78.2	11.2	3.1	150
1 FS	**Guanajuato**	1934	33/36	Soc. Esp., Ferrol	1300 1950	92.0	11.5	3.0	140
31 PP ○	**Tabasco, Puebla, Josefa Ortiz de Dominguez**		78/80 79/81	Salina Cruz	130 150	34.6	8.6	2.0	24
	General Ignacio Zaragoza, Tamaulipas, Yucatan, Veracruz, Tampico, Margarita Maza de Juarez, Leona Vicario		75/76 80/81	Vera Cruz					
	Andres Quintana Roos, Miguel Ramos Arizpe, Jose Maria Izazgu, Ignacio Lopez Rayon, Manuel Crescencio Rejon, Antonio de la Fuente, Ignacio Ramirez, Ignacio Mariscal, Heriberto Jara Corona, Fernando Lizardi, Francisco J. Mujica		74/74	Ailsa Shb., Troon					
	Jose Maria Maja, Jose Maria del Castillo Velasco, Luis Manuel Rojas, Jose Natividad Macias, Esteban Baca Calderon		74/74 75/76	J. Lamont, Greenock					
	Matias de Cordova, Juan Bautista Morales, Leon Guzman, Felix Romero, Pastor Rouaix	1974–81	74/74 75/76	Scott, Lithgow					

6 PP: **Polimar 1–4** (62–68) 57 ts, 16 kn, 2 Mg ⚓, 330 kW₂, 20.5 × 4.5 × 1.3 m; **AZUETA, Villapando** (59–61) 85 ts, 12 kn, 2 Mg ⚓₂, 440 kW₂, Superior-DM, 26 × 4.9 × 2.1 m, Bauwerft / builder: Tampico Shy.

10 PP: **I–X** (79–83) 25 kn, 1–2 ⚓, Cummins-DM, 590 kW₂, Bes 10, Bauwerft / builder: Acapulco NSY – Olmeca Klasse

8 PR: **AM 1–8** (60–62) 35 ts, 10 kn

2 LS: **Manzanillo, Rio Panuco** (ex Clearwater Co, Park Co / LST 602, 1077) (~44) 1650 ts, 11 kn, 6–4 ⚓₂,₁, Typ US LST (2) – Rettungsschiffe / Rescue Ships

1 AR: **General Vicente Guerrero** (ex Megara) (~44) 1650/4100 ts, 11 kn, 8–4 ⚓, Typ US LST (2) / ARVA

3 AK: **Huasteco, Zapoteco** (86) 16 kn, 1 🚁 MBB 105; **Zacatecas** (59) 780 ts, 10 kn, 1–4 ⚓, 2–2 ⚓, MAN-DM, 410 kW₁

Mosambik / Mozambique

2 PC	I, II	~1960	.	USSR	170 215	42.0	6.0	2.0	30
7 PP	**I–VII**	~1974	./79 81	USSR	45 60	24.6	5.2	1.0	8
1 PP	**I**	~1960	.	USSR	70 90	29.6	5.8	1.5	15

Bewaffnung / Armament	Sensoren-Elektronik / Sensors-Electronic	Geschwindigkeit / speed kn	Antrieb / Propulsion		Fahrstrecke / Range sm	Sonstige Angaben / Remarks
			Maschine Kessel Engines Boilers Masch	Leistung / Power kW 1 kW = 1.36 PS		
−7.6 ⌷, 2-4 ⌷₂, 6-2 ⌷₂	⊤ ⌁	15.0	Cooper-Bessemer-DM	1250 2	4300 10	Typ US MSF. Minensuchgeräte und U-Abwehr ausgebaut / minesweeping gear and ASW removed
−7.6 ⌷	⊤	16.0	4 ⟿ DM	2210 1	.	Typ US ATF
−10.2 ⌷, 2-5.7 ⌷, −2 ⌷	⊤	18.0	Enterprise ⟿ DM	3680 2	3000 12	AX
−10.2	⊤	14.0	DM	3675 2	.	
−4 ⌷, 1-2 ⌷, 2 Mg ⌷	⊤ ⌽	24.0	Paxman-DM	2650 2	2500 12	Azteca Klasse. Für Fischereischutz / for fishery protection. Total 36? Die auf britischen Werften gebauten Boote werden modernisiert / British built boats under modernization

2 AO: **Aguascalientes, Tlaxcala** (ex YOG 6, 7) (43) 440/1480 ts, 8 kn, 2-2 ⌷, 370 kW₁, Bes 26, Typ US YOG
2 AT: **R 2, 3** (~43) 1800 ts, 14 kn, 1-7.6, 2-2 ⌷, 1690 kW, Typ Mar. Comm. V 4−M−A 1
2 AG: **El Puma, Justo Sierra** (82) 1050 ts, Bauwerft / builder: Mekan-Verk., Bergen – Forschung / research
1 AG: **Altair** (ex James M. Gilliss) (62) 1200 ts, 13.5 kn, Typ US Robert D. Conrad – Forschung / research
2 AG: **Mariano Matamoros** (43) 890 ts, 18 kn, Typ US Auk; **Oceanografico** (ex DM 20) (44) 650 ts, Typ US MSF – Vermessung / survey
1 AX: **Cuauhtemoc** (81) 1760 ts, 10.5 kn, Caterpillar-DM, Bauwerft / builder: Ast. Celaya, Bilbao – Segelschulschiff / Sail Training Ship
8: **PEMEX 654** (87) 10.5 kn, Bauwerft / builder: Lühring, Brake – Typ deutsch / German Bottsand; **I-VII** (82) 15 kn, GM-DM, 176 kW, 11.4 × 3.1 m – Ölbekämpfungsschiffe / pollution clean-up ships

Mosambik / Mozambique

4-2.5 ⌷, 4 ⌦₅ RBU 1200	⊤ ⌁ ⟑	27.0	DM	5515 3	1000 15	Typ USSR SO 1
2 Mg ⌷	⊤	30.0	DM	1765 2	1100 15	Typ USSR Zhuk
2 Mg ⌷₂	⊤	20.0	DM	1765 2	460 17	Typ USSR Poluchat

Anzahl - Art / Number - Group	Schiffsnamen und Stapellauf / Ship's Name and Launching	Baubeginn - Fertig - Umbau / On Keel - Completed - *Conv.*	Bauwerft / Builder	Wasser- verdrängung / Displacement	Länge / Length	Breite / Beam	Tiefgang / Draft	Besatzung / Crew
				ts	m	m	m	Bes

10 PP: **I-X** (~84-85) 20 kn, DM, 810 kW₂, Bauwerft / builder: Mazagon, Goa

4 PP: **I, II** (ex Sirius, Vega) 23 ts, 15 kn, 1-2 ⚓, Typ portug. Bellatrix; **I, II** 32 ts, 20 kn, 2-2 ⚓, Typ portug. Jupiter - alle auf Malawi See / all on Lake Malawi

1 PP: **I** (ex Antares) 18 ts, 18 kn, 1-2 ⚓

1 LS: **I** (~75) 220/270 ts, 65 kn, 4-3 ⚓₂, 2 ⛽, [200] - Typ USSR Aist

1 LS: **I** (ex Cimitarra) 510 ts, 9.5 kn, Typ portug. Alabarda

2 LC: **I, II** 50 ts, 9 kn - Typ portug. LDM

Neuseeland / New Zealand

Fregatten / Frigates

4 FG	I-IV	gepl. / plan. .	Australia		.	.	.	.

2 FF	**Canterbury**	69/71 75-77	Yarrow, Scotstoun	2470 2990	113	13.1	5.5	250
	Wellington (ex Bacchante) 1968-70	66/69 83-86	Vickers-A., Newcastle					

1 FF o	**Waikato** 1965	63/66	Harland & W., Belfast	2490 2910	113	.	5.5	245

1 FF o	**Southland** (ex Dido) 1961	59/63	White, Cowes	2450 2860	113	12.5	5.5	262

Kleine Kampfschiffe / Small Fighting Vessels

4 PP	**Moa, Kiwi, Wakakuka, Hinau** 1983-84	83/83 84/84	Whangarey, Auckland	92 105	26.8	6.1	2.2	14 +4
4 PP	**Hawea, Pukaki, Rotoiti, Taupo** 1974	73/75 74/	Brooke, Lowestoft	105 135	32.8	6.1	3.6	21

Hilfsfahrzeuge / Auxiliary Vessels

1 AO	Endeavour 1987	86/88	Hyundai, Ulsan	. 12390	138	18.4	7.3	35

1 AT: **Arataki** (ex Aorangi) (69)170 ts, 12 kn, DM, 810 kW₁, 25.3 × 7.6 × 3.0 m

3 AG: o **Monowai** (ex Moana Roa) (60) 3800 ts, 13.5 kn, 2-2 ⚓, 2260 kW₂, Sulzer-DM, 90.4 × 14.0 × 5.2 m, Bes 140, 🚁-Deck; **Takapu, Tarapunga** (79) 90/111 ts, 12 kn, Cummins-DM, 570 kW₂ - Vermessung / survey

Nicaragua

2 MS	**I, II** / BM 503, ...	~1970 .	Išora, Leningrad	70 80	26.1	5.8	1.2	10
4 MS	**I-IV**	~1955 .	Polnocny, Gdansk	20 25	16.9	3.2	1.2	6
1 PP	**I**	1983 83/83	D'Esterel, Cannes	57	28.2	5.2	1.6	12

Bewaffnung / Armament	Sensoren-Elektronik/ Sensors-Electronic	Geschwindig-keit / speed kn	Antrieb / Propulsion		Fahrstrecke / Range sm	Sonstige Angaben / Remarks
			Maschine / Engines / Boilers / Masch	Leistung/ Power kW 1 kW = 1.36 PS		

NATO / SACLANT

AG: A l l i a n c e (86) 2465/3200 ts, 16.3 kn, ⟿ DM, 3780 kW₂ + EM: 975 kW₂, 93 × 15.2 × 5.0 m, Bes 30 + 20, Bauwerft / builder: CNR, Riva Trigoso – operates for SACLANT and fly the German ensign

Neuseeland / New Zealand

						Gemeinsames Bauprogramm mit Australien / design and building with Australia
-11.4 ⚓₂, 2 Mg ⚓, Seacat ⚓₄, UTR 32.4 III, ⚓₃ Limbo, 1 ⟿ Wasp	⊤ ○ ⟡ / ⟊ ⊹ ⊞ / ▽	30.0	✿ Tu 2 Babcock	22065 2	6500 12	Verbesserter / improved Typ brit. Leander. II: Radars updated, gun / missile fire control R 76 C 5, extra fuel tanks. No Limbo. I no UTR. Modernization planned like II
-11.4 ⚓₂, 4 Seacat ⚓₄, UTR 32.4 III, ⟿ Wasp	⊤ ○ ⟡ / ⟊ ⊹ ⊞ / ▽	28.0	✿ Tu 2 Babcock	22065 2	4100 12	Typ brit Leander. AX
-4 ⚓, 8 Seacat ⚓₄, ⚓ Ikara, 6 UTR 32.4 III, ⟿ Wasp	⊤ ⟡ ⟊ / ⊹ ▽ ⌒	28.0	Wh. E. ✿ Tu 2 Babcock	22060 2	4500 12	Typ brit. Leander
1 Mg ⚓]	⊤	12.0	Cummins-DM	540 2	1000 12	Auch / also AX für / for Reserve
2 Mg ⚓₂	⊤	25.0	Paxman-DM	2210 2	2300 12	
2-2 ⚓	⊤ (⌒)	14.0	B. & W.-DM	3900 1	8000 14	⟿-Deck. 7600 ts Öl / fuel, 120 ts AVCAT (Flugbenzin), 4-20′ Container

AG: o **Rapuhia** (ex Meteor) (63) 2800 ts, 15 kn, ⟿ DM, 1765 kW – ex deutsch / German AG, Zivilbesatzung / civilian crew

AG: **Tui** (ex Charles H. Davis) (62) 1200/1380 ts, 12 kn, ⟿ DM, Typ US Conrad – Forschung / research

YD: **Manawanui** (79) 91/110 ts, 12.5 kn, DM, 570 kW₂, 26.8 × 6.1 × 2.2 m, Bauwerft / builder: Whangarey Eng., Auckland

Nicaragua

2 Mg ⚓₂	⊤ ▽	16.0	DM	880 2	1000 9	Typ USSR Yevgenya
2 Mg ⚓₂	⊤	18.0	DM	220 2	300 9	Typ pol. K 8
2-2 ⚓	⊤	25.0	Poyaud-DM	1120 2	800 15	

Anzahl - Art / Number - Group	Schiffsnamen und Stapellauf / Ship's Name and Launching	Baubeginn – Fertig – Umbau / On Keel – Completed – Conv.	Bauwerft / Builder	Wasser- verdrängung / Displacement ts	Länge / Length m	Breite / Beam m	Tiefgang / Draft m	Besatzung / Crew Bes
5 PP	I–V	~1975	.	USSR	45 60	24.6	5.2	1.0	8
4 PP	GC 10–13	1977–78	.	Israel	35	19.8	5.8	0.8	10
2 PP	I, II	?	.	Nord-Korea / North Korea	35	18.3	3.4	1.7	.
1 PP	Rio Kuringwas / GC 7	1972	./72	Sewart Seacraft	60	26.0	5.6	1.8	10

7 PP: **Rio Cruta** 9 kn, 1–2 ⚓, DM, Lg 25.9 m; **I–IV** Lg 27.4 m; **V, VI** Lg 24.3 m

Niederlande / Netherlands

Zerstörer / Destroyers

2 DG	De Ruyter	9. 3. 1974	71/76	de Schelde, Vlissingen	3660	138	14.8	4.6	306
o	Tromp	2. 6. 1973	71/75	de Schelde, Vlissingen	4310				

Fregatten / Frigates

12 FG	I–IV	.			2650	122	14.4	6.0	137
o	Van Galen	.		de Schelde, Vlissingen	3050				
	Van Nes	.		de Schelde, Vlissingen					
	Abraham Van Der Hulst	.		de Schelde, Vlissingen					
	Van Amstel	.		de Schelde, Vlissingen					
	Tjerk Hiddes	86/91		de Schelde, Vlissingen					
	Willem Van Der Zaan	86/91		de Schelde, Vlissingen					
	Van Speijk	85/90		de Schelde, Vlissingen					
	KAREL DOORMAN	85/90		de Schelde, Vlissingen					
		1987 – gepl. / plan.							
2 FG	Witte de With, Jacob van Heemskerck	81/86		de Schelde, Vlissingen	3000	130	14.6	4.3	176
o		1983–84	85		3630				+ 20
10 FG	Pieter Florisz	79/83		de Schelde, Vlissingen	3500	130	14.6	4.4	175
o	(ex Willem van der Zaan),	80			3785				200
	Jan van Brakel								
	Philips van Almonde,	77/81		Wilton, Fijenoord					
	Blois van Treslong	78/82							
	Abraham Crijnssen, Piet Hein	77/81		de Schelde, Vlissingen					
		78/83							
	Banckert, Callenburgh,	75/78		de Schelde, Vlissingen					
	van Kinsbergen, KORTENAER	76/80							
		1976–82							
4 FG	Isaac Sweers	63/67		Ned. D. Mij., Amsterd.	2200	114	12.5	4.6	184
o	Van Galen, Van Nes, Evertsen	65/68		de Schelde, Vlissingen	2850				
		1965–67	77–82						

Uboote / Submarines

6 SS	I	./93		Rotterdam D. D. Mij.	2450↑	67.7	8.4	7.0	50
	II	./92		Rotterdam D. D. Mij.	2800↓				
	Bruinvis	85/.		Rotterdam D. D. Mij.					
	Dolfijn	85/.		Rotterdam D. D. Mij.					
	ZEELEEUW	81/88		Rotterdam D. D. Mij.					
	Walrus	1984 – bew. / auth.	79/.	Rotterdam D. D. Mij.					

Bewaffnung / Armament	Sensoren-Elektronik/ Sensors-Electronic	Geschwindig-keit / speed kn	Antrieb / Propulsion Maschine Kessel Engines Boilers Masch	Leistung/ Power kW 1 kW = 1.36 PS	Fahrstrecke / Range sm	Sonstige Angaben / Remarks
Mg ✠2	⊤	30.0	DM	1765 2	1100 15	Typ USSR Zhuk
-2 ✠, 2 Mg ✠2	⊤	21.5	GM-DM	710 2	1200 17	Typ israel. Dabur. 1 gesunken / lost 4-85
Mg ✠, [2 TR]	⊤	.	DM	1765 2	.	Typ N. Korea Sin Hung
Mg ✠2, 1	⊤	26.5	GM-DM	1470 3	1000 20	

Niederlande / Netherlands

Harpoon ⇒, 2-12 ✠2, Sea Sparrow ⇞1, Tartar ⇞1, 6 UTR 32.4 III, ⊟ ⇁ Lynx	⊤ ✧ ⊹ ⊕ ⋎ ⌒	30.0	R. R. Ol. GTu + 39710 R. R. Tyne GTu + 5880 2		5000 18	**Bew:** FK-Vorrat / **AMT:** Total number of MI: 16 Harpoon, 40 Tartar, 16 Sea Sparrow. **Masch:** COGOG. I: CUP (Capability Upgrade Programme)
Harpoon ⇒4, -7.6 ✠ OTO mod. 100, -3 ✠ Goalkeeper, 2-2 ✠, VLS Sea Sparrow ⇞16, UTR 32.4 II, 1 ⇁ Lynx	⊤ ○ ⊹ ⌿ ⊹ ⊕	29.0	R. R.-Spey 35295 SM 1 C-GTu + 6215 2 Werkspoor-DM 2		4000 19	M-Klasse. Sea Sparrow ⇞ Vertikal-Starter / launcher. **Masch:** CODOG. K. Doorman R. R. Spey SM 1 A-GTu – 27600 kW
Harpoon ⇒4, SM-1 (MR) ⇞1, NATO Sea Sparrow ⇞8, -3 ✠ Goalkeeper, UTR 32.4 II	⊤ ○ ⊹ ⌿ ⊹ ⋎ ⌒ ⊟	30.0	R. R. Ol.-GTu + 39710 R. R. Tyne-GTu + 6030 2		4000 18	Flaggschiffe / flagships. Ersatz für an Griechenland gelieferte FG / replacement for FG, delivered to Greece
Harpoon ⇒4, -7.6 ✠ OTO, 1-4 ✠, Sea Sparrow ⇞8, UTR 32.4 II, 2 ⇁ Lynx	⊤ ○ ⊹ ⌿ ⊹ ⊕ ⋎ ⌒ ⊟	30.0	R. R. Ol.-GTu + 39710 R. R. Tyne-GTu + 6030 2		4000 18	FK-Vorrat / total number of MI: 16 Harpoon. 8 erhalten / to get: 1-3 ✠ Goalkeeper anstelle / instead of 4 ✠ und / and CUP. **Masch:** COGOG
8 Harpoon ⇒4, -7.6 ✠ OTO, 2 Seacat ⇞4, UTR 32.4 III, 1 ⇁ Lynx	⊤ ○ ⊹ ⌿ ⊹ ⊕ ⋎ ⌒ ⊟	28.5	Werkspoor ✿ Tu 22065 2 Babcock 2		4500 12	Typ brit. Leander. II 11-87, III 2-88 nach Indonesien / to Indonesia? I, IV towed sonar
4 TR, ☾ TR auch für / also for Sub-Harpoon ⇒	⊤ ⊕ ⋎ ⊟	12.0↑ 21.0↓	3 SEMT-P.-DM 2905 1 Holec-EM 3990 1		10000 9	*Onderzeebooten.* Walrus durch Kurzschluß und Brand 8-86 schwer beschädigt / Walrus heavily damaged by short-circuit and fire 8-86

Anzahl – Art / Number – Group	Schiffsnamen und Stapellauf / Ship's Name and Launching		Baubeginn – Fertig – Umbau / On Keel – Completed – Conv.	Bauwerft / Builder	Wasser- verdrängung / Displacement	Länge / Length	Breite / Beam	Tiefgang / Draft	Besatzung
					ts	m	m	m	Bes.
2 SS ○	TIJGERHAAI, Zwaardvis	1970–71	67/72 /73	Rotterdam D. D. Mij.	2410↑ 2640↓	66.9	8.4	7.2	6
3 SS ○	Potvis, Tonijn	1965	62/65 /66	Wilton, Fijenoord	1505↑ 1826↓	78.3	7.8	4.9	6
	Zeehond	1960	54/61	Rotterdam D. D. Mij.					

Minensucher / Minesweepers

15 MB ○	Willemstad, Vlaardingen		85/88	de Noord, Alblasserdam	510	51.5	8.9	2.5	4
	Urk, Zierikzee		84/86	de Noord, Alblasserdam	548				
	Hellevoetsluis, Schiedam		83/86	de Noord, Alblasserdam					
	Middelburg, Makkum		83/85	de Noord, Alblasserdam					
	Scheveningen, Maassluis		82/84	de Noord, Alblasserdam					
	Haarlem, Harlingen		81/84	de Noord, Alblasserdam					
	Dordrecht		81/83	de Noord, Alblasserdam					
	Delfzijl		80/83	de Noord, Alblasserdam					
	ALKMAAR	1982– 87	79/83	de Noord, Alblasserdam					
10 MS I–X		gepl. / plan.	.	.					
11 MS ○	Abcoude, Drachten, Gemert, Giethorn, Hoogeveen, Hoogezand, Naaldwijk, Naarden, Ommen, Sittard, Venlo 1953–57		52/55 58	Niederlande / Netherlands	373 417	46.6	8.8	2.2	38

Landungsfahrzeuge / Landing Vessels

1 LS: **RV 40** (80) 540 ts, 9 kn, 7 ⟠, DM, 735 kW$_2$, 46 × 9.5 × 1.6 m, Bes 9, Bauwerft / builder: Grave – Unter◼ steht der Armee / belongs to the Army

Hilfsfahrzeuge / Auxiliary Vessels

1 AR	**Onbevreesd** (ex AM 481)	1953	52/54	Astoria Marine	735 790	52.5	11.0	3.2	70
2 AK	I, II	gepl. / plan.	.	.					.
1 AK	**Zuiderkruis**	1974	73/75	Verolme, Alblasserdam	. 17360	170	20.3	8.4	175
1 AK ○	**Poolster**	1963	62/64	Rotterdam D. D. Mij.	. 16840	168	20.3	8.3	200

4 AT: **Linge, Regge, Huntze, Rotte** (86–87) 1100 kW, Lg 27.5 m, Bauwerft / builder: Gruens, Leeuwarden

2 AT: **Westgat, Wielingen** (67–68) 185 ts, 12 kn, 2–2 ⟐, 530 kW

3 AT: **BERKEL, Dintel, Ijssel** (54–55) 139 ts, 10.5 kn, 370 kW

3 AX: **Bulgia** (54) 149 ts, 15.5 kn, DM, ex PC – Schultender / training tender; **Zeefakkel** (50) 355/384 ts, 12 kn, DM; **Urania** (27) Zweimastschuner mit DM / twomasted schooner with DM

2 AG: ○ **Blommendal, Buyskes** (72) 965/1030 ts, 13 kn, 1540 kW, 3 Paxman ⟠ DM, 59 × 11.0 × 3.7 m, Bau- werft / builder: Boele, Bolnes – Vermessung / survey

1 AG: **Van Speijk** (ex Dokkum) 370 ts, 14 kn – für Treibstoffversuche / for fuel trials

Nigeria

Fregatten / Frigates

1 FG ○	**Aradu** (ex Republic)	1980	79/82	Blohm + Voss, Hamb.	2970 3630	126	15.0	4.3	230

Bewaffnung / Armament	Sensoren-Elektronik/ Sensors-Electronic	Geschwindig-keit / speed kn	Antrieb / Propulsion		Fahrstrecke / Range sm	Sonstige Angaben / Remarks
			Maschine / Kessel / Engines / Boilers / Masch	Leistung/ Power kW 1 kW = 1.36 PS		
TR 53.3 b ↓	⊤ ╓	12.0↑ 20.0↓	3 Werkspoor-DM EM	3800 3750 1	.	Dreirumpf-Typ / Triple hull design. Erhalten / to get „mid-life refits" 1987–88
TR 53.3 ↓ (4 b, 4 h)	⊤ ╓	14.5↑ 17.0↓	12 Pielstick-DM EM	2280 3240 2		III: Lg 79.5 m
–2 ↘	⊤ ▽ ▭	15.0	Werkspoor-DM + EM	1400 + 176 1	3000 12	Minenjäger. Gemeinschafts-entwicklung mit Frankreich und Belgien / Minehunters. Combined planing with France and Belgium. 2 PAP-Systeme
–4 ↘	⊤ ⏀ ▽	14.0	Werkspoor-DM	1840 2	2500 10	*Kustmijnenvegers*

■ **LC**: **9530**–9539 (84 – a. St. / o. st.) 17.5 ts, 10.5 kn, 1 Mg ↘, [25], Bauwerft / builder: Rijkswerft, Willemsoord. GRP
■ **LC**: **9512**-9515, **9518, 9520** (62–63) 10 ts, 12 kn, [30], 150 kW, 14.8 × 3.7 × 1 m, Kunststoffrumpf, und einige **LC** / glass fibre hull, and several **LC**

–4 ↘	⊤	15.5	DM	1180 2	2400 12	Typ US Agile. Ex MB. Tender für / for MS
–4 ↘, [5 ▱]	⊤ ⌒	21.0	Werkspoor-DM	15440 2	.	Erhält / to get ↘ Goalkeeper
–4 ↘, [5 ▱]	⊤	21.0	2 ✸ Tu 2 Wr	16545 1	.	

■ AG: ○ **Tydeman** (75) 2980 ts, 15 kn, 7210 kW₁, ↝ DM, 90 × 11.4 × 4.8 m, Bes 64 + 15, ▱-Deck, Bauwerft / builder: Merwede, Giessendam – Hydrographische Forschung / hydrographic research
5 YD: **Roermond, Rhenen** (54–56) 370 ts, 14 kn, 1-4 ↘, ex MS, Dokkum Klasse; **Triton, Nautilus, Hydra** (64) 70 ts, 9 kn; **Argus** (38) 45 ts, 8 kn
■ Tender: **Mercuur** (86) 1200/1500 ts, 14 kn, 2-2 ↘, 3 UTR, 1 TR 53.3↓, ↝ DM, 64.8 × 12.0 × 4.3 m, Bes 39, Bauwerft / builder: de Schelde, Vlissingen – Torpedoversuchsschiff / torpedo trial ship
2 Tender: **Woerden** (56) 370 ts, 14 kn, ex MS; **Dreg IV** (50) 45 ts, 9.5 kn, 90 kW – auch / also AP
■ Bojenleger / Buoy Layer: **Breevertien** (73) 1000 ts, 11 kn, 900 kW₁, ↝ DM, 60 × 11.3 m, Bauwerft / builder: Amels, Makkum

Nigeria

8 Otomat ⇾₄, 1-12.7 ↘,	⊤ ○ ╓	30.0	R. R. Olympus	40740	4500	Typ deutsch / German
8-4 ↘₂, 1 Aspide ⋀₈,	⏀ ⏀ ▽		GTu	+ 7690	18	MEKO 360 H. **Masch:** CODOG
6 UTR 32.4 III, 1 ▱ Lynx			+ MTU-DM	2		

Anzahl – Art / Number – Group	Schiffsnamen und Stapellauf / Ship's Name and Launching		Baubeginn – Fertig – Umbau – On Keel – Completed – Conv.	Bauwerft / Builder	Wasserverdrängung / Displacement ts	Länge / Length m	Breite / Beam m	Tiefgang / Draft m	Besatzung / Crew Bes
1 FF ○	**Obuma** (ex Nigeria)	1965 73, 77	64/65	Wilton, Fijenoord Schiedam	1725 2000	110	11.3	3.4	21
2 FE ○	**Enyimiri** **Erin'omi**	1977–78	77/80 75/80	Vosper Th., Portsmouth Vosper Th., Portsmouth	740 850	69.0	9.6	3.4	9
2 FE ○	**DORINA, Otobo**	1970–71	70/72	Vosper Th., Portsmouth	500 650	62.0	9.4	3.3	6

Minensucher / Minesweepers

2 MB	**Marabu** **Ohue**	1985–86	85/87 84/87	Intermar. Sarzana Intermar. Sarzana	540 560	51.0	9.7	2.6	5

Kleine Kampfschiffe / Small Fighting Vessels

3 PG ○	**Ekpe, Damisa, Agu**	1979–80	79/81	Lürssen, Vegesack	403 444	58.1	7.6	3.1	54
3 PG ○	**Siri, Ayam, Ekun**	1980–81	79/81	C. Mécaniques, Cherb.	376 430	56.2	8.2	2.5	42
4 PP ○	**Jebba, Oguta** **Makurdi, Hadejia**	1974–77	76/77 73/74	Brooke, Lowestoft	120 145	33.0	6.1	1.7	2
4 PP	**Brass, Epe** **Argungu, Yola**	1973–75	75/76 73/73	A. & R., Lemwerder	90	29.0	5.5	1.6	25
6 PP	**I–VI**	a. St. / o. st.	.	Swiftships, Morgan C.	36	20.0	5.6	1.5	.

Landungsfahrzeuge / Landing Vessels

2 LS ○	**AMBE, Ofiom**	1978	78/79	HDW, Hamburg	1350 1580	86.9	14.0	2.2	56
2 LC	**Oton, Idah**	1981–82	81/82 82	Gravel A., Leiden	. 320	35.0	8.0	1.5	.

Hilfsfahrzeuge / Auxiliary Vessels

1 AT	**Ribadu**	1972	72/73	Oelkers, Hamburg	147	28.5	7.2	3.7	.

1 AT: **Kain Yi-Dam** (77) 90 ts

1 AG ○	**Lana**	1976	74/76	Brooke, Lowestoft	800 1100	61.0	11.4	3.7	38

1 AG: **Murtula Muhamed** (76) 13 ts, 9 kn, DM

1 AX	**Ruwan Yaro** (ex Ogina Bereton)	1975	./75	Van Lent, Kaag	400	50.0	8.0	2.0	31 + 11

3 Tender: **P 239,240, 242** 20 kn, MTU-DM, 880 kW₂

Küstenwache / Coast Guard

1 PP: **Yanyan** (83) 110 ts, Bauwerft / builder: Shanah/Chung Mu, S. Korea

8 PP: **Okrina, Abonnema** (85) 45 ts, 30 kn, MTU-DM, 1600 kW₂, Bauwerft / builder: Watercraft; **PP 215–220** (84–85) 45 ts, 37 kn, 1–2 ⚓, 2 Mg ⚓, GM-DM, 1600 kW₃, Bauwerft / builder: Van Mill

6 PP: **P 227–232** (85–86) 1 Mg ⚓, MTU-DM, 880 kW₂, Bauwerft / builder: Damen

6 PP: **P 233–238** (85–86) 22 ts, 33 kn, DM, Lg 15.8 m, Bauwerft / builder: Simoneau – Typ 5115

14 PP: **Abeokuta, Akura, Bauchi, Benin City, Enugu, Ikeja, Ilorin, Jos, Kaduna, Kano, Maiduguri, Minna, Ourreri, Socoto** (80–81) 21 ts, 33 kn, 1–2 ⚓, 2 Mg ⚓, MTU-DM, 1470 kW, Bauwerft / builder: Intermar., Sarzana

3 PP: **I** (78) 31 ts, 24 kn, 1–2 ⚓ – Typ brit. Tracker; **I, II** (78) 4.3 ts, 25 kn – Typ brit. Spear

Bewaffnung / Armament	Sensoren-Elektronik / Sensors-Electronic	Geschwindigkeit / speed kn	Antrieb / Propulsion Maschine / Kessel Engines Boilers Masch	Leistung / Power kW 1 kW = 1.36 PS	Fahrstrecke / Range sm	Sonstige Angaben / Remarks
-10.2 ⚓2, 3-4 ⚓, 🔱3 Squid	⊤ ⊕	26.0	4 MAN-DM	11770 2	3500 15	✈-Deck achtern / aft. Auch / also AX. Erhält / to get 1-7.6 ⚓, 4-4 ⚓2, kein / no 🔱
-7.6 ⚓ OTO, 1-4 ⚓, -2 ⚓, 1 Seacat 🔱3, ✈2 Bofors	⊤ ○ ⊕ ▽	27.0	4 MTU-DM	12940 2	2200 14	Typ Vosper Mk 9
-10.2 ⚓2, 2-4 ⚓, -2 ⚓	⊤ ○ ⊘ ⊘ ⊕	25.0	MAN-DM	5880 2	3500 15	Typ Vosper Mk 3
-3 ⚓2, 2-2 ⚓	⊤ ▽	15.5	MTU-DM	2070 2	.	Ähnlich / similar to Typ ital. Lerici. Minehunting-system Ibis. **Masch:** Waterjets
Otomat ⇒, 1-7.6 ⚓, -4 ⚓2, 4-3 ⚓2	⊤ ⊘ ⊘	38.0	MTU-DM	17700 4	1300 30	Typ deutsch / German FPB 57
MM 38 ⇒, 1-7.6 ⚓, -4 ⚓2, 4-3 ⚓2	⊤ ⊘ ⊘	35.0	MTU-DM	17700 4	2000 15	Typ franz. / French Combattante III B
-3 ⚓2	⊤	21.5	R. Paxman-DM	2210 2	2300 12	
-4 ⚓, 1-2 ⚓	⊤	20.0	MTU-DM	1690 2	.	I, II modernisiert / modernized: 4-3 ⚓2
.	⊤	.	MTU-DM	1420 2	5000 18	Typ US 65′ Commercial Cruiser. Total 32?
-4 ⚓, 2-2 ⚓	⊤	10.0	MTU-DM	4920 4	3000 14	Typ deutsch / German Ro Ro 1300
-	⊤	10.5	Kelvin-DM	735 2	.	
-	⊤	12.0	MAN-DM	590 1	.	

2 AT: **Commander Apai Joe, Commander Rudolf** (83-84) MAN-DM, 1110 kW

2-2 ⚓	⊤	15.0	4 Lister-B.-DM	1470 2	4000 12	Typ brit. Fawn Vermessung / survey
-	⊤	17.0	2 Deutz-DM	2205 1	3000 15	Ex Yacht. GRP-Rumpf / hull

Marine-Polizei / Marine Police –
für Einsatz auf dem Niger und Tschad See / for operation on the Niger River and Lake Chad

27 PP: **I-XVII** (82-83) 5.5 ts, 25 kn; **I-VI** (82) Lg 14 m; **I-IV** (82) Lg 8 m

12 PP: **I-XII** (81-82) 30 kn

5 PP: **I** (81) 10 ts, 27 kn; **I-V** (80) 3.2 ts, 26 kn

8 PP: **I-VIII** (71-72) 15 ts, 19 kn, Bauwerft / builder: Vosper Thornycroft – und zahlreiche kleinere / and numerous smaller

3 LC: **I-III** (~82) 17 ts, 35 kn, 2 Mg ⚓, Sabre-DM, 368 kW2

Anzahl – Art / Number – Group	Schiffsnamen und Stapellauf / Ship's Name and Launching		Baubeginn – Fertig – Umbau / On Keel – Completed – Conv.	Bauwerft / Builder	Wasserverdrängung / Displacement ts	Länge / Length m	Breite / Beam m	Tiefgang / Draft m	Besatzung / Be…

Norwegen / Norway

Fregatten / Frigates

| 5 FG ○ | **OSLO, Bergen, Narvik, Stavanger, Trondheim** | 1964–65 | 63/66 64/67 75–76 87– | St. W. Horten | 1450 1880 | 96.6 | 11.2 | 5.3 | 15 |
| 2 FS ○ | **SLEIPNER, Aeger** | 1963–65 | 63/65 /67 | Nyland, Oslo | 600 730 | 69.0 | 8.0 | 2.4 | 6 |

Uboote / Submarines

6 SS	U r e d d		./92	Thy.-Nordseew., Emden	1940↑	59.0	5.3	4.6	2
	U t h a u g		./92	Thy.-Nordseew., Emden	1040↓				
	U t v a e r		./90	Thy.-Nordseew., Emden					
	U t s t e i n		./90	Thy.-Nordseew., Emden					
	U t s i r a		./90	Thy.-Nordseew., Emden					
	U L A	a. St. / o. st. – bew. / auth.	87/89	Thy.-Nordseew., Emden					
11 SC ○	**KOBBEN, Kaura, Kunna, Kya, Sklinna, Skolpen, Stord, Svenner, Kinn** (ex Ula)**, Utsira, Utstein**	1963–67	62/64 65/67	Nordseewerke, Emden	370↑ 435↓	45.2	4.6	4.3	1

Minenleger / Minelayers

| 2 NB ○ | **Vidar Vale** | 1977 | 76/77 76/78 | Mekan. Verk., Bergen + Skåluren, Rosendal | 1500 1720 | 64.8 | 12.0 | 4.0 | 50 |
| 1 NS | **Borgen** | 1960 | 59/61 | Mar. Hov., Horten | 280 | 31.2 | 8.0 | 3.2 | . |

Minensucher / Minesweepers

| 10 MS | **I–X** | bew. / auth. | 89/. ./96 | . | 360 | 54.5 | 13.0 | 2.3 0.8 | 35 |
| 8 MS | **Alta, Glomma, Tana** (MSC 104, 151, 103)**; Sira** (ex AMS 102, 132) **Kvina, Tista, Utla, Vosso** | 1953–55 | 52/53 /56 | Hodgeson Bros., Maine Norwegen / Norway | 300 372 | 43.0 | 8.1 | 2.8 | 38 |

Kleine Kampfschiffe / Small Fighting Vessels

24 PG	**I–XXIV**	gepl. / plan.	.	.	.	.	.	.	.
14 PG ○	**Ravn, Gribb, Geir, Erle HAUK, Ørn, Terne, Tjeld, Skarv, Teist, Jo, Lom, Stegg, Falk**	1977–80	78/80 76/77 79/81	Westamarin, Alta Bergens M. V.	135 150	36.5	6.2	1.6	22
6 PG ○	**Kjapp, Kvikk, Rapp, Rask, Snar, SNØGG**	1970	69/70 70/71	Båtservice, Mandal	115 140	36.5	6.2	1.3	20
18 PG ○	**Arg, Blink, Brann, Brask, Brott, Glimt, Gnist, Kjekk, Skudd, TRoss, Traust, Trygg Djerv, Hvass, Odd, Rokk, Skjold, Steil**	1963–67	62/63 66/67	Bergens M. V. Westermoen, Mandal	100 125	36.5	6.2	1.5	26

Bewaffnung / Armament	Sensoren-Elektronik / Sensors-Electronic	Geschwindigkeit / speed kn	Antrieb / Propulsion Maschine / Kessel Engines Boilers Masch	Leistung / Power kW 1 kW = 1.36 PS	Fahrstrecke / Range sm	Sonstige Angaben / Remarks

Norwegen / Norway

Bewaffnung	Sensoren	kn	Maschine	kW	sm	Remarks
nguin ⇔, 4-7.6 ⚓₂, ⚓, 1 Sea Sparrow ⚓₈, TR 32.4 III, ₆ Terne	┳ ⚲ ☌ ⊕ ⊕ ∇	25.0	Laval ✹ Tu 2 B. & W. Wr	14710 1	4500 15	*Fregatter.* Werden modernisiert / to be modernized: Rumpf / hull – Sonar, VDS, Elektronik. 2-7.6 ⚓₂ entfernt / removed
₆, 1-4 ⚓, TR 32.4 III, ₆ Terne	┳ ⚲ ⊕ ∇	20.0	4 Maybach-DM	6620 2	.	*Korvetter.* AX. Modernisierung wie Oslo / modernization like Oslo
⚓ 53.3 b↓	┳ ⊕- ∇	11.0↑ 23.0↓	2 MTU-DM 1 Siemens-EM	4500 1	5000 8	P 6071 Ula Klasse. Typ deutsch / German 210. Seal 3 Torpedos. ⊕-: Kongsberg MSI-90 U
⚓ 53.3 b↓	┳ ⊕- ∇	10.0↑ 17.0↓	MB-DM EM	880 880 1	.	*Undervannsbater.* Typ deutsch / German 207. Svenner, Lg 47.2 m, AX. 6 werden modernisiert / 6 to be modernized
⚓, 6 UTR 32.4 III, Ö	┳ ∇	15.0	Wichmann-DM	3090 2	.	*Mineleggere.* I auch / also AP, AK, YP
⚓, Ö	┳	9.0	GM-DM	485 2	.	Typ schwed. / Swed. Mul 12. Voith-Schneider-Propeller
.		20.0	DM	2200 + 1400	.	Luftkissenfahrzeug. Wasserstrahl-Antrieb / SES vessel. Water jet propulsion
⚓	┳ ∇	13.5	GM-DM	650 2	2500 10	*Minesveipere.* Typ US Falcon. Tana Minenjäger / minehunter: 2 PAP 104, Lg 44 m
.		.	.	.	.	PG, PF. 1 Prototyp?
Penguin II ⇔, ⚓, 1-2 ⚓, 2 TR 53.3	┳ ⚲ ⊕ ∇	34.0	MTU-DM	5295 2	440 34	*Torpedorakettbåter.* Torpedos T 61. Waffenkontrollsystem / weapon control system MSI-80 S
Penguin II ⇔, ⚓, 4 TR 53.3	┳ ⚲ ⊕	32.0	MTU-DM	5295 2	550	Torpedos T 61. Erhalten / to get MSI-80 S
Penguin II ⇔, ₆, 1-4 ⚓	┳ ⚲ ⊕	32.0	Maybach-DM	5295 2	550	*Kanonbåter.* Storm Klasse / class. Werden modernisiert / to be modernized

Anzahl - Art / Number - Group	Schiffsnamen und Stapellauf / Ship's Name and Launching	Baubeginn - Fertig / Umbau - On Keel - Completed - Conv.	Bauwerft / Builder	Wasserverdrängung / Displacement ts	Länge / Length m	Breite / Beam m	Tiefgang / Draft m	Besatzung P
8 PF	P 343, 348, 349, 357, 380, 381, 387, 388 (ex …, Stegg, …, Ravn, Skrei, Hai, Lyr, Gribb) 1960–66	./60 66	Båtservice, Mandal	70 82	24.5	7.5	2.1	
2 PP	**Tarva, Welding** 1974	74/74	Fjellstrand, Omastrand	28	16.3	5.3	1.2	

Landungsfahrzeuge / Landing Vessels

5 LS	**Borgsund, Maursund, REINØYSUND, Rotsund, Sørøysund** 1972–73	71/71 73/73	Karlsen, Bergen	. 596	51.4	10.2	1.8	
2 LS	**KVALSUND, Raftsund** 1968–69	68/68 /69	Höymoen, Kristians.	. 590	50.0	10.2	1.8	

Hilfsfahrzeuge / Auxiliary Vessels

1 AR o	**Horten** 1977	77/78	Horten V.	. 2500	87.4	13.0	.	+1
2 AR	**Sarpen, Draug** 1971–72	71/72	Nielsen, Harstad	235	32.2	6.7	2.5	

7 Tender: **Karlsøy, Viken** (ex Fjøløy), **Krøttøy, Wisting, Rotvaer, Tautra, Torpen** (77–78) ./300 ts, 12 kn, 1 Mg [100 ts], MWM-DM, 390 kW, 29.2 × 6.7 × 2.5 m, Bes 6, Bauwerften / builders: I Høivold, Kristiansand II–IV Voldnes Skipsverft, V–VII Båtservice, Mandal – AK, AP

2 Tender: **Vigra, Hesse** (ex Kvarven, Hitra) (78) 40 ts, 22 kn, DM, Lg 23.2 m, Bauwerft / builder: Fjellstrand, Omastrand – für Ausbildung / for training

Küstenwache / Coast Guard – *Kystvakt*

3 FS o	Andenes Senja NORDKAPP 1980–81	80/82 78/81 79/81	Mek. Verk., Haugesund Horten V. Bergens M. V.	2165 2950	105	13.9	4.6	+
1 FS o	**Nornen** 1962	62/63 77–78	Mjellem & K., Bergen BRT/grt	1030	61.5	10.0	4.8	
2 FE o	**Heimdal** **FARM** 1962	61/62 61/62 78–79	Bolsones V., Molde Ankerlokken BRT/grt	600	54.3	8.2	4.9	

2 FE: **Grimsholm** (78) 1190 BRT/grt, 2500 kW₁, MaK-DM; **Malene Østervold** (65) 1118 BRT/grt, 13 kn, MaK-DM, 1950 kW₁, ✈-Plattform – beide / both 1–4 ⚓

3 FE: **Garpeskjær** (56) 1122 BRT/grt, 16.5 kn, Alpha-DM, 3120 kW; **Lafjord** (78) 814 BRT/grt, 14.6 kn, 1545 kW₁ DM; **Nordsjøbas** (78) 814 BRT/grt, 13.5 kn, 1765 kW₁, Mak-DM – alle / all 1–4 ⚓, ex Trawler

2 FE: **Stålbas** (75) 913 BRT/grt, Deutz-DM, 1100 kW₁; **Volstad Jr.** (60) 598 BRT/grt, 2 Deutz-DM, 880 kW₁ – alle / all 1–4 ⚓, ex Trawler

1 AG: **Lance** (78) 1160 BRT/grt, 12.5 kn, MaK-DM, 2350 kW, 60.8 × 12.6 × 5.5 m, Bauwerft / builder: Sterko

Oman

3 PG o	I Al Bat'nah Al Sharqijah Dhofar 1981 – a. St. / o. st.	86/87 81/84 81/83 80/82	Vosper Thornycroft Vosper Thornycroft Vosper Thornycroft Vosper Thornycroft	310 365	56.7	8.2	2.4	+
4 PP o	Al Wafi, Al Fulk, Al Mujahid, Al Jabbar 1976–77	75/76 77/77	Brooke, Lowestoft	150 165	37.5	6.9	1.7	

Bewaffnung / Armament	Sensoren-Elektronik / Sensors-Electronic	Geschwindig-keit / speed kn	Maschine Kessel Engines Boilers Masch	Leistung/ Power kW 1 kW = 1.36 PS	Fahrstrecke / Range sm	Sonstige Angaben / Remarks
-4 ⚓, 1-2 ⚓, 4 **TR** 53.3 ⊤		45.0	Napir-Deltic-DM	4560 2	600 25	Marineheimwehr / Naval Homeguard
Mg ⚓	⊤	15.0	GM-DM	295 2	.	*Patrulje*
-2 ⚓, 7 ⇶, [80], ☼	⊤	11.7	Maybach-DM	990 2	.	*Landgangsfartög*
-2 ⚓, 7 ⇶, [80], ☼	⊤	11.0	Maybach-DM	955 2	.	
-4 ⚓, 60 ☼	⊤	16.0	Wichmann-DM	3090 2	.	⊶-Deck. Für / for PG, PF, SS
	⊤	12.0	Wichmann-DM	330 1	.	Auch / also YD

YP: **Vernøy** (78) 100 ts, 10 kn, MWM-DM, 31.1 × 6.8 × 2.0 m

AT: **Samson** (38, 78) 300 ts, 11 kn, Bauwerft / builder: Schichau, Königsberg; **Ramnes** (ex Robbe) (39, 79) 100 ts, 11 kn, DM, Bauwerft / builder: Atlas Werke, Bremen

Königsyacht / Royal Yacht: o **Norge** (ex Philante) (37) *1686* ts, 17 kn, 2205 kW₂, DM, 80 × 11.6 × 4.5 m, Bauwerft / builder: Camper & Nicholson

Penguin II ⇌], -5.7 ⚓, 4-2 ⚓, **UTR** 32.4 III], ⊶ Lynx	⊤ ♢ ⌒ φ ⵕ	23.0	4 Wichmann-DM	10590 2	7500 15	Bugstrahlruder / bow thruster. III eisverstärkt / ice streng-thened
-4 ⚓	⊤	17.0	4 DM	2780 2	.	
-4 ⚓	⊤	15.5	Wichmann-DM	1765 2	.	

AG: **Oljevern 02–04** (78) 156 ts; **Sjøtroll** (76) 80 ts; **Sjödrev** (73) 80 ts; **Hydrograf** (67) 300 ts; **Sjøskvett** (64) 80 ts; **Sjørokk** (64) 75 ts; **Sjødrag** (58) 94 ts; **Sjøvern** (48) 215 ts; **Sjømaleren** (42) 80 ts; **Sjøfalk** (37) 70 ts – Vermessung / survey

nder: **Borgundfjord** (57, 81) 318 BRT/grt, DM, 1010 kW; **Havkyst** (65) 320 BRT/grt, DM, 660 kW; **Polargirl** (62) 286 BRT/grt, DM, 440 kW; **Siljan** (11, 56) 260 BRT/grt, DM; **Skjervøy** (54) 194 BRT/grt, DM, 312 kW; **Tendringen** (62) 286 BRT/grt, DM, 440 kW – *Bruksvakt*

Oman

MM 40 ⇌₂, 7.6 ⚓, 2-4 ⚓₂, 2 Mg ⚓₂	⊤ φ	40.0	2 Paxman-Valenta-DM	13330 4	2000 15	IV: 6 MM 40 ⇌₃
7.6 ⚓ OTO, 1-2 ⚓, Mg ⚓	⊤ φ	28.0	Paxman-DM	3535 2	3300 12	

Anzahl - Art / Number - Group	Schiffsnamen und Stapellauf / Ship's Name and Launching	Baubeginn - Fertig - Umbau/ On Keel - Completed - Conv.	Bauwerft / Builder	Wasser- verdrängung / Displacement ts	Länge / Length m	Breite / Beam m	Tiefgang / Draft m	Besatzung / Be
4 PP	Al Seeb, Al Shinas, Al Sadah, Al Khasab	79/81 1980	Vosper, Singapore	25	25.0	5.8	1.5	
1 LS o	Nasr Al Bahr	1984 83/85	Brooke, Lowestoft	2130	93.0	15.5	2.3	8
1 LS o	Al Munassir	1978 77/79	Brooke, Lowestoft	2000	84.0	15.0	2.2	

3 LC: **Saba Al Bahr, Al Doghas, Al Temsah** (81–82) 230 ts, 8 kn, Caterpillar-DM, 1350 kW$_2$

1 LC: **Al Neemran** (79) 85 ts, 8 kn, 2 DM, $25.5 \times 7.4 \times 1.8$ m, Bes 8, Bauwerft / builder: Dewis Offshore, Stornoway

1 LC: **Al Sansoor** (74) 60 ts, 6 kn, 2 DM, $18 \times 6.0 \times 1.2$ m, Bes 6, Bauwerft / builder: Cheverton

1 AK: **Fulk Al Salamah** (86) 8000 BRT/grt, 20 kn, Fiat-DM, 13356 kW$_2$, $134.3 \times 21.0 \times 5.0$ m, Bauwerft / builde Bremer Vulkan – Zivilbesatzung / civilian crew?

Küstenwache / Coast Guard

1 PP	Dheeb Al Bahar	1984 83/84	Watercraft, Sussex	80	20.8	5.8	1.5	
1 PP	Haras 9	1982 ./82	.	82	29.9	5.8	1.2	
1 PP	Haras 8	1981 81/82	Le Comte, Vianen	30 33	19.3	5.0	1.3	
2 PP	Haras 7, 10	1981–82 80/81 82	Karlskrona Varvet	80	28.9	5.4	1.3	

1 PP: **Haras 6** (80) 53 ts, 25 kn, 1–2 ⚓, Bauwerft / builder: Karlskrona Varvet

5 PP: **Haras 1–5** (75–78) 45 ts, 24.5 kn, 1 Mg ⚓, 1350 kW$_2$, DM, Bauwerft / builder: Vosper Thornycroft

2 PP: **Zara 17, 18** (81) 16 ts, 22 kn, 2 Mg ⚓

2 LC: **Zara 20, 22** (81–82) 13 ts, 20 kn, 2 Mg ⚓

Pakistan

Kreuzer / Cruiser

1 CL o	**Babur** (ex London)	7. 12. 61 60/63	Swan Hunter, Wallsend	5440 6200	159	16.5	6.1	47

Zerstörer / Destroyers

6 DD o	**Tariq** (ex Wiltsie) **Taimur, Tughril** (ex Epperson, Henderson) **Tippu Sultan, Alamgir, Shah Jahan** (ex Damato, Cone, H. J. Ellison) 1945–46	43/46 43/45 44 45/46 44/45	Federal Kearny Todd Tacoma Bethlehem, St. Island	2425 3500	119	12.4	5.8	28
1 DD o	**Badr** (ex Gabbard)	1944 44/46	Swan Hunter, Walls.	2325 3360	116	12.3	3.9	30

Fregatten / Frigates

3 FG	I, II III	gepl. / plan.	. .	Pakistan Großbrit. / Gr. Britain	.	.	.	

Bewaffnung / Armament	Sensoren-Elektronik/ Sensors-Electronic	Geschwindig-keit / speed kn	Antrieb / Propulsion Maschine / Kessel / Engines / Boilers / Masch	Leistung/ Power kW $1\,kW = 1.36\,PS$	Fahrstrecke / Range sm	Sonstige Angaben / Remarks
-2 ⚓	┳	26.0	MTU-DM	.	2000 8	GRP-Rumpf / hull
-4 ⚓₂, 2-2 ⚓₂, ⟐, [240]	┳	16.0	Paxman-DM	4130 2	.	Typ alger. LS Kalaat
-7.6 ⚓ OTO, 2-2 ⚓, 90]	┳ ⟐	12.0	Mirrlees-B.-DM	1795 2	2000 12	Deck, Bugrampe / bow ramp

AK: **Al Sultana** (75) 900/1380 ts, 11 kn, 845 kW₁, DM

AK: **Al Mabruka** (ex Al Said) (70) 785/930 ts, 17 kn, 2-4 ⚓₂, 2-2 ⚓, 2465 kW₂, Paxman-V.-DM, AX

AG: **Al Rahmanyat, I, II** (81) 24 ts, 13.5 kn, 380 kW₂, Volvo-DM

AX: **Shabab Oman** (ex Captain Scott) (78) 380 ts, 8 kn, DM, 43.9 × 8.6 × 4.7 m, Bes 12, Bauwerft / builder: Buckie – Segelschulschiff / Sail Training Ship

Royal Yacht: **Al Said** (81) 4440 BRT/grt, 18 kn, GMT-DM, 6175 kW₂, 104 × 16.2 m

-2 ⚓	┳	40.0	MTU-DM	2880 2	66 22	GRP Rumpf / hull
Mg ⚓	┳	25.0	MTU-DM	.	.	
Mg ⚓	┳	30.0	MTU-DM	1300 2	1650 17	
-2 ⚓	┳	25.0	MTU-DM	1370 2	.	Typ schwed. / Swed. CG 29. GRP-Rumpf / hull

Österreich / Austria

PR: **Niederösterreich** / A 604 (69) 75 ts, 22 kn, 1–2 ⚓, 2 Mg ⚓, 2-8.4 Mörser / mortars, 1180 kW, DM, 29.4 × 5.4 × 1.1 m, Bes 9, Bauwerft / builder: Korneuburg; **Oberst Brecht** / A 601 (58) 10 ts, 10 kn, 1 Mg ⚓, 155 kW, DM, 12.3 × 2.5 × 0.8 m, Bes 5, Bauwerft / builder: Korneuburg

Pakistan

-11.4 ⚓₂, 2-2 ⚓, Seacat ⟐₄, Alouette III	┳ ○ ⟡ ⟡ ⊹ ⟐ ⊻	32.5	AEI ☸ Tu 2 Babcock + 4 Metrovik-GTu	22060 + 22060 2	3500 28	Typ brit. County. 1982 übernommen / acquired, Seaslug ⟐ ausgebaut / removed
-12.7 ⚓₂, 4-2 ⚓₂, UTR 32.4 III, ⟐₈ Asroc	┳ ⟡ ⟐ ⊻	35.0	☸ Tu 4 Babcock	44130 2	5800 15	Typ US Gearing, FRAM 1. VI: 6 Harpoon ⇒₂, I-V: Sollen Harpoon ⇒ erhalten / Shall get Harpoon ⇒
-11.4 ⚓, 9-4 ⚓, TR 53.3 IIII, 1 ⟐₃ Squid	┳ ⟡ ⟐ ⊻	31.0	Parsons ☸ Tu 2 Wr	36775 2	3000 20	Typ brit. Battle I. Wird gestrichen / to be deleted

Anzahl - Art / Number - Group	Schiffsnamen und Stapellauf / Ship's Name and Launching	Baubeginn–Fertig / Umbau–On Keel / Completed–Com.	Bauwerft / Builder	Wasserverdrängung / Displacement ts	Länge / Length m	Breite / Beam m	Tiefgang / Draft m	Besatzung / Crew Bes

Uboote / Submarines

2 SS o	**Hashmat** (ex Astrant) **Hurmat** (ex Adventurous) 1977–78	76/79 77/80	Dubigeon, Nantes Dubigeon, Nantes	1490↑ 1740↓	68.0	6.8	5.4	5(
4 SS o	**Mangra, Shushuk** **HANGOR** 1969–70 **El Ghazi** (ex Cachalote) 1968	68/70 67/ 66/69	Seine Marit., La Trait St. W. Brest Dubigeon, Normandie	850↑ 1040↓	59.0	6.8	4.6	5(
2 SZ	**I, II** ~1970	./72 73	Cos. Mos. S., Livorno	70↑ 80↓	23.5	2.0	.	: +8

Minensucher / Minesweepers

3 MS	**Mahmud, Mujahid, Mukhtar** 1954–59	./56 59	USA	335 375	43.9	8.2	2.6	3(

Kleine Kampfschiffe / Small Fighting Vessels

4 PG	**P 301–304** ~1982	./83	Guangzhou	175 210	40.0	8.1	2.0	3(
4 PG o	**P 1021–1024** ~1970	.	China	68 80	26.8	5.5	1.5	2(
4 PC o	**Baluchistan, Sind, Punjab, Sarhad** 1975–79	./76 80	China	360 400	59.0	7.3	2.4	2(
12 PP o	**Bahawalpur, Bannu, Gilgit, Kalat,** **Lahore, Larkana, Mardan, Psihin,** **Quetta, Sahiwal, Sahwan, Sukkur** ~1965	./72 73	China	120 155	38.8	5.5	1.7	2:
1 PP	**Rajshahi** 1965	64/65	Brooke, Lowestoft	115 143	32.6	6.1	1.5	1(
4 PF o	**HDF 01–04** ~1968	.	China	39	21.5	5.0	0.9	2(

5 PP: I, II (a. St. / o. st.) 40 ts, Lg 20.6 m – Typ MV 68; I–V (a. St. / o. st.) 25 ts, Lg 16.5 m – Typ MV 52 – Bauwerft / builder: Cantiere di Ameglia

2 PP: I, II (83) 9 ts, 30 kn, 3 Mg ⚓2.1, 1-6 Mörser / mortar, Bauwerft / builder: Uniflite, Bellingham, Typ US PBR Mk III

Hilfsfahrzeuge / Auxiliary Vessels

1 AO: **Dacca** (ex Mission Santa Clara) (45) 7300/25000 ts, 13 kn, 3–4 ⚓, Typ US Mar. Comm. T 2

2 AO: **Attock** (60) 600 ts, 8.5 kn; **Zum Zum** (56) 600 ts, 8 kn – für Wasser / for water

2 AT: **Madadgar** (ex Yuma) (43) 1235 ts, 16.5 kn, 2–4 ⚓, 1–2 ⚓, Typ US ATF; **Rustom** (55) 530 ts, 9.5 kn

3 AT: **Gama, Bholu** 220 kW₁; **Goga**

Papua-Neu-Guinea / Papua New Guinea

4 PP	**Tarangau,** Dreger, Seeadler, 85/87 Basilisk 1986 – bew. / auth. 88/89		Australian Shb., Jervoise Bay	. 165	31.5	8.1	1.8	1; +2

5 PP: **Aitape, Ladava, Lae, Mandang, Samarai** (~68) 100/146 ts, 27 kn, 1–4 ⚓, 2 Mg ⚓, 2540 kW₂, DM, Bes 19, Typ austr. Attack

2 LC: **Buna, Salamaua** (~72) 180/400 ts, 10 kn, Typ austr. Balikpapan

4 LC: **Bursea, Burwave, Burfoam, Burcrest** (81–82) 200/350 ts, 9 kn, Deutz-DM, 460 kW₂, Bes 18, Bauwerft / builder: Sing Koon Seng, Singapore

Bewaffnung / Armament	Sensoren-Elektronik/ Sensors-Electronic	Geschwindig-keit / speed kn	Antrieb / Propulsion		Fahrstrecke / Range sm	Sonstige Angaben / Remarks
			Maschine / Kessel Engines Boilers Masch	Leistung/ Power kW 1 kW = 1.36 PS		
TR 55 b↓ Sub-Harpoon ⇒]	⊤ ⏚ ⌒ ⊡⁻ ⅋	12.0↑ 17.5↓	Pielstick ⤳ DM EM	1700 3500 1	8500 9	Typ franz. / French Agosta. Ursprünglich für Südafrika gebaut / originally built for South Africa
2 **TR** 55 (8b↓, 4h↑)	⊤ ⅋	13.5↑ 16.0↓	Pielstick ⤳ DM EM	960 1180 2	3700 7	Typ franz. / French Daphné
TR oder / or Chariots	.	8.5↑ 6.0↓	DM EM	220 1	1200	
–2.3 ⚓₄	⊤	14.0	DM	650 2	2500 10	Typ US MSC 289 Falcon
FL-1 ⇒, 4–2.5 ⚓₂	⊤ ⏚ ⊕	36.0	DM	8825 3	800 25	Typ chin. Huangfen / Osa I
FL-1 ⇒, 2–2.5 ⚓₂	⊤ ⏚ ⊕	40.0	DM	3535 4	450 30	Typ chin. Hegu. In Reserve?
–5.7 ⚓₂, 4–2.5 ⚓₂, ⚓₅ RBU 1200, ⚓	⊤ ⏚ ⌒	24.0	DM	5880 4	1000 10	Typ chin. Hainan
–3.7 ⚓₂, 4–2.5 ⚓₂	⊤ ⏚ ⌒	30.0	DM	3535 4	800 17	Typ chin. Shanghai II. II, IV, IX, X: In Reserve
–4 ⚓	⊤ ⏚	24.0	MTU-DM	2500 2	.	In Reserve
–1.5 ⚓₂, 2 **TR** 53.3	⊤ ⏚	55.0	DM	2650 3	500 20	Typ chin. Huchuan. In Reserve

PP: **I, II** (83) 16 ts, Lg 12.2 m, Bauwerft / builder: Uniflite, Bellingham

8 PP: **P 551–568** (79–80) 23 ts, 30 kn, 1 Mg ⚓, DM, 1175 kW₂, Bauwerft / builder: Crestitalia, Ameglia, Typ ital. MC–55 – für Zolldienst / customs duties

LC: **I, II** (81) 21 kn, Volvo-Penta-DM, 18.1 × 3.8 × 0.9 m

AG: **Behr Paima** (82) 1185 BRT/grt, 13.8 kn, DM, 1470 kW₂, Bauwerft / builder: Ishikawajima, Tokyo – Forschung / research

AX: **Jahangir** (42) 5900 ts, 30 kn, 8–13.2 ⚓₂, 12–4 ⚓₂, 6 **TR** 53.3 III, ex CL, Typ brit. Black Prince, Hulk

Tender: I (80) 250 ts – für Entmagnetisierung / for degaussing

Papua-Neu-Guinea / Papua New Guinea

| –2 ⚓, 2 Mg ⚓ | ⊤ | 20.0 | Caterpillar-DM | 2075 2 | 2500 12 | Typ austral. ASI 315 |

LC: **Kokuba, Kuniawa, Kutuba, Kiunga, Kaiapit, Kukipi, Kandep** (75) 12 ts, 9 kn, 110 kW₂, Gardner-DM, 12 × 4.0 × 1.0 m, Bauwerft / builder: Australien / Australia

AT: **SHT 503** (ex RAN 503) (72) 48 ts, 8.5 kn

AG: **Kulasi** (83) ./215 ts, 10 kn, Caterpillar-DM, 330 kW₁, Bes 8 + 4; **Melisa** (83) ./120 ts, 9 kn, Caterpillar-DM, 185 kW₁, Bes 5 + 4 – Forschung / research

Anzahl - Art / Number - Group	Schiffsnamen und Stapellauf / Ship's Name and Launching	Baubeginn - Fertig - Umbau/On Keel - Completed - Conv.	Bauwerft / Builder	Wasserverdrängung / Displacement ts	Länge / Length m	Breite / Beam m	Tiefgang / Draft m	Besatzung / Crew Bes

Panama

2 PP: **Comandante Torrijos, Presidente Porras** / GC 16, 17 (82) 35 ts, 21 kn, 1 Mg ⚓, GM-DM, 750 kW₂, Bauwerft / builder: Swiftships, Morgan City

4 PP: **Ligia Elena** / GC 11, **PANQUIACO** / GC 10 (70) 96/123 ts, 24 kn, 2–2 ⚓, 2060 kW₂, Davey-Paxman-DM, 31.4 × 5.9 × 1.6 m, Bes 23, Bauwerft / builder: Vosper Th., Portsmouth; **Ayanasi, Zarti** / GC 12, 13 (43) 35 ts, 13 kn, 1 Mg, Typ US YP

Paraguay

3 PP o	**Teniente Farina, NANAVA** (ex Py, ex Bouchard)	35/36 /38	Astil. N., R. Santiago	450 600	60.0	7.3	2.6	60
	Capitan Meza (ex Parker) 1936–38		Sanchez, S. Fernando					
2 PR o	**HUMAITA, Paraguay** 1930	29/31	Odero, Genua	636 865	70.0	10.7	1.7	86
1 PR	**Itaipú** 1983	83/85	Mar. Asenal, Rio	340 365	46.3	8.5	1.3	54

1 PR: **Capitan Cabral** (07) 180 ts, 12.5 kn, 1–7.6, 2–3.7, Schleppertyp / tug type

6 PP: **P 101–106** (68–70) 12 ts, 20 kn, 2 Mg ⚓, GM-DM, 370 kW₂, Typ US Sewart 40 ft.

2 LC: **BT 1, 2** (ex US YFB 82, 86) Typ US LCU 501

Peru

Kreuzer / Cruisers

1 CL o	**Almirante Grau** (ex Aguirre, ex De Zeven Provincien) 22. 8. 50	39/53 62–64 76–78	Rotterdam, D. D. Mij.	9529 12250	186	17.3	6.7	900

Zerstörer / Destroyers

2 DG o	**Ferré, PALACIOS** (ex Decoy, Diana) 1949–52	46/53 47/54 70–73 77–78	Yarrow, Scotstoun Cammell Laird	2800 3600	119	13.1	5.2	300
6 DD o	**Villar, Galvez** (ex Amsterdam, Groningen)	52/56 55/58	Ned. Scheepsb., Amsterdam	2496 3150	116	11.8	4.0	280
	Quiñones, Castilla (ex Limburg, Utrecht)	53/56 54/57	de Schelde, Vlissingen					
	Diez Canseco (ex Rotterdam)	54/57	Rotterdam D. D. Mij.					
	Bolognesi (ex Overijssel) 1954–56	53/57	Wilton, Schiedam					

Fregatten / Frigates

4 FG o	**Mariategui**	78/88	SIMA, Callao	2208	113	12.0	3.6	185
	Montero	76/84	SIMA, Callao	2500				
	Villavicencio	76/79	CNR, Muggiano					
	Carvajal 1976–84	74/79	CNR, Muggiano					

Uboote / Submarines

4 SS o	**Pisagua**	78/83	HDW, Kiel	1180↑	56.1	6.2	5.5	33
	Chipana	78/82	HDW, Kiel	1290↓				
	Antofagasta	77/81	HDW, Kiel					
	Casma 1979–81	77/80	HDW, Kiel					

Bewaffnung / Armament	Sensoren-Elektronik/ Sensors-Electronic	Geschwindig-keit / speed kn	Antrieb / Propulsion		Fahrstrecke / Range sm	Sonstige Angaben / Remarks
			Maschine Kessel Engines Boilers Masch	Leistung/ Power kW 1 kW = 1.36 PS		

Panama

2 PP: **Marti, Jupiter** / GC 14, 15 (50) 13 ts, 18 kn, 1 Mg ⚓, GM-DM

2 LC: **I, II** (78) 60 ts, 9 kn, DM, 295 kW₂

3 LC: **GN 1-3** 120 ts, 10 kn, DM, Typ US LCM (8)

1 AK: **Tiburon** (ex Smokey Hill River) (~45) 1100 ts, 12.5 kn, Typ US LSMR

1 AK: **I** (ex YF 886) (45) ./590 ts, 11 kn, Typ US YF

Paraguay

4-4 ⚓₂, 2 Mg ⚓, ☉	⊤	15.0	MAN-DM₂	1470 2	7100 5	Ex argent. Minensucher / minesweepers
4-12₂, 3-7.6 ⚓, 2-4 ⚓, 6 ☉	⊤	18.5	Parsons ⚙ Tu 2 Wr	2795 2	1700 16	**Pz / ARM**
1-4 ⚓, 2-8.1 Mörser / mortars, 6 Mg ⚓₂	⊤	14.0	MAN-DM	1350 2	6000 11	Typ bras. Roraima

1 AR: **Boqueron** (ex Teniente Pratt Gill, es Corrientes) (~44) 743/1095 ts, 13 kn, 4-4 ⚓₂, DM, ⛴-Plattform achtern / aft, Typ US LSM, 1971 von Argentinien gekauft / purchased from Argentina

2 AT: **R 5, 6** (42-45) 84 ts, 9 kn, Typ US YTL 442

1 AX: **Guarani** (68) 1030 ts, 13 kn - auch / also AK

Peru

4-15 ⚓₂, 6-5.7 ⚓₂, 4-4 ⚓, 3 ⛴ Sea King	⊤ ○ ✧ ✧ ✑ ⊕ ▽	32.3	Parsons ⚙ Tu 4 Werkspoor-Yarrow 2	62520 2	6000 17	⛴-Deck: 35 × 17 m, Hangar: 20.5 × 16.5 m
8 MM 38 ⇨, 4-11.4 ⚓₂, 4-4 ⚓, 1 ⛴ AB 212	⊤ ○ ✧ ⊕	34.7 30.5	Engl. El. ⚙ Tu 2 Babcock	39710 2	3000 20	Typ brit. Dainty. 1969 angekauft / purchased
4-12 ⚓₂, 4-4 ⚓, 2 ⚓₄, 2 ⚓	⊤ ○ ✧ ✑ ⊕ ▽	36.0	Werkspoor ⚙ Tu 44130 4 Babcock 2	44130 2	4000 15	Typ niederl. / Netherl. Friesland. 1980/82 übernommen / acquired. Erhalten / to get: ⇨, ⛴
8 Otomat ⇨, 1-12.7 ⚓, 4-4 ⚓₂, 1 Albatros ⚓₈, 6 UTR 32.4 III, 1 ⛴ AB 212	⊤ ✧ ✑ ✑ ⊕ ▽ ⟵ ⊟	35.0	Fiat-GTu GMT-DM	36770 + 5740 2	5500 16	Typ ital. Lupo. III, IV Teleskop-Hangar
8 TR 53.3 b↓	⊤ ✧ ✑ ▽	10.0↑ 21.0↓	4 MTU-DG 1 Siemens-EM	1760 3680 1	.	Typ deutsch / German 209/1200

Anzahl - Art / Number – Group	Schiffsnamen und Stapellauf / Ship's Name and Launching		Baubeginn – Fertig – / Umbau / On Keel – / Completed – Conv.	Bauwerft / Builder	Wasser- verdrängung / Displacement ts	Länge / Length m	Breite / Beam m	Tiefgang / Draft m	Besatzung / Crew Bes
2 SS o	**Arica** **Islay**	1973–74	71/75 71/74	HDW, Kiel HDW, Kiel	1105↑ 1230↓	54.4	6.2	5.5	32
2 SS o	**Pacocha, La Pedrera** (ex Atule, Sea Poacher)	1944	43/44 44	N. Y., Portsmouth	1840↑ 2445↓	94.0	8.2	5.2	84
4 SS o	**Angamos, Iquique** (ex Atun, Merlin) **ABTAO, Dos de Mayo** (ex Tiburon, Lobo)	1953–57	55/57 52/54	Electric Bt., Groton Electric Bt., Groton	825↑ 1400↓	74.0	6.7	4.2	40

Kleine Kampfschiffe / Small Fighting Vessels

6 PG o	**Herrera, Sanchez Carrion, Santillana** **De los Heros, Larrea, Velarde**	1978–79	78/80 79/81 77/80 78/81	SFCN, Villeneuve SFCN, Lorient	470 560	64.0	8.4	2.6	36
2 PR o	**MARAÑON, Ucayali**	1951	51/51	V. Thornycroft, South.	320	47.0	9.8	1.2	40
2 PR o	**AMAZONAS, Loreto**	1934	34/34	Electric Bt., Groton	250	44.0	6.7	1.2	35

4 PR: America (04) *240* ts, 14 kn, 2-4 ⚓, 4-2 ⚓; **Rio Punta, Rio Santa, Rio Majes** (52–55) 16 ts, 2 Mg ⚓
3 PP: P 33–35 (82) 5 ts, 29 kn, 1 Mg ⚓, Perkins-DM, 350 kW

Landungsfahrzeuge / Landing Vessels

4 LS	**Paita, Pisco, Callao** (ex LST 1164, 1163, 1165) **Eten** (ex LST 1160)	1953	52/53 52/53	Ingalls, Pascagoula Bath Iron Works	2600 6230	117	16.8	5.2	.

Hilfsfahrzeuge / Auxiliary Vessels

1 AK	**Ilo**	1971	70/71	SIMA, Callao	13400 18400	154	20.5	8.3	.
1 AK o	**Independencia** (ex Bellatrix)	1941	./41	Tampa Shb., Tampa	6190 13760	140	19.2	8.1	190 +71
1 AO	**Talara**	1976	75/78	SIMA, Callao	. 25000	171	25.0	9.5	.
1 AO	**Pimentel**	1968	./68	SIMA, Callao	3440 13600	117	15.9	6.4	.
2 AO	**LOBITOS, Zorritos**	1958–65	./66 69	SIMA, Callao	. 8700	117	15.9	6.4	.
2 AO	**Mantilla, I** (ex YW 122, 128)	1945	44/45	USA	440 1235	52.3	9.8	4.0	23

4 AO: I, Colayeras (ex YO 221, 171) (44–45) 1400 ts, 10 kn, DM; **ABA 113** (72) 330 ts; **ABA 091** (72)

1 AT	**Guardian Rios** (ex Pinto)	1943	42/43	USA	1235 1675	62.5	11.7	4.7	85
2 AT	**Olaya, Selendon**	1967	.	Ruhrort, Duisburg	80 BRT/grt	18.7	6.2	2.3	8
1 AG	**Humboldt**	1979	77/79	SIMA, Callao	1980	76.0	12.0	4.4	48
1 AG	**Unanue** (ex Wateree)	1943	43/44	Levingston, Texas	534 850	43.6	9.0	4.0	.

2 AG: Melo, Carillo (ex Van der Well, Van Hamel) (60) 150 ts, 13 kn, ex MS, Typ Netherl. Van Straelen
3 AH: Morona, I, II (76–77) 200 ts, 12 kn, DM

Bewaffnung / Armament	Sensoren-Elektronik/ Sensors-Electronic	Geschwindigkeit / speed kn	Antrieb / Propulsion Maschine Kessel Engines Boilers Masch	Leistung/ Power kW 1 kW = 1.36 PS	Fahrstrecke / Range sm	Sonstige Angaben / Remarks
8 **TR** 53.3 b ↓	⊤ ⟁ ⌣ ▽	10.0↑ 21.0↓	4 MTU-DG 1 EM	1760 3680 2	.	Typ deutsch / German 209/1000
10 **TR** 53.3 ↓ (6 b, 4 h)	⊤ ▽	18.0↑ 15.0↓	3 DM 2 EM	3535 3970 3	14000 10	Typ US Balao, GUPPY IA
4 –12.7, 6 **TR** 53.3 ↓ (4 b, 2 h)	⊤ ▽	16.0↑ 10.0↓	GM-DM₂ EM	1765 ./2	5000 10	Typ US Mackerel / 1940. **Bew:** I, II 12.7 ausgebaut / **AMT:** I, II 12.7 removed
4 MM 38 ⇒, 1–7.6 ⚓, 2–4 ⚓₂, 4–2 ⚓₂	⊤ ⟁ ⌣ ⊕	34.0	AGO-DM	14170 4	2500 16	Typ franz. / French PR 72 P
2–7.6, 4–4 ⚓, 2–2 ⚓	⊤	12.0	Polar-DM	590 2	6000 10	Alle PR auf Amazonas stationiert / all PR stationed on the Amazonas River
2–7.6, 4–4 ⚓, 2–2 ⚓	⊤	15.0	DM	550 2	4000 10	

3 PR: **Rio Ramis, Rio Ilave, Rio Azangaro** 12 ts, 1 Mg ⚓ – alle auf Titicacasee stationiert / all stationed on Lake Titicaca

Bewaffnung / Armament	Sensoren-Elektronik/ Sensors-Electronic	Geschwindigkeit / speed kn	Antrieb / Propulsion	Leistung/ Power kW	Fahrstrecke / Range sm	Sonstige Angaben / Remarks
2–4 ⚓	⊤	13.0	4 GM-DM	4410 2	6000 9	Typ US LST / Terrebonne Parish
4–4 ⚓	⊤	15.6	B. & W.-DM	8530 1	.	
1–12.7, 4–7.6 ⚓, 6–2 ⚓	⊤ ⊕	15.5	Nordberg-DM	4410 1	18000 14	Typ US Mar. Comm. C 2. AX, 174 Kadetten / cadets
.	⊤	18.0	2 B. & W.-DM	9190 1	.	Auch für zivile Transporte / also for commercial transports
.	⊤	14.5	B. & W.-DM	3970 1	.	
—	⊤	12.0	B. & W.-DM	1765 1	.	
1 Mg ⚓	.	7.0	GM-DM	470 1	.	Typ US YW

2 AT: **Contramaestre Navarro** (73) 50 ts; **Franco** (ex YTM 2) (39) 192 ts, 9 kn

Bewaffnung / Armament	Sensoren-Elektronik/ Sensors-Electronic	Geschwindigkeit / speed kn	Antrieb / Propulsion	Leistung/ Power kW	Fahrstrecke / Range sm	Sonstige Angaben / Remarks
	⊤	16.5	GM ⇢ DM	2210 1	.	Typ US ATF
	⊤	10.0	DM	440	.	
—	⊤	14.0	DM	.	.	Forschungsschiff / research ship
—	⊤	13.0	⇢ DM	1100 1	.	Typ US ATA. Vermessungs-schiff / survey vessel

3 AG: **AEH 174** (81) 49 ts, 13 kn; **Stiglich, AEH 173** (50) 50/60 ts, 12 kn, DM, 235 kW₂ – Vermessung / survey

1 YP: **ART 322** (81) 68 ts, 19 kn, MTU-DM, 1440 kW₂, 25.4 × 5.6 m, Bauwerft / builder: Lürssen, Vegesack

Anzahl - Art / Number - Group	Schiffsnamen und Stapellauf / Ship's Name and Launching	Baubeginn - Fertig - / Umbau/On Keel - / Completed - Conv.	Bauwerft / Builder	Wasser-verdrängung / Displacement ts	Länge / Length m	Breite / Beam m	Tiefgang / Draft m	Besatzung / Crew Bes
Küstenwache / Coast Guard								
5 PP o	**Rio Nepeña, Rio Tambo, Rio Ocoña, Rio Huarmey, Rio Zaña** 1978–81	./78 81	SIMA, Callao	. 300	50.9	7.4	1.7	30
1 PP o	**Rio Cañete** 1974	73/76	SIMA, Callao	. 298	50.9	7.4	1.7	39
2 PP o	**Rio Sama** **Rio Chira** 1965–69	./70 ./66	SIMA, Callao Peterson, Sturgeon B.	130 145	30.8	6.4	1.7	25
3 PP	**Rio Vitor, Rio Locumba, Rio Pativilca** 1964–65	63/65 64	Vosper Th., Portsmouth	100 130	33.5	6.4	1.7	25
3 PP	**Rio Piura, Rio Tumbes, Rio Zarumilla** 1960	./60	Viareggio	. 37	20.0	5.2	1.0	.

7 PP: **La Punta, Chillon, Santa, Majes, Reque, Rio Viru, Rio Lurin** (81–82) 43 ts, 25 kn, 2-2 ⚓, Bauwerft / builde░

Philippinen / Philippines

Nur etwa 100 Einheiten fahrbereit

Ex-Namen der südvietnamesischen und cambodschanischen Einheiten *kursiv*

Anzahl - Art / Number - Group	Schiffsnamen und Stapellauf / Ship's Name and Launching	Baubeginn - Fertig - / Umbau/On Keel - / Completed - Conv.	Bauwerft / Builder	Wasser-verdrängung / Displacement ts	Länge / Length m	Breite / Beam m	Tiefgang / Draft m	Besatzung / Crew Bes
Fregatten / Frigates								
2 FE o	**Rajah Humabon** (ex *Atherton*) **Datu Sikatuna** (ex *Amick*) 1943	43/43 42/43	Norfolk N. Y. Federal, Newark	1240 1620	93.0	11.0	3.0	165
1 FE o	**Rajah Lakandula** (ex *Tran Hung Dao*) 1943	43/43	Brown, Houston	1590 1850	93.0	11.5	3.4	150
4 FE o	**Diego Silang, Francisco Dagahoy, Andres Bonifacio, Gregorio de Pilar** (ex *Tran Quang Khai, Tran Vinh Trong, Ngo Quyen, Ly Thoung Kiet*) 1942–44	42/44 43	Lake Washington Shy.	1766 2800	95.0	12.5	3.7	145
2 FS o	**Quezon** (ex *Vigilance*) **Rizal** (ex *Murrelet*) 1943–44	42/44 44/45	Associated, Seattle Savannah, Georgia	890 1250	67.0	9.8	3.4	105
1 FS	**Magat Salamat** (ex *Chi Lang II*) 1944	43/44	Winslow, Seattle	650 950	56.0	10.1	2.8	100
7 FS o	**CEBU, Iloilo, Negros Occidental, Pangasinan** (ex *PCE 881, 897, 884, 891*) **Sultan Kudarat, Miguel Malvar, Datu Marikudo** (ex *Dong Da II, Ngoc Hoi, Van Kiep II*, ex *Crestview*) 1943–44	42/43 43/45	USA	640 840	56.0	10.1	2.8	100
Kleine Kampfschiffe / Small Fighting Vessels								
2 PC	**Nueva Viscaya, Negros Oriental** 1942–43	42/42 43/43	USA	280 450	53.0	7.0	3.2	70
4 PP	**Bagong Silang, Kagitingan** **Katapangan, Bagong Lakas** 1978–82	80/84 ./79	Cavite Schiffswerft Hameln	135 150	37.0	6.2	1.7	.
1 PP	**Basilan** (ex *Hong Troc*, ex PGM 83) ~1967	./67	Peterson, Wisconsin	130 143	30.8	6.4	1.8	15
4 PP	**Agusan, Cantanduanes, Palawan, Romblon** (ex *PGM 39–42*) ~1960	./60	Tacoma Bt. Bld.	90 120	32.9	6.9	2.3	15

Bewaffnung / Armament	Sensoren-Elektronik/ Sensors-Electronic	Geschwindig-keit / speed kn	Antrieb / Propulsion		Fahrstrecke / Range sm	Sonstige Angaben / Remarks
			Maschine Kessel Engines Boilers Masch	Leistung/ Power kW 1 kW = 1.36 PS		
4 ⚓, 1-2 ⚓	⊤	25.0	4 MTU-DM	4150 2	3000 17	Alu-Aufbauten / Al-superstructures
4 ⚓, 1-2 ⚓	.	21.0	4 MAN-DM	4150 2	3050 17	Stahlaufbauten / steel-superstructures
4 ⚓, 4-2 ⚓, 2 Mg ⚓₂	⊤	18.5	8 GM-DM	1320 2	1500 10	Typ US PGM
2 ⚓, [4 TA]	⊤	30.0	Napier-D.-DM	4560 2	1100 15	Ex De los Heros, Sanchez, Carrion, Herrera
4 ⚓	⊤	18.0	2 GM-DM	880 2	1000 14	

Mac Laren, Niteroi – *Anchovis Klasse*

Philippinen / Philippines

nly about 100 units serviceable

x names of the South-Vietnamese and Cambodian ships in *italics*

Bewaffnung / Armament	Sensoren-Elektronik	Geschwindig-keit kn	Antrieb / Propulsion	Leistung kW	Fahrstrecke sm	Sonstige Angaben / Remarks
-7.6, 6-4 ⚓₂, 12-2 ⚓₂, Mg ⚓₂, 1 ⚓, 6 ⚓	⊤ ⚓ ⚓ ⚓	20.0	⚓ DM	4410 2	11500 11	Typ US Canon
-7.6, 2-4 ⚓₂, 4-2 ⚓₂, Mg ⚓, 1-8.1 Mörser / Mortar, 6 UTR 32.4 III	⊤ ⚓ ⚓ ⚓ ⚓	21.0	Fairb.-Morse-DM	4410 2	11500 11	Typ US Savage
-12.7, 4-4 ⚓₂,₁, 2-2 ⚓, Mg ⚓, 1 ⚓ BO 105	⊤ ⚓ ⚓ ⚓	18.0	Fairb.-Morse-DM	4410 2	22000 11	Typ US Barnegat. Ex AVP
-7.6, 4-4 ⚓₂, 4-2 ⚓, UTR 32.4 III, 1 ⚓, 2 ⚓	⊤ ⚓	18.0	GM ⚓ DM	2350 2	.	Typ US Auk. ⚓-Deck
-7.6, 2-4 ⚓, 8-2 ⚓₂	⊤ ⚓	14.0	DM	1250 2	5000 9	Typ US Admirable
-7.6, 6-4 ⚓₂,₁, 4-2 ⚓	⊤ ⚓	16.0	GM-DM	1470 2	4300 10	Typ US PCE. V–VII: 1-7.6, 2-4 ⚓₂, 8-2 ⚓
-7.6, 1-4 ⚓, 5-2 ⚓	⊤	18.0	GM-DM	2120 2	5000 10	Typ US PC
-3 ⚓₂, 2 Mg ⚓₂	⊤	16.0	MTU-DM	1510 2	.	
-4 ⚓, 2-2 ⚓₂, 4 Mg ⚓	⊤	16.0	8 GM-DM	1400 2	1500 10	Typ US PGM
-2 ⚓, 2 Mg ⚓	⊤	17.0	MTU-DM	1400 2	.	Typ US PGM

Bewaffnung/Armament	Sensoren-Elektronik/Sensors-Electronic	Geschwindigkeit/speed kn	Antrieb/Propulsion		Leistung/Power kW 1 kW = 1.36 PS	Fahrstrecke/Range sm	Sonstige Angaben/Remarks
			Maschine / Kessel / Engines / Boilers / Masch				

Landungsfahrzeuge / Landing Vessels

20 LS	**Tarlac, Mindoro Occidental, Laguna, Samar Oriental, Surigao del Norte, Lanao del Sur, Cotabato del Sur, Surigao del Sur, Lanao del Norte, Leyte del Sur, Davao Oriental, Benguet, Aurora, Cagayan, Cavite, Agusan del Sur, Ilicos Norte, Samar del Norte, Cotabato del Norte, Tawi-Tawi** (ex LST/T-LST 47, 222, 230, 287, 488, 491, 529, 546, 566, 607, 689, 692, 822, 825, 835, 848, 905, 1064, 1069, 1072) 1942–45	./42 45	USA		1625 4080	100	15.3 2.9 9
4 LS	**Isabela, Mindoro Oriental** (ex LSM 463, 320), **Western Samar, Batanes** (ex *Hat Giang, Huong Giang*) 1944/45	./44 45	USA		743 1095	66.7	11.3 2.7 4
3 LS	**Sulu, Camarines Sur, La Union** (ex LSSL 96, *Nguyen Duc Bong, Doan Ngoc Tang*) 1944–45	./44 45	USA		225 380	51.8	7.8 1.8 6
3 LS	**I–III** (ex LCU 1603, 1604, 1606) ~1960	.	USA		195 375	41.0	8.8 1.8

84 LC: **1–9** Typ US LCM (8); **1–75** Typ US LCM (6)

Hilfsfahrzeuge / Auxiliary Vessels

3 AR	**Kamagong, Narra** (ex Romulus, Krishna), **Yakal** (ex *Vinh Long*, ex Satyr) 1944–45	./44 45	USA		1650 4340	100	15.2 4.3 25
2 AR	**Sierra Madre, Apayao** (ex AGP 821, 786) 1944	44/44	USA		1620 4080	100	15.2 4.3 16
1 AK	**Mactan** (ex Kukui) 1945	44/45	Froemming, Milwaukee		4900 7450	103	15.2 6.4 8
1 AK	**Mount Samat** (ex Quest) 1944	43/44	USA		650 950	58.0	10.1 3.0 6

1 AK: **Kalinga** (ex Redbud) (43) 935 ts, 13 kn, 880 kW₁ – ex US Coast Guard Tender – ⚓-Deck

3 AK: **Limasawa, Badjao, Mangyan** (43–44) 475/950 ts, 13 kn, 2-2 ⚓, GM-DM, 735 kW₂, Typ US FS 381

2 AK: **Cape Bojeador, Lauis Ledge** (43–44) 420/750 ts, 10 kn, 2-2 ⚓, DM, 500kW₂, Typ US FS 330

1 AK: **Pearl Bank** (~44) 140/350 ts, 8 kn, DM

2 AO: **Lake Naujan, Lake Bohi** (ex YO 173, YOG 73) (43–44) 520/1400 ts, 8 kn, 2-2 ⚓, 410 kW₁, DM, Typ US YO/YOG

3 AO: **Lake Lanoa, Lake Buluan, Lake Paoay** 550/1235 ts, 8 kn, 2 Mg ⚓, 410 kW₁, DM, Typ US YW – für Wasser / for water

6 AT: **Tiboli** (ex LT 1976); **Agno River, Igorot, Ilongot, Maranao, Tagbanua, Tasaday** (44–45) 70 ts, 220 kW, Typ US 66′ – Hafenschlepper / harbor tugs

Küstenwache / Coast Guard

1 PP: **Tirad Pass** / SAR 100 (77) 275 ts, 30 kn, DM

1 PP: **Bataan** / SAR 77 (75) 150 ts, 28 kn, DM

26 PP: **PSB 411, 414, 417–434** (75–?) 22 ts, 20 kn, 4 Mg ⚓₂, MTU-DM, 1325 kW₂, Bauwerft / builder: Marcelo, Manila; **PSB 326–331** (74–75) 16.5 ts, 25 kn, 2 Mg ⚓, Caterpillar-DM, 545 kW₂, Bauwerft / builder: de Havilland, Sydney

Bewaffnung / Armament	Sensoren-Elektronik/ Sensors-Electronic	Geschwindig-keit / speed kn	Antrieb / Propulsion Maschine Kessel Engines Boilers Masch	Leistung/ Power kW 1 kW = 1.36 PS	Fahrstrecke / Range sm	Sonstige Angaben / Remarks
-4 ⚓₂, 4-2 ⚓	⊤	10.0	GM-DM	1250 2	15000 9	Typ US LST (1), (2). **Bew** sehr unterschiedlich. Einige Dreibeinmast, ⟶-Deck. Meist AP / **AMT** very different. Some tripod mast, ⟶-deck. Mostly AP
-4 ⚓, 4-2 ⚓	⊤	12.0	GM-DM	2060 2	2500 12	Typ US LSM. III Lazarettschiff mit **Bew** / hospital ship with **AMT**
-7.6, 4-2 ⚓, 4 Mg ⚓	⊤	14.0	GM-DM	970 2	5000 12	Typ US LSSL
-2 ⚓	⊤	8.0	GM-DM	495 3	1200 8	Typ US LCU. 1975 von Japan übernommen / transferred from Japan
-4 ⚓₄	⊤	11.5	GM-DM	1250 2	15000 9	Typ US LST (2) Achelous
-4 ⚓₂, 4-2 ⚓₂	⊤	11.5	GM-DM	1250 2	15000 9	Typ US LST (2). ⟶-Deck mittschiffs / amidships
-2 ⚓	⊤	12.0	Nordberg-DM	1290 1	.	Typ US C 1-M-AV 1
-2 ⚓	⊤	14.8	DM	1260 2	.	Typ US Admirable

AG: **Explorer** (83) 500 BRT/grt, 12 kn, DM, 880 kW₂, 54.5 × 9.4 × 3.8 m, Bauwerft / builder: Ishikawajima

AG: **Atyimba** (68) 610 ts, 11 kn, 1065 kW₂, DM, 44.3 × 10.0 × 2.7 m, Bauwerft / builder: Walkers, Maryborough; **ARINYA, Arlunya** (62–64) 245 ts, 10 kn, 245 kW₂, GM-DM, 29.2 × 6.7 × 2.4 m, Bauwerft / builder: Walkers, Maryborough; **Pathfinder** (43) 2175 ts, 14 kn – unterstehen dem Küsten- und Vermessungsdienst / belong to Coast and Geodetic Service

Yacht: o **Ang Pangulo** (ex Roxas, Lapu Lapu) (58) 2230 ts, 16.5 kn, 2-2 ⚓, 3675 kW₂, B. & W.-DM, Bauwerft / builder: Ishikawajima, Japan – auch Führungsschiff / also command ship

Yacht: **Ang Pinuno** (75) 150 ts, 28.5 kn, 5515 kW₃, MTU-DM, 37.9 × 7.2 × 3.8 m, Bauwerft / builder: Vosper Thornycroft, Singapore

-4 PP: **PCF 333, 334, 336–352** (72–76) 28/37 ts, 30 kn, 4 Mg ⚓₂, GM-DM, 1435 kW₃, Bes 8, Bauwerft / builder: Sewart, Seacraft, Typ US Swift Mk III; **PCF 300, 301, 306, 307, 309–316** (66–70) 18/22 ts, 24 kn, 2 Mg ⚓₂, GM-DM, 625 kW₂, Typ US Swift Mk I, II; **Abra, Bukidnon, Tablas** (69–73) 40 ts, 25 kn, 2-2 ⚓, MTU-DM, 1765 kW₂, Bes 15

Anzahl – Art / Number – Group	Schiffsnamen und Stapellauf / Ship's Name and Launching		Baubeginn – Fertig – / Umbau / On Keel – Completed – Conv.	Bauwerft / Builder	Wasser- verdrängung / Displacement ts	Länge / Length m	Breite / Beam m	Tiefgang / Draft m	Besatzung / Be

Polen / Poland

Korvetten / Corvettes

Kaszub Klasse

| 2 FG ○ | I II | 1985 – a. St. / o. st. | . 84/87 | Stocznia, Gdansk Stocznia, Gdansk | 1100 | 81.0 | 10.0 | 3.0 | |
| 3 FG ○ | **Gornik, Hutnik, Stoczniowiec** | 1982–83 | ./83 84 | Petrovskij, Leningrad | 480 540 | 56.5 | 10.5 | 2.5 | |

Uboote / Submarines

| 2 SS ○ | **Orzel, I** | 1985–86 | ./86 87 | Sudomech, Leningrad | 2500↑ 3200↓ | 73.0 | 9.9 | 6.5 | |
| 2 SS ○ | **Sokol, Bielik** | ~1955 | . | USSR | 1080↑ 1350↓ | 76.0 | 6.7 | 4.9 | |

Minensucher / Minesweepers

12 MB ○	**Albatros, Czajka, Czapla, Jaskolka, Jastrzab, Kania, Kormoran, KROGULEC, Orlik, Pelikan, Tukan, Zuraw**	1963–67	./63 67	Stocznia Gdynska	450 490	60.0	8.4	2.5	3
12 MB ○	**BÓBR, Bizon, Delfin, Dzik, Foka, Los, Mors, Rosomak, Rys, Tur, Zbik, Zubr**	1957–60	.	Stocznia Gdynska	520 590	60.0	8.6	2.2	6
	Notec Klasse								
6 MS	**Gardno, Goplo, I–IV**	1981–86	80/82 85/86	N. Y., Gdynia	250	38.5	8.3	1.9	.
	Leniwka Klasse								
2 MS	**625, 626**	1982	./84	Polen / Poland	.	.	.	.	.
23 MS	**931–953**	1955–60	./55 60	N. Y., Gdansk	20 26	16.9	3.2	1.2	

Kleine Kampfschiffe / Small Fighting Vessels

12 PG ○	**422–433**	~1960	.	USSR	175 210	40.0	8.1	2.0	3
	Wisla Klasse								
2 PF ○	**456, 459**	1970–?	.	Nordwerft, Gdansk	65 75	25.0	7.8	1.8	1
8 PP ○	**351–358**	~1968	.	Oksywie Shy.	150 170	42.0	5.8	2.0	4

Landungsfahrzeuge / Landing Vessels

1 LS ○	**Grunwald**	~1970	./71	Polnocny Shy., Gdansk	1150	82.0	10.1	2.1	4
22 LS ○	**Balas, Brda, Janow, Lenino, Narwik, Polichno, Rablow, Studzianki, Warta, I–XIII**	1963–70	./64 70	Polnocny Shy., Gdansk	780 1000	73.0	8.9	1.8	4
15 LC	*Eichstaden Klasse*	~1962	.	N. Y., Gdynia	20 25	16.6	4.0	0.8	

Polen / Poland

Bewaffnung / Armament	Sensoren-Elektronik/ Sensors-Electronic	Geschwindigkeit / speed kn	Antrieb / Propulsion Maschine / Kessel Engines / Boilers Masch	Leistung/ Power kW 1 kW = 1.36 PS	Fahrstrecke / Range sm	Sonstige Angaben / Remarks
SA-N-4 ⇑, 2 SA-N-5 ↥$_4$, 5.7 ∠$_2$, 4-2.3 ∠$_2$, UTR 53.3 I, ∠$_{12}$ RBU 6000	.	25.0	DM	.	.	Balcom 6. Ähnlich / similar to Typ USSR Grisha? **Masch:** CODAG?
SS-N-2 C ⇒$_2$, SA-N-5 ⇑, 1-7.6 ∠, 3 ∠$_6$	⊤ ♁ ⊸ ⊕	35.0	2 GTu + DM	17650 + 2940 2	2000 20	Typ USSR Tarantul I. Total 8?
TR 53.3 b↓, SA-N-? ⇑	⊤ ⊸ ∇	12.0↑ 16.0↓	2 DM EM	.	.	Typ USSR Kilo. Total 4?
TR 53.3↓ (4 b, 2 h)	⊤ ♁ ⊸ ∇	18.0↑ 15.0↓	DM EM	2940 1990 3	13000	*Okrety podwodne.* Typ USSR Whiskey
2.5 ∠$_2$, ♉	⊤ ♁ ⊸ ⊕ ∇	18.0	Fiat-DM	2750 2	3200 12	*Tralowiec bazowy.* **Bew / AMT**: Einige / some: 4-2.3 ∠$_2$, 2-2.5 ∠$_2$
3.7 ∠$_2$, 4-2.5 ∠$_2$, 1.5 ∠$_2$	⊤ ♁ ⊸ ⊕ ∇	14.0	DM	1620 2	3500 10	Typ USSR T 43. IV, VI, X, XII Lg 58, 8-1.5 ∠$_2$. Tur: AGI
-2.3 ∠$_2$	⊤ ∇	12.0	DM	.	.	GRP Rumpf / hull. Bau dauert an / building continues
.	.	.	DM	.	.	
1.5 ∠$_2$, 2 Mg ∠$_2$	⊤	18.0	DM	515 2	.	K 8 Klasse / class. Einige / several in Reserve
SS-N-2 A ⇒, 4-3 ∠$_2$	⊤ ♁ ⊕	36.0	DM	8825 3	800 25	*Kuter rakietowy.* Typ USSR Osa I
3 ∠$_2$, 4 **TR** 53.3	⊤ ♁	30.0	DM	3530 4	500 20	*Kuter torpedowy*
oder / or 4-3 ∠$_2$	⊤ ⊕ ∇	24.0	DM	3675 2	.	*Duzy scigacz.* Obluze Klasse
3 ∠$_2$, 2 ↣$_{18}$, 8 ▭, 80 ts], [130]	⊤ ⊕	18.0	DM	3680 2	3300 14	Typ USSR Polnocny C
4-3 ∠$_2$, 2 ↣$_{18}$, ▭, [180 ts], [130]	⊤ ⊕	18.0	DM	3680 2	.	Typ USSR Polnocny A, A mod. (11), B (11). Einige / some: 2/4 SA-N-5 ↥$_4$
0]	.	18.0	DM	735 2	.	

Anzahl - Art / Number - Group	Schiffsnamen und Stapellauf / Ship's Name and Launching	Baubeginn - Fertig / Umbau / On Keel - Conv. / Completed - Conv.	Bauwerft / Builder	Wasser- verdrängung / Displacement ts	Länge / Length m	Breite / Beam m	Tiefgang / Draft m	Besatzung / Bes
Hilfsfahrzeuge / Auxiliary Vessels								
3 AO ○	**Krab, Meduza, Slimak**	~1970 ./71 72	Polen / Poland	. 1200	58.5	9.5	3.4	1.
3 AO	**Z 5-7**	~1960 .	Polen / Poland	. 630	44.0	6.6	3.0	1
2 AT ○	**Piast, Lech**	1973-74 ./74 75	Polnocny Shy., Gdansk	1660 1732	73.2	12.0	4.0	
	Motyl Klasse							
3 AT	**H 12, 19, 20**	1962-63 .	Polen / Poland	500	31.6	8.4	3.5	2

2 AT: **Bolko, Gniewko** (80) 450 ts – *Pluskwa Klasse*
4 AT: **H 3-5, 7** (81-83) 310 ts, 11 kn, Sulzer-DM, 560 kW$_1$, 26.3 × 7.0 × 3.0 m – *Bucha Klasse*

1 AI	**Perkun**	1962 61/63	Harris & S., Appledore	950	56.5	14.0	.	.
2 AG	**Heweliusz, Arctowski**	~1981 ./83	Polnocny Shy., Gdansk	. 1200	61.3	10.8	3.3	2
2 AG ○	**Hydrograf, Nawigator**	1975 ./75 76	Polnocny Shy., Gdansk	1110 1410	73.0	10.8	3.1	2.
2 AG	**Zodiak, Planeta**	~1981 ./81 82	Polnocny Shy., Gdansk	. 1200	61.3	10.8	3.3	2
1 AG ○	**Kopernik**	1974 ./74	Polnocny Shy., Gdansk	1250 1750	73.0	10.5	4.0	5●

3 Entmagnetisierungsboote / Degaussing Vessels: ○ **SD 11-13** (~72) 550 ts, 9 kn, [2-2.5 ⚓$_2$], DM, 220 kW$_1$ – Mrowka Klasse

3 AX: ○ **Wodnik, Gryf** (75-76) 2000 ts, 17 kn, 4-3 ⚓$_2$, 4-2.3 ⚓$_2$, Sulzer-DM, 2650 kW$_2$, 74 × 13 × 4.2 m, Bes 60 + 100 – Schul- und Forschungsschiffe / Training and research ships; **Iskra II** (82) 341 ts – Segelschulschiff für 40 Kadetten / Sail training ship for 40 cadets

Grenzschutz / Frontier Defence Troops – *WOP*

5 PP	**321-325**	1965-66 .	Oksywie Shy.	150 170	42.0	5.8	2.0	4●
6 PP ○	**312, 315-319**	~1960 .	Oksywie Shy.	180 200	41.0	5.8	1.5	.
16 PP ○	**166-176** **161-165**	. ~1973-77	N. Y., Gdynia	100	30.0	6.0	1.5	1●
18 PP	**KP 108-110,112, 114, 117, 118, 120-128, K 7, K 9**	. ~1955	Wisla W., Gdansk	50 70	28.0	4.1	0.7	.

12 PP: *Wisloka Klasse* **KP 141-152** ~40 ts, 14 kn, 2 Mg ⚓$_2$, DM, 440 kW$_2$, 23 × 5 × 1.1 m

Portugal

Fregatten / Frigates

3 FG ○	Corte Real Alvares Cabral Vasco da Gama	. . bew. / auth. 88/90	HDW, Kiel HDW, Kiel Blohm + Voss, Hamburg	. 3000	120	13.3	3.9	17●

Polen/Poland — Portugal   205

Bewaffnung / Armament	Sensoren-Elektronik/ Sensors-Electronic	Geschwindig-keit / speed kn	Antrieb / Propulsion Maschine Kessel Engines Boilers Masch	Leistung/ Power kW 1 kW = 1.36 PS	Fahrstrecke / Range sm	Sonstige Angaben / Remarks
-2.5 ⚓₂]	⊤	10.0	C. Sulzer-DM	625 / 2	.	Moskit Klasse
-2.5 ⚓₂]	⊤	9.0	DM	440 / 2	.	
-2.5 ⚓₂]	⊤	16.5	C. Sulzer-DM	2795 / 2	3000 / 12	Bergungsschiffe / salvage vessels
	⊤	12.8	Sulzer-DM	1100 / 1	.	

AT: **H 13–18** (~60) 150 ts, 12 kn, DM, 220 kW₁, 21.4 × 6.0 × 2.6 m – *Goliat Klasse*

	⊤	12.0	4 ⟶ DM	2575 / 2	.	Zivilbesatzung / civilian crew
	⊤	13.0	Sulzer-DM + EM	1410 + 300 / 2	3000 / 10	Typ USSR Finik. AGI. Bugstrahlruder / bow thruster
	.	16.0	DM	2650 / 2	8700 / 11	Typ USSR Moma mod. AGI
	⊤	13.0	C. Sulzer-DM + EM	1410 + 300 / 2	3000 / 10	Typ USSR Finik. Zivil-besatzung / civilian crew
	⊤	17.0	Sulzer-DM	2650 / 2	8700 / 11	Typ USSR Moma. Vermessung / survey

AX: o **Podchorazy, Bryza, Elew, Kadet** (65–75) 147 ts, 10 kn, 1100 sm, 220 kW₂, DM, 28.8 × 6.8 × 1.8 m, Bes 11 + 26 Kadetten / cadets – Bryza 167 ts
YD: **R 21, 22** – Kulik Klasse; **R 32–37** – R 34 Klasse
YP: **K 8, K 11** (~71) 130 ts, 21 kn, 2–2.5 ⚓₂, DM, 1765 kW₂ – Pajak Klasse

-3 ⚓₂,	⊤ �	24.0	DM	3675 / 2	.	*Okrety patrolowe.* Obluze Klasse
-3.7 ⚓, 2 Mg ⚓	⊤ ⏀ �	18.0	DM	1765 / 2	.	Gdansk Klasse
-2.5 ⚓₂, 2 **TR**	⊤	24.0	DM	2650 / 3	.	Pilica Klasse. 161–163 keine / no **TR**
Mg ⚓	⊤	15.0	DM	440 / 2	500 / 10	Ex MS, K 8 Klasse

Portugal

| Harpoon ⟶₄, -10 ⚓, 2–2 ⚓ Phalanx, NATO Sea Sparrow ⚓₈, **UTR** 32.4 III, 2 ⟹ | ⊤ ✧ ✧ ⌕ ⏀ ⏀ ⏁ ⌣ ⊕ | 30.0 | 2 LM 2500-GTu + 2 MTU-DM | 39400 + 6500 / 2 | . | Typ deutsch / German MEKO 200 P. Generalmanagement: Konsortium Blohm + Voss, HDW, Thyssen-Rheinstahl Technik, Ferrostaal |

Anzahl - Art / Number - Group	Schiffsnamen und Stapellauf / Ship's Name and Launching	Baubeginn – Fertig – Umbau/ On Keel – Completed – Conv.	Bauwerft / Builder	Wasser-verdrängung / Displacement ts	Länge / Length m	Breite / Beam m	Tiefgang / Draft m	Besatzung / Be
4 FE ○	**COMANDANTE Sacudara Cabral,** **Comandante Hermenegildo Capelo,** **Comandante Roberto Ivens,** **Comandante João Belo** 1966–68	65/67 67/69	Ch. Loire, Nantes	1760 2250	103	11.6	4.4	20
3 FE ○	**ALMIRANTE Gago Coutinho** **Almirante Magalhães Correa** **Almirante Pereira da Silva** 1963–66	63/67 62/66 63/67	Lisnave, Lissabon Viana do Castelo Lisnave, Lissabon	1450 1900	100	11.2	5.4	17
4 FS ○	**João Roby, Oliveira e Carmo,** **Alfonso Cerqueira, BAPTISTA** **DE ANDRADE** 1973–74	72/74 73/76	Bazan, Cartagena Bazan, Cartagena	1250 1380	84.5	10.3	3.5	11
6 FS ○	**João COUTINHO, Jacinto Candido,** **Pereira d'Eca** **Antonio Enes, Augusto Castilho,** **Honorio Barreto** 1969–70	67/70 69/71	Blohm + Voss, Hamb. Bazan, Cartagena	1250 1400	84.5	10.3	3.6	9

U b o o t e / S u b m a r i n e s

| 3 SS ○ | **ALBACORA, Barracuda, Delfim** 1966–68 | 65/67 /70 | Dubigeon, Nantes | 870↑ 1040↓ | 58.0 | 6.7 | 5.3 | 5 |

M i n e n s u c h e r / M i n e s w e e p e r s

| 4 MS | **Lagoa, Ribeira Grande, Rosário,** **S. ROQUE** 1955 | 54/56 /57 | União Fabril, Lissabon | 395 452 | 46.0 | 8.7 | 3.1 | 4 |

K l e i n e K a m p f s c h i f f e / S m a l l F i g h t i n g V e s s e l s

| 10 PP ○ | **Cuanza, Geba, Zaire, Zambeze** **CACINE, Cunene, Limpopo, Mandovi,** **Rovuma, Save** 1968–72 | 67/69 69/73 | Figueira da Fou + St. W. Alfeite | 293 310 | 44.0 | 7.6 | 2.1 | 3 |

8 PP: **ALBATROZ, Açor, Andorinha, Aguia, Cisne, Condor** (73–75) 45 ts, 20 kn, 1–2 ⚓, 2 Mg ⚓, DM 23.6 × 5.6 × 1.6 m; **Dom Aleixo, Dom Jeremias** (67) 63 ts, 16 kn, 1–2 ⚓, 735 kW₂, DM, 25 × 5.2 × 1.7 m

4 PP: **Bonança, Mar Chão, Surriada, Mareta** (81) 9 ts, 20 kn, Volvo-Penta-DM, 315 kW₂, GRP-Rumpf/ hull

4 PP: **Bolina, Maresia, Levante** Lg 12 m; **Atria** – PR

L a n d u n g s f a h r z e u g e / L a n d i n g V e s s e l s

3 LS: **Bacamarte** / LDG 203; **Bombarda, Albarda** / LDG 201, 202 (69–70) 510/650 ts, 9.5 kn, 670 kW, 2 Maybach-DM, 56 × 11.8 × 1.9 m, Bes 20

10 LC: **LDM 406, 418, 420–424** 50 ts, 8 kn, 240 kW₂, DM, Lg 15.2 m; **LDM 119–121** (65) 50 ts

H i l f s f a h r z e u g e / A u x i l i a r y V e s s e l s

1 AO: ○ **Sao Gabriel** (62) 9000/14200 ts, 17 kn, 6000/15 sm, 6990 kW, 146 × 18.1 × 8.0 m, Bes 100

Qatar

| 3 PG | **Rbigah** / 003 **Al Sariyah** / 002 **Damsah** / 001 1982 | 81/83 81/83 81/82 | C. Méc., Cherbourg C. Méc., Cherbourg C. Méc., Cherbourg | 395 430 | 56.0 | 8.2 | 2.5 | 48 |
| 6 PP | **Barzan, Hwar, That** **Assuari, Al Wusaail, Al Khatab,** **Tariq** / Q 11–16 1974–75 | 73/75 74/76 | Vosper Thornycroft | 110 140 | 32.4 | 6.3 | 1.6 | 25 |

6 PP: **Q 31–36** (84–85) 31 ts, 25 kn, 1–2 ⚓, GM-DM, Bauwerft / builder: Fairey Marine – Typ brit. Tracker

7 PP: **I-VII** (80) 12.5 ts, 29 kn, 2 Mg ⚓, DM, 485 kW₂, Bauwerft / builder: Watercraft, Shoreham

25 PP: **Q 71–95** (74–76) 4.3 ts, 26 kn, 3 Mg ⚓, 260 kW₂, DM, 9.1 × 2.8 × 0.8 m, Typ brit. Spear

Bewaffnung / Armament	Sensoren-Elektronik/ Sensors-Electronic	Geschwindig-keit / speed kn	Antrieb / Propulsion — Maschine / Kessel / Engines / Boilers / Masch	Leistung/ Power kW 1 kW = 1.36 PS	Fahrstrecke / Range sm	Sonstige Angaben / Remarks
–10 ⚓, 2–4 ⚓, **UTR** 55 III, 🏠₄ 30.5	⊤ ⌂ ⌐ ⊕ ⊽	26.0	SEMT Pielstick-DM	13750 2	4500 15	*Fragatas.* Typ frz. / French Cdt. Rivière. Erhalten / to get neues / new Radar und / and Early Warning system
–7.6 ⚓₂, 6 **UTR** 32.4 III, 🖊₄ Bofors, 2 ⚓	⊤ ⌂ ⌐ ⊕ ⊽	27.0	Laval ✿ Tu 2 Foster-Wh.	14710 1	3220 15	Typ US Dealey. 2 werden umgebaut für SAR / 2 to be converted to perform SAR duties
–10 ⚓, 2–4 ⚓, **UTR** 32.4 III	⊤ ○ ⌂ ⊕ ⊽	24.0	SEMT Pielstick-DM	7720 2	5900 18	*Corvetas.* Verbesserte / Improved Coutinho Klasse. ⪢-Deck
–7.6 ⚓, 2–4 ⚓, 1 ⚓, ⚓, [30]	⊤ ○ ⌂ ⊕ ⊽	23.0	SEMT Pielstick-DM	7720 2	8000 12	Modernisierung geplant / modernization planned
2 **TR** 55 (8 b↓, 4 h↑)	⊤ ⌂ ⌐ ⊽	13.5↑ 15.0↓	SEMT-⤳-DM EM	960 1180 2	2710 12.5	*Submersiveis.* Typ frz. / French Daphné
2–2 ⚓₂	⊤	14.3	Mirrlees-DM	1840 2	3900 8	*Dragaminas.* Typ brit. Ton. Jetzt / now PP
2–4 ⚓, 1–2 ⚓	⊤ ⊕	20.0	MTU-DM	3310 2	4400 13	

3 AO: **Oeiras** (ex YO 194) (45) 430/1390 ts, 11 kn; **Odeleite, Odivelas**

1 AK: **Sao Miguel** (ex Cabo Verde) ./8290 ts, 15 kn, DM

3 AX: **Sagres** (ex Guanabara, ex Albert Leo Schlageter) (37) 1869 ts, 10 kn, 550 kW₁, Bark / barque, Bauwerft / builder: Blohm + Voss, Hamburg, Typ deutsch / German Horst Wessel; **Vega** 60 ts; **Polar** 85 ts – Yachts

1 AG: **Almeida Carvalho** (ex Kellar / T–AGS 25) (64) 1200 ts, 12 kn, 735 kW₁, ⤳ DM, 64 × 11.9 × 4.6 m – Vermessung / survey

3 AG: **Andromeda, Auriga** (85–86) 250 ts, 12 kn, DM, 760 kW₂, 31.5 × 7.7 × 2.5 m, Bauwerft / builder: Ars. do Alfeide; **Dom Jeremias** – s. PP

1 AG: **I** (bew. / auth.) 1140 ts, 15 kn, 1250 kW, DM, 60 × 12 × 4.6 m – ozeanographische Forschung / oceanographic research

1 Bojenleger / Buoy Layer: **Schultz Xavier** (72) 900 ts, 15 kn, 2500 kW₂, MAN-DM – auch / also AT

Qatar

8 MM 40 ⇒, 1–7.6 ⚓, 2–4 ⚓, 4–3 ⚓₂,	⊤ ⌂ ⌐ ⊕	38.5	MTU-DM	14180 4	2000 15	Typ frz. / French Combattante III M
2–3 ⚓₂, 1–2 ⚓	⊤	27.0	Paxman-V.-DM	4600 2	.	

4 PP: **I, II** (69) 60 ts, 2–2 ⚓, 765 kW₂, DM, Lg 22.8 m; **I, II** 13 ts, 26 kn, 2 Mg ⚓, 590 kW₂, DM, 13.7 × 3.8 × 1.1 m

1 AG: **Mukhtabar Albihar** (82) 302 ts, 11 kn, Caterpillar-DM, 380 kW₁

Rumänien / Romania

Anzahl - Art / Number - Group	Schiffsnamen und Stapellauf / Ship's Name and Launching		Baubeginn - Fertig - Umbau - On Keel - Completed - Conv.	Bauwerft / Builder	Wasserverdrängung / Displacement ts	Länge / Length m	Breite / Beam m	Tiefgang / Draft m	Besatzung / Bes

Rumänien / Romania

Zerstörer / Destroyers

2 DG	I		82/.	Mangalia Shy.	4500	148	14.8	.	.
	Muntenia	1981 – a. St. / o. st.	79/85						

Fregatten und Korvetten / Frigates and Corvettes

3 FF	*Tetal Klasse*	1982–84	./83 86	Mangalia Shy.	1800	93.1	11.5	4.0	.
4 FS	DEMOKRATIA, Descatusaria, Desrobirea, Dreptatea	~1943 *51, 79*	.	Rumänien / Romania	645 775	62.0	8.5	2.8	8•

Uboote / Submarines

1 SS °	I	~1986	./86	USSR	2500↑ 3200↓	73.0	9.9	6.5	6(

Minenleger / Minelayers

3 NB	*Cosar Klasse*	1980–84	./83 86	Rumänien / Romania	1200	79.0	10.6	3.5	75

Minensucher / Minesweepers

1 MS	I	a. St. / o. st.	.	.	.	.	.	.	.
6 MS °	I–VI	~1945	.	USSR	145 160	38.0	5.1	1.6	25
20 MS	VD 141–160	1975–?	.	Rumänien / Romania	65	26.0	4.0	0.8	.

Kleine Kampfschiffe / Small Fighting Vessels

5 PG °	194–198	~1965	.	USSR	175 210	40.0	8.1	2.0	30(
2 PC °	V 31, 33	~1965	.	USSR	500 580	61.0	7.9	2.8	80
4 PC °	I–IV	1973–79	.	Mangalia Shy.	120 155	38.8	5.5	1.7	25
10 PF	I–X	1980–84	79/85	Rumänien / Romania	200	39.0	7.7	1.8	.
1 PF °	I	1983	83	Dobreta, Turnu	39	21.5	5.0	0.9	20
1 PR	Brutar	?	./82	Rumänien / Romania	380	43.0	8.0	1.5	.
18 PR °	VB 76–93	1973–?	./73	Dulcea Shy.	85	32.0	4.8	0.9	25

22 PR: VG 10–17 (~56) 40 ts, 18 kn, 2 Mg ⨎, DM; SM 161–169 22 ts, 12 kn, 2 Mg ⨎; SD 270, 274, 275, 277, 278

Landungsfahrzeuge / Landing Vessels

12 LC: *Braila Klasse*

Hilfsfahrzeuge / Auxiliary Vessels

2 AR	*Croitor Klasse* 281, 283	~1979–83	./81 84	Rumänien / Romania	3500	110	.	.	.

Bewaffnung / Armament	Sensoren-Elektronik/ Sensors-Electronic	Geschwindig-keit / speed kn	Antrieb / Propulsion Maschine / Kessel / Engines / Boilers / Masch	Leistung/ Power kW 1 kW = 1.36 PS	Fahrstrecke / Range sm	Sonstige Angaben / Remarks

Rumänien / Romania

Bewaffnung / Armament	Sensoren	kn	Maschine	kW	sm	Sonstige Angaben / Remarks
SS-N-2 C ⇒₄, -7.6 ↘₂, 8-3 ↘₂, UTR 53.3, ⇝	.	.	GTu + DM	.	.	
-7.6 ↘₂, 4-3 ↘₂ UTR, 2 ⬉₅ RBU 2500	.	24.0	.	14700 2	.	⇝-Deck
-3.7 ↘₂.₁, 4-1.5 ↘₂, ⬉₅ RBU 1200, ☉	⊤ ▽	17.0	DM	9120 2	.	Typ deutsch / German M-Boot 40. Modernisiert / modernized
TR 53.3 b↓, A-N-? ⚠	⊤ ⊕ ▽	12.0↑ 16.0↓	2 DM EM	.	.	Typ USSR Kilo. Total ?
-5.7 ↘. 4-3 ↘₂, 4-2.5 ↘₂, SA-N-5 ↕₄, ⬉₅ RBU 1200, ☉	⊤ ♢ ⊕ ▽	.	DM	.	.	
-3.7 ↘, 4 Mg ↘₂	⊤	9.0	DM	1060 2	2500 8	Typ USSR 301
2 Mg ↘₂, ☉	⊤	18.0	DM	880 2	.	
SS-N-2 A ⇒, 4-3 ↘₂	⊤ ♢ ⊕	36.0	DM	8825 3	800 25	Typ USSR Osa I
-5.7 ↘₂, 2 UTR 53.3, ⬉₅ RBU 2500	⊤ ♢ ⊕	36.0	2 GTu + 2 DM	17650 + 5880 2	6000 10	*Vanatore.* Typ USSR Poti
-5.7 ↘, 2-3.7 ↘₂	⊤ ♢ ◠	30.0	DM	3535 4	800 17	Typ chines. Shanghai II
-3 ↘₂, 4 TR 53.3	.	36.0	DM	8825 3	.	Epitrop Klasse. Rumpf wie / hull like Osa. **Masch** wie / like Shershen
-1.5 ↘₂, 2 TR 53.3	⊤ ♢	55.0	DM	2650 3	500 20	Typ chines. Huchuan
-10, 4 Mg ↘₂, 1 ⇝ 18	.	.	DM	.	.	Donauflotille / Danube Flotilla
-8.5, 4 Mg ↘₂, 2-8.1 Mörser / mortars	⊤	17.0	DM	880 2	.	VB = *Vedeta blindata*
2-5.7 ↘₂, 4-3 ↘₂, 4 Mg ↘₂, 8 SA-N-5 ↕₄, 2 ⬉₅ RBU 1200	.	.	DM	.	.	Für / for PG, PF. ⇝-Hangar + Deck

Anzahl – Art / Number – Group	Schiffsnamen und Stapellauf / Ship's Name and Launching	Baubeginn – Fertig – Umbau / On Keel – Completed – *Com.*	Bauwerft / Builder	Wasser-verdrängung / Displacement	Länge / Length	Breite / Beam	Tiefgang / Draft	Besatzung / Crew
				ts	m	m	m	Bes

3 AO: **TM 530, I, II** . /1300 ts, 10 kn, DM – Hafentanker / harbor oilers

1 AT: **Emil Racovita** – ähnlich / similar to NB Cosar Klasse

2 AT: **Viteacul, Voinicul** (53–54) 450 ts, 12.5 kn, 930 kW, DM

2 AG: **Dumitrescu, Stihi** (16–17, *78–80*) 330 ts, 12 kn, 1–3.7 ⚓, 4 Mg ⚓$_2$, DM, 660 kW$_2$, 60.9 × 7.0 × 2.5 m, total modernisiert / totally modernized

Sabah

6 PP: **Sri Gumantong, Sri Labuan** (69–70) 92 ts, 25 kn, 2–2 ⚓, 1810 kW$_2$, DM, Lg 27.7 m, Bes 18, verbesserter / improved Typ malays. PX; **Sri Banggi, Sri Semporna** (69–71) 50 ts, 20 kn, 1 Mg ⚓, 595 kW$_3$, Cummins-DM, 16.8 × 4.6 × 1.3 m, Bes 11, Bauwerft / builder: Cheverton, Isle of Wight; **Sri Melaka** (64) 96 ts, 27 kn, 2–4 ⚓ – Typ malays. Sri Sabah; **Kuala Bengkoka** (76) Lg 18.3 m

1 LC: **Gaya II** (77) 130 ts, 8 kn

1 Yacht: **Putri Sabah** (71) 115 ts, 12 kn, DM

Saint Kitts

1 PP: **Stalwart** / C 253 (85) 100 ts, 24 kn, 2 Mg ⚓, GM-DM, 1765 kW$_2$, 33.5 × 7.6 × 2.1 m, Bauwerft / builder: Swiftships, Morgan City – Typ US 110 ft.

1 PP: **Ranger I** (74) 4.5 ts, 30 kn, 2 Mg ⚓, Typ brit. Spear

Saint Lucia

1 PP: **Defender** / P 02 (84) 35 ts, 23 kn, 2 Mg ⚓, GM-DM, 990 kW$_2$, Typ US Commercial Cruiser 65 ft.

2 PP: **Vigilant, Heron II** (81–83), 6 ts, 23 kn

Saudi Arabien / Saudi Arabia

Fregatten / Frigates

4 FG	**Taif**		83/86	NORMED, Toulon	2250	115	12.5	4.9	180
o	**Abha**		82/85	NORMED, Toulon	2610				
	Hofouf		82/85	NORMED, Toulon					
	Madina	1983–84	81/85	St. W., Lorient					
4 FG	**Tabuk**		80/83	Tacoma Bt. Bld.	900	74.7	9.6	2.7	58
o	**Hitteen**		80/82	Tacoma Bt. Bld.	1035				
	Al Yarmook		79/82	Tacoma Bt. Bld.					
	Badr	1980–81	79–81	Tacoma Bt. Bld.					

Uboote / Submarines

8 SS I–VIII bew. / auth. . . . . .

Minensucher / Minesweepers

4 MS	**Safwa**		77/78	Peterson, Wisconsin	320	46.6	8.3	4.1	39
	Al Wadeeah		76/78	Peterson, Wisconsin	405				
	Al Quysumah		76/78	Peterson, Wisconsin					
	Addriyah	1976–77	76/78	Peterson, Wisconsin					

Bewaffnung / Armament	Sensoren-Elektronik/ Sensors-Electronic	Geschwindigkeit / speed kn	Antrieb / Propulsion		Fahrstrecke / Range sm	Sonstige Angaben / Remarks
			Maschine Kessel Engines Boilers Masch	Leistung/ Power kW 1 kW = 1.36 PS		

AG: **Grigore Antipa** (~79) 1200 ts, Lg 79 m – ähnlich / similar to Cosar Klasse?

Tender: **Constanta** (ex Ghiculescu) (~16, *78–80*) 330 ts, 12 kn, 1–3.7 ⚓, 4 Mg ⚓₂, 2 ⚓₅ RBU 1200, DM – Stabsschiff / Headquarters ship

Segelschulschiff / Sail Training Ship: **Mircea** (38) 1630 ts, 10 kn, 2–2 ⚓, 735 kW₁, DM, Bauwerft / builder: Blohm + Voss, Hamburg, Typ deutsch / German Horst Wessel

Saint Vincent and the Grenadines

PP: I (bew. / auth.) 100 ts, 24 kn, 2 Mg ⚓, GM-DM, 1765 kW₂, 33.5 × 7.6 × 2.1 m, Bauwerft / builder: Swiftships, Morgan City - Typ US Commercial cruiser 110 ft.

PP: **George Mc Intosh** / SVG 05 (81) 70 ts, 24.5 kn, 2–2 ⚓, DM, 1350 kW₂, 22.9 × 7.4 × 1.6 m, Bauwerft / builder: Thornycroft, Portchester; **Larkai, Brighton** / SVG 06, 07

Salomonen / Solomon Islands

PP: I (a. St. / o. st.) 165 ts, 20 kn, 2 Mg ⚓, Caterpillar-DM, 2075 kW₂, 31.5 × 8.1 × 1.8 m, Bauwerft / builder: Australian Shb. Ind., Jervoise Bay - Typ ASI 315

PP: **Savo** (ex Pioneer) / 02 (83) 26 kn, DM, 1100 kW₂, Bauwerft / builder: Austr. Mar. Services, North Fremantle

PP: **Tulagi** / 01 (78) 27 ts, 28 kn, 1 Mg ⚓, DM, 880 kW₂, 15.7 × 4.8 × 1.4 m, Bauwerft / builder: De Havilland, Australien / Australia

LC: **Ligomo, Ulusaghe** (81–82) 195 BRT/grt, 9 kn, DM, Lg 27 m, Bauwerft / builder: Carpenter, Suva

AG: **Solomon Atu, Solomon Kariqua** (81) 140 BRT/grt, 9 kn, DM, Bauwerft / builder: Murakima, Ishinomaki

Saudi Arabien / Saudi Arabia

Bewaffnung / Armament	Sensoren-Elektronik	Geschwindigkeit kn	Maschine / Engines	Leistung kW	Fahrstrecke sm	Sonstige Angaben / Remarks
Otomat ➵₄, 1–10 ⚓, –4 ⚓₂, 1 Crotale ⚓₈, **UTR** h, ⚓ Dauphin 2	⊤ ○ ⚓ ⚓ ⚓ ⚓ ⚓ ⚓ ⚓	30.0	4 SEMT-P.-DM	26000 2	6500 18	Typ franz. / French F 2000. **UTR**: Katapult für L 5 Torpedos/ catapults for L 5 torpedoes
Harpoon ➵₄, –7.6 ⚓ OTO, –2 ⚓ CIWS, 2–2 ⚓, **UTR** 32.4 lll, –8.1 Mörser / mortar, –4 Mörser / mortars	⊤ ⚓ ⚓ ⚓ ⚓	30.0	1 Gen. El.-GTu + 2 DM	16910 + 2250 2	.	**Masch:** CODOG
.	.	.	.	.	.	Total 10?
–2 ⚓₂	⊤ ⚓	14.0	Waukesha-DM	880 2	2500 10	Typ US Bluebird. Ex US MSC 322–325. Auch / also PP

Anzahl – Art / Number – Group	Schiffsnamen und Stapellauf / Ship's Name and Launching	Baubegin – Fertig – / Umbau / On Keel – / Completed – Conv.	Bauwerft / Builder	Wasserverdrängung / Displacement ts	Länge / Length m	Breite / Beam m	Tiefgang / Draft m	Besatzung / Crew Bes
Kleine Kampfschiffe / Small Fighting Vessels								
9 PG o	**Abu Obaidah, Oqbah, Tariq, Amir, Khalid, Faisal, Abdul-Aziz, Al Farouq, As Siddiq** 1979–82	78/80 81/82	Peterson, Wisconsin	425 500	58.0	8.1	2.0	35
8 PG	I–VIII gepl. / plan.	.	Blohm + Voss, Hamb.	.	40.0	.	.	.
3 PF	**Dammam, Khabar, Maccah** ~1968	68/69 76–77	Lürssen, Vegesack	170 210	42.5	7.0	2.4	36
Landungsfahrzeuge / Landing Vessels								
4 LS	**Al Qiaq, As Sulayel, Al Ula, Afif** 1975	75/75	Newport Shb., Newp.	170 400	41.7	9.0	2.0	14

12 LC: **201–204** (82) 26 ts, Bauwerft / builder: Schlichting, Travem.; **I–VIII** (77–80) 24/58 ts, 13 kn, Typ US LCM

Hilfsfahrzeuge / Auxiliary Vessels								
2 AO	**Yunbou** **Boraida** 1983–84	83/85 82/84	CN, La Ciotat CN, La Ciotat	10745	135	18.7	7.0	140

5 AT: **I–IV** (84–85) 425 ts; **Jeddah** (77) 350 ts, 12 kn, 590 kW, DM
8 AT: **I–VI** (84–85) 100 ts, 9.5 kn, MTU-DM, 295 kW₁, Bazan, San Fernando; **Tuwaiq, Dareen** (ex YTB 837, 838 (75) 356 ts, 12 kn, 2210 kW₂, DM, 33 × 9.1 × 4.1 m, Bes 12, Typ US Natick
1 AX: **Tebuk** (77) 350 ts, 20 kn, 3530 kW₂, MTU-DM, 60 × 10 × 2.5 m, Bes 24 + 36, Bauwerft / builder: Bayer. Schiffbauges., Erlenbach/Main

Küstenwache / Coast Guard								
2 PP	**Aljubatel, Salwa** 1987	86/87	Abeking & Rasmussen, Lemwerder	. 85	26.2	5.8	2.0	11
1 PP	**Riyadh** ~1955	.	USA	100	29.0	5.8	1.9	15
25 PP	**139–164** 1978–80	./79 81	Bay. Schiffb., Erlenb. (20) Werft Union, Bodenw. (5)	33	17.1	5.0	1.4	7
12 PP	**127–138** 1976–77	./76 77	Halter Mar., N. Orleans	26	15.2	4.6	1.4	9

53 PP: **I–XLIII** (75–77) 3 ts, 20 kn, DM, C-80 Klasse; **I–X** (75) 4 ts, 20 kn, 1 Mg ⚡, DM, Huntress Klasse – und zahlreiche kleinere / and numerous smaller
8 Hovercraft: **I–VIII** (81) 17 ts, 50 kn, 1 R. R. Gnome-GTu, 780 kW₁, 18.3 × 8.5 m, Bauwerft / builder: Brit. Hovercraft, SRN 6 mod. 8 Klasse

Schweden / Sweden

Uboote / Submarines								
5 SS	I–V gepl. / plan.	.	Kockums, Malmö	1100	.	.	.	.
4 SS	Östergötland Södermanland Hälsingland **VÄSTERGÖTLAND** 1986 – bew. / auth.	./89 87/88 84/88 83/87	Kockums, Malmö (Mittelschiff/mid-bodies) + Karlskronavarvet (Bug + Heck / bows + sterns)	990↑ 1070↓	48.5	6.1	6.1	20

Bewaffnung / Armament	Sensoren-Elektronik/ Sensors-Electronic	Geschwindig-keit / speed kn	Antrieb / Propulsion		Fahrstrecke / Range sm	Sonstige Angaben / Remarks
			Maschine Kessel Engines Boilers Masch	Leistung/ Power kW 1 kW = 1.36 PS		

Harpoon ⇝₂, -7.6 ⚓ OTO, 2-2 ⚓, -2 ⚓ CIWS, -8.1 Mörser / mortar, -4 Mörser / mortars	⊤ ⊰ ⊕	38.0	1 Gen. El.-GTu + 2 MTU-DM	16910 + 2250 2	2900 14	**Masch:** CODOG
-4 ⚓, 4 **TR** 53.3	⊤	42.0	MTU-DM	8825 4	1000 32	Typ deutsch / German Jaguar
-2 ⚓	⊤	11.0	4 GM-DM	660 2	1200 10	Typ US LCU 1646
-4 ⚓₂, 2 ⇝ Dauphin	⊤	20.0	Pielstick-DM	13600 2	7000 15	4350 ts Öl/fuel, 350 ts AVCAT, 140 ts Frischwasser / fresh water, 100 ts Munition / ammunition. Auch / also AK, AH, AX

Yacht: **Abdul Aziz** (82) ~5200 ts, 22.2 kn, 1 ⇝, 11470 kW₂, L. Pielstick-DM, 147 × 18.3 × 4.9 m, Bes 65 + 64, Bauwerft / builder: Elsinore, Dänemark / Denmark

Königsyacht / Royal Yacht: **Al Riyadh** (77) 560/715 ts, 26 kn, 4630 kW₂, MTU-DM, 69.5 × 10.5 × 3.3 m, Bes 26 + 16, Bauwerft / builder: Van Lent, de Kaag

Tragflügelboot / Jetfoil: **I** (85) 115 ts, 46 kn, 2-2 ⚓, 2 Allison-GTu + 2 GM-DM, 6620 + 660 kW₂ – Tender für / for the Yachts

-2 ⚓, 2 Mg ⚓	⊤	42.0	MTU-DM	4000 2	.	Typ deutsch / German SAR 26. Spezielle Navigations-ausrüstung. Serienbau? / Special outfit for navigation. Series production?
-4 ⚓	⊤	21.0	4 Cummins-DM	1620 2	1500 15	Typ US PGM
Mg ⚓	⊤	25.0	GM-DM	955 2	200 20	Scorpion Klasse
Mg ⚓	⊤	28.0	GM-DM	955 2	.	Rapier Klasse

6 Hovercraft: **I–XVI** (70–81) 11 ts, 58 kn, 1 Mg ⚓, 1 R. R.-GTu, 660 kW, 14.8 × 7.7 m, Bauwerft / builder: Brit. Hovercraft, SRN 6 Klasse

Schweden / Sweden

.	.	.	.	.	.	*Attackubåtar.* Typ A 19
TR 53.3 b↓ Tp 613, **TR** 40.0 h↓ Tp 423, **}**	.	17.0↑ 20.0↓	Hedemora ⇝ DM ASEA-EM	1590 1325 1	.	Typ A 17. Antrieb computergesteuert. 1 Boot Stirling-Hilfsantrieb 100 kW. Minengürtel für Rumpf in Entwicklung / Propulsion computer controlled. 1 boat Stirling engine 100 kW. Mine girdle under development

Anzahl - Art / Number - Group	Schiffsnamen und Stapellauf / Ship's Name and Launching		Baubeginn - Fertig - Umbau / On Keel - Completed - Conv.	Bauwerft / Builder	Wasser- verdrängung / Displacement ts	Länge / Length m	Breite / Beam m	Tiefgang / Draft m	Besatzung / Crew Bes
3 SS ○	**NÄCKEN, Najad, Neptun**	1978-80	72/80 74/81	St. W., Karlskrona + Kockums, Malmö	1030↑ 1125↓	49.5	6.1	5.5	19
5 SS ○	**Sjöbjörnen, Sjöhästen** **Sjöhunden, Sjölejonet, SJÖORMEN**	1967-68	65/67 66/69 84-85	St. W., Karlskrona Kockums, Malmö	1130↑ 1400↓	51.0	6.1	5.0	23
4 SS ○	**Delfinen** **Nordkaperen, Springaren** **Vargen**	1960-61	58/62 60/ 58/61	St. W., Karlskrona Kockums, Malmö Kockums, Malmö	835↑ 1100↓	69.0	5.0	5.2	36
1 SZ	**Urf**	1978	./78	Kockums, Malmö	. ↑ 49↓	13.5	4.3	2.9	4

2 SZ: **R 2** 1.4 ts, 4.4 kn, EM, 4.4 kW₁, 4.9 × 1.4 m; **R 1** 145 kg, Lg 3.7 m – Chariot

Minenleger / Minelayers

1 NB ○	**Carlskrona**	1980	79/81	Karlskronavarvet	3130 3300	106	15.2	4.0	120 + 182
2 NB ○	**Visborg** **ÄLVSBORG**	1969-75	73/76 69/71	Karlskronavarvet Karlskronavarvet	. 2650	92.4	14.7	4.0	95
1 NS	**Furusund**	1982	80/83	Åsig V., Åmal	225 245	32.6	8.4	1.8	24
8 NS	**Arkösund, Kalmarsund, Alnösund,** **Grundsund, Fårösund, Skramsösund** **Öresund, Barösund**	1952-57	./53 ./57	St. W. Stockholm Oskarshamn Varv	245	31.2	7.4	3.1	18
1 NS	**Mul 11**	1947	./47	Gävle Varv	200	30.1	7.2	3.6	15

2 NS: **Fällaren, Minören** (40-41) 165 ts, 9 kn, 2-2 ⚓, DM – *Mintransportfartyg*
6 NS: **1879-1884** (83) 2.5 ts, 20 kn, DM, 73.5 kW, 7.3 × 2.4 × 0.4 m, Bauwerft / builder: Marinv., Farösund

Minensucher / Minesweepers

6 MS ○	**Ven, Vinga, Kullen, Koster,** **Arholma, Landsort** 1982 – a. St. / o. st.		81/84 87/88	Karlskronavarvet	310 360	47.5	9.6	2.3	39
5 MS	**SAM 01-05**	1982-83	82/83 83	Karlskronavarvet	15	18.0	6.0	.	–
7 MS ○	**ARKÖ, Skaftö, Spårö** **Blidö, Hasslö, Nämdö, Styrsö**	1957-64	56/58 62/65	Fisksätra V., Lidingö St. W. Karlskr. / Hälsingborg	285 300	44.0	7.5	2.5	25
3 MS	**Gåssten, Norsten, Viksten**	1972-74	72/73 73/74	Karlskronavarvet	120 135	23.0	6.6	2.0	.
3 MS	**Gillöga, Rödlöga, Svartlöga**	1964	63/64	Schweden / Sweden	135	24.0	6.4	1.8	.
4 MS	**Blackan, Dämman, Galten, Hisingen**	1960	.	Schweden / Sweden	115	23.9	5.3	1.8	.
8 MS	**M 17, 18, 21-26**	1941	41/41	Schwed. Privatwerften / Swed. private yards	70	26.0	5.0	1.4	10

4 MS: **Svärdet, Spjutet, Pilen, Bågen** (ex SVK 11-14) 12 ts, 20 kn – auch / also AX, PP

Bewaffnung / Armament	Sensoren-Elektronik / Sensors-Electronic	Geschwindig-keit / speed kn	Antrieb / Propulsion Maschine / Kessel Engines / Boilers Masch	Leistung/ Power kW 1 kW = 1.36 PS	Fahrstrecke / Range sm	Sonstige Angaben / Remarks
TR 53.3 b↓ Tp 61 B, **TR** 40.0 h↓ Tp 42 B, ♂	⊤ ⊕- ▽	20.0↑ 20.0↓	MTU-DM ASEA-EM	1570 2130 1	.	Typ A 14
TR 53.3 b↓, **TR** 40.0 h↓, ♂	⊤ ⊕- ▽	15.0↑ 20.0↓	Pielstick-DM EM	1840 2575 1	.	Typ A 11 B. Werden modernisiert / to be modernized
TR 53.3 b↓, ♂	⊤ ⊕-	16.0↑ 17.0↓	Pielstick-DM EM	. 1220 1	.	Draken Klasse / class. Typ A 11. Verbesserte Elektronik / improved electronics
-	▽	3.0↑ 0.6↓	EM	.	.	Rettungs-Uboot bis 460 m / rescue submarine till 460 m
-5.7 ⚓, 2-4 ⚓, 05 ♂	⊤ ⟡ ⊕ ▽	20.0	4 Nohab-DM	7765 2	.	Verbesserte / improved Älvsborg Klasse. ⟐-Deck. Auch / also AX
-4 ⚓, 300 ♂	⊤ ⟡ ⊕	15.0	2 Nohab-DM	3090 1	.	Minfartyg. I auch / also AR für / for SS, II Führungsschiff / command ship
-2 ⚓, 2 Mg ⚓, ♂	⊤	11.0	Saab ⟿ DM + ASEA-EM	310 + 90 2	.	Minutlägger
-4 ⚓, ♂	⊤	10.5	Nohab ⟿ DM	340 2	.	Minutläggere. Ex Mul 12–19. Unterstehen alle der Küstenartillerie / all assigned to Coast Artillery
-2 ⚓, ♂	⊤	9.5	Nohab-DM	220 2	.	

6 NS: **502–516** (72–76) 15 ts, 14 kn, 370 kW₂, DM, 16 × 4.3 × 0.8 m; **501** (69) 15 ts, 14 kn, 340 kW₂, DM – *Minarbetsbåtar*

-4 ⚓, ♂	⊤ ▽	15.0	4 Saab-Scania-DM	1072 2	2000 12	Minjaktfartyg. Voith-Schneider Propeller. GRP Rumpf / hull. M 80 MCMV Klasse
♂	.	9.0	Volvo-P.-DM	155 1	330 7	Minesweeping catamaran, unmanned. GRP-Rumpf / hull
-4 ⚓	⊤	14.5	MTU-DM	1180 2	.	Kustminsvepare. Holzrumpf / wooden hull
-2 ⚓	⊤	11.0	2 Saab-Scania-DM	340 1	.	Minsvepare mindre. III GRP Rumpf / hull, 130 ts, Lg 25.3 m
-2 ⚓	⊤	9.0	DM	290 1	.	Trawler-Typ / trawler type
-2 ⚓	⊤	9.0	DM	280 1	.	Minsvepare mindre
-2 ⚓	⊤	13.0	DM	290 2	.	M 21, 22 für Minentaucher / for minedivers

Anzahl - Art / Number - Group	Schiffsnamen und Stapellauf / Ship's Name and Launching	Baubeginn - Fertig - / Umbau - On Keel - / Completed - Conv.	Bauwerft / Builder	Wasserverdrängung / Displacement ts	Länge / Length m	Breite / Beam m	Tiefgang / Draft m	Besatzung / Crew Bes

Kleine Kampfschiffe / Small Fighting Vessels

Anzahl - Art / Number - Group	Schiffsnamen und Stapellauf / Ship's Name and Launching	Baubeginn - Fertig - / Umbau - On Keel - / Completed - Conv.	Bauwerft / Builder	Displacement ts	Length m	Beam m	Draft m	Crew Bes
6 PG o	Harnösand Helsingborg Sundsvall Kalmar Gävle GÖTEBORG a. St. / o. st. – bew. / auth.	. . . . . 86/88	Karlskronavarvet Karlskronavarvet Karlskronavarvet Karlskronavarvet Karlskronavarvet Karlskronavarvet	. 380	57.0	8.0	2.0	36
2 PG o	**Malmö** **STOCKHOLM** 1984–85	83/85 82/85	Karlskronavarvet Karlskronavarvet	340	50.0	7.5	1.9	30
16 PG o	**HUGIN, Kaparen, Magne, Munin,** **Snapphanen, Spejaren, Starkodder,** **Styrbjörn, Tirfing, Tordön, Väktaren** **Mjölner, Mode, Mysing, Vale, Vidar** 1977–81	76/78 79/82 78/78 79/79	Bergens M. V. Westamarin, Mandal	125 150	36.4	6.3	1.7	22
12 PG o	**Halmstad, Strömstad, Ystad, Umeå,** **Piteå, Luleå, Varberg, Västerås,** **Västervik, NORRKÖPING,** **Nynäshamn, Norrtälje** 1972–76	71/73 75/76 82–84	Karlskronavarvet	190 230	44.0	7.1	2.4	28
4 PF o	**Capella, SPICA, Vega, Virgo** 1966–67	64/66 /67	Götaverken, Göteb.	200 230	43.0	7.1	2.6	30
3 PP	**Dalarö, Sandhamn, Osthammar** 1983–84	83/84 84/85	Djupviks Varv	50	23.4	5.1	1.1	7
1 PP	**Jägaren** 1972	71/73	Bergens M. V.	115 145	36.5	6.2	1.3	18
8 PP	**Skanör, Smyge, Viken, Arild,** **Öregrund, Slite, Marstrand, Lysekil** (ex T 42–45, 47, 48, 50, 52) 1956–57	. 75–83	Kockums, Malmö Karlskronavarvet	40	23.2	5.9	1.4	.
4 PP o	**Ornö, Sturkö, Tärnö, Tjurkö** 1953–54	51/53 ./54	St. W. Karlskrona	275	42.0	7.0	2.4	.

17 PP: **Bevakningsbåt 61–77** (59–68) 28 ts, 18 kn, 1–2 ⚓, 410 kW₁, DM, 21 × 4.6 × 1.0 m – *Wachboote der Küsten*

Landungsfahrzeuge / Landing Vessels

5 LS: **BORE, Heimdal** (66) 340 ts, 12 kn, 2–2 ⚓, [325], DM, 36 × 8.5 × 2.6 m, Bauwerft / builder: Åsi-Verken, Amal; **Grim** (61) 327 ts, 12 kn, 2–2 ⚓, 540 kW, DM; **SKAGUL, Sleipner** (59) 335 ts, 10 kn, 540 kW, DM – *Transportfärjor*

4 LS: **Loke** (45) 135 ts, 9.5 kn, 310 kW, DM; **ANE, Balder, Ring** (43) 135 ts, 9–11 kn, 310 kW – *Artillerifärjor*

15 LC: **601–605, 651–655,** I–V (82 – a. St. / o. st.) 40/110 ts, 10 kn, [50 ts], DM, 250 kW₂, 21 × 7.2 × 0.7 m – *Trossbåtar*

Hilfsfahrzeuge / Auxiliary Vessels

1 AO: **Eldaren** (ex Brotank) (59) 1000 ts, 9 kn, DM, 220 kW₁, 37.2 × 6.5 × 3.0 m

1 AO: **Brännaren** (ex Indio) (65) 860 ts, 11 kn, 590 kW₁, MaK-DM, 62 × 8.6 × 3.7 m, Bauwerft / builder: Kremer & Sohn – *Tankfartyg*

2 AO: **Fryken, Meranda** (59) 307 ts, 10 kn, 34.5 × 6.1 × 2.9 m – für Wasser / for water – *Vattentransportfartyg*

Anzahl - Art / Number - Group	Schiffsnamen und Stapellauf / Ship's Name and Launching	Baubeginn - Fertig -	Bauwerft / Builder	Displacement ts	Length m	Beam m	Draft m	Crew Bes
1 AI o	Oden II a. St. / o. st.	87/88	Götaverken, Arendal	.	100	.	.	.
3 AI o	**Ymer** **Frej** **Atle** 1973–76	74/77 73/75 73/74	Wärtsilä, Helsinki Wärtsilä, Helsinki Wärtsilä, Helsinki	7900 9500	105	23.8	8.3	54

Bewaffnung / Armament	Sensoren-Elektronik / Sensors-Electronic	Geschwindigkeit / speed kn	Antrieb / Propulsion		Leistung / Power kW 1 kW = 1.36 PS	Fahrstrecke / Range sm	Sonstige Angaben / Remarks
			Maschine / Kessel / Engines / Boilers / Masch				
BS 15 ⇨ oder / or R 53.3 Tp 613, 0.7 ✈, 1-4 ✈, 4 UTR 40, ≋₉ ELMA, ☼	⊤ ♢ ♀ ⊕- ⊕ ⴵ ↺	26.0	MTU-DM		6390 3	1000 20	KKV 90 Klasse. **Masch:** Ka Me Wa jets. Stahlrumpf, Alu-Aufbauten / steel hull, Al-superstructure. Combined radar: Sea Giraffe.
BS 15 ⇨₁,₂, 1-5.7 ✈, 4 ✈, 2 TR 53.3, TR 40], 4 ≋₉ ELMA,	⊤ ♢ ♀ ⊕- ⊕ ⴵ ↺	32.0	1 Allison-GTu + 2 MTU-DM		4410 + 3080 3	.	*Kustcorvet.* Spica III Klasse. Mehrzweckkorvette, Angriff oder U-Abwehr. General purpose corvet, attack or ASW
Rb 12 (Penguin II) ⇨, 5.7 ✈, 4 ≋₉ ELMA,	⊤ ♢ ♀ ⊕ ⴵ ↺	34.0	MTU-DM		5150 2	440 34	*Patrullbåtar.* Ähnlich / similar to Jägaren
BS 15 ⇨₂, 1-5.7 ✈, TR 53.3, 4 ≋₉ ELMA,	⊤ ♢ ♀ ⊕ ↺	40.5	R. R. Mar. Proteus GTu		9490 3	.	Spica II Klasse. Radar Sea Giraffe. Erhält neue / to get new 5.7 ✈
5.7 ✈, 6 TR 53.3,	⊤ ♢ ♀ ⊕	40.0	Bristol Proteus GTu		9380 3	.	*Torpedbåtar.* Spica I Klasse
4 ✈, 2 Mg ✈,	⊤ ⴵ	30.0	MTU-DM		1545 2	.	Al-Rumpf / hull
5.7 ✈, ☼	.	36.0	MTU-DM		5150 2	.	Ähnlich / similar to Typ norw. Snögg
4 ✈	⊤	27.0	MTU-DM		1180 2	.	*Vedettbåtar,* ex PF
4 ✈	⊤	14.5	Nohab-DM		670 2	.	Hanö Klasse, ex MS

illerie / patrol boats of Coast Artillery

LC: **TPBS 85** (85) 55/65 ts, 20 kn, 2 Mg ✈, ☼, [15 ts], [45], Scania-DM, 996 kW₃, 28.4 × 5.6 × 0.8 m, Bauwerft / builder: Marinevarvet, Farösund – Prototyp; **256-276, 280-284** (74-77) 31 ts, 17 kn; **242-255** (71-73) 18 kn; **201-208, 210-241** (57-64) 31 ts, 17 kn, 440 kW₃, Scania-Vabis- oder Penta-DM, 21 × 4.2 × 1.3 m; **DVA 115** (85) 40 kn, [7], Volvo-Penta-DM, 515 kW₂, 11.6 × 3.8 × 0.5 m – Prototyp; **370** 410 kW₃; **337-354** (70-73) 6 ts, 21 kn, 160 kW₃, DM; **332-336** (67) 5.4 ts, 25 kn, 160 kW₃; **331** (65) 6 ts, 20 kn – *Landstigningfarkoster*

AK: **Sigrun** (61) 250 ts, 11 kn, 270 kW, DM, 32 × 6,7 × 3.5 m – *Tvättbytesfartyg*

AR: **Belos** (61, *79-80*) 965 ts, 13 kn, 880 kW₂, DM, 62 × 11.2 × 3.8 m, ⤳-Deck – *Ubatsbärgningsfartyg*

.	.	.	Cegielski-Sulzer-DM		18000 2	.	*Isbrytar*
✈], 1 ⤳		⊤	18.0	5 Pielstick ⤳ DM		17100 4	.	*Isbrytare.* Typ finn. Urho

Anzahl – Art / Number – Group	Schiffsnamen und Stapellauf / Ship's Name and Launching		Baubeginn – Fertig – Umbau / On Keel – Completed – Com.	Bauwerft / Builder	Wasser- verdrängung / Displacement ts	Länge / Length m	Breite / Beam m	Tiefgang / Draft m	Besatzung / B
1 AI	Ale	1973	73/74	Wärtsilä, Helsinki	1488	49.0	13.0	5.0	
1 AI	Njord	1968	69/69	Wärtsilä, Helsinki	5150 5700	86.5	21.2	6.2	
1 AI o	Tor	1963	62/64	Wärtsilä, Turku	4980 5300	84.0	21.2	6.2	
1 AI	Oden	1956	./58 84–85	Sandviken, Helsinki	3370 4950	83.0	19.4	6.7	
1 AI	Thule	1951	50/53	St. W., Karlskrona	2200	62.0	16.1	5.2	

10 Tender: **A 701–705, 751–755** (79–85) 42 ts, 9.5 kn, DM, 15.5 × 5.0 × 2.7 m
2 Tender: **ATB 1, 2** 70 ts, 10 kn – *Arbetsbåtar*
6 AT: **Hercules, Hera** (68–70) 127 ts, 15 kn, 450 kW, DM; **Achilles, Ajax** (62–63) 450 ts, 11.5 kn, 1210 kW, DM **Hermes, Heros** (53–57) 185 ts, 11 kn, 470 kW – *Bogserbåtar*
3 AT: **Hebe, Passop, Atlas** – Hafenschlepper / harbor tugs
3 YP: **Pingvinen** (73) 144 ts, 13 kn, 810 kW$_2$, DM; **Pelikanen** (63) 130 ts, 14 kn, 760 kW$_2$, DM – *Torped- och robotbärgningsfartyg*; **Hägern** (51) 50 ts, 10 kn – *Torpedbärgningsfartyg*
1 AG: **Orion** (83) ./1340 ts, 12.5 kn, Hedemora-DM, 1090 kW$_2$, 61.3 × 11 × 4.2 m, Bes 35, Bauwerft / builder: Karlskronavarvet – AGI / Intelligence Collector

Küstenwache / Coast Guard – *Kustbevakning* (Tv = Tullverket)

2 PP: **Tv 171, 172** (79–80) 280 ts, 20 kn, Hedemora-DM, 3294 kW$_2$, 50 × 8.5 × 2.2 m, Bes 14, Bauwerft / builder Karlskronavarvet, ⚓-Deck, GRP-Rumpf / hull
7 PP: **Tv 281–287** (77–87) 37 ts, 27 kn, MTU-DM, 1300 kW$_2$, 21 × 5 m
5 PP: **Tv 101–105** (69–74) 50 ts, 25 kn, DM, 1320 kW$_2$ – auch / also YD
8 PP: **Tv 271–278** (74–77) 20 ts, 20 kn, DM, 515 kW$_2$
4 PP: **Tv 251–254** (58–61) 12 ts
21 PP: **Tv 236–238, 240–250, 255–261** 17 ts, DM
3 PP: **Tv 220, 230, 232** (54–57) 12 ts, 20 kn, DM

Senegambia

1 PP	Fouta	1986	86/87	Frederikshavn V.	420 500	55.0	10.3	2.8	4
1 PP	Njambuur	1980	80/81	SFCN, Villeneuve	416 451	58.7	8.2	2.2	3
3 PP	Saint-Louis, Podor, Popenguine	70/71 1970–76	75/77	SFCN, Villeneuve	240	47.5	7.1	2.5	2
3 PP	Casamance, Siné-Saloum, SENEGAL	78/79 1978–79		Turbec, St. Cathérine	52 62	26.5	5.8	.	
4 PP	Djibrill, Djilor, Gorée, Seadog	./74 1974–77	77	Fairey Marine	15.5	14.8	4.7	1.3	
3 PP	Jato, Challenge, Champion	1977	./78	Fairey Marine	31	19.3	5.0	1.5	1
2 PP	I, II	1981	81/82	Celaya, Bilbao	26	16.0	4.8	1.6	
1 LS	Karabane	1986	85/86	SFCN, Villeneuve	320 670	59.0	12.0	1.6	1

Bewaffnung / Armament	Sensoren-Elektronik / Sensors-Electronic	Geschwindigkeit / speed kn	Antrieb / Propulsion Maschine Kessel Engines Boilers Masch	Leistung/ Power kW 1 kW = 1.36 PS	Fahrstrecke / Range sm	Sonstige Angaben / Remarks
.	⊤	14.0	4 ⤳ DM	3490 2	.	Auch Vermessung / also survey
-4 ⚓]	⊤	18.0	Sulzer ⤳ DM	8825 4	.	
-4 ⚓]	⊤	16.0	Sulzer ⤳ DM	8825 4	.	
-4 ⚓]	⊤	16.0	6 ASEA-Nohab ⤳ DM	7720 4	.	
-4 ⚓]	⊤	16.0	⤳ DM	3710 3	.	

AG: o **Johan Nordenankar** (79) 2000 ts, 15 kn, 2 Hedemora-DM, 2580 kW₁, 73 × 14 × 3.8 m, Bes 59, Bauwerft / builder: Falkenbergs Varv; **Johan Månsson** (66) 1030 ts, 15 kn, Nohab-DM, 2430 kW₂, 56 × 11.0 × 3.5 m – *Sjömätningsfartyg*

AG: **Nils Strömcrona** (84) 168 ts, 12 kn, 4 Scania-DM, 1272 kW₂, 30 × 10 × 1.6 m, Katamaran; **Jacob Hägg** (83) 130 ts, 16.5 kn, 4 Scania-DM, 1240 kW₂, 36.5 × 7.5 × 1.7 m, Bes 13; **Anders Bure** (ex Rali) 34 ts, 15 kn, DM, 510 kW₂, 25 × 5.9 × 1.5 m – *Sjömätningsfartyg*

Versuchsschiff / Trial Ship: **Skuld** (ex M 20) (41) 70 ts, 13 kn, für Minensuche / for ⚓

AX: **Carlskrona** – s. NB; **Falken, Gladan** (46–47) 220 ts, 36 kW, Zweimastgaffelschuner mit DM, Segelfläche 512 m² / two masted schooner with DM, sail area 5510 sq. ft. – *Övningsfartyg*

●lreinigungsschiffe / Pollution Control Vessels

Tv 06 (85) 450 ts, 15 kn, Cummins-DM, 1545 kW₂

Tv 04, 05 (78–81) 450 ts, 12 kn, 880 kW₂; **Tv 01–03** (71–73) 190–300 ts

Tv 050, 051 (83) ./340 ts

Tv 045–049 (79–83) 140/230 ts, 11 kn, 400 kW₂, Scania-DM, 28.9 × 6.5 × 1.9 m

Tv 011, 012, 014 (70–74) 50 ts

Tv 020–023 (82–83) 30 ts, 12 kn – Katamaran-Rumpf / catamaran hull

nd zahlreiche kleinere Fahrzeuge / and numerous smaller vessels

Senegambia

-3 ⚓	⊤	18.0	MAN-DM	3650 2	4500 16	Verbesserter / improved Typ dän. / Dan. Havørnen
-7.6 ⚓, 2-2 ⚓	⊤	30.0	SACM-DM	9410 4	2500 16	Typ frz. / French PR 72 MS
-4 ⚓, 2 Mg ⚓	⊤	23.0	AGO-DM	3230 2	2000 15	Typ madagass. / malag. Malaika
-2 ⚓	⊤	32.5	DM	1985 2	.	
Mg ⚓	⊤	24.0	GM-DM	625 2	.	Typ brit. Lance. Seepolizei / Sea police
-2 ⚓	⊤	25.0	GM-DM	950 2	650 20	Typ brit. Tracker
Mg ⚓	⊤	20.0	GM-DM	640 2	.	
-2 ⚓	⊤	12.0	MGO-DM	1030 2	.	Ähnlich / similar to Typ franz. / French EDIC

Anzahl - Art / Number - Group	Schiffsnamen und Stapellauf / Ship's Name and Launching	Baubeginn – Fertig- / Umbau / On Keel – Completed – Conv.	Bauwerft / Builder	Wasser- verdrängung / Displacement ts	Länge / Length m	Breite / Beam m	Tiefgang / Draft m	Besatzung / Be
1 LS	**La Faleme** (ex L 9095)	1958 57/58	Frankreich / France	292 642	59.0	12.0	1.3	1

2 LC: **Djomboss, Douloulou** 26 ts, 10 kn, Typ US LCM

Schweiz / Switzerland

11 PP: **Aquarius, Venus, Mars, Saturn, Uranus, Sirius, Orion, Perseus, Antares, Castor, Pollux** (81–83) 5.9 ts, 32.5 kn, 2 Mg ⚓, Volvo-Penta-PM, 400 kW₂, 10.7 × 3.3 × 0.9 m, Bes 8, Bauwerft / builder: Müller, Spiez

Sierra Leone

1 PP: **I** (gepl. / plan) Typ US Commercial Cruiser 105 ft.
1 PP: **President Sioka Stevens** (81) 31 ts, 25 kn, 1–2 ⚓, 2 Mg ⚓, Typ brit. Tracker

Singapur / Singapore

Minensucher / Minesweepers

2 MS	**Mercury, Jupiter** (ex Whippoorwill, Thrasher)	54/55 1954	USA	320 376	43.0	8.5	2.6	4

Kleine Kampfschiffe / Small Fighting Vessels

6 PG	**I–V** **VI**	. bew. / auth. .	Singapore Shb. & Eng. Lürssen, Vegesack	600	62.9	9.3	.	.
6 PG ○	**Sea Dragon, Sea Tiger, Sea Hawk, Sea Scorpion** **SEA WOLF, Sea Lion** 1972–75	72/74 75 71/72	Singapore Shb. & Eng. Lürssen, Vegesack	230 270	44.9	7.0	2.3	4
3 PP ○	**Daring, Dauntless** **Sovereignty** 1969–70	69/71 70/	Vosper Th., Singapur Vosper Th., Portsmouth	100 130	33.5	6.4	1.8	1
3 PP ○	**Freedom, Justice** **Independence** 1969–70	69/70 70	Vosper Th., Singapur Vosper Th., Portsmouth	100 130	33.5	6.4	1.8	1
1 PP	**Panglima** 1956	54/56	United Eng., Singapur	119 134	35.7	6.1	1.8	1
1 PP	**Endeavour** 1955	.	Schiffswerft Oberwinter	250	40.0	5.8	1.8	2
12 PP	**SWIFT Archer, S. Warlord, S. Lancer, S. Knight, S. Warrior, S. Swordsman, S. Combatant, S. Conqueror, S. Challenger, S. Cavalier, S. Centurion, S. Chieftain** 1980–81	80/81 81	Singapore Shb. & Eng.	45	22.7	6.2	1.6	1

Landungsfahrzeuge / Landing Vessels

4 LC	**Ayer Chawan, Ayer Merban, I, II** 1968–69	./68 69	Vosper Th., Singapur	150	27.0	6.9	1.3	.

3 LC: **Tiger 40** (86) ./12.5 ts, 35 kn, Deutz-DM, 560 kW, auch / also AP – Hovercraft; **RPL 62, 63** (85) 10 kn, DM, 630 kW₂, 36 × 8.5 × 2.5 m, Bauwerft / builder: Singapore Shipbuilding & Engineering Ltd.

Bewaffnung / Armament	Sensoren-Elektronik/ Sensors-Electronic	Geschwindig-keit / speed kn	Antrieb / Propulsion		Fahrstrecke / Range sm	Sonstige Angaben / Remarks
			Maschine / Kessel Engines Boilers Masch	Leistung/ Power kW 1 kW = 1.36 PS		

| -2 🚣 | ⊤ | 8.0 | MGO-DM | 735 2 | 1800 8 | Typ frz. / French EDIC |

AT: **Ibis** 200 ts, 9 kn, DM, 185 kW₁

AX: **Crame Jean** 18 ts

Seschellen / Seychelles

PC: **Zoroaster** (~75) 190/220 ts, 42 kn, 2-5.7 🚣₂, 2-2.5 🚣₂ – Typ USSR Turya

PP: **Andromache** / 605 (82) 240 ts, 28 kn, 1-2 🚣, 2 Mg 🚣, Paxman V.-DM, 6000 kW₂, 41.8 × 8.8 × 1.7 m, Bes 22, Bauwerft / builder: Pichiotti, Viareggio

PP: **Topaz** (ex Croix du Sud) (56) 400 ts, 15 kn, 1-4 🚣, 1-2 🚣, SEMT-P.,-DM, 1470 kW₂, Typ franz. / French Sirius, ex MS

PP: **Constant, Fortune, I** (~75) 45 ts, 30 kn, 3 Mg 🚣, Typ USSR Zhuk; **Junon** (80) 40 ts, 26 kn, Lg 18.3 m

LC: **Cinq Juin** (79) 350 ts, 9 kn, DM, 650 kW₂

Singapur / Singapore

-2 🚣	⊤ ▽	12.0	Packard-DM	880 2	2500 10	Typ US Redwing
Harpoon ⇒₄, 1-7.6 🚣, **UTR** 32.4 Ⅲ	.	30.0	MTU-DM	13780 4	.	Typ deutsch / German Lürssen 62. Kein / no ⇶ Hangar oder / or Deck
Gabriel ⇒₃,₁, -5.7 🚣, 1-4 🚣	⊤ ◇ ◠ ⏀	40.0	MTU-DM	10590 4	2000 16	Typ deutsch / German Lürssen TNC 45
-7.6, 1-2 🚣	⊤ ◇ ⏀	32.0	Maybach-DM	5590 2	1000 15	Vosper Plan B
-4 🚣, 1-2 🚣	⊤	32.0	Maybach-DM	5590 2	1000 15	Vosper Plan A
-4 🚣, 1-2 🚣, 2 Mg 🚣	⊤	14.0	Paxman-DM	735 2	.	Ähnlich / similar to Typ brit. Ford. AX
-2 🚣	⊤	20.0	Maybach-DM	1470 2	800 8	AX
2 Gabriel ⇒], -2 🚣, 1 Mg 🚣	⊤	34.0	Deutz-DM	2120 2	960 20	

| - | ⊤ | 10.0 | DM | 480 2 | . | |

LC: **Berlayer, Brani** (55–56) 56 ts, 9 kn, 340 kW₂, DM, 17 × 4.3 × 1.4 m

Anzahl - Art / Number - Group	Schiffsnamen und Stapellauf / Ship's Name and Launching	Baubeginn - Fertig - Umbau/On Keel - Completed - Conv.	Bauwerft / Builder	Wasser- verdrängung / Displacement	Länge / Length	Breite / Beam	Tiefgang / Draft	Besatzung /
				ts	m	m	m	Be

Marine-Polizei / Marine Police

11 PP	**PT 1-11**	1983–84 83/84 84	Singapore Shb. & Eng.	20	14.5	4.2	1.2	
4 PP	**PX 10-13**	1969 ./69	Vosper Th., Portsmouth	80	26.3	5.7	2.2	

20 PP: **PX 14-33** (80–81) 32 kn, MTU-DM, 565 kW$_2$, Lg 11.2 m

Somalia

2 PG	**I, II**	~1970 .	USSR	195 240	40.0	8.1	2.0	3
4 PF	**I-IV**	~1975 .	USSR	160 210	39.0	8.1	1.8	3
5 PP	**I-V**	~1960 .	USSR	70 90	29.6	5.8	1.5	
1 LS	**I**	~1966 .	Polnoc., Gdansk	780 1000	73.2	8.9	1.8	4
4 LC	**I-IV**	~1958 .	USSR	35 90	20.0	5.6	1.4	

Spanien / Spain

Flugzeugträger / Aircraft Carriers

1 RL o	Principe de Asturias 22. 5. 1982	79/87	Bazan, Ferrol	15150	195	24.4 30.0	6.7	78
1 RL o	**Dédalo** (ex Cabot) 4. 4. 1943	42/43	N. Y. Shb., Camden	13000 16420	190	20.5 31.7	7.2	111

Zerstörer / Destroyers

1 DD o	**Marqués de la Ensenada** 1959	51/69 65–70	Bazan, Ferrol	3012 3785	117	13.0	5.6	25
5 DD o o	**Churruca** (ex Eugene A. Greene) **Gravina, Lángara, Mendez Nuñez** (ex Furse, Leary, O'Hare) **Blas de Lezo** (ex Noa) 1945	44/45 44/45 45/45	Federal Kearny Consolidated Orange Bath Iron Works	2425 3500	119	12.4	5.8	28
1 DD o	**Alcalá Galiano** (ex Jarvis) 1944	43/44	Todd, Tacoma	2100 3050	115	12.0	3.5	29
1 DD o	**Almirante Ferrándiz** (ex D. W. Taylor) 1942	41/43	Gulf, Orange	2050 3050	115	12.0	3.5	29

Fregatten / Frigates

4 FG o	America Numancia Victoria SANTA MARIA 1984 – a. St. / o. st.	87/90 85/88 83/87 82/86	Bazan, Ferrol Bazan, Ferrol Bazan, Ferrol Bazan, Ferrol	2850 3750	139	13.7	8.6	18

Bewaffnung / Armament	Sensoren-Elektronik / Sensors-Electronic	Geschwindigkeit / speed kn	Antrieb / Propulsion		Leistung/ Power kW 1 kW = 1.36 PS	Fahrstrecke / Range sm	Sonstige Angaben / Remarks
			Maschine Kessel Engines Boilers Masch				
Mg	⊤	30.0	MAN-DM		905 2	310 22	Alu-Rumpf und Aufbauten / Al-hull and superstructure
2-2	⊤	29.0	MTU-DM		1985 2	700 15	

20 PP: **PC 32-51** 2 ts, 35 kn, DM, 205 kW₂, Lg 6.5 m

Somalia

4 SS-N-2 B ⇒, 4-3 ⚓₂	⊤ ⌀ ⊕	36.0	DM		11030 3	800 25	Typ USSR Osa II
4-3 ⚓₂, 4 **TR** 53.3 I	⊤ ⌀ ⊕	40.0	DM		11030 3	800 25	Typ USSR Mol. 2 Boote keine **TR** / 2 boats no **TR**
2 Mg ⚓₂	⊤	20.0	DM		1765 2	460 17	Typ USSR Poluchat
2-3 ⚓, 2 ⇢ 18, 8 ⟱, [350 ts]	⊤ ⊕	18.0	2 DM		3680 2	3300 14	Typ USSR Polnocny B
[50 ts]	⊤	10.0	DM		440 2	.	Typ USSR T 4

Spanien / Spain

6 Matador, 8-14 Sea King, 2-6 LAMPS, 4-2 ⚓₁₂ Meroka	⊤ ○ ⌀ ⌀ ⊙ ⊕ ⌒	26.0	2 Gen. El.-GTu		33100 1	7500 20	*Portaaeronaves.* Ski-jump 12°, Flugdeck / flight deck 173.3 × 29 m. Meroka = MEhr ROhr KAnone
20 ⇴, [7 Matador], 22-4 ⚓₄,₂	⊤ ⌀ ⌀ ⊙ ⊕ ⌒	32.0	❁ Tu 4 Babcock		73550 4	7200 15	Typ US Independence / CVL. **Pz:** 76/127/. mm 51/
6-12.7 ⚓₂, 2 **UTA**, 6 **UTR** 32.4 III, 1 ⇴	⊤ ⌀ ⌀ ⊕ ⵛ ⌒	31.0	Rateau ❁ Tu 3 Wr 35 atü		44130 2	4500 15	*Destructor.* Fertigbau / Completion Bazan, Cartagena
4-12.7 ⚓₂, 6 **UTR** 32.4 III, 1 ⚓₈ Asroc, 1 ⇴	⊤ ⌀ ⌀ ⵕ ⊕ ⵛ ⌒	32.0	❁ Tu 4 Babcock		44130 2	5800 15	*Destructores.* Typ US Gearing, FRAM 1. V ohne / without Asroc
4-12.7, 6-7.6 ⚓₂, 3 **TR** 53.3 III, 6 **UTR** 32.4 III, 2 ⊜	⊤ ⌀ ⌀ ⵕ ⊕ ⵛ ⌒	35.0 30.0	GE ❁ Tu 4 Babcock		44130 2	6000 15	Typ US Fletcher
5-12.7, 6-4 ⚓₂, 6-2 ⚓, 6 **UTR** 32.4 III, 2 ⊜	⊤ ⌀ ⌀ ⊕ ⵛ ⌒	35.0 30.0	Westingh. ❁ Tu 4 Babcock		44130 2	6000 15	Typ US Fletcher
Harpoon / Standard MR ⇒/⚓, 1-7.6 ⚓ OTO, 1-2 ⚓₁₂ Meroka, 6 **UTR** 32.4 III, 2 ⇴	⊤ ⌀ ⵕ ⊕ ⵛ ⌒	30.0	2 Gen. El.-GTu		29500 1	4500 20	Typ US Oliver Hazard Perry. 8 Harpoon ⇒ + 32 Standard ⚓ SQR-19 TACTAS. III, IV: 2770/3660 ts, Lg 135.6 m. Werden verlängert / to be lengthened

Anzahl – Art / Number – Group	Schiffsnamen und Stapellauf / Ship's Name and Launching	Baubeginn – Fertig – / Umbau / On Keel – Completed – Conv.	Bauwerft / Builder	Wasser- verdrängung / Displacement ts	Länge / Length m	Breite / Beam m	Tiefgang / Draft m	Besatzung / Crew Bes
5 FG ○	**BALEARES, Andalucia, Cataluña, Asturias, Extremadura** (ex US DEG 7–11) 1970–72	68/73 71/76	Bazan, Ferrol	3015 4177	134	14.3	7.0	240
6 FG ○	**Vencedora** **Cazadora** **Infanta Cristina** **Infanta Elena** **Diana** **DESCUBIERTA** 1975–80	78/82 77/81 76/80 76/80 75/79 74/78	Bazan, Ferrol Bazan, Ferrol Bazan, Cartagena Bazan, Cartagena Bazan, Cartagena Bazan, Cartagena	1420 1575	88.9	10.4	3.7	116
4 FS ○	**Atrevida, Princesa** **Nautilus, Villa de Bilbao** 1952–56	50/55 53/60 57–60	Bazan, Cartagena Bazan, Cadiz	1000 1140	75.0	10.2	2.8	110

Uboote / Submarines

Anzahl – Art / Number – Group	Schiffsnamen und Stapellauf / Ship's Name and Launching	Baubeginn – Fertig – / Umbau / On Keel – Completed – Conv.	Bauwerft / Builder	Wasser- verdrängung / Displacement ts	Länge / Length m	Breite / Beam m	Tiefgang / Draft m	Besatzung / Crew Bes
4 SS ○	**Mistral, Tramontana** **GALERNA, Siroco** 1981–84	80/84 81/86 77/83 78/84	Bazan, Cartagena Bazan, Cartagena	1490↑ 1750↓	68.0	6.8	5.1	50
4 SS ○	**Marsopa, Narval** **Delfin, Tonina** 1972–74	71/75 68/73 84–88	Bazan, Cartagena Bazan, Cartagena	850↑ 1040↓	59.0	6.8	4.6	45

Minensucher / Minesweepers

Anzahl – Art / Number – Group	Schiffsnamen und Stapellauf / Ship's Name and Launching	Baubeginn – Fertig – / Umbau / On Keel – Completed – Conv.	Bauwerft / Builder	Wasser- verdrängung / Displacement ts	Länge / Length m	Breite / Beam m	Tiefgang / Draft m	Besatzung / Crew Bes
? MB	**I–?** gepl. / plan.	.	.	.	.	.	.	.
4 MB ○	**Guadalmedina, Guadalquivir, Guadiana, Guadalete** (ex Pivot, Persistent, Vigor, Dynamic) 1952–55	51/53 54/56 69–70	USA	750 817	52.0	10.4	2.9	70
8 MS ○	**Duero, Ebro, Genil, Odiel, Júcar, Tajo, Miño, Sil** (ex MSC 202 / Spoonbill, 269, 279, 288, 200 / Redwing, 287, 266, 220) 1958–59	57/58 58/59	USA	355 385	43.0	8.0	2.6	37

Kleine Kampfschiffe / Small Fighting Vessels

Anzahl – Art / Number – Group	Schiffsnamen und Stapellauf / Ship's Name and Launching	Baubeginn – Fertig – / Umbau / On Keel – Completed – Conv.	Bauwerft / Builder	Wasser- verdrängung / Displacement ts	Länge / Length m	Breite / Beam m	Tiefgang / Draft m	Besatzung / Crew Bes
6 PG ○	**Alsedo, Bonifaz, Cadarso, Recalde, Villaamil** **LAZAGA** 1974–75	74/75 75/77 73/75	Bazan, Cadiz Lürssen, Vegesack	275 398	57.4	7.6	2.8	30
6 PC ○	**Acevedo, Cándido Pérez, Javier Quiroga, Laya, Ordóñez** **BARCELÓ** 1975–76	75/76 76/77 74/76	Bazan, Cadiz Lürssen, Vegesack	110 135	36.2	5.8	2.5	19
3 PP	**P 311–313** (ex PAS 11–13) 1964	62/64 63	Bazan, Cadiz	49	25.4	4.9	2.0	15
10 PP	**Anaga, Tagomago, Marola, Mouro, Grosa, Medas, Izaro, Tabarca, Deva, Bergantin** 1980–81	79/80 81/82	Bazan, Cadiz	290 345	44.4	6.6	2.6	25
4 PP	**Conejera, Dragonera, Espalmador, Alcanada** (ex LVE 1–4) 1981–82	79/81 81/82	Bazan, Cadiz	85	32.2	5.3	1.4	12
3 PP	**Nalon, Turia, Ulla** (ex AMS 139, 130, 265) 1954–55	53/55 56	USA	355 405	43.9	8.5	2.6	42

Bewaffnung / Armament	Sensoren-Elektronik / Sensors-Electronic	Geschwindigkeit / speed kn	Antrieb / Propulsion Maschine / Kessel / Engines / Boilers / Masch	Leistung / Power kW 1 kW = 1.36 PS	Fahrstrecke / Range sm	Sonstige Angaben / Remarks
8 Harpoon ⇒₄, 1–12.7 ↙, Standard MR ⬙₁, 2 TR 53.3 h, 4 UTR 32.4 II, 8 Asroc	⊤ ◇ ⊕ ⊕ ∇ ͻ	28.5	E. N. Bazan ✿ Tu Astill. E.-Wr	25740 1	4800 18	Ähnlich / similar to Typ US Knox. Erhalten / to get TRITAN 1 (combat data system) 1–2 ↙₁₂ Meroka
8 Harpoon ⇒₄, 1–7.6 ↙, 2–4 ↙, 1 Sea Parrow ⬙₈, 5 UTR 32.4 III, 1 ⣿₂	⊤ ◇ ͻ- ⊕ ⊕ ∇ ͻ	26.0	4 MTU-DM	12880 2	4000 18	*Corbetas.* **Bew:** Erhalten 1–2 ↙₁₂ Meroka anstelle 1–4 ↙ / **AMT:** To get 1–2 ↙₁₂ Meroka instead of 1–4 ↙
1–7.6 ↙₁, 2–4 ↙	⊤ ◇ ͻ-	18.0	Sulzer-DM	2210 2	8000 10	*Patrulleros*
4 TR 55 b↓ SM 39 ⇒]	⊤ ◇ ͻ- ⊕- ∇ ͻ	12.0↑ 20.5↓	S. Pielstick-DM EM	2650 3380 1	9000 9	*Submarinos.* Typ frz. / French Agosta. I, II verbesserte Elektronik / improved electronics
12 TR 55↓ (8 b↓, 4 h↑)	⊤ ⊕- ∇ ͻ	13.5↑ 16.0↓	⇢ DM EM	960 1180 2	3000 7	Typ frz. / French Daphné. Erhalten Elektronik und Feuerkontrolle wie Galerna / to get electronics and fire control like Galerna
	.	.	.	.	.	
2–2 ↙, 2 Mg ↙	⊤ ∇	15.0	4 Packard-DM	1675 2	2400 12	*Dragaminas.* Typ US Agile. VDS
2–2 ↙₂	⊤ ∇	13.6	GM-DM	880 2	2500 10	Typ US Redwing und / and Adjutant (43.9 × 8.5 m, 4 GM-DM, 660 kW₂)
[4 Harpoon ⇒], 1–7.6 ↙, 1–4 ↙, 2–2 ↙, [6 UTR 32.4 III]	⊤ ⊕ [∇]	29.5	MTU-DM	6620 2	4200 17	*Patrulleros.* Typ deutsch / German Jaguar III
1–4 ↙, 1–2 ↙ 2 Mg ↙, [2 TR 53.3 I]	⊤	36.0	MTU-DM	4410 2	1500 17	Typ deutsch / German Lürssen TNC 36
1–2 ↙, 2 Mg ↙, 2 ⬳	⊤ ∇	15.0	DM	590 2	.	
1–7.6 ↙, 2–2 ↙, 2 Mg ↙	⊤	22.0	MTU-DM	3160 1	4000 13	
1–2 ↙, 1 Mg ↙	⊤	25.0	DM	2060 2	1200 15	Alu-Rumpf / Al-hull
2–2 ↙	⊤ ∇	13.6	GM-DM	660 2	2500 10	Typ US Adjutant

Anzahl - Art / Number - Group	Schiffsnamen und Stapellauf / Ship's Name and Launching	Baubeginn - Fertig - Umbau / On Keel - Completed - Conv.	Bauwerft / Builder	Wasser- verdrängung / Displacement ts	Länge / Length m	Breite / Beam m	Tiefgang / Draft m	Besatzung / Crew Bes

1 PP: **Salvora** (48) 272 ts, 12 kn, 1–2 ⚓, Sulzer-DM, 294 kW₁ – Trawlertyp

26 PP: **P 101–123** (ex PVC 11–19, 110–123) (78–83) 21 ts, 26 kn, 1 Mg ⚓, DM, 570 kW, 430/18 sm, 15.9 × 4.4 × 1.3 m, Bauwerft / builder: Aresa, Barcelona, Plastikrumpf / GRP hull; **P 124** (ex PVC 21) (77) 20/25 ts, 27 kn, 1 Mg ⚓, DM; **P 125** (ex PVC 31) (75) 14/17 ts, 24 kn, 1 Mg ⚓, DM; **P 126** (ex PVC 41) 34 ts, 14 kn, DM – *Patrulleros*

Landungsfahrzeuge / Landing Vessels

1 LD ○	**Galicia** (ex San Marcos)	1945 44/45	N. Y., Philadelphia	4800 9375	139	21.0	5.5	310
2 LP ○	**Castilla, Aragón** (ex Paul Revere, Francis Marion)	52/58 1953–54 53/61	New York Shb., Camden	10710 16840	172	23.2	7.3	452
3 LS ○	**Conde del Venadito, Velasco** (ex Tom Green Co., Terrebonne Parish) **Martin Alvarez** (ex Wexford Co.) 1952–53	51/52 53/54	Bath Iron Works Christy, Sturgeon Bay	2600 6230	117	16.8	5.2	155
3 LS	**A 06–08**	1965–66 67	Bazan, Cadiz	280 665	59.0	11.9	1.5	17
2 LS	**L 71, 72** (ex LCU 1471, 1491)	54/55 ~1955	USA	180 347	36.0	10.7	1.8	12

39 LC: **L 601, 608** (84–85) 10 kn, DM, 375 kW₂; **L 81–86** (75) 115 ts, 9 kn; **L 61–66** 24/55 ts, 10 kn, [30 ts], DM – Typ US LCM (6); **I–XXV** 20/50 ts, 10 kn, [25 ts], DM – Typ US LCM (3)

90 LC: **I–III** (86–87) 12 ts – Typ US LCVP Mk 7; **I–XVI** 10.5 ts, 19 kn – Typ US LCP (L); **I–LXXI** 13 ts, 5 kn – Typ US LCVP

Hilfsfahrzeuge / Auxiliary Vessels

1 AK	**Contramaestre Casado** (ex Thanasis-K)	./53 1953	Eriksberg, Göteborg	5300	104	14.4	6.1	72
1 AO I		gepl. / plan.	Bazan, Ferrol	14300	148	21.6	7.4	.
1 AO	**Teide**	1955 54/56 62	Bazan, Cartagena	2750 8030	117	14.8	7.7	98

Die folgenden Rumpfnummern sind nicht sicher / the following hull numbers are uncertain:

7 AO: **Y 232** (ex YPF 31) 830 BRT/grt, 10.8 kn, DM, 515 kW₁, 42.8 × 8.4 × 3.1 m; **Y 231** (ex YPF 21) (80) 520 BRT/grt, 10.5 kn, DM, 440 kW, 34 × 7 × 3 m; **Y 233–235** (ex YPF 51–53) 510 BRT/grt, 10 kn, DM, 37 × 6.8 × 3 m; **Y 236** (ex YPG 13) (59) 200 BRT/grt, 10 kn; **Y 237** (ex YPG 22) (65) 340 BRT/grt – fuel-oil tankers, harbor – *Petroleras de fuelóleo*

5 AO: **Y 254** (ex YPG 41) (81) 214 BRT/grt, 10.5 kn, DM, 295 kW₁, 24 × 5.5 × 2.2 m; **Y 255** (ex YPG 51) (80) 520 BRT/grt, 10.5 kn, DM, 34 × 7 × 3 m; **Y 251–253** (ex YPG 21–23) (63–65) 360 BRT/grt, 10.5 kn, DM – gas-oil tankers, harbor – *Petroleras de gasóleo*

1 AN: **Ciclope** (ex CR 1, ex G 6, ex AN 101) (54) 770/850 ts, 12 kn, 1–4 ⚓, 4–2 ⚓, 2 ⤳ DM, Bauwerft / builder: Penhoët, St. Nazaire

2 AT: **Mahón, Las Palmas** (ex Circos, Samiedo) (77) 600 BRT/grt, 15 kn, 2 Mg ⚓, DM, 5695 kW, 41.5 × 11.6 × 5.5 m, Bauwerft / builder: Astil. del Atlántico, Santander

3 AT: **Cartagena, Cádiz, Ferrol** (ex RA 1, 4, 5) (55–64) 950/1080 ts, 15 kn, 4–2 ⚓₂, Sulzer-DM, 2350 kW₂, 4640 sm, 56 × 10 × 4.8 m – Hochseeschlepper / Ocean tugs

1 AT: **Y 171–173** (ex YRS 01–03) – für / for SS

7 AT: **Y 116, 117** (ex YRR 21, 22) (81) 422 ts, 12.4 kn, DM, 1100 kW, 28 × 8.0 × 3.8 m; **Y 113–115** (ex YRR 14–16) (67) 320 ts, 12 kn, DM, 1030 kW₁, 28 × 7.0 × 2.6 m; **Y 111, 112** (ex YRR 12, 13) (63) 300 ts, 10 kn, DM, 590 kW₁ – Küstenschlepper / coastal tugs

Bewaffnung / Armament	Sensoren-Elektronik/ Sensors-Electronic	Geschwindig-keit / speed kn	Antrieb / Propulsion		Fahrstrecke / Range sm	Sonstige Angaben / Remarks
			Maschine Kessel Engines Boilers Masch	Leistung/ Power kW 1 kW = 1.36 PS		

PP: **Toralla** (87) 55/80 ts, 20 kn, 1 Mg ⚓, MTU-DM, 960 kW₂

4 PP: **P 202-230** (ex PVI 11-18, 110-130) (78-79) 4.2 ts, 18 kn, 1 Mg ⚓, DM, 170 kW, 120 sm, 8.9 × 3.1 × 0.7 m, Bauwerft / builder: Rodman, Vigo; **P 231-235** (ex PVI 21-25) (64-65) 25 ts, 16 kn, 2 Mg ⚓, 14 × 4.7 m

PR: **Cabo Fradera** (63) 28 ts, 12 kn, 1 Mg ⚓, 100 kW, DM; **P 236, 237** (ex PVI 31, 32) 4 ts, 7 kn – *Patrulleros de vigilancia interior*

2-4 ⚓₄,₂, 18 LC, 3 ⟋⟍	⊤ ⏚ ⌒	15.0	❈ Tu 2 Wr	5150 2	8000 15	Typ US Cabildo, FRAM 2
-7.6 ⚓₂, [650]	⊤ ⏚ ⌒	22.0	Gen. El. ❈ Tu 2 Foster Wh.	16810 1	10000 20	Typ US Paul Revere. II 2 Comb. Eng. Wr
-7.6 ⚓₂, 4 LC, [400]	⊤ ⏚	13.0	4 GM-DM	4410 2	6000 9	Typ US Terrebonne Parish
-2 ⚓, 2 Mg ⚓, -8.1 Mörser / mortar	⊤	9.5	DM	765 2	1500 9	Typ frz. / French EDIC. Jetzt Hilfsschiffe / now auxiliaries
-2 ⚓, 2 ⟤⟥, 80 ts Ladung / load	⊤	8.0	DM	500 3	700 7	Typ US LCU 1466

: I (a. St. / o. st.) Bauwerft / builder: Bazan, Cartagena + Chaconsa, Mercia – Surface effect ship – *Buque de Efecto Superficie*

Hovercraft: **VCA 36** (86) ./36 ts, 60 kn, [3 ts], [70], 2 GTu, 3680 kW₂; **VCA 30** 30 ts; **VCA 3** (76) 3/4 ts, 50 kn – I-III: Bauwerft / builder: Chaconsa, Mercia

	⊤	14.0	B. & W.-DM	2650 1	8000 16	Vermessung / survey. 1982 gekauft / purchased. ⟋⟍-Deck achtern / aft
-4 ⚓, 1 ⟋⟍, 1-2 ⚓₁₂ Meroka]	⊤ [⌒]	20.0	MAN-DM	14520 2	4000	AOR. 6500 ts Öl / fuel, 180 ts Frischwasser / fresh water
1-10.5 ⚓]	⊤	12.0	2 DM	2470 1	.	

AO: **Condestable Zaragoza** (81) 825 ts, 10.8 kn, DM, 515 kW, 48.8 × 8.4 × 3.4 m; **Marinero Jarana** (80) 535 ts, 10.8 kn, DM, 440 kW, 34 × 7 × 3 m; **Maquinista Macias, Torpedista Hernández, Fogonero Bañobre** (62) 610 ts, 10 kn, DM, 44.8 × 7.6 × 2.8 m, Bes 16; **Contramaestre Castelló** (49) 1828 ts, 8 kn, DM, 590 kW, 64.1 × 9.6 × 4.2 m, Bes 27 – Water tankers – *Aljibes*

AO: **Y 271-273** (ex YA 01-03) (58) 34 × 6 × 2.7 m – Harbor water tankers – *Aljibes de puerto*

7 AT: **Y 147** (87) DM; **Y 146** (ex YRP 61) (65) 70 BRT/grt, DM, 606 kW₁; **Y 145, 146** (ex Bellatrix, Procyon) (82) 250 ts, 11 kn, DM, 1490 kW₁; **Y 142, 143** (ex YRP 11, 12) (81) 229 ts, 11 kn, DM, 590 kW₁, 28 × 7.5 × 3.4 m; **Y 131-141** (ex YRP 01-09, 011, 012) (65-67) 65 ts, DM, 150 kW₁ – Hafenschlepper / harbor tugs

2 AX: **Juan Sebastián de Elcano** (27) 3420/3750 ts, 8.5 kn, 4-5.7, 590 kW₁, Viermasttopsegelschuner, 290 Kadetten/ four masted top schooner, 290 cadets, 2467 m²; **Arosa** – Schuner / schooner

AX: **Poseidón** (ex RA 6) (64) 950/1100 ts, 15 kn, ex AT – für Kampfschwimmer / for frogmen, ARS

5 AX: **Guardiamarina Barrutia, G. Salas, G. Godínez, G. Rull, G. Chereguini** (83-84) 45 ts, 12.5 kn, MTU-DM, 590 kW, 21.9 × 5.1 × 1.5 m – Training craft

2 YP: **I, II** (ex YTM 12, 16) (61-63) 100-300 ts

9 YD: **I-III** (ex YBZ 61, 71, 83) (82-87); **I-IV** (ex YBZ 01, 03, 31, 32), **Nereida; Proserpina** (81)

Spanien/Spain — Sri Lanka — Sudan

Anzahl – Art / Number – Group	Schiffsnamen und Stapellauf / Ship's Name and Launching	Baubeginn – Fertig – Umbau / On Keel – Com. – Completed – Conv.	Bauwerft / Builder	Wasserverdrängung / Displacement ts	Länge / Length m	Breite / Beam m	Tiefgang / Draft m	Besatzung / Crew Bes
2 AG	**MALASPINA, Tofiño**	1973 73/75	Bazan, Cadiz	820 1090	57.6	11.7	3.6	6
4 AG	**Antares, CASTOR, Pollux, Rigel**	1966–73 ./66 74	Bazan, Cadiz	350 380	38.4	7.5	2.6	3

Zolldienst / Customs Service – *Servicio Especial de Vigilancia Fiscal*

3 PP	**Gavilan I, II**	74/76	R. Rodriguez, Vigo	45	26.1	5.1	1.3	14
	Aguilucho	1973–76 72/73	R. Rodriguez, Vigo					

1 PP: **Aguila** (74) 80 ts, 30 kn, 1–2 ⚓, MTU-DM, 2020 kW₂, 32 × 5.8 × 1.6 m, Bes 16

8 PP: **Albatros I–III** (68) 82 ts, 28 kn, 1–2 ⚓, MTU-DM, 2020 kW₂; **Alca, Gerifalte, Halcon II, Milano, Nebli II** – 22 m Klasse / class

Sri Lanka

5 PP	**I–III**	84/.	Colombo Dy.	330	39.8	7.0	2.1	37
	Jayesagara, Sagarawardene	82/84	Colombo Dy.					
	1983 – a. St. / o. st.							
6 PP	**Balavatha, Jagatha, Ranjakamee,**	./72	Shanghai	120	38.8	5.4	1.8	25
	Rakshaka, Sooraya, Weeraya	85		145				
	1970–78							
10 PP	**I–II**, III–X ~1980 – a. St. / o. st.	./85	Ramta, Israel	45	21.6	5.5	1.8	10
5 PP	**445–449**	1981–82 80/82 81/83	Colombo Dy.	40 44	19.5	5.1	1.3	10
6 PP	**Pradeepa, 432–436**	1976–81 75/78 80/81	Colombo Dy.	40 44	19.5	4.9	1.1	10

? PP: **I–?** (bew. / auth. Lg 23 m, Bauwerft / builder: Samsun Ind., Süd / South Korea

4 PP: **P 201–203, 205** (77–82) 15 ts, 20 kn, 2 Mg ⚓, GM-DM

5 PP: **Belikawa, Diyakawa, Korawakka, Seruwa, Tarawa** / P 421–425 (77) 17.5/22 ts, 23 kn, 3 Mg ⚓, GM-DM, 625 kW₂, 17 × 4.5 × 1.2 m, Bauwerft / builder: Cheverton, Cowes

10 PF: **I–X** (84–85) 4.5 ts, 42 kn, 1–2 ⚓, R. R.-DM, 310 kW₂, 10.4 × 2.9 × 0.5 m, Bauwerft / builder: Cougar Mar. Typ CAT 900, für Einsatz von den Kommandoschiffen / for embarkation in the Command ships

2 LC: **I, II** (85) ./200 ts, 8kn, Caterpillar-DM, 1120 kW₂, 30 × 8 × 1.5 m, Bauwerft / builder: Vosper, Singapore

2 AK: **I, II** (ex Offshore Pioneer, O. Pride) (83) 170 BRT/grt, 32 kn, [60 ts] – ex Oil rig supply vessels

3 AK: **Abheetha, Edithara, Wickrama** / P 714–716 2268 ts, 10 kn, Deutz-DM, 2205 kW₂, 76.1 × 17.1 × 3.8 m, ex Ro-Ro – *Surveillance command ships*

3 AK: **Mahawela, Lanka, Kanthi** / A 24–26 4360 ts, DM, 2650 kW₁, 99.5 × 19.7 × 6.8 m – *Surveillance command tenders*

Sudan

1 PP	**I**	~1985 ./85	Swiftships, Morgan C.	118	31.7	7.1	2.1	24
3 PP	**Sheikan, Kadir, Karari** (ex Gohar,	69/70	Abeking & R., Lemw.	70	29.0	5.0	1.5	19
	Shahpar, Shahram)	1970–71 70/71						
4 PP	**GIHAD, Horriya, Istiqlal, Shaab**	./61	Mosor, Jugosl.	100	35.0	5.0	1.6	20
	1961							

4 PP: **Halote, Maroub, Fiyab, Salak** 10 ts, 30 kn, 2 Mg ⚓, Bauwerft / builder: Sewart, La.

Bewaffnung / Armament	Sensoren-Elektronik/ Sensors-Electronic	Geschwindig-keit / speed kn	Antrieb / Propulsion Maschine Kessel Engines Boilers Masch	Leistung/ Power kW 1 kW = 1.36 PS	Fahrstrecke / Range sm	Sonstige Angaben / Remarks
2 ⚓	⊤	15.0	MWM-DM	2380 2	4000 12	*Buques oceanográficos – hidrógrafos*
	⊤	11.7	Sulzer-DM	530 1	3620 8	*Buques hidrógrafos auxiliares.* I, IV: Alpha-DM, 590 kW
2 ⚓	⊤	30.0	MTU-DM	2020 2	750 30	

PP: **Colimbo** Lg 16.5 m; **Roquero** Lg 14.5 m
PP: **LVR 1–13** 14 kn, Lg 11.4 m

Sri Lanka

2.5 ⚓₂	⊤	15.0	MAN-DM	1545 2	3000 11	
3.7 ⚓, 4–2.5 ⚓₂	⊤ ⟡ ⟡	30.0	DM	3535 4	800 17	Typ chin. Shanghai II
2 ⚓, 2 Mg ⚓	⊤	34.0	MTU-DM	2000 2	700 32	Typ israel. Dvora ohne / without ⇔
2 ⚓], 2 Mg ⚓₂	⊤	22.0	GM-DM	955 2	1600 14	
2 ⚓	⊤	19.0	GM-DM	590 2	1200 14	

AG: **Hansaya, Lihiniya** (56) 36 ts, 16 kn, 330 kW, 3 GM-DM – Vermessung / survey
Leuchtturmtender / Lighthouse Tender: **I** (ex Frank Rees) 57 ts, 18 kn

Surinam

PP: **401–403** (76–77) 127 ts, 17.5 kn, 2–4 ⚓, 2 Mg ⚓, Paxman-DM, 1550 kW₂, 32 × 6.5 × 1.7 m, Bes 15, Bauwerft / builder: De Vries, Aalsmeer
PP: **C 301–303** (76) 70 ts, 24 kn, 3 Mg ⚓₂,₁, Paxman-DM, 1550 kW₂; **Bahadoer, Fajablow, Korangon** / RP 201–203 (75) 20 ts, 14 kn, Lg 12.6 m
PR: **I** (75) 14 kn, Lg 10 m, DM

Sudan

.	⊤	.	DM	.	.	Typ US Commercial Cruiser 105 ft.
Mg ⚓	⊤	27.0	MB-DM	1620 2	1220 20	Ex Iran
4 ⚓, 2 Mg ⚓	⊤	20.0	MB-DM	1320 2	1400 8	

Anzahl – Art / Number – Group	Schiffsnamen und Stapellauf / Ship's Name and Launching	Baubeginn – Fertig – Umbau / On Keel – Completed – Conv.	Bauwerft / Builder	Wasser-verdrängung / Displacement ts	Länge / Length m	Breite / Beam m	Tiefgang / Draft m	Besatzung / Be

Südafrika / South Africa

Fregatten / Frigates

2 FF ○	President Pretorius	60/64 72–77	Yarrow, Scotstoun	2250 2800	113	12.5	3.7	20
	President Steyn 1961–62	60/63 69/73	Stephen, Govan					

Uboote / Submarines

3 SS ○	**Emily Hobhouse, Johanna van der Merwe, MARIA VAN RIEBEECK** 1969–70	69/72 68/70	Dubigeon, Nantes	850↑ 1040↓	59.0	5.9	4.6	4

Minensucher / Minesweepers

10 MS ○	**KAAPSTAD, East London, Durban, Johannesburg, Kimberley, Mosselbaai, Port Elizabeth, Pretoria, Walvisbaai, Windhoek** 1955–58	./55 59	Brit. Privatwerften / Brit. private yards	360 425	46.3	8.7	2.3	2

Kleine Kampfschiffe / Small Fighting Vessels

12 PG ○	**Jim Fouché, Frans Erasmus, Oswald Pirow, Hendrik Mentz, Kobie Coetsee, Magnus Malan,** I–III	./78 .	Sandock, Durban	415 450	58.1	7.6	2.4	4
	JAN SMUTS, P. W. Botha, Frederick Creswell 1977 – a. St. / o. st.	75/77 76/78	Israel Shy., Haifa					

4 PF: **P 1554, 1555** (69–73) 27/32 ts, 27 kn, 1100 kW, DM, 19.6 × 5.0 × 1.4 m; **P 1551, 1552** (61–62) 82 ts, 33 kn, 1 Mg ↙, 1000/₃₃ sm, 3295 kW₂, MM-DM, 29 × 5.6 × 1.6 m, Bes 12, Bauwerft / builder: Kröger, Rendsburg, Typ deutsch / German FL 9 – SAR

Hilfsfahrzeuge / Auxiliary Vessels

1 AO	**Drakensberg**	1986 ./87	Sandock, Durban	6000 12500	147	20.0	7.5	9
1 AO ○	**Tafelberg** (ex Annam) 1958	./58 83–84	Nakskov Skibsv.	. 27000	171	21.9	9.2	10

1 AT: **Fleur** (69, *81*) 220/260 ts, 1030 kW₂, Paxman-DM, 37 × 7.5 × 2.1 m, Bes 22, Bauwerft / builder: Dorman Long, Durban – YD, YP

3 AT: **De Mist** (76) 392 ts, 12 kn, 1295 kW, DM, 32.2 × 8.9 × 4.1 m; **De Neys** (69) 180 ts, 11 kn, 930 kW₂; **De Noorde** (60) 170 ts, 485 kW₂, Blackstone-DM, 32 × 7.9 × 3.6 m

1 AG: **Africana** (81) 9000 ts, Lg 96 m, Bauwerft / builder: Doorman Long, Durban – Forschung / research

Syrien / Syria

2 FF	**12, 14**	~1963 .	USSR	950 1100	82.3	9.1	3.2	98
3 SS	**I–III**	~1960 .	Gorkij	1400↑ 1800↓	77.0	7.3	5.5	55

Bewaffnung / Armament	Sensoren-Elektronik/ Sensors-Electronic	Geschwindigkeit / speed kn	Antrieb / Propulsion		Fahrstrecke / Range sm	Sonstige Angaben / Remarks
			Maschine Kessel Engines Boilers Masch	Leistung/ Power kW 1 kW = 1.36 PS		

Südafrika / South Africa

Bewaffnung / Armament	Sensoren	Speed	Maschine	Leistung	Range	Remarks
11.4 ⚓₂, 2-4 ⚓₁, UTR 32.4 III, ⚓₃ Limbo, Wasp	⊤ ○ ⇔ ⊕ ▽	30.0	⚙Tu 2 Babcock	22065 2	4500 12	Typ brit. Rothesay. I Totalumbau geplant? II Weiterverwendung geplant? / I radical rebuild under consideration. II recommissioning planned?
TR 55 (8 b↓, 4 h↑)	⊤ ⊕- ▽ ~	13.5↑ 16.0↓	↬ DM EM	960 1180 2	3000 7	Typ frz. / French Daphné. Erhalten / to get: Sonar + Combat Data System
4 ⚓, 1-2 ⚓	⊤	15.0	Paxman Deltic DM	2210 2	2300 13	Typ brit. Ton. I, VIII: **Masch:** Mirrlees DM, 1840 kW₂. V, VI Minenjäger / minehunter. I, III, VIII, IX: PP
Skerpioen ⊨, 7.6 ⚓ OTO, 2-2 ⚓, Mg ⚓₂	⊤ ⇔ ⌒ ⊕ ~	32.0	DM	8825 4	1500 30	Ähnlich / similar to Typ israel. Reshef. Skerpioen ⊨ = Gabriel II ⊨

PP: **Y 1501–1524** (~80–81) 5 ts, 30 kn, 3 Mg ⚓₂,₁, DM, Lg 9 m, GRP-Rumpf / hull – Namacurra Klasse

Bewaffnung	Sensoren	Speed	Maschine	Leistung	Range	Remarks
2 ⚓, 2 Puma	⊤	20.0	DM	12000 2	.	5500 ts Öl / fuel, 750 ts Munition / ammunition, 2 abeam positions, astern fueling
4 ⚓, 2-2 ⚓	⊤	15.0	B. & W.-DM	6190 1	.	Deck. Auch / also AH

AG: o **Protea** (71) 1915 ts, 16 kn, 3590 kW₁, Paxman-V.-DM, Bauwerft / builder: Yarrow, Scotstoun, Typ brit. Hecla – Vermessung / survey

AX: **Navigator** (64) 75 ts, 9.5 kn, Foden-DM, 150 kW₂

Forschungsschiff / Polar Research Ship: **S. A. Agulhas** (77) 5353 BRT/grt, 14.5 kn, Mirrlees-DM, 4410 kW, 101 × 18.0 × 6.8 m, Bes 40 + 98, Bauwerft / builder: Mitsubishi, Shimonoseki – für Antarktis, auch AK / for Antarctic, also AK

Syrien / Syria

Bewaffnung	Sensoren	Speed	Maschine	Leistung	Range	Remarks
7.6 ⚓₂, 3 TR 53.3 III, ⚓₁₆ RBU 6000	⊤ ⇔ ⊕- ▽	30.0	GTu + DM	22065 +4410 2	5000 10	Typ USSR Petya
TR 53.3↓ (4 b, 2 h)	⊤ ⇔ ▽	18.5↑ 15.0↓	DM ↬ EM	2940 2940 2	13000	Typ USSR Romeo

Anzahl - Art / Number - Group	Schiffsnamen und Stapellauf / Ship's Name and Launching	Baubeginn – Fertig – / Umbau – On Keel – / Completed – Conv.	Bauwerft / Builder	Wasserverdrängung / Displacement ts	Länge / Length m	Breite / Beam m	Tiefgang / Draft m	Besatzung / Be
1 MB	**I**	~1975 .	USSR	680 750	61.0	9.6	2.4	
1 MB	**Yarmouk**	~1955 .	USSR	500 580	58.0	8.6	2.2	
1 MS	**I**	~1980 .	USSR	350 400	48.5	9.0	2.1	
2 MS	**I, II**	~1962 .	Išora, Leningrad	200 250	40.0	7.3	1.8	

2 MS: **I, II** (~70) 70 ts, 16 kn, 2 Mg ⚓₂ – Typ USSR Yevgenya

12 PG	**I-XII**	~1975 .	USSR	195 240	40.0	8.1	2.0	
6 PG	**I-VI**	~1965 .	USSR	175 210	40.0	8.1	2.0	
9 PP	**I-IX**	~1970 .	USSR	45 60	24.6	5.2	1.0	
3 LS	**I-III**	? .	Nordwerft, Gdansk	890 1100	76.2	8.9	1.9	

3 AG: **I-III** (85) 25 kn, Volvo-Penta-DM, 230 kW, Bauwerft / builder: ARCOR, La Teste
1 Tender: **I** 400 ts, 11 kn, DM, 295 kW₁ – Typ USSR Sekstan

Taiwan

Zerstörer / Destroyers

1 DG ○	**Fu Yang** (ex Ernest G. Small) 1945	45/45	Bath Iron Works	2425 3500	119	12.4	5.8	26
1 DD ○	**Dang Yang** (ex Lloyd Thomas) 1945	44/47	Bethlehem, S. Franc.	2425 3500	119	12.4	5.8	26
8 DD ○	**Cheng Hua, Chien Yang, Lao Yang** (ex Hollister, James E. Kyes, Shelton)	44/45 45/46	Todd, Tacoma	2425 3500	119	12.4	5.8	28
	Liao Yang, Shen Yang (ex Hanson, Power)	44/45 45	Bath Iron Works					
	Lai Yang, Te Yang (ex Leonhard F. Mason, Sarsfield)	45/45 46	Bethlehem, Quincy					
	Shao Yang (ex Hawkins) 1944–45	44/45	Consolidated, Orange					
4 DD ○	**Chao Yang** (ex Hammer)	45/46	Federal Kearny	2425 3500	119	12.4	5.8	28
	Yung Yang (ex Johnston)	45/46	Consolidated, Orange					
	Han Yang (ex Herbert J. Thomas)	44/45	Bath Iron Works					
	Kai Yang (ex R. B. Anderson) 1945	45	Todd, Tacoma					
2 DG ○	**Lo Yang** (ex Taussig)	43/44	Bethlehem, St. Island	2200 3320	115	12.4	5.8	23
	Nan Yang (ex John W. Thomason) 1944	44/45	Bethlehem, S. Franc.					
3 DG	**Hua Yang** (ex Bristol)	44/45	Bethlehem, San Pedro	2200 3320	115	12.4	5.8	27
	Hsiang Yang (ex Brush)	43/44	Bethlehem, St. Island					
	Yuen Yang (ex Hainsworth) 1943–44	43/44	Federal Kearny					

Bewaffnung / Armament	Sensoren-Elektronik/ Sensors-Electronic	Geschwindig-keit / speed kn	Antrieb / Propulsion		Fahrstrecke / Range sm	Sonstige Angaben / Remarks
			Maschine / Kessel Engines Boilers Masch	Leistung/ Power kW 1 kW = 1.36 PS		
3 ⚓₂, 4–2.5 ⚓₂, A-N-5 ↥₄, ⚓₅ RBU 1200, ☍	⊤ ☨	20.0	DM	3535 2	2800 10	Typ USSR Natya
3.7 ⚓₂, 8–1.3 ⚓₂	⊤ ⊕ ⚲ ⊕	14.0	DM	1620 2	3500 10	Typ USSR T 43
3 ⚓₂, 2–2.5 ⚓	⊤ ☨	18.0	DM	1765 2	1500 14	Typ USSR Sonya
3 ⚓₂	⊤	18.0	DM	1620 2	1050 18	Typ USSR Vanya
SS-N-2 B ⇨, 4–3 ⚓₂	⊤ ⊕ ⊕	36.0	DM	11030 3	800 25	Typ USSR Osa II
SS-N-2 A ⇨, 4–3 ⚓₂	⊤ ⊕ ⊕	36.0	DM	8825 3	800 25	Typ USSR Osa I
Mg ⚓₂	⊤	30.0	DM	1765 2	1100 15	Typ USSR Zhuk
3 ⚓₂, 2 → 18, 8 ⛴, 40 ts]	⊤ ⊕	18.0	DM	3680 2	3300 14	Typ USSR Polnocny B

YD: **I** (~65) 145 ts, 12.5 kn, DM, 330 kW₁ – Typ USSR Nyryat

Taiwan

Bewaffnung / Armament	Sensoren-Elektronik	Geschwindigkeit kn	Antrieb Maschine/Kessel	Leistung kW	Fahrstrecke sm	Sonstige Angaben / Remarks
Hsiung Feng ⇨₃.₂, -12.7 ⚓₂, 8–4 ⚓₂, Mg ⚓₄, 6 **UTR** 32.4 III, 〰	⊤ ⊕ ⊕ ☨	35.0	✹ Tu 4 Babcock	44130 2	5800 15	Typ US Gearing, FRAM 2
12.7 ⚓₂, 4–4 ⚓₂, Mg ⚓₄, 6 **UTR** 32.4 III, 〰, 1 〰	⊤ ⊕ ⊕ ☨	35.0	✹ Tu 4 Babcock	44130 2	5800 15	Typ US Gearing, FRAM 2
12.7 ⚓₂, 4 Mg ⚓₂, **UTR** 32.4 III, ⚓₈ Asroc, 1 〰	⊤ ⊕ ⊕ ☨ ⚲	35.0	GE ✹ Tu 4 Babcock	44130 2	5800 15	Typ US Gearing, FRAM 1
-12.7 ⚓₂, 4–4 ⚓₂, Mg ⚓, 6 **UTR** 32.4 III, 〰	⊤ ⊕ ⊕ ☨	35.0	GE ✹ Tu 4 Babcock	44130 2	5800 15	Typ US Gearing, FRAM 1
Hsiung Feng ⇨₃.₂, -12.7 ⚓₂, 1–7.6 ⚓ OTO, -4 ⚓, 4 Mg ⚓₄, Sea Chaparral ↥₆, **UTR** 32.4 III, 2 〰, 1 〰	⊤ ⊕ ⚲ ⊕ ☨	35.0	✹ Tu 4 Babcock	44130 2	6000 15	Typ US Allen M. Sumner, FRAM 2
Hsiung Feng ⇨₃.₂, -12.7 ⚓₂, 4–4 ⚓₂, Mg ⚓₄, 6 **UTR** 32.4 III, 〰	⊤ ⊕ ⚲ ⊕ ☨	34.0	✹ Tu 4 Babcock	44130 2	6000 15	Typ US Allen M. Sumner

Anzahl – Art / Number – Group	Schiffsnamen und Stapellauf / Ship's Name and Launching	Baubeginn – Fertig- / Umbau / On Keel – Completed – Conv.	Bauwerft / Builder	Wasser- verdrängung / Displacement ts	Länge / Length m	Breite / Beam m	Tiefgang / Draft m	Besatzung / B
1 DG	Heng Yang (ex Samuel N. Moore) 1944	43/44	Bethlehem, St. Island	2200 3320	115	12.4	5.8	2
2 DD o	Po Yang (ex Maddox) Huei Yang (ex English) 1944	43/44 43/44	Bath Iron Works Federal Kearny	2200 3320	115	12.4	5.8	2
4 DG o	An Yang (ex Kimberly) Kuen Yang, Kwei Yang, Chiang Yang (ex Yarnall, Twining, Mullany) 1942–43	42/43 42/43	Bethlehem, St. Island Bethlehem, S. Franc.	2050 2750	115	12.0	5.8	3

Fregatten / Frigates

12 FG I–XII		gepl. / plan.	.	.	.	.	.	.
1 FE o	Tai Yuan (ex Riley) 1943	43/44	Bethlehem, Hingham	1450 2230	93.0	11.5	3.6	1
9 FE o	Wen Shan, Shoa Shan, Chung Shan (ex Gantner, Kline, Blessman) Hua Shan, Lu Shan, Tien Shan (ex D. W. Wolf, Bull, Kleinsmith) Tai Shan, Fu Shan, Yu Shan (ex Register, Truxtun, Kinzer) 1943–45	42/43 43/45	Bethlehem, Hingham Defoe, Bay City N. Y. Charleton	1690 2130	93.0	11.5	4.7	2
1 FG	I ?	./83	Kaoshiung	1000	75.0	.	.	
3 FS o	Chu Yung, Ping Jin, Wu Sheng (ex Waxwing, Steady, Redstart) 1941–44	./42 45	USA	890 1250	67.0	9.5	3.4	

Uboote / Submarines

2 SS	Hai Hu Hai Long 1986	81/88 81/87	Wilton, Fijenoord Wilton, Fijenoord	2350↑ 2640↓	66.9	8.4	7.2	7
2 SS o	Hai Shih (ex Cutlass) Hai Pao (ex Tusk) 1944–45	44/45 43/46	N. Y., Portsmouth Cramp, Philadelphia	1870↑ 2420↓	94.0	8.2	5.2	8

Minensucher / Minesweepers

13 MS o	Yung An, Yung Yu, Yung Chow, Yung Hsin, Yung Lo, Yung Nien, Yung Shan, Yung Jen, Yung Sui, Yung Fu, Yung Cheng, Yung Ching, Yung Chi (ex MSC 140, 300, 278, 302, 306, 277, AMS 63–65, 77, 78, 101, 152) ~1952–58	./53 58	USA	335 380	42.4	8.2	2.6	4

Kleine Kampfschiffe / Small Fighting Vessels

? PG	I–? ?	.	Kaoshiung	.	32.0	.	.	.
2 PG o	I Lung Chiang 1977–79	./79 ./78	Kaoshiung Tacoma Bt. Bld.	240 270	50.3	7.3	2.9	3

Bewaffnung / Armament	Sensoren-Elektronik/ Sensors-Electronic	Geschwindigkeit / speed kn	Antrieb / Propulsion Maschine / Kessel / Engines / Boilers / Masch	Leistung/ Power kW 1 kW = 1.36 PS	Fahrstrecke / Range sm	Sonstige Angaben / Remarks
Hsiung Feng ⇒3, 12.7 ⚓2, 8-4 ⚓2, 4g ⚓4, 6 UTR 32.4 III, ⚑	⊤ ✫ ↷ ⏚ ▽ ∽	34.0	✿ Tu 4 Babcock	44130 2	6000 15	Typ US Allen M. Sumner
12.7 ⚓2, 4-7.6 ⚓2, 4g ⚓4, 6 UTR 32.4 III, ⚑	⊤ ✫ ↷ ⏚ ▽ ∽	34.0	✿ Tu 4 Babcock	44130 2	6000 15	Typ US Allen M. Sumner
Hsiung Feng ⇒3,2, 12.7 ⚓, 1-7.6 ⚓ OTO, Sea Chaparral ↥6, UTR 32.4 III, 2 ⚑	⊤ ✫ ↷ ⏚ ▽ ∽	35.0	GE ✿ Tu 4 Babcock	44130 2	5900 12	Typ US Fletcher. Neues Feuerleitsystem, 2 Gittermasten / new fire control systems, 2 lattice masts
	.	.	.	.	.	Ähnlich / similar to Typ US FFG 7
12.7, 4-4 ⚓2, 4-2 ⚓, UTR III, 1 ⚑, 4 ⚙, ☼	⊤ ✫ ⊕ ▽	24.0	↠ Tu 2 Wr	8825 2	5000 15	Typ US Rudderow
12.7, 6-4 ⚓, 4-2 ⚓2, UTR 32.4 III, 2 LC, ·0]	⊤ ✫ ⊕	23.5	↠ Tu 2 Wr	8825 2	5000 15	Typ US Crosley (6), C. Lawrence (3). Bew / AMT: Tai Shan 1-12.7, Hua Shan 8-2 ⚓2
Hsiung Feng ⇒, 7.6 ⚓, 2-4 ⚓, UTR 32.4 III	.	26.0	DM	.	.	
7.6, 4-4 ⚓2, 4-2 ⚓2, UTR 32.4 III, 1 ⚑, 2 ⚙,	⊤ ✫ ▽	18.0	↠ DM	2350 2	.	Typ US Auk
R 53.3 b ↓	⊤ ⊕ ▽ ⊟	11.0↑ 20.0↓	3 Brons-DG 1 Holec-EM	2980 3760 1	10000 9	Sea Dragon Klasse / class. Verbesserter / improved Typ niederl. / Netherl. Walrus
TR 53.3 ↓ (6 b, 4 h)	⊤ ▽	18.0↑ 14.0↓	3 DM 2 EM	3535 3970 2	14000 10	Typ US Tench, GUPPY II
? ⚓	⊤ ▽	14.0	GM-DM	650 2	2500 12	Typ US MSC Adjutant, 268, 289
Hsiung Feng ⇒, 4g ⚓	.	.	.	.	.	**Suikiang** Klasse
Hsiung Feng ⇒, 7.6 ⚓ OTO, 2-3 ⚓2, 4g ⚓	⊤ ✫ ↷ ⏚	40.0	2 Avco-L. GTu + GM-DM	10150 + 2120 3	700 40	Typ S Korea Paek Ku 52

Anzahl - Art / Number – Group	Schiffsnamen und Stapellauf / Ship's Name and Launching		Baubeginn – Fertig – / Umbau / On Keel – Completed – Conv.	Bauwerft / Builder	Wasser-verdrängung / Displacement ts	Länge / Length m	Breite / Beam m	Tiefgang / Draft m	Besatzung / Crew Be
50 PG	*Hai Ou Klasse* **FAB 1-50**	1979–82	79/82	Kaoshiung	45	21.6	5.5	1.0	1
24 PP	**I–XXII** **XXIII, XXIV**	1985 – a. St. / o. st.	. ./85	Taiwan Vosper, Singapore	.	21.0	.	.	.
2 PP:	**PTC 35, 36** 32.5 ts, 22 kn, 4 Mg ⚓, Typ US AVR								

Landungsfahrzeuge / Landing Vessels

1 LD	**Hai Tu**	~1983	./85	N. Shy., Tsoying	3050	101	17.0	.	.
1 LD ○	**Chen Hai** (ex Fort Marion)	1945	44/46	Gulf, Chickasaw	4800 9375	139	21.9	5.5	35
1 LS	**Kao Hsiung** (ex Chung Hsi, Dukes Cty.)	1944	43/44	Dravo, Pittsburgh	1650 4080	100	15.2	4.3	.
21 LS ○	**CHUNG CHENG, Chung Chao, Chung Chi, Chung Chiang, Chung Chih, Chung Chien, Chung Chuan, Chung Fu, Chung Hai, Chung Hsing, Chung Hsun, Chung Kuang, Chung Lien, Chung Ming, Chung Pang, Chung Sheng, Chung Shu, Chung Ting, Chung Wan, Chung Yeh, Chung Yung** ~1943–44		./43 45	USA	1650 4080	100	15.2	4.3	12
4 LS ○	**Mei Lo, Mei Chin, Mei Ping, Mei Sung** ~1944		./45	USA	743 1095	62.0	10.5	2.2	6
22 LS	**Ho CHANG, Ho Chao, Ho Chen, Ho Cheng, Ho Chi, Ho Chien, Ho Chuan, Ho Chun, Ho Chung, Ho Deng, Ho Feng, Ho Heng, Ho Huei, Ho Meng, Ho Mou, Ho Seng, Ho Shan, Ho Shou, Ho Teng, Ho Tsung, Ho Yao, Ho Yung** ~1944–60		.	USA + Japan	134 285	35.0	9.9	1.2	1

~400 LC: **LCM (3), LCM (6), LCVP**

Hilfsfahrzeuge / Auxiliary Vessels

1 AR ○	**Yu Tai** (ex Cadmus)	1945	45/46	Tampa Shb.	8200 16600	150	21.2	8.2	90
1 AP	**Tai Hu** (ex Ling Yuen)	1975	./75	Keelung	2510	100	14.6	5.0	5
1 AP	**Wu Tai** (ex LST 490)	1943	43/43	Kaiser, Vancouver	1625 4050	100	16.4	3.6	.
1 AK	**Yung Kang** (ex Mark)	1944	./44	Higgins, New Orleans	640 970	57.8	10.7	3.3	.
1 AO	**Wan Shou**	1969	68/69	Ujina, Hiroshima	1050 4150	93.0	17.7	5.9	7
3 AO ○	**Chang Pei, Hsing Lung, Lung Chuan** (ex Pecatonica, Elkhorn, Namakagon) 1943–45		./44 45	Cargill, Minnesota	1850 4335	102	15.9	5.1	8
1 AT ○	**Ta Hu** (ex Grapple)	1942	42/43	Basalt Rock	1530 1900	65.1	12.5	4.0	8
4 AT ○	**Ta Tung, Ta Wan, Ta Han, I** (ex Chicksaw, Apache, Tawakoni, Shakori) 1942–43		./42 43	USA	1235 1675	63.0	11.7	4.6	8

Bewaffnung / Armament	Sensoren-Elektronik/ Sensors-Electronic	Geschwindig-keit / speed kn	Antrieb / Propulsion — Maschine / Kessel Engines / Boilers Masch	Leistung/ Power kW $1\,kW = 1.36\,PS$	Fahrstrecke / Range sm	Sonstige Angaben / Remarks
Hsiung Feng ⇒, -2 ⚓, 2 Mg ⚓₂	⊤	36.0	MTU-DM	2000 2	700 32	Ähnlich / similar to Typ israel. Dvora
-2 ⚓, 2 Mg ⚓	⊤	40.0	DM	1785	.	Angaben unsicher / details uncertain

5 PP: **PB 60-74** (~70) 11 ts, 40 kn, 1-4 ⚓

Bewaffnung / Armament	Sensoren	Geschw.	Maschine	Leistung	Fahrstrecke	Remarks
-4 ⚓	⊤	.	DM		.	
2-4 ⚓₄,₂, 14 LC	⊤ ⊕ ⌂ ⊕	15.4	✿ Tu 2 Wr	5150 2	8000 15	Typ US Casa Grande, FRAM 2
-4 ⚓₂, 4-2 ⚓₂	⊤ ⊕ ⌂ ⊕	11.0	GM-DM	1250 2	15000 9	Typ US LST (2). Landungsführungsschiff / Amphibious flagship
-7.6 ⚓, 9-4 ⚓, 2-2 ⚓, LC, 20 ⛟, [400]	⊤	11.0	GM-DM	1250 2	15000 9	Typ US LST (2). **Bew:** unterschiedlich / **AMT:** differs
-4 ⚓, 4-2 ⚓, 0 ⛟, [100]	⊤	12.0	DM	2060 2	2500 12	Typ US LSM
-2 ⚓₂, 2 Mg ⚓, [80]	⊤	10.0	DM	500 3	700 5	Typ US LCU 501, ex LCT (6) und / and Typ US LCU 1466
-12.7, 6-4 ⚓₂	⊤	16.5	✿ Tu 2 Wr	6250 1	.	Typ US Mar. Comm. C 3
-2 ⚓, 2 Mg ⚓, [500]	⊤	14.0	DM		.	
-4 ⚓₄, 8-2 ⚓, [600]	⊤	11.5	GM-DM	1320 2	15000 9	Typ US LST (2), ex ARL
-2 ⚓	⊤	10.0	DM	735 1	.	Typ US AKL. Auch / also AG
-4 ⚓, 2-2 ⚓	⊤	13.0	DM	1540 1	.	Auch für Wasser / also for water
-7.6, 2-2 ⚓	⊤	14.0	4 GM-DM	2760 2	6670 10	Typ US Patapsco
-2 ⚓	⊤	14.8	⟿ DM	1790 2	9000 14	Typ US ARS
-7.6, 4-4 ⚓	⊤	16.5	4 ⟿ DM	2210 1	6500 16	Typ US ATF

Anzahl – Art / Number - Group	Schiffsnamen und Stapellauf / Ship's Name and Launching	Baubeginn – Fertig - Umbau / On Keel - Completed – Com.	Bauwerft / Builder	Wasser- verdrängung / Displacement ts	Länge / Length m	Breite / Beam m	Tiefgang / Draft m	Besatzung / Bes
3 AT o	**Ta An, Ta Hsueh, Ta Peng** (ex Cahokia, Tonkawa, Mahopac)	41/42 1942–44 43/44	Levingston, Orange	534 835	44.0	10.3	4.0	4
1 AG	**Ocean Research I**	1984 83/84	M. & K., Bergen	1050	50.0	10.3	4.3	1 +2
1 AG	**Bien Dou**	1984 83/84	Flekkefjord Slipp	490	56.2	12.5	.	.

1 AG: **Chiu Hua** (ex Sgt. George D. Keathley) (~44) 4100/6100 ts, 10 kn, 1-4 ⚓, 2-2 ⚓, Typ US Mar. Comm. C1M Forschung / research

Zolldienst / Customs Service

2 FS: **I, II** (a. St. / o. st.) 850 ts, 65.4 × 9.6 m, Bauwerft / builder: Wilton, Fijenoord
1 FS: **Teh Hsing** 1-4 ⚓, Lg 75 m
2 FS: **Hung Hsing, I** (ex Embattle, Improve) (44-45) 650 ts, 14 kn, 2-2 ⚓, Typ US Admirable

Tansania / Tanzania

7 PC	**JW 9861-9867**	~1965 .	China	120 155	38.8	5.5	1.7	2
4 PF	**JW 9841-9844**	~1968 .	China	45	21.5	5.0	0.9	2
4 PP	**I-IV**	~1975 .	Nord-Korea / North Korea	82	27.7	6.1	1.8	2

8 PP: **Araka, Salaam** 70 ts, 17 kn, 2-3.7 ⚓, 2 Mg ⚓, Typ DDR Schwalbe; **I-IV** 10 ts, 20 kn, 2 Mg ⚓, Typ chines. Yulin; **Rafiki, Uhuru** (67) 40 ts, 14 kn, 1-4 ⚓, 2 Mg ⚓, DM, 24 × 5 × 1.3 m
2 LC: **I, II** (~60) 90 ts – Typ chines. Yuchai

Thailand

Fregatten / Frigates

2 FG o	**Sukhuthai** **Rattanakosin**	1985-86	84/87 84/86	Tacoma Bt. Bld. Tacoma Bt. Bld.	840 890	76.8	9.6	2.4	9
1 FF o	**Makut Rajakumarn**	1971	70/73	Yarrow, Scotstoun	1650 1900	97.6	11.0	5.5	14
1 FE o	**Pinklao** (ex Hemminger)	1943	43/44	Western Pipe, S. Pedro	1240 1900	92.0	11.5	3.2	22
2 FE o	**PRASAE** (ex Gallup), **Tachin** (ex Glendale)	1943	43/43 /44	Consolidated, L. Ang.	1430 2100	93.0	11.2	4.2	18
2 FS	**Tapi** **Khirirat**	1970-72	70/71 72/74 83	Am. Shb., Toledo Norfolk Shb.	860 1140	84.0	10.1	4.3	15

Uboote / Submarines

2 SS	I, II	gepl. / plan.	.	.	.	.	.	.

Bewaffnung / Armament	Sensoren-Elektronik/ Sensors-Electronic	Geschwindig-keit / speed kn	Antrieb / Propulsion		Fahrstrecke / Range sm	Sonstige Angaben / Remarks
			Maschine Kessel Engines Boilers Masch	Leistung/ Power kW 1 kW = 1.36 PS		

Bewaffnung	Sensoren	kn	Maschine	kW	sm	Remarks
~7.6, 2-2 ⚓	⊤	13.0	2 ↦ DM	1100 / 2	.	Typ US ATA
.	⊤	14.5	DM	1235 / 1	9510 / 13	Forschung / research
.	⊤	13.0	DM	1655 / 1	.	Fischereiforschung / fishery research

AG: **Chiu Lien** (ex Geronimo) (45) 534 ts, 13 kn, 1-2 ⚓, Typ US ATA; **Lien Chang** (44) 380 ts, 14 kn, 1-4 ⚓, 4-2 ⚓, Typ US LSIL – Vermessung / survey

PP: **I–III** (ex PC 1087, 1149, 1142) (43–44) 450 ts, 20 kn, 2-2 ⚓, Typ US PC
PP: **Hai Ping, Hai Cheng, Hai An** (79) Lg 26 m; **I, II** (77) 70 ts

Tansania / Tanzania

Bewaffnung	Sensoren	kn	Maschine	kW	sm	Remarks
~3.7 ⚓₂, 4-2.5 ⚓₂	⊤ ⟡ ⟜	30.0	4 DM	3535 / 4	800 / 17	Typ chines. Shanghai II
~1.5 ⚓₂, 2 TR 53.3	⊤ ⟡	50.0	DM	2650 / 3	500 / 20	Ähnlich / similar to Typ chines. Huchuan
Mg ⚓₂,₁	⊤	38.0	DM	3535 / 4	375 / 38	Typ korean. Nampo. Keine Bugrampe / no bow ramp

AG: **Utafiti** (77) 33 ts, 14 kn, 340 kW₂, Caterpillar-DM, 18 × 4.8 × 1.0 m, Bauwerft / builder: Bayerische Schiffbau-Ges., Erlenbach/Main – Vermessung / survey

AG: **Kaskazi** (76) 499 ts, 12 kn, DM, Bauwerft / builder: Janssen, Leer

Thailand

Bewaffnung	Sensoren	kn	Maschine	kW	sm	Remarks
Harpoon ↦₄, ~7.6 ⚓ OTO, 2-4 ⚓₂, -2 ⚓, 1 Albatros ⇑₈, UTR 32.4 III	⊤ ⟡ ⟜ ⊕ ⊽ ⟜	30.0	MTU-DM	11765 / 2	5000 / 14	Krupp-Atlas Sonar
~11.4 ⚓, 2-4 ⚓, Seacat ⇑₄, ⚒₃, Limbo, 2 ⚒	⊤ ○ ⊕ ⊕ ⊽	26.0	1 R. R. Ol.-GTu + 1 Crossley-DM	17010 + 4410 / 2	6000 / 16	**Masch:** CODOG. Neues / new Radar. Im Umbau / under conversion
~7.6, 6-4 ⚓₂, 2 Mg ⚓, UTR 32.4 III, 1 ⚓, 8 ⚒	⊤ ⟡ ⟜ ⊽ ⟜	21.0	↦ DM	4410 / 2	11500 / 11	Typ US Cannon. AX
~7.6, 2-4 ⚓, 9-2 ⚓, UTR 32.4 II, 1 ⚓, 8 ⚒	⊤ ⟡ ⟜ ⊽	20.0	Exp / 2 Wr	4045 / 2	9500 / 11	Typ US Tacoma. AX
~7.6 ⚓ OTO, 1-4 ⚓, -2 ⚓, 2 Mg ⚓, UTR 32.4 III	⊤ ⟡ ⊕ ⊽	20.0	Fairbanks M-DM	4160 / 2	2400 / 18	Ähnlich / similar to Typ iran. Bayandor. Nach Umbau verbesserte Elektronik und Bewaffnung / after conversion improved electronics and weapon systems
.	.	.	.	.	.	Bau unsicher / construction uncertain

Anzahl - Art / Number - Group	Schiffsnamen und Stapellauf / Ship's Name and Launching	Baubeginn – Fertig – / Umbau – On Keel – Completed – Conv.	Bauwerft / Builder	Wasserverdrängung / Displacement ts	Länge / Length m	Breite / Beam m	Tiefgang / Draft m	Besatzung / Crew Bes
Minensucher / Minesweepers								
2 MB o	**Nongsarai** **Bangrachan**	86/87 1986–87 85/87	Lürssen, Vegesack Lürssen, Vegesack	460	49.1	9.3	2.5	40
4 MS	**Bangkeo, Don Chedi, Ladya, Ta Ding Daeng** (ex MSC 303, 313, 297, 301) 1963–66	62/64 63/66	USA	320 362	44.2	8.2	2.3	48
5 MS:	**MLMS 6–10** 21 ts, 8 kn, DM, 15.3 × 4.0 × 1.3 m							
Kleine Kampfschiffe / Small Fighting Vessels								
3 PG o	**Ratcharit, Witthayakhom, Udomdet** 1978–79	77/79 78/80	Cantiere Nav., Breda	235 270	49.8	7.5	1.7	45
3 PG o	**Hanhak Sattru, Prabparapak, Suphairin** 1975–76	74/76 75/77	Singapore Shb. & Eng.	225 270	44.9	7.0	2.3	41
3 PC	**I–III** bew. / auth.	.	Thailand	450	62.0	.	.	.
1 PF	**231** ~1986	.	Technaut., Bangkok	32	18.3	6.6	1.6	10
3 PP o	**Phuket** **Songkhla** **Chonburi** 1982–83	81/84 81/84 81/83	Cantiere Nav., Breda Cantiere Nav., Breda Cantiere Nav., Breda	375 450	60.4	8.8	2.0	45
6 PP	**Thepa, Thai Muang** **Klongyai, Takbai, Kantang** **Sattahip** 1983–85	84/86 83/85 82/83	Ital Thai, Bangkok Ital Thai, Bangkok Ital Thai, Bangkok	270 300	50.1	7.3	1.8	56
7 PP	**T 93–99** 1973–86	./73 87	N. Y., Bangkok	115 125	34.0	5.7	1.7	16
2 PP	**T 91, 92** 1965–73	./65 73	N. Y., Bangkok	88	31.8	5.4	1.5	21
10 PP	**T 11–20** (ex PGM 71, 79, 107, 116, 117, 115, 113, 114, 123, 124) 1965–70	./66 70	Peterson Bld.	130 145	30.8	6.4	1.9	30
3 PP o	**T 81, 82, 84** ~1954	.	C. G. Y., Curtis Bay	95 105	29.0	5.8	1.6	30
5 PP o	**LIULOM, Phali, Sarasin, Sugrib, Tongpliu** 1943	./42 44	USA	280 450	53.0	7.0	3.3	62
16 PP:	**T 213–228** (80–84) 34 ts, 22 kn, 1–2 ⚓, 1–8.1 Mörser / mortar, MTU-DM, 955 kW₂, 19.8 × 5.3 × 1.5 m, Bes 8, Bauwerft / builder: Ital Thai, Bangkok – für Fischereischutz / for fishery protection							
Landungsfahrzeuge / Landing Vessels								
1 LS	**I** a. St. / o. st.	85/.	N. Y., Bangkok	. 4000	.	.	.	.
1 LS	**Sichang** 1987	84/.	Ital Thai, Bangkok	. 3540	106	10.0	.	.
4 LS	**Chang, Lanta, Pangan, Prathong** (ex LST 898, 1141, 1134, 722) 1944–45	./44 45	USA	1625 4080	100	15.2	4.4	80
3 LS	**KRAM, Kut, Phai** 1944–45	44/45 45	USA	743 1095	62.0	10.5	2.4	55
1 LS	**Satakut** (ex LCMI 739) 1944	44/44	Comm. I. W., Portland	230 387	47.0	7.0	1.7	54

Thailand

Bewaffnung / Armament	Sensoren-Elektronik / Sensors-Electronic	Geschwindigkeit / keit / speed kn	Antrieb / Propulsion — Maschine Kessel Engines Boilers Masch	Leistung/ Power kW 1 kW = 1.36 PS	Fahrstrecke / Range sm	Sonstige Angaben / Remarks
–2 ⚓, ☍	⊤ ▽	16.0	MTU-DM	2150 2	2000 12	Typ deutsch / German M 48. Auch / also NS. Krupp-Atlas MN-80 minehunting system. Total 8?
–2 ⚓₂	⊤ ▽	13.0	4 GM-DM	880 2	2500 10	Typ US MSC 289
MM 38 ⇨, –7.6 ⚓ OTO, 1-4 ⚓	⊤ ♢ ♀ ⊕ ◌	36.0	MTU-DM	9930 3	2000 15	
Gabriel ⇨₃,₁, –5.7 ⚓, 1-4 ⚓	⊤ ♢ ♀ ⊕ ◌	37.5	MTU-DM	10590 4	2000 16	Typ deutsch / German TNC 45
	.	.	DM	.	.	
–2 ⚓₃ Sea Vulcan	⊤	38.0	DM	325 2		Typ HYSUCAT (Hydrofoil-supported catamaran). Prototyp. Total 18?
–7.6 ⚓, 2-4 ⚓₂	⊤ ♢ ♀ ⊕ ◌	30.0	MTU-DM	11030 3	2000 15	Typ ital. MV 400 TH
–7.6 ⚓, 1-4 ⚓, 2-2 ⚓₂, Mg ⚓	⊤ ⊕	22.0	MTU-DM	5030 2	2500 15	
–4 ⚓, 2 Mg ⚓	⊤	25.0	MTU-DM	2425 2	.	T 99: Fire control Sea Archer
–4 ⚓, 2 Mg ⚓	⊤	25.0	MTU-DM	2425 2	770 20	T 91: 1-4 ⚓, 2 Mg ⚓
–4 ⚓, 4-2 ⚓, 2 Mg ⚓	⊤	18.5	8 GM-DM	1500 2	1500 10	Typ US PGM
–2 ⚓, 2 ⬚	⊤ ▽	21.0	4 Cummins-DM	1620 2	1500 14	Typ US CG 95′
–7.6, 1-4 ⚓, 5-2 ⚓, UTR 32.4 I	⊤	19.0	DM	1880 2	6000 10	Typ US PC

5 PR: **T 27-35, 210-212** 20/22 ts, 25 kn, 2 Mg ⚓, 350 kW, DM, Typ US Swift; **T 21-23** 10/13 ts, 14 kn, 4 Mg ⚓₂,₁, 165 kW, DM, Typ US RPC – Flußkampfboote / river patrol craft
37 PR: **I-XXXVII** (55-65) 8 ts, 24 kn, 3 Mg ⚓₂,₁, 1-6.0 Mörser / mortar, Typ US PBR Mk II

	.					
	.	.	DM	.	.	Ähnlich / similar to Libyen: Typ Ibn Ouf. Total 6?
5-4 ⚓, 4-2 ⚓, [2100 ts]	⊤	11.0	GM-DM	1250 2	9500 9	Typ US LST
2-4 ⚓, 4-2 ⚓₂, 10 ⬚, [100]	⊤	12.5	GM-DM	2060 2	2500 10	Typ US LSM
1-4 ⚓, 4-2 ⚓, [400 ts]	⊤	14.0	8 GM-DM	960 2	.	Typ US LCI

Anzahl - Art / Number - Group	Schiffsnamen und Stapellauf / Ship's Name and Launching		Baubeginn – Fertig – *Umbau* / On Keel – Completed – *Conv.*	Bauwerft / Builder	Wasser- verdrängung / Displacement	Länge / Length	Breite / Beam	Tiefgang / Draft	Besatzung / Crew
					ts	m	m	m	Bes
1 LS	**Naka** (ex LSSL 102)	1945	45/45	USA	240 430	47.5	7.0	1.4	.
6 LS	**Thonglang, Wang Nok, Wang Nai** **Thongkaeo, I, II**	1982–86	81/82 85/86	N. Y., Bangkok	200 396	41.1	9.0	2.1	3?
5 LS	**ADANG, Metaphon, Phetra, Ravi,** **Talibong**	1944	./44	USA	135 280	37.0	9.7	1.2	3?

39 LC: 24 Typ US LCM (6), 12 Typ US **LCVP**; **L 41–43** ATC

Hilfsfahrzeuge / Auxiliary Vessels

| 1 AK | **Thalang** | 1979 | ./80 | N. Y., Bangkok | 1000 | 55.8 | 10.0 | 3.1 | 7? |

1 AK: **Kled Keo** 380/450 ts, 12 kn, 3–2 ⚓, DM, 440 kW₁, 46 × 7.6 × 4 m

1 AO: **Chula** (80) 2000 ts, 14 kn, MTU-DM, 1765 kW₂, 67 × 9.5 × 4.4 m, Bes 39, Bauwerft / builder: Singapore Shb. & Eng.

2 AO: **Proet** (69) 360 ts, 9 kn, DM; **Samed** (65) 305 ts, 11 kn

1 AO: **Chuang** (65) 305/480 ts, 11 kn – für Wasser / for water

4 AT: **Lang Merah, Lang Senah, Lang Kangok, Lang Hindek** (81) 243 ts, 12.5 kn, 2 Ruston-DM, Bes 10, Bauwerft / builder: Penang Shipbuilding

2 AT: **Rang, Rin** (80) 250 ts, 12 kn, MWM-DM, 1540 kW₁, 32.3 × 9.0 m, Bes 16, Bauwerft / builder: Singmarine Singapore

1 AG: **Suk** (81) 1400/1526 ts, 15 kn, 4–2 ⚓, MTU-DM, 62.9 × 11 × 4.1 m, Bes 58, Bauwerft / builder: N. Y., Bangkok – für ozeanographische Forschung / for oceanographic research

1 AG: o **Chantara** (60) 870 ts, 14 kn, 1–2 ⚓, 735 kW₂, Deutz-DM, 71 × 10.5 × 3 m, Bes 72, Bauwerft / builder: Lürssen, Vegesack – Vermessungsschiff / surveying vessel

Togo

2 PP: **Kara, Mono** (76) 80 ts, 30 kn, 1–4 ⚓, 1–2 ⚓, 1500/15 sm, 1990 kW₂, MTU-DM, 32 × 5.8 × 1.6 m, Bes 17, Bauwerft / builder: Esterel, Cannes

Trinidad und Tobago / Trinidad and Tobago

2 PP: **Barracuda, Cascadura** / CG 5, 6 (79) 200 ts, 31 kn, 1–4 ⚓, Paxman-DM, 5295 kW₂, 40.6 × 6.7 × 1.6 m, Bes 22 + 9, Bauwerft / builder: Karlskronavarvet

4 PP: **TRINITY, Courland Bay, Chaguaramas, Bucco Reef** / CG 1–4 (64–71) 95/120 ts, 25 kn, 1–4 ⚓, 2130 kW₂, Paxman-DM, Bes 17, Bauwerft / builder: Vosper, Portsmouth, Typ Vosper – Sri Kedah, **Bew:** III, IV 1–2 ⚓ anstelle der / instead of 4 ⚓

3 PP: **El Tucuche** (77) 20 ts, 20 kn; **Naparima** (76) 30 ts, 9 kn, 16.4 × 5.2 × 2.6 m; **Fort Chacon** 27 kn

Türkei / Turkey

Zerstörer / Destroyers

| 2 DD | **Anitepe** (ex Carpenter) | | 45/49 | Consolidated, Orange | 2425 | 119 | 12.4 | 5.8 | 280 |
| o | **Alçitepe** (ex R. A. Owens) | 1945–46 | 45/49 | Bath Iron Works | 3500 | | | | |

Bewaffnung / Armament	Sensoren-Elektronik/ Sensors-Electronic	Geschwindig-keit / speed kn	Antrieb / Propulsion		Leistung/ Power kW 1 kW = 1.36 PS	Fahrstrecke / Range sm	Sonstige Angaben / Remarks
			Maschine Kessel Engines Boilers Masch				
–7.6, 4–4 ⚓, 4–2 ⚓, –8.1 Mörser / mortars	⊤	15.0	8 GM-DM		970 2	4700 10	Typ US LSSL. Auch / also PC
–2 ⚓, 2 Mg ⚓	⊤	10.0	GM-DM		1030 2	1200 10	Auch / also PP
–2 ⚓, 3 ⛟, [80 ts]	⊤	10.0	GM-DM		500 3	1200 7	Typ US LCU 501
–4 ⚓, 2–2 ⚓, 2 Mg ⚓, ↯	⊤	12.0	MTU-DM		965 2	.	Für / for MS. Design Ferrostaal, Essen

4 AG: **Suriya** (78) 690/960 ts, 12 kn, 2–2 ⚓, MTU-DM, 965 kW₁ – auch Bojenleger / also buoy layer

2 AG: **I, II** (56) 96 ts, 12 kn, 29 × 5.5 × 1.5 m, Bauwerft / builder: Lürssen, Vegesack – Vermessung / survey

5 AX: **Phosamton** (ex Minstrel) (44) 1040 ts, 16 kn, 1–10.2 ⚓, 6–2 ⚓, Typ brit. Algerine, ex MS; **Pinklao, Prasae, Tachin** – s. FE; **Maeklong** (36) 1400 ts, 14 kn, 4–7.6 ⚓, 3–4 ⚓, 3–2 ⚓

Marine-Polizei / Marine Police

2 PP: **1801, 1803** 400 ts, 1–7.6 ⚓, 2–2 ⚓, DM

1 PP: **Damrong Rachanuphat** (75) 200 BRT/grt, 31 kn, 1–7.6 ⚓, 2–2 ⚓, DM

3 PR: **Thra Ong Chao Khamrop, Picharn Pholakit, Ram Inthra** (78) ./34 ts, 25 kn, 2 Mg ⚓, GM-DM, 705 kW₂, 19.6 × 5.2 × 1.1 m, Bes 15, Bauwerft / builder: Halter Marine

8 PR: **I–VIII** (79–80) 18 ts, 22 kn, 2 Mg ⚓, 295 kW, DM, 16.5 × 3.8 m

Tonga

3 PP: **Ngahau Koula, Ngahau Silva** / P 101, 102 (73–74) 15 ts, 21 kn, 2 Mg ⚓, DM, 13.7 × 4.0 × 1.2 m, Bes 7, Bauwerft / builder: Brooke, Lowestoft; **Titilupe** 8 kn, Lg 10.4 m – auch / also Royal Yacht

1 LC: **Late** (ex LCM 1057) 35/115 ts, 9 kn

Trinidad und Tobago / Trinidad and Tobago

4 PP: **Plymouth, Caroni, Galeota, Moruga** / CG 27–30 (82) 19 ts, 32 kn, 1 Mg ⚓, GM-DM, 955 kW₂, Bauwerft / builder: Souter, Cowes

6 PP: **I, II** (82) 32 ts, 36 kn, 2 Mg ⚓, GM-DM, 1765 kW₂, Bauwerft / builder: Souter, Cowes; **I** (81) 16 ts, 28 kn, 2 Mg ⚓, DM, 735 kW₂, Bauwerft / builder: Souter, Cowes; **Sea Dragon** (80) 15 ts, 23.5 kn, 2 Mg ⚓, GM-DM, 515 kW₂; **Seaspray, Fox** (77–78) 15 ts, 28 kn, 1 Mg ⚓, Typ brit. Sword – Marine-Polizei / Marine Police

Türkei / Turkey

| 2–12.7 ⚓, 2–4 ⚓₂, 2–3.5 ⚓₂, 6 UTR 32.4 III, 1 ⚓₈ Asroc | ⊤ ⚓ ⚓ ▽ ⌒ | 32.0 | ❀ Tu 4 Babcock | | 44130 2 | 5800 15 | Typ US Gearing, FRAM 1. I: 2–7.6 ⚓₂ statt / instead of 4 ⚓ |

Anzahl - Art / Number - Group	Schiffsnamen und Stapellauf / Ship's Name and Launching		Baubeginn – Fertig – *Umbau* / On Keel – *Conv.* Completed – *Conv.*	Bauwerft / Builder	Wasser- verdrängung / Displacement ts	Länge / Length m	Breite / Beam m	Tiefgang / Draft m	Besatzung / Bes
7 DD o	**Adatepe** (ex Forrest Royal) **M. Fevzi Çakmak** (ex Charles H. Roan) **Gayret** (ex Eversole) **Kiliç Ali Paşa, Savastepe,** (ex Robert H. McCard, Meredith) **Piyale Paşa** (ex Fiske) **Yucetepe** (ex Orleck)	1945–46	45/46 44/46 45/46 44/45 45 45/45 44/45	Bethlehem, St. Island Bethlehem, Quincy Todd, Tacoma Consolidated, Orange Bath Iron Works Consolidated, Orange	2425 3500	119	12.4	5.8	28
1 DD o	**Koçatepe** (ex Norris)	1945	44/45	Bethlehem, S. Pedro	2400 3470	119	12.4	5.8	28
1 DD o	**Zafer** (ex Hugh Purvis)	1944	43/45	Federal Kearny	2200 3320	115	12.4	5.8	23
1 DD o	**Muavenet** (ex Gwin)	1944	43/44 *82–83*	Bethlehem, S. Pedro	2250 3350	115	12.4	5.8	27
2 DD	**Izmir** (ex Van Valkenburgh) **Istanbul** (ex C. K. Bronson)	1943	42/44 42/43	Gulf, Chickasaw Federal Kearny	2850 3040	115	12.0	4.3	29

Fregatten / Frigates

4 FG	I–IV	gepl. / plan.	.	.		.	.	.	.
4 FG o	Yildirim Fatih Turgut **YAVUZ**	1985 – a. St. / o. st.	87/. 85/. 85/88 84/87	St. W., Gölçük St. W., Gölçük HDW, Kiel Blohm + Voss, Hamb.	2200 2784	111	13.3	3.9	180
2 FF o	**Gemlik** (ex Emden) **Gelibolu** (ex Gazi Osman Paşa, Karlsruhe)	1959	58/61 58/62	Stülcken, Hamburg Stülcken, Hamburg	2400 2700	110	11.5	3.4	200
2 FE o	**BERK, Peik**	1971–72	67/73 68/75	St. W., Gölçük	1450 1950	95.0	11.8	4.4	.

Uboote / Submarines

8 SS o	I, II Dolunay Doganay Yildiray Batiray Saldiray Atilay	gepl. / plan. 1974–86	. 85/88 81/84 76/81 75/78 73/75 72/75	St. W., Gölçük St. W., Gölçük St. W., Gölçük HDW, Kiel HDW, Kiel HDW, Kiel	1185↑ 1290↓	56.1	6.2	5.5	33
2 SS o	**Piri Reis, Hizir Reis** (ex Tang, Gudgeon)	1951–52	49/52 50	N. Y., Portsmouth	2120↑ 2700↓	87.5	8.3	5.7	82
2 SS o	**Çanakkale, Ikinci Inönü** (ex Cobbler, Corporal)	1945	44/45	Electric Bt., Groton	1975↑ 2450↓	99.5	8.2	5.2	86
7 SS o	**Burak Reis, Cerbe, Birinci Inönü, Murat Reis, Oruc Reis, Uluc Ali Reis** (ex Sea Fox, Trutta, Threadfin, Razorback, Pomfret, Thornback) **Preveze** (ex Entemedor)	*52–54* 1943–44	44/44 44/45	N. Y., Portsmouth Electric Bt., Groton	1840↑ 2445↓	93.0	8.2	5.2	84

Bewaffnung / Armament	Sensoren-Elektronik / Sensors-Electronic	Geschwindig-keit / speed kn	Antrieb / Propulsion Maschine Kessel Engines Boilers Masch		Leistung/ Power kW 1 kW = 1.36 PS	Fahrstrecke / Range sm	Sonstige Angaben / Remarks
-12.7 ⚓₂, 2-4 ⚓₂, -3.5 ⚓₂, 6 UTR 32.4 III, ⚓₈ Asroc, 1 ⚓	T ⚓ ⚓ ⚓ ⚓	32.0	✷ Tu 4 Babcock		44130 2	5800 15	Typ US Gearing, FRAM 1. IV, V, VI: keine / no 4 ⚓. Yucetepe wird gestrichen / to be deleted. 2 erhalten neues / to get new FCS. 2 erhalten / to get Sea Sparrow ⚓ (VLS)
-12.7 ⚓₂, 4-4 ⚓₂, -3.5 ⚓₂, 6 UTR 32.4 III, ⚓	T ⚓ ⚓ ⚓ ⚓	32.0	✷ Tu 4 Babcock		44130 2	5800 15	Typ US Gearing, FRAM 2
-12.7 ⚓₂, 4-4 ⚓₂, -3.5 ⚓₂, 6 UTR 32.4 III, ⚓	T ⚓ ⚓ ⚓ ⚓ ⚓	33.0	✷ Tu 4 Babcock		44130 2	6000 15	Typ US Allen M. Sumner, FRAM 2
-12.7 ⚓₂, 2-7.6 ⚓₂, 2-4 ⚓₄.₂, 2 ⚓, ⚓	T ⚓ ⚓ ⚓	33.0	✷ Tu 4 Babcock		44130 2	6000 15	Typ US Allen M. Sumner / MMD. New Radars
-12.7 ⚓₂, 6-7.6 ⚓₂, UTR 32.4 III, 2 ⚓	T ⚓ ⚓ ⚓ ⚓	32.0	✷ Tu 4 Babcock		44130 2	4400 15	Typ US Fletcher. Station ships
.	.	.	.		.	.	**Masch:** CODOG oder / or CODAG?
Harpoon ⚓₂, -12.7 ⚓, -2.5 ⚓ Sea Zenith, NATO Sea Sparrow ⚓₈, UTR 32.4 III, ⚓ AB 212	.	27.0	4 MTU-DM		29440 2	.	Typ deutsch / German MEKO 200 T. **Masch:** CODAD. Prime contractor: Blohm + Voss, HDW, Thyssen Rheinstahl, Ferrostaal
-10 ⚓, 6-4 ⚓₂.₁, UTR 53.3 I, 2 ⚓₄, ⚓	T ⚓ ⚓ ⚓- ⚓ ⚓	30.0	BBC-GTu + 4 MAN-DM		17650 + 11775 2	2700 22	Typ deutsch / German 120. **Masch:** CODAG. II durch Brand schwer beschädigt / II heavily damaged by fire
-7.6 ⚓₂, UTR 32.4 III, [1 ⚓]	T ⚓ ⚓ ⚓ ⚓	25.0	4 Fiat-DM		17650 2	.	Verbesserter / improved Typ US Claud Jones
TR 53.3 b ↓	T ⚓ ⚓ ⚓ ⚓	11.0↑ 22.0↓	4 MTU-DG 1 EM		1760 3680 1	7800 8	Typ deutsch / German 209/1200. I, II Typ 209/1400? 1 Boot / boat: AX
8 TR 53.3 ↓ (6 b, 2 h)	T ⚓- ⚓	15.5↑ 16.0↓	3 Fairb.-M.-DM 2 EM		3310 4120 2	7600 15	Typ US Tang
10 TR 53.3 ↓ (6 b, 4 h)	T ⚓	17.0↑ 14.5↓	4 GM-DM ⚓ EM		4780 3820 2	10000 10	Typ US GUPPY III
10 TR 53.3 ↓ (6 b, 4 h)	T ⚓	18.0↑ 15.0↓	3 DM 3 EM		3535 3970 2	14000 10	Typ US GUPPY II A

Anzahl - Art / Number - Group	Schiffsnamen und Stapellauf / Ship's Name and Launching		Baubeginn - Fertig / Umbau / On Keel - Completed - Conv.	Bauwerft / Builder	Wasserverdrängung / Displacement ts	Länge / Length m	Breite / Beam m	Tiefgang / Draft m	Besatzung / Crew Bes
Minenleger / Minelayers									
1 NB ∘	**Nusret** (ex MMC 16)	1964	62/64	Frederikshavn Shv.	1800	77.0	12.5	3.4	13∎
2 NB	**Saruçabey, Karamürselbey**	1981– 84	80/84 84/85	Taskizak	2500	92.0	14.0	2.3	.
1 NB	**Çakabey**	1977	76/80	Taskizak	1600	77.3	12.0	2.3	.
2 NB ∘	**Sancactar** (ex Bochum) **Bayraktar** (ex Bottrop)	1945	./45 ./45	American Bridge Missouri Valley	3640 4140	101	15.3	4.0	6∎
1 NS	**Mehmedçik** (ex YMP 3)	1957	56/58	Higgins, N. Orleans	. 540	40.0	10.7	1.8	22
5 NS ∘	**Marmaris, Meric, MORDOGAN, Mersin, Mürefte** (ex LSM 481, 490, 484, 492/Vale, 493/Vidar) 1944–45		44/44 45/45	Brown Shb., Texas	743 1100	62.0	10.4	2.5	7(
Minensucher / Minesweepers									
6 MS ∘	**Karamürsel, Kemer, Kerempe, Kilimli, Kozlu, Kusadasi** (ex Worms, Passau, Detmold, Siegen, Hameln, Vegesack) 1959–60		57/59 59/60	Amiot, Cherbourg	366 383	44.6	8.3	2.6	4(
4 MS ∘	**TIREBOLU, Tekirdag, Terme, Trabzon** (ex Comox, Ungava, Trinity, Gaspé) 1951–53		51/53 52/54	Davie, Lauzon	390 412	50.0	9.2	2.8	4(
12 MS ∘	**SAMSUN, Sapanca, Saroc, Seddulbahir, Sigacik, Silifke, Sinop, Sürmene, Sariyer, Seymen, Selcuk, Seyhan** 1952–69		57/58 66/70	USA	330 405	43.9	8.5	2.6	35
4 MS ∘	**FOCA, Fethiye, Fatsa, Finike** (ex MSI 15–18)	1966–67	66/68 65/67	Peterson, Sturgeon Bay	205 249	34.0	7.1	3.0	21
7 MS:	**MTB 3, 4, 6–10** (42) 70 ts, 10 kn – Stützpunktboote / base boats								
Kleine Kampfschiffe / Small Fighting Vessels									
10 PG ∘	**I, II** **III, IV** **Rüzgar, Poyraz** **Marti, Tayfun, Volkan** **DOĞAN**	gepl. / plan. a. St. / o. st. 1976–85	. 85/. 83/86 75/78 76/80 75/77	Taskizak Taskizak Taskizak Taskizak Lürssen, Vegesack	360 410	58.1	7.6	2.7	40
8 PG ∘	**Albatros, Atmaca, Denizkusu, KARTAL, Kasirga, Pelikan, Sahin, Simsek** 1966–68		65/67 67/68	Lürssen, Vegesack	185 210	42.8	7.1	2.2	39
1 PF ∘	**Bora** (ex Surprise / PG 97)	1968	67/69	Peterson, Sturg. Bay	225 240	50.3	7.3	2.9	32
4 PF ∘	**Kalkan, Karayel, Mizrak, Tufan** (ex Wolf, Pinguin, Häher, Storch) 1957–60		56/57 60/60	Lürssen, Vegesack	185 210	42.5	7.2	2.4	39
6 PC ∘	**AKHISAR, Demirhisar** **Koçhisar** **Sivrihisar, Sultanhisar, Yarhisar** 1964–65		63/64 64/65	Gundersen, Portl. St. W., Gölcük Gundersen, Portl.	330 480	53.0	7.0	3.1	65
1 PP	**Girne**	1976	75/76	Taskizak	340 395	58.1	7.6	2.8	30

Bewaffnung / Armament	Sensoren-Elektronik / Sensors-Electronic	Geschwindigkeit / speed kn	Antrieb / Propulsion Maschine / Kessel Engines / Boilers Masch	Leistung / Power kW 1 kW = 1.36 PS	Fahrstrecke / Range sm	Sonstige Angaben / Remarks
-7.6 ⚓₂, 400 ⚓	⊤ ⟡ ⊕	18.0	GM-DM	3535 / 2	.	Typ dän. / Dan. Falster
-4 ⚓₂, 4-2 ⚓₂, 11 ⊟, LCVP, [600], 150 ⚓	.	14.0	DM	3180 / 3	.	Auch / also LS. ✈-Deck achtern / aft
-4 ⚓₂, 8-2 ⚓₂, 10 ⊟,	⊤	14.0	DM	3180 / 3	.	✈-Deck mittschiffs / amidships. Auch / also LS
-4 ⚓₂,₁, ⚓	⊤	9.0	DM	1875 / 2	15000 / 9	Typ US LST (2)
-4 ⚓], ⚓	⊤	10.0	DM	440 / 2	.	
-4 ⚓₂, 5-2 ⚓, ⚓	⊤	12.0	DM	2060 / 2	2500 / 10	Typ US LSM/CMS
-2 ⚓₂	⊤	15.0	DB-DM₄	880 / 2	1800	Typ frz. / French Mercure
-4 ⚓	⊤	16.0	12 Cyl.-DM₂	1840 / 2	2500 / 10	Typ canad. Bay
-2 ⚓₂	⊤	15.0	GM-DM	880 / 2	2500 / 10	Typ US Adjutant, MSC 268/289
Mg ⚓	⊤	13.0	DM	735 / 2	1000 / 9	Typ US MSI
Harpoon ⇒₄, -7.6 ⚓ OTO, 2-3.5 ⚓₂, Mg ⚓	⊤ ⟡ ⟲ ⊕ ⌒	36.5	MTU-DM	13240 / 4	2250 / 27	Typ deutsch / German FPB 57
Penguin ⇒, 2-4 ⚓, TR 53.3	⊤ ⊕	42.0	Maybach-DM	8825 / 4	1000 / 32	Typ deutsch / German Jaguar
-7.6 ⚓, 1-4 ⚓, 4 Mg ⚓₂	⊤ ⟡ ⟲ ⊕	40.0	1 Gen. El.-GTu + 2 Cummins-DM	9190 + 1290 / 2	1700 / 16	Typ US Asheville. **Masch:** CODAG
-4 ⚓, 4 TR 53.3	⊤ ⊕	42.0	4 MTU-DM	8825 / 4	1000 / 32	Typ deutsch / German Jaguar. 1975-76 übernommen / acquired
-4, 4-2 ⚓, 1 ⟿, 2 ⚲	⊤ ⅋	25.0	Alco-DM	2120 / 2	6000 / 10	Typ US PC
-4 ⚓, 2 Mg ⚓, 4 ⟿, 2 ⚲	⊤	29.5	MTU-DM	6620 / 2	4200 / 16	Ähnlich / similar to Typ span. Lazaga

Anzahl – Art / Number – Group	Schiffsnamen und Stapellauf / Ship's Name and Launching	Baubeginn – Fertig – Umbau / On Keel – Completed – Com.	Bauwerft / Builder	Wasser-verdrängung / Displacement ts	Länge / Length m	Breite / Beam m	Tiefgang / Draft m	Besatzung / Crew Bes
12 PP	**AB 25–36**	1967–70	66/67 70/70	Taskizak	150 170	40.2	6.4	1.6	.
4 PP	**AB 21–24** (ex PGM 104–106, 108) 1966–68	./67 68	Peterson, Sturgeon Bay	130 145	30.5	6.4	1.9	1.

4 PP: **LS 9–12** (51–52) 63 ts, 18 kn, 1–2 ⚓, 2 ⚓, 4 GM-DM, 810 kW₂, Cummins-DM, Typ US USCG 83'

Landungsfahrzeuge / Landing Vessels

Anzahl – Art / Number – Group	Schiffsnamen und Stapellauf / Ship's Name and Launching	Baubeginn – Fertig – Umbau / On Keel – Completed – Com.	Bauwerft / Builder	Wasser-verdrängung / Displacement ts	Länge / Length m	Breite / Beam m	Tiefgang / Draft m	Besatzung / Crew Bes
2 LS o	**Ertugrul, Serdar** (ex Windham Co., Westchester Co.) 1953–54	52/54 53	Christy, Sturgeon Bay	2700 5800	117	16.8	5.2	11♦
32 LS	**Ç 139–144** **Ç 107–129, 135, 137, 138** 1963–86	62/65 86	St. W., Gölcük Taskizak	290 582	56.5	12.0	1.4	1♦
12 LS	**Ç 205–216** 1965–66	.	Taskizak	320 405	43.0	8.5	1.7	.
1 LS	**Ç 204** (ex US LCU 667) 1944	./44	USA	140 310	37.0	9.7	1.2	1.

43 LC: **Ç 301–320** Typ US LCM (8); **Ç 402–404** Typ US LCM (3); **Ç 501, 503–507, 509, 510** Typ US LCM (6)

Hilfsfahrzeuge / Auxiliary Vessels

Anzahl – Art / Number – Group	Schiffsnamen und Stapellauf / Ship's Name and Launching	Baubeginn – Fertig – Umbau / On Keel – Completed – Com.	Bauwerft / Builder	Wasser-verdrängung / Displacement ts	Länge / Length m	Breite / Beam m	Tiefgang / Draft m	Besatzung / Crew Bes
2 AR oo	**Cezayirli Gazi Hasan Paşa** (ex Ruhr) **Sokulloh Mehmet Paşa** (ex Isar) 1960–62	61/64 61/64	Schliekerwerft, Hamb. Blohm + Voss, Hamb.	2370 2740	98.2	11.8	3.9	122
2 AR o	**Ülkü, Umur Bey** (ex Angeln, Dithmarschen) 1954–55	54/55 56	Ch. de Bretagne, Nant.	3100 4190	91.0	13.3	4.5	57
1 AR	**Donatan** (ex Anthedon) 1943	43/44	Ingalls, Pascagoula	8100	150	21.2	8.2	.
1 AR o	**Derya** (ex Piedmont) 1942	41/44	Tampa Shb., Florida	9450 18000	162	22.3	7.8	.
2 AR	**Basaran** (ex ARL 19) **Onaran** (ex AGP 14) 1944	44/44 44/45	Bethlehem, Hingham Missouri V. Bridge	1650 4100	100	15.2	4.4	8C
1 AR	**Kurtaran** (ex Yurok) 1946	45/46	Charleston Shb.	1290 1760	63.0	11.7	4.6	85
1 AR	**Işin** (ex Safeguard) 1943	43/44	Basalt Rock, Calif.	1480 1970	65.0	12.5	4.0	97
1 AR	**Akin** (ex Greenlet) 1942	41/42	Moore Shb., Oakland	1655 2140	76.0	12.8	4.5	85

2 AP: **Kilya, Tuzla** (40–42) 700 ts, 9.5 kn, 56 × 12.2 × 2.7 m
4 AK: **Cephane 1–3; Bekirdere** – für Munition / for ammunition

Anzahl – Art / Number – Group	Schiffsnamen und Stapellauf / Ship's Name and Launching	Baubeginn – Fertig – Umbau / On Keel – Completed – Com.	Bauwerft / Builder	Wasser-verdrängung / Displacement ts	Länge / Length m	Breite / Beam m	Tiefgang / Draft m	Besatzung / Crew Bes
1 AO	**Akar** 1983	81/85	St. W., Gölcük	14000	145	22.8	.	33C
1 AO	**Binbaşi Saadettin Gürçan** 1969	./70	Taskizak	1505 4460	90.0	12.0	5.5	.
1 AO	**Albay Hakki Burak** 1964	./64	Taskizak	1800 3800	83.7	12.3	5.5	88
1 AO	**Inebolu** (ex Bodensee, Unkas) 1955	55/56	Lindenau, Kiel	1240 1840	67.1	9.8	4.3	2↑
1 AO	**Yüzbaşi Tolunay** 1950	./51	Taskizak	2500 3500	79.0	12.4	5.9	.

Bewaffnung / Armament	Sensoren-Elektronik / Sensors-Electronic	Geschwindig-keit / speed kn	Antrieb / Propulsion Maschine / Kessel Engines / Boilers Masch	Leistung / Power kW 1 kW = 1.36 PS	Fahrstrecke / Range sm	Sonstige Angaben / Remarks
–4 ⚓, 1–2 ⚓, 2 Mg ⚓, 〰	┳	22.0	AGO-DM	3535 2	.	**Masch:** 2 DM 220 kW für Marschfahrt / for cruising
–4 ⚓, 4–2 ⚓₂, 2 〰	┳ ⊽	15.0	8 GM-DM	1360 2	1500 10	Typ US PGM
–7.6 ⚓, 4 LC, [400]	┳ ⟊	15.0	4 GM-DM	4410 2	.	Typ US Terrebonne Parish
–2 ⚓, 2 Mg ⚓, 5 ⛭	┳	8.0	DM	735 2	1100 8	Ab / from Ç 119: ./600 ts, 8.5 kn, 660 kW, 56 × 11.6 × 1.3 m
–2 ⚓	┳	10.0	GM-DM	440 2	.	
–2 ⚓, 3 ⛭, [80]	┳	8.0	DM	500 3	700 7	Typ US LCU
nd / and 12 **LCVP**						
–10 ⚓, 4–4 ⚓, [200], 0 ☽	┳ ♢ ⟊	20.5	6 Maybach-DM	8380 2	1625 15	Typ deutsch / German Rhein. I AX, II für / for PF
–4 ⚓, 2–2 ⚓	┳	15.0	Pielstick-DM	2210 1	3660 15	I für / for PF, II für / for SS
–7.6 ⚓, 8–4 ⚓₂,₁, 8–2 ⚓	┳	14.4	Westingh. ✿ Tu 2 Wr	6250 1	.	Typ US Aegir, Mar. Comm. C 3. Für / for SS. ⟿-Deck
–2 ⚓	┳	18.0	✿ Tu 4 B. & W.-Wr	8825 2	12000 12	Typ US Dixie. ⟿-Deck
–4 ⚓, 8–2 ⚓₂	┳	11.0	DM	1250 2	9000 9	Typ US Achelous / LST (2)
–7.6	┳	16.0	4 ⟿ DM	2210 1	.	Typ US ASR / ATF
–2 ⚓	┳	14.8	4 ⟿ DM	2210 2	.	Typ US ARS
–4 ⚓, 4–2 ⚓₂	┳	16.0	4 ⟿ DM	2210 1	.	Typ US ASR
AK: **Kanarya, Sarköy, Karadeniz Eregli, Eçeabat** (72–74) Kümo-Typ / Coaster type						
–7.6 ⚓₂, 2–4 ⚓	┳	15.0	MWM-DM	4400 1	.	
–4 ⚓, 2–2 ⚓	┳	16.0	4 ⟿ DM	3240 2	.	
–4 ⚓	┳	16.0	4 GM ⟿ DM	3240 2	.	
–2 ⚓	┳	12.0	MaK-DM	770 1	6240 12	Typ deutsch / German. 1977 übernommen / acquired
–4 ⚓	┳	14.0	A. Polar-DM	1410 2	.	

Anzahl - Art Number - Group	Schiffsnamen und Stapellauf / Ship's Name and Launching	Baubeginn - Fertig / Umbau - On Keel - Completed - Conv.	Bauwerft / Builder	Wasser- verdrängung / Displacement ts	Länge / Length m	Breite / Beam m	Tiefgang / Draft m	Besatzung / Crew Bes
1 AO	**Akpinar** (ex Chiwaukum)	1944 44/44	USA	1450 2700	65.0	11.3	3.9	.

1 AO: **Taskizak** (83) 1440 ts, 13 kn, 1-4 ⚓, 2-2 ⚓, DM, 1030 kW₁, 64.6 × 9.4 × 3.5 m, Bes 57, Bauwerft / builde Taskizak

3 AO: **H 500–502** 300 ts, 11 kn, DM

1 AN ○	**AG 5**	1960 60/61	Kröger, Rendsburg	680 970	52.5	10.5	4.1	4
1 AN ○	**AG 6** (ex Cerberus)	1952 ./52	Bethlehem St., St. Isl.	780 900	50.8	10.4	3.1	48
1 AN ○	**AG 4** (ex Larch)	1941 40/41	American Shb.	560 805	50.0	9.3	3.2	4
1 AN ○	**AG 1** (ex Barbarian)	1938 37/38	Blyth Shb.	750 1000	52.9	9.4	2.7	3

1 AT: **Gazal** (ex Sioux) (46) 1295 ts, 16 kn, 1-7.6, Typ US ATF – auch Bergungsfahrzeug / also salvage vessel

6 AT: **Öncü, Önder** (53) 500 ts, 12 kn; **Kuvvet** 390 ts, 10 kn; **Kudret, Sonduren, Yedekci** 130 ts, 8 kn – und zahl reiche kleinere / and numerous smaller

3 AT: **Güven, Atil, Doğanarslan** (76) 300 ts – Hafenschlepper / harbor tugs

Marine-Polizei / Marine Police – *Sahil Güvenlik*

14 PF ○	**SG 62–74** SG 61	78/86 1977–86 76/78	Taskizak A. & R., Lemwerder	155 170	33.5	8.6	1.9	24
14 PP	**SG 21–34**	1968–77 ./68 78	Taskizak	170	40.2	6.4	1.7	.
8 PP	**SG 12–16, 18–20**	1961–62 ./62 63	Schweers, Bardenfleth	60 70	28.9	4.7	1.4	1
9 PP	**SG 41–47, 49, 50**	? .	USA	15	13.9	4.2	1.1	

8 AP: **SG 101–104; SG 51–54**

Tunesien / Tunisia

1 FE ○	**President Bourghiba** (ex Thomas J. Gary)	43/43 1943	Consolidated, Orange	1590 2100	93.0	11.2	4.3	170
3 PG	**Carthage** **Tunis** **La Galité**	83/85 82/84 1983 82/84	C. Mécaniques, Cherb. C. Mécaniques, Cherb. C. Mécaniques, Cherb.	385 425	56.8	8.2	2.5	42
1 PC	**Sagjet Sidi Joussef** (ex UW 12)	52/55 1954	Dubigeon, Nantes	325 440	52.0	7.3	2.0	62
3 PP ○	**Monastir** **Horria, BIZERTE**	73/75 1969–74 69/70	SFCN, Villeneuve	250	47.5	7.1	2.5	34
2 PP ○	**Gafsa, Amilcar**	~1975 ./77	China	120 155	38.8	5.5	1.7	38
2 PP	**Hannibal, Sousse** (ex Coquelicot, Marjolaine) 1955	54/55	USA	300 375	43.0	8.5	2.6	38
2 PP	**Tazarka, Menzel Bourghiba** 1976	76/77	Vosper Th., Portchester	110 120	31.3	6.0	2.0	24
4 PP	**Al Jala, ISTIQLAL** (ex P 761), **Jumourhia, Remada** 1957–67	./57 69	Esterel, Cannes	60 80	31.7	5.8	1.7	1
6 PP	**V 101–106** 1961–63	./61 63	Esterel, Cannes	40	30.0	4.8	1.3	1

4 PP: **I–IV** (81–82) DM, Lg 23 m

Bewaffnung / Armament	Sensoren-Elektronik/ Sensors-Electronic	Geschwindig-keit / speed kn	Antrieb / Propulsion — Maschine / Kessel / Engines / Boilers / Masch	Leistung/ Power kW 1 kW = 1.36 PS	Fahrstrecke / Range sm	Sonstige Angaben / Remarks
-7.6, 1-4 ⚓, 2-2 ⚓	⊤	10.0	DM	590 / 1	.	Typ US YOG

AO: **Sögüt** (ex FW 2) (63) 600/626 ts, 9 kn; **Ulubat, Van** (68–69) 900 ts, 14.5 kn – für Wasser / for water

AO: **Pinar 3-6** 300 ts, 11 kn, DM; **Pinar 2** (58) 1300 ts, 10 kn, DM; **Pinar 1** (ex Istanbul) (38) 490 ts, DM; **Y 1240** 850 ts, 10 kn – für Wasser / for water

Bewaffnung / Armament	Sensoren	kn	Maschine	Leistung	Range	Remarks
-4 ⚓, 3-2 ⚓	⊤	12.0	4 MAN-DM	1065 / 2	8000 / 12	
-7.6, 4-2 ⚓	⊤	12.8	GM ⟳ DM	1100 / 1	5200 / 12	1970 übernommen / acquired
-7.6, 4-2 ⚓	⊤	12.0	Alco ⟳ DM	590 / 1	.	Typ US Aleo
-7.6, 2-2 ⚓	⊤	11.5	Exp. / 2 Cyl.	625 / 1	3100 / 10	Typ brit. Bar

AG: **Çubuklu** (83) 510/600 ts, 12 kn, DM, 740 kW$_1$, 40.5 × 9.4 m, Bauwerft / builder: St. W., Gölçük; **Mesaha I, II** (66) 45 ts – Vermessung / survey

AX: **Savarona** (ex Gunes Dil) (31) 5750 ts, 18 kn, 2-7.5, 2-4 ⚓, 2-2 ⚓, Bauwerft / builder: Blohm + Voss, Hamburg; **Y 1108, 1109, 1223, 1224** (~45) Typ brit HDML; **Toros**

Bewaffnung / Armament	Sensoren	kn	Maschine	Leistung	Range	Remarks
-4 ⚓, 2 Mg ⚓	⊤	40.0	SACM-DM / MTU-DM	9930 / 3	1000	Typ SAR 33/37. SG 71–74: Lg 37 m. **Bew** auswechselbar / **AMT** changeable
-4 ⚓, 1 Mg ⚓	⊤	22.0	MTU-DM	2350	.	
-4 ⚓, 2-2 ⚓	⊤	25.0	MTU-DM	1470 / 2	1500 / 19	Typ deutsch / German KW 15
Mg ⚓$_2$	⊤	18.0	DM	330 / 2	200 / 18	Typ US 45 ft. Picket boat

Tunesien / Tunisia

Bewaffnung / Armament	Sensoren	kn	Maschine	Leistung	Range	Remarks
-7.6, 2-2 ⚓, **UTR** 32.4 III	⊤ ○ ⊕ ▽	21.0 / 19.0	4 Fairb.-Morse-DM	4410 / 2	11500 / 11	Typ US Savage
MM 40 ⇒$_4$, -7.6 ⚓, 2-4 ⚓$_2$, 4-3 ⚓$_2$	⊤ ♦ ⊕	38.5	MTU-DM	14190 / 4	2000 / 15	Typ frz. / French Combattante III M
-4 ⚓, 2-2 ⚓, 2 ◿, 2 ⚲	⊤ ▽	18.7	4 Pielstick-DM	2380 / 2	2000 / 15	Typ frz. / French Le Fougueux
-4 ⚓, 2-2 ⚓, 8 ⟶ SS 12	⊤	22.0	MGO-DM	2940 / 2	2000 / 15	Typ madag. / Malag. Malaika
-3.7 ⚓$_2$, 4-2.5 ⚓$_2$	⊤	30.0	MTU-DM	3130 / 4	800 / 17	Typ chines. Shanghai II
-2 ⚓$_2$	⊤ ▽	13.0	GM-DM	880 / 2	2500 / 10	Typ US Adjutant
-2 ⚓	⊤	27.0	MTU-DM	2210 / 2	1500 / 14	
-2 ⚓	⊤	28.0	MTU-DM	1990 / 2	1400 / 15	Typ frz. / French P 751
-2 ⚓]	⊤	23.0	GM-DM	690 / 2	900 / 16	Typ venez. Rio Apure

AT: **Ras Adar** (42) 540 ts, 13 kn, ⟳ DM

Anzahl – Art / Number – Group	Schiffsnamen und Stapellauf / Ship's Name and Launching	Baubeginn – Fertig – *Umbau / On Keel* – Completed – *Conv.*	Bauwerft / Builder	Wasser- verdrängung / Displacement	Länge / Length	Breite / Beam	Tiefgang / Draft	Besatzung /
				ts	m	m	m	Bes

Ungarn / Hungaria

10 MS	AM 11, 12, 21, 22, 31, I–V	? .	Brodotehnika, Belgrad	65 75	27.0	6.3	1.6	.

10 MS: **I–X** 25 ts, 13 kn, 1 Mg ⚓, DM, 13.5 × 3.4 × 1.4 m – auch / also NS
10 PP: **I–X** 10 ts, 1 Mg ⚓, DM

Uruguay

1 FF ○	**18 de Julio** / 3 (ex Dealey)	1953 52/54 79–80	Bath Iron Works	1450 1920	95.8	11.2	5.3	16!
2 FE ○	**ARTIGAS, Uruguay** / 2, 1 (ex Bronstein, Baron)	43/43 1943	Federal, Port Newark	1240 1900	93.2	11.2	3.7	16
1 FS ○	**Comandante Pedro Campbell** / 4 (ex Chicadee)	41/42 1942	Defoe, Bay City	890 1250	67.0	9.3	3.4	10
1 PP	**Rio Negro** / 13 (ex Marguerite / AMS 94)	52/54 ~1952	Nat. Steel, S. Diego	300 375	43.0	8.0	2.6	38
3 PP	**25 de Agosto, 15 de Noviembre, Comodoro Coe** / 6,5,7	79/80 1980–81 80	C. Mécaniques, Cherb.	166 180	41.8	6.7	1.6	28

3 PP: **Paysandu** / 12 (68) 60 ts, 22 kn, 3 Mg ⚓, 26 × 5.6 × 1.6 m, Bauwerft / builder: Sewart; **Carmelo** / 11 (57) 70 ts, 25 kn, 1–2 ⚓, 28.7 × 5.9 × 2.0 m, Bauwerft / builder: Kröger, Rendsburg; **Colonia** / 10 (44) 25 ts, 33 kn, 4 Mg ⚓, DM – *Prefectura Naval*

7 LC: **LD 45, 46** (~80) 31.5 ts, 10.5 kn, GM-DM, 200 kW$_2$; **LD 43, 44** (78–79) 13 ts, 9 kn, GM-DM, 103 kW$_1$; **LD 42** 12 ts, 6 kn, DM, 140 kW$_2$; **LD 40, 41** 24/55 ts, 10 kn, DM, 330 kW$_2$ – Typ US LCM (6)

1 AP: **Presidente Oribe** / 29 (ex Catrina) (66) 1150 ts, 10 kn, DM

USA

Im Gegensatz zu anderen Marinen ist jeder Schiffstyp der US-Navy und der US-Coast Guard mit zwei, dr oder vier Buchstaben gekennzeichnet. Z. B. Zerstörer: DD, Schneller Versorger: AOE. Außerdem hat jede Schiff eine Kennummer. Hierbei handelt es sich normalerweise um laufende Nummern, d. h., das erste Sch eines Typs erhält die „1" – so der erste Schnelle Versorger Sacramento: AOE 1. Wird ein Schiff umklassifizier gibt es seine Kennung auf und erhält eine neue. Die alte Kennung wird nicht wieder vergeben.

Zusätze zu den Kennummern:

T vor Kennummer: Schiff gehört zum Military Sealift Command (MSC),

W vor Kennummer: Schiff gehört zur US-Coast Guard (Küstenwache).
Die Zugehörigkeit vieler Hilfsschiffe zur Marine und zum MSC ist wechselnd.

Zahlreiche Schiffe, die früher bei der Kriegsmarine oder dem MSC Dienst getan haben, sind heute aufgele und sind nicht mehr in den Listen dieser beiden Dienste enthalten. Sie sind aber noch vorhanden, werde durch die Maritime Administration – „MARAD" – geführt und ihre Wiederverwendung im aktiven Dienst i jederzeit möglich.

SLEP: Programm zur Verlängerung der Lebensdauer der Flugzeugträger um 10–15 Jahre. Erhalten bei Tota überholung 3 Sea Sparrow ⚓₈, 3–2 ⚓ Phalanx, TFCC (Tactical Flag Command Center), verbesserte Elektron und Radaranlagen, leichtere und stärkere Katapulte, Kevlar-Panzerung und mehr Wohnlichkeit.

Der Modernisierung des älteren Schiffsmaterials diente 1959–64 das „Fleet Rehabilitation and Moderniz tion" (FRAM)-Programm. Verlängerung der Lebensdauer um etwa 8–10 Jahre: FRAM 1, um 5 Jahre: FRAM 2.

Stark veraltete Schiffe: magerer, nicht gesperrter Druck.

Bewaffnung / Armament	Sensoren-Elektronik/ Sensors-Electronic	Geschwindig-keit / speed kn	Antrieb / Propulsion		Fahrstrecke / Range	Sonstige Angaben / Remarks
			Maschine Kessel Engines Boilers Masch	Leistung/ Power kW 1 kW = 1.36 PS	sm	

Ungarn / Hungaria

-2 ⚓₃,₂	⊤	15.0	DM	380 2	860 10	Typ jugosl. Neštin
LC: **I–V**						

Uruguay

-7.6 ⚓₂, UTR 32.4 III	⊤ ⅄	25.0	de Laval ✿ Tu 2 Foster-Wh.	14710 1	4500 15	Typ US Dealey
-7.6, 2-4 ⚓, 4-2 ⚓, ⌂	⊤	19.0	⇝ DM	4410 2	11500 11	Typ US Bostwick
-7.6, 4-4 ⚓₂, 4-2 ⚓₂	⊤	18.0	4 ⇝ DM	2350 2	.	Typ US Auk. Auch / also AT
-2 ⚓	⊤	13.0	GM-DM	880 2	2500 10	Typ US Adjutant, ex MS
-4 ⚓, 1-2 ⚓	⊤ ⏚	28.0	MTU-DM	3970 2	2400 15	Typ frz. / French Vigilante

AO: **Juan A. Lavelleja** / 27 (ex Solfonn) (75) 68930 ts, 15.5 kn, ✿ Tu, 18020 kW

AG: **Salto** / 14 (35) 150 ts, 17 kn, ex PP; **PS 1–3** – Vermessung / survey

AN: **Huracan** / 25 (ex Nahant) (45) 650/860 ts, 12 kn, 3-2 ⚓, Typ US Cohoes – Bergungsschiff / salvage vessel

AT: **Vanguardia** / 26 100 ts, 12 kn

AX: **Capitan Miranda** / 20 (30) *516* ts, 11.3 kn, 370 kW₁, MAN-DM, Bauwerft / builder: Echevarrieta, Cadiz

USA

Each type of ship in the U.S. Navy and U.S. Coast Guard is assigned a letter code of two, three or four letters. Destroyers, for example, are assigned the letters DD, and Fast Combat Support Ships, the letters AOE. Within each type, each ship is assigned a number. Normally, numbers are assigned in sequence; the fist ship of a type will be numbered "1". Thus, the Sacramento, the first Combat Support Ship, is AOE-1. When a ship is reclassified, she gives up her old number and takes on a new one. No other ship will be assigned the old code.

Key to prefix letters of identification numbers:

ship is assigned to Military Sealift Command (MSC),

W ships of the U.S. Coast Guard are assigned the prefix letter W, as in WHEC.

Many government-owned ships which in the past were on the Navy list are laid up in the custody of the Maritime Administration – "MARAD" –, and are not listed here. Nevertheless, some of these ships are still available and may be reactivated at any time.

SLEP: Service Life Extension Program for aircraft carriers, adds 10–15 years. To get during extensive refit Sea Sparrow ⚓₈, 3-2 ⚓ Phalanx, TFCC (Tactical Flag Command Center), improved data systems and radars, longer and more powerful catapults, Kevlar armor and more habitability.

Purpose of the 1959–64 Fleet Rehabilitation and Modernization Program (FRAM) was to modernize older vessels. Prolongation of ship's life by 8–10 years: FRAM 1; by 5 years: FRAM 2.

Names of inactive and unused ships are printed in thin, closely spaced letters.

Anzahl – Art / Number – Group	Schiffsnamen und Stapellauf / Ship's Name and Launching		Baubeginn – Fertig – / Umbau / On Keel – Completed – Com.	Bauwerft / Builder	Wasser- verdrängung / Displacement ts	Länge / Length m	Breite / Beam m	Tiefgang / Draft m	Besatzung / Crew Bes

Flugzeugträger / Aircraft Carriers

5 RB	I / CVN 75	gepl. / plan.	.	.	73970	333	40.8	11.7	341
	II / CVN 74	gepl. / plan.	.	.	96840		78.3		+ 294
	George Washington / CVN 73	bew. / auth.	86/91	Newport News Shb.					
	Abraham Lincoln / CVN 72	a. St. / o. st.	84/89	Newport News Shb.					
	Theodore Roosevelt / CVN 71	27. 8. 84	81/86	Newport News Shb.					
3 RB	Carl Vinson / CVN 70	15. 3. 80	75/82	Newport News Shb.	70920	333	40.8	11.3	366
o	Dwight D. Eisenhower / CVN 69	11. 10. 75	70/77	Newport News Shb.	91700		77.1		+ 263
	Nimitz / CVN 68	13. 5. 72	68/75	Newport News Shb.					
1 RB	Enterprise / CVN 65	24. 9. 60	58/61	Newport News Shb.	73500	342	40.5	11.9	3050
o			79–81	Puget Sound N. Y.	91000		78.4		+ 2520
1 RB	John F. Kennedy / CV 67	27. 5. 67	64/68	Newport News Shb.	59200	320	39.2	11.2	5770
o					80950		81.4		
1 RB	America / CV 66	1. 2. 64	61/65	Newport News Shb.	61100	319	39.6	11.3	2900
o					69700		76.8		+ 2500
2 RB	Constellation / CV 64	8. 10. 60	57/61	N. Y., New York	60100	319	39.5	10.9	2900
o	Kitty Hawk / CV 63	21. 5. 60	56/61	N. York Shb., Camden	82200		76.8		+ 2500
2 RB	Independence / CV 62	6. 6. 58	55/59	N. Y. New York	60000	326	39.3	11.3	2800
o	Ranger / CV 61	29. 9. 56	54/57	Newport News Shb.	79200		82.3		+ 2200
2 RB	Saratoga / CV 60	8. 10. 55	52/56	N. Y. New York	59600	331	39.3	11.3	2800
o			80–83	Philadelphia N. Y.	78200		76.3		+ 2200
	Forrestal / CV 59	11. 12. 54	52/55	Newport News Shb.					
			83–85	Philadelphia N. Y.					
1 RB	Midway / CV 41	20. 3. 45	43/45	Newport News Shb.	~56900	307	44.2	11.0	2650
o			56–57, 67–70, 86		70500		72.5		+ 2640

Bewaffnung / Armament	Sensoren-Elektronik/ Sensors-Electronic	Geschwindig-keit / speed kn	Antrieb / Propulsion Maschine Kessel Engines Boilers Masch	Leistung/ Power kW $1\,kW = 1.36\,PS$	Fahrstrecke / Range sm	Sonstige Angaben / Remarks
6 ⛴, ✈, F-14, F/A-18, EA-6B, -2C, S-3A, SH-3H), NATO Sea Sparrow $\downharpoonleft_8$, -2 ⚓ Phalanx, 4 ⛴	⊤ ○ ✧ ⇆ ♀ ⇄ ͡ ⊸	30.0 +	Gen. El. ✿ Tu 2 Reaktoren A 4 W	191200 4		*Multi-purpose aircraft carriers, nuclear powered* / CVN. Kevlar-Panzerung / armor. Ab 72 verbesserte ⛴. Winkel-deck 240 m / 72 and later improved ⛴. Angled deck 240 m
6 ⛴, ✈, F-14, F/A-18, EA-6B, -2C, S-3A, SH-3H), -2 ⚓ Phalanx, NATO Sea Sparrow $\downharpoonleft_8$, ⛴	⊤ ○ ✧ ⇆ ♀ ⇄ ͡ ⊸	30.0 +	Gen. El. ✿ Tu 2 Reaktoren A 4 W	191200 4		CVN 70: 4-2 ⚓ Phalanx
6 ⛴, ✈ (F-14, /A-18, EA-6B, A-6E, -2C, S-3A, SH-3H), -2 ⚓ Phalanx, 3-2 ⚓, NATO Sea Sparrow $\downharpoonleft_8$, ⛴	⊤ ○ ✧ ⇆ ♀ ⇄ ͡ ⊸	36.0 +	Westingh. ✿ Tu 8 Reaktoren A 2 W	205900 4	400000 30	Erhält zusätzlich / to get additional 1-2 ⚓ Phalanx. SLEP: 1993-95
8 ⛴, ✈ (F-14, A-6E, KA-6D, EA-6B, E-2C, S-3A, SH-3H), -2 ⚓ Phalanx, 3 NATO Sea Sparrow $\downharpoonleft_8$, 4 ⛴	⊤ ○ ✧ ⚍ ͡ ⊸	35.0 .	Westingh. ✿ Tu 8 Foster Wh.	205900 4		*Multi purpose aircraft carriers* / CV. Winkeldeck / angled deck 227 m. SLEP: 7-96-?
6 ⛴, ✈ (F-14, A-6E, KA-6D, E-2C, EA-6B, S-3A, SH-3G/H), -3 ⚓ Phalanx, 3 NATO Sea Sparrow $\downharpoonleft_8$, 4 ⛴	⊤ ○ ✧ ⇆ ♀ ⇄ ͡ ⊸	35.0 .	Westingh. ✿ Tu 8 Foster Wh.	205900 4		Hangar 225 × 30 × 7.6 m. SLEP: 4-94-96
6 ⛴, ✈ (F-14, A-6E, KA-6D, E-2C, EA-6B, S-3A, SH-3G/H), 3-2 ⚓ Phalanx, 2 NATO Sea Sparrow $\downharpoonleft_8$, 4 ⛴	⊤ ○ ✧ ⇆ ♀ ⇄ ͡ ⊸	35.0 .	Westingh. ✿ Tu 8 Foster Wh.	205900 4		I: 3 $\downharpoonleft_8$. SLEP: I 1989-92, II 1987-90. **Pz / ARM:** ./150/- mm
36 ⛴, ✈ (F-14, F/A-18, A-6E, KA-6D, EA-6B, S-3A, E-2C, SH-3H), 3-2 ⚓ Phalanx, 3 NATO Sea Sparrow $\downharpoonleft_8$, 4 ⛴	⊤ ○ ✧ ⇆ ♀ ⇄ �Y ⊸	35.0 .	Westingh. ✿ Tu 8 Babcock	205900 4	8000 20	SLEP: I 1985-87, II 1992-94. **Bew / AMT:** II 2 $\downharpoonleft_8$
36 ⛴, ✈ (F-14, F/A-18, A-6E, KA-6D, EA-6B, S-3A, E-2C, SH-3H) 3-2 ⚓ Phalanx, 2 NATO Sea Sparrow $\downharpoonleft_8$, 4 ⛴	⊤ ○ ✧ ⇆ ♀ ⇄ ͡ ⊸	34.0 .	Westingh. ✿ Tu 8 Babcock	191200 4		SLEP: I 1980-83, II 1983-85. Winkeldeck / angled deck 8°. CV 60 Lg 324 m
64 ⛴, ✈ (F/A-18, A-6E, KA-6D, E-2C, EA-6B, SH-3H), 2-2 ⚓ Phalanx, 2 NATO Sea Sparrow $\downharpoonleft_8$, 2 ⛴	⊤ ○ ✧ ⇆ ♀ ⇄ ͡ ⊸	33.0	Westingh. ✿ Tu 12 Babcock	155925 4	15000	Nach Umbau (ESRA) durch zusätzliche Wülste an beiden Seiten (182 m lang) starkes Rollen bei Seegang / after ESRA (Extended Selected Restricted Availability) by adding blisters on both sides of the hull heavy roll-problems in sea

Anzahl - Art / Number - Group	Schiffsnamen und Stapellauf / Ship's Name and Launching	Baubeginn - Fertig - / Umbau / On Keel - / Completed - Conv.	Bauwerft / Builder	Wasserverdrängung / Displacement ts	Länge / Length m	Breite / Beam m	Tiefgang / Draft m	Besatzung / Be
1 RB o	**Coral Sea** / CV 43	2. 4. 46	Newport News Shb.	48000	306	36.9 72.5	11.7	473
		44/47 56–57, 83–85		65200				
3 RB o	Oriskany / CV 34	13. 10. 45	N. Y. New York	33250	271	30.8	9.4	199
	Bon Homme Richard / CVA 31	43/44 29. 4. 44	N. Y. New York	42600		59.5	+ 13	
	Lexington / AVT 16 (ex Cabot)	44/50 41/43 26. 9. 42 84–85	Bethlehem, Quincy					
2 RB	Bennington / CVS 20	26. 2. 44	N. Y. New York	33900	271	30.8	9.4	162
	Hornet / CVS 12 (ex Kearsarge)	42/44 42/43 29. 8. 43 48–53, 54–57	Newport News Shb.	41900		59.5	+ 80	

Schlachtschiffe / Battleships

4 BB o	**Missouri** / BB 63	29. 1. 44 41/44 84–86	N. Y. New York *N. Y. Long Beach*	46175 53750	271	32.9	10.9	155
	Wisconsin / BB 64	7. 12. 43 41/44 86–88	N. Y. Philadelphia *Ingalls, Pascagoula*					
	New Jersey / BB 62	7. 12. 43 40/43 81–82	N. Y. Philadelphia *N. Y. Long Beach*					
	IOWA / BB 61	27. 8. 42 40/43 83–84	N. Y. New York *Ingalls, Pascagoula*					

Kreuzer / Cruisers

... / CG ...

27 CG o	... / 71–73	.	.	7200	173	16.8	9.5	36
	... / 69, 70	.	.	9530				
	A n z i o / 68	.	Ingalls, Pascagoula					
	S h i l o h / 67	.	Bath Iron Works					
	H u e C i t y / 66	.	Ingalls, Pascagoula					
	C h o s i n / 65	.	Ingalls, Pascagoula					
	G e t t y s b u r g / 64	.	Bath Iron Works					
	C o w p e n s / 63	.	Bath Iron Works					
	C h a n c e l l o r s v i l l e / 62	86/89	Ingalls, Pascagoula					
	M o n t e r e y / 61	./89	Bath Iron Works					
	N o r m a n d y / 60	./89	Bath Iron Works					
	P r i n c e t o n / 59	86/88	Ingalls, Pascagoula					
	P h i l i p p i n e S e a / 58	86/88	Bath Iron Works					
	L a k e C h a m p l a i n / 57	86/88	Ingalls, Pascagoula					
	S a n J a c i n t o / 56	85/88	Ingalls, Pascagoula					
	Leyte Gulf / 55	85/87	Ingalls, Pascagoula					
	Antietam / 54	84/87	Ingalls, Pascagoula					
	Mobile Bay / 53	84/87	Ingalls, Pascagoula					
	Bunker Hill / 52	83/86	Ingalls, Pascagoula					
	Thomas S. Gates / 51	83/87	Bath Iron Works					
	Valley Forge / 50	83/86	Ingalls, Pascagoula					
	Vincennes / 49	82/85	Ingalls, Pascagoula					
	Yorktown / 48	81/84	Ingalls, Pascagoula					
	TICONDEROGA / 47	80/83	Ingalls, Pascagoula					
	1981 – gepl. / plan.							

... / CGN ...

4 CG o	**Arkansas** / 41	21. 10. 78 77/80	Newport News Shb.	10400	177	19.2	9.6	530
	Mississippi / 40	31. 7. 76 75/78	Newport News Shb.	11300				
	Texas / 39	9. 8. 75 73/77	Newport News Shb.					
	VIRGINIA / 38	14. 12. 74 72/76	Newport News Shb.					

Bewaffnung / Armament	Sensoren-Elektronik/ Sensors-Electronic	Geschwindig-keit / speed kn	Antrieb / Propulsion Maschine / Kessel Engines / Boilers Masch	Leistung/ Power kW 1 kW = 1.36 PS	Fahrstrecke / Range sm	Sonstige Angaben / Remarks
🛩️ 🛩️, '/A-18, A-6 E, KA-6 D, A-6 B, E-2 C, SH-3 H), -2 ⚓ Phalanx, 3 🛩️	T ○ ◇ ◇ ○ ⊹ ⊻ ⊷	33.0	Westingh. ⚙ Tu 12 Babcock	155925 4	.	Ersetzt / to replace Lexington 1991
🛩️ 🛩️, '4–12.7 ⚓, 2 🛩️	T ○ ○ ⊹	33.0	Westingh. ⚙ Tu 8 Babcock	110320 4	18000 12	III AX, ohne **Bew** / no **AMT**, erhält Stahldeck / to get steel landing deck. **Pz / ARM:** 38/76/– mm 76/50
) 🛩️, 5 🛩️ Sea King, –12.7 ⚓, 2 🛩️	T ○ ○ ⊹ ⊻	33.0	Westingh. ⚙ Tu 8 Babcock	110320 4	18000 12	ASW aircraft carriers, support / CVS, FRAM 2. Hydraulische Katapulte / hydraulic catapults. **Pz / ARM:** s. Oriskany
2 Tomahawk 🚀₄, 6 Harpoon 🚀₄, –40.6₃, 12–12.7 ⚓₂, –2 ⚓ Phalanx, 4 🛩️	T ◇ ○ ⊹ ⌣ ⊷	31.0	GE ⚙ Tu 8 Babcock	147100 4	15000 12	Battleships / BB. **Pz / AMT:** 285/482/457 mm
Harpoon 🚀₄, –12.7 ⚓, Standard SM-2 MR ⬟₂/ ₐsroc, 2–2 ⚓ Phalanx, **UTR** 32.4 **III**, 🛩️ LAMPS I	T ◇ ◇ ○ ⊹ ⊹ ⊻ ⌣ ⊷	30.0	4 Gen. El. GTu	58840 2	6000 20	Guided Missile Cruisers. AEGIS-System (SPY-1 A phased-array radar). Ab 49: Dreibeinmast, niedrigere Aufbauten. Ab 51: 🛩️ LAMPS III. Ab 52: 2 Vertikal-Starter: 122 FK einschließlich 12 Tomahawk 🚀. 52–55 kein Asroc. Ab 56: SQQ 89 ASW-System. Ab 59: SPY-IB Radar / From 49: Tripod mast, lower superstructure. From 51: 🛩️ LAMPS III. From 52: 2 Vertical launching systems (VLS): 122 MI including 12 Tomahawk 🚀. 52-55 no Asroc. From 56: SQQ 89 ASW-system. From 59: SPY-IB Radar
Tomahawk 🚀₄, Harpoon 🚀₄, –12.7 ⚓, 2–2 ⚓ Phalanx, Mg ⚓, 4 Standard SM-1 MR ⬟₂, 6 **UTR** 32.4 **III**	T ◇ ◇ ⊹ ⊹ ⊻ ⌣ ⊷	30.0 +	⚙ Tu 2 Reaktoren D 2 G	51480 2	.	Kevlar-Panzerung / armor. Erhalten / to get: NTU, SM-2 MR ⬟

Anzahl - Art / Number - Group	Schiffsnamen und Stapellauf / Ship's Name and Launching	Baubeginn - Fertig / Umbau / On Keel - Completed - Com.	Bauwerft / Builder	Wasserverdrängung / Displacement ts	Länge / Length m	Breite / Beam m	Tiefgang / Draft m	Besatzung / Be
2 CG o	**South Carolina** / 37	1. 7.72	70/75	Newport News Shb.	9675	182	18.6	9.6	54
	CALIFORNIA / 36	22. 9.71	69/74	Newport News Shb.	10530				
1 CG o	**Truxtun** / 35	19.12.64	63/67	N. Y. Shb., Camden	8000 8800	172	17.6	9.4	54
... / CG ...								
9 CG oo	**Biddle** / 34	2. 7.65	63/67	Bath Iron Works	6570	167	16.8	8.7	49
	Fox / 33	21.11.64	63/66	Todd, S. Pedro	8100				+ 1
	William H. Standley / 32	19.12.64	63/66	Bath Iron Works					
	Sterett / 31	30. 6.64	62/67	N. Y., Puget Sound					
	Horne / 30	30.10.64	62/67	N. Y., San Francisco					
	Jouett / 29	30. 6.64	62/64	N. Y., Puget Sound					
	Wainwright / 28	25. 4.64	62/66	Bath Iron Works					
	Josephus Daniels / 27	2.12.63	62/65	Bath Iron Works					
	BELKNAP / 26	20. 7.63	62/64	Bath Iron Works					
			78–80	*N. Y., Philadelphia*					
1 CG o	**Bainbridge** / CGN 25	15. 4.61	59/62 74–77 83–85	Newport News Shb.	8000 9100	172	17.6	9.5	54 + 1
... / CG ...								
9 CG o	**Reeves** / 24	12. 5.62	60/64	N. Y., Puget Sound	6070	163	16.2	7.9	40
	Halsey / 23	15. 1.62	60/63	N. Y., San Francisco	8200				+ 18
	England / 22	6. 3.62	60/63	Todd, Los Angeles					
	Gridley / 21	31. 7.61	60/63	Puged Sound Bridge					
	Richmond K. Turner / 20	6. 4.63	61/64	New York Shb.					
	Dale / 19	28. 7.62	60/63	New York Shb.					
	Worden / 18	2. 6.62	60/63	Bath Iron Works					
	Harry E. Yarnell / 17	9.12.61	60/63	Bath Iron Works					
	LEAHY / 16	1. 7.61	59/62 67–72	Bath Iron Works					
1 CG o	**Long Beach** / CGN 9	14. 7.59	57/61 80–83	Bethlehem, Quincy	15100 17100	220	22.2	9.5	116 + 66
... / CA ...								
2 CA	**Salem** / 139	25. 3.47	45/49	Bethlehem, Quincy	17000	218	22.9	7.5	1300
	Des Moines / 134	27. 9.46	45/48	Bethlehem, Quincy	21500				1860

Zerstörer / Destroyers

... / DDG ...

Anzahl	Schiffsnamen	Baubeginn	Bauwerft	ts	m	m	m	Be
29 DG o	... / 75–79	.	.	6610	154	20.4	9.3	300
	... / 70–74	.	.	8300				
	... / 65–69							
	... / 60–64							
	... / 57–59							
	C u r t i s W i l b u r / 54, ... / 55, 56	.	.					
	J o h n P a u l J o n e s / 53							
	J o h n B a r r y / 52	.	Ingalls, Pascagoula					
	A r l e i g h B u r k e / 51	86/89	Bath Iron Works					

a. St. / o. st. – gepl. / plan.

Bewaffnung / Armament	Sensoren-Elektronik/ Sensors-Electronic	Geschwindigkeit / speed kn	Antrieb / Propulsion Maschine Kessel Engines Boilers Masch	Leistung/ Power kW 1 kW = 1.36 PS	Fahrstrecke / Range sm	Sonstige Angaben / Remarks
Harpoon ⇒₄, 12.7 ↙, 2-2 ↙ Phalanx, Standard SM-2 MR ⇕/⇒, ⌒ ⚊ UTR 32.4 I, 1 ⚓₈ Asroc	⊤ ⟡ ⌀ ⊕ ⊕ ⎌	30.0 +	✿ Tu 2 Reaktoren D 2 G	51480 2	.	⟹-Plattform / platform. Bew: 72 ⚓. NTDS. Kevlar armor. Erhalten / to get NTU
Harpoon ⇒₄, 1-12.7 ↙, 2 ↙ Phalanx, 4 Mg ↙, Standard SM-1 ER ⚓₂, ⌒ ⚊ UTR 32.4 I, 1 ⟹ LAMPS II	⊤ ⟡ ⌀ ⊕ ⊕ ⎌	30.0 +	✿ Tu 2 Reaktoren D 2 G	44130 2	150000	NTDS. Erhalten / to get: NTU (New Threat Upgrade), SM-2 ER ⚓
Harpoon ⇒₄, 1-12.7 ↙, 2 ↙ Phalanx, 4 Mg ↙, Standard SM-2 ER ⚓₂, UTR 32.4 III, ⟹ LAMPS I	⊤ ⟡ ⌀ ⊕ ⊕ ⎌ ⌒ ⚊	32.5	2 Gen. El. ✿ Tu 4 B. & W. Wr I, IV-VI: de Laval ✿ Tu Comb. Eng. Wr	62520 2	7100 20	*Guided Missile Cruisers.* Bew: 60 FK/MI. Starter für Standard und Asroc verwendbar/ combined Standard / Asroc launcher. NTDS. Erhalten / to get NTU: 1986–90
Harpoon ⇒₄, 2 ↙ Phalanx, 4 Mg ↙, Standard SM-2 ER ⚓₂, UTR 32.4 III, ⚓₈ Asroc	⊤ ⟡ ⌀ ⊕ ⊕ ⎌ ⌒ ⚊	30.0 +	Gen. El. ✿ Tu 2 Reaktoren D 2 G	44130 2	90000	*Guided Missile Cruiser (nuclear propulsion).* Bew: 80 FK/MI. NTDS – Naval Tactical Data System. Neue / new Radars, Sensoren, FCS. Gittermast / lattice mast for AN/SPS-49
Harpoon ⇒₄, 2 ↙ Phalanx, 4 Mg ↙, Standard SM-2 ER ⚓₂, UTR 32.4 III, ⚓₈ Asroc	⊤ ⟡ ⌀ ⊕ ⊕ ⎌ ⌒	32.7	All. Chalm. ✿ Tu 4 Babcock de Laval ✿ Tu 4 Foster-Wh. Gen. El. ✿ Tu 4 Foster-Wh.	62520 2	8000 20	*Guided Missile Cruisers.* Bew: 80 FK/MI. NTDS. Keine Nachladung für Asroc / no reloads for Asroc
Tomahawk ⇒₄, Harpoon ⇒₄, 2-12.7 ↙, 2 ↙ Phalanx, Standard SM-2 ER ⚓₂, UTR 32.4 III, ⚓₈ Asroc	⊤ ○ ⌀ ⊕ ⊕ ⎌ ⌒ ⚊	30.0 +	Gen. El. ⟿ Tu 4 Reaktoren C 1 W	58840 2	140000	*Guided Missile Cruiser (nuclear propulsion).* Atomantrieb / nuclear powered. Bew: 120 SM-2 ER ⚓
20.3₃, 12-12.7 ↙₂, 7.6 ↙₂, 1 ⟹	.	32.0	✿ Tu 4 Babcock	88250 4	8000 15	*Cruisers heavy.* Flaggschiffe / flagships.
VLS ⇒/⚓ 0 Tomahawk, Standard MR, Asroc), Harpoon ⇒, 1-12.7, 2 ↙ Phalanx, UTR 32.4 III	⊤ ⟡ ♀ ⊕ ⊕ ⎌ ⌒ ⚊	30.0 +	4 Gen. El.-GTu	73530 2	4400 20	*Multipurpose destroyers.* AEGIS-System (SPY-1 D). Bew: VLS = Vertical Launching Systems. FK/MI: 64 + 32. ⟹-Deck für / for LAMPS III. Kein / no Hangar. 12.7 keine Flak / no AA capability

Anzahl – Art / Number – Group	Schiffsnamen und Stapellauf / Ship's Name and Launching	Baubeginn – Fertig / Umbau – On Keel / Completed – Conv.	Bauwerft / Builder	Wasserverdrängung / Displacement ts	Länge / Length m	Breite / Beam m	Tiefgang / Draft m	Besatzung / Crew Bes
4 DG o	**Chandler** / 996 (ex Andushirvan)	79/82	Ingalls, Pascagoula	.	172	16.8	9.6	35(
	Scott / 995 (ex Nader)	79/81	Ingalls, Pascagoula	9570				
	Callaghan / 994 (ex Daryush)	78/81	Ingalls, Pascagoula					
	KIDD / 993 (ex Kouroush) 1979–80	78/81	Ingalls, Pascagoula					
10 DG o	**Dewey** / 45, **Preble** / 46	58/59	Bath Iron Works	4770	156	16.0	7.6	37(
	Dahlgren / 43, **William V. Pratt** / 44	/61	N. Y. Philadelphia	6000				
	Mahan / 42	57/60	N. Y. San Francisco					
	COONTZ / 40, **King** / 41	/61	N. Y. Puget Sound					
	Farragut / 37, **Luce** / 38,	69–78	Bethlehem, Quincy					
	Macdonough / 39	1958–60						
2 DG	**Somers** / 34 (ex DD 947) 1958	57/59	Bath Iron Works	2850 4200	127	13.7	6.0	33!
	DECATUR / 31 (ex DD 936) 1955	54/56 65–68	Bethlehem, Quincy	2780 4150				
23 DG oo	**Richard E. Byrd** / 23, **Waddell** / 24	61/63 62/64	Todd, Seattle	3570 4890	133	14.3	8.3	354
	Benjamin Stoddert / 22, **Cochrane** / 21, **Goldsborough** / 20	61/62 /63	Puget Sound Bridge					
	Semmes / 18, **Tattnall** / 19	59/61	Avondale, N. Orleans					
	Berkeley / 15, **Conyngham** / 17, **Joseph Strauss** / 16	60/62	N. Y. Shb., Camden					
	Buchanan / 14	58/62	Todd, Seattle					
	Hoel / 13, **Robison** / 12	59/62	Defoe, Bay City					
	Sampson / 10, **Sellers** / 11	59/61	Bath Iron Works					
	Towers / 9	58/61	Todd, Seattle					
	Henry B. Wilson / 7, **Lynde McCormick** / 8	58/60 61	Defoe, Bay City					
	Barney / 6, **Claude V. Ricketts** / 5 (ex Biddle), **Lawrence** / 4	58/61 59/62	N. Y. Shb., Camden					
	CHARLES F. ADAMS / 2, **John King** / 3 1959–63	58/61	Bath Iron Works					
	... / DD ...							
31 DG o	**Hayler** / 997	80/83	Ingalls, Pascagoula	5930 8050	172	16.8	8.8	30(
	Harry W. Hill / 986	77/79	Ingalls, Pascagoula					
	O'Bannon / 987, **Thorn** / 988, **Deyo** / 989, **Ingersoll** / 990, **Fife** / 991, **Fletcher** / 992	78/80						
	John Hancock / 981, **Nicholson** / 982, **John Rodgers** / 983, **Leftwich** / 984, **Cushing** / 985	76/79 77	Ingalls, Pascagoula					
	John Young / 973, **Comte de Grasse** / 974, **O'Brien** / 975, **Merrill** / 976, **Briscoe** / 977, **Stump** / 978, **Conolly** / 979, **Moosbrugger** / 980	75/77 78	Ingalls, Pascagoula					
	Arthur W. Radford / 968, **Peterson** / 969, **Caron** / 970, **David R. Ray** / 971, **Oldendorf** / 972	74/77 78	Ingalls, Pascagoula					
	Paul F. Foster / 964, **Kinkaid** / 965, **Hewitt** / 966, **Elliot** / 967	73/76 77	Ingalls, Pascagoula					
	SPRUANCE / 963 1973–82	72/75	Ingalls, Pascagoula					
6 DD	Richard S. Edwards / 950	56/59	Puget Sound, Bridge	2780 3950	127	13.7	6.7	25! 33;
	Morton / 948	57/59	Ingalls, Pascagoula					
	Blandy / 943	55/57	Bethlehem, Quincy					
	DuPont / 941, Manley / 940	55/57	Bath Iron Works					
	Davis / 937 1956–58	55/57	Bethlehem, Quincy					

Bewaffnung / Armament	Sensoren-Elektronik/ Sensors-Electronic	Geschwindigkeit / speed kn	Antrieb / Propulsion Maschine / Kessel / Engines / Boilers / Masch	Leistung/ Power kW 1 kW = 1.36 PS	Fahrstrecke / Range sm	Sonstige Angaben / Remarks
Harpoon ⇒₄, 2-12.7 ⚓, -2 ⚓ Phalanx, 4 Mg ⚓, Standard SM-1 MR ⬡₁₂/ Asroc, 6 UTR 32.4 III, ⟫ LAMPS I	⊤ ⬦ ⬦ ⬦ ⟁ ⌇	30.0 +	4 Gen. El. GTu	58840 2	6000 20	*Guided Missile Destroyers.* Ex DDG Iran. Kevlar Panzerung / armor. Erhalten / to get SM-2 MR ⬡
Harpoon ⇒₄, -12.7 ⚓, 4 Mg ⚓, Standard SM-1 ER ⬡₁₂, UTR 32.4 III, ⚓₈ Asroc	⊤ ⬦ ⬦ ⬦ ⬦ ⟁ ⌇ ⬗	33.0	Allis Chalmers ✿ Tu 4 Babcock II, VII–X: Laval ✿ Tu	62520 2	4500 20	**Bew:** 40 FK/MI. NTDS. Verbesserte Feuerleitanlagen für ⬡ / improved guidance capability for ⬡. 42: Versuchsschiff für / trial ship for NTU. Einige / some SM-2 ER
-12.7 ⚓, Standard MR ⬡₁₁, UTR 32.4 III, ⚓₈ Asroc	⊤ ⬦ ⬦ ⬦ ⬦ ⟁ ⌇	31.0	Gen. El. ✿ Tu 4 Foster-Wh.	51485 2	.	Ex DD Forrest Sherman Klasse. **Bew:** 40 FK/MI. Werden gestrichen / to be deleted
–6 Harpoon ⇒, -12.7 ⚓, 4 Mg ⚓, Standard SM-1 MR ⬡₁₂, UTR 32.4 III, ⚓₈ Asroc	⊤ ⬦ ⬦ ⬦ ⬦ ⟁ ⌇	30.0	Gen. El. ✿ Tu 4 Babcock DDG 4-6, 9, 14, 23, 24: Westinghouse ✿ Tu 4 Foster Wheeler	51485 2	4500 20	**Bew:** DDG 2-14: 34 ⬡, 4 ⇒ Harpoon. DDG 15-24: 36 ⬡, 6 ⇒ Harpoon, nur / only 1 ⬡₁. DDG 19,20, 22 1981-85 modernisiert: Verbesserte Feuerleitanlagen und Radars, TDS (SYS 1). Alle übrigen erhalten neue Radar und Sensoren / DDG 19, 20, 22 1981-85 modernized: Improved guidance capability and radars, TDS (SYS 1). The other ships will get new radars and sensors. ⬡ kombiniert / combined Standard / Harpoon, Mk 86 gun control
Harpoon ⇒₄, 2-12.7 ⚓, -2 ⚓ Phalanx, 4 Mg ⚓, NATO Sea Sparrow ⬡₈, UTR 32.4 III, ⚓₈ Asroc, ⟫ LAMPS I (III)	⊤ ⬦ ⬦ ⬦ ⟁ ⌇	32.5	4 Gen. El.-GTu	58840 2	6000 20	*Destroyers.* Kevlar Panzerung / armor. **Bew:** Erhalten / to get Anti Missile Mk 23 Target Acquisition System + RAST (⟫ LAMPS III). DD 974, 976, 979, 983-985, 989 haben / have 8 Tomahawk ⇒₄.963, 964, 966, 990, 991 erhalten / to get VLS anstelle / instead of Asroc. DD 971 RAM ⬡₂₁
-12.7 ⚓, UTR 32.4 III, ⚓₈ Asroc	⊤ ⬦ ⬦ ⟁ ⌇	34.0 .	Gen. El. ✿ Tu 4 Wr	51485 2	.	Forrest Sherman Klasse nach Umbau / after conversion 1967-72. Ab / from 940: 2810/4000 ts, ab / from 948: 2850/4050 ts. Westingh. ✿ Tu

Anzahl – Art / Number – Group	Schiffsnamen und Stapellauf / Ship's Name and Launching	Baubeginn – Fertig – / Umbau / On Keel – Completed – Conv.	Bauwerft / Builder	Wasserverdrängung / Displacement ts	Länge / Length m	Breite / Beam m	Tiefgang / Draft m	Besatzung / Crew Bes
5 DD	Turner Joy / 951	57/59	Puget Sound, Bridge	2850	127	13.7	6.7	255
	Edson / 946	56/58	Bath Iron Works	4050				337
	Mullinnix / 944	56/58	Bethlehem, Quincy					
	Bigelow / 942	55/57	Bath Iron Works					
	FORREST SHERMAN / 931 1955–58	53/55	Bath Iron Works					

Fregatten / Frigates

... / FFG ...

51 FG	I n g r a h a m / 61	87/88	Todd, San Pedro	2770	136	13.7	7.5	215
o	**Rodney M. Davis** / 60	85/87	Todd, San Pedro	3660				
	Kauffman / 59	85/87	Todd, San Pedro					
	Reuben James / 57	83/86	Todd, San Pedro					
	Simpson / 56,	84/85	Bath Iron Works					
	Samuel B. Roberts / 58	86						
	Carr / 52	82/85	Todd, Seattle					
	Garry / 51, **Ford** / 54	83/85	Todd, San Pedro					
	Taylor / 50, **Hawes** / 53,	83/84	Bath Iron Works					
	Elrod / 55	84/85						
	Vandegrift / 48	81/84	Todd, Seattle					
	Rentz / 46	82/84	Todd, San Pedro					
	De Wert / 45, **Nicholas** / 47,	82/83	Bath Iron Works					
	Robert G. Bradley / 49	83/84						
	Curts / 38, **McClusky** / 41,	81/83	Todd, San Pedro					
	Thach / 43	82/83						
	Crommelin / 37, **Halyburton** / 40	80/84	Todd, Seattle					
	Underwood / 36, **Doyle** / 39,	81/83	Bath Iron Works					
	Klakring / 42	82						
	Stephen W. Groves / 29,	80/82	Bath Iron Works					
	Boone / 28, **Stark** / 31	79/82	Todd, Seattle					
	Mahlon S. Tisdale / 27,	80/82	Todd, San Pedro					
	Reid / 30, **Jarrett** / 33	81/83						
	Flatley / 21, **Jack Williams** / 24,	79/81	Bath Iron Works					
	Gallery / 26	80						
	Antrim / 20, **Fahrion** / 22	78/81	Todd, Seattle					
	John A. Moore / 19,	78/81	Todd, San Pedro					
	Lewis B. Puller / 23, **Copeland** / 25	79/82						
	Estocin / 15, **Clifton Sprague** / 16	79/81	Bath Iron Works					
	Sides / 14	78/80	Todd, San Pedro					
	Samuel Eliot Morison / 13	78/80	Bath Iron Works					
	George Philip / 12	77/80	Todd, San Pedro					
	Clark / 11	78/80	Bath Iron Works					
	Duncan / 10	77/80	Todd, Seattle					
	Wadsworth / 9	77/80	Todd, San Pedro					
	McInerney / 8	77/79	Bath Iron Works					
	OLIVER HAZARD PERRY / 7	75/77	Bath Iron Works					
	1976 – a. St. / o. st.							

6 FG	**Talbot** / 4, **Richard L. Page** / 5,	64/67	Bath Iron Works	2643	126	13.4	7.9	280
o	**Julius A. Furer** / 6	65/68		3600				
	BROOKE / 1, **Ramsey** / 2,	62/66	Lockheed, Seattle					
	Schofield / 3 1963–66	63/68						

... / FF ...

46 FF	**Barbey** / 1088, **Jesse L. Brown** / 1089,	71/72	Avondale, New Orleans	3070	134	14.3	7.5	285
o	**Ainsworth** / 1090, **Miller** / 1091,	72/74		4250				
	Thomas C. Hart / 1092, **Capodanno** / 1093, **Pharris** / 1094, **Truett** / 1095, **Valdez** / 1096, **Moinester** / 1097							
	Joseph Hewes / 1078, **Bowen** / 1079,	69/71	Avondale, New Orleans					
	Paul / 1080, **Aylwin** / 1081, **Elmer Montgomery** / 1082, **Cook** / 1083, **McCandless** / 1084, **Donald B. Beary** / 1085, **Brewton** / 1086, **Kirk** / 1087	70/72						

Bewaffnung / Armament	Sensoren-Elektronik/ Sensors-Electronic	Geschwindigkeit / speed kn	Antrieb / Propulsion — Maschine / Kessel / Engines / Boilers / Masch	Leistung/ Power kW 1 kW = 1.36 PS	Fahrstrecke / Range sm	Sonstige Angaben / Remarks
-12.7 ↘, UTR 32.4 III	⊤ ⟠ ⊕ ⊽ ∿	34.0	Gen. El. ✿ Tu 4 Wr	51485 2	.	**Bew / AMT:** I–II, V: 2–7.6 ↘₂ achtern / aft. 946: NRF
Harpoon / Standard SM-1 MR ⇒/↓, -7.6 ↘ OTO, -2 ↘ Phalanx, UTR 32.4 III, ⟁ LAMPS III	⊤ ⟠ ⊕ ⊽ ∿	28.0 +	2 Gen. El. GTu	29490 1	4500 20	*Guided Missile Frigates.* Kombinierte Starter für / combined launcher for Harpoon ⇒ + Standard MR ↓: 4 ⇒, 36 ↓. Kevlar- und Alu-Panzerung über Elektronik- und Führungszentralen, Maschinenkontrollraum und Magazinen / Kevlar and Al-armor over vital electronic and command spaces, main engine-control room and magazines. FFG 8, 36–43, 45–61: 2710/3710 ts, Lg 138.8 m. Haben / have TACTAS, RAST (Recovery Assist, Securing and Traversing). NRF 1984: FFG 7, 10, 16. 1985: 9, 11. 1986: 12–15. 1987: 19–21, 23. 1988: 22, 25, 27. FFG 17,18, 35, 44: Australien / Australia. Stark / FFG 31 wurde am 17.5.87 von 2 AM 39 ⍫ getroffen. Nur 1 explodierte zwischen Brücke und Raketenmagazin, 37 Tote / Stark / FFG 31 had been struck by 2 AM 39 ⍫, only 1 exploded between bridge and missile magazine, 37 fatalities. Total damage was worth 142 million US Dollars
-12.7 L₃₈ ↘, Standard SM-1 MR ↓₁, UTR 32.4 III, ⟁₈ Asroc, 1 ⟁ LAMPS I	⊤ ⟠ ⊕ ⊽ ∿	27.0	Westingh. ✿ Tu 2 Foster-Wh.	25740 1	4000 20	16 FK/MI. FFG 4–6 automatische Asroc-Nachladung (8) / automatic Asroc reloads (8)
Harpoon ⇒, -12.7 L₅₄ ↘, -2 ↘ Phalanx oder / or Sea Sparrow ↓₈, UTR 32.4 II, ⟁₈ Asroc, ⟁ LAMPS I	⊤ ⟠ ⊕ ⊽ ∿	27.0	Westingh. ✿ Tu 2 Comb. Eng. FF 1056, 1057, 1061, 1063, 1065, 1072, 1073, 1075, 1077: Westingh. ✿ Tu 2 B. & W.	25740 1	4000 20	*Frigates.* **Bew:** Harpoon ⇒, Abschuß aus Asroc-Starter / **AMT:** Harpoon ⇒, fired from Asroc launcher. 1084–1097 kein / no Sea Sparrow ↓. Sea Sparrow wird ersetzt durch 2 ↘ Phalanx / Sea Sparrow will be replaced by 2 ↘ Phalanx.

Fortsetzung / continued 264

Anzahl – Art / Number – Group	Schiffsnamen und Stapellauf / Ship's Name and Launching	Baubeginn – Fertig – / *Umbau* / On Keel – *Conv.* Completed	Bauwerft / Builder	Wasser- verdrängung / Displacement ts	Länge / Length m	Breite / Beam m	Tiefgang / Draft m	Besatzung / Crew Bes

Fortsetzung von / continued from 262

	Vreeland / 1068, **Blakely** / 1072	68/70	Avondale, New Orleans	3070	134	14.3	7.5	285
	Trippe / 1075, **Ouellet** / 1077	69		4250				
	Francis Hammond / 1067,	67/70	Todd, San Pedro					
	Badger / 1071, **Harold E. Holt** / 1074,	68/71						
	Fanning / 1076							
	Reasoner / 1063, **Stein** / 1065,	69/71	Lockheed, Seattle					
	Bagley / 1069, **Robert E. Peary** / 1073	70/72						
	Whipple / 1062, **Lockwood** / 1064,	67/70	Todd, Seattle					
	Marvin Shields / 1066,	68/71						
	Downes / 1070							
	Rathburne / 1057	68/70	Lockheed, Seattle					
	Connole / 1056, **W. S. Sims** / 1059,	67/69	Avondale, New Orleans					
	Patterson / 1061	70						
	Hepburn / 1055, **Meyerkord** / 1058,	66/69	Todd, San Pedro					
	Lang / 1060	67/70						
	KNOX / 1052, **Roark** / 1053,	65/69	Todd, Seattle					
	Gray / 1054	1966–73	66/70					
1 FF ○	**Glover** / 1098	1964	63/65	Bath Iron Works	2700 3630	126	13.4	7.9	240
10 FF ○	Sample / 1048, **Albert David** / 1050	63/68 64	Lockheed, Seattle	2624 3403	126	13.4	7.9	250
	Voge / 1047, **Koelsch** / 1049,	63/66	Defoe, Bay City					
	O'Callahan / 1051	64/68						
	Edward McDonnell / 1043,	63/65	Avondale, N. Orleans					
	Brumby / 1044, **Davidson** / 1045							
	GARCIA / 1040, **Bradley** / 1041	62/64	Bethlehem, S. Franc.					
		1963–65	63/65					
2 FF ○	BRONSTEIN / 1037, **McCloy** / 1038	61/63 1962	Avondale, N. Orleans	2360 2650	113	12.7	7.0	220

Uboote / Submarines

Die Reaktoren der SSBN, SSN benutzen Wasser als Moderator und Kühlmittel, alle haben ⇝ DM

... / SSBN ...								
17 SB ○	... / 742	.	.	16775↑ 18770↓	171	12.8	11.1	155
	... / 741	.	.					
	... / 740	.	.					
	... / 739	.	.					
	... / 738	.	Gen. Dyn., Groton					
	... / 737	.	Gen. Dyn., Groton					
	... / 736	./90	Gen. Dyn., Groton					
	P e n n s y l v a n i a / 735	85/89	Gen. Dyn., Groton					
	T e n n e s s e e / 734	84/88	Gen. Dyn., Groton					
	Nevada / 733	83/86	Gen. Dyn., Groton					
	Alaska / 732	83/86	Gen. Dyn., Groton					
	Alabama / 731	81/85	Gen. Dyn., Groton					
	Henry M. Jackson / 730	81/84	Gen. Dyn., Groton					
	Georgia / 729	79/84	Gen. Dyn., Groton					
	Florida / 728	77/83	Gen. Dyn., Groton					
	Michigan / 727	77/82	Gen. Dyn., Groton					
	OHIO / 726 1979 – gepl. / plan.	76/81	Gen. Dyn., Groton					

Bewaffnung / Armament	Sensoren-Elektronik/ Sensors-Electronic	Geschwindigkeit / speed kn	Antrieb / Propulsion		Leistung/ Power kW $1\,kW =$ $1.36\,PS$	Fahrstrecke / Range sm	Sonstige Angaben / Remarks
			Maschine Kessel Engines Boilers Masch				
Harpoon ⇨, -12.7 L₅₄ ⤙, -2 ⤙ Phalanx oder / or Sea Sparrow ⬙₈, **UTR** 32.4 II, ⬙₈ Asroc, LAMPS I	⊤ ⟡ ⏁ ⏁ ⟁ ⌒	27.0	Westingh. ⚙ Tu 2 Comb. Eng. FF 1056, 1057, 1061, 1063, 1065, 1072, 1073, 1075, 1077: Westingh. ⚙ Tu 2 B. & W.	25740 1	4000 20	*Frigates.* 1053–1055, 1057–1062, 1072, 1077: Kein / no VDS. Erhalten / to get SQR–18 A Tactas. Haben oder erhalten Bug-Schanz-kleid / have or to get bow bulwark. 1982 NRF: 1053, 1054, 1058, 1060, 1061, 1072, 1091, 1096. Total 12. Alle erhalten / all to get ASW-TDS (Anti Sub-marine Warfare-Tactical Data Systems)
-12.7 L₃₈ ⤙, **UTR** 32.4 III, ⬙₈ Asroc	⊤ ⟡ ⏁ ⟁ ⌒	27.0	Westingh. ⚙ Tu 2 Foster-Wh.	25740 1	4000 20	Keine Asroc-Nachladung / no Asroc reloads
-12.7 L₃₈ ⤙, **UTR** 32.4 III, ⬙₈ Asroc, LAMPS I	⊤ ⟡ ⏁ ⟁ ⌒	27.0	Westingh. ⚙ Tu 2 Foster-Wh.	25740 1	4000 20	Ab 1047 Asroc-Nachladung. Kein VDS / **AMT:** from 1047 Asroc reloads. No VDS. I, II kein / no 〜
-7.6 ⤙₂, 6 **UTR** 32.4 III, ⬙₈ Asroc	⊤ ⟡ ⏁ ⟁ ⌒	24.5	⚙ Tu Foster-Wh.	14710 1	3000 20	Erste FF mit Bugsonar / first FFs with bow sonar

reactors of SSBN, SSN use water as moderator and cooling medium, all have 〜 DM

| 4 Trident 1 C 4 ⬙, **TR** 53.3 b ↓ | ⊤ ⟠- ⟁ ⌒ ⬗ | 25.0↓ | Tu / 2 Wr Gen. El. S 8 G | 44130 1 | . | *Fleet Ballistic Missile Sub-marines (nuclear propulsion).* Atom-Antrieb. Total 24? Ab / from 734: Trident 2 D 5 ⬙. Tauchtiefe / diving depth: 300 m. 2 Besatzungen / 2 crews. Stützpunkt / base: Bangor, Washington/Pacific (8) + Kings Bay/Ga., Atlantic (8) |

Anzahl – Art / Number – Group	Schiffsnamen und Stapellauf / Ship's Name and Launching	Baubeginn – Fertig – Umbau / On Keel – Completed – Com.	Bauwerft / Builder	Wasserverdrängung / Displacement ts	Länge / Length m	Breite / Beam m	Tiefgang / Draft m	Besatzung / Bes
29 SB o	**Mariano G. Vallejo** / 658	64/66	N. Y. Mare Island	7250↑ 8250↓	130	10.1	9.6	14
	George C. Marshall / 654,	64/66	Newport News Shb.					
	George Washington Carver / 656							
	Henry L. Stimson / 655,	64/66	Gen. Dyn., Groton					
	Francis Scott Key / 657,	65/67						
	Will Rogers / 659							
	Kamehameha / 642	63/65	N. Y. Mare Island					
	Simon Bolivar / 641,	63/65	Newport News Shb.					
	Lewis and Clark / 644,	66						
	James K. Polk / 645							
	Benjamin Franklin / 640,	63/65	Gen. Dyn., Groton					
	George Bancroft / 643	66						
	Daniel Boone / 629,	62/64	N. Y. Mare Island					
	Stonewall Jackson / 634							
	Casimir Pulaski / 633, **Tecumseh** / 628,	62/64	Gen. Dyn., Groton					
	Ulysses S. Grant / 631	63						
	James Madison / 627,	62/64	Newport News Shb.					
	John C. Calhoun / 630,							
	Sam Rayburn / 635,							
	Von Steuben / 632							
	Andrew Jackson / 619,	61/63	N. Y. Mare Island					
	Woodrow Wilson / 624							
	John Adams / 620	61/64	N. Y. Portsmouth					
	Henry Clay / 625,	61/63	Newport News Shb.					
	James Monroe / 622	64						
	LAFAYETTE / 616,	61/63	Gen. Dyn., Groton					
	Alexander Hamilton / 617,	63/64						
	Daniel Webster / 626 1962–66	72–77						
	... / SSN ...							
1 SS	S e a W o l f gepl. / plan.	.	.	. ↑ 9150↓	99.4	12.2	10.9	15
67 SS o	... / 777	.	.	6000↑ 6900↓	110	10.0	9.8	12
	... / 775, 776	.	.					
	... / 773, 774	.	.					
	... / 771, 772	.	.					
	... / 769, 770	.	.					
	... / 764–768	.	Newport News Shb.					
	... / 760–763	.	Gen. Dyn., Groton					
	... / 759	87/.	Newport News Shb.					
	A l e x a n d r i a / 757	87/.	Gen. Dyn., Groton					
	S c r a n t o n / 756, A s h e v i l l e / 758	86/.	Newport News Shb.					
	T o p e k a / 754, M i a m i / 755	86/88	Gen. Dyn., Groton					
	A l b a n y / 753	85/88	Newport News Shb.					
	S a n J u a n / 751,	85/87	Gen. Dyn., Groton					
	P a s a d e n a / 752	88						
	N e w p o r t N e w s / 750	84/87	Newport News Shb.					
	Helena / 725	85/87	Gen. Dyn., Groton					
	Lousville / 724	84/87	Gen. Dyn., Groton					
	Key West / 722,	83/87	Newport News Shb.					
	Oklahoma City / 723	84/87						
	Chicago / 721	83/86	Newport News Shb.					
	Providence / 719,	82/85	Gen. Dyn., Groton					
	Pittsburgh / 720	83						
	Olympia / 717, **Honolulu** / 718	81/84	Newport News Shb.					

Bewaffnung / Armament	Sensoren-Elektronik/ Sensors-Electronic	Geschwindig-keit / speed kn	Antrieb / Propulsion		Fahrstrecke / Range sm	Sonstige Angaben / Remarks
			Maschine Kessel Engines Boilers Masch	Leistung/ Power kW 1 kW = 1.36 PS		

6 Poseidon C-3 ⚓, TR 53.3 b↓	⊤ ⊕- ⊽ ⊖	15.0↑ 25.0↓	Tu / 2 Wr Westingh. S 5 W	11030 1	400000	Atom-Antrieb. SSBN 627, 629, 630, 632–634, 640, 641, 643, 655, 657, 658: Trident 1 C 4 ⚓. Leisere Maschinen / quieter propulsion machinery = Benjamin Franklin Klasse. Stützpunkt / base: Kings Bay, Georgia/Atlantic. 1972–78 Grundüberholung: Umbewaffnet auf Poseidon ⚓, verbesserte Feuerleitanlagen, Reaktoraufladung / nuclear powered. / 1972–78 overhaul: Poseidon ⚓ conversion, improved fire control systems, reactor recoring
TR 53.3↓, auch für / lso for Tomahawk ⇨, Harpoon ⇨, ♻	.	. .		44120 1	.	*Submarine (nuclear propulsion).* SSN 21 Klasse / class. Neuer / new Reactor. Entwicklung durch / development by New-port News Shb. + General Dynamics, Groton
Tomahawk ⇨, ab/from ⊤ ⊕- ⊽ 21: 20 Tomahawk ⇨, ⊖ TR 53.3 s↓, TR auch ür / also for Harpoon ⇨, ▸ubroc		15.0↑ 35.0↓	2 ✿ Tu Westingh. S 6 G	25740 1	.	*Submarines (nuclear propulsion).* **Los Angeles** Klasse / class. Tauchtiefe / diving depth: 450 m. Ab 719 senkrechtes Ab-schußsystem (VLS) zwischen Bugsonar und Druckhülle. Ab 751 Tiefenruder am Bug statt am Turm und SUBACS. Alle haben UYK-7 Haupt-computer, Feuerleitanlage Mk 117, Bugsonar BQQ-5 / 719 and later vertical launching system (VLS) between bow sonar and the forward end of pressure hull. 751 and later will have bow-mounted vice sail-mounted diving planes and SUBACS = SUBmarine Advanced Combat System. All carry UYK-7 general-purpose computer, FCS Mk 117, bow sonar BQQ-5

Fortsetzung / continued 268

Anzahl - Art / Number - Group	Schiffsnamen und Stapellauf / Ship's Name and Launching	Baubeginn - Fertig / Umbau / On Keel - Completed - Conv.	Bauwerft / Builder	Wasser-verdrängung / Displacement ts	Länge / Length m	Breite / Beam m	Tiefgang / Draft m	Besatzung / Crew Bes
	Fortsetzung von / continued from 266							
	Buffalo / 715,	80/83	Newport News Shb.	6000↑	110	10.0	9.8	125
o	**Salt Lake City** / 716	84		6900↓				
	Norfolk / 714	79/83	Nort News Shb.					
	San Francisco / 711, **Atlanta** / 712	77.81	Newport News Shb.					
	Houston / 713	79/82						
	Albuquerque / 706,	79.83	Gen. Dyn., Groton					
	Portsmouth / 707, **Minneapolis –**	82/85						
	Saint Paul / 708, **Hyman G. Rickover** / 709, **Augusta** / 710							
	Dallas / 700, **La Jolla** / 701, **Phoenix** / 702,	76/81	Gen. Dyn., Groton					
	Boston / 703, **Baltimore** / 704,	77/82						
	City of Corpus Christi / 705							
	New York City / 696, **Indianapolis** / 697,	74/78	Gen. Dyn., Groton					
	Bremerton / 698, **Jacksonville** / 699	76/81						
	Birmingham / 695	75/78	Newport News Shb.					
	Omaha / 692, **Groton** / 694	73/78	Gen. Dyn., Groton					
	Memphis / 691, **Cincinnati** / 693	73/77 74/78	Newport News Shb.					
	Philadelphia / 690	72/77	Gen. Dyn., Groton					
	LOS ANGELES / 688,	72/76	Newport News Shb.					
	Baton Rouge / 689	77						
	1974 – gepl. / plan.							
1 SS	**Glenard P. Lipscomb** / 685 1973	71/74	Gen. Dyn., Groton	5800↑	111	9.7	8.8	120
o				6480↓				
	Sturgeon Klasse							
37 SS	**L. Mendel Rivers** / 686,	71/75	Newport News Shb.	4460↑	92.1	9.6	8.8	108
o	**Richard B. Russell** / 687			4960↓				
	Cavalla / 684	70/73	Gen. Dyn., Groton					
	Parche / 683	70/74	Ingalls, Pascagoula					
	William H. Bates / 680,	69/73	Ingalls, Pascagoula					
	Tunny / 682	70/74						
	Archerfish / 678, **Silversides** / 679,	69/71	Gen. Dyn., Groton					
	Batfish / 681	70/72						
	Drum / 677	68/72	N. Y. San Francisco					
	Flying Fish / 673, **Trepang** / 674,	67/70	Gen. Dyn., Groton					
	Bluefish / 675, **Billfish** / 676	68/71						
	Pintado / 672	67/71	N. Y. Mare Island					
	Spadefish / 668, **Finback** / 670	66/69 67/70	Newport News Shb.					
	Bergall / 667, **Seahorse** / 669	66/69	Gen. Dyn., Groton					
	Guitarro / 665, **Hawkbill** / 666	65/71 66/72	N. Y. Mare Island					
	Hammerhead / 663, **Lapon** / 661,	65/67	Newport News Shb.					
	Sea Devil / 664	66/69						
	Gurnard / 662	64/68	N. Y. Mare Island					
	Sand Lance / 660	65/71	N. Y. Portsmouth					
	Queenfish / 651, **Ray** / 653	65/66 67	Newport News Shb.					
	Pargo / 650	64/67	Gen. Dyn., Groton					
	Sunfish / 649	65/69	Gen. Dyn., Quincy					
	Aspro / 648, **Puffer** / 652	64/69 65	Ingalls, Pascagoula					
	Pogy / 647	64/71	N. Y. Shb., Camden					
	Grayling / 646	64/69	N. Y. Portmouth					
	Tautog / 639	64/68	Ingalls, Pascagoula					
	Whale / 638	64/68	Gen. Dyn., Quincy					
	STURGEON / 637 1966–74	63/67	Gen. Dyn., Groton					

Bewaffnung / Armament	Sensoren-Elektronik/ Sensors-Electronic	Geschwindigkeit / speed kn	Antrieb / Propulsion		Fahrstrecke / Range sm	Sonstige Angaben / Remarks
			Maschine / Kessel / Engines / Boilers / Masch	Leistung/ Power kW 1 kW = 1.36 PS		
Tomahawk ⇨, ab/from ⊤ ⊕- ⋎ 1: 20 Tomahawk ⇨, ⊸ TR 53.3 s↓, **TR** auch r / also for Harpoon ⇨, broc		15.0↑ 35.0↓	2 ✿ Tu Westingh. S 6 G	25740 1	.	*Submarines (nuclear propulsion).* **Los Angeles** Klasse / class
TR 53.3 s↓, **TR** auch ⊤ ⊕- ⋎ r / also for 8 Harpoon ⇨, broc		18.0↑ 25.0↓	Gen. El. ⇝ EM . Westingh. S 5 W–A		.	Besonders geräuscharmer Antrieb / quiet design. TEDS (Turbo-Electric Drive)
TR 53.3 s↓, **TR** auch ⊤ ⊕- ⋎ r / also for Harpoon ⇨, broc Tomahawk ⇨ in SN 638, 639, 646, 648, 49, 652, 660, 662, 663, 55, 667–670, 672, 673, 79, 681, 682, 684–686		20.0↑ 30.0↓	Gen. El. / 2 Co. E. Westingh. S 5 W	11030 1	.	Atom-Antrieb. Verbesserte Permit Klasse. Tauchtiefe 400 m. SSN 647 Fertigbau bei Ingalls Shb. / Nuclear powered. Improved Permit class. Diving depth: 400 m. SSN 647 completion at Ingalls Shb. SSN 637, 647, 650, 651, 653, 664, 666, 674–677: 4250/4780 ts, Lg 89 m. SSN 666, 672 für / for DSRV. Alle haben oder erhalten FCS Mk 117. Ab 678 BQR-5 Sonar. SSN 679, 687 Spezialaufbau hinter dem Turm zur Erprobung von BUSTLE. SSN 684 Truppentransporter / All carry or will get FCS Mk 117. From 678 onwards BQR-5 sonar. SSN 679, 687 prominent extension aftwards to the sail to house the prototype BUSTLE (towed communications array). SSN 684 for carrying troops

Anzahl – Art / Number – Group	Schiffsnamen und Stapellauf / Ship's Name and Launching		Baubeginn – Fertig – / Umbau / On Keel – Completed – Conv.	Bauwerft / Builder	Wasser-verdrängung / Displacement ts	Länge / Length m	Breite / Beam m	Tiefgang / Draft m	Besatzung / Bes
1 SS	**Narwhal** / 671	1967	66/69	Gen. Dyn., Groton	5280↑ 5830↓	96.0	11.5	8.8	12
2 SS ○	**Sam Houston** / 609, **John Marshall** / 611	1961	59/62 60	Newport News Shb.	6950↑ 7900↓	125	10.1	9.3	14
	Permit Klasse								
13 SS ○○	**Haddock** / 621		61/67	Ingalls, Pascagoula	3780↑ 4470↓	85.0	9.6	8.6	12
	Flasher / 613, **Greenling** / 614, **Gato** / 615		61/66 68	Gen. Dyn., Groton					
	Guardfish / 612		61/66	N. Y. Shb., Camden					
	Dace / 607		60/64	Ingalls, Pascagoula					
	Jack / 605, **Tinosa** / 606		59/64 60/67	N. Y., Portsmouth					
	Pollack / 603, **Haddo** / 604		60/64	N. Y. Shb., Camden					
	Barb / 596		59/63	Ingalls, Pascagoula					
	Plunger / 595		60/62	N. Y. Portsmouth					
	Permit / 594	1961–66	59/62	N. Y. Mare Island					
1 SS ○	**Tullibee** / 597	1960	58/60	Gen. Dyn., Groton	2317↑ 2640↓	83.0	7.2	6.4	5
3 SS ○	**Shark** / 591		56/61	Newport News Shb.	3075↑ 3500↓	77.0	9.6	8.9	9
	Sculpin / 590		58/61	Ingalls, Pascagoula					
	SKIPJACK / 585	1958–60	56/59	Gen. Dyn., Groton					
	Mit konventionellem Antrieb / conventionally powered								
	... / SS ...								
3 SS ○	**Bonefish** / 582		57/59	N. Y. Shb., Camden	2145↑ 2650↓	67.0	8.8	5.8	7
	Blueback / 581		57/59	Ingalls, Pascagoula					
	BARBEL / 580	1958–59	56/59	N. Y. Portsmouth					
1 SS	**Darter** / 576	1956	54/56	Gen. Dyn., Groton	1975↑ 2250↓	82.0	8.3	5.8	8

Minensucher / Minesweepers

... / MCM ...

14 MB ○	... / 12–14		.	.	.	68.4	11.9	3.5	7
	... / 11		.	Peterson, Sturgeon Bay	1312				
	... / 10		.	Marinette, Wisconsin					
	Scout / 8, ... / 9		87/.	Peterson, Sturgeon Bay					
	Patriot / 7		87/.	Marinette, Wisconsin					
	Devastator / 6		87/.	Peterson, Sturgeon Bay					
	Guardian / 5		85/.	Peterson, Sturgeon Bay					
	Champion / 4		84/.	Marinette, Wisconsin					
	Sentry / 3		84/.	Peterson, Sturgeon Bay					
	Defender / 2		83/.	Marinette, Wisconsin					
	AVENGER / 1	1985 – bew. / auth.	83/87	Peterson, Sturgeon Bay					

... / MSO ...

| 2 MB | **Adroit** / 509, **Affray** / 511 | 1955–56 | 54/57 55/58 | Samble, Booth Bay | 680 820 | 53.7 | 11.0 | 4.3 | 74 |

Bewaffnung / Armament	Sensoren-Elektronik/ Sensors-Electronic	Geschwindig-keit / speed kn	Antrieb / Propulsion		Fahrstrecke / Range sm	Sonstige Angaben / Remarks
			Maschine / Kessel / Engines / Boilers / Masch	Leistung/ Power kW 1 kW = 1.36 PS		

TR 53.3 s↓, TR auch für / also for Harpoon ⇨ oder / or 8 Tomahawk ⇨	┳ ⊕- ⅋	20.0↑ 30.0↓	Gen. El. / 2 Co. E. Westingh. S 5 G	12500 1	.	Atom-Antrieb / nuclear powered. FCS Mk 117, BQQ-5 Sonar
TR 53.3 b↓	.	15.0↑ 20.0↓	Gen. El. / 2 Babcock Westingh. S 5 W	11030 1	.	Ex SSBN. Umgebaut zu / converted to Amphibious Troop Transports
TR 53.3 s↓, TR auch für / also for Harpoon ⇨, Subroc in SSN 613–615	┳ ⊕- ⅋	15.0↑ 30.0↓	2Gen. E. / 2 Co. E. Westingh. S 5 W	11030 1	.	Atom-Antrieb / nuclear powered. SS 613–615: 4250/4770 ts, Lg 89 m, SS 605: 4000/4470 ts, Lg 91 m. **Masch:** SS 594–596, 607 Westingh. Tu, 606 de Laval Tu
TR 53.3 s↓	┳ ⊕- ⅋ ∽	15.0↑ 20.0↓	Westingh. 2 Co. E. Comb. Eng. S 2 C	1840 1	.	Atom-Antrieb / nuclear powered
5 TR 53.3 b↓	┳ ⊕- ⅋	16.0↑ 25.0↓	Gen. E. / 2 Foster Wh. Westingh. S 5 W	11030 1	.	SSN 588, 592 deactivided
5 TR 53.3 b↓	┳ ⊕- ⅋	12.0↑ 25.0↓	3 Fairb.-M. ⇀⇁ DM 2 EM	3535 2315 1	.	*Submarines.* Rumpf ähnlich Albacore / hull similar to Albacore
8 TR 53.3↓ (6 b, 2 h)	┳ ⊕- ⅋	16.0↑ 20.0↓	3 DM 2 EM	3310 3310 2	.	
2 Mg ↙₂, 2 MNS (Mine Neutralization System)	┳ ⅋	14.0	4 GMT-DM	1675 2	.	*Mine countermeasures ships.* Rumpf Holz, Aufbauten GRP / wooden hull, GRP super-structure. MNS: 1.3 ts, 6 kn, 3.8 × 0.9 × 0.9 m. **Masch:** 2 DM für Suchfahrt, 295 kW, Bug-strahlruder 260 kW / 2 DM for sweeping, 295 kW. Bow thruster 260 kW. MCM 1, 2: 4 Waukesha-DM
2 Mg ↙	┳ ⅋	15.0	Packard-DM	2060 2	3000 10	*Minesweepers, Ocean.* NRF

Anzahl – Art / Number – Group	Schiffsnamen und Stapellauf / Ship's Name and Launching		Baubeginn – Fertig / Umbau / On Keel – Completed – Conv.	Bauwerft / Builder	Wasser- verdrängung / Displacement ts	Länge / Length m	Breite / Beam m	Tiefgang / Draft m	Besatzung / Crew Bes
19 MB ○	**Constant** / 427, **Engage** / 433, **Enhance** / 437, **Esteem** / 438, **Excel** / 439, **Exploit** / 440, **Exultant** / 441, **Fearless** / 442, **Fidelity** / 443, **Fortify** / 446, **Illusive** / 448, **Impervious** / 449, **Implicit** / 455, **Inflict** / 456, **Pluck** / 464, **Conquest** / 488, **Gallant** / 489, **Leader** / 490, **Pledge** / 498	1952–56	51/53 53/58	USA	715 850	52.4	11.0	4.2	78
…/ MHC …									
17 MB	I–XVI XVII	gepl. / plan. bew. / auth.	. ./91	. Sayler Mar., Savannah (Intermarine USA)	790	58.0	11.0	2.9	.
…/ MSB …									
7 MS	**41, 51** **15, 16, 25, 28, 29**	1952–53	52/55 51/52	USA USA	30 42	17.4	4.7	1.2	6
10 MS	**CT 4, 5**, I–VIII (ex YP 659, 660, …)	~1958	./58 . 85–88	Stephan Bros., Stockton	60	24.5	5.7	1.6	9
3 MS: **CT 1–3** (ex Scheherazade, Tiki, Ida Green) – ex Trawler									

Kleine Kampfschiffe / Small Fighting Vessels

	…/ PHM …								
6 PG ○	**Aries** / 5, **Gemini** / 6 **Taurus** / 3, **Aquila** / 4 **Hercules** / 2 **PEGASUS** / 1	1974–82	80/82 79/81 80/82 73/77	Boeing, Seattle Boeing, Seattle Boeing, Seattle Boeing, Seattle	200 240	40.5 44.7	8.6 14.5	1.9 2.7	21
5 PG	I–V	gepl. / plan.	.	.	.	.	.	.	.
	…/ PG …								
2 PF	Gallup / 85, Canon / 90	1965	64/66	Tacoma, Bt. Buildg.	225 240	50.3	7.3	2.9	32

Flußkampfschiffe / Riverine Warfare Craft – NRF

22 PP: 3 **PB Mk IV** Sea Spectre Klasse; 17 **PB Mk III** (~75–85) 28/37 ts, 30 kn, 1-2.5 ↗, 4 Mg ↗₂, 1-8.1 Mörser / mortar, 1430 kW₃, GM-DM, 19.8 × 5.5 × 1.8 m, Bes 5; 2 **PB Mk I** (73) 27/36 ts, 25 kn, 2-2 ↗₂, 4 Mg ↗₄, 880 kW₂, GM-DM, 19.8 × 5.3 × 1.4 m, Bes 8 – *Patrol boats*

Landungsfahrzeuge / Amphibious Ships and Landing Vessels

	…/ LCC …								
2 LF ○	**Mount Whitney** / 20 **BLUE RIDGE** / 19	1969–70	69/71 67/70	Newport News Shb. N. Y. Philadelphia	15000 19290	194	25.3 32.9	8.2	775 + 200

Bewaffnung / Armament	Sensoren-Elektronik / Sensors-Electronic	Geschwindigkeit / speed kn	Antrieb / Propulsion — Maschine / Kessel / Engines / Boilers / Masch	Leistung / Power kW (1 kW = 1.36 PS)	Fahrstrecke / Range sm	Sonstige Angaben / Remarks
Mg ⚓	⊤ ▽	15.0	4 Packard-DM	1120 / 2	2400 / 10	Agile Klasse. Total modernisiert / fully modernized: 433, 437, 438, 441–443, 445, 446, 448, 449, 456, 488, 490: Waukesha-DM, 1675 kW$_2$. Alle NRF außer: / all NRF except: 443, 448, 490. Bes 86
⚓, 1 MNS	⊤ ▽	.	DM	.	.	MHC 51 Klasse / class. Verbesserter / improved Typ ital. Lerici. Voith-Schneider-Propeller. SQQ 32 Sonar. Projekt Cardinal eingestellt / stopped
Mg ⚓	⊤ ▽	10.0	DM	440 / 2	.	*Minesweeping boats.* MSB 29 (56) ./81 ts, 25 × 5.8 × 1.8 m
.	⊤ ▽	13.5	GM-DM	440 / 2	.	COOP (Craft Of Opportunity Prototypes). Umbau aus / conversion from YP 654–675
8 Harpoon ⇒$_4$, 1–7.6 ⚓ OTO	⊤ ⊕ ↶	50.0	1 GE LM-GTu + 2 MTU-DM	13240 + 1180	600 / 40	*Patrol combatants missile (hydrofoil)*
.	.	.	.	.	.	*Patrol Craft Medium*
1–7.6 ⚓, 1–4 ⚓, 4 Mg ⚓$_2$	⊤ ♢ ⊕	40.0	2 Cummins-DM + 1 GE-GTu	1290 + 9270 / 2	1700 / 15	*Patrol Combatants.* Werden gestrichen / to be stricken

5 PP: 2 **PCF Mk II** (67–68); 3 **PCF Mk I** (65–66) 22 ts, 25 kn, 3 Mg ⚓, 1–8.1 Mörser / mortar, 710 kW$_2$, DM, 15.2 × 4.1 × 1.5 m, Bes 6 – *Inshore patrol craft*

32 PR: **PBR Mk II** (81–83) 8 ts, 25 kn, 3 Mg ⚓$_{2,1}$, 2 DM, 9.8 × 3.4 × 0.8 m – *River patrol boats*

1 PR: **CCB Mk I** 67 ts, 8.5 kn, 2–2 ⚓, 330 kW$_2$, DM – *Command and control boat*

| 4–7.6 ⚓$_2$, 2–2 ⚓ Phalanx, 2 Sea Sparrow ⇒$_8$, 3 LCPL, 2 LCVP | ⊤ ♢ ♢ / ⊡ ⊕ ↶ / ⊟ | 20.0 | Gen. El. ✿ Tu 2 Foster-Wh. | 16180 / 1 | . | *Fleet Flagships.* I 2. Flotte (Norfolk) II 7. Flotte (Yokosuka) |

Anzahl – Art / Number – Group	Schiffsnamen und Stapellauf / Ship's Name and Launching	Baubeginn – Fertig / Umbau / On Keel – Completed – Com.	Bauwerft / Builder	Wasserverdrängung / Displacement ts	Länge / Length m	Breite / Beam m	Tiefgang / Draft m	Besatzung / C... Bes
	... / LHD ...							
5 LH	... / 5	./.	.	28230	256	32.3	8.1	108
	... / 4	./93	Ingalls, Pascagoula	40530		42.6		
	K e a r s a r g e / 3		Ingalls, Pascagoula					
	E s s e x / 2	86/91	Ingalls, Pascagoula					
	WASP / 1 1987 – gepl. / plan.	85/89	Ingalls, Pascagoula					
	... / LHA ...							
5 LH	Peleliu / 5	76/80	Ingalls, Pascagoula	25120	254	32.5	8.0	100
o	Nassau / 4	73/79	Ingalls, Pascagoula	39300		40.3		
	Belleau Wood / 3	73/78	Ingalls, Pascagoula					
	Saipan / 2	72/77	Ingalls, Pascagoula					
	TARAWA / 1 1973–78	71/76	Ingalls, Pascagoula					
	... / LPH ...							
7 LH	Inchon / 12	24. 5. 69 68/70	Ingalls, Pascagoula	17000	184	25.6	8.1	65
o	New Orleans / 11	2. 3. 68 66/68	N. Y. Philadelphia	18300		34.7		
	Tripoli / 10	31. 7. 65 64/66	Ingalls, Pascagoula					
	Guam / 9	12. 8. 64 62/65	N. Y. Philadelphia					
	Guadalcanal / 7	16. 3. 63 61/63	N. Y. Philadelphia					
	Okinawa / 3	19. 8. 61 60/62	N. Y. Philadelphia					
	IWO JIMA / 2	17. 9. 60 59/61	N. Y. Puget Sound					
	... / LPD ...							
11 LD	Denver / 9, Juneau / 10,	64/68	Lockheed, Seattle	11050	173	25.6	6.8	47
o	Shreveport / 12, Nashville / 13, Trenton / 14, Ponce / 15	66/71		16900		32.0		
	Cleveland / 7, Dubuque / 8	64/67 65	Ingalls, Pascagoula					
	AUSTIN / 4, Ogden / 5, Duluth / 6 1964–70	63/65	N. Y., New York					
2 LD	Vancouver / 2	60/63	N. Y., New York	8270	159	25.6	6.7	410
o	RALEIGH / 1 1962	60/62	N. Y., New York	14650				
	... / LSD ...							
5 LD	... / 50–53	.	.	.	.	.	.	.
	... / 49 gepl. / plan.	.	.					
8 LD	... / 47, 48	.	Avondale Shy.	11140	186	25.6	5.9	415
o	Tortuga / 46	.	Avondale Shy.	15165				
	Gunston Hall / 44, Comstock / 45	86/.	Avondale Shy.					
	Fort McHenry / 43	83/87	Lockheed, Seattle					
	Germantown / 42	82/85	Lockheed, Seattle					
	WHIDBEY ISLAND / 41 1983 – bew. / auth.	81/84	Lockheed, Seattle					
5 LD	Portland / 37, Pensacola / 38,	67/70	Gen. Dyn., Quincy	8600	168	25.9	5.5	450
o	Mount Vernon / 39, Fort Fisher / 40	70/72		13650				
	ANCHORAGE / 36 1968–71	67/69	Ingalls, Pascagoula					

Bewaffnung / Armament	Sensoren-Elektronik / Sensors-Electronic	Geschwindigkeit / speed kn	Antrieb / Propulsion Maschine / Kessel / Engines / Boilers / Masch	Leistung / Power kW 1 kW = 1.36 PS	Fahrstrecke / Range sm	Sonstige Angaben / Remarks
-2 Phalanx, 8 Mg, NATO Sea Sparrow $_{8}$, 870], 3 LCAC oder / or LCM (6),	⊤ ⟡ ⊘ ⊹ ⌒ ⊟	24.0	✿ Tu Wr	56620 2	9500 20	*Amphibious assault ships (multi-purpose).* Verwendung als / can be used as LHA (6 AV-8 B Harrier + 42 CH-46) + RL (20 AV-8 B Harrier + 4-6 SH-60 B ASW)
-12.7, 6-2, -2 Phalanx, 8 Mg, Sea Sparrow $_{8}$, 000], 4 LCU, 1 LCAC, 0 Sea Knight, ea Stallion	⊤ ⟡ ⊘ ⊹ ⊹ ⊟	24.0	Westingh. ✿ Tu 2 Comb. Eng.	51485 2	10000 20	*Amphibious assault ships (general purpose).* Kevlar Panzerung und Wulstbug / Kevlar armor and bulbous forefoot. Dockraum / docking well: 81.7 × 23.8 m. LHA 2 nur / only 1 $_{8}$
4, 4-7.6 $_{2}$, -2 Phalanx, Sea Sparrow $_{8}$, [2100]	⊤ ⊘ ⊙ ⊹ ⊹ ⌒	23.0	Westingh. ✿ Tu 2 Babcock	16910 1	.	*Amphibious assault ships.* Verdrängung unterschiedlich. Haben umfangreiche Lazaretteinrichtungen, 300 Betten / Different displacements, have extensive medical facilities, 300 beds
-7.6 $_{2}$, 2-2 Phalanx, 30], [6], 900 ts Ladung / load	⊤ ⊘ ⊙ ⌒	21.0	de Laval ✿ Tu 2 Babcock	17650 2	11000 20	*Amphibious transports, dock.* Dock: 120 × 15.3 m. Flaggschiffe / flag ships: LPD 7-9, 12, 13. [840], Falthangar / telescopic hangar 18.9 × 7.6 m
-7.6 $_{2}$, [930], 5], 000 ts Ladung / load	⊤ ⊘ ⌒	23.0	Gen. El. ✿ Tu 2 Babcock	17650 2	.	LPD 1: 4-7.6 $_{2}$, 2-2 Phalanx. Dockraum / docking well: 51.2 × 15.2 m
LCAC, [500]	.	.	.	.	.	*Landing ships, dock.* Verbesserte LSD 41 Klasse, mehr Frachtraum / improved LSD 41 class, additional cargo space
-2 Phalanx, 2-2, Mg, [440], 4 LCAC	⊤ ⊘ ⊙ ⌒	22.0	4 Pielstick-DM	30590 2	8000 20	*Landing ships, dock.* Dockraum / docking well: 134 × 15.2 m. LCAC = Landing Craft Air Cushion
-7.6 $_{2}$, 2-2 Phalanx, 380], [4], 3 LCU oder / or 15 LCM (6)	⊤ ⊘ ⊙ .	20.0	de Laval ✿ Tu 2 Foster-Wh.	17650 2	.	Dockraum / docking well: 131 × 15.2 m. **Masch:** V 2 Comb. Eng. Tu

Anzahl - Art / Number - Group	Schiffsnamen und Stapellauf / Ship's Name and Launching		Baubeginn - Fertig / Umbau - On Keel / Completed - Conv.	Bauwerft / Builder	Wasser- verdrängung / Displacement ts	Länge / Length m	Breite / Beam m	Tiefgang / Draft m	Besatzung / Crew Bes
8 LD ○	**Alamo** / 33, **Hermitage** / 34, Monticello / 35, **Spiegel Grove** / 32 Fort Snelling / 30, Plymouth Rock / 29, Point Defiance / 31, THOMASTON / 28	1954–56	54/56 /57 53/55 /54	Ingalls, Pascagoula Ingalls, Pascagoula	6880 12150	155	25.6	5.8	405
	... / LST ... (Co. = County)								
20 LS ○	**Saginaw** / 1188, **San Bernardino** / 1189, **Boulder** / 1190, **Racine** / 1191, **Spartanburg Co.** / 1192, **Fairfax Co.** / 1193, **La Moure Co.** / 1194, **Barbour Co.** / 1195, **Harlan Co.** / 1196, **Barnstable Co.** / 1197, **Bristol Co.** / 1198 Fresno / 1182, **Peoria** / 1183, **Frederick** / 1184, **Schenectady** / 1185, **Cayuga** / 1186, **Tuscaloosa** / 1187, **Manitowoc** / 1180, **Sumter** / 1181 NEWPORT / 1179	1968–71	67/69 70/72 66/69	National St., S. Diego National St., S. Diego N. Y. Philadelphia	4970 8450	159	21.2	5.3	225
41 LS	**LCU 1616, 1617, 1619, 1624, 1627, 1629–1635, 1643–1646, 1648–1666, 1680, 1681, ASDV 1–3** (ex LCU 1621, 1623, 1628)	1960–85	60/61 85/85	USA	190 390	41.0	9.1	2.1	6
	... / LCAC ...								
90 LC	... / 34–90 ... / 22–33 ... / 16, 18, 21 ... / **1–8**, 9–15, 17, 19, 20		. . 86/. 83/84 87/.	. . Lockheed, Gulfport Textron Mar. Systems	88 200	26.8	14.3	0.9	4

LCM (8) Mk 2, 3, 4 (53–86) 34/120 ts, 12 kn, 58 ts Ladung / load, DM, 435 kW_2, 22 × 6.4 × 1.4 m

LCM (8) Mk 1 (54) 56/115 ts, 9 kn, 54 ts Ladung / load, DM, 455 kW_2, 22.4 × 6.4 × 1.6 m

LCM (6) (52–80) 24/56 ts, 10 kn, 34 ts Ladung / load, DM, 330 kW_2, 17 × 4.4 × 1.2 m

LWT 1, 2, 60 ts, 9 kn, DM, 310 kW_1 – *Warping tugs*

LCVP Mk 7 (66–69) 13.5 ts, 9 kn, 4 ts Ladung / load, DM, 165 kW_1, 11.7 × 3.4 × 1.1 m

LCP (L) Mk 12 (83 – a. St. / o. st.) 13 ts, 19 kn, GM-DM, 295 kW_1, 11 × 4 × 1.1 m – GRP Rumpf / hull

	... / LKA ...								
5 AK ○	**El Paso** / 117 **CHARLESTON** / 113, **Durham** / 114, **Mobile** / 115, **St. Louis** / 116	1967–69	68/70 65/68 68/69	Newport News Shb. Newport News Shb.	10000 18600	175	25.0	8.0	335

US Army

4 LS	I–III **General Frank S. Besson Jr.**	1987 – a. St. / o. st.	87/88 86/87	Moss Pt., Escatawpa Moss Pt., Escatawpa	2000 4200	85.0	18.3	5.0	29
1 LS	**Lt. Col. John D. Page**	1958	./58	Nat. Steel, S. Diego	1550 4120	103	19.9	4.2	49
40 LS	L C U 2029–2040 L C U 2019–2028 L C U 2008–2018 L C U 2001–2007	1987 – bew. / auth.	./91 ./90 ./89 86/87 88/88	Lockheed, Savannah Lockheed, Savannah Lockheed, Savannah Lockheed, Savannah	590 1015	53.0	12.1	2.6	13

Zahlreiche LCU, LCM, LCP / numerous LCU, LCM, LCP

Bewaffnung / Armament	Sensoren-Elektronik/ Sensors-Electronic	Geschwindigkeit / speed kn	Antrieb / Propulsion Maschine Kessel Engines Boilers Masch	Leistung/ Power kW 1 kW = 1.36 PS	Fahrstrecke / Range sm	Sonstige Angaben / Remarks
7.6 ⚓₂, [350], ⚓], 18 LCM (6) oder / 3 LCU	⟙ ⟡ ⟡	22.5	Gen. El. ✿ Tu 2 Babcock	17650 2	.	I, II, IV: ./12150 ts. 2–50 ts Kräne / cranes. Dockraum / docking well: 119 × 14.6 m. LSD 34: 2-2 ⚓ Phalanx
7.6 ⚓₂, 1–2 ⚓ Phalanx, 90], 500 ts Ladung / load	⟙ ⟡	20.0	6 Alco-DM	12130 2	.	*Tank landing ships.* ⟶-Plattform / platform. Bug- und Hecktor / bow and stern gate. Bugstrahlruder / bow thruster. Länge über Bugrampe 171 m / length over derrick arms 171 m. Erhalten / to get 2-2 ⚓ Phalanx anstelle / instead of 7.6 ⚓. 1190, 1191: NRF
Mg ⚓₂], 3 ⟐, 60 ts Ladung / load	⟙	11.0	4 GM-DM	880 2	1200 11	*Landing craft utility.* LCU 1680, 1681: NRF. ASDV = Auxiliary Swimmer Delivery Vehicle
5 ts Ladung / load	⟙	54.0	4 Avco-GTu	9150 2	223 48	*Landing craft air cushion.* Parking area 168 m². Stützpunkte / bases: 45 in Camp Pendleton (ACU 5), 45 in Little Creek (ACU 4)

WCM (86 – gepl. / plan.) 83/115 ts, 35 kn, 2-2.5 ⚓ Sea Vulcan, Stinger ↑, [16], DM, 2650 kW + 500 kW, 3.9 × 10.7 × 1.5 m, Bauwerft / builder: R. M. I., National City – *Special Warfare Craft, Medium,* total 20?

WCL „Seafox" 11.5 ts, 30 kn, GM-DM, 660 kW₁, 11 × 3 × 0.8 m, Bauwerft / builder: Uniflyte, Bellingham – GRP-Rumpf / hull – *Special Warfare Craft, Light*

2 Mini-ATC (72–73) 9.3 ts, 28.5 kn, 4 Mg ⚓₄, GM-DM, 415 kW, 11 × 3.9 × 0.3 m, Bes 2 + 15 – NRF

2 ⚓ Phalanx, LCM (8), 5 LCM (6), LCVP, 2 LCP, [230]	⟙ ⟡ ⟜	20.0	Westingh. ✿ Tu 2 Comb. Eng.	16180 1	.	*Amphibious cargo ships.* 2–70 ts Schwergut-Ladebäume / heavy-lift cranes
000 ts Ladung / load	⟙	11.6	GM-DM	2870 3	.	*Logistic support vessels,* LSV. Bug- und Heckrampe, Bugstrahlruder / bow and stern ramps, bow thruster
200], 2200 ts Ladung / oad	⟙	10.0	Fairbanks-Morse-DM	1765 2	7770 9	*Beach discharge lighter*
.	⟙	11.5	Cummins-DM	1840 2	4500 10	Bugstrahlruder / bow thruster

Anzahl - Art / Number - Group	Schiffsnamen und Stapellauf / Ship's Name and Launching		Baubeginn - Fertig - / Umbau / On Keel - Completed - Conv.	Bauwerft / Builder	Wasserverdrängung / Displacement ts	Länge / Length m	Breite / Beam m	Tiefgang / Draft m	Besatzung / Be

Hilfsfahrzeuge / Auxiliary Vessels

... / AS ...

3 AR	McKee / 41			78/81	Lockheed, Seattle	13842	197	25.9	7.9	116
	Frank Cable / 40			76/80	Lockheed, Seattle	22560				+ 12
	Emory S. Land / 39		1977–80	76/79	Lockheed, Seattle					
2 AR	Dixon / 37			67/71	Gen. Dyn., Quincy	12770	197	25.9	7.9	108
○	L. Y. SPEAR / 36		1967–70	65/70	Gen. Dyn., Quincy	23500				
2 AR	Canopus / 34			64/65	Ingalls, Pascagoula	12000	196	26.0	8.7	127
○	SIMON LAKE / 33		1964–65	62/64	N. Y. Puget Sound	21500				
				84–85						
2 AR	Holland / 32			62/63	Ingalls, Pascagoula	11000	183	25.3	7.3	127
○	HUNLEY / 31		1961–63	60/62	Newport News Shb.	19800				
2 AR	Orion / 18			41/43	Moore, Oakland	9734	161	22.3	7.8	127
○	FULTON / 11		1940–42	39/41	N. Y. Mare Island	12220				
				61–63						
1 AR	Proteus / 19		1942	41/44	Moore, Oakland	14200	175	27.3	8.4	133
○				58–60	N. Y., Charleston	20300				

... / ASR ...

2 AR	Pigeon / 21, Ortolan / 22		1969	68/73	Alabama, Mobile	3410		77.0	26.2	6.5	18
○						4550				
4 AR	Florikan / 9			41/43	Moore, Oakland	1635		76.7	13.4	4.5	10
○	Kittiwake / 13, Petrel / 14, Sunbird / 15			45/46	Savannah Fdry.	2010				
			1942–46	47						

... / AD ...

4 AR	Shenandoah / 44			80/83	N. St., San Diego	13320	196	25.9	6.9	159.
	Cape Cod / 43			79/82	N. St., San Diego	20200				
	Acadia / 42			77/81	N. St., San Diego					
	Yellowstone / 41		1979–82	77/80	N. St., San Diego					
2 AR	Puget Sound / 38			65/68	N. Y. Puget Sound	13600	196	25.9	7.0	128
○	SAMUEL GOMPERS / 37		1966	63/67	N. Y. Puget Sound	20500				
3 AR	Sierra / 18, Yosemite / 19			41/44	Tampa Shb., Florida	9450	162	22.3	8.1	93
○				42		17175				
	Prairie / 15		1939–43	38/40	New York Shb., Camden					
				61–63						
1 AR	Everglades / 24		1945	44/51	Los Angeles Shb.	8165	150	21.2	8.2	85
						16625				

... / AR ...

| 3 AR | Hector / 7, Jason / 8 | | | 40/43 | Los Angeles Shb. | 9450 | 162 | 22.3 | 7.1 | 93 |
| ○ | VULCAN / 5 | | 1940–43 | 39/41 | N. York Shb., Camden | 17190 | | | | |

... / ARL ...

| 1 AR | Sphinx / 24 (ex LST 963) | | 1943 | . | USA | . | 100 | 15.2 | 4.3 | 20 |
| | | | 84–85 | | | 3960 | | | | |

Bewaffnung / Armament	Sensoren-Elektronik/ Sensors-Electronic	Geschwindig-keit / speed kn	Maschine / Kessel / Engines / Boilers / Masch	Leistung/ Power kW 1 kW = 1.36 PS	Fahrstrecke / Range sm	Sonstige Angaben / Remarks
2 ⚓, 4 Mörser / mortars	T ⚲	18.0	de Laval ❀ Tu 2 Comb. Eng.	14710 1	10000 12	*Submarine tenders.* Verbesserte / improved Spear Klasse. Für / for SSN Los Angeles Klasse
2 ⚓	T ⚲	20.0	Gen. El. ❀ Tu 2 Foster Wh.	14710 1	10000 12	Für / for SSN
7.6 ⚓₂	T ⚲	18.0	de Laval ❀ Tu 2 Comb. Eng.	14710 1	.	Für / for Trident + Poseidon SSBN
2 ⚓	T ⚲	18.0	10 Fairb.-M. ⇢ DM	11030 1	.	Für / for Trident + Poseidon SSBN
2 ⚓	T	16.0	6 GM ⇢ DM₂	8240 2	.	FRAM 2
2 ⚓	T ⚲	15.0	8 GM ⇢ DM₂	8240 2	.	General purpose tender in / at Diego Garcia
2 ⚓, 4 Mg ⚓, DSRV	T ⚲ ⟡	15.0	4 Alco-DM	4410 2	8500 13	*Submarine Rescue Ships.* Doppelrumpf, Rumpfbreite je 7.9 m / Catamaran hull, each hull 7.9 m wide. ⛴ Plattform / platform
2 ⚓	T	14.9	4 GM ⇢ DM	2210 1	.	Schleppertyp / tug type. ASR 9: 4 Alco ⇢ DM
2 ⚓, 4 Mörser / mortars	T ⚲	18.0	de Laval ❀ Tu 2 Comb. Eng.	14710 1	.	*Destroyer Tenders.* Können LM-GTu überholen / have facilities to overhaul LM-GTu
2 ⚓, 2–4 Mörser / mortars	T ⚲	18.0	de Laval ❀ Tu 2 Comb. Eng.	14710 1	.	Für / for DDG, DD, FFG, FF. AD 38: ⛴ Hangar
2 ⚓	T ⚲	19.6	Parsons ❀ Tu 4 Babcock	8090 2	.	FRAM 2
.	T ⚲	18.0	❀ Tu 2 Wr	6250 1	.	Mar. Comm. C 3 Klasse Wohnschiff / accommodation ship
2 ⚓	T ⚲	19.2	❀ Tu 4 Babcock	8090 2	.	*Repair Ships*
4 ⚓, 6 Mg ⚓, Stinger ⚓, 2 LCVP	T ⚲	11.5	GM-DM	1250 2	15000 9	*Repair Ship, landing craft.* LST (2) Achelous Klasse / class

Anzahl – Art / Number – Group	Schiffsnamen und Stapellauf / Ship's Name and Launching	Baubeginn – Fertig – / Umbau / On Keel – / Completed – Conv.	Bauwerft / Builder	Wasser-verdrängung / Displacement ts	Länge / Length m	Breite / Beam m	Tiefgang / Draft m	Besatzung / B•
	... / APB ...							
3 AP ○	Mercer / IX 502, **Nueces** / IX 503, Echols / IX 504 1944–45	./45 47	N. Y., Boston	2190 4100	100	15.2	3.4	
2 AP	General Hugh J. Gaffey / IX 507, ex General William O. Darby / IX 510 1944–45	./44 45	Bethlehem, Alameda	12650 22570	186	23.0	8.2	
	... / AFS ...							
7 AK ○	San Jose / 7 San Diego / 6 Concord / 5, White Plains / 4 Niagara Falls / 3 Sylvania / 2 MARS / 1 1963–69	69/70 67/69 65/68 65/67 62/64 62/63	National St., S. Diego National St., S. Diego National St., S. Diego National St., S. Diego National St., S. Diego National St., S. Diego	9200 16260	177	24.1	7.6	4•
	... / AGF ...							
1 AK	Coronado / 11	1966	65/70	Lockheed, Seattle	11050 17000	173	25.6	7.2 + 16
1 AK ○	La Salle / 3	1963	62/64	N. Y., New York	8040 14650	158	25.6	6.4 39 + 6
	... / AE ...							
2 AK	... / 37 ... / 36 gepl. / plan.	· ·	· ·	22790	176	26.8	8.5	45
7 AK ○	Mount Baker / 34, Kiska / 35 Flint / 32, Shasta / 33 Santa Barbara / 28, Mount Hood / 29 Butte / 27 1967–72	70/72 69/71 66/70 66/68	Ingalls Shb., Pascagoula Ingalls Shb., Pascagoula Bethlehem, Sparrow Pt. Gen. Dyn., Quincy	10000 19940	172	24.7	8.5	40•
5 AK ○	Haleakala / 25 Nitro / 23, Pyro / 24 Mauna Kea / 22, SURIBACHI / 21 1955–59	58/59 57/59 55/57	Bethlehem, Baltimore Bethlehem, Baltimore Bethlehem, Baltimore	14000 17500	156	22.0	8.8	33
	... / AOE ...							
4 AO	... / 8, 9 Bridge / 7 SUPPLY / 6 bew. / auth. – gepl. / plan.	· 88/91	· Nat. Steel, San Diego Nat. Steel, San Diego	48500	230	32.6	11.9	66• + 3
4 AO ○	Detroit / 4 Seattle / 3 Camden / 2 SACRAMENTO / 1 1963–69	66/70 65/69 64/67 61/64	N. Y. Puget Sound N. Y. Puget Sound N. Y. Shb., Camden N. Y. Puget Sound	19200 53600	242	32.9	11.8	60•

Bewaffnung / Armament	Sensoren-Elektronik / Sensors-Electronic	Geschwindigkeit / speed kn	Antrieb / Propulsion: Maschine / Kessel / Engines / Boilers / Masch	Leistung / Power kW (1 kW = 1.36 PS)	Fahrstrecke / Range sm	Sonstige Angaben / Remarks
	⊤	12.0	GM-DM	1320 2	.	*Barracks Ships (self-propelled).* III Wohnschiff für Bes der Ohio Klasse / III barracks ship for crew of Ohio class
	.	19.0	.	.	.	Ex Admiral Klasse. Wohnschiffe / barracks ships in Bremerton + Newport News Shy. Nicht fahrfähig / non-operational
7.6 ⅄ 2], 🚁 Sea Knight,)0 ts Ladung / load	⊤ ⚲ ‹	20.0	de Laval ⚙Tu 3 Babcock	16180 1	10000 18.5	*Combat Store Ships* Haben oder erhalten / carry or will get 2-2 ⅄ Phalanx
7.6 ⅄ 2, 2-2 ⅄ Phalanx	⊤ ♁ ⚲ ‹	21.0	de Laval ⚙Tu 2 Foster-Wh.	17650 2	11000 20	*Command Ship.* Flaggschiff 3. Flotte / flagship 3. fleet
7.6 ⅄, 2-2 ⅄ Phalanx	⊤ ♁ ⚲ ‹	21.0	de Laval ⚙Tu 2 Babcock	17650 2	.	Flaggschiff mittlerer Osten / flagship Middle East. 🚁-Deck
2 ⅄ Phalanx oder / or 2 ⅄ Phalanx, 2-2.5 ⅄ 2, 🚁	⊤ ♁ ⚲ ‹	20.0	Gen. El. GTu	18380 1	.	*Ammunition Ships.* Finanzhaushalt 1991 / Fiscal year 1991. Angaben unsicher / details uncertain
7.6 ⅄ 2, 2-2 ⅄ Phalanx, 🚁 Sea Knight	⊤ ⚲ ‹	20.0	Gen. El. ⚙Tu 3 Foster-Wh.	16180 1	.	*Ammunition Ships.* Kilauea Klasse. AE 27-29 keine / no 2 ⅄ Phalanx. Kilauea: MSC
7.6 ⅄ 2, 4 Mg ⅄	⊤ ⚲ ‹	21.0	⚙Tu 2 Comb. Eng.	11770 1	10000	„FAST“-Munitionsabgabegerät für FK-Transport / „FAST“ ammunition transfer equipment for missile handling
·2 ⅄ oder / oder 3 ⅄ halanx, 1 ⇑16 RAM/ ea Sparrow, 2-2.5 ⅄, 🚁	⊤ ♁ ⚲ ‹	26.0	4 GE LM 2500 GTu	63250 2	10000	*Fast Combat Support Ships.* Verbesserte / improved Sacramento Klasse
·2 ⅄ Phalanx, NATO Sea Sparrow ⇑8, 🚁 Sea Knight	⊤ ⚲ ♁ ‹	26.0	2 Gen. El. ⚙Tu 4 Comb. Eng.	73550 2	10000 17	*Fast Combat Support Ships.* Ladung: 2100 ts Munition und FK, 500 ts Lebensmittel / Cargo: 2100 ts of ammuntion and MI, 500 ts provisions. 177000 barrels Öl / fuel

Anzahl – Art / Number – Group	Schiffsnamen und Stapellauf / Ship's Name and Launching	Baubeginn – Fertig- / Umbau / On Keel – Completed – Conv.	Bauwerft / Builder	Wasser-verdrängung / Displacement ts	Länge / Length m	Breite / Beam m	Tiefgang / Draft m	Besatzung / Be
	.../ AOR ...							
7 AO ○	**Roanoke** / 7	74/76	Nat. Steel, S. Diego	12500	201	29.3	10.3	39
	Kalamazoo / 6	70/73	Gen. Dyn., Quincy	41350				
	Wabash / 5	70/71	Gen. Dyn., Quincy					
	Savannah / 4	69/70	Gen. Dyn., Quincy					
	Kansas City / 3	68/70	Gen. Dyn., Quincy					
	Milwaukee / 2	66/69	Gen. Dyn., Quincy					
	WICHITA / 1	1968–74 66/69	Gen. Dyn., Quincy					
	.../ AO ...							
5 AO ○	**Platte** / 186	81/83	Avondale, N. Orleans	8210	180	25.3	10.2	22
	Willamette / 180	80/82	Avondale, N. Orleans	27500				
	Merrimack / 179	79/81	Avondale, N. Orleans					
	Monongahela / 178	78/81	Avondale, N. Orleans					
	CIMARRON / 177	1979–82 78/81	Avondale, N. Orleans					
2 AO ○	**Caloosahatchee** / 98,	./43	Bethlehem, Sp. Point	11000	196	22.9	9.6	37
	Canisteo / 99	1943–45 45 68–69		36500				
	.../ ATS ...							
3 AT ○	**Beaufort** / 2, **Brunswick** / 3	68/73	Brooke M., Lowestoft	2650	88.0	15.2	4.6	11
	EDENTON / 1	1968–69 67/71	Brooke M., Lowestoft	3200				
	.../ ATF ...							
5 AT ○	Moctobi / 105, Quapaw / 110,	./44	USA	1235	63.0	11.7	4.6	5
	Takelma / 113, Paiute / 159,	45		1675				+ 3
	Papago / 160	1943–45						
	.../ ARS ...							
4 AT ○	**Grapple** / 53	84/86	Peterson, Sturgeon Bay	2300	77.7	15.2	4.7	10
	Salvor / 52	83/86	Peterson, Sturgeon Bay	2900				
	Grasp / 51	83/85	Peterson, Sturgeon Bay					
	SAFEGUARD / 50	1983–84 82/85	Peterson, Sturgeon Bay					
7 AT ○	**Preserver** / 8, **Bolster** / 38,	./44	Basalt Rock, Napa	1530	65.0	13.4	4.0	85
	Conserver / 39, Hoist / 40,	45		1970				
	Opportune / 41, Reclaimer / 42,							
	Recovery / 43	1943–45						
1 AG ○	**Dolphin** / AGSS 555	1968 62/69	N. Y., Portsmouth	860↑	50.3	5.9	4.9	29
				950↓				+ 5

Tieftauchgeräte / Deep submergence vehicles

1 : **NR 1** (69) 375/700 ts, 4.5/3.5 kn, Atomreaktor / Nu-plant + ⟶ EM, 41.8 × 3.8 × 4.6 m, Bes 5 + 2, Bauwerft / builder: Electric Bt., Groton, für ozeanographische Forschung im Tiefseebereich – *Nuclear propelled research submersible*

2 : **Mystic** / DSRV 1, **Avalon** / DSRV 2 (70–71) 35 ts, 4.5 kn, EM, 11 kW₁, 15 × 2.4 m, Bes 3, Bauwerft / builder: Lockheed and Space Co., Sunnyvale – Rettungsgerät für 24 Mann aus Tiefen bis zu 1550 m, lufttransportfähig / for 24 rescues, diving depth 5000 ft, transportable by aircraft – *Deep submergence rescue vehicles*

Bewaffnung / Armament	Sensoren-Elektronik/ Sensors-Electronic	Geschwindig-keit / speed kn	Antrieb / Propulsion — Maschine / Kessel / Engines / Boilers / Masch	Leistung/ Power kW 1 kW = 1.36 PS	Fahrstrecke / Range sm	Sonstige Angaben / Remarks
›2 ⚓ Phalanx, NATO Sea Sparrow 🔲₈, ✈ Sea Knight	⊤ ⌀ ⌐	20.0	GE ⚙ Tu 3 Foster-Wh.	27950 2	10000 17	*Replenishment Oilers.* ✈-Hangar. AOR 1: Keine **Bew** / no **AMT**. AOR 2: 4–2 ⚓. Ladung: 175000 Barrel Öl, 600 ts Munition, 575 ts Lebensmittel/load: 175000 barrels fuel, 600 ts of ammunition, 575 ts of provisions
›2 ⚓ Phalanx	⊤ ⌀	20.0	⚙ Tu 2 Comb. Eng.	17650 1	.	*Oilers.* ✈-Plattform achtern / aft. 120000 barrels Öl / fuel. Werden verlängert / to be jumboized: ./37870 ts, 19.5 kn, Lg 216 m, verbesserte / improved Sensoren. 183000 Barrels Öl / fuel
›7.6 ⚓	⊤ ⌀	18.0	⚙ Tu 4 Foster-Wh.	9930 2	16000 11	Verlängerte / jumboized T 3 Klasse
›2 ⚓ .	⊤ ⌀	16.0	4 Paxman-DM	5000 2	10000 13	*Salvage and Rescue Ships.* Bugstrahlruder / bow thruster
	⊤	16.0	4 ⌁ DM	2210 1	6500 16	
Mg ⚓	⊤ ⌀	13.5	4 ⌁ DM	3090 2	8000 12	*Salvage Ships.* Entwickelt aus / developed from ARS 38
›2 ⚓	⊤	14.0	4 ⌁ DM	1790 2	9000 14	I, II: NRF
	⊤ ⚐	7.5↑ 15.0↓	2 ⌁ DM 1 EM	. 1210	. 1	*Research submarine.* Versuchsboot / experimental boat

Seacliff / DSV 4, **Turtle** / DSV 3 (ex Autec I, Autec II) (68) 21 ts, 2.5 kn, EM, 7.6 × 2.4 m, Bes 2, Bauwerft / builder: Electric Bt., Groton – Höchsttauchtiefe 6100 m / diving depth 20000 ft; **Alvin** / DSV 2 16 ts, 2 kn, EM, 6.9 × 2.6 m, Bes 3, Bauwerft / builder: Mills, Minnesota – Höchsttauchtiefe 3650 m / diving depth 11700 ft – *Deep submergence research vehicles*

Anzahl – Art / Number – Group	Schiffsnamen und Stapellauf / Ship's Name and Launching	Baubeginn – Fertig – Umbau / On Keel – Completed – Conv.	Bauwerft / Builder	Wasserverdrängung / Displacement ts	Länge / Length m	Breite / Beam m	Tiefgang / Draft m	Besatzung / Bes

17 Versuchsschiffe / Experimental Ships

1	**New Bedford** / IX 308 (ex AKL 17)	? ./45	Wheeler Shb.	530 930	54.1	10.0	3.1	2
1	**IX 306** (ex FS 221)	~1944 ./45	Higgins, New Orleans	460 910	54.6	9.8	4.3	.
1	**Elk River** / IX 501 (ex LSMR 501)	1945 ./45	Brown, Houston	. 1280	70.0	15.2	2.8	1 +2
1	**IX 310** – *Sonar test barge*							
1	**IX 506** (ex YFU 82) 550 ts, 12 kn – *Research support ship*							
1	**Cape** / ex MSI 2	1958 57/59	Bethlehem, Bellingham	200 240	34.1	7.1	3.0	2
2	**Athena I, II** (ex Chehalis, Grand Rapids) (68–70) 245 ts, 40 kn, ex PG Asheville Klasse / class – *Engineering trials ships*							
1	**SES 200** (ex Dorado / WSES 1) (78) 128/198 ts, 40 kn – *Surface effect trials craft*							
1	**Kaimalino** / SSP 1 (73) 228 ts, 22 kn – *Small waterplane area, twin-hull* / SWATH							

Dienstfahrzeuge / Service Craft

75 AT: **YTB 760–771, 774–836** (61–75) 350 ts, 12.5 kn, DM, 1470 kW$_2$,

6 AT: **YTB 752, 753, 756–759** (59–61) 340 ts, 12.5 kn, DM, 1470 kW$_2$

27 AX: **YP 676–682** (84–85) **683**-702 (84 – a. St. / o. st.) 172 ts, 12 kn, GM-DM, 645 kW$_2$, 33 × 7.3 × 1.8 m, Bes 6 + 24, Bauwerften / builders: 676–682, Peterson, Sturgeon Bay, 683–695 Marinette, Wisconsin – *Patrol craft, training*

? AX: **YP 654** Klasse (58–79) 70 ts, 13.5 kn, GM-DM, 435 kW$_2$, 24.5 × 5.7 × 1.6 m, Bes 10 + 50 – *Patrol craft* – 10 werden / become MS COOP

Military Sealift Command / MSC

Das MSC ist eine militärähnliche Organisation. Die Schiffe sind im Frieden unbewaffnet und haben Ziv besatzungen.

Der Buchstabe „T-" ist den Kennungen dieser Schiffe vorangestellt, deren Aufgaben sind: Versorgung d Flotte, Transport militärischer Güter, sowie wissenschaftliche Forschung und Vermessung.

Die Ready Deployment Force (RDF) besteht aus: Strategic Sealift-active, Ready Reserve Force (RRF Maritime Prepositioning Ship (MPS). Kurzfristig gecharterte Schiffe sind nicht aufgeführt.

Naval Fleet Auxiliary Force

	... / T–AK ...							
1 AK	**Vega** / 286 (ex Bay)	1960 ./60 81–83 *Boland Marine*	Sun Shb., Chester	. 16360	148	20.7	8.7	7 +5
2 AK o	**Marshfield** / 282 **Victoria** / 281	. 1944 .	Oregon Shb. .	7500 9700	159	22.0	9.1	7 +8
	... / T–AFS ...							
3 AK o	**Sirius** / 8, **Spica** / 9, **Saturn** / 10 (ex Lyness, Tarbatness, Stromnes)	65/66 66/67 1966–67 83–85	Swan Hunter, Wallsend	9010 16800	160	21.9	6.7	13 +1
	... / T–AF ...							
1 AK o	**Rigel** / 58	1955 54/55	Ingalls, Pascagoula	7950 15550	153	22.0	8.8	11 +6

Bewaffnung / Armament	Sensoren-Elektronik / Sensors-Electronic	Geschwindig-keit / speed kn	Antrieb / Propulsion Maschine Kessel Engines Boilers Masch	Leistung/ Power kW 1 kW = 1.36 PS	Fahrstrecke / Range sm	Sonstige Angaben / Remarks
TR 53.3, 3 **UTR** 32.4 **III** .		13.0	GM-DM	735 2	3200 11	*Torpedo trial ship*
TR 53.3, 3 **UTR** 32.4 **III** .		12.0	DM	590 2	.	*Torpedo trial ship*
-	⊤	6.0	GM-DM	1030 2	.	*Test range support ship*

IX 508 (ex LCU 1618) 190 ts, 11 kn – *Satellite navigation sytems trials craft*

IX 509 3000 ts – *Explosives damage-control barge*

IX 514 – *Sea helicopter landing trainer*

-	⊤	12.0	GM-DM	480 2	.	*Research ship*

High Point (62) 110 ts, 48 kn – *Hydrofoil research craft*

YAG 62 (ex Deer Island) (66) 10.5 kn, Lg 36.6 m; **Monob I** / YAG 61 (43) 440 ts, 7 kn – *Miscellaneous auxiliaries*

0 YP: **TWR 832–841** (84–86) 175 ts, 16 kn, Caterpillar-DM, 1730 kW$_2$, 36.6 × 7.6 × 2.6 m, Bes 15, Bauwerft / builder: Marinette, Wisconsin – *Torpedo recovery boats*

' YP: **TWR 3, I-VI** (69–70) 110/165 ts, 18 kn, GM-DM, 990 kW$_2$, 31.1 × 6.4 × 2.4 m, Bes 15, Bauwerft / builder: Peterson, Sturgeon Bay

YP: **Retriever** / DR 1 (50) 125 ts, 22 kn, ex PT – und zahlreiche kleinere / and numerous smaller

Yacht: **Sequoia** (25) 105 ts, 12 kn, DM – *Presidential yacht*

Military Sealift Command / MSC

The MSC is an quasi-military organization. The ships are not armed in peacetime and manned by civilians.

The prefix "T-" is appended to the hull numbers of its ships, whose missions are fleet support, transportation of bulk military cargo, and scientific research and survey.

The Ready Deployment Force (RDF) consists of: Strategic Sealift-active, Ready Reserve Force (RRF), Maritime Prepositioning Ship (MPS). On-short-term chartered ships are not listed.

-	⊤	18.0	GE ✿ Tu 2 Comb. Eng.	8900 1	14000 18	Trident missile support ship. 16 FK/MI
-	⊤	17.0	✿ Tu / 2 Wr	6250 1	20000 16.5	Mar. Comm. VC 2 Victory Klasse. Poseidon missile support ships
2 ⇝ Sea Knight	⊤	19.0	Sulzer-DM	8470 1	12000 16	*Combat Store Ships.* ⇝-Deck. Von Großbritannien gekauft / purchased from Great Britain
-	⊤ ⌐	20.0	Gen. El. ✿ Tu 2 Comb. Eng.	9190 1	11000 18	*Store Ship*

Anzahl – Art / Number – Group	Schiffsnamen und Stapellauf / Ship's Name and Launching	Baubeginn – Fertig – Umbau / On Keel – Completed – *Conv.*	Bauwerft / Builder	Wasserverdrängung / Displacement ts	Länge / Length m	Breite / Beam m	Tiefgang / Draft m	Besatzung / Be
	... / T–AE ...							
1 AK ○	**Kilauea** / 26	1967 66/68	Gen. Dyn., Quincy	16100 20500	172	24.7	8.5	12 + 6
	... / T–AO ...							
11 AO ○	... / 197	.	Avondale, N. Orleans	. 40700	207	29.7	10.7	9 + 2
	... / 196	.	Penn Ship, Chester					
	L e r o y G r u m m a n / 195	86/.	Avondale, N. Orleans					
	J o h n E r i c s s o n / 194	87/.	Penn Ship, Chester					
	W a l t e r S. D i e h l / 193	86/.	Avondale, N. Orleans					
	H e n r y E c k f o r d / 192	87/.	Penn Ship, Chester					
	B e n j a m i n I s h e r w o o d / 191	86/.	Penn Ship, Chester					
	A n d r e w J. H i g g i n s / 190	85/.	Avondale, N. Orleans					
	John Lenthall / 189	85/87	Avondale, N. Orleans					
	Joshua Humphreys / 188	84/87	Avondale, N. Orleans					
	Henry J. Kaiser / 187	84/86	Avondale, N. Orleans					
	1985 – bew. / auth.							
6 AO ○	**Hassayampa** / 145, **Kawishiwi** / 146, **Mississinewa** / 144, **Ponchatoula** / 148, **Truckee** / 147	52/53 54/56	N. York Shb., Camden	19550 36850	200	26.2	10.7	12 + 2
	NEOSHO / 143	1953–55 52/54	Bethlehem, Quincy					
5 AO ○	**Mispillion** / 105, **Navasota** / 106, **Passumpsic** / 107, **Pawcatuck** / 108, **Waccamaw** / 109	. /45 46 *63–67* 1945–46	Sun Shb., Chester	11600 34180	197	22.9	11.0	11
	... / T–ATF ...							
7 AT ○	**Mohawk** / 170, **Sioux** / 171, **Apache** / 172	79/80 /81	Marinette, Wisconsin	2000 2260	73.2	12.8	4.6	2 + 2
	Narragansett / 167, **Catawba** / 168, **Navajo** / 169	77/79 80	Marinette, Wisconsin					
	POWHATAN / 166	1978–80 76/79	Marinette, Wisconsin					
	... / T–AGOS ...							
8 AG	I–V ... / 20, 21	. .	.	. 3786	.	.	.	.
	... / 19	a. St. / o. st. – gepl. / plan. 86/.	Mc Dermott, Morgan C.					
16 AG ○	A d v e n t u r o u s / 13, W o r t h y / 14, T i t a n / 15, C a p a b l e / 16, ... / 17, 18	85/. 87	Halter Mar., Moss Pt.	1600 2285	68.3	13.1	4.6	1 +
	Assertive / 9, **Invincible** / 10, **Audacious** / 11, **Bold** / 12	85/86 87	Tacoma Bt. Bld.					
	Triumph / 4, **Assurance** / 5, **Persistent** / 6, **Indomitable** / 7, **Prevail** / 8	84/85	Tacoma Bt. Bld.					
	Vindicator / 3	83/84	Tacoma Bt. Bld.					
	STALWART / 1, **Contender** / 2	82/84	Tacoma Bt. Bld.					
	1983 – bew. / auth.							

S p e c i a l M i s s i o n S u p p o r t

	... / T–AK ...							
1 AK ○	**Furman** / 280	1945 . *82–83*	Oregon Shb.	6700 11150	139	18.9	7.3	3
	... / T–AGDS ...							
1 AG ○	**Point Loma** / 2 (ex Point Barrow)	. /58 1957	Maryland Shb.	8000 12430	150	22.6	5.8	12

Bewaffnung / Armament	Sensoren-Elektronik/ Sensors-Electronic	Geschwindig-keit / speed kn	Antrieb / Propulsion Maschine / Kessel / Engines / Boilers / Masch	Leistung/ Power kW 1 kW = 1.36 PS	Fahrstrecke / Range sm	Sonstige Angaben / Remarks
	⊤ ⌖	20.0	Gen. El. ✿ Tu 3 Foster-Wh.	16180 1	.	*Ammunition ship.* 6500 ts Munition / ammunition
-2 ⨼ Phalanx]	⊤	20.0	C. Pielstick-DM	23930 2	6000 20	*Replenishment oilers.* Total 20 ? ⇴-Deck. Erhalten / to get: UNREP (Underway Replenishment System). 5 Refueling stations. 180000 barrels Öl / fuel
	⊤ ⌖	20.0	GE ✿ Tu 2 Babcock	21030 2	.	III, V, VI: ⇴-Plattform / platform. 180000 barrels Öl / fuel
	⊤	18.0	Westingh. ✿ Tu 4 Babcock	9930 2	22500 18	Verlängerte / jumboized T 3 Klasse. ⇴-Deck vorn / forward. 150000 barrels Öl / fuel
-2 ⨼, 2 Mg ⨼]	⊤ ⟡ ⌖	15.0	GM-DM	3310 2	10000 13	*Fleet Ocean Tugs* Bugstrahlruder / bow thruster: 220 kW
	.	.	.	.	.	SWATH (Small Waterplane Area, Twin-Hull)-Design
	⊤ ⴲ	11.0	4 Caterpillar ⇴ DM	1620 2 6480 3	3000 11 +	*Auxiliary Geodetic Ocean Survey.* Für / for SURTASS (Surface Towed Array Surveillance System) Bugstrahlruder. AGOS 11, 12 entfallen wegen Konkurs der Werft / bow thruster: 405 kW. 11, 12 suspended after yard bankruptcy
	⊤	16.5	✿ Tu / 2 Wr	6250 1	20000 16.5	Mar. Comm. VC 2 Victory Klasse. Cable transport ship
	⊤ ⌖	12.0	2 Westingh. ✿ Tu 2 Foster-Wh.	2205 2	8800 10	*Auxiliary deep submergence support ship*

Anzahl – Art / Number – Group	Schiffsnamen und Stapellauf / Ship's Name and Launching		Baubeginn – Fertig – / Umbau / On Keel – Completed – Conv.	Bauwerft / Builder	Wasserverdrängung / Displacement ts	Länge / Length m	Breite / Beam m	Tiefgang / Draft m	Besatzung / Crew Bes
Kabelleger / Cable Ships									
	... / T–ARC ...								
1 ○	**Zeus** / 7	1982	81/84	N. St., San Diego	8370 14250	153	22.3	7.3	88 + 46
2 ○	**Neptune** / 2, **Albert J. Myer** / 6	1945	. / 53 78–82	Pusey & Jon., Wilmingt.	5820 8520	113	14.3	7.6	76 + 18
4 Radar-, Meß- und Funkschiffe / Missile range instrumentation ships									
	... / T–AGM ...								
1	**Observation Island** / 23 (ex Empire State Mariner)	1953	. / 54 79–81 84	N. York Shb., Camden	12000 16100	172	23.2	9.1	80 + 40
1 ○	**Redstone** / 20 (ex Mission de Pala)	1944	. / 44 64–66	Mar. Ship C. Sausalito	16800 24700	181	22.9	7.6	75 + 120
1 ○	**Range Sentinel** / 22 (ex Sherburne)	1944	. / 44 69–71	Perm. Metals C. Richm.	6700 11900	139	19.0	7.5	70 + 27
	... / T–AG ...								
1 AG	**Vanguard** / 194 (ex Mission San Fernando)	1943	. / 44 64–66	Mar. Ship C. Sausalito	. 21480	181	22.9	7.6	75 + 120
20 Ozeanographische Forschungsschiffe / Oceanographic Research Ships									
	... / T–AGOR ...								
7 AG	I–VI ... / 23 bew. / auth. – gepl. / plan.		.	.	.	.	.	.	.
2 AG	**Gyre** / 21, **Moana Wave** / 22	1973	72/73 /74	Halter, N. Orleans	950 1200	53.1	10.9	3.1	10 + 19
1 AG ○	**Hayes** / 16	1970	69/71 86–87	Todd, Seattle	. 3080	75.1	23.0	5.7	44 + 25
2 AG ○	**Melville** / 14, **Knorr** / 15	1968	67/69 /70	Defoe Shb.	1915 2080	74.7	14.1	4.5	25 + 25
6 AG ○	**De Steiguer** / 12, **Bartlett** / 13 **Thomas G. Thompson** / 9, **Thomas Washington** / 10 **Lynch** / 7 **ROBERT D. CONRAD** / 3	1962–66	65/69 63/65 62/65 61/62	N. W. Iron W., Portland Marinette, Wisconsin Marietta, Pt. Pleasant. Gibbs, Jacksonville	1200 1410	64.0	11.9	4.6	26 + 15
2 AG ○	**Eltanin** / 8, **Mizar** / 11	1957	56/58	Avondale, N. Orleans	2036 3750	80.0	15.6	6.0	42 + 15
11 Vermessungsschiffe / Surveying Ships									
	... / T–AGS ...								
2 AG	T a n n e r / 40 M a u r y / 39	a. St. / o. st.	86/88 86/87	Bethlehem Steel Bethlehem Steel	8800 15800	152	22.0	9.3	56 + 52
1 AG ○	**H. H. Hess** / 38 (ex Canada Mail)	1964	. / 65 77–78	Nat. St., San Diego	13520 21250	172	23.2	10.0	30 + 75
2 AG ○	**Harkness** / 32 **Chauvenet** / 29	1968	67/71 67/70	Upper Clyde, Glasgow Upper Clyde, Glasgow	3032 4200	120	16.4	4.8	124 + 12

Bewaffnung / Armament	Sensoren-Elektronik/ Sensors-Electronic	Geschwindig-keit / speed kn	Antrieb / Propulsion Maschine / Kessel Engines / Boilers Masch	Leistung/ Power kW 1 kW = 1.36 PS	Fahrstrecke / Range sm	Sonstige Angaben / Remarks
-	⊤	15.0	5 ⤳ DM	9190 2	10000 15	Bugstrahlruder / bow thruster: 2 × 880 kW
-	⊤	14.0	4 ⤳ DM	2930 2	10000 13	Mar. Comm. S 3 Klasse. Bugstrahlruder / bow thruster: 735 kW
-	.	20.0	GE ❀ Tu 2 Wr	16180 1	17000 13	Mar. Comm. C 4 Klasse. Untersteht / assigned to Air Force Eastern Test Range
-	.	16.0	⤳ EM 2 Babcock	7355 1	27000 16	Mar. Comm. T 2 Klasse
-	.	15.5	Westingh. ❀ Tu 2 Comb Eng.	6250 1	10000 15	Mar. Comm. VC 2 Klasse
-	.	16.0	⤳ EM 2 Babcock	7355 1	27000 16	*Navigation test support ship.* Mar. Comm. T 2 Klasse
-	.	13.0	Caterpillar-DM	1250 2	.	Naval research. II Lg 62.2 m
-	.	15.0	GM-DM	3970 2	6000 13.5	Doppelrumpf, Rumpfbreite 7.8 m / catamaran, each hull 7.8 m. Umbau zu / conversion to sound testing barge: AG-195
-	.	12.0	Enterprise-DM	1840 2	10000 15	Naval research. Voith-Schneider-Propeller
-	.	13.5	⤳ DM + GTu	1180 +460 1	12000 12	**Masch:** GTu für Schleichfahrt / for silence speed. 3 Schiffe / ships naval research. AGOR 3, 9, 10 modernisiert / modernized
-	.	12.0	Alco ⤳ DM	2350 2	10000 12	I in Reserve. II: Underseas surveillance
-	⊤ ⍦	21.0	2 Enterprise-DM	18380 1	17800 20	Ersatz für / replacement for T–AGS 21, 22
-	⊤	20.0	GE ❀ Tu 2 Foster-Wh.	14160 1	14000 20	1975 angekauft / acquired
-	⊤	16.0	2 Alco-DM	2650 1	15000 12	⤳-Deck achtern / aft

Anzahl - Art / Number - Group	Schiffsnamen und Stapellauf / Ship's Name and Launching	Baubeginn - Fertig / Umbau / On Keel - Completed - Conv.	Bauwerft / Builder	Wasserverdrängung / Displacement ts	Länge / Length m	Breite / Beam m	Tiefgang / Draft m	Besatzung / Crew Bes
4 AG o	**Wilkes** / 33, **Wyman** / 34	68/71	Defoe, Bay City	1935	87.0	14.6	4.6	45
	Kane / 27	64/67	Christy, Sturgeon Bay	2558				+ 30
	SILAS BENT / 26	1964–69	64/65	Am. Shb., Lorain				
2 AG o	**Bowditch** / 21	.	Oregon Shb., Portl.	4700	139	18.9	7.6	60
	Dutton / 22	1945	South C. Co., Calif.	13000				+ 15

Strategic Sealift, active

Fast Sealift Ships

… / T–AKR …

8 AK o	**Algol** / 287, **Capella** / 293	./72	Rotterdam DD.	.	288	32.2	10.6	62
	(ex Sealand Exchange, S. McLean)	73	*Nassco, S. Diego*	55350				
		82–84	*Pennship, Chester*					
	Bellatrix / 288	./73	Nordseewerke, Emden					
	(ex S. Trade)	*82–84*	*Nassco, S. Diego*					
	Antares / 294	./72	AG Weser, Bremen					
	(ex S. Galloway)	*82–84*	*Avondale, New Orleans*					
	Denebola / 289	./73	Rotterdam, DD.					
	(ex S. Rescource)	*–86*	*Pennship, Chester*					
	Pollux / 290, **Regulus** / 292	./73	AG Weser, Bremen					
	(ex S. Market, S. Commerce)	*–86*	*Avondale, New Orleans*					
			Nassco, S. Diego					
	Altair / 291	./73	Nordseewerke, Emden					
	(ex S. Finance)	1972–73	*–86*	*Avondale, New Orleans*				

Dry Cargo Ships and Tanker

1 AK	**American Eagle** (ex Finneagle)	./81	Kockums, Malmö	15700	194	28.2	9.0	.
		1980		BRT/grt				
1 AK o	**Mercury** / 10 (ex Bluejacket, Illinois, Arizona)	./76	Bath Iron Works	.	209	31.1	9.8	42
		1975		33900				
2 AK	**Santa Juana, Santa Adela**	./66	.	11030	166	23.0	9.8	.
		~1965		BRT/grt				
1 AK	**Dawn**	~1963	./63	Ingalls, Pascagoula	.	174	22.9	9.4	.
				17380				
1 AK	**Green Wave** (ex Woerman Mira)	./80	Deutschland /	9520	155	21.3	7.6	.
		~1979	Germany	BRT/grt				
1 AK	**Louise Lykes**	~1965	./65	Avondale, La.	.	165	23.1	10.0	.
				21840				
1 AK	**Rover** (ex Mormaxsea)	~1969	./69	Ingalls, Pascagoula	.	183	27.4	10.4	.
				27980				

… / T–AOT …

5 AO	**Paul Buck, G. W. Darnell, S. L. Cobb, R. G. Matthieson, L. H. Gianella**	83/85 84/86	American Shb., Tampa	.	188	27.4	10.4	23
		1984–85		39620				
9 AO o	**S. Atlantic** / 172, **S. Mediterranean** / 173, **S. Caribbean** / 174, **S. Arctic** / 175 **S. Antarctic** / 176	73/74 74/75	Bath Iron Works	.	179	25.6	10.5	32
				32000				
	SEALIFT Pacific / 168, **S. Arabian Sea** / 169, **S. China Sea** / 170, **S. Indian Ocean** / 171	72/74 74/75	Todd, Los Angeles					
		1973–74						
2 AO	**Ranger, Rover** (ex Zapata Ranger, C. Rover)	./77	.	21570	217	25.6	11.3	.
		~1976		BRT/grt				
1 AO	**Falcon Champion**	1983	./84	Bath Iron Works	.	203	25.6	11.0	.
				42370				

Bewaffnung / Armament	Sensoren-Elektronik/ Sensors-Electronic	Geschwindig-keit / speed kn	Antrieb / Propulsion Maschine / Kessel / Engines / Boilers / Masch	Leistung/ Power kW 1 kW = 1.36 PS	Fahrstrecke / Range sm	Sonstige Angaben / Remarks
-	⊤	15.0	2 Alco ↠ DM	2650 1	14000 15	AGS 34 SQN-17 BOTOSS = BOttom TOpography Survey System
-	⊤	15.2	✿ Tu 2 Wr	6250 1	20000 15	Mar. Comm. VC 2 Klasse. Für Meeresbodenvermessung / for sea-floor charting
-	⊤	33.0	2 GE ✿ Tu 2 Foster-Wh.	88250 2	7000 23	SL-7 Klasse / class. Unter-stehen / belong to Strategic Sealift, reserve. Flugdeck/flight deck 3252 m². 2 Kräne / cranes à 50 ts, 2 Kräne / cranes à 35 ts. Fahrzeugrampen mittschiffs back- und steuerbord / vehicle ramps amidships, port and starboard
-	⊤	19.5	C. Sulzer-DM	15810 1	16000 19	Heckrampen / stern ramps
-	.	23.0	2 GE ✿ Tu 2 Babcock	27210 1	.	✈-Plattform mittschiffs / amidships
-	⊤	20.5	✿ Tu	.	7000 20	
-	⊤	20.0	2 GE ✿ Tu 2 Wr	13345 1	17000 20	
-	⊤	17.0	DM	.	11000 17	Antarctic supply ship
-	⊤	20.0	2 ✿ Tu 2 Wr	11400 1	12000 20	
-	⊤	23.5	2 ✿ Tu 2 Wr	22060 1	12000 23.5	Heckklappe, 7 Luken / stern door, 7 hatches
-	⊤	16.0	Sulzer-DM	11250 1	12000 16	*Tankers*
-	⊤	16.0	Pielstick-DM	10300 1	12000 16	Sealift Klasse. 225000 barrels Öl / fuel
-	⊤	16.0	DM	.	12000 16	
-	⊤	16.0	2 Laval-DM	10825 1	27000 16	

Anzahl – Art / Number – Group	Schiffsnamen und Stapellauf / Ship's Name and Launching	Baubeginn – Fertig – / Umbau – On Keel – / Completed – Com.	Bauwerft / Builder	Wasserverdrängung / Displacement ts	Länge / Length m	Breite / Beam m	Tiefgang / Draft m	Besatzung / Crew Bes
1 AO	**Overseas Valdez** (ex Overseas Audrey)	./68 ~1967	Bethlehem Steel	. 46273	201	27.5	11.2	.
1 AO	**Bravado**	? ./77	.	2110 BRT/grt	92.7	14.6	6.7	.

Maritime Prepositioning Ships

... / T–AKR ...

5 AK	**2nd LT. John P. Bobo, PFC. Duane F. Williams, 1st LT. Baldomero Lopez, 1st LT. Jack Lummus, SGT. William R. Button** 1984–85	83/85 84/86	Gen. Dyn., Quincy	22700 41700	205	32.3	9.0	5. + 1.
3 AK	**SGT. Matej Kocak, PFC. Eugene A. Obregon** (ex John B. Waterman, Thomas Heywood) **MAJ. Stephen W. Pless** (ex Charles Carroll) 1980–82	80/81 81/82 82/83	Pennsylv. Shb., Chester *Nat. Steel, S. Diego* Gen. Dyn., Quincy *Nat. Steel, S. Diego*	15000 38500	210	32.2	10.1	11. + 12.
5 AK	**CPL. Louis J. Hauge, JR., PFC. William B. Baugh, PFC. James Anderson, JR., 1st LT. Alex Bonnyman, JR., PVT. Harry Fisher** (ex Estelle Maersk, Eleo Maersk, Emma Maersk, Emilie Maersk, Evelyn Maersk) 1979	78/79 79/80 82/84 84/86	Odense Shy. *I, III, V:* *Bethlehem, Sp. PA.* *II, IV:* *Beaumont, Texas*	28250 46550	230	27.5	10.0	3. + 3.

Afloat Prepositioning Ships

2 AK	**Green Island, Green Valley**	./74 ~1973–74 75	Avondale, Westwego	. 62310	272	30.5	12.5	.
2 AK	**Green Harbour, American Veteran**	./72 ~1971–72 73	Avondale, Westwego	. 44600	250	30.5	10.7	.
1 AK	**American Cormorant** (ex Kollbris)	./75 1975	Eriksbergs M. V., Göteborg	47500 dwt	225	41.2	10.0	.
1 AK	**American Trojan** (ex Montana)	./69 1968	Avondale, Westwego	. 21610	176	25.0	9.8	.
2 AK	**Letitia Lykes, Elisabeth Lykes**	./66 ~1965–67 68	Avondale, Westwego	. 21840	165	23.3	10.0	.
2 AO	**Overseas Alice, Overseas Vivian**	./68 1967–68 69	Bethlehem Steel, Sparrow Pt.	. 46270	201	27.5	11.2	.
1 AO	**Courier** (ex Zapata Courier)	1976 ./77	.	21570 BRT/grt	217	25.6	11.3	.
1 AO	**Falcon Leader**	1983 83/84	Bath Iron Works	. 42370	203	25.6	11.0	.

Strategic Sealift, Reserve

Ready Reserve Force (RRF)

Die RRF ist eine Zusammenfassung von Einheiten der National Defense Reserve Fleet (NDRF), die durc. die Maritime Administration (MARAD) in 5-, 10- oder 20-Tage-Bereitschaft gehalten wird. Im März 1987 hat. die RRF einen Bestand von 81 Schiffen.

... / T–AKR ...

1 AK	**Jupiter** / 11 (ex Lipscomb Lykes)	./76 1975	Bath Iron Works	14220 33760	209	31.1	9.8	4.

Bewaffnung / Armament	Sensoren-Elektronik/ Sensors-Electronic	Geschwindig-keit / speed kn	Maschine Kessel Engines Boilers Masch	Leistung/ Power kW 1 kW = 1.36 PS	Fahrstrecke / Range sm	Sonstige Angaben / Remarks
	⊤	16.2	2 ✿ Tu 2 Wr	11030 1	13000 16	
	⊤	12.5	DM	.	6000 12	
	⊤	18.0	Stork-Werkspoor-DM	19410 1	11100 18	6 Fahrzeugdecks, Heckklappe 11 × 4.5 m, 2 LCM (8) / 6 vehicle deck, stern door 11 × 4.5 m, 2 LCM (8)
	⊤	21.0	2 GE ✿ Tu 2 Comb.-Eng.	23530 1	13000 21	⤳-Deck, Rampe / ramp. Container für / for: Munition / ammunition (213), Lo/Lo (150), General cargo (110), Treibstoff / fuel (32), Tiefkühl / refrigerate (32)
	⊤	18.5	Sulzer-DM	11735 1	10800 17	⤳-Deck, Rampe achtern / ramp aft. Container für / for: Munition / ammunition (280), general cargo (86), Treibstoff / fuel (23), Tiefkühl / refrigerate (24)
	⊤	22.0	2 ✿ Tu 2 Wr	23530 1	15000 22	LASH Shiffe / ships. 89 barges
	⊤	22.5	Laval ✿ Tu 2 Wr	23530 1	13000 22.5	71 barges oder / or 840–1000 containers
	⊤	15.0	B. & W.-DM	18380 1	23700 13	Flo/Flo (float-on/float-off) Schiff / ship. Capacity 45000 ts
	⊤	23.0	2 ✿ Tu 2 Wr	17650 1	12000 23	
	⊤	20.0	2 ✿ Tu 2 Wr	11400 1	12000 20	I für AH 1000 Betten / I for AH 1000 beds
	⊤	16.3	2 ✿ Tu 2 Wr	11030 1	13000 16	
	⊤	16.0	DM	.	12000 16	
	⊤	16.0	2 ✿ Tu 2 Wr	10825 1	27000 16	

The RRF is a group of ships maintained within the National Defense Reserve Fleet (NDRF) by the Maritime Administration (MARAD) in 5-, 10- or 20-day readiness status. As of 3–87 there were 81 ships in the RRF.

| | ⊤ | 23.0 | ✿ Tu 2 Wr | 27205 2 | 10000 23 | |

Anzahl – Art / Number – Group	Schiffsnamen und Stapellauf / Ship's Name and Launching		Baubeginn – Fertig – / Umbau / On Keel – / Completed – Com.	Bauwerft / Builder	Wasser- verdrängung / Displacement ts	Länge / Length m	Breite / Beam m	Tiefgang / Draft m	Besatzung / Crew Bes
1 AK o	**Admiral William M. Callaghan**	1967	. /67	Sun Shb., Chester	. 24500	212	28.0	8.8	3:
1 AK o	**Meteor** / 9 (ex Sea Lift)	1965	64/67	Lockheed, Seattle	9150 21480	165	25.3	8.8	6:
1 AK o	**Comet** / 7	1957	56/58	Sun Shb., Chester	7600 18150	152	23.8	6.7	7(
	. . . / T–AK . . .								
2 AK	**Northern Light** / 284 (ex Cove), **Southern Cross** / 285 (ex Trade)	1961–62	.	Sun Shb., Chester	12530 16400	148	20.7	9.4	74
	. . . / T–AOT . . .								
1 AO	**Potomac** / 181 (ex Shenandoah)	1956	55/57 63–64	Sun Shb., Chester	7330 34800	189	25.5	10.4	.
1 AO	**American Explorer** / 165	1958	57/59	Ingalls, Pascagoula	8400 31300	188	24.4	9.8	5:
3 AO o	**Shoshone** / 151 **MAUMEE** / 149, **Yukon** / 152 1956–57		55/57 55/56	Sun Shb., Chester Ingalls, Pascagoula	7760 32950	189	25.5	9.8	5:
	. . . / T–AOG . . .								
2 AO	Alatna / 81, Chattahoochee / 82 1956		. /57 79–82	Bethlehem, St. Island	. 5720	92.0	18.6	5.8	5(
1 AO	Nodaway / 78	1945	44/45	Todd, Houston	2200 6000	99.0	14.6	5.8	3!
	. . . / T–AVB . . .								
2 AK	**Wright** / 3 (ex Young America), **Curtiss** / 4 (ex Great Republic) 1969–70		68/69 69/70 84–87	Ingalls, Pascagoula *Todd, Galveston*	. 23870	183	27.4	9.0	4) +32!
	. . . / T–ACS . . .								
3 AK	**Keystone State** / 1, **Gem State** / 2, **Grand Canyon State** / 3 (ex President Harrison, President Moore, President Polk) 1966		. /66 83–?	Defoe Shb., Bay City *Bay Shb., Sturgeon Bay* 28660	.	204	23.2	10.2	9(
3 AK	**Gopher State** / 4, **Flickertail State** / 5, **Cornhusker State** / 6 (ex Export Leader, Lightning, Staghound) 1973		. /73 74 86–88	Bath Iron Works *Norfolk Shb.*	17900 BRT/grt	186	23.8	9.6	.
2 AK	. . . / 7, 8 (ex President Truman, American Builder) 1962		.	Todd, San Pedro	16520 BRT/grt	204	23.2	10.2	.
2 AK	. . . / 9, 10 (ex Altair, Mormacraco) 1965		. /65	Ingalls, Pascagoula	14001 BRT/grt	203	22.9	9.6	.
2 AK	. . . / 11, 12 (ex President Kennedy, Oregon Mail) 1964		.	Nat. Steel, San Diego	16540 BRT/grt	204	23.2	10.2	.
	. . . / T–AH . . .								
2 AH	**Mercy** / 19, **Comfort** / 20 (ex Worth, Rose City) 1976		. /76 83/86 84/87	Nat. St., San Diego *Nat. St., San Diego*	24710 69320	272	32.3	10.0	17(+120(

Bewaffnung / Armament	Sensoren-Elektronik/ Sensors-Electronic	Geschwindig-keit / speed kn	Antrieb / Propulsion		Fahrstrecke / Range sm	Sonstige Angaben / Remarks
			Maschine Kessel Engines Boilers Masch	Leistung/ Power kW 1 kW = 1.36 PS		
	⊥	26.0	2 GE-GTu 2	36775	.	*Vehicle Cargo Ship.* AKR, ohne Rumpfnr. / without hull number
	⊥	20.0	✿ Tu 2 Wr	14270 2	10000 20	*Cargo Ships, Vehicle*
	⊥	18.0	GE ✿ Tu 2 Wr	9710 2	12000 18	"Roll on – roll off"
	⊥	18.0	GE ✿ Tu 2 Comb. Eng.	8900 1	14000 18	1980 übernommen / acquired
	⊥	18.0	2 ✿ Tu 2 Wr	15080 1	18000 12	200 000 barrels Öl / fuel
	⊥	20.0	de Laval ✿ Tu 2 Babcock	16180 1	14000 20	RRF. 190 000 barrels Öl / fuel
	⊥	18.0	Westingh. ✿ Tu 2 Comb. Eng.	13680 1	18000 18	Mar. Comm. T 5 Klasse. Eisver-stärkung / ice strengthened. 203 000 barrels Öl / fuel
	⊥	.	DM 2	.	.	*Gasoline Tankers.* ⇌-Deck. Neue / new DM.
	⊥	11.0	⇢ DM 1	1030	6000 10	*Gasoline Tanker.* Mar. Comm. T 1 Klasse
	⊥	23.5	Gen. El. ✿ Tu 2 Wr	22060 1	12000 23.5	Maintenance aviation / support ships. Luftwaffenstützpunkt-schiffe für / for US MC
	⊥	20.0	2 GE ✿ Tu 2 Wr	14155 1	13000 20	*Auxiliary Crane Ships*
	⊥	21.0	2 GE ✿ Tu 2 Wr	13055 1	.	
	⊥	20.0	2 GE ✿ Tu 1 Wr	16412 1	.	
	.	21.0	2 GE ✿ Tu Wr	13976	.	
	⊥	21.0	2 GE ✿ Tu 2 Wr	14155 1	.	
	⊥	17.5	GE ✿ Tu 2 Wr	18015 2	13420 17.5	*Hospital Ships.* Ex AO San Clemente Klasse. 12 OP, 4 Röntgenstationen, 80 Betten Intensivstation, 1000 Patienten /12 operating rooms, 4 X-ray rooms, an 80-bed inten-sive-care unit, 1000 patients

Anzahl – Art / Number – Group	Schiffsnamen und Stapellauf / Ship's Name and Launching	Baubeginn – Fertig – Umbau / On Keel – Completed – *Conv.*	Bauwerft / Builder	Wasser- verdrängung / Displacement	Länge / Length	Breite / Beam	Tiefgang / Draft	Besatzung / Crew
				ts	m	m	m	Bes

US Coast Guard

Die Coast Guard (Küstenwache) untersteht im Frieden dem Transportministerium, im Kriege der Marine Im Frieden U-Abwehrwaffen nicht an Bord. Die Kennummern beginnen mit W.

Fregatten / Frigates

... / WHEC ...

12 FF ○	**Midgett** / 726		71/72	Avondale, N. Orleans	2716	115	13.0	6.1	165
	Munro / 724, **Jarvis** / 725		70/71	Avondale, N. Orleans	3050				
	Morgenthau / 722, **Rush** / 723		67/69	Avondale, N. Orleans					
	Sherman / 720, **Gallatin** / 721		67/68	Avondale, N. Orleans					
	Chase / 718, **Boutwell** / 719		66/68	Avondale, N. Orleans					
	Dallas / 716, **Mellon** / 717		66/67	Avondale, N. Orleans					
	HAMILTON / 715	1965–71	65/67	Avondale, N. Orleans					
			85–90	*Bath Iron Works* (715, 716, 718, 721)					
			85–91	*Todd, Seattle* (717, 719, 720, 722–726)					
1 FE ○	**Ingham** / 35	1936	35/36	N. Y. Philadelphia	2216 2660	100	12.5	4.6	134
1 FE	**Unimak** / 379	1942	42/43	Associated, Seattle	1766 2800	95.0	12.5	4.1	100

... / WMEC ...

13 FE ○	F o r w a r d / 911, L e g a r e / 912, M o h a w k / 913		86/88 87	Derecktor, Middletown	1200 1780	82.3	11.7	4.1	80
	Tahoma / 908, **Campbell** / 909, Thetis / 910		83/87 84	Derecktor, Middletown					
	Spencer / 905, **Seneca** / 906, **Escanaba** / 907		82/85 83/86	Derecktor, Middletown					
	Tampa / 902, **Harriet Lane** / 903, **Northland** / 904		80/84 81	Tacoma Bt. Bld.					
	BEAR / 901	1980–88	79/83	Tacoma Bt. Bld.					
16 FE ○	**RELIANCE** / 615, **Diligence** / 616, **Vigilant** / 617		63/64 67/69	Todd, Houston	950 1007	64.0	10.3	3.2	60
	Active / 618			Christy, Sturgeon Bay					
	Confidence / 619, **Resolute** / 620, **Durable** / 628, **Decisive** / 629, **Alert** / 630			C. G. Y., Curtis Bay					
	Courageous / 622, **Dauntless** / 624, **Steadfast** / 623, **Valiant** / 621, **Venturous** / 625, **Dependable** / 626, **Vigorous** / 627	1963–68		American Shb., Lorain					
1 FS	**Storis** / 38	1942	41/42	Toledo Shb., Ohio	1300 1925	70.1	13.1	4.6	106
3 FS	**Clover** / 292, **Evergreen** / 295, **Citrus** / 300	1942	41/42 42/43	M. J., Duluth, Minn.	935 1025	54.9	11.3	4.0	53
5 FS	**CHEROKEE** / 165, **Chilula** / 153, **Tamaroa** / 166, **Ute** / 76, **Lipan** / 85	1939–44	38/40 44/45	USA	1215 1730	62.5	11.7	5.2	72
3 FS	**Acushnet** / 167, **Yocona** / 168, **Escape** / 6	1943–44	42/43 43/44	Basalt Rock, Napa	1250 1745	65.1	12.5	4.6	70

Bewaffnung / Armament	Sensoren-Elektronik/ Sensors-Electronic	Geschwindigkeit / speed kn	Antrieb / Propulsion Maschine Kessel Engines Boilers Masch	Leistung/ Power kW 1 kW = 1.36 PS	Fahrstrecke / Range sm	Sonstige Angaben / Remarks

The Coast Guard operates under the Department of Transportation in peacetime and as a part of the Navy n time of war. AS weapons removed during peacetime. Identification numbers begin with letter W.

Bewaffnung / Armament	Sensoren	kn	Maschine	kW	sm	Remarks
–12.7 ✠, 2-2 ✠, 4 Mg ✠, 2-4 Mörser / mortars, 5 UTR 32.4 III, Nach Umbau / after conversion: 1–7.6 ✠ OTO, 2-2 ✠, Mg ✠, 6 UTR 32.4 III mod. 7, 1 ⟦ LAMPS I	⊤ ⟟ ⌒ ⌽ ⟆ ⌒	29.0	Fairbanks-M.- ⟿ DM + P & W. GTu	5150 + 26470 2	9600 19	*High endurance cutters.* Zusätzlich ab 1988 / added from 1988: 8 Harpoon ⇒₄, 1-2 ✠ Phalanx. **Masch:** CODOG. Umbau: Generalüberholung der Maschinenanlage, Modernisierung von Elektronik und Sensoren / complete overhaul of the main propulsion systems, updating the FCS and other electronic capabilities. Improved ASW capability
1–12.7, 2-4 ✠, 2 Mg ✠	⊤ ⟟ ⌒	19.5	Westingh. ❂ Tu 2 Babcock	4560 2	8000 10.5	Wird durch Bear Kl. ersetzt / to be replaced by Bear class
1–12.7, 2-4 ✠, 4 Mg ✠	⊤ ⌒	18.0	Fairbanks-M.-DM	4470 2	22000 11	Barnegat Klasse
1–7.6 ✠ OTO, [1–2 ✠ Phalanx], 2 Mg ✠, 2-4 Mörser / mortars, 1 ⟦ LAMPS III	⊤ ⌽ ⌒	19.5	Fairbanks-M.-DM	5165 2	6800	*Medium endurance cutters.* Einbau von 8 Harpoon ⇒ und Sonar SQR 32 (V) 1 möglich / installation of 8 Harpoon ⇒ and sonar SQR 32 (V) 1 possible
1–7.6 ✠, 4 Mg ✠, 2-4 Mörser / mortars, 1 ⟦	.	18.0	Alco-DM	3680 2	5000 14	WMEC 620–630: Überholung / overhaul 1986–91: 1300 ts, Bes 85
1–7.6, 4 Mg ✠	⊤	13.5	3 ⟿ DM	1320 1	22000 8	Eisverstärkt / ice strengthened
2 Mg ✠, 2-4 Mörser / mortars	⊤	12.8	⟿ DM	735 1	14000 7.4	Ex WLB Balsam Klasse
1–7.6, 2-4 ✠	⊤	16.0	4 GM ⟿ DM	2210 1	15000 8	ATF Klasse. Schlepper / tugs
2-4 ✠	⊤	13.0	4 ⟿ DM	1790 2	20000 7	ARS Klasse

Anzahl - Art - Group / Number - Art - Group	Schiffsnamen und Stapellauf / Ship's Name and Launching	Baubeginn – Fertig – Umbau / On Keel – Completed – Conv.	Bauwerft / Builder	Wasser- verdrängung / Displacement ts	Länge / Length m	Breite / Beam m	Tiefgang / Draft m	Besatzung / Crew Bes

Kleine Kampfschiffe / Small Fighting Vessels

　　　... / WPB ...

37 PP	... / 1317–1337 bew. / auth.	. 85/85 86/87	Bollinger, Lockport Bollinger, Lockport	135 160	33.5	6.4	2.2	16

　　Farallon / 1301, **Manitou** / 1302,
　　Matagorda / 1303, **Maui** / 1304,
　　Monhegan / 1305, **Nunivak** / 1306,
　　Ockracoke / 1307, **Vashon** / 1308,
　　Aquidneck / 1309, **Mustang** / 1310,
　　Naushon / 1311, **Sanibel** / 1312,
　　Edisto / 1313, **Sapelo** / 1314,
　　Matinicus / 1315, **Nantucket** / 1316
　　　　　　　　1985–87

53 PP ○	WPB *82′ Klasse*	1960–70	.	C. G. Y., Curtis Bay	68	23.7	5.5	1.8	8

18 PP ○	WPB *95′ Klasse*	1953–59	. 77–81	C. G. Y., Curtis Bay	83 105	29.0	6.1	1.8	14

WPB *82′ Klasse*
823 ... / **Point** ...

02 **Hope**	35 **Countess**	45 **Judith**	55 **Hannon**
11 **Verde**	36 **Glass**	46 **Arena**	56 **Francis**
12 **Swift**	37 **Divide**	47 **Bonita**	57 **Huron**
14 **Thatcher**	38 **Bridge**	48 **Barrow**	58 **Stuart**
18 **Herron**	39 **Chico**	49 **Spencer**	59 **Steele**
32 **Roberts**	40 **Batan**	50 **Franklin**	60 **Winslow**
33 **Highland**	41 **Lookout**	51 **Bennett**	61 **Charles**
34 **Ledge**	42 **Baker**	52 **Sal**	62 **Brown**
	43 **Wells**	53 **Monroe**	63 **Nowell**
	44 **Estero**	54 **Evans**	64 **Whitehorn**

3 PP: **Sea Hawk, Shearwater, Petrel** / WSES 2–4 (82–83) 110/160 ts, 30 kn, DM, 33.5 × 11.9 × 2.5 m, Bauwerft / builder: Halter Marine, New Orleans – *Surface effect ships*

4 PP: **I–IV** (86–87) 1–4 ⚓, Lg 13.4 m, Bauwerft / builder: Tempest Mar., Fort Lauderdale

Eisbrecher / Icebreakers

　　　... / WAGB ...

1 AI	I	gepl. / plan.	.	.		.	.	.	.

2 AI ○	**Polar Sea** / 11 **POLAR Star** / 10	1973–75	73/78 72/76	Lockheed, Seattle Lockheed, Seattle	10860 13190	122	25.5	10.2	155 + 10

2 AI	**Northwind** / 282, **Westwind** / 281	1943–45	42/44 44/45 73–75	Western Pipe, S. Pedro	3500 6515	82.0	19.3	8.8	115

1 AI	**Mackinaw** / 83	1944	43/44 82	Toledo Shb., Ohio	3050 5252	88.4	22.7	5.8	105

Hilfsfahrzeuge / Auxiliary Vessels

4 AT: **Mohican, Raritan, Chinook, Snohomish** / WYTM 73, 93, 96, 98, (39–43) 370 ts, 11.2 kn, ⇢ DM, 735 kW₁, Bes 20 – *Harbor tugs, medium*

Bewaffnung / Armament	Sensoren-Elektronik/ Sensors-Electronic	Geschwindig-keit / speed kn	Antrieb / Propulsion — Maschine Kessel Engines Boilers Masch	Leistung/ Power kW 1 kW = 1.36 PS	Fahrstrecke / Range sm	Sonstige Angaben / Remarks
-2 ⚓, 2 Mg ⚓, -4 Mörser / mortars	⊤	29.5	Paxman-V.-DM	4235 2	1880	Britischer Entwurf / British design: Vosper Thornycroft. Stahlrumpf, Alu-Aufbauten / Steel hull, Al-superstructure
Mg ⚓, -4 Mörser / mortars	⊤	23.5	DM	1180 2	1500 8	Patrol craft, large. 83 345–49, Bauwerft / builder: Martinac, Tacoma. 83 371–79: 1200/8 sm.
Mg ⚓, -4 Mörser / mortars	⊤	21.0	4 Cummins-DM	1690 2	2600 9	95 312–20: 105 ts, 3000/9 sm. 95 321–32: 98 ts, 2800/9 sm
5 Turner 6 Lobos 7 Knoll 8 Warde 9 Heyer 0 Richmond 1 Barnes 2 Brower 3 Camden 4 Carrew	75 Doran 76 Harris 77 Hobart 78 Jackson 79 Martin		WPB 95′ Klasse 953 … / Cape … 02 Higgon 03 Upright 04 Gull 05 Hatteras 06 George 07 Current 09 Carter			12 Knox 13 Morgan 16 Fox 17 Jellison 19 Romain 21 Cross 22 Horn 24 Shoalwater 26 Corwin 28 Henlopen 32 York

Zahlreiche kleinere Fahrzeuge / numerous smaller craft: **Utility 30′, 41′** Klasse / class; Aids to Navigation Boats 1′, 45′, 55′; Lifeboats 44′; Surface Rescue Boats 30′

						Auch für Forschung / also for research
4-2 ⚓, -4 Mörser / mortars], ⇥	⊤ ⟡ ⟲	18.0	3 Pratt-W.-GTu + 6 Alco ⟿ DM	44130 + 13240 3	28000 13	Icebreakers. 3 Besatzungen / crews. **Masch: CODOG**
2-4 ⚓], 1 ⇥	⊤ ⟡ ⟲	16.0	Enterprise-DM ⟿ EM	7355 2	38000 10.5	281 für Große Seen / for Great Lakes
, ⇥	⊤	18.7	4 ⟿ DM	7350 3	10000 18.7	Für Große Seen / for Great Lakes. ⇥-Deck

4 AT: **Capstan, Chock, Swivel, Tackle, Towline, Catenary, Bridle, Pendant, Shackle, Hawser, Line, Wire, Bollard, Cleat** / WYTL 65601–65612, 65614, 65615 (61–67) 72 ts, 9.8 kn, DM, 295 kW₁, Bes 10 – Harbor tugs, small

Anzahl - Art / Number - Group	Schiffsnamen und Stapellauf / Ship's Name and Launching	Baubeginn - Fertig - Umbau - On Keel - Completed - Conv.	Bauwerft / Builder	Wasser-verdrängung / Displacement ts	Länge / Length m	Breite / Beam m	Tiefgang / Draft m	Besatzung / Be
	... / WTGB ...							
10 AT	... / 110				42.7	11.4	3.8	1
	Sturgeon Bay / 109	86/.	Bay City, San Diego	662				
	Thunder Bay / 108	84/86	Tacome Bt. Bld.					
	Penobscot Bay / 107	83/85	Bay City, San Diego					
	Neah Bay / 105, Morro Bay / 106	79/80	Tacoma Bt. Bld.					
	Bristol Bay / 102, Mobile Bay / 103, Biscayne Bay / 104	78/79	Tacoma Bt. Bld.					
	KATMAI BAY / 101 1978 – bew. / auth.	77/79	Tacoma Bt. Bld.					
1 AX ○	Eagle / WIX 327 (ex Horst Wessel) 1936	36/36	Blohm + Voss, Hamb.	. 1785	80.0 90.0	12.0	5.2	6. + 18
30 ○	Balsam Klasse 1942–44	.	USA	935 1025	54.9	11.3	4.0	5.

Class A:
735 kW₁, 14000 / 7.4 sm
WLB 277 Cowslip
290 Gentian
291 Laurel
296 Sorrel

	WLB	301 **Conifer**		WLB	305 **Mesquite**
		302 **Madrona**			306 **Buttonwood**
					307 **Planetree**
	Class B:				308 **Papaw**
	880 kW₁, 23500 / 7.5 sm				309 **Sweetgum**
	WLB	297 **Ironwood**			388 **Basswood**

	... / WLM ...							
5	RED Wood / 685, Red Beech / 686, Red Birch / 687, Red Cedar / 688, Red Oak / 689 1964–71	./64 71	C. G. Y., Curtis Bay	470 512	48.0	10.8	1.9	3
6	WHITE Sumac / 540, White Holly / 543, White Sage / 544, White Heath / 545, White Lupine / 546, White Pine / 547 1942–43	.	Petersen & Haecker, Blair	435 600	40.5	10.1	2.7	2
1	Fir / 212 1939	./40	Moore D. D., Oakland	825 985	53.4	10.4	3.7	40

Tender: 7 WLI – *Inland tenders*; 18 WLR – *River tenders*; **Pamlico, Hudson, Kennebec, Saginaw** / WLIC 800, 801
803, 804 (75–78) 415 ts, 11 kn, 735 kW, DM; 13 WLIC – *Construction tenders*

USSR

Flugzeugträger / Aircraft Carriers

2 RB	I	a. St. / o. st.	85/.	Nosenko 444, Nikolaev	.	337	.	.	.
	II	8. 12. 85	83/89	Nosenko 444, Nikolaev	65000				
4 RB ○	**Baku**	19. 4. 82	78/86	Nos. 444, Nikolaev	29000	273	32.7	8.5	1700
	Novorossijsk	4. 12. 78	75/81	Nos. 444, Nikolaev	37000		50.0		
	Minsk	8. 75	72/78 81–82	Nos. 444, Nikolaev					
	KIEV	31. 12. 72	70/75	Nos. 444, Nikolaev					

Bewaffnung / Armament	Sensoren-Elektronik/ Sensors-Electronic	Geschwindig-keit / speed kn	Antrieb / Propulsion		Fahrstrecke / Range sm	Sonstige Angaben / Remarks
			Maschine / Kessel / Engines / Boilers / Masch	Leistung/ Power kW 1 kW = 1.36 PS		
	┬	14.7	Fairbanks-M.-↠ DM	1840 1	4000 12	*Icebreaking tugs.* Für Einsatz in Häfen, Flüssen und Seen / for operations on the Great Lakes, coastal waters, rivers and harbors
	┬	10.0	MAN-DM	515 1	5450 7.5	Segelschulschiff, Bark 1975 m² Segelfläche / sail training ship, barque, sail area 21351 sq. ft.
-2 ⚓ in WLB 297, 389,)1, 402, 405	┬	12.8	↠ DM	.	.	*Buoy tenders, seagoing.* Leuchtturmtender. Modernisiert / modernized. 14 erhalten SLEP / receive SLEP
WLB 389 Bittersweet 390 Blackhaw 392 Bramble 393 Firebush 394 Hornbeam 395 Iris		WLB	396 Mallow 397 Mariposa 399 Sagebrush 400 Salvia 401 Sassafras 402 Sedge			WLB 403 Spar 404 Sundew 405 Sweetbrier 406 Acacia 407 Woodrush
	┬	12.8	DM	1320 2	3000 11.5	*Buoy tenders, coastal*
	┬	10.0	DM	440 2	4500 5	
	┬	12.0	DM	990 2	5650 12	Hollyhock Klasse / class

USSR

- 60 ✈, ✈	.	.	Reaktoren	.	.	Atom-Antrieb / nuclear powered. Ski-jump 7°. ✈ VTOL, STOL. **Masch:** CONAS?
4 ✈ (Forger A, B), 4 ✈ (Helix, Hormone), SS-N-12 ⇒₂, SA-N-4 ⚓₂, SA-N-3 ⚓₂, -7.6 ⚓₂, 8-3 ⚓₆, ⚓₂ SUW-N-1, ⚓₁₂ RBU 6000, 0 UTR 53.3 ‖‖‖	┬ ○ ⊹ ♁ ⊹ ⊹ ⊕ ⊕ ⊽ (˜	32.0	4 ✿ Tu 8 Wr	125000 4	10800 18	Landedeck / landing deck: 189 × 20 m, Winkel / angle 4.5°. Lifts: 19.2 × 10.4 + 18.5 × 4.7 m. FK-Vorrat / MI: 16 SS-N-12, 40 SA-N-4, 96 SA-N-9, 72 SA-N-3. II keine / no SA-N-4 ⚓, **UTR**, aber / but SA-N-9 ⚓ (VLS). Aufbauten leicht geändert / superstructure differs slightly. I keine / no SA-N-4 ⚓, 7.6 ⚓, **UTR**; aber / but 6 SS-N-12 ⇒₂, 12 SA-N-9 ⚓ (VLS), 2-10 ⚓₁. Andere Aufbauten und Elektronik / Different superstructure and electronics

Anzahl - Art / Number - Group	Schiffsnamen und Stapellauf / Ship's Name and Launching		Baubeginn - Fertig - Umbau/ On Keel - Completed - Conv.	Bauwerft / Builder	Wasser- verdrängung / Displacement ts	Länge / Length m	Breite / Beam m	Tiefgang / Draft m	Besatzung / Be

Hubschrauberträger / Helicopter Carriers

2 CH	Leningrad		64/69	Nos. 444, Nikolaev	14500	189	26.0	7.6	8!
o	MOSKVA	1964–66	62/67	Nos. 444, Nikolaev	17700		34.1		

Kreuzer / Cruisers

3 CG	I	a. St. / o. st.	86/.	Balt. Werft, Leningrad	21000	248	28.5	8.5	8C
o	Kalinin	29. 4. 86	84/90	Balt. Werft, Leningrad	25000				
	Frunze	23. 5. 81	78/84	Balt. Werft, Leningrad					

1 CG	Kirov	26. 12. 77	83/80	Balt. Werft, Leningrad	21000	248	28.5	8.5	8C
o					25000				

4 CG	I		84/.	Kommuna, Nikolaev	10000	185	20.5	7.0	45
o	Červona Ukraina		81/88	Kommuna, Nikolaev	12500				
	Maršal Ustinov		78/86	Kommuna, Nikolaev					
	SLAVA	1979 – a. St. / o. st.	77/82	Kommuna, Nikolaev					

7 CG	Kara Klasse		69/73	Kommuna, Nikolaev	8200	173	18.6	6.7	54
oo	Azov, Kerč, Nikolaev, Očakov,		75/80		9800				
	Petropavlovsk, Tallin, Taškent								
	1971–77								

10 CG	Kresta II Klasse		66/69	Ždanov, Leningrad	6000	159	17.1	6.4	38
o	Admiral Isačenkov, Admiral Isakov,		74/78		7600				
	Admiral Jumašev, Admiral Makarov,								
	Admiral Nachimov, Admiral								
	Oktjabrskij, Kronštadt, Maršal								
	Timošenko, Maršal Vorošilov,								
	Vasilij Čapaev	1968–76							
4 CG	Kresta I Klasse		64/67	Ždanov, Leningrad	6250	155	17.1	6.0	38C
o	Vladivostok, Sevastopol,		68/69		7500				
	Vitse Admiral Drožd, Admiral Zozulja								
	1965–67								

4 CG	Kynda Klasse		60/62	Ždanov, Leningrad	4400	142	15.8	5.3	38C
oo	Admiral Golovko, Admiral Fokin,		62/65		5600				
	Groznyj, Varjag	1961–64							

Bewaffnung / Armament	Sensoren-Elektronik / Sensors-Electronic	Geschwindig-keit / speed kn	Antrieb / Propulsion Maschine / Kessel / Engines / Boilers / Masch	Leistung / Power kW 1 kW = 1.36 PS	Fahrstrecke / Range sm	Sonstige Angaben / Remarks
Helix/Hormone, SA-N-3 ⸗₁₂, -5.7 ⸗₂, ⸗₂ SUW-N-1, ⸗₁₂ RBU 6000	⊤ ○ ◇ ⸗ ⸗ ⸗ ⸗ ⸗ ⸗ ⊽ ⸗	30.0	2 Tu 4 Wr	73550 2	8500 15	U-Jagd-Kreuzer / ASW-helicopter cruisers. Landedeck / landing deck: 86 × 34 m, 2 Lifts. Sonar Dom einziehbar / retractable
SS-N-19 ⸗, 2 SA-N-6 ⸗, 5 SA-N-9 ⸗ (VLS), SA-N-4 ⸗₁₂, -13 ⸗₂, 8-3 ⸗₆, UTR 53.3 ‖‖‖, ⸗₁₂ RBU 6000, ⸗₆ RBU 1000, Helix A, Hormone	⊤ ○ ◇ ⸗ ⸗ ⸗ ⸗ ⸗ ⸗ ⊽ ⸗	35.0	Tu 2 Reaktoren 2 Wr	110000 2	.	Kirov Klasse / class. ⸗ ca. 40–45° erhöht vor den Aufbauten / ⸗ at a fixed angle of 40–45° forward of the super-structure. Masch: CONAS = COmbined Nuclear And Steam
SS-N-19 ⸗, SS-N-14 ⸗₂, 2 SA-N-6 ⸗, SA-N-4 ⸗₁₂, -10 ⸗, 8-3 ⸗₆, UTR 53.3 ‖‖‖, ⸗₁₂ RBU 6000, ⸗₆ RBU 1000, Hormone B	⊤ ○ ◇ ⸗ ⸗ ⸗ ⸗ ⸗ ⸗ ⊽ ⸗	35.0	Tu 2 Reaktoren 2 Wr	110000 2	.	
5 SS-N-12 ⸗₂, SA-N-6 ⸗, SA-N-4 ⸗₁₂, -13 ⸗₂, 6-3 ⸗₆, UTR 53.3 ‖‖‖, ⸗₁₂ RBU 6000, Hormone	⊤ ○ ◇ ⸗ ⸗ ⸗ ⸗ ⸗ ⸗ ⊽ ⸗	34.0	4 GTu + 2 GTu	79410 2	10000 16	Masch: COGOG. UTR im Rumpf nahe Heck / UTR in the ship sides, near the stern
SS-N-14 ⸗, SA-N-3 ⸗₁₂, SA-N-4 ⸗₁₂, -7.6 ⸗₂, 4-3 ⸗₆, UTR 53.3 ‖‖‖, ⸗₁₂ RBU 6000, ⸗₆ RBU 1000, Hormone A	⊤ ○ ◇ ⸗ ⸗ ⸗ ⊽ ⸗	34.0	4 GTu	88250 2	8000 14	V: keine / no RBU 1000. Azov war Versuchsschiff für / was trials ship for ⸗: 8 SS-N-14 ⸗, 2 SA-N-3 ⸗, 4 SA-N-4 ⸗₁₂, 4 SA-N-6 ⸗
SS-N-14 ⸗₄, SA-N-3 ⸗₁₂, -5.7 ⸗₂, 4-3 ⸗₆, UTR 53.3 ‖‖‖, ⸗₁₂ RBU 6000, ⸗₆ RBU 1000, Hormone A	⊤ ○ ◇ ⸗ ⸗ ⸗ ⊽ ⸗	34.0	2 Tu 4 Wr	73550 2	5000 18	III, VIII, X: Deckshaus vor der Brücke / deckhouse before the bridge
SS-N-3 B ⸗₂, SA-N-1 ⸗₁₂, 4-5.7 ⸗₂, UTR 53.3 ‖‖‖, ⸗₁₂ RBU 6000, ⸗₆ RBU 1000, Hormone B	⊤ ○ ◇ ⸗ ⸗ ⸗ ⊽ ⸗	34.0	2 Tu 4 Wr	73550 2	5000 18	Bew / AMT: III 4-3 ⸗₆ zusätz-lich / additional. II, III neue Aufbauten zwischen Brücke und Mast / II, III new super-structure between the bridge and the mast
SS-N-3 B ⸗₄, SA-N-1 ⸗₁₂, 4-7.6 ⸗₂, UTR 53.3 III, ⸗₁₂ RBU 6000	⊤ ○ ◇ ⸗ ⊽ ⸗	35.0	2 Tu 4 Wr	73550 2	4200 18	III, IV: Umbau / conversion 1977–82: 4-3 ⸗₆, verbesserte Elektronik / modernized elec-tronics, veränderte Aufbauten / improved superstructure

Anzahl - Art / Number – Group	Schiffsnamen und Stapellauf / Ship's Name and Launching	Baubeginn - Fertig - Umbau/ On Keel - Completed - Conv.	Bauwerft / Builder	Wasser-verdrängung / Displacement ts	Länge / Length m	Breite / Beam m	Tiefgang / Draft m	Besatzung / B
2 CG oo	**Admiral Senjavin**	51/54	Molotovsk	12900	210	21.6	7.5	10
		68–72	*Chabarovsk*	17000				
	Ždanov ~1955	49/52	Balt. Werft, Leningrad					
		68–71	*Sevastopol*					
		76–80						
9 CL o	**Alexandr Suvorov, Admiral Lazarev, Murmansk, SVERDLOV, Admiral Ušakov, Dmitrij Požarskij**	48/51 52/55	Leningrad	12900 17000	210	21.6	7.5	10.
	Michail Kutuzov, Alexandr Nevskij Oktjabrskaja Revoljucija		Nikolaev					
	(ex Molotovsk) 1950–55		Molotovsk					

Zerstörer / Destroyers

12 DG I o		.	Yantar, Kaliningrad	6400	162	18.3	6.5	3
	II	.	Yantar, Kaliningrad	8000				
	III	84/.	Yantar, Kaliningrad					
	IV	83/87	Yantar, Kaliningrad					
	Simferopol	83/86	Yantar, Kaliningrad					
	Maršal Šapošnikov	82/85	Yantar, Kaliningrad					
	Admiral Tribuc	81/85	Ždanov, Leningrad					
	Admiral Spiridonov	81/84	Ždanov, Leningrad					
	Admiral Zacharov	79/83	Yantar, Kaliningrad					
	Maršal Vasilevskij	79/83	Ždanov, Leningrad					
	Vitse Admiral Kulakov	78/82	Ždanov, Leningrad					
	UDALOJ 1979 – a. St. / o. st.	77/81	Yantar, Kaliningrad					
12 DG I, II o		.	Ždanov, Leningrad	5900	156	17.1	6.2	38
	III	.	Ždanov, Leningrad	7500				
	IV	83/.	Ždanov, Leningrad					
	Okrilennyj	83/87	Ždanov, Leningrad					
	Stoikij	82/86	Ždanov, Leningrad					
	Boevoj	81/85	Ždanov, Leningrad					
	Bezuprešnyj	80/85	Ždanov, Leningrad					
	Osmotriteľnyj	79/84	Ždanov, Leningrad					
	Otličnyj	78/83	Ždanov, Leningrad					
	Otčajannyj	77/82	Ždanov, Leningrad					
	SOVREMENNYJ 1978 – a. St. / o. st.	76/81	Ždanov, Leningrad					
	Kashin mod. Klasse							
6 DG o	**Ognevoj, Slavnyj,**	.	Ždanov, Leningrad	3700	146	15.8	4.6	32
	Sderžannyj, Smelyj, Smyšlennyj,		Kommuna, Nikolaev	4700				
	Strojnyj 1961–73 *73–80*							
	Kashin Klasse							
12 DG o	**Obrazcovyj, Odarennyj,**	./64	Ždanov, Leningrad	3600	143	15.8	4.6	28
	Stereguščij	/75		4600				
	Komsomolec Ukrainyj, Krasnyj Kavkaz, Krasnyj Krym, Rešiteľnyj, Skoryj, Smetlivyj, Soobraziteľnyj, Sposobnyj, Strogyj 1961–73	./63 72	Kommuna, Nikolaev					
1 DG o	**Provornyj** ~1962	./64 74–76	Ždanov, Leningrad *Nikolaev*	3600 4600	143	15.8	4.6	30
	Kanin Klasse							
8 DG o	**Gremjaščij, Žgučij, Boikij, Derzkij, Žorkij, Gnevnyj, Gordyj, Upornyj** 1958–60	./58 60 *68–72*	Ždanov, Leningrad + Severodvinsk + Kommuna, Nikolaev	3700 4750	141	14.9	5.0	35

Bewaffnung / Armament	Sensoren-Elektronik / Sensors-Electronic	Geschwindigkeit / speed kn	Antrieb / Propulsion Maschine / Kessel / Engines / Boilers / Masch	Leistung / Power kW 1 kW = 1.36 PS	Fahrstrecke / Range sm	Sonstige Angaben / Remarks
SA-N-4, 9-15, -10, 32-3.7, 3, 1 Hormone		34.0 / 30.0	Tu 6 Wr	80900 2	8000 20	Führungs-Kreuzer / Command cruisers. Umgebaute / converted Sverdlov Klasse. I **Bew / AMT**: 6-15, 16-3, 3
-15, 12-10, -3.7, 150		34.0 / 30.0	Tu 6 Wr	80900 2	8000 20	I, V, IX: Umbau / conversion 1972-79: 16-3 zusätzlich / additional, nur / only 24-3.7, Führungsschiffe / Command ships. II–V, VII in Reserve
SS-N-14, SA-N-9, -10, 4-3, **UTR** 53.3 IIII, RBU 6000, Helix		33.0	GTu	88235 2	5000 20	SA-N-9-System einsatzfähig? / operational? Radar und Sensoren noch unvollständig. Ab Maršal Vasilevskij größeres Deck / radars and sensors are still incomplete. From Maršal Vasilevskij onwards the Deck is wider
SS-N-22, SA-N-7, -13, 4-3, **UTR** 53.3 II, RBU 1000, Hormone B		35.0	2 Tu 4 Wr	73500 2	7000 14	Antrieb ähnlich Kresta Klasse / propulsion similar to Kresta class. Hangar teilweise einziehbar / partially telescoping. Radar unterschiedlich / varies
SS-N-2 C, SA-N-1, -7.6, 4-3, **UTR** 53.3 IIII, RBU 6000		36.0	4 GTu	70610 2	5000 18	Guided missile destroyers
SA-N-1, -7.6, **UTR** 53.3 IIII, RBU 6000, RBU 1000		36.0	4 GTu	70610 2	5000 18	III in Reserve
SA-N-7, 4-7.6, **UTR** 53.3 IIII, RBU 6000, RBU 1000		36.0	4 GTu	70610 2	5000 18	Kashin Klasse. Versuchsschiff für / trial ship for SA-N-7 SAM-System
SA-N-1, -5.7, 8-3, 0 **UTR** 53.3 IIII, RBU 6000		33.0	2 Tu 4 Wr	61780 2	4600 18	Umgebaute / converted Krupnyj Klasse. Deck. IV, V, VIII in Reserve

Anzahl - Art / Number - Group	Schiffsnamen und Stapellauf / Ship's Name and Launching		Baubeginn - Fertig - Umbau / On Keel - Completed - Conv.	Bauwerft / Builder	Wasser-verdrängung / Displacement ts	Länge / Length m	Breite / Beam m	Tiefgang / Draft m	Besatzung / Be
	Kildin mod. Klasse								
3 DG ○	**Bedovyj** Neulovimyj, Prozorlivyj	1958	./59 60 73-75	Kommuna, Nikolaev Ždanov, Leningrad Nikolaev	2600 3500	127	13.0	4.7	3(
	Kotlin SAM Klasse								
8 DD ○○	**Bravyj** Nachodčivyj, Nastojčivyj, Nesokruščimyj, Skrytnyj, Soznatel'nyj, Skromnyj Vozbuždennyj	~1960 1954-57	56/61 62 ./54 58 ./58 66-71	Kommuna, Nikolaev Ždanov, Leningrad Komsomolsk	2500 3800	127	13.0	4.7	3(
	Kotlin mod. Klasse								
12 DD ○	**Blagorodnyj, Blestjaščij, Burlivyj,** Byvalyj, Moskovskij Komsomolec, Naporistyj, Plamennyj, Sveduščij, Vdochnovennyj, Vozmuščennyj, Vyderžannyj, Vyzivajuščij 1953-57		./54 58 60-65	Nikolaev, Leningrad, Komsomolsk	2600 3500	127	13.0	4.7	34
	Kotlin Klasse								
6 DD ○	**Dalnevostočnyj Komsomolec, Spešnyj,** Spokoynyj, Svetlyj, Veskij, Vliyatel'nyj 1953-57		./54 58	Nikolaev, Leningrad, Komsomolsk	2600 3500	127	13.0	4.7	34
	Skoryj, Skoryj-mod. Klasse								
10 DD ○○	**I-X**	1948-54	./49 54	Nikolaev + Leningrad + Komsomolsk + Severodvinsk	2340 3180	120	12.0	4.3	27
Fregatten / Frigates									
	Krivak III Klasse								
4 FF ○	**Menšinskij, Dzeržynskij, Imeni 27** **Svesta KPSS, I** 1983-86		81/84 84/87	Zaliv, Kamyš-Burun	3000 3800	123	14.1	4.5	22
	Krivak II Klasse								
11 FG ○	**Bessmennyj, Gordelivyj, Gromkij,** Grozjaščij, Neukrotimyj, Pytlivij, Ražitel'nyj, Revnostnyi, Rezkij, Rezvyj, Ryanyj 1975-80		74/76 79/81	Yantar, Kaliningrad	3100 3800	123	14.1	4.5	22
	Krivak I Klasse								
21 FG ○	**Bditel'nyj, Bezzavetnyj, Bezukoriznennyj,** Bodryj, Dejatel'nyj, Doblestnyj, Dostoinyj, Družnyj, Leningradskij Komsomolec, Letučij, Pilkij, Rasjaščič, Razumnyj, Retivyj, Svirepyj, Silnyj, Storoževoj, Žarkij, Zadornij, Ladnij, Porivistij 1970-81		68/70 81/83	Yantar, Kaliningrad + Zaliv, Kamyš-Burun + Ždanov, Leningrad	3100 3800	123	14.1	4.5	22(

Bewaffnung / Armament	Sensoren-Elektronik/ Sensors-Electronic	Geschwindigkeit / speed kn	Antrieb / Propulsion Maschine / Kessel Engines / Boilers Masch	Leistung/ Power kW 1 kW = 1.36 PS	Fahrstrecke / Range sm	Sonstige Angaben / Remarks
S-N-2 C ⇨₁, .6 ⚓₂, 16-5.7 ⚓₄, TR 53.3 II, ⚓₁₆ RBU 2500	⊤ ⟡ ⟰ ⊕ ▽ ⌒	36.0	2 ✿ Tu 4 Wr	52950 2	4000 16	I Bew / AMT: 4.5 ⚓₄ statt / instead of 5.7 ⚓₄. III in Reserve
A-N-1 ⚓₂, 2-13 ⚓₂, .5 ⚓₄, 8-3 ⚓₂, TR 53.3 IIII, ⚓₁₂ RBU 6000	⊤ ⟡ ⟰ ⊕- ⊕ ▽ ⌒	36.0	2 ✿ Tu 4 Wr	52950 2	5500 16	I-III, VII: keine / no 8-3 ⚓₂. I, VII: 2 ⚓₁₆ RBU 2500. I: 12-4.5 ⚓₄. 2 in Reserve
3 ⚓₂, 16-4.5 ⚓₄, .5 ⚓₂, TR 53.3 IIII, ⚓₁₆ RBU 2500, ⚓₆ RBU 6000, ♻	⊤ ⟡ ⊕- ⊕ ▽ ⌒	36.0	2 ✿ Tu 4 Wr	52950 2	5500 16	6 in Reserve
3 ⚓₂, 16-4.5 ⚓₄, UTR 53.3 IIII, ⚓, ♻	⊤ ⟡ ⊕- ⊕ ▽ ⌒	36.0	2 ✿ Tu 4 Wr	52950 2	4500 16	Svetlyj ⤳-Deck, keine / no ASW. Einige / some 4-2.5 ⚓₂. 4 in Reserve
13₂, 2-8.5 ⚓₂, .7 ⚓₂, ₁, TR 53.3 IIII, ⚓, ♻	⊤ ⟡ ⊕- ⊕ ▽	36.0	2 ✿ Tu 4 Wr	44130 2	4000 13	4 in Reserve. Einige 4 bis 6-2.5 ⚓₂ zusätzlich / some additional 4 to 6-2.5 ⚓₂. 2 Einheiten / ships: *Skoryj mod. Klasse.* **Bew / AMT:** 4-13₂, 5-5.7 ⚓, 5 TR 53.3 IIII, 2 ⚓₁₆, ♻
A-N-4 ⚓₂, 1-10 ⚓, ⚓₆, 8 UTR 53.3 IIII, ⚓₁₂ RBU 6000, ⤳ Helix	⊤ ⟡ ⟰ ⊕ ▽ ⌒	33.0	2 GTu + 2 GTu	35735 + 17650 2	4500 15	Fregatten / frigates. KGB. Fernost / Far East. III Top Plate radar
S-N-14 ⇨₄, A-N-4 ⚓₂, 2-10 ⚓, UTR 53.3 IIII, ⚓₁₂ RBU 6000, ♻	⊤ ⟡ ⟱- ⊕ ⊕ ▽ ⌒	33.0	2 GTu + 2 GTu	35735 + 17650 2	4500 15	Flugkörper-Fregatten / Guided missile frigates. **Masch:** COGOG
S-N-14 ⇨₄, A-N-4 ⚓₂, 4-7.6 ⚓₂, UTR 53.3 IIII, ⚓₁₂ RBU 6000	⊤ ⟡ ⟱- ⊕ ⊕ ▽	33.0	2 GTu + 2 GTu	35735 + 17650 2	4500 15	Žarkij umgebaut / converted 1982-84. Bditel'nyj dipping sonar an Backbord / port

308 USSR

Anzahl – Art / Number – Group	Schiffsnamen und Stapellauf / Ship's Name and Launching		Baubeginn – Fertig – / Umbau / On Keel – Completed – Conv.	Bauwerft / Builder	Wasser- verdrängung / Displacement ts	Länge / Length m	Breite / Beam m	Tiefgang / Draft m	Besatzung / B
	Koni Klasse								
1 FF o	**Delfin**	1976	./76	Zelenodolsk	1700 1900	95.0	12.0	4.2	1
5 FF o	*Grisha V Klasse* 1985 – a. St. / o. st.		./86 .	Leninskaja K., Kiev	950 1200	71.6	9.8	3.6	
	Grisha III Klasse								
34 FF o	**Komsomolec Baškirij, Komsomolec Gruzin, Orlovskij Komsomolec, I-XXXI**	1975–81	75/75 ./82	Leninskaja K., Kiev + Chabarovsk	950 1200	71.6	9.8	3.6	
	Grisha II Klasse								
12 FF o	**Ametist, Brilliant, Izumrud, Predannyj, Provornyj, Rubin, Saffir, Žemčuq, I-IV**	1973–82	./74 ./83	Leninskaja K., Kiev	950 1200	71.6	9.8	3.6	
15 FF o	*Grisha I Klasse*	1968–74	67/68 73/74	Kiev + Chabarovsk + Kamyš-Burun	950 1200	71.6	9.8	3.6	
	Mirka II Klasse								
9 FF o	**Gangutec, Romanz, 60 let Komsomolij Belorussij, I-VI**	1964–66	63/65 ./66	Yantar, Kaliningrad	950 1100	82.3	9.1	3.0	1
	Mirka I Klasse								
9 FF o	**Ivan Sladkov, I-VIII**	1964	./64 65	Yantar, Kaliningrad	950 1100	82.3	9.1	3.0	1
1 FF o	*Petya II mod. Klasse*	~1964	. 78	USSR	950 1150	82.3	9.1	3.2	1
12 FF o	*Petya II Klasse*	1963–69	./64 69	Yantar, Kaliningrad + Komsomolsk	950 1150	82.3	9.1	3.2	1
11 FF o	*Petya I mod. Klasse*	1960–64	./61 64 73–76	Yantar, Kaliningrad + Komsomolsk	950 1150	82.3	9.1	3.2	1
	Petya I Klasse								
7 FF o	**Michailovič, I-VI**	1960–63	./61 64	Yantar, Kaliningrad + Komsomolsk	950 1150	82.3	9.1	3.2	1
	Riga Klasse								
43 FF oo	**Bars, Barsuk, Bobr, Gepard, Jaguar, Komsomolec Gruzij, Komsomolec Litvij, Kunica, Leopard, Lev, Lisa, Pantera, Rosomacha, Šakal, Soveckij Turkmenistan, Tuman, Archangelskij Komsomolec, Astrachanskij Komso- molec, Krasnodarskij Komsomolec, I-XXIV**	1952–60	52/52 58/60	Yantar, Kaliningrad + Nikolaev + Chabarovsk	1000 1320	91.5	10.1	3.2	1
5 FF	*Parchim II Klasse* 1985 – a. St. / o. st.		85/87 .	Peenewerft, Wolgast	650 800	73.0	9.0	2.6	

Bewaffnung / Armament	Sensoren-Elektronik/ Sensors-Electronic	Geschwindigkeit / speed kn	Antrieb / Propulsion Maschine Kessel Engines Boilers Masch	Leistung/ Power kW 1 kW = 1.36 PS	Fahrstrecke / Range sm	Sonstige Angaben / Remarks
SA–N–4, -7.6, 4–3, RBU 6000,		29.0	1 GTu + 2 DM 3	11030 + 11030	2000 14	Fregatte / frigate. AX für fremde Marinen / for foreign crews. **Masch:** CODAG
SA–N–4, 1–7.6, -3, 4 UTR 53.3 II, RBU 6000,		34.0	1 GTu + 4 DM 3	11030 + 11750	4000 12	
SA–N–4, -5.7, 1–3, UTR 53.3 II, RBU 6000,		34.0	1 GTu + 4 DM 3	11030 + 11750	4000 12	**Masch:** CODAG
-5.7, UTR 53.3 II, RBU 6000,		34.0	1 GTu + 4 DM 3	11030 + 11750	4000 12	KGB
SA–N–4, 2–5.7, UTR 53.3 II, RBU 6000,		34.0	1 GTu + 4 DM 3	11030 + 11750	4000 12	Versuchsschiff / trial ship: *Grisha IV*
-7.6,) UTR 40.6 IIIII, RBU 6000		34.0	2 GTu + 2 DM 2	22065 + 8825	4000 10	Kleine Fregatten / Small frigates. Dipping sonar achtern / aft
-7.6, UTR 40.6 IIIII, RBU 6000		34.0	2 GTu + 2 DM 2	22065 + 8825	4000 10	
-7.6, UTR 40.6 IIIII, RBU 6000,		32.0	2 GTu + 1 DM 3	22060 + 4410	4000 10	Deckshaus achtern / deckhouse at stern. VDS
-7.6,) UTR 40.6 IIIII, RBU 6000,		32.0	2 GTu + 1 DM 3	22060 + 4410	4000 10	2 in Reserve
-7.6, UTR 40.6 IIIII, RBU 2500,		32.0	2 GTu + 1 DM 3	22060 + 4410	4000 10	Schleppsonar / towed sonar. Einige / some 2–7.6, Versuche / trials. Einige / some in Reserve
-7.6, UTR 40.6 IIIII, RBU 2500,		32.0	2 GTu + 1 DM 3	22060 + 4410	4000 10	
-10, 4–3.7, -2.5, 2 oder / or TR 53.3 II oder / or III, RBU 2500,		28.0	2 Tu Wr 2	14710 15	2500	Fregatten / frigates. 12 in Reserve
-7.6, 1–3, SA–N–5, UTR 53.3 II, RBU 6000, 2		28.0	DM 2	13245 11	4000	Ähnlich / similar to Typ DDR Parchim I

Anzahl - Art / Number - Group	Schiffsnamen und Stapellauf / Ship's Name and Launching	Baubeginn - Fertig - / Umbau / On Keel - Completed - Conv.		Bauwerft / Builder	Wasser-verdrängung / Displacement ts	Länge / Length m	Breite / Beam m	Tiefgang / Draft m	Besatzung / Be
Korvetten / Corvettes									
5 FG o	*Tarantul III Klasse*	1980–86	79/81 86/87	Petrovskij, Leningrad + Chabarovsk	430 550	56.5	10.2	2.5	5
18 FG o	*Tarantul II Klasse*	1980–86	79/81 ./87	Petrovskij, Leningrad u. a. / and others	430 550	56.5	10.2	2.5	5
2 FG o	*Tarantul I Klasse*	1978	77/79	Petrovskij, Leningrad	430 550	56.5	10.2	2.5	5
	Nanuchka III Klasse								
11 FG o	**Komsomolec Mordoeii, I–X**	1977–85	./78 86	Petrovskij, Leningrad + Ulis, Vlastivostok	. 770	60.3	12.6	2.4	6
	Nanuchka I Klasse								
17 FG o	**Burun, Grad, Raduga, Škval, Štorm, Taifun, Ciklon, Zyb, I–IX**	1968–78	67/68 ./78	Petrovskij, Leningrad + Chabarovsk	. 770	60.3	12.6	2.4	6
	Pauk Klasse								
20 FS o	**Odeskij Komsomolec, I–XIV**	1978–?	77/79 ./.	USSR	395 480	58.5	9.4	2.5	4
50 FS o	*Poti Klasse*	1960–68	./60 68	Zelenodolsk + Chabarovsk	300 400	60.0	7.9	2.8	8

Uboote / Submarines

Ausrüstung mit SS–N–15 ☞ und SS–N–16 ☞ auf allen modernen Ubooten wahrscheinlich

	Typhoon Klasse								
7 SB o	I	a. St. / o. st.	.	Severodvinsk	. ↑ 25000↓	171	25.0	13.0	17
	II	a. St. / o. st.	.	Severodvinsk					
	III	1987	./89	Severodvinsk					
	IV	1986	82/87	Severodvinsk					
	V	12–83	~81/84	Severodvinsk					
	VI	9–82	78/84	Severodvinsk					
	VII	9–80	75/83	Severodvinsk					
	Delta IV Klasse								
6 SB o	I, II	a. St. / o. st.	./.	Severodvinsk	10800↑ 13550↓	165	12.0	8.6	12
	III	1986	./.	Severodvinsk					
	IV	1986	./.	Severodvinsk					
	V	1984	82/.	Severodvinsk					
	VI	11–83	81/84	Severodvinsk					
	Delta III Klasse								
14 SB o	**60 Let Velikjo Oktjabr, I–XIII**	1976–81	./77 84	Severodvinsk	10500↑ 13250↓	155	12.0	8.6	12

Bewaffnung / Armament	Sensoren-Elektronik/ Sensors-Electronic	Geschwindigkeit / speed kn	Antrieb / Propulsion Maschine / Kessel / Engines / Boilers / Masch	Leistung/ Power kW 1 kW = 1.36 PS	Fahrstrecke / Range sm	Sonstige Angaben / Remarks
SS-N-22 ⇀₂, SA-N-5 ⥮₄, -7.6 ↯, 2-3 ↯₆	⊤ ↺ �	35.0	2 GTu + 2 DM	22080 + 2940 3	2000 20	Flugkörper-Korvetten / Guided missile corvettes
SS-N-2 C ⇀₂, SA-N-5 ⥮₄, -7.6 ↯, 2-3 ↯₆	⊤ ↺ ⟐	35.0	2 GTu + 2 DM	22080 + 2940 3	.	
SS-N-22 ⇀₂, SA-N-5 ⥮, -7.6 ↯, 2-3 ↯₆	⊤ ↺ ⟐	35.0	2 GTu + 2 DM	22080 + 2940 3	.	AX für fremde Marinen / for foreign crews
SS-N-9 ⇀₃, SA-N-4 ⥮₁₂, -7.6 ↯, 1-3 ↯₆	⊤ ↺ ⟐	30.0	DM	22060 3	4500 15	Neue / new ⇀, ↯, Radar: *Nanuchka IV Klasse*
SS-N-9 ⇀₃, SA-N-4 ⥮₁₂, 2-5.7 ↯₂	⊤ ↺ ⟐	30.0	DM	22060 3	4500 15	
-7.6 ↯, 1-3 ↯₆, SA-N-5 ⥮₄, UTR 40 l, RBU 1200	⊤ ↺ ⥮	32.0	DM	14700 2	.	Rumpf wie / hull same as Tarantul Klasse. Ab IV höhere Brücke / from IV onwards higher pilothouse. Einige / some KGB
-5.7 ↯₂, UTR 40 l, RBU 6000	⊤ ↺ ⥮	36.0	GTu + DM	17650 + 5880 2	6000 10	Steuerbord / starboard dipping sonar

quipment of all modern submarines with SS-N-15 ⇀ and SS-N-16 ⇀ probable

SS-N-20 ⥮, TR 65 oder / or 53.3 b↓	⊤ ↺ ∀	. 25.0↓	✿Tu 2 Druckw.-Reaktoren 2	66000	.	Atomantrieb / nuclear powered. 2 große Druckkörper nebeneinander, umschlossen von der Außenhaut mit zusätzlicher Druckhülle. Können unter dem Eis operieren / 2 large pressure hulls arranged side by side, encased in the outer hull + an inner pressure hull. Can operate under the ice cap. Gefechtskopf/war head: 6-9 MIRV (Multiple Independently Targeted Re-entry Vehicle). Total 9?
SS-N-23 ⥮, TR 65 oder / or 53.3 b↓	⊤ ↺ ∀	17.0↑ 24.0↓	✿Tu Druckw.-Reaktor	.	.	Gefechtskopf / war head: MIRV
SS-N-18 ⥮, TR 53.3 b↓	⊤ ↺ ∀	20.0↑ 25.0↓	✿Tu Druckw.-Reaktor 2	44130	.	Gefechtskopf / war head: 3-7 MIRV

Anzahl – Art / Number – Group	Schiffsnamen und Stapellauf / Ship's Name and Launching	Baubeginn – Fertig – / Umbau / On Keel – / Completed – Com.	Bauwerft / Builder	Wasserverdrängung / Displacement ts	Länge / Length m	Breite / Beam m	Tiefgang / Draft m	Besatzung / Crew Be:
4 SB ○	*Delta II Klasse*	./74 1972–75 75	Severodvinsk	10250↑ 13000↓	155	12.0	8.6	12●
18 SB ○	*Delta I Klasse*	./73 1971–75 76	Severodvinsk + Komsomolsk	9050↑ 11350↓	138	12.0	8.6	12●
1 SB ○	*Yankee II Klasse*	. ? 77	USSR	7950↑ 10000↓	130	11.6	9.1	12●
17 SB ○	*Yankee I Klasse* **Leninec, I–XVI**	./69 1966–73 74	Severodvinsk + Komsomolsk	7950↑ 10080↓	130	11.6	9.1	12●
1 SB ○	*Hotel III Klasse*	./65 ~1963	Severodvinsk	5500↑ 6400↓	139	9.1	7.5	8●
1 SB ○	*Golf III Klasse*	. ~1956 75	Severodvinsk	2700↑ 3500↓	118	8.5	7.4	9●
13 SB ○	*Golf II Klasse*	./58 1956–61 62	Severodvinsk + Komsomolsk	2240↑ 2950↓	98.0	8.5	6.4	8●
4 SG ○	*Oscar Klasse* **I** **II** **III** **IV**	83/87 82/86 79/84 1980–86 78/83	Severodvinsk Severodvinsk Severodvinsk Severodvinsk	11600↑ 13900↓	146	18.0	10.5	13●
1 SG ○	*Papa Klasse*	./70 ~1969	Severodvinsk	6700↑ 7900↓	109	12.2	9.2	9●
6 SG ○	*Charlie II Klasse*	./74 1972–80 80	Krasnoje S., Gorkij	4400↑ 5500↓	104	10.1	7.6	9●
11 SG ○	*Charlie I Klasse*	./68 1968–75 73	Krasnoje S., Gorkij	3900↑ 4700↓	96.0	10.1	7.3	9●
1 SG	*Yankee I mod. Klasse*	? . *82–85*	USSR *Severodvinsk*	10900↑ 13600↓	153	15.5	.	.
28 SG ○○	*Echo II Klasse*	./62 1960–66 68	Severodvinsk + Komsomolsk	4600↑ 5900↓	117	9.8	8.0	100
16 SG ○	*Juliett Klasse*	./61 1959–66 68	Krasnoje S., Gorkij	2800↑ 3550↓	87.0	10.0	7.8	80
5 SS ○	*Akula Klasse* 1984 – a. St. / o. st.	./84 88	Komsomolsk	7900↑ 9400↓	113	12.0	.	.
2 SS ○	*Sierra Klasse*	82/84 1983–86 ./88	Krasnoje S., Gorkij	. ↑ 8400↓	106	12.0	.	115
1 SS ○	*Mike Klasse*	./85 1983	Sverodvinsk	7750↑ 9700↓	120	12.0	9.0	60

Bewaffnung / Armament	Sensoren-Elektronik/ Sensors-Electronic	Geschwindigkeit / speed kn	Antrieb / Propulsion Maschine / Kessel / Engines / Boilers / Masch	Leistung/ Power kW 1 kW = 1.36 PS	Fahrstrecke / Range sm	Sonstige Angaben / Remarks
6 SS-N-8 ↕, TR 53.3 b↓	⊤ ⟡ ▽	18.0↑ 24.0↓	✿ Tu 1 Druckw.-Reaktor	44130 2	.	Gefechtskopf / war head: 1-2 MRV (Multiple Re-entry Vehicle)
2 SS-N-8 ↕, TR 53.3 b↓	⊤ ⟡ ▽	18.0↑ 25.0↓	✿ Tu 1 Druckw.-Reaktor	44130 2	.	
2 SS-N-17 ↕, TR 53.3 b↓	⊤ ⟡ ▽	18.0↑ 26.0↓	✿ Tu 1 Druckw.-Reaktor	30000 2		Versuchsschiff / trial ship. Gefechtskopf / war head: 1 MT
6 SS-N-6 ↕, TR 53.3 b↓	⊤ ⟡ ▽	18.0↑ 27.0↓	✿ Tu 1 Druckw.-Reaktor	30000 2		Bisher 15 umgebaut zu SSN/ SSGN / until now 15 converted to SSN/SSGN. 1 Boot gesunken / 1 boat lost 6.10.86
SS-N-8 ↕, TR 53.3 b↓, TR 40 h↓	⊤ ⟡ ▽	20.0↑ 22.0↓	✿ Tu 1 Druckw.-Reaktor	22065 2		War Versuchsschiff für / was trial ship for SS-N-8 ↕
SS-N-8 ↕, TR 53.3 b↓	⊤ ⟡ ▽	.↑ 12.0↓	DM ⟶ EM	4410 3900 3	9000 5	War Versuchsschiff für / was trial ship for SS-N-8 ↕
SS-N-13 ↕, TR 53.3 b↓	⊤ ⟡ ▽	.↑ 12.0↓	DM ⟶ EM	4410 3900 5	9000	6 Boote in der Ostsee / 6 ships in Baltic Sea
4 SS-N-19 ⇒, TR	.	18.0↑ 30.0↓	✿ Tu Druckw.-Reaktor	45000 2	.	Atomantrieb / nuclear powered. Total 6. Haben Außen- und Innenrumpf / have outer and inner hull. I, II Lg 156 m: Oscar II Klasse / class
0 SS-N-9 ⇒, TR 53.3 b↓	⊤ ⟡ ▽	25.0↑ 30.0↓	✿ Tu 1 Druckw.-Reaktor	29420 2	.	Versuchsschiff für / trial ship for Oscar Klasse / class. Druckhülle / pressure hull: Titanium
SS-N-9 ⇒ oder / or 2 SS-N-15 ⇒, TR 53.3 b↓	⊤ ⟡ ▽	16.0↑ 23.0↓	✿ Tu 1 Druckw.-Reaktor	22065 1		
SS-N-7 ⇒, TR 53.3 b↓	⊤ ⟡ ▽	16.0↑ 23.0↓	✿ Tu 1 Druckw.-Reaktor	22065 2		
2 SS-NX-24 ⇒, TR	.	18.0↑ 23.0↓	✿ Tu 1 Druckw.-Reaktor	30000 2		Für Versuche mit neuem Marschflugkörpersystem / for trials with new cruise missile system. Erneut vom Stapel / re-launched: 12-82
SS-N-3 A oder / or 2 SS-N-12 ⇒, TR 53.3 b↓	⊤ ⟡ ▽	20.0↑ 23.0↓	✿ Tu 1 Druckw.-Reaktor	22065 2	.	Umbau in SSN / conversion to SSN (1). 10: SS-N-12 ⇒
SS-N-3 A ⇒, TR 53.3 b↓	⊤ ⟡ ▽	14.0↑ 14.0↓	DM EM	4410 4410 2	15000	4 Boote in der Ostsee / 4 ships in the Baltic Sea. 1 Boot Hilfsschiff / 1 boat auxiliary vessel
SS-N-21 ⇒, TR 65, 6 TR 53.3, b↓	⊤ ⟡ ▽	.↑ 30.0↓	✿ Tu Druckw.-Reaktor	.		Bau dauert an / building continues. Active / passive sonars
SS-N-21 ⇒, TR 53.3, 2 TR 65, b↓	⊤ ⟡ ▽	16.0↑ 35.0↓	✿ Tu Druckw.-Reaktor	30000 1		Bau dauert an / building continues
SS-N-21 ⇒, TR 65 oder / or 53.3, b↓	.	20.0↑ 35.0↓	✿ Tu 2 Druckw.-Reaktoren	43000 1	.	Titan Rumpf / hull. Testschiff für neues Antriebssystem / test ship for new propulsion system

Anzahl – Art / Number – Group	Schiffsnamen und Stapellauf / Ship's Name and Launching	Baubeginn – Fertig – / Umbau / On Keel – / Completed – Conv.	Bauwerft / Builder	Wasserverdrängung / Displacement (ts)	Länge / Length (m)	Breite / Beam (m)	Tiefgang / Draft (m)	Besatzung / Crew (Bes)
6 SS ○	*Alfa Klasse* — 1975–81	./79 ./83	Sudomech, Leningrad	2800↑ 3700↓	81.4	9.5	7.0	40
22 SS ○	*Victor III Klasse* — 1977–87	./78 ./84	Adm. W., Leningrad + Komsomolsk	4700↑ 6100↓	106	10.5	6.8	80
7 SS ○	*Victor II Klasse* — 1972–78	./73 79	Sudomech, Leningrad	4500↑ 5900↓	102	10.5	6.8	90
16 SS ○	*Victor I Klasse* **50 Let SSSR** — 1965–73	./67 74	Sudomech, Leningrad	4300↑ 5300↓	94.0	10.5	6.7	90
1 SS	*Yankee I mod. Klasse* — ?	.	USSR	8000↑ 10000↓	130	11.0	9.1	100
15 SS	*Yankee Klasse* — ~1973–?	.	USSR	.	130	12.0	7.8	80
2 SS	*Hotel II Klasse* — ~1965	.	Severodvinsk	5000↑ 6000↓	115	9.0	7.0	.
1 SS	*Echo II Klasse* — ~1965	. ~81	USSR	4500↑ 5900↓	115	9.2	.	.
5 SS ○	*Echo Klasse* — 1960–65	. 69–74	Komsomolsk	4600↑ 5300↓	114	9.1	6.5	90
11 SS ○	*November Klasse* **Leninskij Komsomol, I–X** — 1958–62	./58 63	Severodvinsk	4500↑ 5400↓	110	9.1	6.7	85
15 SS ○	*Kilo Klasse* — 1980 – a. St. / o. st.	./81 .	Komsomolsk + Gorkij + Sudomech, Leningr.	2500↑ 3200↓	73.0	9.5	6.5	50
20 SS ○	*Tango Klasse* — 1971–82	./73 ./83	Gorkij + Komsomolsk	3100↑ 3900↓	91.0	9.0	6.7	64
3 SS ○	*Golf Klasse* — 1956–62	. 78	USSR	2300↑ 2700↓	98.0	8.5	6.4	.
56 SS ○	*Foxtrot Klasse* — 1958–71	./58 72	Sudomech, Leningrad + Severodvinsk	1950↑ 2400↓	91.0	7.5	5.6	75
4 SS ○	*Zulu IV Klasse* — 1952–56	./52 57	Sudomech, Leningrad + Severodvinsk	1950↑ 2700↓	90.0	7.5	5.2	75
4 SS ○	*Romeo Klasse* — 1957–61	./57 62	Krasnoje Sormovo, Gorkij	1400↑ 1800↓	77.0	7.3	5.5	55
120 SS ○○	*Whiskey Klasse* — 1950–57	./50 57	Leningrad + Gorkij + Nikolaev + Komsomolsk	1100↑ 1400↓	76.0	6.3	5.0	60
4 SS ○	*Bravo Klasse* — 1966–70	./67 71	Komsomolsk	2400↑ 2900↓	73.0	9.8	7.3	60
2 SS ○	*India Klasse* — ~1975	. 76 80	Komsomolsk	3200↑ 4600↓	108	10.0	.	.
1 SS	*Uniform Klasse* — 1982	./84	Sudomech, Leningrad	. ↑ 2600↓	73.0	7.0	6.5	

Bewaffnung / Armament	Sensoren-Elektronik / Sensors-Electronic	Geschwindig- keit / speed kn	Antrieb / Propulsion Maschine / Kessel / Engines / Boilers / Masch	Leistung/ Power kW 1 kW = 1.36 PS	Fahrstrecke / Range sm	Sonstige Angaben / Remarks
TR 53.3 ↓, SS-N-15 oder/ or 16 ⇨	⊤ ♢	16.0↑ 40.0↓	✿ Tu 1 Druckw.-Reaktor	17650 1	.	Titan-Rumpf. 800 m Tauch-tiefe? / Titanhull, 2625 ft. diving depth?
TR 53.3 oder/ or 65, b↓, SS-N-15 oder/ or 16 ⇨	⊤ ♢ ⊽ ⌒	16.0↑ 28.0↓	2 ✿ Tu 1 Druckw.-Reaktor	22065 1	.	
TR 53.3 b↓, SS-N-15 oder/ or 16 ⇨	⊤ ♢ ⊽ ⌒	16.0↑ 28.0↓	2 ✿ Tu 1 Druckw.-Reaktor	22065 1	.	
TR 53.3 b↓, SS-N-15 ⇨	⊤ ♢ ⊽ ⌒	16.0↑ 30.0↓	2 ✿ Tu 1 Druckw.-Reaktor	22065 1	.	Tauchtiefe / diving depth: ~500 m
TR 53.3 b↓, SS-N-21 ⇨	.	18.0↑ 27.0↓	✿ Tu 1 Druckw.-Reaktor	30000 2	.	Ex SB
TR 53.3 b↓	⊤ ♢ ⊽ ⌒	. ↑ 30.0↓	✿ Tu 1 Druckw.-Reaktor	30000 2	.	Ex SB. MI-Sektion ausgebaut? / Some under conversion to SSGN
TR 53.3 b↓, 4 TR 40 h↓	⊤ ♢ ⊽ ⌒	20.0↑ 26.0↓	✿ Tu 1 Druckw.-Reaktor	22065 2	.	Ex SB
TR 53.3 b↓, 4 TR 40 h↓, ⇨	.	20.0↑ 22.0↓	✿ Tu 1 Druckw.-Reaktor	22065 2	.	Ex SG
TR 53.3 b↓	⊤ ♢ ⊽ ⌒	20.0↑ 22.0↓	✿ Tu 1 Druckw.-Reaktor	22065 2	.	Ex SG Echo I Klasse
8 TR 53.3 b↓	⊤ ♢ ⊽ ⌒	16.0↑ 25.0↓	✿ Tu 2 Druckw.-Reaktor	22065 1	25000	Tauchtiefe / diving depth: 480 m
10 TR 53.3 b, h↓	⊤ ♢ ⊽ ⌒	12.0↑ 16.0↓	2 DM ⇝ EM	3400 1	.	Bau dauert an / building continues
10 TR 53.3 ↓ (6 b, 4 h), SS-N-15 ⇨	⊤ ♢ ⊽	16.0↑ 16.0↓	DM ⇝ EM	3800 3	.	Rumpf mit Gummi beschichtet gegen Sonar / hull sheathed in sonar-absorbent rubber compound
6 TR 53.3 b↓	⊤ ♢ ⊽	18.0↑ 14.0↓	DM ⇝ EM	4410 3900 3	9000 5	Ex SB
10 TR 53.3 ↓ (6 b, 4 h)	⊤ ♢ ⊽	18.0↑ 18.0↓	DM ⇝ EM	4410 4410 3	20000	Verbesserte / improved Zulu Klasse. Tauchtiefe / diving depth: 300 m. 2 AGSS: **Regul, Sirius.** 12 in Reserve
10 TR 53.3 ↓ (6 b, 4 h)	⊤ ♢ ⊽	18.0↑ 16.0↓	DM ⇝ EM	4410 3900 3	9500 8	Veraltet / outmoded. Tauch-tiefe / diving depth: 220 m
10 TR 53.3 ↓ (6 b, 4 h)	⊤ ♢ ⊽	18.5↑ 13.0↓	DM ⇝ EM	2940 2940 2	13000	Tauchtiefe / diving depth: ~300 m
6 TR 53.3 ↓ (4 b, 2 h)	⊤ ♢ ⊽	17.0↑ 14.0↓	DM ⇝ EM	2940 1840 2	13000 8	70 in Reserve
6 TR 53.3 b↓	⊤ ♢ ⊽	14.0↑ 14.0↓	DM ⇝ EM	3310 1	.	Versuchsschiffe und AX / trial ships and AX
6 TR 53.3 b↓	⊤ ⊽	13.0↑ 10.0↓	DM EM	3600 3600	.	Rettungsuboote / rescue sub-marines – 2 Tiefseetauch-fahrzeuge / 2 submersibles: 12.5 × 4.2 m
.	.	.	✿ Tu Druckw.-Reaktor	.	.	Forschung / research

Anzahl - Art / Number - Group	Schiffsnamen und Stapellauf / Ship's Name and Launching	Baubeginn – Fertig – Umbau / On Keel – Completed – Conv.	Bauwerft / Builder	Wasser- verdrängung / Displacement ts	Länge / Length m	Breite / Beam m	Tiefgang / Draft m	Besatzung / Bes
1 SS	*X-RAY Klasse*	~1984 ./85	Leningrad	.	44.0	4.0	.	.
1 SS	*Lima Klasse*	77/79 1978	Sudomech, Leningrad	2000↑ 2400↓	86.0	7.9	6.7	.

Minenleger / Minelayers

Alesha Klasse

3 NB o	**Pripjat, Vychegda, I**	~1964–66 ./67 69	USSR	2900 3500	98.0	14.0	5.4	190

Minensucher / Minesweepers

1 MB	**I**	1986 ./87	Leningrad	.	.	.	.	.
1 MB o	*Natya II Klasse*	? . 75–80	USSR	650 750	61.0	9.6	2.4	60

Natya Klasse

34 MB o	**Admiral Peršin, Dmitrij Lysov, Komsomolec Belorussij, Kontradmiral Horoškin, Kurskij Komsomolec, Semen Rošal, Snajper, Svjazist, Turbinist, Zenitčik, I–XIV** 1970–77	./71 78	Išora, Leningrad u. a. / and others	680 750	61.0	9.6	2.4	60

Yurka Klasse

48 MB o	**Evgenij Nikonov, Gafel, I–XXXXVI** 1962–69	./62 69	Išora, Leningrad	400 460	52.0	8.8	2.0	45
4 MB	*Polnocny A Klasse*	~1965–69	Nordwerft, Gdansk	730	73.2	8.6	2.0	45
		./68 71						

T43 Klasse

44 MB oo	**Astrachanskij Komsomolec, Mežadij Azižakov, Ivan Fioletov, Lamine Sadjikaba, Stepan Šaumjan, Nikolaj Markin, Komsomolec Kalmikij, Komsomolec Estonij, Kontradmiral Jurokovskij, Sachalinskij Komsomolec** u. a. / and others 1947–57	./49 ./57	USSR	500 590	60.0	8.6	2.2	65
2 MS o	*Andryusha Klasse*	1975 ./75 77	USSR	320 360	44.9	8.2	2.0	40
60 MS o	*Sonya Klasse*	1973 – a. St. / o. st. ./74 .	Petrosavodsk, Vladivostok	350 400	48.5	9.0	2.1	45
3 MS o	*Zhenya Klasse*	1967–68 ./67 68	Išora, Leningrad	220 300	42.4	7.5	1.8	40
3 MS o	*Vanya mod. Klasse*	. ~1970	USSR	200 250	40.0	7.3	1.8	.
67 MS o	*Vanya Klasse*	1961–70 ./61 71	Išora, Leningrad + Vladivostok	220 250	40.0	7.3	1.8	30
11 MS o	*Sasha Klasse*	1956–61 ./57 62	Čerbakov	250 280	45.0	6.1	2.0	25

Bewaffnung / Armament	Sensoren-Elektronik / Sensors-Electronic	Geschwindigkeit / speed kn	Antrieb / Propulsion — Maschine / Kessel / Engines / Boilers / Masch	Leistung / Power kW $1\,kW = 1.36\,PS$	Fahrstrecke / Range sm	Sonstige Angaben / Remarks
.	.	.	⚙ Tu Druckw.-Reaktor	.	.	Forschung / research
–	.	12.0↑ 12.0↓	DM ⇢ EM	1500	.	Für Forschung / for research
4-5.7 ⚓₄, 300 ☿	⊤ ⟠ ⏚	17.0	4 DM	5880 2	5000 8	Auch Führungsschiff, AR, AN / also command ship, AR, AN
.	.	.	.	.	.	BAL-COM 7 Klasse
4-3 ⚓₂, 2 SA-N-5 ⚓₄	⊤ ⏚ ⟇	17.0	DM	3535 2	2800 10	Alu-Rumpf / hull. Minenjäger / minehunter. Langes Deckshaus achtern / long deckhaus aft
4-3 ⚓₂, 4-2.5 ⚓₂, 2 SA-N-5 ⚓₄, 2 ⚓₅ RBU 1200, ☿	⊤ ⏚ ⟇	17.0	DM	3535 2	2800 10	Aluminiumrumpf / Al-hull
4-3 ⚓₂, 2 SA-N-5 ⚓₄, ☿	⊤ ⏚ ⟇	18.0	DM	2940 2	1100 18	Alu-Rumpf / Al-hull
2-3 ⚓₂, 2 ⇢₁₈	⊤ ⏚ ⟇	18.0	DM	3680 2	3300 14	Ex LS. Beach defense minefield clearance
4-3.7 ⚓₂, 4-2.5 ⚓₂, ⚲, ☿	⊤ ⟠ ⏚ ⟇	14.0	DM	1620 2	3500 10	Einige / several: 2 SA-N-5 ⚓₄. Ältere Einheiten / early units: Lg 58 m, **Bew / AMT:** 4-3.7 ⚓₂, 4 bis / to 8-1.5 ⚓₂
–	⊤ ⟇	15.0	DM	1620 2	3000 10	Special minesweepers
2-3 ⚓₂, 2-2.5 ⚓₂	⊤ ⟇	18.0	DM	1765 2	1600 10	Holzrumpf / wooden hull. Bau dauert an / construction continues. Einige / several: 2 SA-N-5 ⚓₄
2-3 ⚓₂	⊤ ⟇	18.0	DM	1765 2	2800 10	Glasfiberrumpf / GRP-hull. Versuchsboote / trial vessels
2-2.5 ⚓₂	⊤ ⟇	18.0	DM	1620 2	1050 18	Leitschiffe für / guidance vessels for Ilyusha Klasse
2-3 ⚓₂	⊤ ⟇	18.0	DM	1620 2	1050 18	Holzrumpf / wooden hull. Einige / some Lg 41.2 m
1-5.7 ⚓, 4-2.5 ⚓₂	⊤ ⟇	18.0	DM	1620 2	1300 18	Einige / some 1-4 ⚓, 4-2.5 ⚓₂. Gestrichen / deleted?

Anzahl – Art / Number – Group	Schiffsnamen und Stapellauf / Ship's Name and Launching	Baubeginn – Fertig – Umbau / On Keel – Completed – Conv.	Bauwerft / Builder	Wasserverdrängung / Displacement ts	Länge / Length m	Breite / Beam m	Tiefgang / Draft m	Besatzung / Crew Bes
44 MS o	*Yevgenya Klasse* 1970 – a. St. / o. st.	./70 .	Išora, Leningrad	70 80	26.1	5.8	1.2	10
4 MS o	*Olya Klasse* 1974–?	.	Išora, Leningrad	44 50	25.5	4.5	1.4	15
10 MS o	*Ilyusha Klasse* ~1970	.	Išora, Leningrad	50 70	24.4	4.9	1.4	[6]
5 MS	*TR 40 Klasse* ~1955	.	Wisla, Gdansk	50 70	28.0	4.1	0.7	16
25 MS	*K 8 Klasse* 1954–59	./54 59	Gdansk	20 25	16.9	3.2	1.2	6
1 MS	**I** (ex …) ?	./78	Leninskaja, Kiev	. 210	25.3	6.8	2.5	10

Kleine Kampfschiffe / Small Fighting Vessels

Anzahl – Art / Number – Group	Schiffsnamen und Stapellauf / Ship's Name and Launching	Baubeginn – Fertig – Umbau / On Keel – Completed – Conv.	Bauwerft / Builder	Wasserverdrängung / Displacement ts	Länge / Length m	Breite / Beam m	Tiefgang / Draft m	Besatzung / Crew Bes
16 PG o	*Matka Klasse* 1977–82	./77 83	Išora, Leningrad	225 260	40.0	7.7 12.5	1.8	35
1 PG o	*Sarancha Klasse* 1975	./76	Petrovskij, Leningrad	270 320	50.6 53.6	11.0 16.0	2.6 4.3	.
	Osa II Klasse							
34 PG o	**Amurskij Komsomolec, Tambovskij Komsomolec, Kirovskij Komsomolec, Tatarij Komsomolec, Kronštadtskij Komsomolec, I–XXIX** 1965–70	./66 72	Vladivostok + Petrovskij, Leningrad + andere / others	195 240	40.0	8.1	2.0	30
58 PG o	*Osa I Klasse* 1959–66	./59 66	USSR	175 210	40.0	8.1	2.0	30
1 PC o	*Babochka Klasse* ~1976	./78	USSR	. 440	50.0	8.5 13.0	2.0	45
10 PC o	*Muravey Klasse* 1979 – a. St. / o. st.	./79 .	Feodosia	180 230	40.0	7.6	1.9	30
31 PC o	*Turya Klasse* 1972–78	./72 78	Leningrad + Ulis, Vladivostok	190 220	40.0	8.0 12.0	1.8 4.0	25
122 PC	*Stenka Klasse* 1967–84	./67 ./84	Petrovskij, Leningrad + Vladivostok	170 210	39.5	8.0	1.8	30
1 PC	*Slepen Klasse* ~1968	./69	Petrovskij, Leningrad	205 230	38.6	7.7	1.8	30
12 PC oo	*SO I Klasse* 1956–68	./56 69	Zelenodolsk + Chabarovsk	170 215	42.0	6.0	2.0	30
10 PF o	*Shershen Klasse* 1962–70	./62 71	USSR	145 170	36.0	6.7	1.5	16
15 PR	*Yaz Klasse* 1980 – a. St. / o. st.	./80	USSR	400	55.5	9.0	1.5	.

Bewaffnung / Armament	Sensoren-Elektronik / Sensors-Electronic	Geschwindigkeit / speed kn	Antrieb / Propulsion Maschine / Engines / Boilers / Masch	Leistung / Power kW 1 kW = 1.36 PS	Fahrstrecke / Range sm	Sonstige Angaben / Remarks
Mg ⚓₂	⊤	16.0	DM	880 / 2	1000 / 9	Binnenminensucher. Glasfiberrumpf / inshore minesweeper. GRP hull. Bau dauert an / construction continues
2.5 ⚓₂	⊤	15.0	DM	1620 / 2	500 / 10	Flußminensucher / river minesweepers
	⊤	12.0	DM	330 / 1	.	Fernlenkung / radio-controlled. Leitschiffe / guidance vessels: Vanya mod.
2.5 ⚓₂, 2 Mg ⚓₂	⊤	16.0	DM	440 / 2	.	Veraltet / outmoded
Mg ⚓₂	⊤	18.0	DM	220 / 2	300 / 9	Veraltet / outmoded. Auch / also PP
	⊤	9.5	DM	220 / 1	2200 / 9.5	Ex Trawler Baltika Klasse. Testschiff für den Umbau von Trawlern zu einfachen MS / Testship for conversion of trawlers to simple wire-sweep MS
SS-N-2 C ⇒, -7.6 ⚓, 1-3 ⚓₆	⊤ ⊕ ∼	40.0	DM	11030 / 3	650 / 20	Tragflügelboote / missile hydrofoil. Bau dauert an / construction continues
SS-N-9 ⇒₂, SS-N-4 ⚓₂ -3 ⚓₆	⊤ ⬠ ⬡ ⊕	45.0	2 GTu	22060 / 4	.	Tragflügelboot / hydrofoil boat. Versuchsschiff / experimental vessel
SS-N-2 B/C ⇒, -3 ⚓₂	⊤ ⬠ ⊕	36.0	DM	11030 / 3	800 / 25	FK-Schnellboote / Missile attack boats. ⇒ feuerbereit bis Seegang 4 / ⇒ operational in a Force-4 sea
SS-N-2 A ⇒, -3 ⚓₂	⊤ ⬠ ⊕	36.0	DM	8825 / 3	800 / 25	
-3 ⚓₆, UTR 40 IIII	⊤ ⊕ ⅄	45.0	3 GTu + 2 DM	+ / 3	.	Tragflügelboot / patrol hydrofoil. Masch: CODOG. Versuchsboot / experimental vessel
-7.6 ⚓, 1-3 ⚓₆, UTR I	.	40.0	DM	13300 / 2	.	Tragflügelboot / hydrofoil boat. KGB?
-5.7 ⚓₂, 2-2.5 ⚓₂, UTR 53.3 I	⊤ ⬠ ⊕ ⅄	42.0	DM	11030 / 3	650 / 20	Vorne Tragflügel / hydrofoil forward
-3 ⚓₂, UTR 40 I, 2 ⚲	⊤ ⬠ ⊕ ⅄	36.0	DM	8825 / 3	450 / 34	Rumpf ähnlich Osa / hull similar to Osa. KGB. Export-Version: *Mol Klasse / class*
-7.6 ⚓, 1-3 ⚓₆	⊤ ⊕ ∼	36.0	DM	11030 / 3	.	Versuchsfahrzeug / trial craft
-2.5 ⚓₂, 4⚓₅ RBU 1200	⊤ ⬠ ⅄	27.0	DM	5515 / 3	1100 / 15	Veraltet / outmoded. SO I mod. Klasse 2-2.5 ⚓₂, 2 UTR 40 I, 2 ⚓₅ RBU 1200
-3 ⚓₂, TR 53.3 I	⊤ ⬠ ⊕ ⅄	40.0	DM	8825 / 3	450 / 35	
-11.5, 2-3 ⚓₆	⊤ ⊕	15.0	DM	.	.	Flußkampfboote / river patrol craft. Panzerkanone / tank gun

Anzahl - Art / Number - Group	Schiffsnamen und Stapellauf / Ship's Name and Launching		Baubeginn - Fertig - / Umbau / On Keel - / Completed - Conv.	Bauwerft / Builder	Wasser-verdrängung / Displacement ts	Länge / Length m	Breite / Beam m	Tiefgang / Draft m	Besatzung / C... Be...
6 PR	*Piyavka Klasse*	~1980	.	USSR	.	38.5	6.5	.	.
8 PR	*Vosh Klasse*	~1980	.	USSR – Pazifik / pacific	.	41.5	6.5	.	.
81 PR o	*Shmel Klasse*	1965–70	.	Kamyš-Burun	40 60	28.0	4.4	1.0	1

1 PR: **SSV 10** (ex PS 10) ~300 ts, 12 kn, 2–2 ⚓, Führungsboot auf der Donau / command boat on the Danub

Wachfahrzeuge / Patrol Ships

7 PP o	**Aisberg, Dunaj, Ivan Susanin, Imeni XXV's Ezda KPSS, Neva, Ruslan, Volga** 1970–78		./74 80	Adm. Werft, Leningrad	2700 3400	70.0	18.3	6.4	14
1 PP	**Purga**	1940	39/55	Leningrad	. 4500	97.5	15.2	6.4	25
	Sorum Klasse								
15 PP	**Amur, Brest, Bug, Burja, Čukotka, Jan Berzin, Karelja, Kamčatka, Ladoga, Neman, Primorje, Sachalin, Zabaikalje, Zapolarje, Vernij** 1973–?		./74 .	USSR	1210 1660	58.3	12.6	4.6	3.
	T 58 Klasse								
17 PP o	**Kaliningradskij Komsomolec, Estonij Komsomolec, Latvija Komsomolec, Primorskij Komsomolec, Soveckij Pograničnik, I–XII** 1958–62		.	USSR	725 840	70.0	9.0	2.4	8
11 PP	*T 43 Klasse*	~1950	.	USSR	500 600	60.0	8.6	2.2	6!
6 PP	*Okhtensky Klasse*	~1959	./59	Ochtenskij, Leningrad	835 990	47.3	10.4	4.6	4
31 PP o	*Zhuk Klasse*	1974–?	./75 .	USSR	45 60	24.6	5.2	1.0	1
8 PP o	*Pchela Klasse*	1964–67	.	Gorkij	70 80	25.3	5.8	1.3	1:
27 PP o	*Poluchat Klasse*	1956–60	.	Jaroslavl	70 90	29.6	5.8	1.5	1!
54 PP o	*PO 2 Klasse*	~1950	.	USSR	55	21.0	3.5	1.0	8

Radarüberwachungsschiffe / Radar Pickets Ships

3 PP o	*T 58 Klasse*	1956–60	./57 61 79–81	USSR	760 880	70.0	9.0	2.4	100
9 PP o	*T 43 Klasse*	~1950	.	USSR	500 600	60.0	8.6	2.2	8(

Landungsfahrzeuge / Landing Vessels

	Ivan Rogov Klasse								
2 LD o	**Alexandr Nikolaev** **Ivan Rogov** 1977–82		77/83 76/78	Yantar, Kaliningrad Yantar, Kaliningrad	11000 13000	158	24.5	6.5	25(

Bewaffnung / Armament	Sensoren-Elektronik / Sensors-Electronic	Geschwindig-keit / speed kn	Antrieb / Propulsion Maschine / Kessel / Engines / Boilers / Masch	Leistung/ Power kW 1 kW = 1.36 PS	Fahrstrecke / Range sm	Sonstige Angaben / Remarks
.	.	.	.	.	.	Flußkampfboote / river patrol craft
–7.6, 2–2.5 $\mathbf{4}_2$, 5 Mg $\mathbf{4}_5$, $\rightarrow_{18}$, ☉ ver	⊤ ⊕	24.0	DM	1765 2	600 10	Flußkampfboote / river patrol craft
–7.6 $\mathbf{4}_2$, 2–3 $\mathbf{4}_6$	⊤ ♢ ⊕	14.5	↦ DM	3970 3	13000 9.5	Wachfahrzeuge in der Arktis / arctic patrol ships. KGB. ⟱-Deck achtern / aft. VI + 2: Navy. II, V: SA-N-5 $\mathbf{1}_4$
–10 $\mathbf{4}$, ☉	⊤ ⊕	18.0	4 ↦ DM	5880 2	.	
–3 $\mathbf{4}_2$	⊤ ⊕	14.0	2 ↦ DM	2130 1	6720 13	KGB. Ex AT
–5.7 $\mathbf{4}_2$, $\mathbf{5}$ RBU 1200, ☉	⊤ ♢ ⊕ ▽	18.0	DM	2940 2	3400 15	Wachfahrzeuge / patrol ships – KGB. Ex MB
–3.7 $\mathbf{4}_2$ oder / or –4.5 $\mathbf{4}_2$, 2 SA-N-5 $\mathbf{1}_4$	⊤ ♢ ⊕ ▽	14.0	DM	1620 2	3500 10	KGB. Ex MB
–5.7 $\mathbf{4}$	⊤ ⊕	13.0	2 DM	1100 1	7800 7	KGB. Ex AT
Mg $\mathbf{4}_{2,1}$	⊤	34.0	DM	1765 2	.	Überwiegend KGB-Boote / mainly manned by KGB
–2.3 $\mathbf{4}_2$ oder / or Mg $\mathbf{4}_2$	⊤	45.0	DM	3535 2	.	Tragflächenboote / hydrofoil boats. KGB
Mg $\mathbf{4}_2$	⊤	20.0	DM	1765 2	460 17	KGB. Veraltet / outmoded
Mg $\mathbf{4}$	⊤	12.0	DM	220 1	.	
–5.7 $\mathbf{4}_2$, 4–3 $\mathbf{4}_2$, SA-N-5 $\mathbf{1}_4$	⊤ ♢ ⌒ ⊕ ▽	18.0	DM	2940 2	3400 15	Ex MB
–3.7 $\mathbf{4}_2$, 2–2.5 $\mathbf{4}_2$, SA-N-5 $\mathbf{1}_4$	⊤ ♢ ⌒ ⊕ ▽	14.0	DM	1620 2	3500 10	Ex MB. Unterschiedliche Radars / different radars
SA-N-4 $\mathbf{1}_2$, –7.6 $\mathbf{4}_2$, 4–3 $\mathbf{4}_6$, $\rightarrow$ 20, 40 ▥, [600], ACV, 4 ⟱ Hormone C	⊤ ○ ⊕ ⊕	20.0	GTu	14710 2	7500 16	ACV = Air Cushion Vehicle / Luftkissenboote: Lebed Klasse. I 2 SA-N-5 $\mathbf{1}_4$

Anzahl – Art / Number – Group	Schiffsnamen und Stapellauf / Ship's Name and Launching		Baubeginn – Fertig – / Umbau/ On Keel – Completed – Conv.	Bauwerft / Builder	Wasser-verdrängung / Displacement ts	Länge / Length m	Breite / Beam m	Tiefgang / Draft m	Besatzung / C Be
	Ropucha Klasse								
25 LS o	**Alexandr Šabalin, I–XXIV**	1973–86	./74 87	Nordwerft, Gdansk	3600 3900	113	15.0	3.6	9
	Alligator Klasse								
14 LS oo	**Donezkij Šachter, Krasnaja Presnja, Petr Iličev, Alexandr Tortsev, Tomskij Komsomolec, Krymskij Komsomolec, Voroneščij Komsomolec, Nikolaj Objekov, Nikolaj Vilkov, Nikolaj Filčenkov, 50. Let. Šefstva V.L.K.S.M., Sergej Lazo, Komsomolec Karelij, Ilja Azarov** 1964–75		./66 76	Yantar, Kaliningrad	3800 4500	114	16.0	4.5	7
10 LS o	*Polnocny C Klasse*	1970–72	70/71 71/72	Nordwerft, Gdansk	1000 1300	82.0	9.9	2.6	4
29 LS o	*Polnocny B Klasse*	1967–70	./68 71	Nordwerft, Gdansk	890 1100	76.2	8.9	1.9	4
6 LS o	*Polnocny A Klasse*	1963–66	.	Nordwerft, Gdansk	780 1000	73.2	8.9	1.8	3
17 LS o	*Vydra Klasse*	1965–69	./67 69	USSR	425 600	55.0	8.1	2.0	2
15 LS o	*SMB 1 Klasse*	1959–66	.	USSR	180 340	48.5	6.5	2.0	1
14 LC	*Ondatra Klasse*	1977–79	./78 79	USSR	90 145	24.0	6.0	1.5	
2 LS o	*Pomornik Klasse*	1985	./86 87	Dekabristov, Leningrad	350	56.0	22.0	.	.
20 LS o	*Aist Klasse*	1970–83	68/71 84	Gorkij	220 270	47.8	17.4	0.3	3
1 LC	*Tsaplja Klasse*	~1982	./82	USSR	105	26.3	12.0	.	4
1 LC	*Utenok Klasse*	~1980	./80	Feodosia	70	23.1	11.0	.	4
32 LC o	*Gus Klasse*	1969–74	./70 75	Dekabristov, Leningrad + Feodosia	. 27	21.4	7.3	.	.
18 LC o	*Lebed Klasse*	1976	./76	USSR	. 85	25.0	10.8	.	

Hilfsfahrzeuge / Auxiliary Vessels

	Ugra Klasse								
7 AR oo	**Ivan Kučerenko, Ivan Kolyškin, Ivan Vachremeev, Lentra, Tobol, Volga, I** 1962–72		61/62 ./72	Nosenko, Nikolaev	6700 9500	145	17.7	6.5	300
	Malina Klasse								
2 AR	**PM 63, 74**	1983–85	82/84 83/85	Nos. 444, Nikolaev	. 15000	137	22.0	7.0	.

Bewaffnung / Armament	Sensoren-Elektronik / Sensors-Electronic	Geschwindigkeit / speed kn	Antrieb / Propulsion Maschine Kessel Engines Boilers Masch	Leistung/ Power kW 1 kW = 1.36 PS	Fahrstrecke / Range sm	Sonstige Angaben / Remarks
–5.7 ↘₂, 20 ⇶, 30], [450 ts]	⊤ ⟡ ⊕	18.0	4 DM	7355 2	6000 12	Einige / some 4 SA-N-5 ↑₄. Total ?
–5.7 ↘₂, 2 →₁₂, 40 ⇶, 700 ts]	⊤	18.0	DM	5880 2	9000 16	Bug- und Heckrampe, 4 Luken / bow and stern ramp, 4 hatchways. **Bew:** N. Vilkov, N. Filčenkov 4–2.5 ↘₂ zusätzlich. Besetzt mit Marineinfanterie / **AMT:** N. Vilkov, N. Filčenkov 4–2.5 ↘₂ additional. Manned by Naval Infantry. Einige / some 3 SA-N-5 ↑₄
–3 ↘₂, 2 →₁₈, ⇶, [200 ts]	⊤ ⊕	18.0	DM	3680 2	3300 14	Alle Polnocny 2 SA-N-5 ↑₄?
–3 ↘₂, 2 →₁₈, ⇶, [200 ts]	⊤ ⊕	18.0	DM	3680 2	3300 14	
–3 ↘₂, 2 →₁₈, ⇶, [200 ts]	⊤ ⊕	18.0	DM	3680 2	3300 14	1 Experimental ship: OS 246. AGI?
200]	⊤	11.0	2 DM	590 2	2700 10	2 in Reserve
50 ts]	⊤	10.0	2 DM	440 8	500	9 in Reserve
–3 ↘₆, 1 ⇶	⊤	10.0	DM	440 2	.	Laderaum / cargo well: 15 × 3.8 m
⇶	⊤	70.0	3 GTu	.	.	Luftkissenboote / ACV
–3 ↘₂, 2 SA-N-5 ↑₄, ⇶, [280]	⊤ ⊕	65.0	2 GTu	2500 4	350 60	Luftkissenboote / air cushion vehicles. Bugrampe / bow ramp
⇶, [80]	⊤	70.0	.	.	.	ACV. Ersatz für / replacement for Lebed
–3 ↘₂, 1 ⇶	⊤	65.0	.	.	.	Luftkissenboote / ACV
24], 30 ts Ladung / load	⊤	60.0	3 GTu	1720 2	350 60	Luftkissenboote / ACV
Mg ↘, [120]	⊤	50.0	3 GTu	550	250 50	Luftkissenboote / ACV. Für Versuche und Ausbildung / for trials and training
–5.7 ↘₂, 1 ⤢	⊤ ⟡ ⊕	20.0	4 DM	10300 2	10000 12	Uboot-Begleitschiffe, meist Flaggschiffe / submarine depot ships, mostly flagships. Einige / several 2 SA-N-5 ↑₄. II ⤢-Deck. I, VI großer Gittermast achtern / large lattice mast aft
4–3 ↘₆]	⊤	17.0	DM	.	.	Für / for SSN. 2 Kräne / cranes à 25 ts

Anzahl - Art / Number - Group	Schiffsnamen und Stapellauf / Ship's Name and Launching		Baubeginn – Fertig – / Umbau / On Keel – Completed – Com.	Bauwerft / Builder	Wasserverdrängung / Displacement ts	Länge / Length m	Breite / Beam m	Tiefgang / Draft m	Besatzung / C Be
	Don Klasse								
6 AR oo	**Dmitrij Galkin, Fedor Vidjaev, Magomed Gadžiev, Magadanskij Komsomolec, Kamčackij Komsomolec, Viktor Kotel'nikov**	1957–60	./57 62	Nosenko, Nikolaev	6700 9000	140	17.6	6.8	30
	Amga Klasse								
3 AR o	**Amga, Vetluga, Daugava**	1972–78	./73 81	K. Sormovo, Gorkij	4500 5500	104	18.0	4.4	20
	Brykin Klasse								
1 AR o	**Alexandr Brykin**	1985	82/87	Admiralitätswerft, Leningrad	. 17000	160	24.0	.	.
	Lama mod. Klasse								
2 AR o	**Voronež, PM 154**	1965–67	.	Nikolaev	. 4500	113	14.9	4.4	15
	Lama Klasse								
5 AR o	**General Rijabakov, PM 44, 93, 150, I**	1962–78	./63 79	Nikolaev	. 4500	113	14.6	4.4	15
	Andishan mod. Klasse								
2 AR o	**Viljui, Venta**	~1960	./60 74–75	Neptun, Rostock	. 6740	104	14.4	6.5	6
1 AR	**Bureja**	1958	./59	Ungarn / Hungary	2100	75.0	11.3	4.4	.
	Melitopol Klasse								
3 AR	**Choper, Fort Ševerenko, Indigirika**	~1954	./54 55	USSR	. 1200	57.6	9.0	4.4	.
	Amur Klasse								
29 AR o	**PM 5, 9, 10, 15, 30, 34, 37, 40, 49, 52, 56, 59, 64, 73, 75, 81, 82, 94, 129, 138–140, 156, 161, 163, I–IV** 1968 – a. St. / o. st.		./68 88	Stocznia, Szczecin	4000 5500	122	17.0	5.2	220 + 200
	Oskol Klasse								
12 AR oo	**PM 2, 20, 21, 24, 26, 28, 51, 62, 68, 146–148**	1964–67	./64 69	Stocznia, Szczecin	2500 3000	91.0	12.2	4.0	60
	Dnjepr Klasse								
5 AR oo	**PM 17, 22, 30, 130, 135**	1960–64	./60 66	Nikolaev	4500 5250	113	16.5	4.4	420
	Tomba Klasse								
4 AR o	**ENS 244, 254, 348, 357**	1974–75	./74 77	Stocznia, Szczecin	3900 5500	107	16.8	5.0	180

Bewaffnung / Armament	Sensoren-Elektronik/ Sensors-Electronic	Geschwindigkeit / speed kn	Antrieb / Propulsion Maschine / Kessel / Engines / Boilers / Masch	Leistung/ Power kW 1 kW = 1.36 PS	Fahrstrecke / Range sm	Sonstige Angaben / Remarks
-10, 8-5.7 $\searrow_2$	⊤ ф ф- ф ⌐	20.0	4 DM	10300 2	10000 12	**Bew / AMT**: VI 2-10, 8-5.7 $\searrow_2$, ⇶-Plattform; IV nur / only 8-5.7 $\searrow_2$, ⇶-platform; II 8-2.5 $\searrow_2$ zusätzlich / additional
-2.5 $\searrow_2$	⊤	16.0	DM	2940 2	4500 12	Flugkörpertransportschiffe / missile support ships. 32 FK / MI: SS-N-6/8 ↓. II Lg 110 m; III Lg 113 m
-3 $\searrow_6$	.	.	DM	.	.	SSBN-Versorger / tender
-5.7 $\searrow_2$, 4-2.5 $\searrow_2$	⊤ ф	14.0	DM	3680 2	.	II 4-5.7 $\searrow_2$. Für / for FG Nanuchka, PG Osa. 2 Kräne / cranes à 10 ts
-5.7 $\searrow_{4,2}$ -4 SA-N-5 ↑$_4$	⊤ ф ф	14.0	DM	3680 2	.	**Bew** unterschiedlich / **AMT** differs. I: 2-5-7 $\searrow_2$, 4 ↑$_4$. 2 Kräne / cranes à 20 ts
-	⊤	14.0	DM	1840 1	6000 13	Ex Frachter / freighter. Für / for ⇨, ↓. ⇶-Deck achtern / aft
-	⊤	12.0	DM	735 1	3000 10	Für / for SS-N-5 ➤
↓-3.7 $\searrow$]	⊤	11.0	DM	440 1	2500 10	Ex Kümo / coastal cargo ship. Für / for ⇨
-	⊤	12.0	2 DM	2940 1	13000 8	Werkstattschiffe / repair ships. Verbesserte / improved Oskol Klasse. Bau dauert an / construction continues. Ältere keine Passagiereinrichtungen / early units no passenger facilities
-	⊤	12.0	DM	3535 1	9000 8	PM 21: 2 Mg $\searrow$, PM 24: 4-2.5 $\searrow_2$. Oskol III Klasse: Flushdeck. Oskol IV Klasse: Kran mittschiffs / crane amid-ships
2-5.7 $\searrow_2$]	⊤	12.0	DM	1470 1	6000 8	Tender für / for SS. PM 130, 135: Flushdeck
-	⊤	14.0	DM	3310 1	7000 12	Batterieladeschiffe / generator station ships

326   USSR

Anzahl – Art / Number – Group	Schiffsnamen und Stapellauf / Ship's Name and Launching		Baubeginn – Fertig – / Umbau / On Keel – Completed – Conv.	Bauwerft / Builder	Wasserverdrängung / Displacement ts	Länge / Length m	Breite / Beam m	Tiefgang / Draft m	Besatzung / Crew Bes
1 AR	Elbruz	1976	75/81	61 Kommuna, Nikolaev	19000 22500	175	24.5	8.5	370
4 AR ○	Michail Rudnickij, Georgij Kozmin, Georgij Titov, Sajanyj	1978–82	./79 84	Vyborg	8500 12170	130	17.3	6.9	75
	Neftegaz Klasse								
1 AR	Ilga	~1983	./83	Stocznia, Szczecin	3800 BRT/grt	81.0	16.3	5.0	.
	Nepa Klasse								
1 AR ○	Karpatij	1968	./69	Nikolaev	. 9500	130	19.0	6.5	270
	Prut Klasse								
8 AR ○	Altai, Beštau, Vladimir Trefolev, Žiguli, SS 21, 23, 26, 83	1960–68	./60 68	Nikolaev	2800 3300	90.2	14.3	5.5	120
	Valday Klasse								
11 AR ○	Chibinyj, Kazbek, Valdaj, Zangezur, SS 30, 35, 38, 40, 47, 50, 51	~1960	./61 62	USSR	815 930	71.7	9.6	2.7	60
1 AR	Angara (ex Hela)	1939	37/40	Stülcken, Hamburg	2115	97.0	12.3	4.0	244
1 AP ○	Kuban (ex Nadežda Krupskaja)	1963	./63	M. Thesen W., Wismar	. 6400	122	16.5	5.5	120
	Amguema Klasse								
1 AK	Jauza	~1974	./75	Cherson	9500 15100	133	18.9	9.1	100
	Antonov Klasse								
9 AK ○	Neon Antonov, Ivan Asdnev, Ivan Lednev, Irbit, Michael Konovalov, Nikolaj Sipjagin, Nikolaj Staršinkov, I, II	1977–83	./77 84	USSR	4800 5600	95.0	16.5	6.5	60
	Vytegrales Klasse								
8 AK ○	Apšeron, Baskunčak, Daurija, Dikson, Donbas, Jamal, Sevan, Taman	1963–66	./64 .	Ždanov, Leningrad	6100 9650	122	16.5	7.3	90
	Andishan Klasse								
2 AK	Onda, Poset	1958	./58 60	Neptun, Rostock	4300 6740	104	14.4	6.4	50
	Chulym Klasse								
1 AK	Severodoneck	1953	./53	Stocznia, Szczecin	. 5000	102	14.6	5.3	40
	Donbass Klasse								
1 AK	Anadir	1955	./55	Polen / Poland	. 7200	108	14.6	7.2	44
	Kolomna Klasse								
1 AK	Svanetija	1955	./55	Neptun, Rostock	. 5450	102	14.4	6.6	44

Bewaffnung / Armament	Sensoren-Elektronik/ Sensors-Electronic	Geschwindigkeit / speed kn	Antrieb / Propulsion		Fahrstrecke / Range sm	Sonstige Angaben / Remarks
			Maschine / Kessel / Engines / Boilers / Masch	Leistung/ Power kW 1 kW = 1.36 PS		
4-3 ⚓₆ oder / or 8-3 ⚓₂], ⊰ Hormone	⊤	17.0	4 DM	18000 / 1	10000 / 16	Uboot-Bergungsschiff / submarine salvage vessel
–	⊤	16.0	DM	4930 / 1	9500 / 15	Aufbauten unterschiedlich / superstructures differ. 1 Tauchboot / salvage submersible
–	⊤	15.0	Skoda-DM	5295	.	Typ Bohrinselversorger / oil rig supply ship
–	⊤	16.0	DM	5880 / 2	8000 / 14	Allzweck-Bergungsschiff / all-purpose salvage ship
–	⊤ ⊽	20.0	4 DM	5880 / 2	10000 / 16	Uboot-Bergungsschiffe / submarine salvage vessels
1-3.7 ⚓]	⊤ ⊽	17.0	DM	2940 / 2	2500 / 12	T 58 Klasse. Rettungskammer mittschiffs / rescue chamber amidships
–	⊤	19.0	4 MAN-DM	4675 / 2	2000 / 15	Tender
[340], [1000 ts]	⊤	18.0	2 MAN-DM	5880 / 2	8100 / 17	Truppentransporter / transport. Ex Passagierschiff / passenger ship
–	⊤	15.0	⤙ DM	6620 / 1	10000 / 15	Großer Transporter / cargo ship. Auch / also AP
[2-3 ⚓₂, 4 Mg ⚓₂, 2 SA-N-5 ⚓₄]	⊤	17.0	DM	3700 / 2	8750 / 14	Auch / also AP. KGB. Irbit: Marine / Navy. **Vitse Admiral Fomin** (86): *Antonov mod. Klasse*
1 ⊰ Hormone	⊤	16.0	B. & W.-DM	3820 / 1	8000 / 15	Flottenversorgungsschiffe / fleet support ships. ⊰-Plattform
–	⊤	14.0	DM	2390 / 1	6000 / 13	
–	⊤	12.5	Exp. 2 Wr	1210 / 1	8500 / 11	Typ pol. B 32
–	⊤	12.0	Exp. 2 Wr	1690 / 1	9800 / 12	
–	⊤	14.0	Exp.	1800 / 1	6900 / 13	Für / for AG

Anzahl – Art / Number – Group	Schiffsnamen und Stapellauf / Ship's Name and Launching		Baubeginn – Fertig – Umbau / On Keel – Completed – Conv.	Bauwerft / Builder	Wasser- verdrängung / Displacement ts	Länge / Length m	Breite / Beam m	Tiefgang / Draft m	Besatzung / Crew Bes
	Partizan Klasse								
4 AK	**Pečora, Pinega, Turgaj, Ufa**	1975–76	./75 76	Turnu-Severin	3950	88.8	12.8	5.0	2
	Spartak Klasse								
1 AK	**I**	1967	.	Angyafold, Budapest	2100	78.0	11.5	4.5	.
	Mayak Klasse								
8 AK	**Buzuluk, Išim, Lama, Mius, Neman, Rioni, Ulma, Vitegra**	1962–73	./62 73	Dnepr, Kiev	1050	54.3	9.3	3.6	32
	Keyla Klasse								
9 AK	**Jeruslan, Mezen, Onega, Ponoj, Tverca, Teriberka, Tuloma, Unža, Ussurij**	1962–66	./62 66	Angyafold, Budapest	1300 1900	78.5	10.5	4.6	26
3 AK	**Bira, I, II**	1958–61	./58	USSR	1400 2000	75.0	11.3	4.4	50
	Muna Klasse								
10 AK o	**TR 81–85, 91–94, 148**	1962–73	.	Nachodka	750	50.0	9.0	3.8	40
	Berezina Klasse								
1 AO o	**Berezina**	1975	73/78	Kommuna, Nikolaev	40000	212	26.0	11.0	550
	Dubna Klasse								
4 AO o	**Dubna, Irkut, Pečenga, Sventa**	1974–78	72/74 77/80	Rauma – Repola	4300 13000	130	20.0	7.0	80
	Chilikin Klasse								
6 AO o	**Boris Čilikin, Boris Butoma, Dnjestr, Genrich Gassanov, Ivan Bubnov, Vladimir Koletčiskij**	1971–77	./71 78	Balt. Werft, Leningrad	8700 24500	162	21.4	11.0	100
	Kaliningradneft Klasse								
2 AO	**Argun, Vjazma**	1981–82	82/83	Rauma – Repola	8700	115	17.0	7.0	32
	Uda Klasse								
6 AO o	**Čeksna, Dunaj, Kojda, Lena, Terek, Višera**	1962–64	./62 65	Vyborg	5500 7100	122	15.8	7.0	85
	Altay Klasse								
6 AO o	**Egorlik, Ilim, Ižora, Jelnja, Kola, Prut**	1967–72	./69 73	Rauma – Repola	7400	106	15.5	6.5	60
	Olekma Klasse								
2 AO	**Olekma, Iman**	1964–66	. I: 78–79	Rauma – Repola	7380	105	15.0	7.0	40
	Pevek Klasse								
1 AO o	**Žolotoi Rog**	1960	. 78–79	Rauma – Repola	7280	105	14.8	6.0	40

Bewaffnung / Armament	Sensoren-Elektronik/ Sensors-Electronic	Geschwindigkeit / speed kn	Antrieb / Propulsion Maschine Kessel Engines Boilers Masch	Leistung/ Power kW 1 kW = 1.36 PS	Fahrstrecke / Range sm	Sonstige Angaben / Remarks
—	⊤	13.0	Sulzer-DM	1530 / 1	4000 / 12	Kleine Containerschiffe / small container ships
.	.	13.0	Sulzer-DM	1100 / 1	.	
—	⊤	11.0	DM	590 / 1	9400 / 11	Kühlschiffe / refrigerated vessels. Ex trawler
—	⊤	12.0	DM	735 / 1	4200 / 11	Kleine Transporter / cargo ships, small. I, II, IV, V, VIII: *Keyla mod. Klasse*
6-3.7 ⚓₂], [1000 ts]	⊤	11.0	DM	735 / 1	6000 / 11	Ex LS MP 6 Klasse. Für Raketen / for missiles
—	⊤	11.0	DM	400 / 1	.	Für Torpedotransport + SAM ⚓
2 SA-N-4 ⚓₁₂, 4-5.7 ⚓₂, 4-3 ⚓₆, 2 RBU 1000, 2 Hormone	⊤ ⚓ ⚓ ⚓ ⚓ ⚓	22.0	DM	39710 / 2	15000 / 16	Flottentanker / fleet replenishment ship. 16000 ts Treibstoff, 2-3000 ts Versorgungsgüter / 16000 ts of fuel oil, 2-3000 ts of provisions
—	⊤	16.3	Russkij-DM	4410 / 1	8000 / 15	Beölung über Heck und Seite / refuel on beam or stern
[4-5.7 ⚓₂]	⊤ ⚓	17.0	DM	7060 / 1	10000 / 16	13000 ts Ö/F, 400 ts Munition / ammunition, 400 ts Lebensmittel / provisions
—	⊤	14.0	B.&W.-DM	2575 / 1	5000 / 14	3 Treibstoffstationen / 3 liquid replenishment stations
[8-5.7 ⚓₂]	⊤	17.0	DM	5880 / 2	4000 / 17	Beölung über Heck und Seite / refuel on beam or stern. I, II, IV, V: *Uda mod. Klasse*
—	⊤	13.3	B.&W.-DM	2130 / 1	8600 / 12	Für Querabversorgung / for alongside replenishment
—	⊤	13.5	B.&W.-DM	2130 / 1	8000 / 13	II: Beölung nur über Heck / refuel only astern
—	⊤	13.5	B.&W.-DM	2130 / 1	8000 / 13	

Anzahl - Art / Number - Group	Schiffsnamen und Stapellauf / Ship's Name and Launching		Baubeginn - Fertig - *Umbau* / On Keel - Completed - *Conv.*	Bauwerft / Builder	Wasser- verdrängung / Displacement ts	Länge / Length m	Breite / Beam m	Tiefgang / Draft m	Besatzung / Crew Bes
	Sofia Klasse								
1 AO	Achtuba(ex Hanoi)	1963	.	Leningrad	49960 62600	231	31.0	12.0	70
	Kazbek Klasse								
3 AO o	Alatyr, Dešna, Volchov	~1955	.	Leningrad + Cherson	. 16250	145	19.2	8.5	46
1 AO	Poljarnik (ex Kärnten)	1941	./42	Giessen, Krimpen	. 12500	132	16.2	7.6	57
1 AO	Feolent (ex Jeverland)	1938	./42	Howaldtw., Hamburg	. 5250	96.2	13.8	5.6	64
	Konda Klasse								
4 AO	Jachroma, Konda, Rossoš, Sojana	1955–65	.	Turku	1180 2000	69.0	10.0	4.4	25
	Khobi Klasse								
12 AO o	Čeremšan, Chobi, Lovat', Metan, Saša, Seima, Selon', Sos'va, Sysola, Tartu, Titan, Tunguska	1957–61	.	USSR	850 1530	67.5	10.0	4.5	30
	Nercha Klasse								
3 AO	Nara, Nerča,Kljasma	1952–53	./55	Wärtsilä, Åbo	. 1800	63.5	10.0	4.5	25
	Baskunchak Klasse								
2 AO	Ivan Golubec, Soveckij Pogtan	~1950	.	USSR	. 2920	83.6	12.0	4.9	30
2 AO o	Manyč, Tagil	1971–76	./72 77	USSR	. 7800	116	16.0	6.5	90
	Voda Klasse								
13 AO	Abakan, Sura, MVT 6, 9, 10, 16–18, 20, 21, 24, 134, 138	1956–?	./56 .	USSR	2100 3000	81.5	11.5	4.5	40
	Luza Klasse								
6 AO o	Alambaj, Aragvj, Barguzin, Don, Kama, Selenga	~1960–68	./63 70	USSR	. 1500	62.5	10.5	3.5	60
1 AO o	Ural	1969	./69	Dalzavod, Vladivostok	. 2600	90.0	10.0	3.5	40
	Vala Klasse								
7 AO	TNT 11, 12, 19, 25, 29, I, II	~1965–74	./67 75	Srednij Neva, Kolpino	. 3100	76.2	12.5	5.0	40
	Sura Klasse								
10 AN	KIL 1, 2, 21, 22, 25, 27, 29, 31–33	1965–75	./65 76	Neptun, Rostock	2370 3150	87.0	14.8	4.9	70
	Neptun Klasse								
12 AN	KIL 3, 5, 6, 9, 11–18	1953–59	./53 59	Neptun, Rostock	700 1230	57.3 52.0	11.5	3.5	41

Bewaffnung / Armament	Sensoren-Elektronik / Sensors-Electronic	Geschwindig-keit / speed kn	Antrieb / Propulsion Maschine / Kessel Engines / Boilers Masch	Leistung / Power kW 1 kW = 1.36 PS	Fahrstrecke / Range sm	Sonstige Angaben / Remarks
	⊤	17.0	2 ✸ Tu / 2 Wr	13970 / 1	20900 / 17	44 500 ts Öl / fuel. Beölung nur über Heck / refuel only astern
	⊤	14.0	DM	2940 / 1	18000 / 14	11 600 ts Öl / fuel
	⊤	17.0	Werkspoor-DM	5150 / 2	.	Kriegsbeute / war reparation. 5600 ts Öl / fuel
	⊤	15.5	Schichau-DM	2570 / 2	.	Kriegsbeute / war reparation. Gestrichen / stricken?
	⊤	13.0	DM	1180 / 1	2520 / 11.5	Beölung über Heck / refueling over stern
	⊤	13.0	DM	1180 / 2	2500 / 12	Beölung über Bug während des Schleppens / refueling over bow while being towed. Werden gestrichen / to be deleted
	⊤	12.0	DM	735 / 1	2000 / 10	Beölung über Heck / refueling over stern
	⊤	13.0	2 DM	1470	5000 / 13	KGB
	⊤	18.0	DM	5880 / 2	11500 / 12	Für Wasser / for water
	⊤	12.0	DM	1180 / 2	3000 / 10	Tanker für Wasser / tanker for water
	⊤	13.0	DM	735 / 1	2000 / 11	Für radiologische Flüssig-keiten / for radiological liquids
	⊤	10.0	2 DM	880 / 1	3000 / 9	Für Transport nuklearen Materials / for nuclear waste transport
1g ↘₂	⊤	14.0	DM	735 / 1	2000 / 11	Für Atommüll / for nuclear waste
	⊤	13.0	4 ⟿ DM	1650 / 2	4000 / 10	Hebeschiffe / lifting vessels. Zivilbesatzung / civilian crew
	⊤	12.0	Exp.	735	1000 / 11	Zivilbesatzung / civilian crew

Anzahl – Art / Number – Group	Schiffsnamen und Stapellauf / Ship's Name and Launching	Baubeginn – Fertig – Umbau / On Keel – Completed – Com.	Bauwerft / Builder	Wasser-verdrängung / Displacement ts	Länge / Length m	Breite / Beam m	Tiefgang / Draft m	Besatzung / Be

Bergungsschlepper / Salvage Tugs / *SB*, Hochseeschlepper / Seagoing Tugs / *MB*

2 AT	I, II	a. St. / o. st.	86/88 87	Hollming, Rauma	5300 BRT/grt	98.0	19.5	7.1	+
	Stroptivyj Klasse								
7 AT o	**Sibirskij, Spravedlivyj, Stachanovec, Stroptivyj, Suvorovec, Fobos, Deimos** 1979–82	78/79 81/83	Wärtsilä, Helsinki	4200 BRT/grt	72.7	18.0	6.5	+
	Orel Klasse								
3 AT	**SB 33, 38, 43** ~1960	.	Rauma – Repola	1200 1760	61.3	11.9	4.5	
	Sliva Klasse								
4 AT	**SB 406, 408, 921, 922** 1983–85	82/84 84/85	Rauma-R. Uusikaupunki	. 3300	69.2	15.4	5.1	+
	Goryn Klasse								
13 AT o	**MB 15, 18, 32, 35, 36, 38, 105, 119, SB 365, 521–524** 1977–83	76/77 81/82 82/83	Rauma – Repola, Uusikaupunki	. 2240	63.5	14.5	5.1	
	Sorum Klasse								
14 AT o	**MB 4, 6, 19, 25, 26, 28, 30, 58, 99, 112, 115, 148, 304, 307** 1972–82	./73 82	Leningrad + Nikolaev + Rauma-Repola	1210 1660	58.0	12.6	4.6	
	Ingul Klasse								
3 AT o	**Alatau, Mašuk, Pamir** 1971–83	./72 84	Adm. Werft, Leningrad	3200 4000	92.8	15.5	5.9	
	Pamir Klasse								
2 AT o	**Agatan, Aldan** 1958–59	./60	Gävle	1445 2240	78.0	12.5	4.0	
	Katun Klasse								
9 AT	**PZHS 64, 96, 98, 123, 282, KPZHS 279, PDS 124, 209, 273** 1969–75	.	Išora, Leningrad	950 1500	62.6	10.0	3.5	
	Baklan Klasse								
4 AT	**Baklan, Konstantin Bodarenko, I, II** 1986 – a. St. / o. st.	86/86 .	Ishikawajima, Tokyo	650 BRT/grt	34.0	10.6	3.6	
37 AT	*Okhtensky Klasse* 1959–65	.	Ochtenskij, Leningrad	835 990	47.3	10.4	4.6	
	Roslavl Klasse								
11 AT	**MB 45, 69, 94, 125, 134, 141, 145–147, SB 41, 46** ~1950	.	USSR	. 750	44.5	9.5	3.5	

Zahlreiche kleinere Schlepper für Küsten-, Hafen- und Flußdienst

Kabelleger / Cable Layers

8	**Cna, Donec, Ingul, Inguri, Jana, Katun, Tavda, Zeja** 1962–78	61/62 79/80	Wärtsilä, Helsinki + Åbo	. 6920	130	16.0	5.8	1

Bewaffnung / Armament	Sensoren-Elektronik / Sensors-Electronic	Geschwindig-keit / speed kn	Antrieb / Propulsion		Fahrstrecke / Range sm	Sonstige Angaben / Remarks
			Maschine / Kessel / Engines / Boilers / Masch	Leistung / Power kW 1 kW = 1.36 PS		
	⊤	18.0	4 Wärtsilä-DM	17995 / 2	.	Bergungsschlepper / salvage tugs
	⊤	15.0	SEMT-Pielstick-DM	5590 / 2	.	Bergungsschiffe für Arktis / icebreaking salvage vessels. Bugstrahlruder / bow thruster 370 kW. Zivilbesatzung / civilian crew
	⊤	15.0	MAN-DM	1250 / 1	13000 / 13	Bergungsschiffe / salvage vessels. Total 4?
	⊤	16.0	Pielstick-DM	5735 / 2	.	Eisverstärkt / ice strengthened
	⊤	16.0	Pielstick-DM	2575 / 1	.	Eisverstärkt / ice strengthened
	⊤	14.0	⤳ DM	2130 / 1	6720 / 13	
-5.7 ↘₂, 4-2.5 ↘₂]	⊤	20.0	DM	6620 / 2	9000 / 18	SB
	⊤	17.5	MAN-DM	3090 / 2	15200 / 17	SB
	⊤	17.0	MAN-DM	2940 / 2	2200 / 16	Feuerlöschfahrzeuge / fire fighting ships. SB, MB. PZHS 64: *Katun II Klasse*, Lg 65.5 m
	.	11.0	DM	990 / 2	.	MB
	⊤	12.5	2 DM	1100 / 1	7800 / 7	SB, MB
	⊤	11.0	⤳ DM	880 / 2	6000 / 11	

umerous smaller tugs for inshore, harbor and riverine duties

| | ⊤ | 14.0 | 5 Wärtsilä ⤳ DM | 3680 | 12000 / 14 | Kabellege- und Reparatur-schiffe / cable layers and repair ships. III, V: 2 Sulzer-DM |

Anzahl - Art / Number - Group	Schiffsnamen und Stapellauf / Ship's Name and Launching		Baubeginn – Fertig – / Umbau – On Keel – / Completed – Conv.	Bauwerft / Builder	Wasserverdrängung / Displacement ts	Länge / Length m	Breite / Beam m	Tiefgang / Draft m	Besatzung / Bes
2	**Biriusa, Kemj**	1985–86	85/86	Wärtsilä, Helsinki	.	86.1	12.6	3.1	4
3 o	**Emba, Neprjadva, Setun**	1980–81	80/81 82	Wärtsilä, Turku	. 2050	76.0	12.6	3.0	3

Raketenortungs- und Flugkörperbeobachtungsschiffe / Missile Range Instrumentation Ships

1	**SSV 33**	1983	81/87	Balt. Werft, Leningrad	. 36000	265	29.5	.	.
2	**I**		84/.	Adm. W., Leningrad	.	213	27.5	7.5	20
	Maršal Nedelin	1982–86	./84	Adm. W., Leningrad	24000				
	Desna Klasse								
2 o	**Čažma, Čumikan**	~1961	./61 63	Warnoww., Warnem.	5300 13500	140	18.0	8.0	30
	Sibir Klasse								
4 o	**Čukotka, Sachalin, Sibir, Spassk** (ex Sučan)	~1957	~60	Warski, Szczecin	. 7800	108	14.5	7.0	.

Aufkärungsschiffe / Intelligence Collectors – AGI. ELINT-Electronic intelligence, SIGINT-Signal intelligence,

	Vishnya Klasse								
4 AG	**SSV 169, 201, 520, 535**	1984–86	./86 88	Polnocny, Gdansk	~2500	92.0	.	.	12
	Balzam Klasse								
4 AG o	**SSV 80, 493, 516, I**	1978–85	78/79 83/87	Yantar, Kaliningrad	4500 5000	105	15.5	6.0	20
	Primorye Klasse								
6 AG o	**SSV 464, 465, 501, 502, 590, 591**	~1965	.	USSR	3400 4800	84.7	14.0	5.5	16
	Moma Klasse								
9 AG o	**SSV 472, 474, 506, 509, 512, 514, Ekvator, Jupiter, Kildin**	1968–72	.	Nordwerft, Gdansk	1250 1550	73.3	10.8	4.0	8
	Zubov Klasse								
3 AG o	**SSV 468, 469, 503**	~1965	.	Stocznia, Szczecin	2670 3020	90.0	13.0	4.5	5
	Dnjepr Klasse								
2 AG	**Izmeritel, Protraktor**	1959	./59	Ishikawajima, Tokyo	. 750	52.7	9.2	3.5	5
	Pamir Klasse								
2 AG o	**SSV 477, 480**	1960	./60	Gävle	1445 2240	78.0	12.8	4.0	11
	Alpinist Klasse								
4 AG o	**GS 7, 8, 19, 39**	~1980	./81	Kiev + Volgograd	. 1200	53.7	10.5	4.3	4
	Mayak Klasse								
8 AG o	**Aneroid, Chersones, Kurs, Kursograf, Ladoga, GS 239, 242, Girorulevoj**	70 ~1965	./67	USSR	. 1050	54.3	9.3	4.2	7

Bewaffnung / Armament	Sensoren-Elektronik/ Sensors-Electronic	Geschwindig-keit / speed kn	Antrieb / Propulsion Maschine / Kessel / Engines / Boilers / Masch	Leistung/ Power kW $1\,kW = 1.36\,PS$	Fahrstrecke / Range sm	Sonstige Angaben / Remarks
	⊤	11.8	Wärtsilä ⤳ DM	1520 2	.	Für Flachwasser / for inshore operations
	⊤	11.0	2 ⤳ DM	1000 1	.	Für Flachwasser / for inshore operations
6 ⚓, 3 ⚓₆	⊤ ○	.	Reaktoren	.	.	BAL-AUX 2. Atomantrieb / nuclear powered
	.	21.0	⤳ DM	.	.	
⤢ Hormone	⊤ ○ ⚲ ↶	15.0	MAN-DM	3970 1	9000 13	FK-Meßschiffe / instrumentation range missile ships
⤢ Hormone	⊤ ○ ⚲	13.0	ATu	1840 1	11800 12	

SV = *Sudno Svjazyj* (Communication Vessel), GS = *Gidografičeskoje Sudno* (Hydrographic Survey Ship)

Bewaffnung / Armament	Sensoren-Elektronik/ Sensors-Electronic	Geschwindig-keit / speed kn	Antrieb / Propulsion	Leistung/ Power kW	Fahrstrecke / Range sm	Sonstige Angaben / Remarks
-3 ⚓₆, 2 SA-N-5 ⚹₄	⊤	17.5	DM	.	.	
-3 ⚓₆, SA-N-5 ⚹₄	⊤	22.0	2 DM	6620 2	18000 17	
SA-N-5 ⚹₄	⊤	13.0	DM	2940 1	18000 12	SSV 590: Neue Radarkuppel / new radome
SA-N-5 ⚹₄	⊤	15.0	Sulzer-DM	2650 2	8000 11	I, IV–VI, VIII *Moma mod. Klasse*: Neuer, niedriger Aufbau vor der Brücke / new, low superstructure before the bridge. VIII large radome aft
SA-N-5 ⚹₄	⊤ ⚲	16.5	DM	3900 2	11000 14	SSV 468: *Zubov mod.*
Mg ⚓₂	⊤	14.5	B. & W.-DM	890 1	7500 13	Ex Trawler
SA-N-5 ⚹₄	⊤	17.0	MAN-DM	3090 2	15200 17	Ex AT
	⊤	13.0	DM	970 1	7600 13	
SA-N-5 ⚹₄	⊤	12.0	DM	625 1	9400 11	II–V, VII, VIII: *Mayak mod.*: Aufbauten verlängert, Parabolantenne / extended superstructure, parabolic antenna

USSR

Anzahl - Art / Number - Group	Schiffsnamen und Stapellauf / Ship's Name and Launching		Baubeginn – Fertig – Umbau / On Keel – Completed – Conv.	Bauwerft / Builder	Wasser- verdrängung / Displacement	Länge / Length	Breite / Beam	Tiefgang / Draft	Besatzung /
					ts	m	m	m	Be
	Okean Klasse								
15 AG ○	**Alidada, Ampermetr, Barograf, Barometr, Deflektor, Echolot, Gidrofon, Krenometr, Linza, Lotlin, Reduktor, Repiter, Teodolit, Travers, Zond**	1957–61	.	Volkswerft, Stralsund	. 720	50.9	8.8	3.7	5
	Lentra Klasse								
5 AG	**GS 36, 41, 43, 46, 55**	~1960	.	Volkswerft, Stralsund	250 480	39.2	7.4	2.8	3
	Mirny Klasse								
4 AG ○	**Bakan, Lotsman, Val, Vertikal**	~1955	.	Nosenko, Nikolaev	850 1200	63.7	9.5	4.2	5

Geräuschmeßschiffe / Noise Measurement Ships

Anzahl - Art / Number - Group	Schiffsnamen und Stapellauf / Ship's Name and Launching		Baubeginn – Fertig – Umbau / On Keel – Completed – Conv.	Bauwerft / Builder	Wasser- verdrängung / Displacement	Länge / Length	Breite / Beam	Tiefgang / Draft	Besatzung /
	Onega Klasse								
8 AG ○	**GKS 52, 83, 224, 283, SFP 95, 511, I, II**	1970–?	./73 87	Zelenodolsk	. 1925	81.0	11.0	4.2	4
	T 43 Klasse								
16 AG	**GKS 11–20, 22–26, 45**	1950–58	.	USSR	500 570	58.0	8.6	2.2	6

Entmagnetisierungsschiffe / Degaussing/Deperming Ships

Anzahl - Art / Number - Group	Schiffsnamen und Stapellauf / Ship's Name and Launching		Baubeginn – Fertig – Umbau / On Keel – Completed – Conv.	Bauwerft / Builder	Wasser- verdrängung / Displacement	Länge / Length	Breite / Beam	Tiefgang / Draft	Besatzung /
	Bereza Klasse								
6 AG ○	**SR 28, 59, 74, 478, 541, 548**	1983–86	./85 86	Polnocny, Gdansk	. 2700	84.0	13.5	4.0	7
	Pelym Klasse								
15 AG	**SR 180, 191, 203, 218, 222, 233, 241, 280, 407, 409, I–V**	~1970–?	./71 .	USSR, Fernost / Far East	. 1300	65.5	11.6	3.4	7
5 AG	*Khabarovsk Klasse*	~1950	.	USSR	650	46.4	8.0	3.2	.
20 AG	*Sekstan Klasse*	1949–55	.	Finnland	280 350	40.8	12.0	4.2	2

Ozeanographische Forschungsschiffe – Marine / Oceanographic-Research Ships – Navy – AGOR

Anzahl - Art / Number - Group	Schiffsnamen und Stapellauf / Ship's Name and Launching		Baubeginn – Fertig – Umbau / On Keel – Completed – Conv.	Bauwerft / Builder	Wasser- verdrängung / Displacement	Länge / Length	Breite / Beam	Tiefgang / Draft	Besatzung /
	Krylov Klasse								
6 AG ○	**Admiral Vladimirskij, Akademik Krylov, Ivan Krusenštern, Leonid Demin, Leonid Sobolev, Michail Krupskij**	1974–78	./74 80	Warski, Szczecin	6600 9100	147	18.6	6.3	9
	Abkhaziya Klasse								
4 AG ○	**Abchazija, Adšarija, Baškirija, Moldavija**	1970–72	./71 73	M. Thesen W., Wismar	5500 7500	124	17.0	6.0	9
1 AG ○	**Vladimir Kavrajskij**	1972	./73	Adm. Werft, Leningrad	. 3900	70.0	18.1	5.5	6

Bewaffnung / Armament	Sensoren-Elektronik/ Sensors-Electronic	Geschwindig-keit / speed kn	Antrieb / Propulsion Maschine / Kessel / Engines / Boilers / Masch	Leistung/ Power kW 1 kW = 1.36 PS	Fahrstrecke / Range sm	Sonstige Angaben / Remarks
SA–N–5 $\mathfrak{1}_4$ I: 4 Mg	T	11.0	DM	400 / 1	7500 / 10	Ex Trawler. Aufbauten unterschiedlich / superstructure different. IX–XI, XV: *Okean mod. Klasse*
-	T	11.0	DM	240 / 1	6500 / 9	Ex Trawler
SA–N–5 $\mathfrak{1}_4$	T	18.0	⤳ DM	2280 / 1	18500 / 11	Ex Walfangboote / whale catchers
-	T	20.0	GTU	11030 / 1	.	Hydroakustische Überwachungsfahrzeuge / hydroacustic (noise) monitoring ships: GKS
-	T	14.0	DM	1620 / 2	1600 / 10	GKS
-	T	15.0	Sulzer-DM	3235 / 2	.	Bau dauert an / building continues
-	T	16.0	Sulzer-DM	2940 / 2	.	
-	T	9.5	DM	400 / 1	1600 / 8	
-	T	10.0	DM	290 / 1	1200 / 10	Holzrumpf / wooden hull
⤳ Hormone	T	20.5	4 DM	11770 / 2	23000 / 15	⤳-Plattform achtern / aft
⤳	T	18.0	MAN-DM	5880 / 2	20000 / 15	⤳-Plattform achtern / aft. Teleskop-Hangar
-	T	15.5	3 ⤳ DM	3530 / 2	13900 / 9.5	Verbesserte / modified Nikitich Klasse. Für Arktis / for Arctic Sea

Anzahl - Art / Number – Group	Schiffsnamen und Stapellauf / Ship's Name and Launching	Baubeginn - Fertig - Umbau / On Keel - Completed - Conv.	Bauwerft / Builder	Wasserverdrängung / Displacement ts	Länge / Length m	Breite / Beam m	Tiefgang / Draft m	Besatzung / Crew Bes
	Zubov Klasse							
8 AG o	**Alexej Čirikov, Andrej Vilkickij, Boris Davidov, Faddej Bellinsgausen, Fedor Litke, Nikolaj Zubov, Semen Dežnev, Vasilij Golovnin** 1963–68	.	Warski, Szczecin	2670 3020	90.0	13.0	4.6	50 + 70
	Yug Klasse							
18 AG o	**Briz, Donuzlav, Gals, Gidrolog, Gorizont, Jug, Mangyšlak, Maršal Gelovani, Nikolaj Matusevič, Pegas, Persej, Pluton, Seneš, Strelec, Stvor, Tajga, Vizir, Zodiak** 1976–82	./77 84	Polnocny, Gdansk	. 2500	82.5	13.5	3.9	45 + 20
1 AG o	**Nevelskoj** 1962	./62	Nikolaev	2000 2350	84.0	15.2	4.2	50
	Polyus Klasse							
3 AG	**Bajkal, Balchaš, Poljus** 1961–64	./62 64	Neptun, Rostock	4550 6900	112	14.4	6.7	145 + 75
2 AG	**Lyra, Vega** 1956–57	.	USSR	2000↑ 2500↓	90.0	7.9	6.4	.

Hydrographische Vermessungsschiffe – Marine / Hydrographic Survey Ships – Navy – AGS

Anzahl - Art / Number – Group	Schiffsnamen und Stapellauf / Ship's Name and Launching	Baubeginn - Fertig - Umbau / On Keel - Completed - Conv.	Bauwerft / Builder	Wasserverdrängung / Displacement ts	Länge / Length m	Breite / Beam m	Tiefgang / Draft m	Besatzung / Crew Bes
	Finik Klasse							
23 AG o	**GS 44, 47, 84, 87, 201, 260, 270, 272, 278, 296, 297, 301, 388, 392, 397–405** 1979–83	./79 83	Nordwerft, Gdansk	1200	61.5	11.8	3.3	30
	Moma Klasse							
20 AG o	**Altair, Anadir, Andromeda, Antares, Antarktida, Arktika, Askold, Berezan, Čeleken, Elton, Kolguev, Krilon, Liman, Mars, Morčovec, Okean, Ribačij, Sever, Tajmir, Zapoljare** 1967–75	./68 76	Nordwerft, Gdansk	1250 1580	73.0	10.5	4.0	56
	Biya Klasse							
14 AG o	**GS 182, 193, 194, 198, 200, 202, 204, 206, 210, 212, 214, 271, 273, 275** 1972–77	./72 77	Nordwerft, Gdansk	. 750	55.0	9.2	2.5	25
	Kamenka Klasse							
12 AG o	**Astronom, GS 66, 74, 78, 82, 107, 108, 113, 118, 199, 207, 211** 1968–72	./69 72	Nordwerft, Gdansk	700 950	53.5	9.1	2.6	25
	Samara Klasse							
15 AG o	**Azimut, Deviator, Gigrometr, Glubometr, Gorizont, Gradus, Kolešnikov, Kompas, Pamjat Merkurija, Rumb, Tropik, Tura, Vajgaš, Vostok, Zenit** 1962–64	./62 64	Nordwerft, Gdansk	1050 1280	60.4	10.5	3.5	45
	Melitopol Klasse							
3 AG	**Majak, Nivelir, Prizma** 1952–55	./52 55	Gdynia	670 770	58.0	9.0	4.3	20

Bewaffnung / Armament	Sensoren-Elektronik/ Sensors-Electronic	Geschwindigkeit / speed kn	Antrieb / Propulsion Maschine / Kessel / Engines / Boilers / Masch	Leistung/ Power kW 1 kW = 1.36 PS	Fahrstrecke / Range sm	Sonstige Angaben / Remarks
–	⊤ ⟡	17.0	Skoda-Sulzer-DM	3880 2	11000 14	Auch Vermessung / survey. Schiffe sehr unterschiedlich / considerable variations from ship to ship
6-2.5 ⟨2]	⊤	16.0	Skoda-Sulzer-DM + 2 EM	2650 + 220 2	8700 11	EM für Schleichfahrt / for slow-speed. Bugstrahlruder / bow thruster
–	⊤	18.0	DM	2940 2	10000 11	
–	⊤	13.5	4 >↦ DM	2940 2	25000 12	⟨-Plattform achtern / ⟨-platform aft
–	⊤	18.5↑ 15.0↓	DM EM	5880 3310 2	13000	I: SS Zulu V Klasse, II: SS Zulu IV Klasse. Forschungsschiff für Ozeanographie und Fischerei / oceanographic and fishery research ship
–	⊤	14.0	C.-Sulzer-DM	1410 2	3000 13	Verbesserte / improved Biya Klasse. Für Schleichfahrt / for slow speed: 2 EM à 75 kW
–	⊤	17.0	Skoda-Sulzer-DM	3000 2	8700 11	Verbesserte / improved Samara Klasse. Ribačij: 4 Mg ⟨2, 2 SA-N-5 ↑4 – *Moma mod. Klasse*
–	⊤	13.0	DM	880 2	4700 11	Ähnlich / similar to Kamenka Klasse
–	⊤	13.5	DM	1300 2	4000 10	
–	⊤	15.5	Skoda-Sulzer-DM	2210 2	6200 11	Tura: AX, großes Deckhaus vor Brücke / large deckhouse forward. Bes 125
–	⊤	10.0	DM	1470 1	2500 10	

Anzahl - Art / Number - Group	Schiffsnamen und Stapellauf / Ship's Name and Launching	Baubeginn - Fertig - Umbau/ On Keel - Completed - Conv.	Bauwerft / Builder	Wasserverdrängung / Displacement ts	Länge / Length m	Breite / Beam m	Tiefgang / Draft m	Besatzung / Crew Bes
	Telnovsk mod. Klasse							
6 AG	**Aitodor, Lot, Manometr, Sirena, Svijaga, Uljana Gromova** ~1950	.	Angyafold, Budapest	1050 1900	70.1	10.0	4.0	50
? AG	*GPB 480 Klasse* ~1960		USSR	120	29.0	5.0	1.7	15
? AG	*GPB 710 Klasse* ?	.	USSR	7.0	11.0	3.0	0.7	.
Lazarettschiffe / Hospital Ships								
2 AH o	**Ob, Jenisej**	1979	78/80 81	Warski, Szczecin	. 11000	150	18.5	5.5	80 +200
20 AH	*SK 600 Klasse* ~1978–81	./78 81	Wisla, Gdansk	. 240	32.7	7.4	2.0	17
Schulschiffe / Training Ships								
	Smolny Klasse							
3 AX o	**Chasan, Perekop, Smol'ny**	1975–77	75/76 77/78	Warski, Szczecin	6900 8500	138	17.5	6.3	210 +270
2 AX o	**Borodino, Gangut**	1970–71	./71 72	Nosenko, Nikolaev	6700 9500	145	17.7	6.5	300 +400
2 AX o	**Oka, Luga**	1977	76/77 77/78	Polnoc., Gdansk	1500 1800	72.0	12.0	4.2	60 +90
3 AX	*Mayak mod. Klasse*	?	./67 43	USSR	. 1050	54.3	9.3	3.6	60
25 AX	**I–XXV** ~1975–78	./75 79	Polen / Poland	147	28.8	6.8	1.8	11 +26
? AX	*Petrushka Klasse* ~1985	./85	Polen / Poland	~300	.	.	.	.
Tender / Tenders / VM								
10 YD	*Yelva Klasse* ~1970	./73 .	USSR	. 310	40.9	8.0	2.1	30
45 YD	*Nyryat I Klasse* 1955–70	./55 70	USSR	. 120	29.0	5.0	1.7	15
30 YD	*Nyryat II Klasse* ~1950	.	USSR	. 60	21.0	4.5	.	10
15 YP o	*Shelon Klasse* ~1975–?	./75 .	USSR	. 350	48.0	9.0	2.0	25
44 YP	*Poluchat Klasse* ~1950	.	USSR	. 90	29.6	6.1	1.9	20
Löschfahrzeuge / Fire Fighting Vessels								
13	*Vichr Klasse* 1983 – a. St. / o. st.	81/83 ./.	Stocznia, Gdansk	. 2299	68.0	14.3	4.6	.
	PZhK 415 Klasse							
?	**Morkov, I–?**	1984–?	./84 .	USSR	. 320	36.5	7.8	2.2	20
35	*Pozharny Klasse* ~1955	.	USSR	. 180	35.0	6.2	2.2	.

Torpedoversuchsschiffe / Torpedo Experimental Ships: o *Potok Klasse*: **OS 100, 124, 138, 145, 225** (~78) 750 ts, 18 kn, 1 **TR** 53.3, 1 **UTR** 40, DM, 2940 kW$_2$, 71 × 9.1 × 2.5 m

Bewaffnung / Armament	Sensoren-Elektronik/ Sensors-Electronic	Geschwindig-keit / speed kn	Antrieb / Propulsion		Fahrstrecke / Range sm	Sonstige Angaben / Remarks
			Maschine / Kessel / Engines / Boilers / Masch	Leistung/ Power kW 1 kW = 1.36 PS		
–	⊤	11.0	DM	735 2	3300 10	
–	⊤	12.0	DM	330 1	1600 10	Für Flachwasser / for inshore operations
–	.	10.0	DM	.	150 10	Mitgeführt von großen AGS / carried aboard the larger AGS
⊪ ⇝ Hormone	⊤	20.0	2 DM	14400 1	9700 18	Zivilbesatzung, medizinisches Personal Marine / civilian crew, naval medical personnel
–	⊤	11.5	DM	420 2	9700	Klinikkutter / ambulance craft
4–7.6 ⤵₂, 4–3 ⤵₂, 2 ⤵₁₂ RBU 2500	⊤ ⇗ ⊕ ▽ ↻	20.0	4 DM	11770 2	12000 15	
8–5.7 ⤵₂	⊤ ⇗ ⊕ ↻	17.0	4 DM	5880 2	10000 12	Ugra Klasse
–	⊤ ⇗ ↻	15.0	Skoda-S.-DM	2650 2	8000 11	Verbesserter / improved Typ pol. Wodnik. Für / for Navigation
2–2.5 ⤵₂, 4 TR 40 l, 4 ⤵₅ RBU 1200	⊤ ▽	11.0	DM	590 1	9400 11	Für U-Abwehr / for ASW
–	⊤	10.0	DM	220 2	1100	Typ pol. Bryza
.	.	.	.	.	.	.
–	⊤	12.5	DM	440 2	.	
–	⊤	12.0	DM	330 1	1600 10	
–	⊤	9.0	DM	110 1	.	
[2–2.3 ⤵₂]	⊤	22.0	DM	3500 2	.	
2 Mg ⤵₂	⊤	18.0	DM	1765 2	900 10	
–	⊤	16.0	Sulzer-DM	4320 1	.	
–	⊤	12.5	DM	765 2	500 12	Auch / also AT
–	⊤	17.0	DM	1320 1	.	

2 Minenversuchsboote / mine countermeasures trial vessels: **I, II** 360 ts, 9 kn, DM, 225 kW₁ – *Daldyn Klasse*

9 Zielschiffe / Target Control Ships: *Osa Klasse* – s. PG

Anzahl - Art / Number - Group	Schiffsnamen und Stapellauf / Ship's Name and Launching	Baubeginn - Fertig - Umbau / On Keel - Completed - Conv.	Bauwerft / Builder	Wasserverdrängung / Displacement ts	Länge / Length m	Breite / Beam m	Tiefgang / Draft m	Besatzung / Crew Bes
Eisbrecher / Icebreaker								
	Nikitich Klasse							
7 AI o	**Buran, Dobrinja Nikitič, Ilja Muromec, Peresvet, Plug, Sadko, Vjuga** 1959–74	./60 74	Adm. Werft, Leningrad	. 2940	70.0	18.0	5.5	100
Hilfsfahrzeuge – nicht Marine / Auxiliaries – not Navy								
Raketenortungs- und Flugkörperbeobachtungsschiffe / Missile Range Instrumentation Ships								
1 o	**Kosmonaut Jurij Gagarin**	1970	./71	Balt. Werft, Leningrad	. 53500	232	31.0	9.2	160 +180
1 o	**Akademik Sergej Korolev**	1970	./71	Nikolaev	. 21470	182	25.0	8.0	190 +170
1 o	**Kosmonaut Vladimir Komarov**	1966	.	Nikolaev	11000 17500	156	22.3	8.6	250
4 o	**Kosmonaut Pavel Beljaev, Kosm. Georgij Dobrovolskij, Kosm. Viktor Pacaev, Kosm. Vladislav Volkov** 1963–66	. 77–78	USSR Ždanov, Leningrad	5300 9000	122	16.8	7.5	90
	Morzhovets Klasse							
4 o	**Borovičij, Kegostrov, Morčovec, Nevel** 1965–66	. 67	Ždanov, Leningrad	5300 7600	122	16.8	6.8	90
Forschungsschiffe / Research Ships								
2 AG I	**Akademik Serfej Vavilov** a. St. / o. st. 1987	87/89 86/88	Hollming, Rauma Hollming, Rauma	. 6600	117	18.2	5.9	.
1 AG	**Akademik Fedorov**	1986	86/87	Rauma-Repola	7600	149	23.0	8.5	90 +160
2 AG	**Bavenit, Bakerit**	1985–86	85/86	Hollming, Rauma	5300	85.8	16.8	5.6	65
1 AG	**Akademik Alexej Kirov**	?	./81	Nikolaev	. 9920	125	17.5	7.0	120 +30
3 AG	**Akademik Alexandr Nesmejanov, Akademik Alexandr Vinogradov, Vitjas** 1980–82	80/81 81/83	Stocznia, Szczecin	. 5700	111	16.6	5.7	60 +65
1 AG o	**Akademik Mstislav Keldyš**	1980	79/81	Hollming, Rauma	. 5500	122	17.8	5.9	50 +80
1 AG	**Akademik Alexandr Karpenskij**	?	./84	Nikolaev	. 5620	103	16.0	5.9	90
1 AG	**Michail Somov**	1974	./75	Cherson	9500 15100	133	18.9	8.5	100 +160
	Kurchatov Klasse							
7 AG o	**Akademik Korolev, Akademik Kurčatov, Akademik Širšov, Akademik Vernadskij, Dmitrij Mendeleev, Professor Viese, Professor Zubov** 1965–68	./66 68	M. Thesen W., Wismar	5500 6980	124	17.0	5.9	85 +80

Bewaffnung / Armament	Sensoren-Elektronik/ Sensors-Electronic	Geschwindig-keit / speed kn	Antrieb / Propulsion Maschine / Kessel / Engines / Boilers / Masch	Leistung/ Power kW 1 kW = 1.36 PS	Fahrstrecke / Range sm	Sonstige Angaben / Remarks
	⊤	14.0	⤳ DM	3970 / 3	5500 / 12	Unterstehen der Marine. I–III keine **Bew** / belong to the Navy. I–III no **AMT**
	⊤ ○	17.0	2 ❀ Tu 2 Wr	13970 / 1	24000 / 17	Satelliten-Ortungsschiffe / range instrumentation ships
	⊤ ○	17.0	B. & W.-DM	8825 / 1	22500 / 17	
	⊤ ○	17.0	B. & W.-DM	6620 / 1	16700 / 17	
	⊤ ○	16.0	B. & W.-DM	3820 / 1	8000 / 15	Ex Vytegrales Klasse / class
	⊤ ○	16.0	DM	3820 / 1	8000 / 15	Ex Vytegrales Klasse / class
	⊤	15.0	SEMT-P.-DM	5150 / 2	.	
⤙ Mi 8	⊤	16.0	Wärtsilä-Vasa ⤳ DM	14000 / 1	.	Auch / also AI, AP, AR
	⊤	12.7	Russkij- ⤳ DM	4400 / 2	8000 / 12	Bei 300 m Wassertiefe Bohrungen bis 200 m möglich / able to drill to 200 m depth in waters up to 300 m deep
	⊤	16.0	DM	6620 / 2	10000 / 16	Mittschiffs Tauchfahrzeug im Hangar / submerisble hangared amidships
	.	17.0	Sulzer-DM	4710 / 2	16000 / 16	Tauchfahrzeug **Argus** an Bord / submersible **Argus** aboard
	⊤	16.0	4 Wärtsilä-DM	4280 / 2	20000 / 16	Hat Kleinst-Uboot **Pisces** an board / has midget submarine **Pisces** aboard
	⊤	17.0	Sulzer-DM	5075 / 1	7000 / 14	
	⊤	15.0	4 Vasa-DM	6620 / 1	10000 / 15	Amguema Klasse. Für Arktis / Polar research ship. ⤙-Plattform achtern / aft
	⊤	18.2	Halberstadt-DM	5880 / 2	20000 / 15	I, III, VI, VII: Wetterbeobach-tungsschiffe / weather ships. Unterschiedliche / different Radars

Anzahl – Art / Number – Group	Schiffsnamen und Stapellauf / Ship's Name and Launching	Baubeginn – Fertig – Umbau/On Keel – Completed – Conv.	Bauwerft / Builder	Wasserverdrängung / Displacement ts	Länge / Length m	Breite / Beam m	Tiefgang / Draft m	Besatzung / Be
9 AG	**Akademik Fersman, Akademik Selskij, Akademik Šackij, Akademik Čelomlij, Akademik Lazarev,** I–IV 1985 – a. St. / o. st. *Krenkel Klasse*	84/85 87/88	Stocznia, Szczecin	. 3300	81.9	14.8	5.0	6
3 AG	**Ernst Krenkel** (ex Vikr), **Georgij Ušakov** (ex Škval), **Viktor Bugaev** (ex Poriv) ~1970 *Passat Klasse*	./71	Warski, Szczecin	. 4200	100	14.8	5.1	10 + 6
6 AG	**Musson, Okean, Passat, Priboj, Priliv, Volna** 1966–69	./68 70	Warski, Szczecin	. 4150	97.0	13.8	5.3	5 + 5
2 AG	**GS 525, 526** 1985 *Izyskatel II Klasse*	85/85	Rauma – Repola, Savonlinna	400	32.9	9.1	2.2	.
4 AG	**Izyskatel' 2**–5 1986 – a. St. / o. st. *Vadim Popov Klasse*	./86 .	Wisla, Gdansk	. 600	.	.	.	.
7 AG	**Vadim Popov, Viktor Buinickij, Pavel Gordjenko,** I–IV 1986 – a. St. / o. st.	85/86 87/88	Valmet, Laivat.	. 885	49.9	10.0	3.5	2 + 1
4 AG	**Akademik Boris Petrov, Akademik M A Lavrentev, Akademik Oparin, Akademik Strachov** 1983–84	83/84 85	Hollming, Rauma	. 2700	75.5	14.7	4.5	6
10 AG	**Akademik Gamburcev, Akademik Šulejkin, Akademik Šokalskij, Akademik Alexandr Sidorenko, Akademik Golicin, Professor Chromov, Professor Multanovskij, Professor Pavel Molčanov, Professor Polškov, Geolog Dmitrij Nalivkin** 1981–84 *Alpinist mod. Klasse*	81/82 83/85	Laivat. Shy., Turku	. 2140	71.6	12.8	4.7	3 + 3
5 AG	**Gidrobiolog, Gidronavt, Rift, Diorat, Diabaz** ? *Ovtsin Klasse*	/82 83	Jaroslavl Shy.	. 1265	53.7	10.5	4.4	2 + 1
19 AG o	**A. Smirnov, Dmitrij Laptev, Dmitrij Ovcin, Dmitrij Sterligov, Eduard Toll, Fedor Matisen, G. Maksimov, Ivan Kireev, Jakov Smirnickij, Nikolaj Evgenov, Nikolaj Kolomejcev, Pavel Bašmakov, Professor Bogorov, Professor Kurencov, Professor Štokman, Professor Vodanickij, Sergej Krakov, Stepan Malygin, Valerjan Albanov, Vladimir Suchockij** 1969–77 *Uryvayev Klasse*	68/70 77/77	Laivateollisuus, Åbo	1450 1700	68.7	11.9	4.1	4
18 AG	**Čavio, Dalnie Zelencij, Elm, Geofizik, Iskatel, Isledovatel, Jakov Gakkel, Lev Titof, Modul, Morskoj Geofizik, Poisk, Professor Fedynskij, Rudolf Samojlovic, Valerjan Urivaev, Vektor, Vsevolod Bereckin, Vulkanolog, Vjačeslav Frolov** 1974–81	./74 82	Chabarovsk	. 1050	55.0	9.5	4.0	40 + 12

Bewaffnung / Armament	Sensoren-Elektronik/ Sensors-Electronic	Geschwindig-keit / speed kn	Antrieb / Propulsion		Fahrstrecke / Range sm	Sonstige Angaben / Remarks
			Maschine / Kessel / Engines / Boilers / Masch	Leistung/ Power kW 1 kW = 1.36 PS		
ᛐ ᐃ		14.5	Skoda-Sulzer-DM	3090 1	12000	Für Gas- und Ölsuche in Küstengewässern / for offshore gaz and oil deposits
ᛐ		16.0	Sulzer-DM	3535 2	15000 16	Wetterschiffe / weather ships. Verbesserte / improved *Passat Klasse*
ᛐ		16.0	Sulzer-DM	3535 2	.	
ᛐ		11.0	Baikal-DM	435 2	.	Hydrographic echo-sweeping vessels
.		.	. .	.	. .	
ᛐ		12.0	Vasa-DM	985 1	.	Hydro-meteorological vessels
ᛐ		14.5	SEMT-P.-DM	2575 1	12000	
ᛐ		14.0	Gorkij-DM	2265 2	14000 12	Eisverstärkt / ice-strengthened
ᛐ		12.0	DM	970 1	6900 12	Haben Tauchfahrzeug an Bord / have submersible aboard. IV, V: 15 m Bohrturm / drill tower
ᛐ		13.5	Deutz-DM	1620 1	9700 13	Bugstrahlruder / thrust propeller forward. 8 Laboratorien. Einsatz meist in Arktis / 8 laboratories. Employed mostly in Arctic. Unterschiedliches Radar / radars varies
ᛐ		11.0	DM	650 1	10000 11	Radar unterschiedlich / varies

Anzahl - Art / Number - Group	Schiffsnamen und Stapellauf / Ship's Name and Launching	Baubeginn - Fertig - Umbau/On Keel - Completed - Conv.	Bauwerft / Builder	Wasserverdrängung/Displacement ts	Länge/Length m	Breite/Beam m	Tiefgang/Draft m	Besatzung/B
1 AG	**Sever** ~1966	./67	Nikolaev	1780 2530	71.0	13.1	5.0	
1 AG	**Akademik Petrovskij** (ex Moskovskij Universitet) ~1966	./66 70	Chabarovsk	. 920	54.1	9.3	3.7	+
2 AG	**Akademik Archangelskij, Jurij Godin** ~1963	./63	Leninskaja, Kiev	. 580	43.6	7.6	3.0	+
	Tropik Klasse							
4 AG	**Kallisto, Nauka, Pegas, Raduga** ~1965	.	Volkswerft, Stralsund	1200 3000	80.0	13.2	5.2	+
	Mayakovsky mod. Klasse							
1 AG	**Alexandr Ivanovič Vojikov** ~1958	./59	Nosenko, Nikolaev	. 3600	84.7	14.0	5.7	+
1 AG	**Michail Lomonosov** 1956	./57	Neptun, Rostock	3000 5900	103	14.4	5.9	+
2 AG	**Petr Lebedev, Sergej Vavilov** 1954	.	Wärtsilä, Åbo	. 4800	94.2	14.0	5.6	

1 AG: **Zarja** (52) 580 ts, 9 kn, unmagnetischer Dreimastgaffelschuner mit 220 kW-DM / non-magnetic three-masted schooner with 220 kW-DM

1 AG	**Izumrud** 1970	./70	Nikolaev	2640 5170	99.4	14.0	5.3	11 +4

Die USSR kann, wenn erforderlich, jederzeit Schiffe der Handelsmarine zu Landungs- und Versorgungsaufgab' einsetzen. Die Konstruktion und Ausrüstung dieser Schiffe entspricht den Anforderungen der Marine. Sie s ausgestattet mit ELINT (Electronic Intelligence), SIGINT (Signal Intelligence) und Fotolabors, sie können größ technische Reparaturen mit Bordmitteln ausführen und sie fahren ständig mit einem Marinestammpersonal.
Schiffe mit diesem Standard sind hier aufgeführt.

1 AK	**Sovmorput** 1986	84/.	Cherson	. 62000	260	32.2	11.7	
1 AK	**I** a. St. / o. st.	87/.	Wärtsilä, Helsinki	.	226	30.0	.	
3 AK o	**Alexej Kosygin, Šaraf Rašidov, Indira Gandhi** 1983–85	./84 85	Cherson	. 40900	263	32.2	11.7	4
2 AK o	**Julius Fučik, Tibor Szamueli** 1978–79	77/78 78/79	Valmet, Helsinki	35880 BRT/grt	266	35.0	11.0	
2 AK	**Nikolaj Markin, Anatolj Železnjakov** 1984	83/85	Breda C. N.	17400 BRT/grt	155	29.0	4.3	
2 AK o	**Boris Polevoj, Pavel Antokolskij** 1983	82/84 83	Valmet, Helsinki	8700	142	31.0	4.3 9.3	
3 AK o	**Stachanovec Jermolenko, Stachanovec Kotov, Stachanovec Petraš** 1977–78	77/78 78/79	Hollming, Rauma	5710	139	20.2	6.3	
14 AK o	**Astrachan, Brest, Budapešt, Kerč, Korsun Ščevčenkovskij, Kostroma, Kremenčug, Rostov, Rovno, Sverdlovsk, Ulan Bator, Vinnica, I, II** 1983–86	83/83 86/87	Warnoww., Warnem.	18030	172	23.1	10.0	3 +
4 AK	**Kapitan Smirnov, Kapitan Mezencev, Inžener Jermoškin, Vladimir Vaslaev** 1979–84	./79 46	Černomorskij, Nikolaev	20075	227	30.0	9.9	4
4 AK o	**Magnitogorsk, Komsomolsk, Anatoli Vasilev, Smolensk** 1975–81	./76 81	Valmet, Helsinki	. 37500	206	31.0	.	

Bewaffnung / Armament	Sensoren-Elektronik/ Sensors-Electronic	Geschwindig-keit / speed kn	Antrieb / Propulsion Maschine / Kessel / Engines / Boilers / Masch	Leistung/ Power kW 1 kW = 1.36 PS	Fahrstrecke / Range sm	Sonstige Angaben / Remarks
	⊤	13.0	3 ⊶ DM	2205 / 1	11000 / 13	
	⊤	11.0	DM	575 / 1	10000 / 11	Für Universität Moskau / for university Moscow
	⊤	10.0	DM	330 / 2	.	
	⊤	12.5	2 DM	1235 / 1	.	
	⊤	13.0	2 Russkij-DM	1470 / 1	1800 / 12	Ex Fischereifabrikschiff / fish factory trawler
	⊤	13.0	ATu / Wr	1800 / 1	11000 / 13	⇞-Plattform achtern / ⇞-platform aft
	⊤	13.5	Sulzer-DM	1765 / 1	6000 / 13	

AG: **Vladimir Obručev** (59) 900 ts, 11 kn, 2 DM – ex AT, für seismische Forschung / for seismic research

Bewaffnung / Armament	Sensoren-Elektronik/ Sensors-Electronic	Geschwindig-keit / speed kn	Antrieb / Propulsion Maschine / Kessel / Engines / Boilers / Masch	Leistung/ Power kW	Fahrstrecke / Range sm	Sonstige Angaben / Remarks
	⊤	13.8	4 ⊶ DM	2940 / 1	.	Versuchsschiff für Schiffbau / trials ship for shipbuilding

The USSR can, whenever necessary, employ ships from its merchant marine for landing and supply missions. The design and equipment of these ships meets naval requirements. This ships are equipped with ELINT (electronic intelligence), SIGINT (signal intelligence), and photographic laboratories. In addition, the carry equipent for performing major technical repairs, and they always sail with a core complement of naval personnel. These ships listed here meet this standard.

Bewaffnung / Armament	Sensoren-Elektronik/ Sensors-Electronic	Geschwindig-keit / speed kn	Antrieb / Propulsion Maschine / Kessel / Engines / Boilers / Masch	Leistung/ Power kW	Fahrstrecke / Range sm	Sonstige Angaben / Remarks
LASH 370 ts barges	.	21.0	2 ✿ Tu Druckw.-Reaktor	29050	.	Nuclear powered barge carrier. Für Eisfahrt / for arctic operations
.	⊤	20.0	DM	24000	.	
LASH 370 ts barges ler / or 1480 container	.	18.4	B. & W.-DM	24340 / 2	12000	Barge carriers. Für Eisfahrt / for arctic operations
LASH 1070 ts barges ler / or 1550 container	.	20.0	Pielstick-DM	26470 / 2	12000	
	⊤	12.5	1 GMT-DM	3370 / 2	.	Feeder barge carriers
LASH 1070 ts barges ler / or 12 LASH 370 ts	.	13.0	Vasa-DM	5560	.	
LASH 1400 ts	.	14.5	Pielstick-DM	4720	.	Dock: 90 × 13.6 m. Heckrampe / stern ramp
	.	17.1	MAN-DM	7600 / 1	20000 / 14	Ro-Lo Schiffe / ships. **I = Truskanec** **II = Samarkand**
	.	25.0	GTu	36765 / 2	25000	Ro-Ro Schiffe / ships
	.	21.0	B. & W.-DM	16910 / 2	30000	III, IV: MAN-DM, 19850 kW$_2$

Anzahl - Art / Number - Group	Schiffsnamen und Stapellauf / Ship's Name and Launching	Baubeginn - Fertig - *Umbau* / On Keel - *Conv.* Completed - *Conv.*	Bauwerft / Builder	Wasser- verdrängung / Displacement ts	Länge / Length m	Breite / Beam m	Tiefgang / Draft m	Besatzung / Bes
9 AK	60 Letije SSSR, XIX JJ Sezd, Jurij Avot, Doneck, Kuzma Gnidaš, Nikolaj Jansen, Nikolaj Prževalskij, I, II 1982–86	./82 87	Ždanov, Leningrad	.	.	.	.	.
12 AK o	Ivan Skuridin, Jurij Smirnov, Gavriil Kirdiščev, Nikolaj Vilkov, Znamja Oktjabrija, Ivan Derbenev, Boris Buvin, Alexandr Osipov, Timur Frunze, Katja Zelenko, Vera Choružaja, Viktor Talalichin 1975–81	74/75 80/81	Ždanov, Leningrad	4600	140	19.2	6.6	.
2 AK o	Izvestija, Knud Jespersen 1978–79	./78 79	Burmester & Wain, Kopenhagen	12600	133	20.5	9.4	.
10 AK o	Skulptor Konenkov, Skulptor Vučetič, Skulptor Golubkina, Skulptor Zalkalns, Nikolaj Čerkasov, Agostinho Neto, Petr Mašerov, Georgij Paseckij, Jurij Maksaev, I 1975–85	./76 86	Stocznia, Gdansk	18640	182	28.2	9.6	.
4 AK o	Inžener Nečiporenko, Mechanik Fedorov, Mechanik Gerasimov, Mechanik Evgrafov 1976–77	./76 77	Hollming, Rauma	6130	124	19.2	6.3	.
5 AK o	Inžener Mačulskij, Inžener Baškirov, Inžener Suchorukov, Inžener Krejlis, Mechanik Konovalov 1974–76	./75 76	Hollming, Rauma	6130	124	19.2	6.3	.
6 AK o	Akademik Kuprevič, Akademik Arcimovič, Akademik Guber, Akademik Millionščikov, Akademik Stečkin, Akademik Tupolev 1974–75	./75	CNIM, La Seyne	4260	119	19.4	5.8	.
5 AK	Vitus Bering, I–IV 1985 – a. St. / o. st.	./86 .	Cherson	. 10000	162	22.4	.	.
19 AK	Norilsk, Tiksi, Igarka, Mončegorsk, Archangelsk, Kola, Amderma, Kandalakša, Nikel	./82 84	Wärtsilä, Helsinki	14700	174	24.5	9.0	39 + 12
	Nižneansk, Ocha, Bratsk, Kemerovo, Anadyr, Anatolij Kolesničenko, Kapitan Man, Vasilij Burchanov, Jurij Aršehevskij, Ivan Danikin 1982–87	./83 87	Valmet, Helsinki					
2 AK	Kapitan Tomson, Kapitan Jakovlev 1977–78	./78	Kurushima, Imabari	7240	114	17.6	.	.
5 AK	Kessulaid, Manilaid, Suurlaid	./72 73	Beykoz	1500	80.2	12.9	4.2	.
	Heinlaid, Viirelaid 1971–73	./71 72	Sürken, Papenburg					
8 AK o	Kompozitor Kara Karaev, Kompozitor Borodin, Kompozitor Glinka, Kompozitor Mussorgskij, Kompozitor Dargomjžskij, I–III 1983–86	./84 ./87	Neptun, Rostock	4850	125	16.2	5.6	.
2 AK	I, II a. St. / o. st.	86/.	Konstanza	. 12000	171	26.0	7.3	.

Bewaffnung / Armament	Sensoren-Elektronik/ Sensors-Electronic	Geschwindig-keit / speed kn	Antrieb / Propulsion		Fahrstrecke / Range sm	Sonstige Angaben / Remarks
			Maschine Kessel Engines Boilers Masch	Leistung/ Power kW 1 kW = 1.36 PS		
.	.	.	.	.	.	Ivan Skuridin mod. Klasse
	.	17.0	B. & W.-DM	4925 1	5000	20 m Bugrampe / bow ramp
	.	15.0	2 Alpha-DM	4675	10000	Rampe achtern / quarter ramp
	.	19.0	Sulzer-DM	15295 2	20000	Typ pol. B 481. 60 ts Heck-rampe / stern ramp
	.	16.5	Pielstick-DM	5880 2	5000	Heckklappen, Fahrstühle innen / stern doors, internal lifts
	.	16.5	Pielstick-DM	5880 2	5000	Rampe steuerbord achtern, Rampen innen / starboard quarter ramp, internal ramps
	.	17.0	Atl.-Pielstick-DM	6690	6000	
	⊤	16.0	Wärtsilä-Sulzer ⟶ DM	11470 2	.	Arctic replenishment ships
ACV	.	17.0	2 Wärtsilä-Sulzer-DM	15440 2	16000	Arctic Combi Ships. Air-bubbling system. Einsatzfähig bis −50 °C. Laden und löschen direkt vom Eis / capable of operating in −50 °C. Load and unload directly on to the ice
.	.	13.0	Mitsubishi-DM	3310 1	.	
.	.	14.0	B. & W.-Alpha-DM	1470	.	1974–75 angekauft / acquired
.	.	15.5	SKL-DM	5295 2	3000	Trailer Schiffe / ships. Typ 161. **I–III: Komp. Čajkovskij, Komp. Rachmaninov, Komp. Rimskij-Korsakov**
.	.	17.0	DM	.	.	Eisenbahnfähren / train ferries. Route: Konstanza–Samsun

Anzahl - Art / Number - Group	Schiffsnamen und Stapellauf / Ship's Name and Launching	Baubeginn - Fertig - / Umbau - On Keel - / Completed - Conv.	Bauwerft / Builder	Wasser-verdrängung / Displacement (ts)	Länge / Length (m)	Breite / Beam (m)	Tiefgang / Draft (m)	Besatzung / Crew (Bes)
3 AK	Kaunas	./89	M. Thesen, Wismar	.	190	26.8	7.2	4.
	Klaipeda, Vilnius 1987 – a. St. / o. st.	86/87	M. Thesen, Wismar	11900				+1?
6 AK	Soveckaja Gruza, Soveckaja Belorussa, Soveckaja Kirgizija, Soveckij Dagestan, Soveckij Nachičevan, Soveckij Tadzikistan 1984-85	./85 86	Uljanik, Pula	. 11400	154	18.3	4.3	.
2 AK	Geroj Plevnij, Geroj Sipkij ~1978	./78	Uljanik, Pula	12000	184	26.7	.	.

Wegen der besonders starken Bauart der Eisbrecher ist mit einer langen Lebensdauer zu rechnen. Aufgeführt sind nur reine Eisbrecher. Die Eisbrecher unterstehen zumeist nicht der Kriegsmarine.

Neubauten ab 1973 haben Wärtsilä Luftblasensystem zur Verrringerung des Eisdruckes auf den Schiffskörper.

WABS

2 AI	I	87/91	Wärtsilä, Helsinki	20500	150	29.2	8.1	142
	Tajmir 1987 – a. St. / o. st.	86/90	Wärtsilä, Helsinki	23500				
5 AI o	Oktabrskaja Revoljucija	86/.	Balt. Werft, Leningrad	19300	148	30.0	11.0	175
	Leonid Brežnev	83/88	Balt. Werft, Leningrad	23460				
	Rossija	81/85	Balt. Werft, Leningrad					
	Sibir	73/77	Balt. Werft, Leningrad					
	Arktika (ex Leonid Brežnev) 1972 – a. St. / o. st.	71/74	Balt. Werft, Leningrad					
1 AI o	Lenin 5.12.57	56/59 66-72	Adm. Werft, Leningrad	15940 19240	134	26.8	10.5	230
3 AI o	Krasin	74/76	Wärtsilä, Helsinki	13280	135	26.0	11.0	150
	Admiral Makarov	73/75		20250				
	ERMAK 1973-75	72/74						
2 AI	Kapitan Chlebnikov	80/81	Wärtsilä, Helsinki	10450	132	26.5	8.5	75
	Kapitan Dranicyn 1980-81	79/80	Wärtsilä, Helsinki	14650				
2 AI o	Kapitan Nikolaev	76/78	Wärtsilä, Helsinki	10450	132	26.5	8.5	75
	Kapitan Sorokin 1977	75/77	Wärtsilä, Helsinki	14650				
5 AI o	Kiev, Leningrad, MOSKVA,	55/61	Wärtsilä, Helsinki	13290	122	24.5	10.5	115
	Murmansk, Vladivostok 1959-68	67/69		15360				
3 AI o	Mudjug, Dixon, Magadan 1982	81/82 83	Wärtsilä, Helsinki	. 6140	92.0	21.2	6.5	43
3 AI o	KAPITAN BELOUSOV, Kapitan	52/55	Wärtsilä, Helsinki	4415	83.2	19.4	7.0	120
	Melečov, Kapitan Voronin 1954-56	53/56		5350				
8 AI o	Kapitan Evdokimov, Kapitan Babičev, Kapitan Čudinov, Kapitan Borodkin, Avraamij Zavenjagin (ex Kapitan Krylov), Kapitan Mecaik, Kapitan Demidov, Kapitan Moskin 1982-85	81/83 85/86	Wärtsilä, Helsinki	2000	76.8	16.6	2.5	25

Bewaffnung / Armament	Sensoren-Elektronik/ Sensors-Electronic	Geschwindig-keit / speed kn	Antrieb / Propulsion		Fahrstrecke / Range sm	Sonstige Angaben / Remarks
			Maschine Kessel Engines Boilers Masch	Leistung/ Power kW 1 kW = 1.36 PS		
	.	16.5	4 DM	10600 2	.	Eisenbahnfähren / train ferries. Route Mukran (Rügen)–Klaipeda. Total 6 (3 DDR/GDR: **Mukran,** W i s m a r, G r e i f s - w a l d (85 – a. St. / o. st.))
	.	17.2	MAN-B. & W.-DM	6400 2	.	Eisenbahnfähren / train ferries
	.	19.5	B. & W.-DM	12940 2	.	Eisenbahnfähren / train ferries. Route Varna–Iličovsk. Total 4 (2 Bulgarien: **Geroite Na Odessa, Geroite Na Sevastopol)**

Ice breakers have a long life due to their strong construction. Only true icebreakers are listed. They are seldom assigned to Navy and most of these are civilian operated.

New AI from 1973 have Wärtsilä mixed-flow air-bubbling system to decrease friction between hull and ice / WABS

Bewaffnung / Armament	Sensoren-Elektronik	Geschwindig-keit	Antrieb Maschine	Leistung	Fahrstrecke	Sonstige Angaben / Remarks
	.	20.5	✿ Tu 2 Reaktoren	55000 2	.	Atom-Antrieb / nuclear powered. Reaktoreneinbau in Leningrad. Einsatz in flachen Gewässern / Reactors to be installed at Leningrad. For shallow water work
2 ⇥	⊤ ⟡	21.0	✿ Tu 2 Reaktoren	55000 3	.	Atom-Antrieb / nuclear powered. Mittelwelle / central shaft: 27500 kW, Seitenwellen je / each of the outboard shafts: 13750 kW
—	⊤	19.5	4 ✿ Tu 2 Reaktoren	29265 3	.	Atom-Antrieb / nuclear powered. Erste Reaktoren ersetzt / original reactors replaced
—	⊤	19.5	9 Sulzer ⟿ DM	26470 3	29000 14	
—	⊤	19.0	6 Sulzer ⟿ DM	16180 3	10700 16	Verbesserte / improved Kapitan Sorokin Klasse. Für nordsibirische Küste / for North Sibirian coasts
—	⊤	19.0	6 Sulzer ⟿ DM	16180 3	10700 16	
—	⊤	18.0	8 Sulzer ⟿ DM	16180 3	20000 14	
—	.	17.5	4 Vasa-DM	9100 2	15000 16	I nach Umbau / after conversion in Emden: Thyssen-Waas Bug, ⇥-Deck 12.9 × 12.7 m
—	⊤	15.0	6 Polar ⟿ DM	7720 4	10000 14	Typ finn. Voima
—	⊤	13.5	Vasa-⟿-DM	3800 4	.	Für Flüsse und Küsten / for rivers and inshore

Anzahl - Art / Number – Group	Schiffsnamen und Stapellauf / Ship's Name and Launching	Baubeginn – Fertig – *Umbau/* On Keel – *Conv.* Completed –	Bauwerft / Builder	Wasser- verdrängung / Displacement ts	Länge / Length m	Breite / Beam m	Tiefgang / Draft m	Besatzung / Be
6 AI o	Kapitan Zarubin, Kapitan Bukaev, Kapitan Krutov, Kapitan Čadaev, Kapitan Plačin, KAPITAN ČEČKIN 1977–78	76/77 78/78	Wärtsilä, Helsinki	2240	77.6	16.3	3.3	2
3 AI	Kapitan M. Izmailov, Kapitan Kosolapov, Kapitan A. Radžabov 1975–76	75/76	Wärtsilä, Helsinki	1700 2045	56.5	16.0	4.2	2
1 AI	Otto Schmidt 1978	./79	Adm. Werft, Leningrad	2528 3650	73.0	18.6	6.6	5 +3
14 AI o	Afanasij Nikitin, Chariton Laptev, Erofrej Chabarov, Fedor Litke, Georgij Sedov, Ivan Krusenštern, Ivan Moskvitin, Petr Pachtusov, Semen Dežnev, Semen Čeljuskin, Jiri Lisjanskij, Vasilij Poljarkov, Vasilij Pronchiščev, Vladimir Rusanov 1961–65	.	Adm. Werft, Leningrad	2000 2675	68.0	18.0	5.5	4

Vanuatu

1 PP	Turoko 1987	86/87	Australian Shb. Ind., Jervoise Bay	. 165	31.5	8.1	1.8	1
1 PP:	Mala							

Venezuela

Fregatten / Frigates

6 FG o	Almirante Garcia General Salom General Soublette General Urdaneta Almirante Brion Mariscal Sucre 1978–80	79/82 79/82 78/81 78/81 77/81 76/79	CNR, R. Trigoso CNR, Livorno CNR, Livorno CNR, Livorno CNR, R. Trigoso CNR, R. Trigoso	2210 2520	113	12.0	3.9	18

Uboote / Submarines

2 SS o	Sabalo, Caribe 1975	73/76 77	Howaldt, Kiel	1285↑ 1450↓	59.5	6.3	5.0	33
1 SS o	Picua (ex Grenadier) 1944	44/51 *79–81*	N. Y., Boston	2040↑ 2420↓	94.0	8.3	5.2	80

Landungsfahrzeuge / Landing Vessels

4 LS	Capana, Esequibo, La Guajira, Los Llanos 1983–84	82/84 84/85	Hyundai Shy., S. Korea	1800 3370	100	15.4	4.2	115
2 LC	Margarita, La Orchila 1983	83/84	Swift Sh., Morgan City	200 430	39.6	11.0	1.3	21
12 LC: Typ US **LCVP** (76–77) 12 ts, 9 kn								

Hilfsfahrzeuge / Auxiliary Vessels

1 AP	Puerto Cabello (ex Sierra Nevada, ex Kongsfjell) 1972	./72	Drammen S. & V.	. 7720	140	18.0	9.1	.
1 AK	Valencia (ex Ciudad de Valencia) 1949	./49	Vickers, Canada	. 8100	128	16.8	6.8	55
2 AT: **C 142** (76) 14 kn, 1180 kW$_2$, Werkspoor-DM; **Fernando Gomez** 160 ts, 15 kn, DM								

Bewaffnung / Armament	Sensoren-Elektronik / Sensors-Electronic	Geschwindig-keit / speed kn	Antrieb / Propulsion		Fahrstrecke / Range sm	Sonstige Angaben / Remarks
			Maschine Kessel Engines Boilers Masch	Leistung / Power kW 1 kW = 1.36 PS		
	⊤	14.0	Sulzer ⤳ DM	4655 3	.	Für Flüsse und Küsten / für rivers and inshore
	⊤	14.0	4 Sulzer ⤳ DM	2500 2	.	Für Küsten / for inshore
	⊤	14.0	⤳ DM	3970 3	11000 14	Forschung / research
	⊤	14.0	⤳ DM	3970 3	5500 12	Stationiert in Ostsee, Schwarzem Meer und Fernost / operating in the Baltic, Black Sea and Far East. G. Sedov, P. Pachtusov: Auch Forschung / research too

Vanuatu

Bewaffnung / Armament	Sensoren-Elektronik / Sensors-Electronic	Geschwindig-keit / speed	Antrieb / Propulsion		Fahrstrecke / Range	Sonstige Angaben / Remarks
-2 ◣	⊤	20.0	Caterpillar-DM	2075 2	2500 12	Typ austral. ASI 315

Venezuela

Bewaffnung / Armament	Sensoren-Elektronik / Sensors-Electronic	Geschwindig-keit / speed	Antrieb / Propulsion		Fahrstrecke / Range	Sonstige Angaben / Remarks
Otomat ⇨, -12.7 ◣, 4-4 ◣₂, Albatros ⅛₈, UTR 32.4 III, ⤳ AB 212	⊤ ⇕ ⌒ ⇕ ⇕ ⵌ ⌒ ⊸	34.0	GE-Fiat GTu + 2 Fiat-DM	36775 + 5740 2	5500 16	Ähnlich / similar to Typ ital. Lupo
TR 53.3 b↓	⊤ ⇕ ⌒ ⵌ ⌒	10.0↑ 21.0↓	4 MTU-DG 1 EM	1760 3680 1	7800 8	Typ deutsch / German 209/1200
0 TR 53.3↓ (6 b, 4 h)	⊤ ⵌ	18.0↑ 14.0↓	3 DM 2 EM	3535 2020 2	14000 10	Typ US Balao, GUPPY II
3-4 ◣, 2-2 ◣ 1800 ts], [202]	⊤	15.0	DM	4120 2	7500 13	⤳-Deck achtern / aft
-	⊤	13.0	GM-DM	1325 2	1500 10	Bugrampe, 15 ts Kran / bow ramp, 15 ts crane
.	.	22.5	Sulzer-DM	7070	.	
-	⊤	15.0	Nordberg-DM	3140 1		

Anzahl - Art / Number - Group	Schiffsnamen und Stapellauf / Ship's Name and Launching	Baubeginn - Fertig / Umbau / On Keel - Completed - Com.	Bauwerft / Builder	Wasserverdrängung / Displacement (ts)	Länge / Length (m)	Breite / Beam (m)	Tiefgang / Draft (m)	Besatzung / Crew (Bes)
1 AG	**Puerto Santo** (ex Marietta) 1944	44/45	Comm. I. W., Portland	650 850	48.2	10.2	3.3	4?
2 AG	**LH 11, 12** (ex Gabriela, Lely) 1973	73/74	A. & R., Lemwerder	90	27.0	5.6	1.5	1(
1 AX	**Simón Bolivar** 1979	79/80	Astill. Celaya, Bilbao	. 1200	84.2 76.0	10.6	4.5	9? +10?

Küstenwache / Coast Guard

Anzahl - Art / Number - Group	Schiffsnamen und Stapellauf / Ship's Name and Launching	Baubeginn - Fertig / Umbau / On Keel - Completed - Com.	Bauwerft / Builder	Wasserverdrängung / Displacement (ts)	Länge / Length (m)	Breite / Beam (m)	Tiefgang / Draft (m)	Besatzung / Crew (Bes)
2 FF	**ALMIRANTE CLEMENTE,** **General José Trinidad Moran** 1954	54/56 68—76 84—85	Ansaldo, Livorno Cammell Laird CNR, Genua	1300 1500	98.0	10.8	2.6	162
? PF	I–? bew. / auth.	.	Bazan, S. Fernando	. 365	55.0	7.5	.	.
3 PG ○	**Federacion, Libertad, Victoria** 1973–74	73/74 74/75	Vosper Th., Portsmouth	125 150	37.0	7.2	1.7	1?
3 PP ○	**Constitucion, Independencia, Patria** 1973–74	73/74 74/75	Vosper Th., Portsmouth	125 150	37.0	7.2	1.7	1?
2 AT	**Felipe Larrazabal, Miguel Rodriguez** ~1945	./45	Charleston Shb.	1235 1675	61.7	11.6	4.7	85

National-Garde / National Guard

Anzahl - Art / Number - Group	Schiffsnamen und Stapellauf / Ship's Name and Launching	Baubeginn - Fertig / Umbau / On Keel - Completed - Com.	Bauwerft / Builder	Wasserverdrängung / Displacement (ts)	Länge / Length (m)	Breite / Beam (m)	Tiefgang / Draft (m)	Besatzung / Crew (Bes)
22 PP	**Rio Bocono, Rio Capanaparo, Rio Caroni, Rio Caura, Rio Cuyuni, Rio Grita, Rio Guainia, Rio Guanare, Rio Motatan, Rio Neveri, Rio Yuruan, Rio Yuruari**	75/77 78/79	Dianca, P. Cabello	. 65	28.3	4.8	1.5	8
	Rio Caparo, Rio Escalante, Rio Limon, Rio Orinoco, Rio San Juan, Rio Torres, Rio Tucuyo, Rio Turbio, Rio Venamo, Rio Ventuari 1973–78	73/74 74/75	INMA, La Spezia					
12 PP	**PUNTA Barima, P. Mosquito, P. Mulatos, P. Perret, P. Cardon, P. Playa, P. Macoya, P. Moron, P. Unare, P. Ballena, P. Macuro, P. Mariusa** 1982–84	81/82 83/84	Derecktor Shy., Mamaroneck	50	23.4	4.9	.	10
12 PP	**Rio Arauca II, Rio Catatumbo II, Rio Apure II, Rio Nearo II, Rio Meta II, Rio Portuguesa II, Rio Sarare, Rio Uribante, Rio Cinaruco, Rio Icabara, Rio Guarico II, Rio Yaracuy** 1984	84/84	Mon ARK, Monticello	. 15	13.0	4.5	1.2	4

10 PP: **Lago 1–4, Rio Cabriales, Rio Chama, Rio Caribe, Rio Tuy, Yate Manati, Yate Goaigoaza** (~83) 1.3 ts, 12 kn 1 Mg ✠, GM-DM, 6.0 × 2.4 × 0.3 m, Bes 4, Bauwerft / builder: Bertram, Miami

Vereinigte Arabische Emirate / United Arab Emirates

Anzahl - Art / Number - Group	Schiffsnamen und Stapellauf / Ship's Name and Launching	Baubeginn - Fertig / Umbau / On Keel - Completed - Com.	Bauwerft / Builder	Wasserverdrängung / Displacement (ts)	Länge / Length (m)	Breite / Beam (m)	Tiefgang / Draft (m)	Besatzung / Crew (Bes)
2 PG	I, II bew. / auth.	.	Lürssen, Vegesack	560	65.0	9.3	2.9	.
2 PG	I, II bew. / auth.	.	Lürssen, Vegesack	245	44.9	.	.	.
6 PG ○	**Baniyas, Marban, Rodqum, Shaheen,** **Saqar, Tarif** 1980–81	79/80 80/81	Lürssen, Vegesack	228 268	44.9	7.4	2.3	40

Bewaffnung / Armament	Sensoren-Elektronik / Sensors-Electronic	Geschwindigkeit / speed kn	Antrieb / Propulsion: Maschine / Kessel — Engines / Boilers — Masch	Leistung / Power kW (1 kW = 1.36 PS)	Fahrstrecke / Range sm	Sonstige Angaben / Remarks
-2 ⊿	⊤	12.0	Sulzer ⇝ DM	1100 1	.	Typ US Cohoes, ex AN. Vermessung / survey
-	⊤	20.0	GM-DM	1710 2	.	Vermessungsboote / survey launches
-	⊤	10.5	GM-DM	515 1	.	Segelschulschiff / sail training ship. Segelfläche / sail area: 1650 m^2
-7.6 ⊿, 2-4 ⊿₂, **UTR** 32.4 III	⊤) ⌖ Ỹ	22.0	GMT-DM	4410 2	.	
-7.6 ⊿ OTO, 1-4 ⊿	⊤	33.0	DM	8120 3	2000 15	Typ span. Cormoran
Otomat ⇨, -4 ⊿	⊤) ⍜ ⌖	29.0	MTU-DM	5210 2	1350 16	Werden überholt / to be refitted
-7.6 ⊿	⊤) ⍜ ⌖	29.0	MTU-DM	5210 2	1350 16	Werden überholt / to be refitted
-	⊤	15.0	⇝ DM	2210 1	7000 15	Typ US ATF. I: 1-7.6
Mg ⊿	⊤	31.0	GM-DM	1620 2	1000	INMA-Boote / boats MTU-DM
.	⊤	28.5	GM-DM	1435 2	1100 22	
Mg ⊿	⊤	28.0	GM-DM	810 2	600	

PP: **Rio Altagracia, Rio Manzanare** 12 kn, DM, Bes 6
5 PP: **I-XV** (84) 0.5 ts, 30 kn, PM, Bes 4, Bauwerft / builder: Mon ARK

Vereinigte Arabische Emirate / United Arab Emirates

Bewaffnung / Armament	Sensoren-Elektronik / Sensors-Electronic	Geschwindigkeit / speed kn	Maschine / Engines	Leistung / Power kW	Fahrstrecke / Range sm	Sonstige Angaben / Remarks
MM 40 ⇨₂, -7.6 ⊿ OTO, 1-3 ⊿₆ Goalkeeper, 1 Crotale ⇧₈	.	33.0	MTU-DM	. 4	.	Typ deutsch / German Lürssen 62
MM 40 ⇨, ⊿	.	.	.	. 2	.	
MM 40 ⇨, -7.6 ⊿ OTO, 2-4 ⊿₂, 3 Mg ⊿	⊤) ⌖	40.5	MTU-DM	10590 4	1600 16	Typ deutsch / German Lürssen TNC 45

Anzahl - Art / Number - Group	Schiffsnamen und Stapellauf / Ship's Name and Launching		Baubeginn – Fertig – / Umbau / On Keel – / Completed – Conv.	Bauwerft / Builder	Wasser- verdrängung / Displacement	Länge / Length	Breite / Beam	Tiefgang / Draft	Besatzung / Crew
					ts	m	m	m	Bes
6 PP	Al Ghulian, Ardhana, Ghanadhah, Murban, Radoom, Zurara	1975–76	74/76	Vosper Th., Portsmouth	110 175	33.5	6.4	1.6	27
3 PP	Baniyas, Kawab, Thoaban	1969	68/69	Nelson, Bembridge	25 32	17.5	4.7	1.4	11

1 AR: **Baracuda** (83) 12 kn, 2 Ruston-DM, 4410 kW$_2$, Bauwerft / builder: Singapore Slipway

2 AR: **A 271, 272** (75) 3.5 ts, 8 kn – GRP-Rumpf / hull

Küstenwache / Coast Guard

1 PP	I	1983	./84	Posilipo, Sabaudia	. 36	19.9	6.0	1.2	.
9 PP	I–IX	1982–83	82/83	Watercraft-GB	10	13.9	4.3	1.2	5
17 PP	I–XVII	1979–83	./79 83	Watercraft – GB	10	11.9	4.1	1.1	5
6 PP	DHAFEER, Durgham, Ghadunfar, Hazza, Murayjib, Timsah	1968–70	67/68 70	Nelson, Bembridge	10	12.5	3.7	1.1	6
6 PP	I–VI	1974	74/75	Fairey Mar., Hamble	10	9.1	2.8	0.8	3
5 PP	21–25	1975	./75	Camcraft, N. Orleans	70	23.4	5.5	1.5	.
2 PP	Al Shaheen, Al Aqab	1974	74/75	Cheverton, Cowes	20	15.2	4.3	1.4	8

2 LC: **I, II** (87) Lg 50 m, Bauwerft / builder: Siong Huat, Singapore

Vietnam

Über das Schicksal der meisten südvietnamesischen Einheiten, die das Land während der Kapitulation nicht verließen, ist nichts bekannt.

Fregatten / Frigates

7 FF	I–VII	~1966	.	USSR	950 1150	82.3	9.1	3.2	90
1 FE	Tran Khanh Du (ex Forster)	1943	43/44	Consolidated Orange	1590 1850	93.3	11.2	4.3	170
1 FE	Pham Ngu Lao (ex Absecon)	1942	41/43	L. Washington Shy.	1766 2800	95.0	12.5	4.1	200
2 FE	HQ 07, I	1943–44	43/44	USA	650 950	56.2	10.1	3.0	80

Minensucher / Minesweepers

4 MB	I–IV	~1970	.	Išora, Leningrad	400 460	52.0	9.3	2.0	50
2 MS	I, II	~1975	.	Išora, Leningrad	70 80	26.1	5.8	1.2	10
5 MS	I–V	~1955	.	Polen / Poland	20 26	16.9	3.2	1.2	6

Kleine Kampfschiffe / Small Fighting Vessels

8 PG	I–VIII	~1975	.	USSR	195 240	40.0	8.1	2.0	30
3 PC	I–III	?	.	USSR	190 220	40.0	8.0 12.0	1.8 4.0	25

Bewaffnung / Armament	Sensoren-Elektronik / Sensors-Electronic	Geschwindig-keit / speed kn	Antrieb / Propulsion Maschine / Kessel / Engines / Boilers / Masch	Leistung / Power kW 1 kW = 1.36 PS	Fahrstrecke / Range sm	Sonstige Angaben / Remarks
2-3 ⚓₂, 1-2 ⚓	⊤ ⊕	29.0	Paxman-DM	3970 / 2	1800 / 14	
2-2 ⚓	⊤	19.0	Caterpillar-DM	590 / 2	.	Glasfiberrumpf / GRP hull

1 YD: I (a. St. / o. st.) Bauwerft / builder: Crestitalia
2 YD: I, II (81) 9 ts, 11 kn, DM, GRP-Rumpf / hull

1-2 ⚓	⊤	24.0	MTU-DM	2350 / 2	.	GRP-Rumpf / hull
1 Mg ⚓	⊤	26.0	MAN-DM	955 / 2	.	45 ft Mk II Klasse
2 Mg ⚓	⊤	29.0	MTU-DM	620 / 2	300 / 20	Typ brit. P 1200. GRP-Rumpf / hull
1 Mg ⚓	⊤	19.0	Cummins-DM	270 / 2	150 / 12	Glasfiberrumpf / GRP hull
2 Mg ⚓	⊤	26.0	Perkins-DM	215 / 2	.	Typ brit. Spear
2-2 ⚓	⊤	25.0	GM-DM	1030 / 2	700 / 25	Zoll / customs patrol craft
1 Mg ⚓	⊤	23.0	GM-DM	625 / 2	1000 / 20	Glasfiberrumpf / GRP hull

Vietnam

No reliable information about the fate of most of those South Vietnamesian units, which did not leave the country during capitulation.

4-7.6 ⚓₂, 5 UTR 40.6 IIIII, 2 ⚓₁₂ RBU 6000, ☿	⊤ ⸸ ⊕ ▽	32.0	2 GTu + 1 DM	22060 + 4410 / 3	5000 / 10	Typ USSR Petya II (5), Petya I (2)
2-7.6 ⚓, 2 Mg ⚓, 6 UTR 32.4 III	⊤ ⸸ ⊕ ▽	20.0	4 Fairb.-M.-DM	4410 / 2	10000 / 15	Typ US Savage / DER
1-12.7, 2-8.1 Mörser / mortars	⊤	18.0	4 Fairb.-M.-DM	4470 / 2	20000 / 10	Typ US Barnegat. **Bew:** 2 oder / or 4 SS–N–2 A ⊷?
2-5.7 ⚓₂, 2-3.7 ⚓₂, 6-2.3 ⚓₂	⊤ ⸸	14.8	2 DM	1260 / 2	.	Typ US Admirable, ex MB
4-3 ⚓₂	⊤ ⊕ ▽	18.0	DM	2940 / 2	1100 / 18	Typ USSR Yurka
2 Mg ⚓	⊤	16.0	DM	880 / 2	1000 / 9	Typ USSR Yevgenya
2 Mg ⚓	⊤	18.0	DM	515 / 2	.	Typ pol. K 8
4 SS–N–2 B ⊷, 4-3 ⚓₂	⊤ ⸸ ⊕	36.0	DM	11030 / 3	800 / 25	Typ USSR Osa II
2-5.7 ⚓₂, 2-2.5 ⚓₂	⊤ ⸸ ⊕	42.0	DM	11030 / 3	650 / 20	Typ USSR Turya. Kein / no **UTR**, Sonar

Anzahl - Art / Number - Group	Schiffsnamen und Stapellauf / Ship's Name and Launching		Baubeginn - Fertig - Umbau / On Keel - Completed - Conv.	Bauwerft / Builder	Wasser- verdrängung / Displacement	Länge / Length	Breite / Beam	Tiefgang / Draft	Besatzung / Crew
					ts	m	m	m	Bes
8 PC	I-VIII	~1960	.	USSR	170 215	42.0	6.0	2.0	30
16 PF	I-XVI	~1965	.	USSR	145 160	36.0	7.5	1.5	16
2 PP	I, II	~1972	.	DDR	25	23.3	5.0	.	
7 PP	I-VII	~1975	.	USSR	45 60	24.6	5.2	1.0	8
8 PP	I-VIII	~1962	.	China	120 155	40.0	5.5	1.7	25
2 PP	I, II	~1960	.	Jaroslavl	70 90	29.6	5.8	1.5	15
2 PR	I, II	~1970	.	Kamyš-Burun	40 60	28.0	4.4	1.0	15

Landungsfahrzeuge / Landing Vessels

3 LS	I-III	?	.	Nordwerft, Gdansk	890 1100	76.2	8.9	1.9	40

12 LC: Typ USSR T 4 35/90 ts, 13.5 kn

Hilfsfahrzeuge / Auxiliary Vessels

1 AG	I	~1970	.	Nordwerft, Gdansk	700 950	53.5	9.1	2.6	25

2 YD: **I, II** 50 ts, 30 kn, 2-2.5 🔫, DM — Typ USSR PO 2, auch / also PP

Ferner zahlreiche Landungsfahrzeuge, kleinere Fahrzeuge und Dschunken

West-Samoa / Western Samoa

1 PP: **Taragau** (86) ./165 ts, 20 kn, 1-2 🔫, Caterpillar-DM, 2075 kW$_2$, 31.5 × 8.1 × 1.7 m, Bes 17, Bauwerft / builder: Australian Shb. Ind., Jervoise Bay, Typ austral. ASI 315

Zaïre

25 PP: **I-XXV** (74–81) 2 Mg 🔫, DM, Lg 7.5 m, Bauwerft / builder: Arcoa

6 PP: **I-VI** (~71) 19.5 ts, 25 kn, 2-2 🔫, Typ US Swift Mk II

Bewaffnung / Armament	Sensoren-Elektronik/ Sensors-Electronic	Geschwindigkeit / speed kn	Antrieb / Propulsion Maschine / Kessel / Engines / Boilers / Masch	Leistung/ Power kW 1 kW = 1.36 PS	Fahrstrecke / Range sm	Sonstige Angaben / Remarks
-2.5 ✠2, ✎5 RBU 1200	⊤ ⟁	27.0	DM	5515 / 3	1100 / 15	Typ USSR SO 1
-3 ✠2, 4 TR 53.3 ǀ	⊤ ⟁ ⊕ ▽	40.0	DM	8825 / 3	450 / 35	Typ USSR Shershen
Mg ✠	⊤	14.0	DM	746	.	Typ DDR Bremse
Mg ✠2, 1	⊤	34.0	DM	1765 / 2	.	Typ USSR Zhuk
-3.7 ✠2, 4-2.5 ✠2	⊤ ⟁ ⌐	30.0	DM	3535 / 4	800 / 17	Typ chines. Shanghai II
Mg ✠2	⊤	20.0	DM	1765 / 2	460 / 17	Typ USSR Poluchat
-7.6, 2-2.5 ✠2, Mg ✠5, 1 ⟶18, ☿	⊤ ⊕	24.0	DM	1765 / 2	600 / 10	Typ USSR Shmel
-3 ✠2, 2 ⟶18, ⊞ [350 ts]	⊤ ⊕	18.0	DM	3680 / 2	3300 / 14	Typ USSR Polnocny B
-	⊤	13.5	DM	1300 / 2	4000 / 10	Typ USSR Kamenka

YP: **I** (~75) ./270 ts, 25 kn, [2–3 ✠2], DM — Typ USSR Shelon

In addition, numerous landing vessels, smaller vessels and junks

Zypern / Cyprus

PP: **Salamis** (83) 96 ts, 30 kn, 1–4 ✠, 1–2 ✠, DM, 2795 kW_2, 1500/15 sm, 32.1 × 6.5 × 0.9 m, Bauwerft / builder: D'Esterel, Cannes

PP: **Aphrodite, Kimon** (82) Lg 17.7 m Bauwerft / builder: D'Esterel, Cannes

Skizzen und Schiffsphotos

Maßstab der Skizzen und Deckspläne 1 : 2000
Maßstab der Boote von weniger als 60 m Länge 1 : 1000

Erklärungen

Die Darstellung der noch nicht fertiggestellten Schiffe fußt auf den bisher bekannten Angaben. Diese Skizzen sind als „vorläufige Skizzen" gekennzeichnet.

Unter den Skizzen sind links Bewaffnung, rechts Wasserverdrängung, Geschwindigkeit und Länge über alles angegeben. Bei den Unterseebooten sind Wasserverdrängung und Geschwindigkeit über und unter Wasser durch einen senkrechten Strich getrennt.

Innerhalb der einzelnen Klassen finden sich zahlreiche kleinere Unterschiede im Aussehen, die nur in Ausnahmefällen vermerkt werden können. Mit Änderungen, besonders der leichten Artillerie, der U-Abwehr, der Bemastung und der Radarantennen, ist stets zu rechnen.

Bei zahlenmäßig stärkeren Klassen sind nur die Typschiffe namentlich aufgeführt.

Die Anzahl der Geschütze bei Mehrfachlafetten sowie andere, aus den Skizzen nicht ohne weiteres ersichtliche Konstruktionseigenheiten sind nach Möglichkeit durch besondere Kennzeichen erklärt.

Buchstaben bzw. Zahlen in eckigen Klammern [ ] hinter den Schiffsnamen bedeuten die Kennung des betreffenden Schiffes – meist am Bug, bei Flugzeugträgern an der Insel und an Deck, bei Unterseebooten am Turm angebracht. Bei vielen Marinen werden nur die Kennzahlen und nicht die Kennbuchstaben auf allen oder einigen Schiffsgruppen angebracht.

Rechts unter den Photos ist das Jahr vermerkt, in dem das betreffende Bild aufgenommen wurde.
Abkürzungen s. Seite IX.

___

Drawings and Photographs of the Ships

Scale of drawings and deck plans 1 : 2000
Scale of boats with a length of less than 60 m 1 : 1000

Notes

Drawings of ships not yet completed are based on available data.

Armament data is placed below the drawings at the left, while ship's displacement, speed, and overall length are quoted at the right. Displacement and speed of submarines avove water and submerged are separated by an oblique stroke.

There are many small obvious differences between ships in one class, but these are mentioned only when necessary. Changes in small caliber guns, ASW equipment, masts, and radar antennas occur continually.

Only the lead ships of classes with numerous ships are quoted by name.

The number of guns in multiple mounts and other design features not shown in the drawings are by special symbols.

Letters or figures in square brackets [ ] behind the ship's name indicate the ship's identification (mostly at the bow, on the island of aircraft carriers, or on the conningtower of submarines). Many navies (such as U.S.) use the identification numbers only, rather than letter and number, on all or some ship types, i.e., U.S. destroyer Forrest Sherman is identified by the number 931, not D 931.

At the right below the photograph the year is shown in which the photo was taken.

Abbreviation: See page XI.

1710 ts, 36.7 kn, 110 m
4-11.4 ⚓, 6-4 ⚓, 8 **TR** 53.3 ▥, 4 ⚙
1 DD: **El Fatih** [921] (44) – *Typ brit. ZC*

1570 ts, 28 kn, 103 m
4 FL-1 ⇨, 4-5.7 ⚓, 12-3.7 ⚓,
2 ⚓, 2 ⚙, ☉
2 FG: **El Nasser** [951, 956] (~82) –
Typ chin. Jianghu

1360 ts, 26 kn, 88.9 m
8 Harpoon ⇨, 1-7.6 ⚓, 2-4 ⚓, 1 Albatros ⚓,
6 **UTR** 32.4 ▥, 1 ⚏
2 FG: **El Sues** [941, 946] (79-80) –
Typ span. Descubierta

8 **TR** (6 b, 2 h)   1320/1712 ts, 17/14 kn, 77 m
8 SS: **831** (~60-82) – *Typ USSR Romeo*

6 **TR**↓ (4 b, 2 h)   1080/1350 ts, 18/15 kn, 76 m
3 SS: **810** (~53) – *Typ USSR Whiskey*

1-10.2, 1 SA-N-5 ⚓   1460 ts, 19 kn, 92 m
1 AR: **Raschid** (41) – *Typ brit. River*

Maßstab / Scale 1:1000

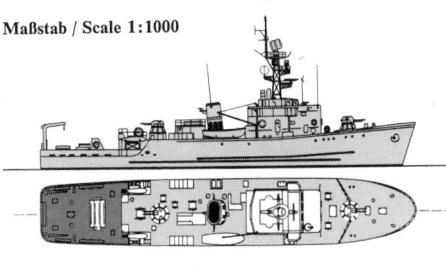

400 ts, 16 kn, 52 m
4-3 ⚓, 10 ☉
4 MB: **Azwan** [536-539] (~65)
Typ USSR Yurka

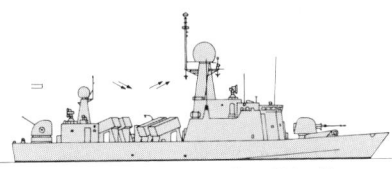

4 Otomat ⇨, 1-7.6 ⚓, 2-4 ⚓   260 ts, 38 kn, 52 m
6 PG: *Ramadan Klasse*
[670, 672, 674, 676, 678, 680] (79-81)

2 Otomat ⇨, 4-3 ⚓   70 ts, 40 kn, 25.6 m
6 PG: *Oktober Klasse* (~75)

4 ⇨, 4-3 ⚓, 2 Mg ⚓, 1 ⚓   175 ts, 36 kn, 40 m
7 PG: **631** (~65) – *Typ USSR Osa I*

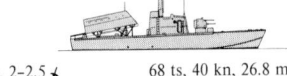

2 HY 2 ⇨, 2-2.5 ⚓   68 ts, 40 kn, 26.8 m
6 PG: **401** – *Typ chin. Hegu*

375 ts, 30.5 kn, 59 m
4–5.7 ⚓, 4–2.5 ⚓, 4 ⚓₅, ⚓, ☉
8 PC: **El Nour** [430, 433, 436, 439, 442, 445,
448, 451] (82–83) – *Typ chin. Hainan*

4–3.7 ⚓, 4–2.5 ⚓   120 ts, 30 kn, 38.8 m
4 PC: **I–IV** (~75) – *Typ chin. Shanghai*

4–3 ⚓, 1 ↟, 2 ↣   145 ts, 40 kn, 36 m
6 PP: **310** (~63) – *Typ USSR Shershen*

FG **El Aboukir** (79) Typ span. Descubierta   7-1987, Voß

SS **722** (~60) Typ USSR Romeo   1981, Arra

PG **Khyber** (80) Ramadan Klasse
– jetzt / now 672 –

1981, Arra

PG **Oktober** Klasse (∼75)

1980, Vosper Th.

Algerien/Algeria

4-7.6 ⚓, 4-3 ⚓, 2 ⚓,
2 ⚓, ⚓

3 FF: **Murat Reis** [901–903] (78–83) –
Typ USSR Koni

1700 ts, 29 kn, 95 m

4 ⇨, 2 ⚓, 2-5.7 ⚓

4 FG: **Ras Hamidou** [801–804] (∼79–83) –
Typ USSR Nanuchka II

./770 ts, 30 kn, 60.3 m

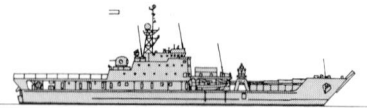

2130 ts, 12 kn, 93 m
2-4 ⚓, 2-3 ⚓, [240]
2 LS: **Kalaat Beni Hammad** [472, 473] (83-84

Maßstab / Scale 1:1000

166 ts, 29 kn, 37.5 m
1-7.6 ⚓, 1-2 ⚓,
9 PP: **El Yadekh** [341-346, ...] (82 - a. St. / o. st.

FF **Reis Korfo** (83) Typ USSR Koni   1984, BMVg / MOD, Bonn

FG **Reis Ali** (~81) Typ USSR Nanuchka II   1982, Bendfeldt

LS **Kalaat Beni Hammad** (83)   1984, Brooke, Lowestoft

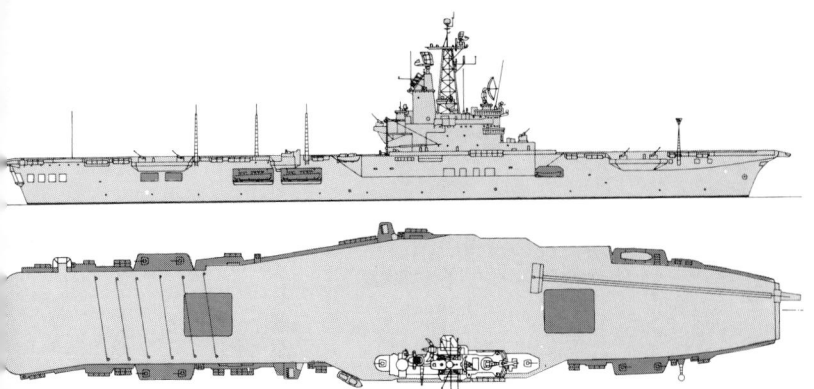

5 🚁, 2 ✈, 9-4 ✈

15 892 ts, 20 kn, 213 m

1 RL: **25 de Mayo** [V 2] (43) – *Typ brit. Colossus* – vor Umbau / before conversion

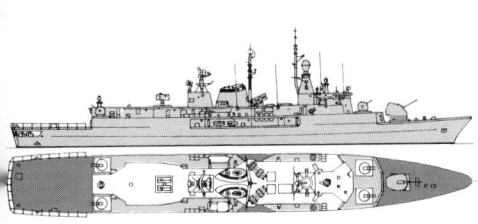

2900 ts, 30.5 kn, 126 m

8 MM 40 ⇒, 1-12.7 ✈, 8-4 ✈, 8 Albatros ⬡8,
6 UTR 32.4 III, 2 ✈

4 DG: **Almirante Brown** [D 10-13] (81-82) –
Typ deutsch / German MEKO 360 2 H

4 MM 38 ⇒, 1-11.4 ✈, 2-4 ✈, 2-2 ✈, 6 UTR 32.4 III, 2 Seadart ⬡2, 1 ✈

3150 ts, 30 kn, 125 m

2 DG: **Hercules** [D 1,2] (72-74) – *Typ brit. Sheffield*

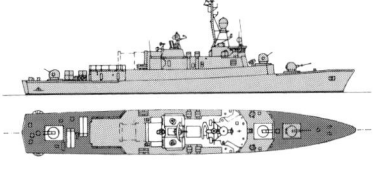

4 MM 38 ⇒, 1-7.6 ✈,   1560 ts, 27 kn, 91.2 m
4-4 ✈, 6 UTR 32.4 III, 1 ✈

6 FG: **Espora** [F 10-15] (82-86) –
Typ MEKO 140 A 16

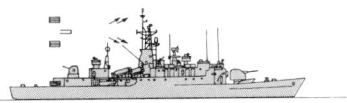

4 MM 38 ⇒, 1-10 ✈,   1090 ts, 24 kn, 80 m
2-4 ✈, 2-2 ✈, 6 UTR 32.4 III

3 FG: **Drummond** [P 1-3] (77-80) –
Typ franz. / French A 69

Kennungen / Identification

**Flugzeugträger /
Aircraft Carrier**
V . . .
2–25 de Mayo

**Zerstörer /
Destroyers**
D . . .
1–Hercules
2–S. Trinidad
10–Alm. Brown
11–La Argentina
12–Heroina
13–Sarandi

**Fregatten /
Frigates**
F . . .
1–Drummond
2–Guerrico
3–Granville
10–Espora
11–Rosales
12–Spiro
13–Parker
14–Robinson
15–Gomez Roca

P . . .
20–Murature
21– King

A . . .
1–C. G. Irigoyen
3–F. de Churruca

**Uboote /
Submarines**
S . . .
31–Salta
32–San Luis
41–Santa Cruz
42–San Juan
43–Santa Fé
44–Santiago del
  Estero

**Minensucher /
Minesweepers**
M . . .
1–Neuquen
2–Rio Negro
3–Chubut
4–Tierra
  del Fuego

5–Chaco
6–Formosa

**Schnellboote /
Fast Patrol Boats**
P . . .
55–Zurubi
61–Baradero
62–Barranqueras
63–Clorinda
64–C. del Uruguay
85–Intrépida
86–Indomita

**Landungs- und
  Hilfsfahrzeuge /
Landing and
  Auxiliary Vessels**
Q . . .
2–Libertad
5–Alm. Irizar
6–Bahia Paraiso
8–Puerto Deseado
11–Com. Rivadavia
15–Cormorán
16–Petrel
31–Piloto Alsina

42–Cabo
  San Antonio
72–Tequara
73–Itati II
74–Fortuna I
75–Fortuna II

B . . .
3–Canal Beagle
4–San Blas
5–Cabo de Hornos
12–Punta Alta

R . . .
2–Querandi
3–Tehuelche
5–Mocovi
6–Calchaquí
10–Chulupi
16–Capayan
18–Chiquillan
19–Morcoyan

**Küstenwache /
Coast Guard**
GC . . .
13–Delfin
21–Lynch

22–Toll
24–Mantilla
25–Azopardo
26–Thompson
27–Prefecto Fique
28–Prefecto Derbes
34–Dorado
43–Mandubi
45–Robalo
47–Tonina
64–Mar del Plata
65–Martin Garcia
66–Rio Luján
67–Rio Uruguay
68–Rio Paraguay
69–Rio Paraná
70–Rio de la Plata
71–La Plata
72–Buenos Aires
73–Cabo Corrientes
74–Rio Quequén
75–Bahia Blanca
76–Ing. White
77–Golfo
  San Matías
78–Madryn
79–Rio Deseado
80–Ushuaia
81–Canal Beagle

6 **TR** 53.3 b↓   2150/2365 ts, 13/25 kn, 65.9 m
6 SS: **Santa Cruz** [S 33, 34, 43, 44, . . .]
(82 - bew. / auth.)

8 **TR** 53.3 b↓   1185/1356 ts, 10/21 kn, 56 m
2 SS: **Salta** [S 31, 32] (72–73) –
Typ deutsch / German 209/1200

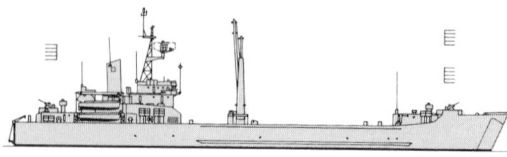

4300 ts, 18 kn, 135 m
12–4 ⚓, 2–2 ⚓, ⛬
1 LS: **Cabo San Antonio** [Q 42] (68)

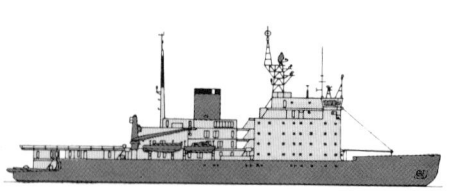

11810 ts, 16.5 kn, 119 m
2–4 ⚓, 2 ⛬
1 AI: **Almirante Irizar** [Q 5] (78)

Küstenwache/Coast Guard

767 ts, 21 kn, 67 m
1–4 ⚓, 1 ⛬
5 FS: **Mantilla** [GC 24–28] (81–82)

Maßstab / Scale 1:1000

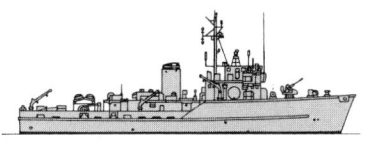

1–4 ⚓, 2–2 ⚓   360 ts, 15 kn, 46 m
2 MS: **Chaco** [M 5, 6] (54–58)

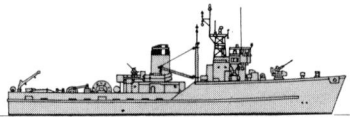

1–4 ⚓, 2–2 ⚓   360 ts, 15 kn, 46 m
Typ brit. Ton   4 MS: **Neuquen** [M 1–4] (53–55)

1–7.6 ⚓, 2–4 ⚓   240 ts, 38 kn, 44.9 m
2–8.1 Mörser / mortars, 2 **TR**
2 PF: **Intrépida** [P 85, 86] (73–74)

2–2 ⚓, 2 Mg ⚓   27 ts, 22 kn, 19.8 m
4 PP: **Baradero** [P 61–64] (77) –
Typ israel. Dabur

81 ts, 24.5 kn, 28 m
1–2 ⚓, 2 Mg ⚓
17 PP: **Mar del Plata** [GC 64–77, 79–81] (79)

RL **25 De Mayo** (43) Typ brit. Colossus   1985, amtlich / official
nach letztem Umbau / after last conversion

DG **Sarandi** (82) Typ deutsch / German MEKO 360 2 H   1984, Voß

DG **Almirante Brown** (81) Typ deutsch / German MEKO 360 2 H   1982, A. R. A.

FG **Espora** (82) Typ deutsch / German MEKO 140 A 16 1986, Blohm + Voss

Argentinien/Argentina

FG **Guerrico** (77) Typ franz. / French A 69   1980, amtlich / official

SS **San Juan** (83) Typ deutsch / German TR 1700   10–1984, Voß

AI **Almirante Irizar** (78)   1981, amtlich / official

AX **Piloto Alsina** (63)   10–1985, A. R. A. / Koppisch

AX **Libertad** (60)   7–1986, Voß

PP **Martin García** (79)   11–1983, A. R. A. / Koppisch

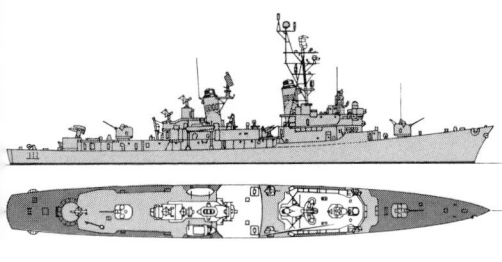

3370 ts, 35 kn, 134 m
2-12.7 ⚓, 1 Standard A ⚓₁, 6 UTR,
32.4 III, 2 ⚓ Ikara
3 DG: **PERTH, Hobart, Brisbane**
[38, 39, 41] (63–66) –
Typ US Ch. F. Adams

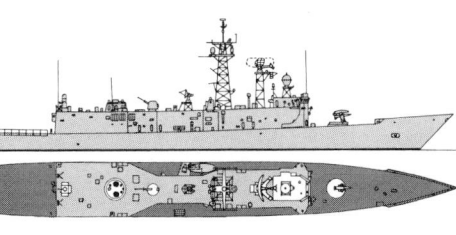

./3680 ts, 30 kn, 139 m
1 Standard ⚓ / Harpoon ⚓,
1-7.6 ⚓, 1-2 ⚓ Phalanx,
6 UTR 32.4 III, 2 ⚓
6 FG: **Adelaide** [01–04, ...] (78 – a. St. / o. st.) –
Typ US FFG 7

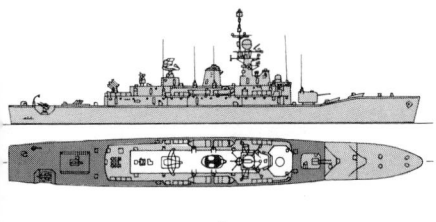

2150 ts, 30 kn, 113 m
2-11.4 ⚓, 4 Seacat ⚓₄, 6 UTR 32.4 III, 1 ⚓ Ikara
2 FF: **Swan, Torrens** [50, 53] (67–68) –
Ähnlich / similar to Typ brit. Leander

2100 ts, 30 kn, 113 m
2-11.4 ⚓, 4 Seacat ⚓₄, 6 UTR 32.4 III,
1 ⚓ Ikara
3 FF: **Derwent** [49, 48, 46] (59–61) –
Typ brit. Rothesay

Kennungen / Identification

Zerstörer /
Destroyers
38-Perth
39-Hobart
41-Brisbane

Fregatten /
Frigates
01-Adelaide
02-Canberra
03-Sydney
04-Darwin
05-
46-Parramatta
48-Stuart
49-Derwent
50-Swan
53-Torrens

Uboote /
Submarines
57-Oxley

59-Otway
60-Onslow
61-Orion
62-Otama
70-Ovens

Minensucher /
Minesweepers
80-Rushcutter
81-Shoalwater
1121-Curlew

Kleine Kampf-
schiffe /
Small Fighting
Vessels
82-Adroit
83-Advance
87-Ardent
91-Aware
101-Bayonet
203-Fremantle

204-Warrnambool
205-Townsville
206-Wollongong
207-Launceston
208-Whyalla
209-Ipswich
210-Cessnock
211-Bendigo
212-Gawler
213-Geraldton
214-Dubbo
215-Geelong
216-Gladstone
217-Bunbury

Landungs-
fahrzeuge /
Landing Vessels
L ...
50-Tobruk
126-Balikpapan
127-Brunei

128-Labuan
129-Tarakan
130-Wewak
133-Betano

Hilfsfahrzeuge /
Auxiliary Vessels
A ...
73-Moresby
219-Cook
312-Flinders
AD ...
215-Stalwart
AG ...
244-Banks
247-Bass
AGT ...
203-Jervis Bay
AOR ...
304-Success

DT ...
1801-Quokka
2601-Tammar
DTV ...
1001-Seal
1002-Porpoise
HTS ...
501-Bronzewing
502-Currawong
504-Mollyhawk
TRV ...
801-Tuna
802-Trevally
803-Tailor
WFL ...
8001-Warrigal
8002-Wallaby
8003-Wombat
8004-Wyulda

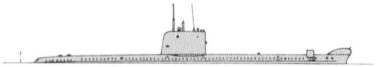

8 **TR** 53.3↓ (6 b, 2 h) 2030/2410 ts, 12/17 kn, 90 m
6 **SS: Oxley** [57, 59–62, 70] (65–75) –
Typ brit. Oberon

2 Mg ⚓ 180 ts, 10 kn, 44.5 m
6 **LC: Balikpapan** (L 126–130, 133] (71–72)

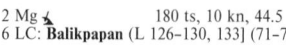

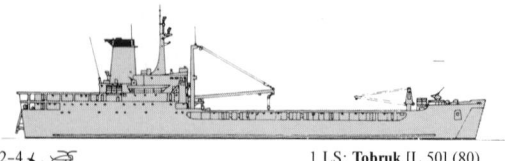

2–4 ⚓, ⚓ 1 **LS: Tobruk** [L 50] (80) 5800 ts, 17 kn, 130 m

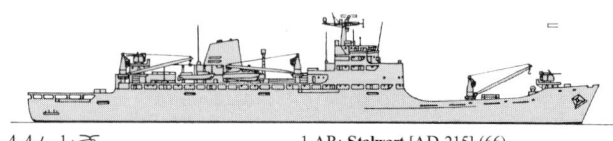

4–4 ⚓, 1 ⚓ 1 **AR: Stalwart** [AD 215] (66) 10 000 ts, 18 kn, 157 m

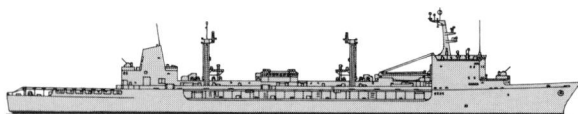

7600 ts, 19 kn, 157 m
3–4 ⚓, 1 ⚓
1 **AO: Success**
[AOR 304] (83) –
Typ frz. / French La Durance

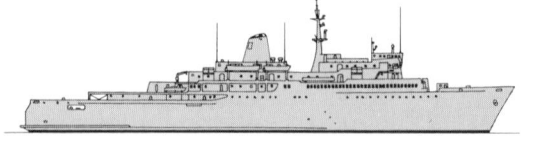

8700 ts, 17 kn, 138 m
1 **AX: Jervis Bay** [AGT 203] (69)

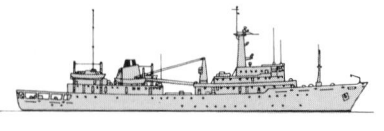

1715 ts, 18 kn, 96 m
2–4 ⚓, 1 ⚓
1 Vermessungsschiff / Survey Ship
Moresby [A 73] (63)

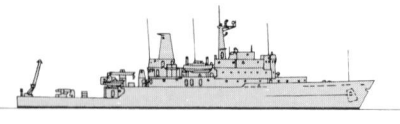

1910 ts, 17 kn, 96 m
[4–3 ⚓, 4 Mg ⚓], 1 ⚓
1 **AG: Cook** [A 219] (77)

Maßstab / Scale 1 : 1000

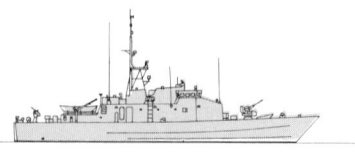

160 ts, 30 kn, 42.7 m
1–4 ⚓, 2 Mg ⚓,
1–8.1 Mörser / mortar
15 **PP: Fremantle** [203–217] (79–84)

100 ts, 10 kn, 31 m
MS: **Rushcutter** [M 80, 81, ...] (86 – gepl. / plan.)

1-4 ⚓, 2 Mg ⚓   100 ts, 21 kn, 32.8 m
5 PP: **Adroit** [82, 83, 87, 91, 101] (67–68)

DG **Brisbane** (66) Typ US Charles F. Adams   1979, Arra

SS **Oxley** Klasse - Typ brit. Oberon   1986, amtlich / official

FG **Canberra** (78) Typ US FFG 7   1984, SoW

FF **Swan** (67) ähnlich / similar to Typ brit. Leander   1984, Arra

AO **Success** (83) – Typ frz. / French La Durance   1986, amtlich / official

MS **Rushcutter** (86)   1986, Carrington Slipways

Bahrein/Bahrain

Maßstab / Scale 1:1000

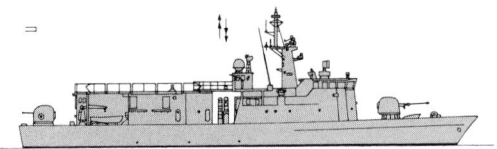

536 ts, 34.5 kn, 63 m
4 MM 40 ⇨₂, 1–7.6 ⚓, 2–4 ⚓, 2–2 ⚓
2 PG: **Al Manama** [50, 51] (86–87)

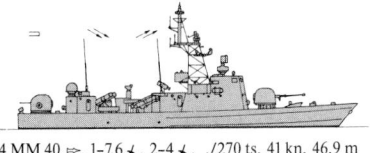

4 MM 40 ⇨, 1–7.6 ⚓, 2–4 ⚓, ./270 ts, 41 kn, 46.9 m
2 Mg ⚓, ☼
2 PG: **Abdul Rahman Al-Fadel** (86 – a. St. / o. st.)

4 MM 40 ⇨, 1–7.6 ⚓, 2–4 ⚓, 231 ts, 41 kn, 44.9 m
2 Mg ⚓, ☼
2 PG: **Ahmad Al Fatheh** [B 485, 486] (83–84)

2–4 ⚓, 2 Mg ⚓, ☼   170 ts, 33 kn, 38.5 m
2 PF: **Al Riffa** [10, 11] (81)

PG **Al Manama** (86) Typ deutsch / German Lürssen 62 001   7–1987, Voß

PG **Abdul Rahman Al-Fadel** (86) Typ dt. / German Lürssen TNC 45   1–1986, Voß

PG **Ahmad Al Fateh** (83) Typ deutsch / German Lürssen TNC 45   1983, Voß

PF **Howar** (81) Typ deutsch / German Lürssen FPB 38   1981, Voß

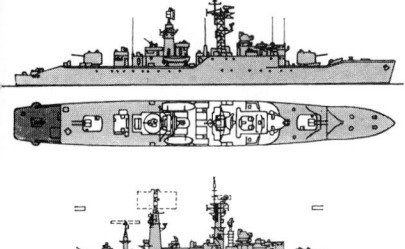

2300 ts, 25 kn, 104 m
2-11.4 ⚓, 1-4 ⚓, 1 ⛆
2 FE: **Ali Hyder** [F 15, 17] (55–57) –
Typ brit. Leopard

2170 ts, 24 kn, 104 m
2-11.4 ⚓, 2-4 ⚓, 2-2 ⚓, 1 ⛆
1 FE: **Umar Farooq** [F 16] (55) –
Typ brit. Salisbury

Kennungen / Identification

Fregatten / Frigates	Wachfahrzeuge /	314–Karnaphuli	614–Tanyeer	Hilfsfahrzeuge /
F ...	Patrol Vessels	315–Tista	811–Durjoy	Auxiliary Vessels
15–Abu Bakr	P ...	316–Meghna	812–	A ...
16–Umar Farooq	111– Pabna	317–Jamuna	813–	511–Sh. Ruhul Amin
17–Ali Hyder	112–Noakhali	411–Shaheed Daulat	814–	512–Shahayak
	113–Patuakhali	412–Sh. Farid	8111–Durbar	514–Sh. Salahuddin
	114–Bogra	413–Sh. Mohibullah	8112–Duranta	515–Khan
	115–Rangamati	414–Sh. Akhtaruddin	8113–Durvedya	Jahan Ali
	311–Bishkali	611–Tawheed	8114–Durdam	581–Darshak
	312–Padma	612–Tawfiq		582–Tallashi
	313–Surma	613–Tamjeed		721–Khadem

Maßstab / Scale 1:1000

115 ts, 24 kn, 32.6 m
2-4 ⚓
1 PP: **Bishkali** [P 311] (65)

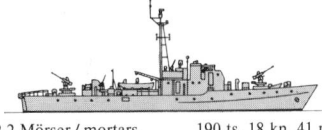

1-4 ⚓   120 ts, 12.5 kn, 35.7 m
2 PP: **Padma** [P 312, 313] (~61) –
Typ brit. Ford – vor Umbau / before conversion

2-12.2 Mörser / mortars,   190 ts, 18 kn, 41 m
2-4 ⚓, 2-2 ⚓
2 PP: **Tista** [P 314, 315] (~55) –
Typ jugosl. PBR

Belgien/Belgium

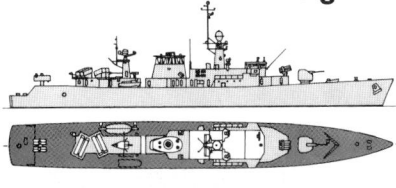

1880 ts, 28 kn, 106 m
4 MM 38 ⇨, 1-10 ⚓, 1 Sea Sparrow ⛆₈,
2 **UTR**, 1 ⛆
4 FG: **Wielingen** [F 910–913] (75–77)

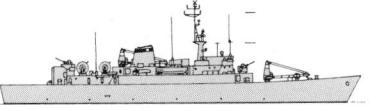

1700 ts, 18 kn, 100 m
3–4 ⚓, 1 ⛆
1 AR: **Zinnia** [A 961] (67)

378   # Belgien/Belgium

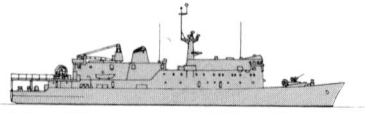

2-4 ⚓, 1 ⚓   1700 ts, 18 kn, 92 m   —
1 AR: **Godetia** [A 960] (65)

835 ts, 13.5 kn, 51 r
1 AG: **Belgica** [A 962] (84)

Kennungen / Identification

Fregatten /
Frigates
F . . .
910–Wielingen
911–Westdiep
912–Wandelaar
913–Westhinder

Minensucher /
Minesweepers
M . . .
Typ brit. Ham
474–Turnhout
475–Tongeren
476–Merksem

477–Oudenaerde
478–Herstal
479–Huy
480–Seraing
482–Vise
483–Ougrée
484–Dinant
485–Andenne

Typ US Agile
902–Haverbeke
903–Dufour
904–De Brouwer
906–Breydel

908–Truffaut
909–Bovesse

Typ frz. / French
Eridan
915–Aster
916–Bellis
917–Crocus
918–Dianthus
919–Fuchsia
920–Iris
921–Lobelia
922–Myosotis
923–Narcis
924–Primula

Typ US Bluebird
928–Stavelot
929–Heist
930–Rochefort
932–Nieuwpoort
933–Koksijde
934–Verviers
935–Veurne

Wachboote /
Patrol Boats
P . . .
902–Liberation
903–Meuse

Hilfsfahrzeuge /
Auciliary Vessels
A . . .
950–Valcke
951–Hommel
953–Bij
954–Zeemeeuw
956–Krekel
958–Z. Gramme
960–Godetia
961–Zinnia
962–Belgica
963–Spa
998–Ekster

Maßstab / Scale 1:1000

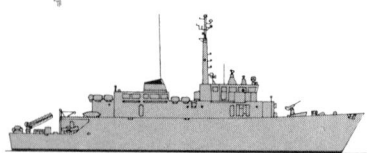

1–2 ⚓   510 ts, 15 kn, 51.5 m
10 MB: **Aster** [915–924] (84 – bew. / auth.) –
Typ franz. / French Eridan

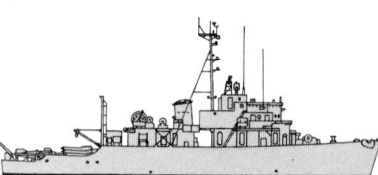

[1–4 ⚓]   730 ts, 12 kn, 52 m
6 MB: **Haverbeke** [M 902–904, 906, 908, 909]
(54–59) – *Typ US Agile*

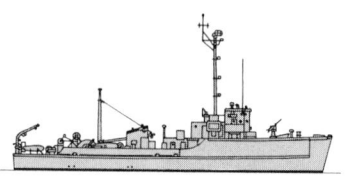

1–4 ⚓   340 ts, 12 kn, 42.4 m
7 MS: **Verviers** [M 928–930, 932–935] (54–55) –
Typ US Bluebird

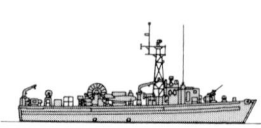

2 Mg ⚓   155 ts, 15 kn, 34.5 m
11 MS: **Herstal** [M 474–480, 483–485] (56–58) –
Typ brit. Ham

AR **Zinnia** (67)   5-1987, Bendfeldt

FG **Westhinder** (77) Wielingen Klasse   1983, Voß

MB **Dufour** (54) Typ US Agile   7-1986, Schiefer

MS **Vise** (58) Typ brit. Ham   1982, Voss

AT **Hommel** (53)   1984, Voss

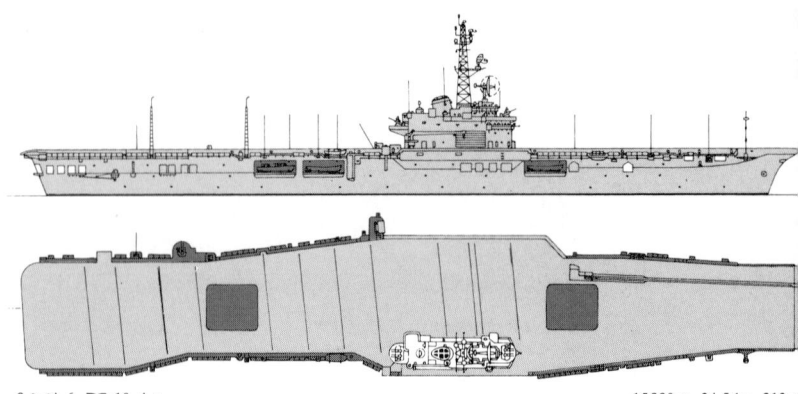

8 , 6 , 10-4   15980 ts, 24.5 kn, 212 r

1 RL: **Minas Gerais** [A 11] (44) – *Typ brit. Colossus*

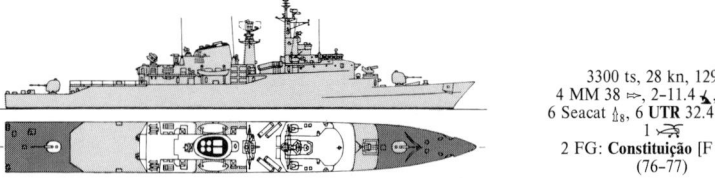

3300 ts, 28 kn, 129 m
4 MM 38 ⇒, 2–11.4 , 2-4 ,
6 Seacat ⚓$_8$, 6 **UTR** 32.4 **III**, 1 ⚓
1
2 FG: **Constituição** [F 42, 43]
(76–77)

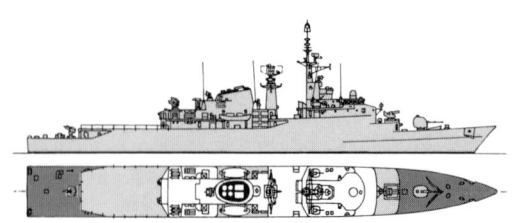

3300 ts, 28 kn, 129 m
4 MM 38 ⇒, 1–11.4 , 2-4 ,
6 Seacat ⚓$_8$, 6 **UTR** 32.4 **III**, 1
1 ⚓, 1
4 FG: **Niterói** [F 40, 41, 44, 45]
(74–75)

2425 ts, 35 kn, 119 m
4–12.7 , 6 **UTR** 32.4 **III**, 1 ⚓$_8$, 1
2 DD: **Marcilio Diaz** [D 25, 26] (44–45)
Typ US Gearing / FRAM 1

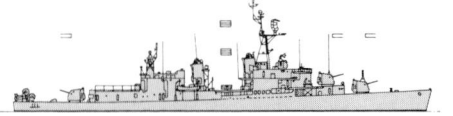

2200 ts, 35 kn, 115 m
6–12.7 , 6 **UTR** 32.4 **III**, 2 ⚓, 1
4 DD: **Sergipe** [D 35–38] (43–45) –
Typ US Allen M. Sumner / FRAM 2

Kennungen / Identification

Flugzeugträger /
Aircraft Carrier
A ...
11-Minas Gerais

Zerstörer /
Destroyers
D ...
25-Marcilio Dias
26-Mariz e Barros
31-Piauí
32-S. Catarina
33-Maranhão
34-Mato Grosso
35-Sergipe
36-Alagoas
37-R. G. d. Norte
38-Esperitó Santo

Fregatten /
Frigates
F ...
40-Niterói
41-Defensora
43-Liberal
44-Independência
45-Uniao

V ...
15-I. Marinheiro
16-Iguatemi
18-F. de Coimbra
19-Caboclo

20-Angostura
21-Bahiana
22-Mearim
23-Purus
24-Solimoes
28-Inháuma
29-Jaceguai
30-Frontin
31-J. de Noronha

Uboote /
Submarines
S ...
12-Bahia
14-Ceará
15-Goias
16-Amazonas
20-Humaitá
21-Toneleros
22-Riachuelo
   -Tupi
   -Tamoio
   -Timbira
   -Tabajos

Minensucher /
Minesweepers
M ...
15-Aratú
16-Anhatomirim
17-Atalaia
18-Aracatuba
19-Abrolhos
20-Albardao

Wachboote /
Patrol Vessels
P ...
10-Piratini
11-Pirajá
12-Pampeiro
13-Parati
14-Penedo
15-Poti
20-P. Teixeira
21-R. Tavares
30-Roraima
31-Rondônia
32-Amapá

Landungsfahrzeuge /
Landing Vessels
L ...
10- Guaraparí
11-Timbaú
12-Camboriú

Troßschiffe /
Support Ships
G ...
15-Paraguassu
16-B. Pereira
17-Potengi
21-A. Parreiras
22-Soares Dutra
24-Belmonte
26-D. de Caxias
27-Marajó
28-G. d'Avila

Vermessungsschiffe /
Surveying Vessels
H ...
10-Alm. Saldanha
11-Paraibano
12-Rio Branco
13-M. J. Santos
14-N. da Gama
15-Itacurussá
16-Camocim
17-Carvelas
18-Cdt. Varella
19-Cdt. Manhães
20-Ten. Castelo
21-Sirius
24-Canopus
24-Castelhanos
25-Ten. Boanerges
27-F. Areas
28-F. Santana
30-F. Nascimento
31-Argus
32-Orion
33-Taurus
34-Graça-Aranha
41-Alm. Câmara
42-Barao de Teffé

Verschiedene /
Miscellaneous
U ...
10-Asp. Nascimento
11-G.-M. Jansen
12-G.-M. Brito

17-Parnaiba
18-O. Cruz
19-C. Chagas
20-Rio Doce
21-R. de. Contas
22-R. Formoso
23-R. Real
24-R. Turvo
25-R. Verde
26-C. de Mello
27-Brazil
31-R. Fina
32-V. Picada
33-L. Arriba
40-Rio Pardo
41-Rio Negro
42-Rio Chui
43-Rio Oiapoque

R ...
11-M. d. Oliveira
14-Laurindo Pitta
15-Marroig
16-Didier
17-Ten. Magalhães
18-Cabo Schram
21-Tridente
22-Tritao
23-Triunfo
24-Alm. Guilhen
25-Alm. Guillobel

K ...
10-G. Moutinho

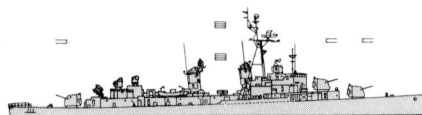

2200 ts, 35 kn, 115 m
6–12.7 ⚓, 4 Seacat ⚓₄, 6 UTR 32.4 III, 2 ⚓
1 DD: **Mato Grosso** [D 34] (44) –
Typ US Allen M. Sumner

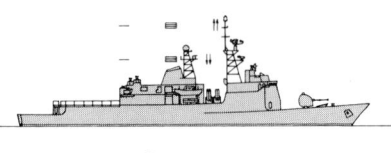

1600 ts, 26 kn, 95.8 m
4 MM 40 ⇒, 1–11.4 ⚓, 2-4 ⚓,
6 UTR 32.4 III, 1 ⟲
4 FG: I n h á u m a [V 28–31] (86 – a. St. / o. st.) –
vorläufige Skizze / preliminary drawing

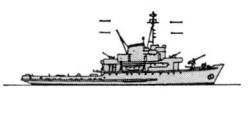

1-7.6, 4-2 ⚓   911 ts, 15 kn, 56 m
9 FS: **Angostura** [V 15, 16, 18–24] (54–55)

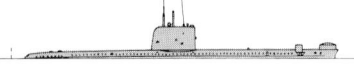

8 TR 53.3↓   2030/2410 ts, 12/17 kn, 90 m
(6b, 2h)
3 SS: **Humaitá** [S 22–20] (71–75) –
Typ brit. Oberon

10 TR 53.3↓   1870/2420 ts, 18/14 kn, 94 m
(6 b, 4 h)
4 SS: **Bahía** [S 12, 14–16] (44–45) –
Typ US Balao / Tench

660 ts, 17 kn, 63.5 m
1-4 ⚓, 2-8.1 Mörser / mortars, ⟲
2 PR: **Pedro Teixeira** [P 20, 21] (72)

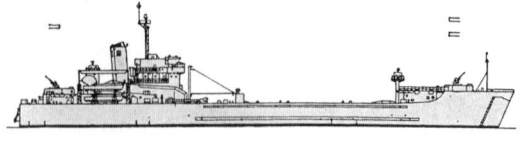

4300 ts, 18 kn, 135 m
2–7.6 ⚓, 2 LCVP, [600], ✈
1 LS: **Duque de Caxias** [G 26] (56) ◄
Typ US Suffolk County –
vor Umbau / before conversion

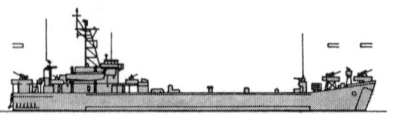

1650 ts, 11 kn, 100 m
8–4 ⚓, 2 LCVP, 20 🚗
1 LS: **Garcia d'Avila** [G 28] (45) ◄
Typ US LST (2)

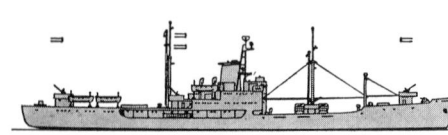

2–7.6 ⚓, 8–2 ⚓   4800 ts, 15 kn, 119 m
4 AP: **Barroso Pereira** [G 16, 21, 22, U 26]
(54–56)
Custodio de Mello: 4–7.6, 4–4

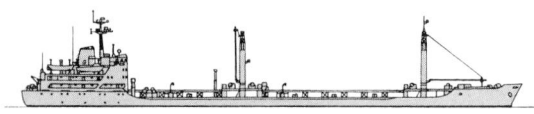

10 500 ts, 13.5 kn, 134 m
1 AO: **Marajó** [G 27] (68)

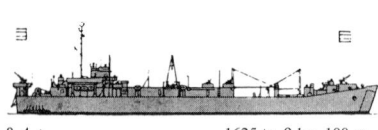

8–4 ⚓   1625 ts, 9 kn, 100 m
1 AR: **Belmonte** [G 24] (45) –
Typ US Achelous

2–2 ⚓   1235 ts, 14 kn, 62.5 m
1 AR: **Gastão Moutinho** [K 10] (46) –
Typ US ASR / ATF

—   1200 ts, 13.5 kn, 63.7 m
1 AG: **Almirante Câmara** [H 41] (63) –
Typ US Conrad

[4–2 ⚓], 1 ✈   1460 ts, 15 kn, 78 m
2 AG: **Canopus** [H 21, 22] (57)

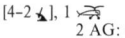

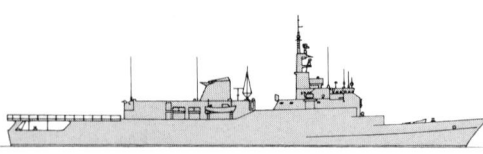

2380 ts, 18 kn, 132 m
2–4 ⚓, 2 ✈
1 AX: **Brazil** [U 27] (83) –
vorläufige Skizze / preliminary drawing

Maßstab / Scale 1:1000

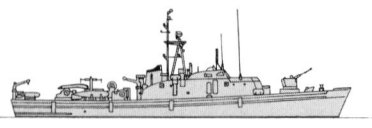

230 ts, 24 kn, 47.2 m
1–4 ⚓
6 MS: **Aratú** [M 15–20] (70–74)
Typ deutsch / German Schütze

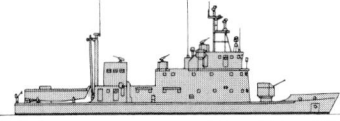

-4 ⚓,   340 ts, 14 kn, 46.3 m
2–8.1 Mörser / mortars, 6 Mg ⚓
3 PR: **Amapá** [P 30–32] (72–73)

5 Mg ⚓,   100 ts, 20 kn, 29 m
1–8.1 Mörser / mortars, 1 ⚓
6 PP: **Piratini** [P 10–15] (68–71) –
Typ US CG Cape

RL **Minas Gerais** (44) Typ brit. Colossus   1983, amtlich / official

DG **Liberal** (77) Niteroi Klasse   1978, Van Ginderen

DG **Niteroi** (74) Niteroi Klasse   amtlich / official, Pellegrini

DD **Sergipe** (44) Typ US A. M. Sumner   1973, amtlich / official, Pellegrini

SS **Humaitá** (71) Typ brit. Oberon   1975, amtlich / official, Pellegrini

DD **Marcilio Dias** (44) Typ US Gearing   1974, amtlich / official, Pellegrini

SS **Goiás** (45) Typ US Tench   1974, amtlich / official, Pellegrini

PR **Rondônia** (73) Roraima Klasse   1975, amtlich / official, Pellegrini

PR **Parnaiba** (37)   1976, amtlich / official, Pellegrini

PR **Pedro Teixeira** (70) Teixeira Klasse   1983, amtlich / official

PP **Pampeiro** (70) Typ US CG Cape   1985, amtlich / official

AP **Ary Parreiras** (56) B. Pereira Klasse   1974, amtlich / official, Pellegrini

Vermessungsschiff / Surveying Vessel **Canopus** (57)   1973, amtlich / official, Pellegrini

AG **Almirante Saldanha** (33)   1976, amtlich / official, Pellegrini

AG **Almirante Graça Aranha** (74)   1976, amtlich / official, Pellegrini

AX **Brazil** (83)   8-1987, Voß

AX **Guarda-Marinha Jansen** (81)   1982, amtlich / official

Brunai — Bulgarien/Bulgaria
Brunei — Darussalam

Maßstab / Scale 1:1000

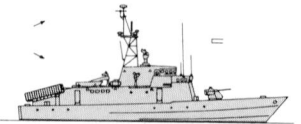

150 ts, 30 kn, 36.8 m
2 MM 38 ⇨, 2–3 ⚓, [2 Mg ⚓]
3 PG: **Waspada** [P 02–04] (77–78)

PG **Seteria** (78) Waspada Klasse   1980,Arra

Bulgarien/Bulgaria

3–10, 4–3.7 ⚓,   1000 ts, 28 kn, 91.5 m
3 TR 53.3 III, 4 ⚓, 4 ⚓, ☼
3 FF: **Druzki** (~54) – *Typ USSR Riga*

8 TR (6 b, 2 h)   1330/1700 ts, 15/13 kn, 77 m
4 SS: **Slava** (~60) – *Typ USSR Romeo*

Maßstab / Scale 1:1000

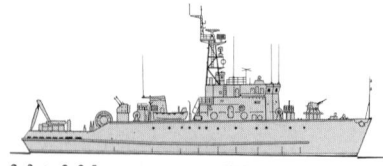

2–3 ⚓, 2–2.5 ⚓   350 ts, 18 kn, 48.5 m
3 MB: **61–63** (~80) – *Typ USSR Sonya*

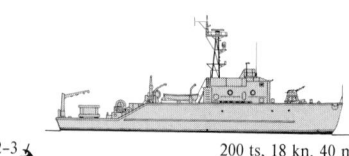

2–3 ⚓   200 ts, 18 kn, 40 m
6 MS: **31–36** (~62) – *Typ USSR Vanya*

2 Mg ⚓   70 ts, 18 kn, 26.1 m
4 MS: **371–374** (~73) – *Typ USSR Yevgenya*

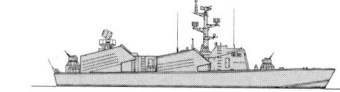

4 ⇨, 4–3 ⚓   175 ts, 36 kn, 40 m
3 PG: **103, 112, 113** (~62) – *Typ USSR Osa I*

500 ts, 28 kn, 61 m
2-5.7 ⚓, 4 **UTR** 40.6, 2 ⚓₁₂
6 PC: **13-15, I-III** (~61) – *Typ USSR Poti*

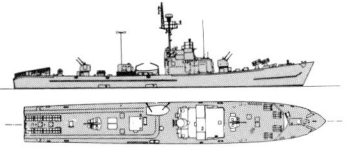

4-2.5 ⚓, 4 ⚓₅
3 PC: **44-46** (~60) – *Typ USSR SO I*   170 ts, 27 kn, 42 m

4-3 ⚓, 4 **TR** 53.3   145 ts, 40 kn, 36 m
7 PF: **104-106, 114-116 , I** (~65) –
Typ USSR Shershen

FF **Smely** (~54) Typ USSR Riga   1981, Stockinger

PC Typ USSR **SO 1** (~60)   1979

Canada

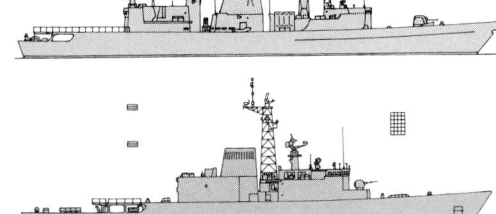

3470 ts, 29 kn, 134 m
8 Harpoon ⟹, 1-5.7 ⚓, 1-2 ⚓ Phalanx,
2 Sea Sparrow ⚓, 6 **UTR** 32.4 III, 2 ⇝
6 FG: H a l i f a x [330-335]
(a. St. / o. st. – bew. / auth.) –
vorläufige Skizze / preliminary drawing

3550 ts, 27 kn, 130 m
1 VLS ⚓ / ⟹, 1-7.6 ⚓, 1-2 ⚓ Phalanx,
6 **UTR** 32.4 III, 2 ⇝
4 FG: **Iroquois** [280–283] (70–71, *87–?*) –
vorl. Skizze nach TRUMP / preliminary
drawing after TRUMP

Kennungen / Identification

Zerstörer und Schnelle Geleiter / Destoyers and Fast Escorts DD ...	–DDH ...	U-Boote / Submarines SS ...	191–Adversus	AOTL ...
235–Chaudière	206–Saguenay	72–Ojibwa	192–Detector	502–Dundurn
236–Gatineau	207–Skeena	73–Onondaga	193–Captor	
256–St. Croix	229–Ottaw	74–Okanagan	194–Acadian	ATA ...
257–Restigouche	230–Margaree		195–Sidney	528–Riverton
258–Kootenay	233–Fraser			531–Saint Anthony
259–Terra Nova	234–Assiniboine	Wachboote /	Hilfsfahrzeuge /	533–Saint Charles
260–Columbia	265–Annapolis	Patrol Vessels	Auxiliary Vessels	
261–Mackenzie	266–Nipigon	PB ...	AGOR ...	ASL ...
262–Sakatchewan	280–Iroquois	140–Fort Steele	114–Bluethroat	20–Cormorant
263–Yukon	281–Huron	159–Fundy	171–Endeavour	
264–Qu'Appelle	282–Athabaskan	160–Chignecto	172–Quest	YNG ...
	283–Algonquin	161–Thunder		180–Porte St. Jean
	330–Halifax	162–Cowichan	AOR ...	183–Porte St. Louis
	331–Vancouver	163–Miramichi	508–Provider	184–Porte de la Reine
	332–Ville de Québec	164–Chaleur	509–Protecteur	185–Porte Québec
	333–Toronto		510–Preserver	186–Porte Dauphine
	334–Regina			
	335–Calgary			

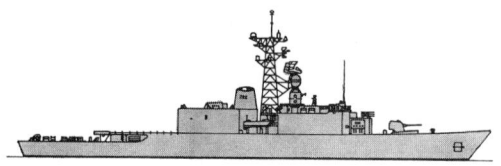

3550 ts, 27 kn, 130 m
1–12.7 ⚓, 6 **UTR** 32.4 III,
8 Sea Sparrow ░░₄, 1 ☷, 2 ⚙
4 FF: **Iroquois** [DDH 280–283]
(70–71) – vor / before TRUMP

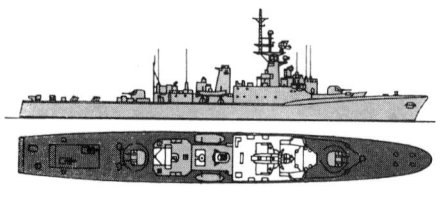

2380 ts, 28 kn, 112 m
4–7.6 ⚓, 6 **UTR** 32.4 III, 2 ☷
4 FF: **Mackenzie** [DD 261–264] (61–62)

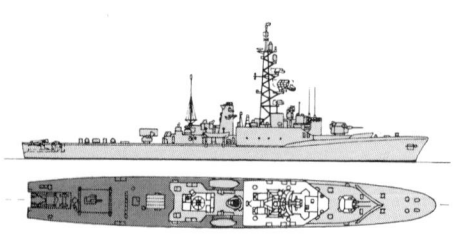

2390 ts, 28 kn, 113 m
2–7.6 ⚓, 6 **UTR** 32.4 III, 1 ☰₈ Asroc, 1 ☷
4 FF: **Restigouche** [DD 236, 257–259]
(54–57)

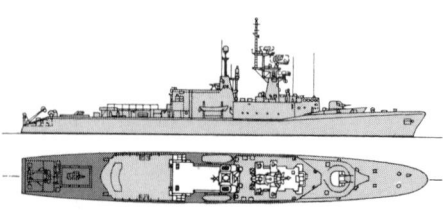

2263 ts, 28.5 kn, 112 m
2–7.6 ⚓, 6 **UTR** 32.4 III, 1 ☷, 1 ⚙
8 FF: 6 **Fraser** [DDH 206, 207, 229, 230,
233, 234] (51–56); ähnlich / similar:
Annapolis, Nipigon [DDH 265, 266] (61–63)

Canada

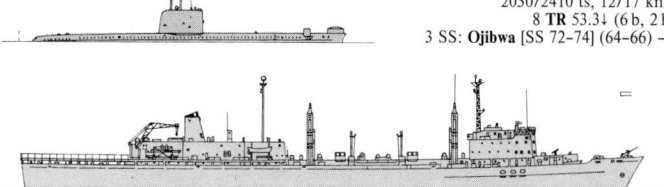

2030/2410 ts, 12/17 kn, 90 m
8 **TR** 53.3↓ (6 b, 2 h)
3 SS: **Ojibwa** [SS 72–74] (64–66) – *Typ brit. Oberon*

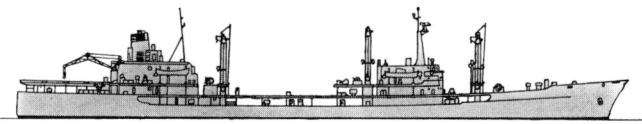

3 ⤨   8380 ts, 20 kn, 172 m
2 AO: **Protecteur** [AOR 509, 510] (68–69)

2 ⤨   7300 ts, 20 kn, 169 m
1 AO: **Provider** [AOR 508] (62)

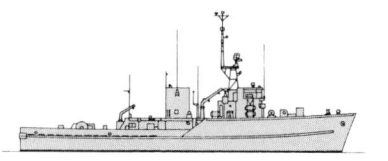

1 ⤨   1560 ts, 16 kn, 72 m
1 AG: **Endeavour** [AGOR 171] (64)

1 ⤨   2130 ts, 16 kn, 77 m
1 AG: **Quest** [AGOR 172] (68)

Maßstab / Scale 1:1000

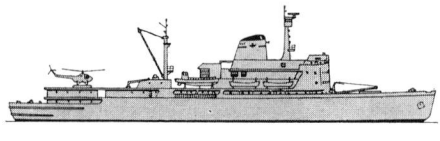

370 ts, 16 kn, 50 m
[1–4 ⚓]
6 PP: **Chaleur** [PF 159–164] (56–57) –
Canadian Bay Klasse

Küstenwache / Coast Guard

6000 ts, 17.8 kn, 112 m
1 AI: **Louis S. St. Laurent** (66)

6400 ts, 16 kn, 98 m
3 AI: **Pierre Radisson** (77–81)

391

Canada

392

./8290 ts, 16.5 kn, 99.8 m
1 AI: H e n r y   L a r s s e n (87) –
vorläufige Skizze / preliminary drawing

— 3500 ts, 16 kn, 89 m
1 AI: **Labrador** (51)

— 4662 ts, 15.3 kn, 83 m
6 AI: **Martha L. Black** (86–87)

FF **Algonquin** (71) 7–1986, Schiefer

Can. **Sea Sparrow** System: **Algonquin** Klasse 6–1986, Terzibaschitsch

FF **Yukon** (61) Mackenzie Klasse 1987, Arra

FF **Nipigon** (61) Annapolis Klasse   10–1985, Voß

FF **Restigouche** (54)   1984, Arra

FF **St. Croix** (57)   7–1986, Jentsch

FF **Assiniboine** (54) St. Laurent Klasse   1982, Voß

SS **Ojibwa** (64) Typ brit. Oberon 7-1986, Jentsch

AO **Protecteur** (68) 1982, Arra

AO **Provider** (62) 1984, Arra

AI **Alexander Henry** (58) 7-1986, Jentsch

Chile

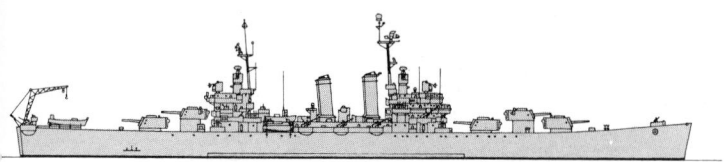

5–15.2, 8–12.7 ⚓, 20–4 ⚓, 2 ⛴   10 000 ts, 32.7 kn, 187 m

1 CL: **O'Higgins** [02] (36) – *Typ US Brooklyn*

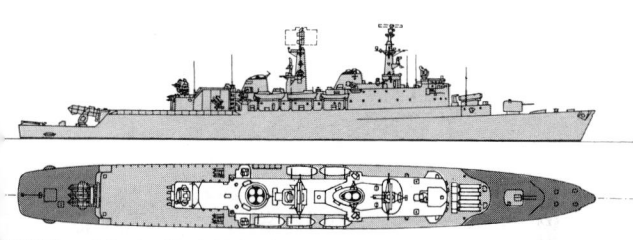

4 MM 38 ⇒, 2 Seaslug II ⚓, 2–11.4 ⚓, 2–4 ⚓, 6–2 ⚓, 8 Seacat ⚓, 1 ⛴   5440 ts, 32.5 kn, 159 m

4 DG: **Capitán Prat** [11–14] (64–67) – *Typ brit. County*

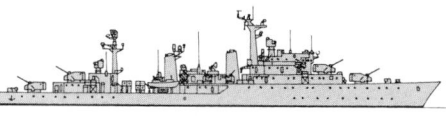

2730 ts, 36 kn, 122 m
4 MM 38 ⇒, 4–10.2 ⚓, 4–4 ⚓,
8 Seacat ⚓, 6 UTR 32.4 III, 2 ⚓
2 DG: **Almirante Riveros, ALMIRANTE WILLIAMS** [18, 19] (58)

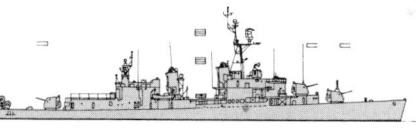

2200 ts, 35 kn, 115 m
6–12.7 ⚓, 6 UTR 32.4 III, 2 ⚓, [1 ⛴]
2 DD: **Zenteno** [16, 17] (44) –
Typ US Allen M. Sumner / FRAM 2

Kennungen / Identification

Kreuzer / Cruisers	07–Lynch	80–Guacolda	**Landungsfahrzeuge / Landing Vessels**	73–Colo–Colo
02–O'Higgins	62–Lautaro	81–Fresia		100–Bl. Estela
	63–S. Aldea	82–Quidora	86–Valdivia	101–Guardian Brito
Zerstörer / Destroyers		83–Tegualda	90–Elicura	109–Isleña
1–C. Prat	**Uboote / Submarines**		91–Maipo	110–Meteoro
2–Alm. Cochrane	20–Thomson	GC ...	92–Rancagua	111–C. Videla
3–Alm. B. Encalada	21–Simpson	1601–Ona	93–Chacabuco	112–Sobenes
4–Alm. Latorre	22–O'Brien	1602–Yagan	94–Orompello	113–Castor
6–Zenteno	23–Hyatt	1801–Pillan		115–Gálvez
7–Portales		1802–Tronador	**Hilfsfahrzeuge / Auxiliary Vessels**	116–G. Pérez
8–Alm. Riveros	**Kleine Kampf-schiffe / Small Fighting Vessels**	1803–Ranokavo	43–Esmeralda	120–Reyes
9–Alm. Williams		1804–Villarrica	45–P. Pardo	128–Cortés
		1805–Corcovado	47–Aquiles	
Fregatten / Frigates	37–Papudo	1806–Llaima	52–Montt	
6–Condell	75–M. Fuentealba	1807–Antuco	53–Araucano	
	76–Cabo Odger	1808–Osorno	64–Yelcho	
		1809–Choshuenco	70–Angamos	
		1810–Copahue		

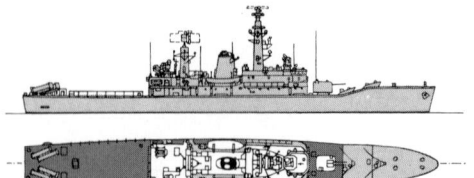

2450 ts, 30 kn, 113 m
4 MM 38 ⇒, 2–11.4 ⚓, 2–2 ⚓,
4 Seacat ⚓₄, 6 UTR 32.4 III, [1 ⇶]
2 FG: **Condell, Lynch** [06, 07] (72–73) –
Typ brit. Leander

8 **TR** 53.3 b↓   1260/1390 ts, 10/22 kn, 59.5 m
2 SS: **Thomson** [20, 21] (82–83) –
Typ deutsch / German 209 / TR 1300

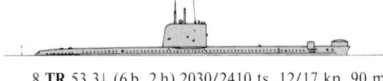

8 **TR** 53.3↓ (6 b, 2 h) 2030/2410 ts, 12/17 kn, 90 m
2 SS: **O'Brien, Hyatt** [22, 23] (72–73) –
Typ brit. Oberon

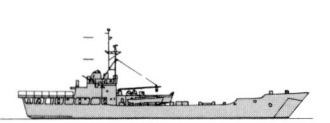

2–4 ⚓,   750 ts, 16 kn, 80 m
2–8.1 Mörser / mortars, [400 ts]
3 LS: **Maipo** [91–93] (81–85) –
Typ frz. / French BATRAL

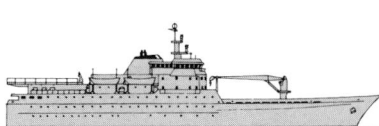

–   2760 ts, 19 kn, 103 m
1 AP: A q u i l e s (a. St. / o. st.) –
vorläufige Skizze / preliminary drawing

[400]   . /3400 ts, 14 kn, 88.7 m
1 AP: **Aquiles** [47] (53)

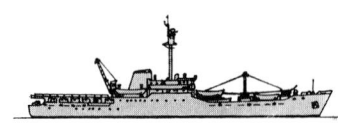

2–4 ⚓, 2–2 ⚓, 1 ⇶   1250 ts, 14 kn, 82 m
1 AP: **Piloto Pardo** [45] (58)

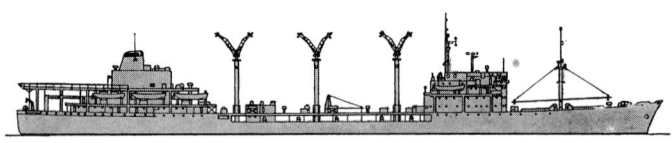

2 ⇶   8531 ts, 18.3 kn, 178 m
1 AO: **Almirante Jorge Montt** [52] (62) – *Typ brit. Tide*

8–4 ⚓   . /17 300 ts, 17 kn, 162 m
1 AO: **Araucano** [53] (65)

1235 ts, 15 kn, 63 m
1–7.6
1 AT/FS: **Sargento Aldea** [63] (43) –
Typ US ATF

Maßstab / Scale 1:1000

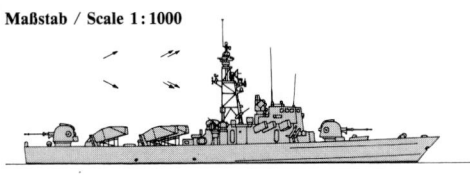

415 ts, 32 kn, 58.1 m
6 Gabriel ⇒, 2–7.6 ↯, 2–2 ↯, 6 Mg ↯
2 PG: **Casma** (73–74) –
Typ israel. Sa'ar 4

134 ts, 32 kn, 36 m
2–4 ↯, 4 **TR** 53.3
4 PF: **Fresia** [80–83] (64–65)

CL **O'Higgins** (36) Typ US Brooklyn   1983, amtlich / official

DG **Capitán Prat** (67) Typ brit. County   1983, amtlich / official

DG **Almirante Williams** (58)   11–1983, amtlich / official

DD **Zenteno** (44) Typ US Allen M. Sumner   1983, amtlich / official

FG **Lynch** (72) Typ brit. Leander   1977, amtlich / official

FS **Sargento Aldea** (43) Typ US ATF   1983, amtlich / official

SS **Simpson** (83) Typ deutsch / German 209 TR 1300   1984, Voß

SS **O'Brien** (72) Typ brit. Oberon   1983, amtlich / official

PG **Casma** (73) Typ israel. Reshef   1983, amtlich / official

PF **Fresia** Klasse (64–65)   1983, amtlich / official

LS **Rancagua** (82) Typ frz. / French BATRAL   1983, amtlich / official

PC **Papudo** (70)   1983, amtlich / official

AP **Aquiles** (53)   1983, amtlich / official

AP **Grumete Pérez** (75)   1983, amtlich / official

China

3450 ts, 32 kn, 131 m
6 FL-1 ⇨, 4–13 ✈, 8–3.7 ✈, 4–2.5 ✈,
2 ⟍, 2 ⚓
16 DG: *Luda Klasse* (71–83)

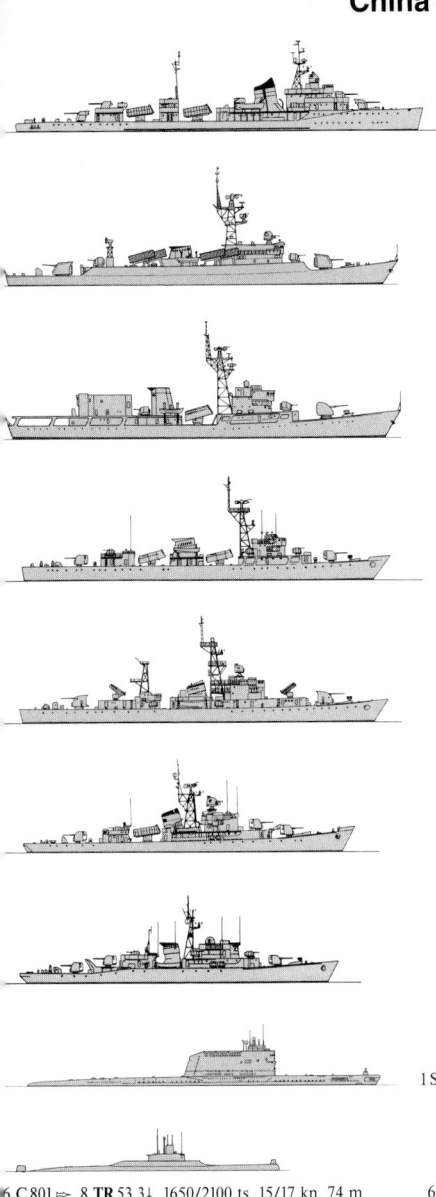

1690 ts, 36 kn, 113 m
4 FL-1 ⇒, 4-13, 8-3.7 ⚓, 4 ⚓
4 DG: **Zhangzhun** (38-40) –
Typ USSR Gordy

1900 ts, ? kn, 108 m
8 C 801 ⇒, 4-10 ⚓, 8-3.7 ⚓
2 FG: **535** (85-86)

1800 ts, ? kn, 108 m
2 FL-1 ⇒, 2-10 ⚓, 8-3.7 ⚓, 1 ✈
2 FG: **544** (85) – *Jianghu V Klasse*

1580 ts, 28 kn, 103 m
4 FL-1 ⇒, 2-10 ⚓, 12-3.7 ⚓, 2 ⚓, 2 ⚓, ☉
20 FG: *Jianghu Klasse* (75-83)

1570 ts, 28 kn, 103 m
4 ⚓2, 4-10 ⚓, 8-3.7 ⚓, 2 ⚓, 2 ⚓
2 FG: *Jiangdong Klasse* (72-75)

1250 ts, 28 kn, 91.5 m
2 FL-1 ⇒, 3-10 ⚓, 4-3.7 ⚓, 4 Mg ⚓
4 FG: **Chengdu** (56-57) –
Typ USSR Riga

1220 ts, 28 kn, 91 m
3-10 ⚓, 8-3.7 ⚓, 2 Mg ⚓, 4 ⚓, 4 ⚓
5 FF: *Jiangnan Klasse* (65-67)

2350/2850 ts, 17/14 kn, 98 m
3 ⚓, 10 **TR**↓ (6 b, 4 h)
1 SB: **200** (~64) Ähnlich / similar to *Typ USSR Golf*

6 C 801 ⇒, 8 **TR** 53.3↓ 1650/2100 ts, 15/17 kn, 74 m
6 SG: *Wuhan Klasse*

6 **TR**   1500/1900 ts, ? kn, 76 m
2 SS: *Ming Klasse* (~73)

1320/1712 ts, 15/13 kn, 76.6 m
8 **TR**↓ (6 b, 2 h), 28 ☉
78 SS: **1-78** (60-81) – *Typ USSR Romeo*

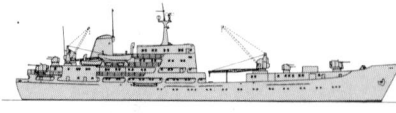

1100/1350 ts, 18/15 kn, 76 m
6 **TR** 53.3↓ (4 b, 2 h)
21 SS: **I-XXI** (56–64) – *Typ USSR Whiskey*

1 LS: *Yuling Klasse* (71)

4-3.7 ⚓, 8-2.5 ⚓   5600 ts, 14 kn, 107 m
1 AR: **Dazhi** (63)

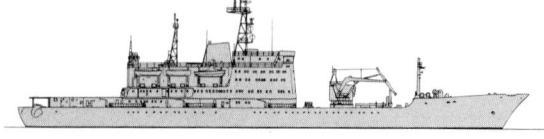

./10 980 ts, 20 kn, 156 m
[Mg ⚓]
3 AR: **J 302** (73–77) –
Dajiang Klasse

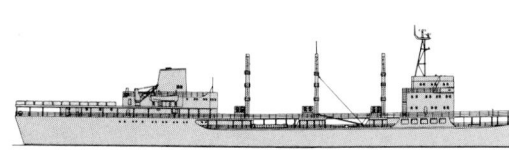

7500 ts, 18.5 kn, 181 m
4 AO: **X 615** (~77–80) –
Fuging Klasse

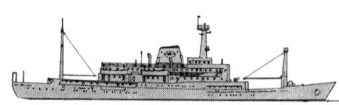

–   ./3600 ts, 18.5 kn, 84.9 m
3 AT: **T 154** (75–?) – *Tuzhong Klasse*

8 Mg ⚓   2960 ts, 16.2 kn, 95 m
2 AG: **Shijian** (67)

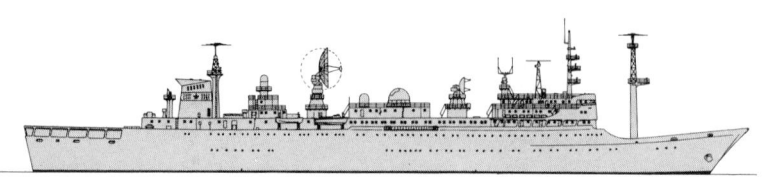

2 AG: **Yuan Wang 1, 2**   17 100 ts, 20 kn, 190 m

Maßstab / Scale 1:1000

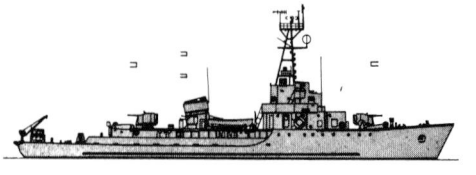

500 ts, 14 kn, 60 m
4-3.7 ⚓, 4-2.5 ⚓, 4-1.5 ⚓, 2 ⚓
23 MB: **I-XXIII** (55–66) –
Typ USSR T 43

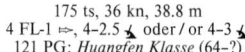

175 ts, 36 kn, 38.8 m
4 FL-1 ⇨, 4–2.5 ⚓ oder / or 4–3 ⚓
121 PG: *Huangfen Klasse* (64–?)

2 FL-1 ⇨, 4–2.5 ⚓   68 ts, 40 kn, 28.6 m
1 PG: *Hema Klasse* (?)

2 FL-1 ⇨, 2–2.5 ⚓   68 ts, 40 kn, 26.8 m
64 PG: *Hegu Klasse* (62–?) – *Typ USSR Komar*

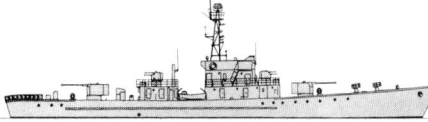

4–5.7 ⚓, 4–2.5 ⚓, 4 ⬟, ⚗   375 ts, 30.5 kn, 59 m
40 PC: *Hainan Klasse* (~65)

4–3.7 ⚓, 4–2.5 ⚓   120 ts, 30 kn, 38.8 m
320 PC: *Shanghai II Klasse* (62 – a. St. / o. st.)

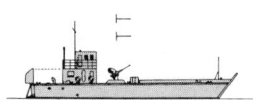

4–2.5 ⚓,   65 ts, 45 kn, 25.5 m
2 **TR** 53.3
60 PF: *Typ USSR P 6* (~58)

4–1.5 ⚓, 2 **TR** 53.3
110 PF: *Huchuan Klasse* (66–80)

39 ts, 55 kn, 21.5 m

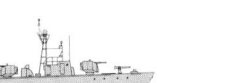

4–3.7 ⚓, 2 Mg ⚓   60 ts, 27 kn, 25.5 m
25 PP: *Shantou Klasse* (57–?)

2 Mg ⚓   ./300 ts, ? m, 29 m
300 LS: *Yunnan Klasse* (68–72)

SS **Han** Klasse (~80)   1985, amtlich / official

DG **Luda** Klasse (~75)   5-1980, RAAF

DG **Luda** Klasse (~75)   1980, RAAF

FG **Jianghu** Klasse (~78)   1983

FG **Jianghu** Klasse (~75)   1981

SS Typ USSR **Romeo** (~65)   1981

SS **Wuhan** Klasse (?) 1985, amtlich / official
bei Abschuß von / firing C 801 ⇐

SS Typ USSR **Romeo** 1981, amtlich / official

PG **Huangfen** Klasse (~80)   7–1985, SoW

PG **Huangfen** Klasse (~80)   1985, amtlich / official

PG **Hegu** Klasse (~75)   1985, amtlich / official

LS **Yukan** Klasse   1981

LS **Yunnan** Klasse (~70)   1981

AR **R 327** (ex J 506) Dajing Klasse   5–1980, RAAF

AO **X 620** (~80)   1981, Slg./coll. Globke

AO **X 950** (80) Fuqing Klasse   1981, RAAF

AO **Fuzhou** Klasse (~65)   1981

AT **T 830** (~75) Tuzhong Klasse   5-1980, RAAF

Columbien/Columbia

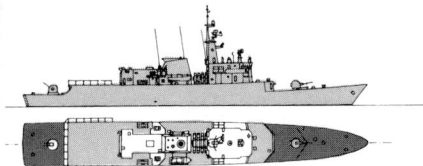

1500 ts, 28 kn, 95.3 m
8 MM 40 ⇨, 1-7.6 ✈, 2-4 ✈,
6 UTR 32.4 III, 1 ⛴
4 FG: **Almirante Padilla** [51-54] (82-83) –
Typ deutsch / German HDW FS 1500

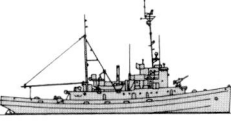

1-7.6   1235 ts, 15 kn, 62.5 m
4 FS: **Sebastian de Belal Calzar**
[RM 72, 73, 74, 76] (43-44) – *Typ US ATF*

8 **TR** 53.3 b↓   1185/1356 ts, 10/21 kn, 56 m
2 SS: **Pijao** [28, 29] (74) –
Typ deutsch / German 209 / 1200

2-7.6, 2-2 ✈   170 ts, 12 kn, 47 m
3 PR: **Arauca** 55 [CF 35-37]

2-7.6, 1-2 ✈, 4 Mg ✈   142 ts, 15.5 kn, 42 m
1 PR: **Cartagena** (30) [CF 33]

1300 ts, 10.5 kn, 76 m
1 AX: **Gloria** (68)

Kennungen / Identification

**Fregatten /
Frigates**
51-Alm. Padilla
52-Caldas
53-Antioquia
54-Independiente

**Uboote /
Submarines**
SS ...
20-Intrepido
21-Indomable
28-Pijao
29-Tayrona

**Kleine Kampf-
schiffe /
Small Fighting
Vessels**
CF ...
33-Cartagena
35-Rio Hacha
36-Leticia
37-Arauca

–
111-Quito Sueño
112-Albuquerque

AN ...
201-O. Herrera
202-R. de Castillo
208-C. Alban
209-N. Restrepo

**Hilfsfahrzeuge /
Auxiliary Vessels**
BD ...
33-Socorro

TM ...
43-C. d. Quibdo

TF ...
51-M. Serpa
52-H. Gutierrez

RM ...
72-P. d. Herredia
73-S. de Belal
Calzar
74-R. de Bastidas
75-B. Utria
76-Bahia Solano

RR ...
81-C. Castro
82-C. Leguizamo
84-C. A. Ruis
86-C. R. Giraldo
87-C. V. Valek
88-T. L. Bernal

BO ...
151-San Andres
153-Quindio
156-Malpelo
157-Providencia

FG **Caldas** (82) Typ deutsch / German HDW FS 1500   4-1984, Behling

FG **Almirante Padilla** (82) 1983, Voß

FS **Sebastian de Belal Calzar** (43) Typ US ATF 9–1984, Schiefer

SS **Tayrona** (74) Typ deutsch / German 209/1200 1975, HDW

PF **Albuquerque** (68) Typ US Asheville 7–1983, Donko

1700 ts, 29 kn, 95 m
4-7.6 ⚓, 4-3 ⚓, 2 ⚓, 2 ⬚, ☉
2 FF: **Mariel** (80-83) – *Typ USSR Koni*

10 **TR**↓ (6 b, 4 h) 1950/2400 ts, 18/18 kn, 91.5 m
3 SS: **I-III** (~65) – *Typ USSR Foxtrot*

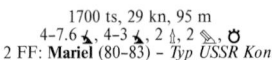

—
750 ts, 13 kn, 55 m
1 AG: **Guama** (~75) – *Typ USSR Biya*

Maßstab / Scale 1:1000

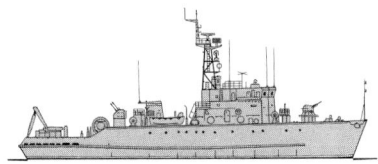

2-3 ⚓, 2-2.5 ⚓   350 ts, 18 kn, 48.5 m
4 MS: **I-IV** (~78) – *Typ USSR Sonya*

2 Mg ⚓   70 ts, 16 kn, 26.1 m
7 MS: **I-VII** (~75) – *Typ USSR Yevgenya*

Osa I

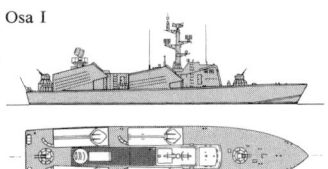

Osa II

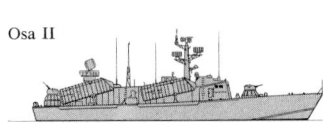

4 ⇒, 4-3 ⚓   175 ts, 36 kn, 40 m
5 PG: **I-V** (~62) – *Typ USSR Osa I*
13 PG: **I-XIII** (~70) – *Typ USSR Osa II*

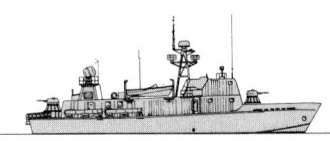

2-5.7 ⚓, 2-2.5 ⚓, ↑, 4 **TR** 190 ts, 36 kn, 39 m
9 PC: **I-IX** (~75) – *Typ USSR Turya*

4-3 ⚓   170 ts, 36 kn, 39.5 m
4 PC: **I-IV** (~75) – *Typ USSR Stenka*

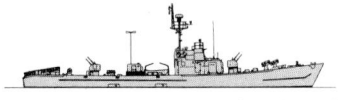

4-2.5 ⚓, 4 ⬚   170 ts, 27 kn, 42 m
4 PC: *Typ USSR SO 1* (~60)

4 Mg ⚓   48 ts, 34 kn, 24 m
21 PP: *Typ USSR Zhuk* (~74)

2030 ts, 30 kn, 113 m
8 Harpoon ⇒, 2–12.7 ⚓, 4–4 ⚓,
1 Sea Sparrow ⌇₈, 6 UTR 32.4 III
2 FG: **PEDER SKRAM, Herluf Trolle**
[F 352, 353] (65)

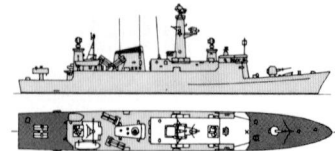

1190 ts, 28 kn, 84 m
8 Harpoon ⇒, 1–7.6 ⚓, [2 ⌇], 4 UTR 32.4 II,
1 Sea Sparrow ⌇₈
3 FG: **Niels Juel** [F 354–356] (78–81)

1–7.6, 1 ⤙⤚   1640 ts, 18 kn, 74.4 m
1 FS: **Beskytteren** [F 340] (75)

1–7.6, 1 ⤙⤚   1345 ts, 18 kn, 72 m
4 FS: **Hvidbjørnen** [F 348–351] (61–62)

4 TR 53.3↓   595/643 ts, 15/15 kn, 55 m
2 SS: **Spækhuggeren** [S 327, 329] (56–63)

8 TR 53.3 b↓   430/480 ts, 12/17 kn, 44 m
2 SC: **Narhvalen** [S 320, 321] (68–69) –
Typ deutsch / German 205

4–7.6 ⚓, 400 ☼   1900 ts, 16 kn, 77 m
4 NB: **Falster** [N 80–83] (63–64)

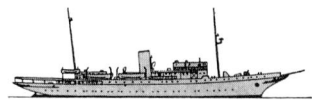

2–2 ⚓, ☼   575 ts, 14 kn, 44.5 m
2 NS: **Lindormen** [N 43, 44] (77)

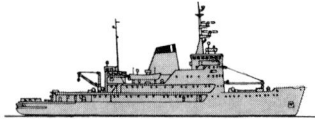

3685 ts, 17 kn, 77 m
2 AI: **Danbjørn** (65)

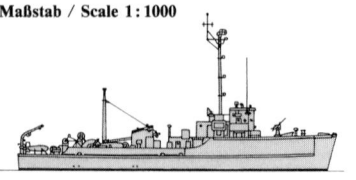

1130 ts, 13 kn, 80 m
Yacht: **Dannebrog** [A 540] (31)

Maßstab / Scale 1:1000

350 ts, 15 kn, 44 m
1–4 ⚓
6 MS: **Alssund** [M 572–575, 577, 578]
(54–56) – *Typ US Bluebird*

Flex 300 Programm

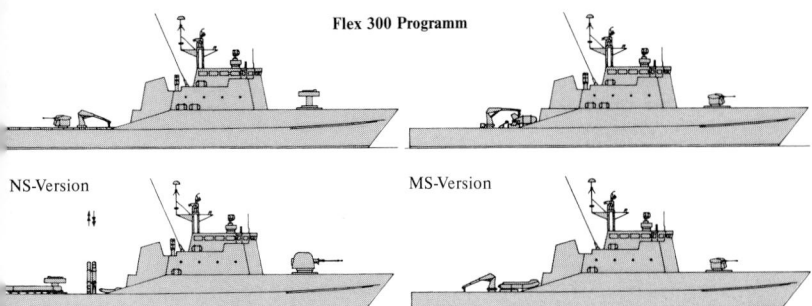

NS-Version   **MS-Version**

PG-Version   **PP-Version**

Bew / AMT variabel   300 ts, 30 kn, 54 m
16 PG: F l y v e f i s k e n (86 – gepl. / plan.)
vorläufige Skizzen / preliminary drawings

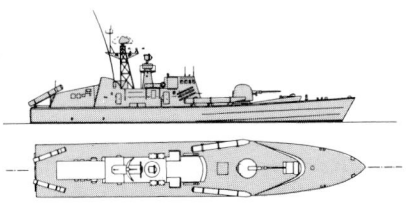

240 ts, 40 kn, 46 m
4 Harpoon ⇒, 1–7.6 ⚓, 2 **TR**
10 PG: **Willemoes** [P 540–549] (74–78)

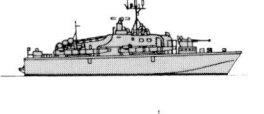

95 ts, 50 kn, 30.2 m
2–4 ⚓, 1–2 ⚓, 2 **TR**
6 PF: **Søløven** [P 510–515] (63–65) –
Typ brit. Brave

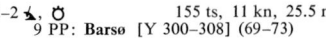

1–4 ⚓   150 ts, 20 kn, 37 m
8 PP: **Daphne** [P 530, 531, 533–538] (60–63)

2–2 ⚓, ☼   155 ts, 11 kn, 25.5 m
9 PP: **Barsø** [Y 300–308] (69–73)

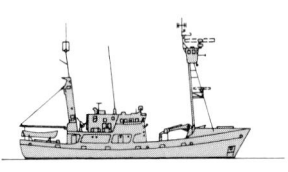

2–2 ⚓   330 ts, 12 kn, 31.6 m
3 PP: **Tulugaq** [Y 386–388] (74–79)

2–2 ⚓   205 ts, 10 kn, 27 m
2 PP: **Maagen** [Y 384, 385] (60)

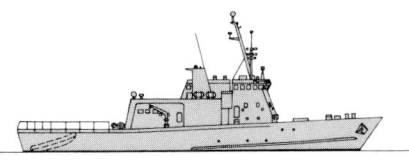

505 ts, 20 kn, 50 m
1 Fischereischutzschiff / Fishery
Protection Vessel: **Havørnen** (79)

Kennungen / Identification

Fregatten /	43–Lindormen	542–Hammer	537–Ran	568–Rimfaxe
Frigates	44–Lossen	543–Huitfeldt	538–Rota	569–Skinfaxe
F...	80–Falster	544–Krieger		
340–Beskytteren	81–Fyen	545–Norby	Y...	SKB...
348–Hvidbjørnen	82–Møen	546–Rodsteen	300–Barsø	1–Græspurven
349–Vædderen	83–Sjælland	547–Sehested	301–Drejø	2–Snespurven
350–Ingolf		548–Suenson	302–Romsø	3–Gulspurven
351–Fylla	**Minensucher /**	549–Willemoes	303–Samsø	4–Jernspurven
352–P. Skram	**Minesweepers**		304–Thurø	
353–H. Trolle	M...	*Typ brit. Brave*	305–Vejrø	TO...
354–Niels Juel	*Typ US Bluebird*	510–Søløven	306–Farø	8–Hugin
355–O. Fischer	572–Alssund	511–Søridderen	307–Laesø	9–Munin
356–P. Tordenskjold	573–Egernsund	512–Søbjørnen	308–Rømø	10–Mimer
	574–Grønsund	513–Søhesten	384–Maagen	
Uboote /	575–Guldborgsund	514–Søhunden	385–Mallemukken	**Marineheimwehr /**
Submarines	577–Ulvsund	515–Søulven	386–Agdlek	**Naval Homeguard**
S...	578–Vilsund		387–Agpa	MHV...
320–Narhvalen		*Daphne Klasse*	388–Tulagaq	81–Askø
321–Nordkaperen	**Kleine Kampf-**	530–Daphne		82–Enø
327–Spækhuggeren	**schiffe /**	531–Dryaden	**Hilfsfahrzeuge /**	83–Manø
329–Springeren	**Small Fighting**	533–Havfruen	**Auxiliary Vessels**	84–Baagø
	Vessels	534–Najaden	A...	85–Hjortø
Minenleger /	P...	535–Nymfen	540–Dannebrog	86–Lyø
Minelayers	540–Bille	536–Neptun	559–Sleipner	
N...	541–Bredal			
42–Langeland				

FG **Herluf Trolle** (65) Peder Skram Klasse   10-1985, Voß

FG **Olfert Fischer** (79) Niels Juel Klasse   5-1987, Behling

FS **Beskytteren** (75)   9–1986, Voß

FS **Vædderen** (62) mit / with Radome   7–1985, Jentsch

SS **Springeren** (63)   5–1987, Behling

SC **Nordkaperen** (69) Typ deutsch / German 205 mod.   5–1987, Behling

NB **Møen** (63) Falster Klasse   5-1987, Schiefer

NS **Lossen** (77) Lindormen Klasse   4-1987, Behling

PG **Willemoes** (76)   5-1987, Schiefer

PG **Bille** (76) Willemoes Klasse · 5–1987, Behling

PP **Rota** (63) Daphne Klasse · 1986, Voß

AO **Skinfaxe** (45) Typ US YO 65 · 5–1987, Schiefer

Königsyacht / Royal Yacht **Dannebrog** (31) · 6–1987, Behling

PP **Agdlek** (74)   1980

PP **Rømø** (73) Barsø Klasse   1980

PP **MHV 70** (58)   8-1986, Schiefer

3370 ts, 35 kn, 134 m
2-12.7 ⚓, 1 Standard I ⚓,
6 UTR 32.4 III, 1 ⚓₈
3 DG: **Lütjens** [D 185–187] (67–69) –
Typ US Charles F. Adams

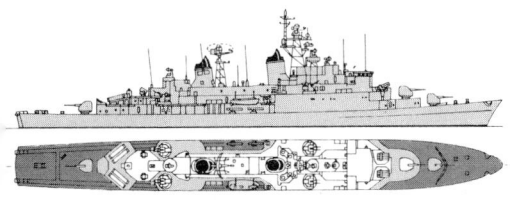

3340 ts, 35 kn, 134 m
4 MM 38 ⇒, 3–10 ⚓, 4–8 ⚓,
4 UTR 53.3 I, 2 ⚓₄, ☼
4 DG: **Hamburg** [D 181–184] (60–63)

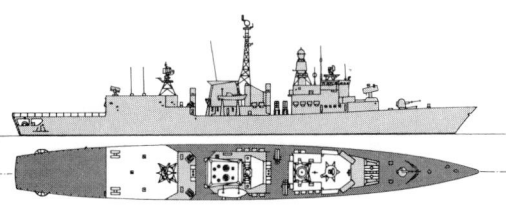

3000 ts, 30 kn, 130 m
8 Harpoon ⇒₄, 1 Sea Sparrow ⚓₈,
2 RAM ⚓₂₁, 1–7.6 ⚓,
4 UTR, 2 ⚓
8 FG: **Bremen** [F 207–214] (79–87)

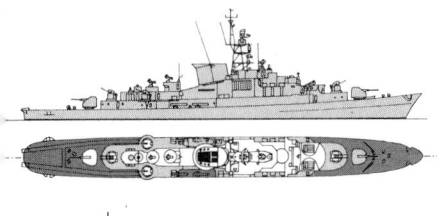

2400 ts, 30 kn, 110 m
2-10 ⚓, 6-4 ⚓, 4 UTR 53.3 I, 2 ⚓₄, ☼
3 FF: **Augsburg** [F 222, 224, 225]
(59–62)

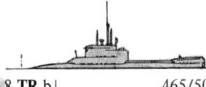

8 TR b↓   465/500 ts, 10/17 kn, 48.6 m
18 SC: **U 13–30** [S 192–199, 170–179]
(71–74, *88–92*)

8 TR b↓   419/455 ts, 10/17 kn, 43.9 m
6 SC: **U 1, 2, 9–12** [S 180, 181, 188–191] (66–68)

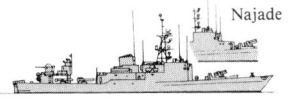

Najade

575 ts, 23.5 kn, 70 m
2–4 ⚓, 4 UTR 53.3 I, 1 ⚓, ☼
5 PC: **Thetis** [P 6052–6056] (60–62)

980 ts, 25 kn, 80.6 m
1 P: **Hans Bürkner**   [A 1449] (61)
Versuchsschiff / Experimental Vessel

Kennungen / Identification

Zerstörer /
Destroyers
D ...
181–Hamburg
182–Schleswig-Holst.
183—Bayern
184–Hessen
185–Lütjens
186–Mölders
187–Rommel

Fregatten /
Frigates
F ...
207–Bremen
208–Niedersachsen
209–Rheinland-Pfalz
210–Emden
211–Köln
212–Karlsruhe
213–Augsburg
214–Lübeck
222–Augsburg
224–Lübeck
225–Braunschweig

Uboote /
Submarines
S ...
170–U 21
171–U 22
172–U 23
173–U 24
174–U 25
175–U 26
176–U 27
177–U 28
178–U 29
179–U 30
180–U 1
181–U 2
188–U 9
189–U 10
190–U 11
191–U 12
192–U 13
193–U 14
194–U 15
195–U 16
196–U 17
197–U 18
198–U 19
199–U 20

Minensucher /
Minesweepers
M ...
Lindau Klasse
1070–Göttingen
1071–Koblenz
1072–Lindau
1073–Schleswig
1074–Tübingen
1075–Wetzlar
1076–Paderborn
1077–Weilheim
1078–Cuxhaven
1079–Düren
1080–Marburg
1081–Konstanz

1082–Wolfsburg
1083–Ulm
1084–Flensburg
1085–Minden
1086–Fulda
1087–Völklingen

Schütze Klasse
1051–Castor
1054–Pollux
1055–Sirius
1056–Rigel
1057–Regulus
1058–Mars
1059–Spica
1060–Skorpion
1062–Schütze
1063–Waage
1064–Deneb
1065–Jupiter
1067–Atair
1069–Wega
1090–Perseus
1093–Neptun
1094–Widder
1096–Fische
1097–Gemma

Ariadne Klasse
2650–Ariadne
2651–Freya
2652–Vineta
2653–Hertha
2654–Nymphe
2655–Nixe
2656–Amazone
2657–Gazelle

Frauenlob Klasse
2658–Frauenlob
2659–Nautilus
2660–Gefion
2661–Medusa
2662–Undine
2663–Minerva
2664–Diana
2665–Loreley
2666–Atlantis
2667–Acheron
—
1050–TB 1
1052–Hansa
1053–Stier

Flugkörper-
schnellboote /
Fast Attack Craft,
Missile
P ...
143 Klasse
6111–Albatros
6112–Falke
6113–Geier
6114–Bussard
6115–Sperber
6116–Greif
6117–Kondor
6118–Seeadler
6119–Habicht
6120–Kormoran

143 A Klasse
6121–Gepard
6122–Puma
6123–Hermelin
6124–Nerz
6125–Zobel
6126–Frettchen
6127–Dachs
6128–Ozelot
6129–Wiesel
6130–Hyäne

148 Klasse
6141–Tiger
6142–Iltis
6143–Luchs
6144–Marder
6145–Leopard
6146–Fuchs
6147–Jaguar
6148–Löwe
6149–Wolf
6150–Panther
6151–Häher
6152–Storch
6153–Pelikan
6154–Elster
6155–Alk
6156–Dommel
6157–Weihe
6158–Pinguin
6159–Reiher
6160–Kranich

U-Jagdboote /
Corvettes
P ...
Thetis Klasse
6052–Thetis
6053–Hermes
6054–Najade
6055–Triton
6056–Theseus

Landungs-
fahrzeuge /
Landing Vessels
L ...
760–Flunder
761–Karpfen
762–Lachs
763–Plötze
764–Rochen
765–Schleie
766–Stör
767–Tümmler
768–Wels
769–Zander
774–Hering
776–Maräne
780–Hummer
781–Krill
782–Krabbe
783–Auster
784–Muschel
785–Koralle
788–Butt
789–Brasse
790–Barbe
791–Delphin

792–Dorsch
793–Felchen
794–Forelle
795–Inger
796–Makrele
797–Muräne
798–Renke
799–Salm

LCM ...
12–Sprotte
13–Sardine
14–Sardelle
16–Orfe
19–Stint
20–Äsche
27–Garnele
28–Languste

Hilfsfahrzeuge /
Auxiliary Vessels
A ...
50–Alster
52–Oste
53–Oker
55–Lahn
56–Lech
58–Rhein
59–Deutschland
60–Gorch Fock
61–Elbe
63–Main
65–Saar
66–Neckar
67–Mosel
68–Werra
69–Donau
1400–Holnis
1401–Eisvogel
1402–Eisbär
1403–FW 1
1404–FW 4
1405–FW 5
1406–FW 6
1407–Wittensee
1408–SP 1
1409–Wilhelm Pullwer
1410–W. v. Ledebur
1411–Lüneburg
1412–Coburg
1413–Freiburg
1414–Glücksburg
1415–Saarburg
1416–Nienburg
1417–Offenburg
1418–Meersburg
1424–Walchensee
1425–Ammersee
1426–Tegernsee
1427–Westensee
1428–Harz
1429–Eifel
1435–Westerwald
1436–Odenwald
1437–Sachsenwald
1438–Steigerwald
1439–Baltrum
1440–Juist
1441–Langeoog
1442–Spessart

1443–Rhön
1449–H. Bürkner
1450–Planet
1451–Wangerooge
1452–Spiekeroog
1455–Norderney
1457–Helgoland
1458–Fehmarn

Verschiedenes /
Miscellaneous
Y ...
812–Lütje Hörn
813–Mellum
814–Knechtsand
815–Scharhörn
816–Vogelsand
817–Nordstrand
818–Trischen
819–Langeness
820–Sylt
821–Föhr
822–Amrum
823–Neuwerk
824–Borkum
827–KW 15
829–KW 3
830–KW 16
832–KW18
834–Nordwind
840–EF 3
845–KW 17
846–KW 20
847–Odin
848–Wotan
851–TF 1
852–TF 2
853–TF 3
854–TF 4
855–TF 5
856–TF 6
860–Schwedeneck
861–Kronsort
871–H. Roggen-
         kamp
872–TF 106
873–TF 107
874–TF 108
882–O. Meycke
886–TF 104
1641–Förde
1642–Jade
1643–Bottsand
1679–AM 7
1680–Neuende
1681–Heppens
1682–Ellerbek

Bundesgrenzschutz /
Frontier Control
BGS ...
5–Rettin
11–Neustadt
12–Bad Bramstedt
13–Uelzen
14–Duderstadt
15–Eschwege
16–Alsfeld
17–Bayreuth
18–Rosenheim

Rhein

Saar

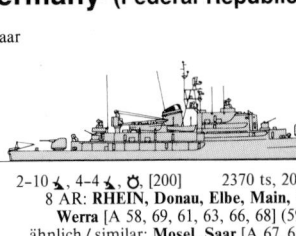

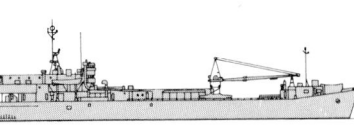

2-10 ⚓, 4-4 ⚓, Ö. [200]   2370 ts, 20 kn, 98.2 m
8 AR: **RHEIN, Donau, Elbe, Main, Neckar,
Werra** [A 58, 69, 61, 63, 66, 68] (59–63),
ähnlich / similar: **Mosel, Saar** [A 67, 65] (60–62)

4-4 ⚓, Ö   2633 ts, 20 kn, 98.6 m
2 AR: **LAHN, Lech** [A 55, 56] (61–62) –
für SC

—   3435 ts, 11 kn, 100 m
2 AR: **ODIN, Wotan** [Y 847, 848] (44–45) –
Typ US Achelous / LST (2)

2962 ts, 17 kn, 111 m
4-4 ⚓, Ö
2 AK: **SACHSENWALD, Steigerwald**
[A 1437, 1438] (66–67)

3460 ts, 17 kn, 105 m
4-4 ⚓, [1080 ts], Ö
2 AK: **WESTERWALD , Odenwald**
[A 1435, 1436] (66)

. /3900 ts, 17 kn, 118 m
4-4 ⚓
1 AK: **Freiburg** [A 1413] (66)

3450 ts, 17 kn, 114 m
4-4 ⚓, [1600 ts], Ö
4 AK: **Coburg, Glücksburg, Meersburg, Saarburg** [A 1412, 1414, 1418, 1415]
(65–66) – für / for PG

3254 ts, 17 kn, 104 m
4-4 ⚓, [1100 ts], Ö
3 AK: **LÜNEBURG, Nienburg, Offenburg**
[A 1411, 1416, 1417] (65–66)

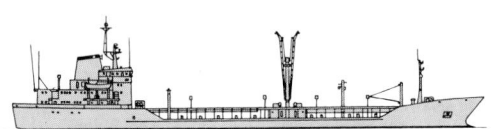

11 208 ts, 16 kn, 130 m
2 AO: **Spessart, Rhön**
[A 1442, 1443] (74–75)

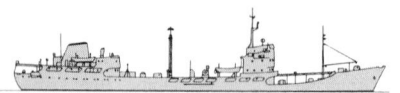

6382 ts, 14 kn, 102 m
1 AO: **Eifel** [A 1429] (58)

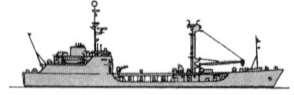

4 AO: **Walchensee** [A 1424–1427] (65–67)
2044 ts, 12.5 kn, 74 m

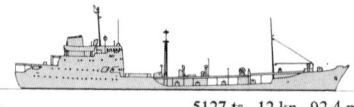

– 5127 ts, 12 kn, 92.4 m
1 AO: **Harz** [A 1428] (53)

[2–4 ⚓]
2 AT: **Helgoland** [A 1457, 1458] (65)
1310 ts, 16.6 kn, 68 m

[1–4 ⚓]
6 AT: **Wangerooge** [A 1439–1441, 1451, 1452, 1455, 1456] (66–68)
854 ts, 13.6 kn, 52 m

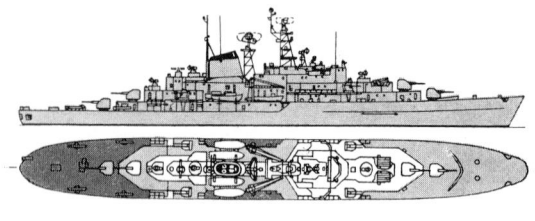

4880 ts, 21 kn, 138 m
4–10 ⚓, 4–4 ⚓, 2–4 ⚓,
4 UTR 53.3 l, 2 ⚓₄, ☉
1 AX: **Deutschland** [A 59] (60)

– 1760 ts, 10 kn, 89.4 m
1 AX: **Gorch Fock** [A 60] (58)

1513 ts, 14 kn, 80 m
1 AG: **Planet** [A 1450] (65)

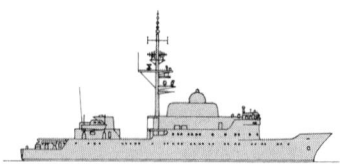

– 2375 ts, 19 kn, 83.5 m
3 AG: O s t e [A 52, ...] (87/a. St./o. st.)
vorläufige Skizze/preliminary drawing

– 1500 ts, 17 kn, 84 m
2 AG: **Alster** [A 50, 53] (60)

– 1000 ts, 12.6 kn, 56.5 m
3: **Schwedeneck**
[Y 860, 861, ...] (87)

– 775 ts, 19 kn, 63 m
1 Versuchsschiff/Experimental Ship:
Walther von Ledebur [A 1410] (66)

445 ts, 12 kn, 30.3 m
3 AT: **Nordstrand**
[Y 816, 817, 819] (86–87)

1980 BRT/grt, 20.5 kn, 83 m
1 Fischereischutzschiff / Fishery Protection Ship:
Seefalke (80)

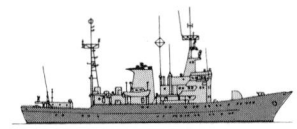

2386 ts, 15.5 kn, 76.5 m
1 Fischereischutzschiff / Fishery Protection Ship:
Meerkatze (77)

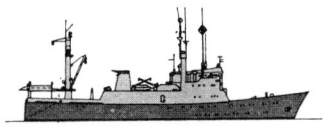

2500 ts, 15.5 kn, 77 m
1 AG: **Walther Herwig** (72)

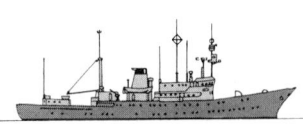

2140 ts, 15 kn, 76 m
1 Fischereischutzschiff / Fishery Protection Ship:
Frithjof (67)

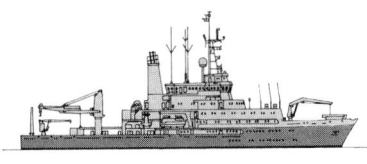

3500 ts, 15 kn, 97.5 m
1 AG: **Meteor** (85)

1253 BRT/grt, 15 kn, 68 m
1 AG: **Komet** (69)

1370 ts, 13.5 kn, 69 m
1 AG: **Gauss** (79)

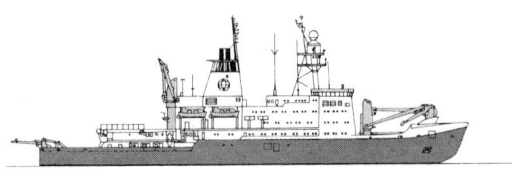

15 000 ts, 15.5 kn, 118 m
1 AG: **Polarstern** (82)

Maßstab / Scale 1:1000

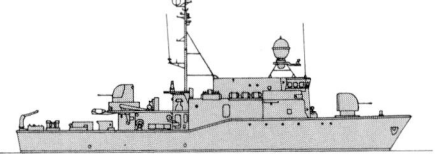

590 ts, 18 kn, 54 m
2-4 ⚓ ♺
10 MB: H a m e l n (87 – bew. / auth.) –
vorläufige Skizze / preliminary drawing

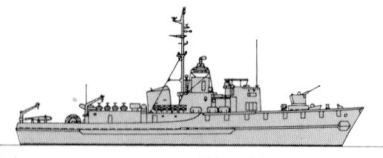

1-4 ⚓   392 ts, 16.5 kn, 47.1 m
6 MS: **Düren** [M 1073, 1076, 1079, 1081–1083]
(57–59) – Hohlstab-Lenkboote

–   99.5 ts, 9.4 kn, 27 m
18 Hohlstabgeräte / Controlled MCM vehicles
(Troika System): **Seehund 1–18** (80–81)

Minenjäger /
Minehunter

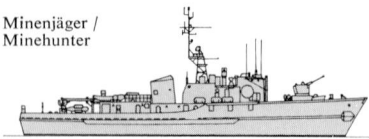

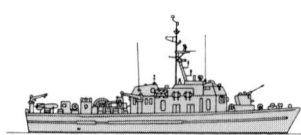

1-4 ⚓   390 ts, 16.5 kn, 47.5 m
12 MS: **Lindau** [M 1070–1072, 1074, 1075,
1077, 1078, 1080, 1084–1087] (57–59)

1-4 ⚓, ☼   238 ts, 14.3 kn, 38 m
10 MS: **Frauenlob** [M 2658–2667] (65–67) –
ähnlich / similar:
8 MS: **Ariadne** 2650–2657] (60–63)

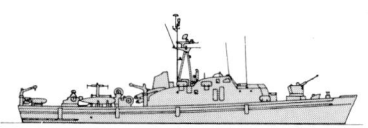

1-4 ⚓   241 ts, 24 kn, 47.2 m
19 MS: **Schütze** [M 1051, 1054–1060, 1062–1065,
1067, 1069, 1090, 1093, 1094, 1096, 1097] (58–63)

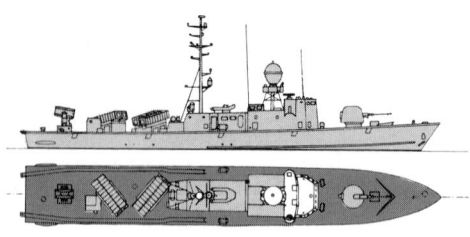

375 ts, 40 kn, 57.6 m
4 MM 38 ⇒, 1–7.6 ⚓, [1 RAM ⚓₂₁], ☼
10 PG: **Wiesel** [P 6121–6130] (81–83)
Klasse 143 A

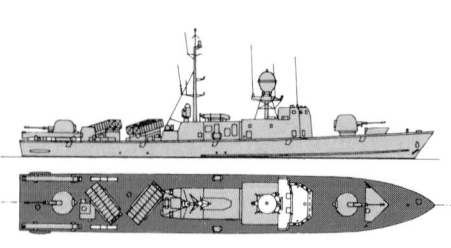

380 ts, 38 kn, 57.6 m
4 MM 38 ⇒, 2–7.6 ⚓, 2 **TR** 53.3
10 PG: **Albatros** [P 6111–6120] (73–76)
Klasse 143

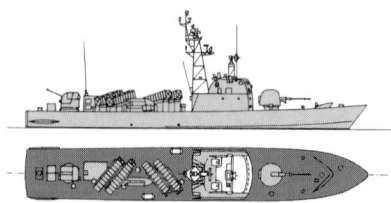

234 ts, 38 kn, 47 m
4 MM 38 ⇒, 1–7.6 ⚓, 1–4 ⚓, ☼
20 PG: **Tiger** [P 6141–6160] (72–75)
Klasse 148

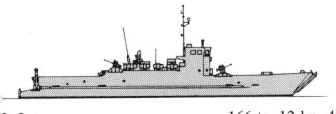

2-2 ⚓   166 ts, 12 kn, 42 m
22 LS: **Barbe** [L 760–769, 788–799] (65–66)

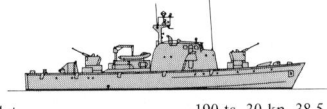

2-4 ⚓   190 ts, 30 kn, 38.5 m
8 PP: **Neustadt** [BGS 11–18] (69–70)

DG **Mölders** (68, *84*) Typ US Charles F. Adams   9–1986, Voß

DG **Rommel** (69, *85*) Typ US Charles F. Adams   9–1986, Schiefer

DG **Schleswig-Holstein** (60) Hamburg Klasse   9–1986, Schiefer

FG **Bremen** (79)   8-1987, Voß

FF **Augsburg** (59) Köln Klasse   8-1987, Voß

SS **U 21** (73) Klasse 206   3-1987, Behling

SS **U 10** (67) Klasse 205   5-1987, Bendfeldt

MS **Cuxhaven** (58) Minenjäger / Minehunter   5–1987, Voß

MS **Wolfsburg** (58) Hohlstablenkboot   5–1987, Bendfeldt

Seehund 14 (81) Troika System   8–1987, Voß

MS **Deneb** (61) Schütze Klasse   8–1987, Voß

MS **Gefion** (65) Frauenlob Klasse   6–1986, Schiefer

PG **Ozelot** (83) Klasse 143 A   10–1985, Schiefer

PG **Puma** (82) Klasse 143 A, mit / with RAM ⚓   7–1986, Schiefer

PG **Bussard** (75) Klasse 143   9–1986, Voß

PG **Fuchs** (73) Klasse 148   5–1987, Schiefer

PC **Theseus** (62) Thetis Klasse   6–1987, Schiefer

LS **Makrele**(66) Barbe Klasse   6–1986, Schiefer

LC **Auster** (~65) ähnlich / similar to Typ US LCM (8)   8–1987, Voß

LC **Sardelle** (~65) ähnlich / similar to Typ US LCM (8)   8-1987, Voß

AR **Main** (60) Rhein Klasse   5-1987, Schiefer

AR **Odin** (~43) Typ US LST (2)   8-1987, Schiefer

AR **Bottsand** (84)   6-1987, Schiefer

AK **Freiburg** (66) 6-1986, Koop

AK **Coburg** (65) Lüneburg Klasse –
mit neuen Kränen / with new cranes 9-1985, Voß

AK **Nienburg** (66) Lüneburg Klasse 8-1987, Voß

AK **Westerwald** (66) 9-1984, Schiefer

AK **Sachsenwald** (66)   8–1987, Voß

AO **Walchensee** (65)   3–1987, Behling

AO **Wittensee** (58)   5–1987, Bendfeldt

AO **Borkum** (36)   6–1987, Voß

AO **Rhön** (74) – nach Umbau / after conversion   6-1984, Voß

AT **Helgoland** (65)   5-1987, Voß

AT **Norderney** (68)   4-1987, Behling

AT **Vogelsand** (87)   5-1987, Voß

AX **Deutschland** (60)   3-1986, Voß

AX **Gorch Fock** (58)   6-1987, Schiefer

Tender **VB 2** (87)　　　　　　　　8-1987, Voß

AG **Planet** (65)　　　　　　　　6-1986, Schiefer

AG **Alster** (60)　　　　　　　　8-1987, Schiefer

Erprobungsboot / Trial boat **Walther von Ledebur** (66)　　　4-1987, Behling

Versuchsfahrzeug / Trial Vessel **SP 1** (66)   5–1987, Voß

Mehrzweckboot / General Purpose Vessel **Schwedeneck** (87)   7–1987, Voß

Fernmeldeversuchsboot **EF 3** (~43)   8–1987, Voß

PP **Bad Bramstedt** (69) Neustadt Klasse   7–1987, Behling

Fischereischutzschiff / Fishery Protection Ship **Seefalke** (80)   11-1986, Voß

Fischereischutzschiff / Fishery Protection Ship **Meerkatze** (77)   8-1987, Voß

AG **Meteor** (85)   7-1986, Bendfeldt

AG **Atair** (87)   6–1987, Schiefer

AG **Komet** (69)   7–1987, Behling

Schiffahrtspolizei **Scharhörn** (74)   2–1987, Voß

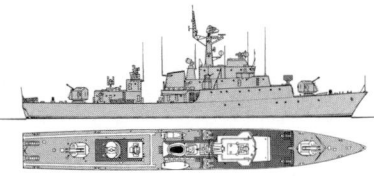

4-7.6 ⚓, 4-3 ⚓,   1700 ts, 29 kn, 95 m
2 ⚓, 2 ◿, ☉
3 FF: **Rostock** (77-84) - *Typ USSR Koni*

2-5.7 ⚓, 2-3 ⚓,   650 ts, 28 kn, 73 m
4 **TR** 40, 2 ⚓, 2 ◿, ☉
16 FF: **Parchim** Klasse (79-84)

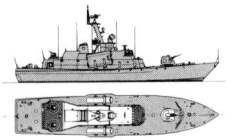

4 ⇒, 1 ⚓,   430 ts, 35 kn, 56.5 m
1-7.6 ⚓, 2-3 ◿
5 FG: **Albin Köbis** (83-86) - *Typ USSR Tarantul I*

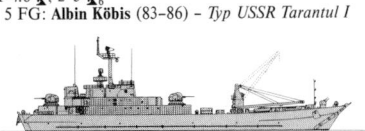

4-5.7 ⚓, 4-3 ⚓,   1950 ts, 18 kn, 91 m
12 ⟥, 2 ⇥, ☉
12 LS: **Frosch I** Klasse (75-79)

4-5.7 ⚓, 4-3 ⚓, ☉   1900 ts, 18 kn, 91 m
2 AK: **Nordperd** (~79) Frosch II Klasse

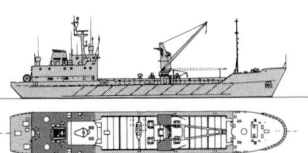

[6-2.5 ⚓]   ./2290 ts, 14.5 kn, 76.3 m
6 AK: **Darss** (81-84)

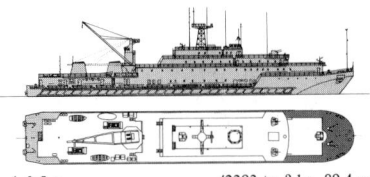

4-2.5 ⚓   ./2393 ts, ? kn, 89.4 m
6 AR: **Ohre** Klasse (84-86)

Kennungen / Identification

Einige Rumpfnummern wurden geändert / several hull numbers are changed

Fregatten /
Frigates
141-Rostock
142-Berlin
143-Halle

211-Gadebusch
212-
213-Bergen
214-Angermünde
221-Perleberg
222-Wismar
223-Ludwigslust
224-Waren
231-Teterow
232-Pirna
233-Ribnitz-
  Damgarten
234-Güstrow
241-Lübz
242-Parchim
243-Bützow
244-Bad Doberan

—
571-Albin Köbis
572-R. Eglhofer
573-F. Globig
574-P. Eisenschneider
575-

Kleine
Kampfschiffe /
Small Fighting
Vessels
Typ USSR Osa I
711-714
731-734
751-754

Typ USSR Shershen
811-813, 815, 816
831-833, 835
851-853

Libelle Klasse
921-925
941-945
961-965

Minensucher /
Minesweepers
Kondor II Klasse
311-316
321-326
331-336
341-346
351-353
V 381-383

Landungs-
fahrzeuge /
Landing Vessels
Frosch I Klasse
611-Hoyerswerda
612-Eberswalde-
  Finow
613-Lübben
614-Anklam
615-Eisenhüttenstadt
616-Neubrandenburg
631-Cottbus
632-Frankfurt/Oder

633-Hagenow
634-Grimmen
635-Schwerin
636-Schwedt

Hilfsfahrzeuge /
Auxiliary Vessels
E 171-Nordperd
E 172-Südperd
E 11-Mönchgut
E 441-Darss
E 661-Wittow
P 41-Kühlung
V 84-Rügen
V 661-Strelasund
V 662-Libben
V 815-Granitz
V 816-Werdau
H 04-Ostseeland
H 31-Harz
H 51-Havelland
H 71-Vogtland
H 92-Altmark

C 11-Hiddensee
C 43-Poel
C 61-Riems
C 441-Usedom
A 11-Peene
A 12-Spree
A 13-Elbe
A 14-Thale
A 41-A 16
A 44-Havel
A 61-Oder
A 62-E. Krenkel
A 114-H. Eckener
A 446-O. v. Guericke
S 61-W. Pieck

Grenzbrigade /
Küste
G ...
Kondor I Klasse
411-416
421-426
441-446

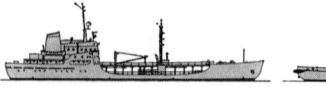

—   ./1660 ts, 13 kn, 83.5 m
1 AO: **Usedom** (63)

[4–3 ⚓,
4–2.5 ⚓]   1560 ts, 16 kn, 73 m
1 AT: **Otto von Guericke** (~71) –
Typ pol. Piast

—   800 ts, 12 kn, 45 m
1 AT: **Thale** (~77) **700** Klasse

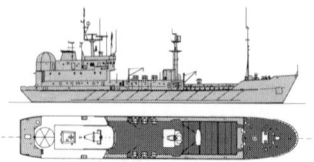

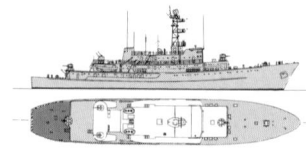

[6–2.5 ⚓]   ./2400 ts, 12 kn, 76.3 m
1 AG: **Jasmund** (~84) – Darss Klasse

4–3 ⚓, 4–2.5 ⚓   1800 ts, 17 kn, 73.2 m
1 AX: **Wilhelm Pieck** (75) –
Typ pol. Wodnik

—   700 ts, 16 kn, 53.5 m
1 AG: **Buk** (~68) – *Typ USSR Kamenka*

—   ./1200 ts, 13 kn, 58.2 m
1 AN: **Dornbusch** (81) – *Typ USSR Finik*

Maßstab / Scale 1:1000

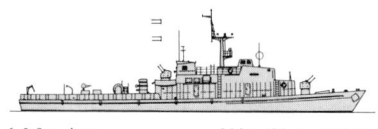

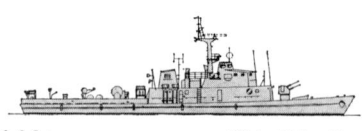

6–2.5 ⚓, ↑, ♂   356 ts, 21 kn, 56.7 m
30 MS: **Kondor II** Klasse (70–77)

2–2.5 ⚓   225 ts, 21 kn, 52 m
18 MS: **Kondor I** Klasse (68–?)

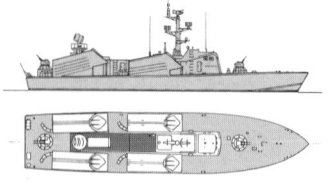

175 ts, 36 kn, 40 m
4 ⇨, 4–3 ⚓
12 PG: *Typ USSR Osa I* (~64)

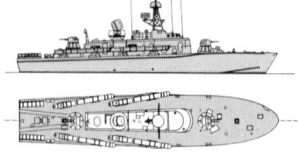

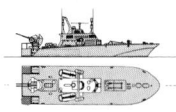

4–3 ⚓, 4 TR   145 ts, 40 kn, 36 m
12 PF: *Typ USSR Shershen* (~63)

2–1.5 ⚓, 2 **TR**   30 ts, 45 kn, 19.6 m
15 PF: **Libelle** Klasse (73–77)

Deutschland (DDR)/Germany (GDR)

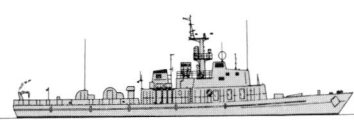
245 ts, 21 kn, 52 m
2 AG: **Meteor** (~68)
Kondor I Klasse

365 ts, 21 kn, 56,7 m
1 AG: **Carl Friedrich Gauss** (75) –
Kondor II Klasse

245 ts, 17 kn, 52 m
2 YP: **Libben** (~70)
Kondor I Klasse

245 ts, 17 kn, 52 m
1 AX: **Ernst Thälmann** (~70) –
Kondor I Klasse / GST

FF **Rostock** (77) Typ USSR Koni   1986, Voß

FF **Halle** (84) Typ USSR Koni   4–1987, BMVg / MOD, Bonn

FF **Gadebusch** (~83) Parchim Klasse   6–1986, BMVg / MOD, Bonn

FF **Bergen** (~80) Parchim Klasse 1986, Voß

FF **Bad Doberan** (~80) Parchim Klasse 4–1987, BMVg / MOD, Bonn

FG **Albin Köbis** (~83) Typ USSR Tarantul I 6–1987, BMVg / MOD, Bonn

PG Typ USSR **Tarantul I** (~84)   1986, Voß

PG Typ USSR **Osa I** (~64)   6–1987, BMVg / MOD, Bonn

PF **Arthur Becker** (~63) Typ USSR Shershen   1983, BMVg/MOD, Bonn

PF **Libelle** Klasse (~75) –   1975
alte Nummer / old hull number

MS **Timmendorf** (~75) Kondor II Klasse   1986, Voß

MS **Timmendorf** (~75) Kondor II Klasse   1985, Kon. Marine

LS **Frankfurt/Oder** (~75) Frosch I Klasse   1986, Voß

AK **Nordperd** (~79) Frosch II Klasse –   7-1985, BMVg / MOD, Bonn
alte Nummer / old number

AK **Kühlung** (82) Darss Klasse   1986, Voß

AK **Granitz** (~82) Darss Klasse –   6–1986, BMVg / MOD, Bonn
alte Nummer / old numer

AO **Usedom** (~63) Typ USSR Baskunchak –   6–1986, BMVg / MOD, Bonn
alte Nummer / old number

AGI **Jasmund** (~83) Darss Klasse   11–1986, BMVg / MOD, Bonn

AG **Jasmund** (~83) Darss Klasse   6–1985, BMVg/MOD, Bonn

AG **Komet** (~68) Kondor I Klasse   1983, BMVg/MOD, Bonn

AX **Wilhelm Pieck** (75)   1976

AG **Carl Friedrich Gauss** (~75) Kondor Klasse   1976

YD **Hugo Eckener**
Jetzt / now A 114

1986, BMVg / MOD, Bonn

Grenzbrigade Küste

MS **Kondor I** Klasse (~72) – alte Nr. / old number   1975, Noecker

PP **Bremse** Klasse (~72)   1984

Dominikanische Republik — Ecuador
Dominikanische Republik/Dominican Republic

1-7.6, 2-4 ⚓, 4-2 ⚓   1400 ts, 20 kn, 92 m
1 FE: **Mella** [F 451] (44) – *Typ can. River*

1-7.6, 2-4 ⚓, 6-2 ⚓, 1 ⬚   650 ts, 15 kn, 56 m
2 FS: **Prestol Botello** [BM 454, 455] (43) –
Typ US MSF/Admirable

FE **Mella** (44) Typ can. River   7-1984, Frankhaeuser

AO **Capitan W. Arvelo** (43) Typ US YO   7-1984, Frankhaeuser

Ecuador

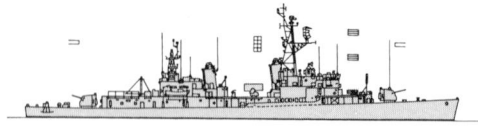

2425 ts, 35 kn, 119 m
4-12.7 ⚓, 6 UTR 32.4 III
1 DD: **Presidente Eloy Alfaro**
[DD 01] (45) –
Typ US Gearing/FRAM 1

1400 ts, 23.5 kn, 93 m
1-12.7, 6-4 ⚓, [160]
1 FE: **Moran Valverde**
[DD 02] (43) – *Typ US LPR*

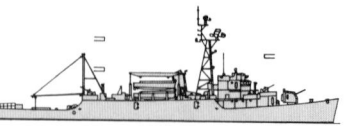

8 **TR** b↓   1285/1450 ts, 10/21 kn, 59.5 m
2 SS: **Shyri** [S 11, 12] (76–77) –
Typ deutsch/German 209/1300

6 MM 40 ⇨, 1-7.6 ⚓,   605/685 ts, 34 kn, 62.3 m
2-4 ⚓, 1 ⚓, 6 UTR 32.4 III
6 PG: **Esmeraldas** [CM 11–16] (80–82)

Kennungen / Identification

DD ...	S ...	LC ...	UT ...	BE ...
1-Pres. E. Alfaro	11-Shyri	81-Baha Hoyo	111-Isla de la Plata	01-Guayas
3-M. Valverde	12-Huancavilca	82-Pichincha	112-Isla Puna	
		83-Portoviejo		O ...
CM ...	LM ...		R ...	112-Rigel
1-Esmeraldas	24-Quito	T ...	101-Cayambe	
2-Manabi	25-Guayaquil	12-Calicuchima	102-Sangay	HI ...
3-Los Rios	26-Cuenca	41-Atahualpa	105-Chimborazo	92-Orion
4-El Oro	27-Manta	52-Tarqui		
5-Los Galapagos	28-Tulcan	55-Hualcopo		
6-Loja	29-N. Rocafuerte			

Maßstab / Scale 1:1000

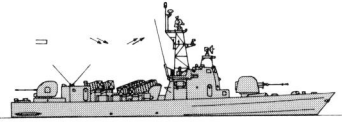

255 ts, 40 kn, 44.3 m
4 MM 38 ⇨, 1-7.6 ⚓, 2-3.5 ⚓
3 PG: **Quito** [LM 24-26] (75-76)

116 ts, 35 kn, 36 m
4 Gabriel ⇨, 2-3 ⚓
3 PG: **Manta** [LM 27-29] (70-71) –
vor Umbau / before conversion

SS **Huancavilca** (77) Typ deutsch / German 209/1300   4-1984, Voß

PG **Esmeraldas** (80) Ähnlich / similar to Typ lib. Assad   9-1982, Fraccaroli

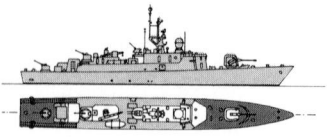

1–12 ⚓, 2–4 ⚓,   660 ts, 35 kn, 74 m
2–2.3 ⚓, 2 ⬧
2 FS: **Turunmaa** [03, 04] (67)

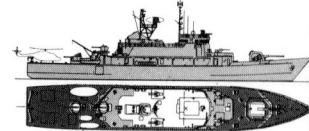

1–12 ⚓, 4–2.3 ⚓,   1000 ts, 19 kn, 78 m
2–4 ⚓, 2 ⬧
1 NS: **Pohjanmaa** [01] (78)

4–3 ⚓, 2–2 ⚓, 100 ♉   290 ts, 15 kn, 56 m
1 NS: **Keihässalmi** [05] (57)

[1–2 ⚓]
405 ts, 10 kn, 45.6 m
1 Kabelleger: **Putsaari** [92] (66)

Kennungen / Identification

Korvetten /	522–528 =	30–Hurya	60–Helsinki	92–Putsaari
Corvettes	Kiiski 522–528	35–Nuoli 5	61–Turku	97–Valas
03–Turunmaa		38–Nuoli 8	62–Oulu	98–Mursu
04–Karjala	**Kleine Kampf-**	40–Nuoli 10	63–Kotka	99–Hylje
	schiffe /	41–Nuoli 11		121–Vahakari
Minenleger,	**Small Fighting**	42–Nuoli 12		133–Havouri
-sucher /	**Vessels**	43–Nuoli 13	**Verschiedenes /**	222–Vaarlehti
Minelayers,	11–Tuima	51–Rihtniemi	**Miscellaneous**	232–Hauki
-sweepers	12–Tuisku	52–Rymättyla	71–76 =	235–Hirsala
01–Pohjanmaa	14–Tuuli	53–Ruissalo	Kala 1–6	323–Vänö
05–Keihässalmi	15–Tyrsky	54–Raisio	77–Kampela 3	334–Hankoniemi
21–26 =	16–Isku	55–Röyttä	90–Louhi	431–Hakuni
Kuha 21–26			91–Viiri	436–Houtskär

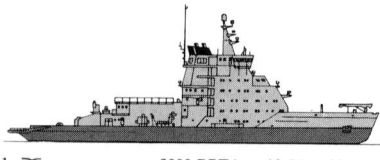

1 ⬱   9000 BRT/grt, 18.5 kn, 99 m
2 AI: **Otso** (85–86)

1 ⬱   7875 ts, 17 kn, 105 m
2 AI: **Urho** (74–75)

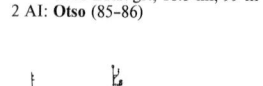

1 ⬱   4890 ts, 16.5 kn, 86.5 m
3 AI: **Apu** (63–70)

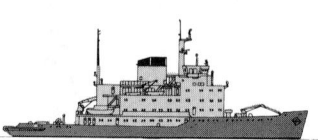

–   4415 ts, 16.5 kn, 84 m
1 AI: **Voima** (52)

Maßstab / Scale 1:1000

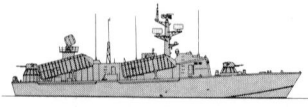

4 ⇀, 4–3 ⚓   195 ts, 36 kn, 40 m
4 PG: **Tuima** [11, 12, 14, 15] (~74) –
Typ USSR Osa II

4 ⇀, 2–3 ⚓
115 ts, 18 kn, 28 m
1 PG: **Isku** [16] (69)

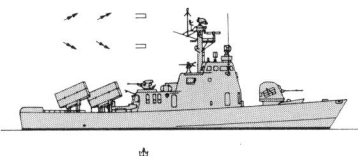

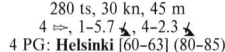

280 ts, 30 kn, 45 m
4 ⇒, 1–5.7 ↙, 4–2.3 ↙
4 PG: **Helsinki** [60–63] (80–85)

4–2.3 ↙, 2 ⊙   110 ts, 18 kn, 33 m
3 PP: **Raisio** [53–55] (59)

4–2.3 ↙   90 ts, 15 kn, 31 m
2 PP: **Rihtniemi** [51, 52] (56)

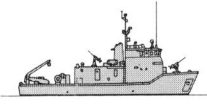

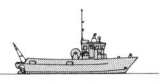

2–2.3 ↙, 1–2 ↙   90 ts, 12 kn, 26.6 m
6 MS: **Kuha 21–26** (74)

1–2 ↙   17 ts, 10 kn, 15.8 m
7 MS: **Kiiski 522–528** (83–84)

1–4 ↙, 1–2 ↙   40 ts, 40 kn, 22 m
6 PF: **Nuoli 31** (63–66)

FF **Turunmaa** (67)   6-1986, Schiefer

FF **Turunmaa** (67)   6-1986, Terzibaschitsch

Finnland/Finland

NS **Pohjanmaa** (78)   6–1986, Behling

PG **Tuima** (~74) Typ USSR Osa II   1986, Moreno

PP **Ruissalo** (59) – jetzt now 4–2.3   1979, amtlich / official

AI **Sisu** (75) Urho Klasse   8–1986, Jentsch

Flugzeugträger / Aircraft Carriers

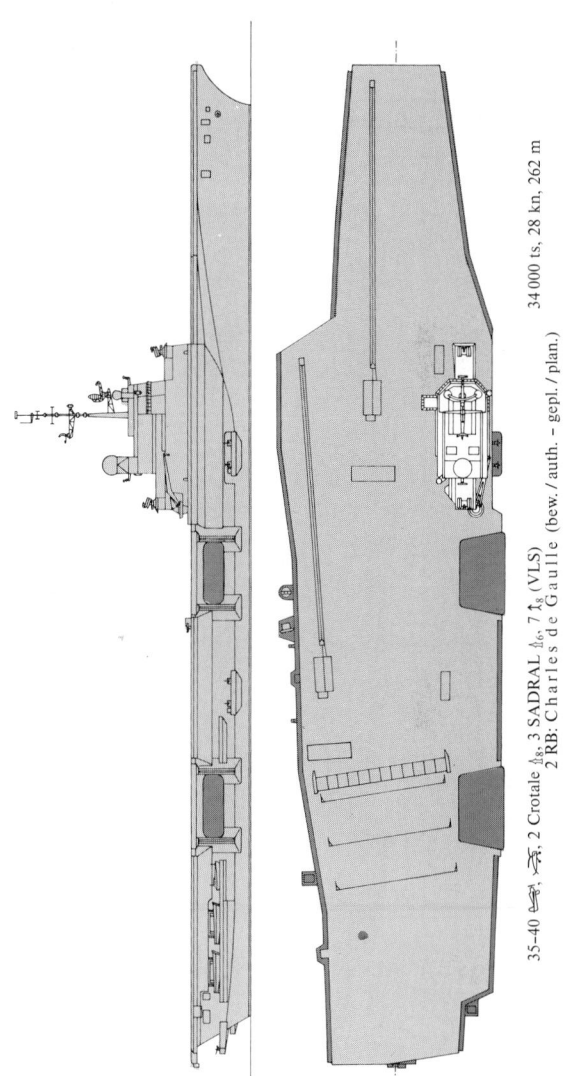

35–40 ✈, ✈, 2 Crotale ⚓₈₈, 3 SADRAL ⚓₆, 7 ↑₈ (VLS), 34 000 ts, 28 kn, 262 m
2 RB: Charles de Gaulle (bew./auth. – gepl./plan.)

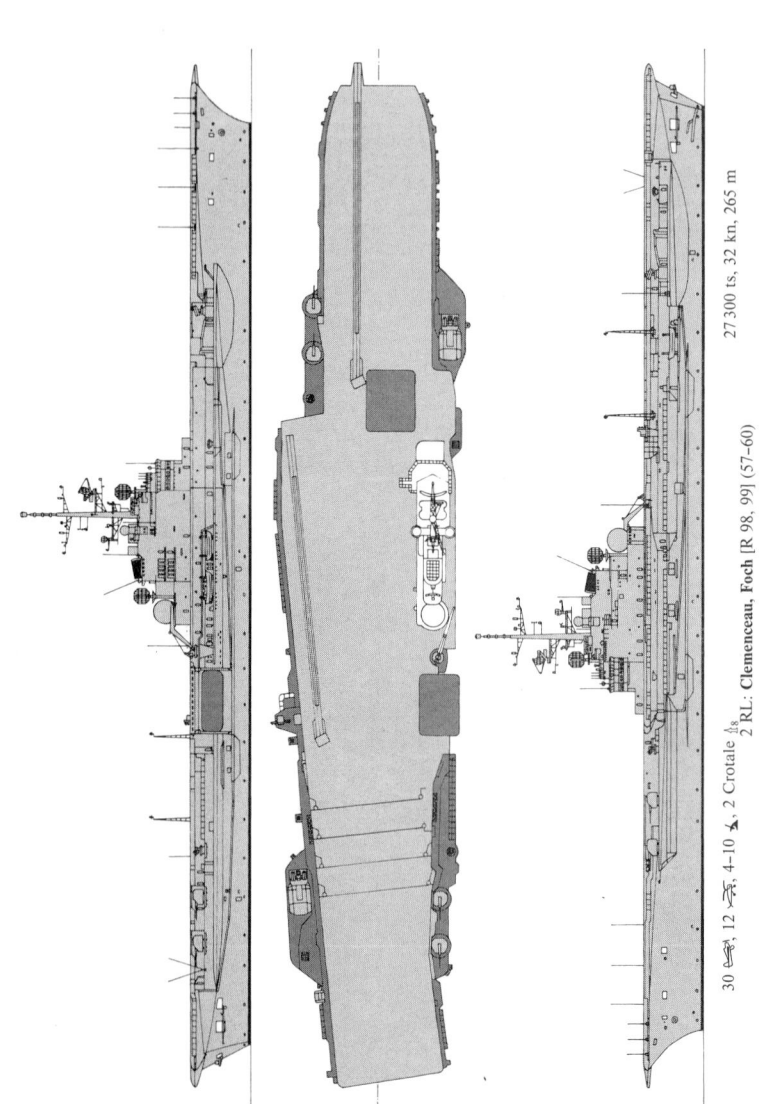

30 ⛴, 12 ✈, 4-10 🚁, 2 Crotale ⚓8, 2 RL: **Clemenceau, Foch** [R 98, 99] (57-60)

27 300 ts, 32 kn, 265 m

Kreuzer / Cruisers

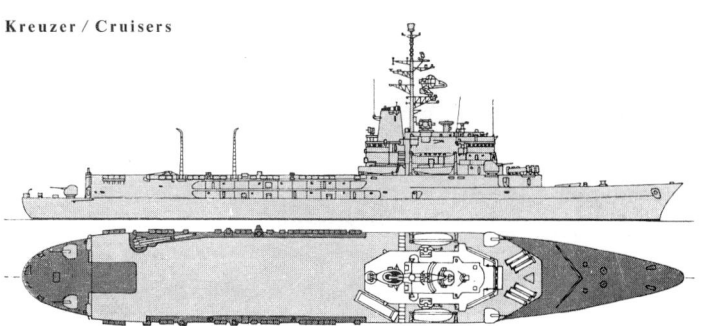

6 MM 38 ⇨, 4–10 ⚓, 8⇶, [700]   10 000 ts, 26.5 kn, 182 m

1 CG: **Jeanne d'Arc** [R 97] (61)

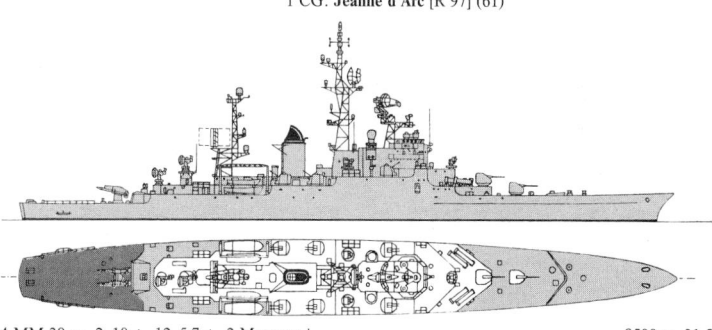

4 MM 38 ⇨, 2–10 ⚓, 12-5.7 ⚓, 2 Masurca ⚓₂   8500 ts, 31.5 kn, 181 m

1 CL: **Colbert** [C 611] (56, *70–72, 81–82*)

Zerstörer / Destroyers

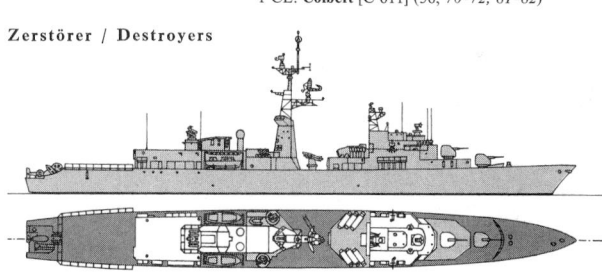

6 MM 38 ⇨, 1 Crotale ⚓₈, 2–10 ⚓, 2-2 ⚓, 2 **UTR**, 1 ⚓ Malafon, 2 ⇶   4580 ts, 31 kn, 153 m

3 DG: **Tourville** [D 610–612] (*72–74*)

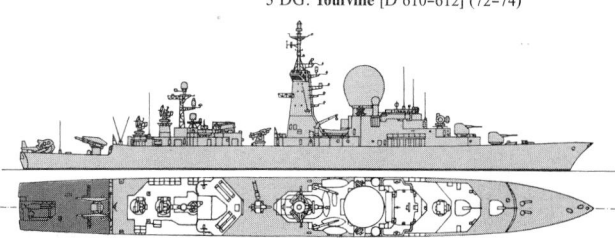

4 MM 38 ⇨, 2–10 ⚓, 4-2 ⚓, 4 **UTR** II, 2 ⚓₂ Masurca, 1 ⚓ Malafon   5100 ts, 34 kn, 158 m

2 DG: **Suffren** [D 602, 603] (*65–66*)

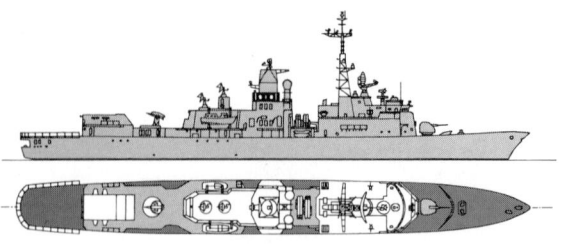

8 MM 40 ⇨, 2 SADRAL ⚓₆, 1 SM 1 ⚓, 1–10 ⚓, 2–2 ⚓, 2 **UTR**, 1 ⇶   3820 ts, 29.5 kn, 139 m
2 DG: C a s s a r d [D 614, 615] (85 – a. St. / o. st.)

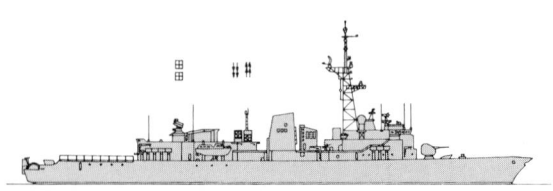

4 MM 40 ⇨, 1 Crotale ⚓₈, 1–10 ⚓, 2–2 ⚓, 2 **UTR**, 2 ⇶   3830 ts, 30 kn, 139 m
3 DG: **Primauguet** [D 644–646] (84–86)

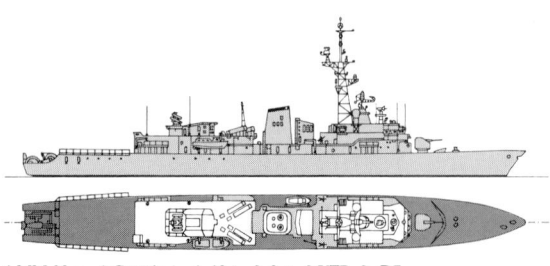

4 MM 38 ⇨, 1 Crotale ⚓₈, 1–10 ⚓, 2–2 ⚓, 2 **UTR**, 2 ⇶   3830 ts, 30 kn, 139 m
4 DG: **Georges Leygues** [D 640–643] (76–81)

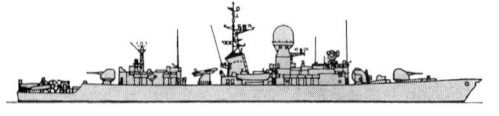

3000 ts, 27 kn, 127 m
8 MM 40 ⇨, 2–10 ⚓, 2 **UTR**,
1 ⚓ Malafon
1 DD: **Aconit** [D 609] (70)

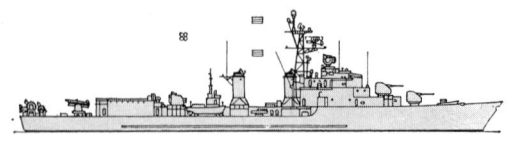

2750 ts, 34 kn, 133 m
2–10 ⚓, 6 UTR 55 III, 1 ⚓ Malafon,
1 ⇶
1 DD: **La Galissonière** [D 638] (60)

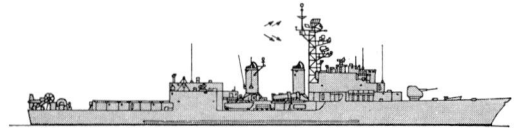

2750 ts, 32 kn, 133 m
4 MM 38 ⇨, 1–10 ⚓, 2 **UTR** 55,
1 ⇶
1 DG: **Duperré** [D 633] (56)

Kennungen / Identification

**Flugzeugträger /
Aircraft Carriers**
R . . .
7–Jeanne d'Arc
8–Clemenceau
9–Foch

**Kreuzer /
Cruisers**
C . . .
11–Colbert

**Zerstörer /
Destroyers**
D . . .
502–Suffren
503–Duquesne
509–Aconit
510–Tourville
511–Duguay Trouin
512–De Grasse
514–Cassard
515–Jean Bart
525–Dupetit
   Thouars
527–Maillé Brézé
530–Du Chayla
533–Duperré
538–La Galisson-
   nière
540–G. Leygues
541–Dupleix
542–Montcalm
543–J. de Vienne
544–Primauguet
545–Lamotte-Picquet
546–

**Fregatten /
Frigates**
F . . .
725–Schoelcher
726–Bory
727–Charner
728–D. d. Lagrée
729–Balny
740–Cdt. Bourdais
748–Protet
749–E. V. Henri
781–D'Estienne
   d'Orves
782–Amyot d'Inville
783–Drogou
784–Détroyat
785–J. Moulin
786–QM Anquetil
787–Cdt. Pimodan
788–SM Le Bihan
789–LV Le Hénaff
790–LV Lavallée
791–Cdt. L'Herminier
792–PM L'Her
793–Cdt. Blaison

794–EV Jacoubet
795–Cdt. Ducuing
796–Cdt. Birot
797–Cdt. Bouan

**Uboote /
Submarines**
S . . .
601–Rubis
602–Saphir
603–Casabianca
604–Emeraude
605–Amethyste
606–
607–
608–
610–Le Foudroyant
611–Le Redoutable
612–Le Terrible
613–L'Indomptable
614–Le Tonnant
615–L'Inflexible
620–Agosta
621–Beveziers
622–La Praya
623–Ouessant
633–Dauphin
641–Daphné
642–Diane
643–Doris
645–Flore
646–Galatée
648–Junon
649–Vénus
650–Psyché
651–Sirène

**Minensucher /
Minesweepers**
M . . .
Eridan Klasse
641–Eridan
642–Cassiopée
643–Andromède
644–Pégase
645–Orion
646–Croix du Sud
647–Aigle
648–Lyre
649–Persée
650–Sagittaire

Circé Klasse
712–Cybèle
713–Calliope
714–Clio
715–Circé
716–Cérès

Typ US Agile
610–Ouistreham
612–Alençon

613–Berneval
615–Cantho
616–Dompaire
617–Garigliano
618–Mytho
619–Vinh Long
620–Berlaimont
623–Baccarat

Typ brit. Ton
737–Capricorne
749–Phénix
755–Capella
756–Céphée
757–Verseau

**Wachfahrzeuge /
Patrol Craft**
P . . .
Typ brit. Ham
661–Jasmin
742–Paquerette
784–Géranium

Glaive Klasse
670–Trident
671–Glaive
672–Epée
673–Pertuisane
—
680–Sterne
681–Albatros

Audacieuse Klasse
682–L'Audacieuse
683–La Boudeuse
684–La Capricieuse
685–La Fougueuse
686–La Glorieuse
687–La Gracieuse
688–La Moqueuse
689–La Railleuse
690–La Rieuse
691–La Tapageuse
—
730–La Com-
   battante

Mercure Klasse
765–Mercure

**Landungsschiffe /
Landing Ships**
L . . .
9007–Trieux
9011–Foudre
9021–Ouragan
9022–Orage
9030–Champlain
9031–F. Garnier
9032–D. d'Urville
9033–J. Cartier

9034–La Grandière
9077–Bougainville

**Hilfsfahrzeuge /
Auxiliary Vessels**
A . . .
603–H. Poincaré
607–Meuse
608–Var
610–Ile d'Oléron
611–Vulcain
612–Pluton
613–Achéron
614–Styx
615–Loire
617–Garonne
618–Rance
619–Aberwrac'h
620–J. Verne
621–Rhin
622–Rhône
625–Papenoo
629–Durance
630–Marne
632–Punaruu
633–Taape
634–Rari
635–Revi
636–Maïto
637–Marua
638–Manini
644–Berry
646–Triton
649–L'Étoile
650–La Belle Poule
652–Mutin
653–L. G. Hermine
664–Malabar
667–Hercule
669–Tenace
671–Le Fort
672–Utile
673–Lutteur
674–Centaure
685–Robuste
686–L'Actif
687–Laborieux
688–Valeureux
692–Travailleur
693–Acharné
694–Efficace
695–Bélier
696–Buffle
697–Bison
699–Pélican
701–Ajonc
702–Girelle
712–Athos
713–Aramis
714–Tourmaline
722–Poseidon
731–Tianée

733–Cdt. Rivière
743–Denti
748–Léopard
749–Panthère
750–Jaguar
751–Lynx
752–Guépard
753–Chacal
754–Tigre
755–Lion
756–L'Espérance
757–D'Entre-
   casteaux
758–La Recherche
760–Cigale
761–Criquet
762–Fourmi
763–Grillon
764–Scarabée
766–L'Estaffette
767–Chamois
768–Elan
769–Narvik
772–Engageante
773–Vigilante
774–Chevreuil
775–Gazelle
776–Isard
779–Tapatai
780–Astrolabe
781–Boussole
789–Archéonaute
791–Lapérouse
792–Borda
793–Laplace
794–Corail

Y . . .
604–Ariel
613–Faune
618–Cascade
645–Gave
646–Geyser
661–Korrigan
662–Dryade
671–Morgane
684–Oued
696–Alphée
700–Néreide
701–Ondine
702–Naiade
706–Chimère
710–Sylphe
711–Farfadet
735–Merlin
736–Mélusine
741–Elfe
745–Aiguière
746–Embrun
749–Prudente
750–Persévérante
751–Fidèle

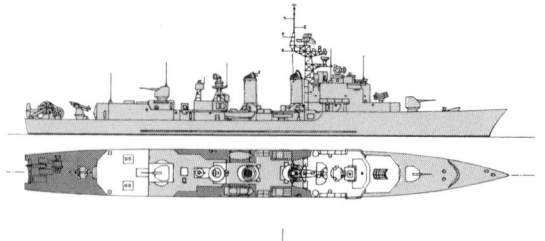

2750 ts, 32 kn, 133 m
2-10 ⚓, 2-2 ⚓, 6 **UTR** 55 III
1 ⚓, Malafon, 1 ⚓₆
2 DD: **Maillé Brézé**
[D 627, 628] (54)

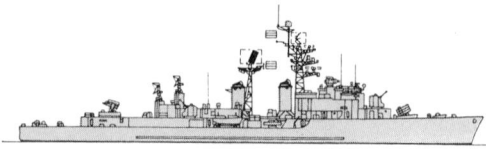

2750 ts, 32 kn, 129 m
6-5.7 ⚓, 1 Tartar ⚓₁₁,
6 **UTR** 55 III, 1 ⚓₆
1 DD: **Dupetit Thouars** [D 625] (54)

Fregatten / Frigates

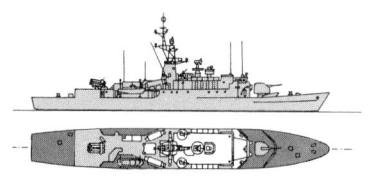

1090 ts, 23.5 kn, 80 m
2 MM 38 ⇒, 1-10 ⚓, 2-2 ⚓, 4 **UTR**, 1 ⚓
17 FG: **D'Estienne d'Orves**
[F 781-797] (73-83)

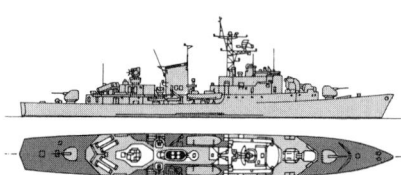

1750 ts, 25 kn, 103 m
4 MM 38 ⇒, 2-10 ⚓, 2-3 ⚓,
6 **UTR** 53.3 III, 1 ⚓₄, [80]
8 FG: 7 **Victor Schoelcher** [F 725-728, 740, 748, 749]
(58-63), ähnlich / similar: 1 FE: **Balny** [F 729]
(62) keine / no ⇒

U-Boote / Submarines

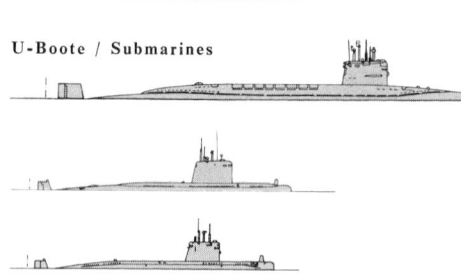

7500/9000 ts, 20/25 kn, 128 m
16 ⚓, 6 **TR**
5 SB: **Le Redoutable** [S 610-614]
(67-77)

2385/2670 ts, 15/25 kn, 72.7 m
4 **TR** 55 ↓
4 SS: **Rubis** [S 601-604] (79-86)

4 **TR** 55 b↓   1490/1740 ts, 12/17.5 kn, 68 m
4 SS: **Agosta** [S 620-623] (74-76)

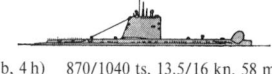

12 **TR** 55 (8 b, 4 h)   870/1040 ts, 13.5/16 kn, 58 m
9 SS: **Daphné** [S 641-643, 645, 646, 648-652]
(59-62)

Wachboot / Patrol Vessel

1800 ts, 15 kn, 84.8 m
1-4 ⚓
1 PP: **Albatros** [P 681] (67)

Landungsfahrzeuge / Landing Ships

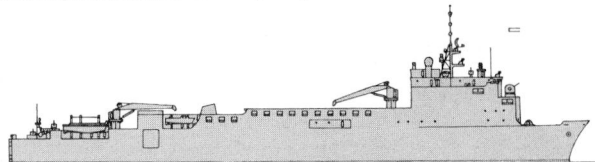

-4 🛩, 2-2 🛩, 2 SADRAL 🔱₆, 2 CDIC, [470], 4 ✈ — 11 000 ts, 21 kn, 168 m
  1 LD: F o u d r e [L 9011] (a. St. / o. st.) – vorläufige Skizze / preliminary drawing

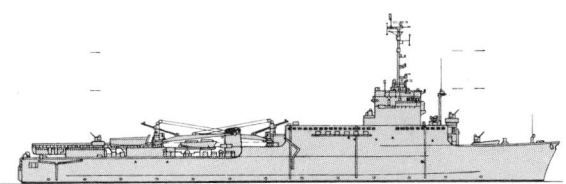

5800 ts, 17.3 kn, 149 m
4-4 🛩, 2-12 Mörser /
mortars, 3 ✈, 18 LCM,
[464]
2 LD: **OURAGAN, Orage**
[L 9021, 9022] (63-67)

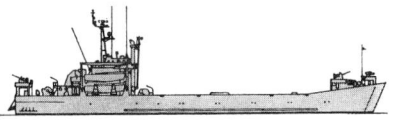

1400 ts, 11 kn, 102 m
3-4 🛩, 1-12 Mörser / mortar, 4 LC, 16 🚂
[870]
1 LS: **Trieux** [L 9007] (58)

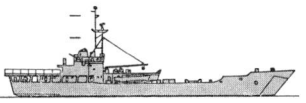

750 ts, 16 kn, 80 m
2-4 🛩, 2-8.1 Mörser / mortars,
[400 ts], [1 ✈]
5 LS: **Champlain** [L 9030-9034] (73-86) –
BATRAL

292 ts, 8.3 kn, 59 m
2-2 🛩
10 LS: **L 9070, 9072-9074, 9084
9091-9094, 9096** (59-69)

Hilfsfahrzeuge / Auxiliary Vessels

446 ts, 10 kn, 43.5 m
3 AN: **La Persévérante** [Y 749-751] (68)

1-4 🛩, 4-2 🛩 — 770 ts, 12 kn, 46 m
5 AN: **Grillon** [A 760-764] (53-54) –
Typ niederl. Cerberus

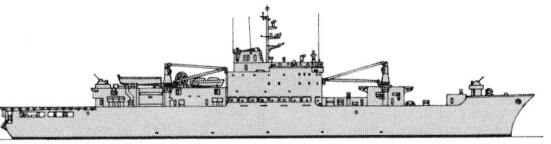

6485 ts, 18 kn, 150 m
2-4 🛩, 2 ✈
1 AR: **Jules Verne** [A 620] (74)

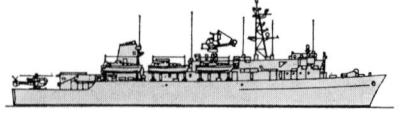

2320 ts, 15 kn, 101 m
1-4 ⚓, 2-2 ⚓
2 AR: **Rance** [A 618] (65), ähnlich / similar
Garonne [A 617] (64)

2075 ts, 16.5 kn, 101 m
3-3 ⚓, 2 ⇲
3 AR: **Rhin** [A 615, 621, 622] (62–66

7600 ts, 19 kn, 157 m
2-4 ⚓, 2 ⇲
3 AO: **Var** [608, 630, . . .
(81 – a. St. / o. st.)

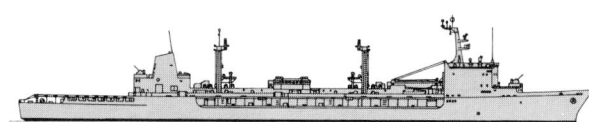

7600 ts, 19 kn, 157 m
2-4 ⚓, 2 ⇲
2 AO: **Durance**
[A 629, 607] (75–78)

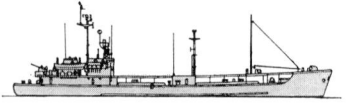

1220 ts, 12 kn, 87 m
1-4 ⚓
1 AO: **Aber Wrac'h** [A 619] (63

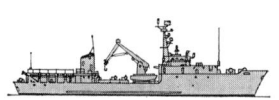

1410 ts, 13 kn, 74 m
1 AG: **Triton** [A 646] (70)

1 ⇲   2050 ts, 15 kn, 89 m
1 AG: **D'Entrecasteaux** [A 757] (70)

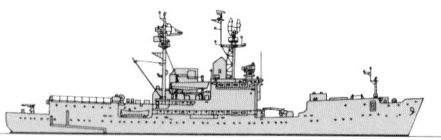

5500 ts, 14.5 kn, 115 m
1 AG: **Ile d'Oléron** [A 610] (39, *59*)

—   810 ts, 13.5 kn, 67 m
1 AG: **La Recherche** [A 758] (51)

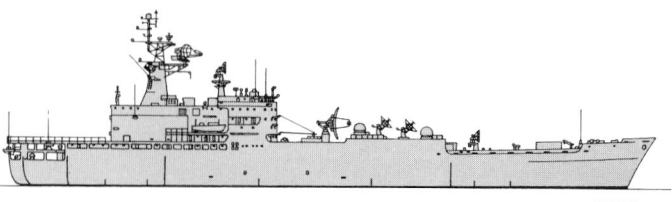

—   22640 ts, 14 kn, 180 m
1 Versuchsschiff / Trial Ship: **Henri Poincaré** [A 603] (60)

Frankreich/France

461

Maßstab / Scale 1 : 1000

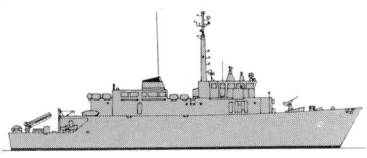

–2 ⚓
10 MB: **Eridan** [M 641–650] (79 – a. St. / o. st.)
510 ts, 15 kn, 51.5 m

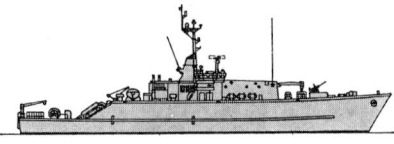

1–2 ⚓
5 MB: **Circé** [M 712–716] (70–72)
460 ts, 15 kn, 50.9 m

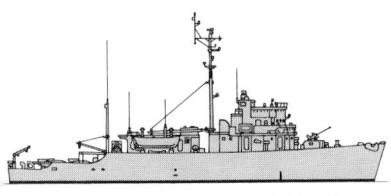

–4 ⚓
5 MB: **Cantho** [M 615–619] (53–56) –
Typ US Agile
700 ts, 12.5 kn, 52 m

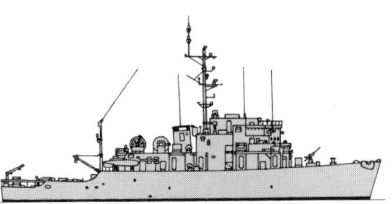

1–4 ⚓
6 MB: **Alençon** [M 610, 612, 613, 620, 623, 624,
A 769] (53–54) – *Typ US Agile*
700 ts, 12.5 kn, 52 m

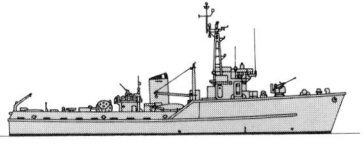

1–4 ⚓, 1–2 ⚓
5 MS: **Capricorne** [M 737, 749, 755–757]
(55–56) – *Typ brit. Ton*
400 ts, 15 kn, 46.3 m

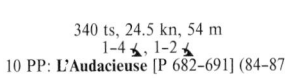

1–4 ⚓, 1–2 ⚓
10 PP: **L'Audacieuse** [P 682–691] (84–87)
340 ts, 24.5 kn, 54 m

1–4 ⚓, 1 Mg ⚓,
4 ⤞
4 PP: **Glaive** [P 670–673] (76)
115 ts, 26 kn, 40.4 m

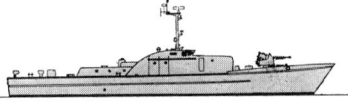

1–4 ⚓, 1–2 ⚓
1 PP: **La Combattante** [P 730] (63)
182 ts, 23 kn, 45 m

DG **De Grasse** (74) Tourville Klasse   1984, Arra

RL **Clemenceau** (57)   5-1987, Archiv Kowark

CG **Jeanne d'Arc** (61)   7-1986, Terzibaschitsch

CL **Colbert** (56)   1976, Col. Kowark

DG **Tourville** (72)   1986, Arra

DG **Duquesne** (66) Suffren Klasse   1982, Arra

DG **Cassard** (85)   1987, Archiv Kowark

DG **Primauguet** (84)   10-1985, Archiv Kowark

DG **Georges Leygues** (76)   1984, Arra

DG **Dupleix** (78) Typ C 70   1983, Archiv Kowark

DG **Primauguet** (84)
8–1986, Archiv Kowark

SS **Saphir** (81)
1987, Archiv Kowark

DD **La Galissonière** (60)　　　　　　　1984, Arra

DG **Duperré** (56)　　　　　　　1983, Voß

DD **Maillé Brézé** (54)　　　　　　　1983, Voß

FG **EV Jacoubet** (81) D'Estienne D'Orves Klasse　　　　6–1987, Voß

FG **Commandant Bourdais** (61) Cdt. Rivière Klasse   1987, Arra

SB **L'Inflexible** (82)   1985, amtlich / official

SS **Rubis** (79)   1984, Arra

SS **La Praya** (76) Agosta Klasse   1982, Arra

SS **Daphné** (59) Daphné Klasse –
nicht modernisiert / not modernized   1984, Arra

SS **Doris** (60) Daphné Klasse 1984, Arra

MB **Eridan** (79) Eridan Klasse 1982, amtlich / official

MB **Clio** (71) Circé Klasse 2–1986, Voß

MB **Cantho** (55) Typ US Agile 1982, Arra

MS **Céphée** (56) Typ brit. Ton   2-1985, Voß

PP **L'Audacieuse** (84) P 400 Klasse   1985, Archiv Kowark

PP **Albatros** (67)   1984, Archiv Kowark

PP **Glaive** (76)   11–1984, Voß

PP **Tourmaline** (73)   1982, Arra

PP **Paquerette** (54) Typ brit. Ham   1982, Arra

PP **Sterne** (80)   1981, amtlich / official

LD **Ouragan** (63) 1981, Mayburg

LS **Champlain** (73) BATRAL 1980, amtlich / official

LS **9093** (58) EDIC Klasse 1982, Arra

AR **Rhin** (62) 1984, Arra

AR **Rance** (65) 1982, Arra

AR **Isard** (78) Chamois Klasse 9–1986, Behling

AO **Marne** (85) Durance Klasse 1987, Archiv Kowark

AO **Durance** (75) 1983, Voß

AO **Papenoo** (65) 1973

AN **Scarabée** (53) Grillon Klasse 1984, Arra

AP **Morgane** (67) 1984, Arra

Versuchsschiff / Trial Ship **Berry** (58) 6–1986, Voß

AG **D'Entrecasteaux** (70)   1982, Voß

AX **Jaguar** (82)   7–1987, Behling

YD **Vulcain** (86)   3–1987, Voß

Versuchsschiff / Trial Ship **Triton** (70)   1982, Arra

Ghana

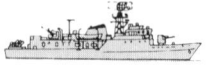

Maßstab / Scale 1 : 1000

440 ts, 18 kn, 54 m
1–10.2 ⚓, 1–4 ⚓, 1 ⛫
2 FS: **Kromantse** [F 17, 18] (63–65

380 ts, 32 kn, 58.1 m
1–7.6 ⚓, 1–4 ⚓
2 PF: **Achimota** [P 28, 29] (79

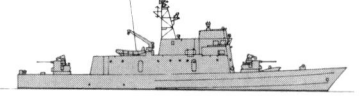

234 ts, 27 kn, 45 m
2–4 ⚓
2 PF: **Dzata** [P 26, 27] (78

FS **Keta** (65) Kromantse Klasse   1975, Arra

PF **Achimota** (79)   1980, Voß

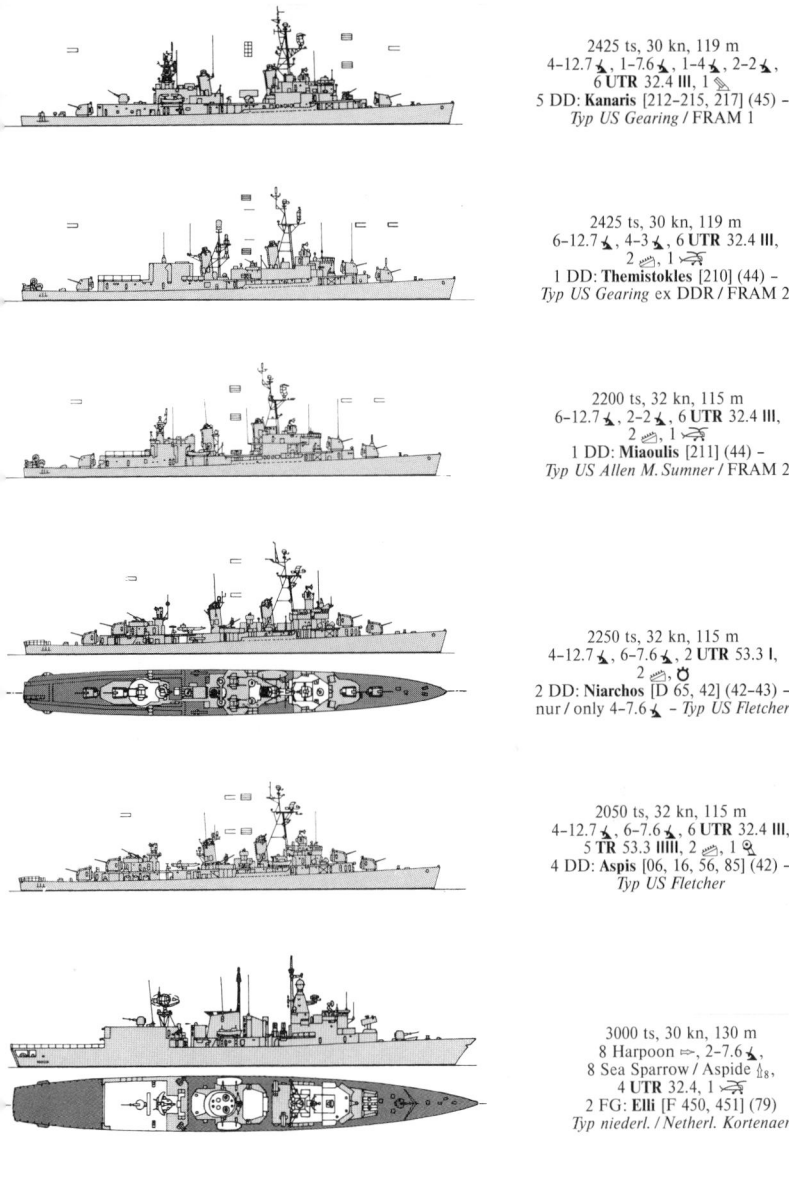

2425 ts, 30 kn, 119 m
4-12.7 ⚓, 1-7.6 ⚓, 1-4 ⚓, 2-2 ⚓,
6 UTR 32.4 III, 1 ⬙
5 DD: **Kanaris** [212–215, 217] (45) –
Typ US Gearing / FRAM 1

2425 ts, 30 kn, 119 m
6-12.7 ⚓, 4-3 ⚓, 6 UTR 32.4 III,
2 ⬙, 1 ⬙
1 DD: **Themistokles** [210] (44) –
Typ US Gearing ex DDR / FRAM 2

2200 ts, 32 kn, 115 m
6-12.7 ⚓, 2-2 ⚓, 6 UTR 32.4 III,
2 ⬙, 1 ⬙
1 DD: **Miaoulis** [211] (44) –
Typ US Allen M. Sumner / FRAM 2

2250 ts, 32 kn, 115 m
4-12.7 ⚓, 6-7.6 ⚓, 2 UTR 53.3 I,
2 ⬙, Ö
2 DD: **Niarchos** [D 65, 42] (42–43) –
nur / only 4-7.6 ⚓ – *Typ US Fletcher*

2050 ts, 32 kn, 115 m
4-12.7 ⚓, 6-7.6 ⚓, 6 UTR 32.4 III,
5 TR 53.3 IIIII, 2 ⬙, 1 ⬙
4 DD: **Aspis** [06, 16, 56, 85] (42) –
Typ US Fletcher

3000 ts, 30 kn, 130 m
8 Harpoon ⬌, 2-7.6 ⚓,
8 Sea Sparrow / Aspide ⬙8,
4 UTR 32.4, 1 ⬙
2 FG: **Elli** [F 450, 451] (79)
Typ niederl. / Netherl. Kortenaer

2370 ts, 20.5 kn, 99 m
2-10 ⚓, 4-4 ⚓, 6 UTR 32.4 III, [200]
1 AR: **Aegeon** [D 03] (60) –
Typ deutsch / German Rhein

Kennungen / Identification

**Zerstörer /
Destroyers**
D …
01–Aetos
03–Aegeon
06–Aspis
16–Velos
31–Ierax
42–Kimon
54–Leon
56–Lonchi
65–Niarchos
67–Panthir
85–Sphendoni
210–Themistokles
211–Miaoulis
212–Kanaris
213–Kountouriotis
214–Schachtouris
215–Toumbazis
216–Apostolis
217–Kriezis

**Fregatten /
Frigates**
F …
450–Elli
451–Limnos

**Uboote /
Submarines**
S …
110–Glavkos
111–Nerevs

112–Triton
113–Protevs
114–Papanikolis
115–Katsonis
116–Poseidon
117–Amphitriti
118–Okeanos
119–Pontos

**Minenleger /
Minelayers**
N …
04–Aktion
05–Amvrakia

**Minensucher /
Minesweepers**
M …
Typ US Bluebird
202–Atalanti
205–Antiopi
206–Phaidra
210–Thalia
211–Alkyon
213–Klio
214–Avra
240–Pleias
241–Kichli
242–Kissa
246–Aigli
247–Dafni
248–Aedon
254–Niovi

**Kleine Kampf-
schiffe /
Small Fighting
Vessels**
P …
*Typ frz. / French
Combattante II*
14–Aninos
15–Arliotis
16–Konidis
17–Batsis

*Typ frz. / French
Combattante III*
20–Laskos
21–Blessas
22–Mykonios
23–Troupakis
24–Kavaloudis
25–Kostakos
26–Dejannis
27–Xenos
28–Simitzopoulos
29–Starakis

*Typ deutsch / German
Jaguar*
50–Esperos
53–Kyklon
54–Laiaps
55–Skorpios
56–Tyfon
—
61–Panagopoulos I
70–Panagopoulos II

96–Panagopoulos III
231–Agathos
289–Goulandris I
—
286–D. Antoniou
287–K. Stamou
—
266–Adamidis
267–Delos
268–Knossos
269–Lindos

**Landungs-
fahrzeuge /
Landing Vessels**
L …
104–Oinoussa
116–Kos
144–Syros
145–Kassos
146–Karpathos
147–Kimolos
150–Sifnos
151–Skopelos
152–Skiathos
153–Nafkratussa
154–Ikaria
157–Rhodos
161–Grigoropoulos
162–Tournas
163–Daniolos
164–Roussin
165–Krystallidis
171–Kriti

172–Lesbos
185–Kithera
189–Milos

**Hilfsfahrzeuge /
Auxiliary Vessels**
A …
12–Argo
74–Aris
307–Thetis
377–Arethousa
410–Atromitos
411–Adamastos
414–Ariadni
415–Evros
416–Ouranos
417–Hyperion
419–Pandora
420–Pandrosos
423–Iraklis
424–Jason
425–Odissefs
433–Kerkini
434–Prespa
467–Doirani
468–Kalliroi
470–Kastoria
471–Vivies
475–Doris
476–Malliopoulos
477–Stasis
478–Naftilos
479–Karavoyiannos
481–Lycoudis

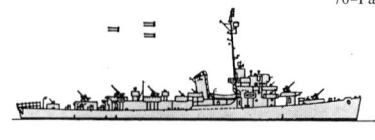

1240 ts, 20 kn, 93 m
3–7.6 ⚓, 6–4 ⚓, 14–2 ⚓, 6 UTR 32.4 III,
1 ⚓, 8 ⚓
4 FE: **Aetos** [01, 31, 54, 67] (43–44) –
Typ US Bostwick

8 TR 53.3 b↓   1185/1290 ts, 10/21 kn, 56.1 m
4 SS: **Poseidon** [S 116–119] (78–79) –
Typ deutsch / German 209/1200

8 TR 53.3 b↓   1105/1230 ts, 10/21 kn, 54.4 m
4 SS: **Glavkos** [S 110–113] (70–72) –
Typ deutsch / German 209/1100

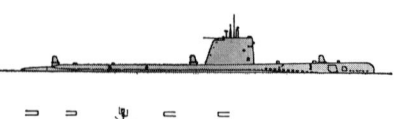

1975/2450 ts, 20/15 kn, 99.5 m
10 TR 53.3↓
1 SS: **Katsonis** [S 115] (45) –
Typ US Tench

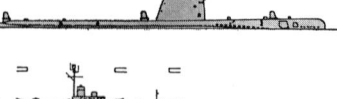

720 ts, 12 kn, 62 m
8–4 ⚓, 6–2 ⚓, 120 ☒
2 NB: **Aktion** [N 04, 05] (44–45) – *Typ US LSM*

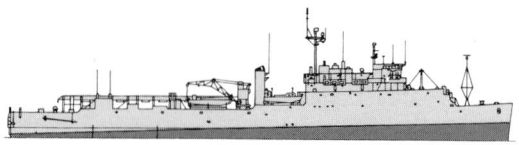

4790 ts, 15.4 kn, 139 m
8–4 ⚓, 4–2 ⚓, 14 LC, 1 ⇒
1 LD: **Nafkratoussa** [L 153] (45) –
Typ US Cabildo / LSD

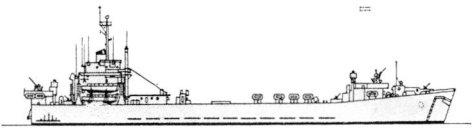

2700 ts, 15.5 kn, 117 m
6–7.6 ⚓, 3–2 ⚓, 4 LC, [400]
2 LS: **Oinoussai** [L 104, 116] (52–53) –
Typ US Terrebonne Parish

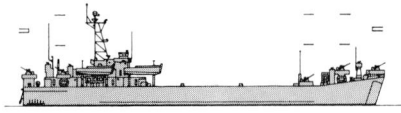

8–4 ⚓, 4–2 ⚓, 2 LC   1625 ts, 10 kn, 100 m
5 LS: **Ikaria** [L 154, 171, 172, 157, 144] (43–45) –
Typ US LST

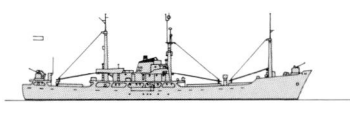

2–4 ⚓, 4–2 ⚓   743 ts, 12 kn, 62 m
5 LS: **Krystallidis** [L 161–165] (44–45) –
Typ US LSM

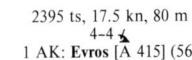

2395 ts, 17.5 kn, 80 m
4–4 ⚓
1 AK: **Evros** [A 415] (56)

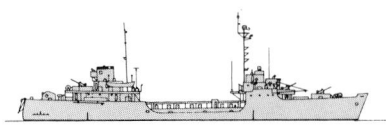

4–7.6   1850 ts, 14 kn, 94 m   4–2 ⚓
2 AO: **Arethousa** [A 377, 414] (44) –
Typ US Patapsco

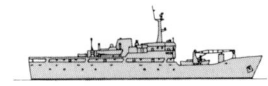

680 ts, 12 kn, 46 m
1 AN: **Thetis** [A 307] (59)

1–7.6 ⚓, 2–4 ⚓, 4–2 ⚓, 1 ⟩⟩ 2400 ts, 20 kn, 100 m
1 AX: **Aris** [A 74] (78)

—

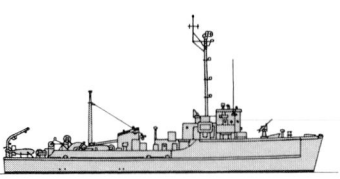

1400 ts, 15 kn, 63.2 m
1 Forschungsschiff / Research Ship:
Naftilos [A 478] (75)

Maßstab / Scale 1:1000

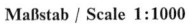
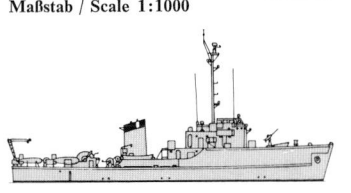

2–2 ⚓   *Typ US Bluebird*   340 ts, 13 kn, 43 m
9 MS: **Aidon** [M 211, 213, 214, 240–242, 246–248]   5 MS: **Atalanti** [M 202, 205, 206, 210, 254] (~53)
(64–70)

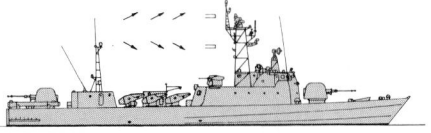

330 ts, 32,5 kn, 56.7 m
6 ⇨, 2–7.6 ⚓, 4–3 ⚓, 2 TR 53.3
6 PG: **Simaioforos Kavaloudis** [P 24–29]
(79–81) – *Typ frz. / French Combattante III*

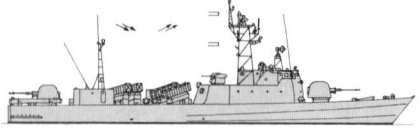

360 ts, 35 kn, 56.7 m
4 MM 38 ⇨, 2-7.6 ⚓, 4-3 ⚓, 2 **TR**
4 PG: **Antipliarchos Laskos** [P 20–23] (76–77) –
Typ frz. / French Combattante III

234 ts, 36 kn, 47 m
4 MM 38 ⇨, 4-3.5 ⚓, 2 **TR**
4 PG: **Ipopliarchos Konidis** [P 14–17] (71) –
Typ frz. / French Combattante II

2-4 ⚓, 4 **TR**   160 ts, 42 kn, 42.5 m
5 PF: **Esperos** [P 50, 53–56] (58–59) –
Typ deutsch / German Jaguar

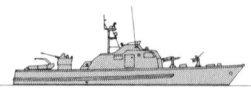

1-4 ⚓, 1-2 ⚓, 4 ➤   80 ts, 30 kn, 32 m
2 PP: **Kelefstis Stamou** [P 286, 287] (75)

SS **Poseidon** (78) Typ deutsch / German 209   1979, HDW

DD **Kountouriotis** (45) Typ US Gearing   1982, Arra

DD **Sachtouris** (45) Typ US Gearing 1982, Arra

DD **Themistokles** (44) Typ US Gearing 1982, amtlich / official

FG **Elli** (79) Typ niederl. / Netherl. Kortenaer 1982, Hejkoop

NB **Amvrakia** (44) Typ US LSM 1981, amtlich / official

1982, amtlich / official
PG **Simaioforos Kavaloudis** (80) Typ frz. / French Combattante III – mit Penguin ⇒

PG **Antipliarchos Laskos** (76) Typ frz. / French Combattante III   1981, amtlich / official

PG **Ipopliarchos Aninos** (71) Typ frz. / French Combattante II   10–1986, Voß

LS **Daniolos** (44) Typ US LSM   10–1986, Voß

LD **Nafkratoussa** (45) Typ US LSD   1982, amtlich / official

LS **Ikaria** (45) Typ US LST   1982, amtlich / official

AO **Prespa** (72)   10–1986, Voß

Flugzeugträger / Aircraft Carriers

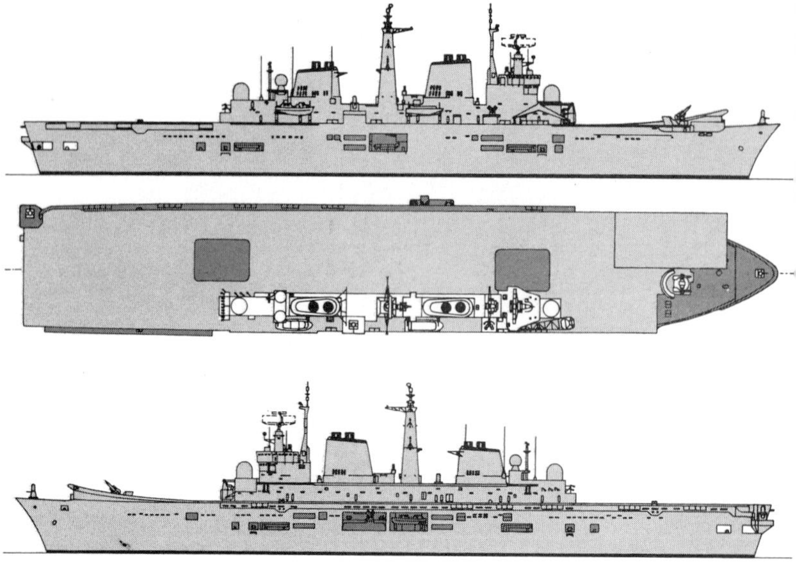

8 ⛴, 12 ✈, 3-2 ⚓ Phalanx, 2-2 ⚓, 2 Seadart ⚓₂, [960]   16 260 ts, 28 kn, 207 m
1 RL **Ark Royal** [R 07] (81) – *Invincible Klasse*

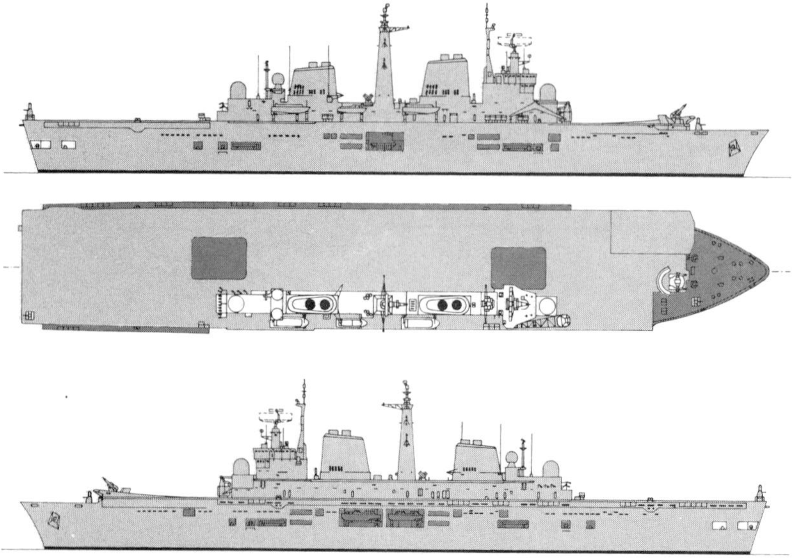

5 ⛴, 9 ✈, 2-2 ⚓ Phalanx, 2 Seadart ⚓₂, [960]   16 260 ts, 28 kn, 207 m
2 RL **Invincible** [R 05, 06] (77-78)

Zerstörer / Destroyers

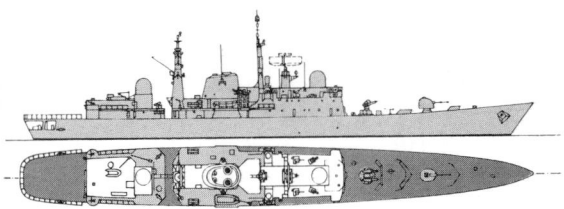

1-11.4 ⚓, 4-3 ⚓, 2-2 ⚓, 2 Seadart ⚓₂, 6 **UTR** 32.4 Ⅲ, 1 ✈
4 DG: **Manchester** [D 95–98] (80–83) – *Typ 42 C, Batch 3*

4100 ts, 30 kn, 141 m

Batch 2

1-11.4 ⚓, 4-3 ⚓, 4-2 ⚓, 2 Seadart ⚓₂, 6 **UTR** 32.4 Ⅲ, 1 ✈
8 DG: 4 **Birmingham** [D 86–88, 108] (73–76) – *Typ 42, Batch 1*,
4 **Exeter** [D 89–92] (78–80) – *Typ 42, Batch 2*

3500 ts, 28 kn, 125 m

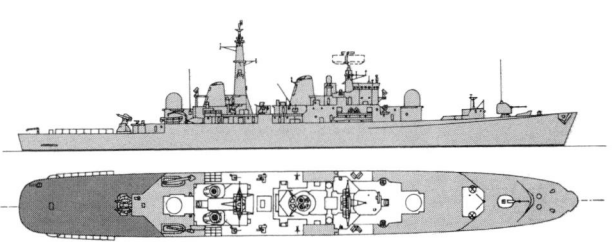

1-11.4 ⚓, 4-3 ⚓, 2-2 ⚓, 2 Seadart ⚓₂
1 DG **Bristol** [D 23] (69)

6100 ts, 30 kn, 155 m

Fregatten / Frigates

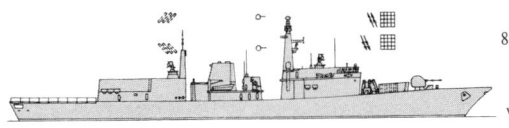

3500 ts, 28 kn, 133 m
8 Harpoon ⇨, 1-11.4 ⚓, 2-3 ⚓₆, 2-3 ⚓₂,
32 Sea Wolf ⚓₃₂, 6 **UTR** 32.4 Ⅲ, 2 ✈
12 FG: N o r f o l k [F 230–233, ...]
(87 – bew. / auth.) – *Duke Klasse* –
vorläufige Skizze / preliminary drawing

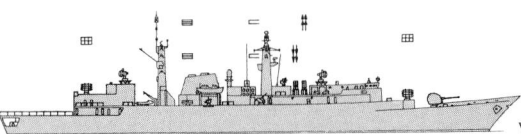

4380 ts, 31 kn, 148 m
8 ⇨, 12 Sea Wolf ⚓₁₆, 1-11.4 ⚓,
1-3 ⚓₇, 4-3 ⚓₂, 6 **UTR**, 2 ✈
4 FG: C o r n w a l l [F 99, ...]
(85 – a. St. / o. st.) – *Typ 22, Batch 3* –
vorläufige Skizze / preliminary drawing

Kennungen / Identification

**Flugzeugträger /
Aircraft Carriers**
R ...
05–Invincible
06–Illustrious
07–Ark Royal

**Zerstörer /
Destroyers**
D ...
23–Bristol
86–Birmingham
87–Newcastle
88–Glasgow
89–Exeter
90–Southampton
91–Nottingham
92–Liverpool
95–Manchester
96–Gloucester
97–Edinburgh
98–York
108–Cardiff

**Fregatten /
Frigates**
F ...
12–Achilles
15–Euryalus
16–Diomede
28–Cleopatra
38–Arethusa
40–Sirius
42–Phoebe
45–Minerva
47–Danae
52–Juno
56–Argonaut
57–Andromeda
58–Hermione
60–Jupiter
70–Apollo
71–Scylla
72–Ariadne
75–Charybdis
85–Cumberland
86–Campbeltown
87–Chatham
88–Broadsword
89–Battleaxe
90–Brilliant
91–Brazen
92–Boxer
93–Beaver
94–Brave
95–London
96–Sheffield
98–Coventry
99–Cornwall
107–Rothesay
126–Plymouth
127–Penelope
169–Amazon
171–Active
172–Ambuscade
173–Arrow
174–Alacrity
185–Avenger
230–Norfolk
231–Marlborough

232–Argyll
233–Lancaster

**Uboote /
Submarines**
ohne Rumpf-
nummer /
without hull
number
S ...
10–Odin
12–Olympus
13–Osiris
14–Onslaught
15–Otter
16–Oracle
17–Ocelot
18–Otus
19–Opossum
20–Opportune
21–Onyx
22–Resolution
23–Repulse
26–Renown
27–Revenge
40–Upholder
41–Unseen
42–Ursula
43–Unicorn
46–Churchill
48–Conqueror
50–Courageous
87–Turbulent
88–Tireless
90–Torbay
91–Trenchant
92–Talent
93–Triumph
102–Valiant
103–Warspite
104–Sceptre
105–Spartan
106–Splendid
107–Trafalgar
108–Sovereign
109–Superb
126–Swiftsure

**Minenleger /
Minelayer**
N ...
21–Abdiel

**Minensucher /
Minesweepers**
M ...
29–Brecon
30–Ledbury
31–Cattistock
32–Cottesmore
33–Brocklesby
34–Middleton
35–Dulverton
36–Bicester
37–Chiddingfold
38–Atherstone
39–Hurworth
40–Berkeley
41–Quorn
–

101–Sandown
102–Bridport
103–Cromer
104–Inverness
105–Walney

Ton Klasse
1113–Brereton
1114–Brinton
1115–Bronington
1125–Cuxton
1140–Gavinton
1147–Hubberston
1151–Iveston
1153–Kedleston
1154–Kellington
1157–Kirkliston
1165–Maxton
1166–Nurton
1181–Sheraton
1187–Upton
1188–Walkerton
1200–Soberton
1204–Stubbington
–
1116–Wilton

River Klasse
2003–Waveney
2004–Carron
2005–Dovey
2006–Helford
2007–Humber
2008–Blackwater
2009–Itchen
2010–Helmsdale
2011–Orwell
2012–Ribble
2013–Spey
2014–Arun

Ham Klasse
2871–Portisham

**Kleine Kampf-
schiffe und
Sperrfahrzeuge /
Small Fighting
and Boom
Defence Vessels**
P ...
153–Example
154–Explorer
163–Express
167–Exploit
192–Mandarin
193–Pintail
194–Garganey
195–Goldeneye
235–XW 255
239–Peacock
240–Plover
241–Darling
242–Swallow
243–Swift
246–Sentinel
256–Cormorant
257–Hart
258–Leeds Castle
259–Redpole

260–Kingfisher
261–Cygnet
262–Peterel
263–Sandpiper
264–Archer
265–Dumbarton C.
270–Biter
272–Smiter
273–Pursuer
277–Anglesey
278–Alderney
279–Blazer
280–Dasher
281–Attacker
282–Chaser
283–Fencer
284–Hunter
285–Striker
291–Puncher
292–Charger
293–Ranger
294–Trumpeter
295–Jersey
297–Guernsey
298–Shetland
299–Orkney
300–Lindisfarne

**Landungsfahrzeuge /
Landing Vessels**
L ...
10–Fearless
11–Intrepid
105–Arromanches
106–Antwerp
107–Andalnes
108–Abbeville
109–Akiab
110–Aachen
111–Arezzo
112–Agheila
113–Audemer
3004–Sir Bedivere
3005–Sir Galahad
3027–Sir Geraint
3029–Sir Lancelot
3036–Sir Percivale
3505–Sir Tristram
3522–Sir Caradoc
4001–Ardennes
4003–Arakan

RPL ...
03–Clyde
04–Dart
05–Eden
06–Forth
09–Itchen
12–Medway

**Hilfs- und Spezial-
fahrzeuge
Auxiliary and
Special Vessels**
K ...
07–Challenger
08–Engadine

A ...
00–Britannia

75–Tidespring
79–Appleleaf
81–Brambleleaf
83–Melton
84–Menai
86–Gleaner
87–Meon
91–Milford
92–Manley
94–Mentor
97–Milbrook
99–Beaulieu
100–Beddgelert
101–Bembridge
104–Blakeney
107–Messina
109–Bayleaf
110–Orangeleaf
111–Oakleaf
114–Magnet
115–Lodestone
122–Olwen
123–Olna
124–Olmeda
127–Torrent
128–Torrid
130–Roebuck
132–Diligence
133–Hecla
135–Argus
137–Hecate
138–Herald
140–Tornado
141–Torch
142–Tormentor
143–Torreador
146–Waterman
153–Example
154–Explorer
157–Loyal Helper
158–Supporter
159–L. Watcher
160–L. Volunteer
161–L. Mediator
163–Express
164–Goosander
165–Pochard
167–Exploit
171–Endurance
185–Salmore
186–Salmaster
187–Salmaid
207–Llandovery
208–Lamlash
211–Lechlade
213–Endeavour
216–Bee
220–Loyal
Moderator
221–Forceful
222–Nimble
223–Powerful
225–Bustler
226–Capable
227–Careful
228–Faithful
229–Cricket
230–Cockchafer
231–Dextrous
232–Kingarth

236–Wakeful	308–Ilchester	362–Dolwen	393–Dunster	Y ...
239–Gnat	309–Instow	363–Denmead	394–Fintry	13–Alnmouth
251–Lydford	311–Ironbridge	364–Whitehead	402–Grasmere	16–Ashcott
253–Ladybird	317–Bulldog	365–Fulbeck	480–Resource	17–Waterfall
254–Meavy	318–Ixworth	366–Robust	482–Kinloss	18–Watershed
263–Cicala	319–Beagle	367–Newton	486–Regent	19–Waterspout
268–Green Rover	320–Fox	378–Kinterbury	488–Cromarty	20–Waterside
269–Grey Rover	335–Fawn	379–Throsk	490–Dornoch	21–Oilpress
270–Blue Rover	341–Fotherby	381–Cricklade	502–Rollicker	22–Oilstone
271–Gold Rover	348–Felsted	382–St. George	1766–Headcorn	23–Oilwell
272–Scarab	350–Cartmel	383–Appleby	1767–Hever	24–Oilfield
273–Black Rover	353–Elkstone	385–Fort Grange	1768–Harlech	25–Oilbird
274–Ettrick	354–Froxfield	386–Fort Austin	1769–Hambledon	26–Oilman
277–Elsing	355–Epworth	389–Clovelly	1770–L. Chancellor	30–Watercourse
281–Kinbrace	357–Datchet	391–Criccieth	1771–L. Proctor	31–Waterfowl
285–Auricula	361–Roysterer	392–Glencoe	1772–Holmwood	
			1773–Horning	

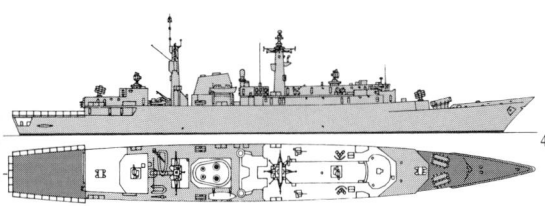

4200 ts, 30 kn, 147 m
4 MM 38 ⇨, 12 Sea Wolf ⬡₆, 2–4 ⚓,
4–2 ⚓, 6 **UTR**, 2 ⇶
6 FG: **Boxer** [F 92–96, 98]
(81–86) – *Typ 22, Batch 2*

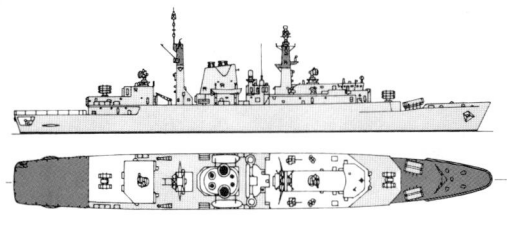

3500 ts, 30 kn, 131 m
4 MM 38 ⇨, 12 Sea Wolf ⬡₆, 2–4 ⚓,
2–2 ⚓, 6 **UTR** 32.4 III, , 2 ⇶
4 FG: **Broadsword** [F 88–91] (76–80) –
Typ 22, Batch 1

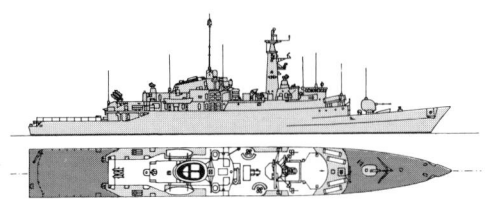

2850 ts, 30 kn, 117 m
4 MM 38 ⇨, 1–11.4 ⚓, 4–2 ⚓,
4 Seacat ⬡₄, 6 **UTR** 32.4 III, 1 ⇶
6 FG: **Amazon** [F 169, 171–174, 185]
(71–75) – *Typ 21*

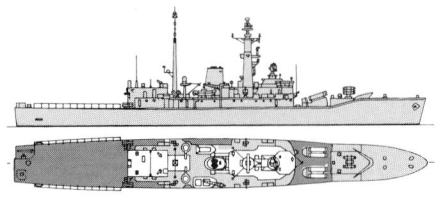

2550 ts, 28 kn, 113 m
4 MM 38 ⇨, 6 Sea Wolf ⬡₆, 2–4 ⚓, 2–2 ⚓,
6 **UTR** 32.4 III, 1 ⇶
5 FG: **Andromeda** [F 57, 58, 60, 71, 75] (67–68) –
Leander Klasse, Batch 3 conversions

2550 ts, 28 kn, 113 m
2-11.4 ⚓, 3-2 ⚓, 4 Seacat ⚓₄, 1 ⛟,
1 ✈
4 FF: **Achilles** [F 12, 16, 70, 72] (68–71) –
Leander Klasse, Batch 3

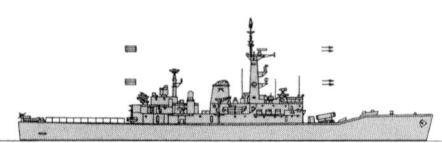

2450 ts, 28 kn, 113 m
4 MM 38 ⇒, 2-2 ⚓, 8 Seacat ⚓₄,
6 UTR 32.4 Ⅲ, 1 ✈
4 FG: **Cleopatra** [F 28, 40, 42, 56] (64–66) –
Leander Klasse, Batch 2 T. A.

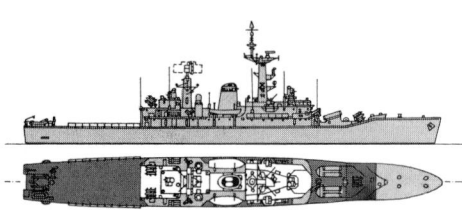

2650 ts, 28 kn, 113 m
4 MM 38 ⇒, 2-4 ⚓, 12 Seacat ⚓₄,
6 UTR 32.4 Ⅲ, 1 ✈
4 FG: **Minerva** [F 45, 47, 52, 127] (62–65) –
Leander Klasse, Batch 2

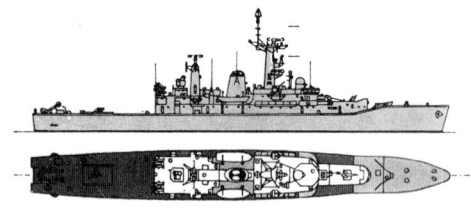

2610 ts, 27 kn, 113 m
2-4 ⚓, 8 Seacat ⚓₄, 1 ⛟ Ikara, 1 ⛟, 1 ✈
2 FF: **Euryalus** [F 15, 38] (63) – *Batch 1*

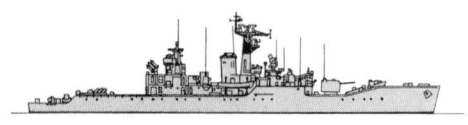

2380 ts, 26 kn, 113 m
2-11.4 ⚓, 4-2 ⚓, 4 Seacat ⚓₄, 1 ⛟, 1 ✈
2 FF: **Rothesay** [F 107, 126] (57–59)

U-Boote / Submarines

7500/8400 ts, 20/25 kn, 130 m
16 ⭦ Polaris A 3, 6 TR 53.3 b↓
4 SB: **Resolution** (66–68)
[S 22, 23, 26, 27]

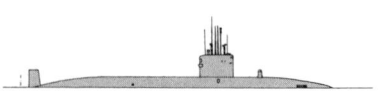

4780/5210 ts, ./30 kn, 85.4 m
5 TR 53.3 b↓, Sub-Harpoon ⇒, ☉
7 SS: **Trafalgar** [S 107, 87, 88, 90–93]
(81 – a. St. / o. st.)

Großbritannien/Great Britain

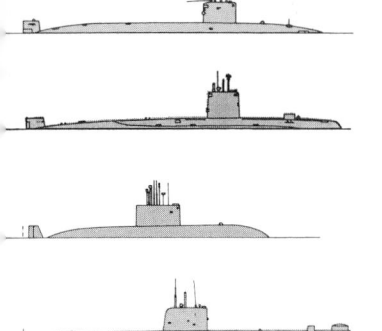

4000/4500 ts, 20/30 kn, 82.9 m
5 TR 53.3 b↓, Sub-Harpoon ⇨
6 SS: **Swiftsure** [S 102, 108, 109, 104–106, 126] (71–79)

4000/4900 ts, 15/25 kn, 87 m
6 TR 53.3 b↓, Sub-Harpoon ⇨
5 SS: **Valiant** [S 102, 103, 46, 48, 50] (63–70)

2160/2400 ts, 12/20 kn, 70.3 m
6 TR 53.3 b↓, Sub-Harpoon ⇨
4 SS: U p h o l d e r [S 40–43] (86 – bew. / auth.) –
vorläufige Skizze / preliminary drawing

2030/2410 ts, 12/17 kn, 90 m
8 TR 53.3 ↓ (6 b, 2 h)
11 SS: **Oberon** [S 10, 12–21] (60–66)

Minenleger / Minelayer

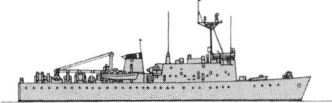

1375 ts, 16 kn, 81 m
1-4 ⚓, ⛭
1 NB: **Abdiel** [N 21] (67)

Kleine Kampfschiffe / Small Fighting Vessels

1250 ts, 20 kn, 81 m
1-4 ⚓, 2 Mg ⚓, ⛭
2 PP: **Leeds Castle** [P 258, 265] (80–81)

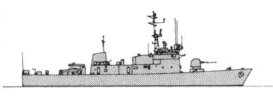

1-7.6 ⚓, 4 Mg ⚓   660 ts, 25 kn, 62.6 m
5 PP: **Peacock** [P 239–243] (82–84)

1-4 ⚓, 2 Mg ⚓   1000 ts, 16 kn, 59.5 m
7 PP: **Jersey** [P 277, 278, 295, 297–300] (76–79)

Landungsfahrzeuge / Landing Ships

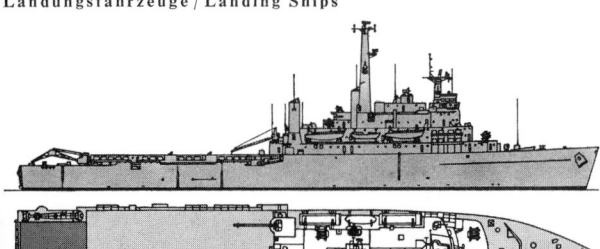

11 060 ts, 21 kn, 159 m
2-4 ⚓, 4-3 ⚓, 2-2 ⚓,
8 Seacat ⛭₄, 4 ⇛,
4 LCM, 4 LCVP, [700]
2 LD: **FEARLESS,
Intrepid** [L 10, 11] (63–64)

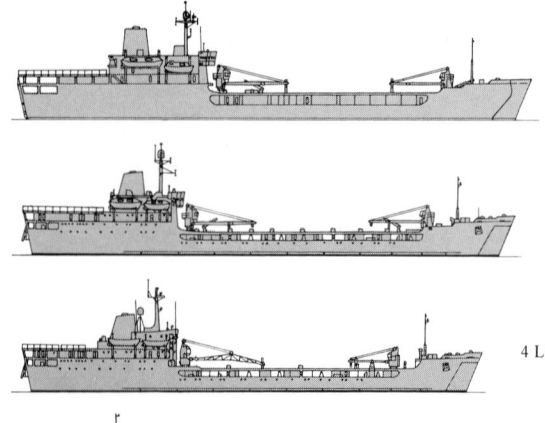

7400 ts, 17.5 kn, 140 m
[340]
1 LS: **Sir Galahad** [L 3005] (86)

3390 ts, 17 kn, 135 m
[2-4 ⚓]
1 LS: **Sir Tristram** [L 3505] (66)

3270 ts, 17 kn, 126 m
[2-4 ⚓]
4 LS: **Sir Percivale** [L 3004, 3027, 3036]
(66–67) – ähnlich / similar:
Sir Lancelot [L 3029] (63)

870 ts, 10.3 kn, 72.4 m
2 LS: **Ardennes** [L 4001, 4003] (76–77)

Hilfsfahrzeuge / Auxiliary Vessels

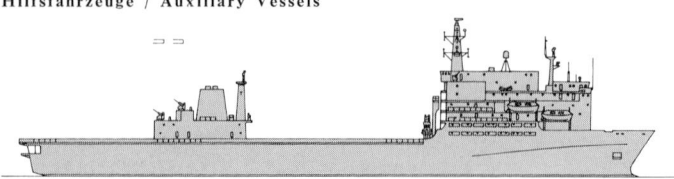

12 🚁 oder / or 8 🚁 + 6 ✈, 4-3 ⚓, 4-2 ⚓   22256 ts, 20 kn, 175 m
1 AR: **Argus** [A 135] (81)

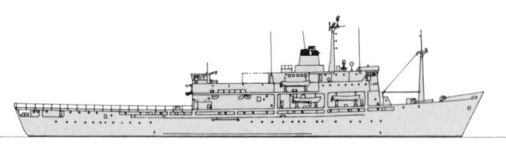

./9000 ts, 16 kn, 129 m
6 ✈
1 AR: **Engadine** [K 08] (66)

–   750 ts, 10 kn, 55 m
4 AN: **Mandarin** (63–66) [P 192–195]

./1630 ts, 15 kn, 55 m
3 AT: **Roysterer** [A 361, 366, 502] (70–71)

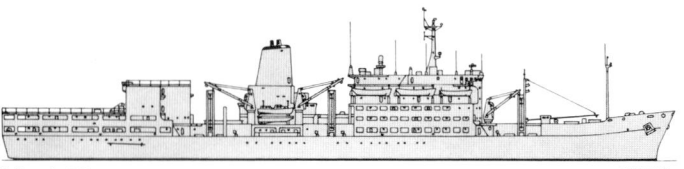

2-2 ⚓, 1 ✈   ./22750 ts, 20 kn, 184 m
2 AK: **Fort Grange** [A 385, 386] (76–78)

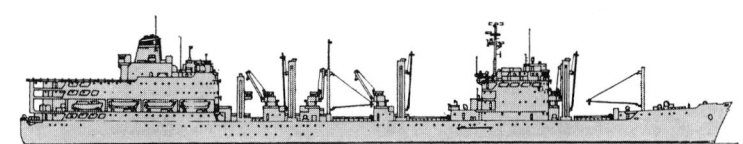

4-2 ⚓, 1 ✈ 13 000 ts, 20 kn, 195 m

2 AK: **RESOURCE, Regent** [A 480, 486] (66)

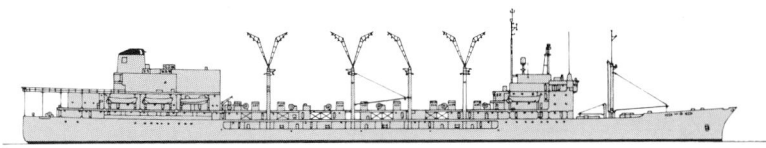

4-2 ⚓, 2 ✈ 10 890 ts, 21 kn, 197 m

3 AO: **Olwen** [A 122–124] (64–65)

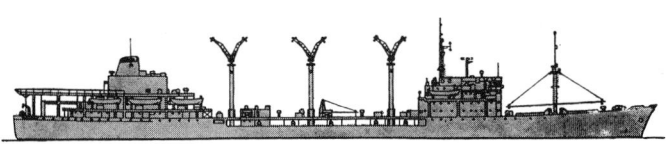

4-2 ⚓, 1 ✈ 8530 ts, 18.3 kn, 178 m

1 AO: **Tidespring** [A 75] (62)

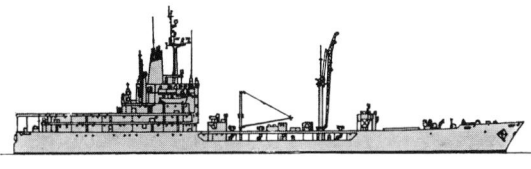

1 ✈ 4700 ts, 19 kn, 141 m

5 AO: **Green ROVER** [A 268–271, 273] (68–73)

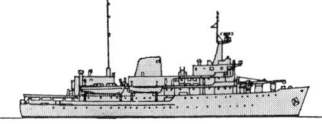

1 ✈ 1915 ts, 14 kn, 79 m

3 AG: **Hecla** [A 133, 137, 138] (64–73)

— 800 ts, 15 kn, 58 m

4 AG: **Bulldog** [A 317, 319, 230, 335] (67–68)

3960 ts, 21 kn, 126 m
1 Königsyacht / Royal Yacht:
Britannia [A 00] (53)

7200 ts, 15 kn, 134 m
1 AG: **Challenger** [K 07] (81)

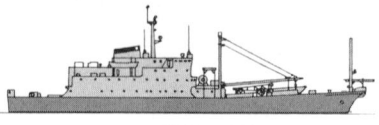

–
3940 ts, 15 kn, 98.6 m
1 Versuchsschiff / Trial Ship:
Newton [A 367] (75)

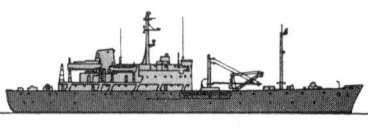

3 UTR, 1 TR   3040 ts, 15.5 kn, 97 m
1 Versuchsschiff / Research Ship:
Whitehead [A 364] (70)

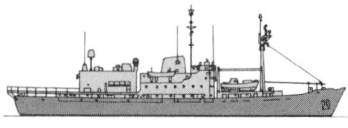

3600 ts, 14.5 kn, 93.5 m
2-2 ✈, 2 ⛴
1 Forschungsschiff / Ice Patrol Ship:
Endurance [A 171] (56)

Maßstab / Scale 1 : 1000

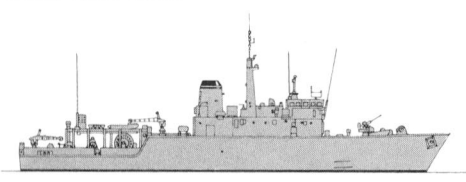

625 ts, 17 kn, 60 m
1-4 ✈, 2-2 ✈
13 MB: **Brecon** [M 29–41] (78–87)

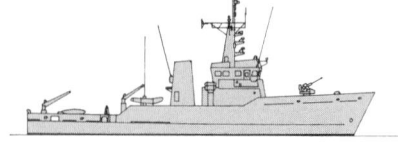

770 ts, 14 kn, 47.6 m
1-4 ✈, 2 Mg ✈
16 MB: **Waveney** [M 2003–2014, . . .]
(83 – bew. / auth.)

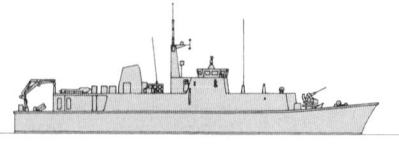

450 ts, 15 kn, 52.7 m
1-3 ✈
5 MS: S a n d o w n [M 101–105] (a. St. / o. st.) –
vorläufige Skizze / preliminary drawing

1 oder / or 2-4 ✈, 2-2 ✈   360 ts, 15 kn, 46.3 m
14 MS: *Ton Klasse* (52–72) –
Minenjäger / Minehunters

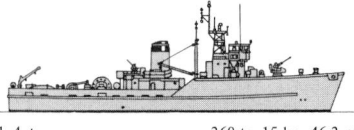

1-4 ✈   360 ts, 15 kn, 46.3 m
5 MS: *Ton Klasse* (52–60) –
Minensucher / Minesweeper

RL **Ark Royal** (81) Invincible Klasse   11–1986, Voß

RL **Ark Royal** (81) Invincible Klasse   11–1986, Voß

RL **Illustrious** (78) Invincible Klasse   14–10–1987, Voß

DG **York** (82)Typ 42, Batch 3   1987, Arra

DG **Liverpool** (80) Typ 42, Batch 2   9–1986, Schiefer

DG **Glasgow** (76) Typ 42, Batch 1   10–1984, Voß

DG **Bristol** (69)   9–1986, Kürsener

FG **Boxer** (81) Typ 22, Batch 2   6–1985, Voß

FG **Battleaxe** (77) Typ 22, Batch 1   10–1985, Voß

FG **Amazon** (71) Typ 21   12–1984, Voß

FG **Jupiter** (67) Leander Klasse, Batch 3 A   10–1986, Behling

FF **Ariadne** (71) Leander Klasse, Batch 3   1982, Arra

FG **Sirius** (64) Leander Klasse, Batch 2 T. A.   2–1987, Voß

FG **Danae** (65) Leander Klasse, Batch 2   1987, Arra

FF **Rothesay** (57)   1982, Arra

SB **Resolution** Klasse (66–68)   1977, MOD (N)

SS **Turbulent** (82) Trafalgar Klasse   12-1985, Voß

SS **Sovereign** (73) Swiftsure Klasse   7-1986, Voß

SS **Churchill** (68)   8-1987, Voß

SS **Odin** (60) Oberon Klasse   6–1987, Voß

NB **Abdiel** (67)   7–1986, Voß

MS **Upton** (56) Ton Klasse   6–1987, Voß

MB **Cattistock** (81) Hunt Klasse   7–1986, Schiefer

PP **Plover** (83) Peacock Klasse   1985, Arra

PP **Leeds Castle** (80)   1981, RN

PP **Jersey** (76)   10–1985, Voß

PP/AX **Hunter** (82) 8-1986, Behling

LD **Intrepid** (64) Fearless Klasse 9-1986, Bendfeldt

LS **Sir Tristram** (66) 2-1987, Voß

LS **Sir Percivale** (63) 10-1985, Voß

LS **Ardennes** (76)   1982, RN

LC **Andalsnes** (84) Arromanches Klasse   1987, Arra

LC **Eden** (~63)   5-1984, Voß

AG **Herald** (73)   1987, Arra

AG **Fawn** (68) Bulldog Klasse 9-1986, Schiefer

AG **Challenger** (81) 1984, Bendfeldt

Eispatrouillenschiff / Ice Patrol Ship **Endurance** (56) 1981, Arra

AK **Fort Grange** (76) 1981, RN

AK **Resource** (66) 1980, Arra

AO **Olwen** (64) 1980, Arra

AO **Blue Rover** (69) Rover Klasse 1980, Arra

AO **Appleleaf** (75) 1983, Voß

AG **Newton** (75) 1982, Voß

Honduras

PP **Copan** (84)   1986, Arra

Hong Kong

PP **King Chung** (84)   1987, Arra

PP **Gull** (~46)   1987, Arra

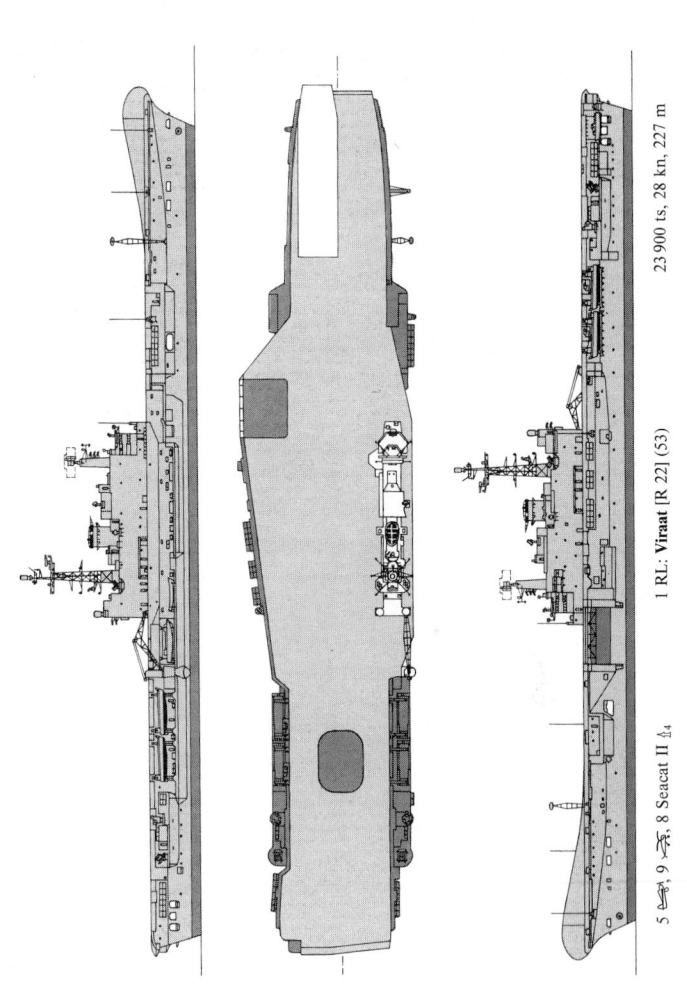

1 RL: **Viraat** [R 22] (53)

23 900 ts, 28 kn, 227 m

5 ⬩, 9 ✈, 8 Seacat II ⚓4

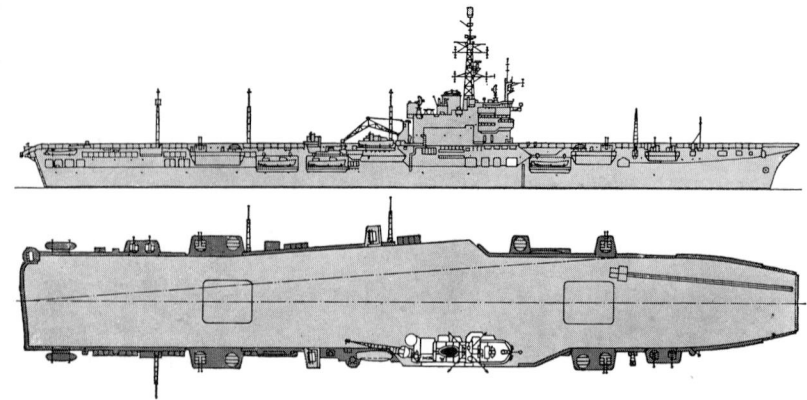

6 ✈, 9 ⬆, 4-4 ⚓   1 RL: **Vikrant** [R 11] (45) – *Typ brit. Majestic*   16 000 ts, 24.5 kn, 212 m
                      vor Umbau / before conversion

3950 ts, 35 kn, 146 m
4 ⇒, 4 ⬇, 2-7.6 ⚓, 16-3 ⚓,
5 **UTR** 53.3 ⅢⅢ, 2 ⚓, 1 ⬆
3 DG: **Rajput** [D 51–53] (~79–82) –
*Ähnlich / similar to Typ
USSR Kashin mod.*

Kennungen / Identification

**Flugzeugträger /
Aircraft Carriers**
  R . . .
11–Vikrant
22–Viraat

**Zerstörer /
Destroyers**
  D . . .
51–Rajput
52–Rana
53–Ranjit
54–Ranvir
55–
56–

**Fregatten /
Frigates**
  F . . .
20–Godavari
21–Ganga
22–Gomati
33–Nilgiri
34–Himgiri
35–Udaygiri
36–Dunagiri
37–Beas
39–Betwa
40–Talwar
41–Taragiri
42–Vindhyagiri
46–Kistna

  K . . .
71–Vijaydurg
72–Sindhudurg
73–Hosdurg

  P . . .
68–Arnala
69–Androth
73–Anjadip
74–Andaman
75–Amini
77–Kamorta
78–Kadmatt
79–Kiltan
81–Katchall

**Uboote /
Submarines**
  S . . .
20–Karssula
21–Karanj
22–Khanderi
23–Kalvari
40–Vela
41–Vagir
42–Vagli
43–Vagsheer
44–Shishumar
45–Shankush
46–
47–
55–Sindhugosh

56–Sindhudhvaj
57–
58–

**Minensucher /
Minensweeper**
  M . . .
61–Pondicherry
62–Porbandar
63–Bedi
64–Bhaunagar
65–Alleppey
66–Ratnagiri
67–Karwar
70–Kakinada
83–Mahe
84–Malwan
85–Mangalore
86–Malpe
87–Mulki
88–Magdala
89–Bulsar
90–Bhatkal
2705–Bimlipatan
2707–Bassein

**Kleine Kampf-
schiffe /
Small Fighting
Vessels**
  K . . .
82–Veer
83–Vidyut

85–Vinash
86–Nipat
88–Nirbhik
89–Nirghat
90–Prachand
91–Prayala
92–Pratap
93–Prabal
94–Chapal
95–Chapak
96–Charak
97–Chamak

**Landungs-
fahrzeuge /
Landing Vessels**
  L . . .
11–Magar
12–Gharial
13–Guldar
14–Ghorpad
15–Kesari
16–Shardul
17–Sharabh
18–Cheetah
19–Mahish
20–Goldar
21–Khumbir
34–V. da Gama

**Hilfsfahrzeuge /
Auxiliary Vessels**
  A . . .
50–Deepak
51–Gaj
54–Amba
55–Nistar
57–Shakti
71–Astravahini

  J . . .
14–Darshak

**Küstenwache /
Coast Guard**
  T . . .
31–Kuthar
32–Kirpan
33–Vikram
34–Vijaya
35–Veer
36–Varuna
37–Varja
54–Rajhans
55–Rajtarang
58–Rajkamal
59–Rajshri
64–Jija Bay
501–Panaji
502–Pamban
503–Puri
504–Panvel
505–Pulicat

3500 ts, 27 kn, 126 m
4 ⇨, 2 ⚓, 2-5.7 ✈, 8-3 ✈,
6 UTR 32.4 III, 2 ✈
3 FG: **Godavari** [F 20–22] (81–84)

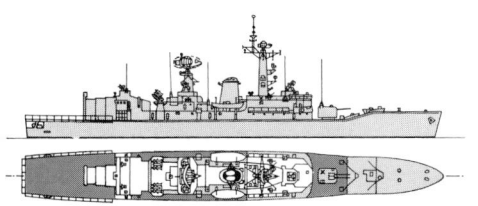

2250 ts, 30 kn, 113 m
2-11.4 ✈, 2-2 ✈, 8 Seacat ⚓4,
6 UTR 32.4 III, 1 ✈, 1 ✈
2 FF: **Taragiri** [F 41, 42] (76–77) –
verbesserte / improved Nilgiri Klasse

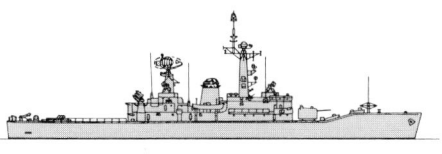

2250 ts, 30 kn, 113 m
2-11.4 ✈, 2-2 ✈, 8 Seacat ⚓4, 1 ⚓,
1 ✈
4 FF: **Nilgiri** [33–36] (68–74) –
Typ brit. Leander

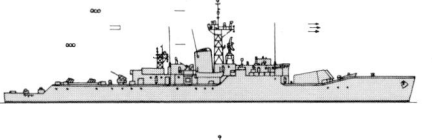

2144 ts, 30 kn, 113 m
3 ⇨, 4-4 ✈, 2 ⚓
1 FG: **Talwar** [F 40] (58) –
Typ brit. Whitby

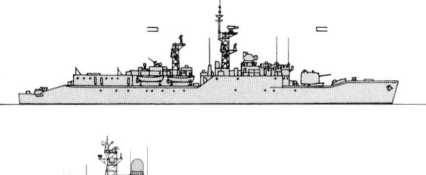

2251 ts, 25 kn, 104 m
2-11.4 ✈, 2-4 ✈, 1 ⚓
2 FF: **Beas** [F 37, 39] (58–59) –
Typ brit. Leopard

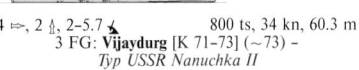

4 ⇨, 2 ⚓, 2-5.7 ✈   800 ts, 34 kn, 60.3 m
3 FG: **Vijaydurg** [K 71–73] (~73) –
Typ USSR Nanuchka II

4-7.6 ✈, 3 UTR, ✈   950 ts, 35 kn, 82.3 m
9 FF: **Kadmatt** [P 68, 69, 73–75, 77–79, 81] –
(68–74) – *Typ USSR Petya II*

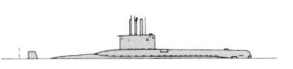

1655/1810 ts, 11/22.5 kn, 64.4 m
8 TR 53.3 b↓
4 SS: **Shishumar** [S 44–47] (84 – bew. / auth.) –
Typ deutsch / German T 1500

6 TR 53.3 b↓   2500/3200 ts, 12/16 kn, 73 m
6 SS: **Sindhugosh** [S 55, 56, …] (~85–?) –
Typ USSR Kilo

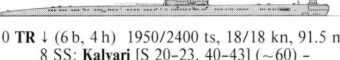

10 TR ↓ (6 b, 4 h) 1950/2400 ts, 18/18 kn, 91.5 m
8 SS: **Kalvari** [S 20–23, 40–43] (~60) –
Typ USSR Foxtrot

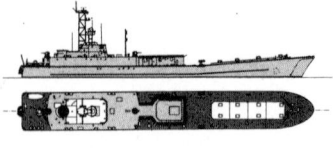

1000 ts, 18 kn, 82 m
4-3 ⚓, 2 ⇢ 18, 8 ☷
4 LS: **Cheetah** [L 18–21] (84–86) –
Typ USSR Polnocny C

1000 ts, 18 kn, 82 m
4-3 ⚓, 2 ⇢ 18, 8 ☷
4 LS: **Shardul** [L 14–17] (74–76) –
Typ USSR Polnocny C

780 ts, 18 kn, 73.2 m
2-2.5 ⚓, 2 ⇢ 18, 8 ☷
2 LS: **Gharial** [L 12, 13] (~65) –
Typ USSR Polnocny A

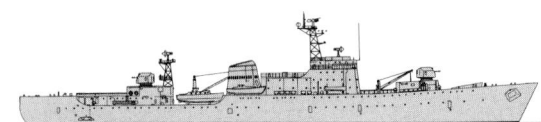

6750 ts, 20 kn, 141 m
4-7.6 ⚓
1 AR: **Amba** [A 54] (68) –
Typ USSR Ugra

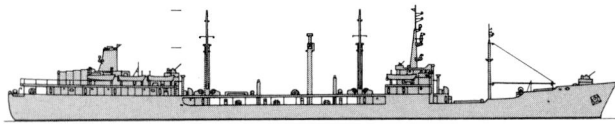

6785 ts, 20 kn, 168 m
3-4 ⚓, 2-2 ⚓
2 AO: **Shakti,
Deepak** [A 57, 50]
(67–75)

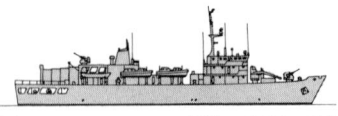

2-4 ⚓　　1200 ts, 16.8 kn, 85.8 m
5 AG: **Sandhayak** (77 – bew./auth.)

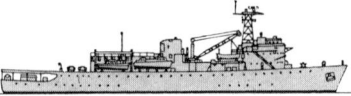

1-4 ⚓　　2790 ts, 16 kn, 97.3 m
1 AG: **Darshak** [J 14] (59)

Küstenwache / Coast Guard

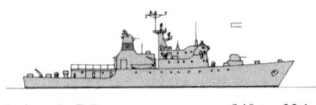

2-4 ⚓, 1 ⇥　　940 ts, 22 kn, 74 m
9 FE: **Vikram** [T 33–37, …] (81 – bew./auth.)

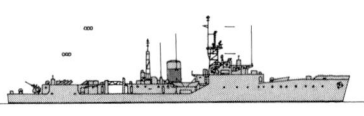

3-4 ⚓, 2 ⛫　　1180 ts, 24.5 kn, 94 m
3 FE **Kuthar, Kirpan** [T 31, 32] (58) –
Typ brit. Captain

Maßstab / Scale 1 : 1000

680 ts, 20 kn, 61 m
4-3 ⚓, 4-2.5 ⚓, 2 ⛏, ☉
6 MB: **Pondicherry** [M 61–67, 70, …]
(75 – a. St./o. st) – *Typ USSR Natya*

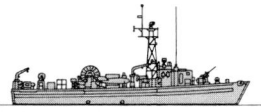

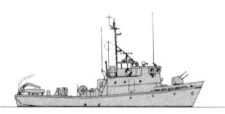

-2 ⚓ 120 ts, 14 kn, 32.4 m
4 MS: **Bassein** [M 89, 90, 2705, 2707] (54–69) –
Typ brit. Ham

2 Mg ⚓ 70 ts, 16 kn, 26.1 m
6 MS: **Mahe** [M 83–88] (~82) –
Typ USSR Yevgenya

8 Osa II

8 Osa I

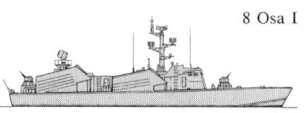

⇨, 4–3 ⚓ 195 ts, 36 kn, 40 m
14 PG: **Nashat** [K 82, 83, 85, 86, 88–97] (65–70) – *Typ USSR Osa I, II*

4 ⇨, 4–3 ⚓ 175 ts, 36 kn, 40 m

RL **Viraat** (53) Photo ex brit. Hermes   1983, Voß

FG **Godavari** (80)   7-1986, Terzibaschitsch

FG **Godavari** (80)   7–1986, Donko

FF **Udaygiri** (72) Typ brit. Leander   1978, Arra

SS **Shishumar** (84) Typ deutsch / German T 1500   9–1986, Schiefer

SS **Sindhugosh** (~85) Typ USSR Kilo   7–1986, BMVg / MOD, Bonn

SS **Vagli** (~60) Typ USSR Foxtrot   1984, Arra

MB **Kakinada** (~86) Typ USSR Natya 4–1987, BMVg / MOD, Bonn

LS **Cheetah** (~84) Typ USSR Polnocny C   1–1985, Kon. Marine

LS **Cheetah** (~84) Typ USSR Polnocny C   1–1985, Kon. Marine

Nala

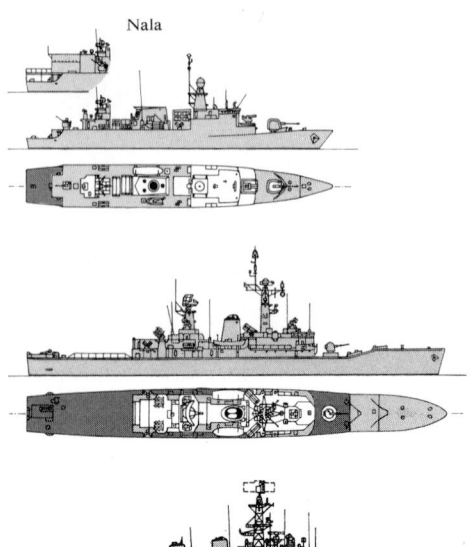

1200 ts, 30 kn, 84 m
4 MM 38 ⇒, 1-12 ↘, 1-4 ↘, 2-2 ↘
6 UTR 32.4 III, 1 ⟋
3 FG: **Fatahillah** [361–363] (77–79)
363: 2-4 ↘, 1 ✈

2200 ts, 28.5 kn, 114 m
8 Harpoon ⇒, 1-7.6 ↘, 8 Seacat ⇞
6 UTR 32.4 III, 1 ✈
2 FG: **Ahmed Yanni** [351, 352] (65)
Typ brit. Leander

2300 ts, 25 kn, 110 m
2-11.4 ↘, 2-2 ↘, 8 Seacat ⇒, 1 ⟋
1 ✈
3 FF: **Martha Khrystina Tiyahadu**
[331–333] (60–62) – *Typ brit. Triba*

1-7.6 ↘, 4-2.5 ↘, 6 UTR 32.4 III 1450 ts, 21 kn, 95 m
4 FF: **Samadikun** [341–344] (58–59) –
Typ US Claud Jones

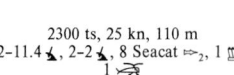

8 TR 53.3 b↓   1285/1390 ts, 10/22.5 kn, 59.5
2 SS: **Nanggala** [401, 402] (80) –
Typ deutsch / German 209/1300

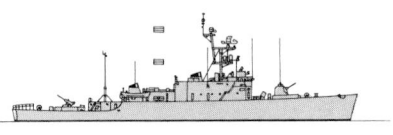

7-4 ↘ oder / or 6-3.7 ↘, 2-2 ↘

10 LS: **Teluk Bajur** (~44) – *Typ US LST*

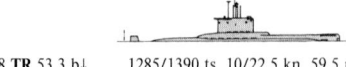

1653 ts, 11.5 kn, 100

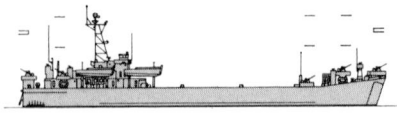

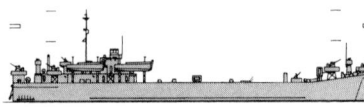

6730 ts, 21 kn, 137 m
4-10, 8-5.7 ↘, 8-2.5 ↘
1 AR: **Ratulangi** [301] (~60) –
Typ USSR Don
Pfahlmast vor dem Schornstein
pole mast before funnel

1 ⚓ 1915 ts, 14 kn, 79 m
1 AG: **Dewar Kembar** [932] (64) -
Typ brit. Hecla

— 1700 BRT/grt, 19.5 kn, 82 m
1 AG: **Burudjulasad** [1006] (66)

[4 MM 38 ⇔], 1-5.7 ⚓, 1850 ts, 27 kn, 96.7 m
2-2 ⚓, 2 **UTR**, ⚓, 1 ⚓
2 AX: **Hadjar Dewantaru** [364, ...] (80 - a. St. / o. st.)

810 ts, 10.5 kn, 50 m
1 AX: **Dewarutji** (53)

Maßstab / Scale 1:1000

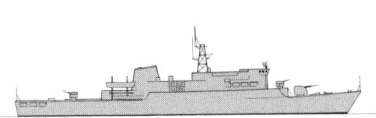

500 ts, 14 kn, 58 m
4-3.7 ⚓, 8-1.5 ⚓
2 MB: **Pulau Rani** [701, 702] (~55) -
Typ USSR T 43

280 ts, 41 kn, 53.6 m
4 MM 38 ⇔, 1-5.7 ⚓, 1-4 ⚓, 2 Mg ⚓
4 PG: **Rencong** [621-624] (79-80) -
Typ US PSMM

1-5.7 ⚓, 1-4 ⚓ 342 ts, 34 kn, 58.1 m
3 PF: **I-III** (84-86) - *Typ deutsch / German PB 57*

1-4 ⚓, 2 Mg ⚓ 100 ts, 27 kn, 32.6 m
8 PP: **Sibarau** [848, 849, 857-862] (67-68) -
Typ austral. Attack

SS **Cakra** (80) Typ deutsch / German 209/1300 6-1987, Schiefer

FG **Fatahillah** (77)   1982, Heijkoop

FG **Ahmed Yanni** (65) Typ niederl. / Netherl. Van Speijk (Photo ex Tjerk Hiddes)
5-1985, Voß

FF **Martha Khrystina Tiyahadu** (62) Typ brit. Tribal   10-1983, Voß
Photo ex Zulu

AG **Dewar Kembar** (65) Typ brit. Hecla   11-1986, Krabbe/Donko

2200 ts, 34 kn, 113 m
8 ⊳, 1-12.7 ✈, 4-4 ✈, 1 Albatros ⚓,
6 UTR 32.4 III, 1 ⇝
4 FG: **Hittin** [902-906] (83-85) –
Typ ital. Lupo

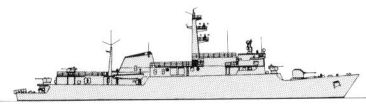

. /1850 ts, 26 kn, 97 m
1-5.7 ✈, 1-4 ✈, 8-2 ✈
1 FE: **Ibn Khaldoum** [507] (78)

6 ⊳, 1-7.6 ✈, 2-4 ✈,   600 ts, 37.5 kn, 62.3 m
1 Albatros ⚓, 6 UTR 32.4 III
4 PG: **Abdullah Ibn Abi Serk** (83-84) –

2 ⊳, 1-7.6 ✈,   605/685 ts, 34 kn, 62.3 m
1 Albatros ⚓, 1 ⇝
2 PG: **Mussa el Hussair** [F 210, 212] (82-83)

vorläufige Skizzen / preliminary drawings

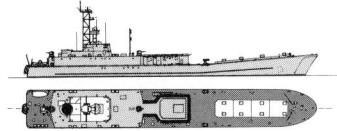

1150 ts, 18 kn, 82 m
4-3 ✈, 2 ⇝ 40, 8 ⊞
3 LS: **Atika** (~74) – *Typ USSR Polnocny C*

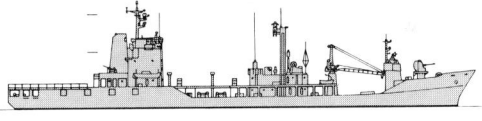

3560 ts, 19 kn, 129 m
1-7.6 ✈, 2-4 ✈, 1 ⇝
1 AK: **Agnadeen** (82) –
Typ ital. Stromboli

Maßstab/Scale 1:1000

6 Osa II   4 Osa I

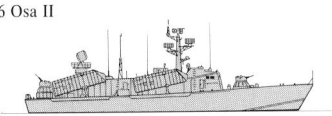

4 ⊳, 4-3 ✈   195 ts, 36 kn, 40 m   4 ⊳, 4-3 ✈   175 ts, 36 kn, 40 m
8 PG: *Typ USSR Osa I, II* (62-?)

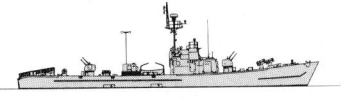

4-2.5 ✈, 4 ✎   170 ts, 27 kn, 42 m   2 Mg ✈   60 ts, 34 kn, 24.1 m
3 PC: **310-312** (~60) – *Typ USSR SO I*   5 PP: *Typ USSR Zhuk* (~74)

FG **Hittin** (83) ähnlich / similar to Typ ital. Lupo   10-1986, Fraccaroli

FG **Saab Ibn Abi Wakkas** (83)   10-1986, Fraccaroli

FG **Tariq Ibn Ziad** (83)   9-1986, Fraccaroli

LS **Khawla** (82)   12-1986, Behling

Iran

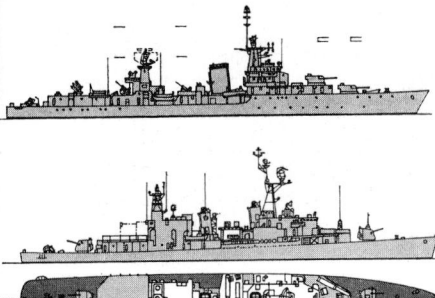

2325 ts, 23 kn, 116 m
8 ⇒, 4–11.4 ⚓, 8–4 ⚓, 4 Seacat ⚓4, 1 ⛫
1 DG: **Damavand** [D 51] (45) – *Typ brit. Battle I*

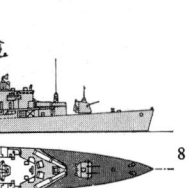

2200 ts, 35 kn, 115 m
8 ⇒, 4–12.7 ⚓, 6 UTR 32.4 III, 2 ⚓, ✈
2 DG: **Babr** [61, 62] (44) –
Typ US Allen M. Sumner / FRAM 2

1100 ts, 40 kn, 95 m
1–11.4 ⚓, 2–3.5 ⚓, 5 Sea Killer ⇒,
3 Seacat ⚓8, 1 ⛫
4 FF: **Alvand** [71–74] (68–69)

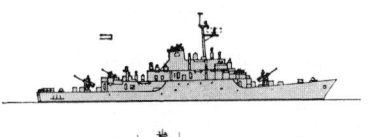

900 ts, 20 kn, 84 m
2–7.6, 2–4 ⚓, 4–2.3 ⚓, 4 ⚓
2 FS: **Bayandor** (63)

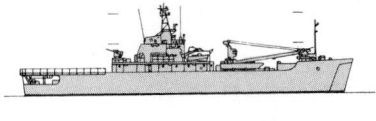

3000 ts, 16 kn, 91.5 m
4–4 ⚓, 1 ✈
4 LS: **Hengam** [511–514] (73–80)

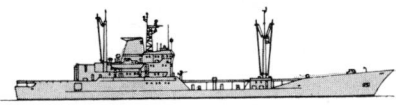

3250 ts, 16 kn, 108 m
2–4 ⚓
2 AO: **Bandar Abbas** [421, 422] (73–74)

Maßstab / Scale 1:1000

320 ts, 13 kn, 44.5 m
1–2 ⚓
1 MS: **Schahrokh** (58) – *Typ US Bluebird*

4 ⇒, 1–7.6 ⚓, 1–4 ⚓   250 ts, 34.5 kn, 47 m
11 PG: **Kaman** (76–78) –
Typ franz. / French Combattante II

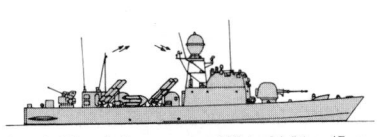

1–4 ⚓   85 ts, 20 kn, 28.9 m
1 PP: **Keywan** (55) – *Typ US CG 95'*

PG **Kaman** (76) Typ frz. / French Combattante II　　　1978, Arra

LS **Hengam** Klasse (~73)　　　21. 8. 1987, AP

AK **Bandar Abbas** (73) – jetzt / now 421　　　1974, Wiegran

Irland/Ireland

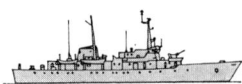

1760 ts, 19 kn, 81 m
1-5.7 ✴, 2-2 ✴, 1 ⤻
1 FS: **Eithne** [P 31] (84)

1-4 ✴, 2-2 ✴   980 ts, 18 kn, 65.2 m
      3 FS: **Emer** [P 21–23] (77–79)

1-4 ✴   970 ts, 18 kn, 62.6 m
      1 FS: **Deirdre** [P 20] (71)

FS **Deirdre** (71)   6–1987, Voß

Island/Iceland

1-5.7   1150 ts, 19 kn, 70 m
      1 FS: **Ægir** (68)

1-5.7   1000 ts, 19 kn, 64 m
      1 FS: **Odinn** (59)

FS **Tyr** (74)   3–1987, Olafsson/Donko

FS **Ægir** (68)   3–1987, Olafsson/Donko

8 **TR** 53.3 b↓   450/600 ts, 11/17 kn, 48 m
3 SC: **Gal** (75–77)

2–2 ⚓

400 ts, 10.5 kn, 62.7 m
3 LS: **Ashdod** [61, 63, 65] (66–67)

Maßstab / Scale 1 : 1000

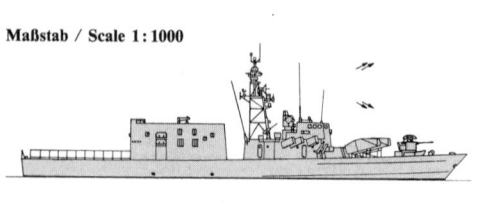

500 ts, 34 kn, 61.7 m
4 Harpoon ⇨, 4 Gabriel ⇨,
1–4 ⚓, 2–2 ⚓, 2 Mg ⚓, 1 ✈
2 PG: **Aliya** (80) –
Bew wechselnd / **AMT** variable

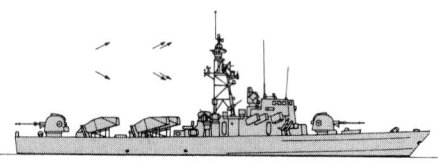

415 ts, 32 kn, 58 m
4 ⇨, 5 ⇨, 1–7.6 ⚓, 1–2 ⚓, 6 Mg ⚓
4 PG: **Reshef** (73–75)

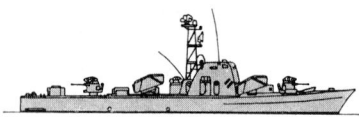

5 Gabriel ⇨, 2–4 ⚓, 2 Mg ⚓

Sa'ar 3

2 Harpoon ⇨, 3 Gabriel ⇨, 1–7.6 ⚓, 1–4 ⚓ oder / or 2 Mg ⚓
235 ts, 40 kn, 45 m
12 PG: **Sa'ar** (67–69)

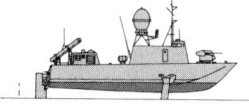

4 ⇨, 2 ⇨,
2–3 ⚓   71 ts, 45 kn, 25.6 m
3 PG: **Shimrit** (81–84) –
Typ US Grumman Mk II M 161

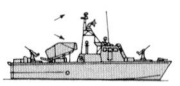

2 Gabriel ⇨,
2–2 ⚓, 2 Mg ⚓   47 ts, 36 kn, 21.6 m
? PG: *Dvora Klasse* (78–?)

2–2 ⚓, 2 Mg ⚓   25 ts, 25 kn, 19.8 m
36 PP: *Dabur Klasse* (74–?)

PG **Livnit** (81) Typ US Grumman   1985, amtlich / official

PG **Aliya** (80)   1981, Arra

PG **Sa'ar 2** Klasse (~68)   1984

PP **Dabur** Klasse (~76)   1981, Arra

LS **Ashdod** (66)   1981, Arra

Kreuzer / Cruisers

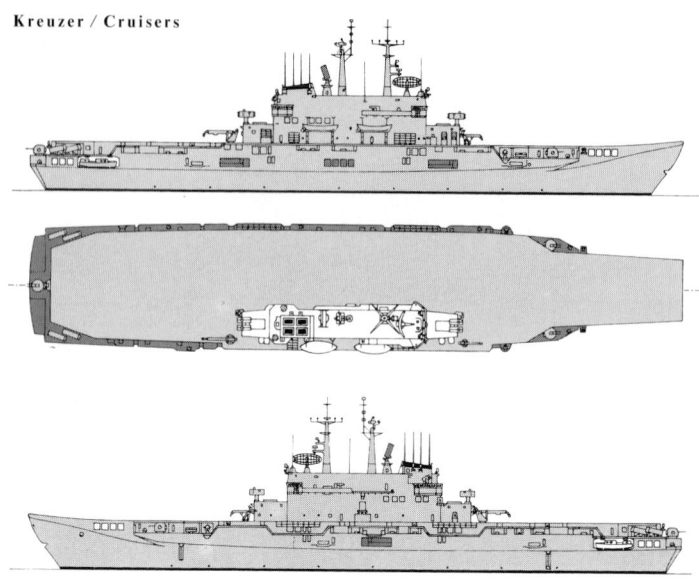

8 Otomat ⇀, 6–4 ⚓, 2 Albatros ⚓, 6 **UTR** 32.4 **III**, 16 ⇥   10 100 ts, 29.5 kn, 180 m
1 CH: **Giuseppe Garibaldi** [C 551] (83)

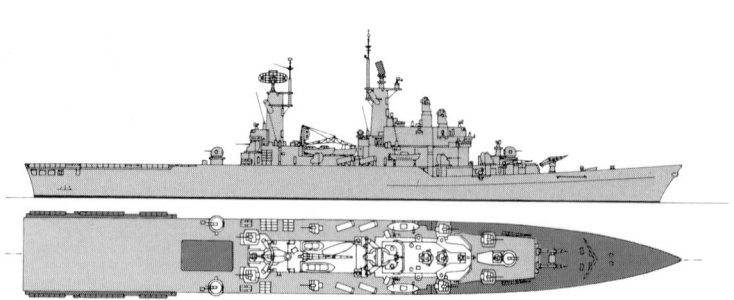

4 Otomat-Teseo ⇀, 8–7.6 ⚓, 6–4 ⚓, 2 Standard ER/Asroc ⚓,   8000 ts, 31 kn, 180 m
6 **UTR** 32.4 **III**, 6 ⇥
1 CH: **Vittorio Veneto** [C 550] (67)

Caio Duilio

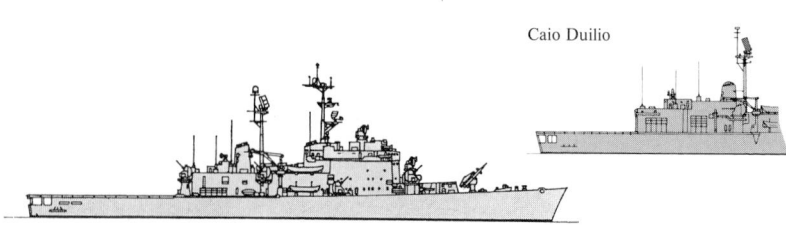

8–7.6 ⚓, 2 Standard ER ⚓₂, 6 **UTR** 32.4 **III**, 3 ⇥   5273 ts, 31 kn, 149 m
2 CG: **Caio Duilio, ANDREA DORIA** [C 554, 553] (62–63)

Zerstörer / Destroyers

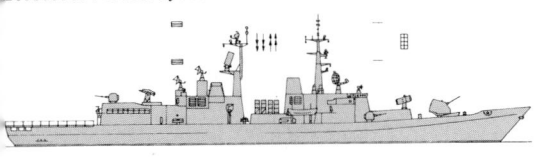

4500 ts, 31.5 kn, 136 m
8 Otomat ⊨, 1–12.7 ⚓, 3–7.6 ⚓,
1 Standard ⚓, 1 Albatros ⚓,
6 UTR 32.4 III, 2 ⟋⟍
2 DG: A n i m o s o [D 560, 561]
(a. St. / o. st.)
vorläufige Skizze /
preliminary drawing

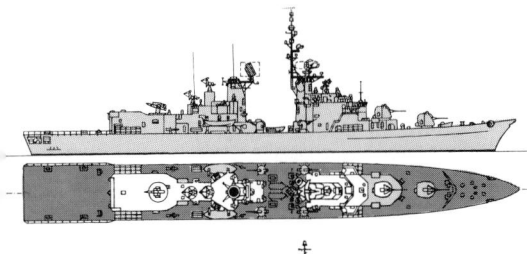

3600 ts, 33 kn, 141 m
2–12.7 ⚓, 4–7.6 ⚓,
1 Standard ⚓, 4 UTR h,
6 UTR 32.4 III, 2 ⟋⟍
2 DG: **ARDITO, Audace**
[D 550, 551] (71)

3200 ts, 33.5 kn, 131 m
2–12.7 ⚓, 4–7.6 ⚓, 1 Tartar ⚓,
6 UTR 32.4 III
2 DG: **IMPAVIDO, Intrepido**
[D 570, 571] (62)

Fregatten / Frigates

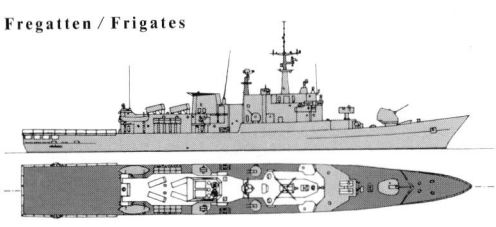

3040 ts, 32 kn, 123 m
4 ⊨, 1–12.7 ⚓, 4–4 ⚓, 1 ⚓,
2 TR 53.3 I, 6 UTR 32.4 III, 2 ⟋⟍
8 FG: **Maestrale** [570–577] (81–84)

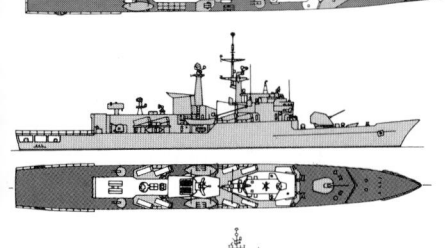

2210 ts, 34 kn, 113 m
8 ⊨, 1–12.7 ⚓, 4–4 ⚓, 1 Sea Sparrow ⚓,
6 UTR 32.4 III, 1 ⟋⟍
4 FG: **Lupo** [F 564–567] (76–79)

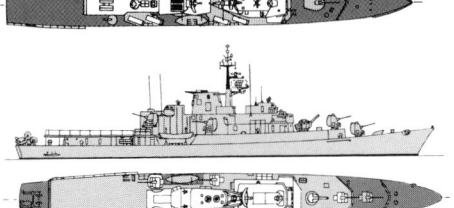

1900 ts, 29 kn, 114 m
6–7.6 ⚓, 6 UTR 32.4 III, 2 ⚓, 2 ⟋⟍
2 FF: **ALPINO, Carabiniere** [F 580, 581] (67)

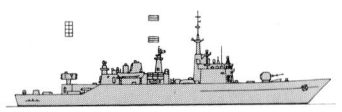

1200 ts, 24 kn, 86.6 m
1–7.6 ⚓, 1 Albatros ⚓, 6 UTR 32.4 III
8 FS: **Minerva** [F 551–558] (86 – bew. / auth.)

Kennungen / Identification

Kreuzer /
Cruisers
C ...
550–V. Veneto
551–G. Garibaldi
553–Andrea Doria
554–Caio Duilio

Zerstörer /
Destroyers
D ...
550–Ardito
551–Audace
560–Animoso
561–Ardimentoso
570–Impavido
571–Intrepido

Fregatten /
Frigates
F ...
540–de Cristofaro
541–Grosso
542–Aquila
543–Albatros
544–Alcione
545–Airone
546–Visintini
550–Todaro
551–Minerva
552–Urania
553–Danaide
554–Sfinge
555–Driade
556–Chimera
557–Fenice
558–Sibilla
564–Lupo
565–Sagittario

566–Perseo
567–Orsa
570–Maestrale
571–Grecale
572–Libeccio
573–Scirocco
574–Aliseo
575–Euro
576–Espero
577–Zeffiro
580–Alpino
581–Carabiniere
594–Fasan
595–Margottini

Uboote /
Submarines
S ...
505–Bagnolini
506–Toti
513–E. Dandolo
514–Mocenigo
516–R. Romei
518–N. Sauro
519–C. Cossato
520–L. da Vinci
521–G. Marconi
522–S. Pelosi
523–G. Prini

Minensucher /
Minesweepers
M ...
Typ US Agile
5430–Salmone
5431–Storione
5432–Sgombro
5433–Squalo

Typ US Bluebird
5504–Castagno
5505–Cedro
5508–Frassino
5509–Gelso
5510–Larice
5516–Platano
5519–Mandorlo
5521–Bambú
5522–Ebano
5523–Mango
5524–Mogano
5525–Palma
5527–Sandalo
5531–Agave
5532–Alloro
5533–Edera
5535–Gelsomino
5536–Giaggiolo
5538–Loto
5540–Timo
5542–Vischio
–
5550–Lerici
5551–Sapri
5552–Milazzo
5553–Vieste
5554–Gaeta
5555–Termoli
5556–Alghero
5557–Numana
5558–Crotone
5559–Viareggio

Kleine Kampf-
Schiffe /
Small Fighting
Vessels
P ...
420–Sparviero
421–Nibbio
422–Falcone
423–Astore
424–Grifone
425–Gheppio
426–Condor

Landungs-
fahrzeuge /
Landing Vessels
L ...
9871–Bafile
9890–Grado
9891–Caorle
9892–San Giorgio
9893–San Marco

Hilfsfahrzeuge /
Auxiliary Vessels
A ...
5301–Cavezzale
5302–Caroly
5303–A. Magnaghi
5304–Alicudi
5306–Mirto
5307–Pioppo
5309–Anteo
5310–Proteo
5311–Palinuro
5312–Vespucci
5313–St. Polare
5314–Quarto

5315–R. Rossetti
5316–Corsaro II
5317–Atlante
5318–Prometeo
5319–Ciclope
5320–Colosso
5321–Forte
5322–Gagliardo
5326–S. Giusto
5327–Stromboli
5329–Vesuvio
5347–5352 =
MTC 1011–1016
5354–Piave
5356–Basento
5357–Bradano
5358–Brenta
5359–Bormida
5361–MTF 1301
5362–MTF 1302
5363–MTF 1303
5369–Adige
5374–Mincio
5378–Aragosta
5379–Astice
5380–Mitilo
5381–Polipo
5382–Porpora

Y ...
423–P. Conte
428–P. Salvo
436–P. d'Ischia
443–R. Trigoso
448–Ustica

MEN ...
213–A. Pedretti
214–M. Marino

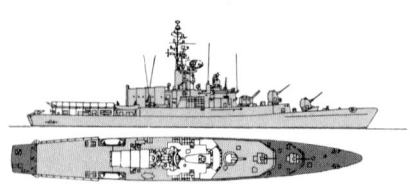

1410 ts, 24.6 kn, 96 m
2–7.6 ⚓, 6 **UTR** 32.4 **III**, 1 ⛏, 1 ✈
2 FE: **Virginio Fasan** [F 594, 595] (60)

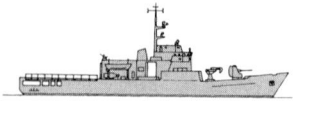

./1450 ts, 19.5 kn, 79.8 m
1–7.6 ⚓, 2–2 ⚓
4 FS: C a s s i o p e a (a. St. / o. st. – bew. / auth.)
Costellazioni Klasse –
vorläufige Skizze / preliminary drawing

2–7.6 ⚓, 1 ⛏, 6 **UTR** 32.4 **III**   840 ts, 22 kn, 80 m
4 FS: **Pietro de Cristofaro** [F 540, 541,
546, 550] (64–65)

4–4 ⚓, 6 **UTR** 32.4 **III**,   800 ts, 19 kn, 79 m
2 ⚓
4 FS: **Airone** [F 542–545] (54)

Italien/Italy

Uboote / Submarines

5 **TR** 53.3 b↓   1450/1630 ts, 14/19 kn, 64 m
6 SS: **Nazario Sauro** [S 518–523] (76–87)

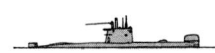

4 **UTR** 53.3 ↓   535/590 ts, 9.5/15 kn, 46 m
4 SC: **Enrico Toti** [505, 506, 513, 514] (67–68)

2120/2700 ts, 20/16 kn, 87 m
8 **TR** 53.3↓ (6 b, 2 h)
1 SS: **Romeo Romei** [516] (51) –
Typ US Tang

Landungsfahrzeuge / Landing Ships

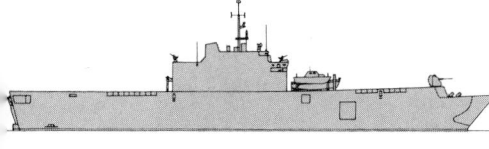

./7665 ts, 20 kn, 133 m
1-7.6 ⚓, 2-2 ⚓, [500], 5 ✈
2 LS: S a n G i o r g i o [L 9892, 9893]
(87 – a. St. / o. st.) –
vorläufige Skizze / preliminary drawing

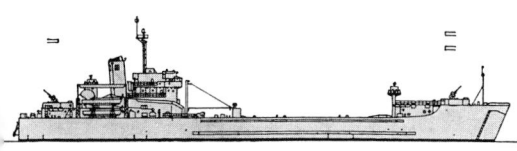

4300 ts, 16 kn, 135 m
6-7.6 ⚓, 2 LC, [555], [✈]
2 LS: **Grado** [9890, 9891] (57) –
Typ US Suffolk County

Hilfsfahrzeuge / Auxiliary Vessels

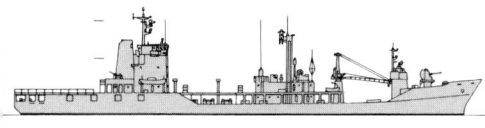

3560 ts, 19 kn, 129 m
1-7.6 ⚓, [2-4 ⚓], 1 ✈
2 AK: **Stromboli** [A 5327, 5329]
(75–77)

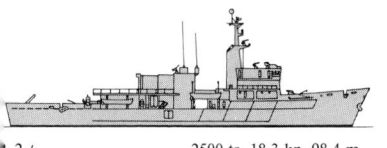

2-2 ⚓   2500 ts, 18.3 kn, 98.4 m
1 AR: **Anteo** [A 5309] (78)

1-7.6, 2-4 ⚓   1766 ts, 18 kn, 95 m
1 AR: **Pietro Cavezzale** [A 5301] (42) –
Typ US Barnegat

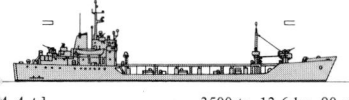

4-4 ⚓]   3500 ts, 13.6 kn, 80 m
1 AO: **Piave** [A 5354] (71)

[2-2 ⚓, 2 Mg ⚓]   1200 ts, 12.5 kn, 66 m
3 AO: **Brenta** [A 5356–5358] (70–72)

750 ts, 16 kn, 39 m
2 AT: **Atlante** [A 5317, 5318] (74)

1-4 ⚓, 1 ⚓   1700 ts, 16 kn, 82.7 m
1 AG: **Ammiraglio Magnaghi** [A 5303] (74)

2-4 ⚓, 1-2 ⚓   3550 ts, 10.5 kn, 82 m
1 AX: **Amerigo Vespucci** [A 5312] (31)

Maßstab / Scale **1:1000**

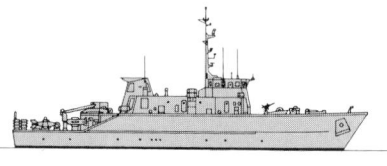

470 ts, 15 kn, 50 m
1-2 ⚓
10 MB: **Lerici** [M 5550-5559]
(82 – bew. / auth.)

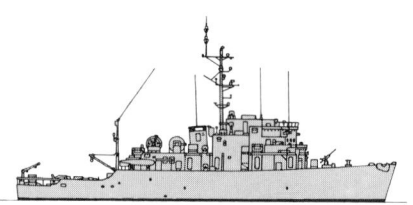

1-4 ⚓   665 ts, 14 kn, 52.7 m
4 MB: **Salmone** [M 5430-5433] (55-56) –
Typ US Agile

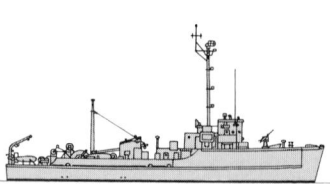

2-2 ⚓   335 ts, 13.5 kn, 43 m
21 MS: **Agave** (53-59) – *Typ US Bluebird*

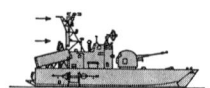

2 Otomat ⇒, 1-7.6 ⚓   59 ts, 45 kn, 24.6 m
7 PG: **Sparviero** [P 420-426] (73-82)

1-2 ⚓   120 ts, 14 kn, 32.5 m
5 AX: **Aragosta** (56-57) – *Typ brit. Ham*

CG/AX **Caio Duilio** (62)   1982, Arra

Italien/Italy

CH **Giuseppe Garibaldi** (83)   1986, amtlich / official

CG **Andrea Doria** (63)   9–1986, E. Fraccaroli

CH **Vittorio Veneto** (67)   1984, amtlich / official

CH **Vittorio Veneto** (67)　　　　　6–1983, Fraccaroli

DG **Audace** (71)　　　　　9–1986, E. Fraccaroli

DG **Impavido** (62)　　　　　1981, Fraccaroli

FG **Grecale** (81) Maestrale Klasse　　　　　6–1984, Voß

FG **Orsa** (79) Lupo Klasse   6–1985, Voß

FF **Alpino** (67)   10–1986, M. Fraccaroli

FS **Minerva** (86)   5–1987, M. Fraccaroli

FS **Pietro de Cristofaro** (65)   1981, Fraccaroli

SS **Marconi** (80) Nazario Sauro Klasse   10–1986, M. Fraccaroli

SC **Enrico Dandolo** (67) Enrico Toti Klasse   10–1986, M. Fraccaroli

MB **Lerici** (82)   6–1987, Behling

MS **Platano** (54) – Minenjäger / minehunter   10–1986, M. Fraccaroli

MB **Lerici** (82) 6–1987, Schiefer

PG **Falcone** (80) Sparviero Klasse 1982, Fraccaroli

AR **Anteo** (78) 10–1986, E. Fraccaroli

AK **Vesuvio** (77) 9–1986, Fraccaroli

AO **Basento** (70) 9–1986, E. Fraccaroli

YD **Alcide Pedretti** (84) 10–1986, M. Fraccaroli

AR **Pietro Cavezzale** (42) Typ US Barnegat   9-1986, E. Fraccaroli

AT **Ciclope** (85)   1986, Cant. Nav. Ferrari

AG **Ammiraglio Magnaghi** (74)   1978, Fraccaroli

AX **Polipo** (~56) Typ brit. Ham   6-1986, M. Fraccaroli

Zerstörer / Destroyers

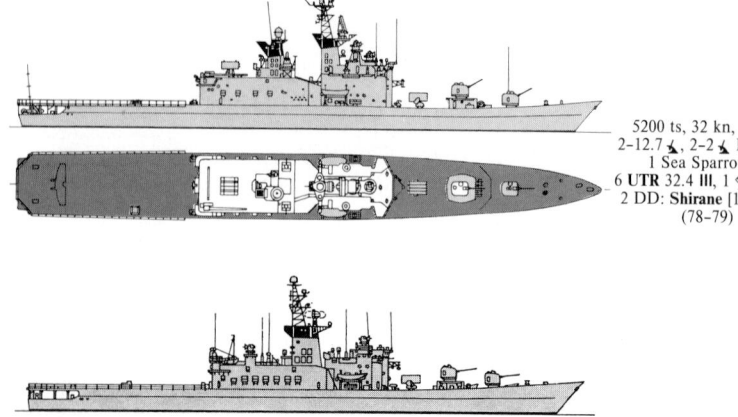

5200 ts, 32 kn, 159 m
2–12.7 ⚓, 2–2 ⚓ Phalanx,
1 Sea Sparrow ⚓,
6 UTR 32.4 III, 1 ⚓, 3 ⤢
2 DD: **Shirane** [143, 144]
(78–79)

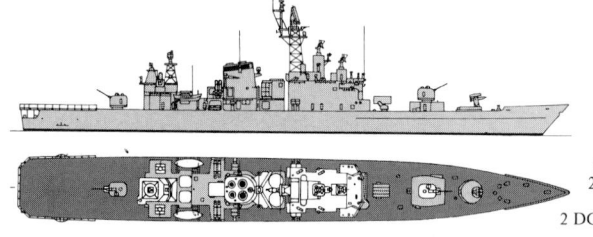

4700 ts, 32 kn, 153 m
2–12.7 ⚓, 6 UTR 32.4 III,
1 ⚓₈, 3 ⤢
2 DD: **Haruna** [141, 142]
(72–73)

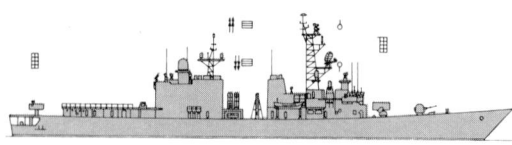

4550 ts, 30 kn, 150 m
8 Harpoon ⇨, 2–12.7 ⚓,
2–2 ⚓ Phalanx, 1 Tartar ⚓,
6 UTR 32.4 III, 1 ⤢
2 DG: **Hatakaze** [171, 172] (84–87)

3400 ts, 30 kn, 137 m
8 Harpoon ⇨, 1–7.6 ⚓,
2–2 ⚓ Phalanx, 1 Sea Sparrow ⚓,
6 UTR 32.4 III, 1 ⚓, 1 ⤢
8 DG: A s a g i r i [151–158]
(86 – bew. / auth.) –
vorläufige Skizze / preliminary drawing

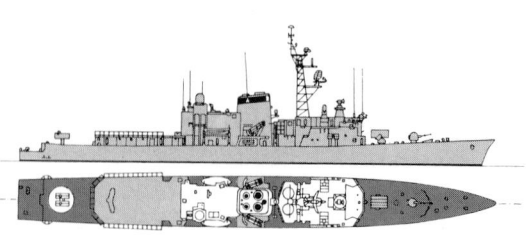

2950 ts, 30 kn, 132 m
8 Harpoon ⇨, 1–7.6 ⚓,
2–2 ⚓ Phalanx, 1 Sea Sparrow ⚓,
6 UTR 32.4 III, 1 ⚓, 1 ⤢
12 DG: **Hatsuyuki** [122–133] (80–86)

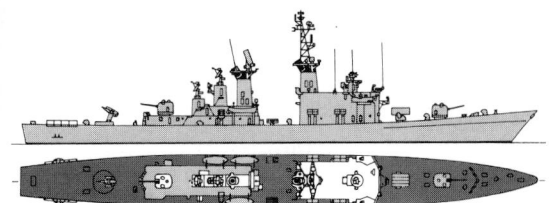

3850 ts, 33 kn, 143 m
2-12.7 ⚓, 2-2 ⚓, 1 Tartar ⚓,
6 **UTR** 32.4 ⚓, 1 ⚓
3 DG: **Tachikaze**
[168–170] (74–81)

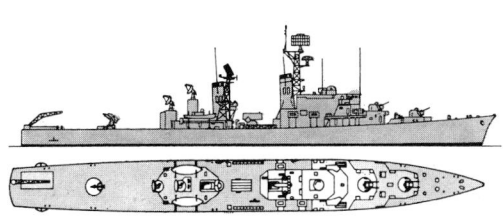

3050 ts, 33 kn, 131 m
4-7.6 ⚓, 1 Tartar ⚓,
6 **UTR** 32.4 III, 1 ⚓, 2 ⚓
1 DG: **Amatsukaze** [163] (63)

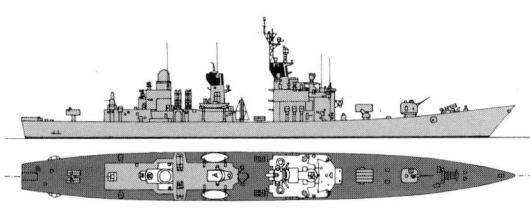

3250 ts, 32 kn, 136 m
8 Harpoon ⇒₄, 1-12.7 ⚓,
1-2 ⚓ Phalanx, 1 Sea Sparrow ⚓,
6 **UTR** 32.4 III, 1 ⚓₄, 1 ⚓₈
2 DG: **Takatsuki**
[164, 165] (66–67, *81–86*)

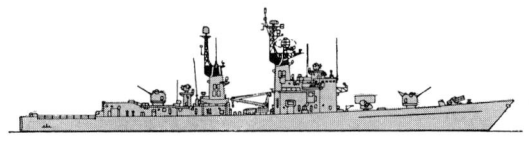

3200 ts, 32 kn, 136 m
2-12.7 ⚓, 6 **UTR** 32.4 III,
1 ⚓₄, 1 ⚓₈, 2 ⚓
2 DD: **Mochizuki** [166, 167]
(68–69)

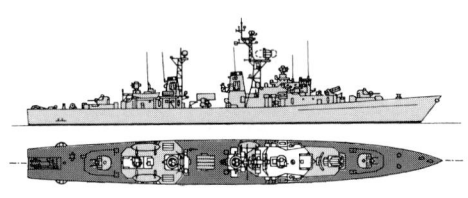

2150 ts, 27 kn, 115 m
4-7.6 ⚓, 6 **UTR** 32.4 III, 1 ⚓₈, 1 ⚓₄
3 DD: **Aokumo** [119–121] (72–77)

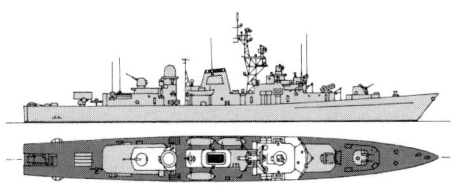

2100 ts, 27 kn, 114 m
3-7.6 ⚓, 6 **UTR** 32.4 III, 1 ⚓₄, 1 ⚓₈
3 DD: **Minegumo** [116–118] (67–68)

Kennungen / Identification

Marine / Navy Maritime Self Defence Force / MSDF

Zerstörer / Destroyers	Fregatten / Frigates	Minenleger / Minelayers	MSB ...	ASE ...
DD ...	DE ...	MMC ...	707–712 =	6101–Kurihama
111–Ohnami	211–Isuzu	951–Soya	Sohkaitei 7–12	
112–Makinami	213–Kitakami			ASR ...
113–Yamagumo	214–Ohi	Minensucher /	U-Jäger /	402–Fushimi
114–Makigumo	215–Chikugo	Minesweepers	Subchasers	405–Chiyoda
115–Asagumo	216–Ayase	MSC ...	PC ...	
116–Minegumo	217–Mikuma	636–Teuri	320–Hiyodori	ARC ...
117–Natsugumo	218–Tokachi	637–Murotsu		482–Muroto
118–Murakumo	219–Iwase	638–Tashiro	Schnellboote /	
119–Aokumo	220–Chitose	639–Miyato	Fast Patrol Boats	AOE ...
120–Akigumo	221–Niyodo	640–Takane	PT ...	421–Sagami
121–Yugumo	222–Teshio	641–Muzuki	811–815 =	422–Towada
122–Hatsuyuki	223–Yoshino	642–Yokose	Gyoraitei 11–15	423–
123–Shirayuki	224–Kumano	643–Sakate		424–
124–Mineyuki	225–Noshiro	644–Oumi	Landungsfahrzeuge /	
125–Sawayuki	226–Ishikari	645–Fukue	Landing Vessels	MST ...
126–Hamayuki	227–Yubari	646–Okitsu	LST ...	462–Hayase
127–Isoyuki	228–Yubetsu	647–Hashira	4101–Atsumi	475–Utone
128–Haruyuki	229–	648–Iwai	4102–Motobu	
129–Yamayuki	230–	649–Hatsushima	4103–Nemuro	ASU ...
130–Matsuyuki	231–	650–Ninoshima	4151–Miura	81–85 =
131–Setoyuki	232–	651–Miyajima	4152–Ojika	YAS 101–105
132–Asayuki		652–Enoshima	4153–Satsuma	64–Wakataka
133–Shimayuki		653–Ukishima	4171–Yura	65–Kumataka
141–Haruna	Uboote /	654–Ooshima	4172–Noto	66–Shiratori
142–Hiei	Submarines	655–Niijima		7006–Murasame
143–Shirane	SS ...	656–Yakushima	Hilfsfahrzeuge /	7008–Harusame
144–Kurama	567–Makishio	657–Narushima	Auxiliary Vessels	7009–Takanami
151–Asagiri	568–Isoshio	658–Chichijima	TV ...	7010–Akizuki
152–Yamagiri	569–Narushio	659–Torishima	3501–Katori	7011–Chihaya
153–Yugiri	570–Kuroshio	660–Hahajima	3504–Teruzuki	7013–Ohnami
154–Amagiri	571–Takashio	661–Takashima	3505–Mogami	7014–Makinami
155–	572–Yaeshio	662–Nuwajima		
156–	573–Yushio	663–Etajima	ATS ...	YAS ...
157–	574–Mochishio	664–Kamishima	4201–Azuma	77–Amami
158–	575–Setoshio	665–Himeshima	4202–	78–Urume
163–Amatsukaze	576–Okishio	666–Ogishima		79–Minase
164–Takatsuki	577–Nadashio	667–Moroshima	AGS ...	80–Ibuki
165–Kikuzuki	578–Hamashio	668–	5101–Akashi	81–Katsura
166–Mochizuki	579–Akishio	669–	5102–Futami	82–Takami
167–Nagatsuki	580–Takeshio	670–	5103–Suma	83–Iou
168–Tachikaze	581–Yukishio	671–	5104–Wakasa	84–Miyake
169–Asakaze	582–		5115–Hario	85–Awaji
170–Sawakaze	583–			86–Toshi
171–Hatakaze	584–		AGB ...	
172–Shimakaze			5002–Shirase	

Küstenwache / Coast Guard – Maritime Safety Agency / MSA

Wachfahrzeuge / Patrol Vessels	14–Satsuma	112–Chiyokai	PM ...	63–Natori
PLH ...	15–Daio	113–Ashizuri	01–Teshio	64–Karatsu
01–Soya	16–Muroto	114–Oki	02–Oitase	65–Kunashiri
02–Tsugaru	21–Kojima	115–Noto	03–Echizen	66–Minabe
03–Oosumi	31–Izu	116–Tonakumi	04–Tokachi	67–Sarobetsu
04–Uraga	32–Miura	117–Daisetsu	05–Hitachi	68–Kamishima
05–Zaoh	101–Shiretoko	118–Shimokita	06–Okitsu	69–Okinawa
06–Chikuzen	102–Esan	119–Suzuka	07–Isazu	70–Miyake
07–Settsu	103–Wakasa	120–Kunisaki	08–Chitose	71–Awaji
21–Mizuho	104–Yahiko	121–Genkai	09–Kuwano	72–Yaeyama
22–	105–Motobu	122–Goto	10–Sorachi	73–Bihoro
	106–Rishiri	123–Koshiki	11–Yubari	74–Kuma
	107–Matsushima	124–Hateruma	12–Motoura	75–Fuji
PL ...	108–Iwaki	125–Katori	13–Kano	76–Kabashima
11–Nojima	109–Shikine	126–Kumigami	14–	77–Sado
12–Ojika	110–Suruga	127–Etomo	61–Sendai	78–Ishikari
13–Erimo	111–Rebun	128–Mashiyu	62–Amami	79–Abukuma

80–Isuzu
81–Kikusa
82–Kuzuriyu
83–Horobetsu
84–Shirakami
85–Sagami
86–Tone
87–Yoshino
88–Kurobe
89–Takatori
90–Chikugo
91–Yamakuni
92–Katsura
93–Shinano
94–Kumano

PS . . .
32–Hidaka
33–Hiyama
34–Tsurugi
35–Rokkoh
36–Takanawa
37–Akiyoshi
38–Kunimi
39–Takatsuki
41–Kamui
42–Bizan

43–Ashitaka
44–Kurama
45–Ibuki
46–Toumi
47–Asama
48–Shiramine
49–Nobaru
101–Akagi
102–Tsukuba
103–Kongo
104–

FL . . .
01–Hiryu
02–Shoryu
03–Nanryu
04–Kairyu
05–Suiryu

FM . . .
01–Nunobiki
02–Yodo
03–Otowa
04–Shiraito
05–Kotobiki
06–Nachi
07–Kegon

08–Mino
09–Ryusei
10–Kiyotaki

PC . . .
48–Hamagiri
52–Hamanami
53–Matsunami
54–Shikinami
55–Tomonami
56–Wakanami
57–Isonami
58–Takanami
59–Mutsuki
60–Mochizuki
61–Harazuki
62–Kiyozuki
63–Urazuki
64–Akizuki
65–Shinonome
66–Uranami
67–Tamanami
68–Minegumo
69–Kiyonami
70–Okinami
71–Wakagumo
72–Urayuki
73–Iseyuki

74–Asoyuki
75–Hatagumo
76–Makigumo
77–Hamazuki
78–Isozuki
79–Shinanami
80–Yuzuki
81–Hanayuki
82–Awagiri
83–Shimagiri
84–Setogiri
85–Hayagiri
201–Murakumo
202–Kitagumo
203–Yukigumo
204–Asagumo
205–Hayagumo
206–Akigumo
207–Yaegumo
208–Natsugumo
209–Yamagiri
210–Kawagiri
211–Terazuki
212–Natsuzuki
213–Miyazuki
214–Nijigumo
215–Tatsugumo
216–Hamayuki

217–Isonami
218–Nagozuki
219–Yaezuki
220–Yamayuki
221–Komayuki
222–Umigiri
223–Asagiri

**Hilfsfahrzeuge /
Auxiliary Vessels**
LL . . .
01–Tsushima
11–Hokuto
12–Kaio
13–Ginga

LM . . .
11–Myojo
101–Zuiun

HL . . .
01–Shoyo
02–Takuyo
03–Meiyo
04–Tenyo

HM . . .
06–Kaiyo

2050 ts, 27 kn, 114 m
4–7.6 ✠, 6 **UTR** 32.4 III, 1 ◻₈, 1 ◻₄
3 DD: **Yamagumo** [113–115] (65–66)

Fregatten / Frigates

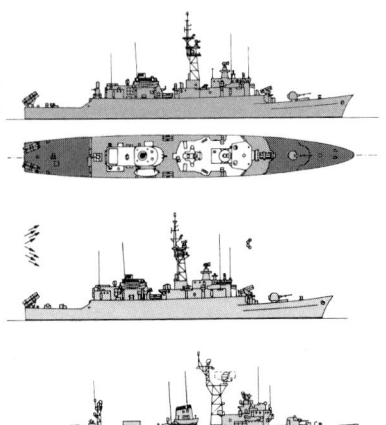

1470 ts, 25 kn, 91 m
8 Harpoon ⇨, 1–7.6 ✠,
6 **UTR** 32.4 III, 1 ◻₄
2 FG: **Yubari** [227, 228] (82–83)

1280 ts, 25 kn, 85 m
4 Harpoon ⇨, 1–7.6 ✠, 6 **UTR** 32.4 III, 1 ◻₄
1 FG: **Ishikari** [226] (80)

2–7.6 ✠, 2–4 ✠, 1 ◻₈,   1470 ts, 25 kn, 93 m
6 **UTR** 32.4 III
11 FE: **Chikugo** [215–225] (70–77)

4–7.6 ✠, 6 **UTR** 32.4 III,   1490 ts, 25 kn, 94 m
1 ◻₄
3 FE: **Isuzu** [211, 213, 214] (61–63)

Uboote / Submarines

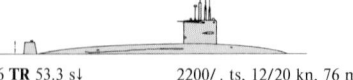

6 **TR** 53.3 s↓   2200/. ts, 12/20 kn, 76 m
10 SS: **Yushio** [573–582] (79 – a. St. / o. st.)

6 **TR** 53.3 s↓   1850/2400 ts, 12/20 kn, 72 m
6 SS: **Usuzhio** [567–572] (71–77)

Minenleger / Minelayer

2150 ts, 18 kn, 99 m
2–7.6 ✦, 2–2 ✦,
6 **UTR** 32.4 III, ☉
1 NB: **Soya** [951] (71)

Landungsschiffe / Landing Ships

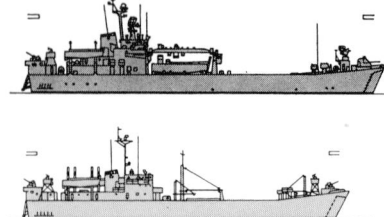

2000 ts, 14 kn, 98 m
2–7.6 ✦, 2–4 ✦
3 LS: **Miura** [4151–4153] (74–76)

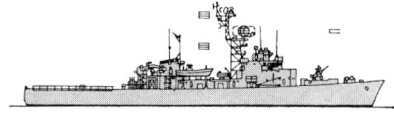 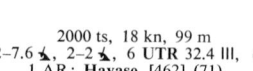

4–4 ✦   1550 ts, 14 kn, 89 m
3 LS: **Atsumi** [4101–4103] (72–77)

1–2 ✦ Gatling   500 ts, 12 kn, 58 m
2 LS: **Yura** [4171, 4172] (80)

Hilfsschiffe / Auxiliary Vessels

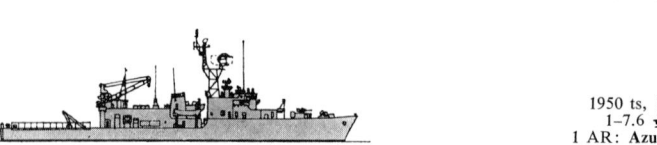

2000 ts, 18 kn, 99 m
2–7.6 ✦, 2–2 ✦, 6 **UTR** 32.4 III, ☉
1 AR: **Hayase** [462] (71)

1950 ts, 18 kn, 98 m
1–7.6 ✦, 2 **UTA**
1 AR: **Azuma** [4201] (69)

3650 ts, 17 kn, 112 m
1 AR: **Chiyoda** [405] (83)

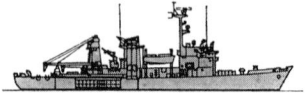

1430 ts, 16 kn, 76 m
1 AR: **Fushimi** [402] (69)

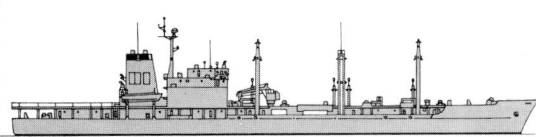

5000 ts, 22 kn, 146 m
1 AO: **Sagami** [421] (78)

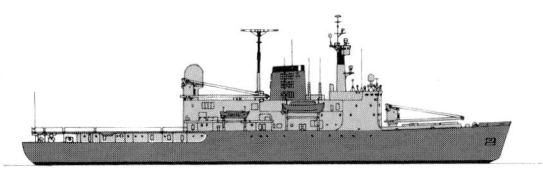

11660 ts, 19 kn, 134 m
3 ⤙✈
1 AI: **Shirase** [5002] (81)

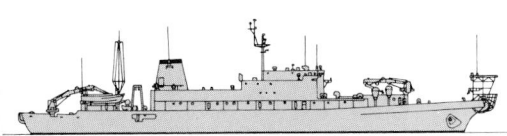

4500 ts, 17 kn, 131 m
1 AG: **Muruto** [482] (79)

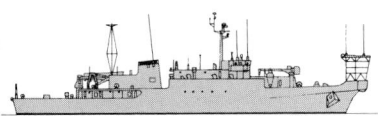

2050 ts, 16 kn, 97 m
1 AG: **Wakasa** [5104] (85)

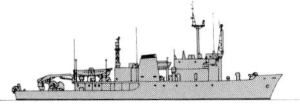

—   1180 ts, 15 kn, 72 m   —
1 AG: **Suma** [5103] (81)

960 ts, 15 kn, 68 m
1 AG: **Kurihama** [6101] (79)

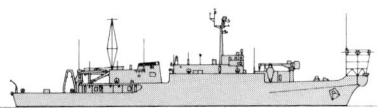

2050 ts, 16 kn, 97 m
1 AG: **Futami** [5102] (78)

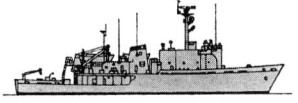

1410 ts, 16 kn, 74 m
1 AG: **Akashi** [5101] (69)

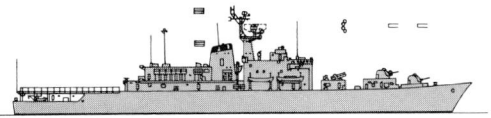

3572 ts, 25 kn, 127 m
4–7.6 ⚓, 6 UTR 32.4 lll, 1 ⚓4
1 AX: **Katori** [3501] (68)

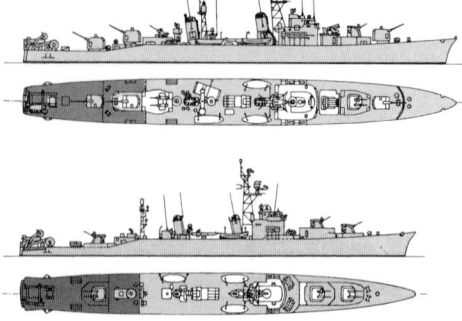

2350 ts, 32 kn, 118 m
3–12.7 ⚓, 4–7.6 ⚓, 4 **TR** 53.3 IIII
6 **UTR** 32.4 III, 1 ⚓, 1 ⚓, 2 ⚓
1 AX: **Teruzuki** [3504] (59)

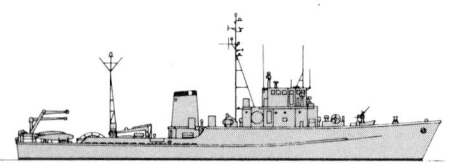

1700 ts, 30 kn, 109 m
6–7.6 ⚓, 4 **TR** 53.3 IIII, 6 **UTR**, 2 ⚓
3 Tender: **Takanami**
[ASU 7009, 7013, 7014] (59–60)

Maßstab / Scale 1:1000

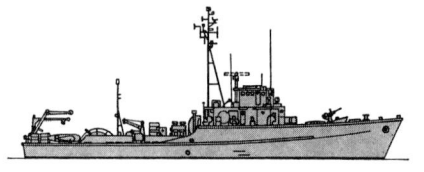

440 ts, 14 kn, 55 m
1–2 ⚓ Gatling
21 MB: **Hatsushima** [649–669]
(78 – a. St. / o. st.)

380 ts, 14 kn, 52 m
1–2 ⚓
13 MS: **Takami** [636–648] (72–77)

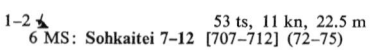

1–2 ⚓   53 ts, 11 kn, 22.5 m
6 MS: **Sohkaitei 7–12** [707–712] (72–75)

2–4 ⚓, 4 **TR** 53.3   100 ts, 40 kn, 35.5 m
5 PF: **Gyoraitei 11–15** [811–815] (70–75)

Küstenwache / Maritime Safety Agency / MSA

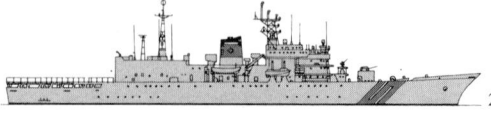

4900 ts, 23 kn, 130 m
1–3.5 ⚓, 1–2 ⚓, 2 ⚓
2 FS: **Mizuho** [PLH 21, 22] (85 – a. St. / o. s

3730 ts, 22 kn, 105 m
1–4 ⚓, 1–2 ⚓, 1 ⚓
6 FS: **Tsugaru** [PLH 02–07] (78–84)

3560 ts, 20.8 kn, 98.6 m
1-4 ⚓, 1-2 ⚓, 1 ✈
1 FS: **Soya** [PLH 01] (78)

2080 ts, 21.5 kn, 95.5 m
1-4 ⚓
2 FS: **Izu** [PL 31, 32] (67-68)

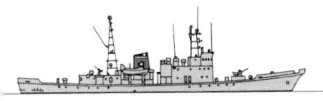

-4 ⚓, 1-2 ⚓   970 ts, 20 kn, 77.8 m
28 FS: **Shiretoko** [PL 101-128] (78-81)

1-2 ⚓   980 ts, 20.4 kn, 76.6 m
2 FS: **Daio** [PL 15, 16] (73-74)

-7.6 ⚓, 1-2 ⚓   920 ts, 19.3 kn, 76.6 m
2 FS: **Erimo** [PL 13, 14] (65-66)

1-4 ⚓, 1-2 ⚓   1065 ts, 17 kn, 69.6 m
1 FS: **Kojima** [PL 21] (64) – AX

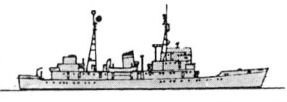

_   980 ts, 17.5 kn, 69 m
2 FS: **Nojima** [PL 11, 12] (62-63)

1-2 ⚓ Gatling   630 ts, 18 kn, 67.8 m
14 PP: **Teshio** [PM 01-14] (80 – a. St. / o. st.)

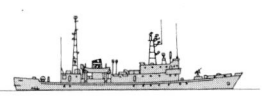

-2 ⚓   635 ts, 18.1 kn, 63.4 m
5 PP: **Bihoro** [PM 73-77] (73-75)

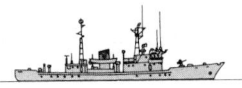

1-2 ⚓   530 ts, 17.6 kn, 58 m
7 PP: **Kunashiri** [PM 65-68, 70-72] (68-71)

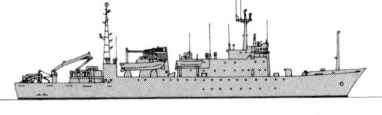

2980 ts, 17 kn, 96 m
1 AG: **Takuyo** [HL 02] (83)

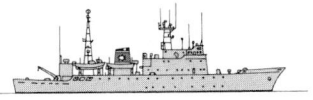

1719 ts, 15.5 kn, 75 m
1-4 ⚓, 1-2 ⚓, 1 ✈
1 AG: **Tsushima** [LL 01] (77)

DD **Kurama** (79) Shirane Klasse　　　　　1984, Sh. o. W.

DD **Haruna** (72)　　　　　1987, Sh. o. W.
nach FRAM-Umbau / after FRAM modernization

DG **Hatakaze** (84)　　　　　1986, Mitsubishi, Nagasaki

DG **Asagiri** (86) auf Probefahrt / on trials   1987, Sh. o. W.

DG **Asagiri** (86) auf Probefahrt / on trials   1987, Sh. o. W.

DG **Yamayuki** (84) Hatsuyuki Klasse   8–1987, Voß

DG **Matsuyuki** (84) Hatsuyuki Klasse 8–1987, Voß

DG **Sawakaze** (81) Tachikaze Klasse 1985, Sh. o. W.

DG **Amatsukaze** (63) 1980, Arra

DG **Kikuzuki** (67) nach / after FRAM 1987, Sh. o. W.

DD **Natsugumo** (68) Minegumo Klasse — 1984, Sh. o. W.

DD **Murakumo** (69) Minegumo Klasse — 1980, Sh. o. W.

DD **Asagumo** (66) Yamagumo Klasse — 1984, Sh. o. W.

FG **Yubari** (82) — 1983, Sh. o. W.

FG **Ishikari** (80) 1983, Sh. o. W.

FE **Yoshino** (74) Chikugo Klasse 1986, Sh. o. W.

SS **Nadashio** (83) Yushio Klasse 1985, Sh. o. W.

SS **Takashio** (75) Uzushio Klasse 1976, MSDF

MB **Niijima** (81) Hatsushima Klasse   1985, Sh. o. W.

LS **Miura** (74) Miura Klasse   1975, MSDF

LS **Atsumi** (72)   1975, Aoki

LS **Noto** (80)   1981, MSDF

AR **Hayase** (71)   1976, MSDF

AR **Chiyoda** (83)   1985, MSDF

AO **Towada** (86)   1987, Sh. o. W.

AO **Sagami** (78)   1983, Sh. o. W.

AI **Shirase** (81)   1985, Sh. o. W.

AG **Muroto** (80)   1981, Sh. o. W.

AG **Wakasa** (85)   1986, Sh. o. W.

AX **Katori** (68)   8–1987, Voß

FS **Mizuho** (85) 1986, Sh. o. W.

FS **Settsu** (84) Soya Klasse 1986, Sh. o. W.

FS **Wakasa** (78) Shiretoko Klasse 1987, Sea Power

Vermessungsschiff / Survey Ship **Shoyo** (71) 1977, Aoki

PP **Sorachi** (84) Teshio Klasse   1985, Sh. o. W.

PP **Katsura** (77)   1978, Aoki

PP **Murakumo** (77)   1978, Aoki

PP **Uranami** (73) Shikinami Klasse   1977, Aoki

Demokratische Volksrepublik Jemen/ People's Democratic Republic of Yemen

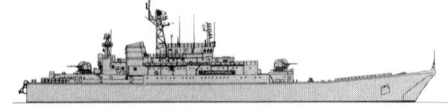

2600 ts, 18 kn, 110 m
4-5.7 ⚓, 20 ⛴, [600 ts]
1 LS: **I** (~78) – *Typ USSR Ropucha*

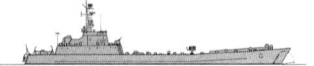

890 ts, 18 kn, 76 m
4-3 ⚓, 2 ↠ 18, 8 ⛴, [350 ts]
4 LS: **I–IV** (~75) – *Typ USSR Polnocny B*

Maßstab / Scale 1 : 1000

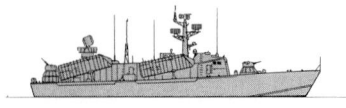

4 ⇒, 4-3 ⚓   195 ts, 36 kn, 40 m
4 PG: **I–IV** (~68) – *Typ USSR Osa II*

4-3 ⚓, [4 UTR]   170 ts, 36 kn, 39.5 m
2 PC: **I, II** (~75) – *Typ USSR Mol*

Jugoslawien/Yugoslavia

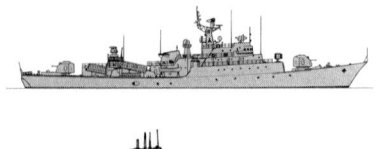

1800 ts, 32 kn, 95 m
4 ⇒, 4-7.6 ⚓, 4-3 ⚓, 2 ⚓, 2 ⚓, ↻
2 FG: **Split** [31, 32] (78-82) –
Typ USSR Koni –
⇒ achtern / aft

1170/1350 ts, 16/10 kn, 64 m
6 **TR** 53.5↓
2 SS: **Junak** [822, 823] (68-69)

Kennungen / Identification

Fregatten / Frigates	Minensucher / Minesweepers	Kleine Kampfschiffe / Small Fighting Vessels		
31–Split	141–		211–Topcider	310–Z. J. Španac
32–Koper	142–Brsec		212–Partizan	401–R. Končar
33–Kotor	143–Iz	132–Kalnik	213–Proleter	402–V. Cetković
34–Pula	144–Olib	133–Velebit	214–Pionir	403–R. Sadiku
	151–Vukov Klanac	134–Granica	215–Ivan	404–H. Z. Laca
Uboote /	152–Podgora	135–Rudnik	216–Jadran	405–N. Orce
Submarines	153–Blitvenica	136–Romanija	217–Kornat	406–A. Banina
822–Junak	161–Gradac	137–Kamenar	218–	551–Mornar
823–Uskok	331–Neštin	140–Kozuf	219–Strjelko	552–Borac
831–Sava	332–Motajica	171–Biokovo	220–Crvena Z.	581–Udarnik
832–Drava	333–Belegiš	172–Pohorje	221–Biokovac	
911–Una	334–Bosut	173–Koprivnik	222–Partizan II	**Hilfsfahrzeuge /**
912–	335–Vučedol	174–Učka	301–M. Acev	**Auxiliary Vessels**
913–Zeta	336–Djerdap	175–Grmeč	302–V. Bagat	PH 33–Mohorovičić
914–Socha	337–P. More	176–Mukos	303–P. Drapšin	PS 12–Spasilac
	338–	177–Fruška Gora	304–S. Filipović	PV 14–Meduza
		178–Kosmaj	305–V. Škorpik	PV 16–Koral
		179–Zelengora	306–N. Martinović	PV 17–Alga
		180–Cer	307–J. Mazar	PV 18–Bukanjac
			308–K. Rojc	PV 19–Izvor
			309–F. R. Stane	M 11–Galeb

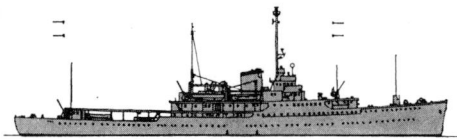

5180 ts, 16 kn, 121 m
4-4 ⚓, 8-2 ⚓
1 AX: **Galeb** [M 11] (37)

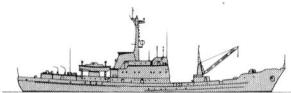

1250 ts, 15 kn, 73.3 m
1 AG: **Andrija Mohorovičić** (71) –
Typ USSR Moma

Maßstab / Scale 1:1000

2-2 ⚓   365 ts, 15 kn, 46.3 m
4 MS: **Vukov Klanac** [M 151–153, 161]
(57–60) – *Typ frz. / French Ton*

1-4 ⚓, 2 Mg ⚓   120 ts, 12 kn, 30 m
5 MS: **M 118, 120–123** (~66)

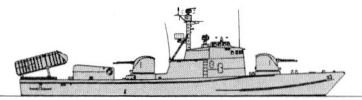

240 ts, 40 kn, 45 m
2 ⇒, 2-5.7 ⚓
6 PG: **Rade Končar** [401–406] (76–79)

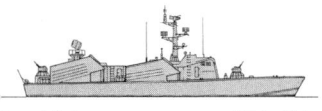

4 ⇒, 4-3 ⚓   175 ts, 36 kn 40 m
10 PG: **M. Acev** [301–310] (63–68) –
Typ USSR Osa I

4-3 ⚓, 4 **TR**   145 ts, 40 kn, 36 m
15 PF: **Pionir** (64–71) –
Typ USSR Shershen

85 ts, 22 kn, 28 m
6-2 ⚓
8 PP: **Kalnik** [132–137, 140] (64–68)

SS **Junak** (68)   1972, Split

8 **TR**↓ (6 b, 2 h), ☼ 1400/1800 ts, 17/16 kn, 77 m
17 SS: *Typ USSR Romeo* (~60-82)

6 **TR**↓ (4 b, 2 h) 1100/1350 ts, 18/15 kn, 76 m
4 SS: *Typ USSR Whiskey* (~60)

Maßstab / Scale **1:1000**

4 ⇒, 4–3 ⚓ 175 ts, 36 kn, 40 m
8 PG: *Typ USSR Osa I* (~68)

2 ⇒, 2–2.5 ⚓ 68 ts, 40 kn, 26.8 m
12 PG: *Typ USSR Komar* (~65)

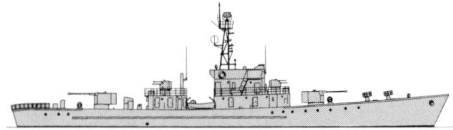

360 ts, 28 kn, 60 m
2–7.6 ⚓, 4–2.5 ⚓, 4 ⚓, 2 ⚓
6 PC: *Typ chin. Hainan* (~75)

4–3.7 ⚓, 4–2.5 ⚓ 120 ts, 30 kn, 40 m
12 PP: *Typ chines. Shanghai II* (~64)

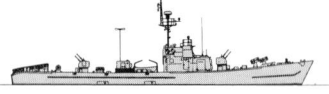

1–8.5 ⚓, 2–3.7 ⚓, 170 ts, 27 kn, 42 m
4 Mg ⚓
15 PC: *Typ USSR SO 1* (~55–?)

145 ts, 40 kn, 36 m
4–3 ⚓, 4 **TR**
4 PF: *Typ USSR Shershen* (~65)

4–2.5 ⚓, 2 **TR** 65 ts, 45 kn, 25.5 m
40 PF: *Typ USSR P 6* (~58)

4–3.7 ⚓, 2 Mg ⚓ 60 ts, 27 kn, 25.5 m
8 PF: *Typ chin. Shantou* (~60)

PC Sariwan Klasse (~65) 1981

2425 ts, 35 kn, 119 m
4 Harpoon ⇨, 4-12.7 ⚓, 2-4 ⚓, 4-2 ⚓,
6 UTR 32.4 III, 1 ⛴
3 DG: **Taejon** [919, 921, 922] (45–46) –
Typ US Gearing / FRAM 1 –
vor Umbau / before conversion

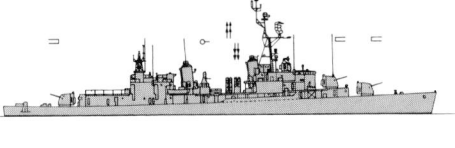

2425 ts, 35 kn, 119 m
4 Harpoon ⇨, 6-12.7 ⚓, 2-2 ⚓, 2 Mg ⚓,
6 UTR 32.4 III, 2 ⛴, 1 ⛴
2 DG: **Chung Buk** [915, 916] (44–45) –
Typ US Gearing / FRAM 2

2200 ts, 35 kn, 115 m
4 Harpoon ⇨, 6-12.7 ⚓, 4-4 ⚓,
6 UTR III, 2 ⛴, 1 ⛴
2 DG: **Dae Gu** [917, 918] (44) –
Typ US Allen M. Sumner / FRAM 2 –
vor Umbau / before conversion

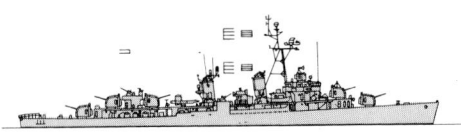

2100 ts, 35 kn, 115 m
5-12.7, 10-4 ⚓, 6 UTR 32.4 III, 2 ⛴
2 DD: **Chung Mu** [911, 913] (43) –
Typ US Fletcher

1600 ts, 35 kn, 102 m
8 Harpoon ⇨, 2-7.6 ⚓, 4-3 ⚓,
6 UTR 32.4 III, ☉
5 FG: **Ulsan** [951, 952, 955, ...]
(80 – a. St. / o. st.)

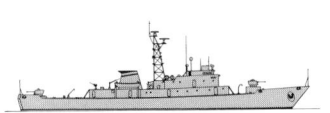

1-4 ⚓, 2-2 ⚓   1200 ts, 21.5 kn, 80.5 m
1 FS: **Mazinga** (~81) –
Küstenwache / Coast Guard

4-2 ⚓   1360 ts, 14 kn, 65 m
2 AR: **Chang Won** [26, 51] (44) –
Typ US ARS

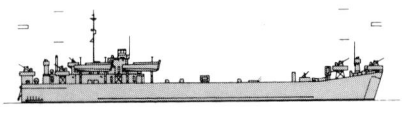

1653 ts, 11 kn, 100 m
8 bis/to 10-4 ⚓
8 LS: **Buk Han** [671–673, 675–679] (43–45) –
Typ US LST (2)

2-4 ⚓, 4-2 ⚓   743 ts, 12.5 kn, 62 m
7 LS: **Ki Rin** (44–45) – *Typ US LSM*

1-4 ⚓, 2-2 ⚓, 2 Mg ⚓   410 ts, 24 kn, 61 m
3 PP: **Sea Whale** Klasse (~81)

Maßstab / Scale 1 : 1000

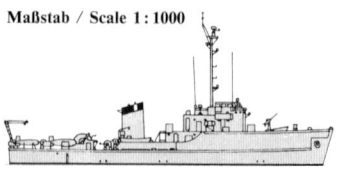

2-2 ⚓   315 ts, 14 kn, 44.3 m
    5 MS: **Nam Yang** [555–559] (63–75) –
              Typ US Bluebird

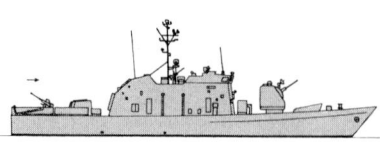

4 ⊨, 1–7.6 ⚓,   240 ts, 40 kn, 50.3 m
1–4 ⚓, 2 Mg ⚓
    8 PG: **Paek Ku 52** [352, 353, 355–359, 361]
                    (75–77)

                                    225 ts, 40 kn, 50 m
2 ⊨, 1–7.6 ⚓, 1–4 ⚓, 4 Mg ⚓
1 PG: **Paek Ku 51** [351] (69) –
                Typ US Asheville

1–4 ⚓, 2–3 ⚓, 2–2 ⚓, 2 Mg ⚓ 115 ts, 38 kn, 32.9 m
32 PF: **Kilurki 211** (~73–75) –
              Sea Dolphin Klasse

2-2 ⚓,6 Mg ⚓   70 ts, 40 kn, 25.7 m
        32 PF: **Chebi** Klasse

FG **Ulsan** (80)   1983, Hyundai Shb.

PG **Paek Ku 61** (77)   1985, Sh. o. W.

Maßstab / Scale 1:1000

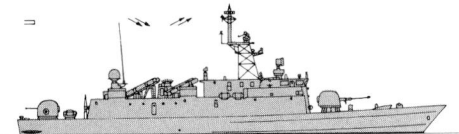

350 ts, 38 kn, 58.1 m
4 MM 40 ⇨, 1-7.6 ↙, 2-4 ↙
2 PG: **Istaqlal** [P 5702, 5704] (82–83)

231 ts, 40.5 kn, 44.9 m
4 MM 40 ⇨, 1-7.6 ↙, 2-4 ↙, 2 Mg ↙
6 PG: **Al Boom** (82–83) –
Typ deutsch / German TNC 45

PG **Istiqlal** (82) Typ deutsch / German FBP 57 –   1983, Voß
jetzt / now P 5702

PG **Al-Saadi** (83) Typ deutsch / German TNC 45   6-1984, Voß

Libyen/Libya

1800 ts, 32 kn, 95 m
4 ⇨, 4-7.6 ↙, 4-3 ↙, 2 ⇪, 4 **UTR** 40, 1 ⬙
2 FG: **El Hani** [212, …] (~85–86) –
Typ USSR Koni

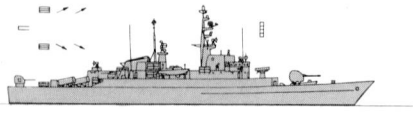

1325 ts, 37.5 kn, 102 m
4 Otomat ⇒, 1–11.4 ↙, 2–4 ↙, 2–3.5 ↙,
1 Albatros ⚓, 6 **UTR** 32.4 **III**
1 FG: **Dat-Assawari** [211] (69)

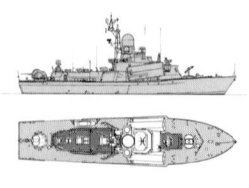

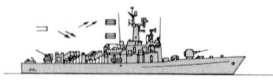

780 ts, 30 kn, 60.3 m
4 ⇒, 2 ⚓, 2–5.7 ↙
4 FG: **Ean Mara** [416–419] (80–84) –
Typ USSR Nanuchka II

4 ⇒, 1–7.6 ↙,   550 ts, 31.5 kn, 61.7 m
2–3.5 ↙, 6 **UTR**, ♅
4 PG: **Assad Al Tadjier** [412–415] (77–79)

1–10.2 ↙, 4–4 ↙   440 ts, 18 kn, 54 m
1 FS: **Tobruk** [411] (65)

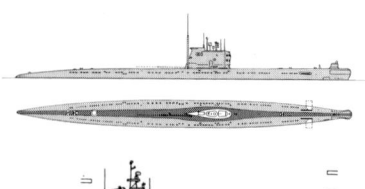

1950/2400 ts, 18/18 kn, 91.5 m
10 **TR** ↓ (6 b, 4 h)
6 SS: **Al Ahad** [311–316] (75–82) –
Typ USSR Foxtrot

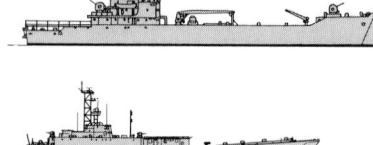

2800 ts, 15.2 kn, 99.5 m
6–4 ↙, 11 🚉
2 LS: **Ibn Ouf** [132, 134] (76–77)

1150 ts, 18 kn, 82 m
4–3 ↙, 2 ⤳ 40, 8 🚉
3 LS: **Ibn El Hathram** [112, 116, 118] (76–78) –
Typ USSR Polnocny C

Kennungen / Identification

**Fregatten /
Frigates**
211–Dat-Assawari
212–El Hani
  –Al Qirdabiyah
411–Tobruk
416–Ean Mara
417–Ean Al Gazala
418–Ean Zaara
419–Ean Zakut

**Uboote /
Submarines**
311–Al Badr
312–Al Fateh

313–Al Ahad
314–Al Mitraka
315–Al Khyber
316–Al Hunain

**Minensucher /
Minesweepers**
111–R. Al Gelais
113–R. Hadad
115–R. Al Falluga
117–R. Al Hamman
119–R. Al Qula
121–R. Al Dawar
123–R. Massad
125–R. Al Hami

**Kleine Kampf-
schiffe /
Small Fighting
Vessels**
412–Assad Al Tadjier
413–A. A. Tougour
414–A. A. Khalij
415–A. A. Hudud
  –
518–Sharara
522–Shehab
524–Whag
526–Waheed
528–Shouaiai
532–Shoula
534–Shafak
536–Bark
538–Rad

542–Laheeb
  –
511–Al Katum
513–Al Zuara
515–Al Baida
519–Al Nabha
521–Al Safhra
523–Al Fikar
525–Al Mathur
527–Al Muwashan
529–Al Sakab
531–Al Bitar
533–Al Sadad
  –
611–Sabratha
612–Zleiten
613–Khawlan
614–Merawa

**Landungs-
fahrzeuge /
Landing Vessels**
132–Ibn Ouf
134–Ibn Harissa

112–Ibn El Hathram
116–Ibn El Fard
118–Ibn Umaij

**Hilfsfahrzeuge /
Auxiliary Vessels**
  31–Ras El-Helal
  32–Al Ahweirif
711–Zeltin
722–Zlatica
917–Al Manoud

2200 ts, 15 kn, 99 m
2–4 ⚓
1 AR: **Zeltin** [711] (68)

Maßstab / Scale 1:1000

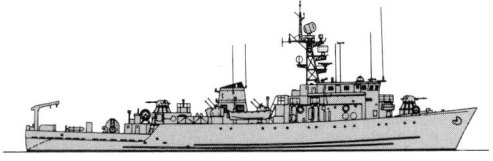

680 ts, 20 kn, 61 m
4–3 ⚓, 4–2.5 ⚓, 2 ⚓
8 MB: **Ras Al Gelais**
[111, 113, 115, 117, 119, 121, 123, 125]
(~80–83) – *Typ USSR Natya*

285 ts, 36 kn, 49 m
4 ⊳, 1–7.6 ⚓, 2–4 ⚓
10 PG: **Sharara** (79–82) –
Typ frz. / French Combattante II G

195 ts, 36 kn, 40 m
4 ⊳, 4–3 ⚓
12 PG: **Al Katum** (75–78) –
Typ USSR Osa II

95 ts, 50 kn, 30.5 m
2–4 ⚓, 8 ⇢
3 PF: **Susa** [512–514] (67–68)

FG **Ean Zakut** (84) Typ USSR Nanuchka II   8–1985, Voß

PG **Assad Al Tadjier** (77) 1978, Fraccaroli

MB **Ras Al Hami** (84) Typ USSR Natya 10–1986, Voß

MB **Ras Al Dawar** (83) Typ USSR Natya 2–1984, Kon. Marine

LS **Ibn Umaij** (78) Typ USSR Polnocny C 12–1986, BMVg / MOD, Bonn

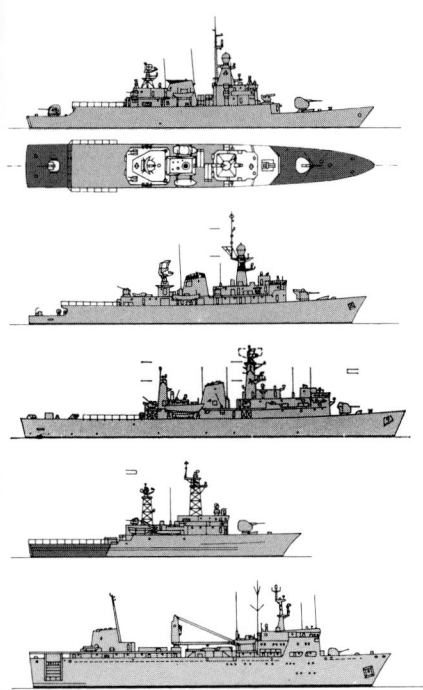

1690 ts, 28 kn, 97.3 m
4 MM 38 ⇨, 1–10 ⚓, 1–5.7 ⚓, 4–3 ⚓,
1 ⚓, 6 **UTR** 32.4 ⦀, 1 ⥎
2 FG: **Kasturi** [F 25, 26] (83) –
Typ deutsch / German FS 1500

1250 ts, 27 kn, 94 m
1–11.4 ⚓, 4–3 ⚓, 1 ⦀₃
1 FE: **Rahmat** [F 24] (67)

2300 ts, 24 kn, 106 m
2–10 ⚓, 4–3 ⚓, 2–4 ⚓, 1 ⦀
1 FE: **Hang Tuah** [F 76] (66)

1000 ts, 22 kn, 75 m
1–10 ⚓, 2–3 ⚓
2 FS: **Musytari** [F 160, 161] (84–86)

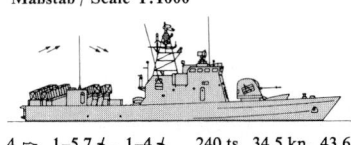

1–5.7 ⚓, 2–2 ⚓   1800 ts, 16.5 kn, 100 m
1 AK: **Sri Indera Sakti** [1503] (80)

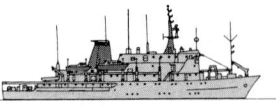

2–2 ⚓   1950 ts, 16 kn, 70 m
1 AG: **Mutiara** [152] (76)

Kennungen / Identification

Fregatten / Frigates	Minensucher / Minesweepers			
F ...	M ...	38–Renchong	3145–Sri Sarawak	3513–Pendekar
24–Rahmat	11–Mahamiru	39–Rombak	3146–Sri Negri Sembilan	3514–Gempita
25–Kasturi	12–Jerai	40–Lembing		
26–Lekir	13–Ledang	41–Serampang	3501–Perdana	**Sonstige / Miscellaneous**
76–Hang Tuah	14–Kinabala	42–Panah	3502–Serang	A ...
		43–Kerambit	3503–Ganas	4–Penyu
P ...	**Kleine Kampf-schiffe / Small fighting Vessels**	44–Beladau	3504–Ganyang	151–Perantau
160–Musytari		45–Kelewang	3505–Jerong	152–Mutiara
161–Marikh		46–Rentaka	3506–Todak	1109–Duyong
	P ...	47–Sri Perlis	3507–Paus	1501–Sri Banggi
	34–Kris	49–Sri Johor	3508–Yu	1502–Rajah Jarom
	36–Sundang	–	3509–Baung	1503–Sri Indera Sakti
	37–Badek	3139–Sri Selangor	3510–Pari	1504–Mahawangsa
		3142–Sri Kelantan	–	
		3143–Sri Trengganu	3511–Handalan	
		3144–Sri Sabah	3512–Perkasa	

Maßstab / Scale 1:1000

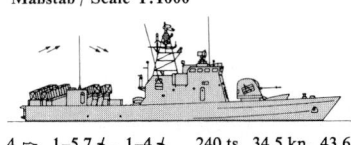

4 ⇨, 1–5.7 ⚓, 1–4 ⚓   240 ts, 34.5 kn, 43.6 m
4 PG: **Handalan** [P 3511–3514] (78)

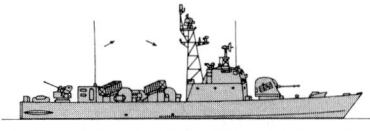

2 ⇨, 1–5.7 ⚓, 1–4 ⚓   240 ts, 36.5 kn, 47 m
4 PG: **Perdana** [P 3501–3504] (71–72)

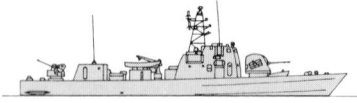

1-5.7 ⚓, 1-4 ⚓   210 ts, 32 kn, 44.8 m
   6 PP: **Jerong** [P 3505–3510] (75–77)

2-4 ⚓   96 ts, 27 kn, 31.4 m
  14 PP: **Kris** [P 34, 36–47, 49] (66–67)

FG **Kasturi** (83) Typ deutsch / German FS 1500   6–1984, Voß

MB **Ledang** (83) ähnlich / similar to Typ ital. Lerici   1986, Intermarine

AG **Mutiara** (76)   1980, Arra

PP **Dom Mintoff** (~68) Typ jugosl. Kalnik   1982, Voß

PP **C 29** (69)   1982, Voß

PP **C 23** (67) Typ US PCF   1982, Voß

Marokko/Morocco

1270 ts, 26 kn, 89 m
4 MM 38 ⇨, 1–7.6 ⚓, 2–4 ⚓,
1 Albatros ⚓, 6 **UTR**, 1 ⚓
1 FG: **Colonel Arrahmani** [501] (82) –
Typ span. Descubierta

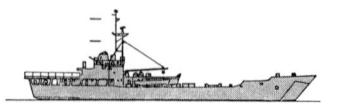

2–4 ⚓,   750 ts, 16 kn, 80 m
2–8.1 Mörser / mortars
3 LS: **Daoud Ben Aîcha** [402–404] (77–78) –
Typ frz. / French BATRAL

2–2 ⚓,   290 ts, 8 kn, 59 m
1–12 Mörser / mortar
1 LS: **Lieutenant Malghagh** (63) –
Typ frz. / French EDIC

Maßstab / Scale 1:1000

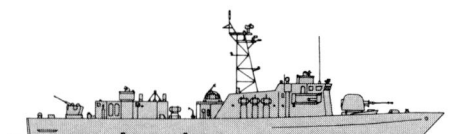

375 ts, 28 kn, 58.7 m
1–7.6 ⚓, 1–4 ⚓
2 PC: **Okba** [302, 303] (75–76) –
Typ frz. / French PR 72

FG **Colonel Arrahmani** (82) Typ span. Descubierta   8-1986, Voß

Mexico

2425 ts, 30 kn, 119 m
4–12.7 ⚓, 6 **UTR** 32.4 Ill, 1 ⚓
2 DD: **Quetzalcoatl** [E 03, 04] (45) –
Typ US Gearing / FRAM 1

Kennungen / Identification

Zerstörer / Destroyers
E . . .
02–Cuitlahuac
03–Quetzalcoatl
04–Netzahualcoyotl

Fregatten / Frigates
B . . .
01–Durango
05–Tehuantepec
06–Usumacinta
07–Coahuila
08–Chihuahua

C . . .
07–Guanajuato

GH . . .
01–C. V. Uribe
02–T. J. Azueta
03–C. P. Sáinz
de Baranda

04–C. C. C. Bretón
05–V. Othón-
P. Blanco
06–C. A. O.
Monasterio

G . . .
01–L. Valle
02–G. Prieto
03–M. Escobedo
04–P. Arriaga
05–M. Doblado
06–S. L. de Tejada
07–S. Degollado
08–I. de La Llave
09–J. N. Alvarez
10–M. Ocampo
11–V. G. Farias
12–I. Altamirano
13–F. Zarco
14–I. L. Vallarta
15–J. G. Ortega
16–M. G. Zamora
18–J. Aldama
19–H. Galeana

Wachboote / Patrol Boats
P . . .
01–A. Q. Roo
02–M. de Cordova
03–M. R. Arizpe
04–J. M. Izazaga
05–J. B. Morales
06–I. L. Rayon
07–M. C. Rejon
08–A. d. I. Ruente
09–F. Romero
10–I. Ramirez
11–I. Mariscal
12–H. J. Corona
13–J. M. Maja
14–F. Romero
15–F. Lizardi
16–F. J. Mujica
17–P. Rouaix
18–J. M. Velasco
19–L. M. Rojas
20–J. N. Macias
21–E. B. Calderon

22–I. Zaragoza
23–Tamaulipas
24–Yucatan
25–Tabasco
26–Veracruz
27–Tampico
28–Puebla
29–M. M. de
Juarez
30–L. Vicario
31–J. D. de
Dominguez

F . . .
01–04 = Polimar 1–4
06–Azueta
07–Villapando
11–18 =
AM 1–8

Hilfsschiffe / Auxiliary Vessels
B . . .
02–Zacatecas

A . . .
01–Rio Panuca
02–Manzanillo
03–Aguascalientes
04–Tlaxcala
05–V. Guerrero
06–C. M. Azueta
07–Cuauhtemoc
12–R 2
13–R 3
17–Otomi
18–Yagui
19–Seri
20–Cora
21–Huasteco
22–Zapoteco

H . . .
01–M. Matamoros
02–Oceanografico
05–Altair

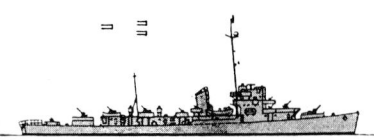

3–7.6 ⚓, 8–4 ⚓   1200 ts, 21 kn, 93 m
1 FE: **Comodoro Manuel Azueta** [F 06] (43) –
Typ US Edsall

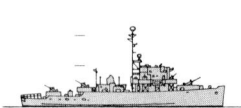

1–7.6, 6–4 ⚓, 6–2 ⚓   650 ts, 15 kn, 56 m
12 FS: **D 01** [D 1, 3–5, 11–15, 17–19]
(43–44) – *Typ US MSF*

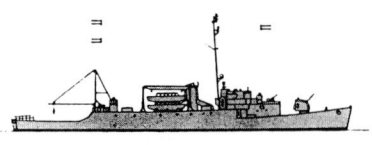

1–12.7, 6–4 ⚓   1400 ts, 23.5 kn, 93 m
4 FE: **Coahuila** [B 05–08] (43–44) –
Typ US LPR

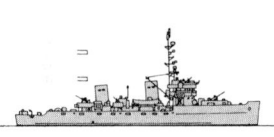

1–7.6 ⚓, 4–4 ⚓   890 ts, 18 kn, 67 m
18 FS: **Francisco Zarco** [G 01–16, 18, 19] (42–45) –
Typ US Auk

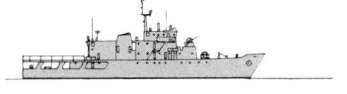

767 ts, 20.5 kn, 67 m
1–4 ⚓, 1–🚁
6 FS: **Cadete Virgilio Uribe** [GH 01–06] (81–82) –
Typ span. Halcón

Maßstab/Scale 1:1000

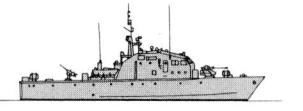

130 ts, 24 kn, 34.6 m
1–4 ⚓, 1–2 ⚓, 2 Mg ⚓
31 PP: **Azteca** Klasse [P 01–31] (74–81)

FS **Vicealmirante Othón-P. Blanco** (82) Typ span. Halcón   1985, amtlich / official

PP **M. de Cordova** (74), FS **D 05** (43), AG **Oceanografico** (44)   1982, Frankhaeuser

FS **Guanajuato** (34)   1982, Frankhaeuser

PP **Felix Romero** (75) Azteca Klasse   1980, Donko

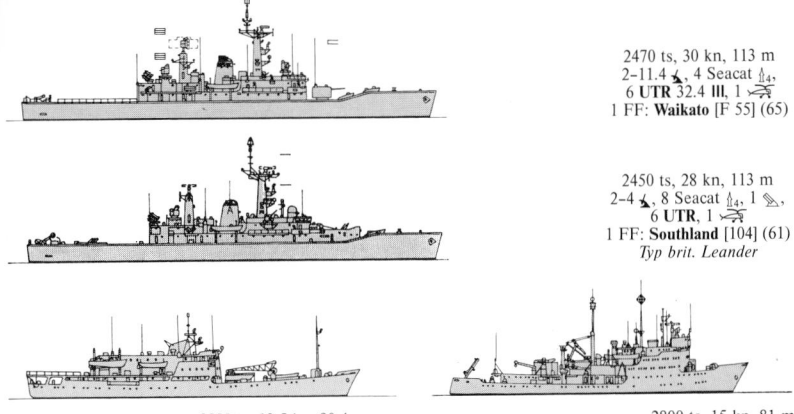

2470 ts, 30 kn, 113 m
2-11.4 ⚓, 4 Seacat ⚓4,
6 **UTR** 32.4 III, 1 ⊠
1 FF: **Waikato** [F 55] (65)

2450 ts, 28 kn, 113 m
2-4 ⚓, 8 Seacat ⚓4, 1 ⚓,
6 **UTR**, 1 ⊠
1 FF: **Southland** [104] (61)
Typ brit. Leander

2-2 ⚓
1 AG: **Monowai** [A 06] (60)
3800 ts, 13.5 kn, 90.4 m

—
2800 ts, 15 kn, 81 m
1 AG: **Rapuhia** (63)

FF **Southland** (61) Typ brit. Leander   2-1984, Voß

Niederlande/Netherlands

Zerstörer / Destroyers

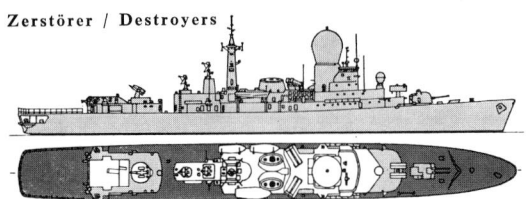

3660 ts, 30 kn, 138 m
8 Harpoon ⇒, 2-12 ⚓,
1 Sea Sparrow ⚓8, 1 Tartar ⚓1,
6 **UTR** 32.4 III, 1 ⊠
2 DG: **Tromp** [F 801, 806] (73-74)

Fregatten / Frigates

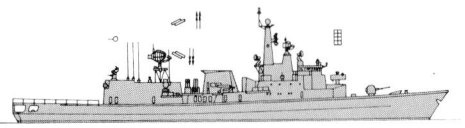

2650 ts, 29 kn, 122 m
8 Harpoon ⇒, 1-7.6 ⚓,
1-3 ⚓ Goalkeeper, 2-2 ⚓,
1 Sea Sparrow ⚓, 4 **UTR** 32.4 II,1 ⊠
12 FG: **K a r e l D o o r m a n**
[F 827-834, ...] (87 – gepl. / plan.)
vorläufige Skizze / preliminary drawing

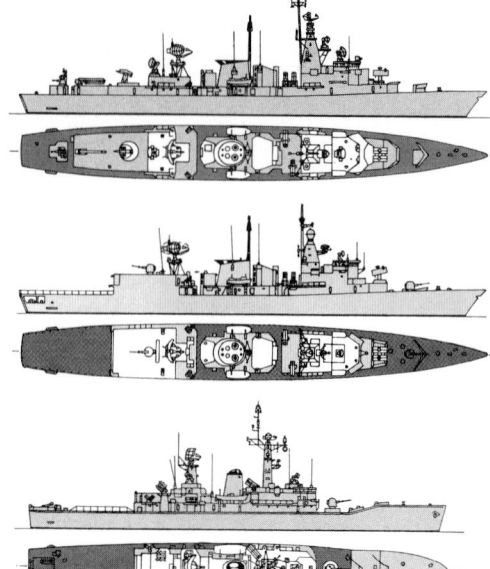

3000 ts, 30 kn, 130 m
8 Harpoon ⇒, 1 SM-1 ⚓, 1 Sea Sparrow ⚓
1–3 ⚓ Goalkeeper, 4 **UTR** 32.4 **II**
2 FG: **Jacob van Heemskerck**
[F 812, 813] (83–84)

3500 ts, 30 kn, 130 m
8 Harpoon ⇒, 1–7.6 ⚓, 1–4 ⚓,
1 Sea Sparrow ⚓, 4 **UTR** 32.4 **II**, 2 ⇒
10 FG: **Kortenaer**
[F 807–811, 816, 823–826] (76–82)

2200 ts, 28.5 kn, 114 m
8 Harpoon ⇒, 1–7.6 ⚓, 8 Seacat ⚓,
6 **UTR** 32.4 **III**, 1 ⇒
4 FG: **Van Galen**
[F 803, 805, 814, 815] (65–67) –
nach Umbau / after conversion

Uboote / Submarines

6 **TR** 53.3 b↓   2410/2640 ts, 12/20 kn, 66.9 m
2 SS: **Tijgerhaai** [S 806, 807] (70–71)

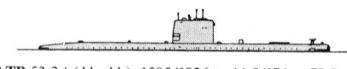

8 **TR** 53.3 ↓ (4 b, 4 h) 1505/1826 ts, 14.5/17 kn, 78.3 m
3 SS: **Potvis** [804, 805, 809] (60–65)

Kennungen / Identification

Fregatten / Frigates
F . . .
801–Tromp
803–Van Galen
805–Van Nes
806–De Ruyter
807–Kortenaer
808–Callenburgh
809–V. Kinsbergen
810–Banckert
811–P. Hein
812–J. v. Heemskerck
813–W. de With
814–Isaac Sweers
815–Evertsen
816–A. Crijnssen
823–Ph. v. Almonde
824–B. v. Treslong
825–J. v. Brakel
826–W. v. d. Zaan

827–K. Doorman
828–Van Speijk
829–W. v. d. Zaan
930–Tjerk Hiddes
831–Van Amstel
832–A. v. d. Hulst
833–Van Nes
834–Van Galen

Uboote / Submarines
S . . .
802–Walrus
803–Zeeleeuw
804–Potvis
805–Tonijn
806–Zwaardvis
807–Tijgerhaai
808–Dolfijn
809–Zeehond
810–Bruinvis

Minensucher / Minesweepers
M . . .
Typ brit. Ton
802–Hoogezand
806–Roermond
809–Naaldwijk
810–Abcoude
812–Drachten
813–Ommen
815–Giethoorn
817–Venlo
820–Woerden
823–Naarden
830–Sittard
837–Hoogeveen
841–Gemert

Alkmaar Klasse
850–Alkmaar
851–Delfzijl
852–Dordrecht
853–Haarlem
854–Harlingen

855–Scheveningen
856–Maassluis
857–Makkum
858–Middelburg
859–Hellevoetsluis
860–Schiedam
861–Urk
862–Zierikzee
863–Vlaardingen
864–Willemstad

Sonstige / Miscellaneous
A . . .
832–Zuiderkruis
835–Poolster
847–Argus
848–Triton
849–Nautilus
850–Hydra

Typ US Agile
855–Onbevreesd
–

872–Westgat
873–Wielingen
874–Linge
875–Regge
876–Huntze
877–Rotte
880–Bulgia
882–Woerden
900–Mercuur
903–Zeefakkel
904–Buyskes
905–Blommendal
906–Tydeman
920–Dreg IV

Y . . .
8001–Van Speijk
8037–Berkel
8038–Dintel
8040–Ijssel
8050–Urania

Hilfsfahrzeug/Auxiliary Vessel

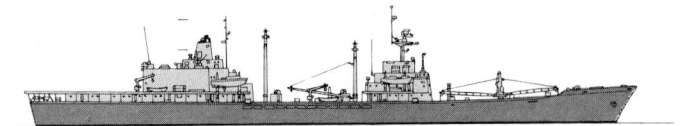

2-4 ⚓, [5 ✈] ./16840 ts, 21 kn, 168 m

1 AK: **Poolster** [A 835] (63)

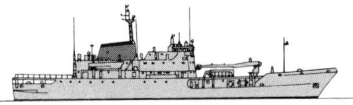

— 2980 ts, 15 kn, 90 m

1 AG: **Tydeman** [A 906] (75)

— 965 ts, 13 kn, 59 m

2 AG: **Buyskes** [A 904, 905] (72)

Maßstab / Scale 1:1000

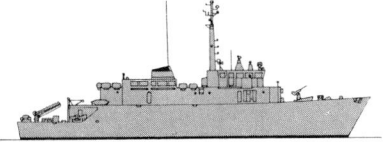

1-2 ⚓ 510 ts, 15 kn, 51.5 m

15 MB: **Alkmaar** [M 850–864] (82–87)

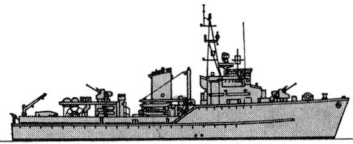

2-4 ⚓ 373 ts, 14 kn, 46.6 m

11 MS: **Abcoude** (53–57) – *Dokkum Klasse*

DG **Tromp** (73) 7-1986, Schiefer

FG **Jacob van Heemskerck** (83) 1-1986, Kon. Marine

FG **Jacob van Heemskerck** (83)　　　1–1986, Kon. Marine

FG **Philips van Almonde** (79) Kortenaer Klasse　　　11–1986, Voß

FG **Evertsen** (66) Van Speijk Klasse　　　4–1983, Kon. Marine

SS **Tijgerhaai** (71) 1987, Arra

SS **Zwaardvis** (70) 9-1986, Kon. Marine

SS **Zeehond** (60) 6-1986, Terzibaschitsch

MB **Makkum** (84) Alkmaar Klasse 11-1986, Voß

Niederlande/Netherlands

MS **Ommen** (55) Dokkum Klasse   5-1987, Bendfeldt

AK **Zuiderkruis** (74)   3-1983, Kon. Marine

AK **Poolster** (63)   3-1986, Kon. Marine

AG **Tydeman** (75)   11-1985, Voß

AT **Regge** (86) Linge Klasse 5-1987, Kon. Marine

AG **Blommendal** (62) 10-1984, Voß

AX **Zeefakkel** (50) 6-1985, Voß

Nigeria

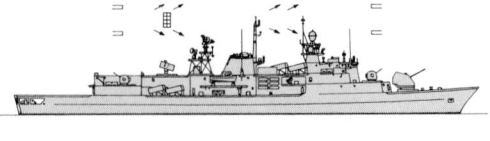

2970 ts, 30 kn, 126 m
8 Otomat ⇒, 1–12.7 ⚓, 8–4 ⚓,
1 Aspide ⚓8, 6 **UTR** 32.4 III, 1 ⚓
1 FG: **Aradu** [F 89] (80) –
Typ deutsch / German MEKO 360 H

1725 ts, 26 kn, 110 m
2–10.2 ⚓, 3–4 ⚓, 1 ⚓3
1 FF: **Obuma** [F 87] (65)

Kennungen / Identification

Frigates
F …
81–Dorina
82–Otobo
83–Erin'omi
84–Enyimiri
87–Obuma
89–Aradu

**Minensucher /
Minesweeper**
M …
371–Ohue
372–Marabu

**Kleine Kampf-
schiffe /
Small fighting
Vessels**
P …
165–Argungu
166–Yola
169–Brass
–
167–Makurdi
168–Hadejia
171–Jebba
172–Oguta
–

178–Ekpe
179–Damisa
180–Agu
–
181–Siri
182–Ayam
183–Ekun

**Landungsschiffe /
Landing Ships**
LST …
1312–Ambe
1313–Ofiom

**Hilfsfahrzeuge /
Auxiliary Vessels**
A …
496–Ribadu
497–Ruwan Yaro
498–Lana
499–Cdr. A. Joe
500–Cdr. Rudolf

**Küstenwache /
Coast Guard**
P …
200–Abeokuta
201–Akura

202–Bauchi
203–Benin City
204–Enugu
205–Ikeja
206–Ilorin
207–Jos
208–Kaduna
209–Kano
210–Maiduguri
211–Minna
212–Ourreri
214–Socoto

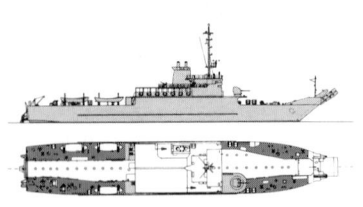

1–7.6 ⚓, 1–4 ⚓, 2–2 ⚓,   740 ts, 27 kn, 69 m
1 ⚓8, 1 ⚓
2 FE: **Erin'omi** [F 83, 84] (77–78)

2–10.2 ⚓, 2–4 ⚓, 2–2 ⚓   500 ts, 25 kn, 62 m
2 FE: **Dorina** [F 81, 82] (70–71)

1–4 ⚓, 2–2 ⚓   1350 ts, 10 kn, 86.9 m
2 LS: **Ambe** [1312, 1313] (78) –
Typ deutsch / German Ro Ro 1300

2–2 ⚓   800 ts, 15 kn, 61 m
1 AG: **Lana** (76) – *Typ brit. Fawn*

Maßstab / Scale 1:1000

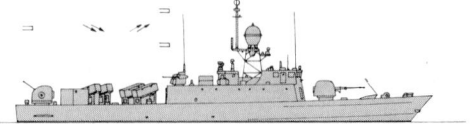

403 ts, 38 kn, 58.1 m
4 Otomat ⇒, 1–7.6 ⚓, 2–4 ⚓, 4–3 ⚓
3 PG: **Ekpe** [P 178–180] (79–80) –
Typ deutsch / German FPB 57

4 MM 38 ⊨>, 1–7.6 ⚓   376 ts, 35 kn, 56.2 m
2–4 ⚓, 4–3 ⚓
   3 PG: **Siri** [P 181–183] (80–81) –
   Typ frz. / French Combattante III B

4–3 ⚓   120 ts, 21.5 kn, 33 m
4 PP: **Makurdi** [P 167, 168, 171, 172] (74–77) –
vor Umbau / before conversion

FG **Aradu** (80)   1982, Voß

FE **Erin'omi** (77) Typ brit. Vosper Mk 9   1982

PG **Damisa** (80) Typ deutsch / German FPB 57   1981, Voß

PP **Yola** (73), **Brass** (75)   1982, Voß

LS **Ofiom** (78) Ambe Klasse   1979, HDW, Hamburg

Norwegen/Norway

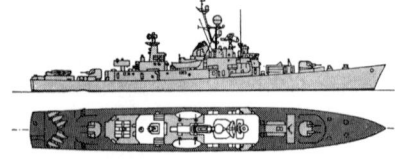

1450 ts, 25 kn, 96.6 m
6 Penguin ⇒, 4-7.6 ⚓₂, 2-2 ⚓,
1 Sea Sparrow ⚓₈, 6 **UTR** 32.4 III, 1 ⚓
5 FG: **Oslo** [F 300–304] (64–65)

1-7.6 ⚓, 1-4 ⚓,   600 ts, 20 kn, 69 m
6 **UTR** 32.4 III, 1 ⚓
2 FS: **Sleipner** [F 310, 311] (63–65)

8 **TR** 53.3 b↓   370/435 ts, 10/17 kn, 45.2 m
11 SC: **Kobben**
[S 301, 302, 305, 306, 308, 309, 315–319] (63–67) –
Typ deutsch / German 207

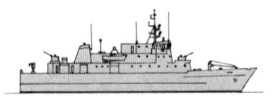

2-4 ⚓,   1500 ts, 15 kn, 64.8 m
6 **UTR** 32.4 III, 320 ♻
2 NB: **Vidar** [N 52, 53] (77)

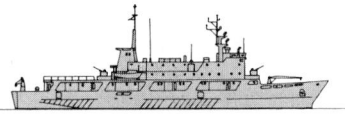

2-4 ⚓, 60 ♻   ./2500 ts, 16 kn, 87.4 m
1 AR: **Horten** [A 530] (77)

Küstenwache / Coast Guard

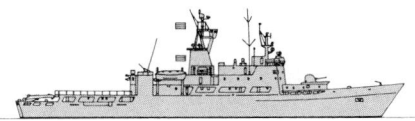

2165 ts, 23 kn, 105 m
[6 ⇨], 1-5.7 ⚓, 4-2 ⚓, [6 **UTR III**], 1 ⇻
3 FS: **Nordkapp** [K/V 320–322] (80–81)

1-4 ⚓   600 BRT/grt, 15.5 kn, 54.3 m
2 FE: **FARM, Heimdal** [K/V 301, 302] (62)

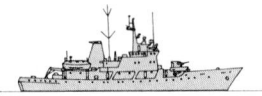

1-4 ⚓   1030 ts, 17 kn, 61.5 m
1 FS: **Nornen** [K/V 300] (62)

Maßstab / Scale 1:1000

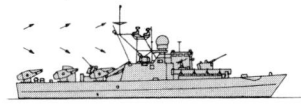

2-6 Penguin ⇨, 1-4 ⚓,   135 ts, 34 kn, 36.5 m
1-2 ⚓, 2 **TR** 53.3
14 PG: **Hauk** [P 986–999] (77–80)

4-6 Penguin ⇨, 1-7.6 ⚓   100 ts, 32 kn, 36.5 m
1-4 ⚓
18 PG: **Storm** [P 961–975, 977–979] (63–67)

115 ts, 32 kn, 36.5 m
2-4 Penguin ⇨, 1-4 ⚓, 4 **TR** 53.3
6 PG: **Snøgg** [P 980–985] (70)

Kennungen / Identification

**Fregatten /
Frigates**
F . . .
300–Oslo
301–Bergen
302–Trondheim
303–Stavanger
304–Narvik
—
310–Sleipner
311–Aeger

**Uboote /
Submarines**
S . . .
300–Ula
—
Kobben Klasse
301–Utsira
302–Utstein
305–Sklinna
306–Skolpen
308–Stord
309–Svenner
315–Kaura
316–Kinn
317–Kya
318–Kobben
319–Kunna

**Minenleger /
Minelayers**
N . . .
51–Borgen
52–Vidar
53–Vale

**Minensucher /
Minesweepers**
M . . .
Typ US Bluebird
312–Sira
313–Tana
314–Alta
316–Vosso
317–Glomma
331–Tista
332–Kvina
334–Utla

**Kleine Kampf-
schiffe /
Small Fighting
Vessels**
P . . .
358–Hitra
359–Vigra

Storm Klasse
961–Blink
962–Glimt
963–Skjold
964–Trygg
965–Kjekk
966–Djerv
967–Skudd
968–Arg
969–Steil
970–Brann
971–Tross
972–Hvass
973–Traust
974–Brodd
975–Odd
977–Brask
978–Rokk
979–Gnist

Snøgg Klasse
980–Snøgg
981–Rapp
982–Snar
983–Rask
984–Kvikk
985–Kjapp

Hauk Klasse
986–Hauk
987–Ørn

988–Terne
989–Tjeld
990–Skarv
991–Teist
992–Jo
993–Lom
994–Stegg
995–Falk
996–Ravn
997–Gribb
998–Geir
999–Erle

**Landungs-
fahrzeuge /
Landing Vessels**
L . . .
4500–Kvalsund
4501–Raftsund
4502–Reinøysund
4503–Sørøysund
4504–Maursund
4505–Rotsund
4506–Borgsund

**Hilfsfahrzeuge /
Auxiliary Vessels**
A 530–Horten
A 531–Sarpen
A 532–Draug
A 533–Norge

HSD 11–
HSD 15–Krøttøy
NSD 35–Rotvaer
ØSD 1–Welding
ØSD 2–Wisting
ØSD 5–Fjøløy
RSD 23–Tarva
TRSD 4–Karlsøy
TSD 5–Tautra
VSD 1–Vernøy
VSD 4–Torpen
VSD 7–Samson
VSD 13–Ramnes

**Küstenwache /
Coast Guard**
K/V . . .
300–Nornen
301–Farm
302–Heimdal
314–Sira
315–Nordsjøbas
316–Volstad Jr.
317–Lafjord
318–Garpeskjær
319–Grimsholm
320–Nordkapp
321–Senja
322–Andenes

FG **Bergen** (65) Oslo Klasse   9-1986, Voß

FS **Sleipner** (63)   6-1987, Schiefer

SC **Kya** (64) Typ deutsch / German 207   8-1985, Jentsch

NB **Vale** (77) Vidar Klasse   5-1987, Schiefer

PG **Teist** (79) Hauk Klasse 5-1987, Schiefer

PG **Kjapp** (70) Snøgg Klasse 5-1987, Schiefer

PG **Ravn** (80) Hauk Klasse 3-1987, U. Albrecht
PG **Rask** (71) Snøgg Klasse

PG **Odd** (67) Storm Klasse 1983, R. Norw. N.

LS **Sørøysund** (72) Reinøysund Klasse 8-1986, U. Albrecht

AR **Horten** (77) 7-1986, Arra

AP **HSD 11** 3-1987, U. Albrecht

FS **Nordkapp** (80) 1983, R. Norw. N.

FS **Nornen** (62) 1983, R. Norw. N.

AG **Lance** (78) Norges Sjøkartverk 3–1987, U. Albrecht

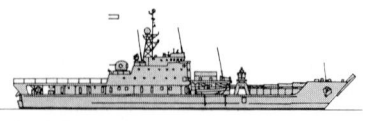

2-4 ✠, 2-2 ✠   2130 ts, 16 kn, 93 m
1 LS: **Nasr Al Bahr** [L 2] (84) –
Typ alger. Kalaat

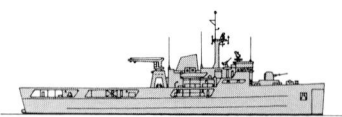

1-7.6 ✠, 2-2 ✠   2000 ts, 12 kn, 84 m
1 LS: **Al Munassir** [L 1] (78)

Maßstab / Scale 1:1000

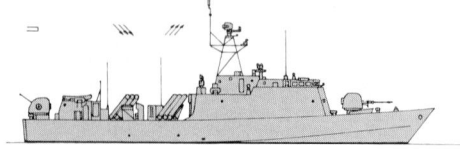

310 ts, 40 kn, 56.7 m
8 MM 40 ➟, 1-7.6 ✠, 2-4 ✠, 2 Mg ✠
3 PG: **Dhofar** [B 8–10] (81–82)

150 ts, 28 kn, 37.5 m
1-7.6 ✠, 1-2 ✠, 2 Mg ✠
4 PP: **Al Wafi** [B 4–7] (76–77)

PG **Dhofar** (81)   1982, Vosper Thornycroft

LS **Nasr Al Bahr** (84) Typ alger. Kalaat   7-1985, Hiesel

AK **Fulk Al Salamah** (86)   5-1987, Voß

Pakistan

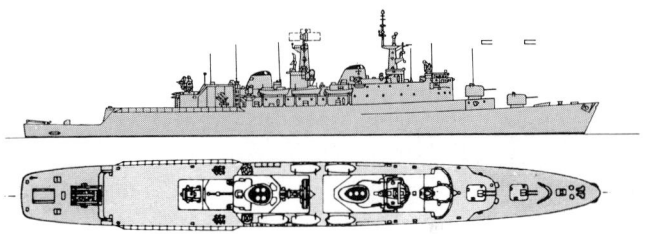

4-11.4 ⚓, 6-2 ⚓, 8 Seacat ⚓₄, 1 ⚓   5440 ts, 32.5 kn, 159 m
  1 CL: **Babur** [C 84] (61) – *Typ brit. County*

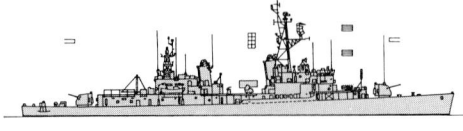

2425 ts, 35 kn, 119 m
4-12.7 ⚓, 4-2 ⚓, 6 **UTR** 32.4 III, 1 ⚓₈
6 DD: **Tariq** [D 160, 164–168] (45–46) –
Typ US Gearing / FRAM 1

2325 ts, 31 kn, 116 m
4-11.4 ⚓, 9-4 ⚓, 4 **TR** 53.3 IIII, 1 ⚓₃
1 DD: **Badr** [D 161] (44) –
Typ brit. Battle I

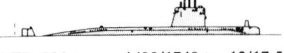

4 **TR** 55 b↓   1490/1740 ts, 12/17.5 kn, 68 m
  2 SS: **Hashmat** [S 135, 136] (77–78) –
Typ frz. / French Agosta

12**TR** (8 b↓, 4 h↑)   850/1040 ts, 13.5/16kn, 59 m
  4 SS: **Hangor** [131–134] (68–70) –
Typ frz. / French Daphné

Kennungen / Identification

Kreuzer / Cruisers	166–Taimur	Minensucher / Minesweepers	142–Lahore	161–Sarhad
C ...	167–Tughril	M ...	143–Mardan	197–Punjab
84–Babur	168–Tippu Sultan	160–Mahmud	144–Gilgit	
85–Jahangir		164–Mujahid	145–Pishin	Hilfsfahrzeuge / Auxiliary Vessels
	Uboote / Submarines	165–Mukhtar	147–Sukkur	A ...
Zerstörer / Destroyers	S ...		148–Sahwan	40–Attock
D ...	131–Hangor	Kleine Kampfschiffe / Small Fighting Vessels	149–Bahawalpur	41–Dacca
160–Alamgir	132–Shushuk		154–Bannu	42–Madadgar
161–Badr	133–Mangra		155–Baluchistan	43–Rustom
164–Shah Jahan	134–El Ghazi	P ...	156–Kalat	44–Bholu
165–Tariq	135–Hashmat	140–Rajshahi	157–Larkana	45–Gama
	136–Hurmat	141–Quetta	159–Sind	46–Zum Zum
			160–Sahiwal	

Maßstab / Scale 1 : 1000

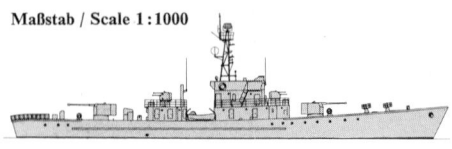

360 ts, 24 kn, 59 m
4–5.7 🔫, 4–2.5 🔫, 4 ⚓, ⚓
4 PC: Baluchistan [P 155, 159, ...] (75–79) –
Typ chines. Hainan

2 ⇨, 68 ts, 40 kn, 26.8 m
2–2.5 🔫
4 PG: P 1021 (~70) –
Typ chines. Hegu

4–3.7 🔫, 120 ts, 30 kn, 40 m
4–2.5 🔫
12 PP: Lahore (~54) –
Typ chines. Shanghai

39 ts, 55 kn, 21,5 m
4–1.5 🔫, 2 **TR**
4 PF: HDF 01–04 (68) –
Typ chines. Huchuan

MS **Mujahid** (56) Typ US Falcon   6–1984, Frankhaeuser

AO **Attock** (60)   6–1984, Frankhaeuser

DD **Taimur** (45) Typ US Gearing   6-1984, Frankhaeuser

Paraguay

4-4 ⚓, 2 Mg ⚓, ♻   450 ts, 15 kn, 60 m
3 PP: **Nanava** [M 1-3] (36–38) –
Typ arg. Granville

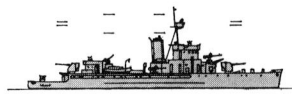

4-12, 3-7.6 ⚓,   636 ts, 18.5 kn, 70 m
2-4 ⚓, 6 ♻
2 PR: **HUMAITA, Paraguay** [C 2, 1] (30)

AX/AK **Guarani** (68)   5-1985, Voß

Peru

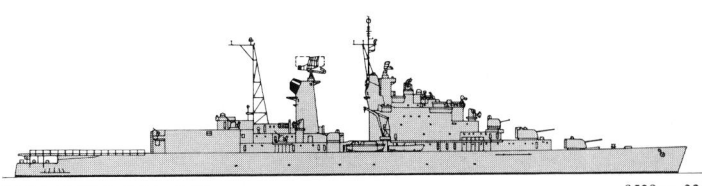

4-15 ⚓, 6-5.7 ⚓, 4-4 ⚓, 3-✈   9529 ts, 32.2 kn, 186 m
1 CL: **Almirante Grau** [81] (50, *76–78*)

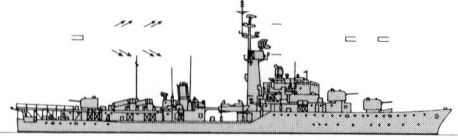

2800 ts, 34.7 kn, 119 m
8 MM 38 ⇒₁, 4–11.4 ⚓, 4–4 ⚓, 1 ✈
2 DG: **Palacios** [73, 74] (49–52) –
Typ brit. Daring

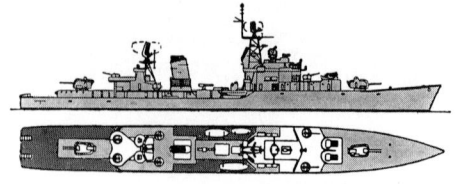

2496 ts, 36 kn, 116 m
4–12 ⚓, 4–4 ⚓, 2 ⚓₄, 2 ⚓
6 DD: **Castilla** [70, 71, 76–79] (54–56) –
Typ niederl. / Netherl. Friesland

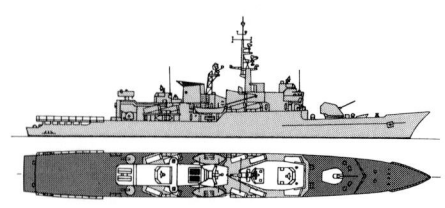

2208 ts, 35 kn, 113 m
8 Otomat ⇒, 1–12.7 ⚓, 4–4 ⚓,
1 Albatros ⚓₈, 6 UTR 32.4 III, 1 ✈
4 FG: **Carvajal** [51–54] (76–83) –
Typ ital. Lupo

8 TR 53.3 b↓   1180/1290 ts, 10/21 kn, 56.1 m
6 SS: **Casma** [31–36] (73–81) –
Typ deutsch / German 209/1200–1000

1–12.7,   825/1400 ts, 16/10 kn, 74 m
6 TR 53.3↓ (4 b, 2 h)
4 SS: **Abtao** [41–44] (532–57) –
Typ US Mackerel, 43, 44 keine / no 12.7

1840/2445 ts, 18/15 kn, 94 m
10 TR 53.3↓ (6 b, 4 h)
2 SS: **Pacocha** [48, 49] (44) – *Typ US Balao*

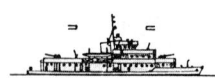

2–7.6, 4–4 ⚓, 2–2 ⚓   320 ts, 12 kn, 47 m
2 PR: **MARAÑON, Ucayali** [13, 14] (51)

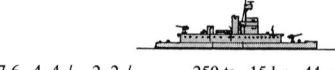

2–7.6, 4–4 ⚓, 2–2 ⚓   250 ts, 15 kn, 44 m
2 PR: **Amazonas** [11, 12] (34)

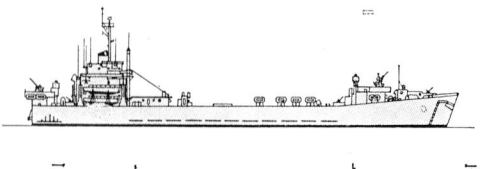

2600 ts, 13 kn, 117 m
?–4 ⚓
4 LS: **Paita** [141–144] (53) –
Typ US Terrebonne Parish

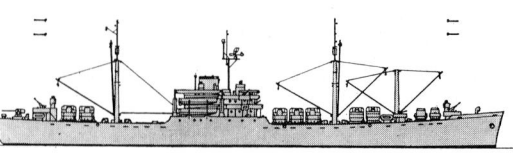

6190 ts, 15.5 kn, 140 m
1–12.7, 4–7.6 ⚓, 6–2 ⚓
1 AK: **Independencia** [130] (41)
Schulschiff / Training Ship

Peru

Kennungen / Identification

Kreuzer /
Cruisers
81–Alm. Grau

Zerstörer /
Destroyers
70–Bolognesi
71–Castilla
73–Palacios
74–Ferré
76–Quiñones
77–Villar
78–Galvez
79–D. Canseco

Fregatten /
Frigates
51–Carvajal
52–Villavicencio
53–Montero
54–Mariategui

Uboote /
Submarines
31–Casma
32–Antofagasta
33–Pisagua
34–Chipana
35–Islay
36–Arica
41–Dos de Mayo
42–Abtao
43–Angamos
44–Iquique
48–Pacocha
49–La Pedrera

Kleine Kampfschiffe /
Small Fighting
Vessels
11–Amazonas
12–Loreto
13–Marañon

14–Ucayali
15–America
21–Velarde
22–Santillana
23–Heros
24–Herrera
25–Larrea
26–S. Carrion
222–Rio Sama
223–Rio Chira
225–Rio Pativilca
227–Rio Locumba
229–Rio Vitor
230–La Punta
231–Chillon
232–Santa
233–Majes
234–Reque
235–Rio Viru
236–Rio Lurin

240–Rio Zarumilla
241–Rio Tumbes
242–Rio Piura
243–Rio Nepeña
244–Rio Tambo
245–Rio Ocoña
246–Rio Huarmey
247–Rio Zaña
248–Rio Cañete
290–Rio Ramis
291–Rio Ilave
292–Rio Azangaro

Landungs-
fahrzeuge /
Landing Vessels
141–Paita
142–Pisco
143–Callao
144–Eten

Hilfsfahrzeuge /
Auxiliary Vessels
110–Mantilla
111–Colayeras
123–Rios
124–Franco
128–Olaya
129–Selendon
130–Independencia
131–Ilo
152–Talara
156–Pimentel
158–Zorritos
159–Lobitos
170–Unanue
172–Stiglich
175–Carillo
176–Melo
184–C. Navarro
302–Morona

Maßstab / Scale 1 : 1000

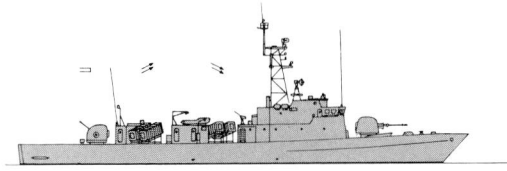

470 ts, 34 kn, 64 m
4 ⇒, 1–7.6 ⚓, 2–4 ⚓, 4–2 ⚓
6 PG: **Velarde** [21–26] (78–79) –
Typ frz. / French PR 72 P

Küstenwache / Coast Guard

1–4 ⚓, 1–2 ⚓ ./300 ts, 21 kn, 50.6 m
6 PP: **Rio Nepeña** [P 243–248] (74–81)

1–4 ⚓, 4–2 ⚓, 2 Mg ⚓ 130 ts, 18.5 kn, 30.8 m
2 PP: **Rio Sama** [P 222, 223] (65–69)
Typ US PGM

SS **Arica** (74) Typ deutsch / German 209/1200 3–1984, Voß

FG **Villavicencio** (78) Typ ital. Lupo   1981, CNR

AK **Ilo** (71)   8-1984, Voß

AO **Zorritos** (58)   9-1985, Voß

Philippinen/Philippines

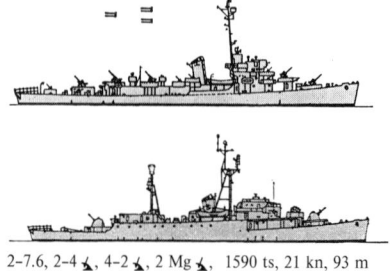

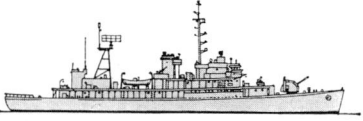

1240 ts, 20 kn, 93 m
3-7.6, 6-4 ⚓, 12-2 ⚓, 2 Mg ⚓, 1 ⟋, 2 ⚲
2 FE: **Rajah Humabon** [P 78, 77] (43) –
Typ US Canon

2-7.6, 2-4 ⚓, 4-2 ⚓, 2 Mg ⚓, 1590 ts, 21 kn, 93 m
1-8.1 Mörser / mortar,
6 **UTR** 32.4 III
  1 FE: **Rajah Lakandula** [PF 4] (43) –
    Typ US Savage

1-12.7, 4-4 ⚓, 2-2 ⚓,   1766 ts, 18 kn, 95 m
2 Mg ⚓, 1 ⟋
  4 FE: **Andres Bonifacio** [PF 7-10] (42-44) –
    Typ US Barnegat

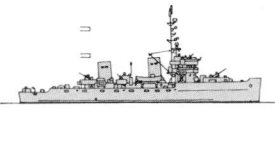

890 ts, 18 kn, 67 m
2-7.6, 4-4 ⚓, 4-2 ⚓, 3 **UTR**, 1 ⌁, 2 ⚙
2 FS: **Rizal** [PS 69, 70] (43-44) – *Typ US Auk*
✈-Plattform achtern / aft

1-7.6, 6-4 ⚓, 4-2 ⚓   640 ts, 16 kn, 56 m
7 FS: **Cebu** [PS 19, 22, 23, 28, 29, 31, 32] (43-44) –
Typ US PCE

2-2 ⚓   2230 ts, 16.5 kn, 90 m
1 Yacht: **Ang Pangulo** [TP 777] (58)

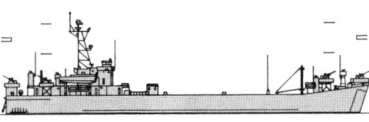

6-4 ⚓, 4-2 ⚓   20 LS: **Albay** (42-45) – *Typ US LST* (1), (2)   1625 ts, 10 kn, 100 m

FE **Rajah Lakandula** (43) Typ US Edsall   1977, Arra

LS **Surigao del Sur** (44) Typ US LST (2)   1980, Arra

2 ⚓, 2 ↥, 2-5.7 ⚓, 4-2.3 ⚓, 1100 ts, 25 kn, 81 m
2 **UTR** 53.3, 2 ⚓
   2 FG: *Kaszub Klasse* (85 - a. St. / o. st.)

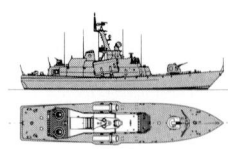

4 ⇨, 1 ⚓, 1-7.6 ⚓, 2-3 ⚓ 480 ts, 35 kn, 56.5 m
   3 FG: **Gornik** [435–437] (82–83) -
      Typ USSR Tarantul I

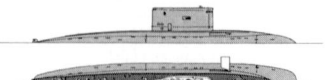

6 **TR** b↓, ⚓ 2500/3200 ts, 12/16 kn, 73 m
   2 SS: **Orzel** [291, 292] (85–86) –
      Typ USSR Kilo

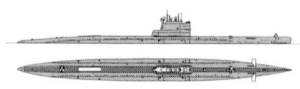

6 **TR** ↓ (4 b, 2 h) 1080/1350 ts, 18/15 kn, 76 m
   2 SS: **Sokol** [293, 295] (~55) –
      Typ USSR Whiskey

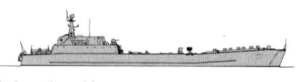

2-3 ⚓, 2 ↠ 18
                       11 LS: **Lenino** [801–810, 890] (63–70) –
   Typ USSR Polnocny A mod.

                       780 ts, 18 kn, 73 m
   Typ USSR Polnocny A

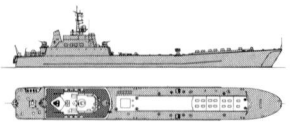

4-3 ⚓, 2 ↠ 18 780 ts, 18 kn, 76 m
   11 LS: **Warta** [888, 889, 891–899] (63–70) –
      Typ USSR Polnocny B

4-3 ⚓, 2 ↠ 18 1150ts, 18 kn, 82 m
   1 LS: **Grunwald** [811] (~70) –
      Typ USSR Polnocny C

[4-2.5 ⚓] ./1200 ts, 10 kn, 58.5 m
   3 AO: **Krab** – *Moskit Klasse*

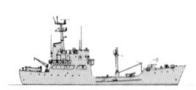

[2-2.5 ⚓] 550 ts, 9 kn, 46 m
   3 Tender: **SD 11-13** (~72) –
      Mrowka Klasse

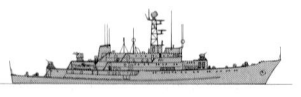

4-3 ⚓, 4-2.3 ⚓ 2000 ts, 17 kn, 73 m
   2 AX: **Wodnik** Klasse [251, 252] (75–76)

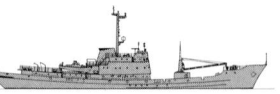

— 1250 ts, 17 kn, 73 m
   1 AG: **Kopernik** (74) – *Typ USSR Moma*

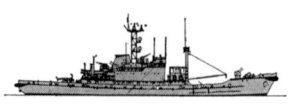

[8-2.5 ⚓] 1660 ts, 16.5 kn, 73.2 m
   2 AT: **Piast** [281, 282] (73–74) –
      Bergungsschiffe / Salvage Vessels

— 1110 ts, 16 kn, 73 m
   2 AG: **Nawigator** [262, 263] (75)

Kennungen / Identification

Korvetten /
Corvetten
434–Gornik
435–Hutnik
436–Stoczniowiec

Uboote /
Submarines
291–Orzel
292–
293–Sokol
295–Bielik

Minensucher /
Minesweepers
601–Zubr
603–Los

604–Dzik
605–Bizon
606–Bobr
607–Rosomak
608–Delfin
609–Foka
610–Mors
611–Rys
612–Zbik
—
613–Orlik
614–Krogulec
615–Jastrzab
616–Kormoran
617–Czajka
618–Albatros
619–Pelikan

620–Tukan
621–Kania
622–Jaskolka
623–Zuraw
624–Czapla
—
630–Goplo
631–
632–Gardno

Landungs-
fahrzeuge /
Landing Vessels
801–Lenino
802–Studzianki
803–
804–Brda

805–
806–Rablow
807–Janow
808–Narwik
809–
810–
811–Grunwald
888–
889–
890–Balas
891–
892–
893–
894–
895–
896–
897–

898–Warta
899–

Hilfsfahrzeuge /
Auxiliary
Vessels
251–Wodnik
252–Gryf
262–Nawigator
263–Hydrograf
265–Heweliusz
266–Arctowski
281–Piast
282–Lech
711–Podchoraszy
712–Kadet
713–Elew
K 18–Bryza

Maßstab / Scale 1:1000

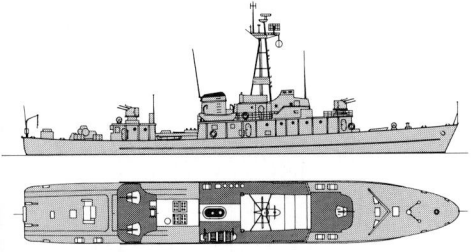

450 ts, 18 kn, 60 m
6–2.5 ⚓, ⟡
12 MB: **Krogulec** [613–624] (63–67)

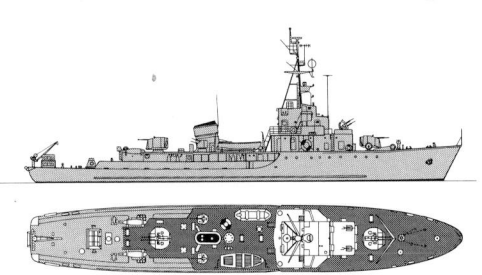

520 ts, 14 kn, 60 m
4–3.7 ⚓, 4–2.5 ⚓, 8–1.5 ⚓
11 MB: **Bobr** [601, 603–612] (57–60) –
Typ USSR T 43

2–3.7 ⚓, 8–1.5 ⚓   520 ts, 14 kn, 58 m
1 MB/AGI: **Tur** [602] (~58) – *Typ USSR T 43*

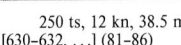

2–2.3 ⚓   250 ts, 12 kn, 38.5 m
6 MS: *Notec Klasse* [630–632, ...] (81–86)

4 ⊷, 4–3 ⚓   175 ts, 36 kn, 40 m
     12 PG: *Typ USSR Osa I* (~60)

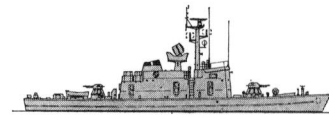

2 oder / or 4–3 ⚓   150 ts, 24 kn, 42 m
     13 PP: **Obluze** Klasse (65–68)

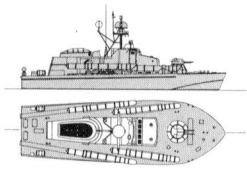

2–3 ⚓, 4 **TR** 53.3   65 ts, 30 kn, 25 m
     2 PF: **Wisla** Klasse (70–?)

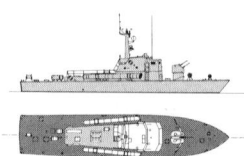

2–2.5 ⚓, 2 **TR**   100 ts, 24 kn, 30 m
     16 PP: **Pilica** Klasse [161–172, …] (~73)

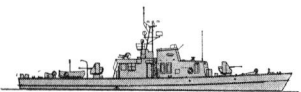

2–3.7 ⚓, 2 Mg ⚓   180 ts, 18 kn, 41 m
     9 PP: **Gdansk** Klasse (~60)

2 Mg ⚓   40 ts, 14 kn, 23 m
     12 PP: **Wisloka** Klasse

—   147 ts, 10 kn, 28.8 m
     4 AX: **Bryza** [K 18, 711–713] (65–75)

FG **Hutnik** (83) Typ USSR Tarantul I 6–1986, BMVg / MOD, Bonn

MB **Czapla** (67) Krogulec Klasse   9-1987, Bendfeldt

SS **Orzel** (85) Typ USSR Kilo   12–1986, BMVg / MOD, Bonn

MB **Bobr** (57) Typ USSR T 43   4–1987, BMVg / MOD, Bonn

MS **Notec** (81), MS **Goplo** (84)   5–1984, BMVg/MOD, Bonn

PP **Obluze** Klasse (~66)   1983, Bendfeldt

PF **Wisla** Klasse – WOP   1975, BMVg / MOD, Bonn

PP **Pilica** Klasse   1980, BMVg/MOD

PP **Obluze** Klasse (~65) WOP   4-1987, BMVg / MOD, Bonn

LS **Polnocny A mod.** Klasse (~65)   1986, BMVg / MOD, Bonn

LS **Polnocny B** Klasse (~65)   ~1984, Junge/Globke

LS **Polnocny B** Klasse (~67)   8-1986, BMVg / MOD, Bonn

LS **Polnocny B** Klasse (~68)   9-1986, BMVg / MOD, Bonn

AT **Lech** (74)   11-1986, BMVg / MOD, Bonn

AGI **Hydrograf** (75) Typ USSR Moma   9–1986, BMVg / MOD, Bonn

AGI **Tur** (~57) ex MS, Typ USSR T 43   1986, BMVg / MOD, Bonn

AX **Gryf** (76)   ~1985, Kon. Marine

YP **K 8** (~71) Pajak Klasse   9–1986, BMVg/MOD, Bonn

Portugal

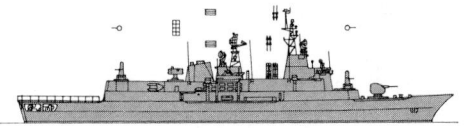

./3000 ts, 30 kn, 120 m
8 Harpoon ⇒, 1-10 ✗, 2-2 ✗ Phalanx,
1 Sea Sparrow ⚓, 6 **UTR** 32.4 III, 2 ⇒
3 FG: Vasco da Gama (bew./auth.) –
Typ deutsch / German MEKO 200 P
vorläufige Skizze / preliminary drawing

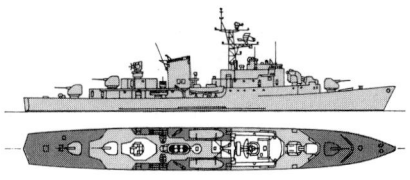

1760 ts, 26 kn, 103 m
3-10 ✗, 2-4 ✗, 6 **UTR** 55 III, 1 ⚓
4 FE: **Commandante Sacadura Cabral** [F 480–483]
(66–68) – *Typ frz. / French Cdt. Rivière*

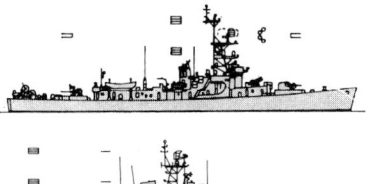

1450 ts, 27 kn, 100 m
4-7.6 ✗, 6 **UTR** 32.4 III, 2 ⚓, 2 ⚓
3 FE: **Almirante Gago Coutinho** [F 472–474]
(63–66) – *Typ US Dealey*

1-10 ✗, 2-4 ✗,   1250 ts, 24 kn, 84.5 m
6 **UTR** 32.4 III

4 FS: **Baptista de Andrade** [F 486–489] (73–74)

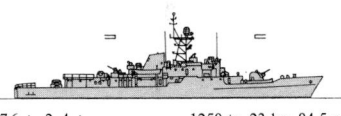

2-7.6 ✗, 2-4 ✗,   1250 ts, 23 kn, 84.5 m
1 ⚓, 2 ⚓, [30]
6 FS: **João Coutinho** [F 471, 475–477, 484, 485]
(69–70)

870/1040 ts, 13.5/15 kn, 58 m
12 **TR** 55 (8 b↓, 4 h↑)
3 SS: **Albacora** [S 163, 164, 166] (66–68) –
Typ frz. / French Daphné

Kennungen / Identification

Fregatten / Frigates	Uboote / Submarines	Wachboote / Patrol Boats		Hilfsfahrzeuge / Auxiliary Vessels
F ...		P ...	1165–Aguia	A ...
471–A. Enes	488–A. Cerqueira	360–Atria	1167–Cisne	520–Sagres
472–P. da Silva	489–O. e. Carmo	1140–Cacine		521–Schultz Xavier
473–G. Coutinho		1141–Cunene	UAM ...	527–Alm. Carvalho
474–M. Correia	**Uboote / Submarines**	1142–Mandovi	602–Surriada	5201–Vega
475–J. Coutinho	S ...	1143–Rovuma	605–Mareta	5202–D. Jeremias
476–J. Cândido	163–Albacora	1144–Cuanza	608–Maresia	5203–Andromeda
477–D'Eça	164–Barracuda	1145–Geba	611–Bolina	5204–Polar
480–J. Belo	166–Delfim	1146–Zaire	612–Bonança	5205–Auriga
481–H. Capelo		1147–Zambeze	613–Mar Chão	5206–S. Gabriel
482–R. Ivens	**Minensucher / Minesweepers**	1148–D. Aleixo	630–Condor	5208–Sao Miguel
483–S. Cabral	M ...	1160–Limpopo	631–Levante	
484–A–Castilho	*Typ brit. Ton*	1161–Save		
485–H. Barreto	401–S. Roque	1162–Albatroz	**Landungsfahrzeuge / Landing Vessels**	
486–B. de Andrade	402–R. Grande	1163–Açor	LDG ...	
487–J. Roby	403–Lagoa	1164–Andorinha	201–Bombarda	
	404–Rosário		202–Alabarda	
			203–Bacamarte	

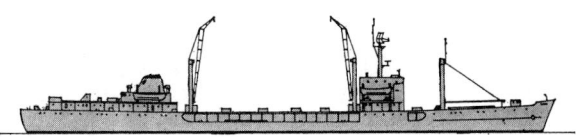

9000 ts, 17 kn, 146 m
1 AO: **São Gabriel**
[A 5206] (62)

FE **Comandante Hermenegildo Capelo** (66) Typ frz. / French Cdt. Rivière   8–1987, Voß

FE **Almirante Magalhães Correa** (66) Typ US Dealey   1980, Voß

FS **Oliveira e Carmo** (74) Baptista de Andrade Klasse   1983, Terzibaschitsch

FS **Pereira d'Eça** (69) João Coutinho Klasse   8–1986, Kloibhofer/Donko

SS **Albacora** (66) Typ frz. / French Daphné — 1976, Wiegran

PP **Andorinha** (75) Albatroz Klasse — 1977, amtlich / official

Schulschiff / Training Ship **Sagres** (37) — 1979, Arra

Bojenleger / Buoy Layer **Schultz Xavier** (72) — 1974, amtlich / official

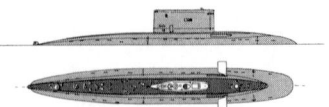

2500/3200 ts, 12/16 kn, 73 m
6 **TR** 53.3 b↓, ⚓
1 SS: *Typ USSR Kilo* (~86)

Maßstab / Scale 1:1000

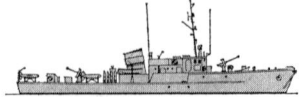

145 ts, 9 kn, 38 m
2-3.7 ⚓, 4 Mg ⚓
6 MS: *Typ USSR T 301* (~45)

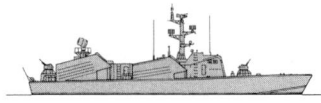

4 ⟊, 4-3 ⚓   175 ts, 36 kn, 40 m
5 PG: *Typ USSR Osa I* (~65)

1-8.5, 4 Mg ⚓,   85 ts, 17 kn, 32 m
2-8.1 Mörser / mortars
18 PR: **VB 76–93** (73–?)

500 ts, 36 kn, 61 m
2-5.7 ⚓, 2 **UTR**, 2 ⚓
2 PC: *Typ USSR Poti* (~65)

1-5.7 ⚓, 2-3.7 ⚓   120 ts, 30 kn, 38.8 m
4 PC: *Typ chines. Shanghai II* (73–79)

4-1.5 ⚓, 2 **TR** 53.3   39 ts, 55 kn, 21.5 m
1 PF: *Typ chines. Huchuan* (83)

PR VB 93 (~76)   1978

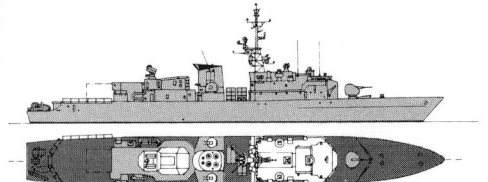

2250 ts, 30 kn, 115 m
8 Otomat ⇒, 1-10 ⚓, 4-4 ⚓, 1 ⚓,
4 **UTR**, 1 ⇥
4 FG: **Madina** [702, 704, 706, 708]
(83–84) – *Typ frz. / French F 2000*

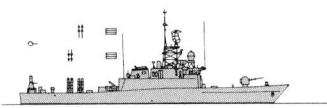

900 ts, 30 kn, 74.7 m
8 Harpoon ⇒, 1-7.6 ⚓, 1-2 ⚓ CIWS, 2-2 ⚓,
6 **UTR** 32.4 **III**,
1-8.1 Mörser / mortars, 2-4 Mörser / mortars
4 FG: **Badr** [612, 614, 616, 618] (80–81)

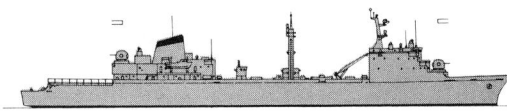

10745 ts, 20 kn, 135 m
4-4 ⚓, 2 ⇥
2 AO: **Boraida** [902, 903] (83–84)

Kennungen / Identification

**Fregatten /
Frigates**
612–Badr
614–Al Yarmook
616–Hitteen
618–Tabuk
702–Madina
704–Hofouf
706–Abha
708–Taif

**Minensucher /
Minesweepers**
412–Adriyah
414–Al Quysumah
416–Al Wadeeah
418–Safwa

**Kleine Kampf-
schiffe /
Small Fighting
Vessels**
511–As Siddiq
513–Al Farouq
515–Abdul-Aziz
517–Faisal
519–Khalid
521–Amir

523–Tariq
525–Oqbah
527–Abu, Obaidah

**Landungs-
fahrzeuge /
Landing Vessels**
212–Al Qiaq
214–As Sulayel
216–Al Ula
218–Afif

**Verschiedenes /
Miscellaneous**
902–Boraida
903–Yunbou

EN …
111–Tuwaiq
112–Dareen

Maßstab / Scale 1 : 1000

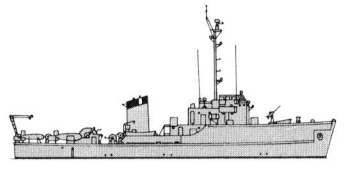

320 ts, 14 kn, 46.6 m
2-2 ⚓
4 MS: **Addriyah** [412, 414, 416, 418] (76–77) –
Typ US Bluebird

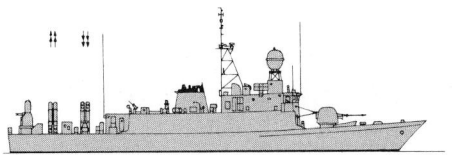

425 ts, 38 kn, 58 m
4 Harpoon ⇒, 1-7.6 ⚓, 2-2 ⚓, 1-2 ⚓ CIWS,
1-8.1 und / and 2-4 Mörser / mortars
9 PG: **As Siddiq** (79–82)

FG **Madina** (83) Typ frz. / French F 2000   1984, St. W. Lorient

FG **Tabuk** (81)   1984, Arra

PG **Amir** (81)   1984, Arra

PP **Salwa** (87)   3-1987, Voß

Uboote / Submarines

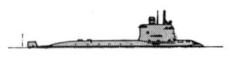

8 TR↓ (6 b, 2 h)　　1030/1125 ts, 20/20 kn, 49.5 m
3 SS: **Näcken** [Näk, Nad, Nep] (78–79)

6 TR ↓ (4 b, 2 h)　　1130/1400 ts, 15/20 kn, 51 m
5 SS: **Sjöormen** [Sor, Sbj, Shä, Shu, Sle] (67–68)

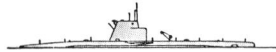

835/1100 ts, 16/17 kn, 69 m
4 TR 53.3 b↓, ♂
4 SS: **Delfinen** [Del, Nor, Spr, Vgn] (60–61)

Minenleger / Minelayer

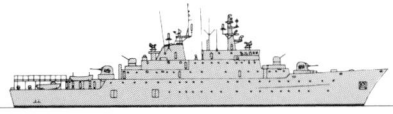

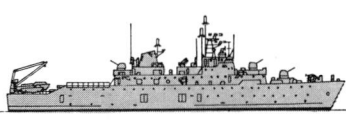

2–5.7 ⚓, 2–4 ⚓, 105 ♂　　3130 ts, 20 kn, 106 m
1 NB: **Carlskrona** [M 04] (80)

3–4 ⚓, 300 ♂　　./2650 ts, 15 kn, 92.4 m
2 NB: **Älvsborg** [M 02, 03] (69–75)

Kennungen / Identification

Uboote /
Submarines
Del –Delfinen
Hgd –Hälsingland
Näk –Näcken
Nad –Najad
Nep –Neptun
Nor –Nordkaparen
Ogd –Östergötland
Sbj –Sjöbjörnen
Shä –Sjöhästen
Shu –Sjöhunden
Sle –Sjölejonet
Söd –Södermanland
Sor –Sjöormen
Spr –Springaren
Vgd –Västergötland
Vgn –Vargen

Minenleger /
Minelayers
M ...
02–Älvsborg
03–Visborg
04–Carlskrona
11–Mul 11
12–Arkösund
13–Kalmarsund
14–Alnösund
15–Grundsund
16–Fårösund
17–Skramsösund
18–Öresund
19–Barösund
20–Furusund
21–25 =
 Mul 21–25

Minensucher /
Minesweepers
M ...
31–Gässten
32–Norsten
33–Viksten
43–Hisingen
44–Blackan
45–Dämman
46–Galten
47–Gillöga
48–Rödlöga
49–Svartlöga

Arkö Klasse
57–Arkö
58–Spårö
61–Styrsö
62–Skaftö
64–Hasslö
67–Nämdö
68–Blidö

Landsort Klasse
71–Landsort
72–Arholma
73–Kullen
74–Koster
75–Vinga
76–Ven

Kleine Kampf-
schiffe /
Small Fighting
Vessels
K ...
11–Stockholm

12–Malmö
21–Göteborg
22–Gävle
23–Kalmar
24–Sundsvall

T ...
121–Spica
123–Capella
125–Vega
126–Virgo

R ...
131–Norrköping
132–Nynäshamn
133–Norrtälje
134–Varberg
135–Västerås
136–Västervik
137–Umeå
138–Piteå
139–Luleå
140–Halmstad
141–Strömstad
142–Ystad

P ...
150–Jägaren
151–Hugin
152–Munin
153–Magne
154–Mode
155–Vale
156–Vidar
157–Mjölner
158–Mysing
159–Kaparen

160–Väktaren
161–Snapphanen
162–Spejaren
163–Styrbjörn
164–Starkodder
165–Tordön
166–Tirfing

V ...
01–Skanör
02–Smyge
03–Arild
04–Viken
05–Öregrund
06–Slite
07–Marstrand
08–Lysekil
09–Dalarö
10–Sandhamn
11–Osthammar
52–Tärnö
53–Tjurkö
54–Sturkö
55–Ornö

SVK ...
11–Svärdet
12–Spjutet
13–Pilen
14–Bågen

Landungs-
fahrzeuge /
Landing Vessels
A ...
324–Ane
325–Balder

326–Loke
327–Ring
333–Skagul
335–Sleipner

Verschiedenes /
Miscellaneous
A ...
201–Orion
211–Belos
217–Fryken
228–Brännaren
229–Eldaren
236–Fällaren
237–Minören
241–Urd
242–Skuld
246–Hägern
247–Pelikanen
248–Pingvinen
251–Achilles
252–Ajax
253–Hermes
256–Sigrun
313–Meranda
322–Heros
323–Hercules
324–Hera
326–Hebe
327–Passop
330–Atlas
341–ATB 1
342–ATB 2

S ...
01–Gladan
02–Falken

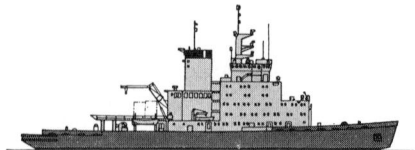

7900 ts, 18 kn, 105 m
[4 ⚓], 1 ✈
3 AI: **Atle** (73–76)

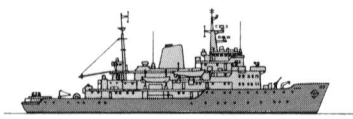

[4-4 ⚓]   4980 ts, 16 kn, 84 m
1 AI: **Tor** (63)

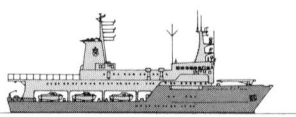

—   2000 ts, 15 kn, 73 m
1 AG: **Johan Nordenankar** (79)

Maßstab / Scale 1:1000

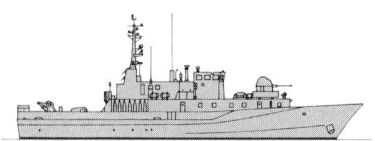

1-4 ⚓, ⚙   310 ts, 15 kn, 47.5 m
6 MS: **Landsort** [M 71–76] (82 – a. St. / o. st.)

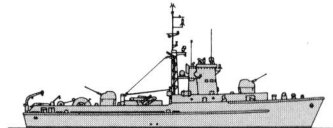

1-4 ⚓   285 ts, 14.5 kn, 44 m
7 MS: **Arkö** [M 57, 58, 61, 62, 64, 67, 68] (57–64)

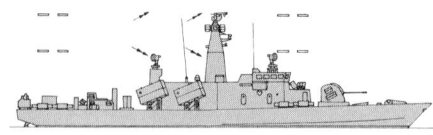

. /380 ts, 26 kn, 57 m
8 ⇨ oder / or 4 **TR**, 1-5.7 ⚓, 1-4 ⚓,
4 **UTR**, 4 🪖, ⚙
6 PG: G ö t e b o r g (a. St. / o. st. – bew. / auth.) –
vorläufige Skizze / preliminary drawing

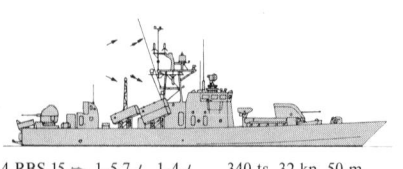

4 RBS 15 ⇨, 1-5.7 ⚓, 1-4 ⚓,   340 ts, 32 kn, 50 m
2 **TR**, [4 **TR**], 4 🪖 ELMA, ⚙
2 PG: **Stockholm** [K 11, 12] (84–85)

6 Rb 12 ⇨, 1-5.7 ⚓, 4 🪖, ⚙   125 ts, 34 kn, 36.4 m
16 PG: **Hugin** [P 151–156] (77–81)

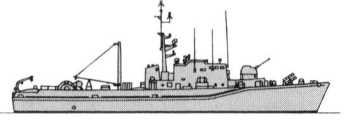

275 ts, 14.5 kn, 42 m
2-4 ⚓
4 PP: **Tärnö** [V 52–55] (53–54) –
Hanö Klasse

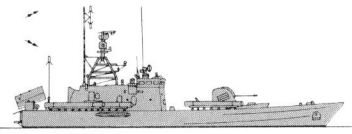

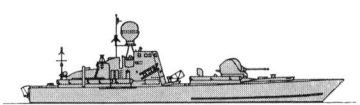

4 RBS 15 ⇒, 1–5.7 ⚓, 4 **TR**, 190 ts, 40.5 kn, 44 m
4 〰, ☉
12 PF: **Norrköping** [R 131–142] (72–76) –
Spica II Klasse

1–5.7 ⚓, 6 **TR**, ☉ 200 ts, 40 kn, 43 m
4 PF: **Spica** [T 121, 123, 125, 126 (66–67) –
Spica I Klasse

SS **Västergötland** (86) 1987, Kockums

SS **Najad** (78) Näcken Klasse 8–1987, Schiefer

SS **Sjöormen** (67) 8–1987, Schiefer

SS **Delfinen** (61) Draken Klasse 1976, Nerlich

NB **Carlskrona** (80)   8–1987, Schiefer

NB **Älvsborg** (69)   8–1987, Schiefer

MS **Landsort** (82)   1984, amtlich / official

MS **Blidö** (44) Arkö Klasse   7–1985, Schiefer

PG **Stockholm** (84)   1985, amtlich / official

PG **Mode** (78) Hugin Klasse   8–1987, Schiefer

Schweden/Sweden

PG **Västervik** (74) Spica II Klasse   8–1987, Schiefer

LC **260** (75)   8–1986, Schiefer

AI **Ale** (73)   8–1986, Schiefer

AI **Njord** (68)   8–1985, Jentsch

AR **Belos** (61)   8–1987, Schiefer

AT **Ajax** (63)   8–1987, Schiefer

YP **Pingvinen** (73)   8–1987, Schiefer

YP **Hägern** (51)   8–1987, Schiefer

Senegambia

PP **Fouta** (86) Verb. / improved Typ dän. / Dan. Havørnen   6–1987, Voß

Singapur/Singapore

Maßstab / Scale 1:1000

230 ts, 40 kn, 44.9 m
5 Gabriel ⇨, 1–5.7 ⚓, 1–4 ⚓
6 PG: **Sea Wolf** [P 76–81] (72–75)

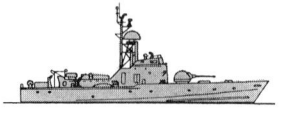

1–7.6, 1–2 ⚓   100 ts, 32 kn, 33.5 m
3 PP: **Sovereignty** [P 71, 73, 74] (69–70)

1–4 ⚓, 1–2 ⚓   100 ts, 32 kn, 33.5 m
3 PP: **Independence** [P 69, 70, 72] (69–70)

Kennungen / Identification

| Minensucher /
Minesweepers
M ...
101–Jupiter
102–Mercury | Kleine Kampf-
schiffe /
Small Fighting
Vessels
P ...
68–Panglima | 69–Independence
70–Freedom
71–Sovereignty
72–Justice
73–Daring | 74–Dauntless
75–Endeavour
76–Sea Wolf
77–Sea Lion | 78–Dragon
79–Sea Tiger
80–Sea Hawk
81–Sea Scorpion |

PG **Sea Scorpion** (75)   1982

PP **Independence** (69) Freedom Klasse   1977, Arra

LC **RPL 63** (85)   1986, Singapore Shipbuilding & Eng.

LC **Tiger 40** Hovercraft (86)   1987, Singapore Shb. & Eng.

PP **PT** Klasse (83–84)   1987, Singapore Shb. & Eng.

Flugzeugträger / Aircraft Carrier

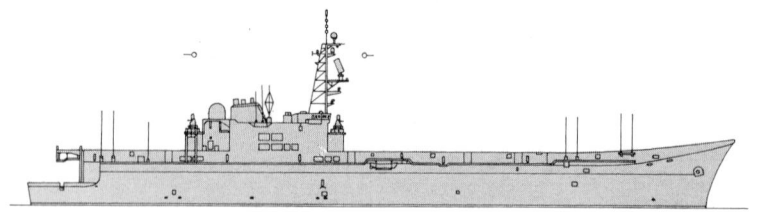

6 ⚓, 10–20 ✈, 4–2 ⚓ Meroka   15 150 ts, 26 kn, 195 m
1 RL: P r i n c i p e d e A s t u r i a s [R 11] (82) – vorläufige Skizze / preliminary drawing

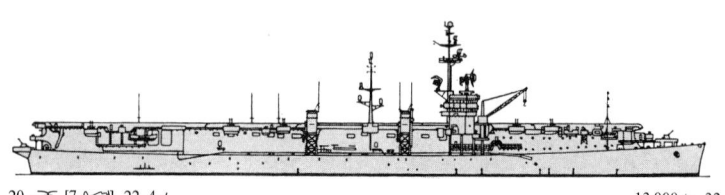

20 ✈, [7 ⚓], 22–4 ⚓   13 000 ts, 32 kn, 190 m
1 RL: **Dédalo** [R 01] (43) – *Typ US Independence*

Zerstörer / Destroyers

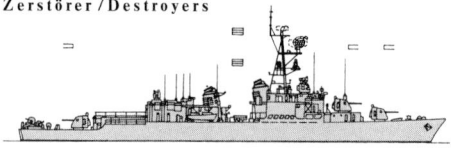

3012 ts, 31 kn, 119 m
6–12.7 ⚓, 6 UTR 32.4 III, 2 UTA, 1 ✈
1 DD: **Marqués de la Ensenada** [D 43] (59)

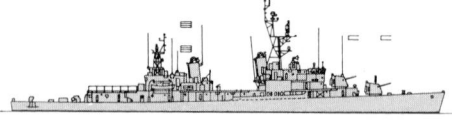

2425 ts, 32 kn, 119 m
4–12.7 ⚓, 6 UTR 32.4 III, 1 ✈
1 DD: **Blas de Lezo** [D 65] (45) –
Typ US Gearing

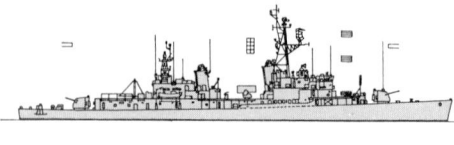

2425 ts, 32 kn, 119 m
4–12.7 ⚓, 6 UTR 32.4 III, 1 ⚓, 1 ✈
4 DD: **Churruca** [D 61–64] (45) –
Typ US Gearing

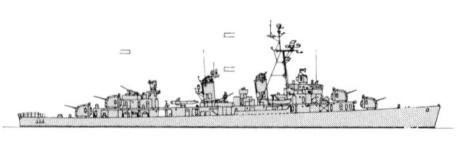

2100 ts, 35 kn, 115 m
4–12.7 ⚓, 6–7.6 ⚓, 3 TR 53.3 III,
6 UTR 32.4 III, 2 ⚓
1 DD: **Alcalá Galiano** [D 24] (44) –
Typ US Fletcher

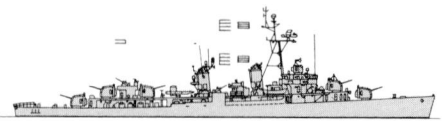

2050 ts, 35 kn, 115 m
5–12.7, 6–4 ⚓, 6–2 ⚓, 6 UTR 32.4 III, 2 ⚓
1 DD: **Almirante Ferrándiz** [D 22] (42) –
Typ US Fletcher

Kennungen / Identification

**Flugzeugträger /
Aircraft Carriers**
R ...
01-Dédalo
11-P. de Asturias

**Zerstörer /
Destroyers**
D ...
22 Ferrándiz
24-Galiano
43-M. d. l. Ensenada
61-Churruca
62-Gravina
63-M. Nuñez
64-Lángara
65-B. de Lezo

**Fregatten /
Frigates**
F ...
31-Descubierta
32-Diana
33-Inf. Elena
34-Inf. Cristina
35-Cazadora
36-Vencedora
71-Baleares
72-Andalucia
73-Cataluña
74-Asturias

75-Extremadura
81-Santa Maria
82-Victoria
83-Numancia
84-America

P ...
61-Atrevida
62-Princesa
64-Nautilus
65-Bilbao

**Uboote /
Submarines**
S ...
61-Delfin
62-Tonina
63-Marsopá
64-Narval
71-Galerna
72-Siroco
73-Mistral
74-Tramontana

**Minensucher /
Minesweepers**
M ...
Typ US Agile
41-Guadalete
42-Guadalmedina
43-Guadalquivir
44-Guadiana

Typ US Bluebird
21-Júcar
22-Ebro
23-Duero
24-Tajo
25-Genil
26-Odiel
27-Sil
28-Miño

**Kleine Kampf-
schiffe /
Small Fighting
Vessels**
P ...
01-Lazaga
02-Alsedo
03-Cadarso
04-Villaamil
05-Bonifaz
06-Recalde
11-Barceló
12-Laya
13-J. Quiroga
14-Ordoñez
15-Acevedo
16-C. Pérez
20-Salvora
21-Anaga
22-Tagomago
23-Marola
24-Mouro

25-Grosa
26-Medas
27-Izaro
28-Tabarca
29-Deva
30-Bergantin
31-Conejera
32-Dragonera
33-Espalmador
34-Alcanada
51-Nalón
52-Ulla
54-Turia
81-Toralla
201-Cabo Fradera

**Landungsfahrzeuge /
Landing Vessels**
L ...
11-Velasco
12-M. Alvarez
13-C. d. Venadito
21-Castilla
22-Aragón
31-Galicia

**Hilfsfahrzeuge /
Auxiliary Vessels**
A ...
01-C. Casado
11-Teide

12-Poseidon
13-Ciclope
21-Castor
22-Pollux
23-Antares
24-Rigel
31-Malaspina
32-Tofiño
41-Cartagena
42-Cádiz
43-Ferrol
51-Mahón
52-Las Palmas
61-C. Castello
62-M. Macias
63-T. Hernández
64-F. Bañobre
65-M. Jarana
66-C. Zaragoza
71-J. S. Elcano
72-Arosa
81-G. Barrutia
82-G. Salas
83-G. Godinez
84-G. Rull
85-G. Chereguini
91-Azor

Y ...
562-Nereida
563-Proserpina

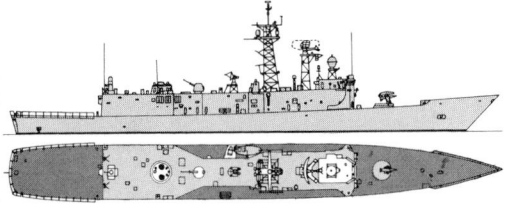

2850 ts, 30 kn, 139 m
Harpoon / Standard MR ⊳ / ⚓,
1-7.6 ⚓, 1-2 ⚓₁₂,
6 UTR 32.4 III, 2 ⚓
4 FG: **Santa Maria** [F 81–84]
(84 – a. St. / o. st.) – *Typ US FFG 7*

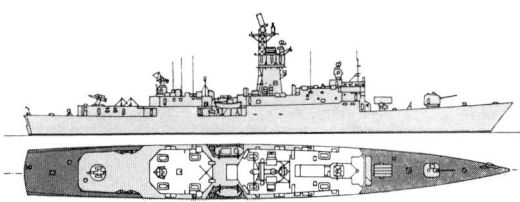

3015 ts, 28.5 kn, 134 m
8 Harpoon ⊳, 1-12.7 ⚓,
1 Standard MR ⚓, 2 **TR**,
4 UTR 32.4 II, 1 ⚓
5 FG: **Baleares** [F 71–75] (70–72)

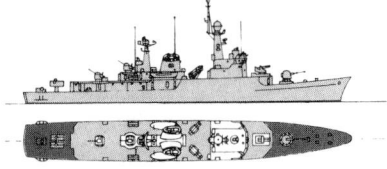

1420 ts, 26 kn, 88.9 m
8 Harpoon ⊳,
1-7.6 ⚓, 2-4 ⚓, 1 Sea Sparrow ⚓,
6 UTR 32.4 III, 1 ⚓
6 FS: **Descubierta** [F 31–36] (75–80)

Spanien/Spain

1000 ts, 18 kn, 75 m
1–7.6 ⚓, 2–4 ⚓
4 FS: **Atrevida** [P 61, 62, 64, 65] (52–56)

Uboote / Submarines

4 **TR** 55 b↓,   1490/1750 ts, 12/20.5 kn, 68 m
[SM 39 ⇒]
4 SS: **Galerna** [S 71–74] (81–84) –
Typ frz. / French Agosta

12 **TR** 55 (8 b↓, 4 h↑) 850/1040 ts, 13.5/16 kn, 59 m
4 SS: **Delfin** [S 61–64] (72–74) –
Typ frz. / French Daphné

Landungsfahrzeuge / Landing Ships

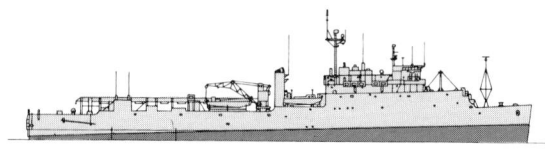

4800 ts, 15 kn, 139 m
12–4 ⚓, 18 LC, 3 ⚓
1 LD: **Galicia** [L 31] (45) –
Typ US Cabildo

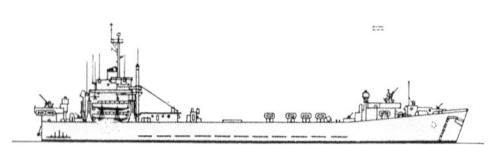

2600 ts, 13 kn, 117 m
6–7.6 ⚓, 4 LC
3 LS: **Velasco** [L 11–13] (52–53) –
Typ US Terrebonne Parish

Hilfsfahrzeuge / Auxiliary Vessels

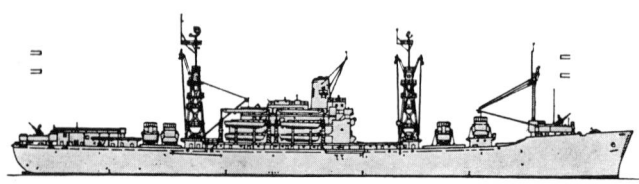

8–7.6 ⚓, [650]   10710 ts, 22 kn, 172 m
2 LP: **Castilla** [L 21, 22] (53–54) – *Typ US Paul Revere*

Maßstab / Scale 1:1000

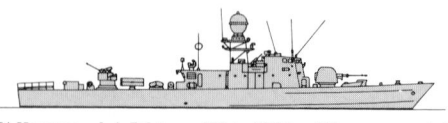

[4 Harpoon ⇒], 1–7.6 ⚓,   275 ts, 29.5 kn, 57.4 m
1–4 ⚓, 2–2 ⚓, [6 UTR]
6 PG: **Lazaga** [P 01–06] (74–75)

1–4 ⚓, 1–2 ⚓,
2 Mg ⚓, [2 TR]
6 P: **Barceló** [PC 11–16] (75–76)

110 ts, 36 kn, 36.2 m

Spanien/Spain 613

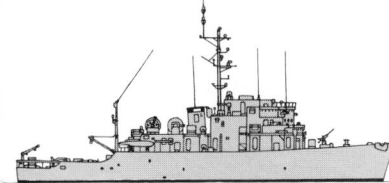 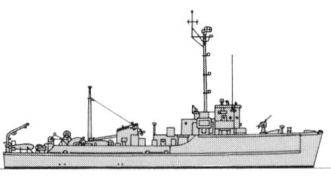

2-2 ⚓, 2 Mg ⚓   750 ts, 15 kn, 52 m
4 MB: **Guadelete** [M 41–44] (52–55) –
Typ US Agile

2-2 ⚓   355 ts, 13.6 kn, 43 m
8 MS: **Júcar** [M 21–28] (58–59) –
Typ US Bluebird

RL Principe de Asturias (82)   1982, Bazan

RL **Dédalo** (43) Typ US Independence   1982, amtlich / official

DD **Gravina** (45) Typ US Gearing 12-1985, Voß

DD **Almirante Ferrandiz** (42) Typ US Fletcher 12-1985, Voß

FG **Santa Maria** (84) Typ US FFG 7 1987, amtlich / official

FG **Asturias** (72) Baleares Klasse 6-1987, Schiefer

FG **Descubierta** (75)   6-1986, Behling

FS **Villa de Bilbao** (58) Atrevida Klasse   1-1986, Voß

SS **Tonina** (72) Typ frz. / French Daphné   1982, Arra

SS **Tramontana** (84) Typ frz. / French Agosta   1986, Moreno

SS **Tramontana** (84) Typ frz. / French Agosta   1986, Moreno

MB **Guadalmedina** (54) Typ US Agile   1981, Mayburg

MS **Júcar** (56) Typ US Bluebird – jetzt/now M 21   1979, Mayburg

PC **Villaamil** (75) Lazaga Klasse   1979, Voß

PC **Javier Quiroga** (75) Barceló Klasse   1981, Arra

PP **Tagomago** (80) Anaga Klasse – jetzt / now P 22   12–1985, Voß

LS **Conde del Venadito** (53) Typ US Terrrebonne Parish   7–1987, Voß

AO **Contramaestre Catelló** (49)   12–1985, Voß

AG **Tofiño** (73) – jetzt / now A 32   1982, Arra

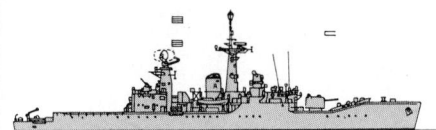

2250 ts, 30 kn, 113 m
2-11.4 ⚓, 2-4 ⚓, 6 UTR 32.4 III, 1 ▥,
1 ⇝
2 FF: **President Pretorius** [F 145, 147]
(61–62) – *Typ brit. Rothesay*

850/1040 ts, 13.5/16 kn, 59 m
12 TR 55 (8 b↓, 4 h↑)
3 SS: **Maria van Riebeeck** [S 97–99] (69–70) –
Typ frz. / French Daphné

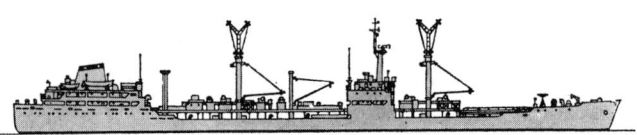

./27 000 ts,
15 kn, 171 m
2-4 ⚓, 2-2 ⚓
1 AO: **Tafelberg**
[A 243] (58) –
vor Umbau /
before conversion

1915 ts, 16 kn, 79 m
1 AG: **Protea** [A 324] (71) – *Typ brit. Hecla*

Kennungen / Identification

**Fregatten /
Frigaten**
F ...
145–Pres. Pretorius
147–Pres. Steyn

**Uboote /
Submarines**
S ...
97–M. v. Riebeeck
98–E. Hobhouse
99–J. v. d. Merwe

**Minensucher /
Minesweepers**
M ...
Typ brit. Ton
1207–Johannesburg
1210–Kimberley
1212–Port Elizabeth
1213–Mosselbaai
1214–Walvisbaai
1215–East London

1498–Windhoek
1499–Durban

**Kleine Kampf-
schiffe /
Small Fighting
Vessels**
P ...
Typ brit. Ton
1556–Pretoria
1557–Kaapstad

Typ israel. Reshef
1561–J. Smuts
1562–P. W. Botha
1563–F. Creswell
1564–J. Fouche
1565–F. Erasmus
1566–O. Pirow
1567–H. Mentz
1568–K. Coetsee

1569–
—
3148–Fleur

**Hilfsfahrzeuge /
Auxiliary Vessels**
A ...
243–Tafelberg
301–Drakensberg
324–Protea

Maßstab/Scale 1:1000

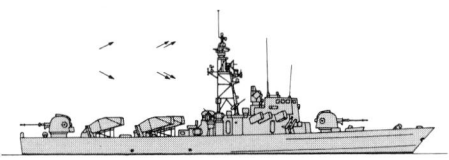

415 ts, 32 kn, 58.1 m
6 Skerpioen ⇝, 2-7.6 ⚓, 2-2 ⚓, 4 Mg ⚓
12 PG: **Jan Smuts** [P 1561–1568 ,...]
(77 – a. St. / o. st.) –
ähnlich / similar to *Typ israel. Reshef*

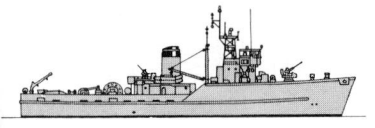

360 ts, 15 kn, 46.3 m
1-4 ⚓, 1-2 ⚓
10 MS/PP: **Kaapstad** (55–58) –
Typ brit. Ton

FF **President Pretorius** (62), AO **Tafelberg** (58)   1981, S. A. N.

SS **Maria van Riebeeck** (69) Typ frz. / French Daphné   1971, Arra

MS **Windhoek** (57) Typ brit. Ton   1981, S. A. N.

AO **Tafelberg** (58)   1981, S. A. N.

PG Typ israel. **Reshef** 1981, S. A. N.

PP **Namacurra** Klasse 1981, S. A. N.

SS Typ USSR **Romeo** (~60) bei Überführung / during transfer   11-1986, Kon. Marine

Taiwan

Skizzen zeigen Bewaffnung vor Umbau / Drawings show former armament

Kennungen nicht angegeben, da 1981 geändert / identification not listed because changed in 1981

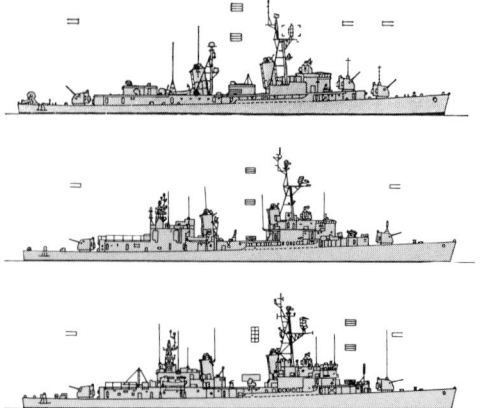

2425 ts, 35 kn, 119 m
5 Hsiung Feng ⇒,
4-12.7 ⤡, 8-4 ⤡, 4 Mg ⤡,
6 **UTR** 32.4 III, 2 ⚓
1 DG: **Fu Yang** (45) –
Typ US Gearing / FRAM 2

2425 ts, 35 kn, 119 m
4-12.7 ⤡, 4-4 ⤡, 4 Mg ⤡,
6 **UTR** 32.4 III, 1 ⚓, 1 ⇶
1 DD: **Dang Yang** (45) –
Typ US Gearing / FRAM 2

2425 ts, 35 kn, 119 m
4-12.7 ⤡, 4 Mg ⤡,
6 **UTR** 32.4 III, 1 ⚓, 1 ⇶
8 DD: **Chien Yang** (45-46) –
Typ US Gearing / FRAM 1

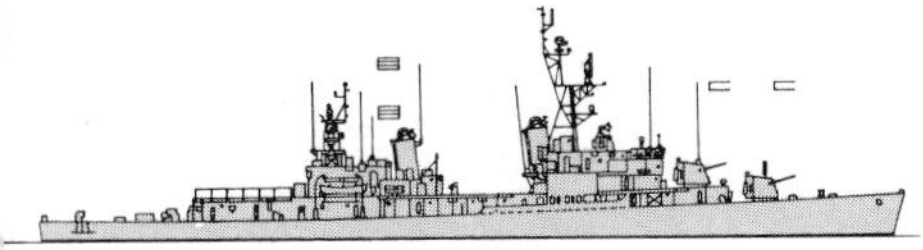

2425 ts, 35 kn, 119 m
4-12.7, 4-4, 4 Mg,
6 **UTR** 32.4 III, 1
4 DD: **Kai Yang** (45) -
Typ US Gearing / FRAM 1

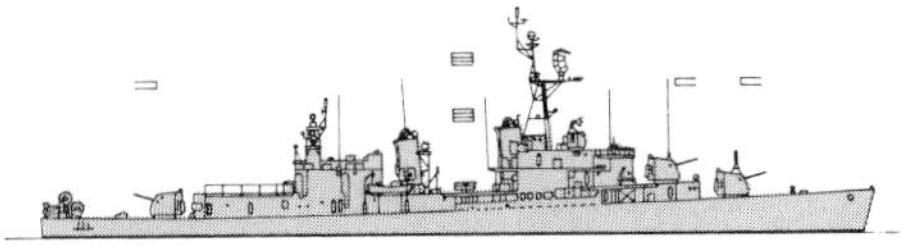

2200 ts, 35 kn, 115 m
5 Hsiung Feng,
2-12.7, 1-7.6, 2-4, 4 Mg,
1, 6 **UTR** 32.4 III, 2, 1
2 DG: **Nan Yang** (44) -
Typ US Allen M. Sumner / FRAM 2

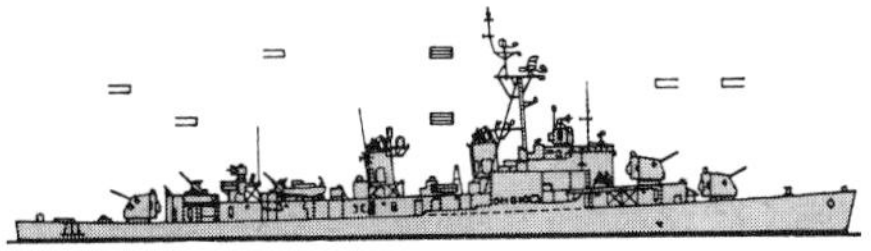

2200 ts, 34 kn, 115 m
6-12.7, 4-7.6, 4 Mg,
6 **UTR** 32.4 III, 2
6 DD: **Po Yang** (43-44) -
Typ US Allen M. Sumner

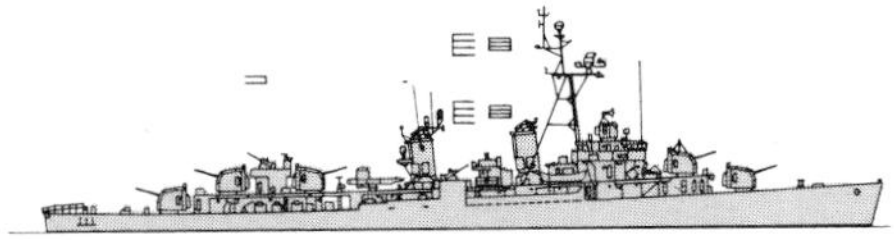

2050 ts, 35 kn, 115 m
5, 2-12.7, 1-7.6,
1 Sea Chaparral $_2$
6 **UTR** 32.4 III, 2
4 DG: **An Yang** (43) -
Typ US Fletcher

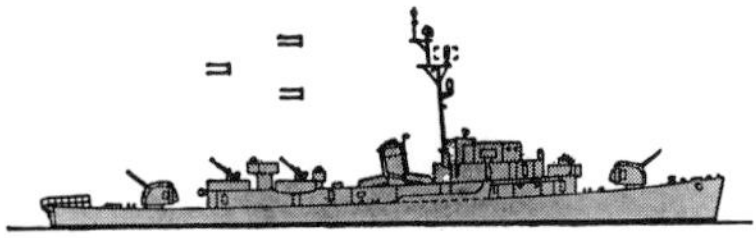

1450 ts, 24 kn, 93 m
2-12.7, 4-4, 4-2,
6 **UTR** 32.4 III, 1, 4,
1 FE: **Tai Yuan** (43) -
Typ US Rudderow

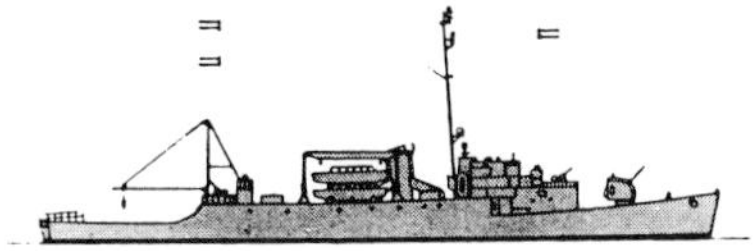

1400 ts, 23.5 kn, 93 m
1 oder / or 2-12.7, 6-4, 4-2,
6 **UTR** 32.4 III, 2 LC, [160]
9 FE: **Tai Shan** (43-45) -
Typ US LPR

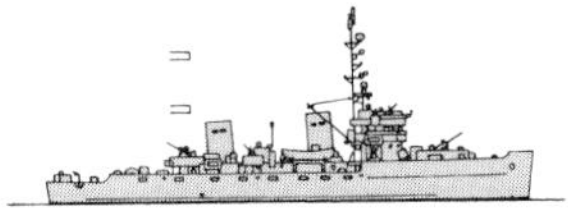

890 ts, 18 kn, 67 m
2-7.6, 4-4, 4-2,
3 **UTR** 32.4 III, 1, 1,
3 FS: **Chu Yung** (41-44) - *Typ US Auk*

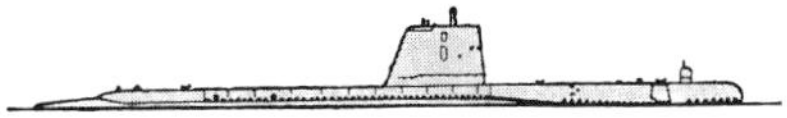

1870/2420 ts, 18/14 kn, 94 m
10 **TR** 53.3 (6 b, 4 h)
2 SS: **Hai Shih** (44-45) - *Typ US Tench*

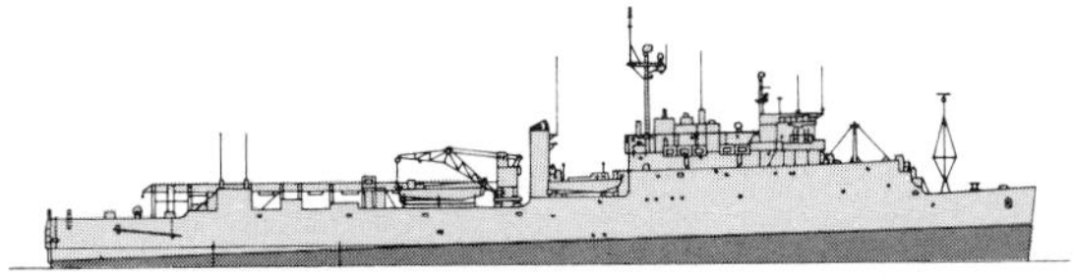

4800 ts, 15.4 kn, 139 m
12-4, 14 LC
1 LD: Chen Hai (45) -
Typ US Casa Grande

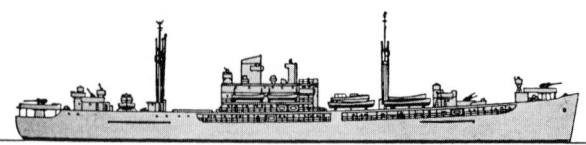

8200 ts, 16.5 kn, 150 m
1–12.7, 6–4 ⚓,
1 AR: **Yu Tai** (45) –
Typ US Mar. Comm. C 3

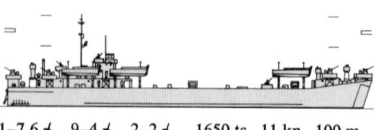

1–7.6 ⚓, 9–4 ⚓, 2–2 ⚓   1650 ts, 11 kn, 100 m
22 LS: *Typ US LST (2) (43–44)*

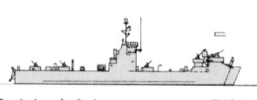

2–4 ⚓, 4–2 ⚓   743 ts, 12 kn, 62 m
4 LS: **Mei Lo** (~44) – *Typ US LSM*

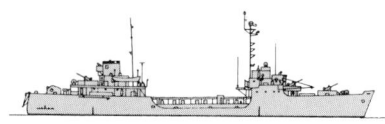

1850 ts, 14 kn, 102 m
2–7.6, 2–2 ⚓
3 AO: **Chang Pei** (43–45) – *Typ US Patapsco*

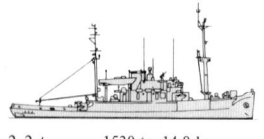

2–2 ⚓   1530 ts, 14.8 kn,
65.1 m
1 AT: **Ta Hu** (42) –
Typ US ARS

1–7.6,   1235 ts, 16.5 kn,
4–4 ⚓   63 m
4 AT: **Ta Tung** (42–43) –
Typ US ATF

1–7.6,   534 ts, 13 kn,
2–2 ⚓   44 m
3 AT: **Ta An** (42–44) –
Typ US ATA

Maßstab / Scale 1 : 1000

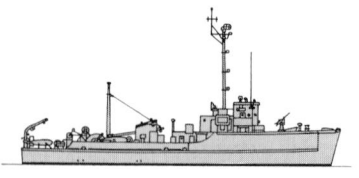

335 ts, 14 kn, 42.4 m
2–2 ⚓
13 MS: **Yung Shan** (52–58) –
Typ US Bluebird

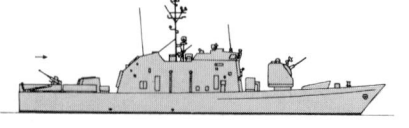

240 ts, 40 kn, 50.3 m
4 Hsiung Feng ⇨, 1–7.6 ⚓, 2–3 ⚓, 2 Mg ⚓
2 PG: **Lung Chiang** (77–79) –
Typ S.-Korean. Paek Ku 52

DD **Liao Yang** (45) Typ US Gearing / FRAM 1   1981, The Argus, Cape Town

Thailand

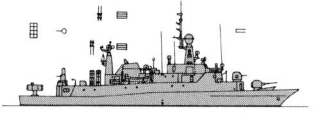

8 ⊳, 1–7.6 ✈, 2–4 ✈, 2–2 ✈,   840 ts, 30 kn, 76.8 m
1 ⚓, 6 **UTR** 32.4 **III**
2 FG: **Rattanakosin** [2, 3] (85–86)

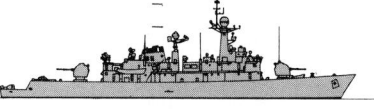

2–11.4 ✈, 2–4 ✈, 4 Seacat ⚓4,   1650 ts, 26 kn, 98 m
1 ⛰3, 2 ⚓
1 FF: **Makut Rajakumarn** [7] (71)

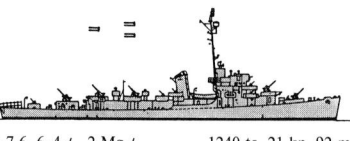

3–7.6, 6–4 ✈, 2 Mg ✈,   1240 ts, 21 kn, 92 m
6 **UTR** 32.4 **III**, 1 ⟿, 8 ⚓
1 FE: **Pinklao** [3] (43) – *Typ US Cannon*

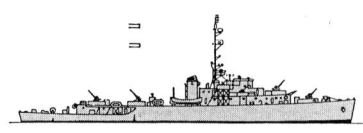

3–7.6, 2–4 ✈, 9–2 ✈,   1430 ts, 20 kn, 93 m
2 **UTR** 34.2 **II**, 1 ⟿, 8 ⚓
2 FE: **Prasae** [1, 2] (43) – *Typ US Tacoma*

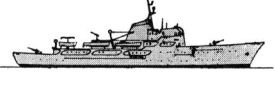

870 ts, 14 kn, 71 m
1–2 ✈
1 AG: **Chanthara** [AGS 11] (60)

Maßstab / Scale 1 : 1000

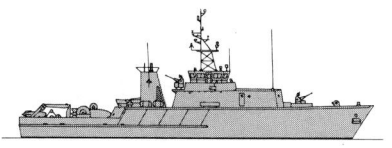

460 ts, 16 kn, 49.1 m
3–2 ✈, ☼
2 MB: **Bangrachan** (86–87)

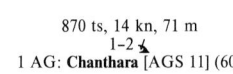

4 MM 38 ⇒, 1-7.6 ⚓, 1-4 ⚓   235 ts, 36 kn, 49.8 m
3 PG: **Ratcharit** (78–79)

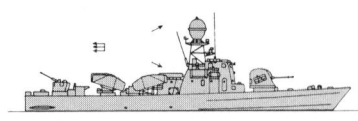

5 Gabriel ⇒, 1-5.7 ⚓, 1-4 ⚓   225 ts, 37.5 kn, 44.9 m
3 PG: **Prabparapak** (75–76)

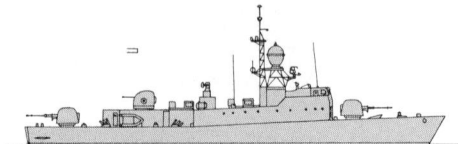

375 ts, 30 kn, 60.4 m
2-7.6 ⚓, 2-4 ⚓
3 PP: **Chonburi** [1–3] (82–83)

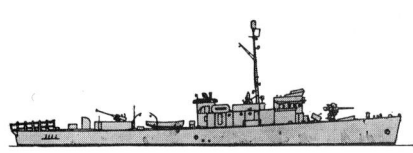

1-7.6, 1-4 ⚓, 5-2 ⚓,   280 ts, 19 kn, 53 m
2 **UTR** 32.4
5 PC: **Liulom** [PC 1, 4–7] (43) – *Typ US PC*

1-2 ⚓, 2 ⛴   95 ts, 21 kn, 29 m
3 PP: **T 81, 82, 84** (~54) – *Typ USCG 95'*

FG **Sukhuthai** (86)   1987, Arra

FF **Makut Rajakumarn** (71) vor Umbau / before conversion   1984, amtlich / official

MB **Nongsarai** (87) Typ deutsch / German M 48   9–1987, Voß

MB **Bangrachan** (86) Typ deutsch / German M 48   6–1987, Voß

PG **Ratcharit** (78)   1980, Breda

PP **Klongyai** (83) Sattahip Klasse   1984, amtlich / official

Zerstörer/Destroyers

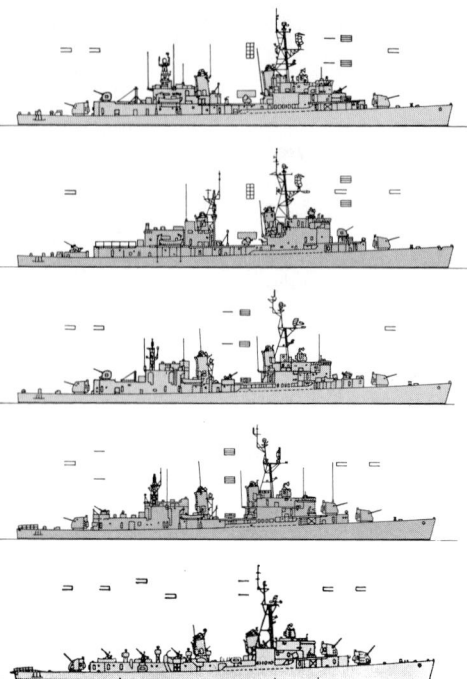

2425 ts, 32 kn, 119 m
4–12.7 ⚓, 2–4 ⚓, 2–3.5 ⚓,
6 **UTR** 32.4 III, 1 ⚓₈, 1 ⚓
7 DD: **Adatepe** [D 345, 348–353] (45–46) –
Typ US Gearing / FRAM 1

2425 ts, 32 kn, 119 m
2–12.7 ⚓, 2–4 ⚓, 2–3.5 ⚓,
6 **UTR** 32.4 III, 1 ⚓₈
2 DD: **Anitepe** [D 346, 347] (45–46) –
Typ US Gearing / FRAM 1

2425 ts, 32 kn, 119 m
4–12.7 ⚓, 4–4 ⚓, 2–3.5 ⚓,
6 **UTR** 32.4 III, 1 ⚓
1 DD: **Koçatepe** [D 354] (45) –
Typ US Gearing / FRAM 2

2200 ts, 33 kn, 115 m
6–12.7 ⚓, 4–4 ⚓, 2–3.5 ⚓,
6 **UTR** 32.4 III, 2 ⚓
1 DD: **Zafer** [D 356] (44) –
Typ US Allen M. Sumner / FRAM 2

2200 ts, 33 kn, 115 m
6–12.7 ⚓, 2–7.6 ⚓, 12–4 ⚓, 2 ⚓, ⚙
1 DD: **Muavenet** [DM 357] (44) –
Typ US Allen M. Sumner / MMD –
vor Umbau / before conversion

Fregatten / Frigates

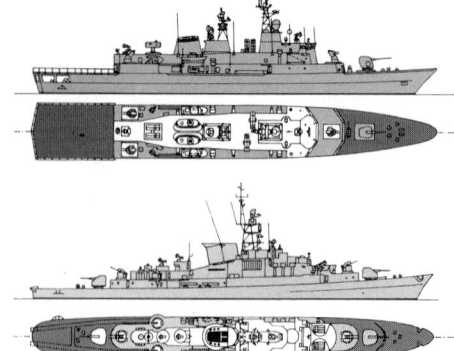

2200 ts, 27 kn, 111 m
8 Harpoon ⇒, 1–12.7 ⚓, 3–2.5 ⚓ Sea Zenith,
1 Sea Sparrow ⚓, 6 **UTR** 32.4 III, 1 ⚓
4 FG: **Yavuz** [F 240–243] (85 – a. St. / o. st.) –
Typ deutsch / German MEKO 200 T

2400 ts, 30 kn, 110 m
2–10 ⚓, 6–4 ⚓, 4 **UTR** 53.3 I, 2 ⚓₄, ⚙
2 FF: **Gelibolu** [D 360, 361] (59) –
Typ deutsch / German 120

1450 ts, 25 kn, 95 m
4–7.6 ⚓, 6 **UTR** 32.4 III, [1 ⚓]
2 FE: **Berk** [D 358, 359] (71–72)

Türkei / Turkey

Kennungen / Identification

Zerstörer / Destroyers		

Zerstörer / Destroyers
D ...
340–Istanbul
341–Izmir
345–Yucetepe
346–Alçitepe
347–Anitepe
348–Savastepe
349–K. Ali Paşa
350–Piyale Paşa
351–Çakmak
352–Gayret
353–Adatepe
354–Koçatepe
356–Zafer
357–Muavenet/DM
358–Berk
359–Peik
360–Gelibolu
361–Gemlik

Fregatten / Frigates
F ...
240–Yavuz
241–Turgut
242–Fatih
243–Yildirim

Uboote / Submarines
S ...
333–Ikinci Inönü
335–Burak Reis
336–Murat Reis
337–Oruç Reis
338–Uluc Ali Reis
340–Cerbe
341–Çanakkale
342–Hizir Reis

343–Piri Reis
345–Preveze
346–Birinci-Inönü
347–Atilay
348–Saldiray
349–Batiray
350–Yildiray
351–Doganay
352–Dolunay

Minenleger / Minelayers
N ...
101–Mordogan
102–Meriç
103–Marmaris
104–Mersin
105–Mürefte
110–Nusret
115–Mehmedçik

NL ...
120–Bayraktar
121–Sancactar
122–Çakabey
123–Saruçabey
124–Karamürselbey

Minensucher / Minesweepers
M ...
Typ US Bluebird
507–Seymen
508–Sleçuk
509–Seyhan
510–Samsun
511–Sinop
512–Sürmene
513–Seddülbahir
514–Silifke
515–Saros

516–Sigacik
517–Sapanca
518–Sariyer

Typ US MSI
500–Foca
501–Fethiye
502–Fatsa
503–Finike

Typ frz. Mercure
520–Karamürsel
521–Kerempe
522–Kilimli
523–Kozlu
524–Kusadasi
525–Kemer

Typ canad. Bay
530–Trabzon
531–Terme
532–Tirebolu
533–Tekirdag

Kleine Kampf-schiffe / Small Fighting Vessels
P ...
111–Sultanhisar
112–Demirhisar
113–Yarhisar
114–Akhisar
115–Sivrihisar
116–Koçhisar
140–Girne

Typ US PGM
1221–1236 =
AB 21–36
–

301–AG 1
304–AG 4
305–AG 5
306–AG 6
–
1209–1212 =
LS 9–12
313, 314 =
MTB 3, 4
316–320 =
MTB 6–10

Typ deutsch / German Jaguar
321–Denizkusu
322–Atmaca
323–Sahin
324–Kartal
326–Pelikan
327–Albatros
328–Simsek
329–Kasirga
331–Tufan
333–Mizrak
335–Kalkan
336–Karayel
–
339–Bora
–
340–Dogan
341–Marti
342–Tayfun
343–Volkan
344–Rüzgar
345–Poyraz

Landungs-fahrzeuge / Landing Vessels
L ...
401–Ertugrul
402–Serdar

Hilfsfahrzeuge / Auxiliary Vessels
A ...
570–Taskizak
571–A. Tolunay
572–Albay Burak
573–B. S. Gürcan
574–Akpinar
575–Inebolu
576–Derya
577–S. M. Paşa
578–Savarona
579–C. G. H. Paša
580–Akar
581–Onaran
582–Basaran
583–Donatan
584–Kurtaran
585–Akin
586–Ülkü
587–Gazal
588–Umur Bey
589–Işin

Y ...
1120–Öncü
1122–Kuvvet
1124–Önder
1130–Güven
1132–Atil
1155–Kanarya
1156–Sarköy
1157–K. Eregli
1165–Eçeabat
1166–Kilya
1168–Tuzla
1208–Van
1209–Ulubat
1217–Sögüt
1221–Mesaha I
1222–Mesaha II
1229–Kudret
1251–Çubuklu

Uboote / Submarines

8 **TR** 53.3 b ↓   1185/1290 ts, 11/22 kn, 56.1 m
6 SS: **Atilay** [S 347–352] (74–86) –
Typ deutsch / German 209/1200

8 **TR** 53.3 ↓ (6 b, 2 h) 2120/2700 ts, 15.5/16 kn, 87.5 m
2 SS: **Piri Reis** [S 343, 342] (51) –
Typ US Tang

1840/2445 ts, 18/15 kn, 93 m
10 **TR** 53.3 ↓ (6 b, 4 h)
7 SS: **Uluc Ali Reis** [S 335–338, 340, 345, 346]
(43–44) – *Typ US Tench / Balao*

Minenleger / Minelayer

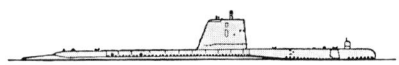

4–7.6 ⚓, 400 ⚙   1800 ts, 18 kn, 77 m
1 NB: **Nusret** [N 110] (64)
Typ dän. / Den. Falster

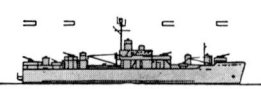

6–4 ⚓, 5–2 ⚓, ⚙   743 ts, 12 kn, 62 m
5 NS: **Mordogan** [N 100–105] (44–45) –
Typ US LSM / CMS

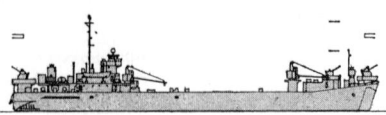

3640 ts, 9 kn, 101 m
6–4 ⚓, ☉
2 NB: **Sancactar** [NL 120, 121] (44) –
Typ US LST (2)

Landungsfahrzeuge / Landing Ships

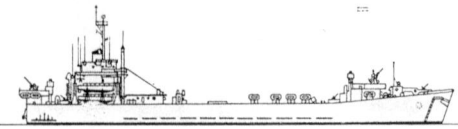

2700 ts, 15 kn, 117 m
6–7.6 ⚓, 4 LC, [400]
2 LS: **Ertugrul** [L 401,402] (53–54) –
Typ US Terrebonne Parish

Hilfsfahrzeuge/Auxiliary Vessels

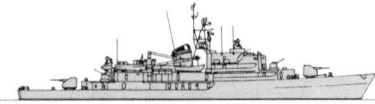

2–10 ⚓, 4–4 ⚓, [200], 70 ☉   2370 ts, 20.5 kn, 98.2 m
1 AR: **Cezayirli Gazi Hasan Paşa** [A 579] (60) –   1 AR: **Sokulloh Mehmet Paşa** [A 577] (62) –
Typ deutsch / German Rhein

3100 ts, 15 kn, 91 m
2–4 ⚓, 2–2 ⚓
2 AK: **Ülkü** [A 586, 588] (54–55)

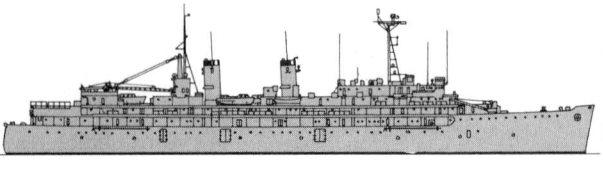

9450 ts, 18 kn, 162 m
5–2 ⚓
1 AR: **Derya** [A 576] (42) –
Typ US Dixie

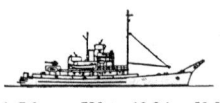

1–7.6 ⚓,   780 ts, 12.8 kn, 50.8 m   1–4 ⚓,   680 ts, 12 kn, 52.5 m   1–7.6,   560 ts, 12 kn, 50 m
4–2 ⚓   3–2 ⚓   4–2 ⚓
1 AN: **AG 6** [P 306] (52)   1 AN: **AG 5** [P 305] (60)   1 AN: **AG 4** [P 304] (41) –
Typ US Aloe

Maßstab / Scale 1:1000

Minensucher / Minesweepers

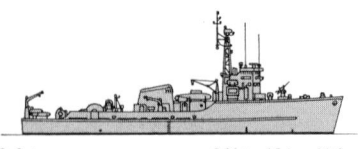
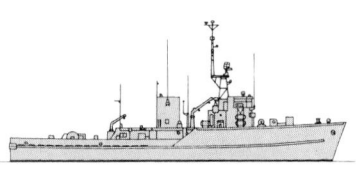

2–2 ⚓   366 ts, 15 kn. 44.6 m   1–4 ⚓   390 ts, 16 kn, 50 m
6 MS: **Karamürsel** [M 520–525] (59–60) –   4 MS: **Trabzon** [M 530–533] (51–53) –
Typ frz. / French Mercure   *Typ canad. Gay* – ⚓ *after funnel*

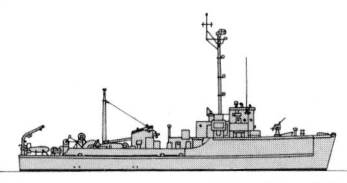

2-2 ⚓   330 ts, 15 kn, 43.9 m
12 MS: **Seymen** [M 507–518] (52–69) –
Typ US Adjutant

1 Mg ⚓   205 ts, 13 kn, 34 m
4 MS: **Foca** [M 500–503] (66–67) –
Typ US MSI

Kleine Kampfschiffe / Small Fighting Vessels

360 ts, 36.5 kn, 58.1 m
8 Harpoon ⇒, 1-7.6 ⚓, 2-3.5 ⚓, 2 Mg ⚓
10 PG: **Doğan** [P 340–345, …]
(76 – gepl. / plan.)

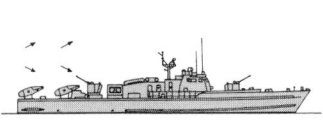

4 Penguin ⇒, 2-4 ⚓,   160 ts, 42 kn, 42.8 m
4 **TR** 53.3
8 PG: **Kartal** [P 321–324, 326–329] (66–68) –
Typ deutsch / German Jaguar

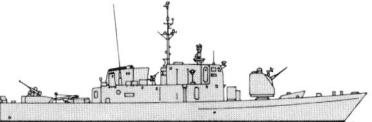

1-7.6 ⚓,   225 ts, 40 kn, 50.3 m
1-4 ⚓, 4 Mg ⚓
1 PF: **Bora** [P 339] (68) –
Typ US Asheville

2-4 ⚓, 4 **TR** 53.3   185 ts, 42 kn, 42.5 m
4 PF: **Tufan** [P 331, 333, 335, 336] (57–60) –
Typ deutsch / German Jaguar

1-4 ⚓, 2 Mg ⚓   155 ts, 40 kn, 33.5 m
14 PF: **SG 61** (77–84)

DD **Piyale Paşa** (45) Typ US Gearing   1982, Arra

FG **Yavuz** (85) Typ deutsch / German MEKO 200 T   20–9–1987, Voß

FG **Yavuz** (85)   20–9–1987, Voß

FG **Yavuz** (85)   20–9–1987, Voß

DD **Anitepe** (45) Typ US Gearing FRAM 1   1984, US Navy

SS **Batiray** (77) Typ deutsch / German 209/1200   1986, amtlich / official

PG **Kasirga** (66) Typ deutsch / German Jaguar   1986, amtlich / official

LS **Karaçabey** (81) Çakabey Klasse   1983, Lehmann

AR **Gazi Hasan Paşa** (60) Typ deutsch / German Rhein   1981, Arra

Tunesien/Tunesia

1590 ts, 21 kn, 93 m
2–7.6, 2–2 ⚓, 6 UTR 32.4 III
1 FE: **President Bourghiba** [E 7] (43) –
Typ US Savage

Maßstab / Scale 1:1000

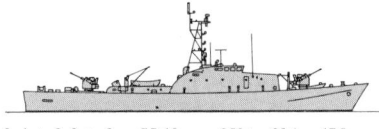

2–4 ⚓, 2–2 ⚓, 8 ⟶ SS 12   250 ts, 22 kn, 47.5 m
3 PP: **Bizerte** [P 301, 302, 304] (69–74)
Typ madag. / Malag. Malaika

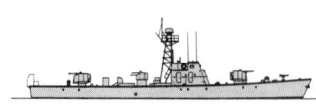

4–3.7 ⚓, 4–2.5 ⚓   120 ts, 30 kn, 38.8 m
2 PP: **Gafsa** [305, 306] (~75) –
Typ chines. Shanghai II

FE **President Bourghiba** (43) Typ US Savage   1981, Arra

Uruguay

4–7.6 ⚓, 6 UTR 32.4 III   1450 ts, 25 kn, 95.8 m
1 FF: **18 de Julio** [3] (53) –
Typ US Dealey

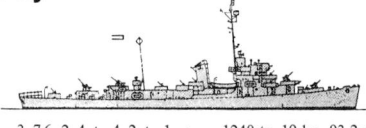

3–7.6, 2–4 ⚓, 4–2 ⚓, 1 ⚓   1240 ts, 19 kn, 93.2 m
2 FE: **ARTIGAS, Uruguay** [2,1] (43) –
Typ US Bostwick

Kennungen

Am Schiff nur Nummern, außer bei Hilfsfahrzeugen, die auch – meist kleinere – Buchstaben führen.
MSC-Schiffe führen weder Buchstaben noch Nummern. Vorsatzbuchstaben: T = Seetransportdienst/MSC,
W = Küstenwache/USCG; letzter Buchstabe: N = Atomantrieb

Identification

Hull numbers only; auxiliary vessels are identified by type letters combined with numbers.
MSC ships do not show either letters or numbers. Prefixed letters: T = Military Sealift Command/MSC,
W = US Coast Guard/USCG; the suffix N = nuclear propulsion

US Navy

Flugzeugträger /
Aircraft Carriers
CV- ... / CVN ...
34-Oriskany
41-Midway
43-Coral Sea
59-Forrestal
60-Saratoga
61-Ranger
63-Kitty Hawk
64-Constellation
65-Enterprise
66-America
67-John F. Kennedy
68-Nimitz
69-Dwight D.
   Eisenhower
70-Carl Vinson
71-Theodore
   Roosevelt
72-Abraham Lincoln
73-George
   Washington
74-
75-

CVA- ..., attack
31-Bon Homme
   Richard

CVS- ..., support
12-Hornet
20-Bennington

AVT- ..., training
16-Lexington

Schlachtschiffe /
Battleships
BB- ...
61-Iowa
62-New Jersey
63-Missouri
64-Wisconsin

Kreuzer /
Cruisers
CA- ..., heavy
134-Des Moines
139-Salem
CG- ... / CGN ...,
   guided missile
9-Long Beach
16-Leahy
17-Harry E. Yarnell
18-Worden
19-Dale

20-Richmond
   K. Turner
21-Gridley
22-England
23-Halsey
24-Reeves
25-Bainbridge
26-Belknap
27-Josephus Daniels
28-Wainwright
29-Jouett
30-Horne
31-Sterett
32-William
   H. Standley
33-Fox
34-Biddle
35-Truxtun
36-California
37-South Carolina
38-Virginia
39-Texas
40-Mississippi
41-Arkansas
47-Ticonderoga
48-Yorktown
49-Vincennes
50-Valley Forge
51-Thomas S. Gates
52-Bunker Hill
53-Mobile Bay
54-Antietam
55-Leyte Gulf
56-San Jacinto
57-Lake Champlain
58-Philippine Sea
59-Princeton
60-Normandy
61-Monterey
62-Chancellorsville
63-Cowpens
64-Gettysburg
65-Chosin
66-Hue City
67-Shiloh
68-Anzio

Zerstörer /
Destroyers
DDG- ...,
   guided missile
2-Charles F. Adams
3-John King
4-Lawrence
5-Claude V. Ricketts
6-Barney
7-Henry B. Wilson
8-Lynde McCormick
9-Towers

10-Sampson
11-Sellers
12-Robison
13-Hoel
14-Buchanan
15-Berkeley
16-Joseph Strauss
17-Conyngham
18-Semmes
19-Tattnall
20-Goldsborough
21-Cochrane
22-Benjamin
   Stoddert
23-Richard E. Byrd
24-Waddell
31-Decatur
34-Somers
37-Farragut
38-Luce
39-Macdonough
40-Coontz
41-King
42-Mahan
43-Dahlgren
44-William V. Pratt
45-Dewey
46-Preble
51-Arleigh Burke
52-John Barry
53-John Paul Jones
54-Curtis Wilbur
55-
56-
57-
58-
59-
993-Kidd
994-Callaghan
995-Scott
996-Chandler

DD-Destroyers
931-Forrest Sherman
937-Davis
940-Manley
941-Du Pont
942-Bigelow
943-Blandy
944-Mullinnix
946-Edson
948-Morton
950-Richard
   S. Edwards
951-Turner Joy
963-Spruance
964-Paul F. Foster
965-Kinkaid
966-Hewitt

967-Elliot
968-Arthur
   W. Radford
969-Peterson
970-Caron
971-David R. Ray
972-Oldendorf
973-John Young
974-Comte de Grasse
975-O'Brien
976-Merrill
977-Briscoe
978-Stump
979-Conolly
980-Moosbrugger
981-John Hancock
982-Nicholson
983-John Rodgers
984-Leftwich
985-Cushing
986-Harry W. Hill
987-O'Bannon
988-Thorn
989-Deyo
990-Ingersoll
991-Fife
992-Fletcher
997-Hayler

Fregatten /
Frigates
FFG- ...,
   guided missile
1-Brooke
2-Ramsey
3-Schofield
4-Talbot
5-Richard L. Page
6-Julius A. Furer
7-Oliver Hazard
   Perry
8-McInerney
9-Wadsworth
10-Duncan
11-Clark
12-George Philip
13-Samuel Eliot
   Morison
14-Sides
15-Estocin
16-Clifton Sprague
19-John A. Moore
20-Antrim
21-Flatley
22-Fahrion
23-Louis B. Puller
24-Jack Williams
25-Copeland
26-Gallery

27-Mahlon
   S. Tisdale
28-Boone
29-Stephen
   W. Groves
30-Reid
31-Stark
32-John L. Hall
33-Jarrett
34-Aubrey Fitch
36-Underwood
37-Crommelin
38-Curts
39-Doyle
40-Halyburton
41-McClusky
42-Klakring
43-Thach
45-De Wert
46-Rentz
47-Nicholas
48-Vandegrift
49-Robert
   G. Bradley
50-Taylor
51-Garry
52-Carr
53-Hawes
54-Ford
55-Elrod
56-Simpson
57-Reuben James
58-Samuel
   B. Roberts
59-Kauffman
60-Rodney
   M. Davis
61-Ingraham

FF- Frigates
1037-Bronstein
1038-McCloy
1040-Garcia
1041-Bradley
1043-Edward
   McDonnell
1044-Brumby
1045-Davidson
1047-Voge
1048-Sample
1049-Koelsch
1050-Albert David
1051-O'Callahan
1052-Knox
1053-Roark
1054-Gray
1055-Hepburn
1056-Connole
1057-Rathburne

1058–Meyerkord	613–Flasher	683–Parche	758–Asheville	3–Taurus
1059–W. S. Sims	614–Greenling	684–Cavalla	759–	4–Aquila
1060–Lang	615–Gato	685–Glenard	760–	5–Aries
1061–Patterson	616–Lafayette	P. Lipscomb	761–	6–Gemini
1062–Whipple	617–Alexander	686–L. Mendel Rivers	762–	
1063–Reasoner	Hamilton	687–Richard B. Russell	763–	**PG–** Patrol
1064–Lockwood	619–Andrew Jackson	688–Los Angeles	764–	combatants
1065–Stein	620–John Adams	689–Baton Rouge	765–	85–Gallup
1066–Marvin Shields	621–Haddock	690–Philadelphia	766–	90–Canon
1067–Francis	622–James Monroe	691–Memphis	767–	
Hammond	624–Woodrow Wilson	692–Omaha	768–	**Amphibische**
1068–Vreeland	625–Henry Clay	693–Cincinnati	769–	**Fahrzeuge /**
1069–Bagley	626–Daniel Webster	694–Groton	770–	**Amphibious Vessels**
1070–Downes	627–James Madison	695–Birmingham		**LCC–** Amphibious
1071–Badger	628–Tecumseh	696–New York City	**Minensucher /**	command ships
1072–Blakely	629–Daniel Boone	697–Indianapolis	**Minesweepers**	19–Blue Ridge
1073–Robert E. Peary	630–John C. Calhoun	698–Bremerton	**MCM–** Mine counter-	20–Mount Whitney
1074–Harold E. Holt	631–Ulysses S. Grant	699–Jacksonville	measures ships	
1075–Trippe	632–Von Steuben	700–Dallas	1–Avenger	**LHA–** Amphibious
1076–Fanning	633–Casimir Pulaski	701–La Jolla	2–Defender	assault ships
1077–Ouellet	634–Stonewall	702–Phoenix	3–Sentry	1–Tarawa
1078–Joseph Hewes	Jackson	703–Boston	4–Champion	2–Saipan
1079–Bowen	635–Sam Rayburn	704–Baltimore	5–Guardian	3–Belleau Wood
1080–Paul	637–Sturgeon	705–City of Corpus	6–Devastator	4–Nassau
1081–Aylwin	638–Whale	Christi	7–Patriot	5–Peleliu
1082–Elmer	639–Tautog	706–Albuquerque	8–Scout	
Montgomery	640–Benjamin	707–Portsmouth	9–	**LHD–** Amphibious
1083–Cook	Franklin	708–Minneapolis-	10–	assault ships
1084–McCandless	641–Simon Bolivar	St. Paul	11–	(multipurpose)
1085–Donald B. Beary	642–Kamehameha	709–Hyman	12–	1–Wasp
1086–Brewton	643–George Bancroft	G. Rickover	13–	2–Essex
1087–Kirk	644–Lewis and Clark	710–Augusta	14–	3–Kearsarge
1088–Barbey	645–James K. Polk	711–San Francisco		4–
1089–Jesse L. Brown	646–Grayling	712–Atlanta	**MHC–** Minesweeper	5–
1090–Ainsworth	647–Pogy	713–Houston	hunters coastal	
1091–Miller	648–Aspro	714–Norfolk	51–	**LPD–** Amphibious
1092–Thomas C. Hart	649–Sunfish	715–Buffalo	52–	transport, dock
1093–Capodanno	650–Pargo	716–Salt Lake City	53–	1–Raleigh
1094–Pharris	651–Queenfish	717–Olympia		2–Vancouver
1095–Truett	652–Puffer	718–Honolulu	**MSO–** ..., ocean	4–Austin
1096–Valdez	653–Ray	719–Providence	(non magnetic)	5–Ogden
1097–Moinester	654–George Marshall	720–Pittsburgh	427–Constant	6–Duluth
1098–Glover	655–Henry L. Stimson	721–Chicago	433–Engage	7–Cleveland
	656–G. Washington	722–Key West	437–Enhance	8–Dubuque
Uboote /	Carver	723–Oklahoma City	438–Esteem	9–Denver
Submarines SS–	657–Francis Scott Key	724–Louisville	439–Excel	10–Juneau
SSN– ..., (nuclear	658–Mariano	725–Helena	440–Exploit	12–Shreveport
propulsion)	G. Vallejo	726–Ohio	441–Exultant	13–Nashville
SSBN– Fleet ballistic	659–Will Rogers	727–Michigan	442–Fearless	14–Trenton
missile submarines	660–Sand Lance	728–Florida	443–Fidelity	15–Ponce
(nuclear	661–Lapon	729–Georgia	446–Fortify	
propulsion)	662–Gurnard	730–Henry M. Jackson	448–Illusive	**LPH–** Amphibious
555–Dolphin/AGSS	663–Hammerhead	731–Alabama	449–Impervious	assault ships
576–Darter	664–Sea Devil	732–Alaska	455–Implicit	2–Iwo Jima
580–Barbel	665–Guitarro	733–Nevada	456–Inflict	3–Okinawa
581–Blueback	666–Hawkbill	734–Tennessee	464–Pluck	7–Guadalcanal
582–Bonefish	667–Bergall	735–Pennsylvania	488–Conquest	9–Guam
585–Skipjack	668–Spadefish	736–	489–Gallant	10–Tripoli
590–Sculpin	669–Seahorse	737–	490–Leader	11–New Orleans
591–Shark	670–Finback	738–	492–Pledge	12–Inchon
594–Permit	671–Narwhal	739–	509–Adroit	
595–Plunger	672–Pintado	740–	511–Affray	**LSD–** Landing
596–Barb	673–Flying Fish	741–		ships, dock
597–Tullibee	674–Trepang	742–	**Kleine Kampf-**	28–Thomaston
603–Pollack	675–Bluefish	750–Newport News	**schiffe /**	29–Plymouth Rock
604–Haddo	676–Billfish	751–San Juan	**Small Fighting**	30–Fort Snelling
605–Jack	677–Drum	752–Pasadena	**Vessels**	31–Point Defiance
606–Tinosa	678–Archerfish	753–Albany	PHM– Patrol	32–Spiegel Grove
607–Dace	679–Silversides	754–Topeka	combatants	33–Alamo
609–Sam Houston	680–William H. Bates	755–Miami	missile (hydrofoil)	34–Hermitage
611–John Marshall	681–Batfish	756–Scranton	1–Pegasus	35–Monticello
612–Guardfish	682–Tunny	757–Alexandria	2–Hercules	36–Anchorage

37-Portland
38-Pensacola
39-Mount Vernon
40-Fort Fisher
41-Whidbey Island
42-Germantown
43-Fort McHenry
44-Gunston Hall
45-Comstock
46-Tortuga
47-
48-
49-
50-
51-
52-
53-

LST- Landing ships, tank
1179-Newport
1180-Manitowoc
1181-Sumter
1182-Fresno
1183-Peoria
1184-Frederick
1185-Schenectady
1186-Cayuga
1187-Tuscaloosa
1188-Saginaw
1189-San Bernardino
1190-Boulder
1191-Racine
1192-Spartanburg Co.
1193-Fairfax Co.
1194-La Moure Co.
1195-Barbour Co.
1196-Harlan Co.

1197-Barnstable Co.
1198-Bristol Co.

LKA- Amphibious cargo ships
113-Charleston
114-Durham
115-Mobile
116-St. Louis
117-El Paso

Hilfsschiffe / Auxiliary Vessels
AD- Destroyer tenders
15-Prairie
18-Sierra
19-Yosemite
24-Everglades
37-Samuel Gompers
38-Puget Sound
41-Yellowstone
42-Acadia
43-Cape Cod
44-Shenandoah

AE- Ammunition ships
21-Suribachi
22-Mauna Kea
23-Nitro
24-Pyro
25-Haleakala
27-Butte
28-Santa Barbara
29-Mount Hood
32-Flint
33-Shasta
34-Mount Baker
35-Kiska

AFS- Combat store ships
1-Mars
2-Sylvania
3-Niagara Falls
4-White Plains
5-Concord
6-San Diego
7-San José

AGF- Command flagships
3-La Salle
11-Coronado

AO- Oilers
98-Caloosahatchee
99-Canisteo
177-Cimarron
178-Monongahela
179-Merrimack
180-Willamette
186-Platte

AOE- Fast combat support ships
1-Sacramento
2-Camden
3-Seattle
4-Detroit
6-Supply
7-Bridge
8-
9-

AOR- Replenishment oilers
1-Wichita
2-Milwaukee
3-Kansas City

4-Savannah
5-Wabash
6-Kalamazoo
7-Roanoke

AR- Repair ships
5-Vulcan
7-Hector
8-Jason

ARL- Repair ship, small
24-Sphinx

ARS- Salvage vessels
8-Preserver
38-Bolster
39-Conserver
40-Hoist
41-Opportune
42-Reclaimer
43-Recovery
50-Safeguard
51-Grasp
52-Salvor
53-Grapple

AS- Submarine tenders
11-Fulton
18-Orion
19-Proteus
31-Hunley
32-Holland
33-Simon Lake
34-Canopus
36-L. Y. Spear
37-Dixon
39-Emory S. Land

40-Frank Cable
41-McKee

ASR- Submarine rescue vessels
9-Florikan
13-Kittiwake
14-Petrel
15-Sunbird
21-Pigeon
22-Ortolan

ATF- ..., fleet
105-Moctobi
110-Quapaw
159-Paiute
160-Papago

ATS- ..., salvage
1-Edenton
2-Beaufort
3-Brunswick

Verschiedenes / Miscellaneous
... IX ...
306-
308-New Bedford
310-
501-Elk River
502-Mercer
503-Nueces
504-Echols
506-ex YFU-82
507-General Hugh J. Gaffey
508-ex LCU-1618
509-ex YC
510-General W. O. Darby
514-ex YFU-79

Military Sealift Command/MSC

T-ACS- Auxiliary crane ship
1-Keystone State
2-Gem State
3-Grand Canyon State
4-Gopher State
5-Flickertail State
6-Cornhusker State
7-
8-
9-
10-
11-
12-

T-AE- Ammunition ship
26-Kilauea

T-AF- Store ship
58-Rigel

T-AFS- Combat store ships
8-Sirius
9-Spica
10-Saturn

T-AG- Miscellaneous auxiliaries
194-Vanguard

T-AGDS- Auxiliary deep submergence support ship
2-Point Loma

T-AGM- Missile range instrumentation ships
20-Redstone
22-Range Sentinel
23-Observation Island

T-AGOR- Oceanographic research ships
3-Robert D. Conrad
7-Lynch
8-Eltanin
9-Th. G. Thompson
10-Thomas Washington

11-Mizar
12-Desteiguer
13-Bartlett
14-Melville
15-Knorr
16-Hayes
21-Gyre
22-Moana Wave
23-

T-AGOS- Ocean Surveillance ships
1-Stalwart
2-Contender
3-Vindicator
4-Triumph
5-Assurance
6-Persistent
7-Indomitable
8-Prevail
9-Assertive
10-Invincible
13-Adventurous
14-Worthy
15-Titan
16-Capable
17-
18-

19-
20-
21-

T-AGS- Surveying ships
21-Bowditch
22-Dutton
26-Silas Bent
27-Kane
29-Chauvenet
32-Harkness
33-Wilkes
34-Wyman
38-H. H. Hess
39-Maury
40-Tanner

T-AK
280-Furman
281-Victoria
282-Marshfield
286-Vega

T-AKR- Vehicle cargo ships
287-Algol
288-Bellatrix

289-Denebola
290-Pollux
291-Altair
292-Regulus
293-Capella
294-Antares

T-AO- Replenishment oilers
105-Mispillion
106-Navasota
107-Passumpsic
108-Pawcatuck
109-Waccamaw
143-Neosho
144-Mississinewa
145-Hassayampa
146-Kawishiwi
147-Truckee
148-Ponchatoula
187-Henry J. Kaiser
188-Joshua Humphreys
189-John Lenthall
190-Andrew J. Higgins
191-Benjamin Isherwood

192–Henry Eckford
193–Walter S. Diehl
194–John Ericsson
195–Leroy Grumman
196–
197–

T-AOT- Transport oilers
168–Sealift Pacific

169–S. Arabian Sea
170–S. China Sea
171–S. Indian Ocean
172–S. Atlantic
173–S. Mediterranean
174–S. Caribbean
175–S. Arctic
176–S. Antarctic
181–Potomac

T-AH- Hospital Ships
19–Mercy
20–Comfort

T-ARC- ..., Cable
2 Neptune
6–Albert J. Myer
7–Zeus

T-ATF- Fleet ocean tugs
166–Powhatan
167–Narrangasett
168–Catawba
169–Navajo
170–Mohawk

171–Sioux
172–Apache

T-AVB- Maintenance aviation support ships
3–Wright
4–Curtiss

US Coast Guard

WHEC- High endurance cutters
35–Ingham
379–Unimak
715–Hamilton
716–Dallas
717–Mellon
718–Chase
719–Boutwell
720–Sherman
721–Gallatin
722–Morgenthau
723–Rush
724–Munro
725–Jarvis
726–Midgett

WMEC- Medium endurance cutters
6–Escape
38–Storis
76–Ute
85–Lipan
153–Chilula
165–Cherokee
166–Tamaroa
167–Acushnet
168–Yocona
292–Clover
295–Evergreen
300–Citrus
615–Reliance
616–Diligence
617–Vigilant
618–Active
619–Confidence
620–Resolute
621–Valiant
622–Courageous
623–Steadfast
624–Dauness
625–Venturous
626–Dependable
627–Vigorous
628–Durable
629–Decisive
630–Alert
901–Bear
902–Tampa
903–Harriet Lane
904–Northland
905–Spencer
906–Seneca

907–Escanaba
908–Tahoma
909–Campbell
910–Thetis
911–Forward
912–Legare
913–Mohawk

WPB- Patrol boats
1301–Farallon
1302–Manitou
1303–Matagorda
1304–Maui
1305–Monhegan
1306–Nunivak
1307–Ockracoke
1308–Vashon
1309–Aquidneck
1310–Mustang
1311–Naushon
1312–Sanibel
1313–Edisto
1314–Sapelo
1315–Matinicus
1316–Nantucket
823 ... / Point ...
02–Pt. Hope
11–Pt. Verde
12–Pt. Swift
14–Pt. Thatcher
18–Pt. Herron
32–Pt. Roberts
33–Pt. Highland
34–Pt. Ledge
35–Pt. Countess
36–Pt. Glass
37–Pt. Divide
38–Pt. Bridge
39–Pt. Chico
40–Pt. Batan
41–Pt. Lookout
42–Pt. Baker
43–Pt. Wells
44–Pt. Estero
45–Pt. Judith
46–Pt. Arena
47–Pt. Bonita
48–Pt. Barrow
49–Pt. Spencer
50–Pt. Franklin
51–Pt. Bennett
52–Pt. Sal
53–Pt. Monroe

54–Pt. Evans
55–Pt. Hannon
56–Pt. Francis
57–Pt. Huron
58–Pt. Stuart
59–Pt. Steele
60–Pt. Winslow
61–Pt. Charles
62–Pt. Brown
63–Pt. Nowell
64–Pt. Whitehorn
65–Pt. Turner
66–Pt. Lobos
67–Pt. Knoll
68–Pt. Warde
69–Pt. Heyer
70–Pt. Richmond
71–Barnes
72–Brower
73–Camden
74–Carrew
75–Doran
76–Harris
77–Hobart
78–Jackson
79–Martin

953– ... / Cape ...
02–Higgon
03–C. Upright
04–Gull
05–Hatteras
06–C. George
07–Current
09–C. Carter
12–Knox
13–Morgan
16–C. Fox
17–C. Jellison
19–C. Romain
21–Cross
22–Horn
24–Shoalwater
26–Corwin
28–Henlopen
32–York

WSES- Surface effect ships
2–Sea Hawk
3–Shearwater
4–Petrel

WAGB- Icebreakers
10–Polar Star
11–Polar Sea
83–Mackinaw
281–Westwind
282–Northwind

WLB- Tenders, seagoing
277–Cowslip
290–Gentian
291–Laurel
296–Sorrel
297–Ironwood
301–Conifer
302–Madrona
305–Mesquite
306–Buttonwood
307–Planetree
308–Papaw
309–Sweetgum
388–Basswood
389–Bittersweet
390–Blackhaw
392–Bramble
393–Firebush
394–Hornbeam
395–Iris
396–Mallow
397–Mariposa
399–Sagebrush
400–Salvia
401–Sassafras
402–Sedge
403–Spar
404–Sundew
405–Sweetbriar
406–Acacia
407–Woodbrush

WLIC- Construction tenders
800–Pamlico
801–Hudson
803–Kennebec
804–Saginaw

WLM- Tenders, coastal
212–Fir
540–White Sumac

543–White Holly
544–White Sage
545–White Heath
546–White Lupine
547–White Pine
685–Red Wood
686–Red Beech
687–Red Birch
688–Red Cedar
689–Red Oak

WIX- Training cutter
327–Eagle

WTGB- icebraking tugs
101–Katmai Bay
102–Bristol Bay
103–Mobile Bay
104–Biscayne Bay
105–Neah Bay
106–Morro Bay
107–Penobscot Bay
108–Thunder Bay
109–Sturgeon Bay
110–

WYTM- Harbor tugs, medium
73–Mohican
93–Raritan
96–Chinook
98–Snohomish

WYTL- harbor tugs, small
656 ...
01–Capstan
02–Chock
03–Swivel
04–Tackle
05–Towline
06–Catenary
07–Bridle
08–Pendant
09–Shackle
10–Hawser
11–Line
12–Wire
14–Bollard
15–Cleat

Flugzeugträger / Aircraft Carrier

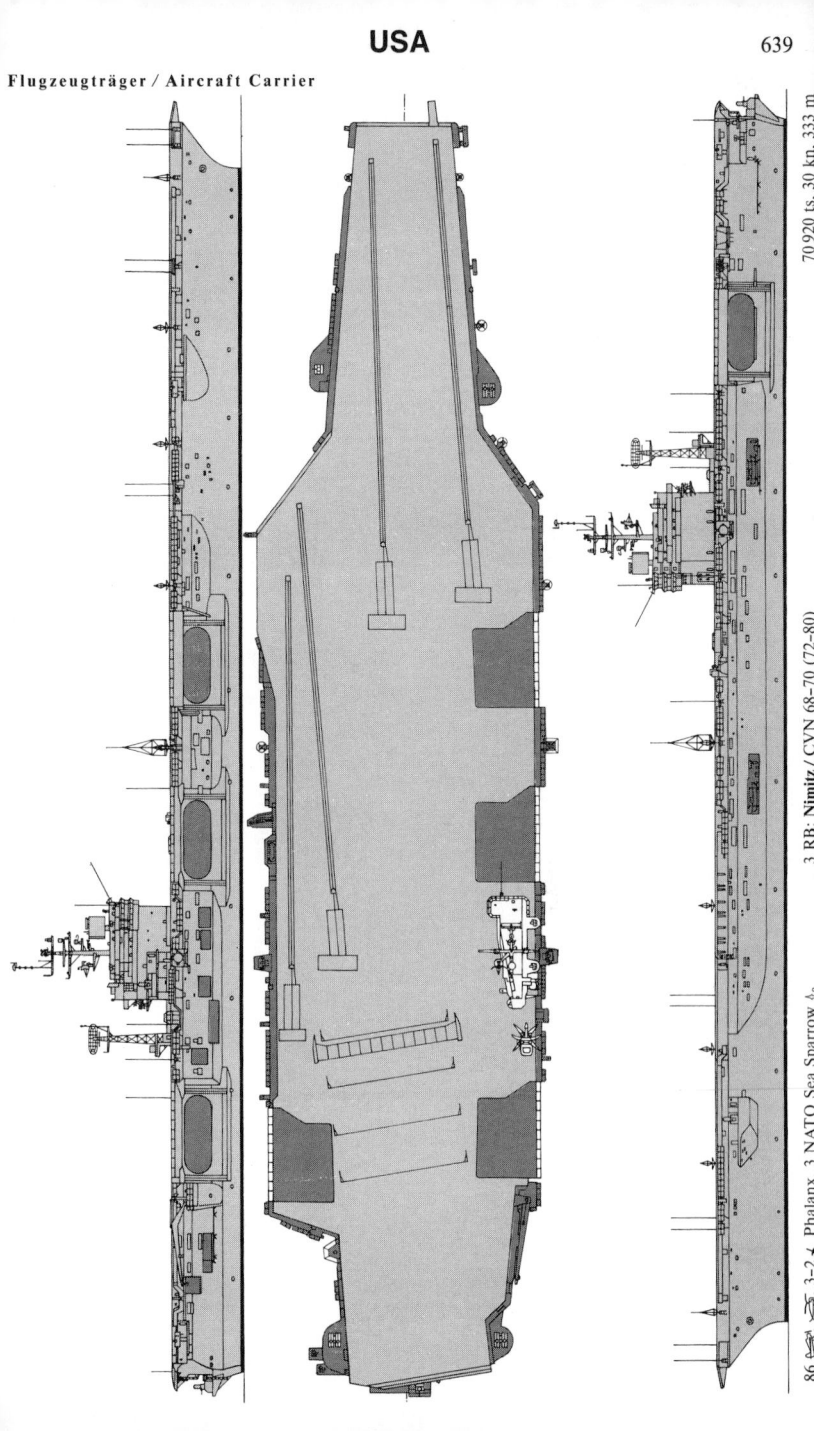

70 920 ts, 30 kn, 333 m

3 RB: **Nimitz**/ CVN 68–70 (72–80)

86 ⤢, 3–2 ⤢ Phalanx, 3 NATO Sea Sparrow ⤢

USA

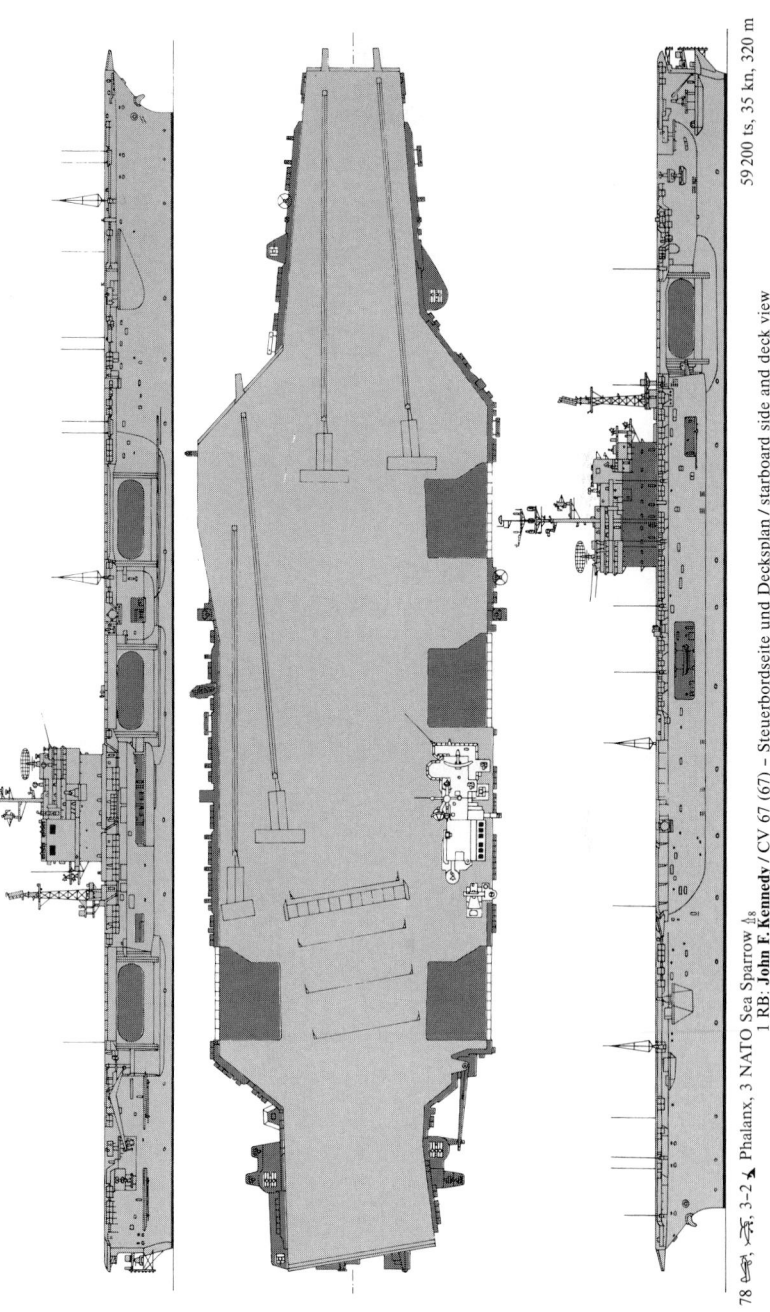

59 200 ts, 35 kn, 320 m

Steuerbordseite und Decksplan / starboard side and deck view
Backbordseite / port side

78 ⚓, 🚁, 3–2 🚁 Phalanx, 3 NATO Sea Sparrow ⅛
1 RB: **John F. Kennedy** / CV 67 (67) –
1 RB: **America** / CV 66 (64) –

60 100 ts, 35 kn, 319 m

86 ⚓, ⚓ 3–2 ⚓ Phalanx, 2 NATO Sea Sparrow ⚓
1 RB: **Constellation** / CV 64 (60) – Steuerbordseite und Decksplan / starboard side and deck view

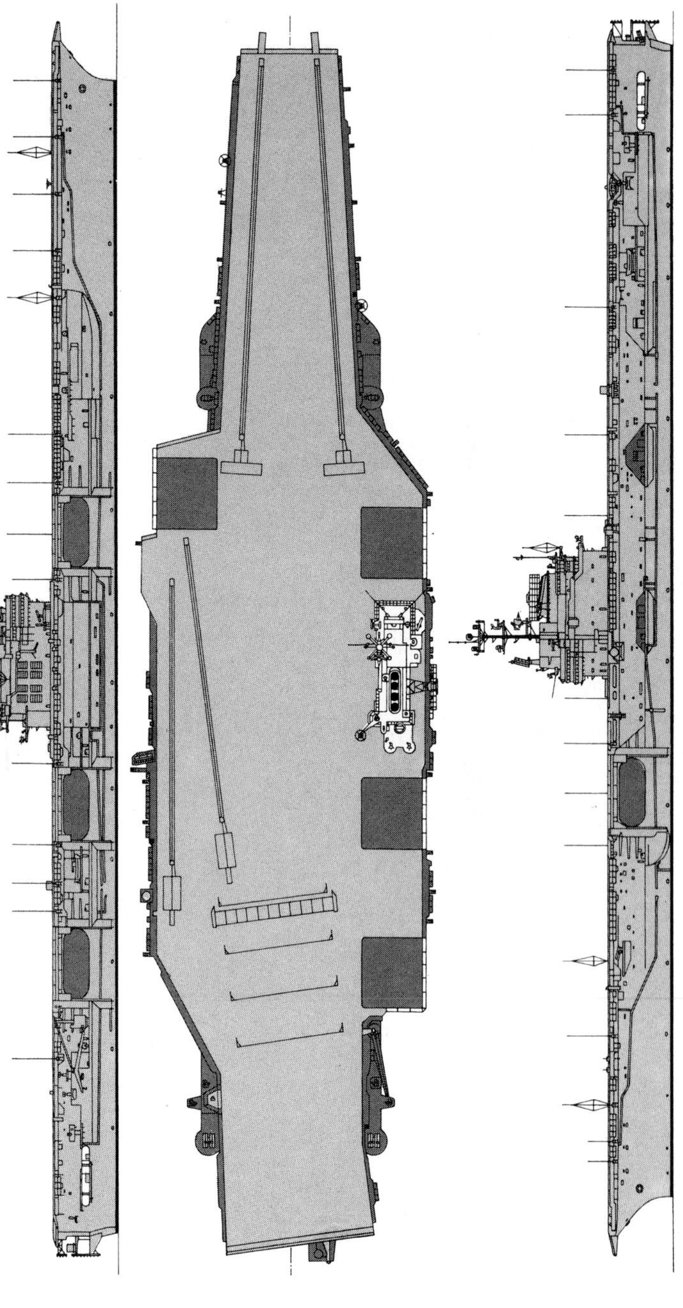

86, , 3–2 Phalanx, 3 NATO Sea Sparrow 8
2 RB: **Ranger** / CV 61 (56) – Steuerbordseiten und Decksplan / starboard side and deck view
Independence / CV 62 (58) – Backbordseite / port side

60 000 ts, 35 kn, 326 m

644 **USA**

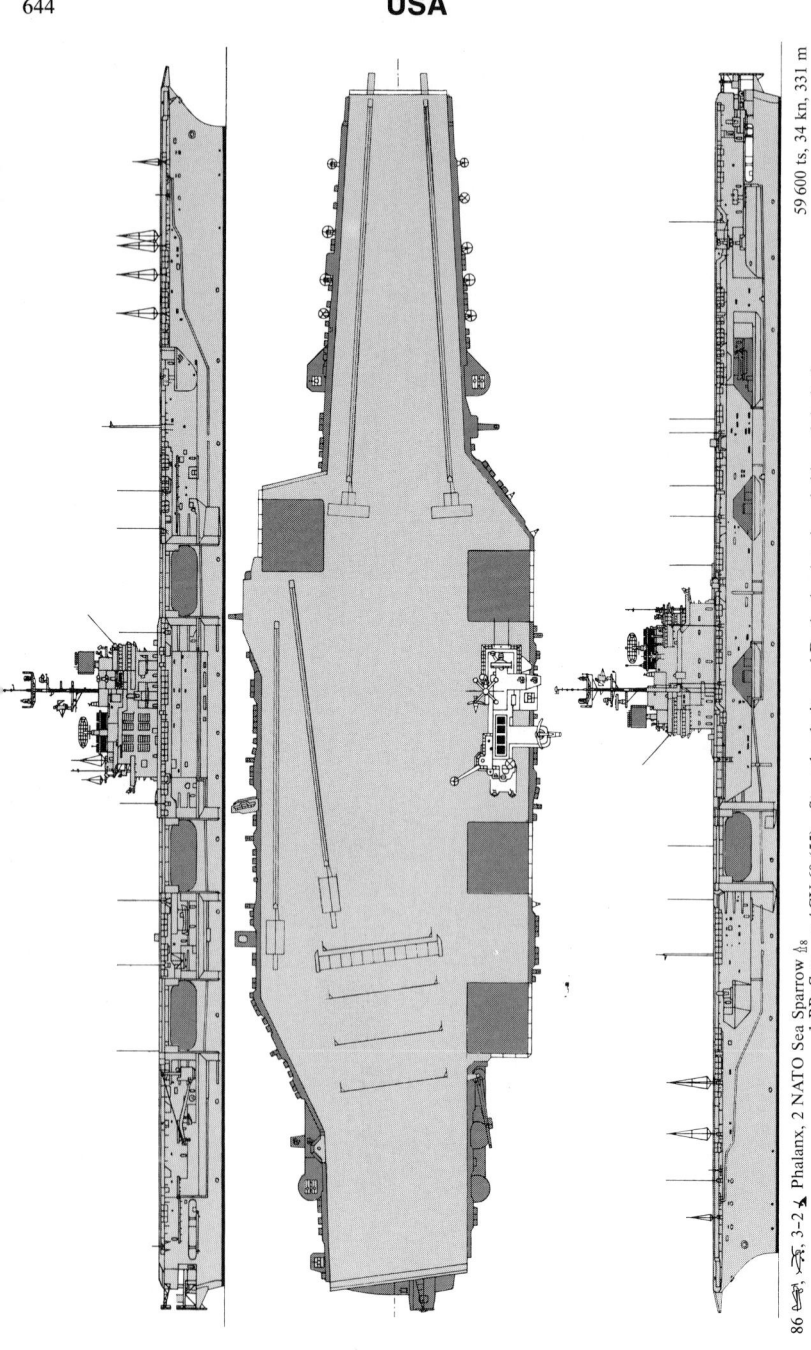

86 ⚓, ⚓, 3–2 ✈, Phalanx, 2 NATO Sea Sparrow ↓₈

59 600 ts, 34 kn, 331 m

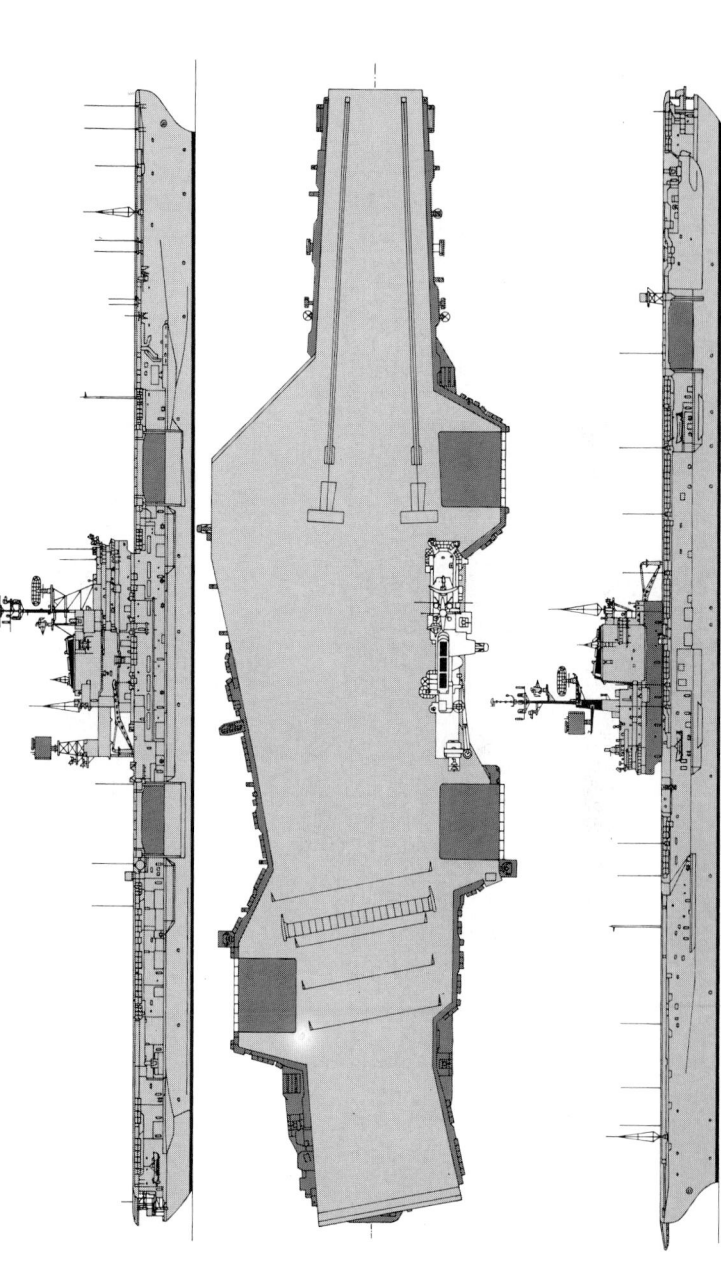

56 900 ts, 33 kn, 307 m

1 RB: **Midway** / CV 41 (45, 66–70) – Steuerbordseite und Decksplan / starboard side and deck view
1 RB: **Coral Sea** / CV 43 (46, 62) – Backbordseite / port side – 3–2 ⚓ Phalanx, keine / no ⚓

64 ⚓, ⚓, 2–2 ⚓ Phalanx, 2 NATO Sea Sparrow ⚓

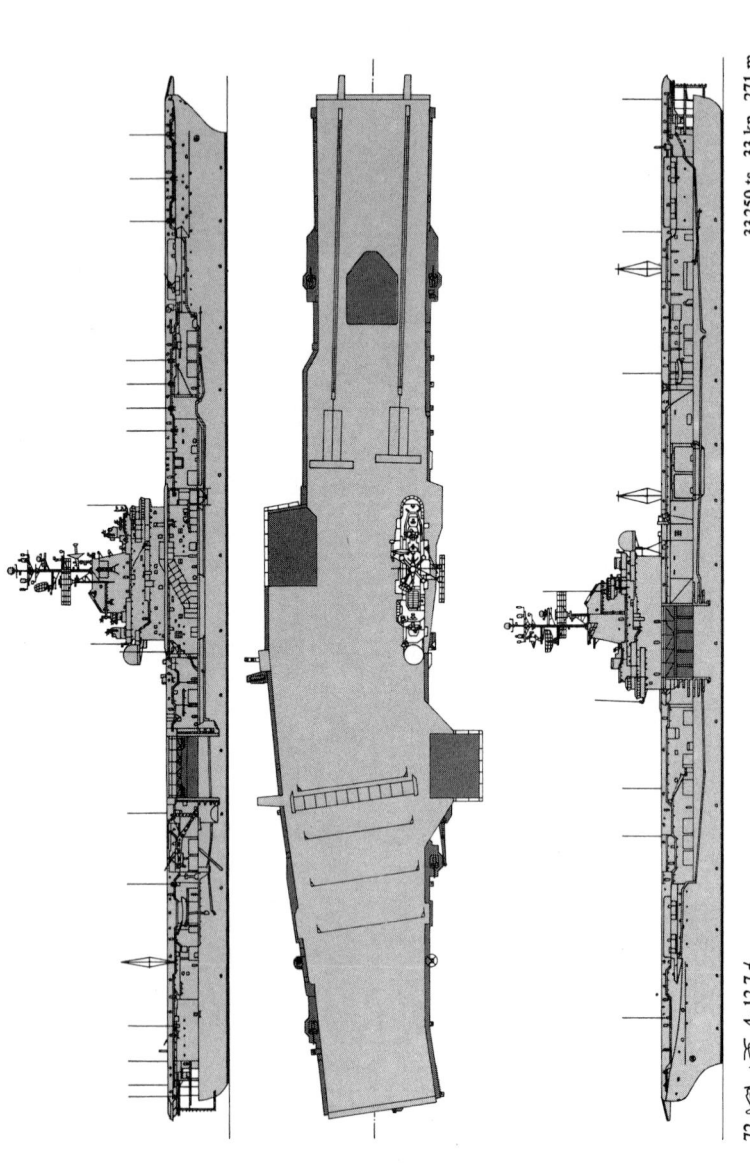

72 ⚓, ⚙, ⚓, 4–12.7 ⚓   33250 ts, 33 kn, 271 m

2 RB: **Oriskany** / CV 34 (45) Steuerbordseite und Decksplan / starboard side and deck view,
Lexington / AVT 16 (42) ohne Bew / no AMT, Backbordseite / portside

Schlachtschiffe / Battleships

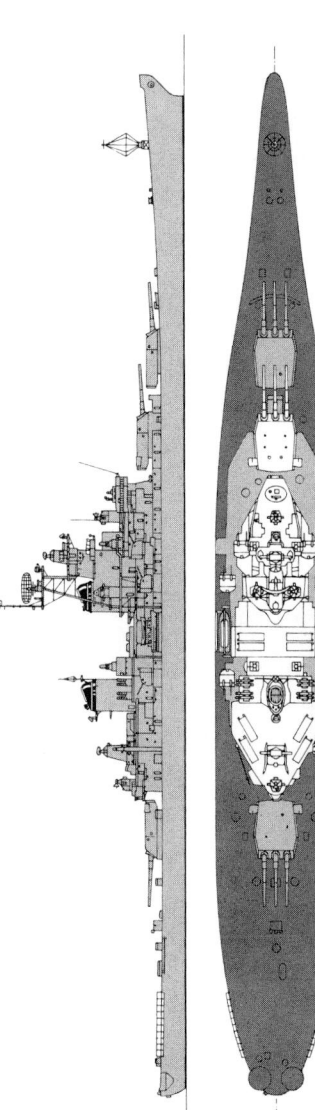

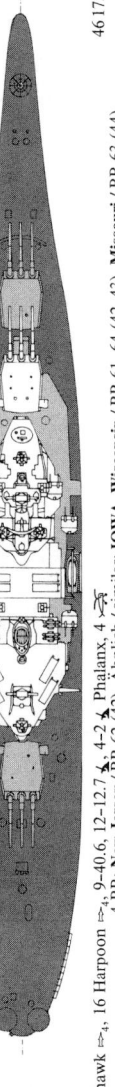

46 175 ts, 31 kn, 271 m

32 Tomahawk ⇒₄, 16 Harpoon ⇒₄, 9–40.6, 12–12.7 ⌇, 4–2 ⌖ Phalanx, 4 ⇶
4 BB: **New Jersey** / BB 62 (42). Ähnlich / similar: **IOWA, Wisconsin** / BB 61, 64 (42–43), **Missouri** / BB 63 (44).

Kreuzer / Cruisers

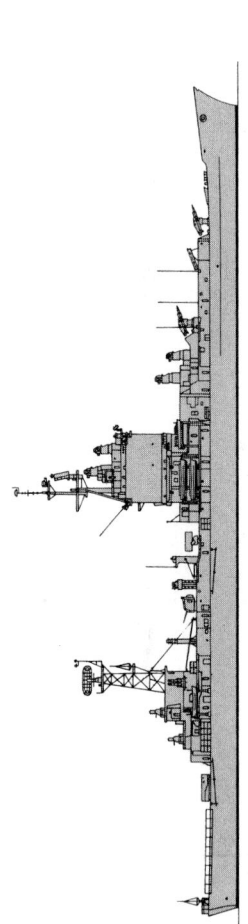

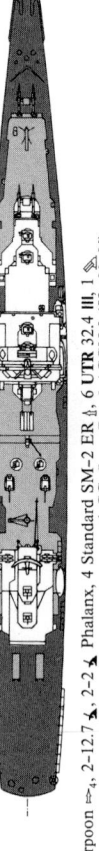

15 100 ts, 30 kn, 220 m

8 Tomahawk ⇒₄, 8 Harpoon ⇒₄, 2–12.7 ⌇, 2–2 ⌖ Phalanx, 4 Standard SM-2 ER ⌇, 6 UTR 32.4 lll, 1 ⇶
1 CG: **Long Beach** / CGN 9 (59, 80–83).

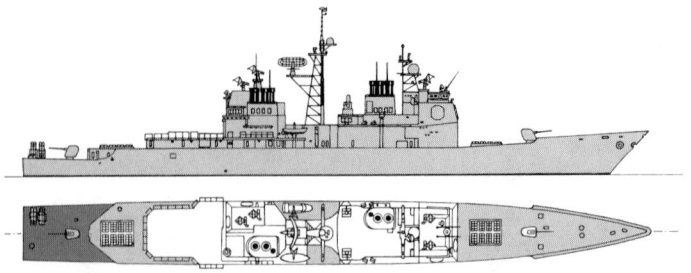

8 Harpoon ⇒, 2–12.7 ⚓, 2 VLS ⇒ / ⚓, 2–2 ⚓ Phalanx, 6 **UTR** 32.4 **III**, 2 ⤜⤜   7200 ts, 30 kn, 173 m
22 CG: **Bunker Hill** / CG 52–73 (85 – gepl. / plan.) – *Ticonderoga Klasse*

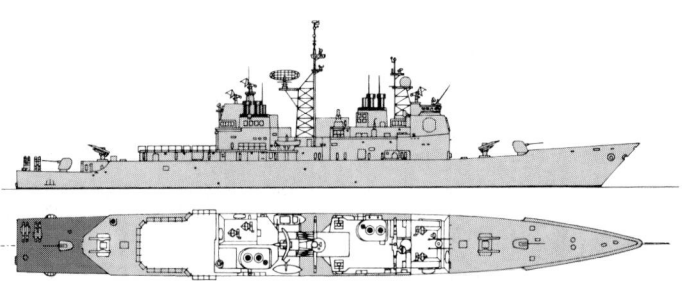

8 Harpoon ⇒₄, 2–12.7 ⚓, 4 Standard ⚓₂, 2–2 ⚓ Phalanx, 6 **UTR** 32.4 **III**, 2 ⤜⤜   7200 ts, 30 kn, 173 m
5 CG: **Ticonderoga** / CG 47–51 (81–85) –
ab CG 49 Hauptmast wie Bunker Hill / from CG 49 main mast like Bunker Hill

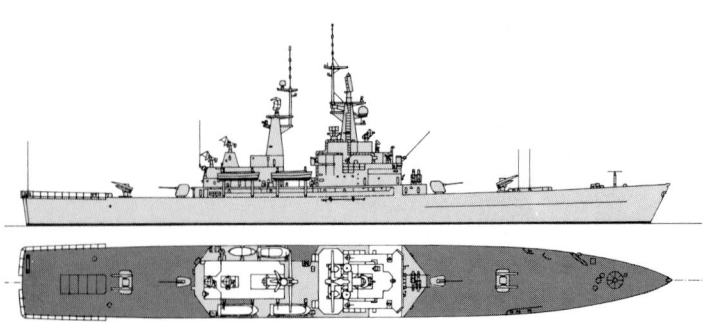

8 Tomahawk ⇒₄, 8 Harpoon ⇒₄, 2–12.7 ⚓, 2–2 ⚓ Phalanx, 4 Mg ⚓, 4 Standard ⚓₂,   10 400 ts, 30 kn, 177 m
6 **UTR** 32.4 **III**   4 CG: **Virginia** / CGN 38–41 (74–78)

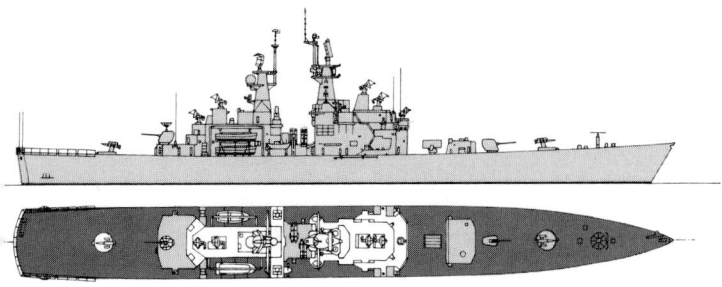

Harpoon ⇒₄, 2–12.7 ⚓, 2–2 ⚓ Phalanx, 2 Standard MR ⛴₁₁, 4 **UTR** 32.4 **I**, 1 ⚓₈   9575 ts, 30 kn, 182 m
2 CG: **CALIFORNIA, South Carolina** / CGN 36, 37 (71–72)

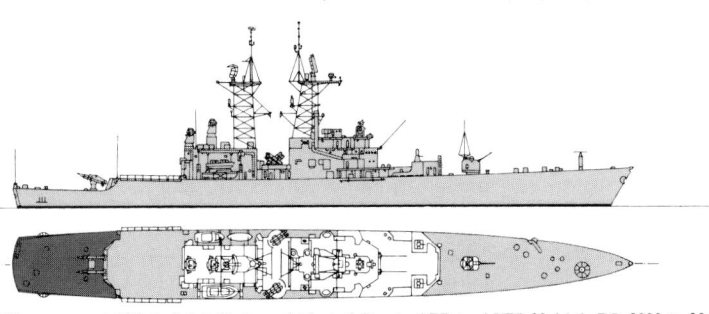

8 Harpoon ⇒₄, 1–12.7 ⚓, 2–2 ⚓ Phalanx, 4 Mg ⚓, 2 Standard ER ⛴₁₂, 4 **UTR** 32.4 **I**, 1 ✈   8000 ts, 30 kn, 172 m
1 CG: **Truxtun** / CGN 35 (64)

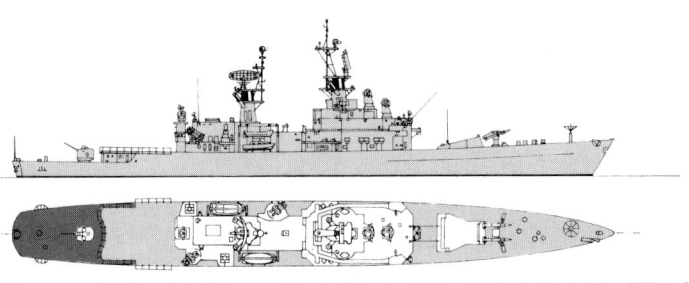

8 Harpoon ⇒₄, 1–12.7 ⚓, 2–2 ⚓ Phalanx, 4 Mg ⚓, 2 Standard ER ⛴₁₂, 6 **UTR** 32.4 **III**, 1 ✈   6570 ts, 32.5 kn, 167 m
4 CG: **Belknap** / CG 26, 29, 30, 34 (63–65)

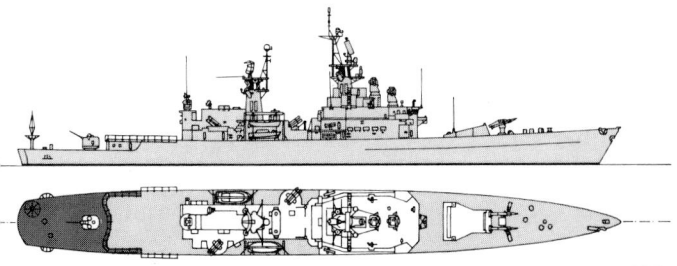

8 Harpoon ⇒₄, 1–12.7 ⚓, 2–2 ⚓ Phalanx, 4 Mg ⚓, 2 Standard ER ⛴₁₂, 6 **UTR** 32.4 **III**, 1 ✈   6570 ts, 32.5 kn, 167 m
5 CG: **Josephus Daniels** / CG 27, 28, 31–33 (63–64) – *Belknap Klasse*

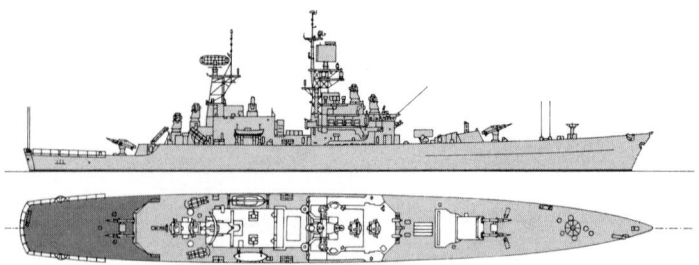

8 Harpoon ⇨₄, 2–2 ⚓ Phalanx, 4 Mg ⚓, 4 Standard ER ⛊₁₂, 6 **UTR** 32.4 **III**, 1 ⚓₈   8000 ts, 30 kn, 172 m
1 CG: **Bainbridge** / CGN 25 (61)

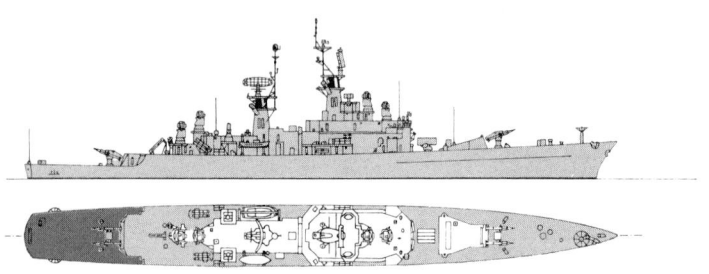

8 Harpoon ⇨₄, 2–2 ⚓ Phalanx, 4 Mg ⚓, 4 Standard ER ⛊₁₂, 6 **UTR** 32.4 **III**, 1 ⚓₈   6070 ts, 32.7 kn, 163 m
9 CG: **Leahy** / CG 16–24 (61–63, *67–72*)

Zerstörer / Destroyers

2 VLS ⇨/⛊, 8 Harpoon ⇨, 2–12.7, 2–2 ⚓ Phalanx, 6 **UTR** 32.4 **III**   6610 ts, 30 kn, 154 m
29 DG: A r l e i g h   B u r k e / DDG 51–79 (a. St. / o. st. – gepl. / plan.)

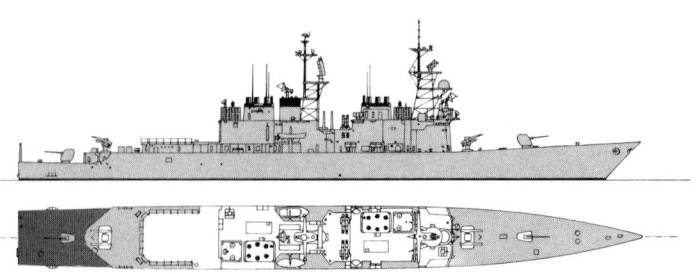

8 Harpoon ⇨₄, 2–12.7 ⚓, 2–2 ⚓ Phalanx, 4 Mg ⚓, 4 Standard ER ⛊₁₂,   . /9570 ts, 30 kn, 172 m
6 **UTR** 32.4 **III**, 1 ⚓   4 DD: **Kidd** / DDG 993–996 (79–80)

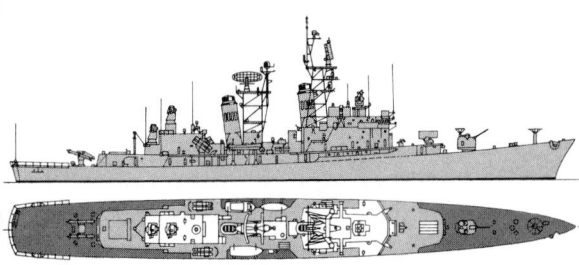

8 Harpoon ⇨₄, 1–12.7 ⚓, 4 Mg ⚓, 2 Standard ER ⚓₁₂, 6 UTR 32.4 III, 1 ⚓₈
10 DG: **Coontz** / DDG 37–46 (58–60)

4770 ts, 33 kn, 156 m

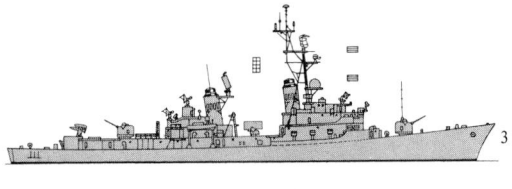

3570 ts, 30 kn, 133 m
2–12.7 ⚓, 4 Mg ⚓,
1 Standard MR ⚓ / Harpoon ⇨,
6 UTR 32.4 III, 1 ⚓₈
3 DG: **Tattnall** / DDG 19, 20, 22 (61–63) –
Charles F. Adams Klasse

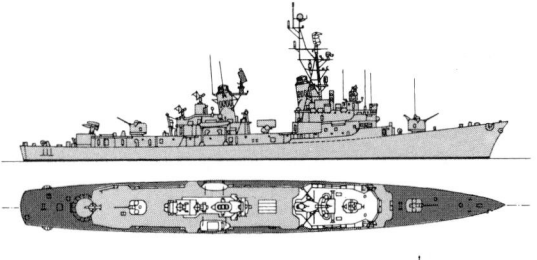

3570 ts, 30 kn, 133 m
4–6 Harpoon ⇨, 2–12.7 ⚓,
4 Mg ⚓, 2 Standard MR ⚓₁₂,
6 UTR 32.4 III, 1 ⚓₈
20 DG: **Charles F. Adams** /
DDG 2–18, 21, 23, 24 (59–63) –
DDG 14–18, 21, 23, 24: 1 ⚓₁

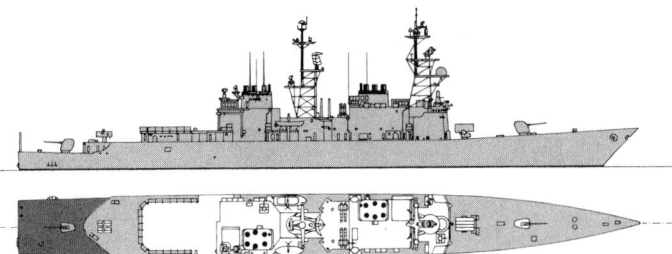

8 Harpoon ⇨₄, 2–12.7 ⚓, 2–2 ⚓ Phalanx, 4 Mg ⚓, 1 NATO Sea Sparrow ⚓₈
6 UTR 32.4 III, 1 ⚓₈, 1 ⚓

5930 ts, 32.5 kn, 172 m

31 DG: **Spruance** / DD 963–992, 997 (73–82)

Fregatten / Frigates

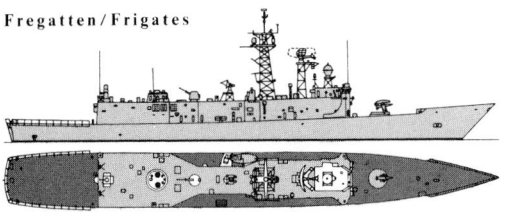

2770 ts, 28 kn, 136 m
1 Harpoon / Standard MR ⇨ / ⚓,
1–7.6 ⚓, 1–2 ⚓ Phalanx,
6 UTR 32.4 III, 2 ⚓
51 FG: **Oliver Hazard Perry** /
FFG 7–16, 19–34, 36–43, 45–61
(76 – a. St. / o. st.)

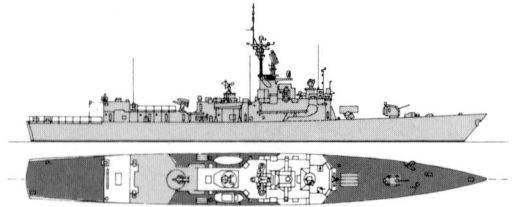

2643 ts, 27 kn, 126 m
1–12.7 ⚓, 1 Standard MR ⚓₁,
6 UTR 32.4 III, 1 ⚓₈, 1 ✈
6 FG: **Brooke** / FFG 1–6 (63–66)

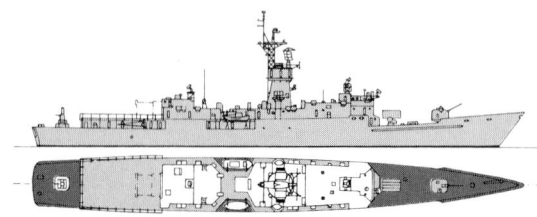

3010 ts, 27 kn, 134 m
4 Harpoon ⇒₄, 1–12.7 ⚓,
1–2 ⚓ Phalanx oder / or
1 Sea Sparrow ⚓₈, ✈
4 UTR 32.4 II, 1 ⚓₈, 1 ✈
46 FF: **Knox** / FF 1052–1097
(66–73)

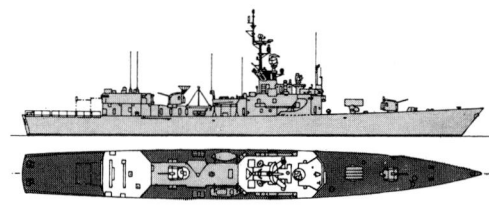

2624 ts, 27 kn, 126 m
2–12.7 ⚓, 6 UTR 32.4 III, 1 ⚓₈, 1 ✈
10 FF: **Garcia** / FF 1040, 1041,
1043–1045, 1047–1051 (63–65)

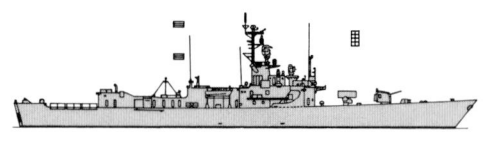

2700 ts, 27 kn, 126 m
1–12.7 ⚓, 6 UTR 32.4 III, 1 ⚓₅
1 FF: **Glover** / FF 1098 (64)

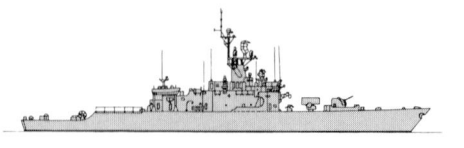

2360 ts, 24.5 kn, 113 m
2–7.6 ⚓, 6 UTR 32.4 III, 1 ⚓₈
2 FF: **Bronstein, McCloy** /
FF 1037, 1038 (62)

U-Boote / Submarines

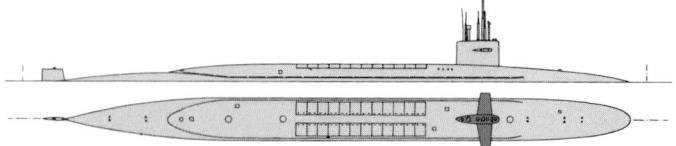

24 Trident 1 C 4 ⚓, 4 TR 53.3 b↓   16775/18770 ts, ./25 kn, 171 m
17 SB: **Ohio** / SSBN 726–742 (79 – gepl. / plan.)

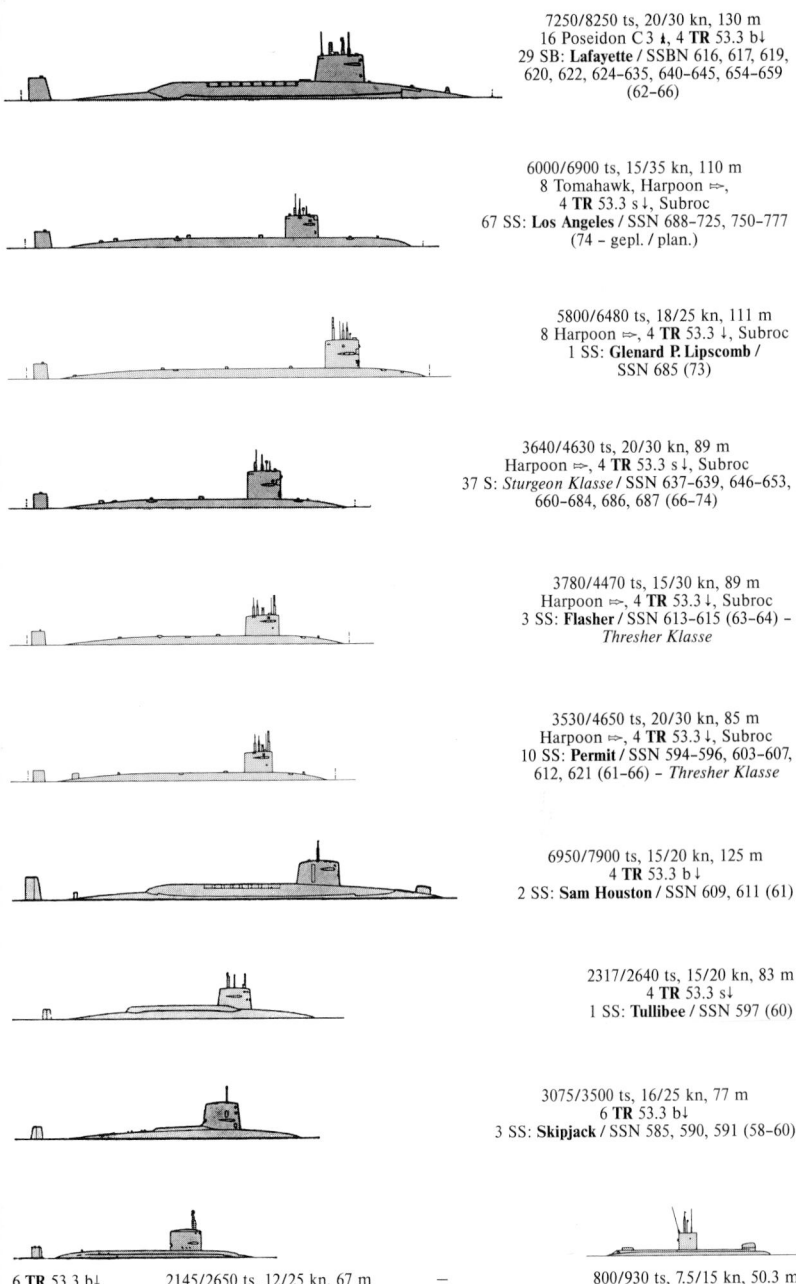

7250/8250 ts, 20/30 kn, 130 m
16 Poseidon C 3 ↓, 4 **TR** 53.3 b↓
29 SB: **Lafayette** / SSBN 616, 617, 619,
620, 622, 624–635, 640–645, 654–659
(62–66)

6000/6900 ts, 15/35 kn, 110 m
8 Tomahawk, Harpoon ⇒,
4 **TR** 53.3 s↓, Subroc
67 SS: **Los Angeles** / SSN 688–725, 750–777
(74 – gepl. / plan.)

5800/6480 ts, 18/25 kn, 111 m
8 Harpoon ⇒, 4 **TR** 53.3 ↓, Subroc
1 SS: **Glenard P. Lipscomb** /
SSN 685 (73)

3640/4630 ts, 20/30 kn, 89 m
Harpoon ⇒, 4 **TR** 53.3 s↓, Subroc
37 S: *Sturgeon Klasse* / SSN 637–639, 646–653,
660–684, 686, 687 (66–74)

3780/4470 ts, 15/30 kn, 89 m
Harpoon ⇒, 4 **TR** 53.3 ↓, Subroc
3 SS: **Flasher** / SSN 613–615 (63–64) –
Thresher Klasse

3530/4650 ts, 20/30 kn, 85 m
Harpoon ⇒, 4 **TR** 53.3 ↓, Subroc
10 SS: **Permit** / SSN 594–596, 603–607,
612, 621 (61–66) – *Thresher Klasse*

6950/7900 ts, 15/20 kn, 125 m
4 **TR** 53.3 b↓
2 SS: **Sam Houston** / SSN 609, 611 (61)

2317/2640 ts, 15/20 kn, 83 m
4 **TR** 53.3 s↓
1 SS: **Tullibee** / SSN 597 (60)

3075/3500 ts, 16/25 kn, 77 m
6 **TR** 53.3 b↓
3 SS: **Skipjack** / SSN 585, 590, 591 (58–60)

6 **TR** 53.3 b↓   2145/2650 ts, 12/25 kn, 67 m   –
3 SS: **Barbel** / SS 580–582 (58–59)

800/930 ts, 7.5/15 kn, 50.3 m
1 SS: **Dolphin** / AGSS 555 (68)

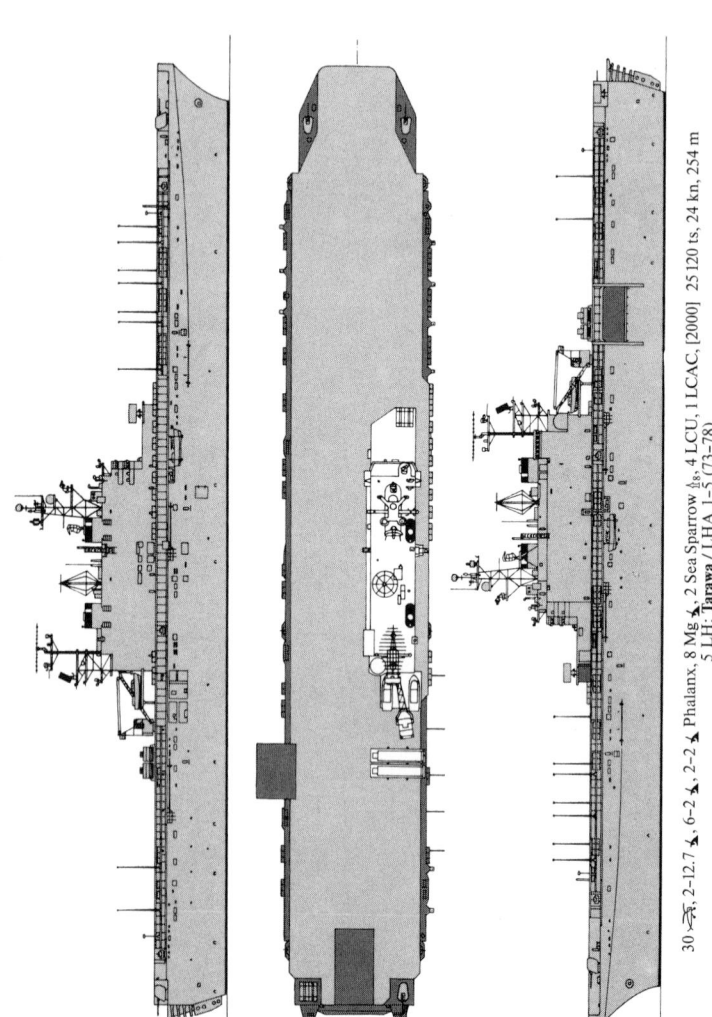

30 ✈, 2–12.7 ↖, 6–2 ↖, 2–2 ↖ Phalanx, 8 Mg ↙, 2 Sea Sparrow ⊕₈, 4 LCU, 1 LCAC, [2000] 25 120 ts, 24 kn, 254 m
5 LH: **Tarawa** / LHA 1–5 (73–78)

4.7.6 ⚓, 2–2 ⚓ Phalanx, 2 Sea Sparrow ⬭₈, 3 LCPL, 2 LCVP 15 000 ts, 20 kn, 194 m
2 LF: **Blue Ridge** / LCC 19, 20 (69–70)

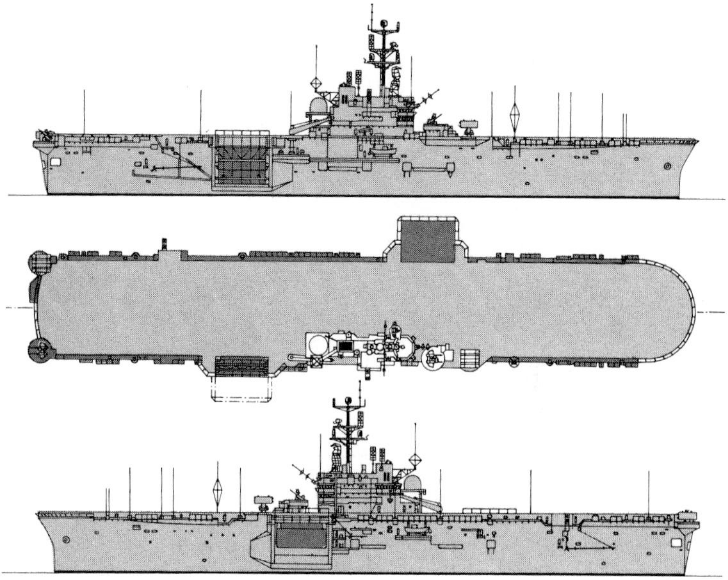

24 ✈, 4–7.6 ⚓, 2–2 ⚓ Phalanx oder / or 2 Sea Sparrow ⬭₈, [2100] 17 000 ts, 23 kn, 184 m
7 LH: **IWO JIMA, Okinawa, Guadalcanal, Guam, Tripoli, New Orleans, Inchon** /
LPH 2, 3, 7, 9–12 (60–69)

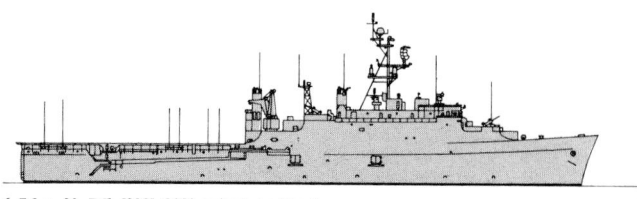

6–7.6 ⚓, [6 ✈], [930], 2000 ts Ladung / load 8270 ts, 23 kn, 159 m
2 LD: **Raleigh** / LPD 1, 2 (62)

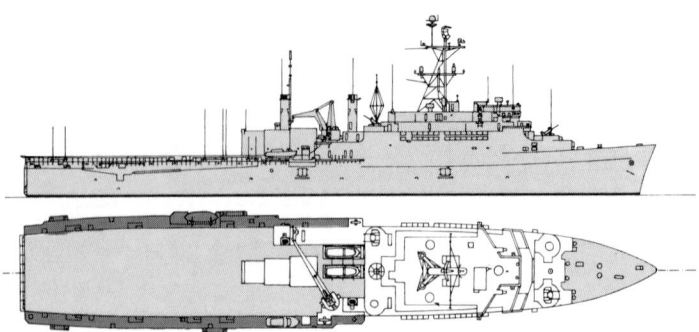

4-7.6 ⚓, [2-2 ⚓ Phalanx], [840], 3900 ts Ladung / load, [6 ⤫] 11 050 ts, 21 kn, 173 m
5 LD: **Cleveland** / LPD 7-9, 12, 13 (66-67) – *Austin Klasse*

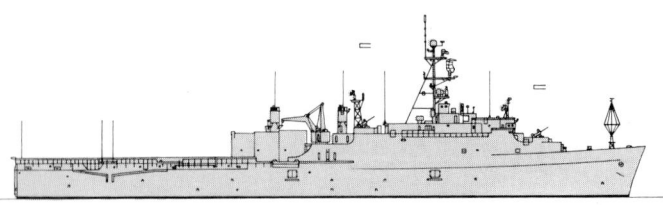

4-7.6 ⚓, 2-2 ⚓ Phalanx, [930], [6 ⤫] 11 050 ts, 21 kn, 173 m
6 LD: **Austin** / LPD 4-6, 10, 14, 15 (64-70)

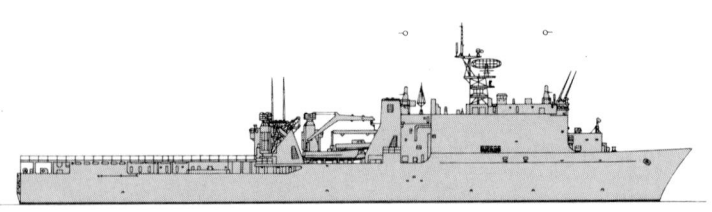

2-2 ⚓ Phalanx, 2-2 ⚓, 8 Mg ⚓, [440], 4 LCAC 11 140 ts, 22 kn, 186 m
8 LD: **Whidbey Island** / LSD 41-48 (83 – bew. / auth.)

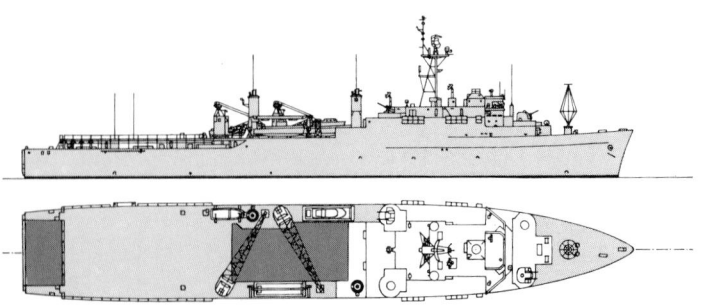

6-7.6 ⚓, 2-2 ⚓ Phalanx, [380], [4 ⤫], 3 LCU 8600 ts, 20 kn, 168 m
5 LD: **Anchorage** / LSD 36-40 (68-71)

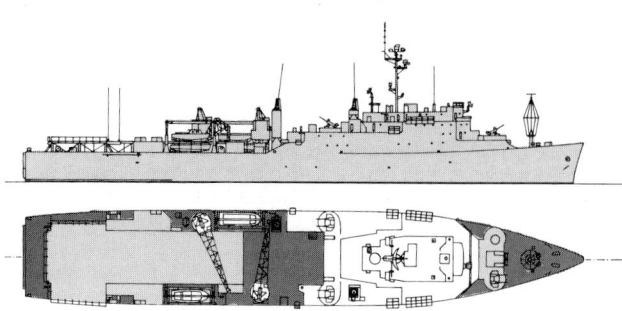

6–7.6 ⚓, [350], [⌇⍓], 18 LCM (6) 6880 ts, 22.5 kn, 155 m

8 LD: **Thomaston** / LSD 28–35 (54–56)

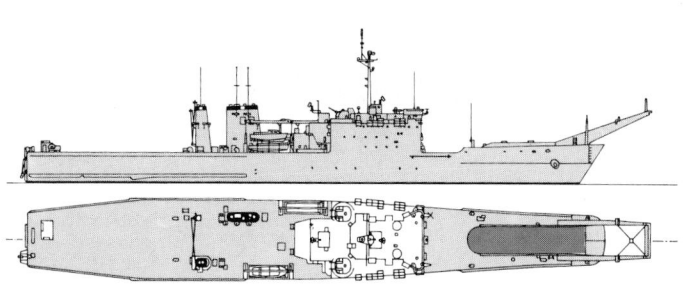

4–7.6 ⚓, 1–2 ⚓ Phalanx, [390], [500 ts] 4970 ts, 20 kn, 159 m

20 LS: **Newport** / LST 1179–1198 (68–71)

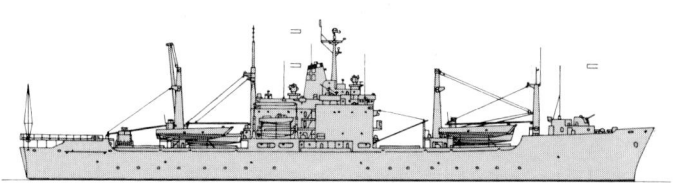

2–2 ⚓ Phalanx, 4 LCM (8), 5 LCM (6), 7 LCVP, 2 LCP, [230] 10 000 ts, 20 kn, 175 m

5 AK: **Charleston** / LKA 113–117 (67–69)

Hilfsfahrzeuge / Auxiliary Vessels

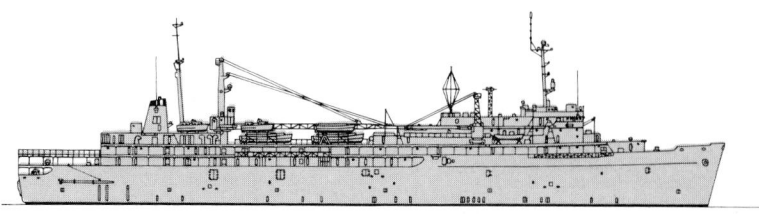

4–2 ⚓ 12 770 ts, 20 kn, 197 m

2 AR: **L. Y. Spear** / AS 36, 37 (67–70)

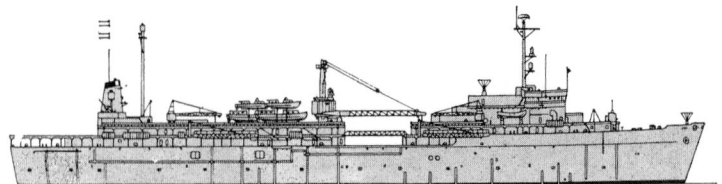

4–7.6 ⚓   2 AR: Simon Lake / AS 33, 34 (64–65)   12 000 ts, 18 kn, 196 m

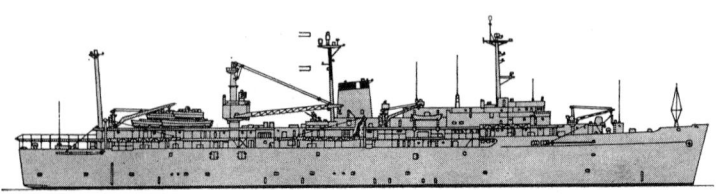

4–2 ⚓   2 AR: **Hunley** / AS 31, 32 (61–63)   11 000 ts, 18 kn, 183 m

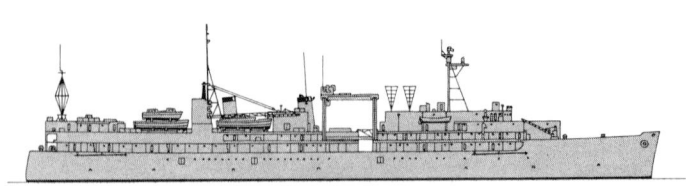

4–2 ⚓   1 AR: **Proteus** / AS 19 (42)   14 200 ts, 15 kn, 175 m

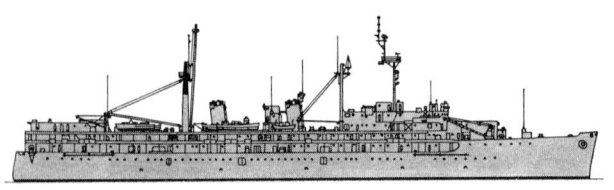

9734 ts, 16 kn, 161 m
4–2 ⚓
2 AR: **Fulton** / AS 11, 18
(40–42)

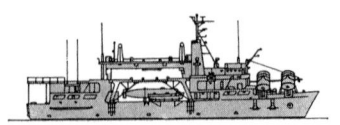

2–2 ⚓, 4 Mg ⚓, 2 DSRV   3410 ts, 15 kn, 77 m
2 AR: **Pigeon** / ASR 21, 22 (69)

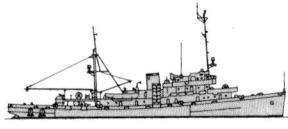

2–2 ⚓   1653 ts, 14.9 kn, 76.7 m
4 AR: **Florikan** / ASR 9, 13–15 (42–45)

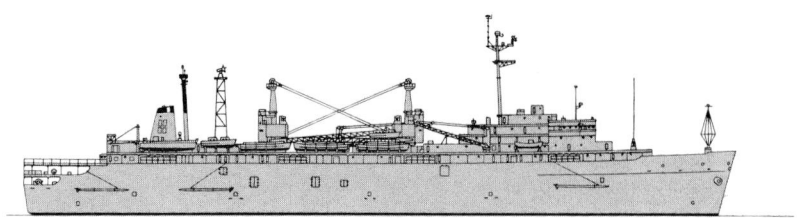

2-2 ⚓   1 AR: **Puget Sound** / AD 38 (66)   13 600 ts, 18 kn, 196 m

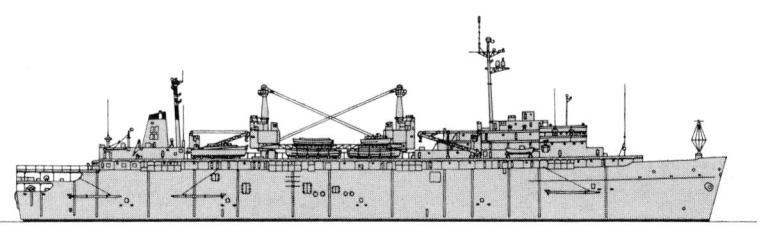

4-2 ⚓, 2-4 Mörser / mortars   1 AR: **Samuel Gompers** / AD 37 (66)   13 600 ts, 18 kn, 196 m

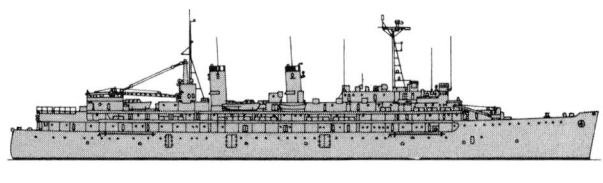

9450 ts, 19.6 kn, 162 m
4-2 ⚓
3 AR: **Prairie** / AD 15, 18, 19
(39–43)

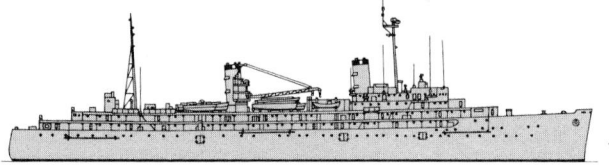

9450 ts, 19.2 kn, 162 m
4-2 ⚓
3 AR: **Vulcan** / AR 5, 7, 8
(40–43)

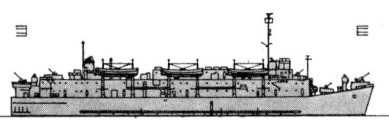

2190 ts, 12 kn, 100 m
[2–7.6 ⚓, 8–4 ⚓, 18 Mg ⚓]
3 AP: **Mercer** IX 502–504 (44–45)

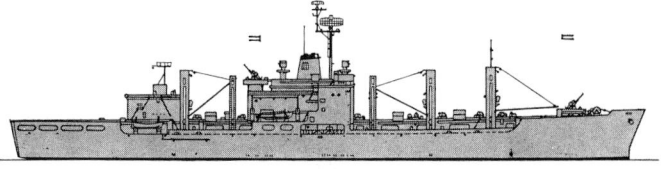

[4–7.6 ⚓], 2 ✈, [7300 ts]   7 AK: **Mars** / AFS 1–7 (63–69)   9200 ts, 20 kn, 177 m

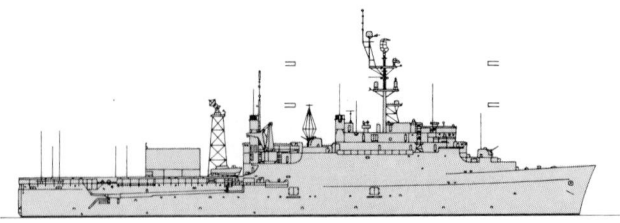

6-7.6 ⚓, 2-2 ⚓ Phalanx   1 LD: **La Salle** / AGF 3 (63)   8040 ts, 23 kn, 158 m

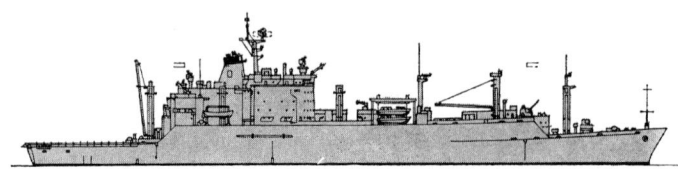

4-7.6 ⚓, 2-2 ⚓ Phalanx, 2 ✈   10 000 ts, 20 kn, 172 m
8 AK: **Kilauea** / T-AE 26, AE 27-29, 32-35 (67-72)

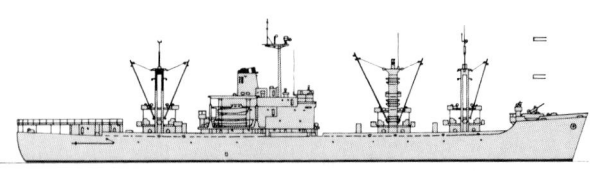

14 000 ts, 21 kn, 156 m
4-7.6 ⚓, 4 Mg ⚓
5 AK: **Suribachi** /
AE 21-25 (55-59)

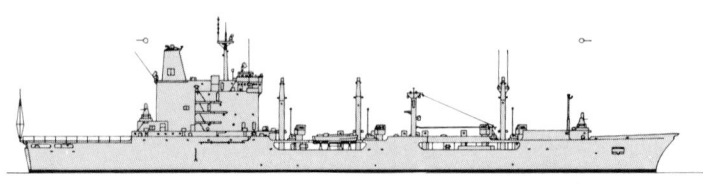

2-2 ⚓ Phalanx   5 AO: **Cimarron** / AO 177-180, 186 (79-82)   8210 ts, 20 kn, 180 m

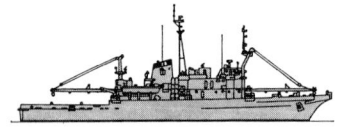

2-2 ⚓   2650 ts, 16 kn, 88 m
3 AT: **Edenton** / ATS 1-3 (68-69)

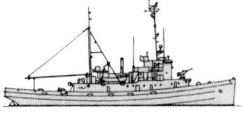

[1-7.6]   1235 ts, 16 kn, 63 m
5 AT: **Moctobi** / ATF 105, 110, 113, 159, 160
(43-45)

2 Mg ⚓   2300 ts, 13.5 kn, 77.7 m
4 AT: **Safeguard** / ARS 50-53 (83-84)

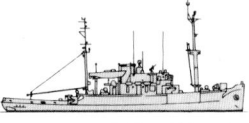

2-2 ⚓   1530 ts, 14 kn, 65 m
7 AT: *ARS Klasse* / ARS 8, 38-43 (43-45)

19 200 ts, 26 kn, 242 m
2-2 ⌇ Phalanx, 1 NATO Sea Sparrow ⌇8,
2 ⫞
4 AO: **Sacramento** / AOE 1–4 (63–69)

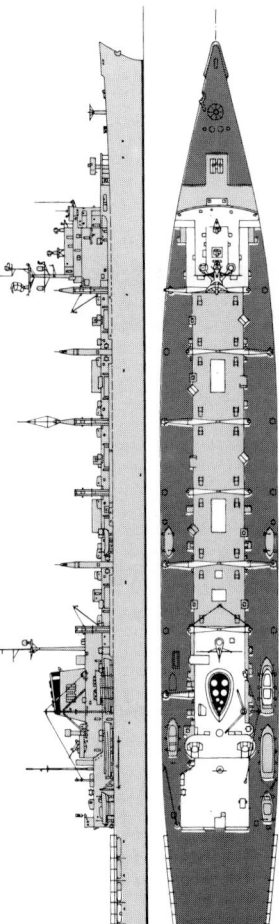

12 500 ts, 20 kn, 201 m
2-2 ⌇ Phalanx, 1 NATO Sea Sparrow ⌇8,
2 ⫞
7 AO: **Wichita** / AOR 1–7 (68–74)

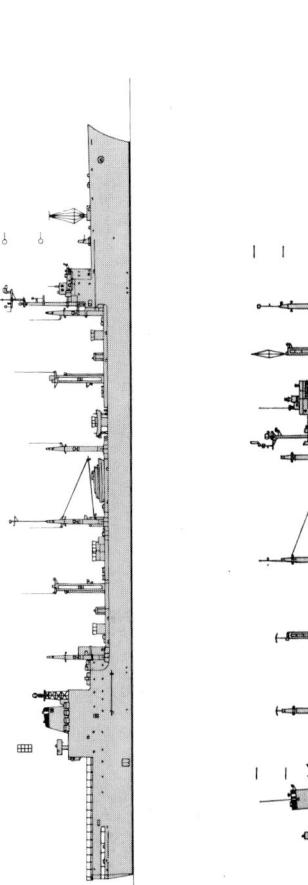

11 000 ts, 18 kn, 196 m
2-7.6 ⌇
2 AO: **Caloosahatchee** / AO 98, 99 (43–45)

Maßstab / Scale 1 : 1000

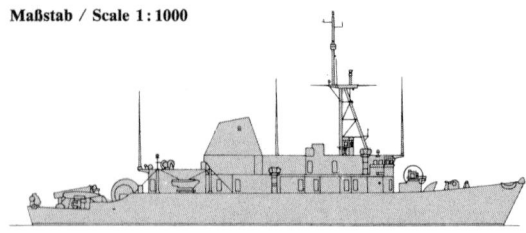

. / I312 ts, 14 kn, 68.4 m
2 Mg ⚓
14 MB: **Avenger** /
MCM 1–14
(85 – bew. / auth.)

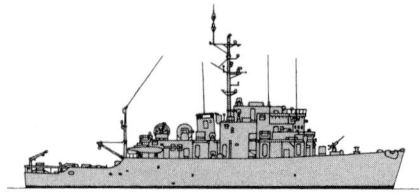

715 ts, 15 kn, 52.4 m
2 Mg ⚓
19 MB: **Constant** (52–56) – *Agile Klasse*

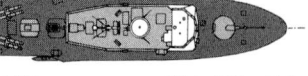

8 Harpoon ⇒, 1–7.6 ⚓   6 PG: **Pegasus** / PHM 1–6 (74–82)   200 ts, 50 kn, 40.5 m

Military Sealift Command / MSC

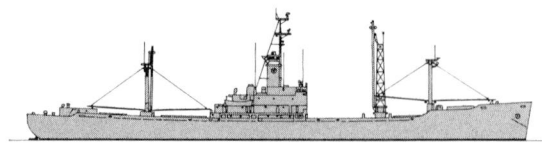

6700 ts, 17 kn, 159 m
2 AK: **Furman** /
T-AK 280, 282 (44–45)

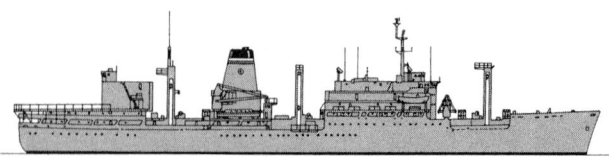

9010 ts, 19 kn, 160 m
3 AK: **Sirius** /
T-AFS 8–10 (66–67) –
Typ brit. Lyness

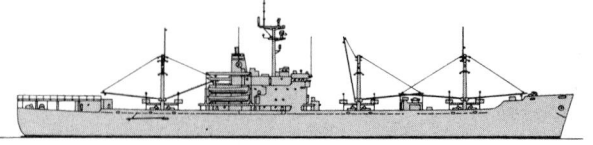

7950 ts, 20 kn, 153 m
1 AK: **Rigel** /
T-AF 58 (55)

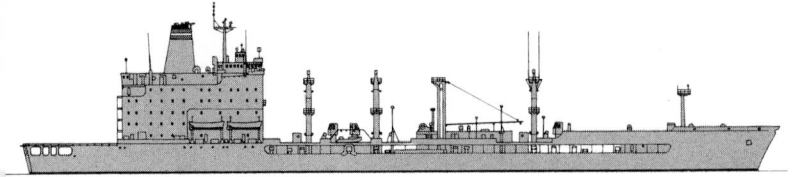

[2-2 ⚓ Phalanx] ./40 700 ts, 20 kn, 207 m

11 AO: **Henry J. Kaiser** / T-AO 187–197 (85 – bew. / auth.)

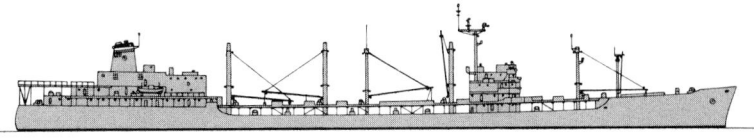

— 6 AO: **Neosho** / T-AO 143–148 (53–55) 19 550 ts, 20 kn. 200 m

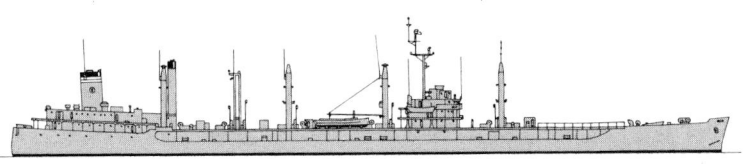

— 5 AO: **Mispillion** / T-AO 105–109 (45–46) 11 600 ts, 18 kn, 197 m

[2-2 ⚓, 2 Mg ⚓] 2000 ts, 15 kn, 73 m
7 AT: **Powhatan** / T-ATF 166–172 (78–80)

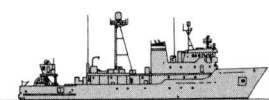

— 1600 ts, 11 kn, 68.3 m
16 AG: **Stalwart** / T-AGOS 1–10, 13–18
(83 – bew. / auth.)

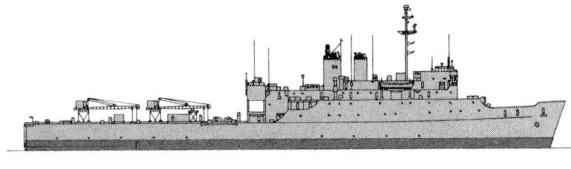

8000 ts, 15 kn, 150 m
1 AG: **Point Loma** /
T-AGDS 2 (57)

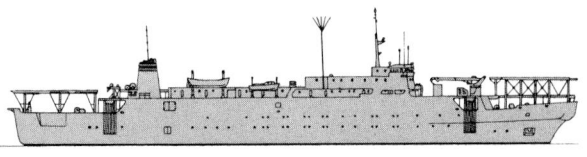

8370 ts, 15 kn, 153 m
1 Kabelleger / Cable Ship:
Zeus / T-ARC 7 (82)

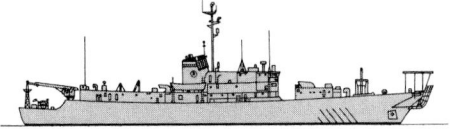

5820 ts, 14 kn, 113 m
2 Kabelleger / Cable Ships:
Neptune / T-ARC 2, 6 (45)

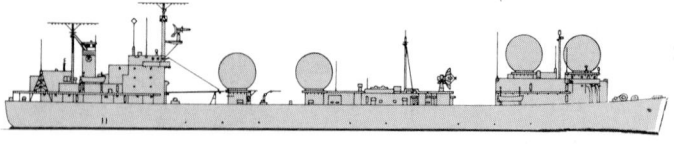

16 800 ts, 16 kn
181 m
1 Meßschiff:
Redstone /
T-AGM 20 (44)

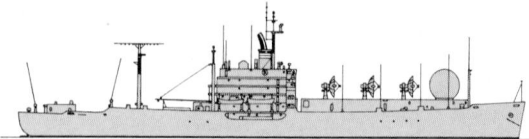

6700 ts, 15.5 kn, 139 m
1 Meßschiff: **Range Sentinel** /
T-AGM 22 (44)

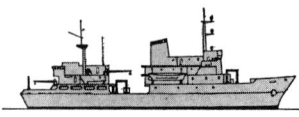

— ./3080 ts, 15 kn, 75.1 m
1 AG: **Hayes** / T-AGOR 16 (70)

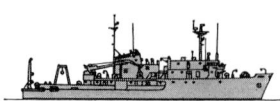

— 1200 ts, 13.5 kn, 64 m
6 AG: **Robert D. Conrad** / T-AGOR 3, 7, 9, 10,
12, 13 (62–66)

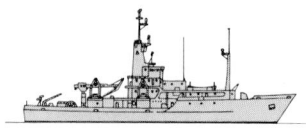

— 1915 ts, 12 kn, 74,7 m
2 AG: **Melville** / T-AGOR 14, 15 (68)

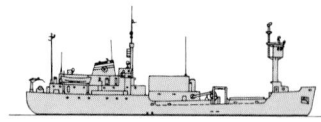

— 2036 ts, 12 kn, 80 m
2 AG: **Mizar** / T-AGOR 11, 8 (57)

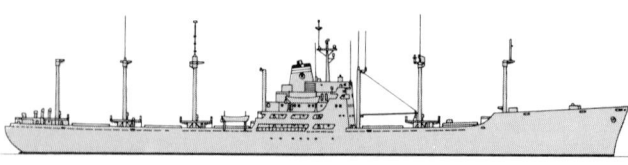

13 520 ts, 20 kn,
172 m
1 AG: **H. H. Hess** /
T-AGS 38 (74)

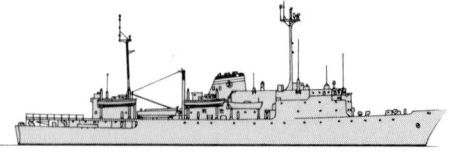

3032 ts, 16 kn, 120 m
2 AG: **Chauvenet** / T-AGS 29, 32
(68)

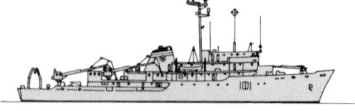

1935 ts, 15 kn, 87 m
4 AG: **Silas Bent** / T-AGS 26, 27
33, 34 (64–69)

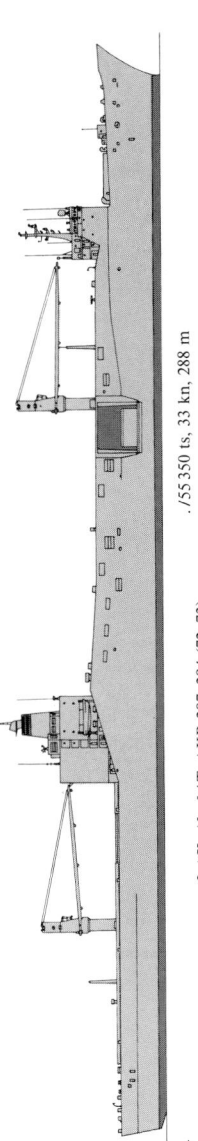

.∕55350 ts, 33 kn, 288 m

8 AK: **Algol** / T–AKR 287–294 (72–73)

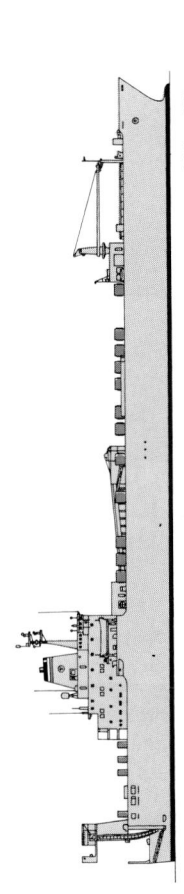

.∕33900 ts, 23 kn, 209 m

2 AK: **Mercury** / T–AKR 10, 11 (75–76)

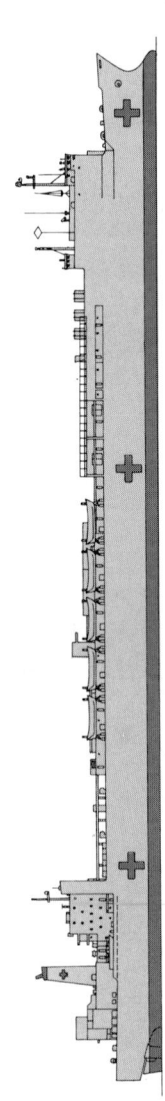

24710 ts, 17.5 kn, 272 m

2 AH: **Mercy** / T–AH 19, 20 (76, 83–87)

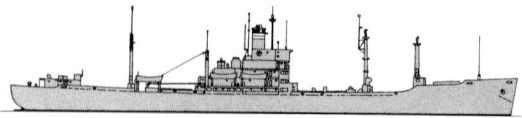

4700 ts, 15.2 kn, 139 m
2 AG: **Bowditch** / T-AGS 21, 22
(45)

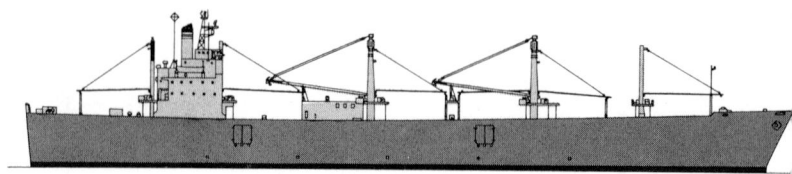

1 AK: **Admiral William M. Callaghan** (67)

./24500 ts, 26 kn, 212 m

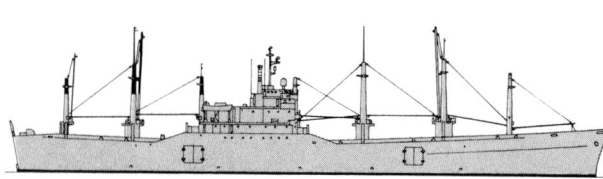

9150 ts, 20 kn, 165 m
1 AK: **Meteor** /
T-AKR 9 (65)

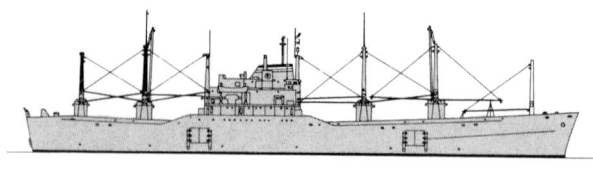

7600 ts, 18 kn, 152 m
1 AK: **Comet** /
T-AKR 7 (57)

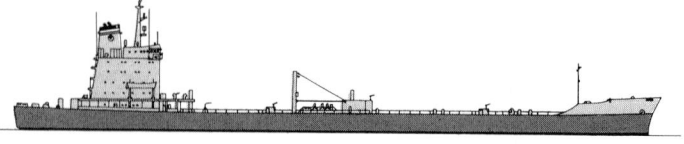

9 AO: **SEALIFT Pacific** / T-AOT 168-176 (73-74)

./32000 ts, 16 kn, 179 m

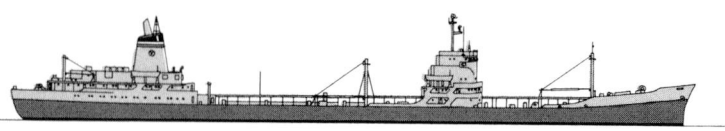

3 AO: **Maumee** / T-AOT 149, 151, 152 (56-57)

7760 ts, 18 kn, 189 m

Küstenwache / Coast Guard

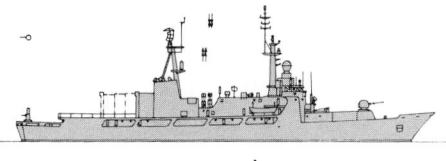

? ts, 29 kn, 115 m
[8 Harpoon ⇶], 1-7.6 ⚓, [1-2 ⚓ Phalanx],
2-2 ⚓, Mg ⚓, 6 UTR 32.4 Ⅲ, 1 ⇸
12 FG: **Hamilton Klasse**
nach Umbau / after conversion (*85–91*) –
vorläufige Skizze / preliminary drawing

2716 ts, 29 kn, 115 m
1-12.7 ⚓, 2-4 Mörser / mortars, 4 Mg ⚓,
6 UTR 32.4 Ⅲ, 1 ⇸
12 FF: **Hamilton** / WHEC 715–726 (65–71)

2216 ts, 19.5 kn, 100 m
1-12.7, 2-4 ⚓, 2 Mg ⚓
1 FE: **Ingham** / WHEC 35 (36)

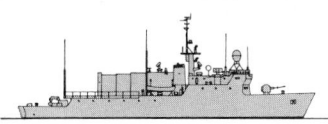

1-7.6 ⚓, [1-2 ⚓ Phalanx], ./1720 ts, 19.5 kn, 82.3 m
2 Mg ⚓, 2-4 Mörser / mortars, 1 ⇸
13 FE: **Bear** / WMEC 901–913 (80–88)

1-7.6 ⚓, 2 Mg ⚓,   950 ts, 18 kn, 64 m
2-4 Mörser / mortars, 1 ⇸
16 FE: **Reliance** / WMEC 615–630 (63–68)

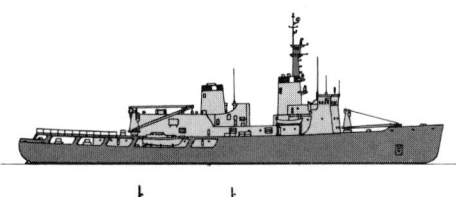

10 860 ts, 18 kn, 122 m
[4-2 ⚓, 2-4 Mörser / mortars], 2 ⇸
2 AI: **Polar Star** / WAGB 10, 11 (73–75)

./1785 ts, 10 kn, 80 m
1 Segelschulschiff / Sail Training Ship:
Eagle / WIX 327 (36) –
Typ deutsch / German Horst Wessel

Maßstab / Scale 1 : 1000

2 Mg ⚓, 2-4 Mörser / mortars   83 ts, 21 kn, 29 m
18 PP: **WPB 95′** Klasse (53–59)

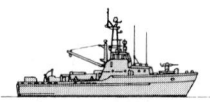

2-4 Mörser / mortars, 2 Mg ⚓ 68 ts, 23.5 kn, 23.7 m
53 PP: **WPB 82′** Klasse (60–70)

RB **Theodore Roosevelt** / CVN 71 (84) Nimitz Klasse   1987, Arra

RB **Theodore Roosevelt** / CVN 71 (84) Nimitz Klasse   7–1987, Donko

RB **Theodore Roosevelt** / CVN 71 (84) Nimitz Klasse   1987, Arra

RB **Carl Vinson** / CVN 70 (80) Nimitz Klasse   1986, Arra

RB **Nimitz** / CVN 68 (72)   9–1986, Voß

RB **Enterprise** / CVN 65 (60)   7–1987, Donko

RB **John F. Kennedy** / CV 67 (67)   1986, Arra

RB **America** / CV 66 (64)   1986, Arra

RB **Constellation** / CV 64 (60)   1987, Arra

RB **Kitty Hawk** / CV 63 (60)   1987, Arra

RB **Ranger** / CV 61 (56) Forrestal Klasse   1987, Arra

RB **Midway** / CV 41 (45) 1987, Sh. o. W.

RB **Coral Sea** / CV 43 (46) Midway Klasse 1987, Arra

RB **Lexington** / AVT 16 (42) 1987, Arra

BB **Iowa** / BB 61 (42) 1987, Arra

CG **Bunker Hill** / CG 52 (85) Ticonderoga Klasse 1987, Arra

CG **Ticonderoga** / CG 47 (81)   10-1985, Voß

CG **Virginia** / CGN 38 (74)   1987, Arra

CG **South Carolina** / CGN 37 (72) California Klasse   9-1986, Schiefer

CG **Truxtun** / CGN 35 (64)   10-1986, Kürsener

CG **Josephus Daniels** / CG 27 (63) Belknap Klasse   1987, Arra

CG **Bainbridge** / CGN 25 (61)   1987, Arra

CG **Worden** / CG 18 (62) Leahy Klasse   1986, Arra

CG **Long Beach** / CGN 9 (59)   1987, Arra

DG **Scott** / DDG 995 (80) Kidd Klasse   1987, Arra

DG **Dahlgreen** / DDG 43 (60) Coontz Klasse　　　　7-1986, Donko

DG **Goldsborough** / DDG 20 (61) Charles F. Adams Klasse　　　1987, Arra

DG **Robison** / DDG 12 (60) Charles F. Adams Klasse　　　1987, Arra

DG **Comte de Grasse** / DD 974 (76) Spruance Klasse　　　1987, Arra

DG **John Hancock** / DD 981 (77) Spruance Klasse　　　7-1986, Schiefer

DD **Edson** / DD 946 (58) Forrest Sherman Klasse   1987, Arra

FG **Stephen W. Groves** / FFG 29 (81) Oliver Hazard Perry Klasse   10–1985, Voß

FG **Schofield** / FFG 3 (63) Brooke Klasse   1987, Arra

FF **Thomas C. Hart** / FF 1092 (72) Knox Klasse   1987, Arra

FF **Glover** / FF 1098 (64)   6–1987, Behling

FF **Davidson** / FF 1045 (64) Garcia Klasse   1987, Arra

FF **Bronstein** / FF 1037 (62)   1987, Arra

SB **Michigan** / SSBN 727 (80) Ohio Klasse   1987, Arra

SB **Henry Clay** / SSBN 625 (62) Lafayette Klasse   1984, Arra

SS **Pittsburgh** / SSN 720 (84) Los Angeles Klasse   1987, Arra

SS **Glenard P. Lipscomb** / SSN 685 (73)   1987, Arra

SS **Spadefish** / SSN 668 (68) Sturgeon Klasse   8-1985, Voß

SS **Richard B. Russell** / SSN 687 (74) Sturgeon Klasse   1987, Arra

SS **John Marshall** / SSN 611 (61) Ethan Allen Klasse   1986, Arra

SS **Barb** / SSN 596 (62) Permit Klasse   1987, Arra

SS **Blueback** / SS 581 (59) Barbel Klasse   1987, Arra

MB **Engage** / MSO 433 (53) Agile Klasse   1984, Arra

MS **MSB 16** (52) 1984, Arra

PG **Pegasus** / PHM 1 (74) 1987, Arra

PP **PB Mk III** (~80) 1987, Arra

PP **PBR Mk II** (~82) 10-1986, Arra

PR **CCB Mk I**   10–1986, Arra

LF **Blue Ridge** / LCC 19 (69)   1987, Arra

LH **Nassau** / LHA 4 (78) Tarawa Klasse   1987, Arra

LH **Nassau** / LHA 4 (78) Tarawa Klasse   28. 9. 1985, Voß

LH **Inchon** / LPH 12 (69) Iwo Jima Klasse 9–1986, Schiefer

LH **Inchon** / LPH 12 (69) Iwo Jima Klasse 9–1986, Voß

LD **Austin** / LPD 4 (64) 9–1986, Schiefer

LD **Vancouver** / LPD 2 (62) Raleigh Klasse 1987, Arra

LD **Germantown** / LSD 42 (84) Whidbey Island Klasse   1987, Arra

LD **Mount Vernon** / LSD 39 (71) Anchorage Klasse   1987, Arra

LD **Hermitage** / LSD 34 (56) Thomaston Klasse   1987, Arra

LS **La Moure County** / LST 1194 (71) Newport Klasse   1985, Arra

LS **LCU 1645** (69)   1987, Arra

LC **LCAC 1** (84)   1986, amtlich / official

AK **Charleston** / LKA 113 (67)   1987, Arra

AR **Pigeon** / ASR 21 (69)   1987, Arra

AR **L. Y. Spear** / AS 36 (67)   7-1986, Terzibaschitsch

AR **Kittiwake** / ASR 13 (45)   1984, Arra

AR **Yellowstone** / AD 41 (79)   10-1986, Kürsener

AR **Prairie** / AD 15 (39) Dixie Klasse   1987, Arra

AR **Jason** / AR 8 (43) Vulcan Klasse   1987, Arra

AK **San Diego** / AFS 6 (68) Mars Klasse · 1987, Arra

AK **La Salle** / AGF 3 (63) · 1983, Arra

AK **Kiska** / AE 35 (72) Kilauea Klasse · 1987, Arra

AK **Mauna Kea** / AE 22 (55) Suribachi Klasse · 1984, Arra

AO **Camden** / AOE 2 (65) Sacramento Klasse · 1987, Arra

AO **Wabash** / AOR 5 (71) Wichita Klasse   1984, Arra

AO **Platte** / AO 186 (82) Cimarron Klasse   1987, Arra

AO **Canisteo** / AO 99 (45)   1987, Arra

AT **Brunswick** / ATS 3 (69) Edenton Klasse   1987, Arra

AT **Grasp** / ARS 51 (84) Safeguard Klasse   1987, Arra

AT **Opportune** / ARS 41 (45)   1985, Arra

AX **YP 662** (~60) YP 654 Klasse   1987, Arra

Military Sealift Command / MSC

Naval Fleet Auxiliary Force

AK **Marshfield** / T–AK 282 (44)   1984, Arra

AK **Rigel** / T-AF 58 (55)   1982, Arra

AK **Sirius** / T–AFS 8 (66) Typ brit. Lyness   7-1986, Jentsch

AO **Kawishiwi** / T-AO 146 (55) Neosho Klasse   7-1987, Donko

AT **Narragansett** / T–ATF 167 (78) Powhatan Klasse   1987, Arra

AG **Prevail** / T-AGOS 8 (85) Stalwart Klasse   1987, Arra

Special Mission Support

AG **Point Loma** / T-AGDS 2 (57)　　　　　　　1986, Arra

Missile Range Instrumentation Ship **Range Sentinel** / T-AGM 22 (44)　　7–1986, Donko

Missile Range Instrumentation Ship **Redstone** / T-AGM 20 (44)　　7–1986, Jentsch

AG **Moana Wave** / T-AGOR 22 (73)　　　　　　　1981, Arra

AG **Melville** / T-AGOR 14 (68)   1986, Arra

AG **De Steiguer** / T-AGOR 12 (66)   1987, Arra

AG **Mizar** / T-AGOR 11 (57)   1982, Arra

AG **Kane** / T-AGS 27 (65) Silas Bent Klasse   1986, Arra

AG **Harkness** / T-AGS 32 (68)　　　　　　　1984, Arra

AG **Bowditch** / T-AGS 21 (45)　　　　　　　1987, Arra

Strategic Sealift, active

AK **Capella** / T-AKR 293 (72)　　　　　　　9-1987, Voß

AK **Capella** / T-AKR 293 (72)　　　　　　　15-10-1987, Voß

AK **American Eagle** (80)   1987, Arra

AK **Rover** (~69)   9-1987, Voß

AO **Sealift Antarctic** / T-AOT 176 (74) Sealift Klasse   1987, Arra

Maritime Prepositioning Ships

AK **2nd Lt. John P. Bobo** / T-AKR (85)   9-1986, Voß

AK **PFC. Eugene A. Obregon** / T–AKR (82)   1987, Arra

Strategic Sealift, Reserve

AK **Wright** / T–AVB 3 (70)   1986, amtlich / official

AH **Mercy** / T–AH 19 (76)   4–1986, National Steel & Shb.

Coast Guard

FF **Chase** / WHEC 718 (67) Hamilton Klasse   1983, Voß

FE **Bear** / WMEC 901 (80)   1987, Arra

FE **Steadfast** / WMEC 623 (67) Reliance Klasse   1987, Arra

FS **Acushnet** / WMEC 167 (42) ARS Klasse   1987, Arra

FS **Chilula** / WMEC 153 (44) ATF Klasse   1987, Arra

PP **Aquidneck** / WPB 1309 (86) Farallon Klasse   1987, Arra

PP **Point Turner** / WPB 82 365 (~65) WPB 82′ Klasse   1987, Arra

AI **Polar Sea** / WAGB 11 (75)   1987, Arra

AT **Thunder Bay** / WTGB 108 (85) Katmai Bay Klasse   1987, Arra

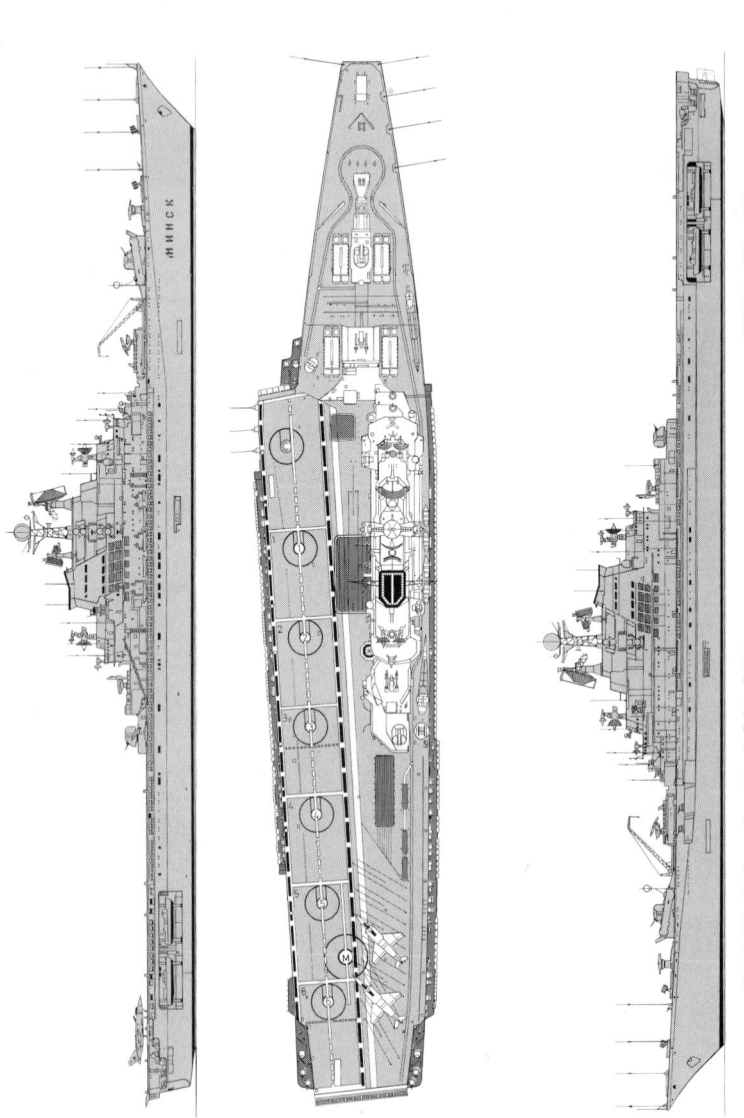

29 000 ts, 32 kn, 273 m

14 ⛴, 14 ✈, 8 ⟶₂, 4 ⟶₂, 4 ⟶₂, 4-7.6 ↘, 8-3 ↘₆,
1 ⟶₂, 2 ⟶₁₂, 10 **UTR** 53.3 ‖‖‖
3 **RB: Kiev** (72-78), ähnlich / similar 1 **RB: Baku** (82)

Kreuzer / Cruisers

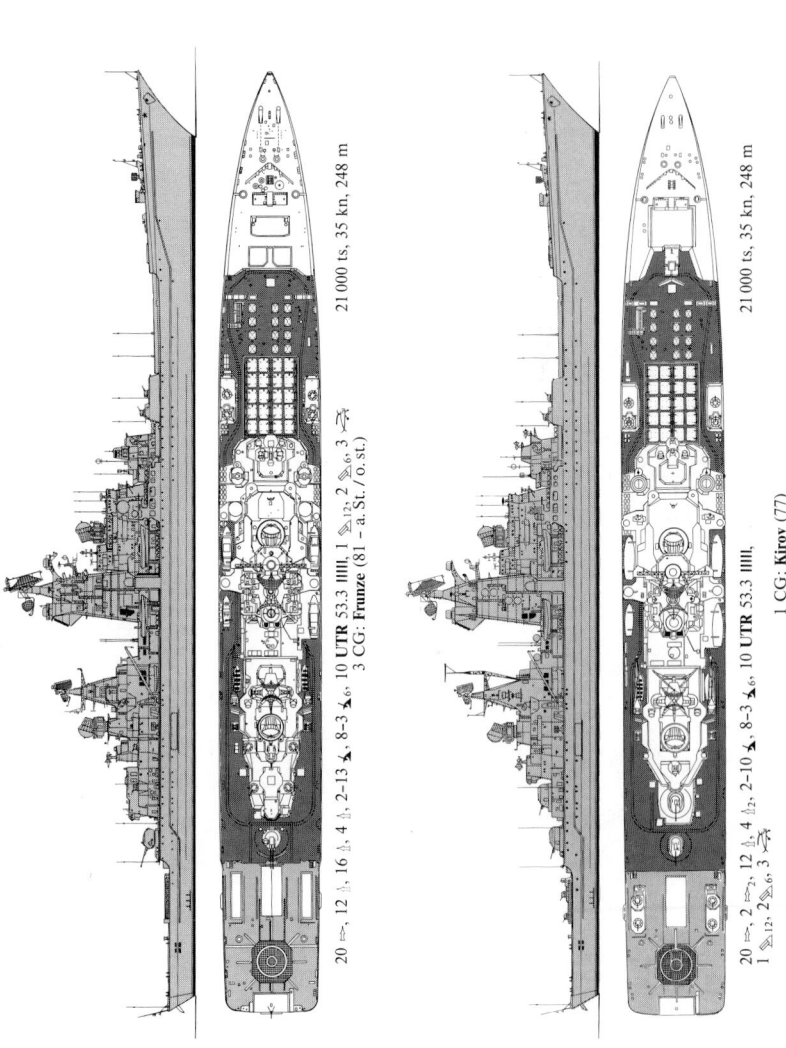

21 000 ts, 35 kn, 248 m

20 ⇒, 12 ⚓, 16 ⚓, 4 ⚓, 2-13 ⚓, 8-3 ⚓₆, 10 **UTR** 53.3 ‖‖, 1 ◿₁₂, 2 ◿₆, 3 ⛴

3 CG: **Frunze** (81 – a. St. / o. st.)

21 000 ts, 35 kn, 248 m

20 ⇒, 2 ⇒, 12 ⚓, 4 ⚓, 2-10 ⚓, 8-3 ⚓₆, 10 **UTR** 53.3 ‖‖,

1 ◿₁₂, 2 ◿₆, 3 ⛴

1 CG: **Kirov** (77)

Hubschrauberträger / Helicopter Carriers

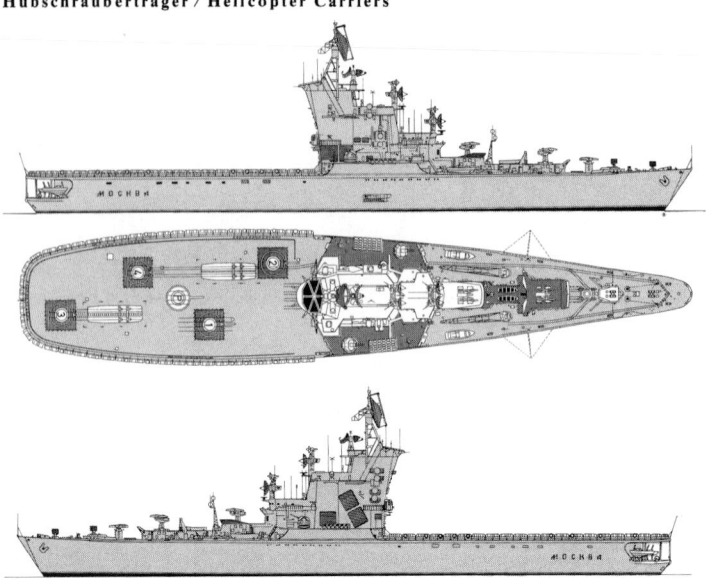

16 ⤜, 4 ⌇₂, 4-5.7 ⚓, 1 ⌇₂, 2 ⌇₁₂   14 500 ts, 30 kn, 189 m

2 CH: **Moskva, Leningrad** (64–66)

Kreuzer / Cruisers

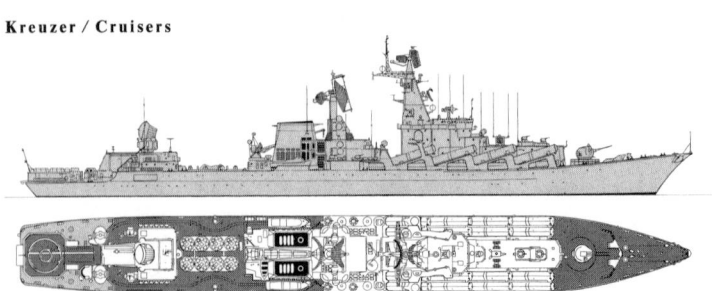

16 ⤜₂, 8 ⌇, 4 ⌇₂, 2-13 ⚓, 6-3 ⚓₆, 10 **UTR** 53.3 IIIII, 2 ⚓, 1 ⤜   10 000 ts, 34 kn, 185 m

4 CG: **Slava** (79 – a. St. / o. St.)

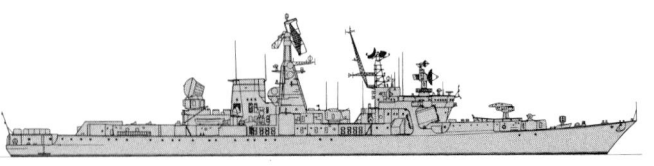

8 ⤜, 2 ⌇, 4 ⌇, 4 ⌇, 4-7.6 ⚓, 4-3 ⚓₆, 10 **UTR** 53.3 IIIII, 2 ⌇₁₂, 2 ⚓₆, 1 ⤜   8200 ts, 34 kn, 173 m

1 CG: **Azov** (73) – *Kara Klasse*

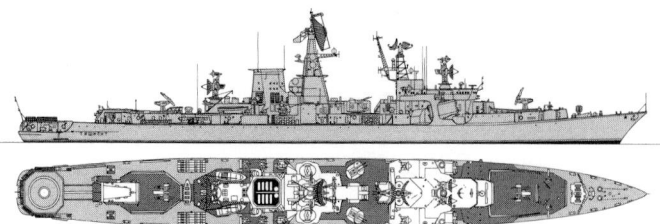

8 ⇥₄, 4 ⇊₂, 4 ⇊₂, 4-7.6 ⚓, 4-3 ⚓₆, 10 **UTR** 53.3 ‖‖‖‖, 2 ⚓₁₂, 2 ⚓₆, 1 ⇥
6 CG: *Kara Klasse* (71-77)

8200 ts, 34 kn, 173 m

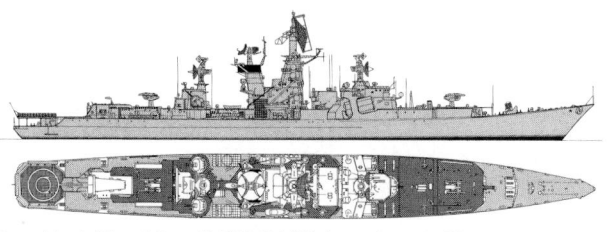

8 ⇥₄, 4 ⇊₂, 4-5.7 ⚓, 4-3 ⚓₆, 10 **UTR** 53.3 ‖‖‖‖, 2 ⚓₁₂, 2 ⚓₆, 1 ⇥
10 CG: *Kresta II Klasse* (68-76)

6000 ts, 34 kn, 159 m

4 ⇥₂, 4 ⇊₂, 4-5.7 ⚓, 10 **UTR** 53.3 ‖‖‖‖, 4 ⚓₁₂,₆, 1 ⇥
2 CG: **Vladivostok, Admiral Zozulja** (65-67) – *Kresta I Klasse*

6250 ts, 34 kn, 155 m

Kresta I mod.

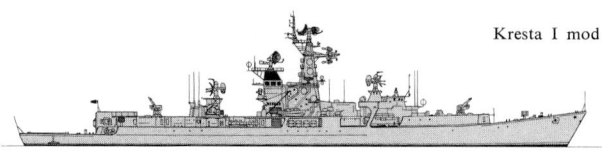

4 ⇥₂, 4 ⇊₂, 4-5.7 ⚓, 4-3 ⚓₆, 10 **UTR** 53.3 ‖‖‖‖, 2 ⚓₁₂, 2 ⚓₆, 1 ⇥
2 CG: **Vitse Admiral Drožd, Sevastopol** (65-67) – II keine / no 3 ⚓₆

6250 ts, 34 kn, 155 m

Kynda II Klasse

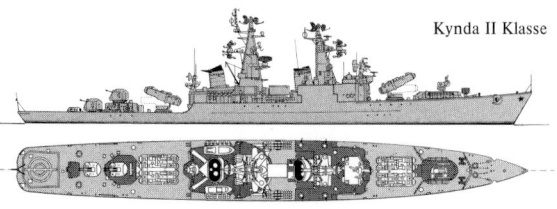

8 ⇥₄, 2 ⇊₂, 4-7.6 ⚓, 4-3 ⚓₆, 6 **UTR** 53.3 ‖‖, 2 ⚓₁₂
2 CG: **Groznyj, Varjag** (61-64)

4400 ts, 35 kn, 142 m

8 ⇨₄, 2 ⚓₂, 4–7.6 ⚓, 6 **UTR** 53.3 III, 2 ⚓₁₂   4400 ts, 35 kn, 142 m
2 CG: **Admiral Fokin, Admiral Golovko** (61–62) – *Kynda Klasse*

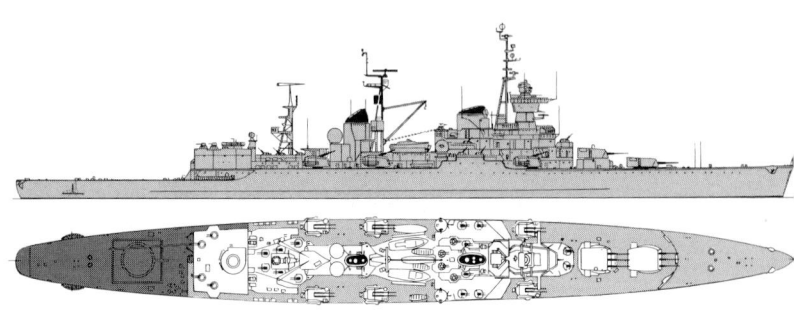

2 ⇨₂, 6–15₃, 12–10 ⚓, 32–3.7 ⚓, 16–3 ⚓, 3 ⚓   12 900 ts, 34 kn, 210 m
1 CG: **Admiral Senjavin** (~55) – *Sverdlov Klasse*

2 ⚓₂, 9–15₃, 12–10 ⚓, 32–3.7 ⚓, 8–3 ⚓, 1 ⚓   12 900 ts, 34 kn, 210 m
1 CG: **Ždanov** (~55) – *Sverdlov Klasse*

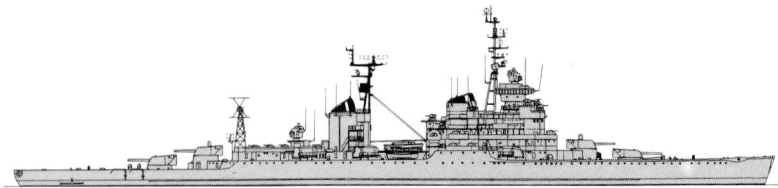

12–15₃, 12–10 ⚓, 24–3.7 ⚓, 16–3 ⚓, 150 ♉   12 900 ts, 34 kn, 210 m
2 CL: **Oktjabrskaja Revoljucija**, ähnlich / similar: **Admiral Ušakov** (~53) – *Sverdlov Klasse*

12-15$_3$, 12-10 ⚓, 24-3.7 ⚓, 16-3 ⚓, 150 ☉   12 900 ts, 34 kn, 210 m
1 CL: **Alexandr Suvorov** (~55) – *Sverdlov Klasse*

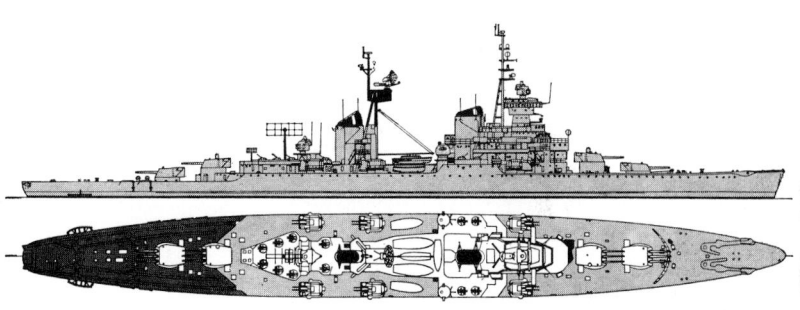

12-15$_3$, 12-10 ⚓$_2$, 32-3.7 ⚓$_2$, 150 ☉   12 900 ts, 34 kn, 210 m
6 CL: **Admiral Lazarev, Alexandr Nevskij, Dmitrij Požarskij, Michail Kutuzov, Murmansk, SVERDLOV** (50–55)

Zerstörer / Destroyers

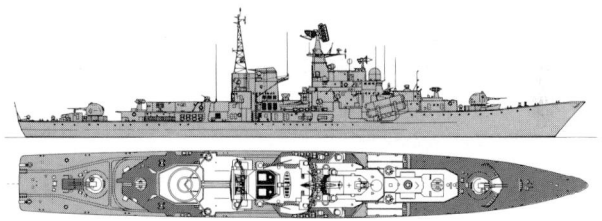

8 ⇆$_4$, 2 ⚓, 4-13 ⚓, 4-3 ⚓$_6$, 4 **UTR** 53.3 II, 2 ⚓$_6$, 1 ⇆, ☉   5900 ts, 35 kn, 156 m
12 DG: **Sovremennyj** (78 – a. St. / o. st.)

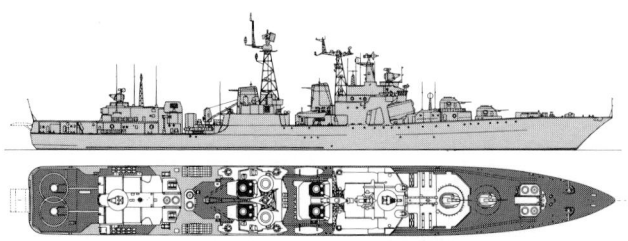

8 ⇆$_4$, 8 ⚓$_8$, 2-10 ⚓, 4-3 ⚓$_6$, 8 **UTR** 53.3 IIII, 2 ⚓$_{12}$, 2 ⇆, ☉   6400 ts, 33 kn, 162 m
12 DG: **Udaloj** (79 – a. St. / o. st.)

3700 ts, 36 kn, 146 m
4 ⇨, 4 ⑂₁₂, 4-7.6 ⑂₂,
4-3 ⑂₆, 5 **UTR** 53.3 ⅠⅠⅠⅠ,
2 ⑂₁₂, ☼
6 DG: *Kashin mod. Klasse*
(61–73)

3600 ts, 36 kn, 143 m
4 ⑂₁₂, 4-7.6 ⑂₂, 5 **UTR** 53.3 ⅠⅠⅠⅠ,
2 ⑂₁₂, 2 ⑂₆, ☼
12 DG: *Kashin Klasse* (61–73)

3600 ts, 36 kn, 143 m
1 ⑂, 4-7.6 ⑂, 5 **UTR** 53.3 ⅠⅠⅠⅠ,
2 ⑂₁₂, 2 ⑂₆, ☼
1 DG: **Provornyj** (~62) –
Kashin Klasse

3700 ts, 33 kn, 141 m
2 ⑂₁₂, 8-5.7 ⑂₄, 8-3 ⑂₂,
10 **UTR** 53.3 ⅠⅠⅠⅠ, 3 ⑂₁₂
8 DG: *Kanin Klasse* (58–60)

2600 ts, 36 kn, 127 m
4 ⇨, 4-7.6 ⑂₂, 16-5.7 ⑂₄,
4 **UTR** 53.3 Ⅱ, 2 ⑂₁₆
3 DG: *Kildin mod. Klasse* (58)

2500 ts, 36 kn, 127 m
2 ⑂₁₂, 2-13 ⑂₂, 4-4.5 ⑂₄, 8-3 ⑂₂,
5 **UTR** ⅠⅠⅠⅠ, 2 ⑂₁₂
7 DD: *Kotlin SAM Klasse*
(54–57) – 3 keine / no 8-3 ⑂₂

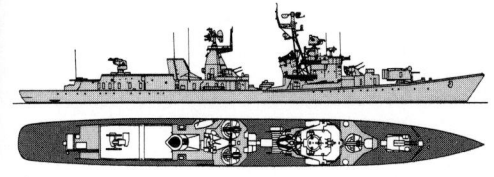

2500 ts, 36 kn, 127 m
2 ⚓₂, 2-13 ↗₂, 12-4.5 ↗₄, 2 ⚓₁₆
1 DD: **Bravyj** (60)
Kotlin SAM Klasse

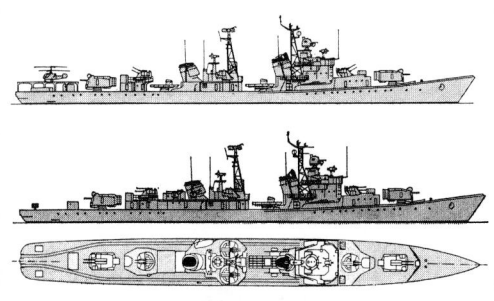

2600 ts, 36 kn, 127 m
4-13 ↗, 16-4.5 ↗,
10 **UTR** 53.3 ▐▐▐▐, 6 ⚓, ☊
18 DD: *Kotlin Klasse* (53–57)
Neue Ausführung nur 5 **UTR**, aber
8-2.5 ↗, 2 ⚓₁₆, 2 ⚓₆ / new version
only 5 **UTR**, but 4-2.5 ↗, 2 ⚓₁₆, 2 ⚓₆

mod.

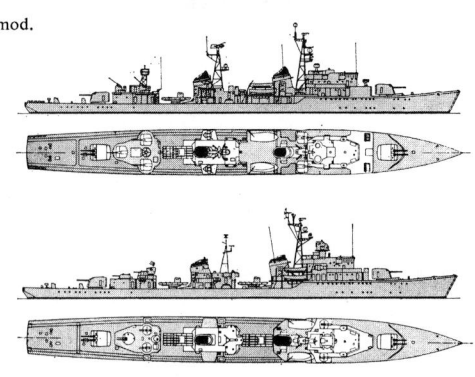

2340 ts, 36 kn, 120 m
4-13, 2-8.5 ↗, 7-3.7 ↗,
10 **TR** 53.3 ▐▐▐▐, 2 ⛛, ☊
10 DD: *Skory Klasse* (49–54)
Skory mod. Klasse: 4-13 ↗₂, 5-5.7 ↗,
5 **TR** 53.3 ▐▐▐▐, 2 ⚓₁₆, ☊

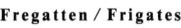

Fregatten / Frigates

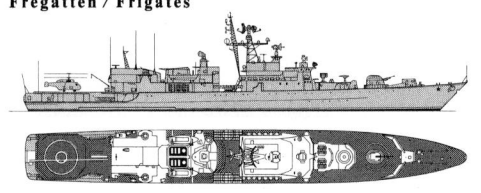

3000 ts, 33 kn, 123 m
2 ⚓₂, 1-10 ↗, , 2-3 ⚓₆,
8 **UTR** 53.3 ▐▐▐, 2 ⚓₁₂, 1 ✈
4 FF: *Krivak III Klasse* (83–86)

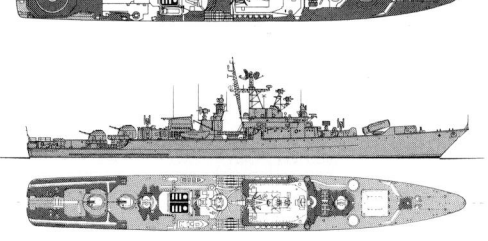

3100 ts, 33 kn, 123 m
4 ⇒₄, 4 ⚓₂, 2-10 ↗, 8 **UTR** 53.3 ▐▐▐,
2 ⚓₁₂, ☊
11 FG: *Krivak II Klasse* (75–80)

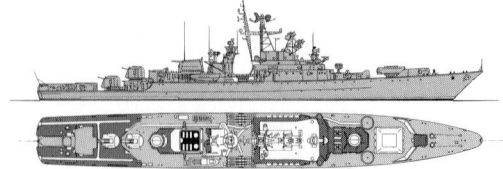

3100 ts, 33 kn, 123 m
4 ▷₄, 4 ⇑₂, 4–7.6 ↘₂, 8 **UTR** 53.3 ⦚⦚⦚⦚
2 ↘₁₂
21 FG: *Krivak I Klasse* (70–81)

1700 ts, 29 kn, 95 m
2 ↥, 4–7.6 ↘, 4–3 ↘, 2 ↘₁₂, ☿
1 FF: **Delfin** (76) – *Koni Klasse*

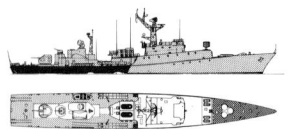

2 ↥, 1–7.6 ↘, 1–3 ↘₆,   950 ts, 34 kn, 71.6 m
4 **UTR** 53.3 ‖, 1 ↘₁₂, ☿
5 FF: *Grisha V Klasse* (85 – a. St. / o. st.)

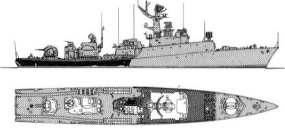

2 ↥₂, 2–5.7 ↘, 1–3 ↘₆,   950 ts, 34 kn, 71.6 m
4 **UTR** 53.3 ‖, 2 ↘₁₂, ☿
34 FF: *Grisha III Klasse* (75–81)

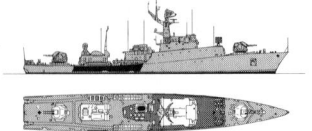

4–5.7 ↘, 4 **UTR** 53.3 ‖,   950 ts, 34 kn, 71.6 m
2 ↘₁₂, ☿
12 FF: *Grisha II Klasse* (73–82)

2 ↥₂, 2–5.7 ↘, 4 **UTR** 53.3 ‖,   950 ts, 34 kn, 71.6 m
2 ↘₁₂, ☿
15 FF: *Grisha I Klasse* (68–74)

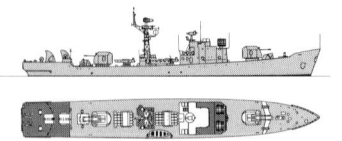

4–7.6 ↘, 10 **UTR** 40.6 ⦚⦚⦚⦚,   950 ts, 34 kn, 82.3 m
2 ↘₁₂
9 FF: *Mirka II Klasse* (64–66)

4–7.6 ↘, 5 **UTR** 40.6 ⦚⦚⦚⦚,   950 ts, 34 kn, 82.3 m
4 ↘₁₂
9 FF: *Mirka I Klasse* (64)

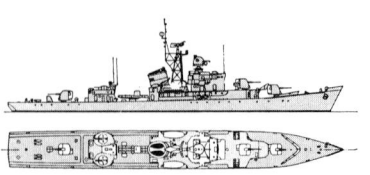

mod.

3–10, 4–3.7 ↘, 4–2.5 ↘,   1000 ts, 28 kn, 91.5 m
2 oder / or 3 **TR** 53.3, 2 ↘₁₆, ☿
43 FF: *Riga Klasse* (52–60)

Petya I

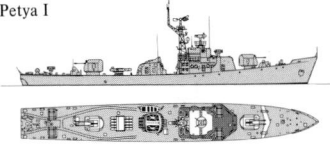

Petya I mod.

Petya II

Petya II mod.

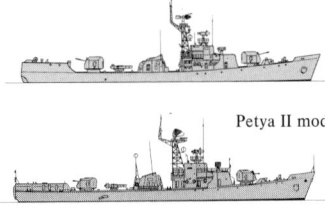

4–7.6 ⚓₂, 5 oder / or 10 **UTR** 40.6 ‖‖‖, 2 oder / or 4 ⚓₁₂, ₁₆
31 FF: *Petya Klasse* (60–69)

950 ts, 32 kn, 82.3 m

650 ts, 28 kn, 73 m
1–7.6 ⚓, 1–3 ⚓₆, 2 ⚓₄, 4 **UTR** 53.3 ‖, 2 ⚓₁₂, 2
5 FF: *Parchim II Klasse* (85 – a. St. / o. st.)

Korvetten / Corvettes

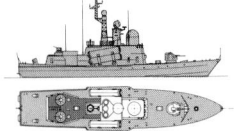

4 ⇁₂, 1 ⚓, 1–7.6 ⚓, 2–3 ⚓₆
5 FG: *Tarantul III Klasse*
(80–86)

18 FG: *Tarantul II Klasse*
(80–86)

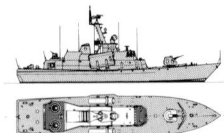

430 ts, 35 kn, 56.5 m
2 FG: *Tarantul I Klasse* (78)

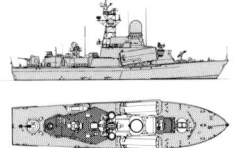

6 ⇁₃, 2 ⚓₂, 1–7.6 ⚓, 1–3 ⚓₆ ./770 ts, 30 kn, 60.3 m
7 FG: *Nanuchka III Klasse* (77–85)

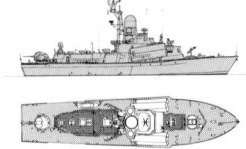

6 ⇁₃, 2 ⚓₂, 2–5.7 ⚓ ./770 ts, 30 kn, 60.3 m
17 FG: *Nanuchka I Klasse* (68–78)

Uboote / Submarines

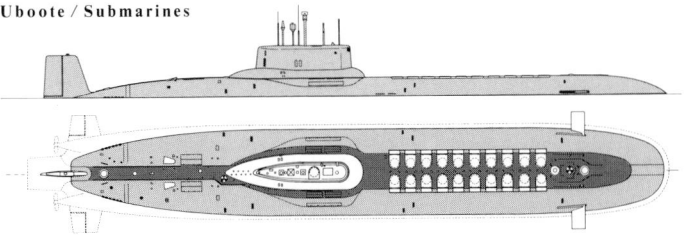

20 ⚓, 6 **TR** b↓ ./25 000 ts, ./25 kn, 171 m
7 SB: *Typhoon Klasse* (80 – a. St. / o. st.)

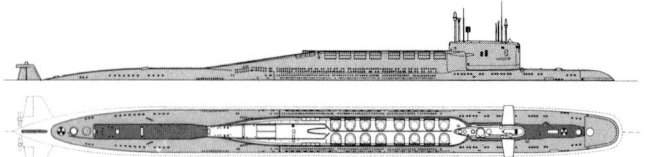

16 ↨, 6 **TR** b↓

10 800/13 550 ts, 17/24 kn, 165 m

6 SB: *Delta IV Klasse* (83 – a. St. / o. st.)

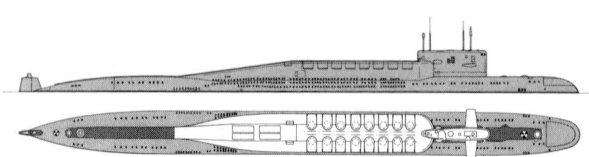

16 ↨, 6 **TR** 53.3 b↓

10 500/13 250 ts, 20/25 kn, 155 m

14 SB: *Delta III Klasse* (76–81)

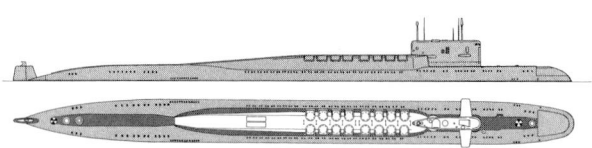

16 ↨, 6 **TR** 53.3 b↓

10 250/13 000 ts, 18/24 kn, 155 m

4 SB: *Delta II Klasse* (72–75)

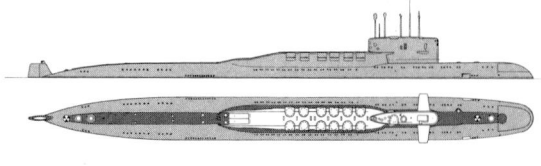

9050/11 350 ts, 18/25 kn, 138 m
12 ↨, 6 **TR** 53.3 b↓
18 SB: *Delta I Klasse* (71–75)

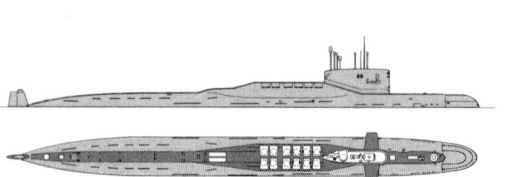

7950/10 000 ts, 18/26 kn, 130 m
12 ↨, 6 **TR** 53.3 b↓
1 SB: *Yankee II Klasse* (?)

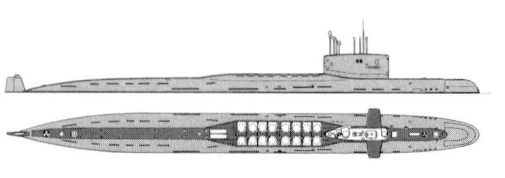

7950/10 080 ts, 18/27 kn, 130 m
16 ↨, 6 **TR** 53.3 b↓
17 SB: *Yankee I Klasse* (66–73)

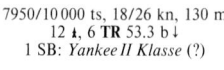

5500/6400 ts, 20/22 kn, 139 m
3 ↨, 6 **TR** 53.3 b↓, 2 **TR** 40 h↓
1 SB: *Hotel III Klasse* (~63)

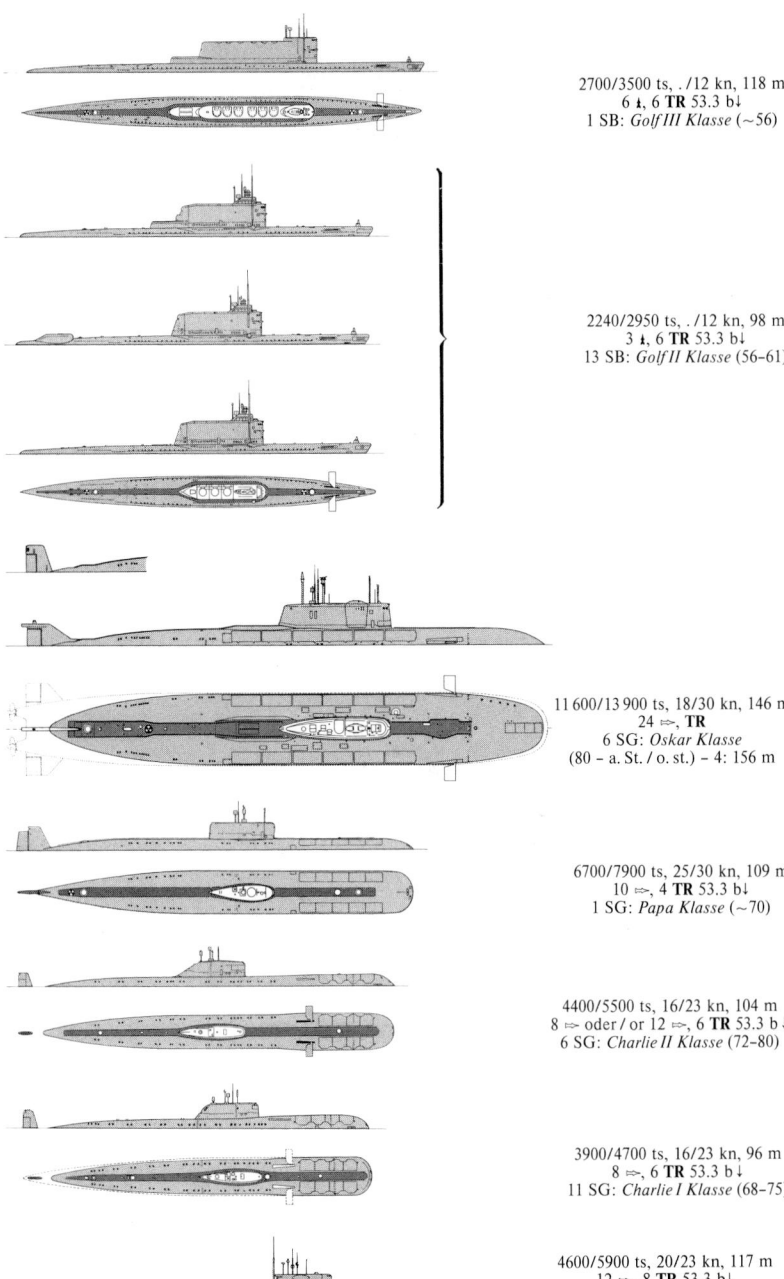

2700/3500 ts, . /12 kn, 118 m
6 ⚓, 6 **TR** 53.3 b↓
1 SB: *Golf III Klasse* (~56)

2240/2950 ts, . /12 kn, 98 m
3 ⚓, 6 **TR** 53.3 b↓
13 SB: *Golf II Klasse* (56–61)

11 600/13 900 ts, 18/30 kn, 146 m
24 ⇨, **TR**
6 SG: *Oskar Klasse*
(80 – a. St. / o. st.) – 4: 156 m

6700/7900 ts, 25/30 kn, 109 m
10 ⇨, 4 **TR** 53.3 b↓
1 SG: *Papa Klasse* (~70)

4400/5500 ts, 16/23 kn, 104 m
8 ⇨ oder / or 12 ⇨, 6 **TR** 53.3 b↓
6 SG: *Charlie II Klasse* (72–80)

3900/4700 ts, 16/23 kn, 96 m
8 ⇨, 6 **TR** 53.3 b↓
11 SG: *Charlie I Klasse* (68–75)

4600/5900 ts, 20/23 kn, 117 m
12 ⇨, 8 **TR** 53.3 b↓
10 SG: *Echo II mod. Klasse* (60–66)

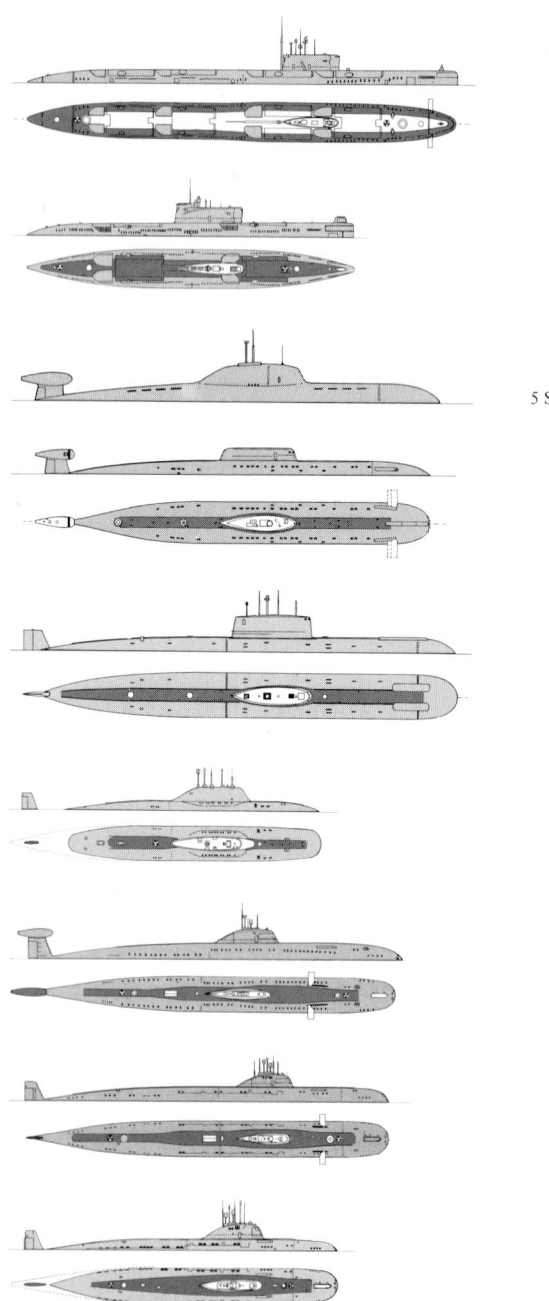

4600/5900 ts, 20/23 kn, 117 m
8 ⇨, 8 **TR** 53.3 b↓
18 SG: *Echo II Klasse* (60–66)

2800/3550 ts, 14/14 kn, 87 m
4 ⇨, 6 **TR** 53.3 b↓
16 SG: *Juliett Klasse* (59–63)

7900/9400 ts, ./30 kn, 113 m
⇨, 2 **TR** 65, 6 **TR** 53.3, b↓
5 SS: *Akula Klasse* (84 – a. St. / o. st.)

./8400 ts, 16/35 kn, 106 m
⇨, 8 **TR** b↓
2 SS: *Sierra Klasse* (83–86)

7750/9700 ts, 20/35 kn, 120 m
⇨, **TR** b↓
1 SS: *Mike Klasse* (83)

2800/3700 ts, 16/40 kn, 81.4 m
6 **TR** 53.3 ↓, ⇨
6 SS: *Alfa Klasse* (75–81)

4700/6100 ts, 16/28 kn, 106 m
6 **TR** 53.3 b↓, ⇨
22 SS: *Victor III Klasse* (77–87)

4500/5900 ts, 16/28 kn, 102 m
8 **TR** 53.3 b↓, ⇨
7 SS: *Victor II Klasse* (72–78)

4300/5300 ts, 16/30 kn, 94 m
6 **TR** 53.3 b↓, ⇨
16 SS: *Victor I Klasse* (65–73)

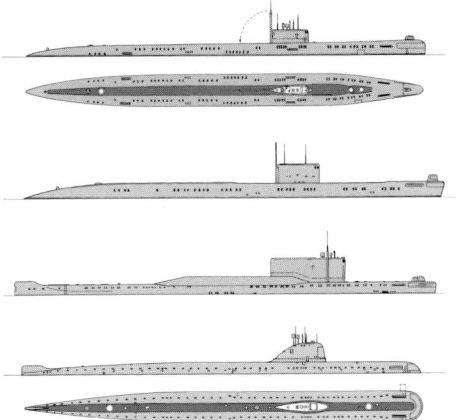

4500/5900 ts, 20/22 kn, 115 m
10 **TR** ↓ (6 b, 4 h), ⇨
1 SS: *Echo II Klasse* (~65)

4600/5300 ts, 20/22 kn, 114 m
6 **TR** 53.3 b↓
5 SS: *Echo Klasse* (60–65)

5000/6000 ts, 20/26 kn, 115 m
10 **TR** ↓ (6 b, 4 h)
2 SS: *Hotel Klasse* (~65)

4500/5400 ts, 16/25 kn, 110 m
8 **TR** 53.3 b↓
11 SS: *November Klasse* (58–62)

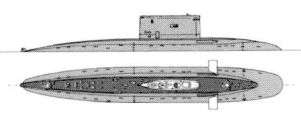

10 **TR** 53.3 b, h↓   2500/3200 ts, 12/16 kn, 73 m
15 SS: *Kilo Klasse* (80 – a. St. / o. st.)

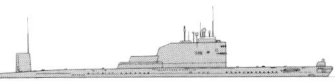

6 **TR** 53.3 b↓   2300/2700 ts, 18/14 kn, 98 m
3 SS: *Golf Klasse* (56–62)

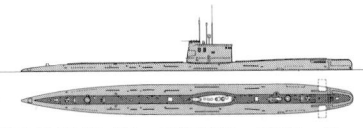

10 **TR** 53.3↓ (6 b, 4 h),   3100/3900 ts, 16/16 kn, 91 m
⇨   20 SS: *Tango Klasse* (71–82)

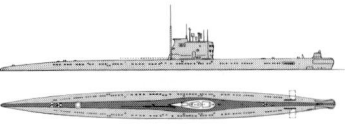

10 **TR** 53.3↓ (6 b, 4 h)   1950/2400 ts, 18/18 kn, 91 m
56 SS: *Foxtrot Klasse* (58–71)

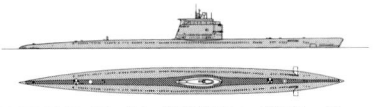

10 **TR** 53.3 ↓ (6 b, 4 h)   1950/2700 ts, 18/16 kn, 90 m
4 SS: *Zulu IV Klasse* (52–56)

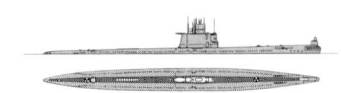

10 **TR** 53.3 ↓ (6 b, 4 h)   1400/1800 ts, 18.5/13 kn, 77 m
4 SS: *Romeo Klasse* (57–61)

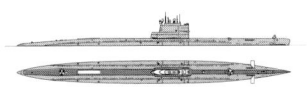

6 **TR** 53.3 ↓ (4 b, 2 h)   1100/1400 ts, 17/14 kn, 76 m
120 SS: *Whiskey Klasse* (50–57)

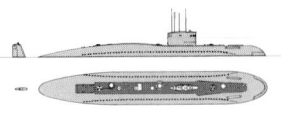

6 **TR** 53.3 ↓   2400/2900 ts, 14/14 kn, 73 m
4 SS: *Bravo Klasse* (66–70)

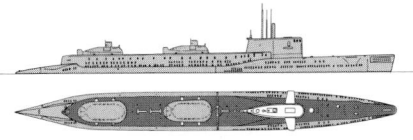

3200/4600 ts, 13/10 kn, 108 m
6 **TR** 53.3 b↓
2 SS: *India Klasse* (~75) – Rettung / Rescue

Minenleger / Minelayers

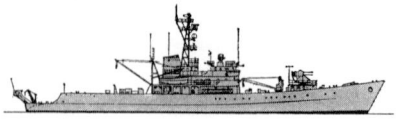

2900 ts, 17 kn, 98 m
4–5.7 ⚓, 300 ☿
3 NB: *Alesha Klasse* (~64–66)

Wachfahrzeuge / Patrol Ships

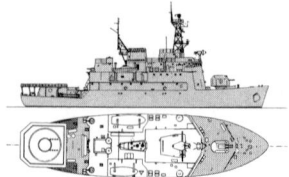

2700 ts, 14.5 kn, 70 m
2–7.6 ⚓, 2–3 ⚓₆
7 PP: **Ivan Susanin** (70–78)

Landungsfahrzeuge / Landing Ships

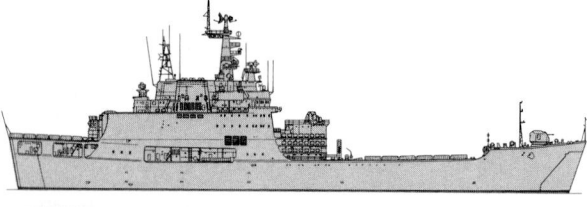

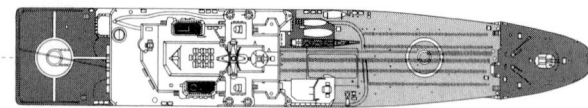

2 ⌇₂, 2–7.6 ⚓, 4–3 ⚓₆, 1 ⇢ 20, 40 ⛟, [600], 3 ACV, 4 ⟆
2 LD: **Ivan Rogov** (77–82)

11 000 ts, 20 kn, 158 m

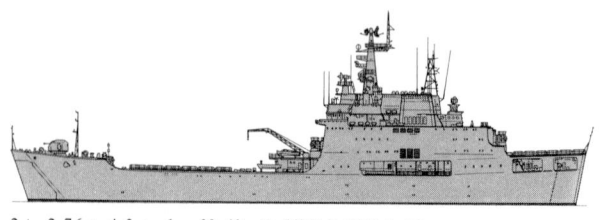

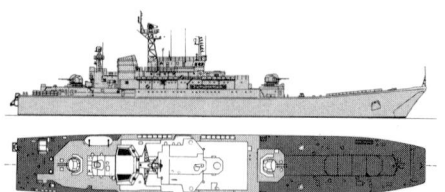

3600 ts, 18 kn, 113 m
4–5.7 ⚓, 20 ⛟, [230], [450 ts]
25 LS: *Ropucha Klasse* (73–86)

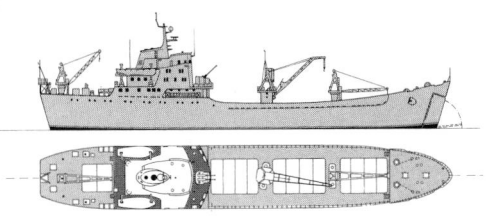

3800 ts, 18 kn, 114 m
2-5.7 ⚓, 4-2.5 ⚓, 40 🚛, [1700 ts]
2 LS: *Alligator Klasse* (~75)

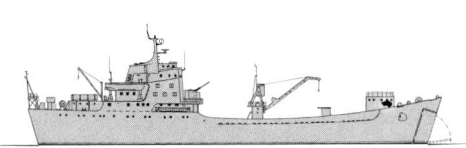

3800 ts, 18 kn, 114 m
2-5.7 ⚓, 40 🚛, [1700 ts]
12 LS: *Alligator Klasse* (64–75)

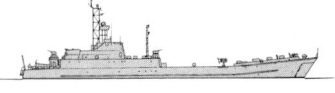

1000 ts, 18 kn, 82 m
4-3 ⚓, 2 →→, 8 🚛, [200 ts]
10 LS: *Polnocny C Klasse* (70–72)

890 ts, 18 kn, 76.2 m
4-3 ⚓, 2 →→, 8 🚛, [200 ts]
29 LS: *Polnocny B Klasse* (67–70)

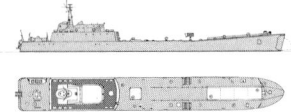

780 ts, 18 kn, 73.2 m
2-3 ⚓, 2 →→, 8 🚛, [200 ts]
6 LS: *Polnocny A Klasse* (63–66)

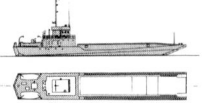

[200]   425 ts, 11 kn, 55 m   [150 ts]
        17 LS: *Vydra Klasse* (65–69)

180 ts, 10 kn, 48.5 m
15 LS: *SMB 1 Klasse* (59–66)

Hilfsfahrzeuge / Auxiliary Vessels

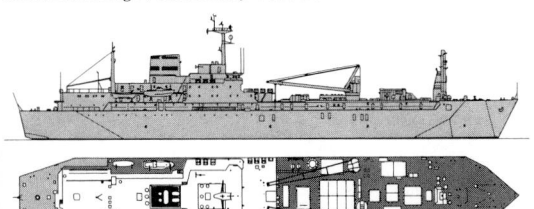

./15 000 ts, 17 kn, 137 m
[4-3 ⚓]
2 AR: *Malina Klasse* (83–85)

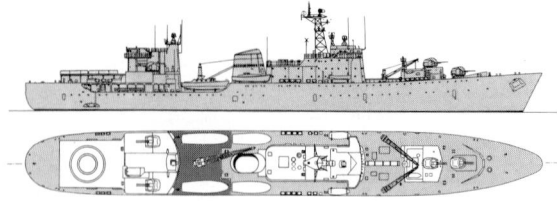

8-5.7 ⚓, 1 ✈

1 AR: **Ivan Kolyškin** (~70) – *Ugra Klasse*

6700 ts, 20 kn, 145 m

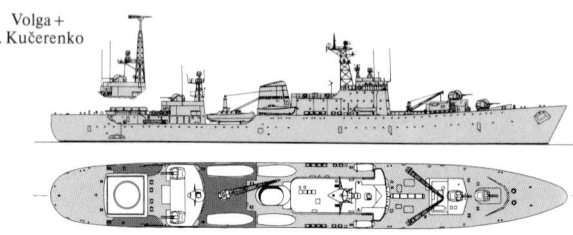

Volga +
I. Kučerenko

8-5.7 ⚓, 1 ✈

6 AR: *Ugra Klasse* (62–72)

6700 ts, 20 kn, 145 m

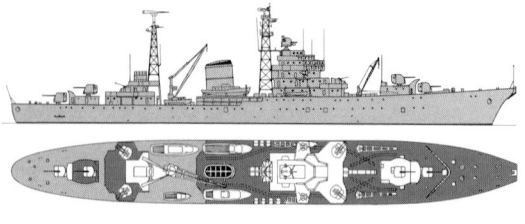

6700 ts, 20 kn, 140 m
4–10, 8-5.7 ⚓, 8-2.5 ⚓
(modernisiert nur / modernized
only: 2–10, 8-5.7 ⚓)
5 AR: *Don Klasse* (58–60)
– für / for SS –

6700 ts, 20 kn, 140 m
2–10, 8-5.7 ⚓
1 AR: **Viktor Kotel'nikov**
(~60) – *Don Klasse*

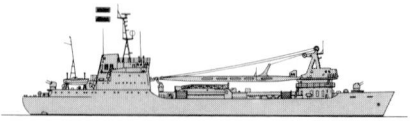

4500 ts, 16 kn, 104 m
4-2.5 ⚓
3 AR: *Amga Klasse* (72–78)

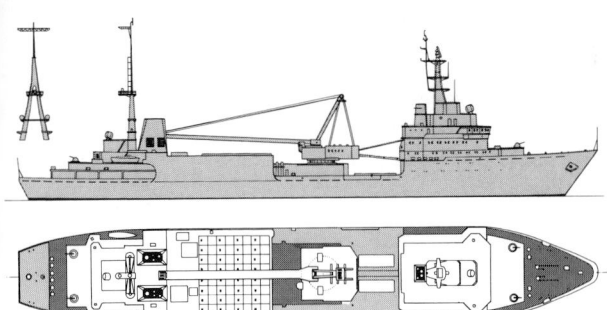

4-3 ⚓₆

./17 000 ts, ? kn, 160 m

1 AR: **Alexandr Brykin** (85)

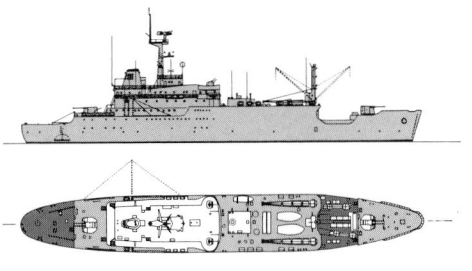

./4500 ts, 14 kn, 113 m
2-5.7 ⚓, 4-2.5 ⚓
2 AR: *Lama mod. Klasse* (65–67)

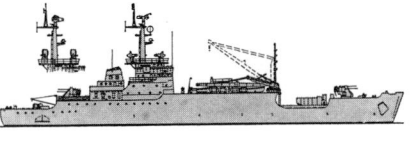

./4500 ts, 14 kn, 113 m
8-5.7 ⚓, 2-4 ⚓₄
5 AR: *Lama Klasse* (62–78)

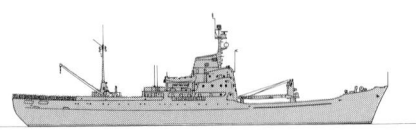

./6740 ts, 14 kn, 104 m
2 AR: *Andishan mod. Klasse* (~60)

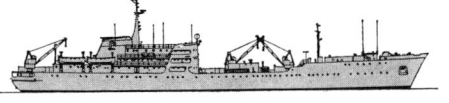

4000 ts, 12 kn, 122 m
29 AR: *Amur Klasse* (68 – a. St. / o. st.)

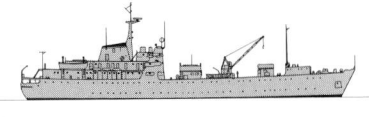

12 AR: *Oskol Klasse* (64–67)

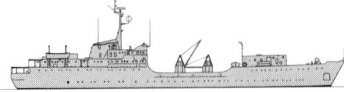

2500 ts, 12 kn, 91 m

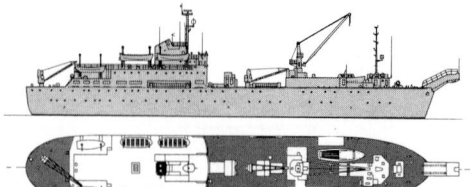

4500 ts, 12 kn, 113 m
[2–5.7 ⚓₂]
2 AR: **PM 130, 135** (~64) –
Dnjepr Klasse

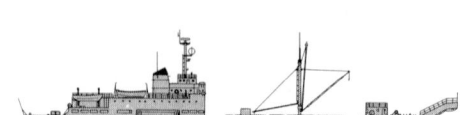

4500 ts, 12 kn, 113 m
[2–5.7 ⚓₂]
3 AR: **PM 17, 22, 30** (60–64) –
Dnjepr Klasse

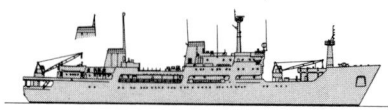

3900 ts, 14 kn, 107 m
4 AR: *Tomba Klasse* (74–75)

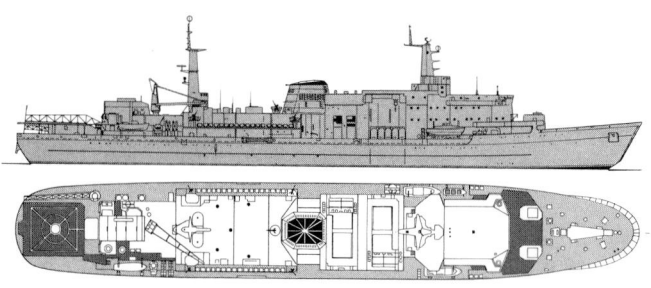

[4–3 ⚓₆ oder / or 8–3 ⚓₂], 1 ✈

1 AR: **Elbruz** (76)

19 000 ts, 17 kn, 175 m

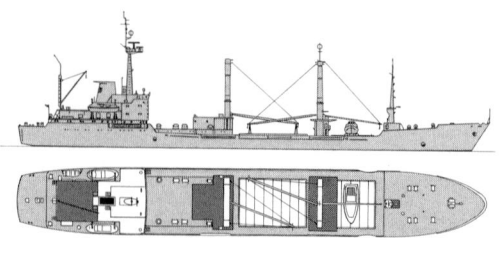

8500 ts, 16 kn, 130 m
4 AR: **Michail Rudnickij** (78–82)

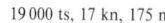

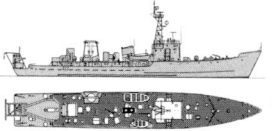

– 3800 BRT/grt, 15 kn, 81 m
1 AR: **Ilga** (~83) – *Neftegaz Klasse*

– 815 ts, 17 kn, 71.7 m
11 AR: *Valday Klasse* (~60)

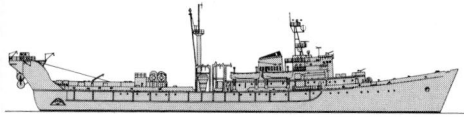

./9500 ts, 16 kn, 130 m
1 AR: **Karpatij** (68) – *Nepa Klasse*
Bergungsschiff / Salvage Vessel

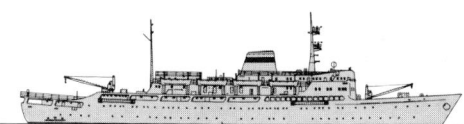

./6400 ts, 18 kn, 122 m
1 AP: **Kuban** (63)

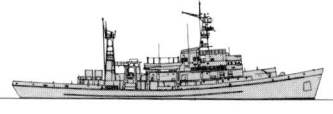

2800 ts, 20 kn, 90.2 m
8 AR: *Prut Klasse* (60–68)

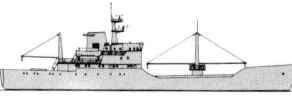

[2–3 ⚓, 4 Mg ⚓, 2 ⬆₄]   4800 ts, 17 kn, 95 m
9 AK: *Antonov Klasse* (77–83)

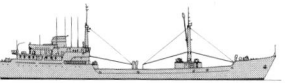

./2100 ts, 13 kn, 78 m
1 AK: *Spartak Klasse* (67)

750 ts, 11 kn, 50 m
10 AK: *Muna Klasse* (62–73)

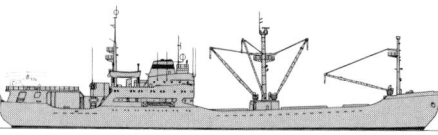

6100 ts, 16 kn, 122 m
1 ✈
8 AK: *Vytegrales Klasse* (63–66)

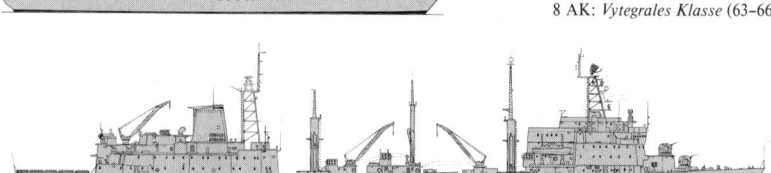

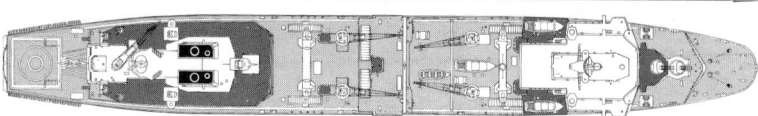

2 ⬆₂, 4–5.7 ⚓, 4–3 ⚓₆, 2 ⬡₆, 2 ✈   ./40 000 ts, 22 kn, 212 m
1 AO: **Berezina** (75)

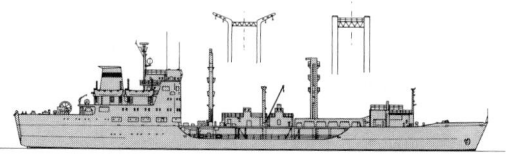

4300 ts, 16.3 kn, 130 m
4 AO: *Dubna Klasse* (74–78)

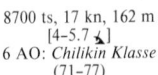

8700 ts, 17 kn, 162 m
[4-5.7 ⚓]
6 AO: *Chilikin Klasse*
(71-77)

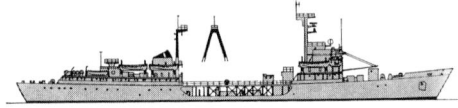

5500 ts, 17 kn, 122 m
[8-5.7 ⚓]
6 AO: *Uda Klasse* (62-64)

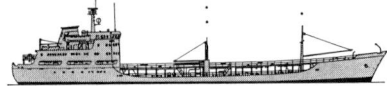

./7400 ts, 13.3 kn, 106 m
6 AO: *Altay Klasse* (67-72)

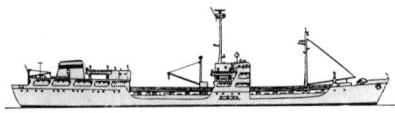

./7280 ts, 13.5 kn, 105 m
1 AO: *Pevek Klasse* (60)

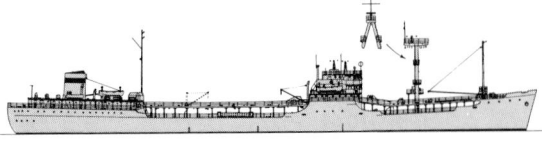

./16 250 ts, 14 kn, 145 m
3 AO: *Kazbek Klasse* (~55)

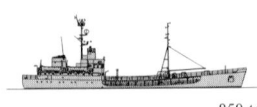

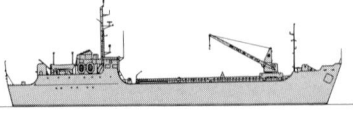

— 850 ts, 13 kn, 67.5 m
12 AO: *Khobi Klasse* (57-61)

— ./2600 ts, 10 kn, 90 m
1 AO: **Ural** (69)

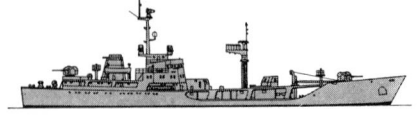

./7800 ts, 18 kn, 116 m
2 AO: **Manyč** (71-76)

./1500 ts, 13 kn, 62.5 m

6 AO: *Luza Klasse* (~60-68)

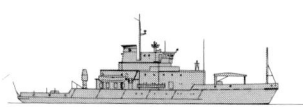

– 4200 BRT/grt, 15 kn, 72.7 m
7 AT: *Stroptivyj Klasse* (79–82)

[2–5.7 ⚓, 4–2.5 ⚓] 3200 ts, 20 kn, 92.8 m
3 AT: *Ingul Klasse* (71–83)

– ./2240 ts, 16 kn, 63.5 m
13 AT: *Goryn Klasse* (77–83)

4–3 ⚓ 1210 ts, 14 kn, 58 m
29 AT/PP: *Sorum Klasse* (72–82)

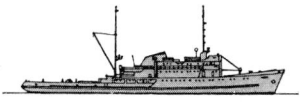

– 1445 ts, 17.5 kn, 78 m
2 AT: *Pamir Klasse* (58–59)

– ./2050 ts, 11 kn, 76 m
3 Kabelleger / Cable Layer: **Emba** (80–81)

Raketen- und Flugkörperbeobachtungsschiffe / Missile Range Instrumentation Ships

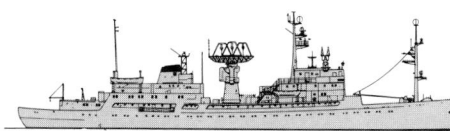

5300 ts, 16 kn, 122 m
4: *Kosmonaut Klasse* (63–66, 77–78)

5300 ts, 16 kn, 122 m
4 *Morzhovets Klasse* (65–66)

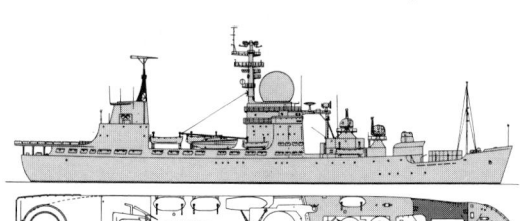

5300 ts, 15 kn, 140 m
2 *Desna Klasse* (~61)

./7800 ts, 13 kn, 108 m
1 ⇨
4 *Sibir Klasse* (~57)

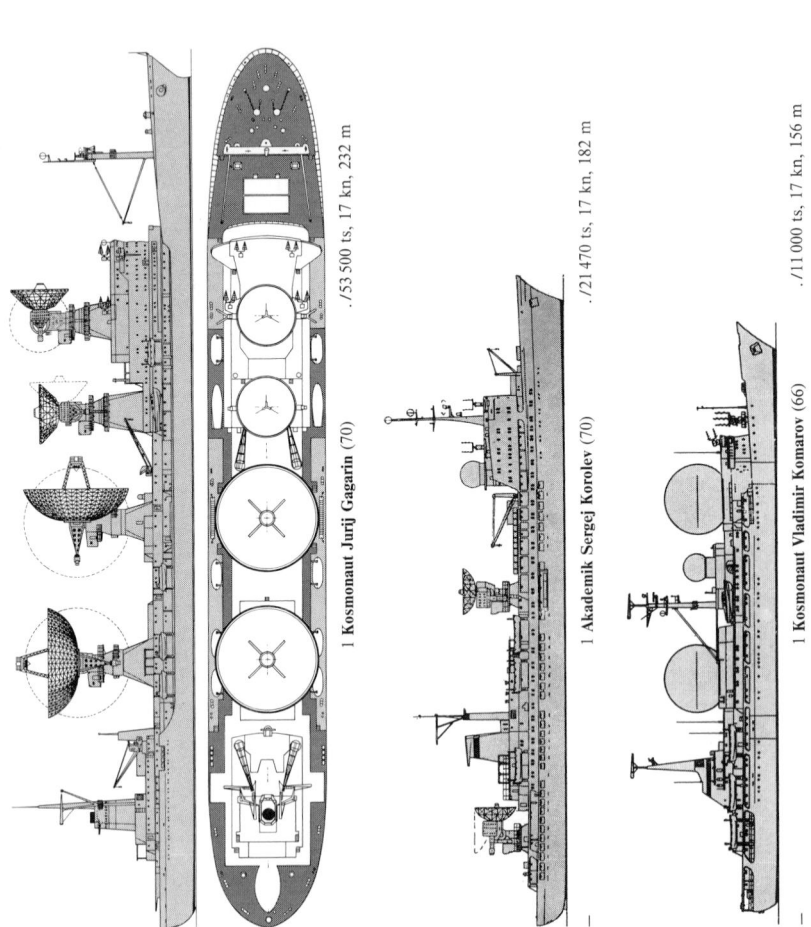

1 Kosmonaut Jurij Gagarin (70) ./53 500 ts, 17 kn, 232 m

1 Akademik Sergej Korolev (70) ./21 470 ts, 17 kn, 182 m

1 Kosmonaut Vladimir Komarov (66) ./11 000 ts, 17 kn, 156 m

Aufklärungsschiffe / Intelligence Ships

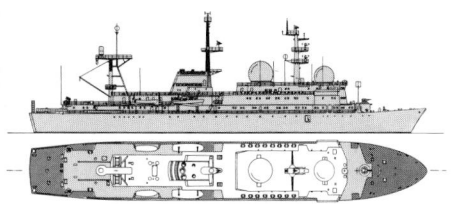

1-3 ⚓ 6, 2 ⚑   4500 ts, 22 kn, 105 m
4 AG: *Balzam Klasse* (78-85)

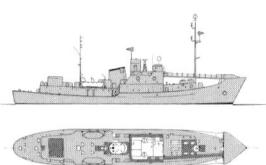

2 ⚑   850 ts, 18 kn, 63.7 m
4 AG: *Mirny Klasse* (55)

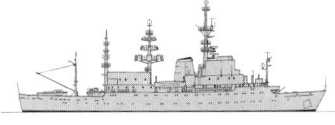

2 ⚑   3400 ts, 13 kn, 84.7 m
6 *Primorye Klasse* (~65)

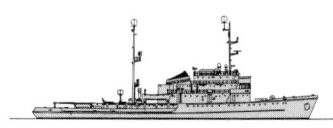

3 ⚑   1445 ts, 17 kn, 78 m
2 *Pamir Klasse* (60)

—   ./1200 ts, 13 kn, 53.7 m
4 AG: *Alpinist Klasse* (~80)

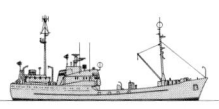

2 ⚑

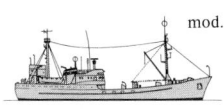

mod.

./1050 ts, 12 kn, 54.3 m
8 AG: *Mayak Klasse* (~65)

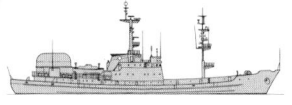

2 ⚑   1250 ts, 15 kn, 73.3 m
1 AG: **Jupiter** (~70) – *Moma Klasse*

2 ⚑   1250 ts, 15 kn, 73.3 m
8 AG: *Moma Klasse* (68-72)

2 ⚑

15 AG: *Okean Klasse* (57-61)

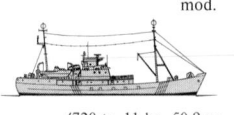

mod.

./720 ts, 11 kn, 50.9 m

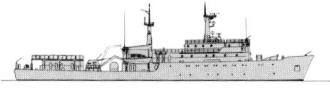

—   ./1925 ts, 20 kn, 81 m   —
8 AG: *Onega Klasse* (70-?)

./2700 ts, 15 kn, 84 m
6 AG: *Bereza Klasse* (83-86)

Forschungsschiffe — Marine / Research Ships — Navy

6600 ts, 20.5 kn, 147 m
6 AG: *Krylov Klasse* (74–78)

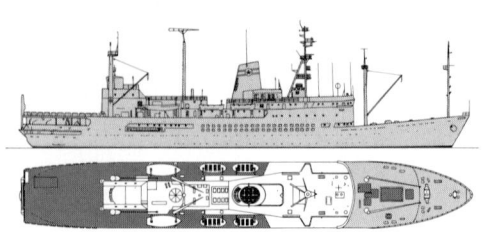

5500 ts, 18 kn, 124 m
1 🚁
4 AG: *Abkhaziya Klasse* (70–72)

— ./3900 ts, 15.5 kn, 70 m
1 AG: **Vladimir Kavrajskij** (72)

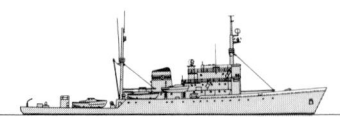

— 2000 ts, 18 kn, 84 m
1 **Nevelskoj** (62)

— 2670 ts, 17 kn, 90 m
8 AG: *Zubov Klasse* (63–68)

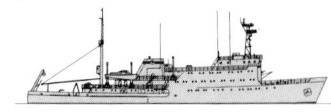

[6–2.5 ✈] ./2500 ts, 16 kn, 82.5 m
18 AG: *Yug Klasse* (76–82)

Vermessungsschiffe — Marine / Surveying Ships — Navy

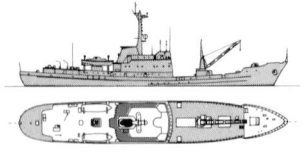

1250 ts, 17 kn, 73 m
20 AG: *Moma Klasse* (67–75)

mod.

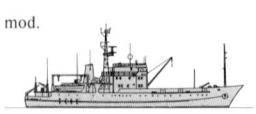

— 1200 ts, 14 kn, 61.5 m
23 AG: *Finik Klasse* (79–83)

— ./750 ts, 13 kn, 55 m
14 AG: *Biya Klasse* (72–77)

— 700 ts, 13.5 kn, 53.5 m
12 AG: *Kamenka Klasse* (68–72)

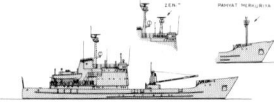

— 1050 ts, 15.5 kn, 60.4 m
15 AG: *Samara Klasse* (62–64)

Lazarettschiffe / Hospital Ships

./11 000 ts, 20 kn, 150 m
1 ⇌
2 AH: **Ob** (79)

Schulschiffe / Training Ships

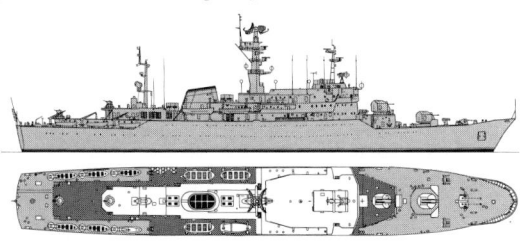

6900 ts, 20 kn, 138 m
4-7.6 ⚓, 4-3 ⚓, 2 ⬚₁₂
3 AX: *Smolny Klasse* (75-77)

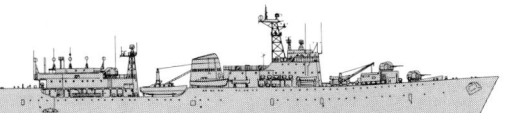

6700 ts, 17 kn, 141 m
8-5.7 ⚓
2 AX: **Borodino** (70-71) –
Ugra Klasse

Forschungsschiffe — Zivilbesatzung / Research Ships — Civilian operated

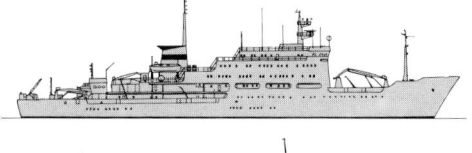

./5500 ts, 16 kn, 122 m
1 AG: **Akademik Mstislav Keldyš** (80)

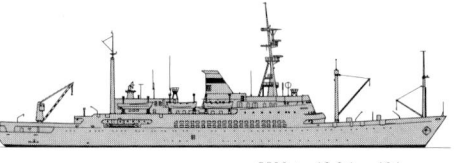

–   5500 ts, 18.2 kn, 124 m
7 AG: *Kurchatov Klasse* (65-68)

–   1450 ts, 13.5 kn, 68.7 m
19 AG: *Dmitriy Ovtsin Klasse* (69-77)

Hilfsschiffe für Landungs- und Versorgungsaufgaben / Auxiliaries for landing and supply missions

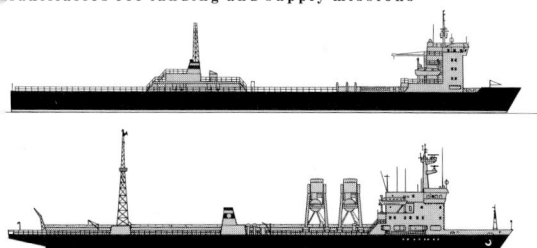

8700 ts, 13 kn, 142 m
2 AK: **Boris Polevoj** (83)

5710 ts, 14.5 kn, 139 m
3 AK: **Stachanovec Kotov** (77-78)

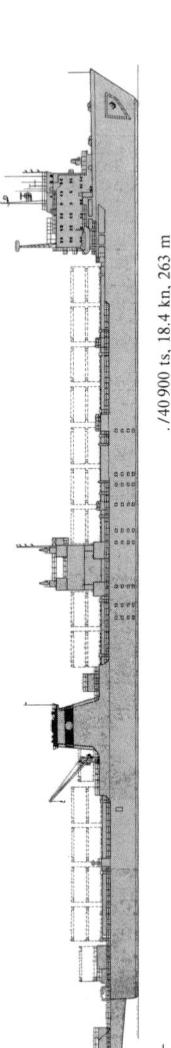

3 AK: **Alexej Kosygin** (83–85)

./40 900 ts, 18.4 kn, 263 m

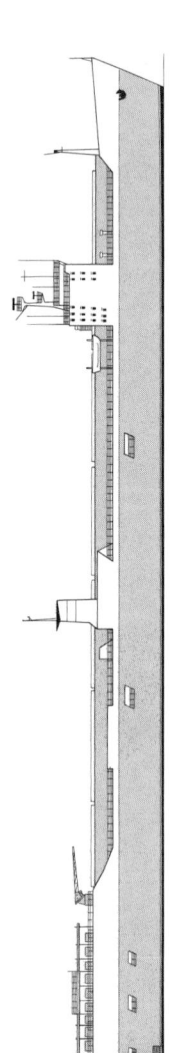

2 AK: **Julius Fučik** (78–79)

35 880 BRT/grt, 20 kn, 266 m

BALTATLANTIC LINE

4 AK: **Magnitogorsk** (75–81)

./37 500 ts, 21 kn, 206 m

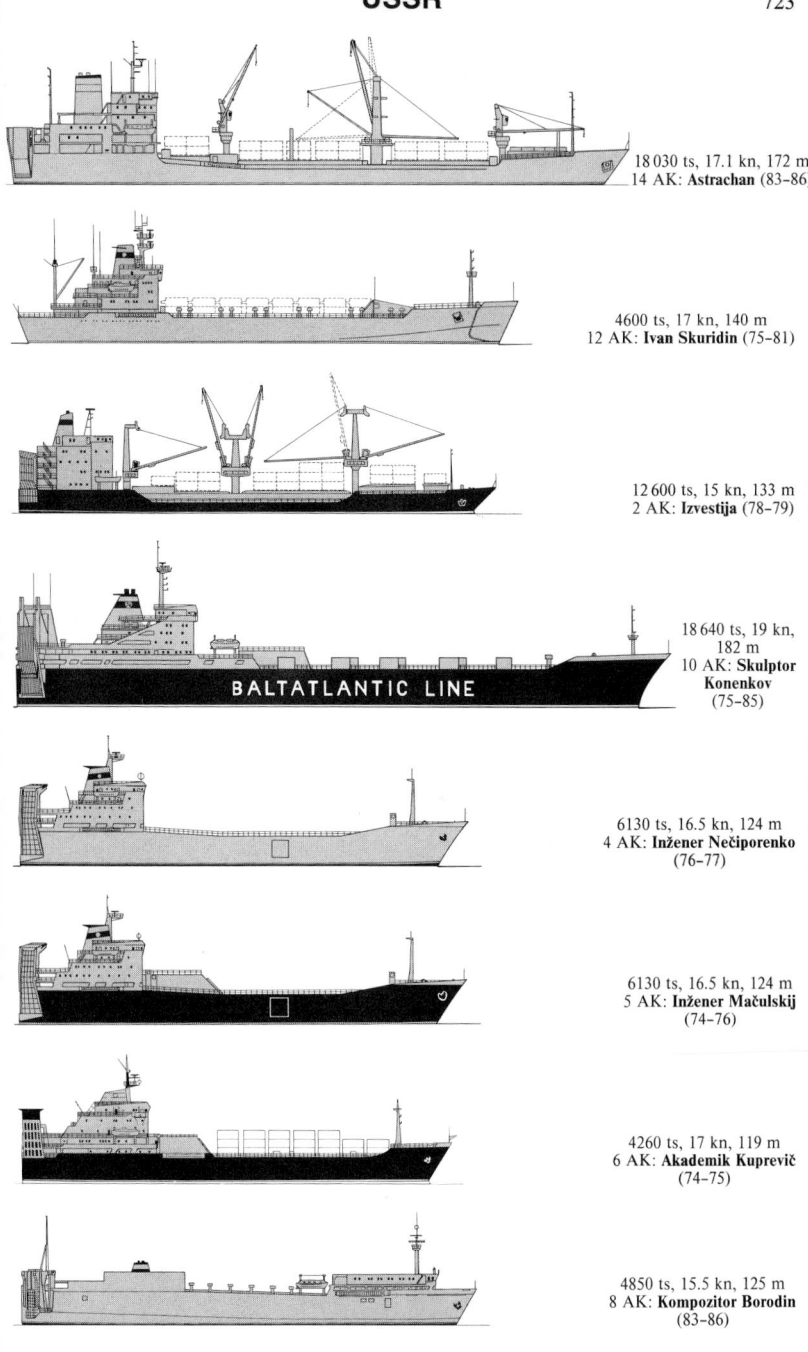

18 030 ts, 17.1 kn, 172 m
14 AK: **Astrachan** (83–86)

4600 ts, 17 kn, 140 m
12 AK: **Ivan Skuridin** (75–81)

12 600 ts, 15 kn, 133 m
2 AK: **Izvestija** (78–79)

18 640 ts, 19 kn,
182 m
10 AK: **Skulptor
Konenkov**
(75–85)

6130 ts, 16.5 kn, 124 m
4 AK: **Inžener Nečiporenko**
(76–77)

6130 ts, 16.5 kn, 124 m
5 AK: **Inžener Mačulskij**
(74–76)

4260 ts, 17 kn, 119 m
6 AK: **Akademik Kuprevič**
(74–75)

4850 ts, 15.5 kn, 125 m
8 AK: **Kompozitor Borodin**
(83–86)

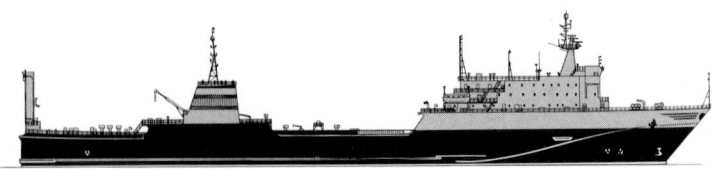

./11 900 ts, 16.5 kn, 190 m

3 AK: **Klaipeda** (87 – a. St. / o. st.) – *Typ DDR Mukran*

Eisbrecher / Ice Breakers

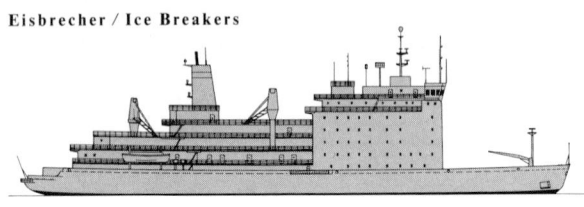

20 500 ts, 20.5 kn, 150 m
2 AI: Tajmir
(87 – a. St. / o. st.) –
vorläufge Skizze /
preliminary drawing

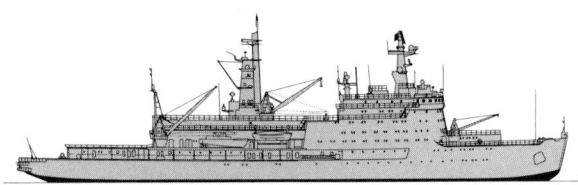

19 300 ts, 21 kn, 148 m
2 ✈
5 AI: **Arktika**
(72 – a. St. / o. st.)

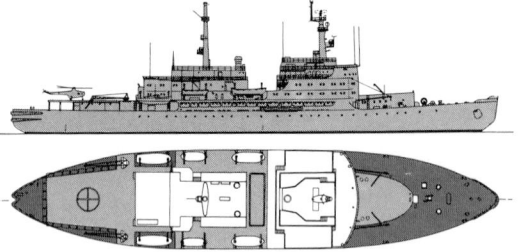

15 940 ts, 19.5 kn, 134 m
1 AI: **Lenin** (57)

10 450 ts, 19 kn, 132 m
2 AI: **Kapitan Sorokin** (77)

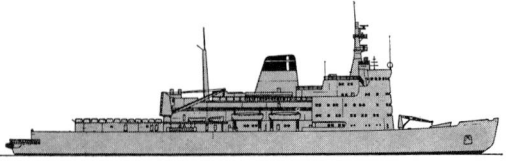

13 280 ts, 19.5 kn, 135 m
3 AI: **Ermak** (73–75)

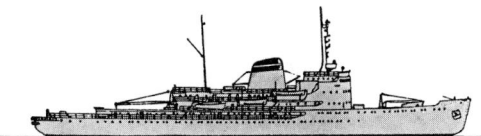

13 290 ts, 18 kn, 122 m
5 AI: **Moskva** (59–68)

—   ? ts, 17.5 kn, 111 m   —
1 AI: **Mudjug** (82, *85–86*)

./6140 ts, 17.5 kn, 92 m
2 AI: **Magadan** (82)

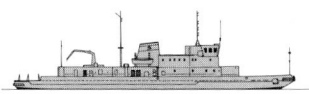

—   2000 ts, 13.5 kn, 76.8 m   —
8 AI: **Kapitan Evdokimov** (82–85)

2240 ts, 14 kn, 77.6 m
6 AI: **Kapitan Čečkin** (77–78)

[2-5.7 ⚓, 2-2.5 ⚓]   ./2940 ts, 14 kn, 70 m
7 AI: **Peresvet** (59–74) – *Nikitich Klasse*

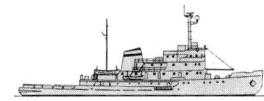

—   2000 ts, 14 kn, 68 m
14 AI: *Nikitich Klasse* (61–65)

Maßstab / Scale 1 : 1000

Minensucher / Minesweepers

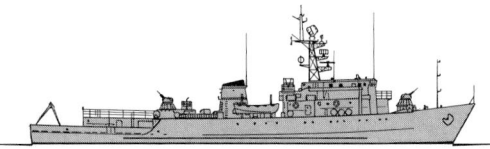

./650 ts, 17 kn, 61 m
4-3 ⚓, 2 ⚓
1 MB: *Natya II Klasse* (?)

680 ts, 17 kn, 61 m
4-3 ⚓, 4-2.5 ⚓, 2 ⚓, 2 ⚓ 5, ⚓
34 MB: *Natya Klasse* (70–77)

400 ts, 18 kn, 52 m
4–3 ⚓, 2 ⚓, ☼
48 MB: *Yurka Klasse* (62–69)

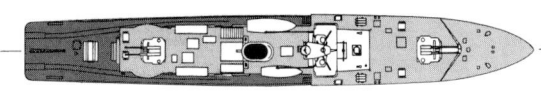

725 ts, 18 kn, 70 m
4–5.7 ⚓, 2 ⚓₅, ☼
17 MB/PP: *T 58 Klasse*
(58–62)

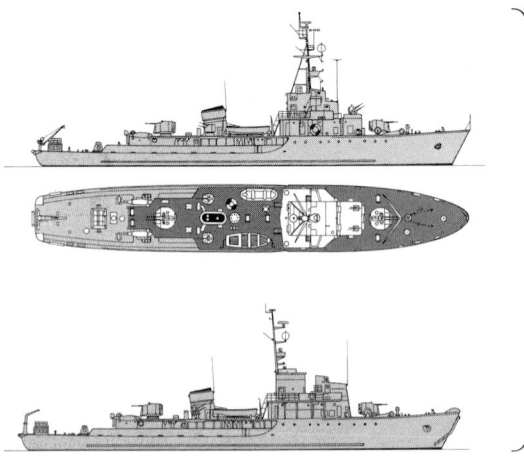

500 ts, 14 kn, 60 m
4–3.7 ⚓, 4–2.5 ⚓, ⚓, ☼
44 MB: *T 43 Klasse* (47–57)

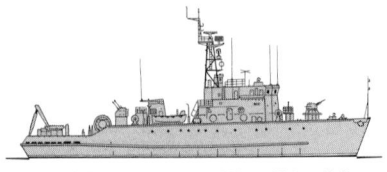

2–3 ⚓, 2–2.5 ⚓   350 ts, 18 kn, 48.5 m
60 MS: *Sonya Klasse* (73 – a. St. / o. st.)

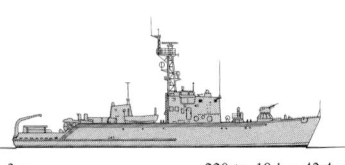

2–3 ⚓   220 ts, 18 kn, 42.4 m
3 MS: *Zhenya Klasse* (67–68)

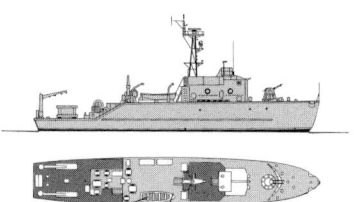

2-3 ⚓   220 ts, 18 kn, 40 m
67 MS: *Vanya Klasse* (61–70)

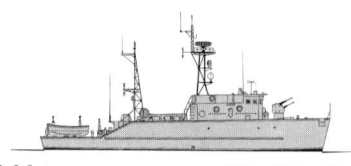

2-2.5 ⚓   200 ts, 18 kn, 40 m
3 MS: *Vanya mod. Klasse* (~70)

250 ts, 18 kn, 45 m
1-5.7 ⚓, 4-2.5 ⚓
11 MS: *Sasha Klasse* (56–61)

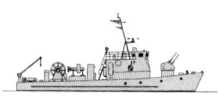

2-2.5 ⚓   44 ts, 15 kn, 25.5 m
4 MS: *Olya Klasse* (74–?)

2 Mg ⚓   70 ts, 16 kn, 26.1 m
44 MS: *Yevgenya Klasse* (70–?)

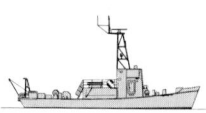

—   50 ts, 12 kn, 24.4 m
10 MS: *Ilyusha Klasse* (~70)

Kleine Kampfschiffe / Small Fighting Vessels

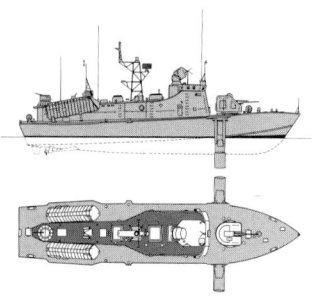

2 ⇒, 1-7.6 ⚓, 1-3 ⚓₆   225 ts, 40 kn, 40 m
16 PG: *Matka Klasse* (77–82)

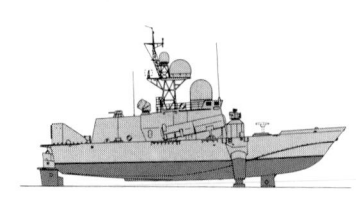

4 ⇒₂, 2 ⫽₂, 1-3 ⚓₆   270 ts, 45 kn, 50.6 m
1 PG: *Sarancha Klasse* (75)

Osa I

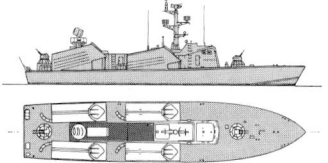

Osa II

175 oder / or 195 ts, 36 kn, 40 m
4 ⇒, 4-3 ⚓
92 PG: *Osa Klasse* (59–70)

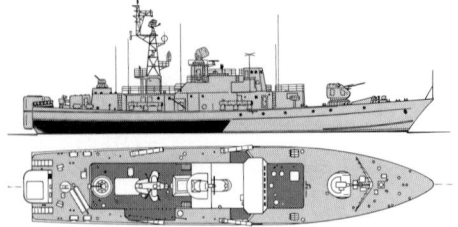

395 ts, 32 kn, 58.5 m
1–7.6 ✦, 1–3 ✦₆, 1 ✦, 4 **UTR** 40 IIII,2 ⊃₅
20 FS/PC: *Pauk Klasse* (78–?)

. /440 ts, 45 kn, 50 m
2–3 ✦₆, 8 **UTR** 40 IIII
1 PC: *Babochka Klasse* (~76)

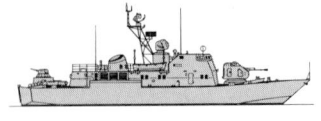

180 ts, 40 kn, 40 m
1–7.6 ✦, 1–3 ✦₆, 4 **UTR** I
10 PC: *Muravey Klasse* (79 – a. St. / o. st.)

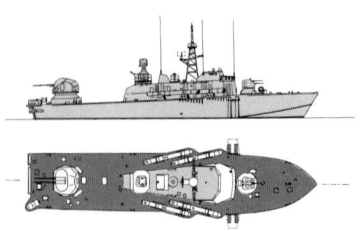

2–5.7 ✦, 2–2.5 ✦, 4 **UTR**　　190 ts, 42 kn, 40 m
31 PC: *Turya Klasse* (72–78)

4–3 ✦, 4 **UTR** 40 I, 2 ⊱　　170 ts, 36 kn, 39.5 m
122 PC: *Stenka Klasse* (67–84)

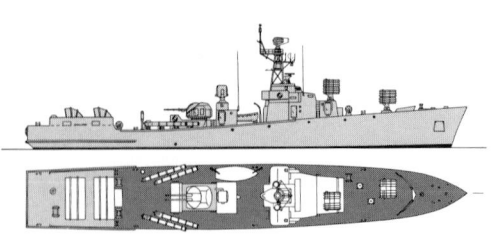

300 ts, 36 kn, 60 m
2–5.7 ✦, 4 **UTR** 40 I, 2 ⊃₅
50 FS/PC: *Poti Klasse* (60–68)

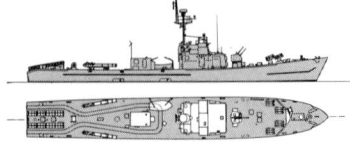

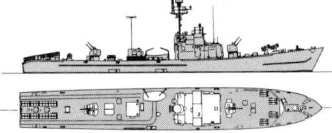

2–2.5 ✦, 2 **UTR**, 2 ⊃₅　　170 ts, 27 kn, 42 m
12 PC: *SO 1 Klasse* (56–68)

4–2.5 ✦, 4 ⊃₅　　170 ts, 27 kn, 42 m

USSR

729

3 Mg ⚓ 54 ts, 34 kn, 24.6 m
31 PP: *Zhuk Klasse* (74–?)

4–2.3 ⚓ 70 ts, 45 kn, 25.3 m
oder / or 4 Mg ⚓
8 PP: *Pchela Klasse* (64–67)

1–7.6 ⚓, 2–2.5 ⚓, 40 ts, 24 kn, 28 m
5 Mg ⚓, 1 ↠, ♻
81 PR: *Shmel Klasse* (65–70)

4–3 ⚓, 4 **TR** 53.3 ❙ 145 ts, 40 kn, 36 m
10 PF: *Shershen Klasse* (62–70)

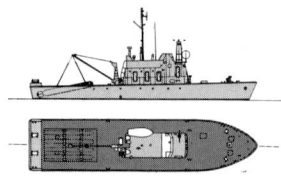

2 Mg ⚓ 70 ts, 20 kn, 29.6 m
27 PP: *Poluchat Klasse* (56–60)

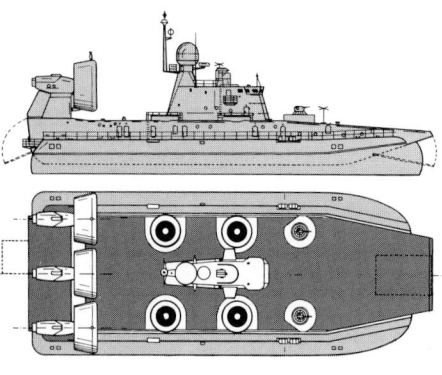

350 ts, 70 kn, 56 m
2–3 ⚓₆, 3 ⊟
2 LS: *Pomornik Klasse* (85)

4–3 ⚓, 2 ↟₄, 1 ⊟, [280]

20 LS: *Aist Klasse* (70–83)

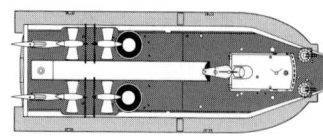
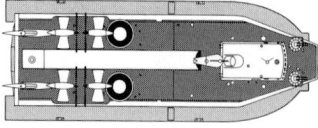

220 ts, 65 kn, 47.8 m

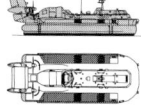

[24] ./27 ts, 60 kn, 21 m
32 LC: *Gus Klasse* (69–74)

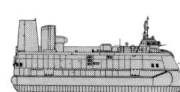

2 Mg ⚓, [120]

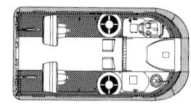

./85 ts, 50 kn, 25 m
18 LC: *Lebed Klasse* (67–?)

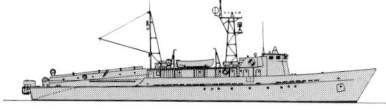

./350 ts, 22 kn, 48 m
[2–2.3 ⚓]
15 YP: *Shelon Klasse* (75–?)

Radarüberwachungsschiffe / Radar Picked Ships

760 ts, 18 kn, 70 m
2–5.7 ⚓, 4–3 ⚓, 2 ⚓
3 PP: *T 58 Klasse* (56–60)

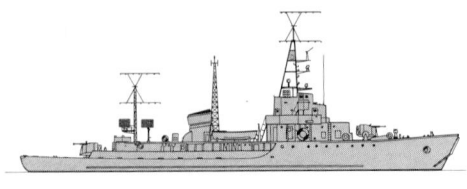

500 ts, 14 kn, 60 m
4–3.7 ⚓, 2–2.5 ⚓
9 PP: *T 43 Klasse* (~50)

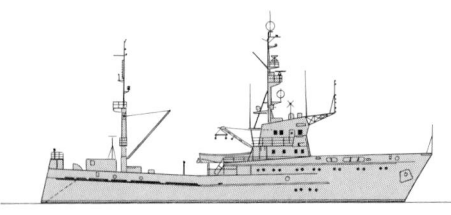

./1200 m, 13 kn, 53.7 m
4 AG: *Alpinist Klasse* (~80)

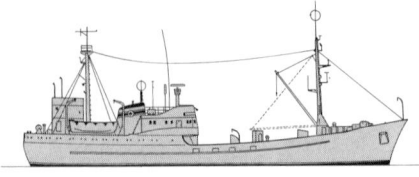

./1050 ts, 12 kn, 54.3 m
2 ⚓
6 AG: *Mayak mod. Klasse* (~65)

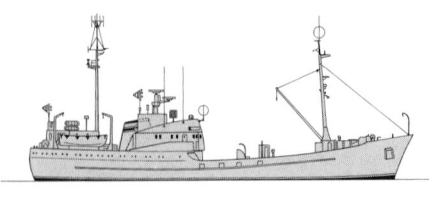

./1050 ts, 12 kn, 54.3 m
2 ⚓
2 AG: *Mayak Klasse* (~65)

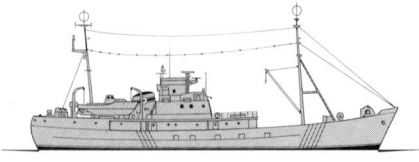

./720 ts, 11 kn, 50.9 m
2 ⚓
4 AG: *Okean mod. Klasse* (57–61)

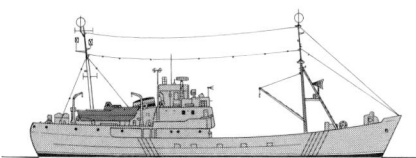

./720 ts, 11 kn, 50.9 m
2 ↑
11 AG: *Okean Klasse* (57–61)

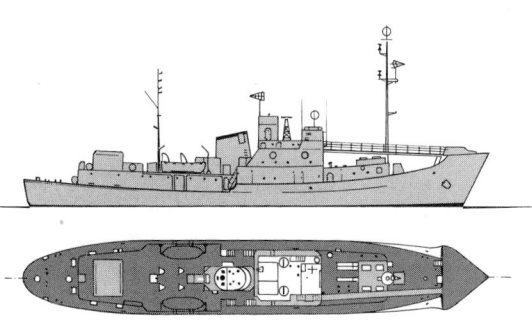

850 ts, 18 kn, 63.7 m
2 ↑
4 AG: *Mirny Klasse* (~55)

RB **Kiev** (72)   1-1987, Kon. Marine

RB **Novorossijsk** (78) Kiev Klasse   6-1987, JMSDF

CH **Leningrad** (66) Moskva Klasse   8-1981, BMVg / MOD, Bonn

CG **Frunze** (81)   6-1987, JMSDF

CG **Kirov** (77)   7-1985, Kon. Marine

CG **Slava** (79)   3-1987, BMVg / MOD, Bonn

CG **Azov** (77) Kara Klasse   6-1986, M. N. / Kowark

CG **Očakov** (71) Kara Klasse   10–1986, BMVg / MOD, Bonn

CG **Admiral Isačenkov** (72) Kresta II Klasse   1–1987, Kon. Marine

CG **Vitse Admiral Drožd** (67) Kresta I Klasse   7–1985, Kon. Marine

CG **Varjag** (64) Kynda Klasse   6–1987, JMSDF

CG **Admiral Senjavin** (~55) – nach Umbau / after conversion   8-82, USN

DG **Boevoj** (85) Sovremennyj Klasse   6–1987, BMVg / MOD, Bonn

DG **Sovremennyj** (78)   7–1985, Kon. Marine

DG **Admiral Tribuc** (83) Udaloj Klasse   4–1987, BMVg / MOD, Bonn

DG **Šapošnikov** (85) Udaloj Klasse   10–1986, BMVg / MOD, Bonn

DG **Slavnyj** (~65) Kashin mod. Klasse 6–1986, BMVg / MOD, Bonn

DG **Obrazcovyj** (~70) Kashin Klasse   1–1985, BMVg / MOD, Bonn

DG **Provornyj** (~70) Kashin Klasse   9–81, USN

DG **Gremjaščij** (~60) Kanin Klasse   7-77, Kon. Marine

DG **Prozorlivyj** (~60) Kildin mod. Klasse   9-82, BMVg / MOD, Bonn

DD **Nastojčivyj** (~55) Kotlin SAM Klasse   9-1986, BMVg / MOD, Bonn

DD **Spešnyj** (~55) Kotlin Klasse   8-1986, BMVg / MOD, Bonn

FF **Imeni 27 Svesta KPSS** (~85) Krivak III Klasse   3-1987, JMSDF

FF **Neukrotimyj** (~78) Krivak II Klasse   6-1986, BMVg / MOD, Bonn

FF **Bditel'nyj** (~70) Krivak I Klasse   2-1987, BMVg / MOD, Bonn

FF **Svirepyj** (~72) Krivak I Klasse   2-1986, BMVg / MOD, Bonn

FF **Grisha V** Klasse (85)   6-1986

FF **Grisha III** Klasse (~78)   7-1987, JMSDF

FF **Grisha III** Klasse (~78)   8-1987, Bendfeldt

FF **Grisha II** Klasse (~75)   6-1984, BMVg / MOD, Bonn

FF **Mirka II** Klasse (~64) 4–1987, BMVg / MOD, Bonn

FF **Petya I mod.** (~64) 4–1987, BMVg / MOD, Bonn

FF **Parchim II** Klasse (85) 1986, Voß
Ähnlich / similar to Typ DDR Parchim I

FF **Parchim II** Klasse (85) 4–1987, BMVg / MOD, Bonn
Ähnlich / similar to Typ DDR Parchim I

FF **Riga** Klasse (~60)   1985, Kon. Marine

FG **Tarantul III** Klasse (~85)   4-1987, BMVg / MOD, Bonn

FG **Tarantul II** Klasse (~82)   6-1987, BMVg / MOD, Bonn

FG **Tarantul I** Klasse (78)   1-1987, BMVg / MOD, Bonn

FG **Nanuchka III** Klasse (~80)   11–1986, BMVg / MOD, Bonn

FG **Nanuchka I** Klasse (~70)   4–1987, BMVg / MOD, Bonn

FS **Pauk** Klasse (~85)   7–1987, BMVg / MOD, Bonn

FS **Pauk** Klasse (~85)   8–1987, BMVg / MOD, Bonn

FS **Pauk** Klasse (~80)   7-1987, BMVg / MOD, Bonn

FS **Poti** Klasse (~65)   1987, BMVg / MOD, Bonn

SB **Typhoon** Klasse (80)   1984, RNAF

SB **Delta III** Klasse (~78)   1982, US Navy

SB **Yankee I** Klasse (~70)   1984, MoD

SB **Golf II** Klasse (~60)   5-1987, BMVg / MOD, Bonn

SG **Oscar I** Klasse (~81)   1982, RNAF

SG **Papa** Klasse (~70)   1982, USN

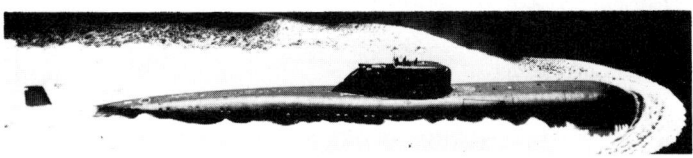

SG **Charlie I** Klasse (∼68)   1974, USN

SG **Echo II** Klasse (~63)   1983, SoW

SG **Juliett** Klasse (~61)   1985, NAFO

SS **Akula** Klasse (84)   1986, USN

SS **Sierra** Klasse (80)   1984, R. N. N.

SS **Alfa** Klasse (~78)   1982, USN

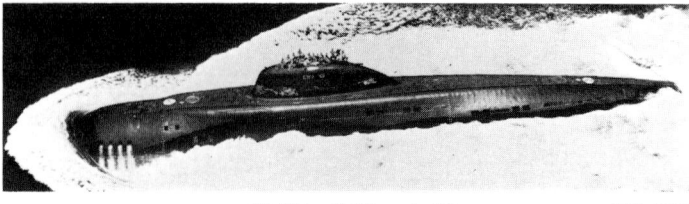

SS **Victor II** Klasse (~73)   1974, USN

SS **Victor III** Klasse (~85)   1-1987, NAFO

SS **Echo I** Klasse (~60)   1975, USN

SS **Tango** Klasse (~73)   3-76, BMVg / MOD, Bonn

SS **Kilo** Klasse (~80)   1983, USN

SS **Foxtrot** Klasse (~62)   10-1986, Bendfeldt

SS **Whiskey** Klasse (~55)   1987, BMVg / MOD, Bonn

SS **India** Klasse (~75)   7-1987, JMSDF

MB **Natya** Klasse (~75)   2-1987, BMVg / MOD, Bonn

MB **Yurka** Klasse (~68)   6-1983, BMVg / MOD, Bonn

MB **Polnocny A** Klasse (~65)   8-1987, JMSDF

MS **Zhenya** Klasse (~70)   6-83, BMVg / MOD, Bonn

MS **Sonya** Klasse (~78)   1986, BMVg / MOD, Bonn

MS **Sasha** Klasse (~60)   1970

MS **Yevgenya** Klasse (~75)   1979

MS **K 8** Klasse (~54)   1975

PC **Babochka** Klasse (~76)   1978

PG **Matka** Klasse (~80) 1985, BMVg / MOD, Bonn

PG **Osa II** Klasse (~68) 1985, BMVg / MOD, Bonn

PG **Osa I** Klasse (~65) 1986, BMVg / MOD, Bonn

PC **Stenka** Klasse (~70) 2-1984, BMVg / MOD, Bonn

PC **Turya** Klasse (~75) 9–82, BMVg / MOD, Bonn

PC **SO 1** Klasse (~60) 4–1987, BMVg / MOD, Bonn

PF **Shershen** Klasse (~63) 9–82, BMVg / MOD, Bonn

PP **Aisberg** (~70) I. Susanin Klasse 1975

PP **Zabaikalje** (~75) Sorum Klasse   1982, BMVg / MOD, Bonn

PP **T 58** Klasse (~60)   1978

PP **T 43** Klasse (~50)   7-1986, BMVg / MOD, Bonn

LS **Alexandr Šabalin** (~85) Ropucha Klasse   6-1987, BMVg / MOD, Bonn

LD **Ivan Rogov** (77)   6–1986, BMVg / MOD, Bonn

LD **Alexandr Nikolaev** (82) Ivan Rogov Klasse   7–83, BMVg / MOD, Bonn

LS **Krasnaja Presnja** (~74) Alligator Klasse   7–1985, Kon. Marine

LS **Polnocny C** Klasse (~74)   6–83, BMVg / MOD, Bonn

LS **Polnocny B** Klasse (~68)   ~1980, BMVg / MOD, Bonn

LS **Pomornik** Klasse (85)   6–1986, BMVg / MOD, Bonn

LS **Pomornik** Klasse (85)   6–1986, BMVg / MOD, Bonn

LS **Aist** Klasse (~72)   9–81, BMVg / MOD, Bonn

AR **Ivan Kolyškin** (~70) Ugra Klasse 6–81, Kon. Marine

AR **Ivan Kučerenko** (~70) Ugra Klasse 1981, RAAF

AR **Magomed Gadžiev** (~60) Don Klasse 1984, BMVg / MOD, Bonn

AR **Malina** Klasse (83) 1–1986, JMSDF

AR **Daugava** (~78) Amga Klasse   1–81, BMVg / MOD, Bonn

AR **Alexandr Brykin** (85)   5–1987, BMVg / MOD, Bonn

AR **Lama** Klasse (~70)   1977

AR **Venta** (~60) Andishan mod. Klasse   ~1980, USN

AR **PM 59** (~85) Amur Klasse   11–1986, BMVg / MOD, Bonn

AR **PM 139** (~70) Amur Klasse   1985, Kon. Marine

AR **PM 20** (~66) Oskol IV Klasse   7–1986, BMVg / MOD, Bonn

AR **Michail Rudnickij** (78)   12–1984, Sh. o. W.

AR **Tomba** Klasse (~74)   1978, Koop

AR **Elbruz** (76)   12-81, Kon. Marine

AR **Ilga** (83) Neftegaz Klasse   1986, BMVg / MOD, Bonn

AR **SS 35** (~60) Valday Klasse   4-1987, BMVg / MOD, Bonn

AK Neon Antonov (77)   1981, USN

AK **TR 92** (?) Muna Klasse   7-1986

AO **Berezina** (75)   9-81, BMVg / MOD, Bonn

AO **Berezina** (75)   9-82, v. Reibnitz

AO **Genrich Gassanov** (~75) Chilikin Klasse   9-1985, Kon. Marine

AO **Kaliningradneft** Klasse (82)   9-1981, USN

AO **Lena** (~63) Uda mod. Klasse   1984, Bendfeldt

AO **Altay** Klasse (~70)   5-1986, BMVg / MOD, Bonn

AO **Olekma** (64)　　　7–1985, Kon. Marine

AO **Achtuba** (63) Sofia Klasse　　　9–1987, JMSDF

AO **Jachroma** (~60) Konda Klasse　9–1981, BMVg / MOD, Bonn

AT **Stroptivyj** (79)　　　10–1985, BMVg / MOD, Bonn

AT **SB 921** (84) Sliva Klasse   11-1986, BMVg / MOD, Bonn

AT **MB 119** (~80) Goryn Klasse   2-1987, BMVg / MOD, Bonn

AT **MB 99** (~79) Sorum Klasse   1985, Kon. Marine

Satellitenortungsschiffe / Range Instrumentation Ships

SSV 33 (83)   21-10-1987, BMVg / MOD, Bonn

Maršal Nedelin (82)   10-1984, Kon. Marine

AG **SSV 520** (~85) Vishnya Klasse   8-9-1987, Bendfeldt

AG **SSV 520** (~85) Vishnya Klasse   7-1986, BMVg / MOD, Bonn

AG **SSV 80** (~82) Balzam Klasse   1985, Kon. Marine

AG **SSV 502** (~65) Primorye Klasse   1-1986, BMVg / MOD, Bonn

AG **Chersones** (~65) Mayak mod. Klasse   4-1987, BMVg / MOD, Bonn

AG **SSV 506** (~70) Moma Klasse   1985, Kon. Marine

AG **GS 19** (~80) Alpinist Klasse   1986, Voß

AGI **Reduktor** (~60) Okean Klasse   8-83, Bendfeldt

AG **SFP 511** (~80) Onega Klasse   3–1987, BMVg / MOD, Bonn

AG **SR 548** (~85) Bereza Klasse   9–1986, BMVg / MOD, Bonn

AG **Pelym** Klasse (~75)   11–79, BMVg / MOD, Bonn

AG **Ivan Krusenštern** (~75) Krylov Klasse   11–1986, BMVg / MOD, Bonn

AGOR **Michail Krupskij** (~77) Krylov Klasse   1985, BMVg / MOD, Bonn

AGOR **Moldavija** (72) Abkhaziya Klasse   12–82, BMVg / MOD, Bonn

AGOR **Nikolaj Zubov** (~63)   4–1987, Bendfeldt

AGOR **Strelec** (~80) Yug Klasse   1985, Kon. Marine

AGS **Ribačij** (~70) Moma mod. Klasse   1981, BMVg / MOD, Bonn

AGS **GS 401** (~80) Finik Klasse   11-79, BMVg / MOD, Bonn

AGS **Liman** (~70) Moma Klasse   1981, BMVg / MOD, Bonn

AH **Ob** (79)   2-1986, BMVg / MOD, Bonn

AX **Chasan** (~77) Smolny Klasse   6-1987, BMVg / MOD, Bonn

AX **Gangut** (71) Ugra Klasse   1987, BMVg / MOD, Bonn

AX **Petrushka** Klasse (~85)   1985, BMVg / MOD, Bonn

YD **Yelva** Klasse (~70)   3-1986, BMVg / MOD, Bonn

YP **Poluchat** Klasse (~50)   4-1987, BMVg / MOD, Bonn

Löschfahrzeug / Fire Fighting Vessel **Vichr 9** (~85)   1985, BMVg / MOD, Bonn

**Satellitenortungsschiffe / Range Instrumentation Ships –
Zivilbesatzung / Civilian crew**

Kosmonaut Jurij Gagarin (70)   1980

Kosmonaut Vladislav Volkov (~65)   1–1987, Behling

Akademik Sergej Korolev (70)   1975

Kosmonaut Vladimir Komarov (66)   8-82, Nerlich

Morčovec (~65)   1985, Kon. Marine

AG **Akademik Mstislav Keldyš** (80)   4-1987, BMVg / MOD, Bonn

AG **Akademik Fedorov** (86)   30-10-1987, Voß

AG **Akademik Fedorov** (86)   30-10-1987, Voß

AGOR **Professor Zubov** (~68) Kurchatov Klasse   6-1985, Voß

AGOR **Ernst Krenkel** (70) Passat Klasse   1981, USN

AG **Akademik Šackij** (85)   8–1986, BMVg / MOD, Bonn

AG **Izyskatel'** (86)   8–1986, BMVg / MOD, Bonn

AG **Akademik Šulejkin** (~83)   4–1987, BMVg / MOD, Bonn

AG **Professor Štokman** (~75) Ovtsin Klasse   1985, Kon. Marine

AK **Stachanovec Kotov** (77)   4–1986, BMVg / MOD, Bonn

AK **Budapešt** (84) Ro-Lo   9–1985, Voß

AK **Ivan Skuridin** (75)   1–1986, BMVg / MOD, Bonn

AK **Skulptor Golubkina** (77) Typ pol. B 481   8–1984, Voß

AK **Mechanik Konovalov** (76)   8–1985, Voß

AK **Mechanik Gerasimov** (77)   7–1983, Voß

AK **Norilsk** (82) Typ SA 15   9–1987, Voß

AK **Kompozitor Rimskij-Korsakov** (86)   1987, Behling

AI **Rossija** (83) Arktika Klasse 12-1986, BMVg / MOD, Bonn

AI **Kapitan Chlebnikov** (81) 1982, BMVg / MOD, Bonn

AI **Kapitan A. Radžabov** (76) 7-1986, Bendfeldt

Venezuela

2210 ts, 34 kn, 113 m
8 Otomat ⇒, 1-12.7 ⚓, 4-4 ⚓₂,
1 Albatros ⇊₈, ₆ **UTR** 32.4 III, 2 ⌁
6 FG: **Mariscal Sucre** [F 21–26] (78–80) –
Typ ital. Lupo

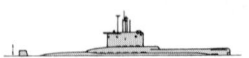

8 **TR** 53.3 b↓   1285/1450 ts, 10/21 kn, 59.5 m
2 SS: **Sabalo** [S 31, 32] (75) –
Typ deutsch / German 209/1200

10 **TR** 53.3↓ (6 b, 4 h) 2040/2420 ts, 18/14 kn, 94 m
1 SS: **Picua** [S 22] (44) –
Typ US Baloa / GUPPY II

Küstenwache / Coast Guard

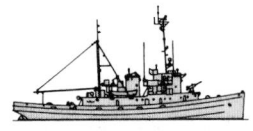

1235 ts, 15 kn, 61.7 m
1–7.6
2 AT: **Felipe Larrazabal** [R 21, 23]
(~45) – *Typ US ATF*

Maßstab/Scale 1:1000

2 Otomat ⇒, 1-4 ⚓   125 ts, 29 kn, 37 m
3 PG: **Federacion** [P 12, 14, 16] (73–74)

1–7.6 ⚓   125 ts, 29 kn, 37 m
3 PP: **Constitucion** [P 11, 13, 15] (73–74)

Kennungen / Identification

Fregatten / Frigates
F ...
11–Alm. Clemente
12–Gen. J. T. Moran
21–M. Sucre
22–Alm. Brion
23–Gen. Urdaneta
24–Gen. Soublette
25–Gen. Salom
26–Alm. Garcia

Uboote / Submarines
S ...
22–Picuda
31–Sabalo
32–Caribe

Kleine Kampf- schiffe / Small Fighting Vessels
P ...
11–Constitucion
12–Federacion
13–Independencia
14–Libertad
15–Patria
16–Victoria

Landungs- fahrzeuge / Landing Vessels
T ...
42–Valencia
44–P. Cabello
61–Capana
62–Esequibo
63–La Guajira
64–Los Llanos

71–Margarita
72–La Orchila

Hilfsfahrzeuge / Auxiliary Vessels
R ...
11–F. Gomez
21–Larrazzabal
23–M. Rodriguez

H ...
11–P. Santo

BE ...
11–S. Bolivar

National Garde / National Guard
A ...
6901–Lago 1
6902–Lago 2
6903–Lago 3
6904–Lago 4

7918–Rio Cabriales
7919–Rio Chama
7920–Rio Caribe
7921–Rio Tuy
7929–Yate Manati
8201–P. Perret
8202–P. Mulatos
8203–P. Barima
8204–P. Mosquito
8205–P. Playa
8206–P. Unare
8207–P. Ballena
8208–P. Macuro
8209–P. Mariusa
8210–P. Moron
8211–P. Macoya
8212–P. Cardon
8223–Y. Goaigoaza

B ...
8421–Rio Arauca II
8422–R. Cata- tumbo II

8423–R. Apure II
8424–R. Nearo II
8425–R. Meta II
8426–R. Portu- guesa II
8427–R. Sarare
8428–R. Uribante
8429–R. Cinaruco
8430–R. Icabara
8431–R. Guarico II
8432–R. Yaracuy

C ...
87–R. Orinoco
88–R. Ventuari
89–R. Caparo
90–R. Venamo
91–R. Torres
92–R. Escalante
93–R. Limon
94–R. San Juan
95–R. Tucuyo
96–R. Turbio

FG **Almirante Brion** (79) Ähnlich / similar to Typ ital. Lupo   1982, Voß

Vereinigte Arabische Emirate / United Arab Emirates
Abu Dhabi

Maßstab / Scale 1 : 1000

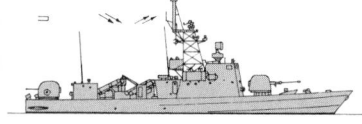

228 ts, 40.5 kn, 44.9 m
4 MM 40 ⇨ , 1-7.6 ⚓, 2-4 ⚓, 3 Mg ⚓
6 PG: **Baniyas** [4501–4506] (80–81)
Typ deutsch / German TNC 45

PG **Saqar** (81) Typ deutsch / German TNC 45   1981, Voß

Waffentafeln / Special Naval Weapons

Erklärungen für Flugzeuge und Flugkörper / Abbreviations for Aircraft and Missiles

Flugzeugtypen – Type of Aircraft (a/c):

A. Starrflügler – fixed wing

VA	= Jagdbomber auch Aufklärer	– attack, reconnaissance a/c
VAH	= Angriffsbomber	– heavy attack a/c
RVAH	= Fernaufklärer	– heavy reconnaissance attack a/c
VF	= Abfang-, Allwetterjäger	– interceptor, all-weather fighter
VS	= U-Jäger (Trägerflugzeug)	– antisubmarine a/c – carrier based
VP	= Langstrecken-U-Jagdflugzeug und Aufklärer	– ASW-Patrol and long distance reconnaissance a/c – land based
VA(W)	= Frühwarnflugzeug (Träger)	– early warning a/c – carrier based
VW	= Frühwarnflugzeug, landgestützt	– early warning a/c – land based
VC	= Seenot-Transport-Verbinddungsflugzeug	– utility a/c
Cb	= Träger gestützt	– carrier based

B. Hubschrauber – helicopter

HS	= U-Jagd-Hubschrauber	– ASW-helicopter
HM	= Minensuch-Hubschrauber	– minesweeping-helicopter
HR	= Kampfzonen-Hubschrauber	– assault-helicopter
HC	= Seenot-Transport-Verbindung	– utility-helicopter –
STOL	= kurzstartendes und landendes Flugzeug	– short take off and landing
Vtol	= senkrecht startendes und landendes Flugzeug	– vertical take off and landing
SAR	= Seenotdienst	– search and rescue
ECM	= elektr. Gegenmaßnahme	– electr. countermeasures
MAD	= magn. Ortungsgerät	– magn. air detection

Flugkörper / Missiles:

AAM	= Luft-Luft	– air to air
ASM	= Luft-Boden	– air to surface
ASW	= U-Jagdwaffen	– anti-submarine-weapons
SAM	= Boden-Luft	– surface to air
SSM	= Boden/Boden	– surface to surface

AA- und AS-Flugkörper / AA and AS Missiles:
  Bp = Bullpup; Fal = Falcon; Ma = Matra; Ph = Phoenix; Sp = Sparrow; Sw = Sidewinder

Bewaffnung *) / Armament **)

➡/⌀	= schwere gelenkte Raketen		heavy guided missiles (AS)
⊢⋅/↓	= gelenkte Raketen		guided missiles (AA/AS)
↦/⌀	= ungelenkte Kleinraketen		rockets (AA/AS)
B	= Bombe	bomb	SB	= Ortungsboje	sonobuoy
AST	= Ujagd-Torpedo	AS homing torpedo	nu	= Kernwaffen	nuclear weapons
ASR	= Ujagd-Rakete	AS rocket	conv.	= herkömmliche Waffen	conv. weapons
DC	= Wasserbombe	depth-charge			

Geschwindigkeit in Kn oder *Mach* = ~ 660 sm (Schallgeschwindigkeit / **Speed** in kn or *Mach* = ~ 660 kn (velocity of sound)

Gipfelhöhe: Höhe, in der das Flugzeug nicht mehr als 30 m/min steigen kann / **Ceiling:** Height limiting the rate of climb to 30 m/min

Gewicht: Voll ausgerüstet mit Zuladung (max. weight). Bei Flugkörpern Rakete + Starttriebwerk (booster) – soweit vorhanden. / **Weight:** Maximum weight including equipment and payload. For missiles: including booster, if any.

Triebwerk / Power Plant:

PE	= Kolbenmotor	piston engine	RJ	= Staustrahl ...	ram jet
TP	= Propellermotor	turbo prob	RM	= Raketenmotor	rocket motor
TJ	= Strahlturbine	turbo jet			

Leistung: in PS für Propellerantrieb, in *kp* (*kilopond*) als maximaler Schub bei Düsenantrieb / **Rating:** in hp (= horse power – conventional engines) or thrust in *kp* = (kilopond-jet engines)

Brennstoff für Flugkörper / Missile Propellant
f = fest (solid)   l = flüssig (liquid)

Abmessungen / Dimensions
sp = Spannweite / span oder *Rotor Diameter*
lg = Länge / length   hg = Höhe / height

Lenkung der Flugkörper / Missile Guidance

zra	= Radarsuchkopf	radar homing head
sar	= halbaktiver Radarsuchkopf	semi-active ranging
zinf	= Infrarotsuchkopf	infrared homing head
sosk	= Sonarsuchkopf	sonar homing head
trnav	= Trägheitsnavigation	inertial navigation
scw	= halbaktiver CW-Zielsucher	semi-active CW-ranging
kdl	= Kommando durch Leitstrahl	beam riding
kdf	= Kommando durch Funk	commands by radio
bal	= ballistischer Flug	ballistic flight

*) Kaliber für Bordkanonen in cm   **) caliber of aircraft cannons in cm

Flugzeuge / Aircraft

Anzahl/Number Indienstnahme Date of Service	Verwendung/ Purpose/Crew	Bewaffnung/ Armament	Geschwindigkeit/ Speed Kn Mach	Reichweite Range Sm	Gipfelhöhe/ Ceiling km	Gewicht/ Weight ts	Triebw. Leistung Pow. Pl. Rating PS – kp	sp lg hg m	Sonstige Angaben/ Remarks

Argentinien / Argentina – *Comando de Aviacion Naval Argentina*

14 Super Étendard – s. Frankreich / France									8 MB 326 GB / Xavante (Pucara)
4 Douglas A-4 Q Skyhawk – s. USA									10 Sikorsky S-61 D Sea King – s. USA
10 Grumman S-2 E Tracker – s. USA									4 Agusta-Sikorsky ASH-3 D
7 Lockheed L-188 E Electra – s. USA									7 Alouette III – s. Frankreich / France
5 MB 339 A – Italien / Italy									4 Agusta A 109

Australien / Australia – *Royal Australian Navy, Fleet Air Arm*

| 20 Lockheed Orion P-3 C Update II – s. USA | | | | | | | | | 7 Westland HAS 50/50 A – Sea King – s. Gr. Brit. |
| 16 Sikorsky SH-70 B Seahawk – s. USA | | | | | | | | | 15 Westland HAS 31 |

Belgien / Belgium – *Force Navale Belge / Belgische Zeemacht*

| 3 Alouette III – s. Frankreich / France | | | | | | | | | 5 Westland Sea King (SAR) – s. Gr. Brit. |

Brasilien / Brazil – *Forca Aeronaval*

22 Embraer EMB-111/77	VP/5 ⚓, Radar		245	1600	7.3	6.2	2 TP 1500	16.0 14.8 4.7	
13 Grumman Tracker S-2 A/E – s. USA									12 Super Puma 15 AS 332 – s. Frankr. / France
9 Westland Mk 21/23 Lynx – s. Gr. Brit.									12 Sikorsky ASH-3 D/H Sea King – s. Gr. Brit.
									7 Westland Wasp – s. Gr. Brit.

Bulgarien / Bulgaria

| 10 Mi 14 (Haze A) – s. USSR | | | | | | | | | |

Canada – *Maritime Air Group*

| 18 + 6 Aurora CP-140 ähnlich / similar to Lockheed Orion P-3 C – s. USA | | | | | | | | | |
| 28 Grumman CP-121 Tracker – s. USA | | | | | | | | | 34 Sikorsky CH-124 Sea King – s. USA |

China

350 Shenyang J 6, 7, 8	Va/1 .		1.2	1230	.	12.5	2 TJ 7300	10.3 16.7 3.8	Entwickelt aus / development of MiG-17, 19, 21 USSR
100 H-6 (ex Badger)									10 Be-6 – Flugboote / Flying Boats
2 PS-5 – Flugboote / Flying Boats									10 Dauphin – s. Frankreich / France
									15 Super Frelon – s. Frankreich / France

Chile – *Armada de Chile*

6 Embraer EMB-111 A (N) – s. Brasilien / Brazil									**Dänemark / Denmark**
10 Alouette III – s. Frankreich / France									3 206 B Jet Ranger
									11 Westland Lynx Mk 80 – s. Gr. Brit.
									7 Sikorsky S-61 A Sea King – s. Gr. Brit.

DDR / Germany – Democratic Republic

| ? Su 20 Fitter K – s. USSR | | | | | | | | | 8 Mi-14 – s. USSR |

Deutschland – Bundesrepublik / Germany – Federal Republic – *Marineflieger*

110 Panavia Tornado/82	VAH 2-2.7, /2 ⇒, ⚓, B, ECM		2.1	390	.	25.4	2 TJ 13 600	13.9 16.7 5.7	4 ⚓ Kormoran, to get ⚓ AGM-65. Auch / also Italien / Italy
19 Bréguet 1150 Atlantic/62 – s. Frankreich / France, 15 modernisiert / modernized, 4 haben / have ELINT-System (Electronic Intelligence)									
19 Westland Lynx Mk 88 – s. Gr. Brit.					4 IAI 3 Westwind – s. Israel				
Do 228/86	VP/2 .		165	460	.	5.9	2 TP 1430	17.0 15.0 4.9	Indien: 36
20 Do 28 D-2 Skyservant/71	VC/1 [12]		200	1140	7.4	3.6	2 PE 760	15.5 11.4 3.9	STOL

Anzahl/Number Indienstnahme Date of Service	Verwendung/ Purpose/Crew	Bewaff- nung/ Armament	Geschwin- digkeit/ Speed Kn / Mach	Reichweite Range Sm	Gipfelhöhe/ Ceiling km	Gewicht/ Weight ts	Triebw. Leistung Pow. Pl. Rating PS - kp	sp lg hg m	Sonstige Angaben/ Remarks
21 Westland Sea King HC /73	HR, SAR/4	⚓, [20]	115	750	3.1	6.2	2 TP / 3000	18.9 22.1 5.1	HR: Sea Skua ⚓
Bo 105/70	HC/1	[4]	145	310	3.1	2.5	2 TP / 840	. 11.9 3.0	In anderen Marinen / in other navies
Frankreich / France – *Aéronautique Navale*									
62 Dassault- Bréguet Super- Étendard/78	VA, VF Cb/1	2–3, ⚓, 1.8 ts B	1.05	520	13.7	11.5	1 TJ / 4950 +	9.6 14.3 3.9	
11 Dassault Éten- dard IV P/61	VA, VF Cb/1	2–3, 4 ⇨ Sw 1.4 ts B	1.02	870	15.5	10.3	1 TJ / 4400	9.6 14.4 3.8	Aufklärer / reconnais- sance
27 Chance-Vought F–8 E (FN) Crusader/65	VF/ Cb/1	4–2, 2 ⇨ Ma, 2.3 ts B	1.7	520	17.7	15.4	1 TJ / 8165	10.7 16.6 4.8	Werden 1993 gestrichen / to be retired in 1993
32 Bréguet 1050 Alizé/59	VS Cb/3	1 AST/3 DC, 2 ⇨, 6 SB, DC	285	1350	6.1	8.2	1 TP / 2100	15.6 13.8 5.0	Modernisiert / modernized. Dipping Sonar
27 Bréguet 1150 Atlantic/62	VP/ 12–15	Radar ECM, SB MAD, DC	315	3600	10.0	43.5	2 TP / 12 210	36.3 31.7 11.3	Neuentwicklung: ATL.2 ab / from 1989
8 Dassault Mystère 20 H Gardian/81	VP/8	Radar, ECM, SB	470	2520	12.5	14.1	2 TJ / 2290	16.3 17.1 5.3	
42 Lynx HAS.2 – s. Gr. Brit.									
18 Aerospatiale SA 321 G Super Frelon/62	HS– HM– HC/4	ASW oder / or [34]	130	500	4.3	13.0	3 TP / 4710	18.9 20.0 6.7	5: HR
AS 332 F Super Puma/84	HS/2	1–2, 2 Mg, ⚡, Sonar	240	460	4.1	4.5	2 TP / 3750	15.6 18.7 4.9	HC: [23]. In anderen Marinen / in other navies
Aerospatiale SA 365 F Dauphin 2/84	HR/2	4 ⚡	136	485	4.6	3.9	2 TP / 1420	11.9 13.7 4.0	Saudi-Arabien (24), Irland (5). Auch / also SAR
~30 Aerospatiale SA 319 A Alouette III/71	HC, HS/1	⚡ 4 , ASW	113	375	3.2	2.2	1 TP / 790	11.0 10.0 3.0	Werden gestrichen / to be deleted
Griechenland / Greece									
8 Grumman HU–16 B Albatross				12 Agusta Bell AB 212 ASW – s. Italien / Italy 4 Alouette III – s. Frankreich / France					
Großbritannien / Great Britain – *Fleet Air Arm*									
57 Hawker Siddeley Sea Harrier F.R.S. Mk. 1/79	VAH, Cb/1	2–3, ⇨ Sw, 2.3 ts B, ECM	0.95	.	15.3	11.4	1 TJ / 9760	7.7 14.5 3.7	STOL. 4: T.4 (N). To be upgraded to Mk 2
31 Hawker Siddeley Nimrod MR. Mk 1/69	VP/12	ASW, Radar, ECM, MAD, DC	520	4800	10.6	80.7	4 TJ / 20 868	35.0 38.6 9.0	Coastal Command / RAF. Umbau zu / under con- version to: Mk 2. 3: ELINT
5 Avro Shackleton AEW 2/56	VP/10	2–2, AST, 5.4 ts B, SB, DC	260	3200	5.8	45.4	4 PE / 9800	36.3 28.2 7.1	AEW (Airborne Early Warning). Werden ersetzt durch / to be replaced by Boeing E 3
EH 101/?	HS HC/2	AST, ASW, [44]	150	500	5.2	13.0	3 TP / 3870	18.6 22.9 6.5	Joint design with Italy, Canada. 5 hr on station

Anzahl/Number Indiensnahme Date of Service	Verwendung/ Purpose/Crew	Bewaffnung/ Armament	Geschwindigkeit/ Speed Kn Mach	Reichweite Range Sm	Gipfelhöhe/ Ceiling km	Gewicht/ Weight ts	Triebw. Leistung Pow.Pl. Rating PS - kp	sp lg hg m	Sonstige Angaben/ Remarks
91 Westland WG 13 Lynx HAS Mk 2, 3/76	HS HC/2	AST, ASW [12]	160	320	.	4.7	2 TP / 1800	12.8 15.2 3.6	Seit/since 1981:HR, 4 ♯ Sea Skua
32 Westland Sea King HC 4/79	HC/3 [20]		125	550	4.5	9.6	2 TP / 3320	18.9 22.1 5.1	Für/for Royal Marine Commandos
90 Westland Sea King HAS Mk 5/79	HS, HC/5	4 AST, DC	112	665	3.1	9.5	2 TP / 3320	18.9 22.1 5.1	To be upgraded to Mk 6. 10 Mk 2 umgerüstet / upgraded to AEW 2
15 Westland Wasp HAS Mk 1/61	HS/2	2 AST, DC	105	260	3.8	2.5	1 TP / 710	9.8 12.3 3.0	To be phased out: 3-88

Indien / India

23 Sea Harrier FRS Mk 51/T 60 – s. Gr. Brit.
8 Sea Hawk – Ausbildung / training
5 Bréguet Alizé – s. Frankreich / France
2 Tu 142 M Bear F – s. USSR
3 Il 38 May – s. USSR

7 Ka 25–Hormone – s. USSR
18 Alouette III/Chetak – s. Frankreich / France – Coast Guard
46 Sikorsky Sea King Mk 42 / 42 B / 42 C – s. Gr. Brit.
3 + 33 Do 228 – s. Germany – CG
2 Fokker F 27 Friendship – CG

Indonesien / Indonesia – *Angatan Laut Republik Indonesia*

| 18 GAF Nomad Searchmaster B, L/76 | VP/5 | Radar | 170 | 920 | 7.2 | 3.9 | 2 TP / 800 | 16.5 12.6 5.5 | Herkunftsland / Country of origin: Australien / Australia |

3 Boeing 737-200
16 Bo 105 C

26 Super Puma
9 Westland Wasp – s. Gr. Brit.

Iran

2 Lockheed P-3 F Orion – s. USA
10 Sikorsky SH-3 D Sea King – s. USA
7 AB 212 ASW – s. Italien / Italy

Irland / Ireland

5 SA 365 F Dauphin 2 – s. Frankr. / France

Israel

| 4 IAI Sea Scan 1124 N Westwind/78 | VP/7 | Radar | 540 | . | . | 10.4 | 2 TJ / 3350 | 13.7 16.8 4.8 | |

4 E-2 C Hawkeye – s. USA

Italien / Italy – *Marinavia*

| 68 Agusta Bell AB 212 ASW/77 | HS/4 | 2 AST, ♯, B, MAD, ECM, Radar | 106 | 320 | . | 5.1 | 1 TP / 1290 | 14.6 17.4 4.4 | Umbau zu / conversion to HR: ♯ Marte Mk 2 |

14 Bréguet Atlantic – s. Frankreich / France

40 Sikorsky SH-3 D Sea King – s. USA

Japan – *Maritime Self-Defence Force*

| 12 Shin Meiwa PS-1/71 | VP/9 | 4 AST, 6 ➤➤, 3 ts B | 295 | 2500 | 9.0 | 43.0 | 4 TP / 11 400 | 33.1 33.5 9.7 | STOL. 11: SAR-Version US-1 |
| 47 Kawasaki P-2 J Neptune/70 | VP/12 | ASW, 4 AST, DC, ECM | 217 | 2400 | 9.1 | 34.1 | 2 TP+2 TJ / 5700 + 2800 | 28.9 29.2 8.9 | Typ US P-2 H Neptune |

8 E-2 C Hawkeye – s. USA
32 Lockheed Orion P-3 J – s. USA – Total 69
2 Sikorsky SH-60 B Seahawk – s. USA

70 Sikorsky SH-3 A/B Sea King – s. USA
7 Kawasaki Boeing KV 107-II A/MS

Jugoslawien / Yugoslavia

10 Kamov KA 25 Hormone – s. USSR

20 Mi 8 Hip

Süd-Korea / South Korea

20 Grumman S-2 A/F Tracker – s. USA
25 McDonnell Douglas 500 MD/ASW Defender

Malaysia

6 Westland HAS Mk 1 Wasp – s. Gr. Brit.

Anzahl/Number *Indienstnahme* *Date of Service*	Verwendung/ Purpose/*Crew*	Bewaff- nung/ Armament	Geschwin- digkeit/ Speed Kn *Mach*	Reichweite Range Sm	Gipfelhöhe/ Ceiling km	Gewicht/ Weight ts	Triebw. Leistung Pow. Pl. Rating PS - *kp*	sp lg hg m	Sonstige Angaben/ Remarks

Mexico
8 Grumman HU-16 B Albatross
12 Bo 105 - s. Germany

Neuseeland / New Zealand
6 Lockheed P-3 B Orion - s. USA
7 Westland Wasp HAS 1 - s. Gr. Brit.

Niederlande / Netherlands – *Marine Luchtvaartdienst*

| 2 Fokker F 27 Maritime/*81* | VP/*6* | Radar | 250 | 2700 | 9.0 | 21.5 | 2 TP 4420 | 29.0 23.6 8.7 | |

11 Lockheed Orion P-3 C - s. USA
22 Westland Lynx 14 B, C - s. Gr. Brit.

Nigeria
3 Westland Lynx Mk 89 - s. Gr. Brit.
4 Fokker F 27 Maritime - S. Niederl. / Netherlands
20 Bo 105 C

Norwegen / Norway
2 Lockheed Orion P-3 C .. Update III
3 Lockheed Orion P-3 B - s. USA
6 Westland Lynx Mk 86 - s. Gr. Brit.
9 Sikorsky Sea King Mk 43 - s. USA

Pakistan
3 Bréguet Atlantic - s. Frankreich / France
1 Fokker F 27-200
6 Westland Sea King Mk 45 - s. Gr. Brit.
4 Alouette III - s. Frankreich / France

Peru – *Servicio Aeronavale*
7 Grumman S-2 E Tracker - s. USA
3 Fokker F 27 MPA - s. Niederl. / Netherl.
6 Agusta Bell AB 212 ASW - s. Italien / Italy
9 Agusta Sikorsky ASH-3 D
2 Alouette III – s. Frankreich / France

Polen / Poland
40 MiG 21
38 LIM 6 (ex MiG 17 F)
15 Il 28 Beagle   20 Mi-4
15 Mi 14 Haze - s. USSR
10 Mi-2 Hoplite   5 Mi-8

Portugal
6 Lockheed P-3 B Orion - s. USA
12 AS 332 F Super Puma - s. Frankreich / France

Schweden / Sweden – *Flygvapen*

| 24 Saab SH 37 Viggen/*72* | VA/*1* | 1-3, 6 ⇨, ⌗, 2.3 ts B | *2.0* | 540 | 18.3 | 22.5 | 1 TJ *12750* | 10.6 15.5 5.9 | STOL |

10 HKP 10 Super Puma - s. Frankreich / France
10 Boeing KV 107 Sea Knight - s. USA
11 Bo 105 CBS (SAR)
9 Agusta Bell 206 B

Spanien / Spain – *Arma Aerea de la Armada*
12 AV-8 EAV-8 B - s. USA
8 Hawker Siddeley AV-8 S Matador - s. USA
6 Lockheed P-3 A Orion - s. USA
3 Fokker F 27 MPA/SAR - s. Niederl. / Netherl.
13 Sikorsky SH-3 D Sea King, (3: AEW) - s. Gr. Brit.
11 AB 212 ASW - s. Italien / Italy
11 Hughes 500 M (ASW)

Südafrika / South Africa
20 Douglas Dakelton
18 Piaggio P 166 S Albatross
2 SA 321 Super Frelon - s. Frankreich / France
9 Westland Wasp - s. Gr. Brit.

Syrien / Syria
12 Mi 14 Haze - s. USSR
5 Kamov KA 25 Hormone - s. USSR

Taiwan
32 Grumman S-2 E, (S-2 T) Tracker - s. USA
12 Hughes 500 MD (ASW)
8 Grumman HU-16 B Albatross

Thailand
7 Grumman S-2 F Tracker - s. USA
6 Fokker F 27 Maritime - s. Niederl. / Netherl.
5 GAF Searchmaster
2 Grumman HU-16 B Albatross

Türkei / Turkey
12 Grumman S-2 A, E Tracker - s. USA
12 AB 212 ASW - s. Italien / Italy
3 AB 204 AS

Anzahl/Number Indienstnahme *Date of Service*	Verwendung/ *Purpose/Crew*	Bewaffnung/ Armament	Geschwindigkeit/ Speed Kn *Mach*	Reichweite Range Sm	Gipfelhöhe/ Ceiling km	Gewicht/ Weight ts	Triebw. Leistung Pow. Pl. Rating PS - *kp*	sp lg hg m	Sonstige Angaben/ Remarks

USA - *US Navy / US Marine Corps*

McDonnell F-18 A Hornet/*82*	VA/*1*	1-2, ⇨, ⌙ 5.9 ts B	*1.8*	460	15.1	20.1	2 TJ *15 500*	11.4 17.1 4.7	Total: 1150. RF-18: Aufklärung / reconnaissance
Grumman F-14 A Tomcat/*73*	VA, VF/*2*	1-2, 4 ⇨ Sp + 4 Sw oder 6 ⇨ Ph + 2 ⇨ Sw	*2.34*	500	17.1 +	33.7	2 TJ *18 960*	19.5 18.9 4.9	Improved version: F-14 A (plus): *24 560 kp.* F-14 D: Upgraded avionics, improved ECM, Digital radar
McDonnell F-4 B Phantom II/*61*	VA, VF Cb/*2*	6 ⇨ Sp oder 4 ⇨ Sp + 4 ⇨ Sw	*2.2*	780	21.4	24.8	2 TJ *14 970*	11.7 17.8 5.0	F-4 J Photoaufklärer / photo reconnaissance
McDonnell AV-8 B Harrier/ *84*	VA/*1*	2-3, 2 ⇨ Sw, 2.7 ts B	*0.9*	540	14.1	13.7	1 TJ *9700*	9.2 14.1 3.5	US MC. Einige / some TAV-8 B trainers
Hawker Siddeley AV-8 A, C Harrier/ *72*	VA/*1*	2-3, 2 ⇨ Sw, 2.3 ts B	*0.95*	350	15.3	11.4	1 TJ *9750*	7.7 13.9 3.4	US MC. Being upgraded to AV-8 C
Ling-Temco-Vought A-7 E-Corsair II/*69*	VA Cb/*1*	2-2, 4 ⇨ Sw + ASM, 6.8 ts B (nu)	*0.9*	700	12.9	19.1	1 TJ *6800*	11.8 14.1 4.9	KA-7 F: Tanker. Upgraded version: A-7 Strike Fighter
Douglas A-4 C, E, F u. G Skyhawk/*67*	VA Cb/*1*	2-2, 2 ⇨ Sw/ 3 ⌙ Lp/ 3.7 ts B (nu)	*0.92*	810	14.6	11.1	1 TJ *4220*	8.4 12.3 4.6	Produktion beendet / production ended: 27. Feb. 1979
Douglas A-3 B Skywarrior/*57*	VAH Cb/*3*	2-2, 5.4 ts B	*0.85*	1100	13.8	33.2	2 TJ *11 650*	22.1 23.3 6.9	RA-3 B Photoaufklärer / photo reconnaissance. EA-3 B ECM, KA-3 + EKA-3 Tanker
Grumman A-6 E/ Tram Intruder/*74*	VA Cb/*2*	4 ⌙ Bp + B (nu) 6.8 ts	*0.95*	1920	14.3	27.4	2 TJ *8440*	16.2 16.6 4.8	Typ A-6 A/*60*, A-6 F: *9700 kp*, EA-6 B/*68* (Prowler) → ECM. KA-6 D: Tanker
Grumman C-2 A Greyhound/*66*	VC Cb/*2*	[39] Fracht 6.8 ts		300	1340	10.2	24.8	2 TP *8100*	24.5 17.2 4.8	Abwandlung von / modified version of E-2 A
Lockheed S-3 A Viking/*74*	VS Cb/*4*	AST, ASR, DC, MAD		430	2000	10.7	23.8	2 TJ *8420*	21.0 16.3 7.0	Erhalten / to get Harpoon ⌙. 16 for electronic reconnaissance
Grumman S-2 D, E Tracker/*60*	VS Cb/*4*	2 nu DC, 2 AST, 2 ⌙, SB		245	1190	6.4	13.2	2 PE *3050*	22.1 13.3 5.0	Andere/modified Version: C-1 A Trader (VC), E-1 B Tracer (VA [w])
Grumman E-2 B, C Hawkeye/*61*	VA (W) Cb/*5*	rotierende Radar-kuppel		320	1400	9.7	23.4	2 TP *9000*	24.6 17.6 5.6	Radar-Range: 200 Sm
Lockheed Constellation EC-121 M/*54*	VW/ *23-31*	Radar		280	2000	.	65.8	4 PE *14 000*	37.5 35.4 8.2	In vielen Marinen / in many navies. C-121 J: Transporter [72]
Lockheed P-3 A, B, C Orion/*62*	VP/*12*	ASW, AST, DC, ECM, MAD		415	2070	8.6	64.4	4 TP *19 640*	30.4 35.6 10.3	In vielen Marinen / in many navies. Latest version: P-3 C Update III
Lockheed P-2 H Neptune/*54*	VP/*7*	ASW, AST, DC, 5 ts B		350	1800	6.7	37.5	2PE+2TJ *7000 + 3085*	31.6 28.0 8.9	Not US Navy, but in many foreign navies

Anzahl/Number Indienstnahme Date of Service	Verwendung/ Purpose/Crew	Bewaffnung/ Armament	Geschwindigkeit/ Speed Kn Mach	Reichweite Range Sm	Gipfelhöhe/ Ceiling km	Gewicht/ Weight ts	Triebw. Leistung Pow. Pl. Rating PS – kp	sp lg hg m	Sonstige Angaben/ Remarks
Dassault UH 25 A Guardian/78	VP 5+3	Radar, ECM, 0.5 ts	470	2700	12.5	13.8	2 TP 4800	16.3 17.1 5.2	US Coast Guard. State of origin: France
North American Rockwell OV-10 A Bronco/68	VA/2	2 Mg, 1.6 ts B	244	215	7.3	6.6	2 TP 1430	12.2 12.7 4.6	Marine Corps. 17 nach Umbau/after conversion: OV-10 D NOS (Night Observation System)
Bell AH-1 J Seacobra/70	HR/2	3-2, 66 ⚡	150	230	2.3	6.4	1 TP 1250	14.6 13.6 4.3	Andere/modified Version: AH-1 T
Bell 204 UH-1 N Iroquois/65	HR, HC/2	2 Mg, 36 ⚡, [16]	110	250	5.5	4.3	2 TP 1800	14.7 12.9 4.4	US-Marine Corps
Sikorsky SH-3 A Sea King/61	HS/4 HM	ASW	140	540	4.5	9.3	2 TP 2800	18.9 22.1 5.1	Grundtyp/Basic type S 61, amph. SH-3 G, H: LAMPS
Sikorsky SH-60 B Seahawk/84	HS, HR, HC	ASW, 2 AST, Radar, 25 SB, ECM	135	.	3.5	9.5	2 TP 3380	16.4 19.8 5.2	LAMPS III. Development of UH-60 A (Black Hawk). Total 204
Kaman SH-2 F Seasprite/71	HS/3	ASW, 2 AST, MAD	146	370	6.8	6.1	2 TP 2700	13.4 16.0 4.1	LAMPS I. Production restarted/83. SH-2 G upgraded version
Sikorsky CH-53 E Super Stallion/79	HR/.	[56], 14.5 ts, Fracht	170	1120	5.6	33.3	3 TP 13 140	24.1 30.2 8.7	MH-53 E Mine Counter Measure
Sikorsky CH-53 A Sea Stallion/ 66-67	HR HC/ Cb/3	[38], 3.6 ts Fracht	170	220	5.6	19.1	2 TP 7850	22.1 26.8 7.6	RH-53 D: MCM. US-Marine Corps (CH-53 D)
Boeing CH-46 D Sea Knight/66	HC/2 HR	[25], 2.9 ts Fracht	144	206	4.2	10.4	2 TP 2800	15.5 25.7 5.1	Auch/also Marine-Corps (UH-46 D)

USSR - *Aviatsija Voennomoroskovo Flota*

(Die englischen Namen sind NATO-Bezeichnungen / the English designations are NATO code-names)

Anzahl/Number Indienstnahme Date of Service	Verwendung/ Purpose/Crew	Bewaffnung/ Armament	Geschwindigkeit/ Speed Kn Mach	Reichweite Range Sm	Gipfelhöhe/ Ceiling km	Gewicht/ Weight ts	Triebw. Leistung Pow. Pl. Rating PS – kp	sp lg hg m	Sonstige Angaben/ Remarks
? Su 27 Flanker/86	VF/1	1-3, ⇒, 6 ts B	2.0	800	.	26.0	2 TJ 27 000	14.5 21.0 5.5	Lookdown/shootdown weapon systems
? Su 24 Fencer C, E /81, 86	VA/2	1-3, ⇒, ⚡, 11 ts B	2.2	800	.	40.0	2 TJ 22 000	17.5 21.3 6.0	E: Baltic fleet, reconnaissance
70 Yak-38 Forger A/75	VA Cb/1	2-2.3, ⚡, 3.6 ts B	1.1	260	.	10.0	1 + 2 TJ 8160 + 3570	7.0 15.2 4.4	Vtol/STO für/for RH
75 Su 20 Fitter C, D/76	VA/1	2-3, ⚡, 5 ts B	2.1	1250	17.5	17.7	1 TJ 11 200	13.7 17.4 4.7	Schwenkflügel/ variable geometry
120 Tu 22 M / Tu 26 Backfire B, C /74-	VAH /7	1-3.7, 2 ⚡ oder 7.5 ts B	2.2	7000	18.0	123	2 TJ 42 000	34.5 40.2 10.1	Range with refueling in flight: 8500 sm. Annually 30
190 Tu 16 Badger/~55	VAH /7	6-2.3, 2 ⚡/4.5 ts B + ⚡	0.85	2600	15.0	90.0	2 TJ 19 000	34.5 38.5 11.0	+ 8 reconnaissance and ECM + 70 Tanker. Luftbetankung/refueling in flight

Anzahl/Number Indienstnahme Date of Service	Verwendung/ Purpose/Crew	Bewaff- nung/ Armament	Geschwin- digkeit/ Speed Kn Mach	Reichweite Range Sm	Gipfelhöhe/ Ceiling km	Gewicht/ Weight ts	Triebw. Leistung Pow. Pl. Rating PS – kp	sp lg hg m	Sonstige Angaben/ Remarks
30 Tu 22 Blinder B, C/67	VA/3	1–2.3, ⚓, 10 ts B	1.5	1215	18.3	84.0	2 TJ 28 000	28.8 41.8 8.6	Luftbetankung / refueling in flight. C: Reconnais- sance
59 Il-38 May/71	RVAH /12	ASW, MAD	390	3900	9.1	63.5	4 TP 17 000	37.5 40.8 10.2	Entwickelt aus / evolved from Il-18 (Coot)
60 Tu 95 / Tu 142 Bear D, E, F, G, H, J/67–86	VAH VP/ 8–10	4–2.3, 1 ⚓/ 11.3 ts B	500	8300	12.5	188	4 TP 58 000	51.1 49.5 12.2	F: ASW, H: AS 15 ⚓/ 85, modified B, C = G. J: Communication air- craft for submarine command
95 Be 12 Mail/ ~64	VP/5	ASW, MAD, B	330	2160	10.5	35.0	2 TP 8500	29.7 30.2 7.0	Flugboote / flying boats
100 Mi-14 Haze A, B/77	HS/.	AST, DC, Radar	140	120	.	12.0	2 TP 3000	21.3 18.2 6.9	A: ASW, B: MCM
60 Kamov KA-27 A, B, C Helix/80	HS/2	ASW, AST, MAD	140	450	5.0	12.6	2 TP 4500	16.8 11.0 5.5	A: ASW, B: kdf ⇨, C: SAR
115 Kamov KA-25 Hormone/67	HS/2	ASW, MAD, ⚓, Radar, [12]	120	350	3.5	7.3	2 TP 2000	15.4 10.0 5.3	Ausfahrbares Sonar / dipping sonar
? Mi-4 Hound B/?	HS/2	ASW, SB, MAD	115	210	5.5	7.8	1 PE 1700	21.0 16.8 5.2	Veraltet / outmoded. In vielen Marinen / in many navies

Flugkörper / Missiles

Art/ Type	Bezeichnung/ Designation	Durchmesser/ Diameter cm	Länge/ Length m	Gewicht/ Weight kg	Geschwin- digkeit/ Speed *Mach*	Reichweite/ Range sm	Trieb- werk/ Power Plant	Lenkung/ Guidance	Sonstige Angaben/ Remarks Gefechtskopf/war head Gk/wh
China									
ASM	C 601	.	7.4	2450	*0.9*	.	l-RM	kdf	
ASM	HY 4	.	6.3	3050	*1.5*	90	f-RM	kdf	H 6, auch / also SSM
ASM	HQ 61	29	4.0	300	*3.0*	11	f-RM	sar	Radar: Fog Lamp + Rice Screen
SSM	C 801	.	5.2	1000	*1.2*	24	f-RM	kdf	~25 m above the water
SSM	HY 2	.	6.3	3050	*1.5*	48	f-RM	kdf	Active radar seeker, HY G: Active radar seeker + radio altimeter, HY 2 A: Passive radar seeker
Deutschland (Bundesrepublik) / Germany (Federal Republic)									
ASM	Kormoran	34	4.4	600	*0.95*	20	f-RM	zinf + zra	Tornado, Starfighter. Auch Italien / also Italy Gk/wh: 165 kg
SAM	ASMD RAM	12.7	2.8	70	*1.0+*	.	f-RM	zinf	Funded by Germany, USA, Denmark. 21 MI. DG, FG, PG
Frankreich / France									
AAM	Super 530	26	3.2	190	*4.5*	6	f-RM	zinf zra	Crusader
AAM	R 550 Magic	15.7	2.8	90	*2.0+*	4.2	f-RM	sar zinf	Super Étendard
ASM	AM 39	35	4.6	650	*0.92*	27	f-RM	trnav + zra	Super Étendard. Argentinien, Pakistan, Irak
ASM	Martel AJ 168	40	4.0	550	.	16	f-RM	kdf	VA, VS Frankreich / France, G. Brit.
ASM	Martel AS 37	40	4.1	530	.	16	f-RM	kdf	VF, Bréguet Atlantic
ASM	Nord AS 30	34	3.9	520	*2.0*	6.5	f-RM	zra + kdf	VF
ASM	Nord AS 20	25	2.6	142	*1.7*	3.8	f-RM	kdf	
ASM	AS-15 TT	19	2.2	96	*0.95*	15	f-?	kdf	Für / for ✈ AS 365 F Dauphine
SAM	Masurca Mk 2 mod. 3	40	8.6	2080	*3.0*	25	f-RM	sar	Suffren Klasse
SAM	Crotale	15.6	2.9	85	*2.3*	4.6	f-RM	kdf	Gk/wh: 15 kg. Typ C 70, Tourville Kl.
SAM	SADRAL	9	1.8	17	*2.5*	3.3	f-RM	zinf	PDMS. To engage down 3.3 m
SSM	MSBS M 4	193	11.1	35000	.	2200	f-RM	trnav	Nu: 6 MIRV à 150 KT
SSM	MSBS M 20	150	10.4	21000	.	1875	f-RM	trnav	Nu MR 60: 1 MT
SSM	ANS	.	5.3	910	*2.0*	55	f-RM	trnav	Replacement for MM 38/40
SSM	MM 40	35	5.8	850	*0.93*	38	f-RM	trnav + zra	Auch für Küstenschutz / also for coastal defence
SSM	SM 39	35	4.7	650	.	27	f-RM	trnav + zra	Torpedo tube launched version
SSM	MM 38	35	5.2	735	*0.93*	20	f-RM	trnav + zra	Sea skimmer. Gk/wh: 165 kg
SSM	SS 12 M	21	1.8	75	*0.3*	3.2	f-RM	.	Drahtlenkung / Wire guided
SSM	SS 11 B 1	16	1.2	30	*0.5*	1.6	f-RM	.	Drahtlenkung / Wire guided

Art/ Type	Bezeichnung/ Designation	Durchmesser/ Diameter cm	Länge/ Length m	Gewicht/ Weight kg	Geschwindigkeit/ Speed *Mach*	Reichweite/ Range sm	Triebwerk/ Power Plant	Lenkung/ Guidance	Sonstige Angaben/ Remarks Gefechtskopf/war head Gk/wh
Großbritannien / Great Britain									
ASM	Sea Eagle	.	4.0	.	*0.9*	29	GTu	zra	Sea Harrier. Auch / also SSM
ASM	Sea Skua	28	2.8	147	*0.8*	8	f-RM	sar	Lynx. Gk/wh: 35 kg. Auch / also SSM
SAM	Sea Dart Mk 1	42	4.4	550	*2.0+*	40	f-RM + RJ	sar	Auch / also SSM
SAM	Seaslug 2	41	5.9	900	*1.8*	18	f-RM	kdl	Nur / only Chile: County Klasse
SAM	Seawolf	30	1.9	82	*2.0+*	2.7	f-RM	.	Für Nahverteidigung / Shipboard point-defence missile. Leichtere Ausführung / lightweight alternative: VM 40
SAM	Javelin	.	1.3	15	*1.0+*	2	f-RM	.	Radar guidance
SAM	Seacat	19	1.5	64	*0.9*	3.2	f-RM	kdl	Für Nahverteidigung /
SSM	Polaris A 3	137	9.9	15875	.	2200	f-RM	trnav	Gk/wh: Chevaline: 6 à 150 KT
Israel									
SAM	Barak I	.	2.2	84	*2.0*	5.5	f-RM	sar	Vertical launching (VLS)
SSM	Gabriel I	34.1	3.4	520	*0.7*	11	f-RM	zra	Gk/wh: 150 kg. Gabriel II: Range 22 sm. III: Improved Electronics. S. Africa: Scerpioen, Taiwan: Hsiung Feng
Italien / Italy									
AAM	Aspide	20	3.7	205	*3.0*	11	f-RM	sar	Gk/wh: 35 kg. Auch / also SAM
SSM	Otomat Mk 1	46	4.8	770	*0.82*	40	f-TJ	trnav + zra	Mk 2: Teseo, 80 sm
SSM	Seakiller Mk 2/ Vulcano	21	4.7	300	*0.8*	11	f-RM	kdl	Mk 1 / Marte: . Gk/wh: 70 kg
Norwegen / Norway									
SSM	Penguin Mk 2	28	3.0	340	*0.7*	16	f-RM	trnav + zinf	Gk/wh: 120 kg. Schweden: RB 12. Mk 1: 11 sm. Mk 3: ASM
Schweden / Sweden									
SAM	RBS 70	15	1.7	25	*0.7*	4	f-RM	.	Optical / Laser guidance
SSM	RBS 15	50	4.4	600	*0.9*	62	f-RM	zra	RBS 15 F: ASM
SSM	RB 08 A	66	5.7	1220	*0.85*	80	f-TJ	kdf	
USA									
AAM	AMR AAM AIM-120 A	3.6	.	150	.	40	f-RM	tnrav	Replacement for Sparrow III
AAM	Phoenix AIM-54 A, C	38	4.0	443	*5.0+*	55	f-RM	kdl	Grumman F-14 A. Gk/wh: 60 kg
AAM	Sparrow III AIM-7 E, F	20	3.7	227	*2.5*	14	f-RM	zra + scw	VF
AAM	Sidewinder AIM-9 L, M	13	2.9	86.6	*2.5*	12	f-RM	zinf, sar	
ASM	Harm AGM-88	25	4.2	360	*2.0+*	10	f-RM	kdl	Lenkung / guidance: Passive radiation seeker
ASM	Shrike AGM-45	20	3.1	120	*2.0*	~8.5	f-RM	.	Lenkung / guidance: Passive radiation seeker
ASM	Walleye II AGM-62	46	4.0	1090	.	35	f-RM	kdf	Gk/wh: 910 kg

Art/ Type	Bezeichnung/ Designation	Durchmesser/ Diameter cm	Länge/ Length m	Gewicht/ Weight kg	Geschwin- digkeit/ Speed *Mach*	Reichweite/ Range sm	Trieb- werk/ Power Plant	Lenkung/ Guidance	Sonstige Angaben/ Remarks Gefechtskopf/war head Gk/wh
ASM	Skipper AGM 123 A	.	.	.	.	.	f-RM	zinf	
ASM	Maverick AGM-65, 65 E, F	30	2.5	210	.	50	f-RM	zinf, sar	G: Neueste / newest version
SAM	Standard SM-2 ER RIM-67 B		8.0	1430	*2.5 +*	75	f-RM	trnav + sar	ER = Extended Range
SAM	Standard SM-1 ER RIM-67 A	34	8.2	1360	*2.5 +*	35	f-RM	kdl + sar	ER = Extended Range
SAM	Standard MR RIM-66 B	36	4.3	590	*2.0 +*	25 +	f-RM	kdl + sar	MR = Medium Range. 66 C: AEGIS
SAM	Tartar RIM-24 B	34	4.6	590	*2.5*	13 +	f-RM	kdl + sar	Auch / also SSM
SAM	Sea Sparrow RIM-7 H	20	3.7	205	*3.5*	7 +	f-RM	zra + scw	IPDMS: NATO-Sea Sparrow
SSM	Trident II D 5	188	14.0	57200	.	4000	f-RM	trav	Under development. 8 MIRV à 150 KT
SSM	Trident I C 4 UGM-96 A	188	10.4	32000	.	4350	f-RM	trnav	SSBN. 8 MIRV à 100 KT
SSM	Poseidon C 3 UGM-73 A	188	10.4	29500	.	2500	f-RM	trnav	SSBN. MIRV (10/14 à 50 KT)
SSM	Tomahawk BGM 109	53	6.2	1540	*0.7*	250	f-RM	sar + tercom	SLCM (Sea Launched- Cruise-Missile)
SSM	Harpoon RGM-84 A	34.3	4.6	667	*0.85*	65	f-RM	sar	For SS: UGM-84.' ASM: Lg 3.8 m, 522 kg (AGM-84 A)

USSR - Bezeichnungen / Designations: NATO Code

Art/ Type	Bezeichnung/ Designation	Durchmesser/ Diameter cm	Länge/ Length m	Gewicht/ Weight kg	Geschwin- digkeit/ Speed *Mach*	Reichweite/ Range sm	Trieb- werk/ Power Plant	Lenkung/ Guidance	Sonstige Angaben/ Remarks
AAM	AA-11 Archer	.	.	.	.	.	.	.	
AAM	AA-10 Alamo	19	3.2	150	.	40 +	f-RM	zinf	MiG 29, Su 27. Variant: Lg 4 m, 200 kg, zra
AAM	AA-9 Amos	40	4.0	450	.	40 +	f-RM	zinf	Active terminal guidance radar
AAM	AA-8 Aphid	13	2.1	55	*3.0*	8.2	f-RM	zinf	
AAM	AA-7 Apex	26	4.3	320	*3.5*	16	f-RM	sar, zinf	
AAM	AA-6 Acrid	40	6.3	700	*4.5*	25	f-RM	zinf	
AAM	AA-5 Ash	30	5.5	200	.	16.5	f-RM	sar, zinf	
AAM	AA-3 Anab	28	4.1	230	.	6.0	f-RM	sar, zinf	
AAM	AA-2 Atoll	12	2.8	70	*2.5*	3.5	f-RM	zinf	
ASM	AS-15 Kent	.	.	.	*0.7*	1500	f-RJ	.	Bear H, Backfire. 200 KT nu Air launched SS-N-21
ASM	AS-14 Kedge	.	.	.	.	21	f-RM	kdf	
ASM	AS-13	.	.	.	.	.	.	.	
ASM	AS-12 Kegler	.	.	.	.	.	.	.	
ASM	AS-11	.	5.0	.	*3.5*	500	f-RM	.	Ersatz für / replacement for AS-4
ASM	AS-10 Karen	.	3.0	300	*1.0 +*	6	f-RM	sar	Fitter, Forger
ASM	AS-9 Kyle	.	6.0	.	*3.0*	60	l-RM	.	Anti-radar missile. Badger, Fencer, Fitter, Backfire
ASM	AS-7 Kerry	.	3.5	1200	*1.0*	6	f-RM	kdf, zra	Fitter, Forger, Badger
ASM	AS-6 Kingfish	90	7.1	3800	*3.0*	150	.	trnav + kdf	Tu-16 Badger (nu 200 KT)

Art/Type	Bezeichnung/Designation	Durchmesser/Diameter cm	Länge/Length m	Gewicht/Weight kg	Geschwindigkeit/Speed *Mach*	Reichweite/Range sm	Triebwerk/Power Plant	Lenkung/Guidance	Sonstige Angaben/Remarks Gefechtskopf/war head Gk/wh
ASM	AS-5 Kelt	100	10.0	4700	*1.2*	100	f-RM	zra + kdf	Tu-16 Badger
ASM	AS-4 Kitchen	50	11.0	6000	*3.5*	160	l-RM	trnav	Tu-22 Blinder, Backfire
SAM	SA-N-8 Gremlin	.	.	.	.	8	.	.	Kirov, Udaloj. Vertical launched
SAM	SA-N-7 Gadfly	.	5.5	.	*3.0*	15	f-RM	sar, zinf	Sovremennyj Klasse
SAM	SA-N-6 Grumble	.	7.0	.	*3.0*	44	f-RM	.	Auch / also SSM. Senkrechte Starter / vertical launchers
SAM	SA-N-5 Grail	.	0.7	9	*1.5*	5.4	f-RM	zinf	Manual aiming with IR
SAM	SA-N-4 Gecko	21	3.6	127	*2.5*	8	f-RM	sar	Für Nahverteidigung / for close-range defence
SAM	SA-N-3 Goblet	33	6.0	550	*2.5*	16/30	f-RM	kdf	
SAM	SA-N-1 Goa	45	6.0	400	*2.0*	10/19	f-RM	kdf	
SSM	SS-N-23 Skiff	180	14.0	35000	.	4940	.	trnav	Delta IV, III mod? 10 MIRV
SSM	SS-N-20 Sturgeon	.	15.0	59535	.	4540	f-RM	trnav	6/9 MIRV à 100 KT. SB Typhoon
SSM	SS-N-18 Stingray mod. 1	180	14.3	20800	.	3550	l-RM	trnav	Delta III. 3 MIRV à 200 KT; mod. 2: 1 RV 0.5 MT, 4370 sm; mod. 3: 7 MRV à 200 KT
SSM	SS-N-17 Snipe	165	10.5	.	.	2130	f-RM	trnav	Nu. Yankee for trials
SSM	SS-N-8 Sawfly	200	13.4	20250	.	./4950	l-RM	trnav	Delta I, II. Nu, 1 MT
SSM	SS-N-6 Serb	175	9.0	19950	.	1500	l-RM	trnav	1-2 MT. Mod. 2: 1 MRV. Mod. 3: 2-3 MRV
SSM	SS-N-5 Sark	150	13.7	18500	.	./850	l-RM	trnav	Veraltet / outmoded
SSM	SS-N-24	.	13.0	.	*2.0*	2200	f-RM	trnav + TF	SLCM = Sea Launched Cruise Missile. TF = Terrain Folgeradar / Terrain Following radar. SG Yankee
SSM	SS-N-22	.	9.1	3850	*2.5*	60	f-RM	zra	Sovremennyj, Tarantul II
SSM	SS-N-21	.	6.4	1815	*0.7*	1100	f-TJ	sar + TF	SLCM. For use from **TR** 53.3
SSM	SS-N-19	.	9.1	4535	*1.6*	300	?-TJ	zra	SLCM/SSM. Kirov, Oscar
SSM	SS-N-16	.	.	.	.	50	f-RM	trnav	SLCM. For use from **TR** 65
SSM	SS-N-15	.	.	.	.	20	f-RM	trnav	SLCM. For use from **TR** 53.3
SSM	SS-N-14 Silex	.	7.6	.	*1.0*	30	f-RM	kdf	Kirov, Kara, Kresta I
SSM	SS-N-12 Sandbox	.	12.2	5175	*1.7*	300	?-TJ	zra	SLCM. Kiev, Slava, Echo II
SSM	SS-N-9 Siren	80	9.0	4160	*0.8*	60	f-RJ	zra	SLCM. Nanuchka, Sarancha
SSM	SS-N-7	55	7.9	3500	*1.5*	35	f-RM	zra	SLCM. Charlie I
SSM	SS-N-3 A, C Shaddock, B Sepal	86	11.6	5400	*1.1*	250	f-TJ	zra + trnav	SLCM. A: Echo II, Juliett. B: 9.7 m Lg, 4635 kg: Kynda, Kresta
SSM	SS-N-2 C	75	6.4	2585	*0.9*	45	f-RM	zra	Sea-skimmer
SSM	SS-N-2 A, B	75	4.5	2115	*0.9*	25	f-RM	zra	Osa I, II

Torpedos / Torpedoes

SS = Uboot / Submarine
ÜF = Überwasserfahrzeug / Surface Craft
FH = Flugzeug oder Hubschrauber / Aircraft or Helicopter *

Name/ Designation	Länge/ Length m	Durch-messer/ Diameter cm	Gewicht/ Weight kg	Geschwin-digkeit/ Speed kn	Reich-weite/ Range km	Abschuß von/ fired from	Ziel/ target
Deutschland (Bundesrepublik) / Germany (Federal Republic)							
SST 4	6.4	53.3	1414	35/23	13/28	SS, ÜF	SS, ÜF
Sea Eel	6.4	53.3	1370	35/23	13/28	SS, ÜF	SS, ÜF
Frankreich / France							
F 17	5.2	55	1300	35	.	SS	ÜF
Z 13	7.2	55	1700	30	10	SS	SS
E 12	4.3	55	1600	25	5.5	SS	SS, ÜF
E 14	6.0	55	990	25	12	SS	SS, ÜF
L 5 mod. 3	.	53.3	1300	35	.	SS	SS, ÜF
L 3	4.3	55	910	25	5.5	ÜF	SS, ÜF
L 4	3.1	53.3	540	30	.	FH, ÜF	SS
L 5 mod. 1	.	53.3	1000	35	.	ÜF	SS, ÜF
Murène	3.5	32.4	285	50	11	ÜF, FH	SS↓ 1 km
Großbritannien / Great Britain							
Tigerfish, Mk 24	6.5	53.3	1550	24	29	SS	SS, ÜF
Mk 23	5.5	53.3	1025	20	11	SS	ÜF
Mk 20	4.1	53.3	821	20	11	SS, ÜF	SS, ÜF
Mark 8	6.7	53.3	1535	45	4.5	SS, ÜF	SS, ÜF
Stingray / Mk 46	2.1	32.4	266	45	7	FH	SS
MW 30/Mk 44	2.6	32.4	233	.	.	ÜF, FH	SS, ÜF
Italien / Italy							
G 6E Kangaroo	6.2	53.3	.	.	.	.	.
A 184	6.0	53.3	1265	36	10	SS, ÜF	SS, ÜF
A 244	2.7	32.4	221	30	6	ÜF, FH	SS
Schweden / Sweden							
TP 43 XO	2.9	40.0	310	.	.	SS, ÜF, FH	SS, ÜF
TP 42	2.4	40.0	290	25	20	SS, ÜF, FH	SS
TP 617	7.0	53.3	1850	.	.	SS, ÜF	ÜF
TP 61	7.3	53.3	1765	45	25	SS, ÜF	SS, ÜF
USA							
Mk 48 mod. 1, 3, 4	5.8	53.3	1180	50	46	SS	SS, ÜF
Mk 37 Mod. 3	3.4	48.4	650	24	20	SS	SS, ÜF
Mk 37 mod. 2	4.1	48.4	766	24	20	SS	SS, ÜF
Mk 46 mod. 1, 2, 5	2.6	32.4	232	45	9	ÜF, FH	SS
Mk 50 ALWT (In Entwicklung für / under development for Mk 46 mod. 0)	.	32.4	.	.	.	ÜF, FH	SS
Mk 46 mod. 0	2.6	32.4	230	.	.	ÜF, FH	SS

U-Jagdwaffen / ASW-Weapons

⊙ Wasserbomben mit Zeitzündung. Ablaufgerüste für mehrere Wasserbomben am Heck / Depth charge with time fuze. Depth-charge release gear at stern for many depth charges.

⚴ Wasserbombenwerfer für je eine Wasserbombe alter Art / Depth charge projector for one depth charge of old type

▥ Wabomörser mit Pulverkartusche, ein- oder mehrrohrig / Depth charge mortar with powder cartridge, one or more tubes

⬗ Vielläufige Raketenwerfer für gleichzeitigen Abschuß kleiner Sprengkörper mit Aufschlagzündung / Multiple rocket launcher for simultaneous firing of small charges with impact-type fuze

⬙ UAbwehr-Raketenwerfer für mittlere Entfernungen, ein- oder mehrrohrig / Medium range ASW rocket launcher, one or more tubes

UTR UAbwehrtorpedos mit Zielsuchzünder / ASW torpedoes with sosk

UT ⬙ Raketenwerfer auf größere Entfernungen für UT – ein- oder mehrrohrig / Long range rocket launcher for UTR, one or more tubes

	Bezeichnung/ Designation	Kaliber/ Caliber cm	Gewicht/ Weight kg	Reichweite/ Range m	Konstruktions- jahr und -land/ Year and Country of Origin	Rohre/ Launchers	Eingesetzt auf/ Used on
⚴	DTC	30.5	150	100/ 160	17, 40/US	1	allen Typen[1])
▥	Squid	30.5	200	350	44/GB	3	D, F[1])
	Limbo	30.5	200	800/2000	55/GB	3	D, F
	Mortier	30.5	227	2750	59/FR	4	C, D, F
	LBK 113	30.5	.	914	60/IT	1	D, F
⬗	ELMA	10.0	4.2	300	86/SW	9	PG
	Hedgehog	12.7	26	350	43/US	24	D, F[1])
⬙	Flora	37.5	241	1600	57/SW	4	D, F
	Nelli	37.5	230	3600	66/SW	4	D, F
	Terne III	20.0	120	900	61/NO	6	D, F, P
	RBU 1200	25.0	.	1200	58/SU	5	F, P, M
	RBU 2500	25.0	.	2500	57/SU	16	D, F
	RBU 6000	25.0	.	6000	62/SU	12	R, C, D, F, P
	RBU 600	30.0	.	600	60/SU	6	D
	RBU 1000	30.0	.	1000	62/SU	6	C, D
⬙	Asroc	32.4	435	9200	60/US	8	C, D, F[2])
	SOW	53.3	.	200000	./US	1	SSN Los Angeles Kl.
	Subroc	53.3	1850	55000	64/US	1	S[2])
	Malafon	65.0	1442	12000	62/FR	1	C, D
	Ikara	32.4	.	20000	66/AU	1	D, F
	SS-N-14	.	.	30000	70/SU	4	R, C, D[2])
	SS-N-16	.	.	92600	78/SU	1	Entwickelt aus / derived from SS-N-15. Mit Suchtorpedo / with homing torpedo
	SS-N-15	.	.	40000	72/SU	1	S[2]). Ähnlich / similar to Subroc

[1]) Veraltet / outmoded
[2]) Auch mit nu-Kopf / also with nuclear warhead

Bordartillerie / Guns (Naval Artillery)

Hersteller / Manufacturer: An = Ansaldo, Bo = Bofors, Br = Breda, EM = Emerlec, FL = Frankreich / staatl., GE = General Electric, HS = Hispano Suiza, HSa = Hollandse Signaalapparaten, Oe = Oerlikon, OTO = Melara, La Spezia, T = Terni, V = Vickers, US = Vereinigte Staaten.

In Spalte *Turmgewicht* bedeutet eine römische Ziffer die Anzahl der Rohre in den Türmen / A Roman numeral in the *Weight of Turret* column indicates number of guns per turret

Kaliber in cm, Rohrlänge in Kal./Caliber in cm, length in Cal.	Hersteller/Einführung – Manufacturer/introduced	Rohr-, Turm-Gewicht/ Weight of Gun, Turret	Schuß je Min./ Rounds per min.	Reichweite/Steighöhe – Range/Surface-Height	Geschoß/Projectile			Bemerkungen/ Remarks
					Gewicht/ Weight	Mündungsgeschwindigkeit/ Muzzle Velocity	Mündungsarbeit/ Muzzle Energy	h. aut. = halbautomatisch/ semi-automatic v. aut. = vollautomatisch/ fully-automatic
		ts		km	kg	m/sec	m ts	
Frankreich / France								
10.0 L/55	FL/68	I 22	60	15.0/8.0	13.4	855	493	∡ 80°, v. aut.; R, C, D, F
5.7 L/60	Bo/50	II 15	60	13.0/5.0	2.6	865	112	∡ 90°, v. aut.; C, D, F
3.0 L/70	HS/62	4.0	650	8.5/2.8	0.42	1000	.	∡, F, A
Großbritannien / Great Britain								
11.4 L/55	V/71	.	25	23.0/6.0	21.0	850	.	∡ 53°, v. aut.; D, F
11.4 L/50	V/46	II 50	12	13.0/5.0	25.4	.	.	∡ 80°, h. aut.; Chile
11.4 L/45	V/43	.	10	17.0/5.0	25.4	840	.	∡ 55°, h. aut.; Indonesien, Malaysia, Pakistan
10.2 L/60	V/55	26.4	40	12.0/8.0	15.9	900	650	∡ 75°, v. aut.; Chile
10.2 L/45	V/35	3.4	15	12.0/7.5	15.9	760	650	∡ 80°; alte / old F
7.6 L/70	V/51	II 38	60	17.0/5.0	7.0	980	.	∡ 80°, v. aut.; Canada
Italien / Italy								
12.7 L/54	OTO/68	I 34	45	15.0/7.0	31.8	810	.	∡ 85°, v. aut.; D, F
7.6 L/62	OTO/64	I 7.4	85	8.0/5.0	6.2	925	269	∡ 85°, v. aut.; C, F
7.6 L/62	OTO/61	I 12	60	8.0/5.0	6.0	950	.	∡ 80°, ältere / older F
4.0 L/70	Br/74	II 7	300	8.0/3.7	1.0	1000	.	∡ 85°, v. aut.
Niederlande / Netherlands								
3.0 L/.	HSa/86	VII .	600	.	.	1020	.	∡ 80°, v. aut.; Goalkeeper
Schweden / Sweden								
15.2 L/53	Bo/42	III 7.5	10	18.0/10.0	46.0	900	1895	∡ 70°; Chile
12.0 L/46	Bo/67	28.5	80	12.0/8.0	21.0	800	690	∡ 80°, v. aut.; Fin. Turunmaa
7.6 L/50	Bo/62	6.5	30	8.0/.	5.9	825	.	Norw. Storm-Klasse, 30°
5.7 L/.	Bo/83	6.0	220	14.0/.	5.8	1025	.	∡ 85°, v. aut.
5.7 L/70	Bo/71	I 6.5	200	14.0/.	2.4	1025	.	∡ 75°, v. aut.; Spica-Kl.
4.0 L/70	Bo/46/ 58	I 2.7/ 3.35	240	4.0/.	0.96	1000	50	∡ 80°, v. aut.
4.0 L/60	Bo/42	I 0.8	120	10.4/4.5	0.89	830	35	∡ 80°, v. aut.
Schweiz / Switzerland								
3.5 L/90	Oe/68	II 5.9	550	6.0/5.0	0.55	1175	40	∡ 85°, v. aut.; Typ GDM-A
3.5 L/90	Oe/68	II 6.7	550	6.0/5.0	0.55	1175	40	∡ 85°, v. aut.; Typ GDM-C
3.0 L/75	Oe/74	II 2.0	650	4.0/3.0	0.36	1080	22	∡ 75°, v. aut.; Typ GCM

Kaliber in cm, Rohrlänge in Kal./Caliber in cm, length in Cal.	Hersteller/Einführung – Manufacturer/introduced	Rohr, *Turm*-Gewicht/ Weight of Gun, *Turret* (ts)	Schuß je Min./ Rounds per min.	Reichweite/Steighöhe – Range/Surface-Height (km)	Geschoß/Projectile Gewicht/ Weight (kg)	Mündungs-geschwindigkeit/ Muzzle Velocity (m/sec)	Mündungsarbeit/ Muzzle Energy (m ts)	Bemerkungen/Remarks h. aut. = halbautomatisch/ semi-automatic v. aut. = vollautomatisch/ fully-automatic
2.5 L/92	Oe/83	IV *4.5*	850	3.0/2.5	0.19	1355	18	125°, v. aut.; Seaguard
2.5 L/80	Oe/80	I *0.5*	570	2.5/2.0	0.18	1100	11	50°; Typ GBM-A 01
2.0 L/85	Oe/68	I *0.4*	1000	2.0/1.8	0.125	1100	8	60°; Typ GAM-B 01
2.0 L/70	Oe/.	I *0.2*	800	1.8/1.5	0.142	835	5	50°; Typ A-41
USA								
40.6 L/50	./43	III *1700*	2	38.0/.	860.0	740	.	High-capacity shell. Armor-piercing shell: 1226 kg
12.7 L/54	./69	I *21.7*	20	23.7/14.8	31.8	807	.	65°, v. aut.; C, DG, LHA
12.7 L/54	./53	I *65.7*	20	23.7/14.8	31.8	807	1054	80°, v. aut.
12.7 L/38	./35	II *47.8* / I *18*	17	12.0/8.0	24.8	790	642	80°, h. aut.; D, A
7.6 L/62	./74	I *6.2*	85	8.0/5.0	6.2	925	269	, v. aut.; FFG 7. OTO Lizenz
7.6 L/50	./51	II *50*	45	12.8/8.9	3.2	.	.	85°, v. aut.
7.6 L/50	./44	I *15*	20	12.8/8.9	3.2	.	.	85°, h. aut.
2.5 L/.	./82	I *0.1*	200	.	.	.	.	Bushmaster
2.0 L/80	.	I	800	3.0/.	0.3	.	.	, v. aut.
2.0 L/.	./80	VI *5.4*	500	1.4/.	.	.	.	, v. aut.; Phalanx
USSR								
15.2 L/57	./38	.	5	17.0/8.0	50.0	915	2115	50°, h. aut.; Sverdlov-Kl.
13.0 L/70	./81	.	65	28.0/.	.	.	.	85°; Sovremennyj
13.0 L/60	./56	II *60*	15	17.0/8.0	27.0	900	.	50°, h. aut.; Kotlin-Klasse
13.0 L/50	./36	II *30*	10	17.0/8.0	27.0	875	1049	40°, h. aut.; Skoryj-Klasse
10.0 L/.	.	.	80	15.0/8.0	.	.	.	Kirov, Udaloj, Krivak II
10.0 L/50	./42	II *35*	20	9.0/6.0	16.0	900	625	80°, h. aut.; C, D
10.0 L/50	./47	I *15*	15	9.0/6.0	13.5	850	490	40°; Riga-, Kola-Kl., A
7.6 L/.	.	.	120	14.0/6.0	.	.	.	v. aut.; Nanuchka III, F
7.6 L/50	./62	II *25*	30	10.0/6.0	6.8	900	.	80°, v. aut.; D, F, P
5.7 L/70	./65	II .	120	5.0/2.7	.	1000	.	85°; Moskva, D, F, A
5.7 L/70	./59	I, II, IV .	120	4.5/4.0	2.8	950	.	90°, v. aut.; M, A
4.5 L/85	./53	IV *12*	200	4.0/4.0	1.5	1000	.	85°, h. aut.; D, AR
3.7 L/63	./43	II *3.8*	130	4.0/3.0	0.7	850	.	85°, h. aut.
3.0 L/.	./70	VI .	500	2.5/.	.	1000	.	90°, v. aut.; Gatling-Typ: AGDM-630
3.0 L/65	./60	II *3.5*	550	2.5/.	0.4	1000	.	85°, v. aut.
2.5 L/60	./53	II *1.5*	200	./.	0.3	900	.	85°, h. aut.

Radar

Function Designation	Band	Range: nm / Transmitter Peak Power: kW	Manufacturer	Remarks
Frankreich / France				
Navigation				
DRBN 32	I	.	Thomsen CSF	
Surface-Search				
Calypso II	I	17/70	Thomsen CSF	In SS
Calypso III	I	20/70	Thomsen CSF	In SS
Air/Surface-Search				
DRBV 20	C	.	Thomsen CSF	A, B, C-versions
DRBV 22	L	.	Thomsen CSF	A, C, D, E-versions
DRBV 23	L	110/2 mW	Thomsen CSF	B, C-versions
DRBV 26	D	150/.	Thomsen CSF	In DG Tourville class
DRBV 50	G	16/.	Thomsen CSF	
DRBV 51	G	16/250	Thomsen CSF	A, B, C-versions
Height Finder				
DRBI 10	E, F	140/1–2 mW	Thomsen CSF	In RL, CG, CL
3 D-Search				
DRBI 23	D	.	Thomsen CSF	In DG Suffren class
Fire-Control				
DRBC 31	I	.	Thomsen CSF	5.7 ⚓ in CL Colbert
DRBC 32	I, J	.	Thomsen CSF	A, B, C, D, E-versions
DRBR 51	G, I	.	Thomsen CSF	Masurca ⚓
Deutschland / Germany (Federal Republic)				
Navigation				
Atlas 1555	.	.	Krupp Atlas-Elektronik	
Großbritannien / Great Britain				
Navigation				
RN Type 978	I	./20	Decca	
RN Type 1002	D	.	Marconi	In SS Purpoise class
RN Type 1003	.		.	In SSBN, SSN
RN Type 1006	I	64/25	Kelvin Hughes	
Air/Surface-Search				
RN Type 992 Q	E, F	30/.	Marconi	Also fire control
RN Type 967	E, F	.	Marconi	Air search Sea Wolf ⚓
RN Type 968	C, D	.	Marconi	Surface search Sea Wolf ⚓
Air-Search, early warning				
RN Type 965 M	.	./450	Marconi	In DG Type 42
RN Type 1022	D	145/150	Marconi/Signaal	In Invincible class
Height Finder				
RN Type 277	E	.	.	In County class
Fire-Control				
RN Type 275	F	./500	.	In ex-British DD
RN Type 903	I	.	Sperry/Plessey	11.4 ⚓, Seacat ⚓
RN Type 901	I	.	Marconi	Seaslug ⚓
RN Type 904	I	.	Sperry/Plessey	Seacat ⚓
RN Type 909	G, H?	.	Marconi	Seadart ⚓, 11.4 ⚓
RN Type 910	I, J	.	Marconi	Sea Wolf ⚓
RN Type 911	I	.	Marconi	Sea Wolf ⚓ in Typ 22, Batch 3
RN Type 912	I, J	.	.	Seacat ⚓, 11.4 ⚓ in Amazon class
Israel				
Surface-Search				
EL/M-2207	F	./450	Elta Electronics	
Air/Surface-Search				
EL/M-2208	S, X	./425, 25	Elta Electronics	
Fire-Control				
EL/M-2221	I, J	.	Elta Electronics	Gabriel, ⚓

Function Designation	Band	Range: nm / Transmitter Peak Power: kW	Manufacturer	Remarks
Italien / Italy				
Navigation				
MM/SPN 703	I	./20	SMA	BPS 704 in SS
Air/Surface-Search				
MM/SPQ 2	I	./200	SMA	
RAN 10 S	E, F	35/80	Selenia	In small ships
RAN 11 X	D	45/.	Selenia	
RAN 14 X	I	27/.	Selenia	In Danish Peder Skram class
Fire-Control				
Orion RTN 10 X	I, J	.	Selenia	Argo system
Orion RTN 20 X	I, J	7/.	Selenia	Albatros ⚓
Orion RTN 30 X	I, J	.	Selenia	
Niederlande / Netherlands				
Navigation				
ZW 06	I	14/60	Hollandse Signaal	
Air/Surface-Search				
LW 02	D	100/500	Hollandse Signaal	In many navies
LW 03	D	.	Hollandse Signaal	
LW 04	D	120/1.1 mW	Hollandse Signaal	
LW 08	D	145/150	Hollandse Signaal	In FG Kortenaer class
DA 05	E, F	75/1.2 mW	Hollandse Signaal	In many navies
DA 08	F	110/150	Hollandse Signaal	In West German FG Typ 122, DG Typ MEKO 360
3 D Air-Search				
SPS 01	.	long/750	Hollandse Signaal	
Fire-Control				
WM 20–25	I, J	25/.	Hollandse Signaal	
WM 44, 45	X, K	short/.	Hollandse Signaal	Seacat ⚓
Schweden / Sweden				
Surface-Search				
9 GR 600	I	./200	Philips Elektronik	
Air-Search				
Sea Giraffe 50	C	25/15	Telefon AB Ericsson	In small PP
Sea Giraffe 100	C	45/15	Telefon AB Ericsson	In larger PG, PP
Sea Giraffe 150	C	67/60	Telefon AB Ericsson	In frigates and corvettes
SUBFAR 100	I	.	Philips Elektronik	In SS
Fire-Control				
9 LV 200 Mk 2	J	short/65	Philips Elektronik	
Schweiz / Switzerland				
Surface-Search				
Sea Hunter	.	./180	Contraves	
USA				
Surface-Search and Navigation				
SPS 10	G, H	32/190–285	Raytheon/Sylvania	To be replaced by SPS 67
SPS 53	I, J	./40	Sperry	In Auxiliaries, Coast Guard
SPS 55	I, J	./130	Westinghouse	In DD Spruance, FFG 7 class
SPS 63	.	40/20	Dynell	In PG Pegasus class
SPS 67 (v)	.	.	Norden	In CGN Long Beach
and numerous smaller ones as LN 66, SPS 51, 57, 59, 60, 64, 66				
BPS 5, 9, 11, 14	I, J	.	.	Submarine radar, also fire-control
2 D Air-Search				
SPS 6	D	80/500	Bendix	A, B, C-versions
SPS 29	B, C	250/750	Westinghouse	In Coast Guard
SPS 37	B, C	300/.	Westinghouse	In CV, CGN, DDG

Function Designation	Band	Range: nm / Transmitter Peak Power: kW	Manufacturer	Remarks
SPS 40	E, F	175/200	Lockheed	Standard US light-weight radar
SPS 43	B, C	200/1–2 mW	Hughes/Westinghouse	Being replaced by SPS 49
SPS 49	C, D	250/280	Raytheon	In FFG 7 class
SPS 58	D	66/.	Westinghouse	
SPS 62	L	./240	Westinghouse	
SPS 65	D	.	Westinghouse	
3 D Air-Search				
SPS 39	E, F	150/1 mW	Hughes	
SPS 48	E, F	220/2.2 mW	ITT/Gilfillan	In CG. Improved versions 48 A, C, E
SPS 52	E, F	240/.	Hughes	
SPY 1	E, F	.	RCA	AEGIS-System. CG 47 class
Fire-Control				
Mk 13	I, J	./50	Western Electric	BB Iowa
Mk 25	I, J	./50	Western Electric	Associated with Mk 57 ⚓ fire-control
Mk 35	I, J	./50	General Electric	Associated with Mk 56 ⚓ fire-control
Mk 91	.	.	Raytheon	Sea Sparrow ⚓
Mk 92–94	I, J	4/.	Sperry	In FFG 7, PHM, Coast Guard. From Netherl. WM 20 series
SPG 51	G, I	.	Raytheon	Associated with Mk 73 (Tartar ⚓). B, C, D-versions
SPG 52	K	.	Lockheed	Associated with Mk 70 fire-control
SPG 53	I, J	./250	Western Electric	Associated with Mk 68 fire-control
SPG 55 A	G, H	28/1 mW	Sperry/RCA	Standard-ER ⚓ illuminator-tracker
SPG 60	I, J	28/.	Lockheed	Standard-MR ⚓ illuminator-tracker
SPG 62	I, J	.	Raytheon/RCA	AEGIS illuminator
Carrier Aircarft Approach				
SPN 41	J	50/2.2	Cutler-Hammer	
SPN 42	.	.	.	Replacement for SPN 6
SPN 43	E, F	15/850	.	
SPN 44	.	20/.	Applied Devices	
USSR				
Navigation				
Palm Frond	I	.	.	
Kivach 3	.	.	.	In small combatants
Surface-Search				
Square Tie	I	.	.	In Osa class
Pot Head	I	.	.	In minor combatants
Pot Drum	H, I	.	.	In FE, PF
Snoop Tray	I	.	.	In SS
Snoop Slab	I	.	.	In SS
Snoop Plate	I	./~75	.	In SS
Long-Range Air-Search				
Cross Bird	D, E	.	.	In DD Skory class
Head Net A	E, F	~70/.	.	
Head Net B	E, F	~70/.	.	In Desna class
Big Net	C	~200/.	.	In CG Kresta I, DG Kashin class
Slim Net	E, F	.	.	
Top Through	C	.	.	In CL Sverdlov class
Knife Rest	A	190/100	.	Overaged

Function Designation	Band	Range: nm / Transmitter Peak Power: kW	Manufacturer	Remarks
Strut Curve	F	.	.	In FF Grisha, Mirka, Petya, PC Poti class
Strut Pair	F	.	.	In DG Udaloj class, 1 Kildin mod.
Plank shave	.	.	.	In PC Pauk class
High Sieve	.	.	.	In CL Sverdlov, DD Skory class
3 D Air Search				
Top Pair	C, F	.	.	In CG Kirov class
Top Sail	D	~300/.	.	In RB, CH, CG Kara, Kresta II
Top Steer	D, E, F	.	.	In RB Kiev class
Head Net C	C	~70/.	.	
Missile Tracking and Control				
Trap Door	.	.	.	Used for SS-N-12 ⇒
Peel Group	H, I	40/	.	SA-N-1 SAM ↥
Head Lights	F, G, H, D	.	.	Used for SA-N-3 ↥ and SS-N-14 ⇒. A, B, C-versions
Scoop Pair	E	.	.	Used for SS-N-3 ⇒ in CG Kynda, Kresta I
Pop Group	F, H, I	.	.	Used for SA-N-4 ↥
Eye Bowl	G, H, I	.	.	Used for SA-N-14 ↥ in CG Kirov, DG Udaloj, FG Krivak
Fan Song E	E, H	~100/.	.	Used for SA-N-2 in CG Dzeržynskij
Band Stand	.	.	.	DG Sovremennyj, FG Tarantul II, Nanuchka
Top Dome	.	.	.	Used for SA-N-6 ↥ in CG Kirov, vertical launched
Front Dome	.	.	.	Used for SA-N-7 ↥ in DG Sovremennyj, DG Provornyj
Plinth Net	E	.	.	Used for SS-N-3 ⇒? In CG Kresta I, Kynda
Gun Fire-Control				
Top Bow	.	.	.	15.2 ⚓
Sun Visor	G, H, I	.	.	13 ⚓, 10 ⚓
Hawk Screech	G	12/150	.	7.6 ⚓, 4.5 ⚓
Owl Screech	G	./250	.	7.6 ⚓. Improved Hawk Screech
Kite Screech	G, I	.	.	New 13 ⚓₂, 10 ⚓
Muff Cob	G, H, I	.	.	5.7 ⚓; TV-camera attachment
Egg Cup	E	./100	.	15.2 ⚓, 13 ⚓, 10 ⚓. Mounted on turrets
Drum Tilt	I	.	.	PG Osa, PC Stenka, PF Shershen
Bass Tilt	H	.	.	Gatling gun, 5.7 ⚓, 7.6 ⚓

Sonar

Designation	Description	Mounting	Frequency: kHz/ Power: kW	Manufacturer	Ship Type

Australien / Australia

Mulloka	Leight weight active scanning	Hull	.	EMI, Honeywell	

Deutschland / Germany (Federal Republic)

DSQS 21 B	Active panoramic A/S	Hull, towed	.	Krupp Atlas-Elektronik	Destroyers, frigates
DSQS 21 C	Active panoramic A/S	Hull, towed	.	Krupp Atlas-Elektronik	Frigates, corvettes
DSQS 21 D	Active panoramic A/S	Hull, towed	.	Krupp Atlas-Elektronik	Surface Ships
CSU 3	Passive/active/intercept	Hull	.	Krupp Atlas-Elektronik	Submarines
PRS 3	Passive ranging	Hull	.	Krupp Atlas-Elektronik	Submarines
SIP 3	Information processor	.	.	Krupp Atlas-Elektronik	Submarines
PSU 1–2	Passive SS sonar	Hull	.	Krupp Atlas-Elektronik	Small submarines
ASO 4–2 mod.	Active sonar	Hull	.	Krupp Atlas-Elektronik	Small ships
DSQS 11 A	Mine avoidance sonar	Hull	.	Krupp Atlas-Elektronik	Minesweepers
DSQS 11 H	Mine hunting	Hull	.	Krupp Atlas-Elektronik	Minehunters

Frankreich / France

DUBV/23 D	Active search/attack	Bow	$4 \times \sim 5/2 \times 48$	CIT/ALCATEL	Destroyers, frigates
DUBV 43	VDS	Towed	.	CIT/ALCATEL	A/S escorts
DUBV 24 C	Low frequency panoramic	.	$4 \times \sim 5/2 \times 24$	CIT/ALCATEL	
DUBA 25	Attack	Hull, towed	.	Thomson CSF	Type A 69, C 70
DUUX 2 A–C	Passive sonar	.	.	CIT/ALCATEL	Submarines
DUUA 2 A	Simultaneous search/attack	.	8.4/30	CIT/ALCATEL	SS Rubis, Agosta, Daphné mod.
DUUA 2 B	Passive detection	Hull	.	CIT/ALCATEL	SS Agosta class
Diodon	SS detection, target tracking	Hull	11–13/.	Thomson CSF	Export. Small ships
DUBM 41 A	Side looking	Towed	8–10/.	Thomson CSF	Small ships
DUBM 21 A	Mine counter measure	Hull	100/2	Thomson CSF	Minehunters
DUBM 40 B	Active mine hunting	Towed	730/1	Thomson CSF	Minehunters
DUBM 41 B	Side-scan	3 towed bodies	.	Thomson CSF	Minehunters

Großbritannien / Great Britain

Type 162 M	Side looking	Hull	50/.	Kelvin/Hughes	All major surface ships
Type 170 B	Short range	Hull	.	Graseby	FF with 🖉 Limbo
Type 177	Medium range	Hull	.	Graseby	Older FF
Type 184 M	Medium range panoramic	Hull	.	Graseby	RL, DD, FF
Type 199	VDS	Towed	.	EMI	Leander class
Type 2016	Advanced fleet escort sonar	Hull or Bow	.	Plessey	Invincible class, Type 22, 42

Designation	Description	Mounting	Frequency: kHz/ Power: kW	Manufacturer	Ship Type
Type 2031	Passive array	Towed	.	.	Surface ships
Type 187	Attack	Hull	.	EMI	Patrol submarines
Type 2001	Active/passive	Hull	.	BAC	Bow array
Type 2007	Long range passive	Hull	.	BAC	Beam array
Type 2020	Passive	Hull	.	Plessey	SSN
Type 2023	Linear passive array	Towed	.	.	SSBN. Copy of US BQR 15
Type 2050	Towed array	Towed	5.5–7.5/.	Plessey/McMichael	Type 23, 42, SS
Type 193	Acousting mine hunting	Hull	.	Plessey	Vosper minehunters. 193 M-version
Type 2093	Mine hunting	.	.	Plessey	MCMVs

Niederlande / Netherlands

Designation	Description	Mounting	Frequency: kHz/ Power: kW	Manufacturer	Ship Type
PSH 32–36	High performance search/attack	Hull		Hollandse Signaal	FG J. v. Heemskerck, M class

USA

Designation	Description	Mounting	Frequency: kHz/ Power: kW	Manufacturer	Ship Type
SQQ 14	Mine hunting and classification	Hull	.	General Electric	MCM
SQQ 23	Long range active (dual dome)	Hull	.	Sperry	AS patrol ships. 23 B: Single dome
SQR 18	Passive towed array (TACTAS)	Towed	.	EDO	FF 1052 class
SQR 19	Improved TACTAS	.	.	.	CG 47, DD 963, FFG 7 class
SQS 23	Long range active	Hull or Bow	.	Sangamo	CV 66, CGN 25, some CG, DDG, DD 931 class
SQS 26	Active/passive	Hull	.	EDO/GE	Older CGN, CG 26, FFG 1, FF 1037, 1040, 1052 classes, FF 1098
SQS 35	VDS, active/passive	Towed	.	EDO	FF 1052 class
SQS 38	Medium range	Hull	.	EDO	US CG cutters
SQS 56	Medium range	Hull	.	Raytheon	FFG 7 class
SURTASS	Surveillance Towed-Array-Sonar System	Towed	.	.	T-AGOS 1 class
BQG 4	Passive fire-control	Hull	.	Sperry/Raytheon	SSN 597, SS 576
BQQ 2	Active/passive	Hull	.	Raytheon	For Subroc system
BQQ 5	Active/passive	Hull	.	Hughes/GE/IBM/ Raytheon	SSN 688, 637, 594 classes
BQQ 6	Passive	Hull	.	IBM	SSBN 726 class
BQR 2 B	Passive	Hull	.	EDO	Submarines
BQR 15	Passive array	Towed	.	Western Electric	SSBN 616
BQR 19	Active, short-range, navigational set	Hull	.	Raytheon	SSBNs
BQR 21	DIMUS (Digital Multi-Beam Steering)	Hull	.	Honeywell	SSBNs
BQS 4	Active/passive	Hull	.	Raytheon/EDO/ Honeywell	Older SSN, SS
BQS 8	Under ice navigation	Hull	.	EDO/Hazeltine	Later SSNs
BQS 14, 20	Under ice mine avoidance set	Hull	.	EDO/Hazeltine	Later SSNs
BQS 13	Passive/active search	Hull	.	Raytheon	Later SSNs

Amphibische Truppen / Amphibious Forces

Land / Country	Stärke / Strength	Gliederung / Organisation				Sonstige Angaben / Remarks
		Div.	Brig./Regt.	Btl.	Komp.	
Argentinien	3 000		2			
Bolivien	600			1		
Brasilien	14 500	1				„Corpo de Fuzileiros Navais"
Bulgarien	500				3	
Burma	800			1		
Chile	5 200		4			„Infanteria de Marina"
China	56 500		9			
Columbien	5 000			2	3	
Cuba	550			1		
Deutschland – DDR	.		1			Heer/Army: 2 amphMot-SchtzRegt/amphRegts.
Dominikanische Republik	.			1		
Ecuador	1 500			3		
El Salvador	600			1		
Frankreich	590				4	Commandos Heer/Army: 1 MarineDiv, Lufttransport/air portable
Griechenland	–					Heer/Army: 1 Marine Regt.
Großbritannien	7 600		1			„Corps of Royal Marines"
Guatemala	650				4	
Indonesien	5 000		5			
Iran	.			3		
Israel	300					Naval commandos
Italien	750				3	Heer/Army: 2 amph. Btls. „Lagunari"
Jugoslawien	1 500		2			
Korea	23 000	2	1			
Madagaskar	120				1	
Marokko	1 000			1		
Mexiko	3 810				19	
Niederlande	2 800			2	1	„Korps Mariniers" (2) „Mountain Arctic Warfare Comp." (1)
Nigeria	–					Heer/Army: 1 amph. Brig.
Paraguay	500			1		
Peru	3 500		1			
Philippinen	9 500		3			
Polen	–					Heer/Army: 1 Seelande-Div/ Amph Assault Div „Luzycka Dywizya Desantnowa – Morska (LDDM)
Portugal	2 600			3		
Rumänien	.					2 MarInfRegts bei Mobil-machung/on mobilization
Spanien	11 500		4	2		„Infanteriá de Marine"
Südafrika	900				9	

Land / Country	Stärke / Strength	Gliederung / Organisation				Sonstige Angaben / Remarks
		Div.	Brig./Regt.	Btl.	Komp.	
Taiwan	39 000	3				
Thailand	13 000		1			
Türkei	4 000		1			
Uruguay	450			1		
USA	198 000	3				*„United States Marine Corps"* + 3 Air Wings Reserves: 1 Div + 1 Air Wing
USSR	18 000	1	3			*„Morskaia Pekhota"*
Venezuela	4 500			6		*„Infanteria de Marine Venezolana"*
Vietnam	27 000		.			
Zaire	600		.			

Fuß ['] in Meter [m] / Foot ['] in Meter [m]

$1' = 0{,}304\,794\,492$ m, 1 Yard $= 3' = 0{,}914\,383\,476$ m

Fuß	0	1	2	3	4	5	6	7	8	9
0	0,000	0,305	0,610	0,914	1,219	1,524	1,829	2,134	2,438	2,743
10	3,048	3,353	3,658	3,962	4,267	4,572	4,877	5,182	5,486	5,791
20	6,096	6,401	6,706	7,010	7,315	7,620	7,925	8,230	8,534	8,839
30	9,144	9,449	9,753	10,058	10,363	10,688	10,973	11,277	11,582	11,887
40	12,192	12,497	12,801	13,106	13,411	13,716	14,021	14,325	14,630	14,935
50	15,240	15,545	15,849	16,154	16,459	16,764	17,068	17,373	17,678	17,983
60	18,288	18,592	18,879	19,202	19,507	19,812	20,116	20,421	20,726	21,031
70	21,336	21,640	21,945	22,250	22,555	22,860	23,164	23,469	23,774	24,079
80	24,384	24,688	24,993	25,298	25,603	25,908	26,212	26,517	26,822	27,127
90	27,432	27,736	28,041	28,346	28,651	28,956	29,260	29,565	29,870	30,175
100	30,480	30,784	31,089	31,394	31,699	32,004	32,308	32,613	32,918	33,223
110	33,528	33,832	34,137	34,442	34,747	35,052	35,356	35,661	35,966	36,271
120	36,576	36,880	37,185	37,490	37,795	38,100	38,404	38,709	39,014	39,319
130	39,624	39,928	40,233	40,538	40,843	41,148	41,452	41,757	42,062	42,367
140	42,672	42,976	43,281	43,586	43,891	44,196	44,500	44,805	45,110	45,415
150	45,720	46,024	46,329	46,634	46,939	47,244	47,548	47,853	48,158	48,463
160	48,768	49,072	49,377	49,682	49,987	50,292	50,596	50,901	51,206	51,511
170	51,816	52,120	52,425	52,730	53,035	53,340	53,644	53,949	54,254	54,559
180	54,863	55,168	55,473	55,778	56,083	56,388	56,693	56,998	57,302	57,607
190	57,911	58,216	58,521	58,825	59,130	59,435	59,740	60,045	60,349	60,654
200	60,959	61,264	61,568	61,873	62,178	62,483	62,788	63,092	63,397	63,702
210	64,007	64,312	64,616	64,921	65,226	65,531	65,836	66,140	66,445	66,750
220	67,055	67,360	67,664	67,969	68,274	68,579	68,884	69,188	69,493	69,798
230	70,103	70,408	70,712	71,017	71,322	71,627	71,932	72,236	72,541	72,846
240	73,151	73,455	73,760	74,065	74,370	74,675	74,979	75,284	75,589	75,894
250	76,199	76,503	76,808	77,113	77,418	77,722	78,027	78,332	78,637	78,942
260	79,246	79,551	79,856	80,161	80,466	80,770	81,075	81,380	81,685	81,990
270	82,294	82,600	82,904	83,209	83,514	83,818	84,123	84,430	84,733	85,038
280	85,342	85,647	85,952	86,257	86,561	86,866	87,171	87,476	87,781	88,085
290	88,390	88,695	89,000	89,305	89,609	89,914	90,219	90,524	90,829	91.133
300	91,438	91,743	92,048	92,353	92,657	92,962	93,267	93,572	93,877	94,181
310	94,486	94,791	95,096	95,401	95,705	96,010	96,315	96,620	96,924	97,299
320	97,534	97,839	98,144	98,448	98,753	99,058	99,363	99,698	99,972	100,28
330	100,58	100,89	101,19	101,50	101,80	102,11	102,41	102,72	103,02	103,32
340	103,63	103,93	104,24	104,54	104,85	105,15	105,46	105,76	106,07	106,37
350	106,68	106,98	107,29	107,59	107,90	108,20	108,51	108,81	109,12	109,42
360	109,73	110,03	110,33	110,64	110,94	111,25	111,55	111 86	112,16	112,47
370	112,77	113,08	113,38	113,69	113,99	114,30	114,60	114,91	115,21	115,52
380	115,82	116,13	116,43	116,74	117,04	117,35	117,65	117,95	118,26	118,56
390	118,87	119,17	119,48	119,78	120,09	120,39	120,70	121,00	121,31	121,61
400	121,92	122,22	122,53	122,83	123,14	123,44	123,74	124,05	124,35	124,66
410	124,96	125,27	125,57	125,88	126,18	126,45	126,79	127,09	127,40	127,71
420	128,01	128,32	128,62	128,93	129,23	129,54	129,84	130,15	130,45	130,76
430	131,06	131,36	131,67	131,98	132,28	132,58	132,89	133,19	133,50	133,80
440	134,11	134,41	134,72	135,02	135,33	135,63	135,94	136,24	136,55	136,85
450	137,16	137,46	137,77	138,07	138,38	138,68	138,99	139,29	139,59	139,90
460	140,20	140,51	140,81	141,12	141,42	141,73	142,03	142,34	142,64	142,95
470	143,25	143,56	143,86	144,17	144,47	144,78	145,08	145,39	145,70	145,99
480	146,30	146,61	146,91	147,22	147,52	147,83	148,13	148,43	148,74	149,04
490	149,35	149,65	149,96	150,26	150,57	150,87	151,18	151,48	151,79	152,09

Fuß	0	1	2	3	4	5	6	7	8	9
500	152,40	152,70	153,01	153,31	153,62	153,92	154,23	154,53	154,83	155,14
510	155,45	155,75	156,05	156,36	156,66	156,97	157,27	157,58	157,88	158,19
520	158,49	158,79	159,10	159,41	159,71	160,02	160,32	160,63	160,93	161,24
530	161,54	161,85	162,15	162,45	162,76	163,07	163,37	163,67	163,98	164,28
540	164,59	164,89	165,20	165,50	165,81	166,11	166,42	166,72	167,03	167,33
550	167,64	167,94	168,25	168,55	168,86	169,16	169,47	169,77	170,08	170,38
560	170,68	170,98	171,29	171,59	171,90	172,20	172,51	172,81	173,12	173,42
570	173,73	174,03	174,34	174,64	174,95	175,25	175,56	175,86	176,17	176,47
580	176,78	177,08	177,39	177,69	178,00	178,30	178,61	178,91	179,22	179,52
590	179,83	180,13	180,44	180,74	181,05	181,35	181,66	181,96	182,27	182,57
600	182,88	183,18	183,49	183,79	184,10	184,40	184,71	185,01	185,32	185,62
610	185,92	186,22	186,53	186,83	187,14	187,44	187,75	188,05	188,36	188,66
620	188,97	189,27	189,58	189,88	190,19	190,49	190,80	191,10	191,41	191,71
630	192,02	192,32	192,63	192,93	193,24	193,54	193,85	194,15	194,46	194,76
640	195,07	195,37	195,68	195,98	196,29	196,59	196,90	197,20	197,51	197,81
650	198,12	198,42	198,73	199,03	199,34	199,64	199,95	200,25	200,56	200,86
660	201,16	201,46	201,77	202,07	202,38	202,68	202,99	203,29	203,60	203,90
670	204,21	204,51	204,82	205,12	205,43	205,73	206,04	206,34	206,65	206,95
680	207,26	207,56	207,87	208,17	208,48	208,78	209,09	209,39	209,70	210,00
690	210,31	210,61	210,92	211,22	211,53	211,83	212,14	212,44	212,75	213,05
700	213,36	213,66	213,97	214,27	214,58	214,88	215,19	215,49	215,80	216,10
710	216,40	216,70	217,01	217,31	217,62	217,92	218,23	218,53	218,84	219,14
720	219,45	219,75	220,06	220,36	220,67	220,97	221,28	221,58	221,89	222,19
730	222,50	222,80	223,11	223,41	223,72	224,02	224,33	224,63	224,94	225,24
740	225,55	225,85	226,16	226,46	226,77	227,07	227,38	227,68	227,99	228,29
750	228,60	228,90	229,21	229,51	229,82	230,12	230,43	230,73	231,04	231,34
760	231,64	231,94	232,25	232,55	232,86	233,16	233,47	233,77	234,08	234,38
770	234,69	234,99	235,30	235,60	235,91	236,21	236,52	236,82	237,13	237,43
780	237,74	238,04	238,35	238,65	238,96	239,26	239,57	239,87	240,18	240,48
790	240,79	241,09	241,40	241,70	242,01	242,31	242,62	242,92	243,23	243,53
800	243,84	244,14	244,45	244,75	245,06	245,36	245,67	245,97	246,28	246,58
810	246,88	247,18	247,49	247,79	248,10	248,40	248,71	249,01	249,32	249,62
820	249,93	250,23	250,54	250,84	251,15	251,45	251,76	252,06	252,37	252,67
830	252,98	253,28	253,59	253,89	254,20	254,50	254,81	255,11	255,42	255,72
840	256,03	256,33	256,64	256,94	257,25	257,55	257,86	258,16	258,47	258,77
850	259,08	259,38	259,69	259,99	260,30	260,60	260,91	261,21	261,52	261,82
860	262,12	262,42	262,73	263,03	263,34	263,64	263,95	264,25	264,56	264,86
870	265,17	265,47	265,77	266,08	266,38	266,69	267,00	267,30	267,61	267,91
880	268,22	268,52	268,83	269,13	269,44	269,74	270,05	270,35	270,66	270,96
890	271,27	271,57	271,88	272,18	272,49	272,79	273,10	273,40	273,71	274,01
900	274,32	274,62	274,93	275,23	275,54	275,84	276,15	276,45	276,76	277,06
910	277,36	277,66	277,97	278,27	278,58	278,88	279,19	279,49	279,80	280,10
920	280,41	280,71	281,02	281,32	281,63	281,93	282,24	282,54	282,85	283,15
930	283,46	283,76	284,07	284,37	284,68	284,98	285,29	285,59	285,90	286,20
940	286,51	286,81	287,12	287,42	287,73	288,03	288,34	288,64	288,95	289,25
950	289,56	289,86	290,17	290,47	290,78	291,08	291,39	291,69	292,00	292,30
960	292,60	292,90	293,21	293,51	293,82	294,12	294,43	294,73	295,04	295,34
970	295,65	295,95	296,26	296,56	296,87	297,17	297,48	297,78	298,09	298,39
980	298,70	299,00	299,31	299,61	299,92	300,22	300,53	300,83	301,14	301,44
990	301,75	302,05	302,36	302,66	302,97	303,27	303,58	303,88	304,19	304,49

Meter [m] in Fuß ['] und Zoll [''] / Meter [m] in Foot ['] and Inch ['']

m	0 ' ''	0.1 ' ''	0.2 ' ''	0.3 ' ''	0.4 ' ''	0.5 ' ''	0.6 ' ''	0.7 ' ''	0.8 ' ''	0.9 ' ''
0	0 0	0 4	0 8	1 0	1 4	1 8	2 0	2 4	2 8	2 11
1	3 3	3 7	3 11	4 3	4 7	4 11	5 3	5 7	5 11	6 3
2	6 7	6 11	7 3	7 7	7 11	8 2	8 6	8 10	9 2	9 6
3	9 10	10 2	10 6	10 10	11 2	11 6	11 10	12 2	12 6	12 10
4	13 1	13 5	13 9	14 1	14 5	14 9	15 1	15 5	15 9	16 1
5	16 5	16 9	17 1	17 5	17 9	18 1	18 4	18 8	19 0	19 4
6	19 8	20 0	20 4	20 8	21 0	21 4	21 8	22 0	22 4	22 8
7	23 0	23 4	23 8	23 11	24 3	24 7	24 11	25 3	25 7	25 11
8	26 3	26 7	26 11	27 3	27 7	27 11	28 3	28 7	28 10	29 2
9	29 6	29 10	30 2	30 6	30 10	31 2	31 6	31 10	32 2	32 6
10	32 10	33 2	33 6	33 10	34 1	34 5	34 9	35 1	35 5	35 9
11	36 1	36 5	36 9	37 1	37 5	37 9	38 1	38 5	38 9	39 1
12	39 4	39 8	40 0	40 4	40 8	41 0	41 4	41 8	42 0	42 4
13	42 8	43 0	43 4	43 8	44 0	44 3	44 7	44 11	45 3	45 7
14	45 11	46 3	46 7	46 11	47 3	47 7	47 11	48 3	48 7	48 11
15	49 3	49 7	49 11	50 2	50 6	50 10	51 2	51 6	51 10	52 2
16	52 6	52 10	53 2	53 6	53 10	54 2	54 6	54 9	55 1	55 5
17	55 9	56 1	56 5	56 9	57 1	57 5	57 9	58 1	58 5	58 9
18	59 1	59 5	59 9	60 0	60 4	60 8	61 0	61 4	61 8	62 0
19	62 4	62 8	63 0	63 4	63 8	64 0	64 4	64 8	65 0	65 3
20	65 7	65 11	66 3	66 7	66 11	67 3	67 7	67 11	68 3	68 7
21	68 11	69 3	69 7	69 11	70 3	70 7	70 10	71 2	71 6	71 10
22	72 2	72 6	72 10	73 2	73 6	73 10	74 2	74 6	74 10	75 2
23	75 6	75 9	76 1	76 5	76 9	77 1	77 5	77 9	78 1	78 5
24	78 9	79 1	79 5	79 9	80 1	80 5	80 9	81 0	81 4	81 8
25	82 0	82 4	82 8	83 0	83 4	83 8	84 0	84 4	84 8	85 0
26	85 4	85 8	85 11	86 3	86 7	86 11	87 3	87 7	87 11	88 3
27	88 7	88 11	89 3	89 7	89 11	90 3	90 7	90 11	91 2	91 6
28	91 10	92 2	92 6	92 10	93 2	93 6	93 10	94 2	94 6	94 10
29	95 2	95 6	95 10	96 2	96 5	96 9	97 1	97 5	97 9	98 1
30	98 5	98 9	99 1	99 5	99 9	100 1	100 5	100 9	101 1	101 5
31	101 8	102 0	102 4	102 8	103 0	103 4	103 8	104 0	104 4	104 8
32	105 0	105 4	105 8	106 0	106 4	106 8	106 11	107 3	107 7	107 11
33	108 3	108 7	108 11	109 3	109 7	109 11	110 3	110 7	110 11	111 3
34	111 7	111 11	112 2	112 6	112 10	113 2	113 6	113 10	114 2	114 6
35	114 10	115 2	115 6	115 10	116 2	116 6	116 10	117 2	117 5	117 9
36	118 1	118 5	118 9	119 1	119 5	119 9	120 1	120 5	120 9	121 1
37	121 5	121 9	122 1	122 5	122 8	123 0	123 4	123 8	124 0	124 4
38	124 8	125 0	125 4	125 8	126 0	126 4	126 8	127 0	127 4	127 8
39	128 0	128 3	128 7	128 11	129 3	129 7	129 11	130 3	130 7	130 11
40	131 3	131 7	131 11	132 3	132 7	132 10	133 2	133 6	133 10	134 2
41	134 6	134 10	135 2	135 6	135 10	136 2	136 6	136 10	137 2	137 6
42	137 10	138 1	138 5	138 9	139 1	139 5	139 9	140 1	140 5	140 9
43	141 1	141 5	141 9	142 1	142 5	142 9	143 1	143 4	143 8	144 0
44	144 4	144 8	145 0	145 4	145 8	146 0	146 4	146 8	147 0	147 4
45	147 8	148 0	148 4	148 8	148 11	149 3	149 7	149 11	150 3	150 7
46	150 11	151 3	151 7	151 11	152 3	152 7	152 11	153 3	153 7	153 10
47	154 2	154 6	154 10	155 2	155 6	155 10	156 2	156 6	156 10	157 2
48	157 6	157 10	158 2	158 6	158 10	159 1	159 5	159 9	160 1	160 5
49	160 9	161 1	161 5	161 9	162 1	162 5	162 9	163 1	163 5	163 9

m	0 ′	″	1 ′	″	2 ′	″	3 ′	″	4 ′	″	5 ′	″	6 ′	″	7 ′	″	8 ′	″	9 ′	″
50	164	1	167	4	170	7	173	11	177	2	180	5	183	9	187	0	190	3	193	7
60	196	10	200	2	203	5	206	8	210	0	213	3	216	6	219	10	223	1	226	5
70	229	8	232	11	236	3	239	6	242	9	246	1	249	4	252	8	255	11	259	2
80	262	6	265	9	269	0	272	4	275	7	278	10	282	2	285	5	288	9	292	0
90	295	3	298	7	301	10	305	1	308	5	311	8	314	11	318	3	321	6	324	10
100	328	1	331	4	334	8	337	11	341	2	344	6	347	9	351	1	354	4	357	7
110	360	11	364	2	367	5	370	9	374	0	377	4	380	7	383	11	387	2	390	5
120	393	8	397	0	400	3	403	7	406	10	410	1	413	5	416	8	419	11	423	3
130	426	6	429	9	433	1	436	4	439	8	442	11	446	2	449	6	452	9	456	0
140	459	4	462	7	465	11	469	2	472	5	475	9	479	0	482	3	485	7	488	10
150	492	2	495	5	498	8	502	0	505	3	508	6	511	10	515	1	518	4	521	8
160	524	11	528	3	531	6	534	9	538	1	541	4	544	7	547	11	551	2	554	6
170	557	9	561	0	564	4	567	7	570	10	574	2	577	5	580	9	584	0	587	3
180	590	7	593	10	597	1	600	5	603	8	606	11	610	3	613	6	616	10	620	1
190	623	4	626	8	629	11	633	2	636	6	639	9	643	1	646	4	649	7	652	11
200	656	2	659	5	662	9	666	0	669	4	672	7	675	10	679	2	682	5	685	8
210	689	0	692	3	695	7	698	10	702	1	705	5	708	8	711	11	715	3	718	6
220	721	9	725	1	728	4	731	8	734	11	738	2	741	6	744	9	748	0	751	4
230	754	7	757	11	761	2	764	5	767	9	771	0	774	3	777	7	780	10	784	1
240	787	5	790	8	793	11	797	3	800	6	803	10	807	1	810	4	813	8	816	11
250	820	3	823	5	826	9	830	1	833	4	836	7	839	11	843	2	846	5	849	9
260	853	0	856	4	859	7	862	10	866	2	869	5	872	8	876	0	879	3	882	7
270	885	10	889	1	892	5	895	8	898	11	902	3	905	6	908	10	912	1	915	4
280	918	8	921	11	925	2	928	6	931	9	935	0	938	4	941	7	944	11	948	2
290	951	5	954	9	958	0	961	3	964	7	967	10	971	2	974	5	977	8	981	0
300	984	3	987	6	990	10	994	1	997	5	1000	8	1003	11	1007	3	1010	6	1013	9
310	1017	1	1020	4	1023	7	1026	11	1030	2	1033	6	1036	9	1040	0	1043	4	1046	7
320	1049	10	1053	2	1056	5	1059	9	1063	0	1066	3	1069	7	1072	10	1076	2	1079	5
330	1082	8	1085	11	1089	3	1092	6	1095	10	1099	1	1102	4	1105	8	1108	11	1112	3
340	1116	6	1118	9	1122	1	1125	4	1128	7	1131	11	1135	2	1138	6	1141	9	1145	0
350	1148	4	1151	7	1154	10	1158	2	1161	5	1164	8	1168	0	1171	3	1174	7	1177	10
360	1181	1	1184	5	1187	8	1190	11	1194	3	1197	6	1200	9	1204	1	1207	4	1210	8
370	1213	11	1217	2	1220	6	1223	9	1227	0	1230	4	1233	7	1236	11	1240	2	1243	5
380	1246	9	1250	0	1253	3	1256	7	1259	10	1263	1	1266	5	1269	8	1273	0	1276	3
390	1279	7	1282	10	1286	2	1289	5	1292	8	1296	0	1299	3	1302	7	1305	10	1309	1
400	1312	4	1315	7	1318	11	1322	2	1325	6	1328	9	1332	0	1335	4	1338	7	1341	10
410	1345	2	1348	5	1351	9	1355	0	1358	3	1361	7	1364	10	1368	1	1371	5	1374	8
420	1377	11	1381	3	1384	6	1387	10	1391	1	1394	4	1397	8	1400	11	1404	3	1407	6
430	1410	9	1414	0	1417	4	1420	7	1423	11	1427	2	1430	5	1433	9	1437	0	1440	3
440	1443	7	1446	10	1450	2	1453	5	1456	8	1460	0	1463	3	1466	6	1469	10	1473	1
450	1476	5	1479	8	1482	11	1486	3	1489	6	1492	9	1496	1	1499	4	1502	8	1505	11
460	1509	2	1512	6	1515	9	1519	0	1522	4	1525	7	1528	11	1532	2	1535	5	1538	9
470	1542	0	1545	3	1548	7	1551	10	1555	1	1558	5	1561	8	1565	0	1568	3	1571	6
480	1574	10	1578	1	1581	4	1584	8	1587	11	1591	3	1594	6	1597	9	1601	1	1604	4
490	1607	7	1610	11	1614	2	1617	5	1620	9	1624	0	1627	4	1630	7	1633	10	1637	2

Schiffsnamenverzeichnis / General Index

Code	Name	Code	Name	Code	Name	Code	Name
ab	Antiqua and Barbuda	*ds*	Dschibuti / Jibuti	*ks*	Korea-Süd / Korea-South	*sk*	Sri Lanka
ag	Algerien / Algeria	*ec*	Ecuador	*ku*	Kuwait	*sl*	Sierra Leone
al	Albanien / Albania	*el*	Elfenbeinküste / Ivory Coast	*kv*	Kap Verde / Cape Verde	*sm*	Salomonen / Salomon Islands
an	Anguilla	*es*	El Salvator	*lb*	Libanon / Lebanon	*sn*	Sudan
ar	Argentinien / Argentina	*fd*	Fitschi / Fiji	*li*	Liberia	*so*	Südafrika / South Africa
au	Australien / Australia	*fi*	Finnland / Finland	*ly*	Lybien / Libya	*sp*	Spanien / Spain
eg	Ägypten / Egypt	*fr*	Frankreich / France	*ma*	Malaysia	*sr*	Surinam
et	Äthiopien / Ethiopia	*ga*	Gabun / Gaboon	*me*	Mexico	*st*	Saint Kitts
ba	Bahamas	*gb*	Großbritannien / Great Britain	*mg*	Madagaskar / Malagasy	*su*	USSR
bd	Barbados	*gh*	Ghana	*ml*	Malta	*sv*	Saint Vincent and the Grenadines
be	Belgien / Belgium	*gi*	Guinea	*mo*	Marokko / Marocco		
bg	Bangladesch / Bangladesh	*gn*	Grenada	*mt*	Mauretanien / Mauritania	*sw*	Schweden / Sweden
bh	Bahrein / Bahrain	*gr*	Griechenland / Greece	*mu*	Mauritius	*sy*	Syrien / Syria
bi	Brunei Darussalan	*gs*	Guinea-Bissau	*mw*	Malawi	*sz*	Schweiz / Switzerland
bl	Bolivien / Bolivia	*gu*	Guatemala	*nc*	Nicaragua	*ta*	Tansania / Tanzania
bm	Burma	*gy*	Guyana	*ni*	Nigeria	*th*	Thailand
br	Brasilien / Brazil	*ha*	Haiti	*nl*	Niederlande / Netherlands	*tg*	Tonga
bu	Bulgarien / Bulgaria	*hk*	Hong Kong	*no*	Norwegen / Norway	*ti*	Trinidad und Tobago / Trinidad and Tobago
bz	Belize	*ho*	Honduras	*ns*	Neuseeland / New Zeeland		
ca	Canada	*ia*	Iran	*nt*	NATO	*tn*	Tunesien / Tunisia
cb	Cambodscha Kampuchea	*id*	Indonesien / Indonesia	*om*	Oman	*to*	Togo
ch	Chile	*ik*	Irak / Iraque	*os*	Österreich / Austria	*tu*	Türkei / Turkey
ci	China	*il*	Israel	*pa*	Pakistan	*tw*	Taiwan
co	Columbien / Columbia	*in*	Indien / India	*pe*	Peru	*ug*	Ungarn / Hungaria
ct	Costarica / Costa Rica	*ir*	Irland / Ireland	*pg*	Papua-Neu-Guinea / Papua-New-Guinea	*ur*	Uruguay
cu	Cuba	*is*	Island / Iceland	*ph*	Philippinen / Philippines	*us*	USA
db	Deutschland (BRD) / Germany (Federal Navy)	*it*	Italien / Italy	*pl*	Polen / Poland	*va*	Vereinigte Arab. Emirate / United Arab Emirates
dd	Deutschland (DDR) / Germany (Peoples Navy)	*ja*	Japan	*pn*	Panama		
		je	Jemen / Yemen	*po*	Portugal	*ve*	Venezuela
de	Dänemark / Denmark	*jm*	Jamaika / Jamaica	*py*	Paraguay	*vn*	Vietnam
dm	Dominica	*ju*	Jugoslawien / Yugoslavia	*qu*	Qatar	*vu*	Vanuata
do	Dominikanische Republik / Dominican Republic	*ka*	Kenia / Kenya	*ru*	Rumänien / Romania	*ws*	West-Samoa / Western Samoa
		kg	Kongo / Congo	*sa*	Saudi Arabien / Saudi Arabia	*zy*	Zypern / Cyprus
		km	Kamerun / Cameroon	*sc*	Saint Lucia		
		kn	Korea-Nord / Korea-North	*se*	Seschellen / Seychelles		
		ko	Komoren / Comoro Islands	*sg*	Senegambia		
				sh	Sabah		
				si	Singapur / Singapore		

Nur bei amerikanischen Schiffen ist hinter dem Schiffsnamen / die Kennung angegeben, da diese einen Teil des Schiffsnamens bildet.
Mit römischen Zahlen bezeichnete Schiffe sind nicht berücksichtigt. Schiffe, deren Namen eine Zahl vorangesetzt ist, sind nach dem alphabetischen Schiffsnamenverzeichnis eingeordnet.

Only United States ships are indexed by type and serial number, as well as by name, because the numbers is a part of the ship's name.
Ships with roman numerals for names are not indexed. Ships whose name begin with a number are to be found at the end of this register.

A

A... *ag* 7
A... *dd* 77
A... *in* 117
A... *sw* 218
A... *ly* 168
A... *sp* 226
A... *va* 356
Aachen *gb* 102
AB... *au* 16
AB... *tu* 248
ABA... *pe* 196
Abaco *ba* 19
Abadi *bi* 28
Abakan *su* 330
Abbeville *gb* 102
Abchazija *su* 336
Abcoude *nl* 182
Abdiel *gb* 100
Abdullah Ibn Abi Serk *ik* 122
Abdul-Aziz *sa* 212, 213
Abdul Rahman Al-Fadel *bh* 16
Abeille Flandre *fr* 87
Abeille Languedoc *fr* 87
Abeille Provence *fr* 87
Abeokuta *ni* 184
Aber Wrac'h *fr* 86
Abha *sa* 210
Abheetha *sk* 228
Abonnema *ni* 184
Abra *ph* 201
Abraham Crijnssen *nl* 180
Abraham Lincoln/ CVN 72 *us* 254
Abraham Van der Hulst *nl* 180
Abrolhos *br* 24
Abtao *pe* 196
Abu Abdallah Al Ayachi *mo* 174
Abu Bakr *bg* 18
Abu Obaidah *sa* 212
Abu Shaifa *ly* 168
Abukuma *ja* 148
Acacia/WLB 406 *us* 301
Acadia/AD 42 *us* 278
Acadian *ca* 32
Acarà *br* 26
Acarillo *pe* 176
Acco *il* 128
Acevedo *sp* 224
Acharne *fr* 87
Acheron *db* 58
Achèron *fr* 88
Achilles *gb* 98
Achilles *sw* 218
Achimota *gh* 90
Achtuba *su* 330
Achziv *il* 128
Aconit *fr* 80
Açor *po* 206
Actif *fr* 87
Active *gb* 98
Active/WMEC 618 *us* 296
Acushnet/WMEC 167 *us* 296
Adamastos *gr* 94
Adamidis *gr* 94
Adang *th* 242
Adatepe *tu* 244
Ad Dakhla *mo* 174
Addriyah *sa* 210
Adelaide *au* 14

Adept *gb* 106
Adhara *ar* 11
Adige *it* 134
Admiral B. Ormanov *bu* 28
Admiral Fokin *su* 302
Admiral Golovko *su* 302
Admiral Isakov *su* 302
Admiral Isančenkov *su* 302
Admiral Jumašev *su* 302
Admiral Lazarev *su* 304
Admiral Makarov *su* 302, 350
Admiral Nachimov *su* 302
Admiral Oktjabrskij *su* 302
Admiral Peršin *su* 316
Admiral Senjavin *su* 304
Admiral Spiridonov *su* 304
Admiral Tribue *su* 304
Admiral Ušakov *su* 304
Admiral Vladimirskij *su* 336
Admiral William M. Callaghan *us* 294
Admiral Zacharov *su* 304
Admiral Zozulja *su* 302
Adroit *au* 14, 16
Adroit/MSO 509 *us* 270
Adšarija *su* 336
Advance *au* 14, 16
Adventurous/T-AGOS 13 *us* 286
Adversus *ca* 32
AEH... *pe* 197
Aeger *no* 186
Ægir *is* 126
Aegeon *gr* 92
Aetos *gr* 92
Afanasij Nikitin *su* 352
Affray/MSO 511 *us* 270
Afif *sa* 212
Africana *so* 230
AG... *tu* 250
Agaral *in* 115
Agatan *su* 332
Agathos *gr* 94
Agave *it* 132
Agdlek *de* 54
Agheila *gb* 102
Agnadeen *ik* 124
Agno River *ph* 200
Agosta *fr* 82
Agostinho Neto *su* 348
Agpa *de* 54
AGS... *ja* 144
Agu *ni* 184
Aguan *ho* 111
Aguascalientes *me* 177
Aguia *po* 206
Aguila *sp* 228
Aguire *pe* 194
Aguilucho *sp* 228
Agulha *br* 26
Agusan *ph* 198
Agusan del Sur *ph* 200
Ahalya Bai *in* 116
Ahmad Al Fatheh *bh* 16
Ahmed Es Sakalli *mo* 174
Ahmed Yanni *in* 116
Ahrenshoop *dd* 70
Aidon *gr* 92
Aigle *fr* 82

Aigli *gr* 92
Aiguière *fr* 89
Aina Yao Vao *mg* 168
Ainsworth/FF 1090 *us* 262
Airisto *fi* 78
Airone *it* 132
Aisling *ir* 126
Aitodor *su* 340
Aitape *pg* 192
Aisberg *su* 320
Aiyar Lulin *bm* 31
Aiyar Maung *bm* 31
Aiyar Mai *bm* 31
Aiyar Min Thar *bm* 31
Aiyar Min Tha Mee *bm* 31
Ajax/AR 6 *us* 256
Ajax *sw* 218
Ajirah *bh* 16
Aka *ik* 124
Akademik Aleksandr Nesmejanov *su* 342
Akademik Alexandr Karpenskij *su* 342
Akademik Alexandr Sidorenko *su* 344
Akademik Alexandr Vinogradov *su* 342
Akademik Alexej Kirov *su* 342
Akademik Archangelskij *su* 346
Akademik Arcimovič *su* 348
Akademik Boris Petrov *su* 344
Akademik Člemlij *su* 344
Akademik Fedorov *su* 342
Akademik Fersman *su* 344
Akademik Gamburcev *su* 344
Akademik Golicin *su* 344
Akademik Guber *su* 348
Akademik Krylov *su* 336
Akademik Kuprevič *su* 348
Akademik Kurčatov *su* 342
Akademik Lazarev *su* 344
Akademik MA Lavrentev *su* 342
Akademik Millionščikov *su* 348
Akademik Mstislav Keldyš *su* 342
Akademik Oparin *su* 344
Akademik Petrovskij *su* 346
Akademik Sackij *su* 344
Akademik Selskij *su* 344
Akademik Serfei Vavilov *su* 342
Akademik Sergej Korolev *su* 342
Akademik Širšov *su* 342
Akademik Šokalskij *su* 344
Akademik Srachov *su* 344
Akademik Stečkin *su* 348

Akademik Šuljekin *su* 344
Akademik Tupolev *su* 348
Akademik Vernadskij *su* 342
Akagi *ja* 148
Akar *tu* 248
Akashi *ja* 144
Akhisar *tu* 246
Akiab *gb* 102
Akigumo *ja* 138, 148
Akin *tu* 248
Akishio *ja* 140
Akiyoshi *ja* 148
Akizuki *ja* 149
Akpinar *tu* 250
Aktion *gr* 92
Akura *ni* 184
Al Abdali *ku* 164
Al Ahad *ly* 166
Al Ahmadi *ku* 164
Al Ahweirif *ly* 169
Al Aquab *va* 356
Al Arq *mo* 174
Al Bachir *mo* 174
Al Badr *ly* 166
Al Baida *ly* 166
Al Batnah *om* 188
Al Bayneh *bh* 16
Al Betteel *ku* 164
Al Bitar *ly* 166
Al Boom *ku* 164
Al Doghas *om* 190
Al Farouq *sa* 212
Al Fateh *ly* 166
Al Fikar *ly* 166
Al Fulk *om* 188
Al Ghulian *va* 356
Al Hangaf *ku* 156
Al Hunain *ly* 166
Al Iskandarina *eg* 4
Al Jabbar *om* 188
Al Jabery *bh* 16
Al Jahra *ku* 164
Al Jarim *bh* 16
Al Jasrah *bh* 16
Al Kadisia *ik* 122
Al Katum *ly* 166
Al Keriat *ly* 169
Al Khasab *om* 190
Al Khatab *qu* 206
Al Khyber *ly* 166
Al Kousser *eg* 4
Al Mabruka *om* 191
Al Manama *bh* 16
Al Manoud *ly* 169
Al Mansur *ik* 124
Al Mansur *om* 188
Al Mathur *ly* 166
Al Mitraka *ly* 166
Al Mubaraki *ku* 164
Al Muharraq *bh* 16
Al Mujahid *om* 188
Al Munassir *om* 190
Al Mutlas *ku* 165
Al Muwashan *ly* 166
Al Nabha *ly* 166
Al Neemran *om* 190
Al Qadissyta *ik* 122
Al Qirdabiyah *ly* 166
Al Qiaq *sa* 212
Al Quysumah *sa* 210
Al Rahmanyat *om* 191
Al Riffa *bh* 16
Al Riyadh *sa* 213

Al Saadi *ku* 164
Al Sadad *ly* 166
Al Sadah *om* 190
Al Safhra *ly* 166
Al Said *om* 191
Al Sakab *ly* 166
Al Salemi *ku* 164
Al Salmi II *ku* 164
Al Sanbouk *ku* 164
Al Sansoor *om* 190
Al Sariyah *qu* 206
Al Sebbah *ku* 164
Al Seeb *om* 190
Al Shaheen *va* 356
Al Shargijah *om* 188
Al Shinas *om* 190
Al Shurti *ku* 164
Al Sultana *om* 191
Al Tabkah *ly* 169
Al Temsah *om* 190
Al Ula *sa* 212
Al Wadeeah *sa* 210
Al Wafi *om* 188
Al Wusaail *qu* 206
Al Yarmook *sa* 210
Al Yarmouk *ik* 122
Al Zahraa *ik* 122
Al Zuara *ly* 166
Alabama/SSBN 731
  us 264
Alacrity *gb* 98
Alagoas *br* 22
Alambaj *su* 330
Alamgir *pa* 190
Alamo/LSD 33 *us* 276
Alaska/SSBN 732 *us* 264
Alatna/T-AOG 81 *us* 294
Alatou *su* 332
Alatyr *su* 330
Albacora *po* 206
Albany/SSN 753 *us* 266
Albarda *po* 206
Albardao *br* 24
Albatros *db* 60
Albatros *fr* 84
Albatros *it* 132
Albatros *pl* 202
Albatros *sp* 228
Albatros *tu* 246
Albatroz *po* 206
Albay Hakki Burak
  tu 248
Albert David/FF 1050
  us 264
Albert Gast *dd* 68
Albert J. Meyer/
  T-ARC 6 *us* 288
Albert Porte *li* 164
Albin Köbis *dd* 68
Alborz *ia* 124
Albuquerque *co* 48
Albuquerque/SSN 706
  us 266
Alca *sp* 228
Alcalá Galiano *sp* 222
Alcanada *sp* 224
Alcide Petretti *it* 137
Alcione *it* 132
Alçitepe *tu* 242
Aldan *su* 332
Aldebaran *do* 72
Alderney *gb* 102
Ale *sw* 218
Alençon *fr* 82
Alert/WMEC 630 *us* 296
Alert *ca* 34

Alicudi *it* 136
Alexander Hamilton/
  SSBN 617 *us* 266
Alexander Henry *ca* 36
Alexandr Brykin *su* 324
Alexandr Ivanovič
  Vojikov *su* 346
Alexandr Nevskij *su* 304
Alexandr Nikolaev
  su 320
Alexandr Osipov *su* 348
Alexandr Šabalin *su* 322
Alexandr Suvorov
  su 304
Alexandr Tortsev *su* 322
Alexandria/SSN 757
  us 266
Alexej Čirikov *su* 338
Alexej Kosygin *su* 346
Alfonso Cerqueira
  po 206
Alga *ju* 154
Algol/T-AKR 287
  us 290
Alghero *it* 132
Algonquin *ca* 30
Alidada *su* 336
Ali Hyder *bg* 18
Aliseo *it* 130
Aliya *il* 128
Alk *db* 60
Alkmaar *nl* 182
Alkyon *gr* 92
Alleppey *in* 114
Alliance *nt* 179
Alloro *it* 132
Almamy Bocar Biro
  Barry *gi* 108
Almeida Carvalho
  po 207
Almirante Blanco
  Encalada *ch* 36
Almirante Brion *ve* 352
Almirante Brown *ar* 8
Almirante Câmara *br* 26
Almirante Clemente
  ve 354
Almirante Cochrane
  ch 36
Almirante Ferrándiz
  sp 222
Almirante Gago
  Countinho *po* 206
Almirante Garcia *ve* 352
Almirante Grau *bl* 21
Almirante Guilhen *br* 26
Almirante Guillermo
  Brown *bl* 21
Almirante Guillobel
  br 26
Almirante Irizar *ar* 10
Almirante Jorge Montt
  ch 40
Almirante Latorre *ch* 36
Almirante Magelhaes
  Correia *po* 206
Almirante Padilla *co* 48
Almirante Pereira
  da Silva *po* 206
Almirante Riveros *ch* 36
Almirante Saldanha
  br 26
Almirante Williams
  ch 36
Alnmouth *gb* 107
Alor Star *ma* 172

Alphée *fr* 86
Alpino *it* 130
Alsedo *sp* 224
Alsfeld *db* 64
Alssund *de* 52
Alster *db* 64
Alta *no* 186
Altai *su* 326
Altair *me* 176
Altair/T-AKR 291
  us 290
Altair *su* 338
Altenburg *dd* 68
Altmark *dd* 70
Alvand *ia* 124
Alvare Cabral *po* 204
Alvin/DSV 2 *us* 283
Älvsborg *sw* 214
AM . . . *db* 64, 65
AM . . . *me* 176
AM . . . *ug* 252
Amagiri *ja* 138
Amami *ja* 148
Aman *ku* 164
Amapa *br* 24
Amar *mu* 173
Amatsukaze *ja* 138
Amazon *gb* 98
Amazonas *br* 24
Amazonas *pe* 196
Amazone *db* 60
Amba *in* 114
Ambe *ni* 184
Ambuscade *gb* 98
Amderma *su* 348
America *pe* 196
America/CV 66 *us* 254
America *sp* 222
Amerigo Vespucci *it* 136
Améthyste *fr* 82
Ametist *us* 308
Amga *su* 324
Amilcar *tn* 250
Amini *in* 112
Amir *sa* 212
Amiral Charner *fr* 80
Ammersee *db* 62
Ammiraglio Magnaghi
  it 136
Ampermetr *su* 336
Amphitriti *gr* 92
Amrum *db* 62
Amur *su* 320
Amurang *id* 120
Amurskij Komsomolec
  su 318
Amvrakia *gr* 92
Anadir *su* 326, 338
Anadyr *su* 348
Anaga *sp* 224
Anatoli Vasilev *su* 346
Anatolij Kolesničenko
  su 348
Anatolij Železnjakov
  su 346
Anchova *br* 26

Andaman *in* 112
Andalsnes *gb* 102
Andalucia *sp* 224
Andenes *no* 188
Andenne *be* 20
Anders Bure *sw* 219
Andorinha *po* 206
Andrea Bafile *it* 134
Andrea Doria *it* 130
Andrej Vilkickij *su* 338
Andres Bonifacio *ph* 19
Andres Quintana Roos
  me 176
Andrew J. Higgins/
  T-AO 190 *us* 286
Andrew Jackson/
  SSBN 619 *us* 266
Andrija Mohorovičić
  ju 155
Andromache *se* 221
Andromeda *gb* 98
Andromeda *su* 338
Andromède *fr* 82
Andros *ba* 19
Androth *in* 112
Ane *sw* 216
Aneroid *su* 334
Angamos *ch* 38
Angamos *pe* 196
Angara *su* 326
Angermünde *dd* 68
Anglesey *gb* 102
Angostura *br* 22, 27
Ang Pangulo *ph* 201
Ang Pinuno *ph* 201
Anhatomirim *br* 24
Animoso *it* 130
Anjadip *in* 112
Anitepe *tu* 242
Anklam *dd* 68
Ann Harvey *ca* 34
Annapolis *ca* 32
Anshan *ch* 40
Antar *ku* 164
Antares *sz* 220
Antares *sp* 228
Antares *su* 338
Antares/T-AKR 294
  us 290
Antarktika *su* 318
Ante Banina *ju* 152
Anteo *it* 134
Antiopi *gr* 92
Antipliarchos Blessas
  gr 92
Antipliarchos Laskos
  gr 92
Antipliarchos Kostakos
  gr 92
Antioquia *co* 48
Antietam/CG 54 *us* 256
Antofagasta *pe* 194
Antonio Enes *po* 206
Antonio de la Fuente
  me 176
Antrim/FFG 20 *us* 262
Antuco *ch* 40
Antwerp *gb* 102
An Yang Ho *ks* 160
An Yang *tw* 234
Aoife *ir* 126
Aokumo *ja* 138
Apache/T-ATF 172
  us 286
Apayao *ph* 200
Aphrodite *ml* 169

Bundesrepublik Deutschland

Bundesflagge

Bundesmarine

Dienstflagge

Admiral

Vizeadmiral

Konteradmiral

Flottillenadmiral

Deutsche Demokratische Republik

Handelsflagge

Dienstflagge
Volksmarine

Dienstflagge
Grenzbrigade
Küste

Dienstflagge
Hilfsschiffe

Abu Dhabi N

Ägypten N

Ägypten K

Äquatorial-
Guinea N
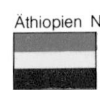

Äthiopien N

Albanien N

Albanien K

Algerien N
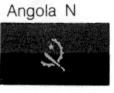

Angola N
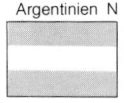

Argentinien N

Argentinien. K

Australien N

Australien K
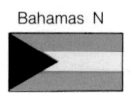

Australien H
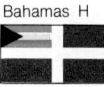

Bahamas N
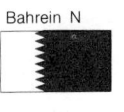

Bahamas K

Bahamas H

Bahrein N
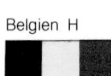

Bangladesch N

Barbados
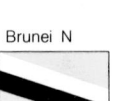

Belgien K

Belgien H

Belize N

Brasilien N
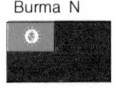

Brunei N

Bulgarien N

Bulgarien K

Bulgarien H

Burma N

Chile N

China (Rep.) N

Costa Rica K

Costa Rica H

Dänemark K

Dänemark H

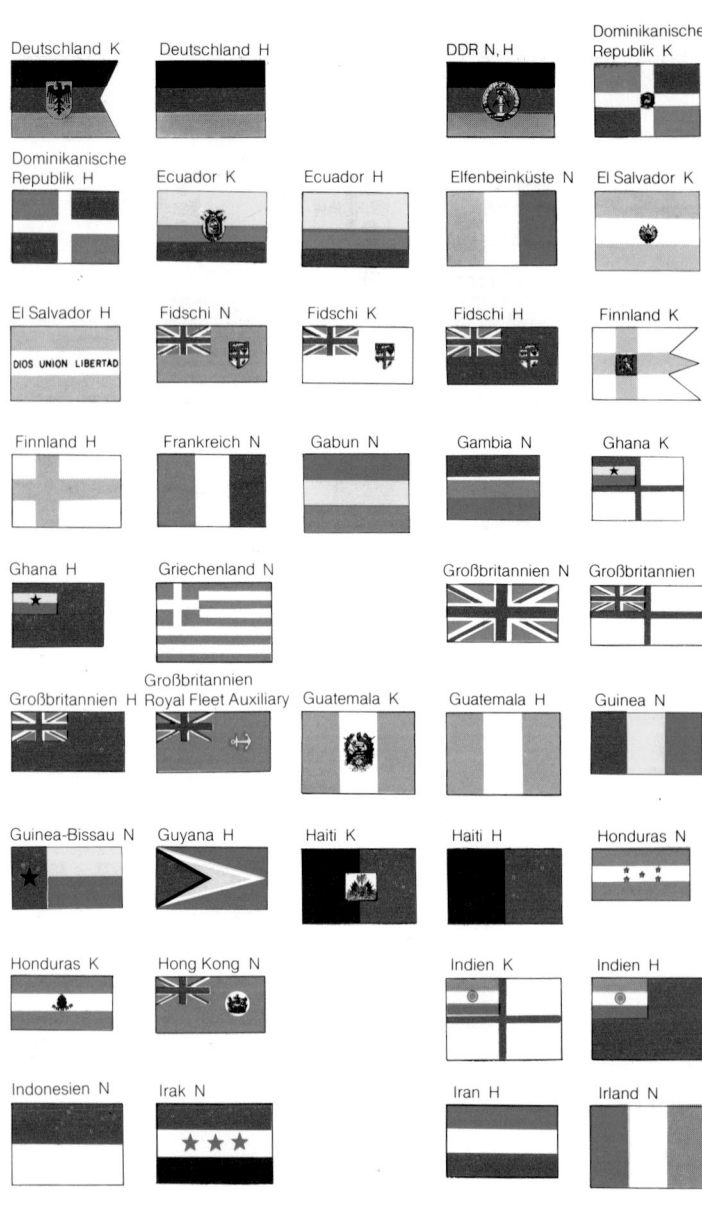

Deutschland K

Deutschland H

DDR N, H

Dominikanische Republik K

Dominikanische Republik H

Ecuador K

Ecuador H

Elfenbeinküste N

El Salvador K

El Salvador H

Fidschi N

Fidschi K

Fidschi H

Finnland K

Finnland H

Frankreich N

Gabun N

Gambia N

Ghana K

Ghana H

Griechenland N

Großbritannien N

Großbritannien K

Großbritannien H

Großbritannien Royal Fleet Auxiliary

Guatemala K

Guatemala H

Guinea N

Guinea-Bissau N

Guyana H

Haiti K

Haiti H

Honduras N

Honduras K

Hong Kong N

Indien K

Indien H

Indonesien N

Irak N

Iran H

Irland N

Island K

Island H

Israel K

Israel H

Italien K

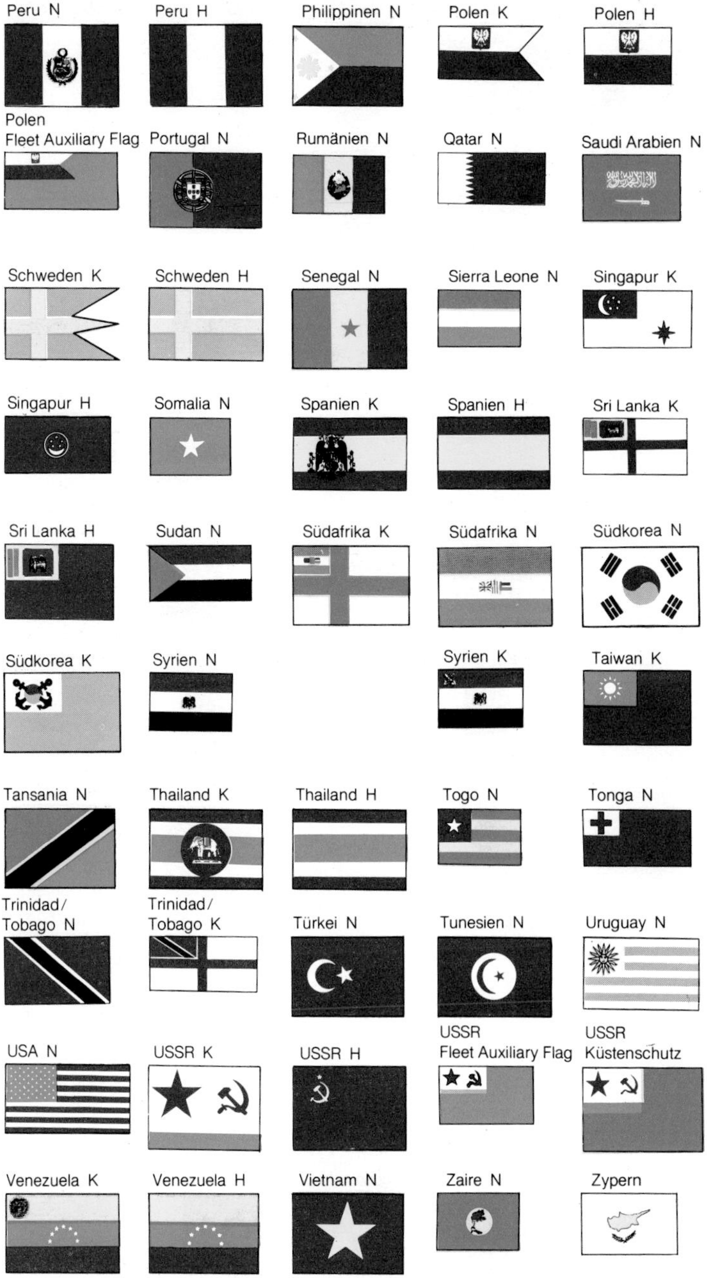

Peru N

Peru H

Philippinen N

Polen K

Polen H

Polen
Fleet Auxiliary Flag

Portugal N

Rumänien N

Qatar N

Saudi Arabien N

Schweden K

Schweden H

Senegal N

Sierra Leone N

Singapur K

Singapur H

Somalia N

Spanien K

Spanien H

Sri Lanka K

Sri Lanka H

Sudan N

Südafrika K

Südafrika N

Südkorea N

Südkorea K

Syrien N

Syrien K

Taiwan K

Tansania N

Thailand K

Thailand H

Togo N

Tonga N

Trinidad/
Tobago N

Trinidad/
Tobago K

Türkei N

Tunesien N

Uruguay N

USA N

USSR K

USSR H

USSR
Fleet Auxiliary Flag

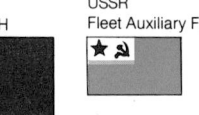

USSR
Küstenschutz

Venezuela K

Venezuela H

Vietnam N

Zaire N

Zypern

Italien H   Jamaika N   Jamaika K   Japan K   Japan H

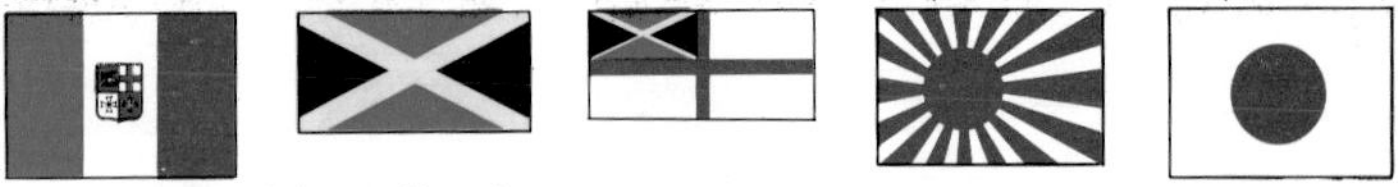

Jemen (Arab. Rep.) N   Jemen (Demokr. Volksrep.) N   Jugoslawien K   Jugoslawien H   Kambodscha N

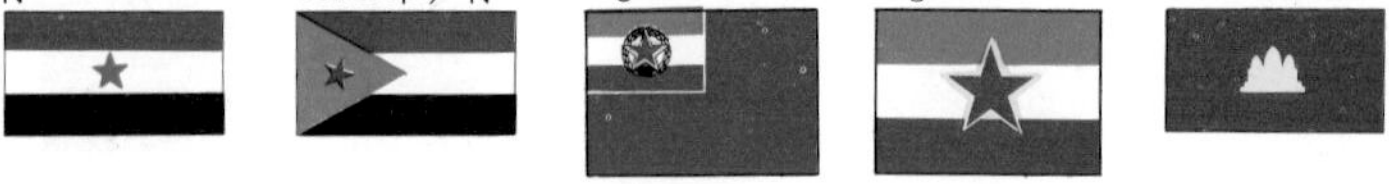

Kamerun N   Kanada N   Kenia N   Kenia K   Kolumbien K

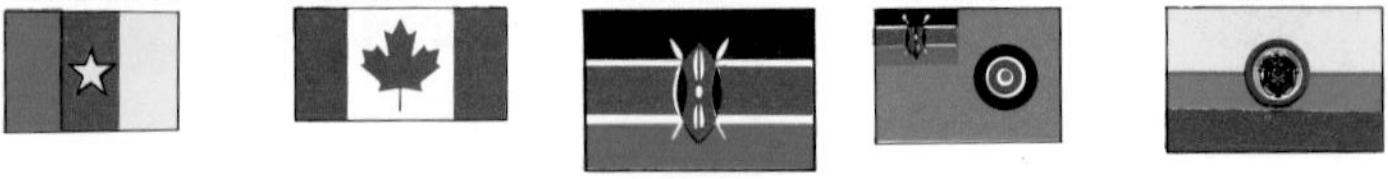

Kolumbien H   Kongo N   Korea/Nord N   Kuba N   Kuweit N

Libanon N   Liberia N   Libyen N   Madagaskar N   Malaysia K

Malaysia H   Malta N   Malta H   Marokko N   Marokko K

Mauretanien N   Mauritius N   Mauritius K   Mexiko N

Neuseeland N, H   Nicaragua N   Niederlande N   Nigeria N

Norwegen K   Norwegen H   Österreich N   Oman N   Oman K

Pakistan K   Pakistan H   Panama N   Papua/ Neu-Guinea N   Paraguay N

Aphrodite *zy* 359
Apollo *gb* 98
Apostolis *gr* 90
Appleby *gb* 107, 108
Appleleaf *gb* 106
Apšeron *su* 326
Apu *fi* 78
Aquarius *sz* 221
Aquidneak/WPB 1309 *us* 298
Aquila *ch* 40
Aquila *it* 132
Aquila/PHM 4 *us* 272
Aquiles *ch* 38
Aquilon *gr* 92
Araçatuba *br* 24
Aradu *ni* 182
Arago *fr* 88
Aragón *sp* 226
Aragosta *it* 136
Araguj *su* 330
Araka *ta* 238
Arakan *gb* 102
Aramis *fr* 84
Aranda *fi* 78
Arataki *ns* 178
Aratu *br* 24
Arau *ma* 172
Arauca *co* 48
Araucano *ch* 40
Archangelsk *su* 348
Archangelskij Komso-molec *su* 308
Archer *gb* 102
Archerfish/SSN 678 *us* 268
Arctic Freebooter *gb* 104
Arctowski *pl* 204
Ardennes *gb* 102
Ardent *au* 14, 16
Ardhana *va* 356
Ardimentoso *it* 130
Ardito *it* 130
Arenque *br* 26
Arethusa *gb* 98
Arethousa *gr* 94
Arezzo *gb* 102
Arg *no* 186
Argentina *br* 26
Argo *gr* 89
Argonaut *gb* 98
Argun *su* 328
Argungu *ni* 184
Argus *br* 26
Argus *gb* 104
Argus *nl* 183
Argyll *gb* 96
Arholma *sw* 214
Arhikelefstis Mallio-poulos *gr* 94, 95
Arhikelefstis Stasis *gr* 94, 95
Ariadne *db* 60
Ariadne *gb* 98
Ariadni *gr* 94
Arica *pe* 196
Ariel *fr* 86
Aries *id* 121
Aries/PHM 5 *us* 272
Arild *sw* 216
Arinya *ph* 201
Aris *gr* 94
Arjun *in* 115
Ark Royal *gb* 96
Arkö *sw* 214
Arkansas/CGN 41 *us* 256

Arktika *su* 338, 350
Arleigh Burke/DDG 51 *us* 258
Arlunya *ph* 201
Arnala *in* 112
Arosa *sp* 227
Arromanches *gb* 102
Arrow *gb* 98
ART ... *pe* 197
Arthur W. Radford/DD 968 *us* 260
Artigas *ur* 252
Aruana *br* 26
Arun *gb* 100
Arvakur *is* 126
Ary Parreiras *br* 26
Asagiri *ja* 138, 148
Asagumo *ja* 138, 148
Asayuki *ja* 138
Asama *ja* 148
Asaskaze *ja* 138
Äsche *db* 60
ASDV ... *us* 276
Asgard *ir* 127
Ashdod *il* 128
Asheville/SSN 758 *us* 266
Ashkida *ly* 168
Ashitaka *ja* 148
Ashkelon *il* 128
Ashizuri *ja* 146
Askold *su* 338
Askeri *fi* 76
Askar *bh* 16
A. Smirnow *su* 344
Asoyuki *ja* 149
Aspirante Nascimento *br* 27
Aspis *gr* 90
Aspro/SSN 648 *us* 268
Assad Al Hudud *ly* 166
Assad Al Khalij *ly* 166
Assad Al Tadjier *ly* 166
Assad Al Tougour *ly* 166
Assertive/T-AGOS 9 *us* 286
Assiniboine *ca* 32
As Siddiq *sa* 212
As Sulayel *sa* 212
Assurance/T-AGOS 5 *us* 286
Aster *be* 20
Astice *it* 136
Astore *it* 134
Astrachan *su* 346
Astrachanskij Komso-molec *su* 308, 316
Astravahini *in* 116
Astrolabe *fr* 88
Astronom *su* 338
Asturias *sp* 224
ASU ... *ja* 144
Atahualpa *ec* 74
Atair *db* 58, 66
Atalaia *br* 24
Atalanti *gr* 92
ATB ... *sw* 218
Athabaskan *ca* 30
Athena ... *us* 284
Atherstone *gb* 100
Athos *fr* 84
Atika *ik* 124
Atil *tu* 250
Atilay *tu* 244
Atlanta/SSN 712 *us* 268

Atlante *it* 134
Atlantida *do* 72
Atlantis *db* 58
Atlas *sw* 218
Atle *sw* 216
Atmaça *tu* 246
Atrevida *sp* 224
Atromitos *gr* 94
Atsmout *il* 128
Atsumi *ja* 142
Attacker *gb* 102
Attilio Bagnolini *it* 132
Attok *pa* 192
Atum *br* 26
Atun *do* 72
Atyimba *ph* 201
Audace *it* 130
Audacious/T-AGOS 11 *us* 286
Audaz *br* 26
Audemer *gb* 102
Augsburg *db* 56
Augusta/SSN 710 *us* 268
Augusto Castilho *po* 206
August Lüttgens *dd* 68
Auricula *gb* 108
Aurora *ph* 200
Auster *db* 60
Austin/LPD 4 *us* 274
Avalon/DSRV 2 *us* 282
Avenger *gb* 98
Avenger/MCH 1 *us* 270
Avra *gr* 92
Avraamij Zavenjagin *su* 350
Avvaiyar *in* 116
Awagiri *ja* 149
Awaji *ja* 148
Aware *au* 14, 16
Ayam *ni* 184
Ayanasi *pn* 194
Ayase *ja* 140
Ayer Chawan *si* 220
Ayer Merban *si* 220
Aylwin/FF 1081 *us* 262
Aymot d'Inville *fr* 80
Azimut *su* 338
Azopardo *ar* 12
Azov *su* 302
Azuma *ja* 144
Azumanche *gu* 108
Azueta *me* 176
Azwan *eg* 2

B

B ... *ci* 48
Babr *ia* 124
Babur *pa* 190
Bacamarte *pl* 206
Baccarat *fr* 82
Badang *ma* 170
Bad Bramstedt *db* 66
Bad Doberan *dd* 68
Badek *ma* 170
Badger/FF 1071 *us* 264
Badik *id* 118
Badjao *ph* 200
Badr *eg* 2
Badr *pa* 190
Badr *sa* 210
Bagley/FF 1069 *us* 264
Bagong Lakas *ph* 198
Bagong Silang *ph* 198
Bahadoer *sr* 229

Baha Hoyo *ec* 74
Bahawalpur *pa* 192
Bahia *br* 24
Bahia Blanca *ar* 13
Bahia Paraiso *ar* 10
Bahia San Blas *ar* 10
Bahia Solano *co* 48
Bahia Utria *co* 48
Bahiana *br* 22
Bahith *ku* 165
Bahmanshir *ia* 126
Bahrain *bh* 16
Bainbridge/CGN 25 *us* 258
Bajkal *su* 338
Bakan *su* 336
Bakassi *km* 140
Bakerit *su* 342
Baklan *su* 332
Baku *su* 300
Balabatha *sk* 228
Balchaš *su* 338
Balder *de* 54
Balder *sw* 216
Baleares *sp* 224
Balikpapan *au* 16
Balikpapan *id* 121
Balny *fr* 80
Balqees *ik* 122
Balshil *in* 115
Baltimore/SSN 704 *us* 268
Baltrum *db* 62, 64
Baluchistan *pa* 192
Bambu *it* 132
Banckert *nl* 180
Bandar Abbas *ia* 126
Bangkeo *th* 240
Bangrachan *th* 240
Baniyas *va* 354, 356
Bannu *pa* 192
Banks *au* 14, 16
Baptista de Andrade *po* 206
Baracuda *va* 356
Baradero *ar* 10
Barao de Teffé *br* 26
Barb/SSN 596 *us* 270
Barbe *db* 60
Barbel/SS 580 *us* 270
Barbey/FF 1088 *us* 262
Barbour County/LST 1195 *us* 276
Barceló *sp* 224
Barge *ca* 36
Barguzin *su* 330
Bark *ly* 166
Barney/DDG 6 *us* 260
Barnstable County/LST 1197 *us* 276
Barograf *su* 336
Barometr *su* 336
Barracuda *gu* 109
Barracuda *ti* 242
Barracuda *po* 206
Barranqueras *ar* 10
Barroso Pereira *br* 26
Bars *su* 308
Barsø *de* 54
Barsuk *su* 308
Barlett *ca* 36
Bartlett/T-AGOR 13 *us* 288
Baruna Jaya *in* 121
Barzan *qu* 206

Basaran *tu* 248
Basento *it* 134
Basilan *ph* 198
Basilik *pg* 192
Baskunčak *su* 326
Baškirija *su* 336
Bass *au* 14, 16
Bassein *in* 114
Basswood/WLB 388
　us 300
Bataan *ph* 200
Batanes *ph* 200
Batfish/SSN 681 *us* 268
Batiray *tu* 244
Baton Rouge/SSN 689
　us 268
Bat Sheva *il* 129
Battleaxe *gb* 98
Bauchi *ni* 184
Bauckmann *ha* 111
Baung *ma* 170
Bavenit *su* 342
Bayandor *ia* 124
Bayern *db* 56
Bayleaf *gb* 106
Bayonet *au* 14, 16
Bayraktar *tu* 246
Bayreuth *db* 66
BC... *id* 122
Bditel'nyj *su* 306
Beagle *gb* 104
Bear/WMEC 901 *us* 296
Beas *in* 112
Beaufort/ATS 2 *us* 282
Beaulieu *gb* 107
Beauport *ca* 36
Beaver *gb* 98
Beddgelert *gb* 107
Bedi *in* 114
Bedovyj *su* 306
Bee *gb* 106
Béeah *ku* 165
Behr Paima *pa* 153
Beladau *ma* 170
Balati *id* 120
Bekirderé *tu* 248
Belegiš *ju* 152
Belgica *be* 21
Bélier *fr* 86
Belikawa *sk* 228
Belknap/CG 26 *us* 258
Bellatrix *do* 72
Bellatrix/T-AKR 288
　us 290
Belleau Wood/LHA 3
　us 274
Bellis *be* 20
Belmonte *br* 24
Belorussij *su* 308
Belos *sw* 217
Bembridge *gb* 107
Bendahara *bi* 28
Bendigo *au* 14
Benguet *ph* 200
Benin City *ni* 184
Benina *ly* 168
Benjamin Franklin/
　SSBN 640 *us* 266
Benjamin Isherwood/
　T-AO 191 *us* 286
Benjamin Stoddert/
　DDG 22 *us* 260
Bennington/CVS 20
　us 256
Bentara *ma* 172
Benyahiya *ag* 6

Berezan *su* 338
Berezina *su* 328
Bergall/SSN 667 *us* 268
Bergantin *sp* 224
Bergen *dd* 68
Bergen *no* 186
Bergö *fi* 77
Berk *tu* 244
Berkel *nl* 182
Berkeley *gb* 100
Berkeley/DDG 15 *us* 260
Berlaimont *fr* 82
Berlayer *si* 221
Berlin Hauptstadt der
　DDR *dd* 68
Bernau *dd* 68
Berneval *fr* 82
Berry *fr* 88
Beskytteren *de* 52
Bessmennyj *su* 306
Beštau *su* 326
Betano *au* 16, 17
Betelgeuze *do* 72
Betwa *in* 112
Bevakningsbat... *sw* 216
Beveziers *fr* 82
Beyrouth *lb* 164
Bezuprešnyj *su* 304
Bezukoriznennyj *su* 306
Bezzavetnyj *su* 306
Bhatkal *in* 114
Bhaunagar *in* 114
Bholu *pa* 192
Biblos *lb* 164
Bi Bong *ks* 162
Bicester *gb* 100
Biddle/CG 34 *us* 258
Biduk *id* 120
Bielik *pl* 202
Bien Dou *tw* 238
Bigelow/DD 942 *us* 262
Bigliani *it* 137
Bihoro *ja* 148
Bille *de* 52
Billfish/SSN 676 *us* 268
Bima Samudera *in* 118
Bimlipatam *in* 114
Bimsakti *id* 120
Binbasi Saadettin
　Gürcan *tu* 248
Bin Hai *ci* 49
Biokovac *ju* 152
Biokovo *ju* 154
Bira *su* 328
Birinci Inönü *tu* 244
Biriusa *su* 334
Birmingham/SSN 695
　us 268
Birmingham *gb* 96
Biscayne Bay/
　WTGB 104 *us* 300
Bishkali *bg* 18
Bison *fr* 86
Biter *gb* 102
Bitol *gu* 108
Bitterfeld *dd* 68
Bittersweet/WLB 389
　us 301
Bizerte *tu* 250
Bizon *pl* 202
Bjaerni Saemundsson
　is 126
Blackan *sw* 214
Blackhaw/WLB 390
　us 301
Black Rover *gb* 106

Blackwater *gb* 100
Blagorodnyj *su* 306
Blakely/FF 1072 *us* 264
Blakeney *gb* 107
Blanca Estela *ch* 40
Blandy/DD 943 *us* 260
Blas de Lezo *sp* 222
Blazer *gb* 102
Blestjaščij *su* 306
Blidö *sw* 214
Blink *no* 186
Blitvenica *ju* 152
Blois van Treslong
　nl 180
Blommendal *nl* 182
Blueback/SS 581 *us* 270
Bluefish/SSN 675
　us 268
Blue Ridge/LCC 19
　us 272
Blue Rover *gb* 106
Bluethroat *ca* 34
Bobr *pl* 202
Bobr *su* 308
Bodrij *bu* 28
Bodryj *su* 306
Boevoj *su* 304
Bogra *bg* 18
Bois Rond Tonnere
　ha 111
Boikij *su* 304
Bokanjac *ju* 154
Bolina *po* 206
Bold/T-AGOS 12 *us* 286
Bollard/WYTL 65614
　us 299
Bolognesi *pe* 194
Bolster/ARS 38 *us* 282
Boltenhagen *dd* 68
Bombarda *po* 206
Bonança *po* 206
Bonefish/SS 582 *us* 270
Bon Homme Richard/
　CVA 31 *us* 256
Bonifaz *sp* 224
Bonne/FFG 28 *us* 262
Booshehr *ia* 126
Boqueron *py* 195
Bora *tu* 246
Boraida *sa* 212
Borda *fr* 88
Bore *sw* 216
Borgen *no* 186
Borgunfjord *no* 189
Borgsund *no* 188
Boris Butoma *su* 328
Boris Buvin *su* 348
Boris Davidov *su* 338
Boris Polevoj *su* 346
Borkum *db* 62
Bormida *it* 134
Borodino *su* 340
Boronia *au* 16
Borovičij *su* 342
Bossington *gb* 100
Boston/SSN 703 *us* 268
Bosut *ju* 152
Bottsand *db* 62
Bougainville *fr* 84, 88
Boulder/LST 1190 *us* 276
Boulingoui Koumba
　Nazaire *ga* 88
Boussole *fr* 88
Boutwell/WHEC 719
　us 296

Bovesse *be* 20
Bowditch/T-AGS 21
　us 290
Bowen/FF 1079 *us* 262
Boxer *gb* 98
Bradano *it* 134
Bradley/FF 1041 *us* 264
Brak *ly* 168
Bramble/WLB 392
　us 301
Brambleleaf *gb* 106
Brani *si* 221
Brann *no* 186
Brännaren *sw* 216
Brask *no* 186
Brass *ni* 184
Brasse *db* 60
Bratsk *su* 348
Braunschweig *db* 56
Bravado *us* 292
Brave *gb* 98
Bravyj *su* 306
Brazil *br* 26
Brda *pl* 202
Brecon *gb* 100
Bredal *de* 52
Breeverthen *nt* 183
Bremen *db* 56
Bremerton/SSN 698
　us 268
Brenta *it* 134
Brereton *gb* 100
Brest *su* 320, 346
Brewton/FF 1086 *us* 262
Breydel *be* 20
Bridge/AOE 7 *us* 280
Bridle/WYTL 65607
　us 299
Brighton *sv* 211
Brilliant *gb* 98
Brilliant *su* 308
Brinton *gb* 100
Brisbane *au* 12
Briscoe/DD 977 *us* 260
Bristol *gb* 96
Bristol Bay/WTGB 102
　us 300
Bristol County/LST 1198
　us 276
Britannia *gb* 104
Briz *su* 338
Broadsword *gb* 98
Brocklesby *gb* 100
Bromo *id* 120
Bronington *gb* 100
Bronstein/FF 1037
　us 264
Bronzewing *au* 16
Brooke/FFG 1 *us* 262
Brott *no* 186
Brsec *ju* 152
Bruinvis *nl* 180
Brumby/FF 1044 *us* 264
Brunei *ar* 16, 17
Bruno Racua *bl* 21
Bruno Gregoretti *it* 136
Brunswick/ATS 3 *us* 282
Brutar *ru* 208
Bryza *pl* 205
BT... *py* 194
Bucco Reef *tt* 242
Buchanan/DDG 14
　us 260
Budapešt *su* 346
Buenos Aires *ar* 13

Buffalo/SSN 715 *us* 268
Buffle *fr* 86
Bug *su* 320
Buk *dd* 70
Buk Han *ks* 162
Bukidnon *ph* 201
Bulgià *nl* 182
Bulldog *gb* 104
Bullseye *gb* 105
Bulsar *in* 114
Bulse *db* 66
Buna *pg* 192
Bunbury *au* 14
Bunker Hill/CG 52
  us 256
Buran *su* 342
Burcrest *pg* 192
Burak Reis *tu* 244
Burdjamhal *id* 121
Bureja *su* 324
Burfoam *pg* 192
Burja *su* 320
Burlivyj *su* 306
Burong *bi* 28
Bursea *pg* 192
Burudjulasad *id* 121
Burun *su* 310
Burwave *pg* 192
Bussard *db* 60
Bustler *gb* 106
Butt *db* 60
Butte/AE 27 *us* 280
Buttonwood/WLB 306
  us 300
Buyskes *nl* 182
Buzuluk *su* 328
Bützow *dd* 68
Byvalyj *su* 306

C

C... *in* 116
C... *ml* 169
C... *sr* 229
C... *tu* 248
C... *ve* 352
Caboclo *br* 22
Cabo Branco *br* 27
Cabo Callanhar *br* 27
Cabo Corrientes *ar* 13
Cabo de Hornos *ar* 10
Cabo Fradera *sp* 227
Cabo Frio *br* 27
Cabo Odger *ch* 38
Cabo Roxo *gs* 110
Cabo San Antonio
  ar 10
Cabo Schram *br* 26
Cacine *po* 206
Cadarso *sp* 224
Cadete Virgilio Uribe
  me 174
Cádiz *sp* 226
Cagayan *ph* 200
Caio Duillio *it* 130, 136
Çakabey *tu* 246
Çakmak *tu* 244
Cakra *id* 118
Calchaqui *ar* 10
Caldas *co* 48
Calderas *do* 72
Calgary *ca* 30
Calicuchima *ec* 74
California/CGN 36
  us 258

Callaghan/DDG 994
  us 260
Callao *pe* 196
Callenburgh *nl* 180
Calliope *fr* 82
Calmar *fr* 87
Caloosahatchee/AO 98
  us 282
Camarines Sur *ph* 200
Camberra *au* 14
Cambiaso *do* 70
Camboriu *br* 24
Camden/AOE 2
  us 280
Camocim *br* 26
Camoudie *gy* 110
Campbell/WMEC 909
  us 296
Cambeltown *gb* 96
Çanakkale *tu* 244
Canal Cristo *ar* 10, 13
Candarli *tu* 251
Candido Leguizamo
  co 48
Cándido Pérez *sp* 224
Canisteo/AO 99 *us* 282
Canon/PG 88 *us* 272
Canopus *br* 26
Canopus *do* 72
Canopus/AS 34 *us* 278
Cantanduanes *ph* 198
Canterbury *ns* 178
Cantho *fr* 82
Caonabo *do* 73
Caorle *it* 134
Capable *gb* 106
Capable/T-AGOS 16
  us 286
Capana *ve* 352
Cap Cameroon *km* 154
Cape/MSI 2 *us* 284
Cap Breton *ca* 32
Cape Bojeador *ph* 200
Cape Carter/WPB 95309
  us 299
Cap Cod/AD 43 *us* 278
Cape Corvin/WPB 95226
  us 299
Cape Cross/WPB 95321
  us 299
Cape Current/
  WPB 95307 *us* 299
Cape Fox/WPB 95316
  us 299
Cape George/WPB 95306
  us 299
Cape Gull/WPB 95304
  us 299
Cape Hatteras/
  WPB 95305 *us* 299
Cape Hedge/WPB 95311
  us 299
Cape Henlopen/
  WPB 95328 *us* 299
Cape Higgon/
  WPB 95302 *us* 299
Cape Horn/WPB 95322
  us 299
Cape Hurd *ca* 34
Cape Jellison/
  WPB 95317 *us* 299
Cape Knox/WPB 95312
  us 299
Cape Morgan/
  WPB 95313 *us* 299

Cape Romain/
  WPB 95319 *us* 299
Cape Shoalwater/
  WPB 95324 *us* 299
Cape Small/WPB 95300
  us 299
Cape Starr/WPB 95320
  us 299
Cape Upright/
  WPB 95303 *us* 299
Cape Wash/WPB 95310
  us 299
Cape York/WPB 95332
  us 299
Capella *do* 72
Capella *fr* 84
Capella *sw* 216
Capella/T-AKR 293
  us 290
Capitan Alvaro Ruis
  co 48
Capitan Alsina *do* 72
Capitan Beotegui *do* 73
Capitan Cabral *py* 194
Capitan Castro *co* 48
Capitan de Fragata Pedro
  Sáinz de Baranda
  me 174
Capitan Meza *py* 194
Capitan Miranda *ur* 252
Capitan Oca Balda
  ar 10
Capitán Prat *ch* 36
Capitan Rigoberto
  Giraldo *co* 48
Capitan Vladimir Valek
  co 48
Capitan W. Arvelo *do* 73
Capodanno/FF 1093
  us 262
Capois *ha* 111
Capotillo *do* 73
Capricorne *fr* 84
Capstan/WYTL 65601
  us 299
Captor *ca* 32
Carabiniere *it* 130
Caravelas *br* 26
Cardiff *gb* 96
Careful *gb* 106
Caribe *cu* 51
Caribe *ve* 352
Carite *do* 72
Carl Friedrich Gauss
  dd 70
Carlo Margottini *it* 130
Carlos Alban *co* 50
Carlos Chagas *br* 27
Carlskrona *sw* 214, 219
Carl Vinson/CVN 70
  us 254
Carmelo *ur* 252
Caroly *it* 136
Caron/DD 970 *us* 260
Caroni *it* 243
Carr/FFG 52 *us* 262
Carron *gb* 100
Cartagena *co* 48
Cartagena *sp* 226
Carthage *tn* 250
Cartmel *gb* 107
Carvajal *pe* 194
Casablanca *fr* 82
Casamance *sg* 218
Cascade *fr* 89
Cascadura *ti* 242

Casimir Pulaski/
  SSBN 633 *us* 266
Casma *ch* 38
Casma *pe* 194
Cassard *fr* 80
Cassiopea *it* 132
Cassiopée *fr* 82
Castagno *it* 132
Castelhanos *br* 27
Castilla *pe* 194
Castilla *sp* 226
Castor *ch* 40
Castor *db* 58
Castor *sp* 228
Castor *sz* 220
Cataluña *sp* 224
Catawba/T-ATF 168
  us 286
Catenary/WYTL 65606
  us 299
Cattistock *gb* 100
Caupolicán *ch* 36
Cavaglia *it* 137
Cavalla/SSN 684 *us* 268
Cavilla *li* 164
Čavio *su* 344
Cavite *ph* 200
Cayambe *ec* 74
Cayuga/LST 1186
  us 276
Cazadora *sp* 224
Čažma *su* 334
Čer *ju* 154
Cdt. Birot *fr* 80
Cdt. Blaison *fr* 80
Cdt. Bouan *fr* 80
Cdt. de Pimodan *fr* 80
Cdt. Ducuing *fr* 80
Cdt. L'Herminier *fr* 80
Ceará *br* 24
Cebu *ph* 198
Cedro *it* 132
Čeksna *su* 328
Čeleken *su* 328
Celurit *id* 120
Centaure *fr* 86
Centauro *br* 26
Cephane... *tu* 248
Cephée *fr* 84
Cerbe *tu* 244
Čeremšan *su* 330
Cérès *fr* 82
Ceres *hk* 111
Ceriff *ku* 164
Červona Ukraina
  su 302
Cessnock *au* 14
Cezayirli Gazi Hasan
  Pasa *tu* 248
CG... *ca* 34, 37
Chacabuco *ch* 38
Chacal *fr* 88
Chaco *ar* 10
Chaguaramas *ti* 242
Chaleur *ca* 32
Challenge *gb* 218
Challenger *gb* 104
Chamak *in* 114
Chamelecon *ho* 111
Chamois *fr* 86, 88
Champion *gb* 218
Champion/MCM 4
  us 270
Champlain *fr* 84
Chancellorsville/CG 62
  us 256

818

Chandler/DDG 996
us 260
Chang th 240
Chang Pei tw 236
Changsha ci 42
Chang Won ks 162
Chantara th 242
Chao Yang tw 232
Chapak in 114
Chapal in 114
Charak in 114
Char Bahar ia 126
Charger gb 102
Chariton Laptev su 352
Charlemagne Perrault
ha 111
Charles de Gaulle fr 78
Charles F. Adams/
DDG 2 us 260
Charleston/LKA 113
us 276
Chaser gb 104
Chatham gb 96
Chattahoochee/
T-AOG 82 us 294
Chaudière ca 32
Chauvenet/T-AGS 29
us 288
Chavannes ha 111
Chebi... ks 162
Cheetah in 114
Che Ju ks 160
Chengdu ci 40
Chen Hai tw 236
Cheng Hua tw 232
Cherokee/WMEC 165
us 296
Chersones su 334
Chevreuil fr 86, 88
Chiang Yang tw 234
Chibinyj su 326
Chicago/SSN 721 us 266
Chichijima ja 144
Chiddingfold gb 100
Chignecto ca 32
Chihuahua me 174
Chikala mw 168
Chikugo ja 140, 148
Chikuzen ja 146
Chillon pe 198
Chilula/WMEC 153
us 296
Chimborazo ec 74
Chimera it 132
Chimère fr 89
Chinaltenango gu 109
Chinnok/WYTM 96
us 298
Chin Yang tw 232
Chipana ch 38
Chipana pe 194
Chiquillán ar 10
Chitose ja 140, 148
Chiu Hua tw 238
Chiu Lien tw 239
Chiyoda ja 144
Chiyokai ja 146
Chobi su 330
Chock/WYTL 65602
us 299
Chonburi th 240
Choper su 324

Choshuenco ch 40
Chuang th 242
Chubut ar 10
Chui ka 156
Chula th 242
Chulupi ar 10
Chuluteca ho 111
Chung Buk ks 160
Chung Chao tw 236
Chung Chi tw 236
Chung Cheng tw 236
Chung Chiang tw 236
Chung Chien tw 236
Chung Chih tw 236
Chung Chuan tw 236
Chung Fu tw 236
Chung Hai tw 236
Chung Hsing tw 236
Chung Hsun tw 236
Chung Kuan tw 236
Chung Lien tw 236
Chung Ming tw 236
Chung Mu ks 160
Chung Pang tw 236
Chung Shan tw 234
Chung Sheng tw 236
Chung Shu tw 236
Chung Ting tw 236
Chung Wan tw 236
Chung Yeh tw 236
Chung Yung tw 236
Chunji ks 162
Churchill gb 100
Churruca sp 222
Chu Yung tw 234
Cicala gb 106
Ciclope it 134
Ciclope sp 226
Cigale fr 86
Ciklon su 310
Cimarron/AO 177 us 282
Cincinnati/SSN 693
us 268
Cinq Juin se 221
Ciudad de Quibdo co 48
Circé fr 82
Cirujano Videla ch 41
Cisne po 206
Cisne Branco br 26
Citrus/WMEC 300
us 296
City of Corpus Christi/
SSN 705 us 268
CL... ja 148
Clark/FFG 11 us 262
Claude V. Ricketts/
DDG 5 us 260
Cleat/WYTL 65615
us 299
Cleopatra gb 98
Cleveland/LPD 7 us 274
Clifton Sprague/FFG 16
us 262
Clio fr 82
Clorinda ar 10
Clovelly gb 106
Clover/WMEC 292
us 296
Clyde gb 104
Cna su 332
Coahuila me 174
Coburg db 62
Cochrane/DDG 21
us 260
Cockchafer gb 106

Colayeras pe 196
Colbert fr 78
Colimbo sp 229
Colo-Colo ch 40
Colonel Arrahmani
mo 172
Colonel Djoué Dabany
ga 90
Colonia ur 252
Colosso it 134
Columbia ca 32
Comandancia de Balao
ec 74
Comandancia de
Guayaquil ec 74
Comandanica de Salinas
ec 74
Comandante Manhães
br 27
Comandante Arandia
bl 21
Comandante General
Irigoyen ar 8
Comandante Torrijos
pn 194
Comandante Varella
br 27
Comfort/T-AH 20 us 294
Comet/T-AKR 7 us 294
Commandant
Azouggarh mo 172
Commandant Al
Khattabi mo 172
Commandant Bory
fr 80
Commandant Bou Ahab
mo 172
Commandant Bourdais
fr 70
Commandant El Harty
mo 172
Commandant Rivière
fr 86
Commandante Herméne-
gildo Capelo po 206
Commandante João
Belo po 206
Commandante Pedro
Campell ur 252
Commandante Roberto
Ivens po 206
Commandante Sacudara
Cabral po 206
Commander Apai Joe
ni 185
Commander Marshall
bd 17
Commander Rudolf
ni 185
Comodore Rivadavia
ar 10
Comodoro Carlos
Castillo Bretón me 174
Comodoro Coe ur 252
Comodoro Manuel
Azueta me 174
Comstock/LSD 45
us 274
Comte de Grasse/
DD 974 us 260
Concepción del Uruguay
ar 10
Concord/AFS 5 us 280
Conde del Venadito
sp 226
Condell ch 38

Condestable Zaragoza
sp 227
Condor it 134
Condor po 206
Conejera sp 224
Confidence/WMEC 619
us 296
Conifer/WLB 301
us 300
Connolle/FF 1056
us 264
Conolly/DD 979 us 260
Conquest/MSO 488
us 272
Conqueror gb 100
Conserver/ARS 39
us 282
Constant se 221
Constant/MSO 427
us 272
Constanta ru 211
Constellation/CV 64
us 254
Constituicao br 22
Contender/T-AGOS 2
us 288
Contituicao br 22
Contraalmirante Angel
Ortiz Monasterio
me 174
Contramaestre Casado
sp 226
Contramaestre Castelló
sp 227
Contramaestre Navarro
pe 197
Conyngham/DDG 17
us 260
Cook au 17
Cook/FF 1083 us 262
Coontz/DDG 40 us 260
Copahue ch 40
Copeland/FFG 25
us 262
Copan ho 110
Cora me 176
Corail fr 88
Coral Sea/CV 43 us 256
Corcovado ch 40
Cormoran ar 10
Cormorant ca 32
Cormorant gb 102
Cormorant hk 110
Cornhusker State/
T-ACS 6 us 294
Cornwall gb 96
Coronado/AGF 11 us 280
Corsaro II it 136
Corte Real po 204
Cortés ch 40
Cotabato del Norte
ph 200
Cotabato del Sur ph 200
Cottbus dd 68
Cottesmore gb 100
Courageous gb 100
Courageous/WMEC 622
us 296
Courier us 292
Courland Bay ti 242
Cove Isle ca 36
Coventry gb 98
Cowichan ca 32
Cowpens/CG 63 us 256
Cowslip/WLB 277 us 300
CP... it 136

CP ... *lb* 164
CPL. Louis J. Hauge JR. *us* 292
Crame Jean *sg* 221
Criccieth *gb* 106
Cricket *gb* 106
Cricklade *gb* 106
Criquet *fr* 86
Crocus *be* 20
Croix du Sud *fr* 82
Cromarty *gb* 106
Crommelin/FFG 37 *us* 262
Crotone *it* 132
Crvena Zvijezda *ju* 152
CT ... *us* 272
CTM ... *fr* 86
Cuanza *po* 206
Cuauhtemoc *me* 177
Çubuktu *tu* 251
Cuenza *ec* 74
Cuitlahuac *me* 174
Čukotka *su* 320, 334
Cumberland *gb* 96
Čumikan *su* 334
Cunene *po* 206
Cundrik *id* 120
Curlew *au* 14
Currawong *au* 16
Curtiss/T-AVB 4 *us* 294
Curts/FFG 38 *us* 262
Cushing/DD 985 *us* 260
Custodio de Mello *br* 26
Cuxhaven *db* 58
Cuxton *gb* 102
Cybèle *fr* 82
Cygnet *gb* 102
Czajka *pl* 202
Czapla *pl* 202

D

D ... *me* 176
Dacca *pa* 192
Dace/SSN 607 *us* 270
Dachs *db* 60
Dae Gu *ks* 160
Dagushan *ci* 46
Dahlgreen/DDG 43 *us* 260
Daio *ja* 146
Daisetsu *ja* 146
Dalarö *sw* 216
Dale/CG 19 *us* 258
Dalnevostočnyj Komso-molec *su* 306
Dallas/SSN 700 *us* 268
Dallas/WHEC 716 *us* 296
Dalnie Zelencij *su* 344
Damavand *ia* 124
Damisa *ni* 184
Dammam *sa* 212
Dämman *sw* 214
Damour *lb* 165
Damrong *th* 243
Damsah *qu* 206
Damuan *bi* 28
Dana *de* 55
Danaide *it* 132
Danae *gb* 98
Danbjörn *de* 55
Dandrica *bz* 20
Dang Yang *tw* 232
Daniel Boone/SSBN 629 *us* 266

Daniel Webster/ SSBN 626 *us* 266
Daniolos *gr* 94
Dannebrog *de* 54
Daoud Ben Aicha *mo* 174
Dante Novaro *it* 136
Daphne *de* 54
Daphne *fr* 82
Daphni *gr* 92
Dareen *sa* 212
Dar El Barka *mt* 172
Daring *si* 220
Darshak *bg* 19
Darshak *in* 116
Darss *dd* 70
Dart *gb* 104
Darter/SS 576 *us* 270
Darwin *au* 14
Dasher *gb* 102
Dastoor *ku* 164
Dat Assawari *ly* 166
Datchet *gb* 108
Datu Marikudo *ph* 198
Datu Sikatuna *ph* 198
Daugava *su* 324
Dauntless *si* 220
Dauntless/WMEC 624 *us* 296
Dauphin *fr* 82
Daurija *su* 326
Davao Oriental *ph* 200
Davidson/FF 1045 *us* 264
David R. Ray/DD 971 *us* 260
Davis/DD 937 *us* 260
Dawn *us* 290
Dazhi *ci* 46
De Brouwer *be* 20
Decatur/DDG 31 *us* 260
Decisive/WMEC 629 *us* 296
Dedalo *sp* 222
Deepak *in* 114
Defender *si* 210
Defender/MCM 2 *us* 270
Defensora *br* 22
Deflektor *su* 336
De Grasse *fr* 80
Deirdre *ir* 126
Deimos *su* 332
Dejatel'nyj *su* 306
Dela *gh* 90
Delfin *ar* 12
Delfin *pl* 202
Delfin *sp* 224
Delfin *su* 308
Delfinen *sw* 214
Delfim *po* 206
Delfzijl *nl* 182
Delphin *db* 60
Delos *gr* 94
De los Heros *pe* 196
De Mayo *ar* 8
Demirhissar *tu* 246
De Mist *so* 230
Demmin *dd* 70
Demokratia *ru* 208
Deneb *db* 58
Denebola/T-AKR 289 *us* 290
De Neys *so* 230
Denizkusu *tu* 246
Denmead *gb* 106
De Noorde *so* 230

Denti *fr* 89
Denver/LPD 9 *us* 274
D'Entrecasteaux *fr* 88
Dependable/WMEC 626 *us* 296
De Ruyter *nl* 180
Derya *tu* 248
Derzkij *su* 304
Derwent *au* 14
Descatusaria *ru* 208
Descubierta *sp* 224
Des Groseilliers *ca* 34
Desh Deep *in* 114
Des Moines/CA 134 *us* 258
Dešna *su* 330
Desrobirea *ru* 208
De Steiguer/T-AGOR 12 *us* 288
Destienne D'orves *fr* 80
Dessau *dd* 68
Detector *ca* 32
Detroit/AOE 4 *us* 280
Detroyat *fr* 80
Deutschland *db* 62
Deva *su* 224
Devastator/MCM 6 *us* 270
Deviator *su* 338
Dewar Kembar *id* 120
Dewarutji *id* 121
De Wert/FFG 45 *us* 262
Dewey/DDG 45 *us* 260
Dextrous *gb* 106
Deyo/DD 989 *us* 260
Dhafeer *va* 356
Dhaher *ku* 164
Dheeb Al Bahar *om* 190
Dhofar *om* 188
Diabaz *su* 344
Diana *db* 58
Diana *sp* 224
Diane *fr* 82
Dianthus *be* 20
Didier *br* 26
Diego Silang *ph* 198
Diez Canceco *pe* 194
Dikson *su* 326
Dili *id* 120
Dilligence *gb* 104
Dilligence/WMEC 616 *us* 296
Dinant *be* 20
Dintel *nl* 182
Diorat *su* 344
Diomede *gb* 98
Diopos Antoniou *gr* 94
Discovery Bay *jm* 137
Dix Juillet *mt* 172
Dixon/AS 37 *us* 278
Dixon *su* 350
Diyakawa *sk* 228
Djaja Widjaja *id* 120
DJC ... *ju* 154
Djerdap *ju* 152
Djerv *no* 186
Djibrill *sg* 218
Djilor *sg* 218
Djomboss *sg* 220
DKN ... *id* 121
Dmitrij Dmitrov *bu* 28
Dmitrij Galkin *su* 344
Dmitrij Laptev *su* 344
Dmitrij Lysov *su* 316
Dimitrij Mendeleev *su* 342

Dmitrij Ovcin *su* 344
Dmitrij Sterligov *su* 344
Dmitrij Požarskij *su* 304
Dnjestr *su* 328
Doblestnyj *su* 306
Do Bong *ks* 163
Dobrinja Nikitič *su* 342
Dogan *tu* 246
Doganay *tu* 244
Doğanarlan *tu* 250
Doirani *gr* 94
Dolfijn *nl* 180
Dolphin/AGSS 555 *us* 282
Dolunay *tu* 244
Dolwen *gb* 106
Dom Aleixo *po* 206
Dom Mintoff *ml* 169
Dom Jeremias *po* 206, 207
Dommel *db* 60
Dommel *nl* 182
Dompaire *fr* 82
Don *su* 330
Donald B. Beary/FF 1085 *us* 262
Donatan *tu* 248
Donau *db* 60
Donbas *su* 326
Don Chedi *th* 240
Donec *su* 332, 348
Donezkij Šachter *su* 322
Donuzlav *su* 338
Dorade *ag* 6
Dorado *ar* 12
Dorang *id* 118
Dordrecht *nl* 182
Dore *id* 120
Dorina *ni* 184
Doris *fr* 82
Doris *gr* 95
Dornbusch *dd* 70
Dornoch *gb* 106
Dorsch *db* 60
Dos de Mayo *pe* 196
Dostoinyj *su* 306
Doudard de Lagrée *fr* 80
Douloulou *sg* 220
Dovey *gb* 100
Downes/FF 1070 *us* 264
Doyle/FFG 39 *us* 262
Drachten *nl* 182
Dragon *hk* 111
Dragonera *sp* 224
Drakensberg *so* 230
Draug *no* 188
Drava *ju* 152
Dreg ... *nl* 183
Dreger *pg* 192
Drejø *de* 54
Dreptatea *ru* 208
Driade *it* 132
Drogou *fr* 80
Drum/SSN 677 *us* 268
Drummond *ar* 8
Druzki *bu* 28
Družnyj *su* 306
Dryade *fr* 86
Dryaden *de* 54
Duarte *do* 73
Dubbo *au* 14
Dubna *su* 324
Dubuque/LPD 8 *us* 274
Du Chayla *fr* 80
Duderstadt *db* 66
Duero *sp* 224

Dufour *be* 20
Duguay-Trouin *fr* 80
Duk Bong *ks* 162
Duluth/LPD 6 *us* 274
Dulverton *gb* 100
Dumbarton Castle
  gb 102
Dumitrescu *ru* 210
Dumont d'Urville *fr* 84
Dunagiri *in* 112
Dunaj *su* 320, 328
Duncan/FFG 10 *us* 262
Dundurn *ca* 34
Dunster *gb* 106
Duperré *fr* 80
Dupetit Thouars *fr* 80
Dupleix *fr* 80
Du Pont/DD 941 *us* 260
Duque de Caxias *br* 24
Duquesne *fr* 80
Durable/WMEC 628
  us 296
Durance *fr* 86
Durango *me* 176
Duranta *bg* 18
Durban *so* 230
Durbar *bg* 18
Durdam *bg* 18
Düren *db* 58
Durgham *va* 356
Durham/LKA 114
  us 276
Durjoy *bg* 18
Durvedya *bg* 18
Dutton/T-AGS 22 *us* 290
Duyong *ma* 171
DVA... *sw* 217
Dwight D. Eisenhower/
  CVN 69 *us* 254
Dzata *gh* 90
Dzerżynskij *su* 306
Dzik *pl* 202

E

Eagle/WIX 327 *us* 300
Ean Al Gazala *ly* 166
Ean Mara *ly* 166
Ean Zaara *ly* 166
Ean Zakut *ly* 166
Earl Grey *ca* 36
East London *so* 230
Ebano *it* 132
Eberswalde-Finow *dd* 68
Ebro *sp* 224
Eçeabat *tu* 249
Echolot *su* 336
Echols/IX 504 *us* 280
Echizen *ja* 148
Eden *gb* 104
Edenton/ATS 1 *us* 282
Edera *it* 132
Edinburgh *gb* 96
Edisto/WPB 1313
  us 298
Edithara *sk* 228
EDM... *ar* 10
EDVP... *ar* 10
Edson/DD 946 *us* 262
Eduardo Abaroa *bl* 21
Eduard Toll *su* 344
Edward Cornwallis
  ca 34
Edward McDonnel/
  FF 1043 *us* 264

Efficace *fr* 87
Egernsund *de* 52
Egorlik *su* 328
Eifel *db* 62
Eilat *il* 128
Eilenburg *dd* 68
Eisbär *db* 62
Eisenhüttenstadt *dd* 68
Eisvogel *db* 62
Eithne *ir* 126
Ekpe *ni* 184
Ekster *be* 20
Ekteshaf *ia* 126
Ekun *ni* 184
Ekvator *su* 334
El Aboukir *eg* 2
El Agami *eg* 4
El Aigh *mo* 174
El Beig *mt* 172
El Dighila *eg* 4
El Fatih *eg* 2
El Fayuh *eg* 2
El Ghazi *pa* 192
El Hady *eg* 2
El Hakim *eg* 2
El Hani *ly* 166
El Hanufieh *eg* 2
El Horriah *eg* 4
El Idrissi *ag* 6
El Jail *mo* 172
El Kadesseya *eg* 2
El Karis *mo* 172
El Kenz *mt* 172
El Khafir *mo* 172
El Kobayat *ly* 168
El Makas *eg* 4
El Mikdam *mo* 172
El Mourakeb *ag* 6
El Nasser *eg* 2
El Nour *eg* 2
El Oro *ec* 72
El Paso/LKA 117 *us* 276
El Puma *me* 177
El Sabiq *mo* 174
El Sahir *mo* 156
El Salam *eg* 2
El Sues *eg* 2
El Timsah *ly* 168
El Tucuche *tt* 242
El Vaiz *mt* 172
El Wacil *mo* 172
El Wakil *eg* 2
El Yadekh *ag* 6
El Yarmouk *eg* 2
Elan *fr* 86, 88
Elbe *db* 60
Elbe *dd* 71
Elbjørn *de* 55
Elbruz *su* 352
Eldaren *sw* 216
Eleuthera *ba* 19
Elew *pl* 205
Elfe *fr* 86
Elicura *ch* 38
Elisabeth Lykes *us* 292
Elk River/IX 510 *us* 284
Elkstone *gb* 106
Ellerbeck *db* 62
Elli *gr* 90
Elliot/DD 967 *us* 260
Elm *su* 344
Elmer Montgomery/
  FF 1082 *us* 262
Elmina *gh* 90
Elrod/FFG 55 *us* 262
Elsing *gb* 106

Elster *db* 60
Eltanin/T-AGOR 8
  us 288
Elton *su* 338
Emba *su* 334
Embrum *fr* 89
Emden *db* 56
Emer *ir* 126
Emeraude *fr* 82
Emil Racovita *ru* 210
Emily Hobhouse *so* 230
Emory S. Land/AS 39
  us 278
Endeavour *ca* 34
Endeavour *gb* 108
Endeavour *ns* 178
Endeavour *si* 220
Endurance *gb* 104
Engadine *gb* 104
Engage/MSO 433
  us 272
Engageante *fr* 89
England/CG 22 *us* 258
Enhance/MSO 437
  us 272
Enoshima *ja* 142
Enrico Dandolo *it* 132
Enrico Toti *it* 132
Enriquilla *do* 73
ENS... *su* 324
Enseigne Henry *fr* 80
Enterprise *bd* 17
Enterprise/CVN 65
  us 254
Enugu *ni* 184
Enyimiri *ni* 184
E. Panagoulos...
  gr 94
Epe *ni* 184
Epée *fr* 84
Epworth *gb* 106
Erich Krenkel *dd* 71
Eridan *fr* 82
Erimo *ja* 146
Erin'omi *ni* 184
Erkin *tu* 248
Erle *no* 186
Ermak *su* 350
Ernst Krenkel *su* 344
Ernst Thälmann *dd* 71
Erofrej Chabarov *su* 352
Ertugrul *tu* 248
Esan *ja* 146
Escanaba/WMEC 907
  us 296
Escape/WMEC 6
  us 296
Eschwege *db* 66
Esequibo *ve* 352
Esmeralda *ch* 40
Esmeraldas *ec* 72
Espadon *fr* 82
Espalmador *sp* 224
Esperanza *ar* 13
Espero *it* 130
Esperos *gr* 92
Espíritó Santo *br* 22
Espora *ar* 8
Es Sahir *mo* 172
Essaouira *mo* 175
Essex/LHD 2 *us* 274
Esteban Baca Calderon
  me 176
Esteem/MSO 438
  us 272
Estocin/FFG 15 *us* 262

Estonij Komsomolec
  su 320
Etajima *ja* 142
Eten *pe* 196
Ethiopia *et* 12
Etomo *ja* 146
Ettrick *gb* 106
Euro *it* 130
Euryalus *gb* 98
Everglades/AD 24
  us 278
Evergreen/WMEC 295
  us 296
Evertsen *nl* 180
Evgenij Nikonov *su* 316
EV Jacoubet *fr* 80
Evros *gr* 94
Example *gb* 102
Excel/MSO 439 *us* 272
Excellence *bd* 17
Exeter *gb* 96
Exploit *gb* 102
Exploit/MSO 440
  us 272
Explorer *gb* 102
Explorer *ph* 201
Express *gb* 102
Extremadura *sp* 224
Exultant/MSO 441
  us 272
Exuma *ba* 19
Ezion Geber *il* 128

F

F... *et* 12
FAB... *tw* 236
Faddej Bellingshausen
  su 338
Faha Fahana *mg* 168
Faheleovatena *mg* 168
Fahrion/FFG 22 *us* 262
Fairfax County/
  LST 1193 *us* 276
Faisal *sa* 212
Faithful *gb* 106
Fajablow *sr* 229
Falakhon *ia* 124
Falcon Champion
  us 290
Falcon Leader *us* 292
Falcone *it* 134
Falk *no* 186
Falke *db* 60
Falken *sw* 219
Falkland Desire *gb* 109
Falkland Right *gb* 109
Fällaren *sw* 214
Falster *de* 52
Fanantenana *mg* 168
Fanning/FF 1076 *us* 264
Fanrosoana *mg* 168
Farallon/WPB 1301
  us 298
Fareed *ku* 164
Farfadet *fr* 89
Farm *no* 188
Farø *de* 54
Faroleiro Areas *br* 27
Faroleiro Nascimento
  br 27
Faroleiro Santana *br* 27
Farragut/DDG 37
  us 260
Fatahillah *id* 116

Fatih *tu* 244
Fatsa *tu* 246
Faune *fr* 86
Fawn *gb* 104
Fearless *gb* 102
Fearless/MSO 442
  us 272
Fecia di Cossato *it* 132
Federacion *ve* 354
Fedor Litke *su* 338, 352
Fedor Matisen *su* 344
Fedor Vidjaev *su* 324
Fehmarn *db* 60
Felchen *db* 60
Felipe Larrazabal *ve* 354
Felix Romero *me* 176
Felsted *gb* 106
Fencer *gb* 104
Fenice *it* 132
Feolent *su* 330
Fernando Gomez *ve* 352
Fernando Lizardi
  me 176
Ferré *pe* 194
Ferrol *sp* 226
Fethiye *tu* 246
F. G. Osbourne *ca* 36
Fidelity/MSO 443
  us 272
Fife/DD 991 *us* 260
Finback/SSN 670 *us* 268
Finike *tu* 246
Fintry *gb* 106
Firebush/WLB 393
  us 301
Fische *db* 58
Fiyab *sn* 228
Flasher/SSN 613 *us* 270
Flatley/FFG 21 *us* 262
Flensburg *db* 58
Fletcher/DD 992 *us* 260
Fleur *so* 230
Flickertail State/T-ACS 5
  us 294
Flinders *au* 17
Flint/AE 32 *us* 280
Flore *fr* 82
Florida/SSBN 728
  us 264
Florikan/ASR 9 *us* 278
Flunder *db* 60
Flying Fish/SSN 673
  us 268
Flyvefisken *de* 52
FMB... *et* 12
Fobos *su* 332
Foca *tu* 246
Foch *fr* 78
Fogonero Bañobre
  sp 227
Föhr *db* 62
Foka *pl* 202
Forceful *gb* 106
Ford/FFG 54 *us* 262
Förde *db* 60, 62
Formosa *ar* 10
Forrestal/CV 59 *us* 254
Forrest Sherman/
  DD 931 *us* 262
Fort Austin *gb* 104
Fort Charles *jm* 137
Fort Charlotte *ba* 19
Fort Chacon *ti* 242
Fort Fisher/LSD 40
  us 274
Fort Grange *gb* 104

Fort McHenry/LSD 43
  us 274
Fort Montague *ba* 19
Fort Ševerenko *su* 324
Fort Snelling/LSD 30
  us 276
Fort Steele *ca* 32
Fort Victoria *gb* 104
Forte *it* 134
Forte de Coimbra *br* 22
Forth *gb* 104
Fortify/MSO 446 *us* 272
Fortuna... *ar* 11
Fortune *se* 221
Forward/WMEC 911
  us 296
Fotherby *gb* 106
Foudre *fr* 84
Fourmi *fr* 86
Fouta *sg* 218
Fox *gb* 104
Fox *ti* 243
Fox/CG 33 *us* 258
FP... *ct* 51
Francisco Dagahoy
  ph 198
Francisco de Churruca
  ar 8
Francisco J. Mujica
  me 176
Francisco Zarco *me* 174
Francis Garnier *fr* 84
Francis Hammond/
  FF 1067 *us* 264
Francis Scott Key/
  SSBN 657 *us* 266
Franco *pe* 197
Frank Besson *us* 276
Frank Cable/AS 40
  us 278
Frankfurt/Oder *dd* 68
Franklin *au* 17
Franklin *ca* 34
Frans Erasmus *so* 230
Fraser *ca* 32
Frassino *it* 132
Frauenlob *db* 58
Frederick Creswell
  so 230
Frederick/LST 1184
  us 276
Freedom *si* 220
Freiberg *dd* 68
Freiburg *db* 62
Frej *sw* 216
Fremantle *au* 14
Fresia *ch* 38
Fresno/LST 1182 *us* 276
Frettchen *db* 60
Freya *db* 60
Friedrich Schulze *dd* 68
Frithjof *db* 66
Fritz Behm *dd* 60
Fritz Gast *dd* 62
Fritz Globig *dd* 68
Frontin *br* 22
F. Rozman-Stane *ju* 152
Froxfield *gb* 106
Frunze *su* 302
Fruška Gora *ju* 154
Fryken *sw* 216
FTB... *et* 12
Fuchs *db* 60
Fuchsia *be* 20
Fuji *ja* 148
Fukue *ja* 142

Fulbeck *gb* 106
Fulda *db* 58
Fulton/AS 11 *us* 278
Fundy *ca* 32
Furman/T-AK 280
  us 286
Furusund *sw* 214
Fu Shan *tw* 238
Fushimi *ja* 144
Futami *ja* 144
Fu Yang *tw* 232
Fuzhun *ci* 40
FW... *db* 62
Fyen *se* 52
Fylla *de* 52

G

G... *dd* 70
G... *it* 137
Gaash *il* 128
Gabriele *it* 137
Gadebusch *dd* 68
Gaeta *it* 132
Gafel *su* 316
Gafsa *tn* 250
Gagliardo *it* 134
Gaj *in* 115
Gal *il* 128
Galatée *fr* 82
Galeana *me* 174
Galeb *ju* 154
Galeota *it* 243
Galerna *sp* 224
Galicia *sp* 226
Gallant/MSO 489
  us 272
Gallatin/WHEC 721
  us 296
Gallery/FFG 26 *us* 262
Gallup/PG 85 *us* 272
Gals *su* 338
Galten *sw* 214
Galvez *ch* 40
Galvez *pe* 194
Gama *pa* 192
Ganas *ma* 170
Ganda *ik* 124
Ganga *in* 112
Gangut *su* 340
Gangutec *su* 308
Ganyang *ma* 170
Garcia/FF 1040 *us* 264
Garcia d'Avila *br* 24
Gardno *pl* 202
Gardouneh *ia* 124
Garganey *gb* 106
Garigliano *fr* 82
Gärle *sw* 216
Garnele *db* 60
Garonne *fr* 82
Garpeskjaer *no* 188
Garry/FFG 51 *us* 262
Gåssten *sw* 214
Gastão Moutinho *br* 24
Gatineau *ca* 32
Gato/SSN 615 *us* 270
Gauss *db* 66
Gave *fr* 89
Gaveshani *in* 116
Gavilan... *sp* 228
Gavinton *gb* 100
Gavril Kirdišev *su* 348
Gawler *au* 14
Gaya II *sh* 210

Gayret *tu* 244
Gazal *tu* 250
Gazelle *db* 60
Gazelle *fr* 86, 88
GB... *et* 12
GC... *ar* 12
GC... *es* 72
GC... *nc* 180
Geba *po* 206
Geelong *au* 14
Gefion *db* 58
Geier *db* 60
Geir *no* 186
Gelderland *so* 230
Gelibolu *tu* 244
Gelso *it* 132
Gelsomino *it* 132
Gem State/T-ACS 2
  us 294
Gemert *nl* 182
Gemini/PHM 6 *us* 272
Gemlik *tu* 244
Gemma *db* 58
Gempita *ma* 170
General Hugh J. Gaffey/
  IX 507 *us* 280
General Ignacio
  Zaragoza *me* 176
General José Trinidad
  Moran *ve* 354
General Rijabakov
  su 324
General Salom *ve* 352
General Soublette *ve* 352
General Thomas
  Quiwonkpa *li* 164
General Urdaneta *ve* 352
General Vicente
  Guerrero *me* 176
General William O.
  Darby/IX 510 *us* 280
Genil *sp* 224
Genkai *ja* 146
Genna *it* 137
Genrich Gassanov
  su 328
Genthin *dd* 68
Gentian/WLB 290
  us 300
Geofizik *su* 344
Geolog Dmitrij Nalivkin
  su 344
George Bancroft/
  SSBN 643 *us* 266
George C. Marshall/
  SSBN 654 *us* 266
George E. Darby *ca* 34
George Ferguson *bd* 17
George Philip/FFG 12
  us 262
George McIntosh *sv* 211
George R. Pearkes *ca* 34
George Washington/
  CVN 73 *us* 254
George Washington
  Carver/SSBN 656
  us 266
Georges Leygues *fr* 80
Georgia/SSBN 729
  us 264
Georgij Kozmin *su* 326
Georgij Paseckij *su* 348
Georgij Sedov *su* 352
Georgij Titov *su* 326
Georgij Ušakov *su* 344
Geoula *il* 128

Gepard *db* 60
Gepard *su* 308
Geraldton *au* 14
Géranium *fr* 84
Gerifalte *sp* 228
Germantown/LSD 42
  us 274
Geroj Plevnij *su* 350
Geroj Sipkij *su* 350
Gettisburg/CG 64
  us 256
Geyser *fr* 89
GF... *cu* 51
Ghadunfar *va* 356
Ghanadhah *va* 356
Gharial *in* 114
Gheppio *it* 134
Ghorpad *in* 114
Ghubat Al Shuwah
  om 190
Giaggiolo *it* 132
Gidrofon *su* 336
Gidrobiolog *su* 344
Gidrolog *su* 338
Gidrovant *su* 344
Giethoorn *nl* 182
Gigante *it* 134
Gigrometr *su* 338
Gihad *sn* 228
Gilgit *pa* 192
Gillöga *sw* 214
Ginga *ja* 150
Girne *tu* 246
Girarulevoj *su* 334
Giuliano Prini *it* 132
Guisepe Garibaldi *it* 130
Giza *eg* 2
GKS... *su* 336
GL... *it* 137
Glacier/WAGB 4 *us* 298
Gladan *sw* 219
Gladstone *au* 14
Glaive *fr* 84
Glasgow *gb* 96
Glavkos *gr* 92
Gleaner *gb* 104
Glenard P. Lipscomb/
  SSN 685 *us* 268
Glencoe *gb* 106
Glimt *no* 186
Glomma *no* 186
Gloria *co* 49
Gloucester *gb* 96
Glover/FF 1098 *us* 264
Glubometr *su* 338
Glücksburg *db* 62
G. Maksimov *su* 344
GN... *pn* 195
Gnat *gb* 106
Gnevnyj *su* 304
Gnist *no* 186
Goascoran *ho* 111
Godavari *in* 112
Godetia *be* 20
Goga *pa* 192
Goiás *br* 24
Goldar *in* 114
Goldeneye *gb* 106
Gold Rover *gb* 106
Goldsborough/DDG 20
  us 260
Golfe de Guinée *el* 73
Golfo San Matias *ar* 13
Golok *id* 120
Gomati *in* 112
Gomez Roca *an* 8

Goosander *gb* 106
Gorch Fock *db* 64
Gordelivyj *su* 306
Gordyj *su* 304
Gorée *sg* 218
Gorizont *su* 338
Gonik *pl* 202
Goplo *pl* 202
Gorz *ia* 124
Göteborg *sw* 216
Göttingen *db* 58
Gotora *ja* 146
Graal-Müritz *dd* 70
Graca Aranha *br* 26
Grad *su* 310
Gradac *ju* 152
Grado *it* 134
Gradus *su* 338
Graespurven *de* 54
Granitz *dd* 70
Granica *ju* 154
Grand Canyon State/
  T-ACS 3 *us* 294
Granma *cu* 51
Granville *ar* 8
Grapple/ARS 53 *us* 282
Grasmere *gb* 106
Grasp/ARS 51 *us* 282
Grasso *it* 137
Gravina *sp* 222
Gray/FF 1054 *us* 264
Grayling/SSN 646 *us* 268
Grecale *it* 130
Greenling/SSN 614
  us 270
Green Harbour *us* 292
Green Island *us* 292
Green Rover *gb* 106
Green Valley *us* 292
Green Wave *us* 290
Gregorio de Pilar
  ph 198
Greif *db* 60
Greifswald *dd* 70
Greiz *dd* 68
Gremjačšij *su* 304
Grenfell *ca* 34
Grey Rover *gb* 106
Gribb *no* 186
Gridley/CG 21 *us* 258
Griffon *ca* 36
Grifone *it* 134
Grigore Antipa *ru* 211
Grigoropoulos *gr* 94
Grillon *fr* 86
Grim *sw* 216
Grimmen *dd* 68
Grmeč *ju* 154
Gromkij *su* 306
Gronsund *de* 52
Gropher State/T-ACS 4
  us 294
Grosa *sp* 224
Groton/SSN 694 *us* 268
Groznyj *su* 302
Grozjaščij *su* 306
Grumete Perez *ch* 38
Grunwald *pl* 202
Gryf *pl* 204
GS... *su* 334, 336, 338,
  344
Guacanagarix *do* 73
Guacolda *ch* 38
Guadalcanal/LPH 7
  us 274
Guadalete *sp* 224

Guadalmedina *sp* 224
Guadalquivir *sp* 224
Guadiana *sp* 224
Guam/LPH 9 *us* 274
Guama *cu* 50
Guanajuato *me* 176
Guarani *br* 26
Guarani *py* 195
Guarapari *br* 24
Guarda-Marinha Jansen
  br 27
Guarda-Marinho Brito
  br 27
Guardiamarina Barrutia
  sp 227
Guardiamarina
  Chereguini *sp* 227
Guardiamarina Godinez
  sp 227
Guardiamarina Rull
  sp 227
Guardiamarina Salas
  sp 227
Guardian *gb* 90
Guardian/MCM 5
  us 270
Guardian Brito *ch* 40
Guardian Rios *pe* 196
Guardfish/SSN 612
  us 270
Guayas *ec* 75
Guayaquil *ec* 74
Guaymuras *ho* 111
Guépard *fr* 88
Guerrico *ar* 8
Guglielmo Marconi
  it 132
Guillermo Prieto *me* 174
Guitarro/SSN 665
  us 268
Guiyang *ci* 40
Guldar *in* 114
Guldborgsund *de* 52
Gulin *ci* 40
Gull *hk* 110
Gull Isle *ca* 36
Gulspurren *de* 54
Gumi *ks* 162
Gunnar Seidenfaden
  de 54
Gunnar Thorson *de* 54
Gunston Hall/LSD 44
  us 274
Gurnard/SSN 662
  us 268
Guernsey *gb* 102
Güstrow *dd* 68
Güven *tu* 250
G. W. Darnell *us* 290
Gyoraitei... *ja* 142
Gyre/T-AGOR 21 *us* 288

H

H... *ci* 48
H... *cu* 50
H... *db* 60
H... *tu* 250
H... *pl* 204, 205
Haarlem *nl* 182
Haamon *ia* 126
Habicht *db* 60
Haddo/SSN 604 *us* 270
Haddock/SSN 621
  us 270

Hadejia *ni* 184
Hadiya *ku* 164
Hadjar Dewantaru *id* 120
Ha Dong *ks* 162
Haerlem *so* 230, 231
Hahajima *ja* 142
Hägern *sw* 218
Häher *db* 60
Hai An *tw* 239
Hai Cheng *tw* 239
Hai Hu *tw* 234
Hai Lao... *ci* 47
Hai Long *tw* 234
Hai Pao *tw* 234
Hai Ping *tw* 239
Hai Shih *tw* 234
Hai Tu *tw* 236
Haifa *il* 128
Haiyun *ci* 46, 47
Haijin *ci* 46
Haiyu... *ci* 46
Hajen *de* 52
Hakuni *fi* 76
Halcon II *sp* 228
Haleakala/AE 25 *us* 280
Halifax *ca* 30
Halle *dd* 68
Halli *fi* 79
Halmstad *sw* 216
Halote *sn* 228
Halsey/CG 23 *us* 258
Hälsingland *sw* 212
Halyburton/FFG 40
  us 262
Hamagiri *ja* 149
Hamanami *ja* 149
Hamashio *ja* 140
Hamayuki *ja* 138, 148
Hamazuki *ja* 149
Hambledon *gb* 106
Hamburg *db* 56
Hameln *db* 58
Hamilton/WHEC 715
  us 296
Hammer *de* 52
Hammerhead/SSN 663
  us 268
Hanayuki *ja* 149
Handalan *ma* 170
Hangor *pa* 192
Hang Tuah *ma* 170
Hanhak Sattru *th* 240
Hanit *il* 128
Hankoniemi *fi* 76
Hannibal *tn* 250
Hansa *db* 65
Hanse *db* 66
Hansaya *sk* 229
Hans Bürkner *db* 64
Han Yang *tw* 232
Harambee *ka* 156
Haras... *om* 190
Harkness/T-AGS 32
  us 288
Harlan County/LST 1196
  us 276
Harlech *gb* 106
Harlingen *nl* 182
Harnösand *sw* 216
Harold E. Holt/FF 1074
  us 264
Harp *ca* 34
Harriet Lane/WMEC 903
  us 296
Harry E. Yarnell/CG 17
  us 258

Harry W. Hill/DD 986
   us 260
Hart gb 102
Haruna ja 136
Haruyuki ja 138
Haruzuki ja 149
Harz db 62
Harz dd 70
Hasan Zahirovic Laca
   ju 152
Hashira ja 142
Hashmat pa 192
Hassanuddin id 118
Hassayampa/T-AO 145
   us 286
Hasslö sw 214
Hatagumo ja 149
Hatakaze ja 138
Hateruma ja 146
Hatsushima ja 142
Hatsuyuki ja 138
Hauk no 186
Hauki fi 76
Havel dd 71
Havelland... dd 70
Havfruen de 54
Havkatten de 52
Havkyst no 189
Havmaagen de 55
Havørnen de 55
Havouri fi 76
Hawea ns 178
Hawes/FFG 53 us 262
Hawkbill/SSN 666 us 268
Hawser/WYTL 65610
   us 299
Hayagiri ja 149
Hayagumo ja 148
Hayase ja 144
Hayes/T-AGOR 16
   us 288
Hayler/DD 997 us 260
Hazza va 356
HDF... pa 192
Headcorn gb 106
Hebe sw 218
Hecate gb 104
Hecla gb 104
Hector/AR 7 us 278
Heimdal sw 216
Heimdal no 188
Heinlaid su 348
Heinrich Dorrenbach
   dd 68
Heinz Roggenkamp
   db 64
Heist be 20
Helena/SSN 725 us 266
Helgoland db 62
Hellevoetsluis nl 182
Helmsand db 64
Helmsdale gb 100
Helsingfors fi 74
Helsinki fi 74
Helford gb 100
Hendrik Mentz so 230
Hengam ia 124
Heng Yang tw 234
Henri Christophe ha 111
Henri Poincaré fr 86
Henry B. Wilson/DDG 7
   us 260
Henry Clay/SSBN 625
   us 266
Henry Eckford/
   T-AO 192 us 286

Henry J. Kaiser/
   T-AO 187 us 286
Henry Larssen ca 34
Henry L. Stimson/
   SSBN 655 us 266
Henry M. Jackson/
   SSBN 730 us 264
Hepburn/FF 1055
   us 264
Heppens db 62
Hera sw 218
Herald gb 104
Hercule fr 87
Hercules ar 8
Hercules do 73
Hercules sw 218
Hercules/PHM 2 us 272
Herev il 128
Heriberto Jara Corona
   me 176
Hering db 60
Herluf Trolle de 50
Hermelin db 60
Hermenegildo me 174
Hermes db 60
Hermes sw 218
Hermione gb 98
Hermitage/LSD 34
   us 276
Hermod de 54
Hernando Gutierrez
   co 40
Heroina ar 8
Heron II sc 210
Heros sw 218
Herrera pe 196
Herstal be 20, 21
Hertha db 60
Hesse no 188
Hessen db 56
Hettein eg 2
Hettstedt dd 68
Hetz il 128
Hever gb 106
Heweliusz pl 204
Hewitt/DD 996 us 260
H. H. Hess/T-AGS 38
   us 288
Hibures ho 111
Hidaka ja 148
Hiddensee dd 70
Hiei ja 136
High Point us 285
Himeshima ja 142
Himgiri in 112
Hinau ns 178
Hinda kg 156
Hirmand ia 126
Hirsala fi 76
Hiryu ja 151
Hisingen sw 214
Hitachi ja 148
Hitteen sa 210
Hittin ik 122
Hiyodori ja 142
Hiyama ja 148
Hizir Reis tu 244
Ho Chang tw 236
Ho Chao tw 236
Ho Chen tw 236
Ho Cheng tw 236
Ho Chi tw 236
Ho Chien tw 236
Ho Chuan tw 236
Ho Chun tw 236
Ho Chung tw 236

Ho Deng tw 236
Ho Feng tw 236
Ho Heng tw 236
Ho Huei tw 236
Ho Meng tw 236
Ho Mou tw 236
Ho Seng tw 236
Ho Shan tw 236
Ho Shou tw 236
Ho Teng tw 236
Ho Tsung tw 236
Ho Yao tw 236
Ho Yung tw 236
Hobart au 12
Hoel/DDG 13 us 260
Hofouf sa 210
Hogal ho 111
Hoist/ARS 40 us 282
Hokuto ja 150
Holland/AS 32 us 278
Holland Bay jm 137
Holmwood gb 106
Holnis db 64
Hommel be 20
Homs ly 168
Honduras ho 111
Honolulu/SSN 718
   us 266
Honorio Barreto po 206
Hood ca 34
Hoogezand nl 182
Hormuz ia 126
Hornbeam/WLB 394
   us 301
Horne/CG 30 us 258
Hornet/CVS 12 us 256
Horning gb 106
Horobetsu ja 148
Horria tn 250
Horriya sn 228
Horten no 188
Hosdurg in 112
Houri gy 110
Houston/SSN 713
   us 268
Houtskär fi 76
Howar bh 16
Hoyerswerda dd 68
HQ... vn 356
HS... ja 150
Hsad Dan bm 31
Hsiang Yang tw 232
Hsiangyang Hong...
   ci 49
Hsing Lung tw 236
Htombo bm 31
Hualcopo ec 74
Huancavilca ec 72
Huasteco me 176
Hua Shan tw 234
Hua Yang tw 232
Hubberston gb 100
Hudson/WLIC 801
   us 300
Huei Yang tw 234
Hugin de 54
Hugin sw 216
Hugo Eckener dd 71
Huian ci 42
Huitfeld de 52
Hulubalang ma 172
Humaita br 24
Humaita py 194
Humber gb 100
Humboldt pe 196
Hummer db 60

Hung Hsing tw 238
Hunley/AS 31 us 278
Hunter gb 104
Huracan ar 253
Hurja fi 76
Huron ca 30
Hurmat pa 192
Hurworth gb 100
H. U. Svedrup no 189
Hutnik pl 202
Huy be 20
Hvass no 186
Hvidbjornen de 52
Hwa Chon ks 162
Hwar qu 206
Hwa San ks 162
Hyäne db 60
Hyatt ch 38
Hydra nl 183
Hydrafix ir 126
Hydrograf no 189
Hydrograf pl 204
Hylje fi 79
Hyman G. Rickover/
   SSN 709 us 268
Hymara gy 110
Hyperion gr 94

I

Ibis sg 221
Ibn Al Idrissi ly 168
Ibn El Fard ly 168
Ibn El Hathram ly 168
Ibn Harissa ly 168
Ibn Khaldoum ik 122
Ibn Marwan ly 168
Ibn Ouf ly 168
Ibn Umaij ly 168
Ibuki ja 148
Icebird au 17
Idah ni 184
Ierax gr 92, 94
Iganacio Altamirano
   me 174
Igarka su 348
Ignacio L. Vallarta
   me 174
Ignacio de la Llave
   me 174
Ignacio Lopez Rayon
   me 176
Ignacio Mariscal me 176
Ignacio Ramirez me 176
Igorot ph 200
Iguatemi br 22
Ijssel nl 182
Ikaria gr 94
Ikeja ni 184
Ikinci Inönü tu 244
Ilchester gb 108
Ile de Barques ca 36
Ile d'Oléron fr 88
Ile Rouge ca 34
Ilga su 326
Ilha de Poilão gs 110
Ilicos Norte ph 200
Ilim su 328
Ilja Azarov su 322
Ilja Muromec su 342
Illusive/MSO 448 us 272
Illustrious gb 96
Ilo pe 196
Iloilo ph 198
Ilongot ph 200

824

Ilorin *ni* 184
Iltis *db* 60
Iman *su* 328
Imeni 27 Svesta KPSS *su* 306
Imeni XXV's Ezda KPSS *su* 320
Imperial Marinheiro *br* 22
Impavido *it* 130
Impervious/MSO 449 *us* 272
Implicit/MSO 445 *us* 272
Im Raq'Ni *mt* 172
Inagua *ba* 19
In Cheon *ks* 160
Inchon/LPH 12 *us* 274
Indaw *bm* 30
Independance *km* 156
Independence *si* 220
Independence/CV 62 *us* 254
Independencia *br* 22
Independencia *do* 72
Independencia *pe* 196
Independencia *ve* 354
Independiente *co* 48
Indianapolis/SSN 697 *us* 268
Indigirika *su* 324
Indira Gandhi *su* 346
Indomable *co* 48
Indomita *ar* 10
Indomitable/T-AGOS 7 *us* 286
Inebolu *tu* 248
Infanta Cristina *sp* 224
Infanta Elena *sp* 224
Inflict/MSO 456 *us* 272
Ingeniero White *ar* 13
Inger *db* 60, 64
Ingersoll/DD 990 *us* 260
Ingham/WHEC 35 *us* 296
Ingolf *de* 52
Ingul *su* 332
Inguri *su* 332
Inháuma *br* 22
Inma *bm* 30
Instow *gb* 108
Intisar *ku* 164
Intishat *eg* 4
Intrepid *gb* 102
Intrépida *ar* 10
Intrepido *co* 48
Interpido *it* 130
Invergordon *gb* 108
Invincible *gb* 96
Invincible/T-AGOS 10 *us* 286
Inya *bm* 30
Inžener Baškirov *su* 348
Inžener Jermoškin *su* 346
Inžener Kreijlis *su* 348
Inžener Mačulskij *su* 348
Inžener Nečiporenko *su* 348
Inžener Suchorukov *su* 348
Iowa/BB 61 *us* 256
Iporpliarchos Aninos *gr* 92
Iporpliarchos Arliotis *gr* 92

Ipopliarchos Batsis *gr* 92
Ipopliarchos Dejannis *gr* 92
Ipopliarschos Konidis *gr* 92
Ipswich *au* 14
Iquique *pe* 196
Iraklis *gr* 94
Iran Ajr *ia* 124
Iran Asr *ia* 124
Irbit *su* 326
Iris *be* 20
Iris/WLB 395 *us* 301
Irkut *su* 328
Iron Bridge *gb* 108
Ironwood/WLB 297 *us* 300
Iroquois *ca* 30
Isac Sweers *nl* 180
Isabela *ph* 200
Isaias de Noronha *br* 27
Isard *fr* 86, 88
Isazu *ja* 148
Isbjørn *de* 55
Iseyuki *ja* 149
Ishikari *ja* 140, 148
Išim *su* 328
Işin *tu* 248
Iskra II *pl* 204
Isku *fi* 74
Isla de la Juventud *cu* 50
Isla del Coco *ct* 51
Isla Puna *ec* 74
Islay *pe* 196
Isledovatel *su* 344
Isleña *ch* 39
Isonami *ja* 148, 149
Isoshio *ja* 140
Isoyuki *ja* 138
Isozuki *ja* 149
Istanbul *tu* 244
Istiqlal *ku* 164
Istiqlal *sn* 228
Istiqlal *tn* 250
Isuzu *ja* 140, 148
Itacurussa *br* 26
Itaipú *py* 194
Itati... *ar* 11
Itchen *gb* 100, 104
I.Theophilopoulos Karavoyiannos *gr* 95
Ivan *ju* 152
Ivan Asdnev *su* 326
Ivan Bubnov *su* 328
Ivan Danikin *su* 348
Ivan Derbenev *su* 348
Ivan Fioletov *su* 316
Ivan Golubec *su* 330
Ivan Kireev *su* 344
Ivan Kolyškin *su* 322
Ivan Krusenštern *su* 336, 352
Ivan Kučerenko *su* 322
Ivan Lednev *su* 326
Ivan Moskvitin *su* 352
Ivan Rogov *su* 320
Ivan Skuridin *su* 348
Ivan Sladkov *su* 308
Ivan Susanin *su* 320
Ivan Vachremeev *su* 322
Iveston *gb* 100
Iwai *ja* 142
Iwaki *ja* 146
Iwase *ja* 140
Iwo Jima/LPH 2 *us* 274

Ixworth *gb* 108
Iz *ju* 152
Izaro *sp* 224
Izmeritel *su* 334
Izmir *tu* 244
Izora *su* 328
Izu *ja* 146
Izumrud *su* 308, 346
Izvestija *su* 348
Izvor *ju* 154
Izyskatel *su* 344

J

J...*ci* 46, 47
J...*in* 116
Jaceguai *br* 22
Jachroma *su* 330
Jacinto Candido *po* 206
Jack/SSN 605 *us* 270
Jackman *ca* 34
Jacksonville/SSN 699 *us* 268
Jack Williams/FFG 24 *us* 262
Jacob Hägg *sw* 219
Jacob van Heemskerck *nl* 180
Jacques Cartier *fr* 84
Jade *db* 62
Jadran *ju* 152, 154
Jägaren *sw* 216
Jagatha *sk* 228
Jaguar *db* 60
Jaguar *fr* 88
Jaguar *gy* 110
Jaguar *su* 308
Jahangir *pa* 193
Jakov Gakkel *su* 344
Jakov Smirnickij *su* 344
Jalanidhi *id* 121
Jamal *su* 326
Jamarek *ku* 165
Jamhuri *ka* 156
Jamuna *bg* 18
Jana *su* 332
Jan Berzin *su* 320
Janow *pl* 202
Jan Smuts *so* 230
Jan van Brakel *nl* 180
Jarret/FFG 33 *us* 262
Jarvis/WHEC 725 *us* 296
Jaskolka *pl* 202
Jasmin *fr* 84
Jasmund *dd* 70
Jason *gr* 94
Jason/AR 8 *us* 278
Jastog *ju* 154
Jastrzab *pl* 202
Jato *sg* 218
Jauza *su* 326
Javier Quiroga *sp* 224
Jayesagara *sk* 228
Jean Bart *fr* 80
Jean Bourdon *ca* 36
Jean Claude Duvalier *ha* 111
Jean Moulin *fr* 80

Jeanne d'Arc *fr* 78, 89
Jean de Vienne *fr* 80
J.E.Bernier *ca* 36
Jebba *ni* 184
Jeddah *sa* 212
Jelnja *su* 328
Jeong Buk *ks* 160
Jeong Ju *ks* 160
Jenisej *su* 340
Jens Vaever *de* 55
Jerai *ma* 170
Jernih *ma* 170
Jernspurven *de* 54
Jerong *ma* 170
Jersey *gb* 102
Jeruslan *su* 328
Jervis Bay *au* 16
Jesse L.Brown/FF 1089 *us* 262
Jesus Gonzales Ortega *me* 174
Jetstream *hk* 111
Jihad *ly* 168
Jija Bai *in* 116
Jilin *ci* 40
Jim Fouché *so* 230
Jiri Lisjanskij *su* 352
J.Mazar *ju* 152
Jo *no* 186
João Coutinho *po* 206
João Roby *po* 206
Johan Mansson *sw* 219
Johan Nordenankar *sw* 219
Johanna van der Merwe *so* 230
Johannesburg *so* 230
John A.Macdonald *ca* 34
John Adams *ir* 126
John Adams/SSBN 620 *us* 266
John A.Moore/FFG 19 *us* 262
John Barry/DDG 52 *us* 258
John Cabot *ca* 34
John C.Calhoun/ SSBN 630 *us* 266
John Ericsson/T-AO 194 *us* 286
John F.Kennedy/CV 67 *us* 254
John Hancock/DD 981 *us* 260
John King/DDG 3 *us* 260
John Lenthall/T-AO 189 *us* 286
John Marshall/SSN 611 *us* 270
John Paul Jones/ DDG 53 *us* 258
John Rodgers/DD 983 *us* 260
John Youngh/DD 973 *us* 260
Jojore Bahru *ma* 172
Jordan Nicolov-Orce *ju* 152
Jos *ni* 184
Josefa Ortiz de Dominguez *me* 176
Jose Maria Izazgu *me* 176
Jose Maria Maja *me* 17[7]

Jose Maria del Castillo Velasco *me* 176
Jose Natividad Macias *me* 176
Joseph Hewes/FF 1078 *us* 262
Josef Schares *dd* 68
Joseph Strauss/DDG 16 *us* 260
Josephus Daniels/CG 27 *us* 258
Joshan *ia* 124
Joshua Humphreys/ T-AO 188 *us* 286
Jouett/CG 29 *us* 258
Juan Aldama *me* 174
Juan A. Lavalleja *ur* 253
Juan Bautista Morales *me* 176
Juan N. Alvarez *me* 174
Juan Sebastian de Elcano *sp* 227
Júcar *sp* 224
Juist *db* 62, 64
Jug *su* 338
Jules Verne *fr* 86
Julian Apaza *bl* 21
Julio de Noronha *br* 22
Julius A. Furer/FFG 6 *us* 262
Julius Fučik *su* 346
Jumourhia *tn* 250
Junak *ju* 152
Junnan *bh* 16
Juneau/LPD 10 *us* 274
Juno *gb* 98
Junon *fr* 82
Junon *se* 221
Jupiter *bu* 28
Jupiter *db* 58
Jupiter *gb* 98
Jupiter *pn* 195
Jupiter *si* 220
Jupiter/T-AKR II *us* 292
Jupiter *su* 334
Jurel *do* 72
Juri Avot *su* 348
Juril Aršehevskij *su* 348
Juril Godin *su* 346
Juril Maksaev *su* 348
Juril Smirnov *su* 348
Jurukru Dua *ma* 171
Justice *si* 220
Justo Sierra *me* 177
Jüterbog *dd* 70
JW... *ta* 238

K

K... *ci* 48
Kaapstad *so* 230
Kabashima *ja* 148
Kadet *pl* 205
Kadir *sn* 228
Kadmatt *in* 112
Kaduna *ni* 184
Kae Bong *ks* 162
Kagitingan *ph* 198
Kaiapit *pg* 193
Kaibilbalam *gu* 108
Kaimalina/SSP 1 *us* 284
Kain Yi-Dam *ni* 184
Kaio *ja* 150
Kairyu *ja* 151
Kai Yang *tw* 232

Kaiyo *ja* 150
Kajava *fi* 78
Kakinada *in* 114
Kala... *fi* 76
Kalaat Beni Hammad *ag* 6
Kalaat Beni Rached *ag* 6
Kalamazoo/AOR 6 *us* 282
Kalat *pa* 192
Kalid Ibn al Walid *ik* 122
Kalinga *ph* 200
Kalinin *su* 302
Kaliningradskij Komsomolec *su* 320
Kalla *fi* 78
Kalliroi *gr* 94
Kallisto *su* 346
Kalkan *tu* 246
Kalmar *sw* 216
Kalnik *ju* 154
Kalvari *in* 112
Kamagong *ph* 200
Kaman *ia* 124
Kamčatka *su* 320
Kamčackij Komsomolec *su* 324
Kamehameha/SSBN 642 *us* 266
Kamenar *ju* 154
Kamishima *ja* 142, 148
Kamorta *in* 112
Kampela... *fi* 76
Kamui *ja* 148
Kanaris *gr* 90
Kanarya *tu* 249
Kandalakša *su* 348
Kandep *pg* 193
Kane/T-AGS 27 *us* 290
Kangan *ia* 126
Kania *pl* 202
Kano *ja* 148
Kano *ni* 184
Kansas City/AOR 3 *us* 282
Kantang *th* 240
Kanthi *sk* 228
Kao Hsiung *tw* 236
Kapak *id* 120
Kaparen *sw* 216
Kapitan A. Radžabov *su* 352
Kapitan Babičev *su* 350
Kapitan Belousov *su* 350
Kapitan Borodkin *su* 350
Kapitan Bukaev *su* 352
Kapitan Čadaev *su* 352
Kapitan Čečkin *su* 352
Kapitan Chlebnikov *su* 350
Kapitan Čudinov *su* 350
Kapitan Demidov *su* 350
Kapitan Dranicyn *su* 350
Kapitan Evdokimov *su* 350
Kapitan Jakovlev *su* 348
Kapitan Kosolapov *su* 352
Kapitan Krutov *su* 352
Kapitan Man *su* 348
Kapitan M. Izmailov *su* 352
Kapitan Mecaik *su* 350
Kapitan Melečov *su* 350

Kapitan Mezencev *su* 346
Kapitan Moskin *su* 350
Kapitan Nikolaev *su* 350
Kapitan Plačin *su* 352
Kapitan Smirnov *su* 346
Kapitan Sorokin *su* 350
Kapitan Tomson *su* 348
Kapitan Voronin *su* 350
Kapitan Zarubin *su* 352
Kara *to* 242
Karabane *sg* 218
Karadeniz Eregli *tu* 249
Karakata *id* 120
Karamaja *id* 120
Karamürsel *tu* 246
Karanj *in* 112
Karari *sn* 228
Karatsu *ja* 148
Karayel *tu* 246
Karel Doorman *nl* 180
Karelja *su* 320
Karimundsa *id* 120
Karjala *fi* 74
Karl-Marx-Stadt *dd* 68
Karl Meseberg *dd* 68
Karlsöy *no* 188
Karlsruhe *db* 56
Karnaphuli *bg* 18
Karpathos *gr* 94
Karpatij *su* 326
Karpfen *db* 60
Karssula *in* 112
Kartal *tu* 246
Karwar *in* 114
Kasar *ku* 164
Kasirga *tu* 246
Kaskazi *ja* 239
Kassos *gr* 94
Kasthala *ko* 157
Kastoria *gr* 94
Kasturi *ma* 170
Katapangan *ph* 198
Katchal *in* 112
Katja Zelenko *su* 348
Katori *ja* 144, 146
Katmai Bay/WTGB 101 *us* 300
Katsonis *gr* 92, 94
Katsura *ja* 148
Katun *su* 332
Kauffman/FFG 59 *us* 262
Kaunas *su* 350
Kaura *no* 186
Kave... *fi* 76
Kawab *va* 356
Kawagiri *ja* 148
Kawishiwi/T-AO 146 *us* 286
Kazbek *su* 326
Kearsarge/LHD 3 *us* 274
Kedleston *gb* 100
Kedma *il* 128
Kegon *ja* 151
Kegostrov *su* 342
Keihässalmi *fi* 74
Kelang *ma* 172
Kelefstis Stamou *gr* 94
Kelewang *ma* 170
Kellington *gb* 100
Kemaindera *bi* 28
Kemer *tu* 246
Kemerovo *su* 348
Kemj *su* 334
Kennebec/WLIC 803 *us* 300

Kenoki *ca* 36
Kepah *ma* 170
Kerambid *ma* 170
Kerč *su* 302, 346
Kerempe *tu* 246
Keris *id* 118
Kerkini *gr* 94
Kesari *in* 114
Keshet *il* 128
Kessarya *il* 128
Kessulaid *su* 348
Kestrel *hk* 110
Keta *gh* 90
Keystone State/T-ACS 1 *us* 294
Keywan *ia* 124
Key West/SSN 722 *us* 266
Khabar *sa* 212
Khadem *bg* 19
Khalid *sa* 212
Khandang *ia* 124
Khanderi *in* 112
Khanjahan Ali *bg* 18
Khanjar *ia* 124
Kharg *ia* 126
Khawla *il* 122
Khawlan *ly* 168
Khirirat *th* 238
Khukri *in* 112
Khumbir *in* 114
Khyber *eg* 2
Kichli *gr* 92
Kidd/DDG 993 *us* 260
Kidon *iz* 128
Kiev *su* 350
Kihu *fi* 78
Kiiski *fi* 74
Kiisla *fi* 78
Kikau *fd* 73
Kiklan *ml* 169
Kikusa *ja* 148
Kikuzuki *ja* 138
KIL... *su* 330
Kilauea/T-AE 26 *us* 286
Kildin *su* 334
Kiliç Ali Paşa *tu* 244
Kilimli *tu* 246
Kiltan *in* 112
Kilurki... *ks* 162
Kilya *tu* 248
Kimberley *so* 230
Kimitahi *ch* 40
Kimolos *gr* 94
Kimon *gr* 90
Kimon *zy* 359
Kinabala *ma* 170
Kinbrace *gb* 106
King *ar* 8, 11
King/DDG 41 *us* 260
King Chi *hk* 110
King Chung *hk* 110
King Dai *hk* 110
King Hau *hk* 110
King Kan *hk* 98 110
King Kwan *hk* 110
King Lai *hk* 110
King Lim *hk* 110
King Mei *hk* 110
King Shun *hk* 110
King Tai *hk* 110
King Tak *hk* 110
King Yan *hk* 110
King Yee *hk* 110
King Yung *hk* 110
Kingfisher *gb* 102

Kinkaid/DD 965 us 260
Kinloss gb 106
Kinn no 186
Kinterbury gb 106
Ki Rin ks 162
Kirk/FF 1087 us 262
Kirkliston gb 100
Kiro fd 73
Kirov su 302
Kirovskij Komsomolec su 318
Kirpan in 116
Kish ia 127
Kiska/AE 35 us 280
Kissa gr 92
Kistna in 116
Kitagumo ja 148
Kitakami ja 140
Kithera gr 94
Kittiwake/ASR 13 us 278
Kittur Chinnama in 116
Kitty Hawk/CV 63 us 254
Kiwi ns 178
Kiunga pg 193
Kiyonami ja 149
Kiyotaki ja 151
Kiyozuki ja 149
Kjapp no 186
Kjekk no 186
Klaipeda su 350
Klakring/FFG 42 us 262
Kled Keo th 242
Klio gr 92
Kljasma su 330
Klongyai th 240
Klütz dd 68
Knechtsand db 62
Knorr/T-AGOR 15 us 288
Knossos gr 94
Knox/FF 1052 us 264
Knud Jespersen su 348
Kobben no 186
Kobie Coetsee so 230
Koblenz db 58
Koçatepe tu 244
Kochisar tu 246
Koelsch/FF 1049 us 264
Ko Hung ks 162
Kojda su 328
Kojima ja 146
Koksijde be 20
Kokuba pg 193
Kola su 328, 348
Kolešnikov su 338
Kolguev su 338
Köln db 56
Komayuki ja 148
Komenda gh 90
Komemiut il 128
Komet db 66
Komet dd 70
Kompas su 338
Kompozitor Borodin su 348
Kompozitor Dargomjžskij su 348
Kompozitor Glinka su 348
Kompozitor Kara Karaev su 348
Kompozitor Mussorgskij su 348
Komsomolsk su 346
Komsomolec Baškirij su 308

Komsomolec Belorussij su 316
Komsomolec Estonij su 316
Komsomolec Gruzij su 308
Komsomolec Gruzin su 308
Komsomolec Kalmikij su 316
Komsomolec Karelij su 322
Komsomolec Litvij su 308
Komsomolec Mordoeii su 310
Komsomolec Ukrainyj su 304
Konda su 330
Kondor db 60
Kongo ja 148
Konstanz db 58
Konstantin Bodarenko su 332
Konteradmiral Horoškin su 316
Konteradmiral Jurokovskij su 316
Kontio fi 78
Kootenay ca 32
Koper ju 152
Kopernik pl 204
Koprivnik ju 154
Kor 2 db 64
Koral ju 154
Koralle db 60
Korangon sr 229
Korawakka sk 228
Kormoran db 60
Kormoran pl 202, 205
Kornat ju 152
Korrigan fr 86
Korsum Ščevčenkovskij su 346
Kortenaer nl 180
Kos gr 94
Koshiki ja 146
Kosmaj ju 154
Kosmonaut Jurij Gagarin su 342
Kosmonaut Vladimir Komarov su 342
Kosmonaut Pavel Beljaev su 342
Kosmonaut Georgij Dobrovolskij su 342
Kosmonaut Vladislav Volkov su 342
Kosmonaut Viktor Pacaev su 342
Kosoku... ja 142
Koster sw 214
Kostroma su 346
Kota Bahru ma 172
Kotka fi 74
Kotobiki ja 151
Kotor ju 152
Kountouriotis gr 90
Kozara ju 155
Kozlu tu 246
Kozuf ju 154
KP... pl 204
KPZHS... su 332
Krab pl 204
Krabbe db 60
Kram th 240

Kranich db 60
Krasin su 350
Krasnaja Presnja su 322
Krasnyj Kavkaz su 304
Kransyj Krym su 304
Krasnodarskij Komsomolec su 308
Krekel be 20
Kremenčug su 346
Krenometr su 336
Krilon su 338
Krieger de 52
Kriezis gr 90
Krill db 60
Kris ma 170
Kriti gr 94
Krogulec pl 202
K. Rojc ju 152
Kromantse gh 90
Kronsort db 64
Kronštadt su 302
Kronštadtskij Komsomolec su 318
Kröttöy no 188
Krupang id 120
Krymskij Komsomolec su 322
Krystallidis gr 94
Kuala Behkoka sh 210
Kuala Kangsar ma 172
Kuala Trengganu ma 172
Kuban su 326
Kuching ma 172
Kuen Yang tw 234
Kudret tu 250
Kuha... fi 74
Kühlung dd 70
Kühlungsborn dd 70
Kujang id 120
Kukipi pg 143
Kukolkan gu 108
Ku Kyong ks 162
Kula fd 73
Kulasi pg 193
Kullen sw 214
Kuma ja 148
Kumano ja 140, 148
Kumba id 120
Kum Chok ks 162
Kumoon ks 162
Kum San ks 162
Kunashiri ja 148
Kuniawa pg 193
Kunica su 308
Kunigami ja 146
Kunimi ja 148
Kunisaki ja 146
Kunming ci 40
Kunsan ks 160
Kurama ja 136, 148
Kurihama ja 144
Kurobe ja 148
Kuroshio ja 140
Kurs su 334
Kurskij Komsomolec su 316
Kursograf su 334
Kurtaran tu 248
Kurt Burkowitz db 67
Kusadasi tu 246
Kut th 240
Kuthar in 116
Kutuba pg 193
Kuvvet tu 250
Kuwano ja 148

Kuzuriyu ja 148
Kuzma Gnidaš su 348
Kvalsund no 188
Kvikk no 186
Kvina no 186
KW... db 60, 65
Kwang Ju ks 160
Kwang Won ks 160
Kwei Yang tw 234
Kya no 186
Kyklon gr 92
Kyong Ki ks 160
Kyong Nam ks 160
Kyritz dd 68

L

L... et 12
L... ci 46
L... fr 86
L... sp 226
L... th 242
La Argentina ar 8
La Belle Poule fr 89
La Boudeuse fr 84
La Capricieuse fr 84
La Combattante fr 84
La Faleme sg 220
La Fidèle fr 86
La Fouguese fr 84
La Galité tn 250
La Glorieuse fr 84
La Gallisonnière fr 80
La Gracieuse fr 84
La Grande Hermine fr 89
La Grandière fr 84
La Guajira ve 352
La Jolla/SSN 701 us 268
La Moquense fr 84
La Moure County/ LST 1194 us 276
La Orchila ve 352
La Pedrera pe 196
La Persévérante fr 86
La Plata ar 13
La Praya fr 82
La Prudente fr 86
La Punta pe 198
La Railleuse fr 84
La Recherche fr 88
La Rieuse fr 84
La Sallě/AGF 3 us 280
La Tapageuse fr 84
La Union ph 206
Labana gy 110
Laborieux fr 87
Labrador ca 34
Labuan au 16
Lachs db 60
Ladava pg 192
Ladnij su 306
Ladoga su 320, 334
Ladya th 240
Ladybird gb 106
Lae pg 192
Læsø de 54
Lafayette/SSBN 616 us 266
Lafjord no 188
Lagoa po 206
Laguna ph 200
Laheeb ly 166
Lahmeyer br 27
Lahn db 62
Lahore pa 192

Laiaps *gr* 92
Lai Yang *tw* 232
Lake Bohi *ph* 200
Lake Buluan *ph* 200
Lake Champlain/CG 57
  us 256
Lake Lanoa *ph* 200
Lake Naujahn *ph* 200
Lake Paoay *ph* 200
Laksamana *ma* 172
Lakshadweep *in* 116
Lama *su* 328
Lambo Batang *id* 120
Lamego *br* 26
Lamine Sadji Kaba *gi* 108
Lamine Sadjikaba *su* 316
Lamlash *gb* 106
Lamotte-Piquet *fr* 80
Lana *ni* 184
Lanao del Norte *ph* 200
Lanao del Sur *ph* 200
Lancaster *gb* 96
Lance *no* 188
Landsort *sw* 214
Lang/FF 1060 *us* 264
Lang Hindek *ma* 170
Lang Hindek *th* 242
Lang Hitam *ma* 172
Lang Kangok *ma* 170
Lang Kangok *th* 242
Lang Merah *th* 242
Lang Senah *th* 242
Lang Siput *ma* 170
Lang Tiram *ma* 170
Lángara *sp* 222
Langeland *de* 52
Langeness *db* 62
Langeoog *db* 62, 64
Languste *db* 60
Lanka *sk* 228
Lanta *th* 240
Lao Yang *tw* 232
Lapérouse *fr* 88
Laplace *fr* 88
Lapon/SSN 661 *us* 268
Lapving *an* 8
L'Archéonaute *fr* 88
L'Ardent *el* 73
Larice *it* 132
Larkai *sv* 211
Larkana *pa* 192
Larrea *pe* 196
Las Palmas *sp* 226
Latui *fd* 73
Latvija Komsomolec
  su 320
Laudacieuse *fr* 84
L'Audacieux *km* 154
Lauis Ledge *ph* 200
Launceston *au* 14
Laurel/WLB 291 *us* 300
Laurindo Pitta *br* 27
Lautaro *ch* 38
Lavan *ia* 124
Lawrence/DDG 4 *us* 260
Laxen *de* 52
Laya *sp* 224
Lazaga *sp* 224
Lazzaro Mocenigo *it* 132
LCM... *bm* 31
LCM... *db* 60
LCM... *fr* 86
LCM... *gb* 102
LCM... *ma* 171

LCU... *us* 276
LCVP... *gb* 104, 105
LD... *ur* 252
LDM... *po* 206
Le Fort *fr* 87
Le Foudroyant *fr* 82
Le Maroon *ha* 111
Le Redoutable *fr* 82
Le Terrible *fr* 82
Le Tonnant *fr* 82
Le Triomphant *fr* 82
Le Valeureux *el* 73
Le Valeureux *km* 156
Leader/MSO 490 *us* 272
Leahy/CG 16 *us* 258
Leandro Valle *me* 174
Lech *db* 62
Lech *pl* 204
Lechlade *gb* 106
Ledang *ma* 170
Ledbury *gb* 100
Leeds Castle *gb* 102
Leftwich/DD 984 *us* 260
Legare/WMEC 912
  us 296
Lekir *ma* 170
L'Eléphante *el* 73
Lembing *ma* 170
Lena *su* 328
Lengeh *ia* 126
Lenino *pl* 202
Lenin *su* 350
Leninec *su* 312
Leningrad *su* 302, 350
Leningradskij Komso-
  molec *su* 306
Leninskij Komsomol
  su 314
Lentra *su* 322
Leon *gr* 92
Leonardo da Vinci
  it 132
Leona Vicario *me* 176
Leon Guzman *me* 176
Leonid Brežnev *su* 350
Leonid Demin *su* 336
Leonid Sobolev *su* 336
Leopard *db* 60
Leopard *fr* 88
Leopard *su* 308
Lerici *it* 132
Leroy Grumman/
  T-AO 195 *us* 286
Lesbos *gr* 94
Les Maldango *kg* 156
Les Trois Glorieuses
  kg 156
L'Espérance *fr* 88
L'Estaffette *fr* 88
Leticia *co* 48, 49
Letitia Lykes *us* 292
L'Etoile *fr* 89
Letučij *su* 306
Lev *su* 308
Lev Titof *su* 344
Leva Arriba *br* 26
Levante *po* 206
Levanzo *it* 134
Lewis and Clark/
  SSBN 604 *us* 266
Lewis B. Puller/FFG 23
  us 262
Leyte del Sur *ph* 200
Leyte Gulf/CG 55
  us 256
Lexington/AVT 16 *us* 256

LF... *ec* 74
LH... *ve* 354
L. H. Gianella *us* 290
Liao Yang *tw* 232
Libben *dd* 71
Libeccio *it* 130
Liberal *br* 22
Liberation *be* 20
Liberta *ab* 9
Libertad *ar* 11
Libertad *do* 72
Libertad *ve* 354
Libertador Bolivar *bl* 21
Libra *it* 132
Licio Visintini *it* 132
Lien Chang *tw* 239
Lieutnant Malghagh
  mo 174
Lieutnant Riffi *mo* 172
Ligia Elena *pn* 194
Ligomo III *sm* 211
Lihiniya *sk* 229
Liman *su* 338
Limasawa *ph* 200
Limnos *gr* 90
Limpopo *po* 206
Lindau *db* 58
Lindisfarne *gb* 102
L'Indomptable *fr* 82
Lindormen *de* 52
Lindos *gr* 94
Line/WYTL 65611
  us 299
L'Inflexible *fr* 82
Linge *nl* 182
Linssi *fi* 78
L'Intrépide *el* 73
Linza *su* 336
Lion *fr* 82
Lipan/WMEC 85 *us* 296
Lisa *su* 308
Liulom *th* 240
Liverpool *gb* 96
Livnit *il* 128
Llaima *ch* 40
Llandovery *gb* 106
L. Mendel Rivers/
  SSN 686 *us* 268
Lobelia *be* 20
Lobitos *pe* 196
Lockwood/FF 1064
  us 264
Lodestone *gb* 109
Lohi *fi* 76
Lohm *fi* 76
Loire *fr* 86
Loja *ec* 72
Loke *sw* 216
Lokki *fi* 78
Lom *no* 186
Lonchi *gr* 90
London *gb* 98
Long Beach/CGN 9
  us 258
Loreto *pe* 196
Loreley *db* 58
Los *pl* 202
Los Angeles/SSN 668
  us 268
Los Galapagos *ec* 72
Los Llanos *ve* 352
Los Rios *ec* 72
Lossen *de* 52
Lot *su* 340
Lotlin *su* 336
Loto *it* 132

Lotsman *su* 336
Louis S. St. Laurent
  ca 34
Louise Lykes *us* 290
Lousville/SSN 724
  us 266
Lovat' *su* 330
Löwe *db* 60
Loyal Chancellor *gb* 106
Loyal Helper *gb* 106
Loyal Mediator *gb* 106
Loyal Moderator *gb* 106
Loyal Proctor *gb* 106
Loyal Volunteer *gb* 106
Loyal Watcher *gb* 106
Lo Yang *tw* 232
LPM... *ch* 41
LR... *ju* 154
LS... *tu* 248
LTC... *et* 12
Lt. Col. John D. Page
  us 276
Lübben *dd* 68
Lübeck *db* 56
Lübz *dd* 68
Luce/DDG 38 *us* 260
Luchs *db* 60
Ludwigslust *dd* 68
Luga *su* 340
Luis Manuel Rojas
  me 176
Luleå *sw* 216
Lüneburg *db* 62
Lung Chiang *tw* 234
Lung Chuan *tw* 236
Lupo *it* 130
Lu Shan *tw* 234
L'Utile *fr* 87
Lütje Horn *db* 62
Lütjens *db* 56
Lutteur *fr* 87
LVG... *de* 54
LV Le Hénaff *fr* 80
LV Lavallée *fr* 80
LWT... *us* 276
Lydford *gb* 106
Lynx *fr* 88
LVR... *sp* 229
Lyra *su* 338
Lyre *fr* 82
Lysekil *sw* 216
L. Y. Spear/AS 36 *us* 278

M

M... *ag* 6
M... *ju* 152
M... *sw* 214
Maagen *de* 54
Maassluis *nl* 182
Macdonough/DDG 39
  us 260
M. Acev *ju* 152
Maccah *sa* 212
Mackenzie *ca* 32
Mackinaw/WAGB 83
  us 298
Macorix *do* 73
Mactan *ph* 200
Madadgar *pa* 192

Madaraka *ka* 156
Madina *sa* 210
Madrona/WLB 302
  us 300
Maeklong *th* 243
Maestrale *it* 130
Magadan *su* 350
Magadanskij
  Komsomolec *su* 324
Magar *in* 114
Magat Salamat *ph* 198
Magdala *in* 114
Magne *sw* 216
Magnet *gb* 109
Magnitogorsk *su* 346
Magnus Malan *so* 230
Magomed Gadžiev
  su 324
Magpie *gb* 105
Mahan/DDG 42 *us* 260
Mahamiru *ma* 170
Maharajalela *bi* 28
Maharajalela *ma* 172
Maharajasetia *ma* 172
Mahawangsa *ma* 170
Mahe *in* 114
Mahewela *sk* 228
Mahish *in* 114
Mahkota *ma* 172
Mahlon S. Tisdale/
  FFG 27 *us* 262
Mahmud *pa* 192
Mahón *sp* 226
Mahroos *ku* 164
Maiduguri *ni* 184
Maillé-Brézé *fr* 80
Main *db* 60
Maipo *ch* 38
Maïto *fr* 88
MAJ. Stephen W. Pless
  us 292
Majak *su* 338
Majang *id* 120
Majes *pe* 198
Makandal *ha* 111
Makigumo *ja* 138, 149
Makishio *ja* 140
Makkum *nl* 182
Makrele *db* 60
Makrelen *de* 52
Makut Rajakumarn
  th 238
Makurdi *ni* 184
Mala *vu* 352
Malabar *fr* 86
Malahayati *id* 116
Malaika *mg* 168
Malaspina *sp* 228
Mallemukken *de* 54
Mallow/WLB 396 *us* 301
Malmö *sw* 216
Malpe *in* 114
Malpelo *co* 49
Malwan *in* 114
Mamba *ka* 156
Manabi *ec* 72
Manatee Bay *jm* 137
Manawanui *ns* 179
Manchester *gb* 96
Mandang *pg* 192
Mandarin *gb* 106
Mandau *id* 118
Mandorlo *it* 132
Mandovi *po* 206
Mandubi *ar* 12
Manga *ga* 91

Mangala *in* 114
Mangalore *in* 114
Mango *it* 132
Mangra *pa* 192
Mangyan *ph* 200
Manilaid *su* 348
Manitou/WPB 1302
  us 298
Mangyslak *su* 338
Manini *fr* 88
Manitowoc/LST 1180
  us 276
Manly *gb* 106
Manley/DD 940 *us* 260
Mano *li* 164
Manoka *km* 156
Manometr *su* 340
Man O'War Bay *km* 154
Manta *ec* 74
Mantilla *ar* 12
Mantilla *pe* 196
Manual Doblado *me* 174
Manual Gutierrez
  Zamora *me* 174
Manuel Crescencio
  Rejon *me* 176
Manyč *su* 330
Manzanillo *me* 176
Maoz *il* 128
Maquinista Macias
  sp 227
Maraba *ni* 184
Marajo *br* 26
Maranao *ph* 200
Maranhão *br* 22
Maräne *db* 60
Marban *va* 354
Marburg *db* 58
Mar Chao *po* 206
Marcilio Diaz *br* 22
Mardan *pa* 192
Mar del Plata *ar* 13
Marder *db* 60
Maresia *pl* 206
Mareta *po* 206
Margarita *ve* 352
Margita Maza de Juarez
  me 176
Margaree *ca* 32
Margay *gy* 110
Mariano G. Vallejo/
  SSBN 658 *us* 266
Mariano Escobedo
  me 174
Mariano Matamoros
  me 177
Maria van Riebeeck
  so 230
Mariategui *pe* 194
Mariel *cu* 50
Marie Miljø *dk* 55
Marien Nguoabi *kg* 156
Marikh *ma*170
Marinero Fuentealba
  ch 38
Marinero Jarana *sp* 227
Mario Marino *it* 137
Mario Serpa *co* 48
Mariposa/WLB 397
  us 301
Mariscal Santa Cruz
  bl 21
Mariscal Sucre *ve* 352
Mariz e Barros *br* 22
Marlborough *gb* 96

Marlin *ba* 18
Marmaris *tu* 246
Marne *fr* 86
Marola *sp* 224
Maroub *sn* 228
Marques de la Ensenada
  sp 222
Marriog *br* 26
Mars *db* 58
Mars *sz* 220
Mars *su* 338
Mars/AFS 1 *us* 280
Marsala *sp* 224
Marsden *me* 174
Marshfield/T-AK 282
  us 284
Marsopa *sp* 224
Marsouin *ag* 6
Martadinata *id* 118
Marti *pn* 145
Marti *tu* 246
Martin Alvarez *sp* 226
Martin Garcia *ar* 13
Martins de Oliveira *br* 26
Marua *fr* 88
Marvin Shields/FF 1066
  us 264
Mary Hichens *ca* 34
Marzook *ku* 164
Mascarin *fr* 86
Masan *ks* 160
Ma San Ho *ks* 160
Mashhoor *ku* 164
Mashiyu *ja* 146
Mashtan *bh* 16
Master Sergeant Samuel
  K. Doe *li* 164
Mašuk *su* 332
Matagorda/WPB 1303
  us 298
Matanga *in* 115
Matias de Cordova
  me 176
Matinicus/WPB 1315
  us 298
Mato Grosso *br* 22
Matsunami *ja* 149
Matsushima *ja* 146
Matsuyuki *ja* 138
Maui/WPB 1304 *us* 298
Maumee/T-AOT 149
  us 294
Mauna Kea/AE 22
  us 280
Maursund *no* 188
Maury/T-AGS 39 *us* 288
Max Reichpietsch *dd* 68
Maxton *gb* 100
Maymoon *ku* 164
Mazinga *ks* 162
MB... *su* 332
MCC... *it* 135
McCandless/FF 1084
  us 262

McCloy/FF 1038 *us* 264
McClusky/FFG 41
  us 262
McInerney/FFG 8 *us* 262
McKee/AS 41 *us* 278
Mearim *br* 22
Meavy *gb* 106
Mechanik Evgrafov
  su 348
Mechanik Fedorev
  su 348
Mechanik Gerasimov
  su 348
Mechanik Konovalov
  su 348
Medas *sp* 224
Medusa *db* 58
Meduza *pl* 204
Meduza *ju* 154
Medway *gb* 104
Meerkatze *db* 66
Meersburg *db* 62
Meghna *bg* 18
Mehmedçik *tu* 246
Mei Chin *tw* 236
Mei Lo *tw* 236
Mei Ping *tw* 236
Mei Sung *tw* 236
Meiningen *dd* 68
Meissen *dd* 70
Meiyo *ja* 150
Melchor Ocampo *me* 174
Meleban *ma* 170
Melisa *pg* 193
Mella *do* 70
Mellon/WHEC 717
  us 296
Mellum *db* 62, 66
Melo *pe* 196
Melton *gb* 106
Mélusine *fr* 86
Melville *dm* 72
Melville/T-AGOR 14
  us 288
Memphis/SSN 691
  us 268
MEN... *it* 135
Menai *gb* 106
Mendez Nuñez *sp* 222
Mentor *gb* 106
Menšinskij *su* 306
Menzel Buorghiba
  tu 250
Meon *gb* 106
Merawa *ly* 168
Mercer/IX 502 *us* 280
Mercuur *nl* 183
Mercure *fr* 84
Mercury *hk* 111
Mercury *si* 220
Mercury/T-AKR 10
  us 290
Mercy/T-AH 19 *us* 294
Meric *tu* 246
Merksem *be* 20
Merlin *fr* 86
Merril/DD 976 *us* 262
Merrimack/AO 179
  us 282
Mersin *tu* 246
Mesaha... *tu* 251
Mesquite/WLB 305
  us 300
Messina *gb* 106
Mestre João Dos Santos
  br 27

Metan *su* 330
Metaphon *th* 242
Meteor *db* 66
Meteor *dd* 70
Meteor/T-AKR 9 *us* 294
Meteoro *ch* 38
Mette Miljø *de* 55
Meuse *be* 20
Meuse *fr* 86
Meyerkord/FF 1058 *us* 264
Mežadij Azižakov *su* 316
Mezen *su* 328
M. Fevzi *tu* 244
MH... *ha* 111
MHV... *de* 54
Miami/SSN 755 *us* 266
Miaoulis *gr* 40
Michael Konovalov *su* 326
Michail Krupskij *su* 336
Michail Kutuzov *su* 304
Michail Lomonosov *su* 346
Michail Rudnickij *su* 326
Michail Somov *su* 342
Michailovič *su* 308
Michele Fiorillo *it* 136
Michigan/SSBN 727 *us* 264
Midhur *in* 114
Midway/CV 41 *us* 254
Miguel Malvar *ph* 198
Miguel Ramos Arizpe *me* 176
Miguel Rodriguéz *ve* 354
Mikula *ca* 37
Mikuma *ja* 140
Milano *sp* 228
Milazzo *it* 132
Milford *gb* 106
Miljø... *de* 55
Millbrook *gb* 106
Miller/FF 1091 *us* 262
Milos *gr* 94
Milwaukee/AOR 2 *us* 282
Mimer *de* 54
Minabe *ja* 148
Minas Gerais *br* 22
Mincio *it* 134
Minden *db* 58
Mindoro Occidental *ph* 200
Mindoro Oriental *ph* 200
Minegumo *ja* 138, 149
Minerva *db* 58
Minerva *gb* 98
Minerva *it* 132
Mineyuki *ja* 138
Minna *ni* 184
Minneapolis-St. Paul/ SSN 708 *us* 268
Mino *ja* 151
Miño *sp* 224
Minören *sw* 214
Minsk *su* 300
Miramichi *ca* 32
Mircea *ru* 211
Mirto *it* 136

Misgav *il* 128
Mispillion/T-AO 105 *us* 286
Mississinewa/T-AO 144 *us* 286
Mississippi/CGN 40 *us* 256
Mistral *sp* 224
Misurata *ly* 168
Mitilo *it* 136
Miura *ja* 142, 146
Mius *su* 328
Mivtach *il* 128
Miyake *ja* 148
Miyajima *ja* 142
Miyato *ja* 142
Miyazuki *ja* 148
Mizan *id* 120
Mizar/T-AGOR 11 *us* 288
Miznak *il* 128
Mizrak *tu* 246
Mizuho *ja* 146
Mjölner *sw* 216
MK... *us* 276
MLMS... *th* 240
Moa *ns* 178
Moana Wave/ T-AGOR 22 *us* 288
Mobile/LKA 115 *us* 276
Mobile Bay/CG 53 *us* 256
Mobile Bay/WTGB 103 *us* 300
Mochishio *ja* 140
Mochizuki *ja* 138, 149
Mocovi *ar* 10
Moctobi/ATF 105 *us* 282
Mode *sw* 216
Modul *su* 344
Møen *de* 52
Mogami *ja* 140
Mogano *it* 132
Møgsterfjord *no* 188
Mohawk/WMEC 913 *us* 296
Mohawk/T-ATF 170 *us* 286
Mohican/WYTM 73 *us* 298
Moinester/FF 1097 *us* 262
Moldavija *su* 336
Moledet *il* 128
Mölders *db* 56
Mollyhawk *au* 16
Monastir *tn* 250
Mončegorks *su* 348
Mönchgut *dd* 70
Monginsidi *id* 118
Monhegan/WPB 1305 *us* 298
Mono *to* 242
Monob I *us* 285
Monongahela/AO 178 *us* 282
Monowai *ns* 178
Mont Arrey *ds* 72
Montcalm *ca* 34
Montcalm *fr* 80
Montero *pe* 194
Monticello/LSD 35 *us* 276
Montmorency *ca* 36

Monterey/CG 61 *us* 256
Moosbrugger/DD 980 *us* 260
Moran Valverde *ec* 72
Morčovec *su* 338, 342
Morcoyán *ar* 10
Mordogan *tu* 246
Moresby *au* 17
Morgane *fr* 86
Morgenthau/ WHEC 722 *us* 296
Morkov *su* 340
Mornar *ju* 152
Morona *pe* 196
Moroshima *ja* 142
Morro Bay/WTGB 106 *us* 300
Mors *pl* 202
Morskoj Geofizik *su* 344
Morton/DD 948 *us* 260
Moruga *ti* 243
Mosanid *ku* 165
Mosel *db* 60
Moskovskij Komsomolec *su* 306
Moskva *su* 302, 350
Mosselbaai *so* 230
Motajica *ju* 152
Motobu *ja* 142, 146
Motoura *ja* 148
Mount Baker/AE 34 *us* 280
Mount Hood/AE 29 *us* 280
Mount Samat *ph* 200
Mount Vernon/LSD 39 *us* 274
Mount Whitney/LCC 20 *us* 272
Mouro *sp* 224
Moussa Ali *ds* 72
MS... *et* 12
MST... *ja* 145
MTB... *tu* 246
MTC... *it* 134
MTF... *it* 134
MTP... *it* 135
Muavenet *tu* 244
Mudjug *su* 350
Mujahid *pa* 192
Mujoulqinaku *al* 4
Mukhtar *pa* 192
Mukhtabar Albihar *qu* 207
Mukos *su* 154
Mul... *sw* 214
Mulkae... *ks* 162, 163
Mulki *in* 114
Mullinnix/DD 944 *us* 262
Multatuli *id* 120
Munin *de* 54
Munin *sw* 216
Munro/WHEC 724 *us* 296
Muntenia *ru* 208
Muräne *db* 60
Murakumo *ja* 138, 148
Murat Reis *ag* 4
Murat Reis *tu* 244
Murature *ar* 8, 11
Murayjib *va* 356
Murban *va* 356
Mürefte *tu* 246
Murena *it* 137
Murène *ag* 6

Murmansk *su* 304, 350
Muroto *ja* 144, 146
Murotsu *ja* 142
Murtula Muhamed *ni* 184
Murshed *ku* 164
Mursu *fi* 76
Muschel *db* 60
Mussa el Hussair *ik* 122
Musson *su* 344
Mustang/WPB 1310 *us* 298
Musytari *ma* 170
Mutin *fr* 89
Mutiara *ma* 171
Mutsuki *ja* 149
Muzuki *ja* 142
MVT... *su* 330
Myohjo *ja* 151
Myosotis *be* 20
Mysing *sw* 216
Mystic/DSRV 1 *us* 282
Mytho *fr* 82

N

N... *ci* 46, 48
Naaldwijk *nl* 182
Naarden *nl* 182
Nachi *ja* 151
Nachodčivyj *su* 306
Nachtigal *km* 156
Näcken *sw* 214
Nadashio *ja* 140
Nafkratoussa *gr* 94
Naftilos *gr* 95
Naga *gs* 110
Nagakyay *bm* 30
Nagatsuki *ja* 138
Naghdi *ja* 124
Nagozuki *ja* 148
Naharya *il* 128
Naiade *fr* 86
Najad *sw* 214
Najade *db* 60
Najaden *de* 54
Najim Al Zafir *eg* 2
Naka *th* 242
Nala *id* 116
Nalon *sp* 224
Namao *ca* 35, 36
Nämdö *sw* 214
Nam Yang *ks* 162
Nanava *py* 194
Nanggala *id* 118
Nan Hai *ci* 49
Nanjang *ci* 42
Nanryu *ja* 151
Nantucket/WPB 1316 *us* 298
Nan Yang *tw* 232
Naparima *ti* 242
Napol *su* 306
Napredak *ja* 152
Nara *su* 330
Narcis *be* 20
Narhvalen *de* 52
Narrangasett/T-ATF 167 *us* 286
Narra *ph* 200
Narushima *ja* 142
Narushio *ja* 140
Narval *sp* 224
Narvik *fr* 89
Narvik *no* 186

Narwik *pl* 202
Narwhal *ca* 36
Narwhal/SSN 671
　us 270
Nashat *in* 114
Nashville/LPD 13
　us 274
Nasr Al Bahr *om* 190
Nassau/LHA 4 *us* 274
Nastojčivyj *su* 306
Natori *ja* 148
Natsugumo *ja* 138, 148
Natsuzuki *ja* 148
Natuna *id* 120
Nauka *su* 346
Naushon/WPB 1311
　us 298
Nautilus *db* 58
Nautilus *nl* 183
Nautilus *so* 230
Nautilus *sp* 224
Navajo/T-ATF 169
　us 286
Navasota/T-AOT 106
　us 286
Navigator *so* 231
Nawarat *bm* 30
Nawigator *pl* 204
Nazario Sauro *it* 132
N'Djolè *ga* 91
Ndovu *ka* 156
Neah Bay/WTGB 105
　us 300
Nebli II *sp* 228
Neckar *db* 60
Negbar *il* 128
Negros Occidental
　ph 198
Negros Oriental *ph* 198
Neman *su* 320, 328
Nemuro *ja* 142
Neon Antonov *su* 326
Neosho/T-AO 143 *us* 286
Neprjadva *su* 334
Neptun *db* 58
Neptun *de* 54
Neptun *sw* 214
Neptune/T-ARC 2 *us* 288
Neptuno *do* 73
Nerča *su* 330
Nereida *sp* 227
Néréïde *fr* 86
Nerevs *gr* 92
Nerz *db* 60
Nesokruščimyj *su* 306
Neštin *ju* 152
Netzahualcoyotl *me* 174
Neubrandenburg *dd* 68
Neuende *db* 62
Neukrotimyj *su* 306
Neulovimyj *su* 306
Neung Ra *ks* 162
Neuruppin *dd* 68
Neququen *ar* 10
Neustadt *db* 66
Neustrelitz *dd* 70
Neuwerk *db* 62
Neva *su* 320
Nevada/SSBN 733 *us* 264
Nevel *su* 342
Nevelskoj *us* 338
New Bedford/IX 308
　us 284
Newcastle *gb* 96
New Jersey/BB 62
　us 256

New Orleans/LPH 11
　us 274
Newport/LST 1179
　us 276
Newport News/SSN 750
　us 266
New York City/SSN 696
　us 268
Newton *gb* 108
Neyzeh *ia* 124
Ngahau Koula *tg* 243
Ngahau Silva *tg* 243
Ngamia *km* 156
N'Golo *ga* 88
N'Gombé *ga* 91
Ngurah Rai *id* 118
N'Guene *ga* 90
Niagara Falls/AFS 3
　us 280
Niarchos *gr* 90
Nibbio *it* 134
Nicholas/FFG 47 *us* 262
Nicholson *ca* 33
Nicholson/DD 982
　us 260
Nicolas Suarez *bl* 21
Nicolet *ca* 36
Niederösterreich *os* 191
Niedersachsen *db* 56
Niels Juel *de* 52
Niels Strömcrona *sw* 219
Nienburg *db* 62
Nieuwpoort *be* 20
N. I. Goulandris . . .
　gr 94
Niijima *ja* 142
Nijigumo *ja* 148
Nikel *su* 348
Nikola Vaptzarov *bu* 29
Nikolaev *su* 302
Nikolaj Čerkasov *su* 348
Nikolaj Evgenov *su* 344
Nikolaj Filčenkov *su* 322
Nikolaj Jansen *su* 348
Nikolaj Kolomejcev
　su 344
Nikolaj Matusevič
　su 338
Nikolaj Markin *su* 316,
　346
Nikolaj Objekov *su* 322
Nikolaj Prževalskij
　su 348
Nikolaj Sipjagin *su* 326
Nikolaj Staršinkov
　su 326
Nikolaj Vilkov *su*
　322, 348
Nikolaj Zubov *su* 338
Nilgiri *in* 112
Nimble *gb* 106
Nimitz/CVN 68 *us* 254
Nimpkish *ca* 34
Nimr *eg* 5
Ninoshima *ja* 142
Niovi *gr* 92
Nipat *in* 114
Nipigon *ca* 32
Nirbhik *in* 114
Nirbhoy *bg* 18
Nirdeshak *in* 116
Nirghat *in* 114
Nirupak *in* 116
Nisr *eg* 5
Nistar *in* 114
Niteroi *br* 22

Nito Restrepo *co* 50
Nitro/AE 23 *us* 280
Nitzhanon *il* 128
Nivelir *su* 338
Nixe *db* 60
Niyodo *ja* 140
Nižneansk *su* 348
Njambuur *sg* 218
Njord *sw* 218
N. Martinovič *ju* 152
Noakhali *bg* 18
Nobaru *ja* 148
Nodaway/T-AOG 78
　us 294
Nogueira da Gama
　br 26
Nojima *ja* 146
Nokomis *ca* 36
Nomad V. *ca* 36
Nongsarai *th* 240
Noon *bh* 16
Norby *de* 52
Norderney *db* 62
Nordjylland *de* 55
Nordkaperen *de* 52
Nordkaperen *sw* 214
Nordkapp *no* 188
Nordperd *dd* 68
Nordsjøbas *no* 188
Nordsøen *de* 55
Nordstrand *db* 62
Nordwind *db* 64
Norfolk *gb* 96
Norfolk/SSN 714 *us* 268
Norge *no* 189
Norilsk *su* 348
Normandy/CG 60
　us 256
Norman Mcleod Rogers
　ca 34
Nornen *no* 188
Norrköping *sw* 216
Norrtälje *sw* 216
Norsten *sw* 214
Northella *gb* 104
Northern Light/
　T-AK 284 *us* 294
Northland/WMEC 904
　us 296
Northwind/WAGB 282
　us 298
Noshiro *ja* 140
Noto *ja* 142, 146
Nottingham *gb* 96
Nouh *ir* 124
Novorossijsk *su* 300
NR 1 *us* 282
Ntringhui *ko* 157
Nube del Mar *do* 73
Nueces/IX 503 *us* 280
Nueva Rocafuerte *ec* 74
Nueva Viscaya *ph* 198
Numana *it* 132
Numancia *sp* 222
Nunivak/WPB 1306
　us 298
Nunobiki *ja* 151
Nuoli . . . *fi* 76
Nuri *bi* 28
Nurton *gb* 100
Nusantara *id* 120
Nusatelu *id* 120
Nusret *tu* 246
Nuwajima *ja* 142
Nyayu *ka* 156
Nymfen *de* 54

Nymphe *db* 60
Nynäshamm *sw* 216

O

Oakleaf *gb* 106
Ob *su* 340
Oberst Brecht *os* 191
O'Bannon/DD 987
　us 260
Obrazcovyj *su* 304
O'Brien *ch* 38
O'Brien/DD 975 *us* 260
Observation Island/
　T-AGM 23 *us* 288
Obuma *ni* 184
Očakov *su* 302
O'Callahan/FF 1051
　us 264
Oceanografico *me* 177
Ocean Research I
　tw 238
Ocelot *gb* 100
Ocelot *gy* 110
Ocha *su* 348
Ockracoke/WPB 1307
　us 298
Ocoa *do* 73
Odarennyj *su* 304
Odd *no* 186
Oden *sw* 218
Odeskij Komsomolec
　su 310
Odenwald *db* 62
Oder *dd* 71
Odiel *sp* 224
Odin *db* 62
Odin *gb* 100
Odinn *is* 126
Odissefs *gr* 94
Offenburg *db* 62
Ofiom *ni* 184
Ogden/LPD 5 *us* 274
Oge *ha* 111
Ogishima *ja* 142
Ogna *no* 186
Ognevoj *su* 304
Oguta *ni* 184
Ohi *ja* 140
O'Higgins *ch* 36
Ohio/SSBN 726 *us* 264
Ohue *ni* 184
Oilbird *gb* 107
Oilfield *gb* 107
Oili . . . *fi* 79
Oilman *gb* 107
Oilpress *gb* 107
Oilstone *gb* 107
Oilwell *gb* 107
Oinoussai *gr* 94
Oirase *ja* 148
Ojibwa *ca* 32
Ojika *ja* 142, 146
Oka *su* 340
Okanagan *ca* 32
Okba *mo* 172
Ok Cheon *ks* 162
Okean *su* 338, 344
Okeanos *gr* 92
Oker *db* 64
Oki *ja* 146
Okitsu *ja* 142, 148
Okinami *ja* 149
Okinawa *ja* 148
Okinawa/LPH 3 *us* 274

831

Okishio *ja* 140
Oklahoma City/SSN 723 *us* 266
Okrina *ni* 184
Okritennyj *su* 304
Oktjabrskaja Revoljucija *su* 304, 350
Olaya *pe* 196
Olaya Herrera *co* 50
Oldendorf/DD 972 *us* 260
Olekma *su* 328
Olfert Fischer *de* 52
Olib *ju* 152
Oliveira e Carmo *po* 206
Oliver Hazard Perry/ FFG 7 *us* 262
Oliver Twist *gb* 108
Oljevern... *no* 189
Olmeda *gb* 106
Olna *gb* 106
Olwen *gb* 106
Olympia/SSN 717 *us* 266
Olympus *qb* 100
Omaha/SSN 692 *us* 268
Ombué *ga* 91
Ombrine *ag* 6
Ommen *nl* 182
Ona *ch* 40
Onaran *tu* 248
Onbevreesd *nl* 182
Öncü *tu* 250
Onda *su* 326
Önder *tu* 250
Ondine *fr* 86
Onega *su* 328
Onondaga *ca* 32
Onslaught *gb* 100
Onslow *au* 14
Onyx *gb* 100
Oosterland *so* 230
Ooshima *ja* 142
Oosumi *ja* 146
Opossum *gb* 100
Opportune *gb* 100
Opportune/ARS 41 *us* 282
Oqbah *sa* 212
Oracle *gb* 100
Orage *fr* 84
Orangeleaf *gb* 106
Ordóñez *sp* 224
Öregrund *sw* 216
Orfe *db* 60
Orion *au* 14
Orion *br* 26
Orion *do* 72
Orion *ec* 75
Orion *fr* 82
Orion *sw* 218
Orion *sz* 220
Orion/AS 18 *us* 278
Orione *it* 132
Oriskany/CV 34 *us* 256
Orkney *gb* 102
Orlik *pl* 202
Orlovskij Komsomolec *su* 308
Ørn *no* 186
Ornö *sw* 216
Orompello *ch* 38
Orsa *it* 130
Ortolan/ASR 22 *us* 278
Oruc Reis *tu* 244
Orwell *gb* 100

Orzel *pl* 202
OS... *su* 340
Osiris *gb* 100
Oslo *no* 186
Osmotritel'nyj *su* 304
Osorno *ch* 40
Oste *db* 64
Östergötland *sw* 212
Ostseeland *dd* 71
Osthammar *sw* 216
Oswald Pirow *so* 230
Oswaldo Cruz *br* 27
Otama *au* 14
Otčajannyj *su* 304
Otlichnyj *su* 304
Otobo *ni* 184
Otomi *me* 176
Oton *ni* 184
Otowa *ja* 151
Otso *fi* 78
Ottawa *ca* 32
Otter *gb* 100
Otto Meycke *db* 64
Otto Schmidt *su* 352
Otto Tost *dd* 68
Otto von Guericke *dd* 70
Otus *gb* 100
Otway *au* 14
Oued *fr* 89
Oudenaerde *be* 20
Ouellet/FF 1077 *us* 264
Ougrée *be* 20
Ouistreham *fr* 82
Oulu *fi* 74
Oumi *ja* 142
Ouragan *fr* 84
Ouranos *gr* 94
Ourreri *ni* 184
Ovens *au* 14
Overseas Alice *us* 292
Overseas Valdez *us* 292
Overseas Vivian *us* 292
Oxley *au* 14
Ozelot *db* 60

P

P... *et* 12
P... *ba* 18
P... *fr* 84
P... *gi* 108
P... *kg* 156
P... *mw* 168
P... *no* 188
P... *pa* 192, 193
P... *py* 194
P... *pe* 196
P... *sp* 224, 226, 227, 228
P... *so* 230
PA... *fi* 76
Pabna *bg* 18
Pack Ku *ks* 162
Pacocha *pe* 196
Paderborn *db* 58
Padma *bg* 18
Pahlawan *ma* 172
Paita *pe* 196
Paiute/ATF 159 *us* 282
Pakan Baru *id* 120
Palang *ia* 124
Palangrin *fr* 88
Palacios *pe* 196
Palawan *ph* 198
Palinuro *it* 136

Palma *it* 132
Pamban *in* 116
Pamlico/WLIC 800 *us* 300
Pamir *us* 332
Pampeiro *br* 24
Pamjat Merkurija *su* 338
Panah *ma* 170
Panaji *in* 116
Panan *id* 120
Pandora *gr* 94
Pandrosos *gr* 94
Pandrong *id* 118
Pangan *th* 240
Pangasinan *ph* 198
Panglima *si* 220
Panonsko More *ju* 152
Panquiaco *pn* 194
Pansio *fi* 76
Pantera *su* 308
Panther *db* 60
Panthère *fr* 88
Panthir *gr* 92
Panvel *in* 116
Papago/ATF 160 *us* 282
Papanikolis *gr* 92, 94
Papaw/WLB 308 *us* 300
Papenoo *fr* 86
Papudo *ch* 38
Papuerette *fr* 84
Paraguassu *br* 26
Paraguay *py* 194
Paraibano *br* 26
Parainen *fi* 76
Parang *id* 120
Parati *br* 24
Parche/SSN 683 *us* 268
Parchim *dd* 68
Pargo/SSN 650 *us* 268
Pari *ma* 170
Parinas *pe* 196
Parker *ar* 8
Parnaiba *br* 24
Parramatta *au* 14
Partizan II *ju* 152
Partridge Island *ca* 36
Pasadena/SSN 752 *us* 266
Parvin *ia* 112
Pasewalk *dd* 70
Passat *su* 344
Passo da Patria *br* 26
Passop *sw* 218
Passumpsic/T-AO 107 *us* 286
Pastor Rouaix *me* 176
Patos *al* 4
Pathfinder *ph* 201
Patria *ve* 354
Patriot/MCM 7 *us* 270
Patterson/FF 1061 *us* 264
Patuakhali *bg* 18
Paul Buck *us* 290
Paul Bogle *jm* 136
Paul Eisenschneider *dd* 68
Paul F. Foster/DD 964 *us* 260
Paul/FF 1080 *us* 262
Paul Wiekzorek *dd* 68
Paus *ma* 170
Pavel Antokolskij *su* 346
Pavel Bašmakov *su* 344
Pavel Gordjenko *su* 344

Pawcatuck/T-AO 108 *us* 286
Paysandu *ur* 252
PB... *ja* 143
PBR... *bm* 30
PC... *et* 12
PČ... *ju* 154
PC... *si* 223
PCF... *ph* 201
P. Drapšin *ju* 152
PDS... *su* 332
Peacock *gb* 102
Pearl Bank *ph* 200
Peccari *gy* 110
Pečenga *su* 328
Pečora *su* 328
Pedang *id* 120
Peder Skram *de* 50
Pedro de Heredia *co* 48
Pedro Texeira *br* 24
Peene *dd* 71
Pegas *su* 338, 346
Pégase *fr* 82
Pegasus/PHM 1 *us* 272
Peik *tu* 244
Pejuang *bi* 26
Pekan *ma* 172
Peleliu/LHA 5 *us* 274
Pélican *fr* 88
Pelikan *db* 60
Pelikan *tu* 246
Pelikan *pl* 202
Pelikanen *sw* 218
Pemburu *bi* 26
Pemex 654 *me* 177
Penang *bi* 28
Pendant/WYTL 65608 *us* 299
Pendekar *ma* 170
Penedo *br* 24
Penelope *gb* 98
Penhors *fr* 86
Pennsylvania/SSBN 735 *us* 264
Penobscot Bay/ WTGB 107 *us* 300
Pensacola/LSD 38 *us* 274
Penyarang *bi* 26
Penyu *my* 170
Peoria/LST 1183 *us* 276
Perantau *ma* 171
Perdana *ma* 170
Perekop *su* 340
Pereira d'Eça *po* 206
Peresvet *su* 342
Perkása *ma* 170
Perkun *pl* 204
Perleberg *dd* 68
Permit/SSN 594 *us* 270
Persée *fr* 82
Persej *su* 338
Perseo *it* 130
Perseus *db* 58
Perseus *sz* 220
Persistent/T-AGOS 6 *us* 286
Pertuisane *fr* 84
Pertanda *ma* 172
Perth *au* 12
Perun *bu* 28
Perwira *bi* 26
Perwira *ma* 172
Peterel *gb* 102
Peterson/DD 969 *us* 260
Peter Tordenskjold *de* 52
Petr Iličev *su* 322

Petr Lebedev *su* 346
Petr Mašerov *su* 348
Petr Pachtusov *su* 352
Petrel *ar* 10
Petrel/ASR 14 *us* 278
Petrel/WSES 4 *us* 298
Petropavlovsk *su* 302
Petula *ho* 111
PFC. Duane F. Williams
  us 292
PFC. Eugene A.
  Obregon *us* 292
PFC. William B. Baugh
  us 292
PFC. James Anderson
  JR. *us* 292
PGM... *bm* 30
Phai *th* 240
Phaidra *gr* 92
Phali *th* 240
Pham Ngu Lao *vn* 356
Pharris/FF 1094 *us* 262
Phenix *fr* 84
Phetra *th* 242
Philadelphia/SSN 690
  us 268
Philiberi Isiranana
  mg 168
Philippine Sea/CG 58
  us 256
Philips van Almonde
  nl 180
Phoebe *gb* 98
Phoenix/SSN 702 *us* 268
Phosamton *th* 243
Phuket *th* 240
Pian *ks* 162
Piast *pl* 204
Piaui *br* 22
Piave *it* 134
Picharn Pholakit *th* 243
Pichincha *ec* 74
Picua *do* 72
Picua *ve* 352
Picuda *gu* 109
Pierre Radisson *ca* 34
Pieter Florisz *nl* 180
Piet Hein *nl* 180
Pietro Cavezzale *it* 134
Pietro de Cristofaro
  it 132
Pigeon/ASR 21 *us* 278
Pijao *co* 48
Pilkij *su* 306
Pillan *ch* 40
Piloto Alsina *ar* 10
Piloto Pardo *ch* 38
Pimentel *pe* 196
Pinar... *tu* 251
Pinega *su* 328
Ping Jin *tw* 234
Pinguin *db* 60
Pingvinen *sw* 218
Pinklao *th* 238, 243
Pinnace... *ml* 169
Pintado/SSN 672 *us* 268
Pintail *gb* 106
Pionir *ju* 152
Pioppo *it* 136
Pirai *gy* 110
Piraim *br* 26
Piraja *br* 24
Piratini *br* 24
Piri Reis *tu* 244
Pirna *dd* 68
Pisagua *pe* 194

Pisco *pe* 196
Piteå *sw* 216
Pitheas *gr* 95
Pittsburgh/SSN 720
  us 266
Piyale Pasa *tu* 244
PL... *hk* 110, 111
Plamennyj *su* 306
Planet *db* 64
Planeta *pl* 204
Planetree/WLB 307
  us 300
Platano *it* 132
Platte/AO 186 *us* 282
Pledge/MSO 498
  us 272
Pleias *gr* 92
Plötze *db* 60
Plover *gb* 102
Pluck/MSO 464 *us* 272
Plug *su* 342
Plunger/SSN 595 *us* 270
Pluton *fr* 88
Pluton *su* 338
Plymouth *gb* 98
Plymouth *ti* 243
Plymouth Rock/LSD 29
  us 276
PM... *su* 322, 324
PM L'Her *fr* 80
PN... *ju* 154
PO... *ju* 154
Pobeda *bu* 28
Pochard *gb* 106
Podchorąży *pl* 205
Podgora *ju* 152
Podor *sg* 218
Poel *dd* 70
Pogy/SSN 647 *us* 268
Po Hang *ks* 160
Pohjanmaa *fi* 74
Pohorje *ju* 154
Point Arena/
  WPB 82346 *us* 298
Point Baker/
  WPB 82342 *us* 298
Point Barnes/
  WPB 82371 *us* 299
Point Barrow/
  WPB 82348 *us* 298
Point Batan/
  WPB 82340 *us* 298
Point Bennet/
  WPB 82551 *us* 298
Point Bonita/
  WPB 82347 *us* 298
Point Bridge/
  WPB 82338 *us* 298
Point Brower/
  WPB 82372 *us* 299
Point Brown/
  WPB 82362 *us* 298
Point Camden/
  WPB 83373 *us* 299
Point Carrew/
  WPG 82374 *us* 299
Point Charles/
  WPB 82361 *us* 298
Point Chico/
  WPB 82339 *us* 298
Point Countess/
  WPB 82335 *us* 298
Point Defiance/LSD 31
  us 276
Point Divide/
  WPB 82337 *us* 298

Point Doran/
  WPB 82375 *us* 299
Point Estero/
  WPB 82344 *us* 298
Point Evans/
  WPB 82354 *us* 298
Point Francis/
  WPB 82356 *us* 298
Point Franklin/
  WPB 82350 *us* 298
Point Glass/
  WPB 82336 *us* 298
Point Hannon/
  WPB 82355 *us* 298
Point Harris/
  WPB 82376 *us* 299
Point Henry *ca* 34
Point Herron/
  WPB 82318 *us* 298
Point Heyer/
  WPB 82369 *us* 299
Point Highland/
  WPB 82333 *us* 298
Point Hobart/
  WPB 82377 *us* 299
Point Hope/
  WPB 82302 *us* 298
Point Huron/
  WPB 82357 *us* 298
Point Jackson/
  WPB 82378 *us* 299
Point Judith/
  WPB 82345 *us* 298
Point Knoll/
  WPB 82367 *us* 298
Point Ledge/
  WPB 82334 *us* 298
Point Lobos/
  WPB 82366 *us* 298
Point Loma/AGDS 2
  us 286
Point Lookout/
  WPB 82341 *us* 298
Point Martin/
  WPB 82379 *us* 299
Point Monroe/
  WPB 82353 *us* 298
Point Nowell/
  WPB 82363 *us* 298
Point Race *ca* 34
Point Richmond/
  WPB 82370 *us* 299
Point Roberts/
  WPB 82332 *us* 298
Point Sal/ WPB 82352
  us 298
Point Spencer/
  WPB 82349 *us* 298
Point Steele/
  WPB 82359 *us* 298
Point Stuart/
  WPB 82358 *us* 298
Point Swift/WPB 82312
  us 298
Point Thatcher/
  WPB 82314 *us* 298
Point Turner/
  WPB 82365 *us* 298
Point Verde/
  WPB 82311 *us* 298
Point Warde/
  WPB 82368 *us* 298
Point Wells/ WPB 82343
  us 298
Point Whitehorn/
  WPB 82364 *us* 298

Point Winslow/
  WPB 82360 *us* 298
Poisk *su* 344
Polar *po* 207
Polargirl *no* 189
Polar Sea/WAGB 11
  us 298
Polar Star/WAGB 10
  us 298
Polarstern *db* 66
Polichno *pl* 202
Polifemo *it* 134
Polimar... *me* 176
Polipo *it* 136
Poljarnik *su* 330
Poljus *su* 338
Pollack/SSN 603 *us* 270
Pollux *db* 58
Pollux *sz* 220
Pollux *sp* 228
Pollux/T-AKR 290
  us 290
Ponce/LDP 15 *us* 274
Ponchatoula/T-AO 148
  us 286
Ponciano Arriaga *me* 174
Pondicherry *in* 114
Ponoj *su* 328
Pontos *gr* 92
Poolster *nl* 182
Popenguine *sg* 218
Porak *in* 114
Porbandar *in* 114
Porivistij *su* 306
Porkkala *fi* 76
Porpoise *au* 16
Porpora *it* 136
Portales *ch* 36
Port Elizabeth *so* 230
Port Nelson *ba* 18
Port Said *eg* 4
Port Vendres *fr* 86
Porte Dauphine *ca* 34
Porte de la Reine *ca* 34
Porte Quebec *ca* 34
Porte Saint-Jean *ca* 34
Porte Saint-Louis *ca* 34
Portland/LSD 37 *us* 274
Porto Corsini *it* 134
Porto Conte *it* 134
Porto D'Ischia *it* 134
Porto Empedocle *it* 134
Porto Esperanca *br* 24
Porto Fossone *it* 134
Porto Pisano *it* 134
Porto Salvo *it* 134
Porto Torres *it* 134
Portoferraio *it* 134
Portorenere *it* 134
Portoviejo *ec* 74
Portsmouth/SSN 707
  us 268
Poseidon *db* 66
Poseidon *fr* 88
Poseidon *gr* 92
Poseidon *sp* 227
Poset *su* 326
Poshak *in* 114
Pößneck *dd* 68
Poti *br* 24
Potomac/T-AOT 181
  us 294
Potvis *nl* 182
Powerful *gb* 106
Powhatan/T-ATF 166
  us 286

Po Yang *tw* 234
Poyraz *tu* 246
PP... *ni* 184
PR... *ju* 154
Prabal *in* 114
Prabparapak *th* 240
Pradeepa *sk* 228
Pradhayak *in* 114
Prachand *in* 114
Prairie/AD 15 *us* 278
Pralaya *in* 114
Prasae *th* 238, 243
Pratap *in* 114
Prathong *th* 240
Preble/DDG 46 *us* 260
Predannyj *su* 308
Prefecto Derbes *ar* 12
Prefecto Fique *ar* 12
Prenzlau *dd* 70
Prerow *dd* 70
Preserver *ca* 32
Preserver/ARS 8 *us* 282
President Bourghiba
  tn 250
President El Hadj Omar
  Bongo *ga* 90
Président Léon M'ba
  ga 90
President Pretorius
  so 230
President Sioka Stevens
  sl 220
President Steyn *so* 230
President Tito *ml* 169
Presidente Busch *bl* 21
Presidente Eloy Alfaro
  ec 72
Presidente Kennedy *bl* 21
Presidente Oribe *ur* 252
Presidente Poras *pn* 194
Prespa *gr* 94
Prestol Botello *do* 70
Pretoria *so* 230
Prevail/T-AGOS 8 *us* 286
Preveze *tu* 244
Priboj *su* 344
Priliv *su* 344
Primauguet *fr* 80
Primorje *su* 320
Primorsk *su* 320
Primorskij Komsomolec
  su 320
Primula *be* 20
Princesa *sp* 224
Princeton/CG 59 *us* 256
Principe de Asturias
  sp 222
Pripjat *su* 316
Prisma *fi* 78
Prizma *su* 338
Procion *do* 72
Proet *th* 242
Professor Bogorov *su* 344
Professor Chromov
  su 344
Professor Fedynskij
  su 344
Professor Kurencov
  su 344
Professor Multanovskij
  su 344
Professor Pavel
  Molčanov *su* 344
Professor Polškov *su* 344
Professor Štokman
  su 344

Professor Vodanickij
  su 344
Professor Viese *su* 342
Professor Zubov *su* 342
Proleter *ju* 152
Prometeo *it* 134
Proserpina *sp* 227
Protea *so* 231
Protecteur *ca* 32
Proteo *it* 134
Protet *fr* 80
Proteus/AS 19 *us* 278
Protevs *gr* 92
Protraktor *su* 334
Providence/SSN 719
  us 266
Providencia *co* 49
Provider *ca* 34
Provornyj *su* 304, 308
Provo Wallis *ca* 36
Prozorlivyj *su* 306
Prut *su* 328
PS... *ju* 154
PS... *ur* 253
PSB... *ph* 200
Psihin *pa* 192
Psyche *fr* 82
PT... *ju* 154
PT... *si* 222
PTC... *tw* 236
Puebla *me* 176
Puerto Cabello *ve* 352
Puerto Deseado *ar* 10
Puerto Santo *ve* 354
Puffer/SSN 652 *us* 268
Puffin *hk* 110
Puget Sound/AD 38
  us 278
Pukaki *ns* 178
Pukkio *fi* 76
Pula *ju* 152
Pulau Rani *id* 118
Pulau Ratewo *id* 118
Pulau Rengat *id* 118
Pulau Rupat *id* 118
Pulicat *in* 116
Puma *db* 60
Punaruu *fr* 86
Puncher *gb* 102
Puni *bi* 28
Punjab *pa* 192
Punta Alta *ar* 10
Punta Ballena *ve* 354
Punta Barima *ve* 354
Punta Cardon *ve* 354
Punta Macoya *ve* 354
Punta Macuro *ve* 354
Punta Mariusa *ve* 354
Punta Moron *ve* 354
Punta Mosquito *ve* 354
Punto Mulatos *ve* 354
Punta Perret *ve* 354
Punta Playa *ve* 354
Punta Unare *ve* 354
Purga *su* 320
Puri *in* 116
Pursuer *gb* 102
Purus *br* 22
Pusan *ks* 160
Putri Sabah *sh* 210
Putsaari *fi* 76
PVT. Harry Fisher
  us 292
P. W. Botha *so* 230
PX... *si* 222
Pyi Daw Aye *bm* 30

Pyro/AE 24 *us* 280
Pytlivij *su* 306
PZHS... *su* 332

Q

Q... *qu* 206
Qadissayat Saddam
  ik 124
Qahir *ku* 164
Qaruh *ku* 164
Qena *eg* 2
QM Alfred Motto
  km 156
QM Anquetil *fr* 80
Quaimas *bh* 16
Quapaw/ATF 110 *us* 282
Qu'Appelle *ca* 32
Quarto *it* 137
Queensfish/SSN 651
  us 268
Querandi *ar* 10
Quetzalcoatl *me* 174
Queshm *ia* 124
Quessant *fr* 82
Quest *ca* 34
Quetta *pa* 192
Quezon *ph* 198
Quidora *ch* 38
Quindio *co* 49
Quiñones *pe* 194
Quito *ec* 74
Quito Sueño *co* 48
Quokka *au* 16
Quorn *gb* 100

R

R... *ci* 46
R... *me* 177
R... *py* 195
R... *pl* 205
R... *sw* 214
Rablow *pl* 202
Racer *ca* 34
Rachanuphat *th* 243
Racine/LST 1191 *us* 276
Rad *ly* 166
Rade Konćar *ju* 152
Radoom *va* 356
Raduga *su* 310
Rafael del Castillo y
  Rada *co* 50
Raffaele Rossetti *it* 137
Rafiki *ta* 238
Raftsund *no* 188
Rahav *il* 128
Rahmat *ma* 170
Raisio *fi* 76
Rajah Humabon *ph* 198
Rajah Lakandulah *ph* 198
Rajaji *in* 115
Rajhans *in* 116
Rajput *in* 112
Rajshahi *pa* 192
Rajshri *in* 116
Rajtarang *in* 116
Rakata *id* 120
Rakshaka *sk* 228
Raleigh/LPD 1 *us* 274
Rally *ca* 33
Ramadan *eg* 2
Ramadevi *in* 116

Ram Inthra *th* 243
Ramiz Sadiku *ju* 152
Ramnes *no* 189
Ramsay *bd* 17
Ramsey/FFG 2 *us* 262
Ran *de* 54
Rana *in* 112
Rancagua *ch* 38
Rance *fr* 86
Rang *th* 242
Rangamati *bg* 18
Ranger *gb* 102
Ranger *st* 210
Ranger *us* 290
Ranger/CV 61 *us* 254
Range Sentinel/
  T-AGM 22 *us* 288
Rani Jindan *in* 116
Ranjakamee *sk* 228
Ranokavo *ch* 40
Ranjit *in* 112
Ranvir *in* 112
Rapid *ca* 33
Raposo Tavares *br* 24
Rapp *no* 186
Rapuhia *ns* 179
Rari *fr* 88
Raritan/WYTM 93
  us 298
Ras Adar *tn* 251
Ras Al Dawar *ly* 166
Ras Al Falluga *ly* 166
Ras Al Gelais *ly* 166
Ras Al Hamman *ly* 166
Ras Al Hami *ly* 166
Ras Al Qula *ly* 166
Raschid *eg* 4
Ras El-Helal *ly* 169
Ras El Hilel *ly* 168
Ras Hadad *ly* 166
Ras Hamidou *ag* 4
Ras Massad *ly* 166
Rasjaščij *su* 306
Rask *no* 186
Ratcharit *th* 243
Ratfanakosin *th* 238
Rathburne/FF 1057
  us 264
Rathenow *dd* 68
Ratnagiri *in* 114
Rattler *gy* 110
Ratulangi *id* 120
Ravi *th* 242
Ravn *no* 186
Ray/SSN 653 *us* 268
Ražitel'nyj *su* 306
Razumnyj *su* 306
Rbigah *qu* 206
Ready *ca* 34
Reasoner/FF 1063 *us* 264
Rebun *ja* 146
Recalde *sp* 224
Reclaimer/ARS 42
  us 282
Recovery/ARS 43 *us* 282
Red Beech/WLM 686
  us 300
Red Birch/WLM 687
  us 300
Red Cedar/WLM 688
  us 300
Red Oak/WLM 689
  us 300
Red Wood/WLM 685
  us 300
Redpole *gb* 102

Redstone/T-AGM 20
  us 288
Reduktor su 336
Reeves/CG 24 us 258
Regent gb 106
Regga ku 164
Regge nl 182
Regina ca 30
Regulus db 58
Regulus/T-AKR 292
  us 290
Reid/FFG 30 us 262
Reiher db 60
Reinøysund no 188
Reis Ali ag 4
Reis Kellig ag 4
Reis Korfo ag 4
Reliance/WMEC 615
  us 296
Remada tn 250
Renchong ma 170
Rencong id 118
Renke db 40
Renown gb 98
Rentaka ma 170
Rentz/FFG 46 us 262
Repiter su 336
Repulse gb 98
Reque pe 198
Requin ag 6
Rerik dd 70
Reshef il 128
Rešitel'nyj su 304
Resolute/WMEC 620
  us 296
Resolution gb 98
Resource gb 106
Restauration do 72
Restigouche ca 32
Retivyj su 306
Retriever/DR 1 us 285
Rettin db 66
Reuben James/FFG 57
  us 262
Reunification km 156
Revenge gb 98
Revi fr 88
Revnostnyi su 306
Reyes ch 40
Rezkij su 306
Rezvyj su 306
R. G. Mathieson us 290
Rhein db 60
Rheinland-Pfalz db 56
Rhenen nl 182
Rhin fr 86
Rhodos gr 94
Rhön db 62
Rhône fr 86
Riachuelo br 24
Ribačij su 338
Ribadu ni 184
Ribble gb 100
Ribeira Grande po 206
Ribnitz-Damgarten dd 68
Richard B. Russel/
  SSN 687 us 268
Richard E. Byrd/
  DDG 23 us 260
Richard L. Page/FFG 5
  us 262
Richard E. Edwards/
  DD 950 us 260
Richard Sorge dd 68
Richmond K. Turner/
  CG 20 us 258

Rider ca 34
Riems dd 70
Riesa dd 68
Rift su 344
Rigel db 58
Rigel ec 75
Rigel sp 228
Rigel/T-AF 58 us 284
Rihtniemi fi 76
Rijger so 230
Rimfaxe de 54
Rin th 242
Ring sw 216
Rio Altagrazia ve 355
Rio Apure II ve 354
Rio Arauca II ve 354
Rio Azangaro pe 197
Rio Bocono ve 354
Rio Branco br 26
Rio Cabriales ve 354
Rio Cañete pe 198
Rio Capanaporo ve 354
Rio Caparo ve 354
Rio Caribe ve 354
Rio Caroni ve 354
Rio Catatumbo II ve 354
Rio Caura ve 354
Rio Chama ve 354
Rio Chicawa pe 197
Rio Chira pe 197
Rio Chui br 27
Rio Cinaruco ve 354
Rio Cruta nc 180
Rio Cuyuni ve 354
Rio das Contas br 27
Rio de la Plata ar 13
Rio Doce br 27
Rio Escalante ve 354
Rio Deseado ar 13
Rio Formosa br 27
Rio Grande do Norte
  br 22
Rio Grita ve 354
Rio Guainia ve 354
Rio Guanare ve 354
Rio Guarico II ve 354
Rio Hacha co 48
Rio Huarmey pe 198
Rio Icabara ve 354
Rio Ilave pe 197, 199
Rio Kuringwas nc 180
Rio Limon ve 354
Rio Locumba pe 198
Rio Luján ar 13
Rio Majes pe 196
Rio Manzanare ve 355
Rio Meta II ve 354
Rio Motatan ve 354
Rio Napo ec 74
Rio Nearo II ve 354
Rio Negro ar 10
Rio Negro br 27
Rio Negro ur 252
Rio Nepeña pe 198
Rio Neveri ve 354
Rio Ocoña pe 198
Rio Oiapoque br 27
Rio Orinoco ve 354
Rio Panuco me 176
Rio Paraguay ar 13
Rio Paraná ar 13
Rio Pardo br 27
Rio Pativilca pe 198
Rio Piura pe 198
Rio Portuguesa II ve 354

Rio Punta pe 196
Rio Quequén ar 13
Rio Ramis pe 197, 199
Rio Real br 27
Rio Sama pe 197
Rio Santa pe 196
Rio San Juan ve 354
Rio Sarare ve 354
Rio Tambo pe 198
Rio Torres ve 354
Rio Tucuyo ve 354
Rio Tumbes pe 198
Rio Turbio ve 354
Rio Turvo br 27
Rio Tuy ve 354
Rio Uribande ve 354
Rio Uruguay ar 13
Rio Venamo ve 354
Rio Venturari ve 354
Rio Verde br 27
Rio Viru pe 198
Rio Yaracuy ve 354
Rio Yuruan ve 354
Rio Yuruari ve 354
Rio Zaña pe 198
Rio Zarumilla pe 198
Rioni su 328
Rishiri ja 146
Riva Trigoso it 134
Riverton ca 35
Rizal ph 198
Riyadh sa 212
Roark/FF 1053 us 264
Roanoke/AOR 7 us 282
Robalo ar 12
Röbel dd 68
Robert D. Conrad/
  T-AGOR 3 us 288
Robert G. Brandley/
  FFG 49 us 262
Robert Foulis ca 36
Robert E. Peary/FF 1073
  us 264
Robinson ar 8
Robison/DDG 12 us 260
Robust gb 106
Robuste fr 87
Rochefort be 20
Rochen db 60
Rödlöga sw 214
Rodney M. Davis/
  FFG 60 us 262
Rodrigo de Bastidas
  co 48
Rodsteen de 52
Rodqum va 354
Roebuck gb 104
Roermond nl 183
Rokk no 186
Rokko ja 148
Rollicker gb 106
Romanija ju 154
Romanz su 308
Romat il 128
Romeo Romei it 132
Romblon ph 198
Rommel db 56
Rømø de 54
Romsø de 54
Rondônia br 24
Roquero sp 229
Roraima br 24
Rosales ar 8
Rosario po 206
Rosca Fina br 26
Rosenheim db 66

Rosomacha su 308
Rosomak pl 202
Rossoš su 330
Roßlau dd 68
Rossija su 350
Rostock dd 68
Rostov su 346
Rota de 54
Rothesay gb 98
Rotoiti ns 178
Rotsund no 188
Rotvaer no 188
Roussin gr 94
Rover us 290
Rovno su 346
Rovuma po 206
Roysterer gb 106
Röyttä fi 76
RP . . . it 135
RPC bm 30
RPL . . . si 220
RSL . . . ml 169
Rubin su 308
Rubis fr 82
Rudnik ju 154
Rudolf Eglhofer dd 68
Rudolf Samojlovic
  su 344
Rügen dd 70
Ruissalo fi 76
Rumb su 338
Rush/WHEC 723 us 296
Rushcutter au 14
Ruslan su 320
Rustom pa 192
Ruve fd 73
Ruwan Yaro ni 184
Ruzgar tu 246
RV . . . nl 182
Ryanyj su 306
Rymättylä fi 76
Rys pl 202
Ryusei ja 151

S

S . . . bi 28
S . . . su 310
Saab Ibn Abi Wakkas
  ik 122
S. A. Agulhas sa 231
Saar db 60
Sa'ar il 128
Saarburg db 62
Saaristo fi 76
Saba Al Bahr om 190
Sabač ju 154
Sabalan ia 124
Sabalo ve 352
Sabhan ku 164
Sabratha ly 168
Sachalin su 320, 334
Sachalinskij Komso-
  molec su 316
Sachsenwald db 62
Sachtouris gr 90
Sacramento/AOE 1
  us 280
Sada id 118
Sadarin id 118
Sadko su 342
Sado ja 148
Safeguard/ARS 50 us 282
Saffier su 308
Safra . . . bh 16

Safwa *sa* 210
Sagami *ja* 144, 148
Sagar *ku* 164
Sagarawardene *sk* 228
Sagar Kanya *in* 116
Sagar Sampada *in* 116
Sagebrush/WLB 399
  us 301
Saginaw/LST 1188
  us 276
Saginaw/WLIC 804
  us 300
Sagittaire *fr* 82
Sagittario *it* 130
Sagjet Sidi Joussef
  tn 250
Sagres *po* 207
Saguenay *ca* 32
Saham *bh* 16
Sahand *ia* 124
Sahene *gh* 90
Sahin *tu* 246
Sahiwal *pa* 192
Sahwan *pa* 192
Saif... *bh* 16
Saint Anthony *ca* 35
Saint Charles *ca* 35
Saint-Louis *sg* 218
Saipan/LHA 2 *us* 274
Sajanyj *su* 326
Sakal *su* 308
Sakate *ja* 142
Salaam *ta* 238
Salah Reis *ag* 4
Salam *ku* 164
Salam *ly* 168
Salamis *zy* 359
Salah al din al Ayubi
  ik 122
Salak *sn* 228
Salamaua *pg* 192
Saldiray *tu* 244
Salem/CA 139 *us* 258
Salm *db* 60
Salmaid *gb* 106
Salmaneti *id* 118
Salmaster *gb* 106
Salmone *it* 132
Salmore *gb* 106
Salt Lake City/SSN 716
  us 268
Salta *ar* 8
Salto *ur* 253
Salvatore Pelosi *it* 132
Salvatore Todaro *it* 132
Salvia/WLB 400 *us* 301
Salvor/ARS 52 *us* 282
Salvora *sp* 226
SAM... *sw* 214
Samadar *id* 118
Samadikum *id* 118
Samana *ba* 18
Samana *do* 72
Samarai *pg* 192
Samar del Norte *ph* 200
Samar Oriental *ph* 200
Sambu *id* 121
Sam Chok *ks* 162
Samed *th* 242
Sam Houston/SSN 609
  us 270
Sample/FF 1048 *us* 264
Sampo *fi* 78
Sampson/DDG 10 *us* 260
Sam Rayburn/SSBN 635
  us 266

Samsø *de* 54
Samson *no* 189
Samsun *tu* 246
Samudra Manthan *in* 116
Samuel Eliot Morison/
  FFG 13 *us* 262
Samuel E. Roberts/
  FFG 58 *us* 262
Samuel Gompers/AD 37
  us 278
Samuel Risley *ca* 36
San Andres *co* 49
San Bernadino/LST 1189
  us 276
San Diego/AFS 6 *us* 280
San Francisco/SSN 711
  us 268
San Giorgio *it* 134
San Giusto *it* 135
San Jacinto/CG 56
  us 256
San Jose/AFS 7 *us* 280
San Juan *ar* 8
San Juan/SSN 751
  us 266
San Julian *ar* 10
San Luis *ar* 8
San Marco *it* 134
Sana'a *je* 150
Sancactar *tu* 246
Sanches Carrion *pe* 196
Sandalo *it* 132
Sandhamn *sw* 216
Sandhayak *in* 116
Sand Lance/SSN 660
  us 268
Sandown *gb* 100
Sandpiper *gb* 102
Sandringham *gb* 109
Sangay *ec* 74
Sangitan *ma* 172
Sangsetia *ma* 172
Sanibel/WPB 1312
  us 298
Santa *pe* 198
Santa Adela *us* 290
Santa Barbara/AE 28
  us 280
Santa Catarina *br* 22
Santa Cruz *ar* 8
Santa Cruz de la Sierra
  bl 21
Santa Fé *ar* 8
Santa Juana *us* 290
Santa Maria *sp* 222
Santiago del Estero *ar* 8
Santillana *pe* 196
Santisima Trinidad *ar* 8
Santos Degollado *me* 174
Sao Gabriel *po* 206
Sapanca *tu* 246
Sapelo/WPB 1314
  us 298
Saphir *fr* 82
Sapri *it* 132
Saqar *va* 354
Šaraf Rašidov *su* 346
Sarandi *ar* 8
Sarasin *th* 240
Saratoga/CV 60 *us* 254
Sardelle *db* 60
Sardine *db* 60
Sardius *au* 16
Sargenta Borges *br* 26
Sargento Aldea *ch* 38
Sargo/SSN 583 *us* 248

Sarhad *pa* 192
Sariyer *tu* 246
Sarkkä *fi* 78
Sarköy *tu* 249
Sarobetsu *ja* 148
Saroc *tu* 246
Sarpen *no* 188
Saruçabey *tu* 244
Saša *su* 330
Saskatchewan *ca* 32
Sassafras/WLB 401
  us 301
Satakut *th* 240
Satatuma *ja* 142, 146
Sattahip *th* 240
Saturn *sz* 220
Saturn-T/AFS 9 *us* 284
Saturno *it* 134
Sauda *no* 186
Sava *ju* 152
Savannah/AOR 4 *us* 282
Savarona *tu* 251
Savastepe *tu* 244
Save *po* 206
Savo *sm* 211
Sawakaze *ja* 138
Sawangi *id* 118
Sawayuki *ia* 138
SB... *ja* 332
Scarab *gb* 106
Scarabée *fr* 86
Sceptre *gb* 100
Schahsevar *ia* 127
Scharhörn *db* 62, 66
Schahrokh *ia* 124
Schenectady/LST 1185
  us 276
Scheveningen *nl* 182
Schiedam *nl* 182
Schlei *db* 60
Schleswig *db* 58
Schleswig-Holstein *db* 56
Schofield/FFG 3 *us* 262
Schönebeck *db* 68
Schultz Xavier *po* 207
Schütze *db* 58
Schwedeneck *db* 64
Schwedt *db* 68
Schwerin *dd* 68
Scirocco *it* 130
Scott/DDG 995 *us* 260
Scout/MCM 8 *us* 270
Scranton/SSN 756 *us* 266
Sculpin/SSN 590 *us* 270
Scylla *gb* 98
SD... *pl* 204
SD... *ru* 208
Sderžannyj *su* 304
Sea Cat *hk* 111
Sea Devil/SSN 664
  us 268
Sea Dragon *si* 220
Sea Dragon *ti* 243
Sea Eagle *hk* 111
Sea Falcon *hk* 111
Sea Hawk *hk* 111
Sea Hawk *si* 220
Sea Hawk/WSES 2
  us 298
Sea Leopard *hk* 111
Sea Lion *hk* 110
Sea Lion *si* 220
Sea Lynx *hk* 111
Sea Puma *hk* 111
Sea Scorpion *si* 220
Sea Tiger *hk* 110

Sea Tiger *si* 220
Sea Wolf *si* 220
Sea Wolf/SSN 575
  us 266
Seaclif/DSV 4 *us* 283
Seadog *sg* 218
Seafox *us* 277
Seahorse/SSN 669 *us* 268
Seal *au* 16
Sealift Antarctic/
  T-AOT 176 *us* 290
Sealift Arabian Sea/
  T-AOT 169 *us* 290
Sealift Arctic/T-AOT 175
  us 290
Sealift/Atlantic/
  T-AOT 172 *us* 290
Sealift Caribbean/
  T-AOT 174 *us* 290
Sealift China Sea/
  T-AOT 170 *us* 290
Sealift Indian Ocean/
  T-AOT 171 *us* 290
Sealift Mediterranean/
  T-AOT 173 *us* 290
Sealift Pacific/T-AO 168
  us 290
Seaspray *ti* 243
Seattle/AOE 3 *us* 280
Sebastian de Belal
  Calzar *co* 48
Sebastian Lerdo
  de Tejada *me* 174
Sebha *ly* 168
Sebo *gh* 90
Sedge/WLB 402 *us* 301
Seddulbahir *tu* 246
Seeadler *db* 60
Seeadler *pg* 192
Seefalke *db* 66
Seehund... *db* 58
Sehested *de* 52
Seima *su* 330
Selcuk *tu* 246
Selendon *pe* 196
Selenga *su* 330
Sellers/DDG 11 *us* 260
Selon' *su* 330
Semen Čeljuškin
  su 352
Semen Dežnev
  su 338, 352
Semen Rošal *su* 316
Semmes/DDG 18 *us* 260
Sendai *ja* 148
Seneca/WMEC 906
  us 296
Senegal *sg* 218
Seneš *su* 338
Senja *no* 188
Sentinel *gb* 102
Sentry/MCM 3 *us* 270
Seoul *ks* 160
Separacion *do* 70
Sequoia *us* 285
Seraing *be* 20
Serampang *ma* 170
Serang *ma* 170
Serdar *tu* 248
Sergej Lazo *su* 322
Sergej Krakov *su* 344
Sergej Vavilov *su* 346
Sergipe *br* 22
Seri *me* 176
Seruwa *sk* 228
SES... *us* 284

Seteria *bi* 26
Setogiri *ja* 149
Setoshio *ja* 140
Setoyuki *ja* 138
Settsu *ja* 146
Setun *su* 334
Sevan *su* 326
Sevastopol *su* 302
Sever *su* 338, 346
Severodoneck *su* 326
Seyhan *tu* 246
Seymen *tu* 246
S. Filipovič *ju* 152
Sfinge *it* 132
SG... *tu* 250
SGT. Matej Kocak
   us 292
SGT. William R. Button
   us 292
Sgombro *it* 132
Shaab *sn* 228
Shabab Oman *om* 191
Shackle/WYTL 65609
   us 299
Shafak *ly* 166
Shahayak *bg* 18
Shaheed Akhtaruddin
   bg 18
Shaheed Daulat *bg* 18
Shaheed Farit *bg* 18
Shaheed Mohibullah
   bg 18
Shaheed Ruhul Amin
   bg 18
Shaheed Salahuddin
   bg 19
Shaheen *va* 354
Shah Jahan *pa* 190
Shan Jalal *bg* 18
Shankush *in* 112
Shakti *in* 114
Shamjala *bg* 18
Shamshir *ia* 124
Shanbandar *ma* 172
Shao Yang *tw* 232
Sharabh *in* 114
Sharara *ly* 166
Shardul *in* 114
Shark/SSN 591 *us* 270
Shasta/AE 33 *us* 280
Shearwater/WSES 3
   us 298
Sheffield *gb* 98
Shehab *ly* 166
Sheikan *sn* 228
Shenandoah/AD 44
   us 278
Shen Yang *tw* 232
Sheraton *gb* 100
Shermann/WHEC 720
   us 296
Shetland *gb* 102
Shikinami *ja* 149
Shikine *ja* 149
Shikmona *il* 128
Shimagiri *ja* 149
Shimakaze *ja* 138
Shimanami *ja* 149
Shimayuki *ja* 138
Shimokita *ja* 146
Shimrit *il* 128
Shinano *ja* 148
Shinonome *ja* 149
Shiraito *ja* 151
Shirane *ja* 136
Shirakami *ja* 148

Shiramine *ja* 148
Shirase *ja* 144
Shirayuki *ja* 138
Shiretoko *ja* 146
Shishumar *in* 112
Shoalwater *au* 14
Shoa Shan *tw* 234
Shobo I *ja* 145
Shoryu *ja* 151
Shoshone/T-AOT 151
   us 294
Shouaiai *ly* 166
Shoula *ly* 166
Shoyo *ja* 148
Shreveport/LPD 12
   us 274
SHT... *pg* 193
Shu Guang... *ci* 48
Shushuk *pa* 192
Shwe Lun Pyan *bm* 29
Shyri *ec* 72
Sibarau *id* 118
Sibilla *it* 132
Sibir *su* 334, 350
Sibirskij *su* 332
Siboney *cu* 50
Sichang *th* 240
Sides/FFG 14 *us* 262
Sidney *ca* 32
Sidon *lb* 164
Sierra/AD 18 *us* 278
Sierra Madre *ph* 200
Sifnos *gr* 94
Sigacik *tu* 246
Sigalu *id* 118
Sigrun *sw* 217
Sigurot *in* 118
Sikuda *id* 118
Sil *sp* 224
Silas Bent/T-AGS 26
   us 290
Silea *id* 118
Silifke *tu* 246
Siliman *id* 118
Siljan *no* 189
Silmä *fi* 76
Silnyj *su* 306
Silversides/SSN 679
   us 268
Sima *su* 310
Simaioforos Kavaloudis
   gr 92
Simaioforos Simitzo-
   poulos *gr* 92
Simaioforos Starakis
   gr 92
Simaioforos Xenos *gr* 92
Simba *ka* 156
Simcoe *ca* 36
Simeto *it* 134
Simferopol *su* 304
Simon Bolivar/SSBN 641
   us 266
Simon Bolivar *ve* 354
Simon Fraser *ca* 38
Simon Lake/AS 33
   us 278
Simpson *ch* 38
Simpson/FFG 56 *us* 262
Simsek *tu* 246
Sind *pa* 192
Sinde *bm* 31
Sindhudurg *in* 112
Sindhudhvaj *in* 112
Sindhugosh *in* 112
Sin Mi *ks* 162

Sine-Saloum *sg* 218
Sinop *tu* 246
Sioux/T-ATF 171 *us* 286
Sira *no* 186
Sir Bedivere *gb* 102
Sir Caradoc *gb* 102
Sir Galahad *gb* 102
Sir Geraint *gb* 102
Sir Humphrey Gilbert
   ca 36
Sir Lancelot *gb* 102
Sir Percivale *gb* 102
Sir Tristram *gb* 102
Sir Wilfrid Laurier
   ca 34
Sir William Alexander
   ca 34
Sirena *su* 340
Sirène *fr* 82
Siribua *in* 118
Sirio *do* 72
Siri *ni* 184
Sirius *br* 26
Sirius *db* 58
Sirius *gb* 98
Sirius *sz* 220
Sirius/T-AFS 8 *us* 284
Siroco *sp* 224
Sirte *ly* 168
Sisu *fi* 78
Sittard *nl* 182
Sivrihisar *tu* 246
Sjaelland *de* 52
Sjöbjörnen *sw* 214
Sjödrag *no* 189
Sjödrev *no* 189
Sjöfalk *no* 189
Sjöhästen *sw* 214
Sjöhunden *sw* 214
Sjölejonet *sw* 214
Sjömaleren *no* 189
Sjöormen *sw* 214
Sjörokk *no* 189
Sjöskvett *no* 189
Sjötroll *no* 189
Sjövern *no* 189
SKA... *de* 54
Skaftö *sw* 214
Skagul *sw* 216
Skanderbek *al* 4
Skanör *sw* 216
Skarv *no* 186
Skeena *ca* 32
Skiathos *gr* 94
Skidegate *ca* 36
Skinfaxe *de* 54
Skipetari *al* 5
Skipjack/SSN 585 *us* 270
Skjervøy *no* 189
Skjold *no* 186
Sklinna *no* 186
Skolpen *no* 186
Skopelos *gr* 94
Skorpion *db* 58
Skorpios *gr* 92
Skoryj *su* 304
Skrytnyj *su* 306
Skrommnyj *su* 306
Skudd *no* 186
Skuld *sw* 219
Skulptor Konenkov
   su 348
Skulptor Vučetič *su* 348
Skulptor Golubkina
   su 348
Skulptor Zalkalns *su* 348

Škval *su* 310
S. L. Cobb *us* 290
Slamet Riyadi *in* 116
Slava *bu* 28
Slava *su* 302
Slavnyj *su* 304
Sleipner *de* 54
Sleipner *no* 186
Sleipner *sw* 216
Slimak *pl* 204
Slite *sw* 216
Sloga *ju* 152
Sloughi *mt* 172
Smely *bu* 28
Smelyi *su* 304
Smetlivyj *su* 304
Smike *gb* 108
Smiter *gb* 102
SM Le Bihan *fr* 80
Smolensk *su* 346
Smol'ny *su* 340
Smyge *sw* 216
Smyšlennyj *su* 304
Snajper *su* 316
Snapirit *il* 128
Snapphanen *sw* 216
Snar *no* 186
Snespurven *de* 54
Snipe *hk* 110
Snøgg *no* 186
Snohomish/WYTM 98
   us 298
Soares Dutra *br* 26
Sobenes *ch* 41
Soberton *gb* 102
Søbjornen *de* 52
Socha *ju* 152
Socorro *co* 44, 48
Socoto *ni* 184
Södermanland *sw* 212
Sögüt *tu* 251
Sohag *eg* 2
Søhesten *de* 52
Søhunden *de* 52
Sojanna *su* 330
Sokaitei... *ja* 142
Sokol *pl* 202
Sokulloh Mehmet Paşa
   tu 248
Solea *db* 66
Solimoès *br* 22
Solomon Atu *sm* 211
Solomon Kariqua
   sm 211
Søløven *de* 52
Somers/DDG 34 *us* 260
Sömmerda *dd* 68
Sonduren *tu* 250
Songhee *ca* 34
Songkhla *th* 240
Sonthonax *ha* 111
Sooraya *sk* 228
Soorbrazit'elnyj *su* 304
Sorachi *ja* 148
Sörfold *no* 188
Sorong *id* 120
Sørøysund *no* 188
Sorrel/WLB 296 *us* 300
Sos'va *su* 330
Sotong *ma* 170
Souellaba *km* 156
Soufa *il* 128
Soulven *de* 52
Sour *lb* 165
Sousse *tn* 250

South Carolina/CGN 37 us 258
Southampton gb 96
Southern Cross/ T-AKR 285 us 294
Southland ns 178
Sovereign gb 100
Sovereignty si 220
Sovetskaja Belorussa su 350
Sovetskaja Gruza su 350
Sovetskaja Kirgizija su 350
Sovetskij Dagestan su 350
Sovetskij Nachičevan su 350
Sovetskij Pogtan su 330
Sovetskij Programičnik su 320
Sovetskij Tadzikistan su 350
Sovremennyj su 304
Soya ja 140, 146
Soznaltel'nyj su 306
SP... db 64
Spa be 20
Spadefish/SSN 668 us 268
Spaekhuggeren de 52
Spar/WLB 403 us 301
Sparö sw 214
Spartan gb 100
Spartanburg County/ LST 1192 us 276
Sparviero it 134
Spasilac ju 154
Spassk su 334
Spejaren sw 216
Spencer/WMEC 905 us 296
Sperber db 60
Spešnyj su 306
Spessart db 62
Spey gb 100
Sphendoni gr 90
Sphinx/ARL 24 us 278
Spica db 58
Spica it 132
Spica sw 216
Spica/T-AFS 9 us 284
Spiegel Grove/LSD 32 us 276
Spiekeroog db 62
Spin be 20
Spindrift ca 34
Spiro ar 8
Splendid gb 100
Split ju 152
Spokoynyj su 306
Sposobnyj su 304
Spravedlivyj su 332
Spray ca 34
Spree dd 71
Springaren sw 214
Springeren de 52
Sprotte db 60
Spruance/DD 963 us 260
Spume ca 34
Squalo it 132
SR... su 336
Sri Banggi sh 210
Sri Gummantong sh 210
Sri Indera Sakti ma 170

Sri Johor ma 170
Sri Kelantan ma 170
Sri Kudat ma 172
Sri Labuan sh 210
Sri Melaka sh 210
Sri Menanti ma 172
Sri Negri Sembilan ma 170
Sri Perlis ma 170
Sri Sabah ma 170
Sri Sarawak ma 170
Sri Selangor ma 170
Sri Semporna sh 210
Sri Trengganu ma 170
Sri Tawau ma 172
S. Roque po 206
SS... su 326
SSV... su 320, 334
ST... db 64
St. Croix ca 32
St. George gb 106
St. Louis/LKA 116 us 254
St. Lycoudis gr 95
St. Paul li 165
Stachanovec su 332
Stachanovec Jermolenko su 346
Stachanovec Kotov su 346
Stachanovec Petraš su 346
Stålbas no 188
Stalwart au 16
Stalwart sh 210
Stalwart/T-AGOS 1 us 286
Stark/FFG 31 us 262
Starkodder sw 216
Starling gb 102
Stavanger no 186
Stavelot be 20
Steadfast/WMEC 623 us 296
Stegg no 186
Steigerwald db 62
Stein/FF 1065 us 264
Steil no 186
Stella Polare it 136
Stendal dd 70
Stepan Malygin su 344
Stepan Šaumjan su 316
Stephan Jantzen dd 71
Stephen W. Groves/ FFG 29 us 262
Stereguščij su 304
Sterne fr 84
Sterett/CG 31 us 258
Stiglich pe 197
Stihi ru 210
Stint db 60
Stockholm sw 216
Stoczniowiec pl 202
Stoikij su 304
Stonewall Jackson/ SSBN 634 us 266
Stör db 60
Storch db 60
Stord no 186
Støren de 52
Storione it 132
Storis/WMEC 38 us 296
Štorm su 310
Storoževoj su 306

Strasburg dd 68
Stralsund dd 71
Strelec su 338
Striker gb 104
Strjelko ju 152
Strogyj su 304
Strojnyj su 304
Stromboli it 134
Stroptivyj su 332
Strömstad sw 216
Stuart au 14
Stubbington gb 102
Studzianki pl 202
Stump/DD 978 us 260
Sturgeon/SSN 637 us 268
Sturgeon Bay/WTGB 109 us 300
Sturkö sw 216
Stvor su 338
Styrbjörn sw 216
Styrsö sw 214
Styx fr 88
Suboficial Oliveira br 26
Subteniente Usorio Saravia gu 198
Success au 16
Südperd dd 68
Suenson de 52
Suffren fr 80
Sugrib th 240
Suiryu ja 151
Suk th 242
Sukhothai th 238
Sukkur pa 192
Sultanhisar tu 246
Sultan Kudarat ph 198
Sulu ph 200
Suma ja 144
Sumter/LST 1181 us 276
Sunbird/ASR 15 us 278
Sundang ma 170
Sundew/WLB 404 us 301
Sundsvall sw 216
Sunfish/SSN 649 us 268
Superb gb 100
Suphairin th 240
Supply/AOE 6 us 280
Supporter gb 106
Sura id 118
Sura su 330
Surigao del Norte ph 200
Surigao de Sur ph 200
Suribachi/AE 21 us 280
Suriya th 243
Surma bg 18
Sürmene su 246
Suro... ks 163
Surriada po 206
Suruga ja 146
Susa ly 168
Suurlaid su 348
Suvorovec su 332
Suwad bh 16
Su Yong ks 162
Suzuka ja 146
Svaerdfisken de 52
Svanen de 54
Svanetija su 326
Svartlöga sw 214
Sveduščij su 306
Sventa su 328
Svenner no 186
Sverdlov su 304

Sverdlovsk su 346
Svetlyj su 340
Svijaga su 340
Svirepyj su 306
Svjazist su 316
SVK... sw 214
Swallow gb 102
Swan au 14
Sweetbrir/WLB 405 us 301
Sweetgum/WLB 309 us 300
Swift gb 102
Swift Archer si 220
Swift Cavalier si 220
Swift Centurion si 220
Swift Challenger si 220
Swift Chieftain si 220
Swift Combatant si 220
Swift Conquerer si 220
Swift Knight si 220
Swift Lancer si 220
Swift Swordsman si 220
Swift Warlord si 220
Swift Warrior si 220
Swiftstream hk 111
Swiftsure gb 100
Swivel/WYTL 65603 us 299
Sydney au 14
Sylphe fr 86
Sylt db 62
Sylvania/AFS 2 us 280
Syros gr 94
Sysola su 330

T

T... bg 18
T... ci 46
T... in 114
T... th 240, 241
TA An tw 238
Taape fr 88
Tabajos br 24
Tabarca sp 224
Tabarzin ia 124
Tabuk sa 210
Tabasco me 176
Tablas ph 201
Tachikaze ja 138
Tachin tw 238, 243
Tackle/WYTL 65604 us 299
Ta Ding Daeng th 240
Taejon ks 160
Tafelberg so 230
Tagbanua ph 200
Tagil su 330
Tagomago sp 224
Ta Han tw 236
Taheri ia 126
Tahoma/WMEC 908 us 296
Ta Hsueh tw 238
Ta Hu tw 236
Taif sa 210
Taifun su 310
Tai Hu tw 236
Tailor au 16
Taimur pa 190
Tai Shan tw 234
Tai Yuan tw 234
Taiga su 338
Taino cu 50

838

Tajmir *su* 338
Tajo *sp* 224
Takanami *ja* 149
Takanawa *ja* 148
Takane *ja* 142
Takapu *ns* 178
Takashima *ja* 142
Takashio *ja* 140
Takatori *ja* 148
Takatsuki *ja* 138, 148
Takbai *th* 240
Takelma/ATF 113 *us* 282
Takeshio *ja* 140
Takuyo *ja* 148
Talara *pe* 196
Talbot/FFG 4 *us* 262
Talent *gb* 100
Talibong *th* 242
Tallashi *bg* 19
Tallin *su* 302
Talwar *in* 112
Taman *su* 326
Tamanami *ja* 149
Tamaroa/WMEC 166
  me 296
Tamaulipas *me* 176
Tambora *id* 120
Tambovskij Komsomolec
  su 318
Tamjeed *bg* 18
Tammar *au* 16
Tamojo *br* 24
Tampa/WMEC 902
  us 296
Tampico *me* 176
Tana *no* 186
Taney/WHEC 37 *us* 296
Tangerhütte *dd* 68
Tanin *il* 128
Tanjung Oisina *id* 120
Tanjung Pandan *id* 120
Tanner/T-AGS 40 *us* 288
Tanveer *bg* 18
Tan Yang *ks* 163
Tapatai *fr* 86
Ta Peng *tw* 238
Tapi *th* 238
Tara Bai *in* 116
Tarablous *lb* 164
Taragau *ws* 358
Taragiri *in* 112
Tarakan *au* 16
Tarangau *pg* 192
Tarapunga *ns* 178
Tarawa *sk* 228
Tarawa/LHA 1 *us* 274
Targe *gb* 105
Tarif *va* 354
Tarik *eg* 4
Tariq *pa* 190
Tariq *qu* 206
Tariq *sa* 212
Tariq Ibn Ziad *ik* 122
Tarlac *ph* 200
Tarmo *fi* 78
Tärnö *sw* 216
Tarqui *ec* 74
Tarshish *il* 128
Tartu *su* 330
Tarva *no* 188
Tasaday *ph* 200
Tashiro *ja* 148
Taškent *su* 302
Taskizak *tu* 250
Tatarij Komsomolec
  su 318

Tattnall/DDG 19 *us* 260
Tatsugumo *ja* 148
Ta Tung *tw* 236
Taupo *ns* 178
Taurus *br* 26
Taurus/PHM 3 *us* 272
Tautog/SSN 639 *us* 268
Tautra *no* 188
Tauvo *fi* 78
Tavda *su* 332
Tawfiq *mo* 172
Tawfiq *bg* 18
Ta Wan *tw* 236
Tawheed *bg* 18
Tawi-Tawi *ph* 200
Tayfun *tu* 246
Taylor/FFG 50 *us* 262
Tayrona *co* 48
Tazarka *tn* 250
TB . . . *au* 16
TB . . . *db* 64
Tebuk *sa* 212
Tecumseh/SSBN 628
  us 266
Tecunuman *gu* 108
Tegernsee *db* 62
Tegualda *ch* 38
Tegucigalpa *ho* 111
Teh Hsing *tw* 238
Tehuantepec *me* 174
Tehuelche *ar* 10
Teide *sp* 226
Teist *no* 186
Tekirdag *tu* 246
Teland *id* 120
Telopea *au* 16
Teluk Amboina *id* 120
Teluk Bajer *id* 120
Teluk Banten *id* 118
Teluk Bone *id* 120
Teluk Ende *id* 118
Teluk Kau *id* 120
Teluk Langsa *id* 120
Teluk Mandar *id* 118
Teluk Menitawi *id* 120
Teluk Penyu *id* 118
Teluk Ratai *id* 120
Teluk Saleh *id* 120
Teluk Sampit *id* 118
Teluk Semangka *id* 118
Teluk Tomani *id* 120
Temenggong *ma* 172
Tenace *fr* 86
Tenace *it* 134
Tendringen *no* 189
Tenente Boanerges *br* 27
Tenente Castelo *br* 27
Tenente Fabio *br* 27
Tenente Magalhães
  br 26
Tenente Raul *br* 27
Teniente Farina *py* 194
Teniente José Azueta
  me 174
Teniente Luis Bernal
  co 48
Teniente Ricardo
  Sorzano *co* 48
Tennessee/SSBN 734
  us 264
Tenyo *ja* 148
Teodolit *su* 336
Terek *su* 328
Teriberka *su* 328
Terijah *ma* 170
Terme *tu* 246

Termoli *it* 132
Tern *hk* 110
Terne *no* 186
Terra Nova *ca* 32
Teruzuki *ja* 144, 148
Teshio *ja* 140, 148
Teterow *dd* 68
Teuri *ja* 142
Tevere *it* 134
Texas/CGN 39 *us* 256
Te Yang *tw* 232
TF . . . *db* 64, 65
Thach/FFG 43 *us* 262
Thai Muang *th* 240
Thalang *th* 242
Thale *dd* 70
Thalia *gr* 92
Thar *eg* 5
That Assuari *qu* 206
Thémistokles *gr* 90
Theodore Roosevelt/
  CVN 71 *us* 254
Thepa *th* 240
Theseus *db* 60
Thetis *db* 60
Thétis *fr* 88
Thetis *gr* 94
Thetis/WMEC 910
  us 296
Thi Qar *ik* 122
Thoaban *va* 356
Thomas Carleton *ca* 36
Thomas S. Gates/GG 51
  us 256
Thomas C. Hart/
  FF 1092 *us* 262
Thomas G. Thomson/
  T-AGOR 9 *us* 288
Thomaston/LSD 28
  us 276
Thomas Washington/
  T-AGOR 10 *us* 288
Thompson *ar* 12
Thomson *ch* 38
Thongkaeo *th* 242
Thonglang *th* 242
Thorbjørn *de* 55
Thorn/DD 988 *us* 260
Thra Ong Chao
  Khamrop *th* 243
Throsk *gb* 106
Thule *sw* 218
Thunder *ca* 32
Thunder Bay/WTGB 108
  us 300
Thurø *de* 54
Thu Tai Thi *bm* 31
Thyra *de* 54
Tianée *fr* 86
Tiboli *ph* 200
Tibor Szamueli *su* 346
Tiburon *pn* 195
Tichitt *mt* 172
Ticonderoga/CG 47
  us 256
Tidespring *gb* 106
Tidestream *hk* 111
Tien Shan *tw* 234
Tierra del Fuego *ar* 10
Tiger *db* 60
Tigre *fr* 88
Tijgerhaai *nl* 182
Tiksi *su* 348
Timbau *br* 24
Timbira *br* 24
Timmendorf *dd* 68

Timo *it* 132
Timsah *eg* 5
Timsah *va* 356
Timur Frunze *su* 348
Tinosa/SSN 606 *us* 270
Tippu Sultan *pa* 190
Tir *in* 117
Tirad Pass *ph* 200
Tirebolu *tu* 246
Tireless *gb* 100
Tirfing *sw* 216
Tista *bg* 18
Tista *no* 186
Titan/T-AGOS 15 *us* 28■
Titan *su* 330
Titano *it* 134
Titilupe *tg* 243
Tjeld *no* 186
Tjerk Hiddes *nl* 180
Tjurkö *sw* 216
Tlaxcala *me* 177
TM . . . *ru* 210
TNT . . . *su* 330
Tobol *su* 322
Tobruk *au* 16
Tobruk *ly* 166
Todak *id* 118
Todak *ma* 170
Tofiño *sp* 228
Tokachi *ja* 140, 148
Toky *mg* 168
Toledo *bz* 20
Toll *ar* 12
Tombak *ma* 170
Tomononami *ja* 149
Tomskij Komsomolec
  su 322
Tonb *ia* 124
Tone *ja* 148
Toneleros *br* 24
Tongan *ci* 42
Tongeren *be* 20
Tongpliu *th* 240
Tonijn *nl* 182
Tonina *ar* 12
Tonina *sp* 224
Topater *bl* 21
Topaz *se* 221
Topcider *ju* 152
Topeka/SSN 754 *us* 266
Tor *sw* 218
Toralla *sp* 227
Torbay *gb* 100
Torch *gb* 108
Tordön *sw* 216
Torgau *dd* 68
Torishima *ja* 142
Tormentor *gb* 108
Tornado *gb* 108
Toronto *ca* 30
Toros *tu* 251
Torpedista Hernández
  sp 227
Torpen *no* 188
Torreador *gb* 108
Torrens *au* 14
Torrent *gb* 108
Torrid *gb* 108
Tortuga/LSD 46 *us* 274
Tortuguero *do* 70
Toumbazis *gr* 90
Toumi *ja* 148
Tourmaline *fr* 84
Tournas *gr* 94
Tourville *fr* 80
Towada *ja* 144

Towers/DDG 9 *us* 260
Towline/WYTL 65605
  us 299
Townsville *au* 14
TPBS... *sw* 217
TR... *su* 328
Trabzon *tu* 246
Tracy *ca* 36
Trafalgar *gb* 100
Tramontana *sp* 224
Tran Khanh Du *vn* 356
Traust *no* 186
Travailleur *fr* 87
Travers *su* 336
Trenchant *gb* 100
Trenton/LPD 14 *us* 274
Trepang/SSN 674 *us* 268
Trevally *au* 16
Trichonis *gr* 94
Trident *bd* 17
Trident *fr* 84
Tridente *br* 26
Trieux *fr* 84
Triki *mo* 172
Trinity *ti* 242
Tripoli/LHP 10 *us* 274
Trippe/FF 1075 *us* 264
Trischen *db* 62
Tritão *br* 26
Triton *cu* 50
Triton *gr* 92
Triton *nl* 183
Triton *db* 60
Triton *fr* 86
Triumph *gb* 100
Triumph/T-AGOS 4
  us 286
Triunfo *br* 26
Tromp *nl* 180
Tronador *ch* 40
Trondheim *no* 186
Tropik *su* 338
Tross *no* 186
Truett/FF 1095 *us* 262
Truffaut *be* 20
Truckee/T-AO 147 *us* 286
Trumpeter *gb* 102
Truxtun/CGN 35 *us* 258
Trygg *no* 186
Tsugaru *ja* 146
Tsukuba *ja* 148
Tsurugi *ja* 148
Tsushima *ja* 150
Tübingen *db* 58
Tucan *ec* 74
Tufan *tu* 246
Tughril *pa* 190
Tui *ns* 179
Tuima *fi* 74
Tuisku *fi* 74
Tukan *pl* 202
Tulagi *sm* 211
Tulibee/SSN 597 *us* 270
Tuloma *su* 328
Tulugaq *de* 54
Tuman *su* 308
Tümmler *db* 60
Tuna *au* 16
Tunda... *ma* 170
Tunguska *su* 330
Tunis *tn* 250
Tunny/SSN 682 *us* 268
Tupa *fr* 87
Tupi *br* 24
Tupper *ca* 36
Tur *pl* 202

Türa *fi* 78
Tura *su* 338
Turbinist *su* 316
Turbulent *gb* 100
Turgaj *su* 328
Turgut *tu* 244
Turia *sp* 224
Turkmenistan *su* 308
Turku *fi* 74
Turner Joy/DD 951
  us 262
Turnhout *be* 20
Turoko *vu* 352
Tursas *fi* 76
Turtle/DSV 3 *us* 283
Turunmaa *fi* 74
Turva *fi* 76
Tuscaloosa/LST 1187
  us 276
Tuuli *fi* 74
Tuwaig *sa* 212
Tuzla *tu* 248
TV... *sw* 218, 219
Tverca *su* 328
TWR... *us* 285
Tydeman *nl* 183
Tyfon *gr* 92
Typhoon *gb* 106
Tyr *is* 126
Tyrrel Bay *gn* 96
Tyrsky *fi* 74
Tzacol *gu* 108
Tzafona *il* 128

U

U... *db* 58
Ucayali *pe* 196
Učka *ju* 154
Ückermünde *dd* 70
Udaloj *su* 304
Udarnik *ju* 152
Udaygiri *in* 112
Udomdet *th* 240
Uelzen *db* 66
Ufa *su* 328
Uhuru *ta* 238
Uisko *fi* 76
Ukishima *ja* 142
Ula *no* 186
Ulan Bator *su* 346
Uljana Gromova *su* 340
Ülkü *tu* 248
Ulla *sp* 224
Ulm *db* 58
Ulma *su* 328
Ulriung *ks* 162
Ulsan *ks* 160
Ulua *ho* 111
Ulubat *tu* 251
Uluc Ali Reis *tu* 244
Ulusaghe *sm* 211
Ulvsund *de* 52
Ulysses S. Grant/
  SSBN 631 *us* 266
Umar Farooq *bg* 18
Umberto Grosso *it* 132
Umeå *sw* 216
Umigiri *ja* 148
Umur Bey *tu* 248
Una *ju* 152
Unanue *pe* 196
Un Bong *ks* 162
Underwood/FFG 36
  us 262

Undine *db* 58
Uniao *br* 22
Unicorn *gb* 100
Unimak/WHEC 379
  us 296
Unseen *gb* 100
Unža *su* 328
Upholder *gb* 100
Upornyj *su* 304
Upton *gb* 102
Uraga *ja* 146
Ural *su* 330
Uranami *ja* 149
Urania *it* 132
Urania *nl* 182
Uranus *sz* 220
Urayuki *ja* 149
Urazuki *ja* 149
Uredd *no* 186
Urf *sw* 214
Urho *fi* 78
Uriah Heep *gb* 108
Urk *nl* 182
Ursula *gb* 100
Uruguay *ur* 252
Usedom *dd* 70
Ushuaia *ar* 13
Uskok *ju* 152
Ussurij *su* 328
Ustica *it* 134
Usumacinta *me* 174
Utafiti *ta* 239
Utatlan *gu* 108
Ute/WMEC 76 *us* 296
Uthaug *no* 186
Uthörn *db* 100
Utla *no* 186
Utsira *no* 186
Utstein *no* 186
Utvaer *no* 186

V

V... *ci* 49
V... *dd* 70
V... *kg* 156
V... *tn* 250
V... *ru* 208
Vaarlehti *fi* 76
Vadim Popov *su* 344
Vaedderen *de* 52
Vagir *in* 112
Vagli *in* 112
Vagsheer *in* 112
Vahakari *fi* 76
Vajgaš *su* 338
Väktaren *sw* 216
Val *su* 336
Valas *fi* 76
Valcke *be* 20
Valdaj *su* 326
Valdez/FF 1096 *us* 262
Valdivia *ch* 42
Vale *no* 186
Vale *sw* 216
Valencia *ve* 352
Valentin Gomez Farias
  me 174
Valerjan Albanov
  su 344
Veljeran Urivaev *su* 344
Valeureux *fr* 87
Valiant *gb* 100
Valiant/WMEC 621
  us 296

Valley Forge/CG 50
  us 256
Valpas *fi* 76
Van *tu* 251
Vancouver *ca* 30
Vancouver/LPD 2 *us* 274
Vandergrift/FFG 48
  us 262
Vanguard *gb* 98
Vanguard/T-AG 194
  us 288
Vanguardia *ur* 253
Van Amstel *nl* 180
van Galen *nl* 180
van Haverbeke *be* 20
Van Kinsbergen *nl* 180
Van Nes *nl* 180
van Speijk *nl* 180, 182
Vänö *fi* 76
Var *fr* 86
Varberg *sw* 216
Vargen *sw* 214
Varja *in* 116
Varjag *su* 302
Varma *fi* 78
Varuna *in* 116, 117
Vasco da Gama *in* 114
Vasco da Gama *po* 204
Vashon/WPB 1308
  us 298
Vasilij Burchanov *su* 348
Vasilij Čapaev *su* 302
Vasilij Golovnin *su* 338
Vasilij Poljarkov *su* 352
Vasilij Pronchiščev
  su 352
Vasisa *ag* 7
Västerås *sw* 216
Västergötland *sw* 212
Västervik *sw* 216
VB... *ru* 208
V. Bagat *ju* 152
VCA... *sp* 227
VD... *ru* 208
Vdochnovennyj *su* 306
Veer *in* 114
Veera *in* 116
Vega *po* 207
Vega *sw* 216
Vega/T-AK 286 *us* 284
Vega *su* 338
Vejrø *de* 54
Vektor *su* 344
Vela *in* 112
Velarde *pe* 196
Velasco *sp* 226
Velebit *ju* 154
Velos *gr* 90
Ven *sw* 214
Vencedora *sp* 224
Venerable *gb* 98
Vengeance *gb* 98
Venlo *nl* 182
Venturous/WMEC 625
  us 296
Vénus *fr* 82
Venus *sz* 220
Venta *su* 324
Vera Choružaja *su* 348
Veracruz *me* 176
Vernij *su* 320
Vernöy *no* 188
Verseau *fr* 84
Vertikal *su* 336
Verviers *be* 20
Veselitz *bu* 29

Veskij *su* 306
Vestkysten *de* 55
Vesuvio *it* 134
Vetluga *su* 324
Veurne *be* 20
VG... *ru* 208
Viareggio *it* 132
Vicealmirante Othòn-
 P. Blanco *me* 174
Victoria *sp* 222
Victoria *ve* 354
Victorious *gb* 98
Victor Hensen *db* 66
Victor Schoelcher *fr* 80
Vidar *sw* 216
Vidar *no* 186
Vidyut *in* 114
Vieste *it* 132
Vigilant *el* 73
Vigilant *sc* 210
Vigilant/WMEC 617
 us 296
Vigilante *fr* 89
Vigilante *gi* 108
Vigorous/WMEC 627
 us 296
Vigra *no* 188
Viima *fi* 78
Viiri *fi* 76
Viirelaid *su* 348
Vijaya *in* 116
Vijaydurg *in* 112
Vijeta *in* 114
Viken *no* 188
Viken *sw* 216
Vikram *in* 116
Vikrant *in* 110
Viksten *sw* 214
Viktor Bugaev *su* 344
Viktor Buinickij *su* 344
Viktor Kotel'nikov
 su 324
Viktor Talalichin *su* 348
Viljui *su* 324
Villaamil *sp* 224
Villa de Bilbao *sp* 224
Villapando *me* 176
Villar *pe* 194
Villarrica *ch* 40
Villavicencio *pe* 194
Ville de Nimachova
 ko 157
Ville Marie *ca* 34
Ville de Québec *ca* 30
Vilm *dd* 70
Vilnius *su* 350
Vilsund *de* 52
Vinash *in* 114
Vincennes/CG 49 *us* 256
Vindhyagiri *in* 112
Vindicator/T-AGOS 3
 us 286
Vineta *db* 60
Vinga *sw* 214
Vinh Long *fr* 82
Vinnica *su* 346
Viraat *in* 110
Virginia/CGN 38 *us* 256
Virginio Fasan *it* 130
Virgo *sw* 216
Vis *ju* 155
Visborg *sw* 214
Vischio *it* 132
Vise *be* 20
Višera *su* 328
Viteacul *ru* 210

Vitegra *su* 328
Vitjas *su* 342
Vitse Admiral Kulakov
 su 304
Vitse Admiral Drožd
 su 302
Vitte *dd* 70
Vittorio Veneto *it* 130
Vitus Bering *su* 348
Vivies *gr* 94
Vizir *su* 338
Vjaceslav Frolov *su* 344
Vjazma *su* 328
Vjuga *su* 342
Vladimir Kavrajskij
 su 336
Vladimir Koletšiskij
 su 328
Vladimir Obručev
 su 347
Vladimir Rusanov *su* 352
Vladimir Suchockij
 su 344
Vladimir Trefolev *su* 326
Vladimir Vaslaev *su* 346
Vladimir Zaimov *su* 28
Vladivostok *su* 302, 350
Vlado Cetkovic *ju* 152
Vliyatel'nyj *su* 306
Voga Picada *br* 26
Voge/FF 1047 *us* 264
Vogelsand *db* 62
Vogtland *dd* 70
Voima *fi* 78
Voinicul *ru* 210
Volchov *su* 330
Volga *su* 320, 322
Volkan *tu* 246
Völklingen *db* 58
Volna *su* 344
Volstad Jr. *no* 188
Voluntario *br* 24
Von Steuben/SSBN 632
 us 266
Voronež *su* 324
Voronežcij Komsomolec
 su 322
Vosso *no* 186
Vostok *su* 338
Voozbuždennyj *su* 306
Vozmuščennyj *su* 306
VP... *cb* 31
VR... *cb* 31
Vreeland/FF 1068
 us 264
Vsevolod Bereckin
 su 344
V. Škorpik *ju* 152
Vučedol *ju* 152
Vukojarski *ju* 152
Vukov Klanac *ju* 152
Vulcain *fr* 88
Vulcan *hk* 111
Vulcan/AR 5 *us* 278
Vulcanolog *su* 344
Vychegda *su* 316
Vyderžannyj *su* 306
Vyziajuščij *su* 306

W

Waage *db* 58
Wabash/AOR 5 *us* 282
Waccamaw/T-AO 109
 us 286

Waddell/DDG 24 *us* 260
Wadsworth/FFG 9
 us 262
Waheed *ku* 164
Waheed *ly* 166
Waikato *ns* 178
Wainwright/CG 28
 us 258
Wakagumo *ja* 149
Wakakuka *ns* 178
Wakanami *ja* 149
Wakasa *ja* 144
Wakeful *gb* 104
Walchensee *db* 62
Walkerton *gb* 102
Wallaby *au* 16
Walrus *nl* 180
Walter von Ledebur *db* 64
Walter Krämer *dd* 68
Walter Herwig *db* 66
Walter S. Dichl/T-AO 193
 us 286
Walvisbai *so* 230
Wamandai *nl* 182
Wambrau *nl* 182
Wandelaar *be* 18
Wangerooge *db* 62
Wang Nai *th* 242
Wang Nok *th* 242
Wan Shou *tw* 236
Warbah *ku* 164
Warden *gb* 100
Waren *dd* 68
Warnemünde *dd* 70
Warrigal *au* 16
Warrnambool *au* 14
Warspite *gb* 100
Warta *pl* 202
Wasaka *ja* 146
Wasp/LHD 1 *us* 274
Waspada *bi* 26
Watercourse *gb* 107
Waterfall *gb* 107
Waterfowl *gb* 107
Waterman *gb* 107
Watershed *gb* 107
Waterside *gb* 107
Waterspoud *gb* 107
Wathah *ku* 164
Wattle *au* 16
Waveney *gb* 100
Wee Bong *ks* 162
Weeraya *sk* 228
Wega *db* 58, 66
Weihe *db* 60
Weilheim *db* 58
Weißwasser *dd* 70
Welding *no* 188
Wellington *ns* 178
Wels *db* 60
Wen Shan *tw* 234
Werdau *dd* 70
Westdiep *be* 18
Westensee *db* 62
Western Samar *ph* 200
Westerwald *db* 62
Westgat *nl* 182
Westhinder *be* 18
Westwind/WAGB 281
 us 298
Wetzlar *db* 58
Wewak *au* 16
Whag *ly* 166
Whale/SSN 638 *us* 268
Whidbey Island/LSD 41
 us 274

Whipple/FF 1062
 us 264
Whitehead *gb* 108
White Heath/WLM 545
 us 300
White Holly/WLM 543
 us 300
White Lupine/WLM 546
 us 300
White Pine/WLM 547
 us 300
White Plains/AFS 4
 us 280
White Sage/WLM 544
 us 300
White Sumac/WLM 540
 us 300
Whyalla *au* 14
Wichita/AOR 1 *us* 282
Wickrama *sp* 228
Widder *db* 58
Wielingen *be* 18
Wielingen *nl* 182
Wiesel *db* 60
Wilhelm Pieck *dd* 70
Wilhelm Pieck Stadt-
 Guben *dd* 68
Wilhelm Pullwer (SP 1)
 db 64
Wilhelmus Zakarias
 Yohannes *id* 118
Wilkes/T-AGS 33 *us* 290
Willamette/AO 180
 us 282
Wille moes *de* 52
Willem Van Der Zaan
 nl 180
William H. Bates/
 SSN 680 *us* 268
William H. Standley/
 CG 32 *us* 258
William V. Pratt/
 DDG 44 *us* 260
Will Rogers/SSBN 659
 us 266
Wilton *gb* 100
Windhoek *so* 230
Wire/WYTL 65612
 us 299
Wisconsin/BB 64 *us* 256
Wismar *db* 68
Wisting *no* 188
Witte de With *nl* 180
Wittensee *db* 62
Witthayakhom *th* 240
Wittow *dd* 70
Wittstock *dd* 68
Wodnik *pl* 204
Woerden *nl* 183
Wolf *db* 60
Wolfsburg *db* 58
Wolgast *dd* 70
Wollongong *au* 14
Wolmi *ks* 162
Wombat *au* 16
Woodrush/WLB 407
 us 301
Woodrow Wilson/
 SSBN 624 *us* 266
Worden/CG 18 *us* 258
Worthy/T-AGOS 14
 us 286
Wotan *db* 62
Wren *hk* 110
Wright/T-AVB 3 *us* 294
Wrona *pl* 204

W. S. Sims/FF 1059
  us 264
Wuchan *ci* 42
Wu Sheng *tw* 234
Wu Tai *tw* 236
Wyman/T-AGS 34
  us 290
Wyulda *au* 16

X

X... *ci* 46
Xian *ci* 42

Y

Y... *bm* 30
Y... *ci* 46
Y... *de* 54
Y... *fr* 88
Y... *sp* 226, 227
Y... *tu* 251
Yaegumo *ja* 148
Yaeshio *ja* 140
Yaeyama *ja* 148
Yaezuki *ja* 148
Yaffo *il* 128
YAG 62 *us* 285
Yagan *ch* 40
Yahiko *ja* 146
Yakal *ph* 200
Yakushima *ja* 142
Yama *il* 128
Yamagiri *ja* 148
Yamagumo *ja* 138
Yamakuni *ja* 148
Yamayuki *ja* 138, 148
Yan Gyi Aung *bm* 30
Yan Lon Aung *bm* 30
Yan Taing Aung *bm* 30
Yanyan *ni* 184
Yaqui *me* 176
Yarhisar *tu* 246
Yarmouk *sy* 232
YAS... *ja* 145
Yate Manati *ve* 354
Yate Goaigoaza *ve* 354
Yavdzezan *ag* 6
Yavuz *tu* 244
Yay Bo *bm* 31
Yedekci *tu* 250
Yelcho *ch* 38, 41

Yellow Elder *ba* 18
Yellowstone/AD 41
  us 278
Yenlun *ci* 49
Yildiray *tu* 244
Yildirim *tu* 244
Ymer *sw* 216
Yocona/WMEC 168
  us 296
Yodo *ja* 151
Yogaga *gh* 90
Yokose *ja* 142
Yola *ni* 184
Yonakuni *ja* 146
Yong Dong *ks* 162
Yong Mun *ks* 163
York *gb* 96
Yorktown/CG 48 *us* 256
Yosemite/AD 19 *us* 278
Yoshino *ja* 140, 148
YP... *us* 284
Ypopliarchos Mykonios
  gr 92
Ypopliarchos Troupakis
  gr 92
Ystad *sw* 216
YT... *ja* 145
YTB... *us* 284
YU *ma* 170
Yuan Wang *ci* 48
Yubari *ja* 140, 148
Yubetsu *ja* 140
Yucatan *me* 176
Yucetepe *tu* 244
Yuen Yang *tw* 232
Yugiri *ju* 138
Yugumo *ja* 138
Yukigumo *ja* 148
Yukishio *ja* 140
Yukon/T-AOT 152
  us 294
Yukon *ca* 32
Yunbou *sa* 212
Yung An *tw* 234
Yung Cheng *tw* 234
Yung Chi *tw* 234
Yung Ching *tw* 234
Yung Chow *tw* 234
Yung Fu *tw* 234
Yung Hsin *tw* 234
Yung Jen *tw* 234
Yung Kang *tw* 236
Yung Lo *tw* 234
Yung Nien *tw* 234

Yung Shan *tw* 234
Yung Sui *tw* 234
Yung Yang *tw* 232
Yung Yu *tw* 234
Yura *ja* 142
Yu Shan *tw* 234
Yushio *ja* 140
Yu Tai *tw* 236
Yüzbasi Tolunay *tu* 248
Yuzuki *ja* 149

Z

Z... *pl* 204
Zabaikalje *su* 320
Zacatecas *me* 176
Zadornij *su* 306
Zafer *tu* 244
Zaire *po* 206
Zambeze *po* 206
Zander *db* 60
Zangezur *su* 326
Zaoh *ja* 146
Zapolarje *su* 320
Zapoljare *su* 338
Zapoteco *me* 176
Zara... *om* 190
Zarja *su* 346
Žarkij *su* 306
Zarti *pn* 194
Zbik *pl* 202
Ždanov *su* 304
Zeefakkel *nl* 182
Zeehond *nl* 182
Zeeleeuw *nl* 180
Zeemeeuw *be* 20
Zeffiro *it* 130
Zeja *su* 332
Zelengora *ju* 154
Zeltin *ly* 168
Žemčug *su* 308
Zenit *su* 338
Zenitčik *su* 316
Zenobe Gramme *be* 21
Zenteno *ch* 36
Zerbst *dd* 68
Zeta *ju* 152
Zeus/T-ARC 7 *us* 288
Žgučij *su* 304
Zhangbei *ci* 42
Zhangzhun *ci* 40
Zhiang *ci* 42
Zhongdong *ci* 40

Žiguli *su* 326
Zingst *dd* 70
Zinnia *be* 20
Z. Jovanović-Španac
  ju 152
Zlatica *ly* 168
Zleiten *ly* 168
Znamja Oktjabrija
  su 348
Zobel *db* 60
Zodiak *pl* 204
Zodiak *su* 338
Žolotoi Rog *su* 328
Zond *su* 336
Zorkij *su* 304
Zorritos *pe* 196
Zoubin *ia* 124
Zubr *pl* 202
Zuiderkruis *nl* 182
Zuiun *ja* 150
Zum Zum *pa* 192
Zurara *va* 356
Zuraw *pl* 202
Zurubi *ar* 10
Zwaardvis *nl* 182
Zwickau *dd* 70
Zyb *su* 310

1st. LT. Alex Bonnyman
  JR. *us* 292
1st. LT. Jack Lummus
  us 292
1st. LT. Baldomero
  Lopez *us* 292
2nd. LT. John P. Bobo
  us 292

5. Julio   *kv* 156
13. June   *je* 150
15 de Noviembre *ur* 252
18 de Julio   *ur* 252
25 de Agosto   *ur* 252
25. September   *je* 150
50. Let. Šefstva
  V.L.K.S.M.   *su* 322
50. Let SSSR   *su* 314
60 let Komsomolig
  Bjelorussij *su* 308
60 Let Velikjo Oktjabr
  su 310
60 Letije SSSR *su* 348

IX... *us* 284, 285
XIX JJ Sezd *su* 348

Nachtrag / Addenda

Abgeschlossen am 5. 12. 1987 / Closed 5. December 1987

Ägypten / Egypt

MB **Azwan** (~65) Typ USSR Yurka, PP Typ US **Commercial Cruiser** (~85)   1986, Sadek

Argentinien / Argentina

Verkauf von 2 FG Typ deutsch MEKO 140 A 16 geplant / Sale of 2 FG type German MEKO 140 A 16 planned

Australien / Australia

4 AG: I–IV (a. St. / o. st. – bew. / auth.) Lg 35 m, Bes 12, Bauwerft / builder: ELGO Engineering of South Australia – Katamaran, Stahlrumpf / steel hull

MS **Rushcutter** (86)   1986, Carrington, Newcastle

Bahrein / Bahrain

PG **Al Muharraq** (87) Typ deutsch / German Lürssen 62 001   22–9–1987, Voß

Belgien / Belgium

MS: **Veurne** gestrichen / stricken
MS: **Tongeren** wird an Zaïre übergeben / to be transferred to Zaïre
PR: **Liberation, Meuse** gestrichen / stricken

Canada

6 FG: I–VI (bew. / auth.) Lg 143.5 m, Bauwerft / builder: St. Johns Shb., New Brunswick – verbesserte / improved Halifax Klasse / class

AO **Preserver** (69)   24-9-1987, Voß

Dänemark / Denmark

12 PP: I–XII (bew. / auth.) 13 kn, [1–2 ⚓], 2 Mg ⚓, DM, Bes 12, Stahlrumpf / steel hull – Marineheimwehr / Naval Homeguard – MHV

FS **Ingolf** (62) Hvidbjørnen Klasse   15-9-1987, Bendfeldt

Bundesrepublik Deutschland / Germany (Federal Republic)

4 FG: Klasse 123 (ex Fregatte 94) Generalmanagement: Bremer Vulkan und / and Blohm + Voss, Hamburg
1 AR: I (bew. / auth.) ~1200 BRT/grt, 10.5 kn, 4 Deutz-DM, 1765 kW$_2$, 48.7 × 12 × 3.5 m. Bauwerft / builder: Lühring, Brake – verbesserte / improved AR Bottsand
1: **AK 2** (87) 46 ts, 10 kn, MAN-DM, 206 kW$_1$, 19.8 × 4.4 × 1.2 m, Bes 2, Bauwerft / builder: Motoren-werke, Bremerhaven – *Funkbeschickungsboot*
3: **Schwedeneck** jetzt offizielle Bezeichnung / official designiation now: *Sicherheitsboote (ex Mehrzweck-boote, mittel)*
1 PP: I Bauwerft / builder: Elsflether Werft – Bundesgrenzschutz
2 AG: I, II (bew. / auth.) 12.5 kn, 1100 kW, 54 × 11.1 × 4.5 m, Bauwerft / builder: Kröger, Rendsburg

Sicherheitsboot **Kronsort** (87)   8-9-1987, Voß

Finnland / Finland

NS **Keihässalmi** (57)   8-1987, Moreno

Frankreich / France

DG: Typ C 70: D 646 L a t o u c h e - T r é v i l l e
4 FG: I (bew. / auth. 1988), II–IV (gepl. / plan. 1991) 2500 ts, MM 40 ⇨, 1-10 ⚓, 1 ✈ – total 10?

DG **Tourville** (72)   18-10-1987, Voß

DG **Primauguet** (84)   18-10-1987, Voß

DG **Primauguet** (84)   18-10-1987, Voß

Großbritannien / Great Britain

DG   Typ 42: Alle erhalten / each of the type to get 2-2 Phalanx

FG: **Norfolk** Klasse außer / besıdes **Norfolk, Marlborough** erhält / to get CACS (Computer Assisted Command System)

FF: **Achilles, Diomede** werden 1988 Griechenland angeboten / offered 1988 to Greece

SB: **Vanguard** Klasse: 2. Einheit / unit V i c t o r i o u s a. St. / o. st. 4. 12. 87

SS: Nächste Entwicklung von SSN / next generation of SSN: „W" Klasse / class

SS: **Trafalgar** Klasse erhielt Gummibeschichtung gegen Aktiv-Sonar / retrofitted with anechoic tiles as an active sonar countermeasure

MB: B e r k e l e y , Q u o r n zum Verkauf angeboten / offered to foreign costumers

MS: S a n d o w n Klasse: Weitere Namen / further names: B r i d p o r t , C r o m e r , I n v e r n e s s , W a l n e y

Tender: **Wakeful** gestrichen / paid off 10-1987

AK: **Beaulieu, Blakeney** verkauft an / sold to the Falkland Islands Government

DG **Southampton** (79) Typ 42 - mit / with Phalanx   29-11-1987, Voß

MB **Humber** (85) River Klasse 1987, Sadek

LD **Intrepid** (64) Fearless Klasse 30-11-1987, Voß

Indien / India

SS   Typ USSR **Kilo**: 3. Einheit / unit 11-1987 geliefert / delivered
MB: **Cuddalore** / M 69 - Typ USSR Natya 11-1987 geliefert / delivered

SS **Sindhudhvaj** (~85) Typ USSR Kilo 9-1987, Moreno

Iran

Folgende iranische Einheiten wurden in der Zeit von Sept. - Nov. 1987 im Persischen Golf gesichtet / the following Iranian ships were sighted in the Persian Gulf during Sept. - Nov. 1987:

DG	**Damavand**
FF	**Alvand, Alborz, Sabalan, Sahand**
FS	**Bayandor**
PG	**Khanjar, Khadang, Tabarzin, Falakhon, Shamshir, Joshan**
PP	**Nahid,** 1 Typ Mk III, ~29 Typ **Boghammar, Chahoo**
LS	**Hengam, Lavan, Tonb; Iran Ajr, Iran Asr, Shardasht**
AK	**Charak, Chiroo, Delvar, Sirjan**
AO	**Bandar Abbas, Booshehr; Dilam, Taheri, Kangan**
AG	**Ekteshaf**

Japan

Etat 1988:

1 DG: I 7200 ts, 30 kn, 8 Harpoon ⇨, 1–12.7 ⚓ OTO, 2–2 ⚓ Phalanx, 2 Sea Sparrow ⚓, 1 ⤫, COGAG, 73 530 kW₂, 161 × 21 × 6.1 m – AEGIS

1 FG: I 2000 ts, 27 kn, 4 Harpoon ⇨, 1–7.6 ⚓, 1–2 ⚓ Phalanx, 1 ⚓₈ Asroc, CODOG, 19 850 kW₂, 109 × 13.4 × 3.8 m, Bes 120

1 SS: I 2400/. ts, 12/20 kn, 6 **TR**, DM/EM, 80 × 10.8 × 12 m, Bes 75

2 MB: I, II 490 ts

---

1 LS: I/L 2001 (87) 420 ts, 12 kn, 1–2 ⚓, DM, 2205 kW₂, 52 × 8.7 × 1.6 m, Bes 28

1 AR: I/ATS 4202 (a. St. / o. st.) 2200 ts, 20 kn, 1–7.6 ⚓, DM, 6690 kW₂, 101 × 16.5 × 4 m, Bes 150

1 Yacht: **Hiyodori** / ASY 92 ex PC

Neuseeland / New Zealand

AG **Rapuhia** (63) 6-1986, Voß

Niederlande / Netherlands

FG **Pieter Florisz** (82) Kortenaer Klasse –
mit / with SATCOM 11-1987, Voß

Polen / Poland

MS **Notec** Klasse (~81)   10-1987, BMVg / MOD, Bonn

Spanien / Spain

FS **Atrevida** (52)   10-1987, Voß

PP **P 112** (~80)   10-1987, Voß

AT **Las Palmas** (77) 10–1987, Voß

Südafrika / South Africa

MS: **Kaapstad, Durban, Johannesburg, Mosselbaai, Port Elizabeth, Pretoria** gestrichen / stricken

Thailand

PP: **T 81, 82, 84** gestrichen / stricken

Türkei / Turkey

FG **Turgut** (86) Typ deutsch / German MEKO 200 T 14–10–1987, Voß

USA

Etat 1988: 5 CG **Ticonderoga** Klasse, 3 SSN **Los Angeles** Klasse, keine / no DDG Arleigh Burke Klasse

Coast Guard:

PP **Farallon** Klasse: Weitere Namen / further names: .../WPB ...: Attu / 1317, Baranof / 1318, Chandeleur / 1319, Chiconteague / 1320, Cushing / 1321, Cuttyhunk / 1322, Drummond / 1323, Largo / 1324, Metomkin / 1325, Monomoy / 1326, Orcas / 1327, Padre / 1328, Sitkinak / 1329, Tybee / 1330, Washington / 1331, Wrangell / 1332, Adak / 1333, Liberty / 1334, Anacapa / 1335, Kiska / 1336, Assateague / 1337

USSR

CG **Vladivostok** (66) Kresta I Klasse   9–1987, Sh. o. W.

DG **Osmotritel'nyj** (83) Sovremennyj Klasse   ~9–1984, BMVg / MOD, Bonn

AT **MB 18** (~77) Goryn Klasse   9–1987, Sh. o. W.

AK **Stachanovec Jermolenko** (77)   10–1987, BMVg / MOD, Bonn
mit 2 Typ USSR **Stenka** für Cambodscha / with 2 type USSR **Stenka** for Kampuchea

AK **Vilnius** (87) Typ DDR Mukran   10–1987, BMVg / MOD, Bonn

AG **SSV 33** (83)   10–1987, BMVg / MOD, Bonn

AG **SSV 33** (83)   10–1987, BMVg / MOD, Bonn

AG **Glubometr** (~64) Samara Klasse   9–1987, Sh. o. W.

Algerien / Algeria

SS   Typ USSR **Kilo**: 2. Einheit vor Übergabe / 2. unit before delivery

Deutschland / DDR / Germany / GDR

Geänderte Rumpfnummern / changed hull numbers

Fregatten /	241–Wismar	**Landungs-**	**Hilfsfahrzeuge /**	H 72–Altmark
Frigates	242–Parchim	**fahrzeuge /**	**Auxiliary Vessels**	C 11–Hiddensee
211–Gadebusch	243–Perleberg	**Landing Vessels**	E 171–Nordperd	C 41–Vilm
212–	244–Bützow	*Frosch I Klasse*	E 172–Südperd	C 441–Usedom
213–Bergen		611–Hoyerswerda	E 111–Mönchgut	C 442–Poel
214–Angermünde	**Kleine**	612–Eberswalde-	E 441–Darss	C 661–Riems
221–Lübz	**Kampfschiffe /**	Finow	E 661–Wittow	A 11–Peene
222–Bad Doberan	**Small Fighting**	613–Cottbus	P 441–Kühlung	A 112–Spree
223–Pirna	**Vessels**	614–Anklam	V 661–Strelasund	A 113–Thale
224–Ribnitz-	*Typ USSR Shershen*	615–Eisenhüttenstadt	V 662–Libben	A 114–H. Eckener
Damgarten	811, 815	616–Neubrandenburg	V 814–Rügen	A 442–Havel
231–Prenzlau	832, 833	631–Frankfurt/Oder	V 815–Werdau	A 443–Elbe
232–Ludwigslust	851, 853, 856	632–Hagenow	V 816–Granitz	A 446–O. v. Guericke
233–Grevesmühlen		633–Schwerin	H 04–Ostseeland	A 661–Oder
234–Güstrow		634–Lübben	H 31–Harz	A 662–E. Krenkel
		635–Grimmen	H 51–Havelland	S 61–W. Pieck
		636–Schwedt	H 71–Vogtland	

Finnland / Finland

PG   **Helsinki** Klasse: V–VIII geänderte Aufbauten, Wasserstrahl-Antrieb / changed superstructure, water-jet propulsion

Frankreich / France

DD   **Maillé Brézé** 1.4.88 außer Dienst / to pay off

MS   **BAMO** Klasse 830 ts, 15 kn, 1–2 ⚓, 1 Mg ⚓, 2 DM / 2 EM, 2000 + kW$_2$, Bauwerft / builder: Lorient

AT   **Abeille Flandre** ersetzt durch / replaced by **Merou** (ex King Fish) (82) 1470 ts, 14 kn; **Girelle** (ex Moon Fish) (81) 850 ts, 13 kn, DM

Großbritannien / Great Britain

FG   C h a t h a m v. St. / launched 20.1.1988

AK   F o r t G e o r g e bestellt bei / ordered to Swan Hunter Shb. – Fort Victoria Klasse

Indien / India

SS   **Chakra** Typ USSR Charlie I 12–87 übergeben (geliehen?) / transferred (leased?).
      2. Einheit folgt in Kürze? / 2. unit to follow soon?

SS   3. Einheit / unit Typ USSR Kilo: **Sindhuraj** / S 57

MS   **Cannanore** / M 68 Typ USSR Natya übergeben / transferred 11–87

Indonesien / Indonesia

FG   **Jos Sudarso** / 353 (ex Van Galen) 2.11.87 von Niederlanden übergeben / transferred from The Netherlands

Italien / Italy

LS   S a n M a r c o v. St. / launched 21.10.87

Gestrichen / deleted: MS **Edera**, LS **Grado**, AK **LC 1005**, AT **Porto Recanati, San Giusto**

Japan

Etat 1988: Kein / no FG 1400 ts

Peru

CL **Almirante Grau** (ex De Ruyter) (44, *85–88*) nach Umbau wieder in Dienst gestellt / after extensive modernization recommissioned: Jan. 88; 9530 ts, 32 kn, 8-15.2 ⚓₂, ⊷ Otomat?

CL **Aguire** (ex De zeven Provincien) nicht umbenannt / not re-named

Polen / Poland

DG **Warszawa** (ex Smelyj) [275] – Typ USSR Kashin mod. – übernommen / transferred 1-88

SS **I** [292] – Typ USSR Foxtrot, übernommen / transferred 11-87

Singapur / Singapore

PG **Sea Wolf** Klasse neue Bewaffnung / new armament: 4 Harpoon ⊷₂, 2 Gabriel ⊷, 1-5.7 ⚓, 1-4 ⚓

Syrien / Syria

AR/AX **I** (87) 3500 ts, ?–3 ⚓, , Ro Ro Schiff / ship, Bauwerft / builder: Polen / Poland

USA

CV **Midway** / CV 41 wird in diesem Frühjahr erneut umgebaut / to install additional modifications this spring

USSR

FF 10 **Grisha V** Klasse: I–VII,, VIII–X; 32 **Grisha III** Klasse

SG 1 **Yankee mod** Klasse Lg 163 m, 20–40 SS-N-21 ⊷

SS 52 **Foxtrot** Klasse (12 in Reserve)

AK **Vitse-Admiral Fomin** (85) 3100 ts, 15 kn, 2 SA-N-5 ⚓, DM, 89 × 13.0 × 5.2 m

AK **Svetlomor I–IV** (87) Bauwerft / builder: Far East Levingston, Singapore – Mehrzwecktender / multi purpose tender

AO **Amur** (85) 6000 ts, 15 kn, DM, 105 × 17.5 × 6.0 m, Bauwerft / builder: Vyborg – **Belyanka** Klasse, Spezialtanker, Ersatz für / replacement for **Vala** Klasse

AG **Kamčatka** / SSV 391 (85) 5500 ts, 2–3 ⚓₆, 2 SA-N-5 ⚓, Lg 107 m – **Bambuk** Klasse, AGI

AG **Kastau** (86) 6000 ts, Bauwerft / builder: Neptun, Rostock

AGI **Kamčatka** (85) Bambuk Klasse   14–12–87, Sh. o. W.

Inserentenregister

Abeking & Rasmussen
Aerospatiale Engins
Astilleros Celaya
Bayerische Schiffbau
Bazan
Blohm + Voss See
Bremer Vulkan
Buck
Consorzio Selenia/Elsag
Contraves
Creusot Loire
Dassault
DCN
Ferranti
FFV
Howaldtswerke Deutsche Werft
Ingenieurkontor Lübeck
Intermarine
Karlskrona
Krupp Atlas Elektronik

Krupp MAK
Lürssen
Microtecnica
MTU
MWM
Nevesbu
OTO Melara
Philips USFA
Piller
RDM
Renk
Saab
Sagem
Schmidt
Selenia
Signaal
Thyssen Nordseewerke
Varta
Vitroselenia
Wiedling

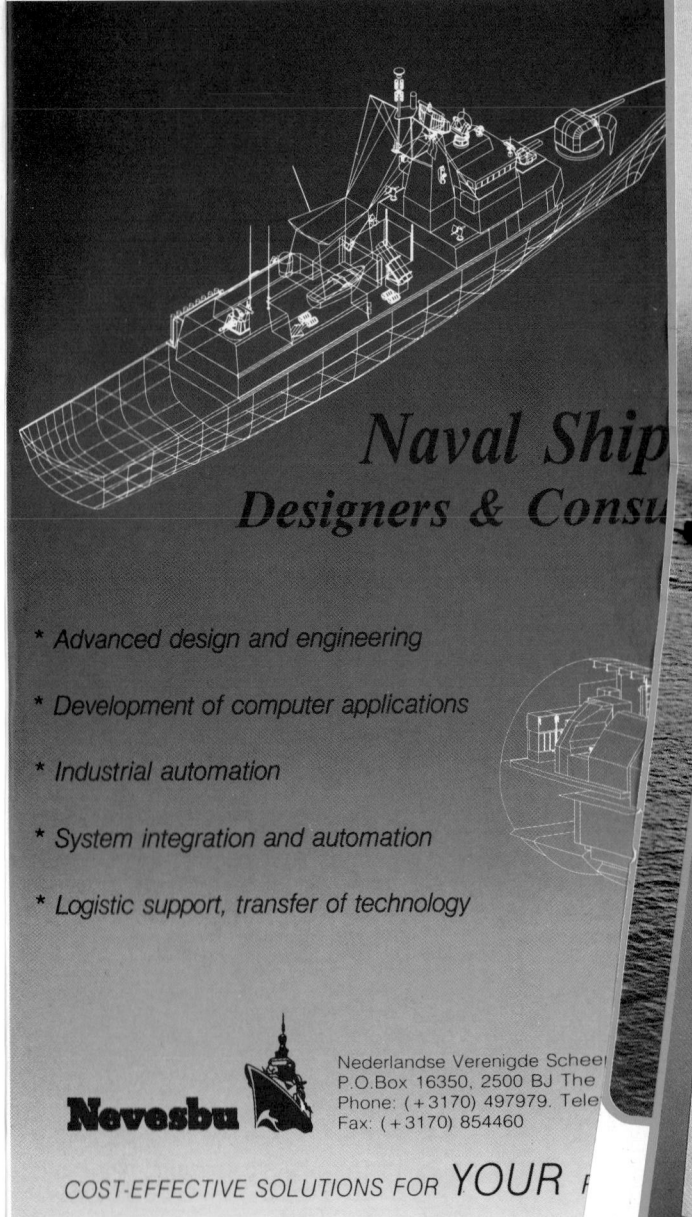

Japan

tat 1988: Kein / no FG 1400 ts

Peru

CL **Almirante Grau** (ex De Ruyter) (44, *85–88*) nach Umbau wieder in Dienst gestellt / after extensive modernization recommissioned: Jan. 88; 9530 ts, 32 kn, 8-15.2 ⚓₂, ⛴ Otomat?

CL **Aguire** (ex De zeven Provincien) nicht umbenannt / not re-named

Polen / Poland

DG **Warszawa** (ex Smelyj) [275] – Typ USSR Kashin mod. – übernommen / transferred 1–88

SS **I** [292] – Typ USSR Foxtrot, übernommen / transferred 11–87

Singapur / Singapore

PG **Sea Wolf** Klasse neue Bewaffnung / new armament: 4 Harpoon ⛴₂, 2 Gabriel ⛴, 1-5.7 ⚓, 1-4 ⚓

Syrien / Syria

AR/AX **I** (87) 3500 ts, ?-3 ⚓, , Ro Ro Schiff / ship, Bauwerft / builder: Polen / Poland

USA

CV **Midway** / CV 41 wird in diesem Frühjahr erneut umgebaut / to install additional modifications this spring

USSR

FF 10 **Grisha V** Klasse: **I–VII,**, VIII–X; 32 **Grisha III** Klasse

SG 1 **Yankee mod** Klasse Lg 163 m, 20–40 SS-N-21 ⛴

SS 52 **Foxtrot** Klasse (12 in Reserve)

AK **Vitse-Admiral Fomin** (85) 3100 ts, 15 kn, 2 SA-N-5 ⚓₄, DM, 89 × 13.0 × 5.2 m

AK **Svetlomor I–IV** (87) Bauwerft / builder: Far East Levingston, Singapore – Mehrzwecktender / multi purpose tender

AO **Amur** (85) 6000 ts, 15 kn, DM, 105 × 17.5 × 6.0 m, Bauwerft / builder: Vyborg – **Belyanka** Klasse, Spezialtanker, Ersatz für / replacement for **Vala** Klasse

AG **Kamčatka** / SSV 391 (85) 5500 ts, 2–3 ⚓₆, 2 SA-N-5 ⚓₄, Lg 107 m – **Bambuk** Klasse, AGI

AG **Kastau** (86) 6000 ts, Bauwerft / builder: Neptun, Rostock

AGI **Kamčatka** (85) Bambuk Klasse   14–12–87, Sh. o. W.

Inserentenregister

Abeking & Rasmussen
Aerospatiale Engins
Astilleros Celaya
Bayerische Schiffbau
Bazan
Blohm + Voss See
Bremer Vulkan
Buck
Consorzio Selenia/Elsag
Contraves
Creusot Loire
Dassault
DCN
Ferranti
FFV
Howaldtswerke Deutsche Werft
Ingenieurkontor Lübeck
Intermarine
Karlskrona
Krupp Atlas Elektronik

Krupp MAK
Lürssen
Microtecnica
MTU
MWM
Nevesbu
OTO Melara
Philips USFA
Piller
RDM
Renk
Saab
Sagem
Schmidt
Selenia
Signaal
Thyssen Nordseewerke
Varta
Vitroselenia
Wiedling

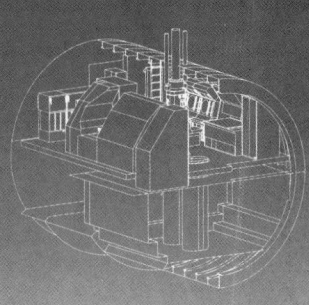